目　次

◎ 伊豆国賀茂郡の郷里・諸説集成

- 色日郷 ……………………………………………………………… 1
- 賀茂郷 ……………………………………………………………… 2
- 月間郷 ……………………………………………………………… 3
- 川津郷 ……………………………………………………………… 4
- 三嶋郷 ……………………………………………………………… 5
- 稲梓郷 ……………………………………………………………… 8
- 大社郷 ……………………………………………………………… 9

◎ 伊豆国田方郡の郷里・諸説集成

- 依馬郷 ……………………………………………………………… 13
- 小河郷 ……………………………………………………………… 14
- 鏡作郷 ……………………………………………………………… 15
- 狩野郷 ……………………………………………………………… 16
- 佐婆郷 ……………………………………………………………… 17
- 直見郷 ……………………………………………………………… 18
- 新居郷 ……………………………………………………………… 19
- 茨城郷 ……………………………………………………………… 20
- 八邦郷 ……………………………………………………………… 21
- 天野郷 ……………………………………………………………… 22
- 有雑郷 ……………………………………………………………… 23
- 吉妾郷 ……………………………………………………………… 24
- 久寝郷 ……………………………………………………………… 25

◎ 伊豆国那賀郡の郷里・諸説集成

- 石火郷 ……………………………………………………………… 29
- 井田郷 ……………………………………………………………… 30
- 都比郷 ……………………………………………………………… 31
- 那賀郷 ……………………………………………………………… 32
- 丹科郷 ……………………………………………………………… 33
- 入間郷 ……………………………………………………………… 34
- 射鷲郷 ……………………………………………………………… 35

目 次

◎ 伊豆国賀茂郡の式内社・諸説集成

- 伊豆三嶋神社 ･･････････････････ 39
- 波布比賣命神社 ･･････････････････ 68
- 伊賀牟比賣命神社 ･･････････････････ 73
- 伊古奈比咩命神社 ･･････････････････ 76
- 伊大氐和氣命神社 ･･････････････････ 89
- 佐伎多麻比咩命神社 ･･････････････････ 92
- 阿豆佐和氣命神社 ･･････････････････ 95
- 多祁美加々命神社 ･･････････････････ 98
- 物忌奈命神社 ･･････････････････ 102
- 伊波例命神社 ･･････････････････ 109
- 波夜多麻和氣命神社 ･･････････････････ 113
- 阿米都和氣命神社 ･･････････････････ 116
- 伊豆奈比咩命神社 ･･････････････････ 119
- 片菅命神社 ･･････････････････ 122
- 波夜志命神社 ･･････････････････ 125
- 優波夷命神社 ･･････････････････ 128
- 久良惠命神社 ･･････････････････ 131
- 奈疑知命神社 ･･････････････････ 134
- 夜須命神社 ･･････････････････ 137
- 加弥命神社 ･･････････････････ 140
- 許志伎命神社 ･･････････････････ 143
- 氐良命神社 ･･････････････････ 147
- 久尓都比咩命神社 ･･････････････････ 150
- 多祁伊志豆伎命神社 ･･････････････････ 153
- 伊波乃比咩命神社 ･･････････････････ 156
- 杉桙別命神社 ･･････････････････ 160
- 伊波久良和氣命神社 ･･････････････････ 164
- 多祁富許都久和氣命神社 ･･････････････････ 168
- 阿治古神社 ･･････････････････ 171
- 阿米都加多比咩命神社 ･･････････････････ 173
- 意波與命神社 ･･････････････････ 176

目　次

　阿波神社 ・・・・・・・・・・・・・・・・・・・・・・・・・ 179
　伊波比咩命神社 ・・・・・・・・・・・・・・・・・・・・・ 188
　伊波氏別命神社 ・・・・・・・・・・・・・・・・・・・・・ 191
　志理太宜神社 ・・・・・・・・・・・・・・・・・・・・・・ 195
　南子神社 ・・・・・・・・・・・・・・・・・・・・・・・・・ 199
　大津往命神社 ・・・・・・・・・・・・・・・・・・・・・・ 202
　穂都佐和氣命神社 ・・・・・・・・・・・・・・・・・・・ 205
　波治神社 ・・・・・・・・・・・・・・・・・・・・・・・・・ 209
　布佐乎宜神社 ・・・・・・・・・・・・・・・・・・・・・・ 211
　佐々原比咩命神社 ・・・・・・・・・・・・・・・・・・・ 214
　竹麻神社 ・・・・・・・・・・・・・・・・・・・・・・・・・ 217
　加毛神社 ・・・・・・・・・・・・・・・・・・・・・・・・・ 223

◎ 伊豆国田方郡の式内社・諸説集成

　荒木神社 ・・・・・・・・・・・・・・・・・・・・・・・・・ 231
　文梨神社 ・・・・・・・・・・・・・・・・・・・・・・・・・ 234
　輕野神社 ・・・・・・・・・・・・・・・・・・・・・・・・・ 237
　倭文神社 ・・・・・・・・・・・・・・・・・・・・・・・・・ 242
　久豆弥神社 ・・・・・・・・・・・・・・・・・・・・・・・・ 246
　高椅神社 ・・・・・・・・・・・・・・・・・・・・・・・・・ 251
　長濱神社 ・・・・・・・・・・・・・・・・・・・・・・・・・ 254
　伊加麻志神社 ・・・・・・・・・・・・・・・・・・・・・・ 257
　石徳高神社 ・・・・・・・・・・・・・・・・・・・・・・・・ 260
　廣瀬神社 ・・・・・・・・・・・・・・・・・・・・・・・・・ 263
　大朝神社 ・・・・・・・・・・・・・・・・・・・・・・・・・ 268
　小河原水神社 ・・・・・・・・・・・・・・・・・・・・・・ 272
　玉作水神社 ・・・・・・・・・・・・・・・・・・・・・・・・ 276
　楊原神社 ・・・・・・・・・・・・・・・・・・・・・・・・・ 281
　加理波夜須多祁比波預命神社 ・・・・・・・・・・・ 287
　劔刀乎夜爾命神社 ・・・・・・・・・・・・・・・・・・・ 290
　火牟須比命神社 ・・・・・・・・・・・・・・・・・・・・・ 292
　金村五百君和氣命神社 ・・・・・・・・・・・・・・・・ 306

目 次

　　白波之弥奈阿和命神社　・・・・・・・・・・・・・・・309
　　金村五百村咩命神社　・・・・・・・・・・・・・・・・312
　　引手力命神社　・・・・・・・・・・・・・・・・・・・314
　　阿米都瀨氣多知命神社　・・・・・・・・・・・・・・・318
　　劔刀石床別命神社　・・・・・・・・・・・・・・・・・322
　　鮑玉白珠比咩命神社　・・・・・・・・・・・・・・・・325

◙ 伊豆国那賀郡の式内社・諸説集成
　　箕勾神社　・・・・・・・・・・・・・・・・・・・・・331
　　伊志夫神社　・・・・・・・・・・・・・・・・・・・・334
　　伊那上神社　・・・・・・・・・・・・・・・・・・・・339
　　仲神社　・・・・・・・・・・・・・・・・・・・・・・346
　　伊那下神社　・・・・・・・・・・・・・・・・・・・・352
　　井田神社　・・・・・・・・・・・・・・・・・・・・・357
　　仲大歳神社　・・・・・・・・・・・・・・・・・・・・360
　　宇久須神社　・・・・・・・・・・・・・・・・・・・・365
　　哆胡神社　・・・・・・・・・・・・・・・・・・・・・369
　　多尓夜神社　・・・・・・・・・・・・・・・・・・・・373
　　部多神社　・・・・・・・・・・・・・・・・・・・・・376
　　佐波神社　・・・・・・・・・・・・・・・・・・・・・379
　　布刀主若玉命神社　・・・・・・・・・・・・・・・・・383
　　稻宮命神社　・・・・・・・・・・・・・・・・・・・・386
　　石倉命神社　・・・・・・・・・・・・・・・・・・・・388
　　國柱命神社　・・・・・・・・・・・・・・・・・・・・391
　　國玉命神社　・・・・・・・・・・・・・・・・・・・・395
　　國玉命神社　・・・・・・・・・・・・・・・・・・・・398
　　瓱玉命神社　・・・・・・・・・・・・・・・・・・・・401
　　青玉比賣命神社　・・・・・・・・・・・・・・・・・・403
　　豊御玉命神社　・・・・・・・・・・・・・・・・・・・406

◙ 地域史研究及び教育実践に関する業績目録

　　　　　　　　※■は文字として識別が出来なかったもので、印刷ミスではありません。

伊豆国賀茂郡の
郷里・諸説集成

色 日 郷

『静岡県の地名』８９頁
古代の郷名。天平七年（七三五）一〇月の平城京跡出土木簡（「平城宮木簡概報」二二－二七頁）に「色日郷大背里」とみえる。イロヒと訓んで石廊崎を含む地域と考えられ、元南伊豆町大瀬・下流・石廊崎・手石付近に比定される。
鯉名里　古代郷里制下の色日郷の里。天平八年（七三六）一〇月の平城京跡出土木簡（「平城宮木簡概報」二二－二七頁）に「色日郷鯉名里」とみえる。現南伊豆町手石の小字の小稲里条・小稲坂下を遺称地とする。平安末期には伊豆国鯉名泊が史料上にみえ、同じ地域であろう。
大背里　古代郷里制下の色ヨ郷の里。天平七年（七三五）一〇月の平城京跡出土木簡（「平城宮木簡概報」二二－二七頁）に「色日郷大背里」とみえる。現南伊豆町大瀬付近に比定される。
中寸里　古代郷里制下の色ヨ郷の里。中寸はナカムラあるいはナカキと訓めるが、現南伊豆町下流字中村小路を遺称地とするなら、当里は鯉名里と大背里の中間にあたり、ナカムラと訓んだと思われる。天平七年（七三五）一〇月の平城京跡出土木簡（「平城宮木簡概報」二二－二八頁）に「色日郷中寸里」とみえる。

日野尚志「伊豆国の郷里制について」（『九州文化史研究所紀要』第３６号）
色日郷は『和名抄』に記されない郷名の一つで遺称地は残っていない。しかし、三里の遺称地から旧南崎村と旧竹間村の一部がその郷域であったとみられる。
鯉名里の遺称地は旧竹間村小稲で、手石の小字に「小稲里条・小稲坂下」がある。小稲には古墳時代・古代の遺跡は確認されていないが、小稲に注ぐ河川の流域がまとまった一つの空間、即ち鯉名里であろう。低い山地をこえてた西側の下流は中村里に比定されるので、一つの空間が一里にひていされる事例といえよう。鯉名は『吾妻鏡』治承四年十月十九日条に「浮船於伊豆国鯉名泊擬廻海上之間（後略）」とあり、当時南伊豆の要港であったとみられるが、奈良時代にも南伊豆の要港で栄えていたために一つの空間が一里に比定された可能性も考えられよう。なお、鯉名川が青野川の支流にあるが、ここは築間郷に比定されるので鯉名里の遺称地とは考えられない。
中村里の遺称地は残っていないが、旧南崎村下流の小字に「中村小路」があり、その位置が下流の集落密集地にあるのでその遺称地とみて間違いないだろう。下流も小稲同様古墳時代・古代の遺跡は出土していないが、下流に注ぐ河川の流域がまとまった一つの空間をなしているのでこの流域が中村里であろう。
大背里の遺称地は旧南崎村大字大瀬である。大瀬も下流・小稲同様狭少な河川の河口にあるが、集落の北部には古墳時代の土師器や土錘の出土する散布地が確認され、漁村集落があった可能性を示しているといえよう。古代の遺跡は明らかでない。大瀬の西の本郷も大瀬同様狭小な河川の河口に位置するが、ここでは古墳時代・古代の遺跡は確認されていない。しかし、王子神社は式内社の穂都佐和気命神社に比定されるので奈良時代集落があった可能性が強いといえよう。本郷の西は長津呂で湾奥に集落があり、ここでは奈良・平安時代の土師器・土錘の出土する散布地が確認されており、奈良時代に集落があったことは確実であろう。湾の入口に近い石室神社は式内社の伊波例命神社に比定されるので、長津呂に里制が施行されたのではないかと憶測されるが、大背里とすれば里内に三つの空間があったことになろう。
ところで、大背里に比定される下流の間には三つの狭小な河川があり、そのうち下流に近い河川流域を除くと現在でも集落がない。古墳時代・古代の遺跡がなく奈良時代に遺跡があったか否かはっきりしない。仮りに現在と同様であったとすれば、二つの空間からなっていたといえよう。なお、中村里が鯉名里と大背里の中間にあることに由来しているとすれば、後述する入間郷中村里の現在地への比定が狭い範囲に絞られることになる。

賀茂郷

『静岡県の地名』８９頁
「和名抄」諸本にみえる郷名。訓を欠くが、淡路国津名郡賀茂郷および阿波国名方郡賀茂郷の訓「加毛」と同じであろう。天平五年（七三三）一〇月の平城宮跡出土木簡（「平城宮木簡概報」一七－一四頁）に「賀茂郷□□里」とある。現南伊豆町上賀茂・下賀茂を遺称地とし、その一帯に比定される。郡名郷であり、郡家が上賀茂・下賀茂付近にあったとする説もある。下賀茂には式内社加毛神社に比定される加畑加茂神社があり、弥生時代後期から平安時代の大集落跡である日詰遺跡が青野川の近くにある。同遺跡では古墳時代の祭祀跡や平安時代の製鉄・鍛冶遺構が検出されている。郷名は賀茂氏が所在したこととかかわると思われるが、平城京跡出土木簡の荷札に書かれた当郷の氏族は矢田部・生部（壬生部）・丈部・平群部・伊福部のみである。
題詩里 古代郷里制下の賀茂郷里。天平七年（七三五）一〇月の平城京跡出土木簡（「平城宮木簡概報」二二－二七頁）に「賀茂郷題詩里」とみえる。現南伊豆町蛇石が題詩に類似することから、青野川上流域の現南伊豆町蛇石・市之瀬付近に比定される。
川合里 古代郷里制下の賀茂郷の里。天平七年（七三五）一〇月の平城京跡出土木簡（「平城宮木簡概報」二二－二六頁）に「賀茂郷川合里」とみえる。現南伊豆町下小野に川合野の地名があることから、青野川とその支流が合流する同町上小野・下小野・青野・岩殿付近に比定される。
湯辺里 古代郷里制下の賀茂郷の里。天平七年（七三五）一〇月の平城京跡出土木簡（「平城宮木簡概報」二二－二八頁）に「賀茂郷湯辺里」とみえる。湯辺は温泉の湧き出る所の近くと考えられ、現南伊豆町下賀茂温泉付近に比定される。

『角川日本地名大辞典』３２９頁
［古代］賀茂郷 平安期に見える郷名。「和名抄」賀茂郡五郷の１つ。比定地は現在の南伊豆町大字上賀茂・下賀茂・石井・加納・二条付近（県史３）。式内社加毛神社２座（現加畑加茂神社・三島神社に比定される）が鎮座した。

『大日本地名辞書』第５巻・１０６７頁
和名抄、賀茂郡賀茂郷。○今南上村、南中村、三坂村、南崎村等是なり、旧那賀郡石火郷の東南に鄰り、本州に於て最南の地とす。

『大日本史』十一・志三・１２８頁
賀茂、○今上下賀茂、及大加茂村、在郡西南、古郡家在此、和名抄大意有加毛社、延喜式手石川、豆州志

『日本地理志料』１７９～１８０頁
賀茂 訓義見上、即加毛神社所在、而郡家在焉、豆州志云、賀茂郷廢、賀茂村存、按圖亘上賀茂、下賀茂、青市、大賀茂、一條、二條、加納、石井、岩殿、毛倉野、上小野、下小野、青野諸邑、盖其地也、」祀典所云、加毛神社、在下賀茂、稱加畑明神、阿米都加多比咩命神社、在下小野村、伊波氏別命神社、在岩殿村、三島大社文永應永古文書、有仁科荘小野郷岩殿郷、秋山氏曰、天平十三年紀、流小野東人於伊豆、盖居小野耶、州有九條、三條、三宅殿、加畑、一條、二條、五條、藤原、葦屋等邑、皆揖紳讁居之阯也、大賀茂、頼政記作尾加茂、青市、舊名蒲谷、神鳳抄伊豆國蒲谷御厨、東鑑作蒲屋御厨、三島大社文永七年文書作蒲原誤、同應永七年梁牌、有蒲屋郷青市村、加納、古名日出里、久壽中改叶、後用今字、

月間郷

『静岡県の地名』８９〜９０頁
「和名抄」諸本にみえる郷名。天平七年（七三五）一〇月の平城京跡出土木簡（「平城宮木簡概報」二二－二七頁）では「築間」と表記する。訓を欠くが、築間の表記からチクマ・ツクマかもしれない。現南伊豆町湊に小字月間があり、式内社竹麻神社の比定社も同町手石に所在する。比定地については、現南伊豆町湊・手石・下流・石廊崎・中木・入間、下田市田牛・吉佐美などとする説（日本地理志料）、現南伊豆町青市・手石・湊から下田市田牛・吉佐美・大賀茂とする説（大日本地名辞書）があるが、手石の一部と下流・石廊崎は色日郷に、中木・入間は那賀郡入間郷に比定されるので、後者の説が妥当であろう。当郷の範囲には祭祀遺跡も多く、吉佐美付近の洗田遺跡、湊の下条遺跡・タライ岬遺跡・日野遺跡などがある。日野遺跡は青野川流域にある平安後期の製鉄遺構を主体とする遺跡で、その下層から古墳時代・奈良時代の祭祀遺物などが出土。平安後期の製鉄遺構は当郷付近に置かれた可能性のある伊勢神宮領蒲屋御厨（鍬を貢上）との関連も想定できるが、奈良三彩小壺蓋も発見されており、奈良時代にヤマト王権と直接的にかかわる祭祀が行われていた可能性もある。
蒲沼里　古代郷里制下の月間郷の里。天平七年（七三五）一〇月の平城京跡出土木簡（「平城宮木簡概報」二二－二七頁）に「築間郷蒲沼里」とみえる。「蒲」の一字が共通することから、伊勢神宮領蒲屋御厨との関連を指摘する説がある。蒲沼の「沼」を青野川の後背湿地とみて、現南伊豆町湊付近に比定する説がある。同地には平安後期の製鉄遺構を主体とする日野遺跡がある。
山田里　古代郷里制下の月間郷の里。天平七年（七三五）一〇月の平城京跡出土木簡（「平城宮木簡概報」二二－二七頁）に「築間郷山□里」とみえる。現南伊豆町青市付近に比定される。

『角川日本地名大辞典』６２１頁
［古代］平安期に見える郷名。「和名抄」伊豆国賀茂郡五郷の１つ。式内社の竹麻神社三座は現在の賀茂郡南伊豆町大字手石の月間神社、同町大字湊の若宮神社、下田市大字吉佐美の三島神社に比定されている（県史３）。比定地は現在の南伊豆町大字手石・湊・青市から下田市大字吉佐美にかけての一帯に比定されている（県史３・地名辞書）。

『大日本日本地名辞書』第５巻・１０６９頁
和名抄、賀茂郡月間郷。〇今竹麻村并に朝日村なるべし、竹麻は即月間の訛にして、竹麻の祠の名のこす。
延喜式竹麻神社、神階帳月間明神は今竹麻村の手石に存す。手石川は青野川とも云ひ、加茂郷の山間に発し東南流し、此にて海へ入る、其河口を小釁とし、手石は其右岸、湊村は其左岸とす。
補［竹麻神社］〇増訂豆州志稿、式内、三座、今手石、湊村、吉佐美の三所に分祀す、手石を本所とすべし。

『大日本史』十一・志三・１２８頁
月間、〇今湊村有月間地、中世亘青石手石諸村、稱蒲谷郷、在賀茂東南、有竹麻社、延喜式月間山、豆州志〇在湊村西北

『日本地理志料』１８０頁
月間訓闕、按當讀云都久麻、神代紀月讀神、萬葉集月夜、皆讀月、爲都久、仁壽二年紀、有近江國筑摩神、内膳司式、近江筑摩御厨、萬葉集作都久麻野、又託馬野、信濃筑摩郡、訓豆加萬、天武十一年紀作束間、蓋同語、藻類部引辨色立成云、江浦草、和名都久毛、一云多久萬毛、本草和名同訓、多久萬毛即月間藻、而都久毛其急呼、本郷瀬海、豈取土宜邪、」神名式、賀茂郡竹麻神社三座、神階帳作月末明神、在湊村月間山、今分祀其二座于手石吉佐美二村、在湊者稱若宮、在手石稱月間明神、在吉佐美稱三島明神、豆州志云、月間方廢、湊村有月間地、是名之遺也、按圖亘湊、手石、下流、大津、長津呂、中木、入間、吉佐美、田牛諸邑、其故區也、」月間社永正六年梁牌、蒲谷郷手石湊村、手石、賴政記作手磯戸、有小稲地、東鑑、所謂鯉名泊即此、長津呂亦見東鑑、王子社慶長十八年文書作長鶴、伊波例命神社在此、稱石廊權現、吉佐美盖蚶海之義、初日朝日里、源頼政謫居于此、更今名云、三島大社暦應應永文書、有蒲谷御厨内田牛村、牛字濁讀宇自、播磨牛鹿邑亦同、

川津郷

『静岡県の地名』９０頁
「和名抄」諸本にみえる郷名。訓を欠くが、駿河国安倍郡川津郷および讃岐国鵜足郡川津郷の訓「加波都」と同じであろう。天平二年（七三〇）一〇月の平城宮跡出土木簡（「平城宮木簡」三―三〇六九）に「伊豆国賀茂郡川津郷湯田里矢田マ与佐理調荒堅魚十一斤十両」とみえる。比定地は現河津町谷津付近とする説（旧版「静岡県史」）もあるが、湯田里など四里という多数の里があったことを考えると（通常の郷は二―三里）、より広域の河津町に比定する説が妥当であろう。同郷の式内社として布佐乎宜神社（現河津町川津筏場の三嶋神社に比定）・多祁伊志豆伎命神社（現同町見高の見高神社に比定）・佐々原比咩命神社（現同町笹原の姫宮神社に比定）、杉桙別命神社（現同町田中の同名社に比定）などが所在。河津町笹原の姫宮遺跡は河津町河口付近にある弥生時代前期からこふんじだいの複合遺跡で、古墳前期の祭祀遺物が出土。当郷には矢田部・平群部が分布したが、数的には圧倒的に矢田部が多い（「平城宮木簡概報」二二―二六・二七頁など）。
賀美里　古代郷里制下の川津郷の里。天平八年（七三六）一〇月の平城京跡出土木簡（「平城宮木簡概報」二二―二六頁）に「川津郷賀美里」とみえる。賀美は「上」の意で、河津川上流域をさし、現河津町梨本・湯ヶ野・下佐ケ野・川津筏場・大鍋・小鍋に比定される。
賀茂里　古代郷里制下の川津郷の里。天平七年（七三五）一〇月の平城京跡出土木簡（「平城宮木簡概報」二二―二六頁）に「川津郷賀茂里」とみえる。比定地については、地名の由来とされる海民集団賀茂氏の分布とかかわるとして海に面した現河津町縄地付近とする説があるが、現南伊豆町に所在したと考えられる賀茂郷が青野川流域とはいえ月間郷より内陸にある点などを考えると問題もあろう。
神竹里　古代郷里制下の川津郷の里。天平七年（七三五）一〇月の平城宮跡出土木簡（「平城宮木簡概報」二二―二六頁）に「川津郷□竹里」とみえる。地名類似から現河津町見高に比定される。
湯田里　古代郷里制下の川津郷の里。天平二年（七三〇）一〇月の平城宮跡出土木簡（「平城宮木簡」三―三〇六九）に「川津郷湯田里」とみえる。湯田は温泉との関連が想定され、河津川下流域の現河津町峰・谷津付近に想定される。

『角川日本地名大辞典』３４０頁
［古代］川津郷　奈良期から見える郷名。「和名抄」伊豆国賀茂郡五郷の１つ。天平２年１０月の平城宮木簡に「伊豆国賀茂郡川津郷湯田里」（平城宮木簡概報５―３）と見える。比定地は現在の賀茂郡河津町大字谷津付近（県史）。

『大日本地名辞書』第５巻・１０７５頁
和名抄、賀茂郡川津郷。〇今上河津村、下河津村、稲取村、奈良本村等是也、大社郷の北東にして天城山の下とす。
川津は後世多く河津に作れり、上下の二村は一渓に沿ひ、東西二里許にわたる、其海口を谷津と云ふ。

『大日本史』十一・志三・１２８頁
川津、〇今川津組、屬十一、在郡東、後曰川津荘、伊東系圖有河津川、豆州志〇一名名篠原川、發天城山、狩野氏族伊東祐隆、初領宇佐美、葛見、川津三荘、子孫因稱川津氏、佐野本伊東系圖、曾我物語、

『日本地理志料』１８０頁
川津訓闕、按依駿河川津郷例、當讀云加波都、讃岐又有川津郷、津之言門也、河津川至此歸海、故名、河蝦考云、以地多河蝦爲名、恐牽強也耳、」東鑑有河津荘、曾我物語、文祿檢地帳同、北條分限帳作川津郷、伊東系圖、工藤維職補伊豆押領使、領河津伊東宇佐美三荘、總稱葛見荘、其裔有川津氏、安元中、有祐泰者、爲工藤祐經所戕、、其二孤冒曾我氏、終克復讐、天下韙之、豆州志云、川津方廢、今川津組、領十七村、按圖亘大川、奈良本、片瀬、白田、稲取、見高、濱、笹原、田中、澤田、峯、谷津、繩地、逆川、川津筏場、佐賀野、湯原、梨本、大鍋、小鍋、須原諸邑、蓋其地也、」梨本村水神祠慶長二年文書、楠木郡河津荘、繩地村子安祠金鼓識同、子安祀典稱奈疑知命神社、是也、杉桙別命神社在田中、爲川津荘十七村總鎮守、布佐乎宜神社在逆川、稱三島明神、佐佐原比咩神社在笹原、稱姫宮、谷津有河津祐泰阯、其稱念庵、即祐泰所刱云、

三嶋郷

『静岡県の地名』９０～９１頁

「和名抄」諸本にみえる郷名。高山寺本・東急本・名博本は「三嶋」につくる。訓を欠くが、越中国射水郡三島郷の訓「美之万」と同じであろう。『日本書紀』天武四年（六七五）四月一八日条に三位麻続王の一子が「伊豆嶋」に流されたことがみえ、同書道六年四月一一日条には杙田史名倉が天皇を指斥したことにより「伊豆嶋」に流されたとある。「続日本紀」文武三年（六九九）五月二四日条では役君小角が、同書養老六年（七二二）正月二〇日条では謀反を誣告した正四位上多治比真人三宅麻呂が斬刑から死一等を免じられ、ともに「伊豆嶋」に配流されている。さらに同書天平一三年（七四一）三月九日条に外従五位下小野朝臣東人が「伊豆三嶋」に、同書同一四年一〇月一七日条に塩焼王が「伊豆国三嶋」に配流されたことがみえる。これらは当郷に相当すると考えられ、七世紀には「伊豆嶋」、八世紀中頃から「伊豆三嶋」と変化している。三島郷としては、判出木簡から天平七年から同一一年頃と推定される平城京跡出土木簡（「平城宮木簡概報」二二－二六・二八頁）に「三嶋郷三嶋里」、同一八年一〇月の平城宮跡出土木簡（「平城宮木簡」一－三四二）に「三嶋郷戸主占部」がみえる。「延喜式」神名帳には賀茂郡四六座のうちに「伊豆三嶋神社名神大、月次、新嘗」がみえる。当郷は同社が所在したことにちなむ郷名であろう。三嶋大社は現在の三島市大宮に鎮座する以前は賀茂郡にあった。比定地については、三は御と同じく尊称で、伊豆七島、とくに伊豆大島のこととする「大日本地名辞書」の説のほか、三宅島のこととする説などがあり、鎌倉末期成立とされる「三宅記」は大島・三宅島・新島の三島とする。しかしここでは三は御と同じで、伊豆諸島の総称ととらえておく。三嶋大社の祭神は大山祇神とする説があり、明治五年に事代主命とされた。古代の三嶋神の性格については、「続日本後紀」承和七年（八四〇）九月二三日条に伊豆国「上津島」（神津島）の噴火の記事がみえ、同書同年一〇月一四日条には同島の阿波神・物忌奈乃命（それぞれ三嶋大社の本后・御子神）を従五位下とするという記事がみえるように、伊豆諸島の火山活動にかかわる造島神としての性格を指摘する見解がある。また海上交通の標識としての島山の神霊（神格は大山祇神）ととらえる見解もある。さかのぼって縄文時代にすでに、神津島産の黒曜石が交易品として伊豆半島や関東平野、静岡県西部にもたらされている。さらに古墳時代の祭祀遺跡として三宅島の西原Ｄなどがあり、奈良時代の祭祀遺跡とされる大島和泉浜Ｃ遺跡、式根島の野伏西遺跡・吹之江Ｃ遺跡からは暗文の施された杯形土器（平城京で作られた可能性がある）が出土している。このように古代の伊豆諸島は伊豆半島とともに畿内から東国への海上ルートの拠点であったことがわかる。三嶋神を奉斎した氏族として、前掲木簡にみえる当郷の占部があげられる。伊豆の占部は伊岐（壱岐）・津島（対馬）とともに中央に出仕した（「令集解」職員令神祇官条）。伊豆国には賀茂郡稲梓郷にも占部が分布しており、三嶋神を半島側から遥拝していたものと考えられ、あるいは同郷内に比定される式内社伊古奈比咩命神社（現下田市白浜の白浜神社に比定）の祭祀との関連もあろう。

三島里　古代郷里制下の三島郷の里。天平七年（七三五）から同一一年頃の平城京跡出土木簡（「平城宮木簡概報」二二－二六頁）に「三嶋郷三嶋里占部五百□□」とみえる。比定地は式内社「伊豆三嶋神社」の所在から三宅島とする説があるが未詳。

『角川日本地名大辞典』９０９～９１０頁

[古代] 奈良期から見える郷名。「和名抄」伊豆国賀茂郡五郷の１つ。「続日本紀」天平１３年３月９日条に「伊豆三島」と見え、小野朝臣東人が配流されている。同１４年１０月１７日条には塩焼王が「伊豆国三島」に、延暦元年間１月１４日条には、氷上真人川継が「伊豆三島」に流罪になったと見える。また天平１８年１０月の平城宮木簡に「伊豆国賀茂郡三島郷戸主占部久須理戸占部広庭麁堅魚拾壱斤・拾両」（平城宮木簡１－３４２）と見える。比定地は未詳。「三島」は「御島」という尊称に通じ、郷名は式内社伊豆三島神社（現在の三島大社）に由来すると思われるが、伊豆三島神社には伊予国越智郡大三島の大山祇神社が三宅島に遷座したという伝説（東関紀行・源平盛衰記・三宅島薬師縁起・増訂豆州志稿）があり、大三島が同社名の由来と考えられている（県史３）。「延喜式」では同社は伊豆国賀茂郡に所在するとされることから、同社はさらに三宅島から賀茂郡大社郷の三島大神の后神である伊古奈比咩神社（白浜神社）と同地に延喜年間の頃まで鎮座し、平安中・末期に現在の地に遷座したと考えられている（県史３・地名辞書）。三島大神は族神が多く、諸島大神ともいわれ（増訂豆州志稿）、伊豆諸島各島に族神が鎮座していることから、「三島郷」は伊豆諸島の総称と考える説（県史３・地名辞書）がある。

『大日本地名辞書』第５巻・１０７７頁

和名抄、賀茂郡三島郷。〇今の伊豆七島蓋是也、古書に伊豆島とも云へり。蓋専大島を指し、児爾余の諸島をも摂属す、三は御と同く、尊称とす。天武紀「四年、正三位麻續王有罪、流于因幡、一子流伊豆島」と、是伊豆流竄の始にして、此島は大島なるべし。文武紀、三年、役君小角流于伊豆島、初小角住葛木山、以咒術称、韓国連広足師焉、後害其能、讒以妖惑、故配遠処、世相伝云、小角能役使鬼神、汲水採薪、若不用命即以咒縛。元亨釈書云、役小角、配豆州大島、居三年。扶桑略記云、小角配伊豆大島、歴三年矣、昼随皇命、居伊豆島、夜為練行、往富士山、身浮海上、走如踏陸。釈書又云、天平十四年、禁塩焼王下平城獄、配流伊豆国三島。〇大日本史、承安二年、伊豆国司奏、有蕃船、泊厳島、形如夜叉者五六人、登島傷殺十余人、衆欲殺之、腋下発火、焼禾稼、遂逃去。按にこの厳島はイツノ島とよむ、本…に出でし記事とす、之を古今著聞集にも載せ、傷痍り、一書に之を翻して日く、

　承安元年七月八日、船一艘、抵伊豆沖島、登岸八人、長八九尺許、反首猿目、躶体而纏編蒲、刺繍遍身、執大杖、而皆無言、島人以為是鬼、乃試与之梁酒、則歔若馬飲、既而島人持弓矢、而乞之不与、即怒呼喚、杖殺五人、或被傷、島人大懼、出神弓且射之、於是輒海、船乗風去、其遺帯上之国司、乃蔵諸蓮花王院庫。

増訂豆州志稿云、三島は本来海島の総称にして、三島大神を諸島大神とも称するは、上古此神妻子陪従の神々と共に海島に鎮座したればなり、按に賀茂郡式内四十六座の内、廿四座は海島鎮座の神にして、内二座のみ康永の本国神階帳に載す、蓋三島大社に於て其廿二社を招祭せしならむ、従来大社に

見目六柱十六王子と称へて奉幣する神あり、見目は即御妃にして、三島大神の御妃六柱なるべく（其神名は波布比売命、久爾都比売命、優波夷命、伊賀牟比咩命、伊波乃比売命、佐岐多麻比咩命也）十六王子は即大神の王子十六柱なる可し、（其神名は阿米都和気命、伊太豆和気命、阿豆佐和気命、多祁美加々命、阿治古命、波治命、南子命、加弥命、夜須命、豆良命、久良恵命、志理太宜命、波夜志命、片菅命、許志岐命、穂都佐和気命也）是其廿二座なる事顕著なり、近世三島壬生氏、新島前田氏等に伝ふる所の三宅記は、中世仏徒の述べし所なれど、正しき古伝に附会を加へたる者とす、妄誕すくなからずと雖、三島大神并に后妃王子の事蹟、憑拠とすべき古書なり、此書に拠れば、三島大神の最初鎮座ありしは三宅島なるが、中古大社郷の白浜に移す、年代不詳。

　　　題簡堂君南汎録後　　　　　　　　淡　　窓
四海同唱卿雲詞、明良喜起信此時、朝陽鳴鳳聞尤早、
幽谷棲禽遷不遅、羽公久労遠郡職、一旦擢為献納司、
頭著貂蟬口雞舌、嘉謀密献誰得知、書来相報栄遷事、
併貽旧著遠游記、沿河浮海極辺隅、観俗省風捜殊異、
博望西域徒開端、相如南夷却生累、紛々跋渉何足論、
若公壮游古無二、七島碁峙天一方、地脈絶不通扶桑、
但見放流禦魑魅、未聞安撫遺循良、紅蝦晩簇廻潮赤、
碧魚朝泛出日蒼、虚空吼処牛為鴿、林木嘯時鼠変狼、
要荒本不設防禦、覬覦寧無啓戎虜、誰以兵備教島氓、
公自奇材兼文武、篝燈高掲厳嘹哨、銃手斉陳整部伍、
巨砲纔試万雷轟、鵬雲垂落鯨濤怒、就中一事駭我魂、
颶風往々簸乾坤、王勃幸不溺閩海、屈平還得入修門、
今日玉堂酔仙醞、錦袍奇暖飽君恩、直有往事来入夢、
醒見衣上旧濤痕、我懐君子乱心曲、偶捧佳篇一刮目、
時維秋陽欲鑠金、披襟坐読南汎録、忽覚海気来襲人、
全身栗々膚生粟、公唯勿忘禱神時、必有晃山介景福、
（逢風波変、禱於晃山、書中所載）

補［御島］○増訂豆州志稿、伊豆は御島大神上古より鎮座の地にして、其眷属随従の諸神、皆官祭の典に預る、これ小国にして式内社九十二座の多きに至り、特に上古大神鎮座の本域たる海島、及び海島に近き賀茂郡那賀郡の二郡に多き所以なり。按ずるに、本州祠典（神名帳）に所載の神社、他州に方れば、太だ過多なりとす。蓋当時州中所在の社を尽して式に記録せしが、其式内社大率三島大神の陪従にして、本州にのみ其名を留む、故に伊波氏別命とあるも、神典に所謂石戸別神に非ず、引手力命とあるも手力雄命に非ず、国柱命とあるも国乃御柱神に非ず、以て其他を類推す可し。又地名を以て社号とせる神社も、他国同称の者と同神に非ず。故に倭文神社とあるも、大和国葛木倭文坐天羽雷命神社に同じからず、広瀬神社とあるも大和国広瀬坐和〔加宇加乃売命神社、以下脱文〕

『大日本史』十一・志三・１２８頁
三島、○今白濱村、在川津南、伊古奈比咩命社、即三島神妃也、初三島社在此、合祭其妃神、遷于田方郡、郷名従而移云、伊豫三島神、遷居此、故名、豆州志有伊古奈比咩命社、延喜式

『日本地理志料』１８０～１８１頁
三島訓闕、按依越後三島郡例、當讀云美之末、下野越中長門筑前有三島郷、三、御也、襃美辭、島海中山可依止也、詳見志摩國疏證、」按竹村茂雄曰、三島郷、盖言八丈、小島、青島也、萩原正平曰、三島、總稱東南海島也、國史稱伊豆島、及伊豆三島者即此、神名式、賀茂郡伊豆三島神社、新抄格敕符、天平寶字二年、伊豆三島神充本國封十三戸、日本後紀纂、天長九年、三島神示靈威、因預名神、主税寮式、伊豆三島神料稲三千束、今君澤郡三島驛、班官幣大社、傳言、古在三宅島、中遷大社郷白濱邑、更徙祀田方郡國府、社地尚稱賀茂郡、後改郡君澤、而社地仍存舊名、即祭積羽八重事代主命也、先修或爲遷祀伊豫國三島神大山祇命者謬矣、」按神代紀、天孫彦火瓊瓊杵尊之將降下土、先遣經津主武甕槌二神、問大己貴神以能辟國乎否、大己貴曰、當告我子事代主、然後報之、時事代主出漁于出雲御穂碕、謂使者曰、天神有命、豈敢違之、遂鼓枻而祀、於是史不書其所遁、盖幽宮而居也、二十二社本縁云、大和葛木郡賀茂坐都美波八重事代主神、與伊豆三島坐神同、三宅島壬生氏所傳三宅記所載亦同、三島神主家譜、本社舊在興島、慶雲元年、島中火起、國守兼神主矢田部宿禰金築、奉敕遷祠大島、天平五年、州人安倍朝臣氏主、航島奉幣、爲風浪所阻、時受神敎、奏朝遷祀府中、雖有小異、本郷之爲海島、可以徵、因謂、延喜祀典載本郡四十六社、其二十四在海島、率祀事代主妃子、及随侍諸神、則知本祀之不大山祇神矣、昭代之初、宮司萩原正平、考核史傳、申神祇官、定爲事代主神廟焉、今從其説、以本郷定爲海南群島云爾、

　○按本邦地脈起自北、蜿蜒西走、界東海東山北陸三道、至信濃爲淺間山、至甲駿間、爲富士山、其餘脈南出、爲伊豆諸山、海南島嶼、星散棊布、殆二百里外、皆隷本郡、槩稱之曰伊豆七島、乃據三宅記、南方海島志、海島風土記、七島日記、七島紀略、七島誌、南汎録、小笠原記諸書、旁徵梗槩如左、
大島按在下田港東南八里、周十里半、三原山常噴火、高二千五百五十尺、田圃百二十一町四段、有新島、岡田、差木地、泉津、野増五村、管戸九百六十五、口四千四百六十、民業耕織漁樵、其俗敦樸、不盗竊、不束髮、尤信鬼神、其親死、別造喪屋而居之、盖上古遺風也、諸島風俗大抵準此、」祀典所秩波布比咩命神社、在波布港、波布太后大明神、即三島神妃也、阿治古神社在野増村、曰總鎮守大宮明神、波治神社在泉津村、曰波治竈明神、並波布比咩神所生、」天武二年紀、麻續王有罪、其子某連坐、伊豆島、神亀元年記、敕定配流遠近之程、以本國、爲遠流地、皆斥本島也、慶長中、德川氏流浮田秀家于八丈島、以八丈爲流地、自茲始、
利島在大島西南四里、去下田八里餘、周凡二里、宮塚山在其中央、高千七百三十六尺、田圃七町五段、管戸五十二、口二百三十五、島中乏水、瀘潮瀦雨、以供用云、有阿豆佐別命神社、嘉祥二年紀、

叙從五位下、齋衡元年紀、進正五位下、

新島在利島南二里、下田東南十里許、周凡七里、有新島山、高千四百九十六尺、田圃七十八町、山林六十町、有本村若郷二邑、管戸三百八十七、口二千五百五十、民漁業樵、山産牛馬、早島、地内島、鵜渡根島屬之、」天武十二年紀、十月己卯朔、是夕、有聲如鼓、聞于東方、有人曰、伊豆島西北二面、自然增益三百餘丈、更爲一島、則如鼓音者、神造是島之響也、所以名新島也、」有多祁美加加命神社、稱大宮王子、即三島神妃久爾都比咩命所生、仁和三年叙正五位下、見三代實錄、

式根島一名泊島、在新島西南一里許、周凡三里、多出新材、祀典所云久爾都比咩命神社在此、稱曰泊大后明神、即三島神妃也、

神津島舊名神集島、在式根島西南二里、下田南十二里半、周凡六里、有天城山、高二千餘尺、田圃二十四町、山林九十一町、西南邊倚山面海成聚落、戸三百六、口二千五百五、居民業兼農漁養蠶、恩馳、祇苗、錢島等、皆屬本島、」祀典所云阿波神社在此、曰長濱明神、祀三島神元妃阿波咩命、物忌奈命神社、稱定明神、爲一島總鎭守、即阿波咩命所生也、承和七年、伊豆國言、物忌奈阿波二神造上津島、大示靈驗、詔同叙從五位下、本史記事甚詳、宜繙而讀、

三宅島在神津島東八里、下田東南二十里、周凡七里半、全島峻嶮、雄山聳其中央、有火脈、田圃百三十町、有伊賀谷、神著、伊豆、坪田、阿古五邑、領戸八百二十二、口二千七百九十、産牛馬、出絲紬、大野原島屬之、」按神著村、蓋事代主神始上陸之處、伊豆村、其所幽宅之處、故稱伊豆御島神邪、三宅記云、神甞與其妃定諸子所居、地名同今之五邑、」祀所載、二十四社在海島、而其十二在本島焉、曰佐夜多麻比咩命神社、即三島神妃也、曰波夜志命神社、曰片營命神社、曰加彌命神社、曰志理太宜命神社、曰南子神社、以上在神著村、並佐伎多佐比咩所生、曰伊賀牟比賣命神社、伊賀谷村、稱后宮、曰伊波乃比咩命神社、在坪田村、稱坪田后宮、亦三島神妃也、曰阿米都和氣命神社、在阿古村、稱總鎭守三島明神、曰久良惠命神社、在久良濱、曰氏良命神社、曰夜須命神社、在伊豆村、並佐夜多麻比咩所生、有爲朝山、是源爲朝居阯也、

御倉島在三宅島南四里半、下田東南二十五里、周凡七里、四面石崖繫泊甚難、西北關山腹結廬、陸田四町六段、戸七十六、口二百三十九、民業同神津島、三宅記云、三島神甞曰、斯島是神之府庫也、因名、有伊太氏和氣命神社、今稱稻根明神、

八丈島一名沖島、以去内地最遠也、在御倉南二十里、下田南四十七里、周凡十里半、海岸巉巖削立、不便碇泊、西邊有甑峯、山巓常噴火、高二千八百四十餘尺、周亘七里、居全島三之一、其狀似駿河富士山、故呼八丈富士云、小川數流、有灌漑之利、田圃二百十七町、有大賀郷、三根、末吉、中郷、樫立五村、領戸千五百八十六、口九千四百二十三、多牛馬、民性淳朴、言語風俗、大與内地殊、男專漁樵農事、女力養蠶機織、物産富殖、氣候溫煖、自爲一佳郷、本島御倉島間、海中有迅流、曰黑瀨川、幅凡二十町、激潮東流、航客每稱危險矣」祀典所秩優婆夷命神社、在大賀郷、三宅記云、三島神有五妃、置之五島、在沖島者、曰以那婆衣后、優婆夷、即以那婆之轉、許志伎命神社亦在此、稱古賓明神、優婆夷命所生、甑峯、蓋取神號也、」凡海南諸島、女多男寡、而本島婦女、容姿端麗、肌膚白晳、髮垂委地、其俗貴女、故古稱女護島、後漢書云女國、日觀要考云女子郷、是也、東鑑云、治承中、本島輸絹鎌倉、精緻可喜、乃獻之大神宮、八丈絹始著矣、海島風土記云、島民不用錢貨、凡交易皆用米麥布帛、其量米麥、兩手盈掬曰一杯、即當二合五侖、十四杯爲一升、十四升一俵、量布帛、以八尺爲一策、四策爲段、絲長一策四十縷爲一升、間有用權衡者、毎村有卜部一人、掌龜卜事、吉凶就而問之、

小島

青島並屬八丈、小島在其西一里、周凡二里、山巖直立千八百二十六尺、望之如箭、陸田十九町五段餘、有宇津木、鳥打二村、管口三百九十六、戸未詳、源爲朝祠在焉、」青島、古曰鬼島、在八丈南十一里、周凡五里、陸田十九町七段、有末吉、休戸二村、領口二百五十三、戸未詳、是爲七島極南絶域、氣候煥熱、其民古樸無文、常事農漁、又産蠶絲、按保元物語、源爲朝之謫大島也、占領諸島、慰撫民人、遂取八丈、服鬼島、往來琉球、甞驅島民侵内地、及官軍來討、退自盡於小島、其墓猶存、土人敬慕、立祠祭之、號曰八郎明神、源賴朝開府鎌倉、遣使納神鏡及甲胄弓矢祭之、海島志又云、爲朝裔孫世爲島主、稱入道宮、奉其祭祀、至永享中嗣絶、」神社考云、爲朝出八丈適鬼島、遂航琉球、按琉球事路、舜天王即爲朝子也、是亦一說、宜與琉球條參覽、」按以上、諸島昭代初隸韮山縣、四年轉屬足柄縣、九年以後直隸東京府、

小笠原群島在八丈みなみ百八十里、爲島大小八十九、其最大者、爲父島爲母島、有兄弟姊妹諸島環之、小嶼點綴其間、全島山野深阻、土性磽确、乏平曠地、然能育茂木衆草、瀕海亦巉巖礁岼相連、風濤險惡、不便碇泊、」舊志云、文祿中、信濃深志城主小笠原民部少輔貞賴、遊伊豆下田、航海始撿出之、當侍絶無居民、故呼無人島、又稱小笠原島云、享保中貞賴曾孫處士貞往者、申官航之、終不返、其後讚岐平賀國倫、仙臺林子平、但馬口出永常、參河渡邊定靜等、相踵計開拓、弗果、文久中、幕府遣巡視使、測定各島、將移士民、從事墾闢、會内地多故、其事中寢昭代之初、直隸東京府、置其支署、以聽民庶移住、里落歲拓、戸口月殖、嗚呼皇化之所及、靡有遠邇、豈區區小島而止乎哉、

稲梓郷

『静岡県の地名』９１頁
古代の郷名。天平七年（七三五）一〇月の平城京跡出土木簡に（「平城宮木簡概報」二二－二八頁）に「稲梓郷稲梓里戸主占部□志戸占部石麻呂」とみえる。旧稲梓村を遺称地とし、同村にあたる現下田市箕作・堀之内・相玉・横川・加増野・椎原・宇土金・荒増・北湯ヶ野・須原に比定する説がある。前掲木簡から当郷に式内社「伊豆三嶋神社」の祭祀とかかわりの深い占部が分布し、荒堅魚を貢進していたことがわかるので、従来の説によって大社郷に比定されていた現下田市白浜なども当郷に含まれていたと考えられる。よって白浜などの地域は奈良時代には稲梓郷で、平安時代の「和名抄」段階までに大社郷となった可能性が高い。

稲梓里 古代郷里制下の稲梓郷の里。天平七年（七三五）一〇月の平城京跡出土木簡（「平城宮木簡概報」二二－二八頁）に「稲梓郷稲梓里」とみえる。稲梓川と稲生沢川との合流点に近い現下田市相玉付近に比定される。

日野尚志「伊豆国の郷里制について」（『九州文化史研究所紀要』第３６号）
稲梓郷の遺称地は旧稲梓村である。現在のところ郷名を負う稲梓里しか判明していないが郷域はおそらく稲生沢川流域であろう。

郷名を負う稲梓里の遺称地は旧村名と稲梓川以外残っていないが、稲梓川と稲生沢川の合流する付近であろう。合流点に近い相玉の天神社は式内社の波夜多麻和気命神社に比定されるのでこの付近が稲梓里の中心地であろう。地形から考えると稲梓里には稲梓川流域と稲生沢川の相玉付近と上流域の加増野付近にそれぞれまとまった空間があったと考えることができよう。現在、旧稲梓村では古墳時代から古代にかけての遺跡は確認されていない。

ところで、憶測にすぎないが、この稲生沢流域で里を考えると稲梓里は稲生沢川上流域の落合までであろう。それは落合から河内にかけて隘路となり中流域の蓮台寺川に沿う蓮台寺と稲生沢川に沿う河内・立野のまとまった一つの空間と遮断されているからである。河内では平安時代の須恵器を出土した遺跡があるが、奈良時代のことは明らかでない。立野から下流域の中にかけて隘路があり、下流域の中・本郷・下田にまとまった一つの空間が認められるが、中流域同様に奈良時代の遺跡は確かめられていない。しかし、本郷の浅間神社は式内社の伊波与命神社に比定されるので、下流域に一つの空間を認めるべきであろう。憶測に憶測を重ねたが、稲梓郷は稲生沢川の上・中・下流域に里が施行され、三里からなっていたのではないだろうか。

大社郷

『静岡県の地名』９１頁
「和名抄」諸本にみえる郷名。訓を欠くが、オオヤシロであろう。現下田市白浜に比定する説（旧版「静岡県史」）があり、大社は白浜に式内社「伊豆三島神社」が所在したことにちなむのだろう。ただし奈良時代の平城京跡出土木簡などには大社郷はみえず、平安時代頃に成立した郷とする見解もある。

『角川日本地名大辞典』２３４頁
〔古代〕平安期に見える郷名。「和名抄」伊豆国賀茂郡五郷の１つ。「延喜式」神名帳に見える伊豆三島神社・伊古奈比咩命神社（白浜神社）の所在地。伊古奈比咩命は伊豆三島神社の祭神三島大神の后神。郷名も伊豆三島神社が所在したことに由来する。同社は「延喜式」では賀茂郡の項に見え、平安初期までは当郷にあったと考えられるが、平安後期に現在地（三島市）に遷座。比定地は伊古奈比咩命神社のある現在の下田市大字白浜付近（県史３）。

『角川日本地名大辞典』１１１９頁
延喜式内社　朱鳥元年（６８６）、大津皇子の謀反に連座して、帳内の礪杵道作が伊豆に流され、住んだ所が現在の箕作の地と伝えられ、その霊は道作八幡宮に祀られている。延喜式内社として、伊古奈比咩命神社（白浜）・波夜多麻和気命神社（相玉）・伊豆奈比咩命神社（大賀茂）・多祁富許都久和気命神社（柿崎）・意波与命神社（本郷）・竹麻神社三座の其二（吉佐美）の６社が見える。このうち、伊古奈比咩命神社は全国明神祭２８５座に入る大社である。「和名抄」に見える大社郷は白浜・浜崎・稲生沢・下田・稲梓地域に比定され、市内のほとんどを含んでいた。朝日地域は南の月間郷に入っていた。三島大社も白浜に鎮座していたとされている。
平安期の美術品として、長谷寺（田牛）の阿弥陀像（国重文）初め観音寺（須崎）の薬師如来像・聖観音像など造形的に優れた仏像がみられ、白浜神社には和鏡の優品が残されている。

『大日本地名辞書』第５巻・１０７１頁
和名抄、賀茂郡大社郷。〇今下田町、浜崎村井に稲生沢、稲梓等にあたる、月間郷の東北に隣り、河津郷の南とす。大社とは、此郷内の白浜に、三島大社の鎮座したることあれば也、中世には河津庄へ入り、稲生沢郷と改めたり。

『大日本史』十一・志三・１２８頁
大社、〇按白濱西北有茅原野、加増野、大澤、落合、本郷二十餘村、總稱日稲生澤、蓋其域也、後曰稲澤荘、稲生澤舊記又稱稲梓郷、三島社文書稲生川出、豆州志

『日本地理志料』１８０頁
大社訓闕、按當讀云於保夜之呂、崇神紀、祭八十萬神、仍定天社國社、出雲風土記、屋代郷、本用社字、信濃陸奥出羽周防又有屋代郷、東雅云、社讀爲夜之呂、即屋代也、尚古祭神、掃地設壇、謂之屋代、盖代宮殿之義、神必有土、故假社稷字墳之、鹽尻云、寶龜中、初定諸社大小、正三位以上爲大社、自餘爲小社、神名式有三島神社、斑名神大社、承和七年紀、單稱三島大社、初在三宅島、中遷本郷白濱邑、郷名因起、後徙今田方郡國府地、已注上、」豆州志云、大社方廢、今有稲生澤組領十九邑、盖是、按圖亘白濱、柿埼、須埼、下田、本郷、中村、蓮臺寺、大澤、河内、落合、箕作、掘内、相玉、横川、加増野、椎原、宇土金諸邑、其故區也、」按三島大社應永八年文書、稲梓郷愛玉村、諏訪祠文明十七年文書、稲梓郷横川村、高根祠永正十六年梁牌、稲澤郷落合村、文禄以後文書、皆作稲生澤郷、一聲轉訛耳、」祀典所謂伊古奈比咩命神社、在白濱村、即三島神后也、初三島神自三宅島遷、妃神從之、同殿而居、後迨遷国府、妃神獨留云、波夜多麻和氣命神社、在相玉村、稱相玉天神、多祁富許都久和氣命神社、在柿埼、稱武峰明神、意波與命神社、在本郷村、稱淺間宮、」下田有大安寺、有大安寺山、世稱下田富士、主税寮式、伊豆國大安寺料稲三千束、大安寺在大和、此其寺田、故置別院也、蓮臺寺村、舊名藤原、盖藤原氏流寓之處、後以寺名邑、有廢蓮臺寺、天平中、僧行基剏、承久中廢、今存大日堂一宇、」下田大馬頭也、船舶會湊、其八幡祠應永六年金鼓識、圖州下田郷、北條五代記、同、嘉永中、米使來乞互市、幕府誤許之、世局爲之一變、洶可浩歎、先是、本州代官江川英龍、察宇内形勢、申幕府、築壇于此、以鑄煩礮、男英敏繼其志、至安政中、成大小數百門云、附表其功、

伊豆国田方郡の
郷里・諸説集成

依馬郷

『静岡県の地名』８７頁
「和名抄」諸本にみえる郷名。訓を欠くがエマであろう。天平勝宝七歳（７５５）十月の緋絁帳緋絁紐の銘文（正倉院宝物銘文集成）に「伊豆国田方郡依馬郷委文連大川調緋狭絁壱匹」とある。現伊豆長岡町南江間・北江間付近に比定される（大日本地名辞書）。付近には大北横穴群・大師山横穴群などがあり、大北横穴群二四号横穴からは「若舎人」と刻書された石櫃が発見された。若舎人は壬生部を母体とする舎人と考えられ、これを氏族名とすれば同氏が分布したことになり、統治とヤマト王権との密接な関係がうかがえる。

『角川日本地名大辞典』１９３頁
［古代］依馬郷 奈良期から見える郷名。「和名抄」伊豆国田方郡十三郷の１つ。天平勝宝７歳１０月の正倉院蔵伊豆国緋絁帳絁紐銘に「伊豆国田方郡依馬郷委文連大川調緋狭絁壱友」（寧遺下）と見える。比定地は現在の伊豆長岡町大字北江間・南江間付近（県史３・地名辞書）。

『大日本地名辞書』第５巻・１０４５頁
依馬郷 和名抄、田方郡依馬郷。〇今江間村即是也、北条の西、狩野川を隔てたり。〇増訂志稿、東鑑に已に一村とす、郷廃する久し、凡そ河海湾入する処、並びに池沢をも江と云ふ、此地昔大池ありて池と山との間に人家始まりし故に名とす、文明四年、豆塚神社の鰐口の銘に、江間荘とあり、物産石材あり、永禄年間北条氏の文書に「豆州江間郷、宝成寺、」また「江間之郷、東漸院」とみゆるは、今の南江間に在り。
江間 今江間村と云ふ、南北の二大字に分つ、其西堺は駿東郡静浦村（江之浦）の海湾に近し。江間は北条義時を江間殿とも云へるに因り、頗顕る。（東鑑、巻十三、江間殿嫡男、童形、此間在江間、云々、家督若君、渡御江間殿新造花亭云々）
神階帳豆塚明神は本南江間村の雄徳山にあり、雄徳一に巨徳に作る、今も巨徳山北条寺の称存す、式内石徳高神社是なり、雄徳山上に古址猶存す、して、北条寺は観音堂にして、本尊仏像、黒色油の浮べるが如し、伽羅木に造りたりと、小田原北条家の古証文には宝成寺に作る、境内に義時夫妻の墓あり、又南江間に廃吉祥寺址あり、高僧伝「釈素安、号了堂、紀州太守源国清、創吉祥寺於豆州、延安為第一世」云々。鎌倉大双紙日「尊氏の御代に畠山阿波守国清、其弟尾張守義深、二代関東の執事にて、伊豆国の守護と為る、夫の人の建立の寺、瑞龍山吉祥寺と申す、今に在り、木像もこれあり、」（今北条寺の南に吉祥寺の地名存す）此寺は大叢林にて、宝成寺、東漸寺は其子院なりければ、本寺へ当国中島郷を寄進せられし畠山国熙、細川頼行之の証文、今北条寺に蔵む。［増訂志稿］〇大師窟、鍛冶窟は北江間の堂山に在り、大師窟は深さ一丈八九尺、高一丈許、鍛冶窟は較狭し、窟中に各石櫃を置く、大師窟に在るは長七尺五寸、幅四尺六寸、高さ蓋を併せて五尺、鍛冶窟に在るは窟奥の盤石を鑿ちて櫃と為し、別に蓋を設く、櫃腹に刻し、
　石井清兵衛、当地田畔、従往昔就干損以、窺公儀、明暦元乙未年二月、構狩野川流水者也、
とあるは、古石櫃を利用して、近世の治水の事を銘記したるなり。
補［北条寺］〇増訂豆州志稿、巨徳山北条寺、南江間村にあり、本観音堂也。相伝ふ、観音仏、鎌倉極楽寺に安置せしる也、二位禅尼命じて此に贈る、北条長氏及び氏綱・氏康・氏政の文書六章あり、皆作宝成寺。

『大日本史』十一・志三・１２７頁
依馬、〇今南北江間村、在茨城西、後日江馬荘、東鑑、那智山文書、〇北條義時初稱江馬四郎、食邑于此、

『日本地理志料』１７７頁
依馬訓闕、按當讀云衣麻、豆州志云、依馬方廢、江間村存、水土部引唐韻、江江海也、和名衣、應神紀有河派江、仁徳起有難波堀江、尚書正義、江以南、水無大小、俗皆呼為江、秋山氏曰、川澤池沼亦日江、此地山間有大池、故名、」紀伊那智山康永四年文書、尊勝院領伊豆國江馬荘、豆塚社文明四年金鼓識、北條分限帳同、尊卑分脈、北條義時居江間、稱江間小四郎、東鑑作江間殿、永禄三年東漸院文書江間郷、無年號寶成寺古文書江馬荘、歌枕名寄江間片岡、按圖南江間、北江間、珊上、古奈、長岡、花坂、重坂、小海諸邑、其故區也、今屬君澤郡、」古奈、古作小名、東鑑嘉禎二年條、將軍頼經浴伊豆國小名温泉、仁治元年條、施藥院使丹波良基、卒于北條小那温泉、長岡屬田中荘、見箱根山縁起、及天正檢地帳、村有最明寺、弘長三年北條時頼所建、

小河郷

『静岡県の地名』８７頁
「和名抄」諸本にみえる郷名。訓を欠くが、上総国畔蒜郡小河郷および武蔵国多摩郡小川郷の「乎加波」の訓と同じであろう。郷名は式内社小河泉水神社（現清水町湯川の同名社に比定）の名称にみられるように湧水が多く、河川の水源となっていることによる。現三島市壱町田から同市中心部、清水町湯川付近に比定され、三嶋大社も鎮座する。なお『吾妻鏡』文治元年（１１８５）七月二十六日条によると、壇ノ浦合戦で生け捕られ伊豆に配流となった前律師忠快（平教盛の子）が小河郷に到着し、これを報告した狩野宗茂は同郷の地頭であろう。

『角川日本地名大辞典』２４４頁
［古代］平安期に見える郷名。「和名抄」伊豆国田方郡十三郷の１つ。湧水が多く、小河川の水源となっていることが郷名の由来と思われる。比定地は現在の三島市大字壱町田付近から三島市中心部を経て、駿東郡清水町大字湯川付近にかけての一帯（県史３・地名辞書・田方郡誌）。式内社小河泉水神社に比定される小河泉水神社が鎮座し、賀茂郡から遷座してきた式内社伊豆三嶋神社（三嶋大社）も鎮座。伊豆国衙は現在の三島市本町に所在したと考えられ、伊豆国分寺も三島市泉町に所在し、その遺跡は栄町・広小路町に広がる。また田方郡郡家所在地とする説もある（静岡県田方郡誌）。

『大日本地名辞書』第５巻・１０３０頁
小河郷　和名抄、田方郡小河郷。○今三島町、北上村及び駿東郡清水村蓋是也。中世郡宅郷と云へるより、小河の名廃す、伊豆府并に三島大社此に在り。国郡沿革考に云、東鑑「元暦二年七月、前律師忠快為流人、到着伊豆国小河郷之由、狩野宗茂申之」とある小河郷は、当時国府の地にして、三島駅の辺たることを知るべし。○伊豆志稿云、伊豆駿河の堺（三島駅の西）を流るゝ堺河を、昔は小河と云ひと思はる、此河の西下の諸村を泉郷といふ、延喜式、田方郡小河泉水神社も此辺ならんか、今さだかならず。
補［小河郷］○和名抄郡郷考、神名式、田方郡小河泉水神社、○伊豆国神階帳、従四位上小河泉明神、○東鑑元暦二年七月小河郷、○秋山氏云、伊豆駿河の堺に流るゝ小川あり、今は二国に堺ふるをもて、界川とよべるを、ふるくは小河と云ひしと思はる、此河西下にいへる諸村のうち、的場より堂庭に至る迄の七村を泉郷といふ（今は玉川を除きて六ケ村也）柿田川の源泉此に沸湧するをもて名づく、又田方郡式内の神に小河泉水神社とあれば、此のあたり決なく小河郷ならん、さて小河泉水神社さだかならず、但湯川村と云うはいと古き村にして、その生土は八幡宮に熊野を配せり、伝へ云ふ、泉郷の惣鎮守神なりと、されば此神を以て当つべきか、右二郷的証少しといへども、多年披索考究の所得、大概舛差あるまじきか、蓋し伊豆はもとするがより分れし国なれば、此二郷の地駿河なること勿論也、分置の時伊豆に属し、延喜の後また駿河に属し、北条氏割取て伊豆となし、駿河亜相駿城におはしし庖厨料として後、駿河となる、彼是附属不定の地なれば、其考のかたきもむべなり。

『大日本史』十一・志三・１２６頁
小河、○今駿河駿東郡湯川村、有小河泉水社、併其旁近六村曰泉郷、泉即小河泉水之省、

『日本地理志料』１７６頁
小河訓闕、按依上総小河郷例、當讀云乎加波、駿河有小河郷、伊勢武蔵下総陸奥丹波讃岐肥後有小川郷、狩野黄瀬二水會于此、因名、東鑑元暦二年條、流律師忠快、於伊豆小河郷、神名式、田方郡小河泉水神社、今在駿河駿東郡湯川村泉森、稱熊野權現、号泉郷七村總鎮守、按圖亘的場、畠中、戸田、久米田、西玉川、湯川、堂庭七邑、其故區也、泉郷、蓋小河泉水之省呼、」秋山氏曰、伊豆本自駿河分、小河鏡作二郷初属伊豆、延喜以後、復属駿河、北条氏時入伊豆、徳川忠長治駿府、復隷駿河、彼一此、後世難考者多、」塚本氏以三島驛擬之、恐失攷、

鏡作郷

『静岡県の地名』８７頁
「和名抄」諸本にみえる郷名。東急本に「加々美豆久里」の訓がある。郷名は鏡製作や祭祀にかかわる鏡作部が分布したこととかかわるか。大同元年（８０６）の牒（新抄格勅符抄）に「鏡作神　十八戸大和二戸、伊豆十六戸」とあり、天平十一年（７３９）度の伊豆国正税帳（正倉院文書）にみえる「弐処神戸、天平十年定穎壱万肆仟伍伯伍拾束」が二ヵ所に分れていた鏡作神社（現奈良県田原本町の鏡作に坐天照御魂神社か）の神戸とするならば、田方郡に奈良時代から鏡作神社の神戸が設定されていたと考えられ、その一部が当郷であった可能性もある。比定地については、（一）現沼津市上香貫・下香貫付近（増訂豆州志稿）、（二）現三島市松本付近（国郡沿革考）、（三）現函南町付近とする説（旧版「静岡県史」）に分れる。（一）は式内社玉作水神社の所在などから駿河国駿河郡玉作郷にも比定されており、（三）は新居郷の比定地と重複するため、（二）が妥当であろう。

『角川日本地名大辞典』２６７頁
［古代］平安期に見える郷名。「和名抄」伊豆国田方郡十三郷の１つ。東急本の訓は、「加々美豆久里」。「大同元年牒」に「鏡作神〈大和二戸・伊豆十六戸〉」と見える（新抄格勅符抄）。駿河郡玉作郷と並んで工人集団が居住したと考えられ、式内社楊原神社と関係があるとする説がある（県史）。楊原神社は現在の沼津市大字下香貫字宮脇、三島大社の摂社として、三島市大字北田町にあり、「延喜式」では同社は田方郡に入っているため延喜年間の頃までは三島市に存在し、平安中・末期に沼津市に遷ったとする説がある（県史３）。そのため比定地は現在の沼津市大字下香貫付近とする説（増訂豆州志稿）、三島市大字北田町付近とする説（県史３）、三島市大字松本付近とする説（地名辞書）があるが、未詳。

『大日本地名辞書』第５巻・１０３７頁
鏡作郷　和名抄、田方郡鏡作郷、訓加加美豆久里。〇今詳ならず、一書に駿東郡香貫村の古名はカツラにて、鏡作の転訛歟と説けど従い難し、国郡沿革考には松本辺と推定す、然らば中郷にあたる。

『大日本史』十一・志三・１２６頁
鏡作、〇今上下香貫村、属駿河駿東郡、豆州志云、鏡作土人譌呼加豆良、用香貫字、大同中、以本郷十六戸、充大和鏡作社、新抄格勅符郷名由起、有大朝、玉作水、楊原三社、延喜式

『日本地理志料』１７７頁
鏡作加加美豆久里按古者鏡作連所居、名義見大和鏡作郷條、新抄格敕符、大同元年、大和国鏡作神、充伊豆封十六戸、即此、豆州志云、鏡作方廃、今駿河駿東郡有香貫村、盖加加美豆久里、譌為加豆良、遂堙香貫字、是名之遺也、京本平治物語、男子潜匿駿河国加豆良邑、其舅木工頭友忠、捕獻平氏、其轉譌亦久、亘上香貫、下香貫、我入道、徳倉、湯川、畑中、戸田、堂庭諸邑、豈其域耶、祀典所秩田方郡楊原神、玉作水神、在上香貫、大朝神在下香貫、古為伊豆地、足以證、」駿河志料云、駿河郡玉作郷、言香貫村、村有玉作水神社是也、楊原神社在三島驛楊原地、與前説相反、国郡沿革考、君澤郡松本村擬之、其地鄰的場村、併錄以采擇、

狩野郷

『静岡県の地名』８７～８８頁

「和名抄」諸本にみえる郷名。訓を欠く。現天城湯ヶ島町松ヶ瀬にあって式内社に比定されている軽野神社との関連が考えられ、比定地も狩野川流域の現修善寺町から天城湯ヶ島町辺りと考えられる。なお狩野は鹿野と同じで焼畑をあらわす語だが、この地域では焼畑はカノではなくオウソリやアラクという語が用いられている。狩野は「日本書紀」応神五年十月条の伊豆国に命じて船を造らせたところ、大型船であるのに軽やかに浮んで速く走ったので枯野と名づけたという枯野伝承とかかわる（→伊豆国）。

『角川日本地名大辞典』２９５頁

［古代］狩野郷　平安期に見える郷名。「和名抄」伊豆国田方郡十三郷の１つ。比定地は軽野神社が現在の天城湯ヶ島町大字松ヶ瀬字神田に鎮座することから、同地を中心にした現在の修善寺町大字小立野・本立野付近から天城湯ヶ島町大字湯ヶ島にかけての狩野川流域一帯（県史３・地名辞書・静岡県田方郡誌）。

『大日本地名辞書』第５巻・１０５１～１０５２頁

狩野郷　和名抄、田方郡狩野郷。〇今修善寺村、下狩野村、中狩野村、上狩野村等是なり。大略、大仁の渓流以南、天城山に至る山谷を指す、本州に於て中央の一区とす。

狩野は中世庄名に呼び、大仁以北なる田中村、北狩野村も其庄内なりしことあり。東鑑、文治四年五月の院宣に「蓮華王院領、伊豆国狩野庄、年貢注文遣之」とあり、本来院御領なりしを知る。其地頭は狩野介茂光と云ひ、其子親光と共に頼朝に随従して、遂に鎌倉殿の家人と為り、子孫累世武名あり。明応六年、北条早雲に破られて其家衰滅す。狩野氏は藤原姓工藤とも号したり、其一族庶流、豆駿遠相四州に繁茂して、東海道の名家たりき。〇増訂豆州志稿云、藤原維景、駿河の任満ちて、本州狩野に在住し、狩野を族とす、伊東系図には、藤原爲憲伊豆守と為り、始て工藤と称す、爲憲時理を生む、時理時信を生む、時信維永を生む、維永の嫡子を維景とす、二男を維信と云ひ、曾我（相模）の祖とす、維景の子維次（号狩野九郎）其子家次、其子茂光、伊豆介に補任し、狩野介と曰ふ、菅源八郎為朝を大島に伐ちたり、其子孫鎌倉に出仕繁栄す、後には太平記、康安元年、畠山道誓修善寺城を保する条に、「一方の大将にもと頼みし狩野介も降参しぬ」とあり、又北条盛衰記に曰く「北条早雲は堀越御所を討取り、又狩野介を攻む、狩野介は伊東が婿なれば、伊東の弟に円覚と云法華の僧ありけるを、大将として加勢、云々、狩野打負け名越の国清寺にて自害しける」と、此に至りて全く衰ふ。〇東鑑、承元二年「鎌倉神宮寺造営材木、自伊豆国狩野山之奥、出河津海」とあるは、天城山を狩野山とも云へるなり。

補［狩野郷］　〇和名抄郡郷考、伊豆国神階帳、正四位上狩野明神、〇今按、神名式狩野神社、これ船名より出たる名にて、カラヌ也、然らば狩野はカラヌより転ぜしものか、東鑑、文暦二年八月伊豆国狩野庄内牧郷とあるは、庄郷転訛したるか、又当時のとなへかく有りしか。〇増訂豆州志稿、国郡沿革考曰、加殿以南の地と。竹村茂雄曰、瓜生野辺より天城山までを云ふと。以上の説によりて其地理の大概を知るべし。

〇増訂豆州志稿、松が瀬村鎮座笠離神社は、即ち式内軽野神社にして、枯野船材を伐りし処、此処ならむ、〇日本紀、応神天皇五年冬十月［略］〇名跡志に、此所は狩野介茂光が居住の地、歴代の旧領なりと。其旧址村の東南にあり、城山と云ひ、山上平地ありて、重隍の跡存す。又其西本城と云ふ地あり、今は耕宅地となると、〇笠離とは、行人神威を畏みて笠を卸し、敬礼して過ぐるより起るのみ。

『大日本史』十一・志三・１２７頁

狩野、〇三福村、在茨城南、郷名尚存、應神帝時、本國貢船、名曰枯野、採材于此、日本書紀、伊豆風土記、〇枯又作輕、奧狩通、後曰狩野荘、東鑑　駿河守藤原維景任滿居此、子孫稱狩野介、伊東系圖　有輕野社、延喜式　有狩野牧、〇今牧郷村　嘉禎中、加藤景朝兄弟相争牧郷地頭職、即此、東鑑

『日本地理志料』１７７～１７８頁

狩野訓闕、按當讀云加留乃、常陸又輕野郷、應神五年紀、科伊豆國造船、船成、長十丈、試浮于海、輕駛如馳、因名其船曰枯野、此出船材所、故名、神明式載田方郡輕野神社、本國神明帳作狩野明神、今在狩野郷松ガ瀬村、稱笠卸明神、按枯輕狩邦訓同、相模足柄郡、語風土記作足輕、亦同、」尊卑分脈、藤原惟景、任駿河守、任滿居于伊豆狩野、其子維績、補伊豆横領使、因以狩野爲氏、其孫爲光、爲伊豆介、世稱狩野介、時源爲朝侵掠本州諸島、狙獗日甚、茂光奏朝、討而滅之、治承中、從源頼朝于石橋山、軍敗死之、子孫襲稱狩野介、續太平記云、昔者武家定八介、于周防大内介、于出羽秋田城介、于相模三浦介、于兩總千葉介上総介、于伊豆狩野介、于遠江井伊介、于加賀富樫介、盖右族也、」東鑑承元二年條、採造神宮寺材于伊豆狩野山、文暦二年條、加藤景朝兄弟、論訴狩野荘牧郷地頭識、天正十一年北條氏文書作狩野牧、豊臣氏文書加乃萬岐、天神祠金鼓識豆州宝郡加野巻、豆州志云、狩野郷廃、狩野荘存、又稱狩野組、領二十七村、按圖亘牧郷、瓜生野、熊坂、修善寺、柏久保、年川、田代、加殿、日向、立野、大平、松カ瀬、佐野、雲金、柿木、青羽根、舟原、矢熊、田澤、月カ瀬、吉奈、門野原、市山、湯カ島諸邑、其故區也、文祿檢地帳、載宝郡田代郷、又宝郡日向郷、宝郡狩野荘等、宝即寶字俗體、盖田方之轉訛修禪寺、初名桂谷山寺、元亨釋書云、僧空海建一宇於豆州桂谷、東鑑建久四年條、前將軍頼家薨于修禪寺、即此、吉奈、元亀三年文書作善名、有善名寺、傳言、僧行基創、田代即田代信綱所居、砦阯猶存、

佐婆郷

『静岡県の地名』８７頁
「和名抄」諸本に見える郷名。訓を欠くが、サバであろう。旧大場村（現三島市）を沢ノ郷といい、上沢村（現函南町）、北沢村・谷田村（現三島市）に佐婆池の跡があるという「増訂豆州志稿」の記載から、現函南町北沢、三島市谷田・玉沢・大場・北沢・多呂・中島付近に比定される。佐婆は沢の意で、付近の渓流に由来する地名であろう。

『角川日本地名大辞典』４５４頁
［古代］平安期に見える郷名。「和名抄」伊豆国田方郡十三郷の１つ。比定地は現在の三島市大字大場・多呂・中島・北沢・谷田・田方郡函南町大字上沢付近（県史３・地名辞書）。

『大日本地名辞書』第５巻・１０３６頁
佐婆郷　和名抄、田方郡佐婆郷。○今錦田村にあたる歟、小河郷の東にして、箱根の麓とす。大場村を沢郷と云ひ、北沢、谷田の辺に佐婆池の跡ありと云へば、今の中郷村の内なる大場、北沢、多呂、中島なども佐婆の旧域内歟。保元物語、東鑑等に当国の人沢六郎宗家と云ふあり。
補［佐婆郷］○増訂豆州志稿、佐婆已に廃して大場村を沢郷と云たり、又上沢、北沢の二村及谷田村に佐婆の池の跡あり、郷域の大概知る可し。
○増訂豆州志稿［重出］上沢村慶長十二年の検地帳は、君沢郡上沢村と記す、これ佐婆郷の内にして山の方にあり、佐婆は沢にして、本村を貫く渓流より起れる称ならむ。保元物語東鑑等に載せたる沢六郎宗家は沢郷の人なりと。本村山崖に数十の洞窟あり、是古代穴居の跡なるべし、又大竹村にも三十夜り、みな之に同じ。

『大日本史』十一・志三・１２６頁
佐婆〇今稱大場上澤北澤諸村、日澤郷、澤即佐婆也、在新居西、有佐婆池〇在谷田村、

『日本地理志料』１７６～１７７頁
佐婆訓闕、按當讀云左八、上野石見周防又有佐婆郷、田野部引風俗通、水草交曰澤、和名佐波、説文、澤光潤也、釋名、下而有水曰澤、言潤澤也、狩谷氏曰、水陸際地、其土必潤澤、故謂水草交為澤、所謂轉注也、」天正十八年豊臣秀吉文書、田方郡澤之郷、豆州志云、佐婆方廃、大場村一名澤郷、隣有邑有上澤北澤、谷田村有佐婆池之涸阯、可以知其檗矣、按圖亘上澤、北澤、大場、多呂、谷田、中島、八反畑、梅名、安久、御園、長伏、松本、平田、堀内所邑、盖其域也、」源平盛衰記有澤六郎宗家、屬源頼朝、戰死石橋山、即本郷人、大場、伊豆山舊記作大庭郷、天正検地帳有多呂郷、在廳多呂氏世此、見三島社古文書、佛光語録、建武元年、足利直義以豆州安久莊、寄佛光禪師、三島文書、延元三年、北畠顯家以安久郷、進于本社、治承四年建武二年文書、有御薗莊、康應二年文書、作三園郷、」祀典所謂倭文神社、在長伏村、高橋神社、在松本村、阿米都瀬氣多知命神社在梅名村、父梨神社在中島村、

直見郷

『静岡県の地名』８７頁
「和名抄」諸本にみえる郷名。高山寺本に「多久美」、東急本に「多々美」の訓がある。比定地については、「多々美」の「多」をオホと訓んで大見とし、その地にあたる現中伊豆町関野・上白岩から原保・中原戸付近一帯とする説（「増訂豆州志稿」など）、「多々美」を「阿多美」の誤りとし、現熱海市熱海付近とする説（大日本地名辞書）などがある。海上交通の面や「和名抄」田方郡の郷名記載順も当郷は小河郷の次で、かなり南の大見川流域とするのはふさわしくなく、後者の説が妥当であろう。

『角川日本地名大辞典』５９８頁
［古代］平安期に見える郷名。「和名抄」伊豆国田方郡十三郷の１つ。高山寺本の訓は「多久美」、東急本は「多々美」。比定地は、「多々美」を「おおみ」と読み、旧大見村、現在の田方郡中伊豆町大字関野・上白岩付近から大字原保・中原戸付近にかけての一帯とする説（豆州志稿）、「ただみ」は「あたみ」の誤りとして現在の熱海市大字熱海付近とする説があるが（県史３・地名辞書・田方郡志）、未詳。

『大日本地名辞書』第５巻・１０５８頁
直見郷　和名抄、田方郡直見郷、訓多々美。〇今の熱海にあたれり、多々美と訓じたるは、阿多美の誤なりと知るべし、東鑑には明に阿多美郷と載す、建保元年、修理亮泰時、以伊豆国熱海郷地頭職、令奉寄走湯山権現給、是元者件神領也、而頃年仁田四郎忠常、令顛倒之、云々。

『大日本史』十一・志三・１２６頁
直見、〇今稱梅木宮上諸村、日大見荘、在山木南、屬賀茂郡、有大見川、亦會狩野川、豆州志、國圖、

『日本地理志料』１７６頁
直見多々美按名義未聞、豆州志云、直見方廃、大見組存、領白岩、關野、城、八幡、冷川、徳永、柳瀬、梅木、宮上、姫湯、貴僧坊、筏場、地藏堂、原保、戸倉野、中原戸、菅引、十七邑、屬賀茂郡、」東鑑、伊豆國大見荘、北條五代記作大見郷、文禄三年検地帳、稱大見組、又大見谷、曾我物語有大見小藤太成家、宅阯在八幡村、塚本氏、為熱海村、亦謬矣、説久寝郷證注、

新居郷

『静岡県の地名』87頁
「和名抄」諸本にみえる郷名。訓を欠くが、駿河国益頭郡新居郷および同国有度郡新居郷の「爾比井」の訓と同じと考えられる。比定地は現函南町とする説（大日本地名辞書）、現長泉町上土刈唐清水町柿田にかけての一帯とする説（長泉町史）などがある。「箱根山縁起幷序」によると、「豆州田方郡新居郷」に一堂を建てて「桑原山新光寺」と名付け、その地を「小筥根」と称したという。桑原を現函南町桑原に比定することにより、前者の説が妥当であろう。

『角川日本地名大辞典』715頁
〔古代〕平安期に見える郷名。「和名抄」伊豆国田方郡十三郷の一つ。比定地は現在の函南町大字桑原付近（地名辞書・県史）。

『大日本地名辞書』第5巻・1037頁
新居郷　和名抄、田方郡新居郷。〇今函南村なるべし、箱根山縁起覚明記に、豆州田方郡新居郷桑原村と云ひ、今桑原は間宮、平井などと合併して函南と改号す、函嶺の南麓なればなり。

『大日本史』十一・志三・126頁
新居。〇今桑原村、在郡東北、建久中、郷名尚存す、筥根山縁起

『日本地理志料』176頁
新居訓闕、按依駿河新居郷例當讀云爾比為、名義見其疏證、僧覚明箱根山縁起、豆州新居郷桑原村、當時為其神邑、故稱小筥根云、按圖亙桑原、大竹、及君澤郡玉澤、其故區也、」東鑑治承四年條、北条宗時、自土肥山至桑原、建仁元年條宗時墳墓、在伊豆桑原郷、玉澤舊名大木澤、有妙法華寺、初弘安中、僧日昭創立鎌倉玉澤地、慶長中、移寺於此、因改今名云、」按祀典有摂津国新屋神、即祀天火明命、是鏡作連祖也、尾張新屋郷、又有新屋神社今稱新居屋村、本郡亦有鏡作郷、盖有由也、

茨城郷

『静岡県の地名』８７頁
「和名抄」諸本にみえる郷名。訓を欠くが、同書東急本国郡部の常陸国茨城郡の「牟波良支」の訓と同じであろう。ただし「吾妻鏡」治承四年（１１８０）八月十七日条に「棘木」がみえ、イバラキかもしれない。現韮山町原木には式内社荒木神社の比定社が所在する。

『角川日本地名大辞典』１４０頁
［古代］平安期に見える郷名。「和名抄」田方郡十三郷の１つ。比定地は現在の韮山町原木付近（県史３・地名辞書）。

『大日本地名辞書』第５巻・１０３８頁
茨城郷　和名抄、田方郡茨城郷。〇今韮山村蓋是也。新居郷の南にして、大字原木存す、原木は字原木の頭音を脱落したるにて、伊達を達に転ずると相同じ。
原木　今韮山村の大字とす、鉄道停車場あり、三島駅を去る六哩余、東鑑に棘木に作る。〇増訂豆州志稿云、原木に延喜式荒木神社あり、（荒木は原木棘木と相近けれど、転訛の跡考慮を要す）又糠田と云ふ地字のこる、東鑑に糠田郷を三島大社へ寄進の事を録し、北条役高帳糠田を載す、即此とす。
〇東鑑、治承四年八月十七日、頼朝兵を挙ぐる条に、北条館より山木館を襲ふべき進路を述べ、
　士卒已競起、北条殿（時政）被申云、今日三島神事也、群参之輩下向之間、定満衢賤、仍廻牛鍬大路者、為往返者可被咎之間、可行蛭島通者歟、武衛被仰曰、所思然也、但為事之草創、難用閉路、将又於蛭島通者、騎馬之儀不可叶、只可為大道者、云々、然後棘木北向、至于肥田原、北条殿招駕対佐々木定綱云、兼隆（山木判官）後見堤権守信遠、在山木北方、勝勇士也、与兼隆同時誅戮者、可有事煩歟、云々、子剋牛鍬東向、定綱兄弟留于信遠宅前田守訖。
北条館より北へ棘木、肥田原に至り、此より廻転して東南行、山木館に向ふ、牛鍬大路とは肥田原（原木と肥田の間）より韮山に通ずる者にて、当時の大路と聞ゆ。蛭島通とは北条館より直に山木館に向ふ捷路なれど、小径なりと知られたり、牛鍬の名は今韮山町の辺多田にのこる。
補［重出］増訂豆州志稿、東鑑に棘木北行到肥田原、此所に糠田の地名存す。三島大社元暦・正和・建武の文書、及北条役高帳に糠田郷とある是なり、東鑑、元暦二年四月廿日の条、今日迎伊豆国三島社、祭日被寄附当国糠田郷於彼社と見えたり。

『大日本史』十一・志三・１２６頁
茨城〇今原木村、在佐婆西南、有荒木社、延喜式、後曰棘木邑、

『日本地理志料』１７７頁
茨城訓闕、按依常陸茨城郡例、當讀云牟波良岐、下總又有茨城郷、伊呂波字類抄、荊、茨、蕡、蒺藜、皆訓牟波良、草木部、薔薇同訓、爾雅釋草、茨、蒺藜也、本草經、蒺藜、其刺傷人甚疾而利也、今俗曰伊婆良、又曰婆良、名義見常陸国疏證、姓氏録、茨木造、天津彦根命之後、神代紀同、舊事本紀、以彦根命孫筑紫刀禰、為茨城国造、言常陸茨城郡也、其裔分處下總及本州、因名地焉、神名式載田方郡荒木神社、本國神名帳同、今在原木村、稱荒木明神、盖其祖廟也、越後原木郷、注阿良岐、下總茨城郷、今作小原子村、茨、荒、原、一聲相通、」東鑑治承四年、源頼朝襲山木兼隆條、取路棘木、北至肥田原、圓成寺暦應二年文書、田方郡原木村、北條分限帳、慶長二年検地帳同、豆州志云、茨城方廢、原木村存、按圖、亘北條、原木、肥田、新宿、塚本、仁田、長崎、奈古屋、柏谷、畑毛、平井、大土肥、間宮諸邑、其故區也、按東鑑元暦元年條、以伊豆糠田郷、寄三島社、今原木村有糠田地、姓氏録云、額田部氏、與茨城国造同系、亦居此、東鑑、曾我物語、有北條郡、増鏡云、平時方居北條郡、因氏焉、其時政、與源頼朝有姻、執幕府政、九葉世襲、玉海有間宮荘、東鑑作寺宮誤、三島社治承建武文書有長崎郷、神鳳抄有塚本御厨、文禄検地帳作塚本郷、皆著邑也、」祀典所謂金村五百君和氣命神社、在奈古屋村、稱杉埼明神、村有國清寺、康安中、畠山國清所建、居関東十刹之一、見鎌倉大冊子、

八邦郷

『静岡県の地名』８７頁
「和名抄」諸本にみえる郷名。訓を欠くがヤクニであろうか。比定地については、（一）中ノ郷と称した地を含む現三島市梅名・中島・大場・多呂・北沢・八反畑・鶴喰・青木・新谷・玉川・平田・松本・長伏・御園・安久とする説（増訂豆州志稿）、（二）八邦は八牧の誤りとして現韮山町韮山山木付近とする説（国郡沿革考）、（三）田中村にあたる現大仁町田京・宗光寺・守木・御門・三福・吉田・大仁・白山堂・神島付近とする説（大日本地名辞書）など大きく見解がわかれる。（一）は佐婆郷の比定地と一部重複し、（二）も付会の可能性があり、（三）が妥当か。

『角川日本地名大辞典』９６６頁
［古代］平安期に見える郷名。「和名抄」田方郡十三郷の１つ。比定地は「八邦」を「八牧」の誤りとして現在の田方郡韮山町大字山木付近とする説（田方郡誌）、三島市大字梅名・安久・御園付近とする説（増訂豆州志稿）、現在の田方郡大仁町大字宗光寺から大字田京・大仁にかけての一帯とする説があるが（地名辞書）未詳。

『大日本地名辞書』第５巻・１０４３頁
八邦郷　和名抄、田方郡八邦郷。○今詳ならず、田中村の辺、旧郷名の配当なければ、もしくは此歟。一説、八邦を八牧の謬りなりと云ふも、附会の嫌あり。地形の上より推せば、八牧は茨城郷内にして、茨城郷の南に一郷を要求す。
補［八邦郷］○［重出］増訂豆州志稿、国郡沿革考曰、八牧もと誤て作八邦、今山木村存と。竹村茂雄亦同歟なれど、確証なし。なほよく考えて定むべし。○田中村にあらずや。

『大日本史』十一・志三・１２７頁
八邦、○豆州志云、三島西南有中郷、梅名安久御園等十餘村、或其地也、附俟後考、

『日本地理志料』１７７頁
八邦訓闕、按邦恐牧字之誤、當讀云夜麻岐、田野部引尚書孔傳、牧可以放牧也、和名无萬岐、盖馬城之義、萬岐其急呼、狩野氏曰、説文、牧、養牛人也、是本義、故左傳云、馬有園、牛有牧、園者養馬人、可知牧之養牛人也、轉謂養牛之地為牧、再轉養馬之地亦曰牧、故訓馬城也、」東鑑治承四年條、先是、前廷尉平兼隆、配于伊豆山木郷、後假平相國之威、恣威郡郷、號曰山木判官、源頼朝之擧事、首襲其館斬之、源平盛衰記作八牧館、三島社應永九年文書、有山木郷、又作八牧或八巻、皆通、國郡沿革考、八牧郷廃、山木村存、山木館阯、在其上山地、萩原氏曰、近并金谷、山木、瀧山、多田、土手和田五邑、稱韮山町、按圖、亘韮山四日町、寺家、南條、仲條、中村、宗光寺、守木、御門、田原、三福、吉田、大仁諸邑、其故區也、」豆州志云、韮山、本山木一丘名、相傳、城主北條某、長享二年歿、無子、家宰田中内膳、請掘越御所、以駿河興國寺城主伊勢長氏繼其後、長氏即移于此、冒北條氏、明應四年抜小田原城、猶多年居此、遂卒、天正中、與小田原倶亡、德川氏江川英長戍之、掌全州及七島政刑、世襲迄昭代之初矣、」掘越御所阯、在四日町村、鎌倉大冊子云、永享中、足利持氏爲其下所戕、關東大亂、長祿中、迎將軍義政弟政知、戴以爲君、居於北條掘越、即此、」寺家村有願成就寺院、東鑑文治五年條、北條時政營伽藍于北條、以祈奥州平定、當時隷本寺、故名之、村有蛭島、源平盛衰記云、釋源頼朝流於伊豆蛭島、後奉以仁王令、崛起為覇業、云、」南條郷見三島社應永文書、三福郷見同天正文書、吉田郷大仁村、見文祿檢地帳、

天野郷

『静岡県の地名』88頁
「和名抄」諸本にみえる郷名。訓を欠くが、アマノであろう。現伊豆長岡町天野を遺称地とし、同地一帯に比定される。

『角川地名大辞典』83頁
[古代]天野郷 平安期に見える郷名。「和名抄」伊豆国田方郡十三郷の１つ。比定地は現在の伊豆長岡町大字天野付近（県史３・地名辞書・田方郡志）。

『大日本地名辞書』第５巻・1045頁
天野郷 和名抄、田方郡天野郷。○今川西村なるべし、狭地なれど往昔は早く一郷に建てられしならん、大字天野存す。
源頼朝に仕へし天野藤内遠景は、盖此に起る、一族六郎政景、左衛門尉景氏など、東鑑に見ゆ、遠州、芸州等に地頭職を賜りしものもあり。○明暦中、狩野川を天野に堰き入れて、江間の稲田二百町に灌漑す、之を江間堰と称す。
補[天野]○増訂豆州志稿、天野村は和名抄、田方郡天野郷なり、郷廃め一村の名と為したり。鎌倉武鑑天野遠景の伝に曰ふ、父景光伊豆の天野に住して氏とすと。海人野の義か、西方[下脱]

『大日本史』十一・志三・127頁
天野、○今天野村、在江間南、天野遠景居此、豆州志

『日本地理志料』178頁
天野訓闕、按當讀云阿麻乃、名義未聞、天野系圖、景澄、姓藤原氏、稱入江權守、始居伊豆天野郷、因氏、其孫遠景、稱藤内、保元中、從狩野茂光討源爲朝、治承中、屬源頼朝、屢立大功、文治二年補鎮西守護職、子孫居此、見保元物語、東鑑、承久記、太平記諸書、藩翰譜、天野康景、仕東照公、駿河興國寺城、盖其後也、秋山氏曰、天野有藥師段地、傳言、天野氏宅阯、豆州志、天野郷廢、天野村存、按圖亘天野、小坂、戸澤、三津、長瀬、長濱、掘切、大澤、重須暑邑、其故區也、今皆入君澤郡云、」祀典所秩長濱神社、在長濱村、劔刀乎夜爾命神社、在戸澤稱多地乎輿伎明神、伊加麻志神社、在掘切伊加麻入地、有養加山益山寺、豈其祠僧乎、三津荘、見國史考引康安二年文書、重須港、見北條五代記、驅籠荘大澤村、見子神祠天文元年梁牌、小坂郷、見北條分限帳、小坂太郎見東鑑、盖本土人、

八邦郷

『静岡県の地名』８７頁
「和名抄」諸本にみえる郷名。訓を欠くがヤクニであろうか。比定地については、(一) 中ノ郷と称した地を含む現三島市梅名・中島・大場・多呂・北沢・八反畑・鶴喰・青木・新谷・玉川・平田・松本・長伏・御園・安久とする説（増訂豆州志稿）、(二) 八邦は八牧の誤りとして現韮山町韮山山木付近とする説（国郡沿革考）、(三) 田中村にあたる現大仁町田京・宗光寺・守木・御門・三福・吉田・大仁・白山堂・神島付近とする説（大日本地名辞書）など大きく見解がわかれる。(一) は佐婆郷の比定地と一部重複し、(二) も付会の可能性があり、(三) が妥当か。

『角川日本地名大辞典』９６６頁
[古代]平安期に見える郷名。「和名抄」田方郡十三郷の１つ。比定地は「八邦」を「八牧」の誤りとして現在の田方郡韮山町大字山木付近とする説（田方郡誌）、三島市大字梅名・安久・御園付近とする説（増訂豆州志稿）、現在の田方郡大仁町大字宗光寺から大字田京・大仁にかけての一帯とする説があるが（地名辞書）未詳。

『大日本地名辞書』第５巻・１０４３頁
八邦郷 和名抄、田方郡八邦郷。○今詳ならず、田中村の辺、旧郷名の配当なければ、もしくは此歟。一説、八邦を八牧の謬りなりと云ふも、附会の嫌あり。地形の上より推せば、八牧は茨城郷内にして、茨城郷の南に一郷を要求す。
補[八邦郷] ○[重出]増訂豆州志稿、国郡沿革考曰、八牧もと誤て作八邦、今山木村存と。竹村茂雄亦同攷なれど、確証なし。なほよく考えて定むべし。○田中村にあらずや。

『大日本史』十一・志三・１２７頁
八邦、○豆州志云、三島西南有中郷、梅名安久御園等十餘村、或其地也、附待後考、

『日本地理志料』１７７頁
八邦訓闕、按邦恐牧字之誤、當讀云夜麻岐、田野部引尚書孔傳、牧可以放牧也、和名无萬岐、盖馬城之義、萬岐其急呼、狩野氏曰、說文、牧、養牛人也、是本義、故左傳云、馬有圜、牛有牧、圜者養馬人、可知牧之養牛人也、轉謂養牛之地為牧、再轉養馬之地亦曰牧、故訓馬城也、」東鑑治承四年條、先是、前廷尉平兼隆、配于伊豆山木郷、後假平相國之威、恣威郡郷、號曰山木判官、源頼朝之擧事、首襲其館斬之、源平盛衰記作八牧館、三島社應永九年文書、有山木郷、又作八牧或八巻、皆通、國郡沿革考、八牧郷廢、山木村存、山木館阯、在其上山地、萩原氏曰、近井金谷、山木、瀧山、多田、土手和田五邑、稱韮山町、按圖、亘韮山四日町、寺家、南條、仲條、中村、宗光寺、守木、御門、田原、三福、吉田、大仁諸邑、其故區也、」豆州志云、韮山、本山木一丘名、相傳、城主北條某、長享二年歿、無子、家宰田中内膳、請掘越御所、以駿河興國寺城主伊勢長氏繼其後、長氏即移于此、冒北條氏、明應四年抜小田原城、猶多年居此、遂卒、天正中、與小田原倶亡、徳川氏江川英長戍之、掌全州及七島政刑、世襲造昭代之初矣、掘越御所阯、在四日町村、鎌倉大冊子云、永享中、足利持氏爲其下所戕、關東大亂、長祿中、迎將軍義政弟政知、戴以爲君、居於北條掘越、即此、」寺家村有願成就寺院、東鑑文治五年條、北條時政營伽藍于北條、以祈奥州平定、當時隷本寺、故名之、村有蛭島、源平盛衰記云、釋源頼朝流於伊豆蛭島、後奉以仁王令、崛起為覇業、云、」南條郷見三島社應永文書、三福郷見同天正文書、吉田郷大仁村、見文祿檢地帳、

天野郷

『静岡県の地名』88頁
「和名抄」諸本にみえる郷名。訓を欠くが、アマノであろう。現伊豆長岡町天野を遺称地とし、同地一帯に比定される。

『角川地名大辞典』83頁
［古代］天野郷　平安期に見える郷名。「和名抄」伊豆国田方郡十三郷の１つ。比定地は現在の伊豆長岡町大字天野付近（県史３・地名辞書・田方郡志）。

『大日本地名辞書』第５巻・1045頁
天野郷　和名抄、田方郡天野郷。〇今川西村なるべし、狭地なれど往昔は早く一郷に建てられしならん、大字天野存す。
源頼朝に仕へし天野藤内遠景は、蓋此に起る、一族六郎政景、左衛門尉景氏など、東鑑に見ゆ、遠州、芸州等に地頭職を賜りしものもあり。〇明暦中、狩野川を天野に堰き入れて、江間の稲田二百町に灌漑す、之を江間堰と称す。
補［天野］〇増訂豆州志稿、天野村は和名抄、田方郡天野郷なり、郷廃め一村の名と為したり。鎌倉武鑑天野遠景の伝に曰ふ、父景光伊豆の天野に住して氏とすと。海人野の義か、西方［下脱］

『大日本史』十一・志三・127頁
天野、〇今天野村、在江間南、天野遠景居此、豆州志

『日本地理志料』178頁
天野訓闕、按當讀云阿麻乃、名義未聞、天野系圖、景澄、姓藤原氏、稱入江權守、始居伊豆天野郷、因氏、其孫遠景、稱藤内、保元中、從狩野茂光討源爲朝、治承中、屬源頼朝、屢立大功、文治二年補鎮西守護職、子孫居此、見保元物語、東鑑、承久記、太平記諸書、藩翰譜、天野康景、仕東照公、駿河興國寺城、蓋其後也、秋山氏曰、天野有藥師段地、傳言、天野氏宅阯、豆州志、天野郷廢、天野村存、按圖亘天野、小坂、戸澤、三津、長瀬、長濱、掘切、大澤、重須署邑、其故區也、今皆入君澤郡云、」祀典所秩長濱神社、在長濱村、劍刀乎夜爾命神社、在戸澤稱多地乎與伎明神、伊加麻志神社、在掘切伊加麻入地、有養加山益山寺、豈其祠僧乎、三津荘、見國史考引康安二年文書、重須港、見北條五代記、驅籠荘大澤村、見子神祠天文元年梁牌、小坂郷、見北條分限帳、小坂太郎見東鑑、蓋本土人、

有雜郷

『静岡県の地名』８８頁
「和名抄」高山寺本・名博本にみえる郷名。東急本は「有弁」につくる。訓を欠くが、佐渡国雑太郡、志摩国答志郡伊雑郷の「雑」は「佐波」で、紀朝臣雑物を「佐比物」と訓むことなどから「宇佐比」とする説（日本地理志料）に従う。養老六年（七二二）の平城京跡出土木簡（「平城宮木簡概報」二三―一九頁）に「有参郷桜田里」、天平七年（七三五）一〇月の同木簡（同書二二―二四頁）に「有雑郷多我里」とあり、奈良時代には「有雑」「有参」と記されていた。現伊東市の宇佐美を遺称地しとし、そこから熱海市上多賀付近までに比定される。なお宇佐美には式内社加理波夜須多祁比波預命神社に比定される比波預神社および宇佐美横穴群が所在し、上多賀にはなら・平安時代の遺物散布地がある。
多賀里 古代郷里制下の有雑郷の里。天平七年（七三五）一〇月の平城京跡出土木簡（「平城宮木簡概報」二二―二六頁）に「有雑郷多賀里」とみえ、同木簡では「多我」「田我」ともつくる。現熱海市上多賀・下多賀付近に比定される。
桜田里 古代郷里制下の有雑郷の里。養老六年（七二二）の平城京跡出土木簡（「平城宮木簡概報」二三―一九頁）に「有参郷桜田里」、天平七年（七三五）一〇月の同木簡（同書二二―二六頁）に「有雑郷桜田里」とみえる。小字桜田の存在から現伊東市宇佐美付近に比定される。

『角川日本地名大辞典』１６２頁
［古代］平安期に見える郷名。「和名抄」伊豆国田方郡十三郷の１つ。東急本では「有弁」につくる。比定地は現在の伊東市大字宇佐美付近とする説（地名辞書・伊東市史・田方郡誌）があるが未詳。

『大日本地名辞書』第５巻・１０５５頁
有雑郷 和名抄、田方郡有弁郷。高山寺本、有雑郷。〇今伊東、遠笠、宇佐美など、相摸灘に面へる海浦なるべし、即久寢の東に一嶺を隔てたり。原書有弁にも作る者ありて、或いはウエとよみ、三島驛の北上村にあつる説あれど、高山寺本有雑とあるに拠り、ウサヒと訓むべし、即後の宇佐美に同きを知る。此雑は古音サフなれば、其フ声をヒに転じて仮れるなり、佐渡国に雑太をサハタと仮借せると同一例なり。

『大日本史』十一・志三・１２７頁
有辨、〇今不詳、豆州志云、有辨上也、今三島驛北有道上地、屬駿河、蓋其遺也、在國府上方、故名、附待後考、

『日本地理志料』１７８頁
有雑按諸本作有辨、訓闕、今依高山寺本訂、當讀云宇佐比、佐渡雜太郡、志摩伊雜郷、雜字皆訓佐波、紀伊雑賀邑萬葉集作狹曰鹿、神龜五年紀紀朝臣雜物、天平元年紀作佐比物、有雑之爲宇佐比、可以例、後日宇佐美、一聲相通、名義未聞」東鑑有宇佐美郷、曾我物語有宇佐美荘、伊東系圖、維職補伊豆押領使、居伊東郷、併河津伊東宇佐美三處、稱葛見荘、其子祐茂、號宇佐美三郎、屬源頼朝、討平兼隆、累戰立功、居二十五功臣之一、子孫傳領、至後北條氏時、見東鑑、太平記等書、後入賀茂郡、屬葛見荘、曰伊東郷、蓋亘宇佐美、湯川、大川、松原、和田、竹田、新井、岡、鎌田、川奈、吉田、萩、大池、十足、富戸、先原、池、八幡野諸邑、其故區也、」祀典所秩田方郡賀理波須多祁比波預命神社、在宇佐美村留田地、引手力命神社、在十足村手力山、古屬本郡、足以徵矣、、」伊東洞、在鎌田村、深不可測、東鑑云、建仁中、源頼家獵此、使和田胤長窮之、有巨蟒栖焉、乃斬而出、伊東浦見日蓮注畫讚、和田佛眼寺、即日蓮流謫之地、多藏其遺墨、
　〇按伊豆志云、有辨修上也、其地高平、在國府上方、因名、今呼三島驛北十餘村曰道上、屬君澤郡、在官道北、故冒道字、即其地也、是就誤文爲説者、今不取矣、

吉妾郷

『静岡県の地名』８８頁
「和名抄」諸本にみえる郷名。訓を欠くが、キショウであろう。現沼津市西浦木負を遺称地とする。天平七年（七三五）平城京出土木簡（「平城宮出土木簡概報」二二－二四・二五頁）に、「棄妾郷瀬埼里」「棄妾郷許保里」「棄妾郷御津里」などとあり、当時の用字は「棄妾」であった。伴出木簡から延暦一〇年（七九一）頃のものと推定される長岡京跡出土木簡（「木簡研究」二〇－五九頁）には「田方郡吉□×」とみえる。元沼津市の西浦・内浦両地区に比定され（日本地理志料）、その範囲は東西一〇キロ以上の広域になるが、瀬埼里・許保里・御津里が所在した浦を中心に戸が編成されたのが実態であろう。当郷からは奈良時代に荒堅魚（鰹の生節か）が貢進されていた（前掲木簡）。その貢進者にみえる大伴部はヤマト王権の食膳奉仕氏族である膳臣と伴造と部の関係にある膳大伴部の後裔とする説もあり、当郷を含む駿河湾沿岸地域の荒堅魚貢進の伝統性との結びつきの強さがうかがえる。

瀬埼里・瀬前里　古代郷里制下の吉妾郷の里。天平七年（七三五）一〇月の平城京跡出土木簡（「平城宮出土木簡概報」二二－二五頁）に「棄妾郷瀬埼里」、同木簡（同書二四－二四頁）に「棄妾郷瀬前里」とみえ、埼・前ともに岬の意であろう。大瀬崎は潮流の速い駿河湾に突き出した砂嘴と岬に由来する地名で、海上交通の要衝であったと思われる。

許保里　古代郷里制下の吉妾郷の里。天平七年（七三五）一〇月の平城京跡出土木簡（「平城宮木簡概報」二二－二五頁）に「棄妾郷許保里」とみえる。現沼津市西浦古宇を遺称地とし、その付近に比定される。

三津里・御津里　古代郷里制下の吉妾郷の里。天平七年（七三五）一〇月の平城京跡出土木簡（「平城宮木簡概報」二二－二五頁）に「棄妾郷三津里」、同木簡（同書二二－二四・二五頁）に「棄妾郷御津里」とみえる。現沼津市内浦三津付近に比定される。治承四年（一一八〇）五月一一日の皇嘉門院惣処分状（九条家文書）に「いつみつのミくりや」（伊豆三津御厨）とみえ、古代・中世にはミツと訓んだと思われる。内浦湾はリアス海岸で、現在も天然の良港となっている。御・三は津の美称で、美しい津、良い津などの意とも考えられるが、畿内の難波津の別称が難波御津で、「万葉集」巻一に「大伴の御津」と詠まれているので、伊豆国の御津もヤマト王権の海上交通の要衝と推測される。

『角川日本地名大辞典』３５７頁
［古代］吉妾郷　奈良期から見える郷名。「和名抄」伊豆国田方郡十三郷の１つ。平城宮木簡に「伊豆国田方郡棄妾郷戸主」と見える（平城宮木簡１－４３０）。比定地は現在の沼津市大字西浦木負を中心とした内浦重寺から西浦江梨までの一帯（県史３・地名辞書）。

『大日本地名辞書』第５巻・１０４１頁
吉妾郷　和名抄、田方郡吉妾郷。〇今内浦、西浦の二村なるべし、木負の地名のこる。増訂豆州志稿云、木負村は山中より木を伐出し、負ひ行きて販ふよりの名也、吉妾郷是也。

『大日本史』十一・志三・１２７頁
吉妾、〇今木負村、在依馬西、吉妾木負、音訓相通、

『日本地理志料』１７８頁
吉妾訓闕、按豆州志、吉妾當讀云岐世布、今有木負村、或作木正、見天正檢地帳、凡任在背、謂之世於布、約世布、吉妾、即修木背負也、居民采樵爲産、故名、」萩原氏曰、吉妾、冝訓與之都麻、祀典所謂鮑玉白珠比咩命神社、在木負村、盖祀三島大神妃神也、郷名因起、本國神階帳作宮玉明神、後稱赤埼明神、又木負宮、後世吉妾音讀、遂轉記負也、今察地形、本郷瀬江浦灣、佃漁爲業、則采樵之説恐妄、」據圖考之、亘木負、久連、平澤、河内、立保、古宇、足保、久料、江梨諸邑、稱内浦九個村、屬君澤郡、盖其地也、」祀典所載引手力命神社、在江梨村、稱大瀬明神、天正檢地帳、邑高田郡三津荘江梨内久料村、高田即田方也、河内村、古爲源頼政采邑、其子仲綱任州守、子孫稱伊豆氏、其族有大河内氏、今班華族、

久寝郷

『静岡県の地名』８８～８９頁
「和名抄」高山寺本・東急本にみえる郷名。名博本は「久寝」につくる。訓を欠く。大宝令施行以降の郡里制下の藤原宮出土木簡（「木簡研究」二―一七頁）に「伊豆国田方郡久自牟里次丁二分調荒×」とあり、「久自牟里」は当郷と考えられる。天平七年（七三〇）一〇月の平城宮跡出土木簡（「平城宮木簡概報」一七―一四頁）に「久寝郷坂本里」とみえる。寝の古音はシムで、久寝も「久自牟里」のようにクシムと訓み、のちにクズミと変化したと考えられる。比定地については、（一）現熱海市伊豆山・熱海・上多賀・下多賀・網代などの一帯とする説（日本地理志料）、（二）現中伊豆町とする説（大日本地名辞書）、（三）式内社久豆弥神社を現伊東市馬場町の葛見神社に比定し、その一帯とする説（旧版『静岡県史』）がある。（一）は上多賀・下多賀が有雑郷多賀里に比定されるため、（三）が妥当であろう。中世には葛見荘がある。

坂本里　古代郷里制下の久寝郷の里。天平二年（七三〇）一〇月の平城宮跡出土木簡（「平城宮木簡概報」一―一四頁）に「久寝郷坂本里」とみえる。比定地は同じく木簡にみえる坂上里との関係から、現伊東市の伊東大川左岸の沖積地にあてる説が妥当であろう。

坂上里　古代郷里制下の久寝郷の里。天平七年（七三五）九月の平城京跡出土木簡（「平城宮木簡概報」二二―二四頁）に「久寝郷坂上里」とみえる。比定地は同じく木簡にみえる坂本里との関係、および坂上を坂の上という地形による地名と考え、現伊東市馬場町の葛見神社付近の海岸段丘から台地にかけての伊東大川右岸とする説が妥当か。

『角川日本地名大辞典』３７８頁
〔古代〕久寝郷　平安期に見える郷名。「和名抄」伊豆国田方郡十三郷の１つ。藤原宮出土木簡に「口自牟里」（藤原宮木簡４―１１）と見えるのは「延喜式」に久豆弥神社があることから当郷にあたるとする説がある（和名類聚抄郡郷里駅名考証）。比定地は現在の中伊豆町大字関野・上白岩・下白岩付近から徳永・戸蔵野・地蔵堂・中原戸・原保にかけての一帯とする説（地名辞書）、「くすみ」を「国の隅」と解し、式内社久豆弥神社を熱海市大字熱海の湯前神社とし、熱海市大字熱海とする説があるが（日本地理志料）、久豆弥神社を現在の伊東市馬場町の葛見神社に比定し、現在の伊東市大字岡・瓶山・馬場町・湯田町・広野１～４丁目から、岡広町・寿町・宝町にかけての一帯とする説が妥当と思われる（県史３）。

『大日本地名辞書』第５巻・１０５５頁
久寝郷　和名抄、田方郡久寝郷。○今大見の諸村なるべし、東鑑に蒟見に作り、後世には専葛見に作る、或は久須見に作れり。

久寝は古訓クスミなり、（寝は古音シムなればスミに転用するを得ん）或はクツミに移るも、いづれか正訛なりや、其実を知らず、又其名義を詳にせず。○日向記云、工藤大夫祐隆は伊豆国、宇佐美、伊東、河津此三箇所をつかねて、葛美庄と号する本主なり。北越軍記云、宇佐美三郎祐茂、抜群の軍忠により、右大将頼朝公より伊豆の本領、宇佐美、久須美、河津其外数箇所の庄園地頭職を賜る、云々。これらにて中世庄号にも呼ばれしを知るべく、而も式亡い久豆弥神社は、伊東に伝説すれば、伊東を以て本拠とする歟、疑ふべし、近世まで葛見庄の名行はれたり。

補〔久豆弥神社〕○延喜式、久豆弥神社、岡村に鎮座〔神祇志、今在賀茂郡熱海村、称温泉明神〕

『大日本史』十一・志三・１２７頁
久寝、○今熱海村、在新居南東、有久豆彌社、按久寝國隅也、在國東北隅、故名、後屬賀茂郡、久豆彌社在此、延喜式

『日本地理志料』１７８～１７９頁
久寝訓闕、按當讀云久須美、盖國隅之義、在州之東北隅、故名、按大隅彌寝郷、訓泥志米、上總夷灊郡訓伊志美、上野男信郷、訓奈萬之奈、出雲惠曇郷、訓會登毛、凡屬古韻第七部第八部者、麻行相轉、是地名用字之例也、國罩曰久、吉野國栖訓久須、山城國背訓久世、即是、」神名式、田方郡久豆彌神社、本國神階帳作熱海湯明神、今在賀茂郡熱海村、稱湯前明神、祀少彦名命云、湯前盖訛湯泉者、東鑑作久津美荘、曾我物語作蒟美荘、蒟盖俗楠字、伊東家譜、工藤維職、補伊豆押領使、居伊東郷、領伊東河津宇佐美三處、號葛見荘、豆州志云、久寝方魔、葛見荘存、領伊豆山、熱海、初島、上多賀、下多賀、網代、諸邑、隷賀茂郡、是其地也、」祀典所秩白波之彌奈阿和命神社、在上多賀村、火牟須比神社、在伊豆山村、東鑑稱伊豆權現、又走湯權現、源頼朝尤崇奉之、傳言、古在日金山上、後遷今地、日金、萬葉集稱伊豆高嶺、相摸集、金槐集、太平記、稱伊豆御山、盖一州之望也、」熱海、東鑑作阿多美郷、準后親房記引風土記、太古大名持少彦名二神、憫民夭折、始制禁厭藥餌温泉、伊豆神湯即其一也、坌涌有時、晝夜各三次、將涌聲如怒雷、愈鳴愈涌、其所衝激、如砲釋機、疊石防之、勢益怒、側作木溝道之、須更百餘戸浴槽皆滿、神湯之名不虛矣、熱海郷、見義堂日工集、宗長記、東國紀行、北條分限帳、有温泉寺、傳言、藤原藤房遁世居此、大日本史以爲誣妄、姑附備考、」初島、古者波都岐命所居、因名、金塊集所咏沖小島是也、」按一説、久寝、今駿河郡、稱久根村、是不知寝音須美者、可謂謷説矣、

伊豆国那賀郡の
郷里・諸説集成

石火郷

『静岡県の地名』９３～９４頁
「和名抄」諸本にみえる郷名。訓を欠くが、イシビか。天平七年（七三五）九月一一日の平城京跡出土木簡（「平城宮木簡概報」二二‐二八頁）に「那賀郡石火郷」とみえる。現松崎町石部は石火が転訛したとされ、石部が遺称地と考えられる。石部には式内社伊志夫神社に比定される同名社が所在する。比定地は現松崎町道部・岩科南側・岩科北側・石部・岩地・雲見から南伊豆町伊浜・子浦・妻良とする説（大日本地名辞書）もあるが、松崎町道部・岩科北側・岩科南側は「和名抄」にみえない射鷲郷に、南伊豆町伊浜・子浦・妻良は同じく入間郷に比定されるので、それ以外の松崎町石部・岩地・雲見付近であろう。
石火里　古代郷里制下の里。天平（七二九－七四九）初年頃の平城京跡出土木簡（「平城宮木簡概報」二二‐二九頁）に「石火郷石火里」とみえる。現松崎町石部付近に比定される。

『角川日本地名大辞典』１１５頁
[古代]石火郷　平安期に見える郷名。「和名抄」伊豆国那賀郡三郷の１つ。南北朝期「伊豆国神階帳」に見える「いしひの明神」の所在地。同明神は「延喜式」に見える伊志夫神社のことであろう。「増訂豆州志稿」は「延喜式」の伊志夫は伊志火の誤りとみなしている。比定地は伊志夫神社のある現在の松崎町大字石部に比定される。
[中世]石火村　戦国期に見える村名。那賀郡のうち。天文１２年の伊志夫神社上梁文に、「仁科荘石火村」と見える（荘園志料下）。

『大日本地名辞書』第５巻・１０６６頁
和名抄、那賀郡石火郷。〇今岩科村、三浜村是也、松崎の南、烏帽子山、波勝崎左右の海崖とす。
延喜式、那賀郡伊志夫神社、当国神階帳いしひの明神は、今岩科村の大字石部に存す。石部とは石火の訛たること分明とす、此社の天文十二年上梁文に、雲見郷石火村とあれば、石火の郷名の廃したるも久し。

『大日本史』十一・志三・１２８頁
石火、〇今石部村、在郡南、後稱雲見郷、屬仁科荘、入賀茂郡有伊志夫社、延喜式岩科川、豆州志妻良津、東鑑〇今妻良村

『日本地理志料』１７９頁
石火訓闕、按當讀云伊志夫、神名式有那賀郡伊志夫神社、本國神名帳作伊志比明神、建暦元年文書、作石火宮、今在賀茂郡石部村、以石為爲神云、石火即石靈也、古訓靈字曰比、如高皇産靈、神皇産靈之靈、比夫一聲相通、本社天文十二年梁牌、作仁科荘雲見郷石火村、寛文十三年梁牌、作石部村盖嫌火字也、豆州志云、石火方廢、石部村存、按圖亘岩科、道部、岩地、石部、雲見、子浦、妻良、一色蝶野、蛇石、市瀬諸邑、其故地也、今隷賀茂郡、」祀典所載國柱命神社、在岩科村、伊波比咩命神社、在一色村、伊波久良和氣神社、在子浦村、大津往命神社、在妻浦村、東鑑作妻良津、北條五代記同、雲見邑烏帽子山、一名淺間山、高千八百尺、航客望以爲標識、山上有淺間社、祀磐長姫命云、即木華開耶姫命姉也、二神在駿豆間、必有幽契而存焉、

井田郷

『静岡県の地名』93頁
「和名抄」諸本にみえる郷名。訓を欠くが、イタであろう。延暦一〇年（七九一）一〇月一六日長岡京跡出土木簡（「木簡研究」二〇－五九頁）に「那賀郡井田郷」とみえる。現戸田村井田を遺称地とする。比定地は現戸田村・土肥町とする説があるが（大日本地名辞書）、土肥町は都比郷に比定されるので、戸田村とするのが妥当であろう。当郷の範囲には、円墳二三基からなる松江古墳群があって、年代は六世紀後半から七世紀後半とされ、式内社井田神社の比定地も所在する。

『角川地名大辞典』122頁
[古代]平安期に見える郷名。「和名抄」伊豆国那賀郡三郷の1つ。「延喜式」神名帳に見える井田神社の所在地。

『大日本地名辞書』第5巻・1048頁
井田郷 和名抄、那賀郡井田郷。〇今田方郡へ入り、戸田、土肥、西豆の三村と為る。戸田に大字井田と云ふは、旧名の残れるなり、達磨山の西麓なる海崖とす。凡大瀬埼より南は、駿河湾の東側にあたり、方俗西浦と云ふ、和名抄の那賀郡是也。
戸田村の大字井田は、猿啼山の下にして、洲口とも唱へらる、建長二年道家処分記に「伊豆国井田庄上下、最勝金剛院領、地頭請所」とあれば、往時は摂籙家の伝領地とす。広く西浦の諸村を籠めたるならん、戦国の世には地頭富永氏あり。

『大日本史』十一・志三・128頁
井田、〇今井田村、在郡西北、豆州志云、本郷屬村九、其宇久須、安良里、田子三村在本郡、餘入君澤郡、井田社在焉、延喜式後曰井田荘、關白道家荘園處分記有宇久須社、延喜式有大楠地、岩松文書〇今宇久須村、按足利氏時、稱宇久須郷、有眞城山、豆州志〇連天城達磨二山

『日本地理志料』179頁
井田訓闕、按當讀云爲多、常陸又有井田郷、井者堰也、偃水以溉田、故名、詳見伊賀猪田郷疏證、」神名式、那賀郡井田神社、今在君澤郡井田村、稱井田明神、永祿中梁牌、曰井田荘七村鎮守神、建長二年關白道家荘園處分記、伊豆國井田上荘、下荘、最勝金剛院領、慶長檢地帳有井田荘、袖珍寶作伊田郡、豆州志、井田方廢、井田村存、按圖、亘君澤郡井田、戸田、土肥、小土肥、八木澤、小下田、及本郡宇久須、安良里、田子初邑、其故區也、」祀典所謂部多神社、在戸田村、其山宮祠梁牌、稱厚見郡戸田村、豊御玉命神社、在土肥村、稱土肥明神、其舊記作稻田荘土肥郷、稻宮命神社、亦在此、稱神明、青玉比賣命神社、在麻小土肥村稱八幡、甌玉命神社、在八木澤、天和三年梁牌、作井田荘宇賀加郷八木澤村、石倉命神社、在小下田、寶菩提院明應二年文書、宇加賀下田兩郷、即此、宇久須神社、在宇久須村大楠地永祿五年梁牌、作井田荘宇久須郷、多爾夜神社、國玉命神社、倶在安良里、哆胡神社在田子、文龜三年梁牌、題曰大多胡鎮守明神、文祿檢地帳、作田子郷、

都比郷

『静岡県の地名』９３頁
古代の郷名。天平七年（七三五）九月の平城京跡出土木簡（「平城宮木簡概報」二二－二九頁）に「中郡都比郷」、同月の同木簡（同書二四－二六頁）に「〔　〕賀郡都比郷□洲里」とみえる。訓を欠くが、都比は土肥に通じ、トヒと訓んで現土肥町に比定される。郷内には式内社の豊御玉命神社（現土肥町土肥の土肥神社に比定）・稲宮命神社（現同町土肥の稲宮神社か）・石倉命神社（現同町小下田の浅間神社に比定）・青玉比売命神社（現同町土肥の八幡神社に比定）が所在した。
湯辺里　古代郷里制下の都比郷の里。天平七年（七三五）九月の平城京跡出土木簡（「平城宮木簡概報」二二－二九頁）に「都比郷湯辺里」とみえる。湯辺は温泉にかかわる地名で、現土肥町土肥付近に比定される。
有覚里　古代郷里制下の都比郷の里。天平七年（七三五）の平城京出土木簡（「平城宮木簡概報」二二－二九頁）に「中郡都比郷有覚里」とみえる。現土肥町八木沢が中世に宇加賀郷とよばれていたらしいことから、八木沢に比定する説がある。

日野尚志「伊豆国の郷里制について」（『九州文化史研究所紀要』第３６号）
都比郷は『和名抄』に記されない郷名の一つで、その遺称地は旧土肥村である。その中心地である土肥は土肥山川の河口付近にあり、河口一帯に沖積地を形成している。
湯辺里の遺称地はないが土肥神社の境内には古くからお湯が湧き古湯と称されていたので馬場一帯が湯辺里であろう。土肥山川の沖積地を見下す山麓には古墳時代後期の古墳や散布地が確認されているが、奈良時代の遺跡は明らかでない。しかし馬場の土肥神社は式内社の豊御玉神社に、尾形の稲宮神社は式内社の稲宮命神社に、それぞれ比定されるので、土肥の馬場付近に奈良時代集落があったとみてよいだろう。土肥の山一つ隔てた小土肥流域にも狭少な沖積地があり、古墳時代前期の散布地が確認されているが、奈良時代の遺跡は明らかでない。小土肥の国玉神社は式内社の国玉命神社に比定されるので、ここに一つの小さな空間を認めるべきであろうか。国玉命神社の現在地への比定に問題が残ること、土肥にもきわめて近く、一里を形成していたとは考えにくい。湯辺里は土肥と小土肥の二つの空間からなっていたとみるべきであろう。
有覚里の遺称地は旧西豆村の八木沢である。八木沢は十七世紀末でも宇加賀といっていたことに注目したい。八木沢には駿河湾に注ぐ松原川・八木沢大川の形成する沖積地があり、その西に広がる丘陵では古墳時代の遺跡が確かめられているが、奈良時代の遺跡は明らかでない。しかし、八木沢の北端には海岸に接して神明社があり、式内社の瓺玉神社に比定されるので、八木沢に奈良時代集落があったとみるべきであろう。有覚里は一つの空間からなっていた可能性が強い。
現在、都比郷は二里しか判明しないが、もう一里あったとすれば、それは小下田であろう。小下田は伊豆半島西部では珍しく海岸段丘が発達し棚田も多くみられるが、古墳時代の遺跡も数多く検出されている。また古墳時代前・後期の住居跡も確認されている。しかし、奈良時代の遺跡は明らかでないが、浅間山にある浅間神社は式内社の石倉尊神社に比定されているので、小下田に奈良時代集落があり、一里をなしていたと思われる。

永岡治『伊豆土肥史考』３７～３８頁
小下田の宝菩提院に関する文書が、前田元侯爵家に所蔵されていて、その中の明徳四年（南北朝時代の北朝の年号・一三九三）の項に、
　地蔵院云々、伊豆国宇加賀下田両郷事
また、応永三十三年（一四二七）の同文書にも
　法華堂領　宇加賀下田
と記載されているとのことである（『増訂豆州志稿』）。このように併記されていることからも、鎌倉・室町時代の一時期、八木沢が宇加賀郷、小下田が下田郷と称されていたことが明らかである。八木沢の三島神社天和三年（一六八三）の上梁文にも
　豆州井田荘宇加賀郷八木沢村
と記されていて、このことがいっそう裏づけられる。
八木沢というのは、古来、宇加賀郷内の一小名であった。古くは「米沢」といったのだが、「米」の字を分けて「八木」沢と改められた（『豆州志稿』）のだという。小下田には米崎・米野（現小峯）という地名があるが、これらと並列される地名だったわけである。
その後宇加賀郷は八木沢郷と改まり、村が細分化されて、小池・松原・中島・長藤・上野・大久保等の現在の小字が、それぞれ「村」と呼ばれていた時代がある。

那賀郷

『静岡県の地名』９３頁
「和名抄」諸本にみえる郷名。訓を欠くが、郡名と同じであろう。郷里制下（七一七－七三九）の平城京跡出土木簡（「平城宮木簡概報」三一－二六頁）に「伊豆国奈賀郡那珂郷江成里戸主」、延暦元年（七八二）一〇月一〇日の同木簡（同書三二－一二頁）に「伊豆国那賀郡那珂郷」とみえる。天平一二年（七四〇）以降の奈良正倉院調庸関係銘文（正倉院宝物銘文集成）には「伊豆国那賀郡那珂郷」とみえる。遺称地である現松崎町那賀を中心に、那賀川流域の同町江奈・桜田・船田・峰輪・大沢・明伏・伏倉・宮内・松崎付近に比定される。那賀郡は郡名郷で式内社も多く、那賀郡の中心的地域であったと思われる。
江成里　古代郷里制下の里。平城京跡出土木簡（「平城宮木簡概報」三一－二六頁）に「伊豆国奈賀郡奈珂郷江成里」とみえる。備中国小田郡実成郷の訓が「美奈利」であることなどから、エナリと訓んだであろう。現松崎町江奈が音が類似するので同地に比定される。

『角川日本地名大辞典』７００頁
［古代］奈良期から見える郷名。「和名抄」伊豆国那賀郡三郷の１つ。正倉院の伊豆国緋絁帯心布墨書銘（寧遺）に「伊豆国那賀郡那賀郷戸主生部直安万呂委文部益人」と見える。比定地は賀茂郡松崎町大字那賀付近（県史３）。式内社仲神社が鎮座。

『大日本地名辞書』第５巻・１０６５頁
和名抄、那賀郡那賀郷。今田子、宇久須、仁科、松崎、中郷の諸村是なり、松崎に中川と云ふ渓流存す。天城山の西方にして、駿河湾に面せり、中世仁科庄と云ひ、石火郷も其の庄内に併入す。

『大日本史』十一・志三・１２８頁
那賀、〇今中村、屬賀茂郡、豆州志云、亙松崎宮内伏倉南郷明伏小杉原六村、其地也、古郡家所在、和名抄大意有仲社、延喜式那賀川、豆州志有佐波社、箕作社、延喜式後有仁科荘、佐波神社大永七年上梁文仁科川出焉、豆州志

『日本地理志料』１７９頁
那賀訓義見上、按那賀郡司治于此、郡名因起、神名式、那賀郡仲神社、今在郡之中村、稱高嶺明神、仲御歳神社、在賀茂郡松埼村、稱下明神、二村相鄰、慶長三年検地帳、西浦那賀郷内中村、建久寺村、吉田村、秋山氏曰、松埼、宮内、伏倉、南郷、明伏、小杉原六邑、古屬本郷、見伊那上神社流記、今轉入賀茂郡、豆州志云、那賀郷廢、中村存、盖建久寺、吉田、櫻田、船田、峯輪、大澤、門野、大澤里、仁科、杉坂、濱、江奈諸邑、其故地也、」祀典所謂箕句神社、在峰輪村、伊那上神社、在宮内村、伊那下神社在松埼村、佐波神社在濱村、布刀主若玉命神社在濱村、」東鑑治承四年條、有中村太郎景平、同次郎盛平、盖本郷人、荒神祠應永八年神像識、仁科荘門野村、嘉吉三年梁牌識、小田原分限帳同、北條五代記作西奈、伊豆日記云、吉田有吉田寺、尼將軍建之、以祈頼家冥福、

丹科郷

『静岡県の地名』９３頁
古代の郷名。天平五年（七三三）九月の平城宮跡出土木簡（「平城宮木簡概報」一七―一三頁）に「那賀郡丹□□多□□」とみえる。現西伊豆町仁科の地名があることからニシナと訓んだと考えられ、西伊豆町一帯に比定される。同町田子に哆胡神社に比定される同名社がある。

江田里　古代郷里制下の丹科郷の里。天平（七二九―七四九）初年頃の平城京跡出土木簡（「平城宮木簡概報」二二―二八頁）に「丹科郷江田里」とみえる。同郷多具里との関係から、仁科川河口付近の現西伊豆町仁科・中辺りに比定される。

多具里　古代郷里制下の丹科郷の里。天平五年（七三三）九月の平城宮跡出土木簡（「平城宮木簡概報」一七―一三頁）に「那賀郡丹□□多□□」とみえる。現西伊豆町田子に多具が類似することから、田子に比定される。

日野尚志「伊豆国の郷里制について」（『九州文化史研究所紀要』第３６号）
丹科郷は『和名抄』に記されない郷名一つで、その遺称地は旧仁科村である。
多具里の遺称地はおそらく旧田子村であろう。田子には古墳時代・古代の遺跡は確認されていないが、多胡神社は式内社の哆胡神社に比定されるので、田子に奈良時代集落があったとみられる。田子は田子港に面した大田子川流域の大田子と小田子川流域の田子からなっていて、それぞれに一つの小さな空間を認めるべきであろう。
江田里の遺称地は残っていないが、里名からおそらく仁科川河口一帯の仁科・中付近であろう。仁科川河口の大浜には砂州が発達しているが、その内側にかつて後背湿地があったとみられ、近世に開発されたことが仁科の小字「沖田・中新田」から考えられる。河口に近い栗原の背後には古墳時代後期の栗原古墳がある。また、築地付近の仁科川河床から縄文から古墳時代の遺跡が検出されており、仁科川の河道が変化した可能性が強い。その時期は不明確としかいえないが、仁科の小字「下川原・大下川原」から考えて現在の河道より北側、即ち、役場の南を流れていたようである。いずれにせよ仁科川河口付近で古代の遺跡は明らかでない。しかし、沢田の佐波神社は式内社の佐波神社に比定されるので、沢田から仁科川河口付近にかけて奈良時代集落があった可能性が強い。
旧田子村に近い浮島にはごく狭少な沖積地があり、ここに祭祀される神明社は式内社の布刀主若玉命神社に比定されるので、ここにも一里を想定すべきであろうか。他の里に比定される地域と比較してあまりにも狭く、はたして里が施行されたのか疑問視せざるをえない。仮りに里が施行されなかったとしても式内社の比定に問題がある可能性も考えられる。なお、浮島には古墳時代・古代の遺跡は全く確認されていない。
さて、仁科川河口左岸は海岸に迫る急崖となっているが、これを越えると那賀川流域となる。この流域は郡名を負う那賀郷域とみられるので丹科郷は仁科川流域、即ち現在の西伊豆町（旧仁科・田子二村）域とすれば、二里であった可能性が強い。今仮りに二里として、前述した都比郷を旧西豆村までとすると旧宇久須村が残る。
旧宇久須村の中心地宇久須は宇久須河口の沖積地にあり、流域には古墳時代後期の散布地が確認されているが、奈良時代の遺跡は明らかでない。しかし、宇久須神社は式内社の宇久須神社に比定されるので、宇久須に奈良時代集落があって里が施行されていた可能性が強い。それは沖積地が湯辺里に比定される土肥、有覚里に比定される八木沢に、それぞれ匹敵するからである。さらに湾奥の浜川河口に位置する安良里には古墳時代・古代の遺跡は確認されていないが、多庭夜神社の多尓夜神社に比定されるので安良里にも一里あった可能性が強い。
以上のように旧宇久須村で二里想定されるが、地域的なまとまり（明治三二年当時の旧村域）を考えれば、『和名抄』に記されない郷名を考えるべきであろう。それは文永五年の史料にみえる宇久須郷であろうか。あるいはうぐすは都比郷、安良里は丹科郷とする方法も考えられよう。いずれにせよ、平城宮でまだ判明していない郷里制に関する史料が検出されることを期待したい。

入間郷

『静岡県の地名』９４頁
古代の郷名。天平七年（七三五）九月の平城宮跡出土木簡（「平城宮木簡概報」二二－三〇頁）に「那賀郡入間郷」とみえる。入間の間をハシと訓んで、イハシとして射鷲郷と同一とする説もあるが、現南伊豆町に入間の地名が残存するので、同町伊浜・子浦・妻良・入間・中木付近に比定される。
売良里　古代郷里制下の入間郷の里。天平七年（七三五）九月の平城京跡出土木簡（「平城宮木簡概報」二二－三〇頁）に「入間郷売良里」とある。現南伊豆町妻良付近に比定される。「売」は女に通じるので、海岸付近の地名に多い女良とかかわるものと思われる。なお平城京跡出土木簡にみえる美良里と同一の里とする説もある。
美等里　古代郷里制下の入間郷の里。年代不明の平城宮跡出土木簡（「平城宮木簡概報」六－八頁）に「那賀郡入間郷美良里物部×」とみえる。平城京跡出土木簡にみえる売良里と同一の里とみる説もあるが、現南伊豆町妻良よりも北の伊浜付近の可能性もあろう。
中村里　古代郷里制下の入間郷の里。天平七年（七三五）九月の平城宮跡出土木簡（「平城宮木簡概報」二二－三〇頁）に「入間郷中村里」とみえる。現南伊豆町の入間か中木付近に比定する説があるが、中村は中間に位置する里という意であれば、同じ入間郷の売良里・美良里の中間にあるわけではなく問題があろう。

『角川日本地名大辞典』１４９頁
　［古代］奈良期に見える郷名。伊豆国那賀郡のうち。平城宮木簡に「那賀郡入間郷美良里」と見える。

『角川日本地名大辞典』１３０８頁
　［古代］入間郷美良里と式内社　平城京跡出土木簡に「伊豆国那賀郡入間郷美良里物部」とあり、入間郷は入間、美良里は妻良であると考えられる。南伊豆は賀茂・那賀両郡に属していたが、西海岸一帯から三浜地域までが那賀郡に、その他の地域は賀茂郡に入っていたと思われる。

日野尚志「伊豆国の郷里制について」（『九州文化史研究所紀要』第３６号）
入間郷は『和名抄』に記されない郷名の一つで、その遺称地は旧三坂村入間である。
売良里の遺称地は旧三浜村妻良で湾奥の狭少な平坦地に位置している。山麓には古代の須恵器・土師器の散布地があり、奈良時代に集落があった可能性が強い。妻良の三島神社を賀茂郡の式内社大津往命神社に比定する考えは、賀茂郡として考察したためであり、再考しなければならない。神社名に大津とあることから郡津と関連するとすれば、賀茂郡家の想定される青野川流域の日野から手石・湊にかけての神社に比定すべきであろう。また、子浦の八幡神社を賀茂郡の式内社伊波久良和気命神社に比定する考えも再考を要する。
中村里の遺称地は残っていない。天然の良港である中木（大字・小字でもない）も注目されるが、入間である可能性も十分考えられ、現在のところ決め手を欠く。中村里が三里の中間にあるという意味であれば、入間が有力視されると同時に中木にもう一つの里を比定しなければならない。いずれにせよ、入間郷は二里とは考えられないので、別の里に関する木簡が平城宮から検出されることを期待したい。
残る問題としては妻良の北にある伊浜に奈良時代集落があって、一つの空間が形成されて否かであろう。現在のところ妻良以外では古墳時代・古代の遺跡は全く確認されていない。

射鷲郷

『静岡県の地名』９４頁
古代の郷名。訓を欠くが、イワシか。天平五年（七三三）九月の平城宮跡出土木簡（「平城宮木簡概報」七――一四頁）に「那賀郡射鷲郷」とみえる。なお年代未詳の平城宮跡出土木簡（「平城宮木簡」三－三－九七）に「那可郡和志郷」がみえ、年代不明の奈良正倉院調庸関係銘文（正倉院宝物銘文集成）にも「和志郷」がみえる。「和志」はワシと訓めるが、ワシはイワシの母音が脱落したものとし、同一の郷と考えたい。比定地は音の類似から、元松崎町岩科南側・北側辺りであろう。
和太里　古代郷里制下の射鷲郷の里。天平五年（七三三）九月の平城宮跡出土木簡（「平城宮木簡概報」一七―一四頁）に「那賀郡射鷲郷和太里」とみえる。和太は和多・和田とともにワタで、海神である綿津見神や海人族にかかわる地名である。元松崎町岩科北側の小字和田・和田前・和田片付近に比定される。
庭科里　古代郷里制下の射鷲郷の里。天平七年（七三五）九月の平城宮跡出土木簡（「平城宮木簡概報」二二－二九頁）に「射鷲郷庭科里」とみえる。現松崎町岩科南側付近に比定される。

『角川日本地名大辞典』１５１頁
［古代］奈良期に見える郷名。伊豆国那賀郡のうち。天平勝宝歳年１０月の平城宮木簡に「伊豆国那賀郡射鷲郷戸主宍人部大万呂口宍人部湯万呂」が見える。比定地は現在の賀茂郡松崎町大字岩科付近と思われるが、未詳。

『角川日本地名大辞典』１３０４頁
［古代］那賀郡射鷲郷とカツオ節　藤原宮出土の木簡に「伊豆国仲郡」が見え、８世紀初頭に郡の存在が知られる。また平城宮出二の木簡に「伊豆国那賀郡射鷲郷戸主宍人部大万呂口宍人部湯万呂調麁堅魚十一斤十両　天平勝宝八歳十月」と記されている。射鷲郷は岩科地区の岩地を指すと思われ、律令制下の名残の郷名を留めている。

日野尚志「伊豆国の郷里制について」（『九州文化史研究所紀要』第３６号）
射鷲郷は和志郷（木簡史料⑫）とも記されるが、『和名抄』に記されない郷名の一つで、その遺称地は旧岩科村である。岩科川流域には沖積地があり、河口付近で右岸は那賀川流域と接する。しかし、左岸は山地が海まで迫り、駿河湾に面する地域とはっきり区別される。従ってこのような地形から郷域は旧岩科村の駿河湾に面する岩地・石部・雲見を除いた地域であろう。
和太里の遺称地はないが、岩科北側（岩科川右岸）の小字に「和田・和田前・和田片」があり、沖積地から山麓に及んでいる。現在でも集落が若干存在するので、その遺称地として判断しても問題はないと思われる。
庭科里の遺称地はないが、「庭」が脱音によって「岩」になった可能性は十分考えられるので、岩科がその遺称地であろう。
ところで、岩科北側と南側は伊豆国では珍しく岩科川が村境になっていた。このことは右岸と左岸でそれぞれ一つのまとまった空間であったことを示しているといえよう。そうであれば庭科里は岩科南側に比定される。この場合、式内社国柱命神社に比定される国柱神社付近が有力である。前述した和太里の遺称地を示す三つの小字名は岩科川を挟んだ対岸にあることに注目したい。
岩科川流域では国柱神社付近に古墳時代の散布地があり、さらに岩科北側中村付近に奈良時代の須恵器・土師器を出土した散布地があるので、岩科川流域に奈良時代集落があったことは確かであろう。射鷲郷が二里であったか否かは明確でないが、二里の比定から考えてもう一里を想定するのは困難といわざるをえない。

伊豆国賀茂郡の
式内社・諸説集成

伊豆三嶋神社

『特選神名牒』２９９頁
伊豆三島神社名神大月次新嘗
　祭神　舊云祭神事代主に定めたれど大に誤れる説なり古來のまゝ大山祇神と改正ありたし
　　今按伊豆國式社攷證に祭神は積羽八重事代主命にして神代より本州鎭座と聞えたりと云て種々考證した
　　れど明證あるにあらず此社の祭神の事は二十二社本縁に伊豆國賀茂郡に坐す三島乃神伊豫國に坐留三島乃神
　　同體に坐す云々源親行の記行にも伊豫の國三島大明神をうつし奉る源平盛衰記にも伊豆國三島社に着給り
　　此宮は伊豫の三島を奉祝也とみえ釋記又日本紀纂疏にも大山祇神の下に伊豆國三島神社と云ひ一宮記に
　　も同神を祭ると云ひ式帳に伊豫國越智郡大山積神社とある社を大三島神と申し伊豫風土記に乎智郡御座
　　神御名大山積命一名和多志大神也とあるにて古へより大山積命と傳へたるを近來八重事代主命を祀れる
　　由云出たるは甚しき誤り也故今取らず
　神位　淳和天皇天長九年五月庚戌三島神預名神、釋日本紀引日本後紀　文德天皇嘉祥三年十月辛亥授伊豆國三島神從
　　五位上今按齊衡元年六月己卯同位階を授ることあるは何れか衍文なるべし故今本文を存して彼を擧ぐ清和天皇貞觀元年正月廿七日甲申奉授伊豆國從四位
　　下三島神從四位上六年二月二日壬戌授伊豆國從四位上三島神正四位下十年七月二十七日戊午授伊豆國正四
　　位下三島神從三位
　祭日　八月十六日
　社格　官幣大社
　所在　三島町今屬君澤郡（田方郡三島町）

度會延經『神名帳考證』（『神祇全書』第一輯）
○伊豆三島神社名神大月次新嘗　大山祇神　日本紀云、伊弉諾尊抜劍斬軻遇突智爲三段、其一段是爲大山祇神、舊事紀云、大山祇神、亦名正鹿山津見、正與花音訓通、天武紀云、十三年十月壬辰、逮于人定大地震、是夕、有鳴聲、如鼓聞于東方、有人曰伊豆島西北二面、自然增益三百餘丈、更爲一島、則如鼓音者、神造是島響也、日本後紀纂云、天長九年五月庚戌、令卜筮炎旱、於内裏伊豆國神爲祟、奏伊豆國言上、三島神、伊古奈比咩神二前預名神、此神塞深谷攂高巖、平造之地二千町許、作神宮二院池三處、神異之事不可勝計、按神作池、今箱根湖乎、中右記云、天永三年十一月廿七日、軒廊御卜、伊豆國司申海上神火事云、伊豆國解云、去十月中下旬之比、海上火出來鳴動如雷者、是去月天下鳴動聲大略此響歟、日本紀云、事代主神化爲八尋熊鰐、通三島溝樴姬、或云玉櫛姬而、生兒姬蹈鞴五十鈴姬命、

伴信友『神名帳考證』（『伴信友全集』第一）
伊豆三島神社名神大月次新嘗
[後紀纂]天長九年五月庚戌令卜筮炎旱日本逸史引釋日本紀且炎旱二字作八九畢於内裏伊豆國神爲祟癸丑伊豆國言上三島神伊古奈比咩神二前預名神此神塞深谷攂高巖平造之地二十町許作神宮二院池三處神異之事不可勝計○按神作池今箱根湖乎[文實]嘉祥三年十月辛亥授伊豆國三島神從五位上[文實]仁壽二年十二月丙子加駿河國古本作伊豆宜從三島大神從四位下斉衡元年六月甲寅朔日己卯加伊豆國三島神從四位下○仁壽斉衡同位也可重考[三實]貞觀元年正月廿七日甲申奉授伊豆國四位下三島神從四位上同六年二月五日壬戌授伊豆國從四位上三島神正四位下同十年七月廿七日戊午授伊豆國正四位下三島神從三位[扶桑見聞私記]卷七伊豆國御園、河原谷、長崎、可早奉免敷池三島大明神右件御園者爲御祈禱安堵公平所寄進如件治承四年十月廿一日源朝臣○輯朝也[同書]卅八元暦二年四月廿日今日迎伊豆國三嶋社祭日武衞御願ヲ爲果當國糠田郷ヲ彼社ニ被寄附而從是嚮ニ御奉寄之地三箇處有之今既爲四箇所也相分之河原谷二園以六月廿日臨時之祭也領所ニ募リ被付神主東大夫盛方糠田長崎ヲ以テ八月二ノ宮八幡宮放生會料所トシテ被付神主西大夫盛成是皆北條殿御奉リニテ令施行給[同書]四十七文治三年七月十八日仁田四郎忠常ガ妻豆州三島社參詣而ルニ洪水之間椊扁舟浮江尻渡之處逆浪舟ヲ覆シ同船ノ男女皆以入水底然ドモ各希有ニシテ存命ス忠常ガ妻没シ畢ヌ是信力强盛ノ者也幼稚ノ昔ヨリ長大ノ今ニ至迄毎月不缺當社ニ詣ケル處ニ去正月此夫忠常重病危急ノ時此女願書ヲ彼社壇ニ捧テ云縮妾之命忠常ヲ令救給ヘト云々若明神其誓願有納受令轉歟忠常十死ノ命ハ助リ彼女今日不慮ニ死亡ス志ノ所之貞女タル由時人有口遊[同書]六十一建久五年十一月一日北條殿爲三島神事經營伊豆國下向給同月十八日江馬殿爲奉幣使被參伊豆國三島社是姬君御不例本復ノ爲也同六年十一月十三日北條殿伊豆國被下向是三島社神事會セン爲也此神ノ事書ニ奉號久伊豆明神一名溝喰姬ト云々女體ノ神トユヘリ以上卷六十三[同書]六十六建久五年七月十九日御子間神主ヨリ飛脚ヲ以テ申云去十七日朝神前ノ御供ノ飯以血染タリ又拜殿ノ天井板ニ七八歲ノ童ノ足跡一アリ[和鈔]三島[神代紀一書]イザナギ尊投劍斬カグツチ爲三段其一段是爲雷神一段大山祇神一段高龗[纂疏]三島明神大山祇命也コレ伊豆ノ一宮也四神ヲ配シ祭ル其一ハ伊古奈比咩其三ハ神名未詳近世或五山祇トスルハ誤也[改暦雜事記]崇峻天皇庚午年伊豫國三島大明神出現[曾物]鮏朱鳥元年始顯伊豆國鎭守[神名記]正一位三島大明神[豫陽盛衰記]從一位諸山積大明神○信友按天武紀三年伊豆島西北二面自然增益三百餘丈更爲一島則如鼓音者神造此島音響也トアリ後紀天長九年ノ古事ヲオモヒアハスベシ又按伊與國越智郡大山積神社ヲ御島神社古クヨリ云ヘリ同神歟可考○烏丸光廣卿伊豆ノ三島神ニ止雨ノ歌ヲ奉ラレケルニ驗アリシコトノ卿ノ東ノ道記ニアリソノ歌「いのるより水せきとめよ天の川これも三島の惠みに」コレハ伊與ノ三島ノ神ニ能因ガ詠テ上リタル祈雨ノ歌「あまの川苗代にせきくたせ天くたります神ならは神」トヨミタルヲ緣ニヨセ玉ヘルナランヲモ考合ベキ也當社ノ考ナホ別ニ詳ナリ當社今君澤郡三島驛ニアリ社域バカリヲ賀茂郡ト云フ本郡ノ賀茂郡トハ遙ヘダタレリ

伴信友『神名帳考』（『神道体系』古典註釋編七・延喜式神名帳註釋）
伊豆三島神社名神大、月次・新嘗
○日本後紀纂曰、天長九年五月庚戌、令卯卜筮炎旱日本逸史引釋日本紀、且炎旱二字作八九畢、於内裏、伊豆國言上、三島神・伊古奈比咩神二前、預名神、此神、塞深谷攂高巖、平造之地、二十町許、作神宮二院、池三處、神異之事、不可勝計、○按、神作池、今箱根湖乎、考證、○文德實錄、仁壽二年十二月丙子、加伊豆國三島大神從四位下、又齊衡元年六月甲寅朔、己卯、伊豆國三島神從四位下、○按、仁壽・齊衡同位也、可重考、○三代實錄、貞觀元年正月廿七日、伊豆國從四位下三島神從四位上、同六年二月五日、伊豆國從四位上三島神正四位下、同十年七月十七日戊午、授伊豆國正四位下三島神從三位、▲扶桑見聞私記七卷、伊豆國御園、河原谷・長崎、可早奉免敷地三島大明神、右件御園者、爲御祈禱安堵、公平處寄進如件、治承四年十月廿一日、源朝臣、○輯朝ナリ、」同卅八卷、元暦二年四月廿日、今日迎伊豆國三嶋社祭日、武衞御願ヲ爲果、當國糠田郷ヲ彼社ニ被寄附、而從是嚮ニ御奉寄

之地、三箇處有之、今既爲四箇處也、相分之河原谷三園、以六月廿日臨時ノ祭之領所ニ募リ、被附神主東大夫盛方、糠田・長崎ヲ以テ、八月二宮八幡宮放生會料所トシテ、被附神主西大夫盛成、是皆北條殿御奉リニテ、令施行給、」同四十七卷、文治三年七月十八日條云、仁田四郎忠常カ妻、豆州參詣三島社、而ニ洪水ノ間、棹扁舟浮江尻、渡之處逆浪舟ヲ覆シ、同船ノ男女皆以入水底、然トモ各希有ニシテ存命ス、忠常カ妻没シ畢、又是信カ強盛ノ者也、幼稚ノ昔ヨリ、長大ノ今ニ至ル迄、毎月不缺當社ニ詣ケル處ニ、去正月此夫忠常重病危篤ノ時、此女願書ヲ彼社壇ニ捧テ、縮姜之命、忠常ヲ令救給ヘト云々、若明神、其誓願有納受、令轉㪅、忠常十死ノ命ハ助リ、彼女今日不慮ニ死亡ス、志ノ所之、貞女タル由、時人有口遊、」同六十一卷、建久五年十一月一日、北條殿、爲三島神事經營、伊豆國下向給、同月十八日、江馬殿爲奉幣使、被參伊豆國三嶋社、是姬君御不例本復之爲也、建久六年十一月十三日、北條殿、伊豆國被下向、是三嶋社神事會セン爲也、此神ノ事、神書ニ奉號久伊豆明神、一名溝喰姬ト云々、女體ノ神ト云ヘリ、以上巻六十三、」同六十五卷ニ、建久九[五]年七月十九日、三嶋ノ神主ヨリ、飛脚ヲ以テ申云、去十七日朝、神前ノ御供ノ飯、以血染タリ、又拜殿ノ天井板ニ、七・八歲ノ童ノ足跡一アリ、〇和名抄、三島、〇志云、神代紀一書云、伊弉諾尊、拔劔斬カグツチ、爲三段、其一段是爲雷神、一段是爲大山祇神、一段是爲高龗、纂疏曰、三嶋明神、大山祇命也、コレ伊豆ノ一宮也、四神ヲ配シ祭ル、其一伊古奈比咩、其三神名未詳、近世或五山祇トスルハ誤也、」改曆雜事記、崇峻天皇庚午年、伊豫國三嶋大明神出現、」曾我物語異本ニ曰、朱鳥元年、始顯伊豆國鎭守、」神名記、正一位三島大明神、」豫陽盛衰記ニハ、從一位諸山積大明神、〇信友云、當社ノ考、別ニ詳也、當社、今君澤郡三島驛ニアリ、社域バカリヲ賀茂郡トコフ、本郡ノ、賀茂郡トハ、ハルカニヘダタレリ、」又考ニ、天武紀三年、伊豆嶋西北、二面自然增益三百餘丈、更爲一嶋、則如鼓音者、神造是嶋音響也、後紀、天長九年ノ古事ト、思ヒ合スベシ、〇伊豫國越智郡大山積神社ヲ、御嶋神社ト古クヨリイヘリ、同神歟、可考合、〇烏丸光廣卿、伊豆ノ三嶋神ニ止雨ノ歌ヲ奉ラレケルニ、驗アリシ事、彼卿ノ東ノ道紀ニアリ、ソノ歌「いのるより 水せきとめよ 天の川 これも三嶋の 神の惠ミに」 コレハ、伊與ノ三嶋神ニ、能因カ詠テ上リタル祈雨ノ歌、「天の川 苗代水にせき下せ 天くたります 神ならハ神」トヨミタルヲ緣ニ、ヨマセ玉ヘルナランヲモ考合ヘキ也、

1 (頭註) 因 圓云、三嶋驛、
（付箋）續後紀云、伊豆國言、賀茂郡有造作嶋、本名上津嶋、此嶋坐阿波神、是三嶋大社本后也、

鈴鹿連胤『神社覈錄』（井上賴圀・佐伯有義校訂『神社覈錄』下編）
伊豆三島神社　名神大月次新嘗
　伊豆は國名に同じ、三島は美之末と訓べし、和名鈔、郷名部三島、〇祭神大山祇命、一宮記〇東海道君澤郡三嶋驛に在す、但し社地のみは今も賀茂郡と稱す、〇式三、臨時祭名神祭二百八十五座、中略伊豆國三島神社一座、〇當國一宮也、一宮記〇日本紀神代卷上、一書曰、伊弉諾尊拔劔斬軻遇突智爲三段、其一段是爲雷神、一段是爲大山祇神、一段是爲高龗、〇盛衰記四十五、四ノウ伊豆國三島宮ハ伊豫ノ三島ヲ奉祝也、〇伊豆志云、四神ヲ配シ祭ル、其一伊古奈比咩、其三未詳、或五山祇トスルハ誤也、
　　類社
越後國三島郡三島神社
　連胤云、伊豫國越智郡大山積神社と同體也、是も常には三島明神と稱す、三島といふは伊豫國ぞ原なるべき、越後國なるも同じかるべし、
　　鎭座
曾我物語異本云、朱鳥元年始顯伊豆國鎭守、
　　神位　名神
日本後紀纂、天長九年五月庚戌、令卜筮炎旱、癸丑、伊豆國言上、三島神、伊古奈比咩神、二前預名神、此神塞深谷、摧高巖、平造之地二千町許、作神宮二院池三處、神異之事不可勝計、釋日本紀引用同ク、但し炎旱二字九畫に作る、文德實錄、嘉祥三年十月辛亥、授伊豆國三島神從五位上、仁壽二年十二月丙子、加伊豆國三島大神從四位下、又齊衡元年六月己卯、加伊豆國三島神從四位下、同位重出下審三代實錄、貞觀元年正月廿七日甲申、奉授伊豆國從四位下三島神從四位上、同六年二月五日壬戌、授伊豆國從四位上三島神正四位下、同十年七月廿七日戊午、授伊豆國正四位下三島神從三位、」國內神名帳云、正一位三島大明神、
　　社領
扶桑見聞私記七云、治承四年十月廿一日、伊豆國御園、河原谷、長崎、可早奉免敷地三島大明神、右件御園者爲御祈禱安堵公平、所寄進如件、源朝臣、賴朝他」同卅八云、元曆二年四月廿日、今日迎伊豆國三島社、祭日武衞御願ヲ爲果、當國糠田鄕ヲ彼社ニ被寄附、而從是嚮ニ御奉寄之地三箇處有之、今既爲四箇所也、相分之河原谷三園以テ、六月廿日臨時ノ祭之領所ニ募リ、被付神主東大夫盛方、糠田長崎ヲ以テ、八月二宮八幡宮放生會料所トシテ、被付神主西大夫盛成、是皆北條殿御奉リニテ令施行給、〇當代御朱印高五百石
　　雜事
扶桑見聞私記四十七云、文治三年七月十八日、仁田四郎忠常カ妻、豆州參詣三島社、而ニ洪水之間棹扁舟浮江尻渡之處、逆浪舟ヲ覆シ、同船ノ男女皆以入水底、然ドモ各希有ニシテ存命ス、忠常ガ妻没シ畢、又是信カ強盛ノ者也、幼稚ノ昔ヨリ長大ノ今ニ至ル迄、毎月不缺當社ニ詣ケル處ニ、去正月此夫忠常重病危篤ノ時、此女願書ヲ彼社壇ニ捧テ、縮姜之命忠常ヲ令救給ヘト、云々、若明神其誓願有納受令轉㪅、忠常十死ノ命ハ助リ、彼女今日不慮ニ死亡ス、志ノ所之貞女タル由時人有口遊、」同六十一云、建久五年十一月一日、北條殿爲三島神事經營、伊豆國下向給、同月十八日、江馬殿爲奉幣使被參伊豆國三島社、是姬君御不例本復之爲也、」同六十三云、建久六年十一月十三日、北條殿伊豆國被下向、是三島社神事會セン爲也、此神ノ事神書ニ奉號久伊豆明神、一名溝喰姬ト、云々、女體ノ神ト云ヘリ、」同六十五云、建久九年七月十九日、三島ノ神主ヨリ飛脚ヲ以テ申云、去十七日朝神前ノ御供ノ飯以血染タリ、又拜殿ノ天井板ニ七八歲ノ童ノ足跡一アリ、

栗田寬『神祇志料』第十二卷
伊豆三島神社、今君澤郡三島驛にあり。傳云ふ、本社昔伊古奈比咩命神社同殿に坐しを、後今地に別遷さる。豆州志、行囊鈔、〇按社地今君澤郡に隸たれど、社域ばかりを賀茂郡と云に、盖伊弉諾命の兒大山積命を祀る。參取古事記、日本紀纂疏、一宮記、即伊豆の一宮に

坐り。三島文書、一宮記、伊豫三島神を遷奉る所也。親行海道記、廿二社本緣、源平盛衰記、〇按此神本國又伊豫駿河に由緣ある事、伊豫大山積神社の下に云るが如し、また駿河國神名帳に、淺間御子明神十八座とあり、伊豆國神階帳にも、三島大明神十八所御子達とある時は、兩國とも同神の族繁多かりし事知べし、さて同神を祭られし事は、本國は天武天皇の御世に駿河國を割て、置れし國なる故にや、もし又二國の國造は物部連同族なる故、もとより祭られたるにもやあらん。孝謙天皇天平寶字二年十月辛丑、伊豆地九戸を神封に充て、十二月四戸を寄奉る。新鈔格勅符淳和天皇天長九年五月庚戌、三島神伊古奈比咩神、大に神靈を顯し給ひ、深谷を埋め高巖を摧き、神宮二院、池三處を造り、故を以て此神を名神に預しめ、釋日本紀引日本後紀文德天皇嘉祥三年十月辛亥、從五位下を授け、斉衡元年六月己卯、從四位下を加へ、文德實錄〇按本書仁壽二年十二月丙子、駿河國三島大神從四位を加ふとあるは、蓋衍文也、駿河伊豆本一國なるを以て、誤れるものなる事著し、故今伊豆とあるに據て、駿河と云ふを略けり、阿波咩神、物忌奈神、伊古奈比咩、伊太氏和氣、阿乞佐和氣、波布比咩等の諸神も、又皆之に倣へ。清和天皇貞觀元年正月甲申、從四位上に叙され、六年二月壬戌、正四位下を授け、十年七月戊午、從三位に進め奉り、三代實錄醍醐天皇延喜の制、名神大社に列り、祈年、月次、新嘗の案上官幣に預り給ひき。延喜式高倉天皇治承四年九月庚子、源賴朝本國河原谷長崎地を神領に充つ。是よりさき戰勝を祈るに神佑ありしを以て也。後鳥羽天皇文治元年四月癸酉、賴朝祈願の奉賽に、相模糠田郷を寄奉り、さきに奉れる河原谷三園を六月廿日臨時祭料として、神主東大夫盛方に附け、糠田長崎を二宮八幡放生會料として、神主西大夫盛長に附けしめ、建久六年十一月甲午、將軍賴朝馬劍幣を奉り、吾鏡後醍醐天皇延元三年正月癸卯、權中納言兼陸奥大介鎮守大將軍源顯家伊豆安久郷を寄して、天下太平を祈る。凡神官世々伊豆宿禰を以て宮司とす。三島文書一を東大夫、二を西大夫と云。吾鏡今神主矢田部氏、即東大夫の裔也。豆州志其他社家凡三十六人、正月元日、十七日、四月十一月酉日、八月十六日祭を行ふ。東海道名所圖會

『大日本史』［九］・志一・巻二百五十五
伊豆三島神社〇舊村白濱村、奥伊古奈比咩命同社、後遷田方郡三島驛、社地尚稱賀茂郡、後又改郡曰君郡、而社地仍存舊名、祀大山祇命、釋日本紀、日本紀纂疏、一宮記、遷祭伊豫三島神也、源平盛衰記、東鑑紀行、〇按伊豆三島社在越智郡、據舊ognosti事本紀、越智國造奥本國國造、倶物部連族、而二國故崇敬駕神、駿河國造亦同族、而其國紀木華開耶姬、赤配享斯神、號淺間神、本國神明帳云、三島御子神八十八所、駿河國内神名帳亦云、淺間御子神十八座、蓋故有緣由、而今不可考也、天平寶字二年、充本國封十三戸、新鈔格教符天長九年、神示靈威、因預名神、釋日本紀引日本後紀文德帝立、授從五位上、仁壽二年、加從四位下、文德實錄〇本書伊豆作駿河誤、今從一本、齊衡元年、復書本國諸神加階之事、全集本條同、蓋衍文、如阿咩命、物忌奈命、伊古奈比咩命、阿未都和氣命、伊太豆和氣命、阿乞佐和氣命、波布比咩命等神、亦皆倣此、貞觀元年、授從四位上、六年加正四位下、十年進從三位、三代實錄、〇伊豆神明帳帳爲正一位延喜制、列名神大社、預四度官幣、延喜式後稱本國一宮、一宮記本國突出東南海中、變異甚多、或震動有聲、島嶼自湧、或塞深谷摧高巖、俄成平陸、或海上發火、新生山島、土人以爲神異、謂三島大神及神妃神子所爲也、故國中多祀其神族云、參取日本書紀、釋日本紀引日本後紀、續日本後紀、扶桑略記、三宅記、治承中、源賴朝奉本國御園河原谷長崎地、後又奉糠田郷、以充六月臨時祭、及八月二宮八幡宮放生會料、分附之東大夫盛方、西大夫盛成、〇豆州志、八幡宮在本社域内、舊稱二宮、不知何年何、蓋地主神也、後賴朝詣社奉幣、尋又獻幣物劍馬、東鑑初本社神幡鎖鑰等、爲東大夫所掌、及元久中、西大夫奪其職、源實朝命仍舊掌焉、建武中、足利尊氏獻駿河土加利郷地四町、及本國三福長崎二郷、延元三年、鎮守府大將軍源顯家奉本國安久郷、祈天下太平、應永八年、足利滿兼以本國愛玉郷充二季祭禮神寶之用、其他駿河呉智郷田四町、本國玉川、郡宅、三國、北中村諸郷、并蒲谷御厨内田中村等、皆屬神領、社司世以伊豆國造裔伊豆宿禰任之、分爲二家、三島社文書、國造裔神主系圖、所謂東大夫西大夫即是也、吾鏡東大夫之裔、至今奉其職云、豆州志

『大日本史』［十一］・志三・巻二百九十三
三島、〇今白濱村、在川津南、有伊古奈比咩命社、即三島神妃也、初三島社在此、合祭其妃神、後遷于田方郡、郷名從而移云、伊豫三島神、遷居此、故名、豆州志有伊古奈比咩命社、延喜式

『大日本史』［十一］・志三・巻二百九十三
凡本國島嶼纂多、皆隸本郡、槩稱七島云、曰大島、南方海島志〇下田港東十三里、周十餘里、領村五、所謂伊豆島也、日本書紀其俗敦朴、不盗竊、不束髮、尤信鬼神、親死乃造喪屋居之、蓋古之遺風也、諸島大率類此、山常噴火、〇鎌倉淨智寺記云、山常噴火、烟焰漲天、時有聲如雷、至今猶然、産馬及野牛、海島風土記、南方海島志、天武帝時、竄麻績王子某于此、〇名闕、後定爲配流地、日本紀、續日本紀、延喜式、保元物語、曰新島、南方海島志〇在大島東南、周六里餘、領村二、天武帝十二年、東方有聲如鼓、伊豆島西北増三百餘丈、別成一島、時人謂、是神造此島之響也、日本書紀〇三宅記云、神聚海積、新築斯島、曰式寧島、〇在新島南、周八里、古奥新島相聯、後屬島別名、無居民、曰上津島、南方海島志〇又作神津、或神津、在新島西五里、周五里許、三宅記云、上古諸神所會、故名、承和七年、國言、賀茂郡有上津島、島中火起、經旬不熄巖石燒碎、雨灰滿地、是阿波咩、物忌奈二神所爲也、續日本後紀事具神祇志、〇本島、東控三宅島、南溪浩夢、風浪險悪、巉巖峻峭、草木繁茂、西面纔可停泊云、曰利島、〇在大島新島間、周一里餘、屹立海礁、無一平他、曰三宅島、〇在上津島東九里、周几七里、山巒嵯峨、多産礦黄、上古三島神、分處諸子於神著、伊豆、阿古、坪田等地、三宅記〇今並属村里有多祁富許都久和氣命社、延喜式有爲朝山、源爲朝嘗居于此、南方海島志曰三倉島、〇又作御藏、在三宅南五里許、周三里餘、山嶽崎嘔、無平地、産黄檗、三島神嘗稱、此地、神之府庫也、故名、曰八丈島、〇在三宅南十五里、周十餘里、領村五、一名瀛島、〇一作隱岐曰有優婆夷命社、有以下延喜式凡群島女多男寡、容姿端麗、肌膚白晢、髮長委地、故亦稱女護島、海島風土記、南方海島志、漢人所謂女國是也、後漢書〇本書日、海中有女國、無男子、文獻通考、女國在扶桑東千里、其人容貌嬌正、色白髪長、日觀要多日、女子郷東南有八丈島、女居十二七人、故名、今屬倭國、雎出傳聞、頗得其實、上古三島神妃八十波江神居于此、三宅記〇土人傳言、古有二神女、曰上加美、號曰天神、神像猶存、島極嶮峨岨、不得賑上、海深至三百尋氣候恆燠、罕見霜雪、有火山、産野牛、土宜蠺桑、女巧機杼、海島風土記、南方海島志、治承中、輸絹鎌倉、乃獻之大神宮、八丈絹始著、東鑑、續自事誤、爾後貢獻弗絶、其民不用錢貨、以米穀絹絲交易、海島風土記、南方海島志、〇凡量穀、兩手掬之二盃、即常二合五勺、十四基爲一升、十四升爲一俵、絹以八尺爲一策、四策爲段、絲長一策四纏爲一丈、或有用秤者、毎村有下部、掌龜卜云、屬島二、日小島、〇在島西二里、周三里餘、屹立如亨、領村一、日青島、南方海島志〇在島南十八里、周五里餘、巉壁削立、其内空瞰、領村二、古以鬼島、其民被髮鬼鬢、身見色黑、以木葉爲衣、狀如鬼魅、故名、源爲朝改曰菖島、土人倚穴爲屋、風俗奥他益異、初保元之亂、爲朝譎於大島、侵占諸島、綏撫民人、遂取八丈、服鬼島、往來琉球、〇按本書藏爲朝所領語言、有大島、三宅、八丈、美計、濃五島、或加上津島、新島、三倉島爲五島、大抵奥今所稱相符、唯美計濃二島未詳、而島名初島莫所見、日美計、日濃、或其舊名、附以備考、以鬼島民歸大島、往來國符、以恐嚇内地、保元物語及官軍來討、退自裁于小島、其墓猶存、土人立祠祀之、號曰八郎明神、源賴朝、嘗遣使納神鏡及甲冑弓矢以祭之、〇按保元物語、嘉應二年、爲朝自殺于大島、源氏系圖云、安元二年三月、在大島所殺、而土人傳、承安三年八月、自殺于小島、諸説不一、然廟墓見在、乃土人説未不虛矣、姑書以備參考、神社考云、爲朝八仕斃島、遂渡琉球、諸島至今立社、祭之、以爲島神、是亦一説、其子後爲島主、〇保元物語云、爲朝在島生二子、日爲賴、曰爲家、方其自裁、先刺為賴殺之、爲家倘尚、其母懷而去、後爲島主者蓋是奥、絶島之事、不可得而詳、稱入道宮、世奉其祀云、海島風土記、南方海島志、伊豆七島圖、〇按拾芥鈔、藏全國地圖、僧行基所製、雖眞爲不可知、蓋古圖也、何藏壹島、曰大島、日見付島、然見付不知今何島、按方位、或言八丈島乎、八丈浪人已知之、中國豈不知之耶、海島志又云、八丈東南有小笠原島、大小凡八十餘島、距下田港三百四十四里、文嶽中、信濃人小笠原定賴所開、故名、絶無居民、故呼無人島云、南鄙島一脈也、姑附干此、

『大日本史』［十一］・志三・巻二百九十三
佐婆、〇今稱大場上澤北澤諸村、曰澤郷、澤即佐婆也、在新島西、有佐婆池、在谷田村有河原谷、治承中、源賴朝奉之三島社、東鑑有山七里、

野七里、<small>異本曾我物語〇按七里、訓日久禮、其義未詳、</small>建武中、新田義貞東伐、夜踰之、太平記有水飲地、〇在山中村即義貞布陣處、<small>梅松論</small>有三島社、<small>延喜式〇按本社初在賀茂郡三島郷、延喜以後、遷于今地、社域尚稱賀茂郡云、</small>有國府、<small>和名鈔〇豆州志云、鎌倉時、移府于北條、</small>有法華寺、元慶中、國分法華寺火、以定額寺代之、三代實錄有國分寺、<small>延喜式〇址在三島驛</small>有島田驛、<small>豆州志〇遺址在佐野村古宿地承和中、移駿河永藏驛于本郡、即此、</small>續日本後紀有玉川郷、<small>〇今玉川村元久中、為三島神邑、三島社文書〇玉川村西有藏司原、傳言、古置屯倉處、</small>

『大日本史』［十一］・志三・巻二百九十三
茨城、<small>〇今原木村、在佐堂西南、</small>有荒木社<small>延喜式後日蘇木邑、</small>有長埼地、<small>今長崎村、</small>治承中、源頼朝獻之三島社、有北條南條地、<small>東鑑平直方孫時方居北條、因氏焉、</small>鎌倉時、遷國府于此、私稱北條郡云、<small>豆州志、國圖、〇志云、當時原木至甫條、市坊相接、</small>有寺宮荘、有願成就院、<small>〇在寺家村北條時政所糺、東鑑</small>有金山城、<small>〇城址在神益村正平中、</small>畠山國清據此而畔、<small>太平記</small>

竹村茂雄『伊豆國式社考』（『神祇全書』第四輯）
伊豆三島神社<small>名神大月次新嘗</small>

齋田茂先・山本忠英『掛川誌稿』伊豆巻（郷土新聞社刊）
三島は、和名抄加茂郡ノ郷也、上古三島神社、加茂郡に鎮座、後田方郡に移る、故に旧に依て和名抄には三島を加茂郡に入たり、今三島神社は君沢郡なれとも社と神領はかりは猶加茂郡なりと云へり

斎田茂先・山本忠英『掛川誌稿』伊豆巻（郷土新聞社刊）
三島郷 君沢郡の三島是也三島大明神、初加茂郡に在て、後今の所に鎮座す、故に此郷君沢郡にありと云

徳川義直『神祇寳典』巻五・伊豆（『神祇全書』第貳輯）
伊豆三島神社<small>名神大月次新嘗</small>
　大山祇神也
　纂疏云、今伊豆國三島神社、攝州島下郡三島鴨社、伊豫州越智郡大山積神等同體異名也、嘉祥三年十月辛亥、伊豆國三島神授從五位上、齊衡元年六月己卯、授從四位下、貞観元年正月甲申、授從四位上、六年二月壬戌、授正四位下、
　大山祇神
　日本紀云、伊弉諾尊抜劔斬軻遇突智爲三段、其一段是爲雷神、一段是爲大山祇神、一段是爲高龗、
　一書曰、伊弉諾尊斬軻遇突智爲五段、此各化成五山祇、一則首化爲大山祇、二則身中化爲中山祇、三則手化爲麓山祇、四則腰化爲正勝山祇、五則足化爲鵄山祇、
　舊事紀云、伊弉諾尊遂抜所帶十握劔、斬軻遇突智頸爲三段、亦爲五段、亦爲八段、八段各化爲八山祇、一則首化爲大山祇、亦名正鹿山津見神、二則身中化爲中山祇、亦於胸所成神名淤縢山津見神、三則腹化爲麤山祇、亦名奥山上津見神、四則腰化爲正勝山祇、亦於陰所成神名闇山津見神、五則左手化爲麓山祇、亦名志藝山津見神、六則右手化爲羽山祇、亦名羽山津見神、七則左足化爲原山祇、亦名原山津見神、八則右足化爲戸山祇、亦名戸山津見神、
　日本紀云、伊弉諾尊與伊弉冉尊共生大八洲國、又生海神等、號少童命、山神等號山祇、水門神等號速秋津日命、木神等句々廼馳、土神號埴安神、然後生萬物焉、
　古事記云、伊邪那岐命伊邪那美命既生國竟、次生海神、次生水戸神、次生風神、次生木神、次生山神、名大山津見神、次生野神
　舊事紀云、伊弉諾伊弉冉二尊既生國竟、次生水戸神、名速秋津彦神、妹速秋津姫神、復速秋津彦速秋津姫二神、生山神、名大山上津見神、一云大山祇神、

萩原正平『伊豆國式社攷略』（静岡県立中央図書館所蔵）
伊豆三島神社<small>名神大月次新嘗</small>
　君澤郡三島驛鎮座三島大明神<small>神階帳今官幣大社三島神社是な里社殿國圖豆志式考攷証註進特選續攷</small>抑當社上古鎮座の本域は賀茂郡三島<small>和名抄所載郡名即海島の總稱</small>ホして其の本島の今の三宅島な里にして中世同郡大社郷<small>和名抄所載今の白濱村</small>伊古奈比咩命神社の地北に遷座し後に又今の社地尓者遷祀せ里登聞えた里伊豫國より遷祀登云へる説の無稽なる<small>は</small>論ふ迄もあらず總て當社の事蹟は予が編纂せる三島大社傳記あ里尓復思ひ得たる説有里て別尓輯記せまく欲すれば此尓は掲げ出ざるな里

萩原正平・萩原正夫『増訂豆州志稿』巻之一・郡郷（長倉書店刊）
〇三島 ［増］海島ノ總稱ナリ國史ニ島<small>（日本紀續日本紀）</small>三島<small>（續日本紀其他ニモ）</small>トアル即是ナリ<small>（三島ノハ郷ト同ジク尊稱ナラム竹村茂雄云八丈、小島、青島ノ名ナル可シト　〇此郷賀茂郡ニ在ラズシテ懸ニ隔ル田方郡［今君澤郡］ノ中間ニ在リ是三島明神賀茂郡ヨリ田方ヘ遷座アリシ故ナリト云フ［増］是即今ノ三島宿ヲ以テ三島郷ト思ヒ違ヘタルヨリ、如此云ルニテ甚シキ誤謬ナリ。）</small>

萩原正平・萩原正夫『増訂豆州志稿』巻之一・郡郷（長倉書店刊）
〇大社今稲生澤ト稱スル處大略此郷ナリ<small>（〇續日本後紀承和七年九月ノ條ニ三島大社トアル如ク三島大神ノ鎮座ヨリ起レル稱ニテ白濱ヨリ稲生澤マデヲ云シナルベシ　〇稻生澤舊記ニ一作稲澤慶永中ノ文書作稻梓然レバ郷名を慶スル事久シト［増］三島大社應永八年同九年同十二年ノ文書ミナ稲梓郷ト見エタリ或ハ稻生澤ノ轉訛セルニ稲梓ノ字ヲ當タルモ知ルベカラズ。）</small>

萩原正平・萩原正夫『増訂豆州志稿』巻之二上・町村一（長倉書店刊）
〇三島宿 ［増］<small>東ハ原カ原谷村九町四十六間、西駿ノ新宿村十町三十間三尺、南中村二十三町四十三間四尺、北幸原村二十三町三十間、</small>［増］<small>静岡エ距離十六里貳拾貳町四拾貳間</small>［増］本宿ハ古昔國府ノ地ニシテ伊豆府或ハ國府ト稱シ田方郡ニ屬ス中世賀茂郡三島神社ヲ遷祀セルヨリ遂ニ三島ト稱シ又社地神領ヲ賀茂郡トス<small>（〇三島ノ郷名賀茂郡ニ屬スル元来伊豫國越智郡海島ノ名ナリ其島ニ大山祇命ヲ紀リ三島大明神ト號スル此神伊豆ニ遷座アリシ時其地名ヲモ移シタルナリ［増］三島神社ガ伊豫國ヨリ遷祀セリト云フハ誤傳ナリ）</small>〇古代ノ三島郷ハ社地神領バカリニシテ <small>（此頃ハ神領頗ル廣シ西ハ今ノ宮川小濱池ノ南邉ガ原邊マデナルベシ）</small>民家神祠ノ北ノ方ニ聚居ル <small>（〇此ノ郷ハ四邊皆田方郡ナルニ遠カニ隔タリタル賀茂郡ノ屬タル事仰ニアルベシ［増］別ニ仔細有ルニ非ズ神社遷祀ニ因テ然ルナリ）</small>〇文禄ノ頃君澤郡ナレドモ社地神領ハ仍舊賀茂郡ナリ <small>（［増］明治ノ始上地トナリ悉皆君澤郡ニ屬ス同十年三島神社社家村ヲ本宿ニ合ス）</small>〇此頃民家モ神祠ノ南方ニ移リ一驛トナルサレドモ大中島、小中島窪、（［増］今ハ久保ニ作ル）傳馬ノ四町バカリナリ、今ニ至テハ西方千貫樋ヨリ東賀茂川（［増］今ハ境川ト稱ス）ニ至ル官道拾八町貳拾歩 <small>（［増］現今ノ調査八十九町九間ナリ）</small>街區凡拾壹右四町ノ外茅町、木町、茶町、六反田、廣小路、（［増］此町后廃ス）長谷、新町ナリ又祠ノ門

前ヨリ南ニ向フ一條路ヲ下田道ト云街區ニ〇市ガ原(慶長ノ初ノ頃迄此處ヨリ相ガ原ニ至リ大ナル松原ニテ毎月二日ニ市立チシ故ニ二日市場トモショシ)二日町(古ヘハ笠縫ノ里ト云僅カニ人家アリテ菅笠ヲ造リ出セリ三島ノ産物ニシテ萬集ノ和歌土産部ニ載ス) 此外小巷宮倉、(建武二年ノ文書ニモ見ユ明神ノ庫藏アリシ處トス) 田町、柴町、裏町、([增]今ハ細工町ニ作ル)祓所(東鑑ニモ見ユ大社ノ蔵ヒセシ所ト云([增]今ハ浦町ニ屬ス)問屋小路([增]今ハ折半シテ久保町浦町ニ屬ス)蓮行寺町(舊名阿闍梨小路)二ノ宮町(昔二ノ宮八幡宮ノアリシ處ナリ貞享五年ノ改ニ二宮町長サ七十九間トアリ今コノ町ナシ)仙臺、楊原([增]此ノ所今田町ニ屬ス)ノ地名アリ[增]維新後總テ三島宿ト改稱ス東西國道ヲ貫キ南北市街ヲ通ジ三島神社(官幣大社)ハ中央ニ位シテ頗ル風致ヲ備ヘ區域ノ廣キ戸口ノ多キ以テ全州ニ冠タリ云々

萩原正平・萩原正夫『增訂豆州志稿』卷之三上・町村三 （長倉書店刊）
〇白濱村([增]東鄰地村三十町四十二間、南柿崎村三十四町三反)[增]拾八里三拾貳町三拾壹間([增]一里十三町三十二町三反)[增]北條役高帳、白濱、同土文書、白濱郷、慶長三年檢地帳、白濱村ト(其他多シ〇海濱十五六町ノ間白砂皓然トシテ松モ積雪ノ如シ尤佳景ナリ[增]白濱ノ稱ハ此ニ因テ起レルナラム本村ノ延喜式賀茂郡三島神社(名神大月次新嘗)伊古奈比賣命神社(名神大)二座鎮座ノ處ナリ和名鈔、所載、賀茂郡大社ノ郷ナリ(大社郷ハ本村ヨリ稻生澤マデノナルベシ)釋日本紀、所引淳和天皇紀、天長九年十月、三島神、伊古奈比賣神、二前預名神、此神塞深谷攜高岸平造ノ地二十町許、神宮二院池三所、類聚國史大社ニ列ス云々舊記ニ御祭神ハ白濱明神ト稱シ後レリナホ神社ノ條ニ詳ニス〇村中ニ原田、永田ノ小名アリ[增]順行記一色、戸川、坂戸、小根、長田、原田ノ地名ヲ載ス〇茅原野ヨリ此迄二十四村ヲ稻生澤組トモ云、或ニ白濱ハ除ク、或ニ下田ハ除ク[增]舊記ニ因ルニ稻生澤組ハ九村ニシテ下田、岡方、本郷、柿崎、須崎ノ五村ハ除キタリ、順行記、物產、石決明、鹿尾菜、太心草若女、海老、澤貝薪、小竹、トイマ天草ノ出額本州物產ノ一ヲ占ム)

〇田額五百八拾五石四斗壹升内(新田二十六石二斗九升四合)[增]反別七百五拾壹町三反九畝拾三歩内(田五十三町三畝二十八歩、畑八十七町二畝二十二歩、宅地九町七畝五歩、山林三百六十四町六反二畝二十九歩、原野二百三十七町四反畝十七歩、雜種地一反八畝二歩)[增]地價金三萬六千六百四拾三圓五拾四錢四厘[增]地租金九百拾六圓拾三錢貳厘[增]社五(縣一鄉四)寺二(禪)校一[增]戸現住貳百九貳百九拾五現在同上[增]口本籍千六百四拾六(男八百十、女八百三十六)現住千六百貳拾九(男八百十二、女八百十七)

萩原正平・萩原正夫『增訂豆州志稿』卷之八上・式内神社考並神階帳考緒言 （長倉書店刊）
〇伊豆三島神社(名神大月次新嘗)[增]神階帳正一位三島大明神(田方郡ニ載ス)[增]君澤郡三島町官幣大社三島神社也

萩原正平・萩原正夫『增訂豆州志稿』卷之八上・神祠一・君澤郡 （長倉書店刊）
〇三島神社(三島町)[增]官幣大社(舊縣社)祭神積羽八重事代主神[增]上古賀茂郡三島ニ鎮座ス三島ハ本州屬島ノ總稱ニシテ本社鎮座ノ地ハ三宅島也中古同郡大社ノ郷ニ遷祀ス即白濱村ヨリ伊古奈比賣命ノ社地也後現地ニ轉ズ其年代共ニ詳ナラズ〇雍州府志曰天平五年伊豆國賀茂郡三島大明神現出爾後攝津國島下郡伊豫國越知郡勸請之改曆雜事記曰崇峻天皇庚戌年伊豫國三島大明神出現、光仁天皇寶龜十年ニ豫州遷豆州([增]當社ヲ他ヨリ遷祀スト傳ヘタルハ謬次ニ記ス)神社考曰世傳天平五年三島明神出現眞本曾我物語曰朱鳥元年始顯伊豆國鎮守又一ノ舊記ヲ考ルニ孝安天皇二十一年遷座ト([增]コハ三宅記ニ所記ニテ大神伊宮ノ扇島ヲ燒キ出シテ其島ニ鎮座ストアリ)皆定説ナシ[增]祭神ハ積羽八重事代主神ニシテ上古ヨリ當國ニ鎮座ス神代紀曰經津主神、武甕槌神、降到出雲國五十田狹之小汀則問大己貴神曰高皇産靈尊欲降皇孫君臨此地故先遣吾二神駆除平安汝意如何當須避不時大己貴神對曰當問我子然後將報是時其子事代主神遊行在於出雲國三穗之崎以釣魚爲樂故以熊野諸手船載使者稲背脛遣之而致高皇産靈尊敕事代主神且問將報之辭時事代主神謂使者曰今天神有此借問之敕我父宜奉避吾亦不可違因於海中造八重蒼柴籬踏船枻而避之云々古事記曰遣天鳥船神徵來八重事代主神而問賜之時語其父大神言恐之此國者立奉天神之御子即領傾其船而天逆手矣於青柴垣打成而隠也云々ト按ズルニ事代主神此世ヲ避ケ給フ後、其事蹟古典ニ載セズト雖必本州海島ニ到リ潛宮ヲ營ミ鎮座セシナラム(三宅記伊古奈比咩命社記等傳フル所證トスベシ)廿二社本縁曰葛木乃賀茂波八重事代主乃神登云。伊豆國賀茂郡仁坐チ留三島乃神、同躰仁天坐チ登云惠利。云々(約ズル此他諸書本社祭神ノ事ヲ記ス皆謬レリ此書ニ事代主神ト傳ヘタルハ正説也尚古史成文、古史傳、三島神社傳記、古事記傳一伊豆國式志料二賀茂ト號シ間モエタリトハノ謬説也)其他證蹟頗多シ(別ニ輯録セントス)延喜式神名式所載伊豆國神社三郡九十二座ノ内四十六座ハ賀茂郡ニ在テ廿四座ハ海島ニ鎮座スルガ如キ其夥多ナル他ニ比類ナキ所ニシテ率ネ此神ノ眷屬隨事ノ諸神也從來祭神ヲ大山祇命ト稱シ豫州三島ヨリ遷坐スト傳ヘタルハ三島ノ稱ヨリ附會セシ也（一説ニ曰大山祇ヲ配祀セルナラムト姑ク後考ニ讓ル）於是明治五年當社神職ヨリ敎部省ニ上申シ指令ヲ得テ祭神積八重事代主神ト確定ス(其タ日當社祭神ノ儀者中古以來大山祇命ト稱ヘ来候モ八全ク謬説ニテ積羽八重事代主神ニ可有御座證蹟之辛末年九月中旅省ヘ差出候三島大社傳記並當壬年四月中葺山縣ノ引繼ヲ以テ足柄縣ヨリ進達仕候伊豆國式社考證等一委諸考記仕候通リニ有之候間當否御裁決ノ上確定/御達被下置度此段奉伺候也 壬申十一月十八日三島神社少宮司、萩原正平、敎部郷大木喬任殿、敎部大輔宍戸磯殿、[以下指合]祭神申出之通可心得事、明治六年一月六日、敎部郎)〇日本紀纂疏曰三島明神大山祇命也、([增]祭神謬レリ)コレ伊豆一ノ宮ニシテ官社ニ列スル事今ニ至ル四神ヲ配シ祀ル其一ハ伊古奈比賣、其他ハ神名未詳(近世山祇トスルハ盖謬也)[增]配祀四座ノ内二座ハ伊古奈比賣命阿波賣命也ト云二座ハ未ダ詳ナラズ[增]當社ハ延喜式所載、名神大、月次、新嘗及名神祭、二百八十五座ノ一ニシテ奠幣案上祭、三百四座ノ内ニ列シ往古ヨリ朝庭ノ崇敬ノ厚ヌ〇日本後紀纂曰天長九年五月伊豆國言上三島神、伊古奈比賣神、二前預名神此神塞深谷攜高岩平造ノ地二十許町作神宮二院池三所神異之事不可勝計ト([增]賀茂郡白濱村伊古奈比咩神社ノ條參看)[增]此時二神ニ從五位下ヲ授ケ賜ヒシナル可シ國史載セザルハ盖缺文ナラム(仁明天紀承和七年九月ノ條参看)〇文德實錄曰嘉祥三年十月授三島神從五位上、仁壽二年十二月加從四位下、齋衡元年六月加從四位下、(下當作上)三代實錄曰貞觀元年正月奉授從四位下(當作四位下)六年二月上授正五位、十年五月授從三位、類聚國史日口口四年二月十五日伊豆國賀茂郡三島神祠池水枯渇經數月至夏天下大旱以是入池雩祭至國別三島神宮以二月十五日之異訴朝家依之爲雩三島神殿自六月十一日至十五日大雨滂沛焉故叙正一位並以三島一郡(郡當作縣無三島郡係誤寫)寄圭田神官賜祿金貝帛ト(類聚國史號ヲ卿ク本ニ天長トアリサレ共正一位タル事ハ必貞觀/後也乃天長ノ謬寫ナル事ヲ知ル)神名記云正一位三島大明神ト（豫陽盛衰記ニハ從一位諸山積大明神トアリ）[增]明治四年五月官幣大社ニ列セラレ大宮司少宮司ヲ置ク後之ヲ廢シテ宮司ヲ置ク(現今宮司一人、補任一人、主典二人、名譽主典等ノ職員ヲ置ク)[增]神領ノ事古代ハ詳ナラズ新抄格敕符諸國神社ノ封戸ノ中ニ伊豆國三島神十三戸寶字二年十月二日九戸、同十二月四戸ト見エ延喜主税式ニ三島神料二千束下有リ(又類聚國史異本ノハ已ニ誌シ)東鑑ニ治承四年十月源賴朝本州、御園、河原谷、長崎ノ三邑ヲ寄ス又元曆二年四月糠田郷ヲ附スル事ヲ載ス(更治承四年ニ一月二十一日タ乘幡之程御願賴事之諸三島社後御祈願巳成就偏依明神冥助之故御進行之餘點當國内奉寄神領给則依實前令御願寄進狀絡其ク郡日伊豆國御園、河原谷、長崎早々免敷地三島大明神右件郷屬者爲御祈禱安堵レ々者可宛進如件。源賴朝ト[此言進狀令ラス]又元曆二年四月二十日ノ文ハ鶴ヶ岡八幡宮ノ條ニ誌ス)爾來社領ノ事當社古文書十餘通ニ記ス(古文書ハ古文書部ニ揭載スルモノナルベシ)北條役高帳ニ三島領七十八貫文(三十貫文長溝ノ内産田給、十三貫文在慶住人ニ被下[十貫文鶴輸ニ伏三貫文安久一伏]三十貫文三島東分西分、内五貫文藥屋分御給米以上七十八貫文)ヲ載ス徳川家康一町田、澤地、幸原、河原ケ谷、社家ノ五村ニ於テ五百三十石(〇御朱印社領五百三十石)ノ田祿ヲ附ス。(文禄三年慶長九年兩度ニ之ヲ附スル元祿元年校田ノ時五十石ノ剰田アリ之ヲ神田ノ修繕費ニ充テテル)明治ノ初年之ヲ廢シ明治七年ヨリ一ケ年社費金貳千四百九拾參圓七拾貳錢ヲ國庫ヨリ仕出セラル爾來數田ノ輕減アリテ明治廿年ヨリ満三十年間ヲ限リ一ケ年保存金々千五百五拾六圓宛配附セラレヽ事ニ定ム(明治二十三年十一月内務省ノ訓令也保存金年額十分ノ五分ヲ經費及經常營繕費トシ三分五厘ヲ資本積立金トシ一分五厘ヲ非常臨時營繕費トス)[增]造營ハ鎌倉幕府以來公費ヲ以テ之ヲ給シ文治三年ヨリ應永十年迄十回ニ

及ベリ徳川氏ニ至リテハ慶長九年寛永十一年、承應三年、寶永八年、永享元年、安政五年ノ六回（嘉永七年ノ地震ニ殿舎願破ス於是神職矢田部盛治造營フ幕府ニ請フ安政四年幕府金若干フ寄附シ且十五ケ國ノ助長デ以テ營築スル事フ許ス五年着手明治二年二月七日遷宮式フ行フ明治元年十月東幸ノ時新造ノ神殿ニ内侍所フ奉安シタリキ）ニシテ 修理ハ 五回（寛文、安永、寛政、文化、天保等年度）也 [増]祭事ハ維新ノ際マデハーヶ年七十五度ニシテ内大祭五度アリキ（正月元日、同十七日、四月酉ノ日十一月酉ノ日八月六日）明治以来八月十六日ヲ例祭日ト定ム（一月七日田權祭アリ今尚古例ニ遵ヒテ之ヲ行フ其式最寄此）明治元年十月東幸ノ時三島行在所ヨリ奉幣使參向ス。四年十一月十七日大嘗祭ニツキ班幣使參向シテ幣物ヲ奉ル十一年十一月東海北陸御巡幸ノ時御社參有リテ玉串ヲ獻ゼラル○正殿、拝殿、幣殿、隨神門（[増]今ノ唐門也）金剛門（[増]今ノ總門也）門前鑿沼池石祠門、鐘樓、庖厨所、藥師堂、護摩堂三層浮屠、（昔ノ祠束、塔ノ森ト云所二有リキ蓋園分キノ塔也ト云 [増]鐘樓以下明治年二取除クホ二増設ノ建物數字アリ）等アリ神庫藏御服（[増]三十餘品アリ）古佩刀（[増]○鏑蟇刀等フ合セテ三十口アリ）等[増]尚日本紀古寫本、源頼家自筆心經藤原光廣奉納法華經（光廣法華經フ納奉ル和歌ノ序ニ日此妙典ハ寛永五年八月思ハズニ感得ス其頃茂松ノ邊宮ノ沙汰アリケレバ公二奉リテ神書ニマイラセラレヨト奏セシニ此度ノ遷祠ニ新製フ見ルニ神鏡ノ造アル可シトテコレハ近シ玉フ也ヨク見レバ有ノ三島ニ奉納センと此奇異ノ事カナ賀茂ヘ奉納ナクテニ度私ノ手ニ入リ來タルハ三島ヘ奉納セヨトハ可シト思ヒナリテ今マイラスル也云々と［和歌ノ略ス此文扶桑拾葉集ニモ載ス法華經今殘本トナル］）其他古寫本數部、古器物廿餘品（古器物部ニ記ス）フ藏ス○又神主家有康和補任文（[増]伊豆國盛補任三島宮司之職云々トアリ）嘉祥廳宣（[増]以上二通矢田氏所藏。以下現今也神庫）並治承以來將家喜捨文祈願文等百數十通（[増]以上古文書ハ古文書ニ記ス故ニ茲ニ省略ス）[増]明治廿年五月太刀三振（三條小鍛治宗近作、菊一文字作、羽柴中納言奉納ノ三口）天覧ニ供セシニ宮中ニ御留置ニ成リ太刀一口金千圓ヲ御寄附アリタリ（宮内省ヨリノ達書ニ日其什寶、標品鎬太刀二振、羽柴中納言勝上ル一口、供天覧候處御留置相成候ニ付白鞘鋼太刀[銘宗忠]一振金千圓ヲ御寄附相成候事明治二十年六月二十五日宮内省）○神主矢田部氏（下ニ見ユ）祭主大村氏（蓋西大夫ノ家ノ繼グ [増]コハ謬建）此外四人ヲ合セテ六人衆ト云社人三十、在廳奉幣使、五人、（副使五人、三島ノ南一里許中島村二居ル[増]在廳職初多呂邑ニ住シ後谷田、安久、中島村等二移轉シ伊豆名遠志其他ノ書ニ源頼朝三島明神ヲ崇敬シ毎歳四度ノ祭禮ニ詣ゼデント誓ヒ賜ハト行程遠ク且百晩ノ勞ヲ思ハルゝガ故當國安久村二於テ由緒正シキ百姓人々フ撰ビ同比大祭ノ時輪番フ以テ代参敬仰付即頼朝ノ名ヲ稱フリ許シ征夷大將軍ノ装束ニ烏帽子フ添テ賜ハル毎年官番ノ頼朝作ノ装束ヲ着シ三島ノ神官ヨリ七度半ノ使フウケテ社参ス其行装鎌倉殿ニ異ナラズ 七人ノ頼朝毎年輪番フ違ハズシテ今ニ式絶ル事ナシ昔ヨリ此代参ノ者フヨリトモト言ハズ シテライテウト申ス也トコレ旧記在廳ノ事也今安久村ヨリ三島町側脈神社ノ傍ニ通ス小徑アリ呼テ在廳道ト云即富時在廳社參ノ通路也。在廳ノ事國造國司部、古蹟部參照）別當愛染院、曆師河合氏（[増]以上明治五年解職ス）[増]社地三島驛ノ中央ニ在テ境域廣潤林木鬱蒼、頗ル勝地也[増]源頼朝以來鎌倉歴代ノ將軍及執權大ニ當社ヲ崇敬シ又屢社参ス其事東鑑ニ詳也（東鑑ニ當社ノ事數十所見ユ今繁冗フ厭テ茲ニ省ク本書参看）其他ノ書ニ往々當社ノ事蹟ヲ載ス今其二三ヲ舉ルニ源平盛衰記日治承三年三月小松内府夢ニ伊豆國三島明神ニ詣デケルニ法師ノ頭ヲ切懸ケテ金ノ鑢ヲ以テ大ナル木ヲ掘立テ三鼻綱ニ繋ギ付テタリ不思議ナリト思ヒテ宿老ト覺シキ人ニ問給ヘバ日ク當時ノ將軍平家太政入道ト云者ノ頭也當國ノ流人源兵衛佐賴朝此社ニテ夜通夜シテ祈リ申ス旨アリキ御納受ノ依テ備前國吉備津ノ宮ニ仰テ入道ヲ討セテ懸ケタル首也ト見テ覺ヌ云々（尚此書ニ當社ノ事數ケ所アリ本書参看）曾我物語（假名本）日三島大明神ノ御前ニテ此人々（曾我兄弟ヲ云）畳紙ヲハサミ、七番ノ笠懸ヲ射法樂シ奉リ敵ノ事心ノ儘ニゾ祈ラレケルマコト思フ事協ハズ我等敵ノ手ニ掛リテ足柄ヲ東ヘ二度返シ給フ可ラズ。南無三島ノ大明神トゾ祈リケルト（眞本、異本、参看）○十六夜日記日伊豆ノ國府ト云所ニ止マル未ダ夕日ノ殘ルホド三島ノ明神ニ参ルトテ詠ミテ奉ル

隣レトヤ三島ノ神ノ宮柱タダコヽニシモ巡リ來ニ鳧「オノヅカラ傳ヘシ跡モアル者ヲ神ヤシル蘭敷島ノ道」弘安二年三島社百首 安嘉門院四條 頼モシナ池ノ鏡ヲ三島ナル神ノ誓ヒモヨロツヨノ影鎌倉大雙紙曰佐馬頭源政知御下向ノ時三河守孝範等御トモニテ伊豆國三島ノ明神ヘ御参詣アリ則神前ニ於テ御元服アリケリ木戸三河守孝範、御加冠、治部少輔政憲御理髪ニテ有リケリ孝範ハ冷泉中納言持爲卿ノ門弟ニテ無雙ノ歌人ニテ有リケレバ一首ノ和歌ヲ詠ジ大明神ヘ獻上シテ公方ノ御運ヲ祈リケル「ワガ君ノ初元結ノ黒髪ヲ千代フル霜ノシラカナル迄」[増]北條五代記二日北條早雲三島大明神ニ参籠通夜シ賜フ夢ニ大杉ニ本有リケルヲ鼠一ツ出デテ喰折タリト見テ覺メヌ此夢フトカタニ尋ネ給ヘバコレ目出度靈夢也關東奥州マデノ國司兩上杉殿ヲ御退治有ル可シト申ケレバ早雲勸喜淺カラズ云々（鎌倉九代記二日ニ本ノ杉ハ兩上杉ナルノ可き兄ノ十年也コレ兩上杉フ亡ス可キ端夢ナリト喜ビ神馬太刀鎧其外種々ノ寶物ヲ捧グト尚北條盛衰記關東氣記參看）北條盛衰記曰永祿十二年六月十七日武田信玄ノ先手ノ者共三島明神ノ社壇ヲ打破リ斗帳ヲ盗取リ神鏡フ見ルニ神鏡ハ甲斐國ハイカナル小社ニモ皆本尊神体アリ三島ハ海道ニ聞エタル大社ニテ何トテ本尊無キナラム如此神モナキ宮ニ何ノ罰アラント宝藏フモ打破テケリ云々堂十九日晩景二箱根山ノ方ヨリ黒雲一村立來リ夜ニ入テ風烈ク降雨サナガラ瀉クガ如ク俄ニ大水出デテ陣屋ニ入リコミ震動スル事良久シコレ三島明神ノ御答メカト心アル者ハ思ヒケル云々ト（慶雲記ニ日花山院大納言師賢ト下總千葉ニ配流ス伊豆ノ三島大明神ニテ詠ミ奉納ス「契アリテ今日ハ三島ノ御手洗ニ髪キ影ウツス墨染ノ袖」。東鑑紀行ニ云伊豆ノ國府ニ至リヌレバ三島ノ神ノミシメ打拝ミ奉ルニ松ノ嵐木グラク音信テ庭ノケシキモ神サビ渡レリ此社ハ伊豫ノ國三島大明神ノ移シ奉ルト聞クニモ能因入道ガ伊豫守實綱ノ命ニヨリテ歌ヨミテ奉リケルニ炎旱ノ天ヨリ雨俄ニ降リテ枯レタル稲葉モ忽ニ綠ニカヘリケル現人神ノ御名殘ナレバ木綿手襷カケマクモ畏ク覺ユ「セキカケシ苗代水ノ流レ來テマタアマクダル神ゾ此神。」東路ノ記ニ日三島ニ至リテ白濱ニ神拝ス此三島ノ神ハ祈ル事イチ早ク納受シ給フト云ヘバ「祈リヨリ水セキトメヨ天ノ川コレモ三島ノ神ノ惠ミニ」。カク詠ズ荒木田佐治ニ奉ラズ暫有リテ雨脚静マリテ日影忽ホガラカナラントス能因ノ炎旱ノ天ニ雨フ祈リ我ハ晴フ祈ル。ヲコガマシク歌詠マズトモ雨ハ晴レナント云ス口モ惜シカラズ此度モオロカナラズ重テ和歌フ奉ル「末迄モ深キ惠フ身ニシリテアリトモ三島ノ神ニ賴マン」。眞本曾我物語ニ當社攝社ノ事フ記シテ日三島大明神部類番鷲云々飯王子、酒王子、十六王子、六所宮、船宮、高佐江、見目御前、荒甕等、大楠、小楠ト[蓋高佐江荒甕巻詳ナラズ] [増]社地元賀茂郡社家村ニ屬ス明治初年君澤郡トナリ同十年三島宿ニ併ス以下攝社祇園社藏所神社同之共一原書賀茂郡二藏ス[増] 境内一萬〇〇五十七坪官一。此小現在ノ坪數也官一ト八官有地第一種ノ略ニ下彼之又以下境内ノ二字フ省ク）

萩原正平・萩原正夫『増訂豆州志稿』巻之八下・神祠二・田方郡（長倉書店刊）
○深澤明神（田京村）[増]郷社（兼社）深澤神社○溝橡姫命瓊々杵尊二神ヲ祀ル（[増]社傳日祭神三座、一座溝橡姫命二座不詳ト）[増]式内深澤神社ナル可シ（前記）往昔狩野祠傍フ流レ（古川ノ稱存ス又舟寄松、舟繋松等アリ舟寄松近年枯ル）此地ニ至リ深澤川、大澤川ト相會シテ流域始テ大フ爲ス故ニ廣瀬ト稱セシナラム大和國廣瀬神社モ初瀬、佐保ノ二川社邊ニテ會流スルヨリ其稱アルガ如シ（祝詞式二廣瀬川口合トアリ）現今、社西、神島村ノ内二廣瀬ノ地名存ス（蓋狩野川水路變更スルニ隨ヒ廣瀬ノ稱モ移リタルナラム）社傳ニ日三島大社ハ往古白濱ヨリ此地ニ移シ後三島ニ遷祀スト（古老口碑ホ同ジ賀茂郡下賀茂村加畑加茂神社ノ傳二三島大神古古、田方深澤二移リ後三島二遷座ス柿崎村ニモコレト同ジ古傳アリ）祭神溝橡姫命ハ三島大神ノ后神ナレバ此地ニ鎮座セルハ宜ナリト謂可シ（神代記二日事代主神化人尋焉勝通三島溝橡姫ト事代主神也三島大神ナル事ニ前述ス又溝橡姫命、伊古奈比咩命ト同神ナリト云説先當ナラム）國圖ニ式内輕野神社ニ當テタルハ非也三島町廣瀬神社ハ當社ノ分祠ナリトス（前記）○田中村五村ノ總鎮守ニシテ祠頗大也（[増]當社寛永中文書二伊豆ノ大社ハ伊豆山三島、深澤、中野、白鬚ノ五社ト）慶長元年ノ上梁文ニ曰伊豆國田方郡田中郷福澤大明神者伊與國福田莊出而以人民養育誓願現大明神聖武天皇御宇天平年中鎮座此所給云々抑當社間尺移天長年中三島大明神造營而鏤金銀所云々ト[増]當社ヲ豫州ヨリ遷祀ストハ云ルハ謬傳ナル事三島大社ノ例ノ如シ往昔ハ禰宜三十六人、供僧六坊ヲ置キタリ（○今月影山大雲院ノ額存ス供僧ノ一ナリシカ[増]寛永二十一年金鏡一幹野庄田中鄕月慶山大雲院深澤大明神ト鏡ス綠起ニ別當稱月慶山大雲院トアリ駿州駿東郡深澤ニ深澤山大雲院アリ開基ハ深澤八郎左衛門法名深澤院殿大安鑑雲ト云按ズルニ深澤氏ハ當地ヨリ駿州ニ轉任シ大雲院ヲモ移シタルナラム駿河志料ニハ駿州ヨリ伊豆ニ至リ一村フ開クトアリ尚可追考會社ノ東南ニ瑞宜屋敷ノ稱存ス社人ノ宅址ナルべシ）○昔ハ神田八町八段大五十歩（[増]田中鄕ノ内）ト永八十貫文（[増]内七十五貫文野野總鄕ノ内、五貫文三福鄕ノ内）フ領ス天正十八年兵火ニ赤土ト爲リ文書等悉失フト云（[増]此時禰宜供僧皆退轉シ源頼朝、北條時政等社田寄進狀燒亡ス○慶長元年上梁文二日北條氏直依背命國日秀吉公教命天正十八庚寅三月至駿河國浮島原前驅軍勢鎮西九州四國北國始五十餘州ノ十卒共五十萬餘騎伊豆相模爰入箭此頭打散三十六人ノ社人八小坊ノ供僧者拾身命逐電社務盪文悉紛失云々。寛永十五年上梁文二日依兵亂頼朝將軍御判、北條時政判炎上、御神領八町八段大五十歩、代八十貫文元無證文云々ト）因テ文祿中打量ノ時伊奈氏、彦坂ニ詔テ社地御供免神主宅地ノ組税フ除ルシ爾來所領ヲ失ヒ伊豆全州ノ助

成ヲ以テ造營修繕ヲ爲ス(寛永九年代官今宮惣左衛門外五人連名ノ文書ニ日田中深澤之宮破損致候間諸勸進ニテ修覆致度之由神主被申承候ヘバ當國大社ノ由ニテ前々ヨリ勸進ヲ以テ建立致來候ト被申候間査紙半錢ニヨラズ 心持次第ニ可被致候爲其如ニ候以上ト尚貞享四年、享保八年、明和九年等勸化許狀アリ)○祠域ニ藥師堂([増]維新ノ際廢ス)ノ見目(本社ノ左ニアリ故ニ左富トテ云)有レバ三島ト同神ニシテ式社ナル可シ毎歲正月十五日年穀ノ占ヲ爲ス粥ヲ煮竹筒([増]竹筒ニ井ヅ 古來葭ヲ用ウ蓋狩野川社傍ヲ流過セシ日水澤ノ葭ヲ採用セシヨリ恒例トナリタルナラム)ヲ投ジ其筒中ノ虛實ヲ以テ五穀ノ豊凶ヲ占フ([増]占田トス)又田打([増]正月六日執行ス其式柳ノ串五百數ノ長一尺二寸ニ製ツ當日社參ノ者ニ奥ヘ此申ノ苗代田ノ水ニ立ツルヘ例トス)田植([増]六月十五日之ヲ行フ當日三福村字神田ヨリ早苗ヲ採來リ社域ノ鑄楠樹ニ打付ケ墨テ神田ヲ植ルヲ例トス)新嘗([増]九月九日之ヲ行フ當日牛舌形ノ粢ヲ神前ニ供ヘ次日田中區ノ氏子毎戶二片宛配附スルヲ例トス是ヲトノ舌妻トシ。賀茂郡見高神社ニモ亦此式アリ)等ノ祭式有リ[増]例祭ハ古來正月(現今一月)十七日ニ執行ス以上ヲ五度ノ大祭ト稱ス維新ノ際迄ハ一ケ年ノ祭事總テ七十五度アリテ社域老樹鬱蒼頗幽邃ナリ(祠傍ノ老楠周圍四丈二尺アリ域內近年神德碑ヲ建ツ○神官西島氏)○末社六([増]見目、大楠、若宮、嚴島、稲荷、□□)祖靈社一(明治八年建ツ[増]二千七百八坪官一)

萩原正平・萩原正夫『増訂豆州志稿』巻之九上・神祠三・賀茂郡(長倉書店刊)
○加畑明神(下賀茂村)[増]郷社(兼村社)加畑賀茂神社祭神事代主神ナル可シ[増]式内加毛神社二座ノ一座也(前記)此地和名鈔所載賀茂鄕ノ首村ニシテ初加毛神社二座茲ニ鎮座セシヲ後分郷ノ時一座ヲ加納村ニ遷祀セルナラム又加毛神社二座ノ祭神ハ事代主神溝神姫命ニシテ當社即事代主神、加納村三島神社ハ溝神姫命ナル可シ(溝織姫命ノ事田方郡田京深津神社ノ條參照)當社傳ニ別雷神ヲ祭ルト云ルハ賀茂ノ稱ヨリ附會セル也(傳云在ニ三島大神集島ヨリ此地ニ移リ後稲生澤鄉武山權現ヨリ右內左內ノ兩神迎謁シ乃先導シテ田方郡深津ニ到リ更ニ三島ニ遷座ヲ賜フト柿崎村ニモ該ト古傳アリ又加納村三島神社ノ傳ニ云三島大神溝機姫命御船ニテ妻浦濱ニ着御[妻浦村ニモ此傳アリ]次デ 此地ニ啓行シ後三島ニ遷座シ賜フト) 從來上賀茂、下賀茂、一條、三村ノ總社ト稱ス(弘治慶長等札アリ延寶五年ノ札ニ大願主從六位今村傳三郎正成ト誌ス○柏ノ古樹圍二丈許)[増]別殿二(王子濱川)○末社十二(○若宮八幡神戶大社、日ケ原來宮、大浦八幡屋久氏社、馬込山王社、鴛森社、篠原田村社、石楠船社、天馬駒聖天社、王子稲荷社、篠原姫社、[増])四百七十四坪官一 以上上賀茂、下賀茂、一條、三村內ニ散在ス[増]四五七十四坪官一)

萩原正平・萩原正夫『増訂豆州志稿』巻之九上・神祠三・賀茂郡(長倉書店刊)
○月間明神(手石村)[増]郷社(兼村社)月間神社祭神事代主神、相殿神明[増]式内竹麻神社三座ノ一也(前記)竹麻神社三座ハ初湊村月間ノ地ニ鎮座(湊、手石、二村ノ北二十町許、古佐美、田牛、靑市、三村ニ接シタル地ニテリキ) 後地理ノ變遷ニヨリテ三所ニ分祀ス其一ハ當社也其二ハ吉佐美村三島神社(現今八幡神社ノ相殿)ナル可シ(此村月間ノ地ニ接ス初岡ナル可シ)其三ハ港村若宮神社ナル可シ又竹麻神社三座ノ祭神ハ事代主神、阿渡咩命、物忌奈命ニシテ當社即事代主神、吉佐美村三島神社ハ阿渡咩命、港村若宮神社ハ物忌奈命ナル可シ(當社傳ニ云三島大神津島ヨリ當所幷天皇ニ渡御アリテ字笑土ヨリ上陸當社ニ鎮座シ給フト)○手石、湊、靑市、舊一村也今仍三村ノ鎮守タリ湊村ニ月間ノ地名存ス古額二、共ニ正一位參島大明神ト刻ス又康永ノ上梁文([増]康永元年十一月ナリ)アレ共文字多ク滅ス[増]康永二年沙門友桂ノ社領寄進狀、延德二年上梁文等存ス○先年祠域ヨリ古佛武具等ヲ掘出ス村人云此神ハ三島大社ノ舊地ナリト(鎗取山氏伊豆納符)[増]明治十六年郷社ニ加班ス相殿神明ハ日野ニアリシヲ明治八年合祀ス(○神明、古社也寛永九年札ニ蒲谷郷手石村ト今湊村ニテ祭ル、伊豆納符)○境內社一(水神[増]二千百十七坪官一)

萩原正平・萩原正夫『増訂豆州志稿』巻之九上・神祠三・賀茂郡(長倉書店刊)
○三島明神(妻浦村)[増]村社三島神社祭神大津佳命ナル可シ[増]式内大津往命神社ナル可シ(前記)此地ノ形象大津ノ稱ニ適ス此社三島大神ノ后神ニシテ妻浦ノ村稱ノ起因ナラムト云(或云妻浦ノ村稱ハ此賣浦ノ略ナル可シト) 正中二年神記ニ云上古三島大社溝機姫命御船ニ乘リテ此浦ニ着御シ賜フト(加納村三島神社々傳ニ之富村海中ニ三島權ト稱スル石橋アリ二ノ石橋ヨリ上陸シ賜フトス)按ズルニ溝機姫命ハ大津佳命ト異名同神ナラム(溝機姫命ノ事田方郡田京、深澤神社ノ條ニ記ス、正中二年札ニ御神体筆者安保親王長子安仁親王トアリ○靑桐ノ大樹アリ伊豆納符[増]二百八十二坪民一)

萩原正平・萩原正夫『増訂豆州志稿』巻之十上・佛刹一・君澤郡(長倉書店刊)
○三島山法華寺(三島町二日)[増]曹洞宗(修善寺、修禰寺末。本尊阿彌陀)○續日本紀ニ眞曰ク天平十九年詔天下諸國々別令造金光明寺法華寺ト三代實錄ニ曰ク元慶八年伊豆國司言國分法華寺承和三年失火燒亡其後以定額寺爲法華寺請將新建其料可用修理國分並三寶戶施料聽之ト延喜式ニ國分二寺([増]延喜主稅式曰伊豆國分二寺供養料壹萬束)トアルモ一ハ蓋此寺ナル可シ此寺往昔國分([増]今、小久保ト稱シ宮町ニ屬ス)ト云處ニアリテ國分寺ト接近シタリキ初眞言宗ナリシヲ僧逸叟(修善寺九世)ノ時曹洞宗ニ改ム古來三島大社ニ誦經ヲ勤メ寺ニ明神ノ神像ヲ安ス[増]州中著名ノ古刹ナレドモ目下頗ル衰替ニ屬シ僅ニ小宇ヲ存スルノミ寺傳ニ云治承四年伊東祐淸、北條宗時ノ爲ニ當寺ニ於テ法會ヲ修スト寺ニ元德二年ノ古鐘アリシニ天正十八年豊臣秀吉東征ノ役陣ニ用ヒ爾後小田原城內ニ置キタリト云(今湯本早雲寺ニアリ)○寺域ハ源賴朝、法華經ヲ自寫シテ埋メタリト云塚アリ([増]又笠原隼人佐ノ墓○寺域三反五畝二十九步除地[凡寺院ノ除地此ニ出ス所ノ者ハ一ノ總簿ニ擴ク記ス此外除地ト云者多今々其依據スル所無キヲ以テ載セズ] [増]以下寺域ノ字ヲ省ク除地ハ維新ノ初總テ上地ト爲ル[増]境內三百三十三坪官四、コレハ現在ノ坪數ナリ官四トハ官有地第四種ノ略以下倣之又以下內ノ字ヲ省ク)

萩原正平・萩原正夫『増訂豆州志稿』巻之十上・佛刹一・君澤郡(長倉書店刊)
○大慈山心經寺(同水上)[増]臨濟宗妙心寺派(西京妙心寺末。本尊觀世音)○往昔ハ眞言宗ニシテ三島大社ノ供僧ナリト云僧日峰(文安五年寂ス)改宗ス永祿十二年正月北條、武田、接戰ノ際氏康父子五萬餘騎ヲ率シテ小田原ヲ發シ當寺ニ本陣ヲ布ク(北條盛衰記、小田原記等。又關東古戰錄ニ曰ク北條方ニテハ戶倉城ニ笠原新六郞政堯ヲ籠メ置ク武田方ニハ春日宗次郞目ヲシテ沼津城ヲタラシム宗次郞三島ノ心經寺ニ住僧ヲ以テ新六郞ヲタバカリ見方ヘ降ルニ於テハ伊豆國ノ先行ヒ勝賴ノ婿トセルル可シトテ種々勸シケル故天正九年新六郞遂ニ武田氏ニ降ルト云々ト[北條盛衰記參看])北條役高帳ニ眞鏡寺領拾二貫文(三島ノ內)ヲ載ス(○七反六畝二十步除地[増]七百四坪官四)

萩原正平・萩原正夫『増訂豆州志稿』巻之十上・佛刹一・君澤郡(長倉書店刊)
廢愛染院(號金界山[増]所在地モト賀茂郡ニ屬シ社家村ト稱シタリ明治初年君澤郡トナシ十年三島宿ニ併合ス以下廢國分寺廢白瀧寺共ニ眞書賀茂郡ニ載ス)○水上ニアリ寺號ヲ金剛寶ト云三島大社ノ別當ナリ往昔ハ神主宅後ニアリキ(地名存ス)[増]俗ニ護摩堂ト呼ビタリ北條役高帳ニ拾貫文(三島加古岩崎ノ內)護摩堂料ヲ載ス即是ナリ○北條氏綱以下四代ノ文書十餘通(皆當名護摩堂トアリ今尚大社域內ノ護摩堂ヲ支配ス[増]護摩堂明治初年廢ス)並ニ源賴家親筆ノ心經一巻ヲ藏ム([増]北條氏ノ文書ハ目下小出氏所藏、心經ハ三島大社ニ藏ム)○子院三アリ光明院金藏坊林泉坊ト云(一萬四千十二坪除地)[増]明治初年廢ス

萩原正平・萩原正夫『増訂豆州志稿』巻之十上・佛刹一・君澤郡(長倉書店刊)
廢大光院[増]往昔三島大社ノ別當ナラム舊愛染院所藏永祿十二年北條氏ノ文書ニ大光院企逆心甲州ヘ出頭云々ト見ユレバ當時ヨリ廢絶セルナリ北條役高帳ニ三十貫文(垂之鄕)大光院料ヲ載ス

萩原正平・萩原正夫『増訂豆州志稿』巻之十⼟・佛利一・君澤郡（長倉書店刊）
廢国分寺［増］續日本紀ニ日ク天平九年詔日毎國令造釋迦佛像一軀挾侍菩薩二軀兼寫大般若經一部ト是國分寺ノ權輿ナリ○續日本紀ニ日ク天平十九年詔天下諸國國別令造金光明寺法華寺其金光明寺各造七重塔一區並寫金字金光明經一部安置塔裡ト金光明寺ハ即國分寺ナリ延喜式ニ日ク山興寺爲國分寺置僧十口又日伊豆國々分寺料一萬束ト此寺往昔三島大社ノ東ニアリテ神宮寺トモ稱シタリ（[増]三島大社曆應元年民部丞ヨリ目代宛ノ文書ニ伊豆國三島社神宮寺號國分寺云々トアリ又同社至德應永等文書ニ國分寺ノコト見ユ）此地ヲ今國分ト稱ス（[増]法華寺ノ條参看）或ハ云今塔ノ森ト呼ブ處其舊址ナリト此説允當ナラム（神祠部三島大社ノ條ニ三級浮屠昔ハ祠東塔ノ森ト云處ニアリ蓋國分寺ノ塔ナリトアリ）國分ト塔ノ森トハ接近セリ目下國分橋ト稱スル小橋アリ此寺往昔田方郡田中郷ヨリ三島ニ移轉スト云説アリ（田方郡御門村慶久昌寺ノ條参看）○三級浮屠ハ大社域内ニ移シ現存スタ藥師堂アリ今國分寺ト呼ブ社北ノ大德院ヲ國分寺別當ト云（[増]三級浮屠以下明治初年廢ス）

萩原正平・萩原正夫『増訂豆州志稿』巻之十二・古蹟・君澤郡（長倉書店刊）
○國府址［増］三島町ノ地也今三島大社ノ東ニ小久保（文禄三年檢地帳ニこくぼト誌ス或ハ國分ノ字ヲモ用ユ）長谷等ノ地名存ス小久保ハ國府ノ轉訛、長谷ハ聽舎ノ義ニシテ府廳ノ所在ナル可シ又接近ノ地ニ幸原村アリ幸原ハ國府原ノ意ナラム中世以來伊豆府ト稱スルハ此地ニ移轉セルナラムト云説アリ尚考究シテ別記セントス

萩原正平・萩原正夫『増訂豆州志稿』巻之十二・古蹟・君澤郡（長倉書店刊）
國分寺、法華寺、址［増］國分寺ハ同町三島大社ノ東塔ノ森ニ法華寺ハ小久保ニアリキト云又國分寺ハ初田方郡御門村ヨリ此地ニ移轉セリト云（佛利部参觀）

萩原正夫『伊豆七島志』⼟・大島・沿革（長倉書店刊）
［増］本島上古ノ事蹟ハ詳ナラズト雖事代主神ノ眷族ノ開創ニカヽレルハ疑ナカル可シ三宅記ニ三島明神大島ニ置キ給フ后ノ御名ヲ「羽分ノ大后」ト申ス其御腹ニ王子二人オハシマス一人ヲ「太郎王子オホイ所」次ハ「次郎ノ王子スクナイ所」トゾ申ケルトアリ此羽分ノ大后トアルハ波布比賣命、太郎王子オホイ所トアルハ阿治古命、次郎ノ王子スクナイ所トアルハ波知命ニシテ其祠廟ハ共ニ式内ニ列セラルレバ是レ本島開創ノ始祖ナル可シ島民傳云フ本島及諸島ハ孝安天皇ノ時始テ人住メリト是レ三宅記ニ同天皇ノ御代ニ三島ノ神伊豆ノ屬島ニ渡來シ給フトアルヨリ起レル説ニテ他ニ憑據アルニ非レバ信ズルニ足ラズ。

萩原正夫『伊豆七島志』⼟・大島・雑事（長倉書店刊）
［増］本島ニハ往古ヨリ龜トノ法ヲ傳フ三宅記ニ三島ノ神其從者壬生實成ニト術ヲ傳ルコトヲ載スルハ是レナリ○延喜式ニ日ク凡宮主取ト部堪事者任之其ト部取三國ト術優長者伊豆五人壹岐五人對馬五人ト［増］伊豆五人トアルハ本島ヨリ撰出セシナリ○古事談ニ日ク伊豆國大島ノ下人ハ皆龜トノ占ヲ爲ルナリ堀河院ノ御時件ノ島ノ下人三人ヲ召テトセラル云々ト

萩原正夫『伊豆七島志』⼟・新島・總説（長倉書店刊）
○總説［増］島ノ名義ヲ按ズルニ扶桑略記仁和三年ノ條ニ新生ノ島トアルハ本島ニシテ宮津河ヨリ南方一面ノ地ハ當時噴出シタルニヨリ新島ト稱セシナラム○三宅記ニハ島ノ色白キガ故ニ新ラシ島ト名クトアリ［増］三宅記ニ日ク三島明神一人ノ后ヲ新島ニ置キ參ラセ「ミチノクノミ」トノ大后トゾ申ケル此御腹ニ王子二人マシ、ヽキ一人ハ「ダイサムノ王子」（一本大宮王子）一人ハ「テイサムノ王子」ト申ス此王子ニ「劔ノ御子ヲ添參ラセケル云々」ト此ノミチノクチノミトノ大后トアルハ久爾都比咩命ダイサムノ王子トアルハ多祁美加々命ナル可クシテ其祠宇ハ共ニ式内ニ列セラレ今ニ存在スレバ此神々コソ本島創始ノ祖ナル可ケレ○島人傳云フ往古ダイサムノ王子ト云人此島ヲ開クト

萩原正夫『伊豆七島志』⼟・新島・神祠（長倉書店刊）
○大三王子神社［増］本村大三山鎭座祭神多々美加々命ナル可シ［増］式内多祁美加々命神社ナル可シ三宅記ニ三島ノ神新島ニ置給フ后ヲ「ミチノクチノミトノ大后」トゾ申ケル其御腹ニ王子二人マス一人ヲ「ダイサムノ王子（一本大宮王子）」トアル是レナリ本社今ハ島ノ南西沿海ニ鎭座スレド往古ハ三十町許東方（全島ノ南方）二島山ニアリテ舊址存セリ貞享三年遷祀スト傳フ三代實錄ニ日ク仁和二年十一月授伊豆國正六位上多祁美加々神正五位下ト○大三王子ハ島ヲ開キタル神故島民特ニ尊信ス又テイサム王子ノ社モアリタレドモ今ハ廢ス［増］（[増]社域六千坪官有地）

萩原正夫『伊豆七島志』⼟・神津島・總説（長倉書店刊）
○總説［増］神津、仁明天皇紀ニ神津、三宅記ニ神集ニ作ル○神津島ハ上ツ島ノ義ナリ東方ニテハ西ヲ上トス此島諸島ノ最西ニアル故名ク三宅記ニハ神々集リテ島々ヲ燒出シ給フ詮議ヲナシケル故神集島ト名クトアリ［増］仁明天皇紀ニ伊豆國賀茂郡有造作島名上津島トアルニヨリテ案ズルニ神津ハ神造ノ意ナラム乎［増］仁明天皇紀ニ上津島座阿波神是三島大社本后又座物忌奈乃命即前社ノ御子神也云々又阿波神五子相生云々トアリ三宅記ニ三島明神神集島ニ置給フ后ヲ長濱ノ御前ト申ス此御腹ニ王子二人マス「タヽナイ」「タウナヘ」トゾ申ケルトアリ長濱ノ御前トアルハ即阿波神ナリ此神及其子物忌奈乃命ノ祠廟ハ共ニ式内名神祭二百八十五座ノ内ニ列シ今府社此母子ノ神コソ本島開創ノ祖ナルコト疑ナカル可ケレ。

萩原正夫『伊豆七島志』⼟・三宅島・總説（長倉書店刊）
○總説［増］按ズルニ三宅ノ三ハ御ノ借字ニシテ尊稱ナル可ク御宅トハ上古三島神本島ニ潛宮ヲ構ヘテ居住シ給ヒシヨリ起レル稱ナル可シ（宅字ヲヤケト訓スルハヤカノ轉ニシテヤカハ屋處ノ義ナル可ジ）○一説ニ云三ハ御宅ハ燒ノ借字ニシテ此島數噴火セシヨリ名ケシナラムト［増］本島ハ上古三島神即事代主神鎭座ノ本域ニシテ其后妃王子式ニ所載十二座ノ多キニ至レリ此諸神本島創始ノ祖ナル事論ナシ又主トシテ三島ト稱ヘシハ本島ニシテ後遂ニ諸島ノ總稱トナリタルナル可ク三島ノ三ハ尊稱ニシテ此神鎭座ヨリ起レルコト已ニ云シガ如シ○三宅記ニ日ク三島明神三宅島ニ置給フ后ノ御名天地今后トゾ申ケル此御腹ニ王子二人マス一人ハアンネイ子一人ハ「マンネイゴト申スト又三宅明神箱根ノ湖ノホトリニ住メル老翁ノ女三人ヲ召シテ妃トナシ給フ云々明神、若宮、見目壬生ノミタチ」ニ此島ヲ四ツニ分チ末ノ代妃王子ノ宮所ヲ定メント思フト仰アリテ四ツニ分チ給フ一ヲバ神ツ

キニハイヅ三ハアコ四ハツボタト號シ嫡女ヲバ伊豆ニ入海アリ此ニ置キ參ラセ次ノ女ヲハツボタノ郷ニ置キ給ヒ三人メハ神ツキニ浦アリシドリト名ク此ニ置參ラスアコハ末ノ代ニマロガ宮作リアルベシ云々ト[増]三宅記々ス所ノ后妃王子ハ概ネ式所載ナルコト神祠ノ條ヲ見テ知ル可シ

萩原正夫『伊豆七島志』上・三宅島・神祠（長倉書店刊）
[増]若宮神社[増]阿古村下錆鎭座祭神不詳[増]本社ハ三島神ノ王子ヲ祭レルナル可シト其神名ヲ詳ニセズ（社域四千八百四十坪官有地一種）

萩原正夫『伊豆七島志』上・三宅島・神祠（長倉書店刊）
[増]天神社[増]坪田村鎭座祭神不詳[増]舊祠ナレドモ縁由詳ナラズ祭神ハ蓋シ三島ノ神ノ王子ナル可シ（菅原道眞ヲ祭ルト傳ヘタルハ天神ノ稱ニヨリテ附會セルナラム[増]社域三百五十一坪官有地一種）

萩原正夫『伊豆七島志』上・御藏島・總説（長倉書店刊）
○總説[増]御藏或ハ三倉、御倉等ニ作ル○島ノ名義ハ三宅記ニ三島明神ノ御藏ナリト仰アリテ名クトアリ按ズルニ御ハ尊稱藏ハ暗キ義ナル可シ舊キ呈文ニ此島人居北方ニアリテ一方クラナリトアリ[増]按ズルニ御藏ハ海暗ノ借字ニシテ此島ノ埠頭大根濱ハ北方海ニ面シタル山陰ニアルヨリ起因セル稱ナラム乎[増]本島ニ式内伊太氏別命神社鎭座スレバ此神開創ノ祖ナル可シ伊太氏別命ハ三島ノ神ノ王子ナリ後栗本四郎兵衛義正ト云者三宅島ヨリ移住シ爾來其族増殖スト云フ義正ハ建保五年没ス（目下全島過半數栗本氏ニシテ外ニ德山廣瀬ノ二氏アルノミ）○舊三宅島ニ隷屬ス享保十四年分離獨立ス（[増]正德中島民獨立ヲ企圖シ島代官河原清兵衛ニ申請セシモ容レラレズ適幕府ノ侍醫奧山某本島ニ流竄セラルヽニ會シ其情ヲ陳ス某乃斡旋シテ遂ニ許可セラルヽニ至ル）

萩原正夫『伊豆七島志』中・八丈島・沿革（長倉書店刊）
○沿革[増]本島モ他ノ諸島ト同ク事代主神ノ眷族ノ開創ニ係レリ三宅記ニ三島明神沖ノ島ニ置キ給フ后ヲいなばえの后（一本八十八江ノ后）トゾ申ケル其御腹ニ王子五人在スヌ其后カクレサセ給ヒケレバ嫡子ト次郎ノ王子トハ手ヲ執リ合ヒ思ヒ死ニ終ラセ給ヒ石トナリテ弟兄ノ尊トテ立チ給ヘリ二人ノ御子ハ幼少ニテカクレサセ給フ五郎ノ王子ノミ沖ノ島ニ在ストアリ此いなはえの后トアルハ優婆夷命五郎王子トアルハ許志伎命ナル可クシテ其祠宇ハ共ニ式内ニ列セラルレバ本島創始ノ祖ナルコト疑ナカル可シ

菅原久高『伊豆國九十二式社祭神記』（『全國神職會々報』第二十一號）
伊豆三島神社名神大月次新嘗田方郡三島町鎭座官幣大社三島神社なり三島大明神ト稱す
　祭神　事代主命
　　大日本神祇志に曰大山祇命

吉田東伍『増補大日本地名辞書』第五巻・１０３１～１０３２頁
三島　今三島町、人口九千五百、鉄道御殿場（十二哩）沼津（三哩）の間なる車駅にして、原木、南条より大仁に達する支線あり。昔は当国々府の地にして、筥根山下の一邑なりければ、其名久く聞ゆ。近年足柄を以て鉄道線と爲しいに因り、三島は人馬の往来を絶ちしが、後駅北の地に停車場を設け、支線を引きて、南方の韮山、修善寺へ交通を謀り、形勢々変ず。
　増訂豆州志稿云、三島は伊豆府の地なれど、中世賀茂郡の大神を遷祀せるより、遂に三島と称し、又社地神領を賀茂郡とす、三島はもと郷名にて賀茂郡に属す、三島神社を伊予国より遷祀せりと云は謬伝なり、古代の三島郷は社地神領ばかりにして、其社地神領頗広く、西は四の宮川、小浜池の南沮が原通までなるべし、民家神祠の北の方に叢居れりと、此郷は四辺皆田方郡なるに、独遙かに隔りたる賀茂郡の属たる事、仔細あるべし、明治の始め上地となり皆君沢郡に属す、三島駅は神祠の南方に在り、西方千貫樋より東賀茂川に至る、官道拾八町あり、二日市は万葉に見ゆる三島菅笠の出づる里にて、笠縫と云ふ、近世は総名三島宿と称し、田町に代官出張所ありて一駅を治め、兼て江戸朝観の送迎、及び夫馬を掌る、宝暦中まで此に伊豆代官居りしが、韮山へ移れる後は吏員を出張せしめたり、明治十二年其旧址に小学校を建つ。○史徴墨宝考証云、伊豆の三島明神は今君沢郡（旧田方）に在りながら、其社域許りを賀茂郡と称す、蓋郡界変遷ありて、社域に限り旧郡名を負はせたる歟、旧神官矢田部氏系図に「大化五年、賀茂郡の海中に火炎出づ、焼く出る島を輿の島と号す、時に大明神此島に現ず、慶雲元年又申島を焼く、これを大島と号す、伊豆国司矢田部宿禰金築を惣神主として、輿島より大島に遷座す、天平七年神告により府中に遷祠す」とあれども造島の事、国史所記と符合せず。○按に、三島の神領は古文書に郡宅郷とあり、且其伊豆府中たることは諸書に歴見すれば、延喜式の三島郡と、和名抄の三島郷は共に賀茂郡に属するを以て、近世無識の徒説を爲して、神領の地のみ賀茂郡なりと云ふも、固より根柢あるに非ず。蓋府中の三島明神は、式内所載の旧祠ならず、後世国司勧請の新宮にして、謂ゆる惣社なり、遙拝所なり。而も本社社伝、神官系図の類に、後人其義を失ひ、種々の附会を爲す、慨嘆すべし。又万葉に見ゆる三島菅笠の歌は、摂津国の三島郡の事とす、此地にも又造立するとて、彼古事を牽合すべからず。
補[三島菅笠]○増訂豆州志稿、往昔三島の笠縫の里にて製す、万葉集の歌に
　　三島菅未苗在時者不着也将成三島菅笠
　六百番歌合に　　　　　　　　　季経
　　誰れか行く夏野の草の葉末よりほのかに見ゆる三島菅笠

　笠縫の里、今二日と云ふ処の旧称なり。
補[三島木綿]○増訂豆州志稿、三島木綿とは、神楽歌に
　　三島木綿肩に取り掛け我れ韓神のからをぎせむや、からをぎ
　と。梁塵秘抄に云ふ、三島木綿は伊豆見島と云ふ処より出る木綿なり、木綿は神に造る木なり、それを四手にして肩に掛け神を祭るなりと。[秘抄は口伝集か、口伝にも未詳]按ずるに、楮皮を剥ぎ取り、水に漬して曬し、打ち柔げたる、之を木綿と云ふ。

吉田東伍『増補大日本地名辞書』第五巻・１０３２～１０３３頁
三島神社　今三島町に在り、三島大社と云ひ、中世以降東海道の名祀たり。蓋賀茂郡の三島大神を府中に奉請したる新宮にして、諸州の例に惣社と云ふ者と相同じ、故に延喜式之れを載することなし。後世賀茂郡の大祀衰頽し、府中の惣社愈顕れて、遂に国の一宮に推さる。明治維新の初め、官幣大社に列せらる、異数に属するに似たり。

　　　あはれとや三島の神の宮柱たゞここにしもめぐり来にけり、[十六夜日記]　　　　安嘉門院四条
　　　　伊豆の国府に至りぬれば、三島の社のみしめうち拝み奉るに、松の嵐木暗く音づれて、庭のけしきも神さびわたれり、是社は伊予国三島大明神をうつし奉ると聞くにも、能因入道、伊予守実綱が命によりて、歌よみて奉りけるに、炎旱のゞより雨暴にふりて、枯たる稲葉も忽に緑に返りける、あら人神の御なごりなれば、木綿襷掛巻もかしこく覚ゆ、[仁治東関紀行]
　　　せきかけし苗代水の流来て又天降る神ぞ此神。
按に伊豆府の三島明神は、源頼朝の兵を挙ぐるに当り之に祈り、遂に戦勝を獲たり、明神の崇敬之より大に加はる。東鑑に治承四年八月十七日、頼朝三島神に奉幣し、其神事の日を以て兵を興し、山木判官を斬ることを詳録し、又勤行起請の十九座の三神を、三島の一宮二宮三宮と挙げたり、又「十月廿一日、遷宿黄瀬河、秉燭之程、御湯殿、令詣三島社給、御祈願已成就、偏依明神冥助之由、御信仰之余、則於宝前令書給、其祠云、
　　　伊豆国御園、河原谷、長崎、可早奉免敷地、
　　　三島大明神、
　　　右件郷園者、為御祈禱、安堵公平、所寄進、如件
　　　　治承四年十月廿一日　　　　　　　源　朝臣
元暦二年四月廿日、今日迎伊豆国三島祭日、武衞為果御願、寄附当国糠田郷於彼社、而先之御奉寄地有之今已為四箇所也、相分之、以河原谷三薗募六月廿日臨時祭料、所被付神主東大夫盛方、以糠田長崎為八月放生会二宮八幡宮領、所被付神主西大夫盛成、是皆北条殿奉令御施行給、」又建久六年、将軍家神馬剣幣を当社に納めしことも同書にありて、鎌倉武家の崇敬他に異なりし縁起明白とす。爾後此地は海道の衢にあたり、往来の参詣其の便ある以て、名声益著れたり。○増訂豆州志稿云、三島大社神領は古文書に散見す、北条（小田原）役高帳、三島八十七貫文を載す、徳川家の時、五百三十石の田祿を附す、明治元年十月、東幸の時、新造の神殿に内侍所奉安したりき、明治以前までは、鐘楼、薬師堂、護摩堂、三層浮屠等ありしも今はなし、神庫に日本紀古写本、源頼家自筆心経、其他古写本数部、古器物廿余品を蔵す、又神主家に康和の補任文「伊豆国盛、補任三島宮司之職」云々とあり、治承以来武家喜捨文、祈願文等多し、明治廿年、太刀三振（三条小鍛冶宗近作、聞く一文字作、兵庫クサリ二口、羽柴中納言奉納のものを合せ）を天覧に供せしに、宮中に御留置になる。○北条盛衰記云、永祿十二年六月、武田信玄の先手の者共、三島明神の社壇を打破り、斗帳を盗取り神殿を見るに、神鏡の外本尊なし、諸勢共申けるは、甲斐国はいかなる小社にも、皆本尊神体あり、三島は海道に聞えたる大社にて、何とて本尊無きならむ、如此神もなき宮に、何の罰あらんとて、宝蔵をも打破りてけり、云々。桜雲記云、花山院大納言師賢は下総国千葉に配流の時、伊豆三島明神にて奉納す、「契ありて今日は三島の御手洗に憂き影うつす墨染の袖」。
　　　敬白、三島社壇立願事、
　　　右満兼、誤以小量、欲起大事、然依輔佐之遠慮、有和睦之一途、仍止発向、早随時宜、重又有諫言、諫言良有所以、令定運命之通塞、難由冥助之浅深、若違冥慮者、争達微望、若有神勅者、自開福運、不可求力、不可労心、故任彼諷諫、忽飜異心、即為改其過、而謝其咎、記此意趣、偏仰冥鑑、伏願、当社早照丹心、弥加玄応、都鄙無事、家門久栄矣、仍願書如件、敬白
　　　応永七年六月十五日　左馬頭源朝臣満兼（花押）
　　　三島明神願書、
　　　右意趣者、信長公兼且如被仰定、御輿速東方ﾆ被入、御入魂至于深重者、即関東八州、氏直本意歴然之間当社建立之事、早速対氏直、可令助言者也、仍如件、
　　　天正十年三月廿八日　　　　　　　　氏政（花押）
三島明神は東関紀行に「伊予国三島よりうつし奉る」と云ひ、伊予国にては大山祇命と説くを以て、此にも同神と説きたり、丙辰紀行に「いつぞや相国（徳川家康）の御前にて、三島と富士とは父子の神なりと、世久く云伝へたりと沙汰ありければ、扨は富士大神をは木花開耶姫と定め申さば、日本紀の心にも協ひ申すべき也、竹取物語とやらんに云る赫夜姫は、後の代の事にても侍らん、凡三島と云へるは、予州、摂州、此国と三所に現れました、祭儀如在幾千年、青幣相連引白綿、天下神明垂跡処、流行似得地中泉」と、此論近世神道者流の承認して是とする所なりき。然るに廿二社本線に「葛木の賀茂は都波八重事代主神、伊豆国賀茂郡に坐する三島の神、同体にて坐すと云へり」とあるを証拠とし、平田氏の提唱する所ありけるに因り、明治五年、当社神職より教部省へ上申し、祭神を事代主神と改定せり。又神祇志料には、三島神は駿河の浅間神と同一にして、即大山祇なるべし、伊予の小市国造物部連は駿河、伊豆の二国と其族類を同一にすると論ず、参考に資くべし。
　　駿河国神名帳に浅間御子神十八座とあり、伊豆国神階帳にも三島明神第三王子（若宮）十八所御子達と云ひ、伊予三島社にも十八王子を末社とするは三国相同じ、
　　曾我物語真本「三島大明神、部類眷族、云々、飯王子、酒王子、十六王子、六所の客宮、船寄、高佐江、見目御前、荒脛、大楠、小楠」と、（高佐江、荒脛巻今詳ならず）今唱ふる八幡若宮は康永の当国神階帳に、第三王子十八所御子達とある社ならむ乎、昔は三の宮と称して、大社の西二の宮町に在り、諸事の扱振大社に亜げり、其現地に移転せしは何れの時なるか、火牟須比（千手千眼大菩薩とも称し、即走湯の伊豆山権現を云ふ）二宮と云ふより、当所を第三とす、東鑑に本州糠田、長崎二邑を二宮八幡放生会の料所と為し、西大夫盛成に付せらるゝ事を載す、又西大夫は数代我儘にて自由を為す故、東大夫盛方一人にて諸事執行ふ可き由、元久二年文書に見ゆ、此頃より西大夫家は次第に衰替に及べり、近世の神官矢田部氏は、東大夫盛方の後裔成り、見目社は三島大神の御妃、六柱を祭るなる可し、三島大社々伝に見目六柱と云は即是也、曾我物語に見目御前とあり、其姫神たるを証す可し、六所客宮は神階帳六所王子にあたる。
　　[増訂豆州志稿]
　　　庁宣　　散位伊豆宿禰国盛

右人補三島大社司職畢、抑先日任符、貞守与国守可執行務之由、雖令下知、依為貞守濫行人、令停止貞守之職、以国守一人、可執行社務之状、宣如件、神官等宜承知、依件下之、不可違失、以宣、
　　　嘉承三年正月廿五日　　　介　大江朝臣（花押）
　此文書は東大夫矢田部氏の家蔵にして、其の家譜には康和五年国盛大宮司に初任すと云ふ、其祖先は伊豆国造日下部直益人なりと、（続紀、天平十四年、賜外従五位下日下部直益人、伊豆国造伊豆直姓）新後撰集并に玉葉集に、伊豆盛継と云人あり、亦此大宮司の一代とぞ、然らば此の日下部直は国造本紀に見ゆる伊豆造、物部連と其家を異にす、物部絶えて日下部継げるにやあらん。
　増訂志稿云、三島暦（此名は空華日工抄の、熱海浴湯の状にも出でたり）近世駅人河合氏之を造り、伊豆相摸両国に行はる、公儀より写本下附ありて之を板本となす、宅地内に暦の宮ありて、社宮司明神と唱ふ、北条盛衰記に云「関東の暦は伊豆三島と、武蔵大宮と両所にて作り出す、然るに一年十二月に大小の相違あり、其頃安藤豊前守と云者、博学才智ある故、北条氏政此義を尋ね給へば、豊前守日く、寛喜中霊亀算木を負て、伊豆三嶋に上る、里人奇異の思ひを為せども、其謂れを知らず、乃宮寺に蔵む、其後新羅より一老翁三島に来り、此算木を取出し、善く暦法を説く」云々、三島暦は明治革新の際廃せらる。又云、心経寺は昔三島大社の供僧にて、真言宗の一宇たりしよし、日峰和尚の時より、京都妙心寺派下となる、北条盛衰記日、永禄十二年正月十八日、北条氏康氏政父子、五万余騎を率して、小田原を出馬ありて、三島の新経寺に本陣を据ゑらる、云々。
　　　三島にまうでて、矢立の杉とて大木あり、軍陣へ出る武士共、此木に矢を射立てゝ、吉凶を見侍る
　　　よしつたへければ、［道興准后回国雑記］
　　物部の例に引ける梓弓矢立の杉や印なるらむ。
　　　三島にて旅中の佳節を
　　　門酒や馬屋のわきに菊を折る、　　　其　　　角
補［伊豆国造］〇増訂豆州志稿、伊豆国盛は、伊豆国造日下部直益人の裔なりと云ふ、康和五年三島大社宮司職に補せらる、嘉承三年文書に散位伊豆宿祢国盛とあり。
補［伊豆局］〇増訂豆州志稿、伊豆局は三島大社神職伊豆盛方の女なり、承久二年二月本州玉河村号地頭職に補せらる、三島大社所蔵安貞二年北条氏文書あり。

吉田東伍『増補大日本地名辞書』第五巻・１０６９〜１０７０頁
吉佐美　今大賀茂、田牛と併せ、朝日村と改む、手石と下田の間とす。大賀茂の渓は長一里余、吉佐美は其海口とす。
　増訂志稿云、吉佐美は昔朝日里と云ひしとぞ、吉佐美の名義は、一説蚶この海浜に多き故、キサミは蚶海の義なるべし、又一説あり「今日迄は角て暮しつ里人は兼てきさみ神に任せん」キサミは后宮の省略にて、三島大社后神の鎮座より起れる称なるべしと、田牛村は三島大社暦応三年文書、伊豆国蒲屋御厨の内田牛村とあり、田牛の海より大瀬まで今七浦と云ふ、田牛に広さ丈許の石、海涯に傍て突出る事数十歩、因て長磯と号す、石の中程に潤さ僅に盂許りのクボミありて、淡水常に湧く、夏日村人掬し飲て渇を止む、其水終に尽る事なし、波浪時に石上を過れども、盂中の水些の鹹味なし奇と云ふべし、又村西南に遠谷嶼あり周回六町許、水際に空洞山あり、上に遠谷祠を祀る、又松礁に松樹多く、下に宿を為す、暴雨の時小舟二三隻雨やどりすべし。

吉田東伍『増補大日本地名辞書』第五巻・１０７０頁
大賀茂　今朝日村の大字とす、式内伊豆奈姫神社あり、今伊豆山走湯権現と云ふもの是也。〇増訂志稿云、赤石脂は大賀茂村より出づるを佳品とす、其他諸山希少に出づ、薬用と為す、又藻粉と為し、畳席衣服等に油の付きたるを去る、延喜式の貢物なり、今は糊土又は石鹸土とも称す。
補［大賀茂］〇増訂豆州志稿、〇大加茂川は吉佐美にて海へ入る、式内伊豆奈姫神社は大鴨村に鎮座なるべし、今走湯権現あり、即ち三島大神の后神也。［吉佐美、参照］

吉田東伍『増補大日本地名辞書』第五巻・
大社郷　和名抄、賀茂郡大社郷。〇今下田町、浜崎村并に稲生沢、稲梓等にあたる、月間郷の東北に隣り、河津郷の南とす。大社とは、此郷内の白浜に、三島大社の鎮坐したることあれば也、中世には河津庄へ入り、稲生沢郷と改めたり。

吉田東伍『増補大日本地名辞書』第五巻・１０７１頁
本郷　中村と相並び、下田町の北に接続す、蓋古の大社郷の本里にして、当時三島大社は此に在りしにあらずや。北条役高帳に「本郷国衙」と載するは、此地は国衙の属地たる義にして、中世三島大社の田方郡国衙に移し祭られしより、其旧址（大社郷の地）をば特に国衙に隷属せしめて、古代の遺跡を後世に伝へしものゝ如し。又俗に本郷を上村と云ひ、下田を下村と為す。然れども白浜を以て三島大社の旧地と云ふこと、一般の通説なれば、この大社本郷云々の節採り難き歟、尚考ふべし。
補［本郷］〇増訂豆州志稿、本郷村、下田・柿崎・洲崎と其名は分れても、戸数僅にして未だ村をなすに足らず、是を以て土地濶しへども、統て一村として、此その本郷なり。

吉田東伍『増補大日本地名辞書』第五巻・１０７３頁
白浜　今柿崎、須崎と併せ浜崎村と改む、下田の東北一里、東に海を開き、大島を望む。
　増訂志稿云、白浜村は海浜十五六町の間、白砂皓然として、恰積雪の如し、尤佳景なり、延喜式、賀茂郡三島神社（名神大、月次、新嘗）伊古奈比咩命神社（名神大）二坐鎮座の地にして、和名抄所載、賀茂郡大社の郷なり、大社郷は本村より稲生沢までなるべし、中頃三島大社を田方郡国府へ遷祀し、今は此に伊古奈姫をのみ祭りて、白浜明神と称するなり。
補［須崎］〇増訂豆州志稿、須崎村、東雅云、俗に物のさし出たるさきをスサと云ふと、漁多し。生壇、平野なり、景色頗る佳也。須崎塋東西五町南北二町深五仭余、南方に向ふ、船三十余艘を容る、東北風に宜しからず、爪木崎、村の南端海に出る二町、他白石・作根・前作根、松下・白根等の暗礁あり。

吉田東伍『増補大日本地名辞書』第五巻・１０７３頁
伊古奈比咩神社　神祇志料云、今白浜村字長田に在り、当后の宮、又白浜明神と云ふ、三島大神の后神とす、神社に仕ふるもの神主原氏、及び禰宜三十戸あり。［伊豆神階帳、豆州志、神名帳考土代］〇増訂志稿云、釈日本紀云、天長九年十月、三島神、伊古奈比咩神二前、預名神、此神塞深谷、摧高岸、平造之地廿町許作神宮二院、池三所、神異之事、不可勝計とあるは、白浜の事にして、神宮二院とあるは、此二神の宮殿なる可し、寛保度までは二院並び立ち、延度改造の時より一院と為す、又池三所の遺蹟今存す、明暦中の上梁文に云「諸島大明神之本后也」と、大明神とは三島明神也、諸島皆祀る故に云ふ、東方の陵を御釜と云ひ、恰も鍋釜の形也、槃游余録に曰「山の頂に大なる穴ありて、海まで通ふを一の釜と云ひ、二の釜、三の釜は山の後、海べたにあり、皆山のうちより火出でゝ海の底まで焼け行きし穴なりとぞ」と、此穴所謂噴火口なる可し、諺に伊豆のハジカミを白浜明神の御神草也と云ふは、伊豆のはづれに白浜明神ある故、ハジカミ（端神）と云義にて、生薑を御神草とする也、社辺瀬海の地、繊砂皓々雪の如く、極て奇観なり。

吉田東伍『増補大日本地名辞書』第五巻・１０７３～１０７５頁
伊豆三嶋大社址　蓋前の伊古奈比咩神社同境なり。〇神祇志料云、伊豆三島大社は、昔白浜明神同殿に坐しを、後君沢郡三島駅に別ち遷さると伝ふ、故に今の社域は尚加茂郡と云ふ也、［豆州志、行嚢抄］もと伊予三島神を遷奉る所とぞ、［親行海道記、廿二社本縁、源平盛衰記］按に、伊豆伊予は二国の国造、同く物部連の族なれば、其由縁あり、又駿河国神名帳に、浅間御子明神十八座と云ひ、伊豆国神階帳にも、三島十八所御子達とあれば、三島浅間も同一神たるべし、且駿河国造も物部連の族とす、天平宝字二年五月、伊豆地九戸を神封に充て、十二月又四戸を寄奉る。［新抄格勅符］〇今按、三島大神は延喜式、賀茂郡に列せしめ、和名抄、賀茂郡大社郷あるを見れば、延喜延長の頃まで此に鎮座ありしこと論なし。此神は「塞深谷、摧高岸、造平地、作神宮」云々とあるにて、造山噴火の巨霊を畏祭したる情実明白なり。然るに其後田方郡国府に此神を勧請し、彼地は海道の交衢にあたり、源頼朝其祠に祈禱報賽したるより、国府の三島神大に顕れ、賀茂郡の古大社衰ふ。近世寛保年中まで、白浜に古祠の僅に遺れりと云ふは猶参拠すべし。此に怪むべきは、田方郡国府À中の神域を賀茂郡と称する事、其新宮は天平七年賀茂郡より府中へ移祀すと伝ふる事、是也。古典の義理より推せば、府中の神域は決して賀茂郡にあらず、已に新宮と云へば、天平七年の遷座にあらず、是れ恐らくは、近世府中の新宮を以て、延喜式の古大社に牽合せんが為に、かかる妄説を生ぜる者ならん。或は曰く、延喜式に当国三島神料二千束を給せらるることを録するは、府中の神料ならん、云々と、是又憶想に過ぎず、すべて府中の新宮は延喜以前のものたるの明証は一も之を見ざる也、矢田部氏系図の説も、古典に符合せざるは、従はずして可也。
補［三島神社］〇増訂豆州志稿、祭神は積羽八重事代主命神にして、上古より当国に鎮座す。按るに、事代主命国家を避け天孫に譲り給ふ後、其事蹟古典に載せずと雖も、必ず本州海島に至り、潜宮を営み鎮座せしならむ。三宅記云、伊古奈比咩命社記等伝ふる所徴証とすべし。廿二社本縁云、葛木乃賀茂波、都波八重事代主乃神、伊豆国賀茂郡爾坐須三島乃神、同体爾天坐須止云利云々と。従来祭神を大山祇命と称し、予州三島遷座すと伝へたるは、三島の称より附会せしなり。明治五年当社神職萩原正平より教部省に上申し、指令を得て、祭神積羽八重事代主神と確定す。配祀四座の内二座は、伊古奈比咩命・阿波咩命なりと云ふ、二座は未だ詳ならず。日本後紀纂曰、天長九年五月伊豆国言上三島神伊古奈比咩神［略、伊古奈比咩神社、参照］類聚国史曰、□□四年二月十五日、伊豆国賀茂郡三島神祠池、水枯渇、経数月、至夏天下大旱、以是入池雩祭、至国別、三島神宮以二月十五日之異、訴朝家、依之為雩三島神殿、自六月十一日至十五日、大雨滂沛焉、故叙正一位、并以三島一郡（郡当作郷、無三島郡、係誤）寄圭田、神官賜禄金財帛。類聚国史年号を闕く、一本に天長とあり、されど正一位たる事は必ず貞観の後なり。明治四年五月官幣大社に列せらる、
　〇［以下神祇志料のため神祇志を参考とす。神祇志、伊豆三島神社（給在白浜村、与伊古奈比咩命同社、後遷田方郡三島駅、社地尚称賀茂郡、後又改郡君沢、而社地仍存旧名）、田方郡三島神社、参照］
〇神祇志料、伊豆三島神社、今君沢郡三島駅にあり、伝云ふ、本社昔伊古奈比咩神社、同殿に坐しを、後今地に別遷さる（豆州志・行嚢抄）
　按、社地今君沢郡に隷たれど、社域ばかりを加茂郡と云也、
蓋伊奘諾尊の児大山積命を祀る（参取、古事記・日本紀纂疏・一宮記）即伊豆の一宮に坐り（三島文書・一宮記）伊予三島神を遷奉る所也（親行海道記・廿二社本縁・源平盛衰記）
　按、此神、本国又伊予駿河に由縁ある事、伊予大山積神社の下に云るが如し、また駿河神名帳に浅間御子明神十八座とあり、伊豆国神階帳にも三島大明神十八所御子達とある時は、両国とも同神の族類多かりし事知べし、さて同神を祭られし事は、天武天皇の御世に、駿河国を割て置れし国なるに や、もし又二国の国造は物部連同族なる故、もとより祭られたるにもやあらん、
孝謙天皇天平宝字二年十月辛丑、伊豆九戸を神封に充て、十二月四戸を寄奉る（新抄格勅符）淳和天皇天長九年五月庚戌、三島神伊古奈比咩神大に神霊を顕し給ひ、深谷を埋め高巌を摧き、神宮二院池三処を造り坐すを以て、此神を名神に預らしめ（釈日本紀引日本後紀）文徳天皇嘉祥三年十月辛亥、従五位上を授け、斉衡元年六月己卯従四位下を加へ（文徳実録）
　按、本書仁寿二年十二月丙子駿河国三島大神従四位を加ふとあるは、蓋衍文也、駿河伊豆本一国なるを以て誤れるものなる事著し、故今伊豆とあるに拠て、駿河と云ふを略けり、阿波咩命神・物忌奈命神・伊古奈比咩神・伊太氏和気神・波布比咩神等の諸神も又皆之に倣へ、
清和天皇貞観元年正月甲申、従四位上に叙され、六年二月壬戌正四位下を授け、十年七月戊午従三位に進め奉り（三代実録）醍醐天皇延喜の制名神大社に列り、祈年月次新嘗の案上官幣に預り給ひき（延喜式）高倉天皇治承四年九月庚子、源頼朝本国河原谷長崎地を神領に充つ、是よりさき戦勝を祈るに神祐ありしを以て也、後鳥羽天皇文治元年四月癸酉、頼朝祈願の奉賽に相模糠田郷を寄奉り、さきに奉れる河原谷三園を、六月廿日臨時祭料として神主東大夫盛方に附け、糠田長崎を二宮八幡放生会料として神主西大夫盛長に附しめ、建久六年十一月甲午、将軍頼朝神馬剣幣を奉り、（東鑑）後醍醐天皇延元三年正月癸卯、権中納言兼陸奥大介鎮守府大将軍源顕家、伊豆安久郷を寄して天下太平を祈る、凡神官世々伊豆宿禰を以て宮司とす（三島文書）一を東大夫、二を西大夫と云（東鑑）今神主矢田部氏即東大夫の裔也（豆州志）其他社家凡三十六人、正月九日・十七日、四月・十一月中酉日、八月十六日祭を行ふ（東海道名所図絵）。

補［伊古奈比咩神社］○神祇志料、今白浜村字長田にあり、当后の宮また白浜明神と云（伊豆神階帳・豆州志・慶長十二年金鈸銘）伊古奈比咩命を祭る、之を三島大神の后神とす（釈日本紀引日本後紀・続日本後紀）淳和天皇天長九年五月庚戌、大に神威を著し給へるを以て、三島神とともに名神に預り（釈日本紀引日本後紀）文徳天皇嘉祥三年十月壬子、従五位上を授け、十一月甲戌官社に預に列り斉衡元年六月己卯正五位下を加へ（文徳実録）醍醐天皇延喜の制名神大社に列る（延喜式）凡其祭九月廿日廿一日、四月・十一月初酉日を用ふ（足柄県式社取調帳）神社に仕ふる神主原氏、及補宜三十六戸ありと云（神名帳考土代）。
○三島官幣大社は、上古賀茂郡三島に鎮座す、三島は本州属島の総称にして、本社鎮座の地は三宅島なりき、中古同郡大社郷に遷祀す、即ち今白浜村伊古奈比咩命の社地也、後現地に転ず、其年共に詳ならず。
○三宅島壬生氏・新島前田氏等に伝ふる所の「三宅記」と云ふ書は仏徒の正しき古伝に附会を加へたるものにて、妄誕尠からずと雖、三島大神並に后妃王子の事蹟に至ては、頗る憑拠とすべき書なり。
［以上、田方郡三島神社、参照］

吉田東伍『増補大日本地名辞書』第五巻・１０７７頁
三島郷 和名抄、賀茂郡三島郷。今の伊豆七島蓋是也、古書に伊豆島とも云へり。蓋専大島を指し、爾余の諸島をも摂続す、三は御に同く、尊称とす。天武紀「四年、正三位麻続王有罪、流于因幡、一子流伊豆島」と、是伊豆流竄の始にして、此島は大島なるべし。文武紀、三年、役君小角流于伊豆島、初小角住於葛木山、以咒術称、韓国連広足師焉、後害其能、讒以妖惑、故配遠処、世相伝云、小角能役使鬼神、汲水採薪、若不用命即以咒縛。元亨釈書云、役小角、配豆州大島、居三年。扶桑略記云、小角配伊豆大島、歴三年矣、昼随皇命、居伊豆島、仍為練行、往富士山、身浮海上、走如踏陸。釈書又云、天平十四年、禁塩焼王下平城獄、配流伊豆国三島○大日本史、承安二年、伊豆国司奏、有蕃船、泊厳島、形如夜叉者五六人、登島傷殺十余人、衆欲殺之、腋下発火、焼禾稼、遂逃去。按にこの厳島はイツノ島とよむ、本ゝゝゝに出でし記事とす、之を古今著聞集にも載せ、小異あり、一書に之を翻して曰く、
　　承安元年七月八日、船一艘、抵伊豆沖島、登岸八人、長皆八九尺許、反首猿目、躶体而纏編蒲、刺繍遍身、執大杖、而皆無言、島人以為是鬼、乃試与之粱酒、則歓若馬飲、既而島人持弓矢、而乞之不与、即怒呼喚、杖殺五人、或被傷、島人大懼、出神弓且射之、於是輙没海、船乗風去、其遺帯上之国司、乃蔵諸蓮花王院庫。
増訂豆州志稿云、三島は本来海島の総称にして、三島大神を諸島大神とも称するは、上古此神妻子陪従の神々と共に海島に鎮座したればなり、按に賀茂郡式内四十六座の内、廿四座は海島鎮座の神にして、内二座のみ康永の神階帳に載す、蓋三島大社に於て其廿二社を招祭にしならむ、従来大社に見目六柱十六王子と称へて奉幣する神あり、見目は即御妃にして、三島大社の御妃六柱なるべく（其神名は波布比売命、久爾都比売命、優波夷命、伊賀牟比咩命、伊波乃比売命、佐岐多麻比咩命也）十六王子は即大神の王子十六柱なる可し（其神名は阿米都和気命、伊太豆和気命、阿豆佐和気命、多祁美加々命、阿治古命、波治命、南子命、加弥命、夜須命、豆良命、久良恵命、志理太宜命、波夜志命、片菅命、許志岐命、穂都佐和気命也）是其廿二座なる事顕著なり、近世三宅島壬生氏、新島前田氏等に伝ふる所の三宅記は、中世仏徒の述べし所なれど、正しき古伝に附会を加へたる者とす、妄誕すくなからずと雖、三島大神并に后妃王子の事蹟、憑拠とすべき古書なり、此書に拠れば、三島大神の最初鎮座ありしは三宅島なるが、中古大社郷の白浜に移す、年代不詳。

　　　　題簡堂君南汎録後　　　　　　淡　　窓
　　四海同唱卿雲詞、明良喜起信此時、朝陽鳴鳳聞尤早、
　　幽谷棲禽遷不遅、羽公久労遠郡職、一旦擢為献納司、
　　頭著貂蟬口雞舌、嘉謀密獻誰得知、書来相報栄遷事、
　　併貽旧著遠游記、沿河浮海極辺隅、観俗省風捜殊異、
　　博望西域徒開端、相如南夷却生累、紛々跋渉何足論、
　　若公壮游古無二、七島碁峙天一方、地脈絶不通扶桑、
　　但見放流禦魑魅、未聞安撫遣循良、紅蝦晩簇廻潮赤、
　　碧魚朝泛出日蒼、虚空吼処牛為鵒、林木嘯時鼠変狼、
　　要荒本不設防禦、覬覦寧無啓戎虜、誰以兵備教島氓、
　　公自奇材兼文武、篝燈高掲厳嘹哨、銃手斉陳整部伍、
　　巨砲纔試万雷轟、鵬雲垂落鯨濤怒、就中一事駭我魂、
　　颱風往々籔乾坤、王勃幸不溺閩海、屈平還得入修門、
　　今日玉堂酔仙醞、錦袍奇暖飽君恩、猶有往事来入夢、
　　醒見衣上旧濤痕、我懐君子乱心曲、偶捧佳篇一刮目、
　　時維秋陽欲鑠金、被襟坐読南汎録、忽覚海気来襲人、
　　全身栗々膚生粟、公唯忽忘禱神時、必有晃山介景福、
　　（逢風波変、禱於晃山、書中所載）

補［御島］○増訂豆州志稿、伊豆は御島大神上古より鎮座の地にして、其眷族随従の諸神、皆官祭の典に預る、これ小国にして式内社九十二座の多きに至り、特に上古大神鎮座の本域たる海島に近き賀茂郡那賀郡の二郡に多き所以なり。按ずるに本州祠典（神名帳）に所載の神社、他州に方れば、太だ過多なりとす。蓋当時州中所在の社を尽して式に記録せしが、其式内社大率三島大神の陪従にして、本州にのみ其名を留む、故に伊波氏別命とあるも、神典に所謂石戸別神に非らず、引手力命とあるも手力雄命に非らず、国柱命とあるも国乃御柱神に非らず、以て其他を類推す可し。又地名を以て社号とせる神社も、他国同称の者と同神に非らず。故に倭文神社とあるも、大和国葛木倭文坐天羽雷命神社に同じからず、広瀬神社とあるも大和国広瀬坐和［加宇加乃売命神社、以下脱文］

吉田東伍『増補大日本地名辞書』第五巻・１０８１頁
神津島 又神集、上津に作る、古史に承和年中此島噴火、其名夙く著る。新島の西南八浬、方二里許の面積を有ち、島頂天井山は高二千余尺、休火山なれど活動全く尽きたるにはあらず。島中田圃多からず、人口千九百、漁耕を力む、東京より直航一百海里、下田より三十海里。

続日本後紀、承和七年九月、伊豆国言、賀茂郡有造作島、本名、上津島、此島坐阿波神、是三島大社本后也、又坐阿波神、是三島大社本后也、又坐物忌奈命、即前社御子神也、新神宮四院、石室二間、屋二間、閣室十三基、上津島本体、草木繁茂、東南北方、巌岫嶮岪、人船不到、纔西面有宿泊之浜、今咸焼崩、与海共成陸地并沙浜、二千許町、其島東北角、有新造神院、其中有壟、高五百許丈、基周八百許丈、其形如伏鉢、東方片岸、有階四重、青黄赤白色沙、次第敷之、其上有一閣室、高四許丈、次南海辺、有二石室、各長十許丈、広四許丈、高三許丈、其裏五色稜石屏風立之、巌壁伐波、山川飛雲、其形微妙難名、其前懸夾繒軟障、即有美麗浜、以五色沙成修、次南傍有一礒、如立屏風、其色三分之二悉金色矣、眩曜之状不可敢記、亦東南角、有新造院、周垣二重、以塁築固、各高二許丈、其南片岸有閣室八基、南面四基、西面四基、周各廿許丈、高十二許丈、其上階東有屋一基、瓷玉瓦形、葺造之、長十許丈、広四許丈、高六許丈、其壁以白石立固、則南面有一戸、其西方有一屋、以黒瓦葺作之、其壁塗赤土、東面有一戸、院裏礫砂皆悉金色、又西北角有新作院、周垣未究作、其中有二壟、基周各八百許丈、高六百許丈、其体如瓮伏、南片岸有階二重、以白沙敷之、其頂平麗也、従北角至于未申角、長十二許里、広五許里、皆悉成沙浜、従戌亥角至于丑寅角、長八許里、広五許里、同成沙浜、此二院元是大海、又山岑有一院一門、其頂如人坐形石、高十許丈、右手把剣、左手持桙、其後有侍者、跪瞻貴主、其辺嵯峨、不可通達、自余雑物、燎㸩未止、不能具注、去承和五年、七月五日、夜出火、上津島左右海中焼、炎如野火、十二童子相接取炬、下海附火、履潮如地、入地如水、震上大石、以火焼㩁、炎煬達天、其状朦朧、所々焔飛、其間経旬、雨灰満部、仍召集諸祝刀禰等、卜求其祟、云阿波神者、三島大社本后、五子相生、而後后授賜冠位、我本后未預其色、因茲我殊示怪異、将預冠位、若禰宜祝等不申此祟者、出亀火将亡禰宜等、国郡司不労者、将亡国郡司、労成我所欲者、天下国郡平安、令産業豊登、今年七月十二日、眇望彼雲島、煙覆四面、都不見状、漸近戻近、霧雲霽朗、神作院岳之類、露見其貌、斯乃神明之所感也。〇按、上津島承和年中噴火の状、頗詳なり、其言ふ所変幻恍惚、最人情の至感至想を尽す。其宮院室屋と云ふは、皆岩石崖岸の奇状、種々の形容を成せる者とす。而も其修成は皆三島大神の霊異に帰せらる、惟ふに古人此神を以て、造島噴火の霊と為し、其大小の諸島諸所は、皆是大神の妻子、眷属、陪従の人々の栖宅、鎮座の地と看取せられたり。故に三島大神は神代巻の大山祇命に比擬すべしと雖、本来拝物教の巨霊にして、祖先教の意義なき者とす。さればその妻子、眷族と云ふも、真の歴史的人間の関係あるにはあらずと悟るべし。

邨岡良弼『日本地理志料』巻十三・伊豆国田方郡
郡家　按原無、今補、當讀云古保利之美夜介、即田方郡司所治、而國府在焉、或郡宅郷、又稱君澤莊、見三島社貞和延文觀應等文書、君澤郡、始見天正十八年檢地帳、豆州志云、元禄十四年、代官小長谷氏申幕府、定三島近邑十八村、置君澤郡、以至昭代、事具郡名下、按圖亘三島、八田、玉川、幸原、一町田、德倉、佐野、河原谷、塚原、市山、三谷、笹原、山中、及駿河郡島田諸邑、蓋其地也、」萩原氏曰、本州國府、在三島驛、古書稱伊豆府、又國府是也、中世遷祠賀茂郡三島大社於此、於是社號行、而郷名晦矣、社東、有小久保、長谷等地、文祿檢地帳小久保作國分、長谷蓋廳舎之轉、其北幸原村、耳石祠明應十四年梁牌作國府原、可以徵、覺明記、治承四年、源頼朝以豆州土倉佐野二郷、寄箱根山權現、土倉即德倉也、島田今稱伊豆島田村、古屬本州也、承和七年紀、改駿河國永藏驛家、遷於伊豆國田方郡、蓋以便于筥荷路也、源平盛衰記所云伊豆國島田驛即此、先輩或以賀茂郡三島郷、爲今之君澤郡三島驛者、謬矣、」河原谷郷見東鑑及三島文書、甲陽軍鑑作河原貝、有野七里地、異本曾我物語云、過嶺七里山七里、野七里、七里讀爲久禮、未詳何義、北條五代記有野七里虎次郎、所謂三虎之一也、太平記新田義貞東伐尊氏、冒曉發伊豆國府、蹂野七里、山七里、初延暦中開筥荷路、即由此也、」有山中城小田原氏時、置戌將以備上國、

邨岡良弼『日本地理志料』巻十三・伊豆国賀茂郡
大社　訓闕、按當讀云於保夜之呂、崇神紀、祭八十萬神、仍定天社國社、出雲風土記、屋代郷、本用社字、信濃陸奥出羽周防又有屋代郷、東雅云、社、讀爲夜之呂、即屋代也、尚古祭神、掃地設壇、謂之屋代、蓋代宮殿之義、神必有土、、故假社稷字壇之、鹽尻云、宝龜中、初定諸社大小、正三位以上爲大社、自餘爲小社、神名式有三島神社、班名神大社、承和七年紀、單稱三島大社、初在三宅島、中遷本郷白濱邑、郷名因起、後從今田方郡國府地、已注上、」豆州志云、大社方廢、今有稲生澤組領十九邑、蓋是、按圖亘白濱、柿埼、須埼、下田、本郷、中村、蓮臺寺、大澤、河内、落合、箕作、掘内、相玉、横川、加増野、椎原、宇土金諸邑、其故區也、」按三島大社應永八年文書、稲梓郷愛玉村、諏訪祠文明十七年文書、稲梓郷横川村、高根祠永正十六年梁牌、稲澤郷落合村、文祿以後文書、皆作稲生澤郷、一聲転訛耳、」祀典所謂伊古奈比咩命神社、在白濱村、即三島神後妃也、初三島神自三宅島遷、妃神從之、同殿而居、後追遷國府、妃神獨留云、波夜多麻和氣命神社、在相玉村、稱相玉天神、多祁富許都久和氣命神社、在柿埼、稱武峰明神、意波與命神社、在本郷村、稱淺間宮、下田有大安寺、有大安寺山、世稱下田富士、主税寮式、伊豆國大安寺料稲三千束、大安寺在大和、此其寺田、故置別院也、蓮臺寺村、舊名藤原、蓋藤原流寓之處、後以寺名邑、有廢蓮臺寺、天平中、僧行基刱、承久中廢、今存大日堂一宇、」下田大馬頭也、船舶會湊、其八幡祠應永六年金鈸識、豆州下田郷、北條五代記同、嘉永中、米使來乞互市、幕府誤許之、世局爲之一變、洵可浩歎、先是、本州代官江川英龍、察宇内形勢、申幕府、築壘于此、鑄煩礮、男英敏繼其志、至安政中、成大小數百門云、附表其功、

邨岡良弼『日本地理志料』巻十三・伊豆国賀茂郡
三島　訓闕、按依越後三島郡例、當讀云美之末、下野越中長門筑前有三島、三、御也、褒美辭、島海中山可依止也、詳見志摩國疏證、按竹村茂雄曰、三島郷、蓋言八丈、小島、青島也、萩原正平曰、三島、總稱東南海島也、國史稱伊豆島、及伊豆三島者即此、神名式、賀茂郡伊豆三島神社、新抄格敕符、天平寶字二年、伊豆三島神、充本國封十三戸、日本後紀纂、天長九年、三島神示靈威、因預名神、主税寮式、伊豆三島神料稲三千束、今在君澤郡三島驛、班官幣大社、傳言、古在三宅島、中遷大社郷白濱邑、更徙祀田方郡國府、社地尚稱賀茂郡、後改置君澤、而社地仍存舊名、即祭積羽八重事代主命也、先修或爲遷祀伊豫國三島神大山祇命者謬矣、」按神代紀、天孫彦火瓊瓊杵尊之將降下土、先遣經津主武甕槌二神、問大己貴神以能辟國乎否、大己貴曰、當告我子事代主、然後報之、時事代主出漁于出雲

御穗磧、謂使者日天神有命、豈敢違之、遂皷枻而去、史不書其所適、盖遯本州三宅島、營幽宮而居也、二十二社本緣云、大和葛木郡賀茂坐都美波八重事代主神、與伊豆三島坐神同、三宅島壬生氏所傳三宅記所載亦同、三島神主家譜、本社舊在興島、慶雲元年、島中火起、國守兼神主矢田部宿禰金築、奉敕遷祠大島、天平五年、州人安倍朝臣氏主、航島奉幣、爲風浪所困、時受神敎、奏朝遷祀府中、雖有小異、本郷之爲海島、可以徵、因謂、延喜祀典載本郡四十六社、其二十四在海島、率祀事代主妃子、及随侍諸神、則知本祠之爲大山祇神矣、昭代之初、宮司萩原正平、考核史傳、申神祇官、定爲事代主神廟焉、今從其説、以本郷定爲海南群島云爾、
　　○按本邦地脈起自北蜿蜒西走、界東海東山北陸三道、至信濃爲淺間山、至甲駿間、爲富士山、其餘脈南出、爲伊豆諸山、海南島嶼、星散碁布、殆及二百里外、皆隷本郡、槩稱之曰伊豆七島、乃據三宅記、南方海島志、海島風土記、七島日記、七島紀略、七島誌、南汎錄、小笠原記諸書、旁徵古史、以叙其梗槩如左、

賀茂郡役所編『静岡縣南豆風土誌』８８頁（長倉書店刊）
　傳へいふ、孝安天皇六年（二七四）白濱村五社明神鎭座すと。此の神三宅島よりこゝに遷り、（一説、次で當時國府の所在地たる田方郡田中村の深澤に轉じ）後更に（國府と共に三島に遷座す。今の官幣大社三島神社是なり。
　○三島神社は賀茂郡白濱村より遷座せるを以て、其の社域及び附近をば社家村と稱し、古來賀茂郡の飛地と言傳へたり。是れ古書に賀茂郡三島神社（三宅・白濱）とあるを此の三島に當てたるより起りし謬説にして信ずるに足らず。明治九年社家村は改めて君澤郡に編入せられ、明治廿九年君澤郡は田方郡に合せる。
　○伴信友著神名彙考證卷十四に日はく、伊古奈比咩命神社神大（上略）[神名記]（○伊豆國神階帳ヲイヘルナラム）一品后宮トアルハ盖是地也。青衿ノ後シバヘ妓位アリトミユ。明暦中ノ棟札ニ諸島大明神ノ本后也。傳日孝安天皇六年ニ建立ス。三島明神日へ渡リ此ニ御坐マシ、ソレヨリ三島へ遷ラセ玉フ因テ是ヲ古宮トス。又五社明神トモ云。三島ト同ク、其三ハ未詳。（下略）と。伊古奈比咩神社は今の縣社（三島神社）なり。（十一章一節神社の部參照。）

賀茂郡役所編『静岡縣南豆風土誌』９２～９３頁（長倉書店刊）
　延喜式卷九神名帳、伊豆國賀茂郡四十六座の最末に加毛神社二座を揭げたるを、豆州志稿の增訂者萩原正平氏は、南中村大字下賀茂なる加畑神社（郷社兼社）と同村大字加納なる三島神社（社）とを以てこれに擬し、甲を事代主命を祀るものとし、乙を溝樴姬命を齋くものとし、初はいづれも賀茂郷にありけむを、後分郷の際に一座を加納に遷しゝなるべく又神社所在地なる上・下賀茂は和名抄所載賀茂郷の首村なりけむと述べ、加畑神社傳に、別雷神を祭るといへるは名によりて附會せるなりと論じ、更に割註に於て、加畑神社社傳に、往古三島大神神集島より此地に移り、地神の先導によりて田方郡深澤に到り、更に三島に遷座し給きとあると、三島三島神社（加納社）傳に、事代主命・溝樴姬命と船にて妻浦（今妻良）に着し、次で此の地に啓行し、後、三島に遷座し給ひき妻良にも此傳ありとあるとを附記せり。想ふに所傳の如く事代主神が眷屬を率ゐて荒く逢けき浪路をおはせしならば、神船妻浦に泊てむは地理上自らの順序にして、やがて船など繕はせ給はむあひだ、僅かに一里餘を距てたる、山靑く水淸く、しかも土地廣くして溫泉さへ混々たる靑野河口にいでまし、更に古き鯉名噐などみそなはして、如何なる神慮をか運し給ひけむ。かくて神裔此の由緖ある地に留りて、祖神を曾遊の地に齋けるもの即ち加毛神社にして、是より其の附近一帶に神領となれば、こゝに賀茂郷の名も起り、遂に轉じて郡名となりけむこと、是亦自らなる順序なるべし。但、事代主命の神蹟は國內に遍くして、其の遷座の次第などには種々の傳説の存すれば、今一々それらにつきて辯論せむこと煩瑣にたへず。

賀茂郡役所編『静岡縣南豆風土誌』９５頁（長倉書店刊）
大社郷　今の白濱・濱崎・稲生澤・稲梓諸村及び下田町が大凡此の郷に相當る。元、三島郷（藤井伊豫文書
白濱神社祭神三島溝樴比咩命の名より起ると、）と稱せしを、後、大社郷と改む。三島大神の鎭座によりて名けしなり。

賀茂郡役所編『静岡縣南豆風土誌』２９３頁（長倉書店刊）
云々、今賀茂郡四十六座の内より海島鎭座二十四座を減じ、又那賀郡二十二座の内より土肥以北井田に至る八座を除く時は、今日の賀茂郡は正に三十六座の式內社を算すべきなり。然れども伊豆三島神社は、上古鎭座の本域、賀茂郡三島（和名抄所載郷名、御海島の總稱）にして、其の本島は今の三宅島なり。なりしが、中世同郡大社郷（和名抄所載。今の白濱村伊古奈比咩神社の地なり。）に遷座し、後又今の田方郡三島町に遷祀せられたりと云ふ（伊豆國式社攷略）を以て、更に大神の一座を除きて、茲に三十五座を得と謂ふべし。

静岡縣田方郡役所編『静岡縣田方郡誌』５０２～５０６頁（長倉書店刊）
　本郡に於ける古神社の史乘に顯はれたるは、延喜式神名帳と伊豆國神階帳とを其完備せるものとす。前者は平安朝の初期、後者は南北朝時代に現存せる宮社を記載せるものなり。而して此等所載の神社は、引續き現存せるものなりや否や、今日に之を考定するは頗る至難の事に屬す。然れば先進各考説を異にし、甲是乙非にて、必ずしも一定せず、是を以て、此書には伊豆國式社考證の著者故萩原正平氏の説に從ひ之を表示す。
　延喜式神名帳所載社名　　伊豆三島神社（賀茂）
　神　階　帳　所　載　社　名　　正一位　三島大明神
　現　　在　　社　　名　　官幣大社　三島神社
　所　在　地　（舊　制）　君澤郡三島町
　所　在　地　（現　制）　圧方郡三島町
　云々
　茲に注意すべきは本郡否伊豆國に式內神社の數、當時の面積人口に比して甚だ多きことなり。試みに全國の式內神社數三千壹百卅二を倭名抄所載の郷數三千八百〇四に割當つれば、一郷に一座平均に足らざるに、伊豆國のみにつき計算すれば、式內數九十三座郷數二十一にて平均一郷四座以上の割合なり。尚之を現今の田方郡に見るに、一郷二座以上に上る、當時遠流の國と定められたる僻陬の地にありて、斯の如き異例を示すは、抑如何なる理由なるか。豆州志稿の著者秋山富南翁は、之を伊豆の奉幣使が彼の中臣氏に阿諛して、多きを誇らんがためにしたるなりと云ひ、萩原正平氏は三島大神の眷屬隨從の諸神にて、其來歷の正しきものなるがためと稱せり。夫れ或は然らん、されど吾人の卑見を以てすれば、當國鎭座の神靈其靈驗の顯著なるに因りて、其名夙に著はれたるもの多かりしに因らずんばあらず。熟々考ふるに我國の神社は、祖先崇拜

の觀念に基けるもの多きに居らんも、上古未開の民族間には、感謝の念よりは寧ろ恐怖心に驅られ、神妙不可思議なる自然現象に接するや、汎神論的精神より之を崇拝し畏敬して神社を建て、之を奉祀して其神怒に觸れざらんと務めたるもの少からざるが如し。飜て伊豆國の自然界を觀察すれば、火山活動に原因せる火山島の現出、又は噴火の自然力、或は地理學上の所謂内外兩力の作用を受けて成れる奇岩怪石の狀態、或は伏流泉たる清冽なる湧泉等數多ありて、上古の民族此等の自然に接して、之を神靈の技巧に歸し、或は之に精靈ありとし、之を恐れ之を祭りたるに非るか。中古神階の陞進したるに神異の事に因りたる事實は

【淳和天皇紀】 天長九年五月庚戌令卜筮八九畢於内裡伊豆國神爲崇奉伊豆國言上。三島神伊古奈比咩命二前預名神此神塞深谷摧高岸平造之地廿町許作神宮二院池三所神異之事不可勝計。類聚國史曰　□□四年二月十五日伊豆國賀茂郡三島神祠池水枯渇經數月至夏天下大旱以是入池雲祭至國別三島神官以二月十五日之異訴朝家依之爲雲三島神殿自六月十一日至十五日大雨滂沛焉故叙正一位並以三島一郡寄圭田神官賜祿金財帛。

によりて之を後世文化の進むに從ひ、或は文化の進みたる民族の移住するに從ひ、之を自己の祖神に配して、由緒明かなる神社となしたるものなからんや。

静岡県田方郡役所編『静岡県田方郡誌』５２７～５４０頁（長倉書店刊）
　三島神社（官幣大社）　祭神　積羽八重事代主命
三島町傳馬町に鎮座す、祭神は從來大山祇命と稱し、豫州三島より遷座すと傳へたるは、三島の稱より附會したりとなん、明治五年十一月十八日附を以て、當社少宮司萩原正平よりの上申により翌六年一月六日指令ありて事代主命と確定せり。奉祀の由來につきて増訂豆州史稿に曰ふ、此社上古賀茂郡三島に鎮座す、三島は本州屬島の總稱にして、本社鎮座の地は三宅島也、中古同郡大社郷に遷祀す、卽白濱村伊古奈比咩命の社地なり、後現地に轉ず、其年代共に詳ならずと、然るに三島大社傳記に此遷祀年記は詳ならねどとして左の記事あり。
　舊記に□□天皇□□五年癸酉伊豆國守安倍朝臣氏主と云ひし人、守の告に依て府中に遷し奉れる由見えたれば、此時始めて移し祀りてやゝみさかりには成給へる事とぞ思はるゝ、さるは神主盛治が家は、伊豆國造若建命の後裔にて、十二世の孫日下部直益人と申すもの、聖武天皇天平十四年四月伊豆直の姓を賜はり、伊豆國造に捕せられてより、世々本國田方郡に住て、當郡の大少領に任じたる由、何くれの古書及家記にも見えたれば、遷座の後神務する事と成たるは、云までも無きを、いつの比より仕へ奉り、初めにけん、未だ其證を得ずと雖も、伊豆保盛と云し者、堀河天皇康和五年に三島宮司に補せられし由補任文に見えて、此比に至りては、既に盛大に成給ひし趣なるにて知るべし云々。

とあるを見れば、何れ奈良朝以後の事なるべし。

神位は、同書に淳和天皇天長九年五月庚戌伊豆國言上三島神伊古奈比咩神二前預名神云々の時に、從五位下を授奉り、文德天皇嘉祥三年十月辛亥授伊豆國三島神從五位上と見え、仁壽二年十二月丙子加伊豆國三島神從四位下、齊衡元年六月乙卯伊豆國三島神從四位上、清和天皇貞觀元年正月廿七日甲申奉授伊豆國從四位上三島神正四位下、同六年二月五日壬戌授伊豆國正四位下三島神正四位上、同十年七月廿七日戊午授伊豆國正四位上三島神從三位と見え、其より次第に增位ありて既く極位に進み給へる事申すまでもなし。日本紀略宇多天皇寬平九年十二月三日丁巳辰奉授五畿七道諸神三百四社格一階と見え、源平盛衰記に朱雀天皇天慶三年正月諸國諸神社奉増一階、白河天皇永保元年二月同奉増一階、崇德天皇永治元年七月同奉増一階、高倉天皇治承四年十二月同奉増一階云々と見え、康永二年當國神階帳に正一位とあるにて知るべし云々、明治四年五月官幣大社に列せらる。次に祭祀は維新の際まで一ケ年七十五度にして、内大祭五度ありき（正月元日、同十七日、四月酉日、十一月酉日、八月十六日）、明治以來八月十六日を例祭とす、別に一月七日田植祭あり、之等の祭事に關して、其詳細なるものを三島大社の記錄より左に抄錄す。
　云々
神領の事古代は詳ならず、新抄格敕符諸國神社の封戸の中に、伊豆國三島神十三戸寶字二年十月二日九戸同十二月四戸と見え、延喜主税式に三島神料二千束とあり。東鑑に治承四年十月源頼朝本州御園・河原ケ谷・長崎の三邑を寄せ、又元曆二年四月糠田郷を附する事を載す。爾來社領の事當社古文書十餘通に記す。北條役高帳に三島領七十八貫文を載す、德川家康一町田・澤地・幸原・河原ケ谷・社家の五村に於て、五百三十石の田祿を附す。明治の初年之を廢し、明治七年より一ケ年社費金貳千四百九拾參圓七拾貳錢を國庫より支出せらる、爾來數回の輕減ありて、明治廿年より滿三十年間を限り、一ケ年保存金金壹船五百五拾六圓宛配附せらるゝ事に定む。（神領の事增訂志稿に據る）

社殿は今正殿・拜殿・唐門・總門・鳥居・攝社・社務所等あり。社殿造營は鎌倉幕府以來、屢公費を以て之を給ふ。文治三年より明應十年まで十回に及べり、德川時代に至りては、慶長九年・寛永十一年・承應三年・寶永八年・延享元年・安政五年の六回にして、修理は其間前後五回に及べり。今の社殿は嘉永七年の地震に頽破したるによりて改築したるものなり、最初造營を幕府に乞ふ、安政四年幕府寺社奉行松平右京亮を以て金若干を寄附し、且十五箇國の助成を以て營築することを許さる、同五年着手、明治二年二月七日遷宮式を行ふ、是現今の社殿なり。明治元年車駕御東幸の砌、新造の神殿に内侍所を奉安せられき。

鎌倉幕府は勿論德川時代に於て之を尊崇し、德川幕府時代には將軍世子誕生の節、又將軍御不例の節は祈禱したり。明治元年十月車駕御東幸の際三島行在所より、奉幣使參向し、同四年十一月十七日大嘗祭につき班幣使參向、同十一年十一月東海・北陸御巡幸の時、御社參ありて玉串を獻ぜらる。明治三十八年十二月八日平和克復奉告のため、勅使を差遣せらるゝ等、明治聖代に於て朝廷の崇敬を受けたり。

寶物の重なるものは平政子奉納櫛筥壹個、源頼家自筆心經にて共に國寶に指定せらる。太刀にては三條宗近作左二ツ筒の太刀三振あり、先年天覽に供し奉りしに宮中に御留置になり、銘宗忠の太刀一口及金圓若干を寄附あらせらる。此他古寫本數部、古器物貳拾餘品及治承以來の古文書百數十通を藏す。

神苑は燒一万餘坪、苑内樹木鬱蒼として、老樹大木多く、自ら敬虔の念を起さしむ。苑内の神池は何れの年代に鑿たれしか詳ならず、併し概ね四五十年每に浚渫せらる、最近は明治四十三年にして、池畔に浚渫記念碑を立つ。
城内に於ける攝社末社合せて十三社あり。
１ 八幡宮（攝社今若宮神社）　増訂志稿に當社は三島大神の王子を祭るなる可し、神階帳に第三王子十八所御子達とあるは此社ならむ乎。此神を元つ神と云蓋し明神の地主神也、祠頗大にして明神と共に南面せり、昔は二

ノ宮と稱して大社の西二ノ宮町に在り、諸事の扱ひ大社に亞けり、其現地に移轉せしは何れの時なるか。東鑑に本州糠田・長崎二邑を當社八月放生會の料所となす事を載す。東鑑曰元曆二年四月廿日今日三島祭日武衞爲御願被寄附當國糠田郷於彼社而先之御奉寄地三箇所有之今已爲四箇所相分之以河原谷三園募六月廿日臨時祭料所被付神主盛方（號東大夫）糠田長崎爲八月放生會（二宮八幡宮）料所被付神主盛成（號西大夫）是皆北條殿奉令施行云々（以下略）

2 見目社（攝社）　增訂志稿に當社は三島大神の御妃六柱を祭るなるべし、其神名は波布比賣・久爾都比咩・優波夷・伊賀牟比咩・伊波乃比咩・佐佐多麻比咩命なる可くして、三島大社々傳に見目六柱と云は即是也、眞本曾我物語に見目御前とあり其姬神たるを証すべしとあり。

3 船寄社（末社）　古事記に踏傾其船而天逆手矣於靑柴垣打成而隱也と見え、又應神天皇紀に五年科伊豆國令造船長十丈輕泛疾行如馳故名其船曰枯野トアル古事又社傳に傳へたる大神の當國に渡り來給へる時の古事に思ひ合すれば、必所由ある神ならんと思へど、證を得ず、那賀郡江奈村に船寄明神と稱する舊社あれど、是も神名傳らざれば知るべきなし。

4 飯神社（末社）　舊記に大神の御子神なる由傳へたれば、式に所載伊豆奈比咩命を遷し祀れるにはあらじか考ふべし、式に伊勢國飯高郡意悲神社あり。

5 酒神社（末社）　又酒御子神と稱して、舊記に御子神なる由傳へたれば、上に云る多初美加々命神を遷せるにはあらじか。

6 第二社（末社）　舊記に御子神なる由傳へたれば、必ず式の御社とは思へど、例の考徵を得ず。大島に二宮明神と云へる社あるは同神なるべし。

7 小楠神社（末社）　式に那賀郡宇久須神社を遷せるには非るか。

8 幸神社（末社）　上に云る佐佐多麻比咩命を遷し祀れるにはあらじか考ふべし。式に大和國添下郡佐紀神社と云ふあり。

9 第三社（末社）　神階帳に正五位第三王子と見えたれど式に所載何れの神と云事證を得ず、賀茂郡河内村又新島等に第三王子の社あり。

10 聖神社（末社）　ひじり、しどり音近ければ式の田方郡倭文神社を遷し祀れるか、亦式に和泉國和泉郡聖神社あり、又當國田方郡月ケ瀨村君澤郡花坂村などに、聖神社あるは同神なるべし。

11 天神社（末社）　極めて菅神にはあらじと思はるゝが、いかなる神に坐すと云事考証なし。

12 大楠神（末社）　式に遠江國蓁原郡大楠神社と云あり、同神か又別神か考ふべし。

13 嚴島社（末社）　舊稱辨天今は二の門の中に立ち給へれど、元は池中の島上に立ち給ひしを、思ふに、式の伊賀牟比賣命を遷し祀れるにはあらじか考ふべし。（3項以下三島大神傳記）

足立鍬太郎『南豆神祇誌』5〜13頁（靜岡縣賀茂郡神職會）

日本書紀白鳳九年二月癸未十八日の條に、如鼓音聞東方。とあるを、次條と照して推測すると、同年七月の伊豆復置は、縱ひ全紀に錄さずとも、神祇に關係する消息からではないかと考へられる。紀同十三年壬辰十四日の條に、逮于人定。大地震。擧國男女叫唱不知東西。則山崩河涌。諸國郡官舍。及百姓倉屋。寺塔。神社破壞之類不可。由是。人民及六畜多死傷之。時伊豫湯泉沒而不出。土左國田苑五十餘萬頃頃は代の借字で、代は五步の田積の名、現今の六步八八餘である。故に五十萬頃は、一千五百五十七町七段四畝十二步餘、即ち三十町五十三間四方に相當する。（文學博士喜田貞吉氏）沒爲海。古老曰。若是地動未曾有也。是夕。有鳴聲。如鼓聞于東方。有人曰。伊豆島西北二面。自然增益三百餘丈更爲一島。則如鼓音者。神造是島也。と見える。即ち霧島火山帶と常に相伴ふ富士火山帶の活動を序して、伊豆神の海島より出現したことゝ、噴火造島を其の神驗とすることゝを、初めて史上に明かにしたのである。伊豆神祇の研究はこゝから發足せねばならぬ。而して此の土地增益は、三原山の噴火に伴ふ大島なる新島村・野增村の地變にして、理學博士大森房吉氏同地方では、現に溶岩に蔽はれた石器時代の遺跡があり、更に其の溶岩流層の上にある泥流層の上部と、其上にある噴灰層の下部との中間に、彌生式時が存し、それと共に石をならべた跡もあり木炭もあって、吾等祖先たる者の遺跡であることが判る。文學博士鳥居龍藏氏又有人曰の裏面には、當時己に伊豆卜部の活動せることが看取される。想ふに後の平麿や雄貞等の先代であらう。因にいふ、撰日本書紀總裁舍人親王は天武天皇の第二皇子で、白鳳四年に生れ天平七年十月壽六十で薨ぜられたから、此の大地震の當年は恰も十歲であらせられた。養老四年日本書紀撰進の時四十五歲

次に釋日本紀後嵯峨深草頃の人卜部懷賢撰卷十五に引用した日本後紀の文に、淳和天皇天長九年五月庚戌十九日令卜筮亢旱於内裏。伊豆國神爲祟。癸丑二十二日伊豆國言上。三嶋神伊古奈比咩神二前預名神。此神塞深谷摧高巖。神造之地二十町許。作神宮二院池三處。神異之事不可勝計。とある。是に至つて伊豆神は男女に分化して各神名を具へ、且つ土地增益旱霖調節を神德として地方の主神となった。云々

一方中央では、佛敎崇敬されて神佛習合の企起り、文化漸く進みて苟安懦弱に流れようとする時に際して、加持祈禱の如き龜卜蓍筮の如きものが、勢力を得るのは當然である。彼の十九日伊豆國神の祟トふや、中間二日を隔てゝ國司より名神班列の奏請到るが如き、後の民部主計式行徒は上廿二日下廿一日神事漫に憶測すべきにあらねど、豈にまた速かならずやである。宜しく當時神祇官に仕へた龜卜の名手、伊豆出身の卜部平麿は二十六才、其弟雄貞は二十三才なるを考へ合すべきではないか。

元慶五年十二月五日己卯。從五位下行丹波介卜部宿禰平麻呂卒。平麻呂伊豆國人也。幼而習龜卜之道爲神祇官卜部。云々。承和之初（案）五年遣使聘唐。（案）大使藤原常嗣平麻呂以善卜術備於使部。使還之後。爲神祇大史。嘉祥三年轉少祐。齊衡四年授外從五位下。天安二年拜權大祐。兼爲宮主。貞觀八年遷三河權介。十年授從五位下。累歷備後・丹波介。卒年七十五。三代實錄〇平城天皇大同二年生

天安二年四月辛丑。是日。宮主外從五位下占部宿禰雄貞齊衡三年賜姓占部卒。雄貞龜策之倫也。兄弟最長此術。帝文德在東宮時宮主。踐祚之日大宮主云々。時四十八。文德實錄〇嵯峨天皇弘仁二年生云々

前記天長九年伊古奈比咩神二前の神功は、現白濱神社々域の成立を語るものと認められて、其の二院相對の制は、近く寬保元年改造の前まで存せられて居た。此の二神は元來三宅島に鎭り給ひしが、予が憶測にして違はずんば、桓武天皇延曆十九年の富士山大噴火の影響を受けて、己むを得ず内地に遷徙し給うたのであらう。然るに仁明天皇の時に至りて、承和七年九月乙未二十三日伊豆國言。賀茂郡有造作島。本名上津島。此島坐阿波神。是三嶋大社本后也。又生物忌奈乃命。即前記御子也。新作宮四院。石室二間。闇室十三基。中間約五百字省略去承和五年七月七日出火。上津島左右海中。燒炎如野火。十二童子相接取炬。下海附火。諸童子履潮如地

入地如水。震上大石。以火燒摧。炎煬達天。其狀朦朧。所々燄飛。其間經旬。雨灰滿部。仍召集諸祝刀禰等卜求其祟。云。阿波神者三島大社本后。五子相生。而後后授賜冠位。我本后未預其色。因茲我殊示怪異。將預冠位。若補宜祝等不申此祟者。出安龕火將亡補宜等。國郡司不勞者。將亡國郡司。若成我所欲者。天下國郡平安。令産業豊登。今年七月十二日眇望彼雲島。烟覆四面都不見。漸比戻近。雲霧霽朗。神作院皇等之類。露見其貌。斯乃神明之所感也。<small>續日本後紀九といふことがある。</small>曩に承和三年十一月丙寅朔。勅。護持神道。不如一乘之力。轉禍作福。亦憑修善之功。宜遣五畿七道僧各一口。毎國内名神社。令讀法華經一部。國司檢校。務存潔信。必期靈驗。<small>仝上五</small>とあれば、今溶岩が盛に海中に流入するを形容し、<small>大森博士藥師十二神將に象った十</small>二童子に、<small>法華經妙莊嚴王本事品又賢愚經</small>にもなる入地如水履水如地の文を附會するも怪しむに足らないが、一方又、此の三年越の大噴火に島の地貌の激變下のを目撃し、且は神託の猛烈なるに驚いた、新任國守外從五位下高原王<small>此年正月任命された國守外從五位下飯高宿禰比蔭が病の爲に退いたので三月高原王が任命されたのであらうが</small>、周章してかく長々しい解を上ったのである。されど此の裏面には、八年前に三宅神族が冠位＝從五位下を贏ち得たのを嫉視して、之に對抗すべく他神族が活動したとは解されないであらうか。今少し明かにいはゞ、阿波神<small>阿波國齋部の祖天日鷲命の長女に譽富やす物忌奈命は阿波の齋</small>部族が齋きまつる神であって、<small>文學博士久米邦武氏</small>そを彼等が安房に植民する途中の要港にして、賀茂郡家の附近神津島<small>上津島</small>對岸なる鯉名翼頭<small>今竹麻村</small>に祭ったのを、郡司巫祝や別當樣の僧侶<small>大和國大安寺の支院石門寺は後世まで竹麻神社に奉仕して居た</small>等が相謀り、密教々理を應用して土地第一の靈神たる三嶋神の正妻嫡子に擬し、以て巧に機會を利用したのではあるまいか。是れ今も神津島には<small>定物忌奈長濱阿波兩明神</small>鯉名より渡來の説を傳へ、竹麻には三嶋明神神津島より渡來の説を傳へる所以、將た延喜式に竹麻神社三座一座は三嶋神とある所以であらう。<small>萩原正平の竹麻神社三座配當說は首肯し難い</small>恰も當時肥後國阿蘇郡なる健磐龍命の神靈池にも、大涸渴の神異があったから、朝廷では事態容易ならずとして之をトに求められると、果して旱疫及び兵事あるべしと現れたから、或は伊勢神宮や賀茂御祖社に祈り、或は賑救の詔を下され、終に冬十月丙辰<small>十四日</small>奉授無位阿波神者忌奈之命竝從五位下。以伊豆國造島靈驗也。<small>續日本後紀九</small>といふことになった。

足立鍬太郎『南豆神祇誌』１７～２２頁（静岡縣賀茂郡神職會）

　既に述べた如く、白鳳年間伊豆海島に現れてより約百五十年、天長九年に至って男女二神に分化し、不可谷を塞き高巖を摧きて土地を增益し、併せて旱霖を調節するを以て其の神驗とした。蓋し富士火山帶の活動に因る爆發の威力と、其の噴出した溶岩や泥灰の爲に海中に新地を得ることが、無上の恐怖と多大の感謝を齎したのである。加も其の爆發前に於ける火山性地震が、やがて來るべき災難を豫告警戒するを以て、居民は御神火を三嶋神と畏むと同時に、此の地震を伊古奈比咩神と稱へて感謝を表したのであらう。是れアイヌ語Ｉｋｏｎｎｕは凶事を未然に戒める義であってＩｋｏｎｎｕ－ｇｕｒｕ及びＩｋｎｎｕｐは神變を現す者であるより出たのである。但これより推して巫女と解することも出來る。（彼の三宅記の見目＝御妻を考ふべきである）。そして此の二神の本貫は三宅島であって、島の名は神明（燒）に起因し、其の雄山が三島＝神島神の體を表したものであらう。次に阿古は噴火の本場であって、其の地名は神名Ｉｋｏの轉である。Ｂａｃｈｅｌｏｒ氏アイヌ語文典Ｔｏｉｓｈｉｋａｒｉの説明に據れば、同語に於ｔｅｉ音のａに變ずるは屢々ある例だいふ。思ふに同地澪池は女神の軆を表すもので、男神と共に此地に鎭座し給うたのを、内地に奉遷した後に、御子阿米都和氣命を祀ったのであらう。尚ついでにいはゞ、同島神著はアイヌ語Ｋａｍｕｉｓｈｙｏｔｋｉ＝火の女神の處の意で、佐伎多摩比咩命の坐す地、伊ケ谷は同語Ｅｋａｙｅｃｈｉｓｈｉ若くはＥｋａｉｃｈｉｓｈにて險しき處の意、即ち伊賀牟比賣命の坐す地である。又坪田はＴｏｐｏｃｈｉ＝水溜の複數なれば、古澪池を表するもので、伊波乃比咩命の坐す處である。そして伊古奈比咩命<small>三宅記には天地守宮后と稱</small>するには、阿米都和氣命の他に穂都佐和氣命といふ御子おはし、佐伎多摩比咩命には、加彌・夜須・弖良・志里太平宜・久良惠・片菅・波夜志・南子の八子おはすを以て、こゝに主神・嫡后・三后・十王子の三宅神族を組織すると、承和七年上津島の噴火によりて、更に三嶋神の本后阿波命・嫡子物忌奈命といふ神出現し、しかも其の本后には五子<small>物忌奈伊太和氣阿豆佐和氣外二神</small>ありと稱し、神津・御藏・利島を連ねて神津の一神族を形成した。然るに大島三原山は三宅島雄山と交互に爆發する御神火の本場であるから、こゝにも其舊噴火口なる波浮池<small>今は一方を决して港とするに</small>妃波布比咩命現れ、彼の白鳳當時の神造地たる野增の阿治古・泉津の波知兩神を其の二王子として大島神族を組織する。更に又式根なる久爾都比咩命といふ妃神には、新島の多祁美加賀命と稱する武勇の神と他に一柱の王子坐し、これに對して遙かに沖島<small>八丈島</small>にも妃優婆夷命・王子許志伎命<small>外四神</small>が現れたから、こゝに一主神の下に、兩后・六妃と嫡子以外に知名十六王子<small>他に名の傳らざるもの七神</small>より成る三嶋大神族<small>式二十六社三十三柱</small>が組織された。之を前章で述べた各族を代表する諸神陞位の順序と對照する時は、尠からず感興を覺える。波布はアイヌ語Ｈａｂｏ＝母・若くは琉球語Ｈａｆｕ＝ホト<small>國語</small>、優婆夷はアイヌ語Ｕａｉｎｕ＝尊敬の意を表すものではあるまいか。

　かゝる威德の強盛な神が大國魂となると、次第に他の地方神を糾合し又同化する。是に於て先づ陪從神と稱するものが現れる。彼の右内左内と稱する多祁富許都久和氣命<small>武峯山</small>・意波輿命<small>一岩山</small>は其の一例である。又過去に祭られた神を驅逐して之に代る。乃ち同一の神を祭る社が幾つも現れる。アイヌ語Ｋａｂａｔｏ＝泥湖を祭った加畑神社と、仝語Ｋｕｔｏ＝弓湖を祭った久田神社が、賀茂郡家所在地たるが爲に、いつしか賀茂神社二座として三島神夫妻を祭られた如きは其の一例である。かうして伊豆の國神が統一されて、次第に秩序整然たる大團躰を作り、其の神の國たる賀茂から、漸く人の住む、田方に威德を布及するに何の不思議のあるべき。彼の徒に居住人民の遲速にのみ執著し、若くは神社の祭神を氏族神ばかりに限らうといふ見地に立って、どうして神祇の眞相を明かにすることが出來よう。將に展開し來らんとする延喜式を讀まうとする者は、先づ三たび思をこゝに致すべきである。

足立鍬太郎『南豆神祇誌』３７～３８頁（静岡縣賀茂郡神職會）

　延喜式卷九に載せた伊豆國神名帳は次の如くである。<small>但所在地は萩原正平著伊豆國式社考略に私考を加へて註記す。</small>
　　　　伊豆國九十二座　<small>大五座小八十七座</small>
　　　　　賀茂郡四十六座　<small>大四座小四十二座</small>
　　　　　　伊豆三嶋神社　<small>名神大月次新嘗</small>　　　　　　　　　　<small>白濱村今三島町</small>
　　　　　　云々

足立鍬太郎『南豆神祇誌』５１～５２頁（静岡縣賀茂郡神職會）

上述の伊豆式社九十二座の祭神、今一々研覈し難しと雖も、既に論ぜし如く、三嶋神及び其の一族は、元來噴火造島を畏祭したるに起因し、關係ある島嶼・港灣・山谷・池泉・森林等を一括し、國魂神として最も偉大なる勢力を有するものであるから、後には内地に祭られた他の神社をも同化統合して、所謂三嶋神族を移祭したもの、若くは陪從臣屬とし、宛然たる國家的神團を形成した。

足立鍬太郎『南豆神祇誌』５８～６０頁（静岡縣賀茂郡神職會）
　　延喜式に於ける伊豆國神名帳式藏を、後の康永二年辛亥十二月廿五日在廳判の奥書ある伊豆國神階帳國幣と比較すると、其間五百餘年に、著しい形式の變化を認める。此變化の實際は尚短き年數であったらう是につけて、先づ第一に論じなければならぬのは、三嶋神社北遷の事である。即ち式帳には、明かに同社の賀茂郡鎮座を録すに拘らず、事實現に田方郡におはす所である。同社舊神官矢田部氏系圖に、
　　　大化五年賀茂郡の海中に火炎出づ。燒出る島を興の島と號す。時に大明神此島に現ず。慶雲元年又申島を燒く。これを大島と號す。伊豆國司矢田部宿禰金築を惣神主として、興島より大島に遷座す。天平七年神告によりて府中の地に遷祠。
とあれど、造島の事は既に記せる國史と符合せず。しかも延喜式の三嶋神社・和名抄の三島郷、共に賀茂郡に屬する以上は、社地神領のみ賀茂郡なりとする説の如き、全く根柢あるもので ない。要するに現在の三嶋神社は、式所載の舊祠にあらずして、後世國司勸請の新宮所謂惣社である。文學博士吉田東伍氏

足立鍬太郎『南豆神祇誌』６０～６２頁（静岡縣賀茂郡神職會）
　　第二に伊豆國造と矢田部家の事を考へて見たい。但其家に所藏するといふ伊豆國造伊豆宿禰系圖といふ者については、信ずる能はざる部分があるから、寧ろ國史にあらはれたものを主とした方が安全である。若建命が、應神天皇の時に伊豆國造になったといふ舊事紀の傳説は、續日本紀、聖武天皇天平十四年夏四月甲申十日賜從五位下日下部直益人伊豆國造伊豆直姓。といふことによって、やや確實さをつけられた。それは若建命が物部氏であるのに、益人も同氏であらうからといふのである。次に全紀、光仁天皇寶龜二年閏三月、己酉二十二授外從五位下伊豆國造伊豆直平美奈從五位下。といふことがある。併し此の二つの國造は、家系を表す榮稱で、國政を司る國司ではないが、後の類聚符宣抄第七諸國司事一條天皇永延二年閏五月十九日の符に、五月九日附を以て、外從七位上伊豆直厚正を田方郡少領に任ずることあるより推して、それ等が田方郡領として、一方國司の社政にも、參したのではないかと推量される。次に國司矢田部宿禰金築は例の後人のさかしらとしても、同家所藏の文書に、康和五年堀河天皇十一月日伊豆守高階朝臣の伊豆國盛を三嶋宮司に補任する状、及び嘉祥三年天仁元年鳥羽天皇正月廿五日伊豆介大江朝臣の下せる、伊豆宿禰國盛原は守とあるを削りて盛と改むを三嶋大社司職に補する廳宣のあるは如何といふに、是亦康和五年八月有長姓は闕けたれど高階にはあらず伊豆守に任ぜられ、大日本史國司表嘉祥三年正月廿四日中原宗政が尊勝寺經營の功により外記より伊豆守にに任ぜられ全上及中右記しのみならず、伊豆は元來下國にて介無き狩野介は嘉祥二年に至って見ゆ定なれば、此點からだけにても二者何れも確實といひ難い。文章の形式内容の批判は別としても若し然らずば此の三嶋宮司が三嶋大社司と改稱される際に、次の総社創設の機を精確に摑み得られるものをと、遺憾禁ずる能はずである。一方また重大な儀禮は猶ほ舊典を存したるか、彼の崇徳天皇大治五年伊豆守大江通國が、亢旱淫霖の調節を祈らん爲に、三嶋神等に奉納したと考へられる大般若経は、石門寺の後身なる修福寺賀茂郡竹麻村に傳來して、現に國寶に指定されて居る。
　　大安寺に毎歳大般若經を轉讀せしめられた事は、續日本紀（聖武）天平九年三月壬子の條に、又天下諸國名神の爲に、大般若經を寫し、國分寺（無ければ定額寺）に安置せよとの合は、日本後紀、（平城）大同四年正月十八日乙未の條に見える。石門寺は大安寺の支院、大江氏は平城天皇に出づと傳へられる。（太田亮氏は大江氏菅原氏は共に土師氏で平城天皇に出でずといふ）

足立鍬太郎『南豆神祇誌』６２～６６頁（静岡縣賀茂郡神職會）
　　そこで第三に總社のことを考へて見たい。猿渡容盛あたりの説に據ると國司の廳の神事は、中央政府に於ける神祇官に擬したものだが、國司の方では別に官の設がないから、府の官舎に近く神社の存して居た所は、便宜その庭上を以て國衙の齋場に兼用したのであらう。さうして此處に國内の諸神を勸請したのが、後の總社の起源であらうといって居る。併し神祇官には別には別に總社風の社を設けられたこともなく、又初から之を造る必要はあるまいと思ふ。一體王朝の制として、國司は任國に赴くと先づ管内の神社を巡拝して神寶を造る式があり。又國分寺にも歩を枉げて居る。尋いで恒例の儀式としては、祈年の頒幣以外にも、毎月朔日毎に諸社の奉幣が行はれる。然るにそれが段々廢れて、國中の神社巡拝の事など、王朝の末頃には大分難儀な仕事になった。その上目代を置いて實際國司が赴任しないやうになっては、迚も規則通に實行が出來兼ねるから、その末遂に總社といふ一便法を考へ出して、國府の近處へ之を合祭して、その途中の勞を畧することになったのである宮地博士。されば伊豆の如く僻遠の地に顯著な神社の多い國は、次第に此の方法に頼ったであらう。彼の三嶋伊古奈比咩兩神を祭った白濱神社に、後世まで御幣流の式が存して居たのは、夙く國司が海上の往來に悩んで、島地の諸社に奉るべき幣帛を此の親社に供し、それを更に頒ち送らしめた遺儀であったのである。世俗今も白濱祭には、必ず送幣に便利な西風が吹くものと信じて居る。又同社に久しく朔日講と稱する祭儀組合の存して居るのは、朔幣供進の遺風であらう。であるから國司政治とともに、各國に総社が設けられたなど考へるは、速斷の甚しいもので、彼の正安三年の奥書ある宴曲抄の三島詣に、「終に聖武の御宇には天平聖暦の事かとよ。叢祠を府中に遷され、」といって居るのは、前の矢田部系圖の天平七年説と共に信ずるに足らない。但年代は下るが、吾妻鏡文治二年の條に、總社・國分寺・國分尼寺と三者并べ擧げてある所から察すると、己に王朝の末頃には、大概諸國には存して居たものであることが明る。又現に今日殘って居る社の振合から考へても、總社は概ね國府に接近して居って、國司政治時代の名殘であることも明る。但し下宮地博士の説に據る近者私が遠江國相良町般若寺にて、發見した、舊駿河久能寺大般若經第二百六卷及び第二百七卷の奥書に、久安二年願主惣社宮司村主資能云云とあるを、宮地博士に提示したれば、博士は之を激賞して、國の惣社に關する文獻として、今日では最古の見はれとする。而して當時東海の一國たる本國の存在が確めらるゝ以上、延いて以外の地方にも及ぼし得らるゝと同時に、次いで見はれる白山記（長寛元年といふ加賀白山記）に、凡國々必有総社一宮二社とある記事に、非常な強みを持たすることも出來るので、吾人は神祇史の見地から此の奥書に深い興味を感ずるにつけても、發見者たる足立氏の勞を頗る多とするのである。史學雑誌三十八編九號と述べられた。微勞推賞に當らないけれども、偶ま博士の卓説を證明し得たのは幸甚である。之を傍證として考へると、當時伊豆も惣社の新宮が出來て、三島神をも賀茂郡よりこゝに迎へ、之を國衙の宗祠と崇めたことが明るのみならず、流石一國統帥の神なれば、總社は三嶋大社の名をのみ負ひて、静岡市史編纂資料卷一の六六頁及び史學雑誌三十八號の九八五五頁を參照せよ。治承四年八月十七日源頼朝兵を擧げる際には、今日三島

神事也。群參の輩下向之間。定滿衢畋。といふまでに繁榮したのみならず、彼が平氏に勝つや、同年十月廿一日御園・河原谷・長崎の三所を寄せて、神恩を感謝し、十二月十三日には極位の奉授もあったから、京鎌倉往來の要衝に位した斯の驛頭の新宮は正一位伊豆三嶋大明神と稱し、伊豆山・箱根の兩社と共に、永く武家の崇敬を鍾めたが、豆南賀茂の古宮は全く衰頽して、殆ど世に忘れられるに至った。

足立鍬太郎『南豆神祇誌』６６～６８頁（静岡縣賀茂郡神職會）
　　第四には、豆豫三島神同一説と、是より生じた大山祇命擬當説を考へなければならぬ。伊豫國越智郡大三島は、古より御島と稱し、式に所謂大山積神社がある。是は越智氏の氏神であって、一に三島神社といふと同時に小市越智國造も物部氏であるから、伊豆國造も同一の氏神を遷し祭ったのである。隨て伊豆三嶋神社の祭神も疑ひなき大山祇命であるといふので近く明治の初まで信奉されて居た。けれども前既に述べた如く、伊豆三嶋神は純然たる伊豆國神で、猶今の羽前出羽神社國幣小社の伊氏波命・薩摩枚聞神社全上の枚聞神・讚岐田村神社國幣中社の田村神・備前安仁神社全上安仁神此例まだあると同じかるべきである。又兩國造の家系も、例の舊事記に據って見れば、伊豆は神功皇后の御代に、物部連祖天椎桙命八世孫若建命を國造に定め給ふと見え、伊豫の方は、應神天皇の御世に、物部連同祖大新川命孫乎致命を小市國造と定め給ふとあるから、同氏にはあれど家を異にして居る。加之其の定置も、伊豆が前で伊豫が後であるから、伊豆國造が伊豫の小市から分れた筈はない。さすれば其の氏神が必ず大山祇命であるといふ説も成り立たない筈だ。流石式に彼は大山積神社とし、此は伊豆三島神社として明かに其の名稱を區別して居るのは、理義瞭然である。此の豆豫兩神同一説は、源親行が東關紀行に、
　　仁治三年の秋八月十日あまりの頃、都を出て東へ赴く事あり、云云。此社。伊豆三嶋は伊豫の國三嶋大明神をうつし奉ると聞にも云云、
とある外に、源平盛衰記鎌倉将軍藤氏二代の頃に出來たるか巻四十五に、
　　去七日ハ九朗判官云云伊豆國三嶋社ニ著給フ。此宮ハ伊豫國三嶋ヲ奉祝。
とあるなどが初であらう。次に大山祇神擬當説の權威と認むべきは、釋日本紀巻六ト部懷賢（又兼方）撰後嵯峨後深草頃の人大山祇神の條下に、伊豆三嶋神社攝津三島鴨神社伊豫大山積神を並べ舉げたのである。之は又蓋豆豫三島同一説である恐らくは鎌倉初期に於ける爲政者に迎合した、奉齋家の手段に起因するものであらう。彼の嘉祥の矢田部文書に見える國守貞守の關係や、西大夫が頼朝に潰された眞相と對照研究したならば、興味ある事實が發見されまいか。正に一人の胯に入って萬人の首を超えるを怪まなかった時であるから、國府の新宮が頼朝の信仰を得て、其の權勢を張ったのに毫も不思議はない。

足立鍬太郎『南豆神祇誌』６８～７１頁（静岡縣賀茂郡神職會）
　　終に本地垂迹説による三嶋神に觸れて見たい。元來本朝に於ける本地垂迹説は、一般に僧行基に起因する如く考へるけれども神佛調和の思想こそ天武持統の頃よりありつれ、當時未だ此説の唱へられた形跡を認めない。加之傳教弘法時代に於ける神佛習合の思想も、未だ本地垂迹考へるまでには發達しなかったから、隨って彼の山王一實若くは両部習合神道などいふのは、後世に於て發達形成したものを、遙に上せて両大師に附會したに過ぎぬ。貞觀元年八月廿八日延曆寺僧惠亮の表文に、皇覺導物。且實且權。大士垂迹。或王或神。の語あれども、是亦未だ日本の神と佛とを配合して組立てた如く發達したものではない。本邦史籍に見えた垂迹思想の初は、石清水八幡宮司田中俊清氏所藏文書、承平七年十月四日太宰府牒。宮崎宮神宮寺に多寶塔壹基造立云云の文中に、彼宮此宮、雖其地異。權現菩薩。垂迹猶同。とあるのであるから、此の思想は恐らくは延喜の前後から起ったもので、源平時代を經、鎌倉時代に入って、始めて其の教理組織を大成したのであらう。文學博士辻善之助氏されば式神名帳には、既に常陸に大洗磯前藥師菩薩神社・酒烈磯前藥師菩薩神社といふがあって、いづれも名神大天安元年に於てに列せられて居るけれども、一般には其の内容未だ漠然として、たゞ神祇は佛の化身なりといふに過ぎなかったのを、源平時代に入るに及んで、何々の神の本地は何々の佛と漸次定められた。天永二年に薨じた大江匡房の著と稱し、康和三年の頃までの事を記した續本朝往生傳眞緣上人の傳に、生身之佛即是八幡大菩薩也。謂其本覺則西方無量壽〇阿彌陀如來也。といって居る。八幡の本地は是で彌陀と定った。次に同じ匡房の江談抄に、
　　熊野三所ハ伊勢太神宮御身云云。本宮并ニ新宮ハ太神宮也。那智ハ荒祭。又太神宮ハ救世觀音御變身云云。此事民部卿俊賢〇源所被語也云云。
といってある。かうして垂迹説は著しく發達し、其の教理組織が漸く完成されたのである。
我が三嶋神夫妻（及してハ神族）を噴火造島の神驗より亢旱淫霖調節の神としたることは、正に藥師の七誓願中第六非時不雨の難を救はんといへるより來れるものなるべく、隨って鎌倉の末、元亨四年正中元年本願寺存覺添削の諸神本懷集には、
　　三島ノ大明神ハ十二朝醫王善逝ナリ。
と述べしめるに至った。

足立鍬太郎『南豆神祇誌』７５～８８頁（静岡縣賀茂郡神職會）
　　伊豆國神階帳は、群書類從二三に、康永二年辛亥（興國四年）十二月廿五日在廳判の奥書あるものを、在廳伊達某藏本から寫して収めてある。伊達家に現藏するものは鳥子紙二枚續にて後世の寫本である即ち尾張のより二十年許前のものである。在廳とは、中古國衙の廳にあり、國司の命を奉じて事務を行ふ下司であったが、多くは世職だから其の稱呼を傳へて居たのだ。先づ左に其の全文を掲げよう。
伊豆國神階帳　　式社の配當は萩原正平の意見に據る
　　伊豆國三ケ郡神明帳事
　　正一位三島大明神
　　　一品きさきの宮
　　　一品當きさ き の宮
　　　正五位上第三皇子并十八所御子達
　　　正一位千眼大■
　　　從五位上六所王子
　　　云々

正一位天滿天神
　　　云々
　次に特に著しく目を惹くのは、田方郡何所といふ標題を缺いだことである。輕く考へると、最初に田方郡三十四所とあるべきが闕けたのだと思はれるけれど、仔細に研究する時は其の不可能なことが明る。即ち
　一、正五位上第三皇子并十八所御子達と從五位上六所王子とは各一所と數へてよろしきか。
　二、正一位千眼大■の正體は如何。
　三、第四乃至八各神の敍列が位階によって居ない。
　四、特に疑問となるは著しき式社の所屬郡に變動を生じたのは何故か。
といふことである。先づ一についていふと、式其他の出典によって、第（大）三皇子を多祁美加加命に充て、都合十六所を數へ得ることは第三章に述べた如くであるが、餘の二柱恐らくは續後紀阿波命所生五子の内知名子を除いた殘敷であらうが、は勿論、後の六所王子といふをも檢出し得ない。思ふに三嶋神族組織の根柢には、法華經化城喩品なる大通智勝佛＝阿閦後に藥師佛の十六子のことなれば、彼の宴曲三嶋詣にも、
　　抑倩思ひ解けば、大通智勝の其昔、東方阿閦と聞ゆるも、今の醫王善逝かとよ。十六沙彌は即ち十六王子
とあらはれ、互に行化を助けつつ、共に主伴の昵あり。一乘化城の妙文、誰かは是を仰がざらむ。
と述べ、又三島大社所傳の一にもしかあれば、かたがた十六王子を以て正しとすべく、随って
　　正五位上第三皇子等十六所御子達
と訂正すべきである。次に從五位上六所王子 白濱神社へ納めた在廰の棟札には正五位上六所神島王子と書いてある。も、位階に於て卑き感あれど、三島詣及び大社古傳の見目鮠六柱＝六所王妃の轉訛で、即ち式波布比賣命以下六神であらう。かく考へ來ると、彼の嫡子として名神大の待遇を受けた式物忌奈命神社が見えない。然るに是は伊豆で屢々若宮として八幡に、又天神として菅公に混ぜられるから、正一位天滿天神といふがそれである。次に賴朝と特別な關係があって、鎌倉幕府から殊遇を受けた伊豆山神社＝式火牟須比命神社が見えない。されどこれも走湯山縁起なる本地から推すと、正しく正一位千眼大■がそれである。當時三島は大山祇命、富士山は木花咲耶姫命、伊豆山は瓊々杵尊を祭神として姻族關係を示して居た。是で二の問題もついでに茲に解決した事となる。さうして此の神階帳冐頭の一群神を整理して、
　　正一位三嶋大明神　　伊豆三嶋神社
　　一品きさきの宮　　阿波命神社
　　一品當きさ（き）の宮　　伊古奈比咩命神社
　　正一位天滿天神　　物忌奈命神社
　　正五位上第三皇子等十六所御子達　　多祁美加々命神社等十六社
　　從五位上六所王妃　　波布比賣命神社等六社
とすれば、恰も位階の敍列正しい二十六柱の三嶋神族の一團となって、いづれも式賀茂郡鎭座の神社であることが明白となる。随ってそれを卷頭に置いたのは、即ち總社に招祭したからであることは勿論なれども、當時既に三島神社は驛頭に奉遷したものとなって居たから、此の神階帳には、田方郡に編入すると、神祇界の權威たる延喜式、及び折角苦心慘憺辛うじて案出した社地神領に限り賀茂郡の飛地であるといふ説に衝突すべく、又賀茂郡に加へると現實を無視することになるから、此のＤｉｌｅｎｍａを脱せんとて、遂に斯様な類例の無い形式を用ひたのである。されば眞の田方郡に屬するは、右を差引いた殘餘の正一位千眼大■外二十七所であるから、之に總社の二十六所を加へぬとに論無く、三十四所とは明記されないのが當然であって他の二三項目と共に、かゝる不得要領な記載方をなすことが、當時の事情からいへば、却て大に要領を得たものであったかも知れない。併しながら、是が遂に賀茂郡飛地説の正體を暴露したのは、是非ない次第である。阿波命所生の名の知れない二王子を認めて十八王子とする時は、三嶋神社の總數は廿八柱となって法華經廿八品と合實す。

足立鍬太郎『南豆神祇誌』１０６～１１３頁（靜岡縣賀茂郡神職會）
　次は縁起ではないけれども、豆豫の兩三島を統合するより來る傳説を冠した豫章記といふものがある。これは伊豫河野氏の家系物語で、正平廿四年までの事を記録し、中間九年を略し、康暦元年即ち宮方天授五年より筆を次ぎ、將軍方となって本領を安堵し、應永元年河野通義の家督讓に終って居る。又通義の家督を承けた弟通之の代に、伊豫三島縁起といふものが出來た。是によれば、孝靈天皇第三皇子伊豫皇子の子に小千御子といふがあって、七歳の時、天子の勅によりて難波から船にて伊豫の小千郡大濱に著き、これが越智の家を興すといふことから始まって、天智天皇の勅命を承けて新羅に至った玉興の代、和銅年中に三島大明神が役行者と共に伊豆から上洛あり、靈龜中攝津淀川の岸から、明神が玉興の船に乗られたので、其所を三島江といふ。御本地は豫州と相同じとある。それから正一位大山積大明神本地大通勝佛、正一位諸山大明神十六王子内第一皇子 伊豆三島御事状當地浦戸御前土申也 本地藥師佛といふことが見えて、彼の書紀一書の五山祇の物語が附會されて居る。河野氏系圖には、三嶋大明神を天神第六面足惶根尊 天照皇祖兄也 とし、其第一子を從一位諸山積大明神＝伊豆三嶋大明神としてあるから、彼に於ては伊豫伊豆の三島明神を親子として居るのである。之に葛城の神や役行者が絡み合って、いよ〳〵紛糾を加へるのは、實に迷惑千萬云ひつべしだ。
　當時伊豆三嶋大明神は立派な一宮であって暦應二年延元四年七月十六日將軍足利尊氏は蒲屋御厨内多牛村 宇都宮九郎左衛門尉跡 を寄進 舎三年高師直の執達状存すとしを、永和元年（？）天授元年十月二日將軍足利義滿は、他に異なる神領として、其の社家への渡付を嚴密にすべき由關東管領氏滿に令し、應永七年には愛玉村海老名備中守跡を同八年には同村下村御料所方を、同十三年には、暦應二年延元年同三年興元年の例によって田牛村（沙汰）を、同廿二年には稲梓郷内土屋近江入道跡を關東管領より寄進命令されて居る。是は蒲屋御厨と大社郷の名殘である。又文安五年管領家の令状に據れば、當時白濱村が三嶋宮大歳役課せられて難澁の由を申立てた爲、嚴重なる催促を加へられた事がある。是は夫木集十八に、權僧正公朝が三島社 此の三島は攝津であらうに奉りける歌に、
　　三島野に神の御鷹を引き据ゑて
　　　　　狩らぬ日もなし六歳の贄
といふもあれば、當時三島では大晦日に、重き儀式として大歳の祭を催し、其の役を白濱に課したのを、困難と申立てたのであらうが、一方から考へると、往時本末の關係あった古宮から、國府の新宮に仕へるのを殘念がったのであらう。今白濱神社に藏する藥師佛は、等身の坐像で、室町時代の名作と鑑定される。恐らくは此の本地佛をおし立てゝ、盛に古宮山を標榜したのであるまいか。
　　伊豆國白濱村事。三嶋宮大
　　歳役勤難澁云云。太不可然。

所詮嚴密加催促。可被全
　　神役之由也。仍執達如件。
　　文安五年九月廿七日
　　　　　右馬允　花押
　　　　　　沙彌　花押
　　寺尾若狹入道殿

越えて延德三年十月には伊勢長氏（北條早雲）が南豆に來り、關戸播磨守吉信を平げ、其の序に白濱神社に參詣したことがある。今同社に藏する癸未十二月十二日附の北條古文書は嘗て伴信友が鑑定したる如く、正に天正十一年のものなること、及び其の印文の樓欝なること、共に函南村畑毛の西澤文書（癸未九月廿六日附）と對比すれば明らかである。是に據れば神社關係のものは、

　　六貫二百文　　　　　　　神田爲修理指置
　　貳貫文　　　　　　　　　卯月霜月兩月祭錢
　　三貫文　　　　　　　　　借し下、社壇爲建立

で、計拾壹貫二百文、當時籾一俵二百五十文の勘定であるから、四十八俵八分となる。更に之を四斗俵とすると、六貫二百文は九石九斗二升即ち約十石、之を現今の相場一石に付き參拾五圓として參百五拾圓、人夫一人一日の賃金一圓五拾錢として二百三十餘人を使役されるから、當時是だけ支出して修理する程の神田があったと見える。次に二貫文は二度の祭錢今日の幣帛料であるが、其高八俵＝三石二斗は百拾貳ゆる、少々の額でない。更に社壇建立の借上げは、實は寄進で、十二俵＝四石八斗現今相場百六拾六圓である。但これは籾であるからといふならば半減して考へてよろしい。天正七年の江奈船寄神社上葺の公方指置は二俵である是れ長氏參詣後九十餘年を經過した、小田原滅亡前七年に於ける白濱神社の實狀である。

　一方三嶋大社は、永祿十二年六月武田勢に社壇を打破られ、內陣に神鏡だけあって神躰が無いと嘲られた事がある。戰國の狀態淺ましとも淺ましい次第であるが、是から三嶋の神威も北條家と共に衰へたと見えて、天正元年には左の如な文書が出て居る。

　　三嶋江自前々相納御神事錢。其
　　外祭錢造營錢。何モ如先規毎年
　　速自當手可請取。又二三ケ年亂
　　世ニ付テ未進之儀モ。當社事各
　　別之子細殊纔義ニ候間。何モ領
　　主令辨償可然候間。爲先此印判
　　可有催促。猶於違亂之輩者。來十
　　三日評定之刻。以目安可有披露
　　者也。仍如件。
　　癸酉
　　十二月廿六日　　清水太郎左衞門（奉之）
　　三嶋神主殿　　　　（三嶋神社藏）

更に天正十四年には左の文書が出て居る。

　　椎原　箕作　相玉　北湯ケ野
　　下田　三分一　須崎　柿崎
　　立野　田中　已上拾ケ所
　　右之郷村。三嶋祭錢不出由申上候。
　　如先規。不入之在所候共。令催促可
　　取之。若至而難澁之族者。記交名可
　　遂披露。可被態過失旨被仰出者也。
　　仍如件。
　　丙戌
　　十一月十八日　　幸田大藏之亟（奉之）
　　神主殿　　　　　（仝前）

下田は岡方本郷で、三分一は港方であらう。これは租税の負擔より命じたのだ。又田中は中村であらう。さすれば王朝時代の大社郷が、殆打揃うて祭錢未進をやったのである。

足立鍬太郎『南豆神祇誌』１４４～１４５頁（靜岡縣賀茂郡神職會）

　慶長十八年四月大久保長安が病死すると、寧ろ政署的に彼が生前の非曲が發かれ、其遺族が嚴科に處せられたから、白濱神社の如く、繩地に近い場所にあって、彼が特殊の崇敬を受けた神社は、却って不利に陷り、其の奉納した金鼓の如きも、取卸されて神職の庫中に藏められた。併し其の爲に、明曆二年の火災を免れたのは、寧ろ僥倖であったが、兎にも角にも、賴朝以來常に不遇の地位に置かれた古宮は、憫むべき姿であった。幸に寬文二年三月社殿を造營し、三嶋伊古奈比咩兩神殿・中廊・華表等具備したのを、延寶三年十二月更に末社に至るまで、式に準據して造營したが、爾後社家の實力漸く衰へるに隨ひ、寬保元年十二月の營宮には全く故實を失ひ、二院制は廢せられるに至った。云々

足立鍬太郎『南豆神祇誌』１８２～１８４頁（靜岡縣賀茂郡）

　　　第二十二章　白濱村
伊古奈比咩神社
　　所在　長田字大濱
　　祭神　伊古奈比咩命　伊豆三嶋大神　見目神　若宮神　劍御子神
　　創立　孝安天皇元年（三宅記に據る）
　　社格　縣社　式內　明神大
　　境內　一、一二二坪　官一
　　初三嶋神と共に三宅島阿古に在しゝが、後白濱に渡來し、暫く長田神明に鎭り、天長九年神異を現して現

在の社地を造り、二院相對してこゝに鎭座し給ふと傳へて居る。さうして同時に土地増益・早霖調節の神驗により從五位下の奉授あり又名神に列せられた。是より兩神屢々陞位の事があり、延喜式には、三嶋神は名神大・祈年・月次・新甞の官幣に預り、伊古奈比咩命は名神大・祈年の國幣に預り諸島神社の親神として殊特の待遇を受けられたが、平安の末に至り、國府總社の新宮漸く勢力を得て、三嶋神は何時しか其方遷り給ふ姿となり、源頼朝天下の政權を掌握するに及び、武家の崇拜全く新宮に集中して、古宮の勢力は衰へた。されば康和二年の神階帳には、僅に総社の祭神として當后宮の名を留め、室町の初には三嶋神社の大歳役を課せられるに至った。後延德三年北條早雲の參詣あり、天正十五年には北條氏の指置拾壹貫二百文あり、内六貫二百文を神田修理錢に指定したれば、それ丈の神領になったのであらう。德川氏の世に及び、慶長十二年伊豆代官大久保石見守長安は金鼓を鑄て之を奉り、繩地鑛山の隆盛を祈った。然るに全十八年長安が病死すると、政略的に其の非曲が發かれたから、彼が生前に信仰を捧げた神社は、却って不利益に陷った。明曆二年本社炎上して一物をも存せず、寬文二年に至って多少の幕資を仰いで社殿を再建したが、當時の棟札に兩宮中廊華表造畢矣、と書いてある。後延寶三年江戸駿河屋與八郎吉久の獻資によって、本宮より末社まで悉く式に據って造營された。當時兩宮に納めた同型の棟札が存して居る尚享保元年の營宮に至って、此の由緒古き二院制は廢せられた。云々

静岡縣『旧版 静岡縣史』第二巻・２０４～２０６頁（名著出版刊）
天武天皇八年二月十八日鼓音の如きものが東方に聞えた。之は後の十三年の事より推せば、伊豆海嶋の爆發をいったものであらう。大化改新以來既に三十五年を經過し、其間駿河國府に於て遼遠なる海嶋の支配をなすに困難も尠からず、且つ流罪人の防援看守等手數を要する事も多いので、伊豆分國の議もあったらうと察せられる。折しもかゝる事件があったからか、九年七月遂に駿河二郡を別ちて再び伊豆國を置かれた。二郡は賀茂と田方である。國治は田方郡家の所在につき、即ち今の田方郡中村田京の臺に置かれたと考へらる。又之が機となって駿河國府も西して今の静岡市に遷ることゝなったのではあるまいか。
云々
天武天皇十二年十月十四日亥剋〇午後十時大地震ありて、伊豫道後溫泉は没して涌出せず。土佐の田園五十餘萬頃〇今千五十七町餘に當る（喜田博士）も亦陷りて海となった。今夕飛鳥京では鼓の如き聲が東方に聞えた。人ありていふ。伊豆島〇大島西北二面が自然に増益して更に一島をなした。彼の鼓音の如きものは、神が是島を造った響であると。想ふに是は霧島火山帶の活動と常に相伴ふ富士火山帶の活動に據って、伊豆神の海島より出現したことゝ、噴火造島を其の神驗とすることゝを初めて史上に明かにしたのであらう。
云々
〇此の土地増益は三原山の噴火に伴ふ大島なる新島村・野增村の地變にして（理學博士大森房吉氏）同地方では現に溶岩に蔽はれた石器時代の遺跡があり、更に其の溶岩流層の上部と、其上にある噴灰層の下部との中間に彌生式土器が存し、それと共に石をならべた跡もあり木炭もあって、吾等祖先たる者の遺跡であることが判る。（文學博士鳥居龍藏氏）又有人日の裏面には當時已に伊豆卜部の活動せることを看取される。想ふに後の平麿や雄貞の先代であらう。（南豆神祇志）

静岡縣『旧版 静岡縣史』第二巻・３８２～３８４頁（名著出版刊）
　自然崇拜には二段の階級がある。即ち其の初歩は自然物・自然現象を直に神として崇拜するのであるけれども、一歩進むと其中に神靈ありと信じて之を崇拜することになり、更に其の神靈に人格を寓するに至って一方出自敬愛の至情と結合し、茲に祖先崇敬と呼ぶ至重至深なる倫理的意義が成立する。特に我國にありては、天壤無窮の神勅のまにまに萬世一系の皇統連綿として斷ゆることなきによりて、世界に無比なる惟神の大道が顯現して神祇の祭祀が國家の大典となったのは誇るべきことゝいはねばならぬ。さうしてかく信仰が淨化向上されて報本反始の大道が履行さるべき場所即ち齋庭が、其神の所在（例へば墳丘）若くは神靈を招ぎ奉るべき處（例へば磐境・神籬其他の祭壇）に定著すると、こゝに神社が現れて、我が國體と最も密接な關係に立つのである。彼の駿・遠の境なる島田町向谷水神山に、大井神社大井村分と河伯神社向谷分とが南北脊合に鎭坐したのは、前に述べた順序を的確に示すものであらう。即ち大井神社は脚下を流るゝ大井川の偉大さを崇仰するに起因したもの、河伯神社は文字の示す如く當初より川の神靈を畏祭したものであったのを、後に祭神を古典に求めて人格神としこゝに産土神として祭祀に仕ふるに至ったと解せられまいか。此理を推せば、富士山より淺間神社に、海島噴火より三島神社に、溫泉湧出より伊豆山神社に、本宮山より小國神社に、將た濱名湖の開塞より角避彦神社に至るまで等の進化論的順序も會得されると思ふ。一方また神氏の大神神社・彌和山神社、縣氏の英多神社、秦氏の敬滿神社等の如く純粹に祖先を齋く者や、海部の綿積・住吉兩神社に於ける、倭文部の倭文神社に於ける、服織部の服織神社に於ける如く各自に緣故ある神＝守護神を奉ずる者があって、所謂（１）大地主神＝産土神、（２）氏族神＝氏神と、場合によりて（３）職業に關する守護神といふべきものが現れる。以上は要するに一定の土地に住む一族の共同して祭る神であってこれが後世の氏神と通稱さるゝものである。上古は世襲世職であるから、氏族神と職業神とは大體一致する。其の分離するは部の組織が解けてからである。彼の大井川下流南岸に於ける氏族神敬滿神社と北岸に於ける大地主神大井神社とが、其の上流地方で大井敬滿神社といふ一の氏神となるは、此の過程を語るものであるまいか。
　今一層此理を擴むる時は、祭政一致の時代に於て、國を單位として其の區域に通ずる神社を要することゝ、隨って彼の國魂と稱する神の出現する所以が偶然でないことを解せられる。遠江には延喜式以前既に國府に淡海國魂神社を齋き、しかも天正の頃猶ほ爲政者が行政・軍事と共に其の祭祀の權を握ってゐた事實がある。又國魂の名は無くとも事實同樣の地位に立ったのは、駿河に於て淺間神社、伊豆に於て三島神社であって、共に王朝時代の末に總社に招祭されても特別の地位を有ってゐた。彼の國方とか在廳とかいふ一種の社職があったり、又今川家では淸斷奉行と呼ぶ役人を設け、淺間神社の神意を承けて難訴を裁斷したりした如きは、いづれも祭政一致の餘風を存してゐたのであらう。

静岡縣『旧版 静岡縣史』第二巻・５８０～５８６頁（名著出版刊）
　大日本古文書巻二に收錄した伊豆國正税帳は、其の一九二乃至二〇〇頁に、毛繼目裏書天平十一年正税並神税帳目從八位下林連佐比物〇神税帳の字面に「伊豆國印」ーある。とあるもの二片で、首部の冒頭と郡部の終とが缺けてゐる。共に正倉院文書正集十九に收めてある。神税帳は正税帳の一支文なれども、當國當年のものは簡單なれば便宜上之に併記したもので、かゝる形式のあったことは但馬國正税帳にも見える。本帳は天平十二年二月に調べたものであらう。

云々

　次に二處の神戸の記錄即ち神税帳の部である。首に天平十年定額を示し、次に春・夏兩度祭祀の酒食料支出と其の差引殘高を揭げ、次に當年の租調庸に及び、調庸は賣得の稻數を示し、合定額高とそれを保管する倉屋及び鎰を列記してある。神戸につきては神祇令に

<small>凡神戸調庸及田租者。並充造神宮及神調度。其稅者。一准義倉。皆國司檢校。</small>

と定めてあるので、其の租税は出擧せぬ。即ち神封出す所の租穀は神庫に勘納して造營修理祭祀の料に充つるのみで、一切他色に充用するを得ず、しかも其の祭祀等は國司監督の下にあるのである。民部式に「凡神税帳造二通。一通送神祇官。一通送民部省。」とある。

　さて此の伊豆國に於ける二處の神戸の位置と、之を享くる神社は如何と研究するに、いふまでもなく伊豆の大社は三嶋神社なれども其の封戸は新抄格勅符抄<small>大同元年牒</small>に

　伊豆三嶋神　<small>十三戸伊豆國（天平）寶字二年十月二日九戸、同十二月四戸。</small>

とあれば、當年天平寶字二年より十九年前未だ之を寄せられず。加之天平十年の定穀一萬千五百五十束を、當年租四百九十一束より推算すれば、約三十年の累積と見らるべく、隨って其の寄封の初は和銅元年頃と考へられる。鎌倉の初に出來たと思はれる神鳳抄に據れば、伊豆には神宮の蒲屋<small>外宮○今賀茂郡竹麻村と朝日村の一部○此御厨のこと吾妻鑑にも見ゆ。</small>塚本內宮<small>○今田方郡函南村</small>兩御厨があったけれども、延喜式神祇四に定めた、三箇神郡<small>度會・多氣・飯野</small>・六處神戸<small>飯高・壹志・安濃・鈴鹿・河曲・桑名六郡の内（何れも伊勢）</small>は勿論、諸國神戸<small>大和・伊賀・志摩・尾張・三河・遠江</small>の中にも入ってゐない。併し天平九年但馬國正稅帳にも朝來郡押坂神戸・粟鹿神戸、養父郡養父神戸、出石郡神戸等あれども、神鳳抄には同國田公御厨<small>内</small>を存するに過ぎない。又和名抄に遠江國磐田郡神戸鄉が後の鎌田御厨となる等より考ふれば、天平當時神宮神領はおしなべて神戸と稱したのではあるまいか。姑く疑を存しておく。

　静岡縣『旧版　静岡縣史』第三卷・６７７～６８３頁（名著出版刊）
　伊豆は火山地帯である關係上古くより海底噴火に伴ふ海島の變異及び地震の災害を被ることが多かった。奈良時代に於ても天武天皇の白鳳十三年伊豆嶋西北に一島が出現し大地震があったことを「日本書紀」は傳へてゐるが、平安時代になって承和五年に及び再び海底噴火が突發したことは「續日本後紀」承和七年九月廿三日の條に詳記されてゐる。

<small>伊豆國言、賀茂郡有造作嶋。本名上津嶋。此嶋坐阿波神、是三島大社本后也。又坐物忌奈乃命、即前者嶋子神也。新作神宮三院、石室二間、屋二間、居室十三基。（略）去承和五年七月五日夜出火。上津嶋左右海中、燒炎如野火。十二童子相接取炬、下海附火。諸童子履瀨知地、入地如水。震上大石、以火燒爛。炎煬連天、其狀朦朧、所々徵爍。其間經旬。雨灰滿部、仍召集諸祝刀祢等、卜求其祟云、阿波神者、三嶋大社本后。五子相生。而後后授賜冠位。我本后未預其色。因茲我祟不恠異、將預冠位。若祢冝祝等不申此祟者、出蝕火將亡祢冝等。國郡司不勞者、將亡國郡司。若成我所欲者、天下國郡平安、令産業豐登。今年七月十二日抄望敧嶋、雲烟覆四面、都不見狀。曉比炱近、雲霧霄晴。神作院岳等之類、露見其狀。斯乃神明之所感也。</small>

この爲めに仁明天皇は承和八年五月神功皇后御陵へ同年六月伊勢皇大神宮及び賀茂神社へ勅使を差遣し給ひ、また同年七月五日詔を發して震災地伊豆の賑救を計り給ふたのである<small>（第三章第二節參照）</small>。

　前揭承和七年の史料に見える上津島は現在の神津島である。この史料に誌されたる三島大社本后阿波神や物忌奈乃命に就ては第九章第二節三に說述するが、特に注意を要する事は上津島の災異は阿波神に對する不敬に基因するといふト占である。即ちこれは丁度富士山の噴火が淺間神に對する不敬に原因するといふ考へ方と一致するもので<small>（本章第二節參照）</small>、この爲めに三島神社を始め伊豆諸社は屢々神位社格を增進されるに至ったと思はれるのである。右上津島の異變の場合にも遂に阿波神・物忌奈乃命に對する授位となったことは、「續日本後紀」承和七年十月十四日の左の條によって知られる。

<small>奉授無位阿波神、物忌奈乃命、並從五位下。以伊豆國造嶋靈驗也。</small>

　史料に見ゆる平安時代の伊豆の海島變異及び地震の例としては、なほ「中右記」天永三年十一月廿四日の條を揭げることが出來る。

<small>伊豆國解云、去十月中下旬之比、海上火出來、鳴動如雷者。是去月下天鳴動聲、大略此響歟、希有奇恠第一之事也。</small>

以上は極めて激烈なりし場合を擧げたるに過ぎないが、通常程度の噴火や地震は頻繁であったに相違ない。そのことは伊豆が富士火山帶に屬する關係上平安初期屢々の富士山噴火の度每に<small>（本章第二節參照）</small>伊豆にも震災が續發したと考へられるのである。恐らく伊豆に神社を祭祀すること特に數多い理由の一はこの點にもあったであらう。のみならず平安時代に於て伊豆が最もト占に名を得てゐた原因の一も亦この點に考へられるのである。蓋し災異に際しト占を以て神慮吉凶を判ずることは當時一般の習俗であったからである。

　伊豆のト占を見るに當りまづ本國出身の龜卜の大家にト部宿禰平麻呂があったことを忘れてはならない。平麻呂に關する史料は「三代實錄」元慶五年十二月五日の條である。

<small>從五位下行丹波介卜部宿禰平麻呂卒。平麻呂者、伊豆國人也。幼而習曆ト之道、爲神祇官ト部。揚火作龜、決義疑多効。承和之初、遣使聘唐。平麻呂以善ト術、備於使部。使還之後、爲神祇大史。嘉祥三年轉爲兵部少屬外從五位下、天安二年權大祐、兼爲宮主。貞觀八年遷爲河權介、十年遷從五位下、累歷備後丹波介。卒時年七十五。</small>

即ち平麻呂はト術に長じ、承和の初年遣唐使に隨行して入唐し、歸國後神祇官となり、遂に天安二年權大祐兼宮主まで出世してゐるのである。これト部系圖が何れも平麻呂を祖とする所以であらう。右史料の示す如く平麻呂は元慶五年七十五歲を以て卒したのであるが、これより二十一年前の天安二年占部宿禰雄貞なる者が四十八歲を以て卒してゐる。即ち「文德實錄」天安二年四月十日の條に

<small>是日、宮主外從五位下占部宿禰雄貞卒。雄貞者、龜築之倫也。兄弟尤長此術。帝在東宮時爲宮主。踐祚之日、爲大宮主。齊衡二年正月敍外從五位下。雄貞本姓ト部。齊衡三年改姓占部宿禰。性嗜飮酒、遂沉酒卒。時年四十八。</small>

とあるのがそれである。雄貞が本姓ト部であったこと、兄弟尤も龜ト之術に長じてゐたこと等の記載より、傍證は存し無いが前記平麻呂と雄貞は兄弟かと思はれるのである。然りとせば年齡より推算して平麻呂が兄、雄貞が弟と見做すことが出來よう。

　かくの如く伊豆に龜ト之大家が生れたことは嘗て伊豆に龜ト之術が發達してゐたことを裏書きする。そのことを確證するものは左記の二史料である。
イ「延喜式」卷三、神祇三
　凡宮主取卜部堪事者任之。其卜部取國卜術優長者。<small>伊豆五人。壹岐五人。對馬十人。</small>若取在都之人者自非卜術絕群、不得輒充。其食人別日黑米二升、鹽二勺。妻別日米一升五合、鹽一勺五撮。
ロ「古事談」第六
　龜甲御占ニハ、春日南室町西角ニ御坐スル社ヲバフトノトノ明神ト申。件社ヲ此占之時ハ奉念云々。
　又伊豆國大嶋下人者民此占ヲスルナリ。堀川院御時、件嶋下人三人上洛。召テ被占之處、皆奉仕此事者也云。

右二史料に示された事項の中で特に注目すべきは、イに見える伊豆五人、壹岐五人、對馬十人の註である。これによれば伊豆の龜卜は壹岐・對馬の龜卜と同一系統に屬する樣である。而して今日朝鮮總督府編輯「朝鮮の巫覡」所收の巫覡分布圖によれば、全羅南道の海南郡及び濟州島はその最多なるものとなつてゐる。たゞ朝鮮の巫覡は龜卜其他の間接的觀象法のみならず直接的通神法をも試みて卜占を行ひ、なほ祈禱穰祓のことや神樂舞踊をも爲すのであるから我國平安時代の龜卜とは可成り相違してゐるが、一面に龜卜と巫覡に相通ずる神秘的卜占的要素のあることは見落せない。かくして伊豆大島・壹岐島・對馬島の卜占は更に朝鮮濟州島の卜占に關係せしむることを得、伊豆大島の龜卜が朝鮮に系統を有することを想像し得るのである。この説は更に上記諸島の間に地理・地名・風俗上の共通點を發見することによつて補強される。即ち地理上海島にして且つ火山地帶なること、地名上難訓難解なるもの多きこと（伊豆南海岸を含む）、風俗上婦人の荷物頭載を見ること等はそれである。かの弘仁十一年新羅の叛民が伊豆國府より乘船入海したといふことは伊豆海島に於ける朝鮮民族の占據を暗示する事實では無からうか（第一章第七節三參照）。此等の問題に就てはなほ伊豆三島神社の遷祀を論ずるに當つて觸れる豫定である（第九章第二節三參照）。

静岡縣『旧版 静岡縣史』第三巻・７１１頁（名著出版刊）
【賀茂郡四十六座大四座小册二座】
（伊豆三島神社名神大月次新甞）本章第二節三參照。
　　現祭神は事代主命。原祭神大山祇命説がある。原所在は三宅島。その後再遷して田方郡三島町に遷る。
　　現在社は同所官幣大社三島神社。

静岡縣『旧版 静岡縣史』第三巻・７５８〜７７６頁（名著出版刊）
（伊豆三島神社）本章第一節三參照。
　伊豆三島神社は「延喜神名式」に伊豆國賀茂郡の所在とし、名神大月次新甞の社格を受け、「諸國一宮記」に伊豆國一宮と誌され、鎌倉時代には賴朝並に歴代將軍以下の武家によつて特に崇敬された名社である。
　三島神社の原所在に關しては諸種の意見がある。即ち賀茂郡より現在地に遷地されたとする説、古來より現在地にあつたとする説である。三島神社が現在の田方郡三島町に鎭座してゐたことは、少くとも「吾妻鏡」治承四年八月十七日の條によつて鎌倉初期まで遡上つて決定し得る。この條に
　　北條殿被申云、今日三嶋神事也。群參之輩可向之間、定滿衢巷、仍廻年鍬入路者、爲往反者可敬咨之間、可行柾嶋離觚者。
と見えるからである。そして爾後鎌倉中期に相次いで著はされた「東關紀行」「關東往還記」等の紀行には何れも三島神社の所在地を伊豆國府即ち現在の三島町としてゐる。故に鎌倉時代以後はもはや變遷なく三島神社の鎭座地は三島町と斷定することが出來る。
　それ以前の平安時代に於ては如何。この問題に關して上述の二説が成る。一體「延喜神名式」には伊豆三島神社を伊豆國賀茂郡の所在としてゐる。而して「和名類聚抄」巻五國郡部十二伊豆國には
　　賀茂郡。賀茂。月間。川津。三島。大社。
とあり、明かに「延喜神名式」の記載を傍證してゐるのである。なほ二書共に田方郡の部には三島神社を物語る可き何物も見當らない。こゝに於て三島神社は平安初期に在つては賀茂郡に所在し、それが平安中期末期の間に於て田方郡の伊豆國府に遷つたといふ見解が生ずる。但し或者は右二書の記載は三島神社の鎭座地を賀茂と稱するが故に、實際は田方郡に所在したのであるが一種の飛地と看做して故意に賀茂郡に編入したのであると説く。
　然るに「日本逸史」天長九年五月廿二日の左記の條は極めて注意すべきである。
　　伊豆國言上、三島神、伊古奈比咩神二前、預名神。此神塞深谷、摧高巖平造之地二十町許、作神宮二院、池三處。神異之事不可勝計。
即ちこの史料は三島神が伊古奈比咩神と同所に祀られてゐたことを示し、以て間接にその鎭座地を告げるものである。伊古奈比咩命神とは「續日本後紀」承和七年九月廿三日の左記の條に見える三島神の後后である。
　　伊豆國言、賀茂郡有造作嶋、本名上津嶋。此嶋坐阿波神、是三島大社本后也。又坐物忌奈乃命、即前社御子神也。（略）阿波神者三島大社本后、五子相生。而後后授賜冠位。（名神に預ること）我本后末預其色。
さて伊古奈比咩命神社の鎭座地は社傳及び地形より見て古來變動無く現在の賀茂郡白濱村字長田に當り、此地に縣社伊古奈比咩命神社が祀られ、曾て境内より嘉祿元年大歳乙酉十二月在銘の御正體が發掘されてゐる。然る時は伊古奈比咩神と同處なるべき三島神は當然白濱村長田の地に鎭座した筈である。これ上掲承和七年の史料に伊古奈比咩神を以て三島神の後后とし本后よりも先に冠位を授けられたと誌し、又誌し得た所以であらう。以上の故に「延喜神名式」は三島神社を賀茂郡に編入した次第であつたと考へる。
　されば三島神社が古來伊豆國府の地に鎭座したと見る説は否定されなければならない。三島神社は平安初期には賀茂郡白濱村字長田（即ち「和名類聚抄」の賀茂郡大社郷）に所在したのである。それが平安中期末期の期間に於て田方郡なる伊豆國府の地に遷座したのであつて、その理由は恐らく此の頃より東海道が箱根路を經過し（第一章第六節一參照）、また地方豪族の勃興（第五章參照）、と共に口伊豆方面の人文發達し、なほ總社や一宮の新制が成立した結果古來名神大社として最位に在りし當社を賀茂郡より伊豆國府に遷祀するの必要が生じた爲めであつたらう。但しこの間の事情を明證する史料の皆無なるは遺憾である。
　然らば三島神社は平安初期以前はその鎭座地を變へること無く賀茂郡白濱村字長田に所在したか。この問題に關して伊豆三島神社は伊豫三島神社を遷祀したといふ説が立てられてゐる。この説は鎌倉中期仁治三年の紀行「東關紀行」に
　　此の社は、伊豫の國三島大明神を遷し奉ると聞くにも、
とあるを初見とするであらう。其他「源平盛衰記」にも同説が見えてゐる。なほ能因祈雨のことは「十訓抄」により伊豫の出來事と訂正すべきである。伊豫三島大明神とは伊豫越智郡大三島の宮浦に所在する大山祇神社で「延喜神名式」には大山積神社と誌され、古來日本水軍の總鎭守として崇敬を受ける神社である。伊豆三島神社の名は恐らく伊豫大山積神社の鎭座地大三島より得たものであらう。惟ふに古代太平洋黑潮の關係にて伊豫三島神を奉齋する民族が三宅島に到着し、此地にはじめて三島神社を祭つたものらしい。これ「越智系圖」等に三島大明神は伊豆に漂流した伊豫の王子であるとの傳説を記載する所以である。
　伊豫三島神を奉齋する民族が或は百濟等の朝鮮民族であつたかも知れないことは、伊豫三島神が仁德天皇の御代百濟より渡來した神であるといふ「釋日本紀」巻六述義二神代上大山祇神所引の「伊豫風土記」左條により想像される。

大山祇神
　　　神名帳日、伊豆國賀茂郡伊豆三嶋神社。名神大、月次、新嘗。
　　　（略）
　　　神名帳日、攝津國嶋下郡三嶋鴨社。小。神名帳日、伊豫國越智郡大山積神社。名神大、俗稱三嶋明神。
　　　伊豫國土記日、宇知郡御嶋坐神。御名大山積。一名和多志大神也。是神者、所謂難波高津宮御宇天皇御世。此神自百濟國度來坐。而津國御嶋坐云々。謂御嶋者、津國御嶋名也。

こゝに於て想起される事は前章第三節に説いた伊豆大島の龜卜の系統が朝鮮半島にあるらしいといふ考察である。伊古奈比咩命神社の古傳書の内なる「三宅島藥師緣起」には

　　　明神（三嶋神）の仰在りけるに、先きに島々の后々王子にみやつかへしと汝を云ひたりしかども、大島はすくなる所の雨わかみこにとつぎて産める子有、うらべといへり。（略）壬生の長男實正に大明神仰せられけるは、汝等餘に早く凡夫と見ゆるなり、末世の爲に占ら方といふものを實正に敎へ玉ふ地。亦爲は此の譯する文也と七日占方を七夜敎玉ふ地。雨つみの龜のかふにて億べし。

とも見えてゐる。もとより後世の附會傳説に過ぎないが、卜部・龜卜・三島神の關聯を意味し、その裏面に三島神を奉齋する一族（伊豫より來着）の卜占術を暗示する。これを三島神が百濟より渡來したといふ「伊豫風土記」の所説と併せ考ふる時其等の間に繋る關係は一層鮮明になるのである。なほ現今伊豫松前の「おたた」と稱する女が荷物を頭載する風習を殘してゐることは注意すべきである。

さて伊豫より黑潮に乗じて到着した民族は先づ三宅島に着住したものらしい。このことは伊豆七島に傳はる口碑に基き推察するのである。即ち上掲「三宅島藥師緣起」に三島大明神が伊豆に到着して此の國の神明と共に十の島を造り、

　　　大明神島々かよひあそび給ふ中にも、常々は大島三宅島あたらし島の三所におはしましける。されども三宅島に宮作りありて大明神とは申奉りぬ。

とあり、「増訂豆州志稿」に三宅島神着港は三島神が到着したるによって地名としたとの傳説を載せてゐるのである。かくして三宅島に三島神は齋祀され、この神を中心として伊豫より來着せる民族は伊豆海島に繁榮し、やがて伊豆南海岸にも發展した。そして奈良時代若くは平安初期に於て伊豆三島神社は三宅島より賀茂郡大社郷の地に遷って伊古奈比咩命神社と同域に祀られ、再遷して平安中期頃田方郡なる伊豆國府に鎮座したのである。以上三島神社の伊豫より遷祀の説を概述した。然しながら、之は鎌倉時代の史料を以て立論したのであるから古代の問題に對してはなほ不充分された批評はもとより免れ無いであらう。

こゝに三島神社に關聯して賀茂の地名の存在することを一瞥しなければならない。このことに就ては石井廣夫氏の畏著「神祇古正傳」に充分の研究が見えてゐるが、その要點は平田篤胤の如く「二十二社本緣」に據って三島鴨神系を事代主神とすることも、三島通良氏の如く「二十二社記」に據って三島鴨神系を大山祇神（實は鴨建角身命となるけれども）とせんとすることも、何れも不合理である、結局伊豆三島神社と伊豫大山祇神社を同系神とするならば、我國從來の山城・大和兩賀茂神の二大神系の外に、獨立して三島鴨神系の存在することを認めなければならない。而して三島鴨神系の證據は「大日本史」神祇志中伊勢度會郡に大山祇神裔の鴨神社坐はすこと、また既に掲げたる「伊豫風土記」所見の攝津國三島鴨神社が坐すことである。その結果攝津にしろ三島にしろ三島鴨神の鎮座地には賀茂の地名が生じたのであるといふのである。かくして石井氏は田方郡三島町が近世迄賀茂郡を稱したる事實、三島町及び韮山村の賀茂川神社、また南豆に於ける朝日村大賀茂、南中村上賀茂・下賀茂、八丈島の賀茂山・賀茂川等を以て何れも三島神社御祭神に由緒を有する地名とせられた。

然しながら「延喜神名式」の伊豆國賀茂郡四十六座にある加毛神社二座に關する限りなほ考察の餘地が存する（本章第一節三參照）。この加毛神社二座とは恐らく「和名類聚抄」巻五郡部十二の賀茂郡に見ゆる賀茂鄕に所在した神社であらう。この地は現在の賀茂郡朝日村大賀茂より南中村上賀茂・下賀茂に及ぶ範圍で、右加毛神社二座の現在社は南中村下賀茂字小島に所在する加畑賀茂神社、及び同村二條字後山に所在する三島神社と推定されてゐる。現在二社の祭神は何れも三島神系とされてゐるがそれは後世の改作かも知れない。少くとも「延喜神名式」制定當時の加毛神社二座の祭神は直ちに三島神系の神祇であったとは斷言出來ないのである。事實「延喜神名式」には近隣遠江磐田郡に山城鴨御祖神を祭れる御祖神社があり（本章第一節一參照）、なほ常陸に新治郡にも同神が存在してゐる。加畑賀茂神社の攝社に大山咋命が祀られゐることは如何なる意味か。この樣に考へて來ると加毛神社二座は或は山城鴨神を祭る賀茂神社では無かったかとの疑問がどうしても殘される。從って此地にある賀茂の地名は三島神社に關係あるものとは俄に斷じ難いのである。

以上は三島神社の原所在に關する考察であるが、同時に三島神社の祭神が伊豫三島神と同神即ち大山祇神であるといふ説も自ら成立して來る。現在は三島神社の祭神を事代主神と定められてゐるが、之に對する大山祇神説は屢々先人によって提唱されてゐることを附記しなければならない。なほ三島神には本后・後后以下多數の族神があることに注意を要する。例へば前に述べた「日本逸史」天長九年五月廿二日の條及び「續日本後紀」承和七年九月廿三日の條によって本后阿波神、後后伊古奈比咩命神、御子神物忌奈乃命神の坐しましたことを知る。恐らく三島神社が最初伊豫から遷祀された時には未だ此等の族神は存せず、その後三島神を奉齋する民族が伊豆諸島や伊豆南海岸地方に發展するに連れて漸次その族神を各地に齋祀するに至ったものであらう。故に「延喜神名式」の賀茂郡の部を見ると大部分の神社は難解なる祭神名を用ひ、僅かに伊豆三島神社及び加毛神社二坐・竹麻神社三座のみを地名を神社名としてゐるのである。（この傾向は那賀・田方兩郡に於ては半減してゐる）これ前段に加毛神社二座は山城鴨御祖神を奉祀する神社であらうとの疑問を提出した理由の一である。

かくして伊豆七島及び南伊豆には三島神社を中心として多数の族神が齋祀された。三島神社は「延喜神名式」によれば名神大社の社格を與へられてゐる。その平安時代に於ける神位社格の増進の有様を表示して置こう。

授　列　年　月　日	出　　典	神　位　社　格
天長九年五月廿二日	日本逸史	名神に預く
嘉祥三年十月七日	文德實錄	從五位上
仁壽二年十二月十五日	文德實錄	從四位下
貞觀元年正月廿七日	三代實錄	從四位上
貞觀六年二月五日	三代實錄	正四位下
貞觀十年七月廿七日	三代實錄	從三位
延長年間	延喜神名式	名神、奠幣案上神
寛仁元年十月二日	左經記	一代一度奉幣

その特別なる尊信を集めてゐた有様は見る可きである。從って三島神社の本后なる阿波神、後后なる伊古奈

比咩命神、御子神なる物忌奈乃命神が何れも餘社に比較して著しい崇敬を受けたことは自然の理であった。左に右三社の平安時代に於ける神位社格の増進を表示してみよう。

授列年月日	出典	阿波神	伊古奈比咩命神	物忌奈乃命神
天長九年五月廿二日	日本逸史	名神		
承和七年十月十四日	續日本後紀	從五位下		
嘉祥三年十月七日	文德實錄	從五位上	從五位上	從五位上
嘉祥三年十一月一日	文德實錄	官社	官社	官社
仁壽二年十二月十五日	文德實錄	正五位下	正五位下	正五位下
延長年間	延喜神名式	名神	名神	名神

こゝに石井廣夫氏は右の如き三島神及び族神に對する崇敬、また「延喜神名式」に伊豆國が諸國に比して斷然官社數の多いことに疑問を挿み、恐らくその原因はかの卜部平麻呂等の伊豆出身の卜部氏（第八章第三節參照）による策動の結果と解してゐられるが、正鵠を得てゐるであらう。加ふるに第八章第三節に述べた如く當時宛も伊豆諸島に異變多く、その爲に一層位階増進のことが行はれたと考へられるのである。

平安時代に三島神社の神職として宮司・大社司等があった。「矢田部文書」所收の廳宣がその史料である（第二章第二節三參照）。之によって嘉承三年以後は大社司職は宮司伊豆宿禰國盛の兼務であったことが解る。その後鎌倉初期に至り頼朝の計ひを以て東大夫・西大夫の兩神主をして社務を行はしめたことが「吾妻鏡」文治元年四月廿日の條に誌されてゐる。

以河原谷・御薗、暮六月廿日臨時祭■所、被付神主盛方、號東大夫。以鰺田・長崎、爲八月放生會二宮八幡宮。■所、被付神主盛成。

これは賢策であったが頼朝の薨後次第に兩者の軋轢が生じた。即ち「三島神社文書」には御戶帳及び鑰預の兩件に關し西大夫の違亂を停むべき左の御敎書が收められてゐるのである。

（北條時政）
（花押）

貳箇条事、
一三嶋宮御戶帳者、宗と可爲東大夫沙汰之處、爲西大夫不屬東大夫、任自由令己用之由聞食之。事實者不穩便歟。於自今以後者、停止西大夫自由之沙汰、任先例宜爲東大夫之沙汰也。
一鑰預事、同爲西大夫任自由致其沙汰云々、事若實者尤不便。早守先例可爲東大夫之沙汰也。但此上有由緒者、各可注進子細也。
以前兩條仰旨如此。仍以執達如件。
元久二年二月九日
東大夫殿

頼朝や時政の發祥地が伊豆であった關係上三嶋神社に對する武家の尊信は鎌倉時代に極めて顯著となった。「大日本國一宮記」に三島神社を伊豆の一宮としてゐるが、この信仰は鎌倉初期には成立してゐたと考へられる。即ち「吾妻鏡」に相模國一宮が屢々見えることから類推し得るのである。

頼朝の三嶋神社に對する崇敬と寄進は既に第六章第二節三に説いた所で明瞭とならう。また頼家が自筆般若心經を奉納して病を祈り、政子が蒔繪櫛笥を奉納したことも著名の事實である。この外恒例臨時の祭祀を怠ることなく、その都度將軍家又は代參者が三島神社に奉幣してゐるのである。左に「吾妻鏡」に基いて鎌倉初期に於ける三島社參の概況を一瞥して置く。

治承四年八月十七日	神事（擧兵當日）	奉幣御使藤九郎盛長
治承四年十月廿一日	富士河戰勝の奉謝	源頼朝
文治元年四月廿日	祭日	寄進
文治四年正月廿日		源頼朝參詣の爲め鎌倉を立つ
建久五年三月五日	千度詣	上野局を差進す
建久五年十一月十八日	神事	奉幣御使江間殿（義時）
建久六年十一月廿一日	神事	御使北條五郎時連
建仁二年九月十日	社祭	奉幣御使江間四郎（泰時）
建曆元年四月十六日	神事	相州（義時）

右によれば三島神社と北條氏の關係は取分け深く、源氏の鶴岡八幡宮に對する北條氏の三島神社といふ對立さへ想像させられる（第七章第一節二參照）。因に鶴岡八幡宮の末社として三島神社の分靈が勸請されてゐたことが「吾妻鏡」の左の兩條から考へられる。

イ 建久元年四月二日の條
　鶴岡末社三島社祭如例。廣元爲奉幣御使。
ロ 建久五年十一月の部
　十八日乙巳。江間殿爲奉幣御使、被參伊豆國三島社。今朝進發云々。
　廿一日戊申。三島社神事也。殊御潔齋令參鶴岡三島別宮給。又於御藝前濱有千番小笠懸。左衞門尉義盛奉行之。

以上の如く三島神社に對する武家の崇敬は特に深甚なるものがあった。このことは鎌倉中期以後に至っても變りが無い。從ってこの頃相次いで物された「東關紀行」「關東往還記」「十六夜日記」等の著者は何れも當社に參詣してゐるのである。「東關紀行」の左の條は當時の三島神社の景況をよく傳へてゐる。

伊豆の國府に到りぬれば、三島の社の御注連内拜み奉るに、松の嵐小暗くおとづれて、庭の氣色も神さびわたれり。

なほ弘安五年七月の頃一遍聖人も當社に參詣したことが「一遍聖繪」第六に見えてゐる。

静岡縣『旧版 静岡縣史』第三卷・７８３～７８４頁（名著出版）

平安末期に於て朝廷の地方神社に對する關係が俄に疎遠となつた原因は、上にも述べた樣にこの頃王法衰へ地方政治紊亂したが爲めであった。されば遠駿豆の神社に關する史料も平安末期に屬するものは僅少である。「延喜神名式」に載せられた大小百七十六座の官社の中この期に衰微したものは相當多かったのでは無からうか。そして他方に總社や一宮二宮の新制度が漸次發達したのである。一般に總社の起源は國司が任國内の諸社を巡拜する繁雜を除去せんが爲めに、便宜上國府近傍へ國內諸社を合祀したことにあると説かれてゐるが、その反面には一般地方神社の退轉を意味するものと謂はなければならない。かくして平安末期に至り神祇の敬信は形式的となり總社若くは一宮二宮等に偏重するの結果を招來した。遠江の總社が淡海國玉神社、一宮が周智郡小國神社、駿河の總社が安倍郡神戶神社、一宮が富士郡淺間神社、伊豆の一宮が三島神社であつたことは本章第二節の各社の項に説述した通りである。伊豆の總社は不明であるが恐らく三島神社が

兼帶してゐたものであらう。

静岡県郷土研究協会『静岡県神社志』第三篇（日本仏書センター刊）
官幣大社　三島神社
　　　　　　田方郡三島町伝馬鎮座
云々
　　祭神　正殿一座　玉籤入彦厳之事代主命（或云、積羽八重事代主命　或云都波八重事代主命）
　　　　　相殿四座　阿波神（或云阿波咩命）
　　　　　　　　　　伊古奈比咩命（又御名三島溝樴姫命）
　　　　　　　　　　一座神名未詳（社伝、物忌奈命）
　　　　　　　　　　一座神名未詳（社伝、大山祇命）
　　例祭日　八月十六日　往古より毎年八月十六日及四月、十月（陰暦）中ノ酉ノ日を以て執行し来た
　　　　　　　　　　　　りしが明治四年官幣大社に列格仰せ出されてより本日に確定せり。
　　由緒　この地に御鎮座の時代は明かでないが、往古より朝廷の御崇敬、武将の尊崇の至れるは、古史に顕著なる所である。延喜式に伊豆国賀茂郡、伊豆三島神社名神大 月次新嘗とありて、全国の名神祭二百八十五座の中に列し、又奠幣案上祭三百四座の内に加わり給う。又同書に、伊豆国正税公廨云々三島神料二千束とあり、新抄格勅符抄諸国神社の封戸を記されたる中に、伊豆国三島神十三戸天平宝字二年十月二日九戸、同十二月四戸と見ゆ。神階に就ては文徳天皇嘉祥三年十月辛亥伊豆国三島神従五位上、仁寿二年十二月丙子加駿河国三島大神従四位下、同四年六月己卯加伊豆国三島神従四位下、清和天皇貞観元年春正月二十七日甲申授伊豆国従四位下三島神従四位上、貞観十年七月二十七日戊午授伊豆国正四位下三島神従三位、異本類聚国史□□一本に（清和天皇）天禄四年二月十五日伊豆国賀茂郡三島神祠池水枯渇、経数月、至夏天下大旱、以是池雩祭至国別、三島神官以二月十五日之異訴朝家依之為雩為於三島神殿自六月十一日大雨滂沛焉、故叙正一位并以三島一郷兼圭田、神官賜二禄金財帛一、一本類聚国史陽成天皇元慶七年六月伊豆国三島大神奉勅献馬二匹鋤二丁依旱災也、源平盛衰記四十三朱雀院御宇天慶三年正月諸国諸神奉増一階白河院御宇永保元年二月同奉増一階崇徳院御宇永治元年七月同奉増一階高倉院御宇治承四年十二月同奉増一階。又武家の崇敬に就きては、源頼朝の蛭小島に配流せらるゝや治承四年に一百日の祈願をこめ、毎僥天に社頭に額ずき、遂にその八月、明神々事の終るを待ちて兵を挙げて心願を達してより崇信特に厚く、爾来鎌倉室町江戸時代を通じて武家の尊信ふかく其の照鏡を祈願した。吾妻鏡に、治承四年庚子八月十七日三島社神事也、藤九郎盛長為奉幣御使社参云々、同十月二十一庚子云々点当国内奉寄二神領給云々、寄進状之詞書、伊豆国御園、河原谷、長崎、可早奉免敷地三島大明神、元暦二年乙巳四月二十日癸酉今日迎伊豆国三島社祭日云々、被寄付当国糠田郷於彼社、而先之御奉寄地三箇所之、今已為四箇所也、相分之以二河原谷、御園、募六月二十日臨時祭料所被付神主盛方（号東大夫）以二糠田、長崎一、為八月放生会（二宮八幡宮）料所。被付神主盛成（号西大夫）云々。文治四年戊申正月二十丙辰、二品立鎌倉、令参詣三島社、同六年庚戌四月二日乙酉三島社祭礼、広元為奉幣御使云々。建久五年甲寅三月五日丙寅為三島社千度詣云々、同十一月十日丁酉云々被奉神馬三島社、同十八日乙巳、江間殿為奉幣御使被参伊豆国三島社、同二十一戊申三島社神事也云々。建久六年乙卯十一月十三日甲午北条殿被下向伊豆国為下参会三島社神事也云々。同二十一日壬寅北条五郎時連為御使被参三島社相具神馬御剣以下幣物云々。斯く年々幕府より、奉幣或は神馬神剣を献し、或は小笠懸、神楽、放生会
流鏑馬等を行い、又神領を寄すること、治承四年以来二十数回旧記古文書等に散見す、又源頼朝の夫人平政子櫛笥の寄付、頼家自写の般若心経の奉納、降っては北条早雲指刀奉納、同氏綱の造営、同氏政の祈願、上杉氏の大刀奉納等最も顕著なるものである。徳川幕府に至り、領三百三十石に定められ、慶長九年十二月領高二百石加増、合せて五百三十石の朱印、並に伝馬定書の朱印を賜い、三代将軍家光より、寛永十一甲戌年、太刀（平安城則定作）二振、並に青銅立灯籠一基寄付あり、四代将軍家綱より社地警護の士六人を付け置かるゝ等、尊崇は厚かった。又各藩主及世上特別の尊信としては、烏丸光広卿詠歌一軸、水戸中納言光圀卿扶桑拾葉集一部、北条時政大刀唸物昨兵庫鏁長光小鍛治宗近作一振、上杉管領大刀唸物作兵庫鏁菊一文字一振、羽柴中納言白鞘左□一口、紀伊家養珠院扁額三十六歌仙狩野探幽(?)十二面、久留米佐少将頼僮大久保加賀国守忠増石灯籠各一対の寄付あり、尚近年に於ける当社の最も光栄とせるところは、即ち明治元年戊辰十月七日、車駕御東幸三島宿行在の当日、御代拝御祇権判事植松少将参進、金幣奉納、同夜内侍所は当社殿内へ御駐蹕あらせらる、同年十二月二日当社大麻献上、則ち東京神祇官へ相納む、同年十二月十日御還幸に付再び御駐蹕を辱うす、明治二年三月二十五日再度御東幸の節にも、内侍所の奉安所に仰出され、三度目の御駐蹕を拝す。明治四年辛未五月官幣大社仰出さる。同十一年十一月六日北越東海御巡幸の際には、御親拝あり、同二十年六月二十五日宮内省より御太刀菊一文字忠宗一振、並に金一千円御下賜あり、同二十二年三月七日内務省より金五百円下付、同二十六年七月二十九日、同二十九年三月九日の両度　皇太子殿下後の大正天皇行啓御参拝あり、且つ昭憲皇太后陛下には数度の行啓遊ばさる。云々昭和五年六月三日　今上天皇陛下本県産業民情御親閲の際三島町へ行幸、本社に御親拝遊ばさる。云々、其の他各皇族殿下の御参拝は度々にわたらせらる。
　終りに一伝に云、積羽八重事城主命は、出雲国御穂崎に青柴垣に隠座して後、海上を国求ぎて、本国賀茂郡三宅島に寄り来ざして鎮り給い後同郡白浜の地に移り座せしを（此地を大社郷長田村と云）後世本国々府を、今の三島の地に開置せるを以て、本社をも遷座し奉れるなる可し、故に此辺、総て田方郡を分割して君沢郡となりしにも拘らず、大社の在る所及社家村は、依然賀茂郡と為せるも、その旧制を存せるなるべしと。
　因みに記す。当社祭神の御事は明治五年十一月伺い定むる所なれども、本社を大山祇命五座として斎祀せしも古きことにて、既にに釈日本紀を始め、何くれの書にも散見し、内務省蔵版特選神名牒また之を是認せり。（県明細帳付記）
　社殿　創建の年代は未詳なれども中古鎌倉幕府以来度々の造営修復ありしが、徳川家光寛永年代のが最も完備したものらしい。爾後変遷して安政元年の震災に痛く頽破した、幕府は金五百両を出し、時の神職矢田部氏は、伊豆国は勿論東海道十五ヶ国に寄進を募りて、安政五年造営に着手して十ヶ年を経て、明治二年二月遷座祭を執行す、総工費一万六千六百七十七両余と記録せらる、其後大正十二年国費にて大修理を加えたが、間もなく関東の大震災に遇い、重ねて修理中の処、再び昭和五年十一月伊豆地方の大震災に遭遇し、再

度国費を以て改築にかゝり、昭和十年工成りて遷座祭を施行した、其の様式は総欅素木の権現造にして、全般に亘る彫刻は他に類稀なる精巧雄偉のものである。又舞殿の様式も一種の異観を呈する。(付記 云々)因に社殿神門と磴道神池との配置は鶴岡八幡宮とその規を一にして、鎌倉時代の様式を今に伝うるものという。

　境内社　摂社若宮神社、神門内に鎮座、祭神物忌奈乃命ならんか。(相殿)八幡大神・五十鈴姫命二柱ならんか。旧記を按ずるに続日本後紀仁明天皇承和七年九月乙未条に『此嶋坐阿波神是三島大社本后也、又坐物忌奈乃命即前社御子也云々同冬十月丙十月丙辰奉ㇾ授ニ無位阿波神、物忌奈乃命並従五位下ー云々、文徳実録嘉祥三年冬十月壬子伊豆国伊古奈比咩命神、阿波神、物忌奈乃命神並授ニ従五位上ー。斉衡元年六月己卯加ニ物忌奈命神正五位下ーと見ゆ、而して延喜式神名帳には物忌奈命神社名神大と載せらる。

　云々

波布比賣命神社

『特選神名牒』299～300頁
波布比賣命神社稱羽部大后大明神
　祭神　波布比賣命
　　今按この波布比賣命は神系詳かならねど下條に引る三宅記の文によるに三島神の后神にまして御子二所おはしましつと見えたり
　神位　文徳天皇仁壽二年十二月丙子加伊豆國波布比咩命神從五位上今按齊衡元年己卯同位階を授ることあるはいづれか祈文なるべし故今本文を存して彼を闕る
　祭日　十一月中酉日
　社格　（郷社）
　所在　大島波布港（伊豆大島波浮港）
　　今按豆州志に大島波浮湊にます由みえ伊豆國式社攷證にも賀茂郡大島波布湊鎭座慶長十八年の上梁文に羽部大后大明神とみえて今に波布大后とも波布比賣明神とも稱へ來れり三宅記に三島大神島に二后神を置給ふ事を記して大島に置たまふ后をば波分の大后とぞ申けるかの御腹に王子二人おはします一人をば太郎王子おほい所とぞ申しける一人をば次郎王子すない所とぞ申ける新島に置給ふ后をみちのくちの御門の大后とぞ申ける云々三宅島に神集島に置給ふ后をば長濱の御前とぞ申ける云々三宅島に置給ふ后をばいなばいの后とぞ申ける云々とありて各神名式に所載の神等なれば波分の大后則ち波布比賣命に坐こと上に擧たる上梁文にも符合て論ふ迄も非ずとみえたるが如く此大島に坐すが本社にして内地賀茂郡稻生澤郷川津庄本郷波布明神も同神なれど神社覈録に本宮は島に在せば常に參詣も難き故に本郷村にも遙宮として祭れるなるべしと云るが如し

度會延經『神名帳考證』（『神祇全書』第一輯）
〇波布比賣命神社　在下田本郷村、去三島南十九里、埴安姫命　倭名抄云、埴生、反布駿河國郷名也、近江國波爾布神社　古事記云、波邇夜須毘賣神、萬葉集六云、住吉能岸乃黄土粉、

伴信友『神名帳考證』（『伴信友全集』第一）
波布比賣命神社
[文實]仁壽二年十二月丙子加駿河國波布比咩命從五位上按駿河當作伊豆又曰齊衡元年六月己卯加伊豆國波布比賣命從五位上仁壽齊衡同位也可重考[和鈔]駿河國埴生反布郷〇近江國波爾布神社〇在下田本郷村[志]波布比賣神社大島ニ坐ス波富ノ池上ニ祀ル波富大后ト申當郡本郷村土濱ニ彼波布比賣命神社アリ惣鎭守也貞享元年ノ棟札云稻生澤郷川津庄本郷村波富明神トアリ式内大島ニ祀ル波布ヒメト同神也

伴信友『神名帳考』（『神道大系』古典註釋編七・延喜式神名帳註釋）
波布比賣命神社
〇文徳實錄、仁壽二年十二月丙子、加駿河國波布比賣命。[神]從五位上、按、駿河當作伊豆、又曰、齊衡元年六月、加伊豆國波布比賣命。[神]從五位上、仁壽・齊衡同位也、可重考、〇和名抄、駿河國埴生反布、郷、〇近江國波爾布神社、〇在下田本郷村、考證、△志云、大嶋ニ坐ス波富大后ト申、●當郡本郷村土濱ニ、波布ヒメ命神社アリ、惣鎭守ナリ、●貞享元年ノ札ニ云、稻生澤郷川津荘本郷村波布明神トアリ、式内大嶋ニ祀ル、波布ヒメト同神ナリ、

鈴鹿連胤『神社覈錄』（井上賴圀・佐伯有義校訂『神社覈錄』下編）
波布比賣命神社
　波布比賣は假字也〇祭神明か也〇大島波浮湊に在す、志例祭　月　日、或説云、當郡稻生澤郷川津庄本郷村波布明神も同神也、
　　連胤按るに、本宮は嶋に在せば、常に參詣も難き故に、本郷村にも遙宮として祭れるなるべし、
　　神位
　文德實錄、仁壽二年十二月丙子、加伊豆國波布比賣命從五位上、又齊衡元年六月己卯、加伊豆國波布比賣命神從五位上、同位重出不審

栗田寬『神祇志料』第十二卷
波布比賣命神社、今大島波富の池上に在り、羽部太后大明神といふ。豆州志、伊豆式社考證波布比賣命を祀る。三代實錄、延喜式蓋三島神の后神也。三宅記文德天皇齊衡元年六月己卯、從五位上を授く。文德實錄

『大日本史』[九]・志一・卷二百五十五
波布比賣命神社、〇賣一作咩、神明帳曰一品幾佐岐乃宮者、蓋是、今在大島波布港、曰波布大后、又波布比賣明神、慶長中棟札、作羽部大后大明神、傳言、祀三島神妃、三宅記仁壽二年、加從五位上、文德實錄

竹村茂雄『伊豆國式社考』（『神祇全書』第四輯）
波布比賣命神社　大島波富明神、島志後賀茂本郷村ニ祀ル、波布ハ地名ナリ、

萩原正平『伊豆國式社攷略』（静岡県立中央図書館所蔵）
波布比咩命神社
　大島波布嶌上鎭座波布の大后三宅記舊稱波布姫明神社是な里島志式考攷証註進特選抑當社のかゝる海島尓鎭座し給ひながらも千歳の今尓至る迄正しき神名のまゝ稱へ來れるは尤奇登云ふべし然る尓近来諏訪神越合祀して二座となしつゝ祭事其の他も凡て諏訪の方を主登する如く聞ゆるは如何ぞや今の時尓於て本末を正しく更免祀類の處置古そ有らまほしけれ

萩原正平・萩原正夫『増訂豆州志稿』巻之三上・町村三（長倉書店刊）
〇本郷村（[増]東中村二町十九間二尺、西蓮臺寺村二十一町二十三間、南下田町十四町二十五間、北立野村十四町四十八間）[増]拾七里七町拾五間[増]北條役高帳、本郷國衙ヲ載ス（北條氏、天正十五年文書、本郷同十八年檢地帳、本郷村、寬文七年帳同之波布比賣命神社、貞享元年札、稻生澤郷川津庄本郷村トロ古代、岡方、下田、柿崎洲崎、其名ハ分

レテモ戸數僅かニシテ未ダ村をヲ成スニ足ラズ是ヲ以テ土地圖シトイヘドモ統テ一村トシテ此レソノ本郷ナリ〇屬里 高馬[増]青石ヲ出ス)
〇田額三百八石貳升四合內(新田十一石九斗二升四合)[増]反別貳百五拾五町七反五畝貳拾歩內(田三十九町二反五畝二十五歩、畑五町八反二畝二十四歩、宅地四町三反四畝十二歩、山林三十八町七反七畝九歩、原野六十二町五反五畝十歩)[増]地價三萬貳千七百貳拾五圓四拾八錢六厘[増]地租金八百拾五圓六拾四錢四厘[増]社三(村一離二)寺一(曹)分教室一[増]戸現住百拾壹現在百貳拾三[増]口本籍六百拾九(男三百十三、女三百六)現住六百六(男二百九十、女三百七)

萩原正平・萩原正夫『増訂豆州志稿』巻之八上・式内神社考並神階帳考緒言(長倉書店刊)
〇波布比賣命神社[増]大島波布港舊稱波布姫名神社也(〇大島)慶長十八年上梁文ニ羽部大后大明神三宅記ニ波分ノ大后ト見ユ內地賀茂郡本郷村波布比賣神社ハ本社ノ分祠ナル可シ文德紀曰仁壽二年十二月加伊豆國波布比賣命從五位下齋衡元年六月加正五位ト

萩原正平・萩原正夫『増訂豆州志稿』巻之八上・神祠一・君澤郡(長倉書店刊)
見目社[増]三島神社攝社[増]當社ハ三島大神ノ御妃六柱ヲ祭ルナル可シ其神名ハ波布比賣、久爾都比賣、優婆夷、伊賀牟比賣、伊波乃比賣、佐伎多麻比賣命ナル可クシテ三島大社々傳ニ見目六柱ト云ハ即是也(見目ノ事式内神社考緒言ニ記ス)眞本曾我物語ニ見目御前トアリ其姬神タルヲ證ス可シ

萩原正平・萩原正夫『増訂豆州志稿』巻之九上・神祠三・賀茂郡(長倉書店刊)
〇波布比賣命神社(本郷村に鎮)[増]村社祭神波布比賣命ナル可シ[増]式内波布比賣命神社(大島鎭座)ノ分祠ニシテ神階帳正五位上船との明神ナル可シ(前記)往昔ハ此村界マデ海灣ナリト云ヘバ船との稱ニ適ヘリ(古來大島ヨリ毎年供米三斗宛寄贈アリシモ後中絶ス)〇總鎭守也貞享元年ノ札ニ稻生澤郷川津荘本郷波富明神トアリ是必式内ニシテ大島波富池上ニ祀ル波富大后ト同神ナラム(此處ニモ昔龍池トニアリタリ今埋没ス)[増]式社ニ當テタルハ非也。([増]四百四十坪民一)

萩原正夫『伊豆七島志』上・大島・沿革(長倉書店刊)
[増]本島上古ノ事蹟ハ詳ナラズト雖事代主神ノ眷族ノ開創ニカヽレルハ疑ナカル可シ三宅記ニ三島明神大島ニ置キ給フ后ノ御名ヲ「羽分ノ大后」ト申ス其御腹ニ王子二人オハシマス一人ヲ「太郎王子オホイ所」次ハ「次郎ノ王子スクナイ所」トゾ申シケリトアリ此羽分ノ大后トアルハ波布比賣命、太郎王子オホイ所トアルハ阿治古命、次郎ノ王子スクナイ所トアルハ波知命ニシテ其祠廟ハ共ニ式内ニ列セラルレバ是レ本島開創ノ始祖ナル可シ島民傳云フ本島及諸島ハ孝安天皇ノ時始テ人住メリト是レ三宅記ニ同天皇ノ御代ニ三島ノ神伊豆ノ屬島ニ渡來シ給フトアルヨリ起レル説ニテ他ニ憑據アルニ非レバ信ズルニ足ラズ。

萩原正夫『伊豆七島志』上・大島・神祠(長倉書店刊)
[増]郷社波布比賣命神社(〇波富明神社)[増]波浮港鎭座波布比賣命相殿諏訪ノ神(社域二千百五十一坪官有地増訂豆州志稿ニ詳記ス二九二頁)

菅原久高『伊豆國九十二式社祭神記』(『全國神職會々報』第二十一號)
波布比賣命神社　大島波布港鎭座波布大后又波布明神と稱す
　祭神　波布比賣命

吉田東伍『増補大日本地名辞書』第五巻・1079〜1080頁
波浮　大島の南偏にして、差木地村の東に隣り、小港嶼なれど良泊にあらず。此港は蓋寄生火山口の唇辺欠けて、海湾となれる者とす。そは元禄十六年十一月廿二日の地震、波浮港と稱せる火口湖の一縁欠けて、海に連なりたる也。而も水浅かりければ、寛政中水底を浚渫し、差木地村の民戸を分ち、波浮てふ一港を村を置かれたりと、今人口七百。
南汎録云、羽浮嶼、紺崖却立、中開一鑑、映色甚美、診古記、港原一大池、元禄年海嘯岸拆、遂与海合、然以嶼口隘浅、不通巨艦、有砲碉。〇増訂志稿云、波浮名神は慶長十八年上梁文に「羽部大后大明神」と載せ、三宅記に「波分の大后」と云へり、式内、賀茂郡波布比売命神社、文德実録「仁寿二年、加伊豆国波布比咩神、從五位下」これなり、蓋三島大神の妃とつたへ、其子神もあり、三宅記に「大島に置きたまふ后の御腹に、二人の王子おはします、一人を太郎王子おほい所と、一人を次郎の王子すない所と申す」云々。〇地学雑誌云、大島の樵夫の伐木謡は、音数三十一にして、句を終る毎に、斧を打つ、其調古雅なり、
　　身は此に思ひし君はあの澳に、あまの釣舟両手こがれし、差木地を行き来夜中にあひにでて、契りはたけの露のおなさけ。
補[波浮]〇地学雑誌[重出]大島にて樵者の伐木調は、宛然平家物語を唄ふが如く、音調古雅にして、甚だ興味あり、多くは字数三十一にして、句を絶つとき斧を打ち立つるなり。又一に龍立節とも云ふ、其歌の二三を挙ぐれば、
一、白鷺の磯辺の松に巣を掛けて波は打つともなだにつたたば
二、身は爰に思ひし君はあの奥に天の釣舟両手こがれし
三、行くも旅又行く末も旅なれば空行く雲の定めなきもの

鄕岡良弼『日本地理志料』巻十三・伊豆国賀茂郡三島郷
大島　按在下田港東南八里、周十里半、三原山常噴火、高二千二百五十尺、田圃百二十一町四反、有新島、岡田、差木地、泉津、野増五村、管戸九百六十五、口四千四百六十、民業耕織漁樵、其俗敦樸、不盗竊、不束髪、尤信鬼神、其親之死、別造喪屋而居之、盖上古之遺風也、諸島風俗大抵準此、」祀典所秩波布比咩命神社、在波布港、波布太后大明神、即三島神妃也、阿治古神社在野増村、曰總鎭守大宮明神、波治神社在泉津村、曰波治竈明神、並波布比咩神所生、」天武二年紀、麻續王有罪、其子某連座、流伊豆島、神龜元年紀、敕定配流遠近之程、以本國、爲遠流地、皆斥本島也、慶長中、德川氏流浮田秀家于八丈島、以八丈爲流地、自兹始、

賀茂郡役所編『静岡県南豆風土誌』597頁・稲生澤村(長倉書店刊)

波布比咩命神社　本郷－村社－祭神、波布比咩命〇貞享元年の札に、稲生澤郷川津庄本郷村波富明神とあり。大島鎭座式内波布神社の分祠にして、神階帳、正五位上、船との明神なるべし。往昔は此邊まで海灣なりきといへば、よく船門の稱に適へり。本郷村の總鎭守にして、大島より毎年御供米三斗宛を寄進せりきと傳ふ。

静岡県田方郡役所編『静岡県田方郡誌』５２７～５３９頁（長倉書店刊）
　　三島神社（官幣大社）　祭神　積羽八重事代主命
三島町傳馬町に鎭座す、祭神は從來大山祇命と稱し、豫州三島より遷座すと傳へたるは、三島の稱より附會したりとなん、明治五年十一月十八日附を以て、當社少宮司萩原正平よりの上申により翌六年一月六日指令ありて事代主命と確定せり。云々
城内に於ける攝社末社合せて十三社あり。
云々
２見目社（攝社）　增訂志稿に當社は三島大神の御妃六柱を祭るなるべし、其神名は波布比賣・久爾都比咩・優波夷・伊賀牟比咩・伊波乃比咩・佐伎多麻比咩命なる可くして、三島大社々傳に見目六柱と云は即是也、眞本曾我物語に見目御前とあり其姫神たるを證すべしとあり。

足立鍬太郎『南豆神祇誌』１７～２０頁（静岡縣賀茂郡神職會）
　既に述べた如く、白鳳年間伊豆神海島に現れてより約百五十年、天長九年に至って男女二神に分化し、深谷を塞き高巖を撼きて土地を增益し、併せて旱霖を調節するを以て其の神驗とした。蓋し富士火山帶の活動に因る爆發の威力と、其の噴出した溶岩や泥灰の爲に海中に新地を得ることが、無上の恐怖と多大の感謝を齎したのである。加も其の爆發前に於ける火山性地震が、やがて來るべき災難を豫告警戒するを以て、居民は御神火を三嶋神と畏むと同時に、此の地震を伊古奈比咩神と稱へて感謝を表したのであらう。是れアイヌ語Ｉｋｏｎｎｕは凶事を未然に戒める義であってＩｋｏｎｎｕ－ｇｕｒｕ及びＩｋｎｎｕｐは神變を現す者であるより出たのである。但これより推して巫女と解することも出來る。（彼の三宅記の見目＝御妻を考ふべきである。）そして此の二神の本貫は三宅島であって、島の名は神明（燒）に起因し、其の雄山が三島＝神島神の體を表したものであらう。次に阿古は噴火の本場であって、其の地名は神名Ｉｋｏの轉である。Ｂａｃｈｅｌｏｒ氏アイヌ語文典Ｔｏｉｓｈｉｋａｒｉの說明に據れば、同語に於てｉ音のａに變ずるは屢々ある例だといふ。思ふに同地澪池は女神の躰を表すもので、男神と共に此地に鎭座し給うたのを、內地に奉遷した後に、御子阿米都和氣命を祀ったのであらう。尚ついでにいはヾ、同島神著はアイヌ語Ｋａｍｕｉｓｈｙｏｔｋｉ＝火の女神の處の意で、佐伎多摩比咩命の坐す地、伊ケ谷は同語Ｅｋａｙｅｃｈｉｓｈｉ若くはＥｋａｉｃｈｉｓｈにて險しき處の意、即ち伊賀牟比賣命の坐す地である。又坪田はＴｏｐｏｃｈｉ＝水溜の複數なれば、古澪池を表するもので、伊波乃比咩命の坐す處である。そして伊古奈比咩命三宅記には天地今宮后と稱するには、阿米都和氣命の他に穗都佐和氣命といふ御子おはし、佐伎多摩比咩命には、加彌・夜須・弖良・志里太乎宜・久良惠・片菅・波夜志・南子の八子おはすを以て、こゝに主神・嫡后・三妃・十王子の三宅神族を組織すると、承和七年上津島の噴火によりて、更に三嶋神の本后阿波命・嫡子物忌奈命といふ神出現し、しかも其の本后には五子物忌奈伊太豆和氣阿豆佐和氣外二神ありと稱し、神津・御藏・利島を連ねて神津の一神族を形成した。然るに大島三原山は三宅島雄山と交互に爆發する御神火の本場であるから、こゝにも其舊噴火口なる波浮池今は一方を決して港とするに妃波布比咩命現れ、彼の白鳳當時の神造地たる野增の阿治古・泉津の波知兩神を其の二王子として大島神族を組織した。更に又式根たる久爾都比咩命といふ妃神には、新島の多祁美加賀命と稱する武勇の神と他に一柱の王子坐し、これに對して遙かに沖島八丈島にも妃優婆夷命・王子許志伎命外四神が現れたから、こゝに一主神の下に、兩后・六妃と嫡子以外に知名十六王子他に名の傳らざるもの七神より成る三嶋大神族式二十六社變三十三柱が組織された。之を前章で述べた各族を代表する諸神陞位の順序と對照する時は、尠からず感興を覺える。波布はアイヌ語Ｈａｂｏ＝母・若くは琉球語Ｈａｆｕ＝ホト圖語、優婆夷はアイヌ語Ｕａｉｎｕ＝尊敬の意を表すものではあるまいか。

足立鍬太郎『南豆神祇誌』３７～３８頁（静岡縣賀茂郡神職會）
　延喜式卷九に載せた伊豆國神名帳は次の如くである。但所在地は萩原正平著伊豆國式社考略に私考を加へて註記す。
　　　伊豆國九十二座　　大五座小八十七座
　　　　賀茂郡四十六座　　大四座小四十二座
　　　　　云々
　　　　波布比賣命神社　　　　　　　　　　大島波浮港
　　　　　云々

足立鍬太郎『南豆神祇誌』７５～８８頁（静岡縣賀茂郡神職會）
　伊豆國神階帳は、群書類從二三に、康永二年辛亥（興国四年）十二月廿五日在廳判の奥書あるものを、在廳伊達某藏本から寫して收めてある。伊達家に現藏するものは鳥子紙二枚續にて後世の寫本である即ち尾張のより二十年許前のものである。在廳とは、中古國衙の廳にあり、國司の命を奉じて事務を行ふ下司であったが、多くは世職だから其の稱呼を傳へて居たのだ。先づ左に其の全文を揭げよう。
伊豆國神階帳　式社の配當は萩原正平の意見に據る
　　伊豆國三ケ郡神明帳事
　　　正一位三島大明神
　　　一品きさきの宮
　　　一品當きさきの宮
　　　正五位上第三皇子并十八所御子達
　　　正一位千眼大■
　　　從五位上六所王子
　　　　云々
　　　正一位天滿天神
　　　　云々
　次に特に著しく目を惹くのは、田方郡何所といふ標題を缺いだことである。輕く考へると、最初に田方郡

三十四所とあるべきが闕けたのだと思はれるけれど、仔細に研究する時は其の不可能なことが明る。即ち
　一、正五位上第三皇子并一八所御子達と従五位上六所王子とは各一所と数へてよろしきか。
　二、正一位千眼大■の正體は如何。
　三、第四乃至八各神の敍列が位階によって居ない。
　四、特に疑問となるは著しき式社の所屬郡に變動が生じたのは何故か。
といふことである。先づ一についていふと、式其他の出典によって、第（大）三皇子を多祁美加加命に充て、都合十六所を数へ得ることは第三章に述べた如くであるが、餘の二柱恐らくは續後紀阿波命所生五子の内知名三子を除いた殘數であらうが、は勿論、後の六所王子といふをも檢出し得ない。思ふに三嶋神族組織の根柢には、法華經化城喩品なる大通智勝佛＝阿閦後に藥師佛の十六王子のことあれば、彼の宴曲三嶋詣にも、
　　抑情思ひ解けば、大通智勝の其昔、東方阿閦と聞ゆるも、今の醫王善逝かとよ。十六沙彌は即ち、十六王子とあらはれ、互に行化を助けつつ、共に主伴の眤あり。一載乘化城の妙文、誰かは是を仰がざらむ。
と述べ、又三島大社所傳の一にもしかあれば、かたがた十六王子を以て正しとすべく、随って
　　正五位上第三皇子等十六所御子達
と訂正すべきである。次に従五位上六所王子白濱神社へ納めた在廳の棟札には正五位上六所沖島王子と書いてある。も、位階に於て卑き感あれど、三島詣及び大社古傳の見目繼六柱＝六所王妃の轉訛で、即ち式波布比賣命以下六神であらう。かく考へ來ると、彼の嫡子として名神大の待遇を受けた式物忌奈命神社が見えない。然るには是伊豆で屢々若宮として八幡に、又天神として菅公に混ぜられるから、正一位天滿天神といふがそれである。次に頼朝と特別な關係があって、鎌倉幕府から殊遇を受けた伊豆山神社＝式火牟須比命神社が見えない。されどこれも走湯山緣起なる本地から推すと、正しく正一位千眼大■がそれである。當時三島は大山祇命、富士山は木花咲耶姫命、伊豆山は魔々杵尊を祭神として姻族關係を示して居た。是で二の問題もついでに茲に解決した事となる。さうして此の神階帳冒頭の一群神を整理して、
　　正一位三嶋大明神　　伊豆三嶋神社
　　一品きさきの宮　　阿波命神社
　　一品當きさ（き）の宮　　伊古奈比咩命神社
　　正一位天滿天神　　物忌奈命神社
　　正五位上第三皇子等十六所御子達　　多祁美加加命神社等十六社
　　従五位上六所王妃　　波布比賣命神社等六社
とすれば、恰も位階の敍列正しい二十六柱の三嶋神族の一團となって、いづれも式賀茂郡鎮座の神社であることが明白となる。随ってそれを巻頭に置いたのは、即ち總社に招祭したからであることは勿論なれども、當時既に三島神社は驛頭に奉遷したものとなって居たから、此の神階帳には、田方郡に編入すると、神祇界の權威たる延喜式、及び折角苦心慘憺辛うじて案出した社地神領に限り賀茂郡の飛地であるといふ説に衝突すべく、又賀茂郡に加へると現實を無視することになるから、此のＤｉｌｅｎｍａを脱せんとて、遂に斯様な類例の無い形式を用ひたのである。されば眞の田方郡に屬するは、右を差引いた殘餘の正一位千眼大■外二十七所であるから、之に總社の二十六所を加へると加へぬとに論無く、三十四所とは明記されないのが當然であって他の二三項目と共に、かゝる不得要領な記載方をなすことが、當時の事情からいへば、却て大に要領を得たものであったかも知れない。併しながら、是が遂に賀茂郡飛地説の正體を暴露したのは、是非ない次第である。阿波命所生の名の知れない二王子を認めて十八王子とする時は、三嶋神社の總數は廿八柱となって法華經廿八品と合致す。

足立鍬太郎『南豆神祇誌』１４１〜１４３頁（静岡縣賀茂郡神職會）
　一方祭神として三嶋大明神の勢力は各方面に及び、苟も三嶋神に緣故あるは皆三嶋と稱し、甚しきに至っては、單に山神と稱するものが、大山祇命を介して混雜したのもあるらしい。之に對して他方に勢力のあったのは八幡宮である。中には此の兩社を併祀し、若くは三嶋に緣故ありながら稻取子浦の如く八幡と稱したのもある。修驗道役行者より寧ろ白山系を内容として居るの影響も亦尠からずある。式伊波例命神社を石廊權現として十一面觀音に習合し、又所々熊野權現・藏王權現を祭る如きはそれである。高根權現は地藏に習合して、航海目標の山上に祭られ、又海難救助祈願の爲には、橘姫を祭る白鳥神社・吾妻神社も現れた。木の神の來宮は、走湯山緣起によって何時の間にか酒小鳥を禁ずる祭を強ひられ、水分神は子の神と呼ばれて、中には正月餅を氏子に搗かしめざる奇習を存して居るのもある。尚天馬駒・茂山・小鷹神の如きは擬當すべき神も明らぬ。又慶長の頃聖母マリアの像を齎らしたのが原因で、子安神社といふのも出來、彌々複雜なものとなった。
　かういふ時に、地方人の無學につけこんで、例の勿體らしい緣起や古文書や寶物の作者が現れる。凡そ南豆社寺の緣起で組立の立派なのは石廊權現のであらう。但文章と最終の歌とは、後作の寶劍と共に不感服である。妻良三島神社の安仁親王筆神像託宣記・源頼政筆と稱する和歌・源頼朝の納書等は、吉佐美八幡の源頼政文書寶物と共に皆追作で、恐らくは元祿頃に同一人の手に成ったものであらう。云々

足立鍬太郎『南豆神祇誌』１７５〜１７８頁（静岡縣賀茂郡神職會）
　　　第二十一章　稲生澤村
云々
波布比咩命神社
　所在　本郷字波布
　祭神　波布比咩命
　創立　貞享元年　再建
　社格　村社
　境内　四四一坪　民一
　本社を神階帳船との明神に擬する説があるけれども、現在の社地はさる舊時代に成ったものでない。恐らくはずっと後に大島から式波布比賣命神社を分祀したものであらう。住時大島から毎年供米三斗づゝ寄進したが後慶絶したといふ

足立鍬太郎『南豆神祇誌』１９１〜１９４頁（静岡縣賀茂郡神職會）
　　　第二十五章　朝日村
云々
八幡神社

所在　吉佐美字八條
祭神　譽田別尊　相殿三島神社 祭神阿波咩命　若宮神社 祭神不詳
創立　寛永十年　再興（八幡棟札）
社格　村社
境内　六〇八坪　民一

近衛天皇仁平二年源頼政此地に謫居して石清水八幡宮を勸請したといふは、一切の關係文書什器と共に後世の追作である。

　　一例をいはゞ、久壽元年八月吉日源朝臣三位頼政（當時未だ從五位下である）と署名し奉朝日里八幡宮之と題して並書した歌が五首ある中の、第一、
　　　　神さびてあはれ幾世に成ぬらん
　　　　　　浪になれたる朝日のみや
　　是は續古今集七なる嘉陽門院越前の、建仁元年五十首の歌合の歌の第五句あさくまの宮を變へたのであって、久壽元年より四十餘年後のものである。又あさひのみやでは一字不足して歌の軆を得ない。第二の、
　　　　神代より光をとめて朝日なる
　　　　　　鏡の宮にうつる月かげ
　　これも續拾遺集二十なる前大僧正隆辨の歌の第三句あさくまのを變へたのだ。第三の、
　　　　けふまではかくてくらしつ里人は
　　　　　　かねてきさみの神にまかせん
　　は新續古今集二十なる六條入道前太政大臣頼實の、承安三年廣田社の歌合に述懷の心を詠んだのであって、三四句末を心廣田のあるを變へたので、意味がわからぬことになった。これも久壽より十幾年の後のである。第四の、
　　　　かくてのみやむべきものを千早振
　　　　　　土生の社の萬代を見ん
　　これは後撰集十六なる三條右大臣定方のた歌で、二句の終ものか・四句の始賀茂を變へたのである。千早振といふ冠辭を、土生に續けるなどは亂暴至極だ。但これは頼政以前の歌である。第五の、
　　　　さりとては賴みぞかくるゆふだすき
　　　　　　われは朝日の神とおもへば

合祀された三嶋神社には、永祿己未十月念六日再興の棟札がある。之を、吉佐美の語源は后宮に出て居るとか、又頼政記に豆州十七番の神といふから、神階帳第十六番月まの明神の第二座であるとかいって、阿波咩命に擬した萩原正平の說は強辯である。若し頼政記をしんずるならば、何故に其のつぎにある多田之川上土生大明神とあるをも取って、式波布比賣命に擬當せぬのであらうか。當時本社にあった烏帽子狩衣の男神像は、神社檢視の際爲に散々に冷評されたといふ。吉佐美の語源は第四章に述べてある 隨て祭神不詳となって居る若宮は、三嶋神の陪從であることは勿論である。現に之に對して、貞享元年の現（見）目大明神寶殿建立・寶永七年の見目權現王宮修覆等の棟札も存して居る。尚合祀されてある神明宮の金鼓に、嘉吉二年七月十五日の銘がある。菖蒲前の黃金の鰐口より遙に優れたものである

静岡縣『旧版 静岡縣史』第三卷・７１１頁（名著出版刊）
【賀茂郡四十六座名神大月次新甞】本章第二節三參照
云々

（波布比賣命神社）
　原祭神は波布比賣命。「文德實錄」仁壽二年十二月十五日の條及び同書齊衡元年六月廿六日の條に何れも從五位上を授くとある。原所在は伊豆大島波布港。
云々

伊賀牟比賣命神社

『特選神名牒』３００頁
伊賀牟比賣命神社稱后大明神
　祭神　伊賀牟比賣命
　　今按この神は三島神三柱の后神を三宅島村々に置玉ふ事を三宅記に嫡女をば伊豆郷いがいと云處に置まいらせ給ふ云々とあるイガイは伊賀牟の轉訛と聞ゆれば三島神の后神にます伊賀牟比賣命を祭れること著し
　祭日
　社格　（村社）
　所在　（三宅島伊谷村）三宅島伊賀谷村
　　今按豆州志に三島大社の攝社淺間の神社の事を記して在小濱第二宮と稱す神名記の正一位千眼大井是也云々或云式社伊賀牟比賣命也伊賀牟はいけがみなり小濱池上に坐せば也神官云木花開耶姫を祀ると今姫宮と稱すとあれど伊豆國式社攷證に賀茂郡三宅島伊賀谷村鎭座后大明神是なり其は村名の伊賀谷は伊賀牟の轉訛と聞え古き祭文神樂歌などに伊賀伊の后とみえ今に后宮云々と唱へ來れるを以て證すべしと云りなほ上に引く三宅記の文をも合考へて此地に坐す社なる事を知べし

度會延經『神名帳考證』（『神祇全書』第一輯）
○伊賀牟比賣命神社　豊宇氣姫命　伊功也、牟與茂音通、賀茂薫之略言、食氣君滿也

伴信友『神名帳考證』（『伴信友全集』第一）
伊賀牟比賣命神社
[志]淺間神社トゴフ或曰伊賀牟ハ井上之小濱ノ池ノ上ニ坐セバ也神官云大花開ヤヒメヲ祭ルト今姫ノ宮ト申小濱ニアリ第二宮ト稱ス東鑑ニモ出タリ淺間ハ舊第三宮也第二宮八幡三島大社ノ中ニ引シヨリ淺間ヲ第二ニ上ゲ進タリ[神名記]正一位千眼大菩薩コレ也千眼淺間國音同ジキヲ以テ遂ニ佛名トナレリ

伴信友『神名帳考』（『神道大系』古典註釋編七・延喜式神名帳註釋）
伊賀牟比賣命神社
○志ニ、淺間神社トゴフ、或曰、伊賀牟ハ、井上也、小濱ノ池上ニ坐セハ也、神官云、木花開耶ヒメヲ祭ルト、今姫ノ宮ト申、●小濱ニアリ、第二宮ト稱ス、東鑑ニモ出タリ、淺間ハ舊第三宮也、第二宮八幡、三嶋大社ノ中ニ引シヨリ、淺間ヲ第二ニ上ゲ進メタリ、神名記、正一位千眼大菩薩コレ也、千眼・淺間國音同シキヲ以テ、遂ニ佛名ト爲レリ、

鈴鹿連胤『神社覈録』（井上賴圀・佐伯有義校訂『神社覈録』下編）
伊賀牟比賣命神社
　伊賀牟比賣は假字也○祭神明か也○小濱に在す、今淺間神社と稱す、志
　或云、伊賀牟は井上（イノム）也、小濱の池上に坐せば也、神官云、木花開耶姫を祭ると、今姫の宮と申すと云り、」又云、第二宮と稱す、東鑑にも出たり、淺間は舊第三宮也、第二宮八幡、三島大社の中に引しより、淺間を第二に上げ進めたりと云り、
　　神位
　国内神名帳云、正一位千眼大菩薩、
　　或人云、千眼淺間音同じきを以て、遂に佛名と爲れり、

栗田寛『神祇志料』第十二巻
伊賀牟比賣命神社、今三宅島伊賀谷村にあり、后大明神と云。伊豆式社考證伊賀牟比賣命を祀る。延喜式こは三島神の后神にませり。三宅記

『大日本史』[九]・志一・巻二百五十五
伊賀牟比賣命神社、○今在三宅島伊賀谷村、曰后宮、又后明神、蓋祀三島神妃、三宅記、土人説、

竹村茂雄『伊豆國式社考』（『神祇全書』第四輯）
伊賀牟比賣命神社　小濱淺間社ナルベシ、志

萩原正平『伊豆國式社攷略』（静岡県立中央図書館所蔵）
伊賀牟比賣命神社
　三宅島伊賀谷村鎭座以がいの后三宅記舊稱后明神社な里登す攷證註進特選當社今は地理の變遷に因里て頗　衰替に屬せ里登雖伊賀谷の村名ある伎佐伊の神號ある此の姫神の御社な類尓疑を容るゝ所あらじか之

萩原正平・萩原正夫『増訂豆州志稿』巻之八上・式内神社考並神階帳考緒言（長倉書店刊）
○伊賀牟比賣命神社[増]三宅島伊賀谷村舊稱后明神社也三宅記、三島大神三柱ノ后神ヲ置賜フ項ニ嫡女ヲバ伊豆郷いがいト云所ニ置參ラスト見エ古キ祭文神樂歌等ニ伊賀谷ノ后有リ

萩原正平・萩原正夫『増訂豆州志稿』巻之八上・神祠一・君澤郡（長倉書店刊）
見目社[増]三島神社攝社[増]當社ハ三島大神ノ御妃六柱ヲ祭ルナル可シ其神名ハ波布比賣、久爾都比賣、優婆夷、伊賀牟比賣、伊波乃比賣、佐伎多麻比賣命ナル可クシテ三島大社々傳ニ見目六柱トゴフハ即是也（見目ノ式内神社考緒言ニ考ヅ）眞本曾我物語ニ見目御前トアリ其姫神タルヲ證ス可シ

萩原正夫『伊豆七島志』上・三宅島・神祠（長倉書店刊）
[増]后神社（○木佐伊明神）[増]伊ケ谷村后山鎭座祭神伊賀牟比賣命（増訂豆州志稿ニ詳記ス二九二頁）（祠畔ニ井上正鐵祈雨ノ碑アリ）[増]境内社七（片菅命神社、大根原神社、風神社、山王神社、琴平神社、南子神社、惠美須神社[増]社域七百三十二坪官有地二種）

菅原久高『伊豆國九十二式社祭神記』（『全國神職會々報』第二十一號）
伊賀牟比賣命神社　三宅島伊賀谷村鎮座后宮又后明神と稱す
　　祭神　伊賀牟比賣命

吉田東伍『増補大日本地名辞書』第五巻・１０８３頁
伊賀谷　島の西岸にして、其小港を大船戸と呼び、温泉あり、阿古村と相隣接す。延喜式、伊賀牟比売命神社あり、後明神と稱す、三宅記に「此后を伊豆郷いかいと云所に置参らす」と云ひたり、阿古村には阿米都和気命神社あり。○増訂志稿云、三宅島にて古来神事の時の詞に「一大社、あめつち今宮、今后」と云ふ、一とは三島大神にて、今宮は阿米都和気命なり、文徳紀、嘉祥三年、此神并に佐支多麻姫授位の事見え、式内に列す、今も一島の総社とす。
補［伊賀牟比売神社］○増訂豆州志稿、式内伊賀牟比売神社は三宅島伊賀谷村、旧称后明神也。三宅記、三島大神三柱后神を置賜ふ項に、嫡女とは伊豆郷いがいと云ふ所に置参らすと見え、古き祭文・神楽歌等に伊賀谷の后とあり、○阿米都和気神社［重出］阿古村富賀神社なるべし、古来神事の時神名を唱ふる例あり、曰く「一大社あめつち今宮、今后」と。大社三島大神あり、あめつち今宮は阿米都和気命にして、伊古奈比咩命の王子なるべし、今后は当后の意にて、伊古奈比咩命なり、文徳紀曰、嘉祥三年六月伊豆国阿米都和気命授従五位下、仁寿二年十二月加従五位上、斉衡元年六月加正五位上と。
○波夜志命神社［同］同じく式内なり、神着村風早山鎮座、旧称はうす明神なるべし。三宅記に「へむずのみこ」とあるは、はうすの訛れるにて、はうすは波夜志の転ぜしならむ。
○加弥命神社［同］かみいの杜鎮座、旧称二之宮なる可し。三宅記に「二をばかね」とあり、即ち第二の王子なれば、二之宮の称に適へり。加弥は加補の誤ならむも知るべからず。
○夜須命神社［同］所在未定、是亦八王子の一にして、三宅記に「三をばやすと云ふ」とあれば、三宅島鎮座なること疑なし。
○弖良明神社［同］同島伊豆村神山鎮座、旧称ていの社ならむか。三宅記に「四をばてらい（一本てい）」とありて、八王子の内なれば、本島鎮座なる事は論なし。
○志理太宜神社［同］神着村、旧称しいとり明神社なるべし。三宅記に「五をばしたひ」とある是なり。
○久良恵命神社［同］久良浜、旧称久良浜明神社なるべし。八王子の一にして、三宅記に「六をばくらひ」とある是なり。
○片菅命神社［同］御笏神社境内、旧称かつその社なるべし。此神佐伎多麻比咩命の八王子の内にして、三宅記に「七をばかたすげ」とある是なり。
○伊波乃比咩命神社［同］三宅島坪田村、二宮三座の一座なるべし。旧社地は字神戸の石室ならむも知る可からず。三宅記に「次の后をばつぼたの郷に置給ふ」とある即ち此比咩神なる可し。
○南子神社［同］同村南子山鎮座、三宅記に彼八王子の事を誌して「一人をばなご」とある是なり。
　三宅島は上古三島大神鎮座の本域にして、其后神御子神式に所載十二座の多きに至る。

郡岡良弼『日本地理志料』巻十三・伊豆国賀茂郡三島郷
三宅島　在神津島東八里、下田東南二十里、周凡七里半、全島峻巉、雄山聳其中央、有火脈、田圃百三十町、有伊賀谷、神著、伊豆、坪田、阿古五邑、領戸八百二十二、口二千七百九十、産牛馬、出絲紬、大野原島属之、」按神著村、蓋事代主神始上陸之處、伊豆村、其所幽宅之處、故稱伊豆御島神邪、三宅記云、神嘗與其妃定諸子所居、地名同今之五邑、」祀典所載、二十四社在海島、而其十二在本島焉、曰佐伎多麻比咩命神社、即三島神妃也、曰波夜志命神社、曰片菅命神社、曰加彌命神社、曰志理太宜命神社、曰南子神社、以上在神著村、並佐伎多麻比咩所生、曰伊賀牟比賣命神社、在伊賀谷村、稱后宮、曰伊波乃比咩命神社、在坪田村、稱坪田后宮、亦三島神妃也、曰阿米都和氣命神社、在阿古村、稱總鎮守三島明神、曰久良惠命神社、在久良濱、曰氏良命神社、曰夜須命神社、在伊豆村、並佐伎多麻比咩所生、有爲朝山、是源爲朝居阯也、

静岡県田方郡役所編『静岡県田方郡誌』５２７～５４０頁（長倉書店刊）
　　三島神社（官幣大社）　祭神　積羽八重事代主命
三島町傳馬町に鎮座す、祭神は従来大山祇命と稱し、豫州三島より遷坐すと傳へたるは、三島の稱より附會したりとなん、明治五年十一月十八日附を以て、當社少宮司萩原正平よりの上申により翌六年一月六日指令ありて事代主命と確定せり。云々
城内に於ける攝社末社合せて十三社あり。
云々
２ 見目社（攝社）　増訂志稿に當社は三島大神の御妃六柱を祭るなるべし、其神名は波布比賣・久爾都比咩・優波夷・伊賀牟比咩・伊波乃比咩・佐伎多麻比咩命なる可くして、三島大社々傳に見目六柱と云は即是也、眞本曾我物語に見目御前とあり其姫神たるを証すべしとあり。
云々
13 嚴島神社（末社）　舊稱辨天今は二の門の中に立ち給へれど、元は池中の島上に立ち給ひしを、思ふに、式の伊賀牟比賣命を遷し祀れるにはあらじか考ふべし。（3項以下三島大神傳記）

足立鍬太郎『南豆神祇誌』１７～２０頁（静岡縣賀茂郡神職會）
　既に述べた如く、白鳳年間伊豆神海島に現れてより約百五十年、天長九年に至って男女二神に分化し、深谷を塞き高巖を摧きて土地を増益し、併せて旱霖を調節するを以て其の神驗とした。蓋し富士火山帯の活動に因る爆發の威力に、其の噴出した溶岩や泥炭の爲に海中に新地を得ることが、無上の恐怖と多大の感謝を齎したのである。加も其の爆發前に於ける火山性地震が、やがて來るべき災難を豫告警戒するを以て、居民は御神火を三嶋神と畏むと同時に、此の地震を伊古奈比咩神と稱へて感謝を表したのであらう。是れアイヌ語Ｉｋｏｎｎｕは凶事を未然に戒める義であってＩｋｏｎｎｕ－ｇｕｒｕ及びＩｋｎｎｕｐは神變を現す者であるより出たのである。但これより推して巫女と解することも出來る。（彼の三宅記の見目＝御妻を考ふべきである）。そして此の二神の本貫は三宅島であって、島の名は神明（燒）に起因し、其の雄山が三島＝

神島神の體を表したものであらう。次に阿古は噴火の本場であって、其の地名は神名Ｉｋｏの轉である。Ｂａｃｈｅｉｏｒ氏アイヌ語文典Ｔｏｉｓｈｉｋａｒｉの説明に據れば、同語に於てｉ音のａに變ずるは屢々ある例だといふ。思ふに同地澪池は女神の躰を表すもので、男神と共に此地に鎭座し給うたのを、内地に奉遷した後に、御子阿米都和氣命を祀ったのであらう。尚ついでにいはゞ、同島神著はアイヌ語Ｋａｍｕｉｓｈｙｏｔｋｉ＝火の女神の處の意で、佐伎多摩比咩命の坐す地、伊ケ谷は同語Ｅｋａｙｅｃｈｉｓｈｉ若くはＥｋａｉｃｈｉｓｈにて險しき處の意、即ち伊賀牟比賣命の坐す地である。又坪田はＴｏｐｏｃｈｉ＝水溜の複數なれば、古澪池を表するもので、伊波乃比咩命の坐す處である。そして伊古奈比咩命 三宅記には天地今宮后と稱するには、阿米都和氣命の他に穗都佐和氣命といふ御子おはし、佐伎多摩比咩命には、加彌・夜須・弖良・志里太乎宜・久良惠・片菅・波夜志・南子の八子おはすを以て、こゝに主神・嫡后・三妃・十王子の三宅神族を組織すると、承和七年上津島の噴火によりて、更に三嶋神の本后阿波命・嫡子物忌奈命といふ神出現し、しかも其の本后には五子物忌奈は太豆和氣阿豆佐和氣外二神ありと稱し、神津・御藏・利島を連ねて神津の一神族を形成した。然るに大島三原山は三宅島雄山と交互に爆發する御神火の本場であるから、こゝにも其舊噴火口なる波浮池 今は一方を決して港とするに妃波布比咩命現れ、彼の白鳳當時の神造地たる野增の阿治古・泉津の波知兩神を其の二王子として大島神族を組織する。更に又式根なる久爾都比咩命といふ妃神には、新島の多祁美加賀命と稱する武勇の神と他に一柱の王子坐し、これに對して遙かに沖島八丈島にも妃優婆夷命・王子許志伎命外四神が現れたから、こゝに一主神の下に、両后・六妃と嫡子以外に知名十六王子他に名の傳らざるもの七神より成る三嶋大神族式二十六社總三十三社が組織された。

足立鍬太郎『南豆神祇誌』３７～３８頁（静岡縣賀茂郡神職會）
　　延喜式卷九に載せた伊豆國神名帳は次の如くである。但所在地は萩原正平著伊豆國式社考略に私考を加へて註記す。
　　　　　　伊豆國九十二座　　大五座小八十七座
　　　　　　　賀茂郡四十六座　　大四座小四十二座
　　　　　　　　　云々
　　　　　　　　　伊賀牟比賣命神社　　　　　　　　　　　三宅島伊賀谷
　　　　　　　　　云々

静岡縣『旧版 静岡縣史』第三卷・７１１～７１２頁（名著出版刊）
【賀茂郡四十六座 大四座小卌二座】
云々
（伊賀牟比賣命神社）
　　原祭神は伊賀牟比賣命。原所在は伊豆三宅島伊賀谷村。
云々

伊古奈比咩命神社

『特選神名牒』３００～３０１頁
伊古奈比咩命神社 名神大
　祭神　伊古奈比咩命 一名白濱大明神
　　今按伊豆國神階帳に一品當きさきの宮とあるは此神とみゆ伊豆國式社攷證に明暦中の上梁文に諸島大明
　　神の本后也 大明神は三島明神なり諸島皆祀る故に云ふ 傳に云孝安天皇六年に建立すと三島明神伊豆へ渡り此に御坐まし其より
　　三島へ還らせ玉ふ因て此を古宮と云又五社明神とも云と三島と同じく其三神は未詳古は神領七十餘町祠
　　宇社大家三十六戸祭祀年に七十五度諸式みな三島に異なること無し大久保長安獻る所の金鼓の文に伊古
　　奈比咩命慶長十二年三月云々とあ云り證とすべし
　神位　淳和天皇天長九年五月庚戌伊古奈比咩命神預名神釋日本紀引日本後紀文德天皇嘉祥三年十月壬子伊豆國伊古奈
　　比咩命神授從五位上十一月甲戌朔詔以伊豆國伊古奈比女神列於官社仁壽二年十二月丙子加伊豆國伊古奈比
　　咩命神正五位下 今按齊衡元年六月己卯同位階を授ることあるは何れか衍文なるべし故か本文を存して彼を闕る
　祭日　四月十一日並初酉日九月廿日廿一日
　社格　縣社
　所在　（賀茂郡白濱村大字白濱）　白濱村字長田

度會延經『神名帳考證』（『神祇全書』第一輯）
〇伊古奈比咩命神社 名神大　按今箱根權現乎、伊與波横音通、今屬相模、日本後紀云、天長九年五月庚戌、令
卜筮炎旱、於内裏伊豆國神爲祟、奏伊豆國言上、三島神、伊古奈比咩神二前預名神、此神塞深谷摧高巖、平
造之地二千町許、作神宮二院池三處、神異之事不可勝計、

伴信友『神名帳考證』（『伴信友全集』第一）
伊古奈比咩命神社 名神大
[後紀纂]天長九年五月云々伊古奈比咩神云々預名神 三島神社ノ下可見合[文實]嘉祥三年十月壬子伊豆國古奈比咩神授
從五位上 從本史脱今同年十一月甲戌朔詔以伊豆國伊古奈比女神列於官社仁壽二年十二月丙子 駿河當作伊豆國伊古奈比賣命
加正五位下予齊衡元年六月己卯加伊豆國伊古奈比咩命神正五位下 仁壽齊衡同階可重考[三實]貞觀十五年九月廿七日遠江國
伊古奈神云々[志]賀茂郡白濱村ニ坐白濱明神トモ申[文實]嘉祥三年條古奈比咩ハ伊古奈比咩ノ脱誤也齊衡元
年ノ正五位下ハ上ニ作ベシ[神名記]一品當后宮トアルハ蓋是神也齊衡ノ後シバシバ授位アリトミユ明暦中ノ
棟札ニ諸島大明神ノ本后也ト傳日孝安天皇六年ニ建立ス三島明神伊豆ヘ渡リ此ニ御坐マシソレヨリ三島ヘ遷
ラセ玉フ因テ是ヲ古宮ト云又五社明神トモ云三島ト同ク其三神ハ未詳古ハ神領七十餘町祠宇大社家三十六戸
祭祀年ニ七十五度諸式皆三島ト異ナルコトナシ慶長十二年三月大久保長安所納ノ金鼓ニ伊古那比咩命ト刻ス
同十八年長安亡テ後此社大ニ衰頽セリ今ハ祠田ナク禰宜原氏一人ソノ他ハ百姓ノ内三十六人ヲ定メ置テ祭ノ
形ヲツトム祠前ノ池モ亦既ニウヅモレタリ東方ノ陵ヲ御釜ト云恰モ端釜ノ形也域内ノ古栢樹タダニ千年ノミ
ナラズ舊記云伊豆ノハジカミハ名物也白濱明神ノ御神草也三島明神ハ菅也伊豆ノハヅレニ白濱明神御立ナサ
レ候ユヘハシカミ 端神ノ意トキコエト云フ義ニテ生芽ヲ御神草トニフ也伊勢早雲寺殿豆州ヘ御打入ノトキ白濱神主ハ
ハシカミヲ進上ノトキニシキ殿狂歌ノ由也「草ノ名モ所ニヨリテ替リケリ伊勢ノ生芽ハ伊豆ノハシカミ」又
東浦御手ニ入テ早雲寺殿御歌「神風ヤイセノ濱荻アフキ來テ今ソ手ユトル伊豆ノハシカミ」末社二所アリ見
目稲荷〇信友云當社禰宜藤井昌幸云合殿見目神若宮劔宮也神主原氏禰宜三十六戸アリト云フ當社ノ事オノレ
別ニ考證アリ[志]末社ニ御館坂戸ニアリミタラトモ云コレ九社ニシテ土神也王子原田ニアリ三島大社ノ御子
也ト云フ以上（伊豆納符）〇辨天二内尾崎ノ宿ニアルモノ古シ又（納符）ニ載ス〇毘沙門祠コノ外鎰明明神
愛宕明神御手洗水明神八幡淺間等ノ神（伊豆峰記）ニミユ

伴信友『神名帳考』（『神道大系』古典註釋編七・延喜式神名帳註釋）
伊古奈比咩命神社 名神大、
〇日本後紀纂ニ、天長九年五月、云云、預名神、三嶋神社ノ下見合ヘシ、〇文德實錄、仁壽二年十二月丙子、加駿河國
伊古奈比咩命神正五位下、駿河當作伊豆、又曰、齊衡元年六月、加伊豆國伊古奈比賣神正五位下、仁壽・齊衡同階、
可重考、又曰、嘉祥三年十月壬子、伊豆國右[ウイ]奈比咩。[命]神授。[從]五位上、又曰、同年十一月甲戌朔、
詔以伊豆國伊古奈比咩[女]神、列官社、〇三代實錄、貞觀十五年九月廿七日、遠江[豆]國伊古奈神、云云、
△志云、賀茂郡白濱村ニ坐、白濱名神トモ申、日本後紀纂曰、天長九云云、文德實錄、嘉祥纂云云、按、右ハ古字
ノ異、上ニ伊豆ヲ脱ス、五ノ上、從ノ字ヲ脱ス、仁壽三[二]云云、齊衡元云云、下ハ上ニ作ヘシ、神名記ニ、一品當后宮トアルハ、蓋是也、
齊衡ノ後、シハ〳〵授位アリトミユ、明暦中ノ棟札ニ、諸嶋大明神ノ本后也ト、傳日、孝安天皇六年ニ建立
ス、三嶋明神伊豆ニ渡リ、此ニ御坐マシ三嶋ヘ遷ラセ玉フ、因テ此ヲ古宮ト云、又五社名神トモ
云、三島トヲ同ク、其三神ハ未詳、古ハ神領七十餘丁[町]、祠宇。[莊]大、社家三十六戸、祭祀年ニ七十五度、
諸式皆三嶋ト異ナル事ナシ、慶長十二年三月、大久保長安所納ノ金鼓、伊古那比咩命ト刻ス、同十八年長安
亡テ後、此社大ニ衰頽セリ、今ハ祠田ナク、禰宜原氏一人、ソノ他ハ百姓ノ内ヨリ三十六人[餘]ヲ定メオキ
テ祭ノ形ヲツトム、●祠前ノ池モ、亦既ニウツモレタリ、東方ノ陵ヲ御釜ト云、恰モ端釜ノ形也、域内ノ古
栢樹、タヾニ千年ノミナラズ、舊記ニ云、伊豆ノハジカミ、名物ナリ、白濱名神ノ御神草也、三嶋明神ハ、
菅也、伊豆ノハヅレニ白濱名神御立ナサレ候故、ハジカミ 端神ノ意トキコユ、ト云フ義ニテ、生芽ヲ御神草トニフ也、
伊勢早雲寺殿、豆州ヘ御打入ノトキ[際]、白濱神主ハ、ハジカミヲ進上ノトキ、ニシキ殿狂歌ノ由也、「草
ノ名モ　所ニヨリテ　替リケリ　伊勢ノ生芽ハ　伊豆ノハシカミ」亦東浦御手ニ入テ、早雲寺殿御歌、「神
風ヤ　イセノ濱荻　アフキ來テ　今ソ手ニトル　伊豆ノハジカミ」末社ニ、見目稲荷、●信友云、當社禰宜
藤井昌幸云、合殿見目神・若宮・劔宮也、●神主原氏、禰宜三十六戸アリト云フ、當社ノ事、信友別ニ考證
アリ、△亦云、末社ニ御舘、坂戸ニアリテミタテトモ云、コレ舊社ニシテ土神也、〇王子、原田ニアリ、三
嶋大社ノ御子也ト云フ、以上伊豆納符、〇辨天二、内尾崎ノ宿ニアルモノ古シ、又納符、〇毘沙門祠、コノ外鎰明明神
・愛宕權現・御手洗水明神・八幡・淺間等神、見伊豆峯記、
　１（頭註）件圖云、白濱村

鈴鹿連胤『神社覈錄』（井上賴圀・佐伯有義校訂『神社覈錄』下編）
伊古奈比咩命神社　名神大

伊古奈比咩は假字也○白濱村に在す、今白濱名神と稱す、志例祭　月　日、○式三、臨時祭名神祭二百八十五座、㦽伊豆國伊古奈比咩命神社一座、

伊豆志云、傳曰、孝安天皇六年ニ建立ス、三島明神伊豆ヘ渡リ此ニ御坐マシ、夫ヨリ三島ヘ遷ラセ玉フ、因テ此ヲ古宮ト云、又五社大明神トモ云、三島ト同ク、其三神ハ詳ナラズ、古ヘハ神領七十餘町、祠宇大社家卅六戸、祭祀年ニ七十五度、諸式皆三島ト異ナル事ナシ、慶長十二年三月大久保長安所納ノ金皷伊古奈比咩命ト刻ス、同十八年長安亡ビテ後此社大ニ衰頽セリ、今ハ祠田ナク、禰宜原氏一人、ソノ他ハ百姓ノ内卅六人ヲ定メオキテ祭ノ形ヲツトム、」又或人云、祠前ノ池モ亦既ニ埋レタリ、東ノ方ノ御陵ヲ御釜ト云、恰モ端釜ノ形也、域内ノ古栢樹タダニ千年ノミナラズ、舊記云、伊豆ノハジカミハ名物ナリ、白濱名神ノ御神草也、三島明神ハ菅也、伊豆ノハヅレニ白濱明神御立ナサレ候故、ハシカミ（端神）トユフ義ニテ、生姜ヲ御神草ト云フ也、伊勢早雲寺殿豆州ヘ御打入ノトキ、白濱ノ神主ハジカミヲ進上ノトキニシキ殿狂歌ノ曰也、「草ノ名モ所ニヨリテ替リケリ伊勢ノ生姜ハ伊豆ノ薑、」亦東浦御手ニ入テ早雲寺御歌、「神風ヤ伊勢ノ濱荻アフギ來テ今ゾ手ニトル伊豆ノハジカミ」、
　　神位　名神　官社
日本後紀纂、天長九年五月庚戌、伊豆國伊古奈比咩命神預名神、事は三島神社の下に見ゆ文德實錄、嘉祥三年十月壬子、伊豆國伊古奈比咩命神授從五位上、同年十一月甲戌朔、詔以伊豆國伊古奈比咩神列官社、仁壽二年十二月丙子、加伊豆國伊古奈比咩命神正五位下、又齊衡元年六月己卯、加伊豆國伊古奈比賣神正五位下、同位重出不審

伊豆志云、國内神名記云、一品當后宮トアルハ蓋是也、

栗田寛『神祇志料』第十二巻
伊古奈比咩命神社、今白濱村字長田にあり、當后の宮、また白濱名神と云。伊豆神階帳、豆州志、慶長十二年金鼓銘、伊古奈比咩命を祭る。之を三島大神の后神とす。釋日本紀引日本後紀、續日本後紀、淳和天皇天長九年五月庚戌、大に神威を著し給へるを以て、三島神と共に名神に預り、釋日本紀引日本後紀、文德天皇嘉祥三年十月壬子、從五位上を授け、十一月甲戌朔、官社に列り、齊衡元年六月己卯、正五位下を加へ、文德實錄醍醐天皇延喜の制、名神大社に列る。延喜式凡其祭九月廿一日、四月十一月初酉日を用ふ。足柄縣式社取調帳神社に仕ふる者、神主原氏及禰宜三十六戸ありと神名帳考證土代

『大日本史』［九］・志一・巻二百五十五
伊古奈比咩命神社、○神明帳作一品當后宮、蓋是、在白濱村長田、稱白濱明神、祀三島神後妃伊古奈比咩命、釋日本紀引日本後紀、續日本後紀、○咩一作女初與三島神同殿、後分祀焉、豆州志、行囊鈔、天長九年、與三島神共預名神、釋日本紀引日本後紀文德帝即位、授從五位上、其年爲官社、仁壽二年、進正五位下、文德實錄延喜制、列名神大社、延喜式

『大日本史』［十一］・志三・巻二百九十三
三島、○今白濱村、在川津南、有伊古奈比咩命社、即三島神妃也、初三島社在此、合祀其妃神、後遷于田方郡、郷名從而移云、伊豫三島神、遷居此、故名、豆州志有伊古奈比咩命社、延喜式

竹村茂雄『伊豆國式社考』（『神祇全書』第四輯）
伊古奈比咩命神社名神大　白濱ニ祀ル、今ハ三島神社ニ合祀、志

萩原正平『伊豆國式社攷略』（静岡県立中央図書館所蔵）
伊古奈比咩命神社名神大
賀茂郡白濱村長田鎮座當后宮神階帳舊稱白濱神社是な里社傳國圖豆志式攷証註進特選按ふる尓當社地たる淳和天皇紀釋紀所引に所載天長九年十月三島神伊古奈比咩神二前預名神此神塞深谷攫高岸平造之地二十町許作神宮二院池三所神異之事不可勝計登あるに當里ぬべくや圜丘鎭尓海を塞ぎ高岸常尓浪を擢く古松老柏虬龍蟠菅尓千年のみ尓非ず白砂皓々右濱尓雪を敷き左磯尓山を爲す風致能異なる眺矚の奇なる他尓多く觀るべからざ類の靈域な里登須三島大神中世鎭座の地なる尓負かず登云はむを過言尓非ざ類べし

萩原正平・萩原正夫『増訂豆州志稿』巻之三上・町村三（長倉書店刊）
○白濱村（［増］東縄地村三十四十二間、南柿崎村三十四町三尺）［増］拾八里三拾貳町三拾壹間（［増］一里十三町三十二間三尺）［増］北條役高帳、白濱、同氏文書、白濱郷、慶長三年検地帳、白濱村ト（其他多ク○海濱十五六町ノ間白砂皓然トシテ松モ積雪ノ如シ尤佳景ナリ［増］白濱ノ稱ハ此ニ因テ起レルナラム本村ハ延喜式賀茂郡三島神社（名神大月次新嘗）伊古奈比賣命神社（名神大）二座鎭座ノ地ニシテ和名鈔、所載、賀茂郡大社ノ郷ナリ（大社郷ハ本村ヨリ稲生澤マデナルベシ）釋日本紀、所引淳和又其年紀、二前預名神深谷攫高岸平造之地二町許、作神宮二院池三所、神異之事不可勝計トアル此地ナラム中頃三島神社ヲ田方郡國府ノ地（今ノ三島宿）ニ遷祀シテ以専ラ早ク伊古奈比賣命神社ヲ此白濱明神ト稱シ來レリナホ神社ノ條ニ言ニスヘ村ニ原田、永田ノ小名アリ［増］順行記一色、戸川、坂戸、小根、長田、原田ノ地名ヲ載ス○茅原野ヨリ此迄二十四村今稲生澤組トシ、或云白濱ハ除ク［増］舊記ニ因ルニ稲生澤組八十九村ニシテ下田、岡方、柿崎、須崎、白濱ノ五村ハ除キタリ、順行記、物産、石決明、鹿尾藻、太ル草若女、海老、澤田薪、小竹、トイマ天草ノ出額本州物産ノーヲ占ム）

○田額五百八拾五石四斗一升内（新田二十石二斗九升六合）［増］反別七百五拾壹町三反九畝拾三歩内（田五十三町三畝二十八歩、畑八十七町三畝二十二歩、宅地九町七畝五歩、山林三百六十町六反二畝二十九歩、原野二百五十七町四反四畝十七歩、雑種地一反八畝二歩）［増］地價金三萬六千六百四拾三圓五拾四錢四厘［増］地租金九百拾六圓拾三錢貳厘［増］社五（縣一離石）寺二（禪）分校一［増］戸現住貳百九拾五現在同上［増］口本籍千六百四拾六（男八百十、女八百三十六）現在千六百貳拾九（男八百十二、女八百十七）

萩原正平・萩原正夫『増訂豆州志稿』巻之八上・式内神社考並神階帳考緒言（長倉書店刊）
○伊古奈比賣命神社（名神大）［増］神階帳一品當きさの宮（田方ニ載ス）［増］賀茂郡白濱村舊稱白濱明神社也神階帳田方郡ニ載セタルハ當時現今ノ三島大社内ニ招祭セルガ故也下ノ阿波神社同之

萩原正平・萩原正夫『増訂豆州志稿』巻之九上・神祠三・賀茂郡（長倉書店刊）
○伊古奈比咩命神社（白濱村）［増］縣社（兼郷村社）祭神伊古奈比咩命、八重事代主神、相殿三座相名不詳［増］式内伊古名比咩命神社也（［増］）此社（前記）三島大神ノ后社ニシテ仁明紀ニ三島大社後后トアル是也（此神ヲ溝織姫命ト同神也トモ說モ當ナル可シ古史傳參照）三宅記ニ三宅島ニ天地今宮ノ后（按ズルニ天地今宮ハ阿米都和氣命ニシテ此后神ノ産ミ賜ヒタル王子ナルニヨリ此后神ヲ天地今宮后ト稱セシナル可シ一本ニハ

天地今右宮トアリ)ヲ置賜フトアル此比咩神ニシテ當初三島大神ト共ニ三宅島ヨリ此地ニ遷座ス(後三島大神ハ現今ノ地ニ遷祀ス三島大社ノ帳ニ參照)淳和天皇皇紀(釋紀所引)ニ天長九年十月三島神、伊古奈比咩神、二前預名社此神塞深谷摧高岸平造之地廿町許作神宮二院池三神異ノ事不可勝計トアル即此地ニシテ社宮二院トアルハ此二神ノ宮殿ナル可シ(寛保度マデハ二院並ビ立リ延享度改造ノ時ヨリ一院トナルス)又池三所ノ遺蹟今存ス(其一ハ社前廳舎ノ裏、其二ハ字柿ノ本[明治十六年墾拓シテ畠トナルス]其三ハ字御手洗[舊社地ニ]在リ)文德實錄曰嘉祥三年十月右奈比咩命神授五位上(按ズルニ右ハ古ノ誤爲上又脫伊五上脫後)十一月詔列於官社仁壽二年十二月伊古奈比咩神加正五位下齊衡元年六月加伊古奈比咩神正五位下(下當作上)神名記ニ一品當后ノ宮トアルハ蓋此社ナラム齊衡ノ後數贈位アリト見ユ明曆中ノ上梁文ニ云諸島大明神ノ本后也ト(大明神トハ三島明神也諸島皆祀ル故ニ云)傳云孝安天皇六年ニ建立ス三島明神本州ニ遷御、此地ニ鎭座シ後三島ニ遷祀ス因テ此ヲ古宮ト云ト又五社明神トモ云[贈]初字森ニ鎭座ス御神樂殿御手洗等ノ遺址存ス(今尚神戚ヲ畏レテ肥料ヲ施サヘル畠アリ又忌服アル者此地ヲ翳マズト云)後淳和天皇天長九年現地ニ遷祀スト云○古ハ祠宇壯ニシテ社領七十餘町社家三十六戸ヲ有シ祭祀年ニ七十五度([贈]中古以來祭事七回ニシテ陰曆正月十一日、四月初酉日、五月朔日、九月朔日、同二十日、十一月朔日、同酉日、等也)アリテ諸式皆三島ト同ジカリキ[贈]和名鈔所載大社郷ハ當社地ヨリ起レル稱呼也末社七十社アリシモ今概ネ廢絶ス小田原北條氏文書(白濱村割付也)ニ六貫貳百文、神田爲修理錢差置貳百文、卯月霜月兩月祭錢差置。三百文、社檀爲建立指置トアリ○大久保長安金山ノ監トシテ此邊ニ至ル金皷ハ其獻スル所也鑄シテ曰伊古那比咩命慶長十二年三月ト(及其姓名ヲ刻ス)十八年四月長安死シテ陰謀發覺シ五月其子及家士重刑ヲ受ク斯時ヨリ祠大ニ衰頽セリ(今ハ祠田ナシ濱宜原氏一人其他ハ百姓中三十餘人ヲ定メテ祭祀ノ形許リテ勤ム)今正殿、幣殿、藥師堂(○藥師堂明治ノ初取除ク)廳屋アリ(祠前ノ池モ已ニ湮塞ス)東方ノ陵ヲ御釜ト云恰モ端釜ノ形也(繋斷繩鎚二日山ノ頂ニ大キナル穴アリテ海マデ通フ一ツ釜ト云二ツ釜三ツ釜ハ山ノ後ロ海ベタニアリ皆山ノウチヨリ火出デヽ、海ノ底マデ燒ケ行キシ穴ナリトゾ、ト此穴所謂噴火ロナル可シ)域内ノ古柏樹啻ニ千年ノミナラズ舊記([贈]韮山江川氏所藏)ニ云伊豆ノハジカミ、ハ白濱明神ノ御神草也三島明神ハ菅ナリ伊豆ノハヅレニ白濱明神御立ナサレ候故ハジカミ(端神)ト云宜ニテ生芽ヲ御神草ト云也伊勢早雲寺殿豆州へ御討入ノ際白濱ノ神主ハジカミヲ進上ノ時ニシキ殿狂歌ノ由也 草ノ名モ所ニヨリテ變リ鳧伊勢ノ生芽ハ伊豆ノハジカミ 又東浦御手ニ入テ早雲寺殿御歌
　　　神風ヤ伊勢ノ濱荻アフキ來テ今ソ手ニトル伊豆ノハジカミ
[贈]社邊瀨海ノ地纖砂皓然雪ノ如ク極メテ奇觀ナリ[贈]境内社廿六(王子、八幡、少彦名、須佐之男、天兒屋根、天水分皇大神、級戸邊、淺間、瀨織津姫、稲荷、豊受、經津主、熊野、海神、豊玉彦、大年、岩長姫、若宮八幡、玄神、大雷、高皇産[贈]靈、金山彦、金山姫、大山祇、豊受ヤ末社○、見目、稲荷、一千百二十二坪官一)

萩原正夫『伊豆七島志』上・三宅島・神祠（長倉書店刊）
[増]荒島神社[増]阿古村二島山鎭座祭神火産靈神ナリト云[増]社地往古伊古奈比咩命鎭座ノ舊址ナリト云(社域八十七坪官有地一種)

萩原正夫『伊豆七島志』上・三宅島・神祠（長倉書店刊）
[増]八十司神社[増]阿古村二富賀ケ原鎭座祭神不詳[増]社地往古伊古奈比咩命二島ケ山ニ鎭座ノ時ノ八十末社ヲ合祀シタルナリト云フ從來毎三年ニ華表八十ヲ新造スルヲ例トセリ(社域五百五十二坪官有地一種)

菅原久高『伊豆國九十二式社祭神記』（『全國神職會々報』第二十一號）
伊古奈比賣命神社名神大濱崎村白濱鎭座縣社なり白濱明神と稱す
　祭神　伊古奈比賣命

吉田東伍『増補大日本地名辭書』第五卷・１０７３頁
白浜　今柿崎、須崎と併せ浜崎村と改む、下田の東北一里、東に海を開き、大島を望む。
　増訂志稿云、白浜村は海浜十五六の間、白砂皓然として、恰積雪の如し。尤佳景なり、延喜式、賀茂郡三島神社（名神大、月次、新嘗）伊古奈比咩命神社（名神大）二坐鎭座の地にして、和名抄所載、賀茂郡大社の郷なり、大社郷は本村より稲生沢までなるべし、中頃三島大社を田方郡国府へ遷祀し、今は此に伊古奈姫をのみ祭りて、白浜明神と称するなり。
補[須崎]○増訂豆州志稿、須崎村、東雅云、俗に物のさし出たるさきをスサと云ふと、漁多し、生壇、平野なり、景色頗る佳也。須崎嶼東西五町南北二町深五仞余、南方に向ふ、船三十余艘を容る、東北風に宜しからず。爪木崎、村の南端海に出る二町、他白根・作根・前作根、松下・白根等の暗礁あり。

吉田東伍『増補大日本地名辭書』第五卷・１０７３頁
伊古奈比咩神社　神祇志料云、今白浜村字長田に在り、当后の宮、又白浜明神と云ふ、三島大神の后神とす、神社に仕ふるもの神主原氏、及び禰宜三十戸あり。[伊豆神階帳、豆州志、神名帳考土代]○増訂志稿云、釈日本紀云、天長九年十月、三島神、伊古奈比咩二前、預名神、此神塞深谷、摧高岸、平造之地廿町許、作神宮二院、池三所、神異之事、不可勝記。とあるは、白浜の事にして、神宮二院とあるは、此二神の宮殿なる可し、諺に伊豆のハジカミを白浜明神の御神草也と云ふは、伊豆のはづれに白浜明神ある故、ハジカミ（端神）と云義にて、生薑を御神草とする也、社辺瀨海の地、纖砂皓々行きの如く、極て奇觀なり。

吉田東伍『増補大日本地名辭書』第五卷・１０７３〜１０７５頁
伊豆三島大社址　蓋前の伊古奈比咩神社同境なり。○神祇志料云、伊豆三島大社は、昔白浜明神同殿に坐しを、後君沢郡三島駅に別ち遷さると殿ふ、故に今の社域は尚加茂郡と云ふ也、[豆州志、行嚢抄]もと伊予三島神を遷奉る所とぞ、[親行海道記、廿二社本縁、源平盛衰記]按に、伊豆伊予は二国の国造、同く物部連の族なれば、三島淺間も同一神たるべし、且駿河国造も物部連の族とす、天平宝字二年五月、伊豆地九戸を神封に充て、十二月又四戸を寄奉る。[新抄格勅符]○今按、三島大神は延喜式、賀茂郡に列せしめ、和名抄、賀茂郡大社郷あるを見れば、延喜式延長の頃まで此に鎭座ありしこと論なし。此神は「塞深谷、摧高岸、造平地、作神宮」云々とあるにて、造山噴火の巨靈を畏祭したる情実明白なり。然るに其後田方郡国府に此神を勧請し、彼地は海道の交衢にあたり、源頼朝其祠に祈禱報賽したるより、国府の三島神大に顯れ、賀茂郡の古大社衰ふ。近世寛保年中まで、白浜に古祠の僅に遺れりと云ふは猶参拠すべし。此に怪むべきは、田方郡の国府々中の神域を加茂郡と称する事と、其新宮は天平七年に賀茂郡より府中へ移祀すと伝ふること、是也。古典の義理より推せば、府中の神域は決して賀茂郡にあらず、已に新宮と云へば、天平七年のの遷座にあらず、是れ恐らくは、近世府中の新宮を以て、延喜式の古大社に牽合せんが為に、

かかる妄説を生ぜる者ならん。或は曰く、延喜式に当国三島神料二千束を給せらるることを録するは、府中の神料ならん、云々と、是又臆想に過ぎず、すべて府中の新宮は延喜以前のものたるの明証は一も之を見ざる也、矢田部氏系図の説も、古典に符合せざるは、従はずして可也。

補[三島神社]〇増訂豆州志稿、祭神は積羽八重事代主命にして、上古より当国に鎮座す。按るに、事代主命国家を避け天孫に譲り給ふ後、其事蹟古典に載せずと雖も、必ず本州海島に至り、潜宮を営み鎮座せしならむ、三宅記云、伊古奈比咩命社記等伝ふる所徴証とすべし。廿二社本縁云、葛木乃賀茂神、都波八重事代主乃神、伊豆国賀茂郡仁坐㘴三島乃神、同体亻坐㘴云劓云々と。従来祭神を大山祇命と称し、予州三島より遷座すと伝へたるは、三島の称号より附会せしなり。明治五年当社神職萩原正平より教部省に上申し、指令を得て、祭神積羽八重事代主神と確定す。配祀四座の内二座は、伊古奈比咩命・阿波咩命なりと云ふ、二座は未だ詳ならず。日本後紀纂曰、天長九年五月伊豆国言上三島神伊古奈比咩神[略、伊古奈比咩神社、参照]類聚国史曰、□□四年二月十五日、伊豆国賀茂郡三島神祠池、水枯渇、経数月、至夏天下大旱、以是入池雩祭、至国別、三島神宮以二月十五日之異、訴朝家、依之為雩三島神殿、自六月十一日至十五日、大雨滂沛焉、故叙正一位、并以三島一郡（郡当作郷、無三島郡、係誤）寄圭田、神官賜禄金財帛。類聚国史年号を闕く、一本に天長とあり、されど正一位たる事は必ず貞観の後なり。明治四年五月官幣大社に列せらる、

　〇[以下神祇志料のため神祇志を参考とす。神祇志、伊豆三島神社（旧在白浜村、与伊古奈比咩命同社、後遷田方郡三島駅、社地尚称賀茂郡、後又改郡曰君沢、而社地仍存旧名）、田方郡三島神社、参照]

〇神祇志料、伊豆三島神社、今君沢郡三島駅にあり、伝云ふ、本社昔伊古奈比咩神社堂殿に坐しを、後今地に別遷さる（豆州志・行嚢鈔）

　按、社地今君沢郡に隷たれど、社域ばかりを加茂郡と云也、

蓋伊弉諾尊を祀る（参取、古事記・日本書紀纂疏・一宮記）即伊豆の一宮に坐り（三島文書・一宮記）伊予三島神を遷奉る所也（親行海道記・廿二社本縁・源平盛衰記）

　按、此神、本国大山祇神予州大山積神社の下に云るが如し、また駿河神名帳に浅間御子明神十八座とあり、伊豆国神階帳にも三島大明神十八所御子達とある時は、両国とも同神の族類多かりし事知べし、さて同神を祭られし事は、本国は天武天皇の御世に、駿河国を割て置れし国なる故にや、もし又二国の国造は物部連同族なる故、もとより祭られたるにもあらん、

孝謙天皇天平宝字二年十月辛丑、伊豆地九戸を神封に充て、十二月四戸を寄奉る（新抄格勅符）淳和天皇天長九年五月庚戌、三島神伊古奈比咩神大に神霊を顕し給ひ、深谷を埋め高巌を摧き、神宮二院池三処を造り坐すを以て、此神を名神に預らしめ（釈日本紀引日本後紀）文徳天皇嘉祥三年十月辛亥、従五位上を授け、斉衡元年六月己卯従四位下を加へ（文徳実録）

　按、本書仁寿二年十二月丙子駿河国三島大神従四位を加ふとあるは、蓋衍文也、駿河伊豆本一国なるを以て誤れるものなる事著し、故今伊豆とあるに拠て、駿河と云ふを略けり、阿波咩命神・物忌奈命神・伊古奈比咩神・伊太氐和気命神・波布比咩神等の諸命も又皆之に倣へ、

清和天皇貞観元年元年正月甲申、従四位上に叙され、六年二月壬戌正四位下を授け、十年七月戊午従三位に進め奉り（三代実録）醍醐天皇延喜の制名神大社に列し、祈年月次新嘗の案上官幣に預り給ひき（延喜式）高倉天皇治承四年九月庚寅、源頼朝本国河原谷長崎地を神領に宛つ、是よりさき戦勝を祈るに神祐ありしを以て也、後鳥羽天皇文治元年四月癸酉、頼朝祈願の報賽に相模糠田郷を寄奉り、さきに奉れる河原谷三園を、六月廿日臨時祭料として神主東大夫盛方に付け、糠田長崎を二宮八幡放生会料として神主西大夫盛長に附けしめ、建久六年十一月甲午、将軍頼朝神馬剣幣を奉り、（東鑑）後醍醐天皇延元三年正月癸卯、権中納言兼陸奥大介鎮守府大将軍源顕家、伊豆安久郷を寄して天下太平を祈る、凡神官世々伊豆宿禰を以て宮司とす（三島文書）一を東大夫、二を西大夫と云（東鑑）今神主矢田部氏即東大夫の裔也（豆州志）其他社家凡三十六人、正月九日・十七日、四月・十一月中西日、八月十六日祭を行ふ（東海道名所図絵）。

補[伊古奈比咩神社]〇神祇志料、今白浜村字長田にあり、当后の宮また白浜明神と云（伊豆神階帳・豆州志・慶長十二年金鈸銘）伊古奈比咩命を祭る、之を三島大神の后神とす（釈日本紀引日本後紀・続日本後紀）淳和天皇天長九年五月庚戌、大に神威を著し給へるを以て、三島神と共に明神に預り（釈日本紀引日本後紀）文徳天皇嘉祥三年一月癸子、従五位上を授け、十一月甲戌官社に預に列し、斉衡元年六月己卯正五位下を加へ（文徳実録）醍醐天皇延喜の制名神大社に列る（延喜式）凡其祭九月廿日廿一日、四月・十一月初酉日を用ふ（足柄県式社取調帳）神社に仕ふる神主原氏、及禰宜三十六戸ありと云（神名帳土代）。三島官幣大社は、上古賀茂郡三島に鎮座す、三島は本州属島の総称にして、本社鎮座の地は三宅島なりき、中古同郡大社郷に遷祀す、即今白浜村伊古奈比咩命の社地也、後地に転じ、其年共に詳ならず。〇三宅島壬生氏・新島前田氏等に伝ふる所の「三宅記」と云ふ書は、仏徒の正しき古伝に附会を加へたるものにて、妄誕尠からずと雖、三島大神並に后妃王子の事蹟に至ては、頗る憑拠とすべき書なり。

[以上、田方郡三島神社、参照]

邨岡良弼『日本地理志料』巻十三・伊豆国賀茂郡

大社　訓闕、按當讀云於俣夜之呂、崇神紀、祭八十萬神、仍定天社國社、出雲風土記、屋代郷、本用社字、信濃陸奥出羽周防又有屋代郷、東雅云、社、讀爲夜之呂、即屋代也、尚古祭神、掃地設壇、謂之屋代、蓋代宮殿之義、神必有土、故假社稷字墳之、鹽尻云、寶龜中、初定諸社大小、正三位以上爲大社、自餘爲小社、神名式有三島神社、班名神大社、承和七年紀、單稱三島大社、初在三宅島、中遷本郷白濱邑、郷名因起、後徙田方郡國府地、已注上、」豆州志云、大社方廢、今有稲生澤組領十九邑、蓋是、按圖亘白濱、柿埼、須埼、下田、本郷、中村、蓮臺寺、大澤、河内、落合、簑作、掘内、相玉、横川、加増野、椎原、宇土金諸邑、其故區也、」按三島大社應永八年文書、稲梓郷愛玉村、諏訪祠文明十七年文書、稲梓郷横川村、高根祠永正十六年梁牌、稲澤郷落合村、文禄以後文書、皆作稲生澤郷、一聲転訛耳、」祀典所謂伊古奈比咩命神社、在白濱村、初三島神後妃也、初三島神自三宅島遷、妃神從之、同殿而居、後追遷國府、妃神獨留云、波夜多麻和氣命神社、在相玉村、稱相玉天神、多祁富許都久和氣命神社、在柿埼、稱武峰明神、意波奥命神社、在本郷村、稱淺間宮、」下田有大安寺、有大安寺山、世稱下田富士、主税寮式、伊豆國大安寺料稲三千束、大安寺在大和、此其寺田、故置別院也、蓮臺寺

村、舊名藤原、盖藤原氏流寓之處、後以寺名邑、有廢蓮臺寺、天平中、僧行基剏、承久中廢、今存大日堂一宇、」下田大馬頭也、船舶會湊、其八幡祠應永六年金皷識、豆州下田郷、北條五代記同、嘉永中、米使來乞互市、幕府誤許之、世局爲之一變、洶洶浩歎、先是、本州代官江川英龍、察宇内形勢、申幕府、築壘于此、以鑄煩碣、男英敏繼其志、至安政中、成大小數百門云、附表其功、

賀茂郡役所編『静岡県南豆風土誌』８８頁（長倉書店刊）
　傳へいふ、孝安天皇六年（二七四）白濱村五社明神鎭座すと。此の神三宅島よりこゝに遷り、（一説、次で當時國府の所在地たる田方郡田中村に轉じ）後更に（國府と共に三島に遷座す。今の官幣大社三島神社是なり。
　　〇三島神社は賀茂郡白濱村より遷座せるを以て、其の社域及び附近の地をば社家村と稱し、古來賀茂郡の飛地と言傳へたり。是れ古書に賀茂郡三島神社（三宅・白濱）とあるを此の三島に當てたるより起りし謬説にして信ずるに足らず。明治九年社家村は改めて君澤郡に編入せられ、明治廿九年君澤郡は田方郡に合せらる。
　　〇伴信友著神名帳考證卷十四に日はく、伊古奈比咩命神社名神大（上略）［神名記］（〇伊豆國神階帳ヲイヘルナラム）一品當后宮トアルハ盖是神也。齊衡ノ後シバへ助授位アリトミユ。明暦中ノ棟札ニ諸島大明神ノ本后也、傳曰孝安天皇六年ニ建立ス。三島明神伊豆へ渡リ此ニ御坐マシ、ソレヨリ三島へ遷ラセ玉フ。因テ是ヲ古宮ト云。又五社明神トモ云。三島ト同ク其三ハ未詳。（下略）と。伊古奈比咩命神社ハ今ノ縣社（三島神社）なり。（十一章一節神社の部参照。）

賀茂郡役所編『静岡県南豆風土誌』２９３頁（長倉書店刊）
云々、今賀茂郡四十六座の内より海島鎭座二十四座を減じ、又那賀郡二十二座の内より土肥以北井田に至る八座を除く時は、今日の賀茂郡は正に三十六座の式内社を算すべきなり。然れども伊豆三島神社は、上古鎭座の本域、賀茂郡三島（和名抄所載舊名、即海島の總稱にして、其の本島は今の三宅島なり。）なりしが中世同郡大社郷（和名抄所載。今の白濱村伊古奈比咩命神社の地なり。）に遷座し、後又今の田方郡三島町に遷祀せられたりと云ふ（伊豆國式社攷略）を以て、更に大神の一座を除きて、茲に三十五座を得と謂ふべし。今左に増訂豆州志稿卷八上によりて之を擧げむ。同書に云はく、式内社を記すに「也」といふは疑ひなきもの、「なるべし」といふは略證蹟あるもの、「ならむ乎」といふは、信疑相半するものに用ふと。
　伊古奈比咩命神社（名神大）　賀茂郡白濱村舊稱白濱神社也。

賀茂郡役所編『静岡県南豆風土誌』２９６頁（長倉書店刊）
（二）縣社　三島神社（伊古奈比咩命神社）は白濱村に在り。祭神は伊古奈比咩命にして、孝安天皇六年白濱明神三宅島より白濱村・長田の地・字古根の濱に遷座すとの傳あり。明治六年九月縣社に列す。

賀茂郡役所編『静岡県南豆風土誌』６０３〜６０４頁・白濱村（長倉書店刊）
　三島神社　字原田海濱―縣社兼郷村社―祭神、伊古奈比咩命（事代主の後と傳ふ）・鴨事代主命、相殿三座祭神不明式内伊古奈比咩命神社名神大なり。〇傳へ云ふ。事代主命夫妻兩神もと三宅島に鎭座せしを、孝安天皇六年此地長田に遷座し、淳和天皇天長九年現地に遷宮し、後事代主命は國府所在地三島に遷座すと。（續日本紀所引）
　淳和天皇紀、天長九年十月、三島神、伊古奈比咩神二前、預名神、此神蒙深谷、摧高岸、平遠之地廿町許、作神宮二院、池三所、神異之事不可勝計。寛保度までは二院並び存せりしを、延享元年改造の時より一院とす。二池今尚存せり。文徳天皇嘉祥三年十一月朔官社に列し、延喜式には名神大たり。〇此社昔は祠宇頗る宏壯にして、神領凡て七十餘町、社家三十六戸あり、一年七十五度の祭祀を行ひ、諸式凡て三島大神に同じかりきといふ。足利氏の時には神領四ケ村白濱・岡方・峯・逆川にて千餘石を寄進し、後北條氏の時尚四百十八石餘を奉りしかども、德川氏に至りては神領寄進全く絶えたり。社邊一帶の地白砂連り・怪岩聳え、特に祠後には御釜と稱する洞穴の奇觀あり。又神明・神船・足洗・美保崎・火達山等の神蹟皆近傍に存す。

静岡県田方郡役所編『静岡県田方郡誌』５２７〜５２８頁（長倉書店刊）
　三島神社（官幣大社）　祭神　積羽八重事代主命
三島町傳馬町に鎭座す、祭神は從來大山祇命と稱し、豫州三島より遷坐すと傳へたるは、三島の稱より附會したりとなん、明治五年十一月十八日附を以て、當社少宮司萩原正平よりの上申により翌六年一月六日指令ありて事代主命と確定せり。奉祀の由來につき増訂志稿に曰ふ、此社上古賀茂郡三島に鎭座す、三島は本州屬島の總稱にして、本社鎭座の地は三宅島也、中古同郡大社郷に遷祀す、即白濱村伊古奈比咩命の社地なり、後現地に轉ず、其年代共に詳ならずと、然るに三島大社傳記に此遷祀年記は詳ならねどとして左の記事あり。
　舊記に□□天皇□□五年癸酉伊豆國守安倍朝臣氏主と云ひし人、神の告に依て府中に遷し奉る由見えたれば、此時始めて移し祀りてやゝみさかりには成給へる事とぞ思はる、さるは神主盛治が家は、伊豆國造若建命の後裔にて、十二世の孫日下部直益人と申すもの、聖武天皇天平十四年四月伊豆直の姓を賜はり、伊豆國造に補せられてより、世々本國田方郡に住て、當郡の大小領に任じたる由、何くれの古書及家記にも見えたれば、遷座の後神務する事と成たるは、云までも無きを、いつの比よりつかえへ奉り、初にけん、未だ其證を得ずと雖も、伊豆保盛と云ひし者、後冷泉天皇永承の比、神主なりし由家記に見え、伊豆國盛と云し者、堀河天皇康和五年に三島宮司に補せられし由補任文に見えて、此比に至りては、既に盛大に成給ひし趣なるにて知るべし云々。
とあるを見れば、何れ奈良朝以後の事なるべし。
　神位は、同書に淳和天皇天長九年五月庚戌伊豆國言上三島神伊古奈比咩神二前預名神云々の時に、從五位下を授奉り、云々

足立鍬太郎『南豆神祇誌』５〜１０頁（静岡縣賀茂郡神職會）
　日本書紀白鳳九年二月癸未十八日の條に、如皷音聞東方。とあるを、次條と照して推測すると、同年七月の伊豆復置は、縱ひ全紀に錄さずとも、神祇に關係する消息からではないかと考へられる。紀同十三年十月壬辰十四日の條に、逮于人定。大地震。舉國男女叫唱不知東西。則山崩河涌。諸國郡官舍。及百姓倉屋。寺塔。神社破壞之類不可勝數。由是。人民及六畜多死傷之。時伊豫湯泉没而不出。土左國田苑五十餘萬頃（頃は代の借字で、代は五歩の田積の名、現今の六歩八畝である。故に五十萬頃は、一千五百五十七町七段四畝十二歩餘、即ち三十町五十三間四方に相當する。（文學博士喜田貞吉氏）没爲海。古老曰。若是地動未曾有也。是夕。有鳴聲。如皷聞于東方。有人曰。如皷聲西北二面。自然増益三百餘丈更爲一島。則如皷音者。神造是島響也。と見える。即ち霧島火山帶の活動と常に相伴ふ富士火山帶の活動を序して、伊豆神の海島より出現したこと、噴火造島を其の靈驗とすることゝを、初めて史上に明かにしたのである。伊豆神

祇の研究はこゝから發足せねばならぬ。而して此の土地増益は、三原山の噴火に伴ふ大島なる新島村・野増村の地變にして、理學博士大森房吉氏同地方では、現に溶岩に蔽はれた石器時代の遺跡があり、更に其の溶岩流層の上にある泥流層の上部と、其上にある噴灰層の下部との中間に、彌生式土器が存し、それと共に石をならべた跡もあり木炭もあって、吾等祖先たる者の遺跡であることが判る。文學博士鳥居龍藏氏又有人曰の裏面には、當時己に伊豆卜部の活動せることを看取される。想ふに後の平麿や雄貞等の先代であらう。因にいふ、撰日本書紀総裁舍人親王は天武天皇の第二皇子で、白鳳四年に生れ天平七年十月壽六十で薨ぜられたから、此の大地震の當年は恰も十歳であらせられた。養老四年日本書紀撰進の時四十五歳

次に釋日本紀後嵯峨後深草頃の卜部懷賢撰卷十五に引用した日本後紀の文に、淳和天皇天長九年五月庚戌十九日令卜筮亢旱於内裏。伊豆國神爲祟。癸丑二十二日伊豆國言上。三嶋神伊古奈比咩神二前預名神。此神塞深谷攜高巖。神造之地二十町許。作神宮二院池三處。神異之事不可勝計。とある。是に至って伊豆神は男女に分化して各神名を具へ、且つ土地増益旱霖調節を神徳として地方の主神となった。云々

一方中央では、佛教崇敬されて神佛習合の企起り、文化漸く進みて苟安懦弱に流れようとする時に際して、加持祈禱の如き龜卜蓍筮の如きものが、勢力を得るのは當然である。彼の十九日伊豆國神の祟と卜ふや、中間二日を隔てゝ國司より名神班列の奏請到るが如き、後の民部主計式行程は上廿二日下廿一日神事漫に憶測すべきにあらねど、豈にまた速かならずやである。宜しく當時神祇官に仕へた龜卜の名手、伊豆出身の卜部平麿は二十六才、其弟雄貞は二十三才なるを考へ合すべきではないか。

元慶五年十二月五日己卯。從五位下行丹波介卜部宿禰平麻呂卒。平麻呂伊豆國人也。幼而習龜卜之道爲神祇官卜部。云々。承和之初(菜)五年遣使聘唐。(菜)大使藤原常嗣平麻呂以善卜術備於使部。使還之後。爲神祇大史。嘉祥三年轉少祐。齊衡四年授外從五位下。天安二年拜權大祐。兼爲宮主。貞觀八年遷三河權介。十年授從五位下。累歷備後・丹波介。卒年七十五。三代實錄○平城天皇大同二年生

天安二年四月辛丑。是日。宮主外從五位下占部宿禰雄貞齊衡三年賜姓占部卒。龜策之倫也。兄弟最長此術。帝文徳在東宮時宮主。踐祚之日爲大宮主云々。時年四十八。文德實錄○嵯峨天皇弘仁二年生云々

前記天長九年三嶋神伊古奈比咩神二前の神功は、現白濱社々域の成立を語るものと認められて、其の二院相對の制は、近く寛保元年改造の前まで存せられて居た。此の二神は元來三宅島に鎭り給ひしが、予が憶測にして違はずんば、桓武天皇延暦十九年の富士山大噴火の影響を受けて、己むを得ず内地に遷徙し給うたのであらう。云々

足立鍬太郎『南豆神祇誌』１７〜２０頁（静岡縣賀茂郡神職會）

既に述べた如く、白鳳年間伊豆神海島に現れてより約百五十年、天長九年に至って男女二神に分化し、深谷を塞ぎ高巖を攜きて土地を増益し、併せて旱霖を調節するを以て其の神驗とした。蓋し富士火山帶の活動に因る爆發の威力と、其の噴出した溶岩や泥灰の爲に海中に新地を得ることが、無上の恐怖と多大の感謝を齎したのである。加も其の爆發前に於ける火山性地震が、やがて來るべき災難を豫告警戒するを以て、居民は御神火を三嶋神と畏むと同時に、此の地震を伊古奈比咩神と稱へて感謝を表したのであらう。是れアイヌ語Ｉｋｏｎｎｕは凶事を未然に戒める義であってＩｋｏｎｎｕ－ｇｕｒｕ及びＩｋｎｎｕｐは神變を現す者であるより出たのである。但これより推して巫女と解することも出來る。（彼の三宅記の見目＝御妻を考ふべきである。）そして此の二神の本貫は三宅島であって、島の名は神明（燒）に起因し、其の雄山が三島＝神島神の體を表したものであらう。次に阿古は噴火の本場であって、其の地名は神名Ｉｋｏの轉である。Ｂａｃｈｅｌｏｒ氏アイヌ語文典Ｔｏｉｓｈｉｋａｒｉの説明に據れば、同語に於てｉ音のａに變ずるは屢々ある例だといふ。思ふに同地澪池は女神の躰を表すもので、男神と共に此地に鎭座し給うたのを、内地に奉遷した後に、御子阿米都和氣命を祀ったのであらう。尚ついでにいはゞ、同島神著はアイヌ語Ｋａｍｕｉｓｈｙｏｔｋｉ＝火の女神の處の意で、佐伎多摩比咩命の坐す地、伊ケ谷は同語Ｅｋａｙｅｃｈｉｓｈｉ若くはＥｋａｉｃｈｉｓｈにて險しき處の意、即ち伊賀牟比賣命の坐す地である。又坪田はＴｏｐｏｃｈｉ＝水溜の複數なれば、古澪池を表するもので、伊波乃比咩命の坐す處である。そして伊古奈比咩命三宅記には天地今宮后と稱するには、阿米都和氣命の他に穗都佐和氣命といふ御子おはし、佐伎多摩比咩命には、加彌・夜須・弖良・志理太平宜・久良惠・片菅・波夜志・南子の八子おはすを以て、こゝに主神・嫡后・三妃・十王子の三宅神族を組織すると、承和七年上津島の噴火によりて、更に三嶋神の本后阿波命・嫡子物忌奈命といふ神出現し、しかも其の本后には五子物忌奈伊太豆和氣阿己佐和氣外二神ありと稱し、神津・御藏・利島を連ねて神津の一神族を形成した。然るに大島三原山は三宅島雄山と交互に爆發する御神火の本場であるから、こゝにも其舊噴火口なる波浮池今は一方を決して港とするに妃波布比咩命現れ、彼の白鳳當時の神造地たる野増の阿治古・泉津の波知兩神を其の二王子として大島神族を組織する。更に又式根たる久爾都比咩命には、新島の多祁美加賀命と稱する武勇の神と他に一柱の王子坐し、これに對して遙かに沖島八丈島にも妃優婆夷命・王子許志伎命外四神が現れたから、こゝに一主神の下に、兩后・六妃と嫡子以外に知名十六王子より外に名の傳らざるもの七神成る三島大神族式二十六社總三十三社が組織された。

足立鍬太郎『南豆神祇誌』３７〜３８頁（静岡縣賀茂郡神職會）

延喜式卷九に載せた伊豆國神名帳は次の如くである。但所在地は萩原正平著伊豆國式社考略に私考を加へて註記す。

　　　伊豆國九十二座　大五座小八十七座
　　　　賀茂郡四十六座　大四座小四十二座
　　　　　云々
　　　　　伊古奈比咩命神社　名神大　　　　　　白濱村
　　　　　云々

足立鍬太郎『南豆神祇誌』７５〜８８頁（静岡縣賀茂郡神職會）

伊豆國神階帳は、群書類從二三に、康永二年辛亥（興國四年）十二月廿五日在廳判の奥書あるものを、在廳伊達某藏本から寫して收めてある。伊達家に現藏するものは鳥子紙二枚續にて後世の寫本である即ち尾張のより二十年許前のものである。在廳とは、中古國衙の廳にあり、國司の命を奉じて事務を行ふ下司であったが、多くは世職だから其の稱呼を傳へて居たのだ。先づ左に其の全文を掲げよう。

伊豆國神階帳　　式社の配當は萩原正平の意見に據る
　　伊豆國三ケ郡神明帳事
　　正一位三島大明神
　　　一品きさきの宮
　　　一品當きさ(き)の宮
　　　正五位上第三皇子并十八所御子達
　　　正一位千眼大■
　　　從五位上六所王子
　　　云々
　　　正一位天滿天神
　　　云々
　次に特に著しく目を惹くのは、田方郡何所といふ標題を闕いだことである。輕く考へると、最初に田方郡三十四所とあるべきが闕けたのだと思はれるけれど、仔細に研究する時は其の不可能なことが明る。即ち
　　一、正五位上第三皇子并十八所御子達と從五位上六所王子とは各一所と數へてよろしきか。
　　二、正一位千眼大■の正體は如何。
　　三、第四乃至八各神の敍列が位階によって居ない。
　　四、特に疑問となるは著しき式社の所屬郡に變動を生じたのは何故か。
といふことである。先づ一についていふと、式其他の出典によって、第（大）三皇子を多祁美加加命に充て、都合十六所を數へ得ることは第三章に述べた如くであるが、餘の二柱恐らくは續後紀阿波命所生五子の内知名三子を除いた殘數であらうが、は勿論、後の六所王子といふをも檢出し得ない。思ふに三嶋神族組織の根柢には、法華經化城喩品なる大通智勝佛＝阿閦後に藥師佛の十六子のことあれば、彼の宴曲三嶋詣にも、
　　　抑倩思ひ解けば、大通智勝の其昔、東方阿閦と聞ゆるも、今の醫王善逝かとよ。十六沙彌は即ち、十六王子とあらはれ、互に行化を助けつつ、共に主伴の昵あり。一乘化城の妙文、誰かは是を仰がざらむ。
と述べ、又三島大社所傳の一にもしかあれば、かたがた十六王子を以て正しとすべく、隨って
　　　正五位上第三皇子等十六所御子達
と訂正すべきである。次に從五位上六所王子白濱神社へ納めた在廳の棟札には正五位上六所沖島王子と書いてある。も、位階に於て卑き感あれど、三島詣及び大社古傳の見目覩六柱＝六所王妃の轉訛で、即ち式波布比賣命以下六神であらう。かく考へ來ると、彼の嫡子として名神大の待遇を受けた式物忌奈命神社が見えない。然るに是は伊豆で屢々若宮として八幡に、又天神として菅公に混ぜられるから、正一位天滿天神といふがそれである。次に頼朝と特別な關係があって、鎌倉幕府から殊遇を受けた伊豆山神社＝式火牟須比命神社が見えない。されどこれも走湯山緣起なる本地から推すと、正しく正一位千眼大■がそれである。當時三島は大山祇命、富士山は木花咲耶姫命、伊豆山は靈々杵尊を祭神として姻族關係を示して居た。是で二の問題もついでに茲に解決した事になる。さうして此の神階帳冒頭の一群神を整理して、
　　　正一位三嶋大明神　　伊豆三嶋神社
　　　一品きさきの宮　　　阿波命神社
　　　一品當きさ（き）宮　伊古奈比咩命神社
　　　正一位天滿天神　　　物忌奈命神社
　　　正五位上第三皇子等十六所御子達　　多祁美加々命神社等十六社
　　　從五位上六所王妃　　波布比賣命神社等六社
とすれば、恰も位階の敍列正しい二十六柱の三嶋神族の一團となって、いづれも式賀茂郡鎭座の神社であることが明白となる。隨ってそれを卷頭に置いたのは、即ち總社に招祭したからであることは勿論なれども、當時既に三島神社は驛頭に奉遷したものとなって居たから、此の神階帳には、田方郡に編入すると、神祇界の權威たる延喜式、及び折角苦心慘憺辛うじて案出した社地神領に限り賀茂郡の飛地であるといふ説に衝突すべく、又賀茂郡に加へると現實を無視することになるから、此のＤｉｌｅｎｍａを脱せんとて、遂に斯樣な類例の無い形式を用ひたのである。されば眞の田方郡に屬するは、右を差引いた殘餘の正一位千眼大■外二十七所であるから、之に總社の二十六所を加へると加へぬとに論無く、三十四所とは明記されないのが當然であって他の二三項目と共に、かゝる不得要領な記載方をなすことが、當時の事情からいへば、却て大に要領を得たものであったかも知れない。併しながら、是が遂に賀茂郡飛地説の正體を暴露したのは、是非ない次第である。阿波命所生の名の知れない二王子を認めて十八王子とする時は、三嶋神社の總數は廿八柱となって法華經廿八品と合致す。

足立鍬太郎『南豆神祇誌』１０７～１１３頁（靜岡縣賀茂郡神職會）
　當時伊豆三嶋大明神は立派な一宮であって、曆應二年延元四年七月十六日將軍足利尊氏は蒲屋御厨内多牛村宇都宮九郎左衞門尉跡を寄進仝三年高師直の執達狀存すせしを、永和元年（？）天授元年十月二日將軍足利義滿は、他に異なる神領として、其の社家への渡付を嚴密にすべき由關東管領氏滿に令し、應永七年には愛玉村海老名備中守跡を同八年には同村下村御料所方を、仝十三年には、曆應二年延元四年同三年興國元年の例によって田牛村（沙汰）を、同廿二年には稻梓鄉内土屋近江入道跡を關東管領より寄進命令されて居る。是は蒲屋御厨と大社鄉の名殘である。又文安五年管領家の令狀に據れば、當時白濱村が三嶋宮大歲役を課せられて難澁の由を申立てた爲、嚴重なる催促を加へられた事がある。是は夫木集十八に、權僧正公朝が三島社此の三島は攝津であらうに奉りける歌に、
　　　三島野に神の御鷹を引き据ゑて
　　　　狩らぬ日もなし大歲の贄
といふもあれば、當時三島では大晦日に、重き儀式として大歲の祭を催し、其の役を白濱に課したのを、困難と申立てたのであらうが、一方から考へると、往時本末の關係あった古宮から、國府の新宮に仕へるのを殘念がったのであらう。今白濱神社に藏する藥師佛は、等身の坐像で、室町時代の名作と鑑定される。恐らくは此の本地佛をおし立てゝ、盛に古宮山を標榜したのであるまいか。
　　　伊豆國白濱村事。三嶋宮大
　　　歲役勤雖澁云云。太不可然。
　　　所詮嚴密加催促。加被全
　　　神役之由也。仍執達如件。
　　　文安五年九月廿七日

　　　　　右馬允　花押
　　　　　沙　彌　花押
　　　寺尾若狹入道殿

越えて延德三年十月には伊勢長氏北條早雲が南豆に來り、關戸播磨守吉信を平げ、其の序に白濱神社に參詣したことがある。今同社に藏する癸未十二月十二日附の北條古文書は曾て伴信友が鑑定したる如く、正に天正十一年のものなること、及び其の印文の樓翚なること、共に函南村畑毛の西澤文書（癸未九月廿六日附）と對比すれば明らかである。是に據れば神社關係のものは、
　　　六貫二百文　　　　　　　　神田爲修理指置
　　　貳貫文　　　　　　　　　　卯月霜月兩月祭錢
　　　三貫文　　　　　　　　　　借し下、社壇爲建立
で、計拾壹貫二百文、當時籾一俵二百五十文の勘定であるから、四十八俵八分となる。更に是を四斗俵とすると、六貫二百文は九石九斗二升即ち約十石、之を現今の相場一石に付き參拾五圓として參百五拾圓、人夫一人一日の賃金一圓五拾錢として二百三十餘人を使役されるから、當時是だけ支出して修理する程の神田があったと見える。次に二貫文は二度の祭錢今日の幣帛料であるが、其高八俵＝三石二斗百拾貳圓ゆる、少々の額ではない。更に社壇建立の借下げは、實は寄進で、十二俵＝四石八斗現今相場百六拾六圓である。但これは籾であるからといふならば半減して考へてよろしい。天正七年の江奈船寄神社上葺の公方指置は二俵である是れ長氏參詣後九十餘年を經過した、小田原滅亡前七年に於ける白濱神社の實狀である。

　一方三嶋大社は、永祿十二年六月武田勢に社壇を打破られ、内陣に神鏡だけあって神躰が無いと嘲られた事がある。戰國の狀態淺ましとも淺ましい次第であるが、是から三嶋の神威も北條家と共に神威も北條家と共に衰へたと見えて、天正元年には左の如な文書が出て居る。
　　　三嶋江自前々相納御神事錢。其
　　　外祭錢造營錢。何モ如先規毎年
　　　速自當手可請取。又二三ヶ年亂
　　　世ニ付テ未進之儀モ。當社事各
　　　別之子細殊纔義ニ候間。何モ領
　　　主令辨償可然候間。爲先此印判
　　　可有催促。猶於違亂之輩者。來十
　　　三日評定之刻。以目安可有披露
　　　者也。仍如件。
　　　癸酉
　　　　十二月廿六日　　　　清水太郎左衛門奉之
　　　三嶋神主殿　　　　　　　　（三嶋神社藏）
更に天正十四年には左の文書が出て居る。
　　　椎原　箕作　相玉　北湯ヶ野
　　　下田　三分一　須崎　柿崎
　　　立野　田中　　已上十ヶ所
　　　右之郷村。三島祭錢不出由申上候。
　　　如先規。不入之在所候共。令催促可
　　　取之。若至而難澁之族者。記交名可
　　　遂披露。可被態過失旨被仰出者也。
　　　仍如件。
　　　丙戌
　　　　十一月十八日　　　　幸田大藏之亟奉之
　　　神主殿　　　　　　　　　　（仝上）
下田は岡方本郷で、三分一は港方であらう。これは租税の負擔より命じたのだ。又田中は中村であらう。さすれば王朝時代の大社郷が、殆ど打揃うて祭錢未進をやったのである。

足立鍬太郎『南豆神祇誌』二三五～一三八頁（靜岡縣賀茂郡神職會）

今日稻梓村には日枝神社の鎭座が多く、郷社一・村社三・無格社一・他に合祀されたのが一社ある。同村横川大梅寺は、有名な、山王や稻荷を信仰して立身した僧桓舜 法性寺座主天喜五年歿年八十 を開祖と稱し、又舜が浪遊中、法を温泉神祠に說いたといふことが、元亨釋書に五卷見えて居るから、其間何等の因緣あるやう考へられるけれども、此の温泉祠は伊豆山なるべく、又大梅寺に舜を弘法の法孫と傳へること、全く事實と違って居る故、桓舜は叡山の慶圓の弟子で慶圓は喜慶の弟子である。此の關係には確證が無い。唯天文の頃、此邊の地頭吉田吉長 後北條氏の臣 の名が、大旦那として諸社の棟札に見えるより推せば、山王勸請の初は兎に角、其の神威の景仰されたのは此の時代が盛であったらう。郷社日枝神社の傳說に、箕作・宇土金・北湯ヶ野の山王は椎原から分祀したといひ、又八楠の山王には地藏 十一面 の掛物に奉造三願三新天王と刻し、加增野山王 客人權現今合祀 に畧同樣の十一面觀音 客人權現 の掛物あるによって考へるに、是等は皆一族關係があったではないか。尚山王の勢力は、西・中川村池代・南上村一條、南・稻生澤村立野 子神社の前身 から、一時東・白濱神社にも及んだこともあるやうだ。白濱神社の別當と稱した禪龜寺に、山王七社の掛物藏す。彼の仁科村堂ヶ島 靈平寺藥師堂 の本尊、藥師 定印 ・釋迦・阿彌陀も、恐らくは佐波神社三島八幡の奥院として祀られたのであらう。即ち三嶋の本地藥師・八幡の本地阿彌陀を、山王地主權現二宮の藥師・聖眞子の阿彌陀に混融し、之に大宮の本地釋迦を加へて、日枝神社にも擬當しようと試みたのであらう。最澄は藥師釋迦彌陀を叡山なる東塔西塔橫川の本尊とした。

降って德川氏の世に至り、慶長十一年正月大久保石見守長安、伊豆代官兼務を命ぜられて繩地金山 今下河津村 を管理した。長安は奈良奉行として春日神社の事にも關係しただけ、神祇を崇敬し、又之を研究するにも興味を有し、同十二年三月、徑一尺五寸の金鼓を白濱神社に奉って產鑛の隆盛を祈った。其金鼓には伊古奈姬命大明神の銘を鑄出してある。長安は、別に繩地の山神社・子安神社にも畧同樣の金鼓を納めて居るのみならず、今の松崎町郷社伊那上神社を式仲神社と鑑定し、仝十三年三月、鍍金六角形透彫を加へた釣燈籠を納め、仝十四年には同樣のものを松崎下之神社 十一月銘松崎大明神 ・宇久須神社 十二月 にも納めた。此の燈籠と同一型のも

の、尚下野足利鑁阿寺に納められて、當代美術の標本となって居る。<small>文學士黒田鵬心氏大日本美術史但松崎に上式伊那神社後三嶋宮今伊那上神社下式伊那上神社?後松崎大明神若くは唐大明神今下之神社兩宮を明かに對稱的に記した文書は、現在では慶長五年三月十一日附の</small>
彦坂九兵衛の神領付を最も古しとする。

足立鍬太郎『南豆神祇誌』１４４～１４５頁（静岡縣賀茂郡神職會）
　　慶長十八年四月大久保長安が病死すると、寧ろ政畧的に彼が生前の非曲が發かれ、其遺族が嚴科に處せられたから、白濱神社の如く、繩地に近き場所にあって、彼が特殊の崇敬を受けた神社は、却って不利に陷り、其の奉納した金鼓の如きも、取卸されて神職の庫中に藏められた。併し其の爲に、明暦二年の火災を免れたのは、寧ろ僥倖であったが、兎にも角にも、頼朝以來常に不遇の地位に置かれた古宮は、憫むべき姿であった。幸に寛文二年三月社殿を造營し、三嶋伊古奈比咩兩神殿・中廊・華表等具備したのを、延寶三年十二月更に末社に至るまで、式に準據して造營したが、爾後社家の實力漸く衰へるに隨ひ、寛保元年十二月の營宮には全く故實を失ひ、二院制は廢せらるに至った。是より社入も漸く減じて年額僅に一石七斗に過ぎず、神社の保管祭禮も禰宜原氏の義務的負擔として居たが、遂に耐へ切れないから、寛延二年正月、村内より年一石八斗五升の初穗米を補給させて辛くも之を支へた。元來白濱神社には、三十七社家あって一年七十五度の祭祀に仕へたと稱するけれども、それ等は凧に農漁に歸し、一般の村民等亦神社の由來や祭神の事などを全く遺却して了ったから、長田禪福兩寺が漸く擡頭して社政に干涉し、甚しきは宮殿之君者執行別當也。宮社之臣者神主社人也。と稱へるに至った。云々

足立鍬太郎『南豆神祇誌』１８２～１８６頁（静岡縣賀茂郡神職會）
　　　　　第二十二章　白濱村
伊古奈比咩神社
　　所在　長田字大濱
　　祭神　伊古奈比咩命　伊豆三嶋大神　見目神　劍御子神
　　創立　孝安天皇元年　<small>（三宅記に據る）</small>
　　社格　縣社　<small>式内　明神大</small>
　　境内　一、一二二坪　官一
　　初三嶋神と共に三宅島阿古に在しゝが、後白濱に渡來し、暫く長田神明に鎭り、天長九年神異を現して現在の社地を造り、二院相對してこゝに鎭座し給ふと傳へて居る。さうして同時に土地增益・旱霖調節の神驗により從五位下の奉授あり又名神に列せられた。是より兩神屢々陞位の事があり、延喜式には、三嶋神は名神大・祈年・月次・新嘗の官幣に預り、伊古奈比咩命は名神大・祈年の國幣に預り諸島神社の親神として殊特の待遇を受けられたが、平安の末に至り、國府總社の新宮漸く勢力を得て、三嶋神は何時しか其方へ遷り給ふ姿となり、源賴朝天下の政權を掌握するに及び、武家の崇拜全く新宮に集中して、古宮の勢力は衰へた。されば康和二年の神階帳には、僅に總社の祭神として當后宮の名を留め、室町の初には三嶋神社の大歲役を課せられるに至った。後延德三年北條早雲の參詣あり、天正十五年には北條氏の指置拾壹貫二百文ありて、内六貫二百文を神田修理錢に指定したれば、それ丈の神領はあったのであらう。德川氏の世に及び、慶長十二年伊豆代官大久保石見守長安は金鼓を鑄て之を奉り、繩地鑛山の隆盛を祈った。然るに全十八年長安が病死すると、政畧的に其の非曲が發かれたから、彼が生前に信仰を捧げた神社は、却て不利益に陷った。明暦二年本社炎上して一物も存せず、寛文二年に至って多少の幕資を仰いで社殿を再建したが、當時の棟札に兩宮中廊華表惣造畢矣、と書いてある。後延寶三年江戸駿河屋與八郎吉久の獻資によりて、本宮より末社まで悉く式に據って造營された。當時兩宮に納めた同型の棟札が存して居る尚享保六年の代官宛書には、大明神宮二社と明記してあるけれども、寛保元年の營宮に至って、此の由緖古き二院制は廢せられた。元來當社に奉仕する社人は三十七家で、一年七十五度の祭祀を行ったと傳へられて居るが、慶長三年の記錄には、神主一人・社家十一人及び社持十六人が見える。又仝年の神領は除地貳拾石を存して居たのを、寛永七年の檢地によって、境内を除く外悉く稅地となり、寛延の頃は、年收僅かに一石七斗となった。<small>文政の頃には社田三十一所五反六畝三歩此年収一石六升九合となった</small>是に於て禰宜原治右衛門の憤慨となり、村方より年一石八斗五升の初穗米を補給して、僅に祭祀を續くるを得た。當時白濱村には長田・禪福兩寺があって、神社の事就中遷宮に容喙し、輒もすれば波瀾を起したが、享和元年の式年遷宮<small>酉の年執行に</small>、青年の禰宜藤井昌幸を拒斥せしより、紛糾益加り、後には村政產業の利害關係にも及び、文化二年より天保七年まで三十餘年間の爭議となり、餘勢明治の初年に及び、王政維新によって僅に解決した。此間に、慶長頃より專ら僧侶の側に尊重された三宅記は勢力を失ひ、昌幸が一命を賭して大成した伊豆大社御神威略記が光彩を放ちて、遂に三嶋大社の祭神を事代主命と變更せしめ、隨って白濱なる古宮の聲威を恢復發揚し、明治九年縣社に列した。<small>第十四章及び道守參照</small>恰も大正十年は辛酉に當るを以て、巨資を投じて本社神殿を改築し　翌十一年成りて、こゝに享和辛酉以後二連＝百二十年の希望を達した。
　　本社に、水草流水飛雀鏡（藤原後期）・山吹蝶鳥鏡（鎌倉前期）等四面の古鏡と銅板掛物に、嘉祿元年<small>大歲乙酉</small>十二月日施主忌部能次と刻したものとを藏し、嘉祿元年又有頭石棒を有す。境内攝末社は二十六の多きに及ぶ。

静岡縣『旧版 静岡縣史』第一卷・３００～３０１頁（名著出版刊）
　　白濱村は古三宅島より遷坐された式内伊古奈比咩命神社・通稱白濱明神の鎭ります地で、海岸の砂濱も廣く長く續き、遺蹟は神社の附近に散在する。先づ其の神社境内から繩文式の厚手土器並彌生式土器、更に下りたる土師器や須惠器の破片が出てゐる上に、神社所藏の大石棒は、字原田なる神職原家の墓地で發見されたもので、花崗岩製長六〇糎餘・斷面は橢圓形をなしたるものである。又字板戸から土器・石鏃・石斧・石棒を、字一色から土器・石鏃・磨製石斧を、其の稻生澤村河内に通ずる高嶺越よりは石鏃を出してゐる。

静岡縣『旧版 静岡縣史』第一卷・３３１～３５４頁（名著出版刊）
　　　　　　　　静岡縣石器時代遺蹟遺物一覽表
　　云々
　　　　　　　伊　豆　國

云々
　　　　　　　二　賀　茂　郡
云々
白濱村板戸　　　　　　　　　　　　　　　　土器　石鏃　石斧　石棒
　一色　　　　　　　　　　　　　　　　　　土器　石鏃　磨石斧
　長田（伊古奈比咩命神社境内）　　　　　　土器
　高嶺越　　　　　　　　　　　　　　　　　石鏃
　原田　　　　　　　　　　　　　　　　　　石棒

静岡縣『静岡縣史』第一巻・３７９頁（名著出版刊）
　　（七）　賀茂郡に於ける各遺蹟
　本郡は一般に石器時代遺物の多い處であるが、その南部地方には土師器の分布と共に本遺蹟多く白濱村では伊古奈比咩命神社境内から各種の土器のうちに彌生式の混ずるものがあり、同村原田ビハの山からも同土器を出してゐる。

静岡縣『旧版　静岡縣史』第一巻・３９５～３９９頁
　　　　　　静岡縣金石併用時代遺蹟遺物一覽表
云々
　　　　　　　伊　豆　國
云々
　　　　　　　二　賀　茂　郡
云々
白濱村長田（伊古奈比咩命神社境内）　　　　土器
　原田ビハノ山　　　　　　　　　　　　　　同

静岡縣『旧版　静岡縣史』第一巻・６９０～６９２頁（名著出版刊）
　　第一四節　賀茂郡の遺蹟
云々
　　　三　白濱村の遺蹟
　白濱村小長田神明は、白濱明神が遠く三宅島より渡來されたといふ傳説のある舊地で、長田區小長田の西方に當る丘陵の麓に、西南向の傾斜をもった處である。明治四―五年頃までは、社地跡と稱する場所に、一大樟樹が繁茂してゐたのを、賣拂って伐採し、其の根株を掘取った際、何か貴重品が出土したといふ噂が遺ってゐるけれどもそれは別として、此地の南部に當る傾斜せる畑地からは、今日でも須惠器破片を掘出すことがあり、其邊一帶を神樂畑と稱して肥料を與ふることがないさうである。今畑の中央に切石が置かれてあるが、その下からも須惠器を掘出したことがあるといふ。
　又此の畑地と下の田地との境界附近から、甞て埴輪圓筒を發掘したことがあり、現品は今縣社伊古奈比咩命神社即ち白濱神社に藏せられてゐる。これは今より四十餘年前のことで、當時發掘したといふ進士猪吉氏に當時の話を聞くと、現在田圃となってゐる處で、埴輪圓筒が二三本出たのを、引上げようとすると途中で折れた。完全なものは二本位であったらう。尚ほ破片は畑地のまはりから出たとのことである。石槨等の設けは大きくはなかったかも知れないが、此の周圍の地形より推し今又此の出土品より考へて、古墳の存在せしことを認めてよからうと思ふ。
　又その西方なる權現山は標高一五米位の丘岡で、その頂上には二段の積石がある。石は徑二二糎内外の丸石でそれを徑四米の圓形に廻らし、中央には又同樣の石を圓形に敷きつめてある。これは今遽に古墳の葺石なりと推定することは出來ないけれども、その南麓にあたる歴代の社司原氏邸裏の山より、水晶製の丸玉・切子玉（？）等が出土したことがあることから見て、該積石も考慮に容れておく必要があると思ふ。
　縣社伊古奈比咩神社（白濱神社）改築の際、社地から須惠器の破片を多く發見した。その破片は前述の小長田神明から掘出した埴輪破片と共に同社に保管してある。而して此の境内は海岸に寄った臺地で、古木欝蒼と繁茂し、東海上に散布する伊豆七島を一眸に收めることのできる形勝の地であり、德川時代後期には、經塚から優秀なる藤原後期・鎌倉前期・室町前後期等四面の和鏡嘉祿元年在銘の掛佛銅板を發掘したることあり、又本殿の附近には繩文式土器・彌生式土器・須惠器・土師器等の破片を多く露出してゐるのを以て、特殊の祭壇でもあったか、或は古墳の營まれた地ではなからうかと推察されるのである。

静岡縣『旧版　静岡縣史』第一巻・７４５～７９１頁（名著出版刊）
　　　　　　静岡縣原史時代遺蹟遺物一覽表
云々
　　　　　　　伊　豆　國
云々
　　　　　　　二　賀　茂　郡
云々
白濱村長田字小長田神明　　　　　明治二十年代（發掘年月）　　　埴輪圓筒　須惠器
同　村權現山南麓畑地　　　　　　　　　　　　　　　　　　　　　丸玉　切子玉（？）
同　村長田伊古奈比咩命神社地　　　　　　　　　　　　　　　　　土師器　須惠器破片

静岡縣『旧版　静岡縣史』第三巻・７１１～７１２頁（名著出版刊）
【賀茂郡四十六座（大四座小卌二座）】
云々
（伊古奈比咩命神社（名神大））本章第二節三参照。
　原祭神は伊古奈比咩命。原所在は賀茂郡白濱村字長田。現在社は同書の縣社伊古奈比咩命神社。

云々

静岡縣『旧版 静岡縣史』第三卷・７５８～７７２頁（名著出版刊）
（伊豆三島神社）本章第一節三參照。
　伊豆三島神社は「延喜神名式」に伊豆國賀茂郡の所在とし、名神大月次新嘗の社格を受け、「諸國一宮記」に歴代將軍以下の武家によって特に崇敬された名社である。
　三島神社の原所在に關しては諸種の意見がある。即ち賀茂郡より現在地に遷祀されたとする説、古來より現在地にあったとする説である。三島神社が現在の田方郡三島町に鎮座してゐたことは、少くとも「吾妻鏡」治承四年八月十七日の條によって鎌倉初期まで遡上って決定し得る。この條に
　　北條殿被申云、今日三嶋神事也、群參之輩下向之間、定滿衢歟、仍廻牛鍬大路者、爲往反者可被答之間可行跬歯融騰者
と見えるからである。そして爾後鎌倉中期に相次いで著はされた「東關紀行」「關東往還記」等の紀行には何れも三島神社の所在地を伊豆國府即ち現在の三島町としてゐる。故に鎌倉時代以後はもはや變遷なく三島神社の鎮座地は三島町と斷定することが出來る。
　それ以前の平安時代に於ては如何。この問題に關して上述の二説が成される。一體「延喜神名式」には伊豆三島神社を伊豆國賀茂郡の所在としてゐる。而して「和名類聚抄」卷五國郡部十二伊豆國には
　　賀茂郡。賀茂。月間。川津。三島。大社。
とあり、明かに「延喜神名式」の記載を傍證してゐるのである。なほ二書共に田方郡の部には三島神社を物語る可き何物も見當らない。こゝに於て三島神社は平安初期に在っては賀茂郡に所在し、それが平安中期末期の間に於て田方郡の伊豆國府に遷ったといふ見解が生ずる。但し或者は右二書の記載は三島神社の鎮座地を賀茂と稱するが故に、實際は田方郡に所在したのであるが一種の飛地と看做して故意に賀茂郡に編入下のであると説く。
　然るに「日本逸史」天長九年五月廿二日の左記の條は極めて注意すべきである。
　　伊豆國言上、三嶋神、伊古奈比咩神二前、預名神。此神塞深谷、權高嶽平造之地二十町許、作神宮二院、池三處、神異之事不可勝計。
即ちこの史料は三島神が伊古奈比咩神と同所に祀られてゐたことを示し、以て間接にその鎮座地を告げるものである。伊古奈比咩命神とは「續日本後紀」承和七年九月廿三日の條に見える三島神の後后である。
　　伊豆國言、賀茂郡有造作嶋、本名上津嶋、此嶋坐阿波神、是三島大社本后也。又生物忌奈乃命、即前社御子神也。（略）阿波神者三島大社本后、五子相生。而後后授賜冠位。（名神に預ること）我本后未預其色。
さて伊古奈比咩命神社の鎮座地は社傳及び地形より見て古來變動無く現在の賀茂郡白濱村字長田に當り、此地に縣社伊古奈比咩命神社が祀られ、甞て境内より嘉祿元年太歳乙酉十二月在銘の御正體が發掘されてゐる。然る時は伊古奈比咩神と同處なるべき三島神當然白濱村字長田の地に鎮座した筈である。これ上掲承和七年の史料に伊古奈比咩命神を以て三島神の後后とし本后よりも先に冠位を授けられたと誌し、又誌し得た所以であらう。以上の故に「延喜神名式」は三島神社を賀茂郡に編入した次第であったと考へる。
　されば三島神社が古來伊豆國府の地に鎮座したと見る説は否定されなければならない。三島神社は平安初期には賀茂郡白濱村字長田（即ち「和名類聚抄」の賀茂郡大社郷）に所在したのである。それが平安中期末期の期間に於て田方郡なる伊豆國府の地に遷座したのであってその理由は恐らく此の頃より東海道が箱根路を經過し（第一章第六節一參照）、また地方豪族の勃興（第五章參照）と共に口伊豆方面の人文發達し、なほ總社や一宮の新制が成立した結果古來名神大社として最位に在りし當社を賀茂郡より伊豆國府に遷祀するの必要が生じた爲めであったらう。但しこの間の事情を明證する史料の皆無なるは遺憾である。
　然らば三島神社は平安初期以前はその鎮座地を變えること無く賀茂郡白濱村長田に所在したか。この問題に關して伊豆三島神社は伊豫三島神社を遷祀したといふ説が立てられてゐる。この説は鎌倉中期仁治三年の紀行「東關紀行」に
　　此の社は、伊豫の國三島大明神を遷し奉ると聞くにも、
とあるを初見とするであらう。其他「源平盛衰記」にも同説が見えてゐる。なほ能因祈雨のことは「十訓抄」により伊豫の出來事と訂正すべきである。伊豫三島大明神とは伊豫越智郡大三島の宮浦に所在する大山祇神社で「延喜神名式」には大山積神社と誌され、古來日本水軍の總鎮守として崇敬を受ける神社である。伊豆三島神社の名は恐らく伊豫大山積神社の鎮座地大三島より得たものであらう。惟ふに古代太平洋黒潮の關係にて伊豫三島神を奉齋する民族が三宅島に到着し、此地にはじめて三島神社を祭ったものらしい。これ「越智系圖」等に三島大明神は伊豆に漂流した伊豫の王子であるとの傳説を記載する所以である。
　伊豫三島神を奉齋する民族が或は百濟等の朝鮮民族であったかも知れないことは、伊豫三島神が仁德天皇の御代百濟より渡來した神であるといふ「釋日本紀」卷六述義二神代上大山祇神所引の「伊豫風土記」左條により想像される。
大山祇神
　　神名帳曰、伊豆國賀茂郡伊豆三嶋神社。名神大、月次、新嘗。
　　（略）
　　神名帳曰、攝津國嶋下郡三嶋神社。小、神名帳曰、伊豫國越智郡大山積神社。名神大、俗稱三嶋明神。
　　伊豫國土記曰、宇知郡御嶋坐神。御名大山積神、一名和多志大神也。是神者、所以顯坐高津宮御宇天皇御世、此神自百濟國度來坐、而津國御嶋坐云々。謂御嶋者、津國御嶋也。
こゝに於て想起される事は前章第三節に説いた伊豆大島の龜卜の系統が朝鮮半島にあるらしいといふ考察である。伊古奈比咩命神社の古傳書の内なる「三宅島藥師緣起」には
　　明神（三島神）の仰在りけるに、先きに島々の后々王子にみやつかへにと汝を云ひとりしかども、大島はすくなゐ所の雨わかみこにとつぎて産める子右、うらべといへり。（略）壬生の長男實正に大明神仰せられけるは、汝等餘に早く凡夫と見ゆるなり、末世の爲に占ら方といふものを實正に敎へ玉ふ也。亦是は此の譯する文也と七日占方を七夜敎玉ふ也、雨つみの龜のかふにて燒べし。
とも見えてゐる。もとより後世の附會傳説に過ぎないが、卜部・龜卜三島神の關聯を意味し、その裏面に三島神を奉齋する一族（伊豫より來着）の卜占術を暗示する。これを三島神が百濟より渡來したといふ「伊豫風土記」の所説と併せ考ふる時其等の間に繋る關係は一層鮮明になるのである。なほ現今伊豫松前の「おたた」と稱する女が荷物を頭載する風習を殘してゐることは注意すべきである。
　さて伊豫より黑潮に乘じて到着した民族は先づ三宅島に着住したものらしい。このことは伊豆七島に傳はる口碑に基き推察するのである。即ち上掲「三宅島藥師緣起」に三島大明神が伊豆に到着して此の國の神明と共に十の島を造り、
　　大明神島々かよひあそび給ふ中にも、常々は大島三宅島あたらし島の三所におはしましける。されども三宅島に宮作りありて大明神とは申奉りぬ。

とあり、「増訂豆州志稿」に三宅島神着港は三島神が到着したるによって地名としたとの傳説を載せてゐるのである。かくして三宅島に三島神は齋祀され、このかみを中心として伊豫より來着せる民族は伊豆海島に繁榮し、やがて伊豆南海岸にも發展した。そして奈良時代若くは平安初期に於て伊豆三島神社は三宅島より賀茂郡大社郷の地に遷って伊古奈比咩命神社と同域に祀られ、再遷して平安中期頃田方郡なる伊豆國府に鎮座したのである。以上三島神社の伊豫より遷祀の説を概述した。然しながら、之は鎌倉時代の史料を以て立論したのであるから古代の問題に對してはなほ不充分との批評はもとより免れ無いであらう。

こゝに三島神社に關聯して賀茂の地名の存在することを一瞥しなければならない。このことに就ては石井廣夫氏の畏著「神祇古正傳」に充分の研究が見えてゐるが、この要點は平田篤胤の如く「二十二社本縁」に據って三島鴨神系を事代主神とすることも、三島通良氏の如く「二十一社記」に據って三島鴨神系を大山祇神（實は鴨建角身命となるけれども）とせんとすることも、何れも不合理である、結局伊豆三島神社と伊豫大山祇神社を同系神とするならば、我國從來の山城・大和兩賀茂神系の外に、獨立して三島鴨神系の存在することを認めなければならない。而して三島鴨神系の證據は「大日本史」神祇志中伊勢度會郡に大山祇神裔の鴨神社坐はすこと、また既に掲げたる「伊豫風土記」所見の攝津國三島鴨神社が坐すことである。その結果攝津にしろ三島にしろ三島鴨神の鎮座地には賀茂の地名が生じたのであるいふのである。かくして石井氏は田方郡三島町が近世迄賀茂郡を稱したる事實、三島町及び韮山村の賀茂川神社、また南豆に於ける朝日村大賀茂、南中村上賀茂・下賀茂、八丈島の賀茂山・賀茂川等を以て何れも三島神社御祭神に由緒を有する地名とせられた。

然しながら「延喜神名式」の伊豆國賀茂郡四十六座にある加毛神社二座に關する限り考察の餘地が存する。（本章第一節第三参照）。この加毛神社二座とは恐らく「和名類聚抄」巻五國郡部十二の賀茂郡に見ゆる賀茂郷に所在した神社であらう。この地は現在の賀茂郡朝日村大賀茂より南中村上賀茂・下賀茂に及ぶ範囲で、右加毛神社二座の現在社は南中村下賀茂字小島に所在する加畑賀茂神社、及び同村二條字後山に所在する三島神社と推定されてゐる。現在二社の祭神は何れも三島神系とされてゐるがそれは後世の改作かも知れない。少くとも「延喜神名式」制定當時の加毛神社二座の祭神は直ちに三島神系の神祇であったとは斷言出來ないのである。事實「延喜神名式」には近隣遠江磐田郡に山城鴨御祖神を祭れる御祖神社があり（本章第一節一参照）、なほ常陸新治郡にも同神が存在してゐる。加畑賀茂神社の攝社に大山咋命が祀られてゐることは如何なる意味か。この様に考へて來ると加毛神社二座は或は山城鴨神を祭る賀茂神社では無かったとの疑問がどうしても殘される。從って此地にある賀茂の地名は三島神社に關係あるものとは俄に斷じ難いのである。

以上は三島神社の原所在に關する考察であるが、同時に三島神社の祭神が伊豫三島神と同神即ち大山祇神であるといふ説も自ら成立して來る。現在は三島神社の祭神を事代主神と定められてゐるが、之に對する大山祇神説は屢々先人によって提唱されてゐることを附記しなければならない。なほ三島神には本后・後后以下多数の族神があることに注意を要する。例へば前に述べた「日本逸史」天長九年五月廿二日の條及び「續日本後紀」承和七年九月廿三日の條によって本后阿波神、後后伊古奈比咩命神、御子神物忌奈乃命神の坐はしたことを知る。恐らく三島神社が最初伊豫から遷祀された時には未だ此等の族神は存せず、その後三島神を奉齋する民族が伊豆諸島や伊豆南海岸地方に發展するに連れて漸次その族神を各地に齋祀するに至ったものであらう。故に「延喜神名式」の賀茂郡の部を見ると大部分の神社は難解なる祭神名を用ひ、僅かに伊豆三島神社及び加毛神社二座・竹麻神社三座のみが地名を神社名としてゐるのである。（この傾向は那賀・田方兩郡に於ては半減してゐる）これ前段に加毛神社二座は山城鴨御祖神を奉祀する神社であらうとの疑問を提出した理由の一である。

かくして伊豆七島及び南伊豆には三島神社を中心として多数の族神が齋祀された。三島神社は「延喜神名式」によれば名神大社の社格を與へられてゐる。その平安時代に於ける神位社格の増進の有様を表示して置こう。

授列年月日	出典	神位社格
天長九年五月廿二日	日本逸史	名神に預く
嘉祥三年十月七日	文德實錄	從五位下
仁壽二年十二月十五日	文德實錄	從四位下
貞觀元年正月廿七日	三代實錄	從四位上
貞觀六年二月五日	三代實錄	正四位下
貞觀十年七月廿七日	三代實錄	從三位
延長年間	延喜神名式	名神、奠幣案上神
寛仁元年十月二日	左經記	一代一度奉幣

その特別なる尊信を集めてゐた有様は見る可きである。從って三島神社の本后なる阿波神、後后なる伊古奈比咩命神、御子神なる物忌奈乃命神が何れも餘社に比較して著しい崇敬を受けたことは自然の理であった。左に右三社の平安時代に於ける神位社格の増進を表示してみよう。

授列年月日	出典	阿波神	伊古奈比咩命神	物忌奈乃命神
天長九年五月廿二日	日本逸史	名神		
承和七年十月十四日	續日本後紀		從五位下	
嘉祥三年十月七日	文德實錄	從五位上	從五位上	從五位上
嘉祥三年十一月一日	文德實錄	官社	官社	官社
仁壽十二月十五日	文德實錄	正五位下	正五位下	正五位下
延長年間	延喜神名式	名神	名神	名神

こゝに石井廣夫氏は右の如き三島神及び族神に對する崇敬、また「延喜神名式」に伊豆國が諸國に比して斷然官社数の多いことに疑問を挿み、恐らくその原因はかの卜部平麻呂等の伊豆出身の卜部氏（第八章第三節参照）による策動の結果と解してゐられるが、正鵠を得てゐるであらう。加ふるに第八章第三節に述べた如く當時宛も伊豆諸島の異變多く、その爲に一層位階増進のことが行はれたと考へられるのである。

静岡県郷土研究協会『静岡県神社志』第三篇（日本仏書センター刊）
県社　伊古奈比咩命神社
　　　賀茂郡白浜村長田字大浜鎮座

云々
　　祭神　主神　伊古奈比咩神
　　　　　相殿　事代主神(伊豆三島大神)　見目神　若宮　剣宮神(剣御子神)
　　例祭日　十月二十九日
　　由緒　延喜式神名帳賀茂郡伊古奈比咩の命神社名神大神階帳一品当きさきの宮に相当す。伝え云御主神は三島大神の后神にて、始め大神と共に三宅島阿古に座しゝが、孝安天皇元年当白浜の長田に先座まして、二神共に諸島を統べ、所謂伊豆神族の宗社として崇敬せられたが、何れの時か三島大神は国府総社の地三島に遷らせ給う、因て此処を古宮と云う。又一に五社明神と称するは、夫社三島大神と、見目・若・剣御子の諸神を配祀したるに因る。神階は淳和天皇天長九年五月庚戌名神に預り、文徳天皇嘉祥三年十月従五位上を授けられ、同十一月一日官社に列せらる、又仁寿二年二月十二月十五日正五位下を加えらる、(斉衡元年六月二十三日加正五位下とあるは孰れか衍文なるべきか又は下は上の誤か)以後も屡々陞の事ありしと見え、康永二年の神階帳には一品当きさきの宮と見ゆ。武家時代に至りてはその記録殆ど散佚し尽して実情を審かにし難きも、延徳三年十月伊勢長氏来り詣でたと伝え慶長十二年三月には金山奉行大久保石見守長安金鼓一口を献じ、又いつの頃よりか徳川幕府よりは年々八丈島渡航船二隻を発する毎に初穂米及絵馬を献納するを例としたなど武家の信仰も浅くなかった。神領は社伝に従えば、和名類聚抄に、伊豆国賀茂郡大社郷とあるは、当時の白浜神領にて後の稲生沢郷二十四村草高四千石である。足利氏の頃白浜、岡方、峰、逆川の四村に亘りて千石余を存せしにを、小田原北条氏の末には大に減ぜられて、其の天正十一年の割付には、年十一貫二百文即ち米十七石九斗二升の差置あるにすぎず、降りて慶長三年七月徳川氏の検地には、神領二十石余を存せしを、また漸く減じて、文政の頃は社田三十一所、五段六畝三歩、この収米僅かに一石六升九合を留めたに過ぎなかった。古来当社には三十七社家ありて、一年七十五度の祭祀仕えたと称すれども、中世以後漸く衰微を来し、宝暦九年以来特に甚しかったという。さて社殿に就ては明暦二年本社炎上一物も存せず、寛文二年三月幕府に資を仰ぎて造営して二院相対の古制に復した、その棟札に両宮中廊華表総造畢矣と書いてある、延宝三年十二月江戸駿河屋與八郎吉久の献資によりて、本宮より末社まで悉く式に拠りて、造営せらる、而して寛保以後には社殿の規模大に縮小して、両社並立なりしを現今の如く一社となし内陣を五社造りとなしたるは、全く一時の便宜に出でたものである。
明治六年九月県社に列格、明治四十年一月十二日神饌幣帛共進社に指定せらる。
　　云々
　　特殊神事
一、酉祭　春秋二回
一、火達祭　例祭日の前日(二十八日)夕刻神社付近の火達山上にて火を燃し諸島神々に献げる儀を行う。
一、御幣流祭　例祭終了後、浜辺にて七島を拝し御神饌を大明神島の島鼻より海上に流す儀である。
　　云々

伊大氏和氣命神社

『特選神名牒』３０１頁
伊太氏和氣命神社
　祭神　伊太氏和氣命
　神位　文德天皇嘉祥三年六月庚戌伊豆國伊太豆和氣命授從五位下仁壽二年十二月丙子加伊豆國伊大豆和氣命授從五位上今按斉衡元年六月己卯同位階を授くることあるは何れか衍文なるべし故今本文を存して彼を删る
　祭日
　社格
　所在　三倉島
　　今按式社攷證に賀茂郡御倉島鎭座稲根大明神なるべし神號の稲根は伊大氏の轉訛なる事云迄も無く今の社傍を流るゝ川を宇多豆川と唱ふるも伊大豆の稱の遺れると聞ゆるをはじめ島々の多かる中に此島は周廻四里許あるが形勝地に異りて四面凡て數百丈の岩壁峭立楯を立たるが如くなるより石楯の意にて伊大氏和氣の神號にも由ありて聞ゆれば今之に從ふ

度會延經『神名帳考證』（『神祇全書』第一輯）
○伊太氏和氣命神社　五十猛神　日本紀云、五十猛神多將樹種而下、莫不播殖而成青山、

伴信友『神名帳考證』（『伴信友全集』第一）
伊太氏和氣命神社
[文實]嘉祥三年六月庚戌伊豆國伊太豆和氣命授從五位下[文實]仁壽二年十二月丙子駿河國伊太豆和氣命加從五位上駿河當作伊豆齊衡元年六月己卯加伊豆國伊太豆和氣命神從五位上仁壽齊衡同階可重考[神代紀]五十猛神

伴信友『神名帳考』（『神道大系』古典註釋編七・延喜式神名帳註釋）
伊太氏和氣命神社
○神代紀、五十猛神、○文德實錄、仁壽二年丙子、駿河國伊太豆[引]和氣神、加從五位上、駿河當作伊豆、又曰、斉衡元年六月、加伊豆國伊太氏和氣命神從五位上、仁壽・斉衡同階、可重考、

鈴鹿連胤『神社覈錄』（井上頼圀・佐伯有義校訂『神社覈錄』下編）
伊太氏和氣命神社
　伊太氏和氣は假字也○祭神明か也○在所詳ならず
　　考證に、神代記曰五十猛神と云り、連胤按るに、此も前に同じく、三島神の裔にてぞあるべき、下の條祭神を附會したるは皆此に准ふべし、
　　　神位
　　文德實錄、嘉祥三年六月庚戌、伊豆國伊太豆和氣命授從五位下、仁壽二年十二月丙子、加伊豆國伊太氏和氣命神從五位上、又斉衡元年六月己卯、加伊豆國伊太豆和氣命神從五位上、同位重出不審

栗田寛『神祇志料』第十二卷
伊多氏和氣命神社、今三宅島神着村にあり、稲根大明神といふ。伊豆式社考證○按稲、伊多氏と音相近し、文德天皇嘉祥三年六月庚戌、從五位下を授け、斉衡元年六月己卯、從五位上を加ふ。文德實錄

『大日本史』[九]・志一・卷二百五十五
伊太氏和氣命神社、○氏一作豆、今在三倉島、曰稲根明神、其舊址稱稲根山、按稲根伊太氏、邦讀相通、

竹村茂雄『伊豆國式社考』（『神祇全書』第四輯）
伊太氏和氣命神社

萩原正平『伊豆國式社攷略』（静岡県立中央図書館所藏）
伊太氏和氣命神社
　御蔵島鎭座今稱稲根神社なる可し攷証註進特選當社今は人居ある地尓遷祀せ里と雖本社は稲根山上凡二里許あり尓在里て島人頗其の威力稜をかし古む

萩原正平・萩原正夫『増訂豆州志稿』巻之八上・式内神社考並神階帳考緒言（長倉書店刊）
○伊太氏和氣命神社[増]御藏島稲根神社ナル可シ社傍ニ宇多豆川ト呼ル渓流アリ稲根、宇多豆、共ニ伊太氏ノ轉訛ナラム文德紀曰嘉祥三年六月伊豆國伊太豆和氣命授從五位下、仁壽二年十二月加從五位上、齋衡元年六月加正五位上ト（○按ズルニ伊太氏伊太豆必有一誤）

萩原正夫『伊豆七島志』上・御藏島・總説（長倉書店刊）
○總説[増]御藏或ハ三倉、御倉等ニ作ル○島ノ名義ハ三宅記ニ三島明神ノ御藏ナリト仰アリテ名クトアリ按ズルニ御ハ尊稱藏ハ暗キ義ナル可シ舊キ呈文ニ此島人居北方ニアリテ一方クラナリトアリ[増]按ズルニ御藏ハ海暗ノ借字ニシテ此島ノ埠頭大根濱ハ北方海ニ面シタル山陰ニアルヨリ起因セル小ナラム乎[増]本島ニ式内伊太氏別命鎭座スレバ此神開創ノ祖ナル可シ伊太氏別命ハ三島神ノ王子ナリ後栗本四郎兵衞義正ト云者三宅島ヨリ移住シ爾來其族増殖スト云フ義正ハ建保五年没ス（目下全島過半數栗本氏ニシテ外ニ德山廣瀬ノ二氏アルノミ）○舊三宅島ニ隷屬ス享保十四年分離獨立ス（[増]正德中島民獨立ヲ企圖シ島代官河原清兵衞ニ申請セシモ容レラレズ適幕府ノ侍醫奥山某本島ニ流竄セラルヽニ會シ其情ヲ陳ズ某乃斡旋シテ遂ニ許可セラルヽニ至ル）

萩原正夫『伊豆七島志』上・御藏島・神祠（長倉書店刊）
[増]郷社稲根神社（○鍵取明神）[増]稲根山鎭座祭神伊太氏和氣命ナル可シ（増訂豆州志稿ニ詳記スニ九三頁）[増]境内ニ三寶神社アリ栗本蔵人外二人ノ靈ヲ祀リ其銅像ヲ安ス外ニ境内社九アリ（富賀、見目、鯛王子、琴平、若宮、壬生、稲荷、御笏、山神社等ナリ[増]社域五萬三千五百六十二坪官有地）

菅原久高『伊豆國九十二式社祭神記』(『全國神職會々報』第二十一號)
伊太氏和氣命神社　御藏々御倉島鎭座稲根明神と稱す
　　祭神　伊太氏和氣命

吉田東伍『増補大日本地名辞書』第五巻・１０８４頁
　御倉島　三宅島の南十海里に在り、方一里許、（神津島と大略同じ）島峰は休火山八百六十米突、（三宅島より稍高し）四周峻險にして、西北に小村落あり、崖腹に居る、民口凡三百。〇此島は東京より直航一百十浬、定期船毎月一回乃至三回、三宅島、新島等を巡航す。
　式内、伊太氏和気命神社は、今御倉島の稲根明神是也、文徳紀、嘉祥三年此神授位せらる。御倉又三藏に作る、三宅記に、三島大神の庫と為せるものと云へり。此島は農耕の利少なし、一の黄楊を名産とす、凡黄楊は御倉島を最とし、三宅島之に次ぐ、利島よりも産出すれど多からず、本質堅緻にして、印章、彫像、櫛等を作る良材なり、一箇年産出代金、御倉島凡六千円、三宅島五千円とす。
　慶長十三年十一月、御局衆遠島被仰附候に付、勅使西三条殿駿府へ御下着也、冬中は寒天にても御座候故歟、新島に御逗留候て、明春は三藏島へ御こしとぞ、歷々の御公家衆の御上臈様達、終りのはてぐち、御しあんなく、天道をも恐れうやまひなく、天魔の所為の恐しさよ、御宮様へ之御恨露塵程も有べからず、浅間しやめしたる小袖袒捨し、木綿布子二ツ古小袖二ツ以上四ツめし候て、袂に食物色々取入て、哀成共、中々に申計はなかりけり、五人の御局衆に、下女一人より外付られず、相図の驗と相見え、三藏島の一里程こなたにて、船中に煙を上候へば、三藏島にも煙立、舟着に家三間より外に又もなし、女四人男三人、塩焼浜にて候也、爰にも置給ふべからずとて、峻岨なる高山より藤繩をさげ下し、是に取付て上るとぞ聞えける、人住所に非ずして、哀成事限なし、
　よにすめば萱が軒ばに月も見つ知られぬものは人の行する。[太田牛一覚書]
　補[御倉島]〇増訂豆州志稿、伊太氏和気神社は御倉島稲根神社なるべし、宇多豆川と呼べる渓流あり、稲根・宇多豆、共に伊太氏の転訛ならむ、文徳紀曰、嘉祥三年六月伊豆国伊太豆和気命神社授従五位下、仁寿二年十二月加従五位上、斉衡元年六月加正五位下と。
　〇神祇志料、伊多氏和気命神社、今三宅島稲根山にあり、稲根大明神といふ（伊豆式社考証）

邨岡良弼『日本地理志料』巻十三・伊豆国賀茂郡三島郷
　御倉島　在三宅島南四里半、下田東南二十五里、周凡七里、四面石崖、繋泊甚難、西北關山腹結廬、陸田四町六反、戸七十六、口口二百三十九、民業同上津島、三宅記云、三島神菅曰、斯其島是神之府庫也、因名、有伊太氏和氣命神社、今稱稲根明神、

足立鍬太郎『南豆神祇誌』１７～２０頁（静岡縣賀茂郡神職會）
　既に述べたる如く、白鳳年間伊豆神海島に現れてより約百五十年、天長九年に至って男女二神に分化し、深谷を塞き高巖を摧きて土地を増益し、併せて旱霖を調節するを以て其の神驗とした。蓋し富士火山帶の活動に因る爆發の威力と、其の噴出した溶岩や泥灰の爲に海中に新地を得ることが、無上の恐怖と多大の感謝を齎したのである。加も其の爆發前に於ける火山性地震が、やがて来るべき災難を豫告警戒するを以て、居民は御神火を三嶋神と畏むと同時に、此の地震を伊古奈比咩神と稱へて感謝を表したのであらう。是れアイヌ語Ｉｋｏｎｎｕは凶事を未然に戒める義であってＩｋｏｎｎｕ－ｇｕｒｕ及びＩｋｎｎｕｐは神變を現す者であるより出たのである。但これより推して巫女と解することも出來る。（彼の三宅記の見目＝御妻を考ふべきである）。そして此の二神の本貫は三宅島であって、島の名は神明（燒）に起因し、其の雄山が三島＝神島神の體を表したものであらう。次に阿古は噴火の本場であって、其の地名は神名Ｉｋｏの轉である。Ｂａｃｈｅｌｏｒ氏アイヌ語文典Ｔｏｉｓｈｉｋａｒｉの説明に據れば、同語に於てｉ音のａに變ずるは屢々ある例だといふ。思ふに同地澪池は女神の躰を表すもので、男神と共に此地に鎭座し給うたのを、内地に奉遷した後に、御子阿米都和氣命を祀ったのであらう。尚ついでにいはゞ、同島神著はアイヌ語Ｋａｍｕｉｓｈｙｏｔｋｉ＝火の女神の處の意で、佐伎多摩比咩命の坐す地、伊ケ谷は同語Ｅｋａｙｅｃｈｉｓｈｉ若くはＥｋａｉｃｈｉｓｈにて險しき處の意、即ち伊賀牟比賣命の坐す地である。又坪田はＴｏｐｏｃｈｉ＝水溜の複數なれば、古澪池を表すもので、伊波乃比咩命の坐す處である。そして伊古奈比咩命 三宅記には天地今宮后と稱するに、阿米都和氣命の他に穂都佐和氣命の御子おはし、佐伎多摩比咩命には、加彌・夜須・弓良・志里太乎宜・久良惠・片菅・波夜志・南子の八子おはすを以て、こゝに主神・嫡后・三妃・十王子の三宅神族を組織すると、承和七年上津島の噴火によりて、更に三嶋神の本后阿波命・嫡子物忌奈命といふ神出現し、しかも其の本后には五子物忌奈伊太豆阿治佐和氣二神ありと稱し、神津・御藏・利島を連ねて神津の一神族を形成した。然るに大島三原山は三宅島雄山と交互に爆發する御神火の本場であるから、こゝにも其舊噴火口なる波浮池 今は一方を決して港とするに妃波布比咩命現れ、彼の白鳳當時の神造地たる野増の阿治古・泉津の波知兩神を其の二王子として大島神族を組織する。更に又式根なる久爾都比咩命といふ妃神には、新島の多祁美加賀命と稱する武勇の神と他に一柱の王子坐し、これに對して遙かに沖島 八丈島にも妃優婆夷命・王子許志伎命 外四島が現れたから、こゝに一主神の下に、両后・六妃と嫡子以外に知名十六王子 他に名の傳らざるもの七神より成る三嶋大神族式二十六社總三十三社が組織された。

足立鍬太郎『南豆神祇誌』３７～３８頁（静岡縣賀茂郡神職會）
　　延喜式巻九に載せた伊豆國神名帳は次の如くである。但所在地は萩原正平著伊豆國式社考略に私考を加へて註記す。
　　　　伊豆國九十二座　大五座小八十七座
　　　　　賀茂郡四十六座　大四座小四十二座
　　　　　　云々
　　　　　伊太氏和氣命神社　　　　　　　　　御藏島
　　　　　　云々

静岡縣『旧版 静岡縣史』第三巻・７１１～７１２頁（名著出版刊）
【賀茂郡四十六座大四座小冊二座】

云々
（伊太氏和氣命神社）
　原祭神は伊太氏和氣命。「文德實錄」嘉祥三年六月四日の條に從五位下を授くとあり、同書仁壽二年十二月十五日の條に從五位上を加ふとある。原所在は伊豆三宅島稲根山。
云々

佐伎多麻比咩命神社

『特選神名牒』３０１頁
佐伎多麻比咩命神社
　祭神　佐伎多麻比咩命
　　今按に三宅記に三島神の后神三柱ますことを云て三人をはかめつきの郷に置給ふ此御腹に王子八人一度に生まいらせぬ云々とあるによらば此比咩神は三島神の后神にてカメツキは即神着村と聞こえたり
　神位　文徳天皇嘉祥三年六月庚戌伊豆國佐伎多麻比咩命授從五位下
　祭日
　社格　（村社）
　所在　（三宅島神着村）三宅島神着村
　　今按式社考證に三宅島神着村鎮座也とみえ又此村に佐伎多麻と稱する地名あるは必此比咩神の御名の原由と知らるゝは更にも云はず八柱の御子神の式に所載の神等に坐せば其母神とます后神の式に洩るべき所謂なければ也されど現今御社の判然ならざるより遍く探るに東郷と云處におしやく明神云小社あり此おしやくも御佐伎の轉訛にて佐伎多麻の佐伎より出たる稱なればなりと云る據ありて聞ゆれば之に從へり

度會延經『神名帳考證』（『神祇全書』第一輯）
〇佐岐多麻比咩命神社　活玉前玉比賣命　古事記云、比々羅木之其花麻豆美神女活玉前玉比賣、按麻豆美者山祇之略語、同云、天之甕玉神女前玉比賣、

伴信友『神名帳考證』（『伴信友全集』第一）
佐伎多麻比咩命神社
[文實]嘉祥三年六月庚戌伊豆國佐伎多麻比咩命授從五位下[古事]比々羅木之其花麻豆美神女活玉前玉比賣又曰天之甕主神之女前玉比賣

伴信友『神名帳考』（『神道大系』古典註釋編七・延喜式神名帳註釋）
佐伎多麻比咩命神社
〇古事記曰、比々羅木之其花麻豆美神。「之」女、活玉前玉比賣、」同曰、天之甕主之女、前玉比賣、考證、〇文德實錄、嘉祥三[齋衡元]年六月、佐伎多麻比咩神[命]、從五位下、

鈴鹿連胤『神社覈錄』（井上頼圀・佐伯有義校訂『神社覈錄』下編）
佐伎多麻比咩命神社
　佐伎多麻比咩は假字也〇祭神明か也〇在所詳ならず
　　考證に、古事記曰、活玉前玉比賣と云り、謹按るに、こは三島神の裔神にて同名異神なるべし、さるは前後三島の御子神とおもはるゝ中に、此一神のみ他の裔の交れる由あるべからず、なお考ふべし、
　神位
　文德實錄、嘉祥三年六月庚戌、伊豆國佐伎多麻比咩命授從五位下、

栗田寛『神祇志料』第十二巻
佐岐多麻比咩命神社、今三宅島神着村にあり、三宅記、伊豆式社考證、蓋天之甕主神の女、前玉比賣を祀る。參取古事記、延喜式 此は三島神の第三の后神也。三宅記 文德天皇嘉祥三年六月庚戌、從五位下を授く。文德實錄

『大日本史』[九]・志一・巻二百五十五
佐岐多麻比咩命神社、〇今在三宅島神着村、變爲佛祠、稱佐岐多麻觀音者、蓋是、相傳、祀三島神妃、三宅記〇按古事記有天之甕主神子前玉比賣命者、同名異神、文德帝立、授從五位下、

竹村茂雄『伊豆國式社考』（『神祇全書』第四輯）
佐伎多麻比咩命神社　洲埼ノ神社ナランカ、又相玉ノ神社ナランカ、

萩原正平『伊豆國式社攷略』（静岡県立中央図書館所蔵）
佐伎多麻比咩命神社
　三宅島神着村鎭座かみつきの后三宅記舊稱御笏明神社な里とす攷証註進特選佐伎多麻の稱は既く觀音の奪ふ所と爲里て幾その神號なるを知る者なき尓至る今や之を明瞭尓するを得たる者特三宅記の傳ある尓因る若此記なか里せば遂尓埋没尓歸せむも知るべからず凡て本島鎭座諸神の証蹟越詳尓するを得たる者皆此記の賜物と謂つべくなむ

萩原正平・萩原正夫『増訂豆州志稿』巻之八上・式内神社考並神階帳考緒言（長倉書店刊）
〇佐伎多麻比賣命神社[増]三宅島神着村舊稱御笏神社ナル可シ三宅記三島大神三柱ノ后神ヲ置キ賜フ項ニ三人メハ、かめつきの郷ニ置參ラスト有リかめつき即神着ニテ此地ニ置給ヒシ后神佐伎多麻比賣命ナル可シ今尚佐伎多麻ノ地名存ス當村ニ佐伎多麻觀音アリ本社ノ舊地ナリト云此比賣神ノ生座ル八王子當村或ハ近地ニ鎭座セリ（八王子ハ甫子、加彌、夜須、弖良、志理太宜、久良惠、片菅、波夜志命ニシテ皆式内社也以下掲載スルヲ見テ知ル可シ）文德紀曰嘉祥三年六月加伊豆國佐伎多麻從五位下ト

萩原正平・萩原正夫『増訂豆州志稿』巻之八上・神祠一・君澤郡（長倉書店刊）
見目社[増]三島神社攝社[増]當社ハ三島大神ノ御妃六柱ヲ祭ルナル可シ其神名ハ波布比賣、久爾都比賣、優婆夷、伊賀牟比賣、佐伎多麻比賣命ナル可クシテ三島大社々傳ニ見目六柱ト云ハ即是也（見目ノ事式内神社考緒言ニ考記ス）眞本曾我物語ニ見目御前トアリ其姫神タルヲ證ス可シ

萩原正平・萩原正夫『増訂豆州志稿』巻之八上・神祠一・君澤郡（長倉書店刊）

○八王子社（竹倉村）［増］無格社八王子神社［増］當社ハ佐伎多麻比賣命ノ八王子ヲ祭ルナル可シ八王子トハ南子、加補、夜須、弖良、志理太宜、久良惠、片菅、波夜ノ命ヲ云(其本社ハ皆三宅島ニ在テ式内也式内神社考部参看)當村八王子山通猛院ハ往昔本社ノ別當也（○守僧云天照大神八幡大菩薩ヲ配祀ストノ傳フ此村山中ニ八ノ家アリ其靈ヲ祀ル故ニ八王子トス サレ共谷田ノ石床別命ヲ下ノ宮ト稱シコレヲ上ノ宮ト對シ云ハヾ天照大神素戔嗚尊ノ御子五男三女ヲ合祀スル八王子ナルカ否ラスハ三島大神第三后八子同產ノ御子ナラム［増］第三后即佐伎多麻比咩命ヲ云ルニテ後ノ説充當ナリ）○元禄七年棟札ニ夏梅木、竹倉、兩村ノ鎮守ト（［増］七十五坪官一）

萩原正平・萩原正夫『増訂豆州志稿』巻之八上・神祠三・賀茂郡（長倉書店刊）
○神明（中村）［増］村社神明神社祭神不詳、相殿八王子、［増］寛永十八年ノ札アリ相殿八王子ハ近年合祀ス蓋佐岐多麻比咩命ノ生座ル王子八柱ヲ祭ルナラム（君澤郡竹倉村ノ條参看［増］六百十八坪民一）

萩原正夫『伊豆七島志』上・三宅島・神祠（長倉書店刊）
［増］御笏神社（○御笏明神）［増］神着村首山鎮座祭神佐伎多麻比咩命ナル可シ（増訂豆州志稿ニ詳記ス二九二頁）［増］勝祖神社ハ御笏神社ノ境内ニアリ（増訂豆州志稿ニ詳記ス二九四頁）［増］峰指神社ハ同境内ニアリ風早山ニ鎮座セシヲ近年此ニ遷ス由緒ハ次記峰指神社ノ條ニ就テ知ル可シ［増］二ノ宮神社ハ同境内ニアリ神着村東廿町許ニアリシヲ近年此ニ遷ス由緒ハ次ノ二ノ宮神社ノ條ニ就テ知ルル可シ［増］外ニ境内社十五（一ノ靭幣神社、二ノ靭幣神社、三ノ靭幣神社、飯王子神社、酒王子神社、若宮神社、船着神社、風神社、柏精神社、諏訪神社、八幡神社、稲荷神社、琴平神社、天王神社、湯船神社［増］社域二千十五坪）

菅原久高『伊豆國九十二式社祭神記』（『全國神職會々報』第二十一號）
佐伎多麻比咩命神社　三宅島神着村鎮座
　　祭神　佐伎多麻比咩命

吉田東伍『増補大日本地名辞書』第五巻・１０８３頁
伊賀谷　島の西岸にして、其小港を大船戸と呼び、温泉あり、阿古村と相隣接す。延喜式、伊賀牟比売命神社あり、後明神と称す、三宅記に「此后を伊豆郷いかいと云所に置参らす」と云ひたり、阿古村には阿米都和気命神社あり。○増訂志稿云、三宅島にて古来神事の時の詞に「一大社、あめつち今宮、今后」と云ふ、一とは三島大神にて、今宮は阿米都和気命なり、文徳紀、嘉祥三年、此神并に佐支多麻姫授位の事見え、式内に列す、今も一島の総社とす。
補［伊賀牟比売神社］○増訂豆州志稿、式内伊賀牟比売神社は三宅島伊賀谷村、旧称后明神社也。三宅記、三島大神三柱の后神を置賜ふ項に、嫡女は伊豆郷いがいと云ふ所に置参らすと見え、古き祭文・神楽歌等に伊賀谷の后とあり、○阿米都和気神社［重出］阿古村富賀神社なるべし、古来神事の時神名を唱ふる例あり、曰く「一大社あめつち今宮、今后」と。大社三島大神あり、あめつち今宮は阿米都和気命にして、伊古奈比咩命の王子なるべし、今后は当后の意にて、伊古奈比咩命なり、文徳紀日、嘉祥三年六月伊豆国阿米都和気命授従五位下、仁寿二年十二月加従五位上、斉衡元年六月加正五位下と。
○波夜志命神社［同］同じく式内なり、神着村風早山鎮座、旧称はうす明神社なるべし。三宅記に「へむずのみこ」とあるは、はうすの訛れるにて、はうすは波夜志の転ぜしならむ。
○加弥命神社［同］神着村かみいの杜鎮座、旧称二之宮なる可し。三宅記に「二をばかね」とあり、即ち第二の王子なれば、二之宮の称に適へり。加弥は加補の誤ならむも知るべからず。
○夜須命神社［同］所在未定、是亦八王子の一にして、三宅記に「三をばやすと云ふ」とあれば、三宅島鎮座なること疑なし。
○弖良明神社［同］同島伊豆村神山鎮座、旧称ていの社ならむか。三宅記に「四をばてらい（一本てい）」とありて、八王子の内なれば、本島鎮座なることは論なし。
○志理太宜神社［同］神着村、旧称しいとり明神社なるべし。三宅記に「五をばしたひ」とある是なり。
○久良恵命神社［同］久良浜、旧称久良浜明神社なるべし。八王子の一にして、三宅記に「六をばくらひ」とある是なり。
○片菅命神社［同］御笏神社境内、旧称かつその社なるべし。此神佐伎多麻比咩命の八王子の内にして、三宅記に「七をばかたすげ」とある是なり。
○伊波乃比咩命神社［同］三宅島坪田村、二宮神社三座の一座なるべし。旧社地は字神戸の石室ならむも知る可からず。三宅記に「次の后をばつぼたの郷に置給ふ」とある即ち此比咩神なる可し。
○南子神社［同］同村南子山鎮座、三宅記に彼八王子の事を誌して「一人をばなご」とある是なり。
　三宅島は上古三島大神鎮座の本域にして、其后神御子神式に所載十二座の多きに至る。

吉田東伍『増補大日本地名辞書』第五巻・１０８３～１０８４頁
伊豆　島の北岸にして、神着村と相隣接す。○増訂志稿云、式内佐伎多麻比咩神社は神着の御笏明神是なり、三宅記に「三島大神の三柱の后の一人をかめつきの郷に置参らす」とある是也。此后の子を八王子と云ひ、島内に八柱の社あり、共に式内に列す、波夜志命（三宅記、ヘムズの御子）は神着の風早山ハウス明神なるべし、片菅命は（三宅記、七王子カタスゲ）御笏社のカツソ明神是也、久良恵命は（三宅記、六王子クライ）久良浜明神是也、夜須命（三宅記、三王子ヤス）今不詳、加補命は（三宅記、二王子カネ）神着村の二宮カミイ明神是也、弖良神社は（三宅記、四王子テライ）神着の神山テイ明神是也、志理太宜神社は、（三宅記、五王子シタイ）神着のシイトリ明神是也、南子神社は（三宅記、八王子ナゴ）神着の南子山に在り。
補［佐伎多麻比咩命神社］○増訂豆州志稿［重出］神着村、旧称御笏神社なるべし、三宅記に、三島大神三柱の后神を置き賜ふ項に、三人めはかめつきの郷に置き参らすとあり、かめつき即ち神着にて、此地に置き給ひし后神佐伎多麻比咩なるべし、今尚佐伎多麻の地名存す、当村に佐伎多麻観音あり、本社の旧地なりと云ふ、此比咩神の生みませる八王子、当村或は近地に鎮座せり。文徳紀曰、嘉祥三年六月、加伊豆国佐伎多麻比咩神従五位下。

邨岡良弼『日本地理志料』巻十三・伊豆国賀茂郡三島郷
三宅島　在神津島東八里、下田東南二十里、周凡七里半、全島峻嶮、雄山聳其中央、有火脈、田圃百三十町、

有伊賀谷、神著、伊豆、坪田、阿古五邑、領戸八百二十二、口二千七百九十、産牛馬、出絲紬、大野原島屬之、」按神著村、盖事代主神始上陸之處、伊豆村、其所幽宅之處、故稱伊豆御島神邪、三宅記云、神菅與其妃定諸子所居、地名同今之五邑、」祀典所載、二十四社在海島、而其十二在本島焉、日佐伎多麻比咩命神社、即三島神妃也、日波夜志命神社、日片菅命神社、日加彌命神社、日志理太宜命神社、日南子神社、以上在上著村、並佐伎多麻比咩所生、日伊賀牟比賣命神社、在伊賀谷村、稱后宮、日伊波乃比咩命神社、在坪田村、稱坪田后宮、亦三島神妃也、日阿米都和氣命神社、在阿古村、稱總鎮守三島明神、日久良惠命神社、在久良濱、日氏良命神社、日夜須命神社、在伊豆村、並佐伎多麻比咩所生、有爲朝山、是源爲朝居阯也、

静岡県田方郡役所編『静岡県田方郡誌』527～539頁（長倉書店刊）
　三島神社（官幣大社）　祭神　積羽八重事代主命
三島町傳馬町に鎮座す、祭神は從來大山祇命と稱し、豫州三島より遷坐すと傳へたるは、三島の稱より附會したりとなん、明治五年十一月十八日附を以て、當社少宮司萩原正平よりの上申により翌六年一月六日指令ありて事代主命と確定せり。云々
城内に於ける攝社末社合せて十三社あり。
云々
２見目社（攝社）　増訂志稿に當社は三島大神の御妃六柱を祭るなるべし、其神名は波布比賣・久爾都比咩・優波夷・伊賀牟比咩・伊波乃比咩・佐伎多麻比咩命なる可くして、三島大社々傳に見目六柱と云は即是也、眞本曾我物語に見目御前とあり其姫神たるを証すべしとあり。

足立鍬太郎『南豆神祇誌』17～20頁（静岡縣賀茂郡神職會）
　既に述べた如く、白鳳年間伊豆神海島に現れてより約百五十年、天長九年に至って男女二神に分化し、深谷を塞き高巖を擢きて土地を増益し、併せて早霖を調節するを以て其の神驗とした。蓋し富士火山帯の活動に因る爆發の威力と、其の噴出した溶岩や泥炭の爲に海中に新地を得たことが、無上の恐怖と多大の感謝を齎したのである。加も其の爆發前に於ける火山性地震が、やがて來るべき災難を豫告警戒するを以て、居民は御神火を三嶋神と畏むと同時に、此の地震を伊古奈比咩神と稱へて感謝を表したのであらう。是れアイヌ語Ikonnuは凶事を未然に戒める義であってIkonnu‐guru及びIknnupは神變を現す者であるより出たのである。但これより推して巫女と解することも出來る。（彼の三宅記の見目＝御妻を考ふべきである）。そして此の二神の本貫は三宅島であって、島の名は神明（燒）に起因し、其の雄山が三島＝神島神の體を表したものであらう。次に阿古は噴火の本場であって、其の地名は神名Ikoの轉である。Bacheior氏アイヌ語文典Toishikariの説明に據れば、同語に於てi音のaに變ずるは屢々ある例だといふ。思ふに同地濘池は女神の躰を表すもので、男神と共に此地に鎮座し給うたのを、内地に奉遷した後に、御子阿米都和氣命を祀ったのであらう。尚ついでにいはゞ、同島神著はアイヌ語Kamuis hyotki＝火の女神の處の意で、佐伎多摩比咩命の坐す地、伊ケ谷は同語Ekayechishi若くはEkaichishにて險しき處の意、即ち伊賀牟比賣命の坐す地である。又坪田はTopochi＝水溜の複數なれば、古濘池を表すもので、伊波乃比咩命の坐す處である。そして伊古奈比咩命 三宅記には天地今宮后と稱するには、阿米都和氣命の他に穗都佐和氣命といふ御子おはし、佐伎多摩比咩命には、加彌・夜須・弖良・志里太乎宜・久良惠・片菅・波夜志・氏良の八子おはすを以て、こゝに主神・嫡后・三妃・十王子の三宅神族を組織すると、承和七年上津島の噴火によりて、更に三嶋神の本后阿波命・嫡子物忌奈命といふ神出現し、しかも其の本后には五子 物忌奈伊太豆和氣命伊佐和氣久ニ神 ありと稱し、神津・御藏・利島を連ねて神津の一神族を形成した。然るに大島三原山は三宅島雄山と交互に爆發する御神火の本場であるから、こゝにも其舊噴火口なる波浮池 今は一方を決して港とするに 妃波布比咩命現れ、彼の白鳳當時の神造地たる野増の阿治古・泉津の波知兩神を其の二王子として大島神族を組織する。更に又式根なる久爾都比咩命といふ妃神には、新島の多祁美加賀命と稱する武勇の神と他に一柱の王子坐し、これに對して遙かに沖島 八丈島 にも妃優婆夷命王子許志伎命 外四神 が現れたから、こゝに一主神の下に、兩后・六妃と嫡子以外に知名十六王子 他に名の傳らざるもの七神 より成る三嶋大神族式二十六社總三十三柱が組織された。

足立鍬太郎『南豆神祇誌』37～38頁（静岡縣賀茂郡神職會）
　延喜式卷九に載せた伊豆國神名帳は次の如くである。但所在地は萩原正平著伊豆國式社考略に私考を加て註記す。
　　　　　　伊豆國九十二座　大五座小八十七座
　　　　　　　賀茂郡四十六座　大四座小四十二座
　　　　　　　　云々
　　　　　　　佐伎多摩比咩命神社　　　　　　　　三宅島神著
　　　　　　　　云々

静岡縣『旧版　静岡縣史』第三巻・711～712頁（名著出版刊）
【賀茂郡四十六座 大四座小冊二座】
云々
（佐岐多麻比咩命神社）
　原祭神は佐岐多麻比咩命。「文德實錄」嘉祥三年六月四日の條に從五位下を授くとある。原所在は伊豆三宅島神着村。
云々

阿豆佐和氣命神社

『特選神名牒』３０２頁
阿豆佐和氣命神社稱阿豆加大明神
　祭神　阿豆佐和氣命
　神位　文德天皇嘉祥三年六月庚戌伊豆國阿豆佐和氣命授從五位下仁壽二年十二月丙子加伊豆國阿豆佐和氣命神從五位上 今按齊衡元年六月己卯同位階授ることあるは何れか衍文なるべし故今本文を存して彼を關る
　祭日
　社格　（郷社）
　所在　（利島）
　　今按豆州志式社攷證ともに利島鎮座阿豆加大明神とみえて異説なし攷證に舊社地は南の御神山と云山岳
　　上にて小祠存在す按に今稱の阿豆加は阿豆佐和氣の約と聞ゆるが此神稱の訛り乍らも本稱の儘に唱へ來
　　れるは珍しく貴とぶべきこと也かしと云るもの證とすべし

度會延經『神名帳考證』（『神祇全書』第一輯）
〇阿豆佐和氣命神社　足名椎神　舊事紀、物部弓梓連公、古事記云、大山津見神之子名謂足名椎、

伴信友『神名帳考證』（『伴信友全集』第一）
阿豆佐和氣命神社
[文實]嘉祥三年六月庚戌伊豆國阿豆佐和氣命授從五位下[文實]仁壽二年十二月丙子駿河國阿豆佐和氣命神加從五位上 駿河當作伊豆齊衡元年六月己卯加伊豆國阿豆佐和氣命神從五位上仁壽齊衡同階可重考[志]利島ニ坐

伴信友『神名帳考』（『神道大系』古典註釋編七・延喜式神名帳註釋）
阿豆佐和氣命神社
〇文德實錄、仁壽二年十二月丙子、加駿河國阿豆佐和氣命神從五位上、駿河當作伊豆、又曰、斉衡元年六月、加伊豆國阿豆。[佐]和氣命神從五位上、仁壽・斉衡同階、可重考、△利嶋ニ坐、

鈴鹿連胤『神社覈錄』（井上賴圀・佐伯有義校訂『神社覈錄』下編）
阿豆佐和氣命神社
　阿豆佐和氣は假字也〇祭神明か也〇利島に在す、志例祭　月　　日、
　　神位
　文德實錄、嘉祥三年六月庚戌、伊豆國阿豆佐和氣命授從五位下、仁壽二年十二月丙子、加伊豆國阿豆佐和氣命神從五位上、又斉衡元年六月己卯、加伊豆國阿豆佐和氣命神從五位上、同位重出不審

栗田寛『神祇志料』第十二卷
阿豆佐和氣命神社、今利島にあり、阿豆加明神といふ。豆州志、南方海道志 文德天皇嘉祥三年六月庚戌、從五位下を授け、斉衡元年六月己卯、從五位上を加ふ。文德實錄凡十二月二十七日祭を行ふ。南方海道志

『大日本史』［九］・志一・卷二百五十五
阿豆佐和氣命神社、〇在利島、稱阿豆加明神、其舊址在社南御神山、文德實帝即位、二社並授從五位下、仁壽二年、俱進從五位上、
文德實錄

竹村茂雄『伊豆國式社考』（『神祇全書』第四輯）
阿豆佐和氣命神社　利島、志又相玉村ニ稻梓天神アリ、

萩原正平『伊豆國式社攷略』（静岡県立中央図書館所蔵）
阿豆佐和氣命神社
　利島鎮座舊稱阿豆介明神社是なり島志式考攷証註進特選當社また舊蹟者御神山上にあ里て小祠存春さて當
　島御蔵島の如き舊人居なく唯御社のみ立里し事云ふ迄も非ず

萩原正平・萩原正夫『増訂豆州志稿』卷之八上・式内神社考並神階帳考緒言（長倉書店刊）
〇阿豆佐和氣命神社〇利島[増]舊稱阿豆氣明神社也阿豆氣ハ阿豆氣和氣ノ約ナル可シ文德紀曰嘉祥三年六月伊豆國阿豆佐和氣命授從五位下、仁壽二年十二月加從五位上齋衡元年六月加正五位下ト

萩原正平・萩原正夫『増訂豆州志稿』卷之九上・神祠三・賀茂郡（長倉書店刊）
〇木ノ宮明神（熱海村）[増]村社阿豆佐和氣神社祭神不明、或云五十猛神、大巳貴神、日本武尊、相殿稲荷、天滿宮、柿本僧正、[増]社記ニ式内賀茂郡阿豆佐和氣命神社トアレ共非也（此地往昔田方郡ニ屬ス）社號改稱蓋之ニ因ルナラム和銅三年創立スト傳フレ共不詳（慶長十四年札アリ）〇野竹洞ノ温泉日新錄ニ日ヶ村人云昔海濱ノ民網ヲ擧テ佛像ヲ得之ヲ神祀ス神人ニ託シテ日山中檞檗ヲ開カザル地ニ四楠樹アリ我ヲ其地ニ祀ル可シト村民乃小祠ヲ建ツ或云五十猛神ト[[]]コレ恐クハ妄説）政文ノ記ニヨレバ、弘仁元年白道明神ヲ祀ル也今楠樹五丈餘ナルニ三株存ス伊豆納許、禰宜青木氏）[増]相殿三座ハ境外ニアリシヲ明治十年合祀ス此地ニ紀僧正眞濟ヲ祭ル所以ヲ知ラズ傳云眞濟ハ染殿后ノ事ニ座シテ本州ニ流サレ此地ニ寂スト蓋附會ナラム（眞濟ハ貞觀二年高尾神護寺ニ於テ寂ス）或ハ云僧善祐ノ誤ナリト（次記原書ノ文ニ詳悉ス）〇天滿宮舊在御殿地神像高一尺二寸許、昔漁人海濱ニ於テ獲ル所ト云傳フ（伊豆納符）〇善祐祠、在新宿南或云舊善祐ノ墳墓也後人祠ヲ建ツト關東古戰錄ニ曰和田山ト云處ニ都松ト呼ブ弧松アリ宇多天皇ノ朝洛東粟田口ノ大伽藍東光寺ノ僧正喜祐陽成院ノ母后ニ依后高子ト密通アリシ咎ニ因テ寛平八年秋當國ニ流サレ此邊ニ幽居シケル二徒然ノ折々ニハ和田山ノ峰ニ登リ雲井遙ナル九重ノ空ヲ見ヤリテ幾度カ涙ヲ落シケム手ヅカラ一本ノ松ヲ植テ其枝ヲ都ノ方ヘ推シ撓メシニ、イツトナク繁茂シテ三十餘歩ニ横リ枝葉盡ク西ニ靡キ侍ルモ怪ク哀レナル世話也終ニ赦免ノ勅ナクテ此許ニテ身マカリシヲ土俗痛マシク思ヒテカヒヽヽシク祠ヲ建置タリ今モ遺リテ埋モレヌ名ノミ傳ヘヌト（文撰集ノ中ニモ善祐法師伊豆國ニ流サレシ時伊勢カ詠ミケル歌トテ「別レテハイツ逢見ント思フラム限アル世ゾ定メナケレバ」又僧正ノ母ノ許ヨリ配所ヘ詠ミテ贈ラレシ歌ニ「泣涙世ハ皆海トナリナム同ジ渚ニ流レヨルベク」ト）土人今誤リテ柿本紀僧正トス東寺ノ紀僧正ハ弘法ノ弟子也二皇子帝位ヲ爭ヒ給ヒシ時叡山ノ僧慧亮トヽモニ祈禱シ竟ニ負ケ憤悶シテ死ス生涯流謫ノ事ナシ（三代實錄、平家物語、元亨釋書等ニ詳

也)二僧倶ニ僧正ニシテ皇后ニ姦ス東寺、東光寺、名モ亦相似タルヨリ誤傳セシ也(伊豆納符)[增]境内社九(少童、辨天、稲荷、神武帝、山神、八坂、床浦、三峯、[雷電ヲ合祀][增]千五十九坪官一)

萩原正夫『伊豆七島志』上・利島・總説（長倉書店刊）
〇總説〇島ノ名義詳ナラズ[增]按ズルニ海表ニ突起シテ島勢頗ル峻急ナルヨリ利島ト名ケシナラム[增]本島モ他ノ諸島ト同ク事代主神ノ眷族ノ開創ニカヽレルコト疑ナカル可シ島ニ式内阿豆佐和氣命神社鎮座スレバ此神本島ノ始祖ナル可シ阿豆佐和氣命ハ事代主神ノ王子ナリ〇保元物語鎌倉本半井本等ニ源爲朝伊豆諸島ヲ掠略スルコトヲ記スニ他ノ島名今ト同ジケレドみつけ島アリテ利島ナケレバ此ノみつけ島即本島ナル可シ

萩原正夫『伊豆七島志』上・利島・神祠（長倉書店刊）
[增]郷社阿豆佐和氣命神社(〇阿豆氣明神)[增]利島鎮座祭神阿豆佐和氣命[增]古來正月元日社域ニテ流鏑馬ヲ行フヲ例トス〇神職五人卜部梅田氏(祭神増訂豆州志稿ニ詳記スニ九三頁)[增]境内社十六(三島、山河、宇渡間、西宮、御戸口、大島、第三王子、若尊、白濱、御崎、天津、姫宮、貴宮、海龍、疱瘡神、道祖神、[增]社域九百四十八坪官有地)

菅原久高『伊豆國九十二式社祭神記』（『全國神職會々報』第二十一號）
阿豆佐和氣命神社　利島鎮座阿豆加明神と稱す
　　祭神　阿豆佐和氣命

吉田東伍『増補大日本地名辞書』第五巻・１０８０頁
利島　大島の南十哩許、周圍二里半、島山を宮塚と云ふ。戸口三百二十、田圃八町許ありて、飲料泉を欠く、生業專ら耕稼に在り、下田港の東南二十余哩。〇按に、利島、新島、神津島の一島群は保元物語に美計島と云ふにあたり、伊豆五島の一群なるべし。鎌倉本八島を數ふる中に、みつけの島とあるを見れば、美都計を正實とし、本來は利島の高頂を遠望して、見つけの島と呼び、新島神津島までも及ぼしし者とす。故に各別に其名を擧ぐれば、美都計は利島を指すと知られたり。拾芥抄の行基圖にも、伊豆大島の外に、見附島をしるせり。
文德紀、嘉祥二年、伊豆国阿豆佐和気命授位、延喜式賀茂郡に列す、今利島の阿豆気明神是なり。[三宅記、豆州志]宮塚山は休火山、高千七百尺、一名南御神山といへり。〇利島は平地なけれど、土性悪からず、草木暢茂し、其民農を力む、然れども水に乏し、小児の啼く時、水を与ふと云ひすかせば、忽に止むとぞ、七島中水に乏しき者、利島を最とす。南汎録に「利島、無尺坪、峰巔麓張、如提網状、民居山半、無井、戸々置甕、貯澍溜」とある是也。
補[利島]〇増訂豆州志稿、阿豆佐和気命神社は、利島旧称阿豆気明神社なり。阿豆気は阿豆佐和気の約なるべし。文德紀曰、嘉祥四年六月伊豆国阿豆佐和気命授従五位下、仁寿二年十二月加従五位上、斉衡元年六月加正五位下。

郘岡良弼『日本地理志料』巻十三・伊豆国賀茂郡三島郷
利島　在大島西南四里、去下田八里餘、周凡二里、宮塚山在其中央、高千七百三十六尺、田圃七町五反、管戸五十二、口二百三十五、島中乏水、瀘潮潴雨、以供用云、有阿豆佐別命神社、嘉祥二年紀、叙従五位下、斉衡元年紀、進正五位下、

足立鍬太郎『南豆神祇誌』１７〜２０頁（静岡縣賀茂郡神職會）
　既に述べた如く、白鳳年間伊豆神海島に現れてより約百五十年、天長九年に至って男女二神に分化し、深谷を塞き高巖を摧きて土地を増益し、併せて旱霖を調節するを以て其の神驗とした。蓋し富士火山帯の活動に因る爆發の威力と、其の噴出した溶岩や泥灰の爲に海中に新地を得ることが、無上の恐怖と多大の感謝を齎したのである。加も其の爆發前に於ける火山性地震が、やがて來るべき災難を豫告警戒するを以て、居民は御神火を三嶋神し畏むと同時に、此の地震を伊古奈比咩神と稱へて感謝を表したのであらう。是れアイヌ語Ｉｋｏｎｎｕは凶事を未然に戒める義であってＩｋｏｎｎｕ－ｇｕｒｕ及びＩｋｎｎｕｐは神變を現す者であるより出たのである。但これより推して巫女と解することも出來る。（彼の三宅記の見目＝御妻を考ふべきである。）そして此の二神の本貫は三宅島であって、島の名は神明（燒）に起因し、其の雄山が三島＝神島神の體を表したものであらう。次に阿古は噴火の本場であって、其の地名は神名Ｉｋｏの轉である。Ｂａｃｈｅｌｏｒ氏アイヌ語文典Ｔｏｉｓｈｉｋａｒｉの説明に據れば、同語に於てｉ音のａに變ずるは屢々ある例だといふ。思ふに同地澪池は女神の躰を表すもので、男神と共に此地に鎭座し給うたのを、内地に奉遷した後に、御子阿米都和氣命を祀ったのであらう。尚ついでにいはゞ、同島神著はアイヌ語Ｋａｍｕｉｓｈｙｏｔｋｉ＝火の女神の處の意で、佐伎多摩比咩命の坐す地、伊ケ谷は同語Ｅｋａｙｅｃｈｉｓｈｉ若くはＥｋａｉｃｈｉｓｈにて險指揮所の意、即ち伊賀牟比賣命の坐す地である。又坪田はＴｏｐｏｃｈｉ＝水溜の複數なれば、古澪池を表すもので、伊波乃比咩命の坐す處である。そして伊古奈比咩命三宅記には天地々宮后と稱するには、阿米都和氣命の他に穂都佐和氣命といふ御子おはし、佐伎多摩比咩命には、加彌・夜須・弖良・志里太乎宜・久良惠・片菅・波夜志・南子の八子おはすを以て、こゝに主神・嫡后・三妃・十王子の三宅神族を組織すると、承和七年上津島の噴火によりて、更に三嶋神の本后阿波命・嫡子物忌奈命といふ神出現し、しかも其の本后には五子物忌奈伊豆佐和氣命阿豆佐和氣外二神ありと稱し、神津・御藏・利島を連ねて神津の一神族を形成した。然るに大島三原山は三宅島雄山と交互に爆發する御神火の本場であるから、こゝにも其舊噴火口なる波浮池今は一方を決して港とするに妃波布比咩命現れ、彼の白鳳當時の神造地たる野増の阿治古・泉津の波知兩城を其の二王子として大島神族を組織する。更に又式根なる久爾都比咩命といふ妃神には、新島の多祁美加賀命と稱する武勇の神と他に一柱の王子坐し、これに對して遙かに沖島八丈島にも妃優婆夷命・王子許志伎命外四神が現れたから、こゝに一主神の下に、両后・六妃と嫡子以外に知名十六王子他に名の傳らざるもの七神より成る三嶋大神族式二十六社總三十三柱が組織された。

足立鍬太郎『南豆神祇誌』３７〜３８頁（静岡縣神職會）
　延喜式巻九に載せた伊豆國神名帳は次の如くである。但所在地は萩原正平著伊豆國式社考略に私考を加へ註記す。

```
　　伊豆國九十二座　　大五座小八十七座
　　賀茂郡四十六座　　大四座小四十二座
　　　云々
　　　阿豆佐和氣命神社　　　　　　　　　　　利島
```

静岡縣『旧版　静岡縣史』第三巻・７１１～７１２頁（名著出版刊）
【賀茂郡四十六座大四座小卌二座】
云々
（阿豆佐和氣命神社）
　原祭神は阿豆佐和氣命。「文德實錄」嘉祥三年六月四日の條に從五位下を授くとあり、同書仁壽二年十
二月十五日の條に從五位上を加ふとある。原所在は伊豆利島。
云々

多祁美加々命神社

『特選神名牒』３０２頁
多祁美加加命
　祭神　多祁美加加命
　　今按三宅記に三島神の御子神のことを新島に置玉ふ后を云々此御腹にたいさむの王子とあるは古傳によりて云るものとみゆれば此神は三島神の御子なることを知るべし
　神位　光孝天皇仁和二年十一月廿五日庚子授伊豆國正六位上多都美加々命神正五位下
　祭日
　社格
　所在　新島
　　今按豆州志に吉佐美村に三島明神坐白鬚を配祀す源三位頼政の記あり其略曰豆州十七番の御神神尾山御倉山の麓多田美河の河上に坐す當郷朝日里日吉村のうぶすな大明神人皇六代に當て興津彦興津姫と云々この神必式社なるべけれども祠典何の命なるや或曰これ多祁美加々命神社多田美河と語相類して訛誤あるかと云り而るに攷證に新島鎭座大三明神なるべし三宅記に新島に置給ふ后をはみちのくちのみとの大后とぞ申ける此御腹に王子二人おはします一人をはたいさむの王子とみえ古老の遺説にたいさむ王子は此島の地主神にして島を開きたる神也と云て特に尊信するを思べし今稱のだいさむは多祁美の轉訛にてタケのタキと訛りたるを音便にタイと唱へしを三ど轉じてタイサムと申せるならむも知るべからずと云る據ありて聞ゆれば今之に從ふ

度會延經『神名帳考證』（『神祇全書』第一輯）
○多祁美加々命神社　建額明命　舊事紀云、天忍男命子建額赤命、母葛木劔根命女賀奈良知姫、三代實錄、仁和二年十一月廿五日、授伊豆國正六位上多都美加賀神正五位下、　姓氏錄云、若倭部、火明命四世孫建額明命之後也、

伴信友『神名帳考證』（『伴信友全集』第一）
多祁美加々命神社
［三實］仁和二年十一月廿五日授伊豆國正六位上多都美賀々神正五位下［舊事］天忍男命子建額赤命［志］吉佐美村ニ三島明神坐ス白鬚ヲ配祀ス源三位頼政ノ記アリ其略ニ曰豆州十七番ノ御神神尾山御倉山ノ麓多田美河ノ河上ニ坐マスハ當郷朝日ノ里月吉村ノウブスナ大明神人皇六代ニ當テ興津彦興津姫ト云々此神必式社ナルベケレドモ祠典何レノ命ナルカ或曰コレ多祁美加々命神社多田美河ト語相類シテ訛誤アル歟又三島明神トスルハ昔祠域ニ若宮祠アリコレ三島神ニ從ヒシ若宮ナルユヱ三島ト稱セシナラム伊豆峯記

伴信友『神名帳考』（『神道大系』古典註釋編七・延喜式神名帳）
多祁美加々命神社
○三代實錄、仁和二年十一月廿五日、授伊豆國正六位上多都[本ノ]美加々神正五位下、○舊事紀、天忍男命子、△志ニ、吉佐美村ニ三嶋明神坐、白鬚ヲ配祀ス、源三位頼政ノ記アリ、其略ニ曰、豆州十七番ノ御神、神尾山・御倉山ノ麓、多田美河ノ河上ニ坐マスハ、當郷朝日ノ里月吉村ノウブスナ大明神、人皇六代ニ當テ、興津彦・興津姫云云、コノ神、必式社ナルベケレトモ、祠典何レノ命ナルヤ、或曰［云］、コレ多祁美加々命神社、多田美河ト語相類シテ、訛誤アルカ、又三嶋明神トスルハ、昔祠域ニ若宮祠アリ、コレ三嶋神ニ從ヒシ若宮ナルユヱ、三嶋ト稱セシナラン、伊豆峯記、

鈴鹿連胤『神社覈錄』（井上頼囶・佐伯有義校訂『神社覈錄』下編）
多祁美加加命神社
　多祁美加々は假字也○在所詳ならず
　　考證に、舊事紀天忍男命子建額赤命、○伊豆志に、吉佐美村ニ三島明神坐ス、白鬚ヲ配祀ス、源三位頼政ノ記アリ、其略ニ曰、豆州十七番ノ御神、神尾山御倉山麓多田美河河上ニ坐マスハ、當郷朝日里月吉ノウブスナ大明神、人皇六代ニ當テ興津姫云々、コノ神必式社ナルベケレドモ、祠典何レノ命ナルカ、或曰、コレ多祁美加々命神社、多田美河ト語相類シテ訛誤アルカ、と云り、」伊豆峯記云、三島明神トスルハ昔祠域ニ若宮祠アリ、コレ三嶋神ニ從ヒシ若宮ナルユヱ、三島ト稱セシナラン、
　神位
　　三代實錄、仁和二年十一月廿五日庚子、授伊豆國正六位上多都美加々命神正［從イ］五位下、

栗田寛『神祇志料』第十二巻
多祁美加加命神社、光孝天皇仁和二年十一月庚子、正六位上多祁美加賀神に正五位下を授く。三代實錄○按本書都に造る恐誤れり、故今之を訂す。

『大日本史』［九］・志一・巻二百五十五
多祁美加加命神社、○今在新島、稱大宮王子、蓋祀三島神子、即久爾都比咩所生、三宅記仁和二年、自正六位上進正五位下、三代實錄○本書作多都美加賀神、一賀字恐訛、

竹村茂雄『伊豆國式社考』（『神祇全書』第四輯）
多祁美加々命神社　吉佐美八幡宮社内の若宮なるべし

萩原正平『伊豆國式社攷略』（静岡県立中央図書館所蔵）
多祁美加々命神社
新島鎭座だいさむの王子三宅記舊稱大三明神社なる可し攷証註進特選今云ふ扶桑略紀尓所載宇多天皇の仁三年伊豆國就新生嶋圖一張見其画中神明放火以潮所燒則如銀岳とあるは即此神の異驗尓因連る事攷証尓詳尓須又三宅記尓因里天攷ふる尓大三王子は弟三王子と異な里思ひ混ふべからず

萩原正平・萩原正夫『増訂豆州志稿』巻之八上・式内神社考並神階帳考緒言（長倉書店刊）
○多祁美加々命神社[増]新島舊稱大三明神社ナル可シ三宅記ニ新島ニ置キ給フ后ノ御腹ニ王子二人マス一人ヲだいさむの王子(一本大宮王子)ト見ユ三代實錄ニ曰仁和二年十一月授伊豆國正六位上多氣美加々神正五位下ト

萩原正平・萩原正夫『増訂豆州志稿』巻之九上・神祠三・賀茂郡（長倉書店刊）
○八幡宮(吉佐美村)[増]村社八幡神社祭神不詳、相殿三島神祭神阿波咩命ナル可シ○若宮ヲ配祀ス此神ハ源頼政石清水八幡宮ヲ勸請シテ地名改ム(事村里ノ部ニ出ヅ)若宮ハ舊多田美川ノ上三島ノ林中ニアリシヲ源三位此ニ遷スコレ若宮八幡ニ非ズ三島ノ社ニ從フ若宮ナル可シ寛永六年ノ札ニ曰吉佐美郷清水谷村ト金皷ニ刻シテ曰奉吉佐美八幡源頼政之ト此内ニ小鈴ト二寸許ノ金舌ヲ垂ル其舌ニ前中宮菖蒲ト鐫ス(又久壽元年八月頼政奉納ノ若トテ「神世ヨリ光ヲトメテ朝日ナル籠ノ宮ニウツル月影」「神サビテアハレ幾世ニ成リヌラム浪ニ馴レタル朝日ノ宮」「カクテハ止ム明ケキ物カチ早降ヒ生ノ社ノ萬代モ見ム」「サリトテハ頼ゾカクル木綿襷我レハ朝日ノ神ト思へバ」「石清水流ノ末ヲウケツギテ今ハ吉佐美ノ神ニ仕フル」)[増]按ズルニ以上頼政ノ事附會ナル可シ（流寓部參觀）又金皷ニ前中宮菖蒲ト鐫シタレ共菖蒲ハ中宮ニ非ズ(菖蒲ノ賴政ニ敕賜シ処ナリト云中宮下ニ下賜ヒタル例有ル可クモアラズ 海若子伊豆日記ニ曰ハ幡宮ノ社守人ノ家ニ至ルニ主人ノ翁ハヤガテ身ヲメテヌリコメノ内ヨリ白木ノ箱トウテン文机ノ上ニ置キタリ。ウヤウヤシウ開キ見ルニ吉佐美八幡宮祭禮執行ノ文ニヒラ神前ニ奉シル歌十首ハタ里人ノ系圖カキ今ニヒラハ頼政此刻ニサスラヒ三年此里ニ住居セシ事ナドアリ。久壽元年九月源三位頼政ト白ラ書キ誌シタリ。又ハ幡宮ヘ菖蒲ノ前ノ奉レル丸サ九寸ほどナルイト小キ鰐口ノ表ニ奉吉佐美八幡源頼政之ト記シタル上ヨリ穴エリアケテ鰐口中ニイト小キ鈴釣下ゲタル舌一長一寸幅五分程ナル眞鍮ノ短冊ノ表ニ前中宮裏ノ方ニ菖蒲トエリツケタリ。ヨク見レバ鰐口近キ頃ノ者也扱此頼政ノ歌ドモ見レニナリト云意モワカス云々手ナド今ヤウ乍ラムゲニ拙ク打見ルほドニヌカシサモ覺メツル心地ソゼル。文トデモ覺テ拙サニ方コハイツノ世ニ斯シ事ナシ置ケンイカナルシモノハワサニカシ興サメテ覺ユミト)○末社十二、祠域ノ經藏ニ大般若經等ノ殘本アリ(欄宜進士氏)[増]相殿三島ノ社ハ式内竹麻神社ノ一ナル可シ(前記尚手石村月間神社ノ條參觀)此神ヲ從來十七番ノ御神ト稱ス按ズルニ神階帳賀茂郡神社ノ内月まの明神(即式内竹麻神社)ヲ三座ト數フル時ハ此神十七番ニ當レルニ因テリテナラム又吉佐美ノ村名ハ后宮ノ略ニシテ此神三島大神ノ后神ナルヨリ起レルナル可シ古來字深田ニ鎭座セシヲ明治十一年合祀ス○配祀白鬚(源頼政記アリ其略ニ曰即十七番ノ御神、神尾山御倉山ノ麓多田美河ノ河ニ二座マスハ當郡朝日ノ里月吉村ノ土生大明神、人皇六代ニ當リテ興津彦、興津姫云々ト)[増]頼政ノ事已ニヌルカ如シ此神此神式社ナル可レ共祠典例レノ命ナルカ或云コレ多祁美加々命神社多田美加波ト語相聯シテ訛誤アルカト[[増]此説非也]三島明神トスルハ昔祠域ニ若宮祠アリ是レ三島明神ニ從ヒシ若宮ナル故稱セシナラム。伊豆納符[増]六百八坪民一)

萩原正夫『伊豆七島志』上・新島・總説（長倉書店刊）
○總説[増]島ノ名義ヲ按ズルニ扶桑略記仁和三年ノ條ニ新生ノ島トアルハ本島ニシテ宮津河山ヨリ南方一面ノ地ハ當時噴出シタルニヨリ新島ト稱セシナラム○三宅記ニハ島ノ色白キガ故ニ新ラシ島ト名クトアリ[増]三宅記ニ曰ク三島明神一人ノ后ヲ新島ニ置キ參ラセ「ミチノクノミ」トノ大后トゾ申ケル此御腹ニ王子二人マシヽヽキ一人ハ「ダイサムノ王子」(一本大宮王子)一人ハ「テイサムノ王子」ト申ス此王子ニ「劍ノ御子ヲ添參ラセケル云々」ト此ノミチノクチノミトノ大后トアルハ久爾都比咩命ダイサムノ王子トアルハ多祁美加々命ナル可クシテ其祠宇ハ共ニ式内ニ列セラレ今ニ存在スレバ此神々コソ本島創始ノ祖ナル可ケレ○島人傳云フ往古ダイサムノ王子と云人此島ヲ開クト

萩原正夫『伊豆七島志』上・新島・神祠（長倉書店刊）
○大三王子神社[増]本村大三山鎭座祭神多々美加々命ナル可シ[増]式内多祁美加々命神社ナル可シ三宅記ニ三島ノ神新島ニ置キ給フ后ヲ「ミチノクチノミトノ大后」トゾ申ケル其御腹ニ王子二人マス一人ヲ「ダイサムノ王子(一本大宮王子)」トアル是レナリ本社今ハ島ノ南西沿海ニ鎭座スレド往古ハ三十町據東方(全島ノ南方)ニ島山ニアリテ舊址存セリ貞享三年遷祀スト傳フ三代實錄ニ曰ク仁和二年十一月授伊豆國正六位上多祁美加々神正五位下ト○大三王子ハ島ヲ隈キタル神故島民特ニ尊信ス又テイサム王子ノ社モアリタレドモ今廢ス[増]([増]社域六千坪官有地)

菅原久高『伊豆國九十二式社祭神記』（『全國神職會々報』第二十一號）
多祁美加々命神社　新島鎭座大官王子と稱す
　祭神　多祁美加々命

吉田東伍『増補大日本地名辭書』第五巻・１０８０～１０８１頁
新島　利島の南五浬、島形南北に長し、凡三里、南偏に丹後山あり、高せん五百尺、赤休火山とす。戸口二千七百、田圃百町、農漁相兼ねたり、泉水乏し、鎌倉本保元物語に載する伊豆八島の一とす。新島と利島の間に、鵜利根と云ふ岩嶼数座あり、又新島の西に接近して地内島あり、地内の南に式根島あり、式根稍大なれば別に見ゆ。

　　羅山丙辰紀行云、伊豆の島は遷客投荒の所とす、近比仙洞脱雉ましまさざりし時、宮女和姦の積みにより、死を給ふべき所を、大相国（家康）寛弘の心、申有められて、あまたの宮女を流し遣されし新島も、此澳に在り。（これは慶長十四年、宮女広橋局、唐橋局以下の流刑を云へり、御倉島を看よ）
　　海若子伊豆日記云、新島は平地多く、人の住所皆平也、白砂山に離れ離れに小松ありて、其風色見るべし、海浜に鐵如き砂あり、此砂をふいごにかくれば、鐵すこし出ると、島人のいひし、海中も砂のみにて石なければ、網ひく磯浜三所までありて、八丈三宅とかはりて魚多く、男はすなどりし、女は山野に出で農業し、薩摩芋を常食とす、近年より甘蔗を作る者あり。○増訂志稿云、新島の大三明神は式内多祁美加々命神社なるべし、三代実録、仁和二年授位の神にして、三宅記に「新島に置ふ后の御腹に、王子二人います、一人をたいさんの王子」と載する者是也。○一説、天武紀「十三年、伊豆島、西北二面、自然増益、三百余丈、更為一島」とあるを援引して、新島即是と云へり、然れども伊豆島の西北とあるは、今の新島の方位に合はず。又此島は休火山なれど、天武帝の世に爆裂の事ありし証跡も備らず。大島三原山は現にも噴火して、且伊豆島は主つして大島を指せば、三原山の変災にあたるのみ。又扶桑略記に
　　仁和三年十一月十日、伊豆国献新生島図一張、見其画中、神明放火、以潮所焼則如銀岳、其頂有綠雲之気、云々、
　とある（潮焼と云ふこと其義を知らず）を、此新島に援引するも信じ難し。三宅記に此島白きが故にアタラシ島とも云ひ、比較上新生なるにもせよ、式内社さへあれば、仁和の新生にあらず。○増訂志稿云、堅魚は本州の産其名あり、初夏漁するを初堅魚と称して賞味す、北条五代記に「鰹鮪は夏に至て西海より東海に来る、伊豆、相摸、安房の浦々にて漁す、初鰹を賞味す」云々と、大島、新島等にて漁するを尤早しとす、延喜式の貢物に堅魚、堅魚煎汁等あり。

補［新島］〇伊豆日記、此島は平地多く、人の住所みな平にて、白き砂なり、白砂山といふ。
補［伊豆新島］〇人類学会雑誌（廿八年四月）此島の祠官の外にホウリあり、古語「祝」より転じたるものなり、尚ホウリの外、ヤカミシユー、或は神イサメと称する巫の一種あり、而して此は全くホウリの妻の務むる所なり。神いさめは、単に御酒を供し、燈明を点ずる位に過ぎず、而して神事は大概夜間に於て行ふ。

郷岡良弼『日本地理志料』巻十三・伊豆国賀茂郡三島郷
新島 在利島南二里、下田東南十里許、周凡七里、有新島山、高千四百九十六尺、田圃七十八町、山林六十町、有本村若郷二邑、管戸三百八十七、口二千五百五十、民業漁樵、山産牛馬、早島、地内島、鵜渡根島屬之、」天武十二年紀、十月己卯朔、是夕、有聲如皷、聞于東方、有人云曰、伊豆島西北二面自然増益三百餘丈、更爲一島、則如皷音者、神造是島之響也、所以名新島也、」有多祁美加加命神社、稱大宮王子、即三島神妃久爾都比咩命所生、仁和三年叙正五位下、見三代實録、

静岡県田方郡役所編『静岡県田方郡誌』５２７〜５３９頁（長倉書店刊）
三島神社（官幣大社）　祭神　積羽八重事代主命
三島町傳馬町に鎭座す、祭神は從來大山祇命と稱し、豫州三島より遷坐すと傳へたるは、三島の稱より附會したりとなん、明治五年十一月十八日附を以て、當社少宮司萩原正平よりの上申により翌六年一月六日指令ありて事代主命と確定せり。云々
城内に於ける攝社末社合せて十三社あり。
云々
5 酒神社（末社）　又酒御子神と稱して、舊記に御子神なる由傳へたれば、上に云る多初美加々命神を遷せるにはあらじか。

足立鍬太郎『南豆神祇誌』１７〜２０頁（静岡縣賀茂郡神職會）
　既に述べた如く、白鳳年間伊豆神海島に現れてより約百五十年、天長九年に至って男女二神に分化し、深谷を塞ぎ高巖を摧きて土地を増益し、併せて早霖を調節するを以て其の神驗とした。蓋し富士火山帯の活動に因る爆發の威力と、其の噴出した溶岩や泥灰の爲に海中に新地を得ることが、無上の恐怖と多大の感謝を齎したのである。加も其の爆發前に於ける火山性地震が、やがて來るべき災難を豫告警戒するを以て、居民は御神火を三嶋神と畏むと同時に、此の地震を伊古奈比咩神と稱へて感謝を表したのであらう。是れアイヌ語Ｉｋｏｎｎｕは凶事を未然に戒める義であってＩｋｏｎｎｕ－ｇｕｒｕ及びＩｋｎｎｕｐは神變を現す者であるより出たのである。但これより推して巫女と解することも出來る。（彼の三宅記の見目＝御妻を考ふべきである）。そして此の二神の本貫は三宅島であって、島の名は神明（燒）に起因し、其の雄山が三島＝神島神の體を表したものであらう。次に阿古は噴火の本場であって、其の地名は神名Ｉｋｏの轉である。Ｂａｃｈｅｌｏｒ氏アイヌ語文典Ｔｏｉｓｈｉｋａｒｉの説明に據れば、同語に於てｉ音のａに變ずるは屢々ある例だといふ。思ふに同地澪池は女神の躰を表すもので、男神と共に此地に鎭座し給うたのを、内地に奉遷した後に、御子阿米都和氣命を祀ったのであらう。尚ついでにいはヾ、同島神著はアイヌ語Ｋａｍｕｉｓｈｙｏｔｋｉ＝火の女神の處の意で、佐伎多摩比咩命の坐す地、伊ケ谷は同語Ｅｋａｙｅｃｈｉｓｈｉ若くはＥｋａｉｃｈｉｓｈにて險しき處の意、即ち伊賀牟比賣命の坐す地である。又坪田はＴｏｐｏｃｈｉ＝水溜の複數なれば、古澪池を表すもので、伊波乃比咩命の坐す處である。そして伊古奈比咩命三宅記には天地今宮后と稱するには、阿米都和氣命の他に穂都佐和氣命といふ御子おはし、佐伎多摩比咩命には、加彌・夜須・弓良・志里太平宜・久良惠・片菅・波夜志・南子の八子おはすを以て、こヽに主神・嫡后・三妃・十王子の三宅神族を組織すると、承和七年上津島の噴火によりて、更に三嶋神の本后阿波命・嫡子物忌奈命といふ神出現し、しかも其の本后には五子物忌奈伊太豆和氣阿豆佐和氣外二神ありと稱し、神津・御藏・利島を連ねて神津の一神族を形成した。然るに大島三原山は三宅島雄山と交互に爆發する御神火の本場であるから、こヽにも其舊噴火口なる波浮池今は一方を決して港とするに妃波布比咩命現れ、彼の白鳳當時の神造池たる野増の阿治古・泉津の波知兩神を其の二王子として大島神族を組織する。更に又式根なる久爾都比咩命といふ妃神には、新島の多祁美加賀命と稱する武勇の神と他に一柱の王子坐し、これに對して遙かに沖島八丈島にも妃優婆夷命・王子許志伎命外四神が現れたから、こヽに一主神の下に、兩后・六妃と嫡子以外に知名十六王子他に名の傳らざるもの七神より成る三嶋大神族式二十六社總三十三社が組織された。

足立鍬太郎『南豆神祇誌』３７〜３８頁（静岡縣賀茂郡神職會）
　延喜式卷九に載せた伊豆國神階帳は次の如くである。但所在地は萩原正平著伊豆國式社考略に私考を加へて註記す。
　　　　伊豆國九十二座　大五座小八十七座
　　　　　賀茂郡四十六座　大四座小四十二座
　　　　　　云々
　　　　　多祁美加加命神社　　　　　　　　新島
　　　　　　云々

足立鍬太郎『南豆神祇誌』７５〜８８頁（静岡縣賀茂郡神職會）
　伊豆國神階帳は、群書類從二三に、康永二年辛亥（興國四年）十二月廿五日在廳判の奥書あるものを、在廳伊達某藏本から寫して收めてある。伊達家に現藏するものは鳥子紙二枚續にて後世の寫本である即ち尾張のより二十年許前のものである。在廳とは、中古國衙の廳にあり、國司の命を奉じて事務を行ふ下司であったが、多くは世職だから其の稱呼を傳へて居たのだ。先づ左に其の全文を掲げよう。
伊豆國神階帳　式社の配當は萩原正平の意見に據る
　　伊豆國三ケ郡神明帳事
　　正一位三島大明神
　　　一品きさきの宮
　　　一品當きさきの宮
　　　正五位上第三皇子并十八所御子達

正一位千眼大■
　　從五位上六所王子
　　云々
　　正一位天滿天神
　　云々
　次に特に著しく目を惹くのは、田方郡何所といふ標題を闕いだことである。輕く考へると、最初に田方郡三十四所とあるべきを闕けたのだと思はれるけれど、仔細に研究する時は其の不可能なことが明る。即ち
　一、正五位上第三皇子并十八所御子達と從五位上六所王子とは各一所と數へてよろしきか。
　二、正一位千眼大■の正體は如何。
　三、第四乃至八各神の紋列が位階によって居ない。
　四、特に疑問となるは著しき式社の所屬郡に變動を生じたのは何故か。
といふことである。先づ一についていふと、式其他の出典によって、第（大）三皇子を多祁美加加命に充て、都合十六所を數へ得ることは第三章に述べた如くであるが、餘の二柱恐らくは續後紀阿波命所生五子の内知名三子を除いた殘數であらうが、は勿論、後の六所王子といふをも檢出し得ない。思ふに三嶋神族組織の根柢には、法華經化城喩品なる大通智勝佛＝阿閦後に藥師佛の十六子のことあれば、彼の宴曲三嶋詣にも、
　抑情思ひ解けば、大通智勝の其昔、東方阿閦と聞ゆるも、今の醫王善逝かとよ。十六沙彌は即ち、十六王
　子とあらはれ、互に行化を助けつつ、共に眠あり。一乘化城の妙文、誰かは是を仰がざらむ。
と述べ、又三島大社所傳の一にもしかあれば、かたがた十六王子を以て正しとすべく、随って
　　正五位上第三皇子等十六所御子達
と訂正すべきである。次に從五位上六所王子白濱神社へ納めた在廳の棟札には正五位上六所冲島王子と書いてある。も、位階に於て卑き感あれど、三島詣及び大社古傳の見目御妃六柱＝六所王妃の轉訛で、即ち式波布比賣命以下六神であらう。かく考へ來ると、彼の嫡子として名神大の待遇を受けた式物忌奈命神社が見えない。然るに是は伊豆で屢々若宮として八幡、又天神として菅公に混ぜられるから、正一位天滿天神といふがそれである。次に頼朝と特別な關係があって、鎌倉幕府から殊遇を受けた伊豆山神社＝式火牟須比命神社が見えない。されどこれも走湯山縁起なる本地から推すと、正しく正一位千眼大■がそれである。當時三島は大山祇命、富士山は木花咲耶姫命、伊豆山靈々杵尊を祭神として姻族關係を示して居た。是で二の問題もついでに茲に解決した事となる。さうして此の神階帳冒頭の一群神を整理して、
　　正一位三嶋大明神　伊豆三嶋神社
　　一品きさきの宮　阿波命神社
　　一品當きさ（き）の宮　伊古奈比咩命神社
　　正一位天滿天神　物忌奈命神社
　　正五位上第三皇子等十六所御子達　多祁美加々命神社
　　從五位上六所王妃　波布比賣命神社等六社
とすれば、恰も位階の紋列正しい二十六柱の三嶋神族の一團となって、いづれも式賀茂郡鎭座の神社であることが明白となる。随ってそれを巻頭に置いたのは、即ち總社に招祭したからであることは勿論なれども、當時既に三島神社は驛頭に奉遷したものとなって居たから、此の神階帳には、田方郡に編入すると、神祇界の權威たる延喜式、及び折角苦心慘憺辛うじて案出した社地神領に限り賀茂郡の飛地であるとの説に衝突すべく、又賀茂郡に加へると現實を無視することになるから、此のＤｉｌｅｎｍａを脱せんとて、遂に斯様な類例の無い形式を用ひたのである。されば眞の田方郡に屬するは、右を差引いた殘餘の正一位千眼大■外二十七所であるから、之に總社の二十六所を加へると加へぬとに論無く、三十四所とは明記されないのが當然であって他の二三項目と共に、かゝる不得要領な記載方をなすことが、當時の事情からいへば、却て大に要領を得たものであったかも知れない。併しながら、是が遂に賀茂郡飛地説の正體を暴露したのは、是非ない次第である。阿波命所生の名の知れない二王子を認めて十八王子とする時は、三嶋神社の總數は廿八柱となって法華經廿八品と合致す。

足立鍬太郎『南豆神祇誌』９７頁（静岡縣賀茂郡神職會）
　稲生澤村河内八幡神社にはアイヌ式石劍の彫刻ある一折片、及び鎌倉後期の山吹飛雀鏡外二面を藏し、第三皇子即ち多祁美加命を祀ると傳へて居る。

足立鍬太郎『南豆神祇誌』１７５～１８１頁（静岡縣賀茂郡神職會）
　　　第二十一章　稲生澤村
云々
八幡神社
　所在　河内字上湯原
　祭神　譽田別命
　創立　正徳四年　再建
　社格　無格社
　境内　六二坪　官一
　初、王子社と稱し、第三王子即ち多祁美加々命を祭ったのである。當社所藏の石劍は、スレート製アイヌ系精製石棒の中央部で、長さ六寸一分扁平にして横斷面はほゞ菱形をなし、最廣部長徑一寸三分・短徑八分ある。其兩面に、同式のシンメトリカルに配置されたる紋様を陰刻せるは、注意すべきものである。尚一個完全な無頭石棒と三面の和鏡がある。

静岡縣『旧版 静岡縣史』第三巻・７１１～７１３頁（名著出版刊）
【賀茂郡四十六座大四座小卌二座】
云々
（多祁美加加命神社）
　原祭神は多祁美加加命。「三代實録」仁和二年十一月廿五日の條に正六位上多都美賀賀神に從五位下を授くとある。原所在は伊豆新島。
云々

物忌奈命神社

『特選神名牒』３０２～３０３頁
物忌奈命神社 名神大
　祭神　物忌奈命 稱定大明神
　　今按續日本後紀承和七年九月乙未伊豆国言賀茂郡有造島本名上津島此島坐阿波神是三島大社本后也又坐物忌奈乃命即前社坐御子神也とあるを思ふに物忌奈命は三島大社の本后にます阿波咩命の御子神とみえたり式社攷證に古き上梁文に長濱大明神 奉申御神者當鎭守神集島定大明神御母神也とあるにても明かなるも思ふべし
　神位　仁明天皇承和七年十月丙辰奉授伊豆國無位物忌奈命從五位下以伊豆國造島靈驗也文德天皇嘉祥三年十月壬子伊豆國物忌奈乃神授從五位上十一月甲戌朔詔以物忌奈神列於官社仁壽二年十二月丙子加伊豆國物忌寸奈命神正五位下 今按斉衡元年六月己卯同位階を授くることあるは何れか衍文なるべし故今本文を存して彼を刪る
　祭日　四月六日十一月並中酉日
　社格　縣社
　所在　神津島

度會延經『神名帳考證』（『神祇全書』第一輯）
○物忌奈命神社 名神大　在神津島、今云定明神、三島御子也、豊宇氣姫命　出羽國大物忌神社

伴信友『神名帳考證』（『伴信友全集』第一）
物忌奈命神社 名神大
［續後紀］承和七年十月丙辰奉授物忌奈乃命從五位下以伊豆國造島靈驗也［文實］嘉祥三年十月壬子伊豆國物忌奈乃神授從五位上［同］嘉祥三年十一月甲戌朔詔以物忌奈神列官社仁壽二年十二月丙子駿河國物忌寸奈命神加正五位下駿河當作伊豆齊衡元年六月己卯加伊豆國物忌奈命神正五位下仁壽齊衡同階可重考○在神津島今日定明神三島御子神也［志］同○下文阿波神社條可考

伴信友『神名帳考』（『神道大系』古典註釋編七・延喜式神名帳註釋）
物忌奈命神社 名神大、
○續日本後紀、承和七年十月丙辰、奉授阿波神・物忌奈乃命、並從五位下、以伊豆國造嶋靈驗也、○嘉祥三年十月壬子、伊豆國物忌奈。[乃]神授從五位上、仁壽二年十二月丙子、加駿河國物忌寸奈命神正五位下、駿河當作伊豆、斉衡元年六月、加伊豆國物忌奈命神正五位下、仁壽・斉衡同階、可重考、△志ニ、在神津嶋、今日定明神、三嶋御子也、

鈴鹿連胤『神社覈錄』（井上頼囶・佐伯有義校訂『神社覈錄』下編）
物忌奈命神社　名神大
　物忌奈は毛乃伊美那と訓べし○祭神明か也○神集島に在す、今定大明神と稱す、志例祭　月　日、○式三、臨時祭名神祭二百八十五座、中略伊豆國物忌奈命神社一座、○續日本後紀、承和七年九月乙未、伊豆國言、賀茂郡有造作島、本名上津島、此島坐阿波神、是三島大社本后也、又坐物忌奈乃命、即御前社御子神也、事は阿波神社の下に見ゆ
　　　神位　官社
　續日本後紀、承和七年十月丙辰、奉授伊豆國無位物忌奈乃命從五位下、以伊豆國造島靈驗也、」文德實錄、嘉祥三年十月壬子、伊豆國物忌奈乃神從五位上、同年十一月甲戌朔、詔以物忌奈神列於官社、仁壽二年十二月丙子、加伊豆國物忌寸[イナシ]奈命神社正五位下、又斉衡元年六月己卯、加伊豆國物忌奈命神正五位下、同位重出不審

栗田寛『神祇志料』第十二巻
物忌奈命神社、今神津島に在り、定明神と云ふ。神名帳考證、豆州志三島神阿波咩神に御娶坐て生坐る子、物忌奈命を祭る。仁明天皇承和七年十月丙辰、無位より從五位下を授く。此神島を造給ふ。靈驗あるを以て也。續日本後紀文德天皇嘉祥三年十月壬子、從五位上を加へ、十一月甲戌朔、官社に列り、斉衡元年六月己う、正五位下に叙され、文德實錄醍醐天皇延喜の制、名神大社に列る。延喜式四月六月十一月中酉日を以て祭を行ふ。

『大日本史』[九]・志一・巻二百五十五
物忌奈命神社、○今在神津島、日俗名神、爲一島總鎭守、祀物忌奈命、即三島神子、而阿波咩神所生也、續日本後紀、神明帳頭註、承和七年、國言、神造上津島、甚有靈驗、詔與阿波神同叙從五位下、續日本後紀文德帝即位、進從五位上、爲官社、仁壽二年、陞陞五位下、文德實錄延喜制、列名神大社、延喜式

『大日本史』[十一]・志三・巻二百九十三
凡本國島嶼纂多、皆隷本郡、槩稱七島云、…曰上津島、南方海島志○又作神集、或神津、在新島西五里、周五里許、三宅記云、上古諸神所會、故名、承和七年、國言、賀茂郡有上津島、島中火起、經旬不熄、巖石焚碎、雨灰滿地、是阿波咩、物忌奈二神所爲也、續日本後紀事具神祇志、○本島、東控浩渺、風浪險惡、嶦巖峻峭、草木繁茂、西面纔可停泊云、

竹村茂雄『伊豆國式社考』（『神祇全書』第四輯）
物忌奈命神社　上津島、志

德川義直『神祇寶典』巻五・伊豆（『神祇全書』第貳輯）
物忌奈命神社 名神大
　續日本後紀云、物忌奈乃命者、三島大社御子神也、
　見于阿波社之下

萩原正平『伊豆國式社攷略』（静岡県立中央図書館所蔵）
物忌奈命神社 名神大
　神集島鎭座舊稱定明神社是なり續後紀島志式攷証註進特選今云ふ當社地は即仁明天皇紀尓所載承和七年の神作尓係連る四宮院の一西北角有新作院とある尓當里て前岸の削成せる後壟の聳立る當昔の景迹髣髴存春類が如き神域尓なむ有里ける

萩原正平・萩原正夫『増訂豆州志稿』巻之八上・式内神社考並神階帳考緒言（長倉書店刊）
〇物忌奈命神社（名神大）［増］冲階帳正一位天満天神（田方郡ニ載ス）〇神集島［増］舊稱定明神社也續日本後紀日承和七年九月乙未伊豆国言賀茂郡有造作島本名上津島此島座阿波神是三島大社本后也又座物忌奈乃命即前社御子神也ト古キ上梁文ニ長濱大明神（即阿波神也）與申奉御神者當鎭守神集島定大明神御母也ト有ルニテ明カ也神階帳ニ載セタルハ往時拜所ヲ設テ享祭セルガ故也天満天神ハ蓋シ俗稱ナラム（他ニモ三島大神ノ王子ヲ天神ト稱セシ例アリ）拜所ハ君澤郡川原ケ谷村天神社ナル可シ總テ特縁アル神ハ三島大社ノ近傍ニ拜所ヲ設ク蓋シ往昔國司奉幣ノ便ヲ計リタルナラム以下廣瀬、楊原火牟須毘命神社等同之（共ニ三島大社ノ攝社タルハ此故ナル可）神階帳ハ拜所ニ據テ之ヲ誌ス（神階帳正一位天満天神トアル迄ハ皆三島大社内近傍ニ攝祭シ或ハ廣座セシメタル事其序次ニ因テ明カ也式社考證其地未ダ此證明アラザリシハ遺憾ナリキ［此事緒言ニ云リ］）仁明紀日承和七年十月奉授物忌奈乃命從五位下、文德紀日嘉祥三年十月授從五位上、仁壽二年十二月加正五位下齋衡元年六月加正五位上

萩原正平・萩原正夫『増訂豆州志稿』巻之八上・神祠一・君澤郡（長倉書店刊）
〇天神社（河原ケ谷村）［増］三島大社攝社。相殿駒形、八幡、愛宕神、［増］當社ハ式内物忌奈命神社（神集島鎭座）ノ拜所ナル可シ（式内神社考本條参看）〇或云神名記所載正一位天満天神也ト（［増］此傳爲是）古城ノ地ヨリ移スト云蓋城ノ鎭守神也［増］相殿三座ハ近年合神ス（〇八幡ノ上梁文ニ日貞應元年勸請スト［増］二百九十三坪官一）

萩原正夫『伊豆七島志』上・神津島・總説（長倉書店刊）
〇總説［増］神津、仁明天皇紀ニ上津、三宅記ニ神集ニ作ル〇神津島ハ上ツ島ノ疑ナリ東方ニテハ西ヲ上トス此島諸島ノ最西ニアル故名ク三宅記ニハ神々集リテ島々ヲ焼出シ給フ詮議ヲナシケル故神集島ト名クトアリ［増］仁明天皇紀ニ伊豆國賀茂郡有造作島名上津島トアルニヨリテ案ズルニ神津ハ神造ノ意ナラム乎［増］仁明天皇紀ニ上津島座阿波神是三島大社本后又座物忌奈乃命即前社ノ御子神也云々又阿波神五子相生云々トアリ三宅記ニ三島明神神集島ニ置給フ后ヲ長濱ノ御前ト申ス此御腹ニ王子二人マス「タヽナイ」「タウナヘ」トゾ申ケルトアリ長濱ノ御前トアルハ即阿波神ナリ此神及其子物忌奈乃命ノ祠廟ハ共ニ式内名神祭二百八十五座ノ内ニ列シ今府社タリ此母子ノ神コソ本島開創ノ祖ナルコト疑ナカル可ケレ。

萩原正夫『伊豆七島志』上・神津島・神祠（長倉書店刊）
［増］府社物忌奈命神社（〇正一位定明神）［増］前濱鎭座祭神物忌奈命（増訂豆州志稿ニ詳記ス二九三頁）〇神主松江氏外社人四戸（社域三千一百二十五坪官有地）

萩原正夫『伊豆七島志』上・三宅島・神祠（長倉書店刊）
［増］若宮神社（〇若宮八幡）［増］伊村焼野鎭座祭神不明或云物忌奈命（［増］社域七百三十二坪官有地一種）

菅原久高『伊豆國九十二式社祭神記』（『全國神職會々報』第二十一號）
物忌奈命神社 名神大神集又神津島鎭座定明神と稱す
　　祭神　　物忌奈命

吉田東伍『増補大日本地名辭書』第五巻・１０８１頁
神津島　又神集、上津に作る、古史に承和年中此島噴火、其名夙く著る。新島の西南八浬、方二里許の面積を有ち、島頂天井山は高二千餘尺、休火山なれど活動全く尽きたるにはあらず。島中田圃多からず、人口千九百、漁耕を力む、東京より直航一百海里、下田より三十海里。
　続日本後紀、承和七年九月、伊豆国言、賀茂郡有造作島、本名、上津島、此島坐阿波神、是三島大社本后也、又坐物忌奈乃命、即前社御子神也、新神宮四院、石室二間、屋二間、閣室十三基、上津島本体、草木繁茂、東南北方、巖峻崎崒、人船不到、纔西面有宿泊之浜、今咸燒崩、与海共成陸地并沙浜、二千許町、其島東北角、有新造神院、其中有壟、高五百許丈、基周八百許丈、其形如伏鉢、東方片岸、有階四重、青黄赤白色沙、次第敷之、其上有一閣室、高四許丈、次南海辺、有二石室、各長十許丈、広四許丈、高三許丈、其裏五色稜石屏風立之、巌壁伐波、山川飛雲、其形破捩軟障、其前懸夾纈軟障、即有美麗浜、以五色沙成修、次南傍有一礒、如立屛風、其色三分之二悉金色矣、眩曜之状不可敢記、亦東南角、有新造院、周垣二重、以聖築固、各高二許丈、其南片岸有閣室八基、南面四基、西面四基、周各廿許丈、高十二許丈、其上階東有屋一基、瓫玉瓦形、葺造之、長十許丈、広四許丈、高六許丈、其壁以白石立固、則南面有一戸、其西方有一屋、以黒瓦葺作之、其壁塗赤土、東面有一戸、院裏礫砂皆悉金色、又西北角有新作院、周垣未究作、其中有二壟、其同各八百許丈、高六百許丈、其体如瓫伏、南片岸有階二重、以白沙敷之、其頂平麗也、従北角至于未申角、長十二許里、広五許里、皆悉成沙浜、従戌亥角至于丑寅角、長八許里、広五許里、同成沙浜、此二院元是大海、又山岑有一院一門、其頂有如人坐形石、高十許丈、右手把剣、左手持桙、其後有侍者、跪瞻貴主、其辺嵯峨、不可通達、自余雑物、燎燃未止、不能具注、去承和五年、七月五日、夜出火、上津島左右海中燒、炎如野火、十二童子相接取炬、下海附火、履潮如地、入地如水、震上大石、以火焼摧、炎焰達天、其状朦朧、所々焰飛、其間経旬、雨灰満部、仍召集諸祝刀禰等、卜求其祟、云阿波神者、三島大社本后、五子相生、而後后授賜冠位、我本后未預其色、因兹我殊示怪異、将預冠位、若補宜祝等不申此祟者、出黽火将亡補宜等、国郡司不労者、将亡国郡司、労成我所欲者、天下国郡平安、令産業豊登、今年七月十二日、眇望彼雲島、煙覆四面、都不見状、漸近戻近、霧雲齋朗、神作院岳之類、露見其貌、斯乃神明之所感也。按、上津島承和年中噴火の状、頗詳なり、其言ふ所変幻恍惚、最人情の至感至想を尽す。其宮院室屋と云ふは、皆岩石崖岸の奇状、種々の形容を成せる者とす。而も其修正成は皆三島大神の霊異に帰せらる、惟ふに古人此地を以て、造島噴火の霊と為し、其大小の諸島諸所は、皆是れ大神の妻子、眷属、陪従の人々の栖宅、鎮座の地と看取せられたり。故に三島大神は神代巻の大山祇命にも比擬す

— 103 —

べしと雖、本来拝物教の巨霊にして、祖先教の意義なき者とす。さればその妻子、眷属と云ふも、真の歴史的人間の関係あるにはあらずと悟るべし。

吉田東伍『増補大日本地名辞書』第五巻・１０８２頁
物忌奈命神社　七島志云、上津島は前浜を以て埠頭とす、仁明紀に「東南北方、岩峻崎崒、人船不到、纔西面有泊宿之浜」と云ふ即此とす、天上山より前浜に降る間、二十余町の渓谷あり、焼石累積して、流砂の状あり、神社は方俗正一位定名神と称し、延喜式の名神大社なるを以て、今府社の一に陞さる、此社境は「島西北角、有新作院」云々とあるに当る歟。
補［物忌奈命神社］〇増訂豆州志稿、式内名神大にして、神集島旧称定明神社也、続日本後紀曰［略］是三島大社本后也、又座物忌奈乃命即前社御子也と、古き上梁文に「長浜大明神（即ち阿波神也）与申奉御神者、当鎮守神集島定大明神御母也」とあるにて明かなり、神階帳田方郡に載せたるは、往時拝所を設けて享祭せるが故也。仁明紀曰、承和七年十月奉授物忌奈命従五位下、文徳紀曰、斉衡元年六月加正五位上。

邨岡良弼『日本地理志料』巻十三・伊豆国郡三島郷
神津島　舊名神集島、在式根島西南二里、下田南十二里半、周凡六里、有天城山、高二千餘尺、田圃二十四町、山林九十一町、西南邊倚山面海聚落、戸三百六、口四千五百五、居民業兼農漁、間事養蠶、恩馳、祇苗、錢島等、皆屬本島、」祀典所云阿波神社在此、曰長濱明神、祀三島神元妃阿波咩命、物忌奈命神社、稱定明神、爲一島總鎭守、即阿波咩命所生也、承和七年、伊豆國言、物忌奈阿波二神造上津島、大示靈驗、詔同叙從五位下、本史記事甚詳、宜繙面讀、

足立鍬太郎『南豆神祇誌』１０〜１３頁（静岡縣賀茂郡神職會）
　前記天長九年三嶋神伊古奈比咩神二前の神功は、現白濱神社々域の成立を語るものと認められて、其の二院相對の制は、近く寛保元年改造の前まで存せられて居た。此の二神は元來三宅島に鎭り給ひしが、予が憶測にして違はずんば、桓武天皇延暦十九年の富士山大噴火の影響を受けて、己むを得ず内地に遷徙し給うたのであらう。然るに仁明天皇の時に至りて、承和七年九月乙未二十三日伊豆國言。賀茂郡有造作島。本名上津島。此島坐阿波神。是三嶋大社本后也。又坐物忌奈乃命。即前社御子也。新作宮四院。石室二間。闇室十三基。中間役五百字省略去承和五年七月七日出火。上津島左右海中。燒炎如野火。十二童子相接取炬。下海附火。諸童子履潮如地入地如水。震上大石。以火燒摧。炎燭達天。其狀朦朧。所々燄飛。其間經旬。雨灰滿部。仍召集祝刀禰等卜求其祟。云。阿波神者三嶋大社本后。五子相生。而後后授賜冠位。我本后未預其色。因茲我殊示怪異。將預冠位。若禰宜祝等不申此祟者。出龜火將亡禰宜等。國郡司不勞者。將亡國郡司。若成我所欲者。天下國郡平安。令産業豐登。今年七月十二日眇望彼雲島。烟覆四面都不見。漸比戻近。雲霧霽朗。神作院岳等之類。露見其貌。斯乃神明之所感也。續日本紀九といふことがある。曩に承和三年十一月丙寅朔。勅。護持神道。不如一乘之力。轉禍作福。亦憑修善之功。宜遣五畿七道僧各一口。毎國内名神社。令讀法華經一部。國司檢校。務存潔信。必期靈驗。全上五とあれば、今溶岩が盛に海中に流入するを形容し、大森博士藥師十二神將に象った十二童子に、法華經妙莊嚴王本事品又賢愚經にもなる入地如水履水如地の文を附會するも怪しむに足らないが、一方又、此の三年越の大噴火に島の地貌の劇變したのを目撃し、且は神託の猛烈なるに驚いた、新任國守外從五位下高原王此年正月任命された國守飯高宿禰矢賢が病の爲に退いたので三月高原王が任命されたのであらうが、周章してかく長々しい解を上ったのである。されど此の裏面には、八年前に三嶋神が冠位＝從五位下を贏ち得たのを嫉視して、之に對抗すべく他神族が活動したとは解されないであらうか。今少し明にいはゞ、阿波神阿波國齋部の祖大日鷲命の長女に饗當すや物忌奈命は阿波の齋部族が齋きまつる神であって、文學博士久米邦武氏そを彼等が安房に植民する途中の要港にして、賀茂郡家の附近神津島上津島の對岸なる鯉名嶴頭今竹麻村に祭ったのを、郡司巫祝や別當様の僧侶大和國大安寺の支院石門寺は後世まで竹麻神社に奉仕して居た等が相謀り、密教々理を應用して土地第一の靈神たる三嶋神の正妻嫡子に擬し、以て巧に機會を利用したのであるまいか。是れ今も神津島には定物忌奈長濱阿波兩明神鯉名より渡來の説を傳へ、竹麻には三嶋明神神津島より渡來の説を傳へる所以、將た延喜式に竹麻神社三座一座は三嶋神とある所以であらう。萩原正平の竹麻神社三座配當説は首肯し難い恰も當時肥後國阿蘇郡なる健磐龍命の神靈池にも、大涸渇の神異があったから、朝廷では事態容易ならずとして之を卜に求められると、果して旱疫及び兵事あるべしと現れたから、或は伊勢神宮や賀茂御祖社に祈り、或は賑救の詔を下され、終に冬十月丙辰十四日奉授無位阿波神物忌奈之命並從五位下。以伊豆國造靈驗也。續日本紀九といふことになった。

足立鍬太郎『南豆神祇誌』１７〜２０頁（静岡縣賀茂郡神職會）
　既に述べた如く、白鳳年間伊豆神海島に現れてより約百五十年、天長九年に至って男女二神に分化し、深谷を塞き高巖を攝きて土地を増益し、併せて旱霖を調節するを以て其の神驗とした。蓋し富士火山帶の活動に因る爆發の威力と、其の噴出した溶岩や泥灰の爲に海中に新地を得ることが、無上の恐怖と多大の感謝を齎したのである。加も其の爆發前に於ける火山性地震が、やがて來るべき災難を豫告警戒するを以て、居民は御神火を三嶋神と畏むと同時に、此の地震を伊古奈比咩神と稱へて感謝を表したのであらう。是れアイヌ語Ｉｋｏｎｎｕは凶事を未然に戒める義であってＩｋｏｎｎｕ－ｇｕｒｕ及びＩｋｎｎｕｐは神變を現す者であるより出たのである。但これより推して巫女と解することも出來る。（彼の三宅記の見目＝御妻を考ふべきである）。そして此の二神の本貫は三宅島であって、島の名は神明（燒）に起因し、其の雄山が三島＝神島神の體を表したものであらう。次に阿古は噴火の本場であって、其の地名は神名Ｉｋｏの轉である。Ｂａｃｈｅｌｏｒ氏アイヌ語文典Ｔｏｉｓｈｉｋａｒｉの説明に據れば、同語に於てｉ音のａに變ずるは屢々ある例だといふ。思ふに同地澪池は女神の躰を表すもので、男神と共に此地に鎭座し給うたのを、内地に奉遷した後に、御子阿米都和氣命を祀ったのであらう。尚ついでにいはゞ、同島神著はアイヌ語Ｋａｍｕｉｓｈｙｏｔｋｉ＝火の女神の處の意で、佐伎多摩比咩命の坐す地、伊ケ谷は同語Ｅｋａｙｅｃｈｉｓｈｉ若くはＥｋａｉｃｈｉｓｈにて險しき處の意、即ち伊賀牟比咩命の坐す地である。又坪田はＴｏｐｏｃｈｉ＝水溜の複數なれば、古澪池を表すもので、伊波乃比咩命の坐す處である。そして伊古奈比咩命三宅記には天地今宮后と稱するには、阿米都和氣命の他に穗都佐和氣命といふ御子おはし、佐氣多摩比咩命には、加彌・夜須・弓良・志里太乎宜・久良惠・片菅・波夜志・南子の八子おはすを以て、こゝに主神・嫡后・三妃・十王子の三宅神族を組織すると、承和七年上津島の噴火によりて、更に三嶋神の本后阿波命・嫡子物忌奈命といふ神出現し、

しかも其の本后には五子(物忌奈伊太豆和氣阿佐和氣外二神)ありと稱し、神津・御藏・利島を連ねて神津の一神族を形成した。然るに大島三原山は三宅島雄山と交互に爆發する御神火の本場であるから、こゝにも其舊噴火口なる波浮池(今は一方を決して港とするに)妃波布比咩命現れ、彼の白鳳當時の神造地たる野増の阿治古・泉津の波知兩神を其の二王子として大島神族を組織する。更に又式根なる久爾都比咩命といふ妃神には、新島の多祁美加賀命と稱する武勇の神と他に一柱の王子坐し、これに對して遙かに沖島(八丈島)にも妃優婆夷命・王子許志伎命(外四神)が現れたから、こゝに一主神の下に、兩后・六妃と嫡子以外に知名十六王子(他に名の傳らざるもの七神)より成る三嶋大神族(式二十六社總三十三柱)が組織された。

足立鍬太郎『南豆神祇誌』３７～３８頁（静岡縣賀茂郡神職會）
　延喜式卷九に載せた伊豆國神名帳は次の如くである。但所在地は萩原正平著伊豆國式社考略に私考を加へて註記す。
　　　　伊豆國九十二座　　大五座小八十七座
　　　　　賀茂郡四十六座　　大四座小四十二座
　　　　　　云々
　　　　　　物忌奈命神社　名神大　　　　　　　　　　　神津島
　　　　　　云々

足立鍬太郎『南豆神祇誌』７５～８８頁（静岡縣賀茂郡神職會）
　伊豆國神階帳は、群書類從二三に、康永二年辛亥(興國四年)十二月廿五日在廳判の奧書あるものを、在廳伊達某藏本から寫して收めてある。伊達家に現藏するものは鳥子紙二枚續にて後世の寫本である即ち尾張のより二十年許前のものである。在廳とは、中古國衙の廳にあり、國司の命を奉じて事務を行ふ下司であったが、多くは世職だから其の稱呼を傳へて居たのだ。先づ左に其の全文を揭げよう。
伊豆國神階帳　式社の配當は萩原正平の意見に據る
　　伊豆國三ケ郡神明帳事
　　正一位三島大明神
　　　一品きさきの宮
　　　一品當きさきの宮
　　　正五位上第三皇子并十八所御子達
　　　正一位千眼大■
　　　從五位上六所王子
　　　云々
　　　正一位天滿天神
　　　云々
　次に特に著しく目を惹くのは、田方郡何所といふ標題を缺いだことである。輕く考へると、最初に田方郡三十四所とあるべきが闕けたのだと思はれるけれど、仔細に研究する時は其の不可能なことが明る。即ち
　一、正五位上第三皇子并十八所御子達と從五位上六所王子とは各一所と數へてよろしきか。
　二、正一位千眼大■の正體は如何。
　三、第四乃至八各神の紋列が位階によって居ない。
　四、特に疑問となるは著しき式社の所屬郡に變動を生じたのは何故か。
といふことである。先づ一についていふと、式其他の出典によって、第(大)三皇子を多祁美加加命に充て、都合十六所を數へ得ることは第三章に述べた如くであるが、餘の二柱恐らくは續後紀阿波命所生五子の內知名三子を除いた殘數であらうが、は勿論、後の六所王子といふをも檢出し得ない。思ふに三嶋神族組織の根柢には、法華經化城喩品なる大通智勝佛＝阿閦(後に藥師佛)の十六子のことあれば、彼の宴曲三嶋詣にも、
　　抑倩思ひ解けば、大通智勝の其昔、東方阿閦と聞ゆるも、今の醫王善逝かとよ。十六沙彌は即ち、十六王子とあらはれ、互に行化を助けつゝ、共に主伴の睨あり。一乘化城の妙文、誰かは是を仰がざらむ。
と述べ、又三島大社所傳の一にもしかあれば、かたがた十六王子を以て正しとすべく、隨って
　　正五位上第三皇子等十六所御子達
と訂正すべきである。次に從五位上六所王子(白濱神社へ納めた在廳の棟札には正五位上六所沖島王子と書いてある。)も、位階に於て卑き感あれど、三嶋詣及び大社古傳の見目(御妃)六柱＝六所王妃の轉訛で、即ち式波布比賣命以下六神であらう。かく考へ來ると、彼の嫡子として名神大の待遇を受けた式物忌奈命神社が見えない。然るに是は伊豆で屢々若宮として八幡に、又天神として菅公に混ぜられるから、正一位天滿天神といふであらう。次に賴朝と特別な關係があって、鎌倉幕府から殊遇を受けた伊豆山神社＝式火牟須比命神社が見えない。されどこれも走湯山緣起なる本地から推すと、正しく正一位千眼大■がそれである。(當時三島は大山祇命、富士山は木花咲耶姫命、伊豆山は瓊々杵尊を祭神として姻族關係を示して居た。)是で二の問題もついでに茲に解決した事となる。さうして此の神階帳冒頭の一神群を整理して、
　　正一位三嶋大明神　　伊豆三嶋神社
　　一品きさきの宮　　阿波命神社
　　一品當きさ（き）の宮　　伊古奈比咩命神社
　　正一位天滿天神　　物忌奈命神社
　　正五位上第三皇子等十六所御子達　　多祁美加々命神社等十六社
　　從五位上六所王妃　　波布比賣命神社等六所
とすれば、恰も位階の紋列正しい二十六柱の三嶋神族の一團となって、いづれも式賀茂郡鎭座の神社であることが明白となる。隨ってそれを卷頭に置いたのは、即ち總社に招祭したからであることは勿論なれども、當時既に三島神社は驛頭に奉遷したものとなって居たから、此の神階帳には、田方郡に編入すると、神祇界の權威たる延喜式、及び折角苦心慘憺辛うじて案出した社地神領に限り賀茂郡の飛地であるといふ說に衝突すべく、又賀茂郡に加へると現實を無視することになるから、此のＤｉｌｅｎｍａを脫せんとて、遂に斯樣な類例の無い形式を用ひたのである。されば眞の田方郡に屬するは、右を差引いた殘餘の正一位千眼大■外二十七所であるから、之に總社の二十六社を加へると加へぬとに論無く、三十四所とは明記されないのが當然であって他の二三項目と共に、かゝる不得要領な記載方をなすことが、當時の事情からいへば、却て大に要領を得たものであったかも知れない。併しながら、是が遂に賀茂郡飛地說の正體を暴露したのは、是非な

い次第である。阿波命所生の名の知れない二王子を認めて十八王子とする時は、三嶋神社の總數は廿八柱となって法華經廿八品と合致す。

静岡縣『旧版 静岡縣史』第三巻・６７７〜６８３頁（名著出版刊）
　伊豆は火山地帶である關係上古くより海底噴火に伴ふ海島の變異及び地震の災害を被ることが多かった。奈良時代に於ても天武天皇の白鳳十三年伊豆嶋西北に一島が出現し大地震があったことを「日本書紀」は傳へてゐるが、平安時代になって承和五年に及び再び海底噴火が突發したことは「續日本後紀」承和七年九月廿三日の條に詳記されてゐる。
　　伊豆國言、賀茂郡有造作嶋。本名上津島。此嶋坐阿波神、是三嶋大社本后也。又坐物忌奈乃命、即前者御子神也。新作神宮四院、石室二間、屋二間、闇室十三基。（略）去承和五年七月五日夜出火。上津島左右海中、燒災如野火。十二童子相接取柜、下海附火。諸童子履瀾如地、入地如水。震上大石、以火燒燼、炎燄達天、其狀驚驚、所々碌飛。其間經旬、雨灰滿部。仍召集諸祝刀等、卜求其崇云、阿波神者、三嶋大社本后。五子相生。而後后長鷗寇位。我本后未預其色、因茲我嫉示帳異、戰頂寇位。若祢宜祝等不申此崇者、出麁火將亡祢宜等。國郡司不勞者、將亡國郡司。若成我所欲者、天下國郡平安、令産業豐登。今年七月十二日胡望彼嶋、雲煙覆四面、都不見狀、驀比炎近、雲霧霽前。神作院岳等之類、露見其貌。斯乃神明之所感也。
この爲めに仁明天皇は、承和八年五月神功皇后御陵へ同年六月伊勢皇大神宮及び賀茂神社へ勅使を差遣し給ひ、また同年七月五日詔を發して震災地伊豆の賑救を計り給ふたのである（第三章第二節一參照）。
　前掲承和七年の史料に見える上津島は現在の神津島である。この史料に誌されたる三島大社本后阿波神や物忌奈乃命に就ては第九章第二節三に述說するが、特に注意を要する事は上津島の災異は阿波神に對する不敬に基因するといふ卜占である。即ちこれは丁度富士山の噴火が淺間神に對する不敬に原因するといふ考へ方と一致するもので（本章第二節參照）、この爲めに三島神社を始め伊豆諸社は屢々神位社格を增進されるに至ったと思はれるのである。右上津島の異變の場合にも遂に阿波神・物忌奈乃命に對する授位となったことは、「續日本後紀」承和七年十月十四日の左の條によって知られる。
　　奉授無位阿波神、物忌奈乃命、並從五位下。以伊豆國造嶋靈驗也。
　史料に見ゆる平安時代の伊豆の海島變異及び地震の例としては、なほ「中右記」天永三年十一月廿四日の條を掲げることが出來る。
　　伊豆國解云、去十月中下旬之比、海上火出來、鳴動如雷者。是去月天下鳴動聲、大略此響歟。希有奇怪第一之事也。
以上は極めて激烈なりし場合を擧げたるに過ぎないが、通常程度の噴火や地震は頻繁であつたに相違ない。そのことは伊豆が富士火山帶に屬する關係上平安初期屢々の富士山噴火の度每に（本章第二節參照）伊豆にも震災が續發したと考へられるのである。恐らく伊豆に神社を祭祀すること特に數多い理由の一はこの點にもあったであらう。のみならず平安時代に於て伊豆が最も卜占に名を得てゐた原因の一も亦この點に考へられるのである。蓋し災異に際し卜占を以て神慮吉凶を判ずることは當時一般の習俗であったからである。
　伊豆の卜占を見るに當りまづ本國出身の龜卜の大家に卜部宿禰平麻呂があったことを忘れてはならない。平麻呂に關する史料は「三代實錄」元慶五年十二月五日の左の條である。
　　從五位下行丹波介卜部宿禰平麻呂卒。平麻呂者、伊豆國人也。幼而習集卜之道、爲神祇官之卜部。揚水作驚、決義疑多効。承和之初、遣使聘唐。平麻呂以善卜術、備於使部。使還之後、爲神祇大史。嘉祥三年轉少祐、齊衡四年授外從五位下、天安二年權大祐、兼宮主也。貞觀八年遷紛判權介、十年從五位下、累歷備後丹波介。卒時年七十五。
即ち平麻呂は卜術に長じ、承和の初年遣唐使に隨行して入唐し、歸國後神祇官となり、遂に天安二年權大祐兼宮主にまで出世してゐるのである。これ卜部系圖が何れも平麻呂を祖とする所以であらう。右史料の示す如く平麻呂は元慶五年七十五歲を以て卒したのであるが、これより二十一年前の天安二年占部宿禰雄貞なる者が四十八歲を以て卒してゐる。即ち「文德實錄」天安二年四月十日の條に
　　是日、宮主外從五位下卜部宿禰雄貞卒。雄貞者、龜繁之儔也。兄弟尤長此術。帝在東宮時爲宮主。踐祚之日、爲大宮主。齊衡二年正月敘外從五位下。雄貞本姓卜部。齊衡三年改姓占部宿禰。性嗜飲酒、遂沉洏卒。時年四十八。
とあるのがそれである。雄貞が本姓卜部であったこと、兄弟尤も龜卜の術に長じてゐたこと等の記載より、傍證は存し無いが前記平麻呂と雄貞は兄弟かと思はれるのである。然りとせば年齡より推算して平麻呂が兄、雄貞が弟と見做すことが出來よう。
　かくの如く伊豆に龜卜の大家が生れたことは觝て伊豆に龜卜の術が發達してゐたことを裏書きする。そのことを確證するものは左記の二史料である。
イ 「延喜式」卷三、神祇三
　　凡宮主取卜部堪事者任之。其卜部取國卜術優長者。伊豆五人。壹岐五人。對馬十人。若取在都之人者自非卜術絕群、不得輒充。其食人別日黑米二升、鹽二勺。妻別日米一升五合、鹽一勺五撮。
ロ 「古事談」第六
　　龜甲御占ニハ、春日南室町西角ニ御坐スル社ヲバフトノトノ明神ト申。件社ヲ此占之時ハ奉念云々。
　　又伊豆國大嶋下人者皆此占ヲスルナリ。堀川院御時、件嶋下人三人上洛。召テ被占之處、皆奉仕此事者也云。
右二史料に示された事項の中で特に注目すべきは、イに見える伊豆五人、壹岐五人、對馬十人の註である。これによれば伊豆の龜卜は壹岐・對馬の龜卜と同一系統に屬する樣である。而して今日朝鮮總督府編輯「朝鮮の巫覡」所收の巫覡分布圖によれば、全羅南道の海南郡及び濟州島はその最多なるものとなってゐる。たゞ朝鮮の巫覡は龜卜其他の間接的觀象法のみならず直接的通神法をも試みて卜占を行ひ、なほ祈禱禳祓のことや神樂舞踊をも爲すのであるから我國平安時代の龜卜とは可成り相違してゐるが、一面に龜卜と巫覡に相通ずる神祕的卜占的要素のあることは見落せない。かくして伊豆大島・壹岐島・對馬島の卜占は更に朝鮮濟州島の卜占に關係せしむることを得、伊豆大島の龜卜が朝鮮に系統を有することを想像し得るのである。この說は更に上記諸島の間に地理・地名・風俗上の共通點を發見することによって補强される。即ち地理上海島にして且つ火山地帶なること、地名上難訓難解なるもの多きこと（伊豆南海岸を含む）、風俗上婦人の荷物頭載を見ること等はそれである。かの弘仁十一年新羅の叛民が伊豆國府より乘船入海したといふことは伊豆海島に於ける朝鮮民族の占據を暗示する事實では無からうか（第一章第七節三參照）。此等の問題に就てはなほ伊豆三島神社の遷祀を論ずるに當って觸れる豫定である（第九章第二節三參照）。

静岡縣『旧版 静岡縣史』第三巻・７１１〜７１３頁（名著出版刊）
【賀茂郡四十六座大四座小冊二座】
云々
（物忌奈命神社名神大）本章第二節三參照。
　　原祭神は物忌奈命。原所在は神津島。

云々

静岡縣『旧版 静岡縣史』第三巻・七五八～七七二頁（名著出版刊）
（伊豆三島神社）本章第一節三參照
　伊豆三島神社は「延喜神名式」に伊豆國賀茂郡の所在とし、名神大月次新嘗の社格を受け、「諸國一宮記」に伊豆國一宮と誌され、鎌倉時代には頼朝並に歴代將軍以下の武家によって特に崇敬された名社である。
　三島神社の原所在に關しては諸種の意見がある。即ち賀茂郡より現在地に遷祀されたとする説、古來より現在地にあったとする説である。三島神社が現在の田方郡三島町に鎮座してゐたことは、少くとも「吾妻鏡」治承四年八月十七日の條によって鎌倉初期まで溯上って決定し得る。この條に
　　北條殿被申云、今日三島神事也。郡参之下向之間、定滿衢歟。仍廻牛鍬大路者、爲往反者可被咎、可行蛭島融歟者。
と見えるからである。そして爾後鎌倉中期に相次いで著はされた「東關紀行」「關東往還記」の紀行には何れも三島神社の所在地を伊豆國府即ち現在の三島町としてゐる。故に鎌倉時代以後はもはや變遷なく三島神社の鎮座地は三島町と斷定することが出來る。
　それ以前の平安時代に於ては如何。この問題に關して上述の二説が成される。一體「延喜神名式」には伊豆三島神社を伊豆國賀茂郡の所在としてゐる。而して「和名類聚抄」巻五國郡部十二伊豆國には
　　賀茂郡。賀茂。月間。川津。三島。六社。
とあり、明かに「延喜神名式」の記載を傍證してゐるのである。なほ二書共に田方郡の部には三島神社を物語る可き何物も見當らない。こゝに於て三島神社は平安初期に在っては賀茂郡に所在し、それが平安中期末期の間に於て田方郡の伊豆國府に遷ったといふ見解が生ずる。但し或者は右二書の記載は三島神社の鎮座地を賀茂と稱するが故に、實際は田方郡に所在したのであるが一種の飛地と看做して故意に賀茂郡に編入したのであると説く。
　然るに「日本逸史」天長九年五月廿二日の左記の條は極めて注意すべきである。
　　伊豆國言上、三島神、伊古奈比咩神二前、預名神。此神塞深谷、推高巖平造之地二十町許、作神宮二院、池三處。神異之事不可勝計。
即ちこの史料は三島神が伊古奈比咩神と同所に祀られてゐたことを示し、以て間接にその鎮座地を告げるものである。伊古奈比咩神とは「續日本後紀」承和七年九月廿三日の左記の條に見える三島神の後后である。
　　伊豆國言、賀茂郡有造作嶋、本名上津嶋。此嶋坐阿波神、是三島大社本后也。又物忌奈乃命、即前社御子神也。（略）阿波神者三島大社本后、五子相生。而後后授賜冠位。（明神に預ること）我本后未預其色。
さて伊古奈比咩命神社の鎮座地は社傳及び地形より見て古來變動無く現在の賀茂郡白濱村字長田に當り、此地に縣社伊古奈比咩命神社が祀られ、曾て境内より嘉祿元年太歳乙酉十二月在銘の御正體が發掘されてゐる。然る時は伊古奈比咩神と同處なるべき三島神は當然白濱村長田の地に鎮座した筈である。これ上掲承和七年の史料に伊古奈比咩神を以て三島神の後后と誌し本后よりも先に冠位を授けられたと誌し、又誌し得た所以であらう。以上の故に「延喜神名式」は三島神社を賀茂郡に編入した次第であったと考へる。
　されば三島神社が古來伊豆國府の地に鎮座したと見る説は否定されなければならない。三島神社は平安初期には賀茂郡白濱村長田（即ち「和名類聚抄」の賀茂郡大社郷）に所在したのである。それが平安中期末期の期間に於て田方郡なる伊豆國府の地に遷座したのであって、その理由は恐らく此の頃より東海道が箱根路を經過し（第一章第六節參照）、また地方豪族の勃興（第五章參照）と共に口伊豆方面の人文發達し、なほ總社や一宮の新制が成立した結果古來名神大社として最位に在りし當社を賀茂郡より伊豆國府に遷祀するの必要が生じた爲めであったらう。但しこの間の事情を明證する史料の皆無なるは遺憾である。
　然らば三島神社は平安初期以前はその鎮座地を變えること無く賀茂郡白濱村長田に所在したか。この問題に關して伊豆三島神社は伊豫三島神社を遷祀したといふ説が立てられてゐる。この説は鎌倉中期仁治三年の紀行「東關紀行」に
　　此の社は、伊豫の國三島大明神を遷し奉ると聞くにも、
とあるを初見とするであらう。其他「源平盛衰記」にも同説が見えてゐる。なほ能因祈雨のことは「十訓抄」により伊豫の出來事と訂正すべきである。伊豫三島大明神とは伊豫越智郡大三島の宮浦に所在する大山祇神社で「延喜神名式」には大山積神社と誌され、古來日本水軍の總鎮守として崇敬を受ける神社である。伊豆三島神社の名は恐らく伊豫大山積神社の鎮座地大三島より得たものであらう。惟ふに古代太平洋黒潮の關係にて伊豫三島神を奉齋する民族が三宅島に到着し、此地にはじめて三島神社を祭ったものらしい。これ「越智系圖」等に三島大明神は伊豆に漂流した伊豫の王子であるとの傳説を記載する所以である。
　伊豫三島神を奉齋する民族が或は百濟等の朝鮮民族であったかも知れないことは、伊豫三島神が仁徳天皇の御代百濟より渡來した神であるといふ「釋日本紀」巻六述義二神代上大山祇神所引の「伊豫風土記」左條により想像される。
大山祇神
　　神名帳曰、伊豆國賀茂郡伊豆三嶋神社。名神大、月次、新嘗。
　　（略）
　　神名帳曰、攝津國嶋下郡三嶋神社。小。神名帳曰、伊豫國越智郡大山積神社。名神大。俗稱三嶋明神。
　　伊豫國風土記曰、宇知坐御嶋坐神。御名大山積乃、一名和多志大神也。是神者、所顯難波高津宮御宇天皇御世。此神自百濟國度來坐。而津國御嶋坐云々。謂御嶋者、津國御嶋名也。
こゝに於て想起される事は前章第三節に説いた伊豆大島の龜卜の系統が朝鮮半島にあるらしいといふ考察である。伊古奈比咩命神社の古傳書の内なる「三宅島藥師縁起」には
　　明神（三嶋神）の卿在りけるに、先きに島々の后々王子にみやつかへしと波を云ひたりしかども、大島はすくなき所の雨わかみこにとつぎて産める子有、うらべといへり。（略）壬生の長男實正に大明神仰せられけるは、汝等餘に早く凡夫と見ゆるなり、末世の爲に占ら方といふものを實正に敎へ玉ふ也。亦是は此の譯する文也と七日占方を七夜敎玉ふ也。雨つみの龜のかふにて燒べし。
とも見えてゐる。もとより後世の附會傳説に過ぎないが、卜部・龜卜三嶋神の關聯を意味し、その裏面に三嶋神を奉齋する一族（伊豫より來着）の卜占術を暗示する。これを三島神が百濟より渡來したといふ「伊豫風土記」の所説と併せ考ふる時其等の間に繋る關係は一層鮮明になるのである。なほ現今伊豫松前の「おたた」と稱する女が荷物を頭臧する風習を殘してゐることは注意すべきである。
　さて伊豫より黒潮に乘じて到着した民族は先づ三宅島に着住したものらしい。このことは伊豆七島に傳はる口碑に基き推察するのである。即ち上掲「三宅島藥師縁起」に三島大明神が伊豆に到着して此の國の神明と共に十の島を造り、
　　大明神島々かよひあそび給ふ中にも、常々は大島三宅島あたらし島の三所におはしましける。されども三宅島に宮作りありて大明神とは申奉りぬ。

とあり、「増訂豆州志稿」に三宅島神着港は三島神が到着したるによって地名としたとの傳説を載せてゐるのである。かくして三宅島に三島神は齋祀され、この神を中心として伊豫より來着せる民族は伊豆海島に繁榮し、やがて伊豆南海岸にも発展した。そして奈良時代若くは平安初期に於て伊豆三島神社は三宅島より賀茂郡大社郷の地に遷って伊古奈比咩命神社と同域に祀られ、再遷して平安中期頃田方郡なる伊豆國府に鎮座したのである。以上三島神社の伊豫より遷祀の攝を概述した。然しながら、之は鎌倉時代の史料を以て立論したのであるから古代の問題に對してはなほ不充分との批評はもとより免れ難いであらう。

こゝに三島神社に關聯して賀茂の地名の存在することを一瞥しなければならない。このことに就ては石井廣夫氏の畏著「神祇古史傳」に充分の研究が見えてゐるが、その要點は平田篤胤の如く「二十二社本縁」に據って三島鴨神系を事代主神とすることも、三島通良氏の如く「二十一社記」に據って三島鴨神系を大山祇神（實は鴨建角身命となるけれども）とせんとすることも、何れも不合理である、結局伊豆三島神社と伊豫大山祇神社を同系神とするならば、我國從來の山城・大和兩賀茂神の二大神系の外に、獨立して三島鴨神系の存在することを認めなければならない。而して三島鴨神系の證據は「大日本史」神祇志中伊勢度會郡に大山祇神裔の鴨神社坐はすこと、また既に掲げたる「伊豫風土記」所見の攝津國三島鴨神社が坐すことである。その結果攝津にしろ三島にしろ三島鴨神の鎮座地には賀茂の地名が生じたのであるといふのである。かくして石井氏は田方郡三島町が近世迄賀茂郡を稱したる事實、三島町及び韮山村の賀茂川神社、また南豆に於ける朝日村大賀茂、南中村上賀茂・下賀茂、八丈島の賀茂山・賀茂川等を以て三島神社御祭神に由緒を有する地名とせられた。

然しながら「延喜神名式」の伊豆國賀茂郡四十六座にある加毛神社二座に關する限りなほ考察の餘地がそんする（本章第一節第三參照）。この加毛神社二座とは恐らく「和名類聚抄」巻五國郡部十二の賀茂郡に見ゆる賀茂郷に所在した神社であらう。この地は現在の賀茂郡朝日村大賀茂より南中村上賀茂・下賀茂に及ぶ範圍で、右加毛神社二座の現在社は南中村下賀茂字小島に所在する加畑賀茂神社、及び同村二條字後山に所在する三島神社と推定されてゐる。現在二社の祭神は何れも三島神系とされてゐるがそれは後世の改作かも知れない。少くとも「延喜神名式」制定當時の加毛神社二座の祭神は直ちに三島神系の神祇であったとは斷言出來ないのである。事實「延喜神名式」には近隣遠江磐田郡に山城鴨御祖神を祭れる御祖神社があり（本章第一節第一參照）、なほ常陸新治郡にも同神が存在してゐる。加畑賀茂神社の攝社に大山咋命が祀られてゐることは如何なる意味か。この樣に考へて來ると加毛神社二座は或は山城鴨神を祭る賀茂神社では無かったかとの疑問がどうしても殘される。從って此地にある賀茂の地名は三島神社に關係あるものとは俄に斷じ難いのである。

以上は三島神社の原所在に關する考察であるが、同時に三島神社の祭神が伊豫三島神と同神即ち大山祇神であるといふ説も自ら成立して來る。現在は三島神社の祭神を事代主神と定められてゐるが、之に對する大山祇神説は屢々先人によって提唱されてゐることを附記しなければならない。なほ三島神には本后・後后以下多數の族神があることに注意を要する。例へば前に述べた「日本逸史」天長九年五月廿二日の條及び「續日本後紀」承和七年九月廿三日の條によって本后阿波神、後后伊古奈比咩命神、御子神物忌奈乃命神の坐はしたことを知る。恐らく三島神社が最初伊豫から遷祀された時には未だ此等の族神は存せず、その後三島神を奉齋する民族が伊豆諸島や伊豆南海岸地方に發展するに連れて漸次その族神を各地に齋祀するに至ったものであらう。故に「延喜神名式」の賀茂郡の部を見ると大部分の神社は難解なる祭神名を用ひ、僅かに伊豆三島神社及び加毛神社二座・竹麻神社三座のみが地名を神社名としてゐるのである。（この傾向は那賀・田方兩郡に於ては半減してゐる）これ前段に加毛神社二座は山城鴨御祖神を奉祀する神社であらうとの疑問を提出した理由の一である。

かくして伊豆七島及び南伊豆には三島神社を中心として多數の族神が齋祀された。三島神社は「延喜神名式」によれば名神大社の社格を與へられてゐる。その平安時代に於ける神位社格の増進の有樣を表示して置こう。

授列年月日	出典	神位社格
天長九年五月廿二日	日本逸史	名神に預く
嘉祥三年十月七日	文徳實録	從五位上
仁壽二年十二月十五日	文徳實録	從四位下
貞觀元年正月廿七日	三代實録	從四位上
貞觀六年二月五日	三代實録	正四位下
貞觀十年七月廿七日	三代實録	從三位
延長年間	延喜神名式	名神、奠幣案上神
寛仁元年十月二日	左經記	一代一度奉幣

その特別なる尊信を集めてゐた有樣は見る可きである。從って三島神社の本后なる阿波神、後后なる伊古奈比咩命神、御子神なる物忌奈乃命神が何れも餘社に比較して著しい崇敬を受けたことは自然の理であった。左に右三社の平安時代に於ける神位社格の増進を表示してみよう。

授列年月日	出典	阿波神	伊古奈比咩命神	物忌奈乃命神
天長九年五月廿二日	日本逸史	名神		
承和七年十月十四日	續日本後紀		從五位下	從五位下
嘉祥三年十月七日	文徳實録	從五位上	從五位上	從五位上
嘉祥三年十一月一日	文徳實録	官社	官社	官社
仁壽二年十二月十五日	文徳實録	正五位下	正五位下	正五位下
延長年間	延喜神名式	名神	名神	名神

こゝに石井廣夫氏は右の如き三島神及び族神に對する崇敬、また「延喜神名式」に伊豆國が諸國に比して斷然官社數の多いことに疑問を挿み、恐らくその原因はかの卜部氏（第八章第三節參照）による策動の結果と解してゐられるが、正鵠を得てゐるであらう。加ふるに第八章第三節に述べた如く當時宛も伊豆諸島の異變多く、その爲めに一層位階増進のことが行はれたと考へられるのである。

伊波例命神社

『特選神名牒』３０３頁
伊波例命神社
　祭神　伊波例命
　祭日
　社格　（明細帳に石室神社とあり祭神伊波例命）
　所在　（賀茂郡南崎村長津呂）　長津呂村
　　今按豆州志本郡長鶴村の條に石廊權現本村より十三町已午の方の洲嘴にあり是即州の極南なり祠は山岸より海上に造り出す下臨すれば石岸峭立高數百丈波浪洶涌懍然として足酸す云々とあるにより式社攷證に伊波例神社賀茂郡長津呂村岩廊神社なるべし嚴巒上に鎮座なるは伊波例の稱に協ひ神階帳に所謂いはら姫の明神此にていはらは伊波例の訛と聞え今稱の石廊又いはらの轉と聞ゆるを以て證すべしと云る其説確實にして伊波例の石廊なる事石廊のいはれ姫明神なるべきこと知るべし故今之に從ふ

度會延經『神名帳考證』（『神祇全書』第一輯）
〇伊波例命神社　天尾羽張神　一　石拆神　常陸國夷針神社　舊事紀、劒鐔垂血激越爲神、亦走就湯津石村、所成之神名、曰天尾羽張神、亦名稜威雄走神、

伴信友『神名帳考證』（『伴信友全集』第一）
伊波例命神社
〇神武天皇神日本磐余彦命〇常陸國夷針神社

伴信友『神名帳考』（『神道大系』古典註釋編七・延喜式神名帳註釋）
伊波例命神社
〇常陸國夷針神社、〇神武天皇、神日本磐余彦命、

鈴鹿連胤『神社覈錄』（井上頼囶・佐伯有義校訂『神社覈錄』下編）
伊波例神社
　伊波例は假字也〇祭神明か也〇在所詳ならず

栗田寛『神祇志料』第十二巻
伊波例命神社、今長津呂村石廊山にあり、岩廊神社と云、伊波良姫明神是也。伊豆神階帳〇按國内神階帳いはらい明神とあるイハラは、伊波例にて岩廊は又イハラの轉と聞ゆ。凡其祭正月一日ノ事行ふ。伊豆式社考證、足柄縣社取調帳、

『大日本史』[九]・志一・巻二百五十五
伊波例命神社、〇今在長津呂村岩廊山、日岩廊社、伊波例奧岩廊、音訓相近、

竹村茂雄『伊豆國式社考』（『神祇全書』第四輯）
伊波例命神社　八幡野の社の神樂歌に、いほりの山といふことあり、いはれいほり音通、この山に祀れる神社なるべし、又伊豆山に岩童子あり、

徳川義直『神祇寶典』巻五・伊豆（『神祇全書』第貳輯）
伊波例命神社
　神日本磐余彦天皇也
　磐余彦天皇即神武天皇也
　日本紀云、神日本磐余彦天皇、諱彦火々出見、彦波瀲武鸕鷀草葺不合尊第四子也、母曰玉依姫、海童之少女也、天皇生而明達確如也、年十五立爲太子、及年四十五歳、謂諸兄及子等曰、昔我天神高皇産靈尊、大日孁尊、舉此豐葦原瑞穗國、而授我天祖彦火瓊々杵尊闢天關披雲路、駈山蹕以戻止、是時運屬鴻荒、時鍾草昧、故蒙以養正治此西偏、皇祖皇考乃神乃聖、積慶重暉、多歴年所、自天祖降跡以逮、于今一百七十九萬二千四百七十餘歳、而遼邈之地猶未霑於王澤、遂使邑有君村有長、各自分疆用相凌躒、抑又聞於鹽土老翁曰、東有美地、余謂、彼地必當足以恢弘大業光宅天下、何不就而都之乎、諸皇子對曰、理實灼然、俄亦恒以爲念、宜早行之、是年也太歳甲寅、其年冬十月、天皇親帥諸皇子舟師東征、戊午歳夏四月、欲東踰膽駒山而入中州、時長髓彦聞之曰、夫天神子等所以來者、必將奪我國、則盡起屬兵、徼之於孔舍衛坂與之會戰、有流矢中五瀬命肱脛、皇帥不能進戰、天皇憂之、六月乙未朔丁巳、軍至紀伊國名草邑、則誅名草戸畔者、遂越狹野到熊野邑、且登天磐盾、仍引軍漸進、海中卒遇暴風皇舟漂蕩、時稻飯命入海、化爲鋤持神、三毛入野命蹈浪秀而徃乎常世郷矣、天皇獨與皇子手研耳命、帥軍而進至熊野荒坂津、因誅丹敷戸畔者、冬十有二月、饒速日命舊事紀異是宇摩志麻治命也本知天神慇懃唯天孫是與、且見夫長髓彦稟性愎佷不可教以天人之際、乃殺之、帥其衆而歸順焉、辛酉年春正月庚辰朔、天皇即帝位於橿原宮、是歳爲天皇元年、七十有六年春三月甲午朔甲辰、天皇崩于橿原宮、時年一百二十七歳、明秋九月乙卯朔丙寅、葬畝傍山東北陵、

萩原正平『伊豆國式社攷略』（静岡県立中央図書館所蔵）
伊波例命神社
　同郡長津呂村石廊崎鎭座い者らひめ能明神神階帳今稱石室神社俗尔石廊社と云ふな里と須攷證註進特選今云ふ當社地は本州の極南大洋尓突出せる岬角なり故尓伊豆が鷲の霜あり祠は海上尓臨める懸崖の石室尓して下視春れは片岸數十丈波浪洶涌懍然として之を久く須べから須尤奇異の神域なりと云ふべし

萩原正平・萩原正夫『増訂豆州志稿』巻之三上・町村三（長倉書店刊）
〇長津呂村（[増]東大瀧村十六町四十九間、西入間村一里三十九間、北加納村一里二十町四十間）[増]貳拾貳里七町五間（[増]四里二十一町二十五間二尺）〇東鑑作長津呂 [増]税祠簿なかとろ、慶長三年檢地帳、豆州之内長津呂大瀬ト記セリ（王子神社慶長十八年ノ棟札、大瀬ノ獅長鶴村、順行記長津留村ト〇吾邦古人墨ヲ津ト云、呂ハ助語、神ロギハロノロノ如シ、惠口兩岸石壁高ク崎ツ、其間長四百四十歩、廣ハ長ノ十三分ノ一ナリ、狹長如帶、故ニ長津ノ名在り[増]本村鎭座石室神社ハ式内伊波例命神社神名帳ノいわらひめ、明神ニシテ十餘町巳午ノ方洲嘴（是即州ノ極南）ニ在り、其社域ノ絶勝ナル構造ノ奇異ナル筆舌ノ盡ス所ニ非ス、繋游餘日、石廊山、高數百仭、石聚而爲山突兀于

海表蒼松珊瑚蟠屈藜茂自麓至巓三里有餘山頭途絶而梯畫而得祠架木於岩角構之不過數十丈極潔極靜下瞰則成數百似怒潮吞岩根如奔馬如雪之亂如玉之碎如烟之昇大洋森茫奥天無疆大島、新島、髙津、三宅之諸島則翠然羅列ス波瀾間マタ大御國内ニ此ヤウナル所ノ有スベシトモ思ホエズト、泊泊文藻ニモ吉田雨岡ガ云ワキテ石廊山ハ天下ニスト有マシキ所ノサマナリトアルヲ始メコノ地ノ奇勝ヲ貫感シテ記セルモノ甚タ多ク枚擧スルニハ遑アラズ別ニ記セルモノアリ社後巌壁上瀛高キ所ニ燈臺アリテ神兒元嶼ノ局卜相對ス白石八角木造高十八丈五尺燈光不動赤色射十里二逹ス明治四年辛未八月建築ノ功ヲ奏ス
（縣治紀事本末）物産、石材

〇田額六拾壹石七斗八升七合（内新田三石六斗三升）［増］反別三百四拾八町壹反貳畝壹歩内（田三町七歩、畑十町二反九畝十九歩、宅地一町七反九畝六歩、山林百六十町八反七畝十七歩、原野七十一町八反八畝十四歩、雜種地一反八畝十九歩）［増］地價三千八百五拾壹圓八拾錢八厘［増］地租金九拾六圓拾三錢五厘［増］社二（村-籬-）寺二（廟）浦役場一（字伊波本ニ在り）分校一［増］戸現住七拾九現在八拾［増］口本籍四百五拾壹（男百九十三、女二百五十八）現住四百四拾九（男百八十九、女二百六十）

萩原正平・萩原正夫『増訂豆州志稿』巻之五・岬角（長倉書店刊）
〇石廊崎　長津呂村ノ南二斗出スル七町、即本州ノ極南ナリ故ニ亦伊豆ガ崎ノ稱アリ明治四年燈明臺ヲ建設ス白色八角ノ木造、高拾八丈五尺、照射十里ニ逹ス岬端斷崖險絶ノ處ニ石廊神祠ヲ置ク是レ式内伊波例命神社ナル可シ此地西ハ志摩ノ麥崎ト遙對シ東ハ安房ノ洲崎ヲ遠望ス南ハ滄瞑渺茫、海天一色、數點ノ島嶼雲霧ノ間ニ隱顯スルヲ見ル其勝景筆舌ノ能ク盡ス所ニ非ズ（町村部神祠部参照）東鑑ニ長津呂崎ニ作ル新撰六帖法眼慶融ノ歌ニ
　　　伊豆ガ崎海ト波トノ目モハルニ其際見エヌ雲ノタナギ
［増］神皇正統記延元三年九月義良親王奥州下向ノ條ニ日ク上總ノ地近クヨリ空ノケシキオドロヽヽシク海上荒フクナリシカバ復伊豆ガ崎ト云方ニ漂ハレ侍リシニイトビ波風オビタシクナリテ、アマタノ船行方知ラズ侍リケルニ皇子ノ御船ハ障リナク伊勢ノ海ニ着カセ給フト」

萩原正平・萩原正夫『増訂豆州志稿』巻之八上・式内神社考並神階帳考緒言（長倉書店刊）
〇伊波例命神社［増］神階帳從四位上いはら姫の明神［増］賀茂郡長津呂村石廊崎鎭座石室神社ナル可シ

萩原正平・萩原正夫『増訂豆州志稿』巻之九上・神祠三・賀茂郡（長倉書店刊）
〇石廊權現（同村）［増］無格社石室神社祭神伊波例命ナル可シ［増］式内伊波例命神社ナル可シ（前記）石廊崎ノ南極ニ鎭座ス（〇本村ヨリ十三町）石廊ハ伊波例ノ轉訛ナラム初山上ニアリシヲ此ニ遷スト云祠長橋ヲ海崖ノ岩窟ニ架シテ基礎ニ代フ甚奇ナリ（遊豆紀勝ニ曰相傳播州商舶過洋颶風忽起舟舩舞如葉衆哀聲籲石廓權現謂僮如厄當以檣報賽少頃風息波平遂得脫乃沈檣而去是夜檣自出海横踞千簷中土人歎異因以橫祠云卜尚海若伊豆日記参照）詣者手攬ニ縁リ匐匐シ祠ニ達ス危嶮想フ可シ〇下臨スレバ石壁峭立高サ數百丈波浪洶涌懔然トシテ股栗ス（石廓ノ記ニ曰文武帝ノ時阿摩陀トモ者アリノ許ノ人ナルヲ知ラズ役小角大島ニ謫セラレシ時阿摩陀小角ヲシテ観音大士ヲ長津呂ノ南キシニ祭ラシメ綾權現ト號ス天平中行基化此ニ至リ佛像ヲ陶鑄シ第六天神ヲ配祀ス殷眞綺トニ者播摩ノ人此北ニ幽棲スル知事年リ乢能ク飢寒ニ耐ヘ屢ヲ通シテ懼リ給ラズ性慈仁里人疾アレバ則樹葉ヲ執テ之ヲ祝ス病者即癒ユ偶爆人トニ相遇フ乃作和歌曰「見セバヤナ播摩ノモノニ此景ヲ波ノ入間ニ月ノ綺ヲ」ト今地名ニ阿摩陀ノ産、眞綺ナドアリ神主小澤氏ニ一流記一巻ヲ藏ムス其文有箇略ス）［増］慶長中大久保石見守、神職宅地ヲ免租ス（其文書存ス）元禄元年代官江川太郎左衛門祈禱料トシテ毎年玄米壹俵ヲ寄進シ爾來恒例トセシヲ明治維新後廢止ス
（元禄以來寄進狀數通皆同文也文化三年鷹司關白寄附ノ燈籠アリ［増］百九十九坪征一）

菅原久高『伊豆國九十二式社祭神記』（『全國神職會々報』第二十一號）
伊波例命神社　南崎村長津呂鎭座無格社石室神社なり
　　祭神　伊波例命

吉田東伍『増補大日本地名辭書』第五巻・１０６８頁
長津呂　今大瀬、下流と合併して、南崎村と云ふ、石廊埼此に在り、大瀬、下流は長津呂と手石の間なる海崖とす。
　増訂志稿云、長津呂、税祠簿には「なかとろ、王子神社」慶長十八年の棟札「大瀬郷、長鶴村」とあり、輿を津と云ひ呂は助語也、輿口両岸、石壁高く峙つ、其間長四百四十歩、広は長の十三分の一なり、狹長如帯、故に長津の名あり、本村鎭座の石室神社は、式内伊波例命神社、神階帳、いわらひめ明神にして、十余町巳午の方洲崎（是即州の極南）に在り、其社域の絶勝なる、構造の奇異なる、筆舌の尽す所に非ず、大瀬の海中に島多し、景勝の地なり、其中に仏島名だかし、槃遊余録日、仏嶼髙瀾數十仞、兀立洋中、而容色相、衣体皺紋、分明而如彫如画、宛慌惚、高僧之憑椅而端座、称名説法狀、試比之寧楽大仏、則当以兄、天造之妙、豈人口之所能及乎。〇遊豆記勝云、大瀬村、踰山循海、遙見石廓、高數丈、如堅掌列指、其西數峰、盤踞矛空、骨立不容卄立、行二里至長津呂村、為西南極界、村口石峰突出二分、垂覆屋危欲墜、其南碧山秀蔚、所謂石廓山也、山劈巌作礄頗險、登數百歩、忽復坦夷、老松皆數百年、盤拏堰塞、与遊人争道、山上設燈台、夜間洋舶認以弁方所、又數百歩、海崖極巉絶、上結木欄、備巓墜、蛇行而下、絶壁中有巨窟、非人所能梯、而石廓權現祠乃安其内、可謂絶奇、祠広數十筵、以帆檣為基、其上窓檻相接、若連艫麋艦、啓窓則下俯不測之淵、濤瀾砕撃、飛騰成雨、不可久視、祠外巨巌突起、葡匐出其上、滄溟万里、浮天無岸、西与志州鳥羽対、世所称七十五里長洋者、本邦水路之險、以此為最、一港在両山之間、屈曲如峽、想亦石廓支峰、大船停泊山下、両涯狂峰怪巌、詭態万狀、或粘空而立、或擘海而起、皮膚消剥、神骨獨存、如虫■如刀鑱。
　　浮藻さいて松を綺ふの入江かな、　　　三　千　風
　　妻浦子浦や比翼のうき巣鴨の舟、

　東遊記云、昔伊豆の海辺は人の心おそろしかりしが、今にては温淳の風俗となれりとぞ、昔の物語を聞くに、正月年礼に来る者、先づ唱へてイナサ参らふと云、あるじ寄せて御座れ、古釘で祝いませうと、是を年始の祝言とす、是をいかなるわけと問ふに、イナサとは此海上の悪風なり、此風吹く時は、此辺の者ども手に松明を持ち、或は火を燃して浜辺を往来す、沖に行かふ船難風に苦みて、入るべき湊やあるとうろつき居る時、此火の光りを見て、人家やあると寄来れば、忽海底の岩に触れ、打砕けて破船に及ぶ、翌朝浦々の人破船せる荷物道具を取り掠む、さればこそ、今に至りても此辺の古き家は、天井板敷なども、多くは船の古板をもて作りたり、云々。
補［長津呂］〇増訂豆州志稿、大瀬村は峻山村を擁し、海に島嶼多し、向山に古松あり、島嶺に怪石あり、景勝の地なり。海中上人嶼あり、一名雀嶼、又名仏嶼、〇大瀬村の王子神社は、式内穂都佐和気命社にやあ

らむ。

吉田東伍『増補大日本地名辞書』第五巻・１０６８～１０６９頁
石室埼　又石廊に作る、謂ゆる伊豆が崎にして、東海航路の名所とす。東鑑には長津呂崎と云ふ。延喜式、
　　伊波例命神社の存在に拠りて、名義を推すに、岩群の意なるべし。下田の西南三里、灯台并びに望楼の設
　　置あり。
　　　　伊豆が崎うみとなみとの目もはるにその際見えぬ雲の夕なぎ[新撰六帖]　　　　法眼慶融
　　神皇正統記、延元三年九月、義良親王奥州下向の条に曰く「上総の地近くより、空のけしきおどろ〳〵し
　　く、海上荒くなりしかば、又伊豆が崎と云方に漂はれ侍りしに、いと〳〵波風おびた〳〵しくなりて、あまた
　　の船行方知らず侍りけるに、王子の御船は障りなく伊勢の海に着かせ給ふ」云々、凡此崎より以西、志摩
　　の崎に至るまで、遠州洋と号し、東海の大険とす。〇槃遊余録云、石廊山、高数百仞、石聚而為山、突兀
　　于海表、蒼松珠柏、蟠欝蓁茂、自麓至巓、途絶而梯、梯尽而得祠、架木於岩角構之、下瞰則削成危壁、怒
　　潮呑岩根、如奔馬如巻石、如雲之乱如煙の昇、大洋森茫、与天無限、七島羅列波瀾間。〇水路志云、石室
　　崎は伊豆半島の最南端を成し、岩崖の一高岬にして、尤も識別し易し、崎の南東端に燈台あり、埼の東北
　　東凡二海里間の海岸付近は、露岩暗岩等甚多し、此埼を経過せんとするものは、距岸六鏈以外の地を航す
　　れば、接触の患なし。
　　補[石廊岬]〇増訂豆州志稿、社後巌壁上漸高き所に燈台ありて、神児元嶼の局と相対す、白石八角木造、高
　　十八丈五尺、燈光不動赤色、照射十里に達す、明治四年辛未八月建築す、〇石廊崎、長津呂村の南に斗出す
　　る七町、即ち本州の極南なり、故に亦伊豆が崎の称あり。東鑑に、長津呂崎に作る、新撰六帖法眼慶融の
　　歌に、
　　　　伊豆が崎海と波との目もはるに其際見えぬ雲の夕なぎ。

鄕岡良弼『日本地理志料』巻十三・伊豆国賀茂郡
　　月間　訓闕、按當讀云都久麻、神代紀、月讀神、萬葉集月夜、皆讀月為都久、仁壽二年紀、有近江國筑摩神、
　　　　内膳司式、近江筑摩御厨、萬葉集作都久麻野、又託馬野、信濃筑摩郡訓豆加萬、天武十一年紀作束間、
　　　　盖同語、藻類部引辨色立成云、江浦草、和名都久毛、一云多久萬毛、本草和名同訓、多久麻毛即月間
　　　　藻、而都久毛其急呼、本郷瀬海、豈取土宜邪、」神名式、賀茂郡竹間神社三座、神階帳作月末明神、
　　　　在湊村月間山、今分祀其二座于手石吉佐美二村、在湊稱若宮、在手石稱月間明神、在吉佐美稱三島明
　　　　神、豆州志云、月間方廢、湊村有月間地、是名之遺也、按圖亘湊、手石、下流、大津、長津呂、中木、
　　　　入間、吉佐美、田牛諸邑、其故區也、」月間社永正六年梁牌、蒲谷郷手石湊村、手石、頼政記作手磯
　　　　戸、有小稲地、東鑑所謂鯉名泊即此、長津呂亦見東鑑、王子社慶長十八年文書作長鶴、伊波例命神社
　　　　在此、稱石廊権現、言佐美、蚶海之義、初朝日里、源頼政謫居于此、更今名云、三島大社暦應應永文
　　　　書、有蒲谷御厨内田牛村、牛字濁讀宇自、播磨牛鹿邑亦同、

賀茂郡役所編『静岡県南豆風土誌』２９３～２９４頁（長倉書店刊）
　　云々、今賀茂郡四十六座の内より海島鎭座二十四座を減じ、又那賀郡二十二座の内より土肥以北井田に至る
　　八座を除く時は、今日の賀茂郡は正に三十六座の式内社を算すべきなり。然れども伊豆三島神社は、上古鎭
　　座の本域、賀茂郡三島和名抄所載郷名、即ちう実島の總稱にして、其の本島は今の三宅島なり。なりしが、中世同郡大社郷和名抄所載。今の白濱村伊古奈比咩命神社
　　の地なり。に遷座し、後又今の田方郡三島町に遷祀せられたりと云ふ（伊豆国式社攷略）を以て、更に大神の一座を除きて、
　　茲に三十五座を得と謂ふべし。今左に増訂豆州志稿巻八上によりて之を挙げむ。同書に云はく、式内社を記すに「也」といふは疑ひな
　　きもの、「なるべし」といふは略證蹟あるもの、「ならむ乎」といふは、信疑相半するものに用ふと。
　　　　云々
　　伊波例命神社　同郡長津呂村(今南崎村)石廊崎鎭座石室神社なるべし。

賀茂郡役所編『静岡県南豆風土誌』６４０頁・南崎村（長倉書店刊）
　　石室神社　長津呂―無格社―祭神、（式内）伊波例命神社〇本社は岩室崎（石廊崎）の岬端斷崖に臨みてあり。延喜式に伊波例命神社・神階帳に從四位上
　　いわらい姫の明神とあり。俗には石廊権現と呼ばれて其名高し。祠は長檐を海崖の岩窟に架して基礎に代へしものにて、結構甚だ奇異、詣者は欄干に縋漸く達す危險思ふべし。下瞰すれば石壁峭立高さ数百丈。
　　波浪涌洶、慄然として股栗す。大寶元年の棟札と覺するものあるを見れば、古社なること知るべし。傳へて役小角の祀りしなりといふ。今の社は明治三十四年の造營なり。航路の要衝にあるを以て、古来航海者
　　の賽する者多し。文久三年鷹司家より奉納せし鐵燈籠・錦帳・劍（三振）土器等あり。

足立鍬太郎『南豆神祇誌』３７～３８頁（静岡縣賀茂郡神職會）
　　延喜式巻九に載せた伊豆國神名帳は次の如くである。但所在地は萩原正平著伊豆國式社考略に私考を加へて註記す。
　　　　　伊豆國九十二座　大五座小八十七座
　　　　　　賀茂郡四十六座　大四座小四十二座
　　　　　　　云々
　　　　　　伊波例命神社　　　　　　　　　　　　　　　　南崎村長津呂
　　　　　　　云々

足立鍬太郎『南豆神祇誌』５２～５３頁（静岡縣賀茂郡神職會）
次に、石室崎の風蝕せる大集塊岩窟は伊波例命として、岩殿なる同じ大岩窟は伊波氏別命として、武峰山の
尖鋭なる岩塊は多祁富許都久和氣命として、嘗て下河津村田中にあった筈の巨杉は杉桙別命として、妻良港
は大津往比咩命として、伊豆山温泉は火牟須比命として富洞の礫濱は布刀主若玉命として、安良里の網屋崎
は國玉命として、皆神格づけられて居る。此類はまだ〳〵多い。又地名を冠して居る神社でも、神洞瀑は多
爾夜神社、田子島は哆胡神社、鴨ケ池＝堂内海は佐波神社の一座、戸田港は部多神社、石寶殿は石德高（德
はアイヌ語Ｔｏｋｓｅ＝丘で同語Ｉｗａと熟したのにタカといふ國語を添へたのであらう）神社の神主では
なかったらうか。海岸の島嶼を三島神の若宮として祀った形迹は尚ある

足立鍬太郎『南豆神祇誌』７５～８０頁（静岡縣賀茂郡神職會）
　伊豆国神階帳は、群書類従二三に、康永二年辛亥(興國四年)十二月廿五日在廳判の奥書あるものを、在廳伊達某藏本から寫して收めてある。伊達家に現藏するものは鳥子紙二枚繼にて後世の寫本である即ち尾張のより二十年許前のものである。在廳とは、中古國衙の廳にあり、國司の命を奉じて事務を行ふ下司であったが、多くは世職だから其の稱呼を傳へて居たのだ。先づ左に其の全文を掲げよう。
伊豆國神階帳　　式社の配當は萩原正平の意見に據る
　　伊豆國三ケ郡神明帳事
　　正一位三島大明神
　　　云々
　　　那賀郡貳拾四所
　　　云々
　　　賀茂郡三十七所
　　　云々
　　　從四位上いわらい姫の明神　　伊波例命神社
　　　云々

足立鍬太郎『南豆神祇誌』１４１～１４３頁（静岡縣賀茂郡神職會）
　一方祭神として三嶋大明神の勢力は各方面に及び、苟も三嶋神に緣故あるは皆三嶋と稱し、甚しきに至っては、單に山神と稱するものが、大山祇命を介して混雜したのもあるらしい。之に對して他方に勢力のあったのは八幡宮である。中には此の兩社を併祀し、若くは三嶋に緣故ありながら稻取子浦の如く八幡と稱したのもある。修驗道役行者より寧ろ白山系を内容として居るの影響も亦鮮からずある。式伊波例命神社を石廊權現として十一面觀音に習合し、又所々熊野權現・藏王權現を祭る如きはそれである。高根權現は地藏に習合して、航海目標の山上に祭られ、又海難救助祈願の爲には、橘姫を祭る白鳥神社・吾妻神社も現れた。木の神の來宮は、走湯山緣起によって何時の間にか酒小鳥を禁ずる祭を強ひられ、水分神は子の神と呼ばれて、中には正月餅を氏子に搗かしめざる奇習を存して居るのもある。尚天馬駒・茂山・小鷹神の如きは擬當すべき神も明らぬ。又慶長の頃聖母マリアの像を齎らしたのが原因で、子安神社といふのも出來、彌々複雜なものとなった。
　かういふ時に、地方人の無學につけこんで、例の勿躰らしい緣起や古文書や寶物の作者が現れる。凡そ南豆社寺の緣起で組立の立派なのは石廊權現のであらう。但文章と最終の歌とは、後作の寶劍と共に不感服である。妻良三島神社の安仁親王筆神像託宣記・源賴政筆と稱する和歌・源賴朝の納書等は、吉佐美源賴政文書寶物と共に皆追作で、恐らくは元祿頃に同一人の手に成ったものであらう。云々

足立鍬太郎『南豆神祇誌』１９９～２０１頁（静岡縣賀茂郡神職會）
　　　　第二十七章　南崎村
云々
石室神社
　所在　長津呂石室崎
　祭神　伊波例命
　創立　大寶元年
　社格　無格社　式内
　境内　一九五坪　官一
　本社は伊豆の最南なる石室崎（石廊崎）の岬端に位し、石壁峭立波浪洶涌する上に、長檣を海崖の岩窟に投架し、殿宇を其上に構造して居る。元來其の集塊岩の岩窟を神として祭ったのであるが、後には十一面觀音に習合して石廊權現と呼び、往來の海客に尊崇された。緣起には役行者の祀ったよやうに傳へるけれど、遠江の御前崎と共に、統を西・熊野に承けて、寧ろ白山系に屬するものであらう。社に十二面觀音の銅像・鐵燈籠等を藏して居る。

静岡縣『旧版　静岡縣史』第三巻・７１１～７１３頁（名著出版刊）
【賀茂郡四十六座大四座小卌二座】
云々
（伊波例命神社）
　原祭神は伊波例命。原所在は賀茂郡南崎村長津呂字石室崎。現在社は同所の石室神社。
云々

静岡県郷土研究協会『静岡県神社志』第三篇（日本仏書センター刊）
無格社　石室神社
　　　　賀茂郡南崎村長津呂字石室崎鎮座
云々
　祭神　伊波例命
　　　　別殿二座　大国主命　　事代主命
　例祭日　四月三日
　由緒　本社は伊豆国最南石室崎（石廊崎）の先端に鎮座す。文武天皇大宝元年大神の王子、伊波例命を祀ると伝う。中古以来は金剛山石室権現と呼びて、往来の海客に尊崇せられ、旧幕府時代は韮山の代官江川氏を経て毎年米二俵づゝの供進を受けた。式社考証には伊波例神社は賀茂郡長津呂村岩廊神社なるべし、巌巒上に鎮座なる伊波例の称に協い、神階帳に所謂いはらは伊波例の訛と聞え、今称する石廊またいはらの転と聞ゆるを以て証すべしと、又豆州志には本郡長鶴村に石廊権現あり、是即ち州の極南なりとも見ゆるは、この社を指すこと明なりと特選神名牒もまた之に従う。
云々

波夜多麻和氣命神社

『特選神名牒』３０３頁
波夜多麻和氣命神社
　祭神　波夜多麻和氣命
　祭日　正月廿五日
　社格　村社
　所在　（賀茂郡稲梓村大字相生）　相玉村字井の林
　　今按式社考證に相玉天神なるべし其は豆州志に云是極めて古祠也正月走馬の神事を爲す金鼓の銘に曰正長二年十月豆州稲梓相玉天神宮とありて神階帳に從四位上おほいの明神と有は此村と聞ゆるが加茂郡に所載從四位上の神は二十一座にて三島大社の三坐と島々二十二坐と合せて四十六坐なれば此大井の明神式内なる事必せるに波夜多麻和氣命より外に當べき神無きて以て疑無ればなりされば相玉の稱呼は即ちハヤタマの轉訛にてハヤのハイとなりホアイと訛りし也相玉天神と稱へ亦村名にも負せたる事的然を思ふべし斯て古く大井の稱ありしは今に社邊を井の垣内井の林と唱へ亦荒井田荒井が谷戸荒井湊など云處有を以て知べしと頗る由ありて聞ゆれば姑く之に從へり

度會延經『神名帳考證』（『神祇全書』第一輯）
○波夜多麻和氣命神社　日本紀、伊弉諾尊所唾之神號白速玉之男、國造本紀、天湯津彦五世孫飽速玉命

伴信友『神名帳考證』（『伴信友全集』第一）
波夜多麻和氣命神社

伴信友『神名帳考』（『神道大系』古典註釋編七・延喜式神名帳註釋）
波夜多麻和氣命神社

鈴鹿連胤『神社覈錄』（井上頼囶・佐伯有義校訂『神社覈錄』下編）
波夜多麻和氣命神社
　波夜多麻和氣は假字也○祭神明か也○在所詳ならず

栗田寛『神祇志料』第十二巻
波夜多麻和氣命神社、今相玉村にあり、相玉天神と云、盖是也。凡正月二十五日走馬神を行ふ。伊豆式社考證、足柄縣式社取調帳、

『大日本史』［九］・志一・巻二百五十五
波夜多麻和氣命神社、○今在相玉村、稱相玉天神者、蓋是、

竹村茂雄『伊豆國式社考』（『神祇全書』第四輯）
波夜多麻和氣命神社　伊豆山早進權現ナランカ

萩原正平『伊豆國式社攷略』（静岡県立中央図書館所蔵）
波夜多麻和氣命神社
　賀茂郡相玉井の垣内鎭座おほゐの明神 神階帳相玉天神宮 金鼓銘今稱天神社な里と須改證註進特選

萩原正平・萩原正夫『増訂豆州志稿』巻之三上・町村三（長倉書店刊）
○相玉村（［増］東荒増村十六町五間、百横川村九町十九間、南岐臺寺村三十二町、北椎原村十町三十一間）［増］拾五里貳拾六町五拾二間（［増］一里二十八町十一間）
　　［増］三嶋大社應永八年文書、伊豆國稲梓郷、愛玉村（其他多シ、或ハ稲梓郷トノミ記セルモミユ）北條役高帳、愛玉、税祠簿、あいたま卜記ス（天神社正長元年金皷ノ銘豆州稲梓上相玉天神宮、北條氏、天正十五年文書、相玉郷、水神社、慶長十五年上梁文、川津荘相玉村本村檢地八慶長三年ナリ天神社八式内波夜多麻和氣命神社ナレバ 村名ノ愛玉即波夜多麻ノ轉訛ナルベシト○龍門寺ノ縁起ニ伊豆國相玉村保月丘ニ千年ノ古松アリト云々康和ノ比ハ所々深淵アリテ龍蛇スミケリ度々ノ渋水ニ淵淺クナリシカバ龍ハ天ニ昇リケリサレドモ玉ハ淵ニアリケレバ 龍時々來リテ玉ヲ愛ス是故ニ愛玉ノ名アリ此説誠ニ拙陋但舊愛ニ作ルノ証スベシ）［増］物産、炭、山桑、結香アリ
　　○田額貳百五拾二石五斗貳升五合内（新田三石九斗一合）［増］反別貳百貳拾町九反九畝拾三歩内（田十八町五反六畝十六歩、畑六町八反二十三歩、宅地一町五反五畝二歩、山林百六十七町一反九畝三歩、原野二十六町八反八畝二十九歩）［増］地價金七千七百拾壹圓三拾錢二厘［増］地租金百七十七圓七十八錢八厘［増］社三（村一種二）寺二（禅）巡査駐在所一［増］戸現住四拾八現在四拾九［増］口本籍貳百四拾七（男百二十五、女百二十二）現住貳百三拾九（男百二十、女百十九）

萩原正平・萩原正夫『増訂豆州志稿』巻之八上・式内神社考並神階帳考緒言（長倉書店刊）
○波夜多麻和氣命神社［増］神階帳おほゐの明神［増］賀茂郡相玉村舊稱天神社ナルベシ

萩原正平・萩原正夫『増訂豆州志稿』巻之九上・神祠三・賀茂郡（長倉書店刊）
○天神（相玉村）［増］村社波夜多麻和氣神社祭神波夜多麻和氣命ナルベシ［増］式内波夜多麻和氣命神社ナルベシ（前記）村名ノ相玉ハ波夜多麻ノ轉訛ナラム今社邊ニ井の垣内、井の林、荒井の田、荒井が谷戸、荒井渓等地名アルニテ神階帳おほゐの明神ナル事ヲ知ル可シ當村龍門院ノ縁起ニ康和ノ頃ハ深淵數所アリテ龍蛇栖ムトアリおほゐノ淵ヨリ起レル稱呼ナル可シ。従來祭神ヲ菅原道眞公ト傳ヘタルハ天神ノ稱ヨリ謬リタル也（天正九年札ニ奉勸請天滿大自在天神トアリ）○極テ古祠也正月走馬ノ神事ヲ爲ス金皷ノ銘ニ云正長元年豆州稲梓上相玉天神宮ト［増］別殿二（荒神八幡［増］百七十四坪官一）

菅原久高『伊豆國九十二式社祭神記』（『全國神職會々報』第二十一號）
波夜多麻和氣命神社　稲梓村相玉鎭座村社なり
　祭神　波夜多麻和氣命

吉田東伍『増補大日本地名辞書』第五巻・１０７０頁

— 113 —

稲梓　中世の郷名にして、其頃は河津庄の内たり、今稲生沢川の川上を合同して稲梓村と云ふ、大字加増野、湯賀野、横川、相玉、須原、箕作などあり。此辺横川湯賀野の地、三所に鉱泉あり、各熱湯百度以上とす。増訂志稿、北湯が野村は天正十八年検地帳に「豆州いのう沢之谷、北湯ケ野郷」と録す、（今按、稲梓は即稲生沢の訛とす）加増野村は落居神社、元亀十年の上梁文「豆州横川郷、加増野」とあり、或は云ふ此辺の方言沢を<u>ザウ</u>と云ひ、稲生沢の水源出る処故、上沢野なりと、諏訪神社文明十七年寄進文「豆州稲梓郷、横川村」と、又山王祠文安三年の上梁文「地頭、源朝臣実綱、政所師行、湯賀村諸老」文明十二年の文「川津庄、湯賀野村」と、此村温湯涌く故に、北湯が野をも併せて湯賀村と云へり、何れの時にか別れて二村となる、三島大社応永八年の文書「伊豆国稲梓郷、愛玉村」と、愛玉の天神社は式内波夜多麻和気命神社なれば、村名の愛玉は即波夜多麻の転訛なるべく、<u>アユタマ</u>と唱ふ。

補［稲梓］〇増訂豆州志稿、須郷は子神社、文禄四年の上梁文、「河津庄稲生沢郷須川之村水神社」とあり、明治十年須原と改む。北湯ケ野村、湯泉涌く。

邨岡良弼『日本地理志料』巻十三・伊豆国賀茂郡
大社　訓闕、按當讀云於保夜之呂、崇神紀、祭八十萬神、仍定天社國社、出雲風土記、屋代郷、本用社字、信濃陸奥出羽周防又有屋代郷、東雅云、社讀爲夜之呂、即屋代也、尚古祭神、掃地設壇、謂之屋代、盖代宮殿之義、神必有土、故假社稷字墳之、鹽尻云、寶龜中、初定諸社大小、正三位以上爲大社、自餘爲小社、神名式有三島神社、班名神大社、承和七年紀、單稱三島大社、初在三宅島、中遷本郷白濱邑、郷名因起、後徙今田方郡國府地、已注上、」豆州志云、大社方廢、今有稲生澤組領十九邑、盖是、按圖亘白濱、柿埼、須埼、下田、本郷、中村、蓮臺寺、大澤、河内、落合、箕作、掘内、相玉、横川、加増野、椎原、宇土金諸邑、其故區也、」按三島大社應永八年文書、稲梓郷愛玉村、諏訪祠文明十七年文書、稲梓横川村、高根祠永正十六年梁牌、稲澤郷落合村、文祿以後文書、作皆稲生澤郷、一聲轉訛耳、」祀典所謂伊古奈比咩命神社、在白濱村、即三島後妃也、初三島神自三宅島遷、妃神從之、同殿而居、後迨遷廟、妃神獨留云、波夜多麻和氣命神社、在相玉村、稱相玉天神、多祁富許都久和氣命神社、在柿埼、稱武峰明神、意波輿命神社、在本郷村、稱淺間宮、」下田有大安寺、有大安寺山、世稱下田富士、主税寮式、伊豆國大安寺料稲三千束大安寺在大和、此其寺田、故置別院也、蓮臺寺村、舊名藤原、盖藤原氏流寓之處、後以寺名邑、有廢蓮臺寺、天平中、僧行基剏、承久中廢、今存大日堂一宇、」下田大馬頭也、船舶會湊、其八幡祠應永六年金鼓識、豆州下田郷、北條五代記同、嘉永中、米使來乞互市、幕府誤許之、世局爲之一變、洶可浩歎、先是、本州代官江川英龍、察宇内形勢、申幕府、築壘于此、以鑄煩礟、男英敏繼其志、至安政中、成大小數百門云、附表其功、

賀茂郡役所編『静岡県南豆風土誌』２９３～２９４頁（長倉書店刊）
云々、今賀茂郡四十六座の内より海島鎮座二十四座を減じ、又那賀郡二十二座の内より土肥以北井田に至る八座を除く時は、今日の賀茂郡は正に三十六座の式内社を算すべきなり。然れども伊豆三島神社は、上古鎮座の本域、賀茂郡三島_{和名抄所載郷名}、即海島の總稱にして、其の本島は今の三宅島なり。なりしが、中世同郡大社郷_{和名抄所載}。今の白濱村伊古奈比咩命神社の地なり。に遷座し、後又今の田方郡三島町に遷祀せられたりと云ふ_{（伊豆國式社攷略）}を以て、更に大神の一座を除きて、茲に三十五座を得と謂ふべし。今左に増訂豆州志稿巻八上によりて之を擧げむ。_{同書に云はく、式内社を記すに「也」といふは疑ひなきもの、「なるべし」といふは略證蹟あるもの、「ならむ乎」といふは、信疑相半するものに用ふと。}
　　云々
　波夜多麻和氣命神社　　同郡相玉村（今稲梓村）天神社なるべし。

賀茂郡役所編『静岡県南豆風土誌』５８９頁・稲梓村（長倉書店刊）
天神社　相玉－村社－祭神、（式内）波夜多麻和氣命〇_{社邊に井垣内・井林・荒井田・荒井谷戸・荒井渓等の地名あるより考ふれば、神階帳おほるの明神とあるは此社なるべし。}

足立鍬太郎『南豆神祇誌』３０頁（静岡縣賀茂郡神職會）
　前に述べた井垣内のある稲梓村相玉は、式波夜多麻和氣命の名に出で、其のハヤタマは奔流激湍若くは清冽な涌水の意かと曾て考へたれど、アイヌ語Ａｉ－ｔａｍが矢・刀の意で、同社が今天神と稱しながら僧形八幡の掛物を藏すると一致すれば、式の神名が却て地名となったのではあるまいか。

足立鍬太郎『南豆神祇誌』３７～３８頁（静岡縣賀茂郡神職會）
　延喜式巻九に載せた伊豆國神名帳は次の如くである。_{但所在地は萩原正平著伊豆國式社考略に私考を加へて註記す。}
　　　伊豆國九十二座　　_{大五座小八十七座}
　　　　賀茂郡四十六座　_{大四座小四十二座}
　　　　　云々
　　　波夜多麻和氣命神社　　　　　　　　　　_{稲梓村相玉}
　　　　　云々

足立鍬太郎『南豆神祇誌』７５～８２頁（静岡縣賀茂郡神職會）
　伊豆國神階帳は、群書類從二三に、康永二年_{辛亥}（興國四年）十二月廿五日在廳判の奥書あるものを、在廳伊達某藏本から寫して收めてある。_{伊達家に現藏するものに鳥子紙二枚續にて後世の寫本である即ち尾張より二十年許前のものである。}在廳とは、中古國衙の廳にあり、國司の命を奉じて事務を行ふげしであったが、多くは世職だから其の稱呼を傳へて居たのだ。先づ左に其の全文を掲げよう。
伊豆國神階帳　_{式社の配當は萩原正平の意見に據る}
　伊豆國三ケ郡神明帳事
　正一位三島大明神
　　云々
　　　那賀郡貳拾四所
　　云々

— 114 —

賀茂郡三十七所
　云々
　　従四位上おほいの明神　波夜多麻和氣命神社
　云々

足立鍬太郎『南豆神祇誌』１６８～１７０頁（静岡縣賀茂郡神職會）
　　　　第二十章　稲梓村
云々
波夜多麻和氣命神社
　所在　相玉字稲生ケ宿 即井の垣内
　創立　正長元年　（金鼓銘）
　祭神　波夜多麻和氣命
　社格　村社　式内
　境内　一七四坪　官一
　從來、村名の相玉が神名波夜多麻の轉訛であつて、波夜多麻は、井の垣内・井の林・荒井が谷戸・荒井溪等の地名に照して、奔湍若くは清冽な湧水に縁あるものと考へた。随て伊豆神階帳おほゐの明神も直に之に當てられた然るに既に述べた如に、Ｉｎａｕｙａｔｕがアイヌ語なる上に、Ａｉ－ｔａｍ亦同語矢刀の意であり、且つ社内に僧形八幡の掛物 銅版毛彫室町時代 を藏して、明かに武神におはすを知らるれば、地名に遺つた相玉が語源に近く、神名か却て國風に同化されたかの感がある。又所藏の金鼓に、正長元年十月豆州稲梓上相玉天神宮とあるのを、天正九年の棟札には、明かに天滿大自在天神として菅公に定めて居る。是亦例の天神の變化である。
　　因に云ふ地名の荒井はアイヌ語Ａｒａｗｅ＝泡の義であらうか。

静岡縣『旧版 静岡縣史』第三巻・７１１～７１３頁（名著出版刊）
【賀茂郡四十六座 大四座小冊二座】
云々
（波夜多麻和氣命神社）
　原祭神は波夜多麻和氣命。原所在は賀茂郡稲梓村相玉字稲生ケ宿。現在社は同所の波夜多麻和氣命神社。
云々

静岡県郷土研究協会『静岡県神社志』第三篇（日本仏書センター刊）
村社　波夜多麻和気命神社
　　　賀茂郡稲梓村相玉稲生ヶ宿鎮座
云々
　祭神　波夜多麻和気命
　　　　別殿　荒神宮 火産霊神　八幡宮 応神天皇
　例祭日　十月十五日
　由緒　延喜式神名帳賀茂郡波夜多麻和気命神社ありて神階帳従四位上おおいの明神とあるに相当するとなす。特選神名牒に曰、今按式社考証に、相玉村鎮座相玉天神なるべし、そは豆州志に云、是極めて古祠也、正月走馬の神事をなす、金鼓の銘に曰く、正長二年十月（称光天皇御宇）豆州稲梓相玉天神宮とあり、神階帳おおいの明神も正にこの神なるべし、相玉の称呼は即ちハヤタマの転訛にて、ハヤのハイとなり又アイと訛りし也、相玉天神と称え、、また地名に負わせたる事的然を思うべし、斯くて古く大井の称ありしは今に社辺を井ノ垣内、井の林と唱えまた荒井の田、荒井が谷戸、荒井渓などいう処あるを以て知るべし、記されている。本社はもと天神社と称したが、明治六年九月村社に列格す。

阿米都和氣命神社

『特選神名牒』３０４〜３０５頁
阿米都和氣命神社　稱富賀明神
　祭神　阿米都和氣命神社
　　今按三島大神伊古奈比咩命の同社に鎮座なるは此神伊古奈比咩命の生玉へる御子神なるべし三倉島坐伊
　　大氏別命も二神と同殿にまし利島に坐阿豆佐和氣命も攝社に三島明神比賣天都明神を祭れる同例なるも
　　由ありて聞ゆれば也
　神位　文徳天皇嘉祥三年六月庚戌伊豆國阿米都和氣命授從五位下仁壽二年十二月丙子加伊豆国阿米都和氣
　命神從五位上 今按斉衡元年六月己卯同位階を授ることあるは何れか衍文なるべし故に本文を存して彼を刪る
　祭日
　社格　（郷社）
　所在　（三宅島阿古村）　三宅島
　　今按式社攷證に三宅島總鎮守三島明神或は富賀明神とも唱へて祭神三座なるが古き上梁文に三島大明神
　　富賀大明神當國大明神とみえたる富賀大明神阿米都和氣命なるべし文徳天皇御紀に嘉祥二年六月庚戌伊
　　豆國阿米都和氣命阿豆佐和氣命佐岐多麻比咩命云々とありて皆島々鎮座の神なるに神名を列たる次序と
　　諸島の區分とを攬るに此命を最初に記されたるは必三島の本島とある當島鎮座なる事知られ總鎮守と有
　　神の式に漏べき所謂無ければ決めて此三座の内なるべくと思定めて探索しに此島にて神事の時神名を唱へ
　　擧る古例有がはしめてに一大社あめつち今宮今后と唱來れる大社は三島大神なる事云に及ばずあめつち
　　今宮は阿米都和氣命にて阿米都和氣を阿米都智と轉訛せる歟又和介と書し和介を知今と訓謬れるならん
　　今后は當后の意にて伊古奈比咩なること神階帳に一品當后宮と有に協ひ今稱の當國も當后の轉訛より當
　　たる文字なるべく聞ゆれば阿米都和氣命は富賀神なる事彌々論なく三島神と伊古奈比咩命は舊鎮座し給
　　ひし所由によりて齋祀れると知らるれば也と云るは當れる説なり故今之に從ふ

度會延經『神名帳考證』（『神祇全書』第一輯）
〇阿米都和氣命神社　天津彦根命　石見國天津神社　文徳實録云、嘉祥三年、伊豆國阿米都和氣命授從五位
下、

伴信友『神名帳考證』（『伴信友全集』第一）
阿米都和氣命神社
[文實]嘉祥三年六月庚戌伊豆國阿米都和氣命云々授從五位下仁壽二年十二月丙子駿河國阿米都和氣命神加從
五位上駿河當作伊齊衡元年六月己卯加伊豆國阿米津和氣命神從五位上 仁壽斉衡同階可重考〇同郡阿米都加多咩命神社田方
郡ニ阿米都瀬氣多知命神社アリ

伴信友『神名帳考』（『神道大系』古典註釋編・延喜式神名帳註釋）
阿米都和氣命神社
〇文德實録、嘉祥三年六月庚戌、伊豆國阿米和氣命・伊太豆[氏]和氣命・阿豆佐和氣命・佐岐多麻比咩命、
並從五位下、又曰、仁壽二年十二月丙子、加駿河國阿米都和氣。[命]神從五位上、駿河當作伊豆、又曰、斉衡元年六
月、加伊豆國阿米都和氣命。[神]從五位上、仁壽・斉衡同階、可重考、〇信友云、下ニ阿米都加多咩命神社、田方郡ニ阿
米都瀬氣多知命神社アリ、

鈴鹿連胤『神社覈録』（井上頼囶・佐伯有義校訂『神社覈録』下編）
阿米都和氣命神社
　阿米都和氣は假字也〇祭神明か也〇在所詳ならず
　　　神位
　文德實録、嘉祥三年六月庚戌、伊豆國阿米都和氣命授從五位下、仁壽二年十二月丙子、加伊豆國阿米都和
　氣命神從五位上、又齊衡元年六月己卯、伊豆國阿米都和氣命神授從五位上、同位重出不審

栗田寛『神祇志料』第十二巻
阿米都和氣命神社、〇按本書和字を脱せり、今文德實録に據て之を補ふ。今三宅島に在り、總鎮守三島明神又富賀明神と云。伊豆式社攷證阿
米都和氣命を祭る。文德實録、延喜式蓋三島神伊古奈比咩命に娶て、生坐る御子也。 本社所藏古上梁文〇按本書三島大明神、富賀大明神、當國大明
神とみえたる富賀明神は、阿米都和氣命其命は三島神一は伊古奈比咩命を當后大明神と云ひしを、富國と唱ひしものにて、三倉島の伊大氏別命も二神と同殿に坐し、利島の阿豆佐和氣命も攝社に三座ますも同例なる
にて知るべし。文德天皇嘉祥三年六月庚戌、從五位下を授け、斉衡元年六月己卯、從五位上を加ふ。文德實録

『大日本史』[九]・志一・巻二百五十五
阿米都和氣命神社、〇本書脱和字、今據文德實録補之、今在三宅島、曰總鎮守三島明神、又富賀明神、文德帝即位、授從五位下、仁壽二年、加從五
位上、文德實録

竹村茂雄『伊豆國式社考』（『神祇全書』第四輯）
阿米都・(和文德實録)氣命神社

萩原正平『伊豆國式社攷略』（静岡県立中央図書館所蔵）
阿米都和氣命神社
　三宅島阿古村鎮座あめ徒ち今宮 社傳及三宅記今稱富賀神社な里と 春攷証進特選攷 古來三島大神伊古奈比咩命を合祀し
　て三坐と須蓋三島大神上世三島鎮座の本社は此の類可し今は一島の總鎮守尓して祠域の廣き社殿の崇き尚
　古の盛大を証春類尓足連里

萩原正平・萩原正夫『増訂豆州志稿』巻之八上・式内神社考並神階帳考緒言（長倉書店刊）
〇阿米都和氣命神社[増]三宅島阿古村富賀神社ナル可シ當社ニ三島大神伊古奈比賣命ヲ合祀ス古來神事ノ時
神名ヲ唱ル例アリ曰ク一大社あめつち今宮、今后ト大社ハ三島大神也あめつち今宮ハ阿米都和氣命ニシテ、

あめつちハ阿米都ノ轉訛ナラム（此神伊古奈比咩命ノ王子ナル可シ）今后ハ當后ノ意ニテ伊古奈比賣命也（神階帳ニハ一品當后ノ宮トアリ三宅記ニ天地今宮后トアルハ此后神ニシテ天地今宮ヲ生ミ給ヒシ后ノ意ナラム）當社地上古三島大神鎭座ノ本域ナル可シ賀茂郡白濱ノ地ニ遷祀シテヨリ世ニ知ル者ナキニ至ル文德紀曰嘉祥三年六月伊豆國阿米都和氣命從五位下、仁壽二年十二月加從五位上、齋衡元年六月加正五位上ト

萩原正夫『伊豆七島志』上・三宅島・神祠（長倉書店刊）
［増］郷社富賀神社（○富賀東區三島明神）［増］阿古村富賀山鎭座祭神三座阿米都和氣命、事代主命、伊古奈比咩命ナル可シ（増訂豆州志稿ニ詳記ス二九四頁）○大祭ハ四月十一月中ノ酉ノ日ナリ祭式都テ伊豆國三島大社ト同ジ祠ニ神劍（往古ハ蛇ヲ斬リシ劍ナリト傳フ長二尺七寸細身ナリ）及僧空海自書ノ心經、蛇鱗（三枚）等ヲ藏ム域内ニ方一間ノ經堂アリ古書ヲ藏ム（［増］神職壬生氏外ニ社人八人）［増］境内社四（若宮神社、見ヨ明神社、劍神社、壬生御館社［増］社域四萬八千五十七坪官有地一種）

菅原久高『伊豆國九十二式社祭神記』（『全國神職會々報』第二十一號）
阿米都和氣命神社　　三宅島阿古村鎭座總鎭守三島明神又富賀明神と稱す
　　祭神　阿米都和氣命

吉田東伍『増補大日本地名辭書』第五卷・１０８３頁
伊賀谷　島の西岸にして、其小港を大船戸と呼び、温泉あり、阿古村と相隣接す。延喜式、伊賀牟比売命神社あり、後明神と稱す、三宅記に「此后を伊豆郷いかいと云所に置參らす」と云ひたり、阿古村には阿米都和気命神社あり。○増訂志稿云、三宅島にて古来神事の時の詞に「一大社、あめつち今宮、今后」と云ふ、一とは三島大神にて、今宮は阿米都和気命なり、文德紀、嘉祥三年、此神并に佐伎多麻姫授位の事見え、式内に列す、今も一島の総社とす。
補［伊賀牟比売神社］○増訂豆州志稿、式内伊賀牟比売神社は三宅島伊賀谷村、旧称后明神也。三宅記、三島大神三柱の后神を置賜ふ須に、嫡女とは伊豆郷いがいと云ふ所に置參らすと見え、古き祭文・神樂歌等に伊賀谷の后とあり、○阿米都和気神社［重出］阿古村富賀神社なるべし、古来神事の時神名を唱ふる例あり、曰く「一大社あめつち今宮、今后」と。大社三島大神あり、あめつち今宮は阿米都和気命にして、伊古奈比咩命の王子なるべし、今后は当后の意にて、伊古奈比咩命なり、文德紀曰、嘉祥三年六月伊豆国阿米都和気命授従五位下、仁壽二年十二月加従五位上、斉衡元年六月加正五位上。
○波夜志命神社［同］同じく式内なり、神着村風早山鎭座、旧称はうす明神社なるべし。三宅記に「へむずのみこ」とあるは、はうすの訛れるにて、はうすは波夜志の轉ぜしならむ。
○加弥命神社［同］神着村かみいの杜鎭座、旧称二之宮なる可し。三宅記に「二をばかね」とあり、即ち第二の王子なれば、二之宮の称に適へり。加弥は加彌の誤ならむも知るべからず。
○夜須命神社［同］所在未定、是亦八王子の一にして、三宅記に「三をばやすと云ふ」とあれば、三宅島鎭座なること疑なし。
○弖良明神社［同］同島伊豆村神山鎭座、旧称ていの社ならむか。三宅記に「四をばてらい（一本てい）」とありて、八王子の内なれば、本島鎭座なる事は論なし。
○志理太宜神社［同］神着村、旧称しいとり明神社なるべし。三宅記に「五をばしたひ」とある是なり。
○久良恵命神社［同］久良浜、旧称久良浜明神社なるべし。八王子の一にして、三宅記に「六をばくらひ」とある是なり。
○片菅命神社［同］御笏神社境内、旧称かつその社なるべし。此神佐伎多麻比咩命の八王子の一にして、三宅記に「七をばかたすげ」とある是なり。
○伊波乃比咩命神社［同］三宅島坪田村、二宮神社三座の一座なるべし。旧社地は字神戸の石室ならむも知る可からず。三宅記に「次の后をばつぼたの郷に置給ふ」とある即ち此比咩神なる可し。
○南子神社［同］同村南子山鎭座、三宅記に彼王子の事を誌して「一人をばなご」とある是なり。
三宅島は上古三島大神鎭座の本域にして、其后神御子神式に所載十二座の多きに至る。

郷岡良弼『日本地理志料』巻十三・伊豆国賀茂郡三島郷
三宅島　在神津島東八里、下田東南二十里、周凡七里半、全島峻嶮、雄山聳其中央、有火脈、田圃百三十町、有伊賀谷、神著、伊豆、坪田、阿古五邑、領戸八百二十二、口二千七百九十、産牛馬、出絲紬、大野原島屬之、」按神著村、蓋事代主神始上陸之處、伊豆村、其所幽宅之處、故稱伊豆御島神邪、三宅記云、神嘗與其妃定諸子所居、地名司今之五邑、」祀典所載、二十四社在海島、而其十二在本島焉、曰佐伎多麻比咩命神社、即三島神妃也、曰波夜志命神社、曰片菅命神社、曰加彌命神社、曰志理太宜命神社、曰南子神社、以上在神著村、並佐伎多麻比咩所生、曰伊賀牟比賣命神社、在伊賀谷村、稱后宮、曰伊波乃比咩命神社、在坪田村、稱坪田后宮、亦三島神妃也、曰阿米都和氣命神社、在阿古村、稱總鎭守三島明神、曰久良惠命神社、在久良濱、曰氏良命神社、曰夜須命神社、在伊豆村、並佐伎多麻比咩所生、有爲朝山、是源爲朝居阯也、

足立鍬太郎『南豆神祇誌』１７～２０頁（静岡縣賀茂郡神職會）
　既に述べた如く、白鳳年伊豆神海島に現れてより約百五十年、天長九年に至って男女二神に分化し、深谷を塞ぎ高巖を摧きて土地を増益し、併せて旱霖を調節するを以て其の神驗とした。蓋し富士火山帶の活動に因る爆發の威力と、其の噴出した溶岩や泥炭の爲に海中に新地を得ることが、無上の恐怖と多大の感謝を齎したのである。加も其の爆發前に於ける火山性地震が、やがて來るべき災難を豫告警戒するを以て、居民は御神火を三嶋神と畏むと同時に、此の地震を伊古奈比咩神と稱へて感謝を表したのであらう。是れアイヌ語Ｉｋｏｎｎｕは凶事を未然に戒める義であってＩｋｏｎｎｕ－ｇｕｒｕ及びＩｋｎｎｕｐは神變を現す者であるより出たのである。但これより推して巫女と解することもできる。（彼の三宅記の見目＝御妻を考ふべきである）。そして此の二神の本貫は三宅島であって、島の名は神明（燒）に起因し、其の雄山が三島＝神島神の體を表したものであらう。次に阿古は噴火の本場であって、其の地名は神名Ｉｋｏの轉である。Ｂａｃｈｅｌｏｒ氏アイヌ語文典Ｔｏｉｓｈｉｋａｒｉの説明に據れば、同語に於てｉ音のａに變するは屢々ある例だといふ。思ふに同地澪池は女神の躰を表すもので、男神と共に此地に鎭座し給うたのを、内地に奉

遷した後に、御子阿米都和氣命を祀ったのであらう。尚ついでにいはヾ同島神著はアイヌ語Ｋａｍｕｉｓｈｙｏｔｋｉ＝火の女神の處の意で、佐伎多摩比咩命の坐す地、伊ケ谷は同語Ｅｋａｙｅｃｈｉｓｈｉ若くはＥｋａｉｃｈｉｓｈにて險しき處の意、即ち伊賀牟比賣命の坐す地である。又坪田はＴｏｐｏｃｈｉ＝水溜の複數なれば、古澪池を表するもので、伊波乃比咩命の坐す處である。そして伊古奈比咩命 三宅記には天地今宮后と稱する には、阿米都和氣命の他に穗都佐和氣命といふ御子おはし、佐伎多摩比咩命には、加彌・夜須・弖良・志里太乎宜・久良惠・片菅・波夜志・南子の八子おはすを以て、こゝに主神・嫡后・三妃・十王子の三宅神族を組織すると、承和七年上津島の噴火によりて、更に三嶋神の本后阿波命・嫡子物忌奈命といふ神出現し、しかも其の本后には五子 物忌奈伊太豆和氣阿伊豆和氣外二神 ありと稱し、神津・御藏・利島を連ねて神津の一神族を形成した。然るに大島三原山は三宅島雄山と交互に爆發する御神火の本塲であるから、こゝにも其舊噴火口なる波浮池 今は一方を決して港とするに 妃波布比咩命現れ、彼の白鳳當時の神造地たる野増の阿治古・泉津の波知兩神を其の二王子として大島神族を組織する。更に又式根なる久爾都比咩命といふ妃神には、新島の多祁美加賀命と稱する武勇の神と他に一柱の王子坐し、これに對して遙かに沖島 八丈島 にも妃優婆夷命・王子許志伎命 外四神 が現れたから、こゝに一主神の下に、兩后・六妃と嫡子以外に知名十六王子 他に名の傳らざるもの七神 より成る三嶋大神族 式二十六社總三十三柱 が組織された。

足立鍬太郎『南豆神祇誌』３７～３９頁（静岡縣賀茂郡神職會）
　延喜式卷九に載せた伊豆國神名帳は次の如くである。但所在地は萩原正平著伊豆國式社考略に私考を加へて註記す。
　　　　伊豆國九十二座　　大五座小八十七座
　　　　　賀茂郡四十六座　　大四座小四十二座
　　　　　　云々
　　　　　　阿米都和氣命神社　　　　　　　　　　　　　　三宅島阿古
　　　　　　云々

静岡縣『旧版　静岡縣史』第三巻・７１１～７１４頁（名著出版刊）
【賀茂郡四十六座 大四座小冊二座】
云々
（阿米都和氣命神社）
　原祭神は阿米都和氣命。「文德實錄」嘉祥三年六月四日の條に從五位下を授くとあり、同書仁壽二年十二月十五日の條に從五位上を加ふとある。原所在は伊豆三宅島阿古村。
云々

伊豆奈比咩命神社

『特選神名牒』３０４頁
伊豆奈比咩命神社（明細帳に走湯神社祭神同所取調）
　祭神　伊豆奈比咩命
　祭日
　社格　村社
　所在　（賀茂郡朝日村大字大賀茂）　大賀茂村
　　今按豆州志に賀茂郡大賀茂村走湯權現近所にはやしと云地名ある故或は以て式内波夜志命神社とす未審伊豆納符とあれど式社攷證にはやしと云のみにては證とし難く且神階帳に見えぬを以ても然らざること瞭然なりとみえ又此伊豆奈比咩命神社は神階帳從四位上いつな姫の明神と有社にて即大賀茂村鎭座走湯神社なるべし今社地より北六町許にある一圓丘を宮ヶ崎と唱へ此舊社地也と云傳へもとは伊豆崎と云たりし由村中の古文書にみえ比丘の腰にある渓流を姫子淵と唱へ來れる地名の有などを思ふに正しく神號の遺れることを知べしと云る伊豆崎姫子浦の名證とすべし故今之に從ふ

度會延經『神名帳考證』（『神祇全書』第一輯）
〇伊豆奈比咩命神社　今在田中村　嚴稲魂女神　舊事紀、伊弉諾尊爲直其禍而、所成神三柱神、名神直日神、大直日神、伊豆能賣神、出雲國神魂伊豆乃賣神社　大殿祭祝詞云、屋船豊宇氣姫命、是稲靈也

伴信友『神名帳考證』（『伴信友全集』第一）
伊豆奈比咩命神社
〇今在田中村〇出雲國神魂伊豆乃賣神社〇信友按飯綱權現同神敷狐ヲ使フ人ヲイヅナツカヒト云フ

伴信友『神名帳考』（『神道大系』古典註釋編七・延喜式神名帳註釋）
伊豆奈比咩命神社
〇出雲國神魂伊豆乃賣神社、〇今在田中村、考證、〇信友按、飯繩權現、同神敷、狐ヲ遣フ人ヲ、イヅナト云フ、

鈴鹿連胤『神社覈錄』（井上賴圀・佐伯有義校訂『神社覈錄』下編）
伊豆奈比咩命神社
　伊豆奈比咩は假字也〇祭神明か也〇田中村に在す、考證例祭　月　日、
　　神位
　國内神階記云、從四位上いつな姫の明神、

栗田寛『神祇志料』第十二巻
伊豆奈比咩命神社、今大賀茂村にあり、走湯神社と云、盖是也。伊豆式社考證、〇按舊址は社北六町許にありて、宮か崎と唱ひ舊名を伊豆崎と云しとも云ひ、其邊の濱流を姫子の崎といふもの、やゝ證とすべし。

『大日本史』［九］・志一・巻二百五十五
伊豆奈比咩命神社、〇神明帳作從四位上伊豆姫乃明神、今在大賀茂村、稱走湯神社、社北有一圓丘、稱宮崎、舊號伊豆崎、即本社故地也、

竹村茂雄『伊豆國式社考』（『神祇全書』第四輯）
伊豆奈比咩命神社　伊豆山の神社ならんか、神階帳いつなの明神あり、

萩原正平『伊豆國式社攷略』（静岡県立中央図書館所蔵）
伊豆奈比咩命神社
　同郡大賀茂村鎭坐いづな姫の明神　神階帳舊稱走湯神社な里と春　攷證註進特選今云ふ舊社地尓伊豆崎姫子淵等の稱存連類は証と春可し

萩原正平・萩原正夫『増訂豆州志稿』巻之八上・式内神社考並神階帳考緒言（長倉書店刊）
〇伊豆奈比賣命神社［増］神階從四位上いつな姫の明神［増］同郡大賀茂村走湯神社ナル可シ

萩原正平・萩原正夫『増訂豆州志稿』巻之九上・神祠三・賀茂郡（長倉書店刊）
〇走湯權現（大賀茂村上條）［贈］村社走湯神社祭神伊豆奈比咩命ナル可シ［贈］式内伊豆奈比咩命神社ナル可シ（前記）走湯ノ社號ハ伊豆ノ神名ヨリ伊豆山鎭座舊稱走湯權現ト同社ナリト謬リテ負セシナラム社北數町ニ宮ガ崎ト云圓丘アリコレ舊社址ニシテ往古ハ伊豆ガ崎ト稱ヘタリト云丘下ニ姫子淵ト云小溪アリ伊豆ガ崎、姫子淵等神名ノ遺レルナラム（草蔟、天文、永祿等ノ札アリ）〇近所ニはやしト云地名アル故或ハ式内波夜志命神社トス（此説非地）未審（伊豆納符、鑰取外岡氏［増］三百四十四坪官一）

萩原正夫『伊豆七島志』上・三宅島・神祠（長倉書店刊）
［増］姉川神社（〇姉宮）［増］伊豆山姉山鎭座祭神不詳或云伊豆奈比賣命（［増］一千七坪官有地一種）

菅原久高『伊豆國九十二式社祭神記』（『全國神職會々報』第二十一號）
伊豆奈比咩命神社　朝日村大賀茂鎭座村社走湯神社なり
　祭神　伊豆奈比賣命

吉田東伍『増補大日本地名辞書』第五巻・１０６９～１０７０頁
吉佐美　今大賀茂、田牛と併せ、朝日村と改む、手石と下田の間とす。大賀茂の渓は長一里余、吉佐美に其海口とす。
　増訂志稿云、吉佐美は昔朝日里と云ひしとぞ、吉佐美の名義は、一説蚶この海浜に多き故、キサミは蚶海

の義なるべし、又一説あり「今日迄は角て暮しつ里人は兼てきさみの神に任せん」吉佐美は后宮の省略にて、三島大社后神の鎮座より起れる称なるべしと、田牛村は三島大社暦応三年文書、伊豆国蒲屋御厨の内多牛とあり、田牛の海より大瀬まで今七浦と云ふ、田牛に広さ丈許の石、海涯に傍て突出る事数十歩、因て長磯と号す、石の中程に潤さ僅に盃許りのクボミあり、淡水常に湧く、夏日村人掬し飲で渇を止む、其水終に尽る事なし、波浪時に石上を過れども、盃中の水些の鹹味なし奇と云ふべし、又村西南に遠谷峪あり周回六町許、水際に空洞三あり、上に遠谷祠を祀る、松礁に松樹多く、下に窟を為す、暴雨の時小舟二三隻雨やどりすべし。

吉田東伍『増補大日本地名辞書』第五巻・１０７０頁
大賀茂　今朝日村の大字とす、式内伊豆奈姫神社あり、今伊豆山走湯権現と云ふもの是也。〇増訂志稿云、赤白石脂は大賀茂村より出づるを佳品とす、其他諸山希少に出づ、薬用と為す、又漿粉と為し、畳席衣服等に油の付きたるを去る、延喜式の貢物なり、今は糊土又は石鹸土とも称す。
補［大賀茂］〇増訂豆州志稿、〇大加茂川は吉佐美にて海へ入る、式内伊豆奈姫神社は大鴨村に鎮座なるべし、今走湯権現あり、即ち三島大神の后宮也。［吉佐美、参照］
補［加茂石］〇日本社会事業、建築石にして、日曜硯材に代用し来るものは、豆州の上加茂石是なり、又凝灰岩と称す。是建築石材中に在りて、石理精密にして、其質の軟かなるが為に、能く工費を省けり。熟達なる硯石［工］は一日十五乃至二十箇の硯を製出するを得べし、故に硯価廉直にして、小学童子が習字用に堪えたり。其色淡紫にして、微しく青色を含みて、細紋あり。

賀茂郡役所編『静岡県南豆風土誌』２９３〜２９４頁（長倉書店刊）
云々、今賀茂郡四十六座の内より海島鎮座二十四座を減じ、又那賀郡二十二座の内より土肥以北井田に至る八座を除く時は、今日の賀茂郡は正に三十六座の式内社を算すべきなり。然れども伊豆三島神社は、上古鎮座の本域、賀茂郡三島和名抄所載郷名、即海島の總稱にして、其の本島は今の三宅島なり。なりしが、中世同郡大郷郷和名抄所藏。今の白濱村伊古奈比咩命神社の地なり。に遷座し、後又今の田方郡三島町に遷祀せられたりと云ふ（伊豆國式攷略）を以て、更に大神の一座を除きて、茲に三十五座を得と謂ふべし。今左に増訂豆州志稿卷八上によりて之を擧げむ。同書に云はく、式内社を記すに「也」といふは疑ひなきもの、「なるべし」といふは略證蹟あるもの、「ならむ歟」といふは、信疑相半するものに用ふと。
　　云々
　　伊豆奈比咩命神社　　同郡大賀茂村(今朝日村)走湯神社なるべし。

賀茂郡役所編『静岡県南豆風土誌』２６８頁・朝日村（長倉書店刊）
　走湯神社　大賀茂一村社一祭神、伊豆奈比咩命〇享保五年の棟札あり。式内伊豆奈比咩命神社なるべし。其の伊豆山走湯権現の社號は神名の首の二字より、伊豆山鎮座舊稱走湯権現と混同せしなるべし。社北敷町に宮ケ崎といふ圓丘あり。是舊社址にして往古は伊豆ケ崎と稱へきといふ。丘下に姫子潭といふ小溪あり。是等の名稱は神名の遺れるならむ。〇近傍に「ハヤシ」といふ地名あるを以て、式内波夜志命神社となすは非なり。

静岡県田方郡役所編『静岡県田方郡誌』５２７〜５３９頁（長倉書店刊）
　　三島神社（官幣大社）　祭神　積羽八重事代主命
三島町傳馬町に鎮座す、祭神は從來大山祇命と稱し、豫州三島より遷坐すと傳へたるは、三島の稱より附會したりとなん、明治五年十一月十八日附を以て、當社少宮司萩原正平よりの上申により翌六年一月六日指令ありて事代主命と確定せり。云々
城内に於ける攝社末社合せて十三社あり。
云々
4 飯神社（末社）　舊記に大神の御子神なる由傳へたれば、式に所載伊豆奈比咩命を遷し祀れるにはあらじか考ふべし、式に伊勢國飯高郡意悲神社あり。

足立鍬太郎『南豆神祇誌』３７〜３８頁（静岡縣賀茂郡神職會）
　延喜式卷九に載せた伊豆國神名帳は次の如くである。但所在地は萩原正平著伊豆國式社考略に私考を加へて註記す。
　　　　伊豆國九十二座　大五座小八十七座
　　　　　賀茂郡四十六座　大四座小四十二座
　　　　　　云々
　　　　　伊豆奈比咩命神社　　　　　　　　　朝日村大賀茂
　　　　　　云々

足立鍬太郎『南豆神祇誌』７５〜８０頁（静岡縣賀茂郡神職會）
　伊豆國神階帳は、群書類從二三に、康永二年辛亥(皇國四年)十二月廿五日在廳判の奥書あるものを、在廳伊達某藏本から寫して收めてある。伊達家に現蔵するものは鳥子紙二枚續にて後世の寫本である即ち尾張のより二十年許前のものである。在廳とは、中古國衙の廳にあり、國司の命を奉じて事務を行ふ下司であったが、多くは世職だから其の稱呼を傳へて居たのだ。先づ左に其の全文を掲げよう。
伊豆國神階帳　　式社の配當は萩原正平の意見に擦る
　　伊豆國三ケ郡神明帳事
　　正一位三島大明神
　　　云々
　　　　那賀郡貳拾四所
　　　云々
　　　　賀茂郡三十七所
　　　云々
　　　　從四位上いつな姫の明神　　伊豆奈比咩命神社
　　　云々

足立鍬太郎『南豆神祗誌』１９０～１９１頁（静岡縣賀茂郡神職會）
　　　　　第二十五章　朝日村
走湯神社
　　所在　大賀茂字上條
　　祭神　伊豆那比咩命
　　創立　享保五年天文元年（棟札）
　　社格　村社　式内　供進
　　境内　三四四坪　官一
　一時走湯權現として瓊々杵尊を、祭って居たのを現社北吸數町に宮ケ崎といふ舊社地ありて、往古伊豆ケ崎と稱し、其下に姫子淵といふ小溪あるより、式伊豆奈比咩命神社であらうと考へて變更したのである。

静岡縣『旧版　静岡縣史』第三巻・７１１～７１３頁（名著出版刊）
【賀茂郡四十六座大四座小冊二座】
云々
（伊豆奈比咩命神社）
　　原祭神は伊豆奈比咩命。原所在は賀茂郡朝日村大賀茂字上條。現在社は同所の走湯神社。
云々

静岡県郷土研究協会『静岡県神社志』第三篇（日本仏書センター刊）
村社　走湯神社
　　　　賀茂郡朝日村大賀茂字上条鎮座
云々
　祭神　伊豆奈比咩命
　例祭日　十月十五日
　由緒　創立年月不詳、享禄五年の棟札を存す、豆志には延喜式神名帳所載伊豆国賀茂郡伊豆奈比咩命神社神階帳に従四位いつな姫の明神は即ち是なりとする。明治六年九月村社に列す、竹村氏式社考は伊豆山の神ならんかという。
云々

— 121 —

片菅命神社

『特選神名牒』３０５～３０６頁
片菅命神社
　祭神　片菅命神社
　　今按此神は三島大神の后佐伎多麻比咩命の生坐る御子なること三宅記に七をばカタスケと有にて明かなり
　祭日
　社格
　所在　（伊豆國三宅島神着村御笏神社境内）　三宅島神着村
　　今按豆州志片瀬村にます今八幡と稱すセはスケのの反也とあれども三宅記に三島の神の御子神七柱のことを云て七をばカタスケと有ば此島に鎮座なること疑なし式社攷證に神着村の東方二十許町畑の稱號にカサスゲと云處有て其西上にカツソノ森と云有たる由其礎鳥井等存りたるは決めて片菅命神社なるべく聞えたりと云るもの其本社なるべきこと互に證すべし

度會延經『神名帳考證』（『神祇全書』第一輯）
〇片菅命神社　片堅石命　舊事紀云、大新川命兒片堅石命、姓氏錄云、大國主命六世孫吾田片隅命、

伴信友『神名帳考證』（『伴信友全集』第一）
片菅命神社
[姓氏]大國主命六世孫吾田片隅命[志]當郡片瀬村スゲノ反セ也今八幡ト云德治二年ノ棟札ニ康簾地頭勝也トアリ寛文ノ札ニ元藤原康簾遷宮シテ後代德治二年ニ若宮八幡ヲ合スト云ヘリ

伴信友『神名帳考』（『神道大系』古典註釋編七・延喜式神名帳註釋）
片菅命神社
〇姓氏錄、大國主命六世孫、吾田片隅命、△志ニ、當郡片瀬村、セハスケノ反也、今八幡ト云、德治二年ノ棟札ニ、康簾地頭勝世トアリ、寛文中ノ札ニ、元藤原康簾遷宮〆、後代德治二年ニ、若宮八幡ヲ合スト云ヘリ、
１（頭註）[或云、カタセ村]

鈴鹿連胤『神社覈錄』（井上頼圀・佐伯有義校訂『神社覈錄』下編）
片菅命神社
　片菅は加多須加と訓べし〇祭神明か也〇片瀬村に在す、セハスゲノ反也今八幡と稱す、志

栗田寛『神祇志料』第十二巻
片菅命神社、今三宅島神着村にあり。伊豆社考證 片菅命を祀る、こは三島神佐岐多麻比咩命に娶て生坐る神也。三宅記

『大日本史』[九]・志一・巻二百五十五
片菅命神社、〇今三宅島神着村東、有稱加佐須宜地、其加都曾森、有礎石鳥居等、蓋本社遺址云、

竹村茂雄『伊豆國式社考』（『神祇全書』第四輯）
片菅命神社　片瀬村

萩原正平『伊豆國式社攷略』（静岡県立中央図書館所蔵）
片菅命神社
　三宅島神着村鎮座かた春げのみこ三宅記舊稱かつその社なるべし攷証註進特選今は廢替尓於よび唯御笏神社の域中尓一小祠を春るのみ

萩原正平・萩原正夫『増訂豆州志稿』巻之八上・式内神社考並神階帳考緒言（長倉書店刊）
〇片菅命神社[増]三宅島神着村御笏神社境内舊稱かつその社ナル可シ村東ニかさすけノ地名アリ又かつその杜ト云ニ往昔かつその社アリテ今尚礎石石鳥居等存スかさすけ、かつそ、共ニ片菅ノ轉訛ニシテ此地舊社地址ナル可シ此神佐伎多麻比賣命ノ八王子内ニシテ三宅記ニ七ヲバかたすけ、トアル是也〇片瀬村ニアリセハスケノ反音也今八幡ト稱ス[増]此説非也片瀬ノ稱ハ川ノ瀬ニ因テ起レルナラム

萩原正平・萩原正夫『増訂豆州志稿』巻之八上・神祠一・君澤郡（長倉書店刊）
〇八王子社(竹倉村)[増]無格社八王子神社[増]當社ハ佐伎多麻比賣命ノ八王子ヲ祭ルナル可シ八王子トハ南子、加禰、夜須、弖良、志理太宜、久良惠、片菅、波夜ノ命ヲ云（其本社ハ皆三宅島ニ在テ式内也式内神社考部参看）當村八王子山通猛院ハ往昔本社ノ別當也（〇守僧云天照大神八幡大菩薩ヲ配祀スト俗ニ傳フ化村山中ニ八ノ家アリ其靈ヲ祀ル故ニ八王子トヨトサレ共谷田ノ石床別命ノ下ノ宮ト稱シコレヲ上ノ宮ト對シ云ハバ天照大神素戔鳴尊ノ御子五男三女ヲ合祀スル八王子ナルカ否ラスハ三島大神第三后八子同産ノ御子ナラム[増]第三后即佐伎多麻比咩命ヲ云ニテ後ノ説充當ナリ）〇元禄七年棟札ニ夏梅木、竹倉、兩村ノ鎮守ト（[増]七十五坪官一）

萩原正平・萩原正夫『増訂豆州志稿』巻之九上・神祠三・賀茂郡（長倉書店刊）
〇八幡社(片瀨村)[増]村社片菅神社祭神不詳[増]原書式内片菅神社ニ當テタルハ非也(前記)社號蓋シ此説ニ因テ改メタルナラム（村名ノ片瀬ハ片菅ノ約ナラムト云説アレнヒ付會ナル可シ）〇德治二年上梁文ニ大旦那康簾、地頭勝世トアリ又寛文中ノ札ニ云元藤原康簾、遷宮ス後德治二年ニ若宮八幡ヲ合スト[増]別殿一（山神[増]文和三年ノ札アリ初境外ニ在リシヲ明治二十一年遷祀ス[増]三百九十六坪官一）

萩原正夫『伊豆七島志』上・三宅島・神祠（長倉書店刊）
[増]御笏神社（〇御笏明神）[増]神着村首山鎮座祭神佐伎多麻比咩命ナル可シ（増訂豆州志稿ニ詳記ス二九二頁）[増]勝祖神社ハ御笏神社ノ境内ニアリ（増訂豆州志稿ニ詳記ス二九四頁）[増]峰指神社ハ同境内ニアリ風早山ニ鎮座セシヲ近年此ニ遷ス由緒ハ

次記峰指神社ノ條ニ就テ知ル可シ[増]二ノ宮神社ハ同境内ニアリ神着村東廿許町ニアリシヲ近年此ニ遷ス由緒ハ次ニ二ノ宮神社ノ條ニ就テ知ル可シ[増]外ニ境内社十五(一ノ瀨幣社、二ノ瀨幣社、三ノ瀨幣社、飯王子神社、酒王子神社、若宮神社、船着神社、風神社、相撲神社、諏訪神社、八幡神社、稲荷神社、琴平神社、天王神社、湯船神社[増]社域二千五坪官有地一種)

菅原久高『伊豆國九十二式社祭神記』(『全國神職會々報』第二十一號)
　片菅命神社　　三宅島神着村鎮座
　　祭神　片菅命

吉田東伍『増補大日本地名辞書』第五巻・1083頁
伊賀谷　島の西岸にして、其小港を大船戸と呼び、温泉あり、阿古村と相隣接す。延喜式、伊賀牟比売命神社あり、後明神と称す、三宅記に「此后を伊豆郷いかいと云所に置参らす」と云ひたり、阿古村には阿米都和気命神社あり。○増訂志稿云、三宅島にて古来神事の時の詞に「一大社、あめつち今宮、今后」と云ふ、一とは三島大神にて、今宮は阿米都和気命なり、文徳紀、嘉祥三年、此神并に佐支多麻姫授位の事見え、式内に列す、今も一島の総社とす。
補[伊賀牟比売神社]○増訂豆州志稿、式内伊賀牟比売神社は三宅島伊賀谷村、旧称后明神也。三宅記、三島大神三柱の后神を置賜ふ項に、嫡女とは伊豆郷いがいと云ふ所に置参らすと見え、古き祭文・神楽歌等に伊賀谷の后とあり、○阿米都和気神社[重出]阿古村富賀神社なるべし、古来神事の時神名を唱ふる例あり、曰く「一大社あめつち今宮、今后」と。大社三島大神あり、あめつち今宮は阿米都和気命にして、伊古奈比咩命の王子なるべし、今后は当后の意にて、伊古奈比咩命なり、文徳紀曰、嘉祥三年六月伊豆国阿米都和気命授従五位下、仁寿二年十二月加従五位上、斉衡元年六月加正五位上と。
○波夜志命神社[同]同じく式内なり、神着村風早山鎮座、旧称はうす明神なるべし。三宅記に「へむずのみこ」とあるは、はうすの訛れるにて、はうすは波夜志の転ぜしならむ。
○加弥命神社[同]神着村かみいの杜鎮座、旧称二之宮なる可し。三宅記に「二をばかね」とあり、即ち第二の王子なれば、二之宮の称に適へり。加弥は加禰の誤ならむも知るべからず。
○夜須命神社[同]所在未定、是亦八王子の一にして、三宅記に「三をばやすと云ふ」とあれば、三宅島鎮座なること疑なし。
○弖良明神社[同]同島伊豆村神山鎮座、旧称ていの社ならむか。三宅記に「四をばてらい(一本てい)」とありて、八王子の内なれば、本島鎮座なる事は論なし。
○志理太宜神社[同]神着村、旧称しいとり明神社なるべし。三宅記に「五をばしたひ」とある是なり。
○久良恵命神社[同]久良浜、旧称久良浜明神社なるべし。八王子の一にして、三宅記に「六をばくらひ」とある是なり。
○片菅神社[同]御笏神社境内、旧称かつその社なるべし。此神佐伎多麻比咩命の八王子の内にして、三宅記に「七をばかたすげ」とある是なり。
○伊波乃比咩命神社[同]三宅島坪田村、二宮神社三座の一座なるべし。旧社地は字神戸の石室ならむも知る可らず。三宅記に「次の后をばつぼたの郷に置給ふ」とある即ち此比咩神なる可し。
○南子神社[同]同村南子山鎮座、三宅記に彼八王子の事を誌して「一人をばなご」とある是なり。
三宅島は上古三島大神鎮座の本域にして、其后神御子神式に所載十二座の多きに至る。

吉田東伍『増補大日本地名辞書』第五巻・1083～1084頁
伊豆　島の北岸にして、神着村と相隣接す。○増訂志稿云、式内佐伎多麻比咩神社は神着の御笏明神是なり、三宅記に「三島大神の三柱の后の一人をかめつきの郷に置参らす」とある是也。此后の子を八王子と云ひ、島内に八柱の社あり、共に式内に列す、波夜志命(三宅記、ヘムズの御子)は神着の風早山ハウス明神なるべし、片菅命は(三宅記、七王子カタスゲ)御笏社のカツソ明神是也、久良恵命は(三宅記、六王子クライ)久良浜明神是也、夜須命(三宅記、三王子ヤス)今不詳、加禰命は(三宅記、二王子カネ)神着の二宮カミイ明神是也、氐良神社は(三宅記、四王子テライ)神着の神山テイ明神是也、志理太宜神社は、(三宅記、五王子シタイ)神着のシイトリ明神是也、南子神社は(三宅記、八王子ナゴ)神着の南子山に在り。
補[佐伎多麻比咩命神社]○増訂豆州志稿[重出]神着村、旧称御笏神社なるべし、三島大神三柱の后神を置き賜ふ項に、三人めはかめつきの郷に置き参らすとあり、かめつき即ち神着にて、此地に置き給ひし后神佐伎多麻比咩命なるべし、今尚佐伎多麻の地名存す、当村に佐伎多麻観音あり、本社の旧地なりと云ふ、此比咩神の生みませる八王子、当村或は近地に鎮座せり。文徳紀曰、嘉祥三年六月、加伊豆国佐伎多麻比咩神従五位下。

郵岡良弼『日本地理志料』巻十三・伊豆国賀茂郡三島郷
三宅島　在神津島東八里、下丑東南二十里、周凡七里半、全島峻嶮、雄山聳其中央、有火脈、田圃百三十町、有伊賀谷、神著、伊豆、坪田、阿古五邑、領戸八百二十二、口二千七百九十、産牛馬、出絲紬、大野原島属之、」按神著村、蓋事代主神始上陸之處、伊豆村、其所幽宅之處、故稱伊豆御島神邪、三宅記云、神菅與其妃定諸子所居、地名同之五邑、」祀典所載、二十四社在海島、而其十二在本島焉、曰佐伎多麻比咩命神社、即三島神妃也、曰波夜志命神社、曰片菅命神社、曰加彌命神社、曰志理太宜命神社、曰南子神社、以上在神著村、並佐伎多麻比咩所生、曰伊賀牟比賣命神社、在伊賀谷村、稱后宮、曰伊波乃比咩命神社、在坪田村、稱坪田后宮、亦三島神妃也、曰阿米都和氣命神社、在阿古村、稱總鎮守三島明神、曰久良惠命神社、在久良濱、曰氐良命神社、曰夜須命神社、在伊豆村、並佐伎多麻比咩所生、有爲朝山、是源爲朝居阯也、

賀茂郡役所編『静岡県南豆風土誌』557頁・城東村(長倉書店刊)
　片菅神社　片瀬－村社－祭神、片菅命○上梁文に徳治二年の正月地頭加藤康康社殿を造営し、若宮八幡を合祀すと。

足立鍬太郎『南豆神祇誌』17～20頁(静岡縣賀茂郡神職會)

既に述べた如く、白鳳年間伊豆神海島に現れてより約百五十年、天長九年に至って男女二神に分化し、深谷を塞き高巖を摧きて土地を増益し、併せて旱霖を調節するを以て其の神驗とした。蓋し富士火山帯の活動に因る爆發の威力と、其の噴出した溶岩や泥灰の爲に海中に新地を得ることが、無上の恐怖と多大の感謝を齎したのである。加も其の爆發前に於ける火山性地震が、やがて來るべき災難を豫告警戒するを以て、居民は御神火を三嶋神と畏むと同時に、此の地震を伊古奈比咩神と稱へて感謝を表したのであらう。是れアイヌ語Ｉｋｏｎｎｕは凶事を未然に戒める義であってＩｋｏｎｎｕ－ｇｕｒｕ及びＩｋｎｎｕｐは神變を現す者であるより出たのである。但これより推して巫女と解することも出來る。（彼の三宅記の見目＝御妻を考ふべきである）。そして此の二神の本貫は三宅島であって、島の名は神明（燒）に起因し、其の雄山が三島＝神島神の體を表したものであらう。次に阿古は噴火の本場であって、其の地名は神名Ｉｋｏの轉である。Ｂａｃｈｅｌｏｒ氏アイヌ語文典Ｔｏｉｓｈｉｋａｒｉの説明に據れば、同語に於てｉ音のａに變ずるは屢々ある例だといふ。思ふに同地澪池は女神の躰を表すもので、男神と共に此地に鎭座し給うたのを、内地に奉遷した後に、御子阿米都和氣命を祀ったのであらう。尚ついでにいはゞ、同島神著はアイヌ語Ｋａｍｕｉｓｈｙｏｔｋｉ＝火の女神の處の意で、佐伎多摩比咩命の坐す地、伊ケ谷は同語Ｅｋａｙｅｃｈｉｓｈｉ若くはＥｋａｉｃｈｉｓｈにて險しき處の意、即ち伊賀牟比賣命の坐す地である。又坪田はＴｏｐｏｃｈｉ＝水溜の複數なれば、古澪池を表するもので、伊波乃比咩命の坐す處である。そして伊古奈比咩命三宅記には天地今宮后と稱するには、阿米都和氣命の他に穂都佐和氣命といふ御子おはし、佐伎多摩比咩命には、加彌・夜須・弓良・志里太乎宜・久良惠・片菅・波夜志・南子の八子おはすを以て、こゝに主神・嫡后・三妃・十王子の三宅神族を組織すると、承和七年上津島の噴火によりて、更に三嶋神の本后阿波命・嫡子物忌奈命といふ神出現し、しかも其の本后には五子物忌奈伊太和氣阿豆佐和氣外二神ありと稱し、神津・御藏・利島を連ねて神津の一神族を形成した。然るに大島三原山は三宅島雄山と交互に爆發する御神火の本場であるから、こゝにも其舊噴火口なる波浮池今は一方を決して港とするに妃波布比咩命現れ、彼の白鳳當時の神造地たる野增の阿治古・泉津の波知兩神を其の二王子として大島神族を組織する。更に又式根なる久爾都比咩命といふ妃神には、新島の多祁美加賀命と稱する武勇の神と他に一柱の王子坐し、これに對して遙かに沖島八丈島にも妃優婆夷命・王子許志伎命外四神が現れたから、こゝに一主神の下に、兩后・六妃と嫡子以外に知名十六王子他に名の傳らざるもの七神より成る三嶋大神族廿六社總卅三社が組織された。

足立鍬太郎『南豆神祇誌』３７～３９頁（静岡縣賀茂郡神職會）
　延喜式卷九に載せた伊豆國神名帳は次の如くである。但所在地は萩原正平著伊豆國式社考略に私考を加へて註記す。
　　　　伊豆國九十二座　大五座小八十七座
　　　　　賀茂郡四十六座　大四座小四十二座
　　　　　　云々
　　　　　　片菅命神社　　　　　　　　　　　　三宅島神著
　　　　　　云々

足立鍬太郎『南豆神祇誌』１５５～１５７頁（静岡縣賀茂郡神職會）
　　　　第十六章　城東村
云々
片菅神社
　所在　片瀬字山岸
　祭神　片菅命　　供進
　創立　德治二年の上梁文ありといふ
　社格　村社
　境内　三九六坪　官一
　祭神不詳であったのを後に地名によつて片菅命と定めた。古くより若宮八幡を合祀し一時八幡社と號して居た。辛酉の年神服更獻の慣例がある。

静岡縣『旧版　静岡縣史』第三巻・７１１～７１４頁（名著出版刊）
【賀茂郡四十六座大四座小卌二座】
云々
（片菅命神社）
　　原祭神は優婆夷命。原所在は伊豆三宅島神着村。
云々

波夜志命神社

『特選神名牒』３０５頁
波夜志命神社
　祭神　波夜志命
　祭日
　社格
　所在　三宅島神着村風早山（伊豆國三宅島神着村大字首山村社御笏神社境内）
　　今按豆州志に大賀茂村に走湯權現あり近處はハヤシと云地名あり當社ならん歟と云れど唯ハヤシの地名
　　のみにて他の證據なければ信がたし式社攷證に三宅島神着村風早山鎭座はうすの神社なるべし衰頽せる
　　小社なれど廣く古木森々たる神山なるが神威巍然此山に入て木を伐か又無禮をなす事あれば忽
　　大風吹出て崇咎一速き故に此山を風早山と云て神官の外は立入ものなしと云事の所由あるを思べし斯て
　　今のハウスは波夜志の訛と聞ゆるか上に三宅記に此神着村に坐佐岐多麻比咩命の生給へる八柱の御子神
　　を記して八をハヘムスと有もハウスに通ひて同稱の轉語なること論無し亦神名の波夜志は早風の意にて
　　今現に早風の神威顯然なるにて知べしと云る證ありて聞ゆれば之に從ふ

度會延經『神名帳考證』（『神祇全書』第一輯）
〇波夜志命神社　風靈　舊事紀云、速飄命、　荘子云、大塊之噫氣、其名爲風、姓氏錄、林宿禰、室屋大連
公男御物宿禰之後也、

伴信友『神名帳考證』（『伴信友全集』第一）
波夜志命神社
［志］大賀茂村ノ上條ニ走湯權現アリ近所ニハヤシト云フ地名アリ當社ナラン歟〇信友按温泉ヲハシノユトイ
ヘバハヤシノ言由アリ考ベシ［鎌倉右大臣家集］「走湯の神とは宜もいひけらしはやきしるしのあれはなりけ
り」

伴信友『神名帳考』（『神道大系』古典註釋編七・延喜式神名帳註釋）
波夜志命神社
△志ニ、大賀茂村ノ上條ニ、走湯權現アリ、近處ニハヤシト云フ地名アリ、當社ナラン、〇信友按、温泉ヲ
ハシリユトイヘバ、ハヤシノ言由アリ、考ベシ、鎌倉右大臣家集ニ、「走湯ノ　神トハ宜モ　イヒケラシ
ハヤキシルシノ　アレバナリケリ」
　1（頭註）外圖云、大賀茂村、

鈴鹿連胤『神社覈錄』（井上頼囶・佐伯有義校訂『神社覈錄』下編）
波夜志命神社
　波夜志は假字也〇祭神明か也〇在所詳ならず
　　伊豆志に、大賀茂村ノ上條ニ走湯權現アリ、近處ニハヤシト云フ地名アリ、當社ナラン歟、と云り、

栗田寛『神祇志料』第十二巻
波夜志命神社、今三宅島神着村風早村にあり、波宇須神と云ふ。伊豆式社考證〇按波夜志の音轉訛て、波宇須となれる歟、波夜志命を祀
る。延喜式此は三島神佐岐多麻比咩命に娶て生坐る神也。三宅記此神威靈尤嚴にして、人若神山を犯す時忽大風を
起し、崇咎立處に顯る。伊豆式社證

『大日本史』［九］・志一・巻二百五十五
波夜志命神社、〇一無命字、今在三宅郡神着村風早山、曰波宇須神社、傳言、祀三島神子、即佐岐多麻比咩所生、三宅記威靈最著云、土人説

竹村茂雄『伊豆國式社考』（『神祇全書』第四輯）
波夜志命神社　大加茂走湯權現の近所にはやしと云地名あり

萩原正平『伊豆國式社攷略』（静岡県立中央図書館所蔵）
波夜志命神社
　同島神着村風早山鎭座へむずのみ古三宅記舊稱はう須の神社なりと須攷証註進特選今は甚小祠なれと神威較著尓し
　て島人の崇敬淺可らず

萩原正平・萩原正夫『増訂豆州志稿』巻之八上・式内神社考並神階帳考緒言（長倉書店刊）
〇波夜志命神社［増］同島神着村風早山鎭座舊稱はうす明神社ナル可シ三宅記ニへむずのみコトアルハはうす
ノ訛レルニテはうすハ波夜志ノ轉セシナラム一説ニ賀茂郡大賀茂村走湯神社ニ當テタルハ非也（原書亦此説ヲ載ス本條参
看）

萩原正平・萩原正夫『増訂豆州志稿』巻之八上・神祠一・君澤郡（長倉書店刊）
〇八王子社（竹村村）［増］無格社八王子神社［増］當社ハ佐伎多麻比賣命ノ八王子ヲ祭ルナル可シ八王子トハ南子、
加禰、夜須、弖良、志理太宜、久良惠、片菅、波夜ノ命ヲ云（其本社ハ皆三宅島ニ在テ式内此式内神社考部参看）當村八王子山通猛院
ハ往昔本社ノ別當也（〇守僧云天照大神八幡大菩薩ヲ配祀スト俗ニ傳フ此村山中ニ八ノ家アリ其霊ノ祀ル故ニ八王子トニトサレ共谷田ノ石床別命ノ下ノ宮ト稱シコレヲ上ノ宮ト對シテニハバ天照
大神素戔嗚尊ノ御子五男三女ヲ合祀スル八王子ナルカ否ラスニ三島大神第三后八子同産ノ御子ナラム［増］第三后即佐伎多麻比咩命ヲ云ニテ後ノ説充當ナリ）〇元禄七年棟札ニ夏梅木、
竹倉、兩村ノ鎭守ト（［増］七十五坪官一）

萩原正平・萩原正夫『増訂豆州志稿』巻之九上・神祠三・賀茂郡（長倉書店刊）
〇走湯權現（大賀茂村上條）［増］村社走湯神社祭神伊豆奈比咩命ナル可シ［増］式内伊豆奈比咩命神社ナル可シ（前記）走
湯ノ社號ハ神名ヨリ伊豆山鎭座舊稱走湯權現ト同社ナリト謬リテ負セシナラム社北敷町ニ宮ガ崎ト云圓丘ア
リコレ舊社址ニシテ往古ハ伊豆ガ崎ト稱ヘタリト云丘下ニ姫子淵ト云小溪アリ伊豆ガ崎、姫子淵等神名ノ遺

レルナラム（草蘇、天文、永蘇等ノ札アリ）○近所ニはやしト云地名アル故或ハ式内波夜志命神社トス（此説非也）未審（伊豆納符、鱸取外岡氏［増］三百四十四坪官一）

萩原正夫『伊豆七島志』上・三宅島・神祠（長倉書店刊）
［増］御笏神社（○御笏明神）［増］神着村首山鎮座祭神佐伎多麻比咩命ナル可シ（増訂豆州志稿ニ詳記スニ九二頁）［増］勝祖神社ハ御笏神社ノ境内ニアリ（増訂豆州志稿ニ詳記スニ九四頁）［増］峰指神社ハ同境内ニアリ風早山ニ鎮座セシヲ近年此ニ遷ス由緒ハ次記峰指神社ノ條ニ就テ知ル可シ［増］二ノ宮神社ハ同境内ニアリ神着村東廿許町ニアリシヲ近年此ニ遷ス由緒ハ次ノ二ノ宮神社ノ條ニ就テ知ル可シ［増］外ニ境内社十五（一ノ潮幣神社、二ノ潮幣神社、三ノ潮幣神社、飯王子神社、酒王子神社、若宮神社、船着神社、風神社、柏精神社、諏訪神社、八幡神社、稲荷神社、琴平神社、天王神社、湯船神社［増］社域二千二十五坪官有地一種）

萩原正夫『伊豆七島志』上・三宅島・神祠（長倉書店刊）
［増］峰指神社［増］神着村風早山鎮座祭神波夜志命ナル可シ（増訂豆州志稿ニ詳記スニ九四頁）

菅原久高『伊豆國九十二式社祭神記』（『全國神職會々報』第二十一號）
波夜志命神社　三宅島神着村鎮座波宇須神社と稱す
　　祭神　波夜志命

吉田東伍『増補大日本地名辞書』第五巻・１０８３頁
伊賀谷　島の西岸にして、其小港を大船戸と呼び、温泉あり、阿古村と相隣接す。延喜式、伊賀牟比売命神社あり、後明神と称す、三宅記に「此后を伊豆郷いかいと云所に置参らす」と云ひたり、阿古村には阿米都和気命神社あり。○増訂志稿云、三宅島にて古来神事の時の詞に「一大社、あめつち今宮、今后」と云ふ、一とは三島大神にて、今宮は阿米都和気命なり、文徳紀、嘉祥三年、此神并に佐支多麻姫授位の事見え、式内に列す、今も一島の総社とす。
補［伊賀牟比売神社］○増訂豆州志稿、式内伊賀牟比売神社は三宅島伊賀谷村、旧称明神也。三宅記、三島大神三柱の后神を置賜ふ項に、嫡女とは伊豆郷いがいと云ふ所に置参らすと見え、古き祭文・神楽歌等に伊賀谷の后とあり、○阿米都和気神社［重出］阿古村富賀神社なるべし、古来神事の時神名を唱ふる例あり、曰く「一大社あめつち今宮、今后」と。大社三島大神あり、あめつち今宮は阿米都和気命にして、伊古奈比咩命の王子なるべし、今后は当后の意にて、伊古奈比咩命なり、文徳紀曰、嘉祥三年六月伊豆国阿米都和気命授従五位下、仁寿二年十二月加従五位上、斉衡元年六月加正五位上と。
○波夜志命神社［同］同じく式内なり、神着村風早山鎮座、旧称はうす明神社なるべし。三宅記に「へむずのみこ」とあるは、はうすのの訛れるにて、はうすは波夜志の転ぜしならむ。
○加弥命神社［同］神着村かみいの杜鎮座、旧称二之宮なる可し。三宅記に「二をばかね」とあり、即ち第二の王子なれば、二之宮の称に適へり。加弥は加禰の誤ならむも知るべからず。
○夜須命神社［同］所在未定、是亦八王子の一にして、三宅記に「三をばやすと云ふ」とあれば、三宅島鎮座なること疑なし。
○弖良明神社［同］同島伊豆村神山鎮座、旧称ていの社ならむか。三宅記に「四をばてらい（一本てい）」とありて、八王子の内なれば、本島鎮座なる事は論なし。
○志理太宜神社［同］神着村、旧称しいとり明神社なるべし。三宅記に「五をばしたひ」とある是なり。
○久良恵命神社［同］久良浜、旧称久良浜、旧称久良浜明神社なるべし。八王子の一にして、三宅記に「六をばくらひ」とある是なり。
○片菅命神社［同］御笏神社境内、旧称かつその社なるべし。此神佐伎多麻比咩命の八王子の内にして、三宅記に「七をばかたすげ」とある是なり。
○伊波乃比咩命神社［同］三宅島坪田村、二宮神社三座の一座なるべし。旧社地は字神戸の岩室ならむも知る可からず。三宅記に「次の后をばつぼたの郷に置給ふ」とある即ち此比咩神なる可し。
○南子神社［同］同村南子山鎮座、三宅記に彼八王子の事を誌して「一人をばなご」とある是なり。
三宅島は上古三島大神鎮座の本域にして、其后神御子神式に所載十二座の多きに至る。

吉田東伍『増補大日本地名辞書』第五巻・１０８３～１０８４頁
伊豆　島の北岸にして、神着村と相隣接す。増訂志稿云、式内佐伎多麻比咩神社は神着の御笏明神是なり、三宅記に「三島大神の三柱の后の一人をかめつきの郷に置参らす」とある是也。此后の子を八王子と云ひ、島内に八柱の社あり、共に式内に列す、波夜志命（三宅記、ヘムズの御子）は神着の風早山ハウス明神なるべし、片菅命は（三宅記、七王子、カタスゲ）御笏社のカツソ明神是也、久良恵命は（三宅記、六王子クライ）久良浜明神是也、夜須命（三宅記、三王子ヤス）今不詳、加禰命は（三宅記、二王子カネ）神着の二宮カミイ明神是也、氏良神社は（三宅記、四王子テライ）神着の神山テイ明神是也、志理太宜神社は、（三宅記、五王子シタイ）神着のシイトリ明神是也、南子神社は（三宅記、八王子ナゴ）神着の南子山に在り。
補［佐伎多麻比咩命神社］○増訂豆州志稿［重出］神着村、旧称御笏神社なるべし、三宅記に、三島大神三柱の后神を置き賜ふ項に、三人めはかめつきの郷に置き参らすとあり、かめつき即ち神着にて、此地に置き給ひし后神佐伎多麻比咩命なるべし、今尚佐伎多麻の地名存す、当村に佐伎多麻観音あり、本社の旧地なりと云ふ、此比咩神の生みませる八王子、当村或は近地に鎮座せり。文徳紀曰、嘉祥三年六月、加伊豆国佐伎多麻比咩神従五位下。

邨岡良弼『日本地理志料』巻十三・伊豆国賀茂郡三島郷
三宅島　在神津島東八里、下田東南二十里、周凡七里半、全島峻嶮、雄山聳其中央、有火脈、田圃百三十町、有伊賀谷、神著、伊豆、坪田、阿古五邑、領戸八百二十二、口二千七百九十、産牛馬、出絲紬、大野原島属之、」按神著村、蓋事代主神始上陸之處、伊豆村、其所幽宅之處、故稱伊豆御島神邪、三宅記云、神菅與其妃定諸子所居、地名同今之五邑、」祀典所載、二十四社在海島、而其十二在本島焉、曰佐伎多麻比咩命神社、即三島神妃也、曰波夜志命神社、曰片菅命神社、曰加彌命神社、曰志理太宜命神社、曰南子神社、

以上在神著村、竝佐伎多麻比咩所生、曰伊賀牟比賣命神社、在伊賀谷村、稱后宮、曰伊波乃比咩命神社、在坪田村、稱坪田后宮、亦三島神妃也、曰阿米都和氣命神社、在阿古邑、稱總鎭守三島明神、曰久良惠命神社、在久良濱、曰氏良命神社、曰夜須命神社、在伊豆村、竝佐伎多麻比咩所生、有爲朝山、是源爲朝居阯也、

賀茂郡役所編『静岡県南豆風土誌』６２８頁・朝日村（長倉書店刊）
走湯神社　大賀茂－村社－祭神、伊豆奈比咩命〇享保五年の棟札あり。式内伊豆奈比咩命神社なるべし。其の伊豆山走湯權現の社號は神名の首の二字より、伊豆山嶺座舊稱走湯權現と混同せしなるべし。社北敷町に宮ケ崎といふ圓丘あり。是舊社址にして往古は伊豆ケ崎と稱へきといふ。丘下に姫子淵といふ小溪あり。是等の名稱は神名の遺れるならむ。〇近傍に「ハヤシ」といふ地名あるを以て、式内波夜志命神社となすは非なり。

足立鍬太郎『南豆神祇誌』１７～２０頁（静岡縣賀茂郡神職會）
　既に述べた如く、白鳳年間伊豆海島に現れてより約百五十年、天長九年に至って男女二神に分化し、深谷を塞き高巖を摧きて土地を増益し、併せて旱霖を調節するを以て其の神驗とした。蓋し富士火山帶の活動に因る爆發の威力と、其の噴出した溶岩や泥灰の爲に海中に新地を得ることが、無上の恐怖と多大の感謝を齎したのである。加も其の爆發前に於ける火山性地震が、やがて來るべき災難を豫告警戒するを以て、居民は御神火を三嶋神と畏むと同時に、此の地震を伊古奈比咩神と稱へて感謝を表したのであらう。是れアイヌ語Ｉｋｏｎｎｕは凶事を未然に戒める義であってＩｋｏｎｎｕ－ｇｕｒｕ及びＩｋｎｎｕｐは神變を現す者であるより出たのである。但これより推して巫女と解することも出來る。（彼の三宅記の見目＝御妻を考ふべきである）。そして此の二神の本貫は三宅島であって、島の名は神明（燒）に起因し、其の雄山が三島＝神島神の體を表したものであらう。次に阿古は噴火の本場であって、其の地名は神名Ｉｋｏの轉である。Ｂａｃｈｅｌｏｒ氏アイヌ語文典Ｔｏｉｓｈｉｋａｒｉの説明に據れば、同語に於てｉ音のａに變ずるは屢々ある例だといふ。思ふに同地澪池は女神の躰を表すもので、男神と共に此地に鎭座し給うたのを、内地に奉遷した後に、御子阿米都和氣命を祀ったのであらう。尚ついでにいはゞ、同島神著はアイヌ語Ｋａｍｕｉｓｈｙｏｔｋｉ＝火の女神の處の意で、佐伎多摩比咩命の坐す地、伊ケ谷は同語Ｅｋａｙｅｃｈｉｓｈｉ若くはＥｋａｉｃｈｉｓｈにて險しき處の意、即ち伊賀牟比賣命の坐す地である。又坪田はＴｏｐｏｃｈｉ＝水溜の複數なれば、古澪池を表すもので、伊波乃比咩命の坐す處である。そして伊古奈比咩命三宅には天地今宮后と稱するには、阿米都和氣命の他に穗都佐和氣命といふ御子おはし、佐伎多摩比咩命には、加彌・夜須・弖良・志里太乎宜・久良惠・片菅・波夜志・南子の八子おはすを以て、こゝに主神・嫡后・三妃・十王子の三宅神族を組織すると、承和七年上津島の噴火によりて、更に三嶋神の本后阿波命・嫡子物忌奈命といふ神出現し、しかも其の本后には五子物忌奈伊太豆和氣阿豆佐和氣外二神ありと稱し、神津・御藏・利島を連ねて神津の一神族を形成した。然るに大島三原山は三宅島雄山と交互に爆發する御神火の本場であるから、こゝにも其舊噴火口なる波浮池今は一方を決して港とするに妃波布比咩命現れ、彼の白鳳當時の神造地たる野増の阿治古・泉津の波知兩神を其の二王子として大島神族を組織する。更に又式根なる久爾都比咩命といふ妃神には、新島の多祁美加賀命と稱する武勇の神と他に一柱の王子坐し、これに對して遙かに沖島八丈島にも妃優婆夷命・王子許志伎命外四神が現れたから、こゝに一主神の下に、兩妃・六妃と嫡子以外に知名十六王子他に名の傳らざるもの七神より成る三嶋大神族式二十六社總三十三社が組織された。

足立鍬太郎『南豆神祇誌』３７～３９頁（静岡縣賀茂郡神職會）
　延喜式卷九に載せた伊豆國神階帳は次の如くである。但所在地は萩原正平著伊豆國式社考略に私考を加へて註記す。
　　　　伊豆國九十二座　　大五座小八十七座
　　　　　賀茂郡四十六座　　大四座小四十二座
　　　　　　云々
　　　　　波夜志命神社　　　　　　　　　　　　　　　仝上神著
　　　　　　云々

静岡縣『旧版　静岡縣史』第三巻・７１１～７１４頁（名著出版刊）
【賀茂郡四十六座 大四座小卌二座】
云々
（波夜志命神社）
　　原祭神は波夜志命。原所在は三宅島神着村。
云々

優波夷命神社

『特選神名牒』３０５頁
優婆夷命神社稱優婆明神
　　祭神　優婆夷命
　　社格　（郷社）
　　所在　（伊豆國八丈島大賀郷）　八丈島
　　今按豆州志以下諸説とも所在みな同じ三宅記に三島大神五柱の后神を五の島に置玉ふことを記しておきの島に置給ふ后をばイナハエノ后とぞ申ける云々とあるおきの島は八丈島にていなはえの后は優婆夷命なる事は式社攷證に社邊の地名を内いなばと唱へ神號を優婆明神と稱へ來れるを以て知るべしと云るが如しさて優婆夷優婆塞は釋氏要覽に優婆塞奏言善宿男謂離破戒宿故又梵云鄔婆索迦唐言近事男謂親近承事所佛法故天竺受五八戒俗人稱之亦云清信士優婆夷夷即女聲字也又云鄔波斯迦名義同前とありてよく佛に事ふる女を優婆夷と云ふなるが此神はウバイともイナバエとも申して姫神なるに其神號の同じく聞ゆるを以て世に遍く佛を崇むる風習にて此字を用いしものとみえたりも若し三宅記のあらざらんには彼佛に事ふる優婆夷を崇めしものとなりなむ穴かしこ

度會延經『神名帳考證』（『神祇全書』第一輯）
優波夷命神社　土靈埴安神、意波輿命同歟河内國宇婆神社、近江國意波閇神社、波布比賣命同神、

伴信友『神名帳考證』（『伴信友全集』第一）
優婆夷命神社
〇河内國宇婆神社近江國意波閉神社［志］八丈島ニ坐ス又田方郡門野原村ニ姥神ノ社アリ正徳貞享ノ札ニ優婆大明神トアリト云ヘリ當神ヲ遷シタル證トスベシ又賀茂郡川奈村優婆子山ノ下岩窟ニ優婆子ノ祠アリ可考［要覽］上巻十七左優婆塞奏言善宿男謂離破戒宿故又梵云鄔波索迦唐言近事男謂親近承事諸佛法故天竺受五八戒俗人稱之亦云清信士云々優婆夷即女聲字也又云即波斯迦名義同前

伴信友『神名帳考』（『神道大系』古典註釋編七・延喜式神名帳註釋）
優波夷命神社
〇河内國宇波神社・近江國意波閉神社、△八丈嶋ニ坐ス、志ニ、田方郡門野原村ニ、姥神ノ社アリ、正徳・貞享ノ札ニ、優婆大明神トアリト云ヘリ、當神ヲ遷シタル證トスベシ、又賀茂郡川奈村優婆子山下岩窟ニ、優婆子ノ祠アリト志ニアルモ、可考、〇合類云、優婆塞、梵語唐翻日、近事男、又云清信士、是受五・八戒者、見涅槃經又釋氏要覽、優婆夷、近事女・清信女並見大藏一覽、僧男曰優婆塞、又曰徳士、女曰優婆夷、又曰尼、

鈴鹿連胤『神社覈録』（井上頼圀・佐伯有義校訂『神社覈録』下編）
優波夷命神社
　優婆夷は宇婆伊と訓べし、合類云、優婆塞、梵語、唐翻曰近事男、又曰清信士、是受五八戒者、見涅槃經、又釋氏要覽、優婆夷、近事女、清信女、並同、見大藏一覽、僧男曰優婆塞、又曰徳士、女曰優婆夷、又曰尼〇八丈島に在す、志三根村七島回
　　　伊豆志に、田方郡門野原村ニ姥神社アリ、正徳貞享ノ札ニ優婆大明神トアリ、ト云ヘリ、當社ヲ遷シタル證トスベシ、又賀茂郡川奈村［ウハコ］山下岩窟ニ優婆子ノ祠アリ、

栗田寛『神祇志料』第十二巻
優婆夷命神社、今八丈島太賀郷にあり、島の總鎮守優婆明神と云。豆州志、南方海島志、伊豆式社考證、優婆夷命を祀る。延喜式蓋三島神の妃神也。三宅記〇按本書三島神五柱の后神を五の島に置給ふ事を記して、おきの島に置給ふ后をハいなはえの后とぞ申ける、とあるいなはえ、蓋優婆夷の轉訛なり。

『大日本史』［九］・志一・巻二百五十五
優婆夷命神社、〇今在八丈島大賀郷、爲島中總鎭守神、傳云、祀三島神妃、三宅記、土人説、〇三宅記云、三島神有後妃、置之海中五島、在冲島者、曰以那婆衣即有婆夷之轉、

『大日本史』［十一］・志三・巻二百九十三
凡本國島嶼纂多、皆隷本郡、槃稱七島云、…曰八丈島、〇在三宅南三十五里、周十餘里、領村五、一名瀛島、〇一作隠岐島有優婆夷命社、有以下延喜式

竹村茂雄『伊豆國式社考』（『神祇全書』第４輯）
優婆夷命神社　八丈島、志川奈村優婆子山脚の窟に優婆子を祀る、

萩原正平『伊豆國式社攷略』（静岡県立中央図書館所蔵）
優婆夷命神社
　八丈島大賀郷鎮座いなば衣の后三宅記舊稱優婆夷明神社是なり社傳島式式考攷証註進特選抑優波夷の文字は梵語尓同稱あ連ば良しから須若くは齌神名の同しきよ里傳會したる歟或は又後人の杜撰ならんも知るべから須予思ふ所あ里て攷証尓記し於けるを見る可し

萩原正平・萩原正夫『増訂豆州志稿』巻之八上・式内神社考並神階帳考緒言（長倉書店刊）
〇優婆夷命神社〇八丈島［増］大賀郷舊稱優婆明神社也三宅記ニ沖ノ島ニ置給フ后ヲいなばえの后ト申ストアル即是也（沖ノ島ハ八丈島ヲ云）社邊ニ内いなば、外いなば等ノ地名存ス按ズルニ神名ハいなばえトアル方正シカル可ク轉訛シテうばいトナリ竟ニ優婆夷ノ字ヲ假用セルナラム

萩原正平・萩原正夫『増訂豆州志稿』巻之八上・神祠一・君澤郡（長倉書店刊）
見目社［増］三島神社攝社［増］當社ハ三島大神ノ御妃六柱ヲ祭ルナル可シ其神名ハ波布比賣、久爾都比賣、優婆夷、伊賀牟比賣、伊波乃比賣、佐伎多麻比賣命ナル可クシテ三島大社々傳ニ見目六柱ト云ハ即是也（見目ノ事式内神社考緒言二考記ス）眞本曾我物語ニ見目御前トアリ其姫神タルヲ證ス可シ

萩原正夫『伊豆七島志』中・八丈島・沿革（長倉書店刊）

○沿革[増]本島モ他ノ諸島ト同ク事代主神ノ眷族ノ開創ニ係レリ三宅記ニ三島明神沖ノ島ニ置キ給フ后ヲいなばえの后(一本ハ十八江ノ后)トゾ申ケル其御腹ニ王子五人在ス其后カクレサセ給ヒケレバ嫡子ト次郎ノ王子トハ手ヲ執リ合ヒ思ヒ死ニ終ラセ給ヒ石トナリテ弟兄ノ尊トテ立チ給ヘリ二人ノ御子ハ幼少ニテカクレサセ給フ五郎ノ王子ノミ沖ノ島ニ在ストアリ此いなはえの后トアルハ優婆夷命五郎王子トアルハ許志伎命ナル可クシテ其祠宇ハ共ニ式内ニ列セラルレバ是レ本島創始ノ祖ナルコト疑ナカル可シ

萩原正夫『伊豆七島志』中・八丈島・神祠（長倉書店刊）
[増]郷社優婆夷命神社、寶明神社(○老姥明神寶明神)[増]大賀郷村大里鎮座、優婆夷神社祭神優婆夷命也寶明神社祭神許志伎命ナル可シ(増訂豆州志稿ニ詳記ス二九四頁、二九五頁)○神職奧山遠江守、外下社人、占部四人祝三人、加社手七人、宮婦一人、巫女一人、神主代一人、補宜五人、僧家五人、凡テ二十八戸([増]神職以下明治五年解職ス)祭田二町三反二畝二十歩[増]明治七年両社ヲ郷社ニ列セラル境域樹木鬱蒼頗ル幽邃ナリ[増]境内社四(松尾神社、稲荷神社、三島神社、磯神社)[増]社域三千九十四坪官有地)

菅原久高『伊豆國九十二式社祭神記』（『全國神職會々報』第二十一號）
優波夷命神社　八丈島大賀郷鎮座
　　祭神　優波夷命

吉田東伍『増補大日本地名辞書』第五巻・１０８６頁
大賀　八丈島の西南岸なる一村なり、式内優婆夷命神社あり、三宅記に之を「沖の島に置給ふ后いなばえの后」と載す、沖之島とは八丈の一名なるべし。又同書、沖の島の五郎王子と云ふは許志伎神社にして、今優婆夷社に合祀す。[増訂志稿]大賀は又大岡にも作り、一島の首邑にして、島庁の在る所とす、其港を八重根と云ふ、(しまの東北岸なる三根村にも神湊てふ小疊あり)村中に宇喜多秀家の墓あり。
補[優婆夷命神社]○増訂豆州志稿[重出]式内優婆夷命神社、旧称優婆明神社也。沖の島は八丈島を云ふ、社辺に「内いなば・外いなば」等の地名存す。按ずるに神名はいなばえとある方正しかるべく、転訛してうばえいと云ふ。
補[許志伎命神社]○増訂豆州志稿[重出]許志伎命神社は大賀郷、旧称古宝明神社なる可し、三宅記に、「五郎王子」とあるは、蓋此神ならむ、大賀郷の西方に古志伎の地名あり、是旧社地なるべし。又甑峰山、崇福寺あり、甑峰の山号は許志伎の神名に仍れるならむ。

郁岡良弼『日本地理志料』巻十三・伊豆国賀茂郡三島郷
八丈島　一名沖島、以去内地最遠也、在御倉南二十里、下田南四十七里、周凡十里半、海岸巉巖削立、不便碇泊、西邊有甑峯、山巓常噴火、高二千八百四十餘尺、周亘七里、居全島三之一、其状似駿河富士山、故呼八丈富士云、小川數流、有灌漑之利、田圃二百十七町、有大賀郷、三根、末吉、中郷、樫立五村、領戸千五百八十六、口九千四百二十三、多牛馬、民性淳朴、言語風俗、大與内地殊、男專漁樵農事、女力養蠶機織、物産富殖、氣候温燠、自爲一佳嶼、本島官島間、海中有迅流、日黑瀬川、幅二十町、激潮東流、航客毎稱危險矣、祀典所秩優婆夷命神社、在大賀郷、三宅記云、三島神有五妃、置之五島、在沖島者、曰以那婆衣后、優婆夷、即以那婆衣之轉、許志伎命神社亦在此、稱古寶明神、優婆夷命所生、甑峯、蓋取神號也、」凡海南諸島、女多男寡、而本島婦女、容姿端麗、肌膚白皙、髪垂委地、其俗貴女、故古稱女護島、後漢書云女國、日觀要考云女子郷、是也、東鑑云、治承中、本島輸絹鎌倉、精緻可喜、乃獻之大神宮、八丈絹始著矣、海島風土記云、島民不用錢貨、凡交易皆用米麥布帛、其量米麥、兩手盈掬曰一杯、即當二合五龠、十四杯爲一升、十四升爲一俵、量布帛、以八尺爲一策、四策爲段、絲長一策四十縷爲一升、間有用權衡者、毎村有卜部一人、掌龜卜事、吉凶就而問之、

静岡県田方郡役所編『静岡県田方郡誌』５２７～５３９頁（長倉書店刊）
　三島神社(官幣大社)　祭神　積羽八重事代主命
三島町傳馬町に鎮座す、祭神は從來大山祇命と稱し、豫州三島より遷坐すと傳へたるは、三島の稱より附會したりとなん、明治五年十一月十八日附を以て、當社少宮司萩原正平よりの上申により翌六年一月六日指令ありて事代主命と確定せり。云々
城内に於ける攝社末社合せて十三社あり。
云々
２見目社(攝社)　増訂志稿に當社は三島大神の御妃六柱を祭るなるべし、其神名は波布比賣・久爾都比咩・優波夷・伊賀牟比咩・伊波乃比咩・佐伎多麻比咩命なる可くして、三島大社々傳に見目六柱と云は即是也、眞本曾我物語に見目御前とあり其姫神たるを証すべしとあり。

足立鍬太郎『南豆神祇誌』１７～２０頁（静岡縣賀茂郡神職會）
　既に述べた如く、白鳳年間伊豆神海島に現れてより約百五十年、天長九年に至って男女二神に分化し、深谷を塞ぎ高巖を摧きて土地を増益し、併せて旱霖を調節するを以て其の神驗とした。蓋し富士火山帯の活動に因る爆發の威力と、其の噴出した溶岩や泥灰の爲に海中に新地を得ることが、無上の恐怖と多大の感謝を齎したのである。加も其の爆發前に於ける火山性地震が、やがて來るべき災難を豫告警戒するを以て、居民は御神火を三嶋神と畏むと同時に、此の地震を伊古奈比咩神と稱へて感謝を表したのであらう。是れアイヌ語Ｉｋｏｎｎｕは凶事を未然に戒める義であってＩｋｏｎｎｕ－ｇｕｒｕ及びＩｋｎｎｕｐは神變を現す者であるより出たのである。但これより推して巫女と解することも出來る。（彼の三宅記の見目＝御妻を考ふべきである）。そして此の二神の本貫は三宅島であって、島の名は神明（燒）に起因し、其の雄山が三島＝神島神の體を表したものであらう。次に阿古は噴火の本場であって、其の地名は神名Ｉｋｏの轉である。Ｂａｃｈｅｌｏｒ氏アイヌ語文典に據れば、同語に於てｉ音のａに變ずるは屢々ある例だといふ。思ふに同地澪池は女神の躰を表すもので、男神と共に此地に鎮座し給ふのを、内地に奉遷した後に、御子阿米都和氣命を祀ったのであらう。尚ついでにいはゞ、同島神著はアイヌ語Ｋａｍｕｉｓｈｙｏｔｋｉ＝火の女神の處の意で、佐伎多摩比咩命の坐す地、伊ケ谷は同語Ｅｋａｙｅｃｈｉｓｈｉ若く

はＥｋａｉｃｈｉｓｈにて險しき處の意、即ち伊賀牟比賣命の坐す地である。又坪田はＴｏｐｏｃｈｉ＝水溜の複數なれば、古濘池を表するもので、伊波乃比賣命の坐す處である。そして伊古奈比咩命三宅記には天地今宮后と稱するには、阿米都和氣命の他に穂都佐和氣命といふ御子おはし、佐伎多摩比咩命には、加彌・夜須・弖良・志里太平宜・久良惠・片菅・波夜志・南子の八子おはすを以て、こゝに主神・嫡后・三妃・十王子の三宅神族を組織すると、承和七年上津島の噴火によりて、更に三嶋神の本后阿波命・嫡子物忌奈命といふ神出現し、しかも其の本后には五子物忌奈伊太豆和氣阿豆佐和氣外二神ありと稱し、神津・御藏・利島を連ねて神津の一神族を形成した。然るに大島三原山は三宅島雄山と交互に爆發する御神火の本場であるから、こゝにも其舊噴火口なる波浮池今は一方を決して港とするに妃波布比咩命現れ、彼の白鳳當時の神造池たる野増の阿治古・泉津の波知兩神を其の二王子として大島神族を組織する。更に又式根なる久爾都比咩命といふ妃神には、新島の多祁美加賀命と稱する武勇の神と他に一柱の王子坐し、これに對して遙かに沖島八丈島にも妃優婆夷命・王子許志伎命外四神が現れたから、こゝに一主神の下に、兩后・六妃と嫡子以外に知名十六王子他に名の傳らざるもの七神より成る三嶋大神族式二十六社總三十三社が組織された。之を前章に述べた各族を代表する諸神陞位の順序と對照する時は、尠からず感興を覺える。波布はアイヌ語Ｈａｂｏ＝母・若くは琉球語Ｈａｆｕ＝ホト國語、優婆夷はアイヌ語Ｕａｉｎｕ＝尊敬の意を表すものではあるまいか。

足立鍬太郎『南豆神祇誌』３７～３９頁（静岡縣賀茂郡神職會）
　延喜式卷九に載せた伊豆國神名帳は次の如くである。但所在地は萩原正平著伊豆國式社考略に私考を加へて註記す。
　　　　伊豆國九十二座　　大五座小八十七座
　　　　　賀茂郡四十六座　　大四座小四十二座
　　　　　　云々
　　　　　　優波夷命神社　　　　　　　　　　　　　　八丈島大賀郷
　　　　　　云々

静岡縣『旧版　静岡縣史』第三巻・７１１～７１４頁（名著出版刊）
【賀茂郡四十六座大四座小卌二座】
云々
（優婆夷命神社）
　原祭神は優婆夷命。原所在は伊豆八丈島太賀郷。
云々

久良惠命神社

『特選神名牒』３０６頁
久良惠命神社
　祭神　久良惠命
　　今按この神も佐伎多麻比咩命生坐せる八柱の御子神の一にして三宅記に六をばクライと有を以て久良惠命なることを知べし
　祭日
　社格
　所在　三宅島
　　今按式社考證に此處の濱を久良濱と云出崎を久良濱と云此に一つの森有て久良濱の神社とも久呂明神とも稱る社有古昔村の有し時産土神なりと云傳へて衰替の小社なれ共此社に對して古木森々たる峯巒あるを高山とも神山とも唱へて舊社地と云傳へたるとくろ明神と稱來れるもの證とすべしと云るが如く名證あれば之に從へり

度會延經『神名帳考證』（『神祇全書』第一輯）
○久良惠命神社　藏部　舊事紀、彦火々出見尊生武位起命、古語拾遺、建内藏、令阿知使主與百濟博士王仁、記其出納、始定藏部、

伴信友『神名帳考證』（『伴信友全集』第一）
久良惠命神社

伴信友『神名帳考』（『神道大系』古典註釋編七・延喜式神名帳註釋）
久良惠命神社

鈴鹿連胤『神社覈録』（井上頼囶・佐伯有義校訂『神社覈録』下編）
久良惠命神社
　久良惠は假字也○祭神明か也○在所詳ならず

栗田寬『神祇志料』第十二卷
久良惠命神社、今三宅島久良濱にあり、久良濱神又久呂明神と云。盖是也。伊豆式社考證久良惠命を祀る、こは片菅命の御兄神也。三宅記

『大日本史』［九］・志一・卷二百二十五
久良惠命神社、○今在三宅島久良濱、日久良濱明神、又久呂明神、

竹村茂雄『伊豆國式社考』（『神祇全書』第四輯）
久良惠命神社

萩原正平『伊豆國式社攷略』（静岡県立中央図書館所蔵）
久良惠命神社
　同島久良濱鎮座くらいのみこ三宅記舊稱久呂明神社或は久良濱明神とも云ひたりきな類べし攷証註進特選當社も亦衰小尓屬春盖諸島中數々噴火の災尓罹里或は崩隕或者埋没して地理の變更幾囘なるを知類べからず其の遷替の社多き職として此尓由類官社捜求の難きも亦宜なるかな

萩原正平・萩原正夫『増訂豆州志稿』卷之八上・式内神社考並神階帳考緒言（長倉書店刊）
○久良惠命神社［増］同島久良濱舊稱久良濱明神社（或稱久呂明神社）ナル可シ久良麻、くらの平等ノ地名存スルヲ以テ證トス可シ此神亦佐伎多麻比賣命ノ八王子ノ一ニシテ三宅記ニ六ヲバくらいトアル是也

萩原正平・萩原正夫『増訂豆州志稿』卷之八上・神祠一・君澤郡（長倉書店刊）
○八王子社（竹村）［増］無格社八王子神社［増］當社ハ佐伎多麻比賣命ノ八王子ヲ祭ルナル可シ八王子トハ南子、加禰、夜須、弖良、志理太宜、久良惠、片菅、波夜ノ命ヲ云（其本社ハ皆三宅島ニ在テ式内他式内神社考部參看）當村八王子山通猛院ハ往昔本社ノ別當也（○守僧云天照大神八幡大菩薩ヲ配祀スト俗ニ傳フ此村山中ニ八ノ家アリ其靈ヲ祀ル故ニ八王子ト云トサレ共谷田ノ石床別命ヲ下ノ宮ト稱シコレヲ上ノ宮ト對シニハバ天照大神素戔嗚尊ノ御子五男三女ヲ合祀スル八王子ナルカ否ラスハ三島大神第三后八子同産ノ御子ナラム［増］第三后即佐伎多麻比咩命ヲ云ニテ後ノ説充當ナリ）○元禄七年棟札ニ夏梅木、竹倉、兩村ノ鎮守ト［増］七十五坪官一）

萩原正夫『伊豆七島志』上・三宅島・神祠（長倉書店刊）
［増］藏濱神社（或稱久呂神社）［増］坪田村三池濱鎮座祭久良惠命ナル可シ（増訂豆州志稿ニ詳記ス二九四頁）

菅原久高『伊豆國九十二式社祭神記』（『全國神職會々報』第二十一號）
久良惠命神社　三宅島久良濱鎮座久良濱明神又久呂明神と稱す
　祭神　久良惠命

吉田東伍『増補大日本地名辞書』第五巻・１０８３頁
伊賀谷　島の西岸にして、其小港を大船戸と呼び、温泉あり、阿古村と相隣接す。延喜式、伊賀牟比売命神社あり、後明神と称す、三宅記に「此后を伊豆郷いかいと云所に置まらす」と云ひたり、阿古村には阿米都和気命神社あり。○増訂志稿云、三宅島にて古来神事の時の詞に「一大社、あめつち今宮、今后」と云ふ、一とは三島大神にて、今宮は阿米都和気命なり、文徳紀、嘉祥三年、此神并に佐支多麻姫授位の事見え、式内に列す、今も一島の総社とす。
補［伊賀牟比売神社］○増訂豆州志稿、式内伊賀牟比売神社は三宅島伊賀谷村、旧称后明神也。三宅記、三島

— 131 —

大神三柱の后神を置賜ふ項に、嫡女とは伊豆郷いがいと云ふ所に置參らすと見え、古き祭文・神楽歌等に伊賀谷の后とあり、○阿米都和気神社[重出]阿古村富賀神社なるべし、古来神事の時神名を唱ふる例あり、曰「一大社あめつち今宮、今后」と。大社三島大神あり、あめつち今宮は阿米都和気命にして、伊古奈比咩命の王子なるべし、今后は当后の意にて、伊古奈比咩命なり、文徳紀曰、嘉祥三年六月伊豆阿米都和気命授従五位下、仁寿二年十二月加従五位上、斉衡元年六月加正五位上と。
○波夜志命神社[同]同じく式内なり、神着村風早山鎮座、旧称はうす明神社なるべし。三宅記に「へむずのみこ」とあるは、はうすの訛れるにて、はうすは波夜志の転ぜしならむ。
○加弥命神社[同]神着村かみいの杜鎮座、旧称二之宮なる可し。三宅記に「二をばかね」とあり、即ち第二の王子なれば、二之宮の称に適へり。加弥は加禰の誤ならむも知るべからず。
○夜須命神社[同]所在未定、是亦八王子の一にして、三宅記に「三をばやすと云ふ」とあれば、三宅島鎮座なること疑なし。
○弖良明神社[同]同島伊豆村神山鎮座、旧称ていの社ならむか。三宅記に「四をばてらい（一本てい）」とありて、八王子の内なれば、本島鎮座なる事は論なし。
○志理太宜神社[同]神着村、旧称しいとり明神社なるべし。三宅記に「五をばしたい」とある是なり。
○久良惠命神社[同]久良浜、旧称久良浜明神社なるべし。八王子の一にして、三宅記に「六をばくらひ」とある是なり。
○片菅命神社[同]御笏神社境内、旧称かつその社なるべし。此神佐伎多麻比咩命の八王子の内にして、三宅記に「七をばかたすげ」とある是なり。
○伊波乃比咩命神社[同]三宅島坪田村、二宮神社三座の一座なるべし。旧社地は字神戸の石室ならむも知る可からず。三宅記に「次の后をばつぼたの郷に置給ふ」とある即ち此比咩神なる可し。
○南子神社[同]同村南子山鎮座、三宅記に彼八王子の事を誌して「一人をばなご」とある是なり。
三宅島は上古三島大神鎮座の本域にして、其后神御子神式に所載十二座の多きに至る。

吉田東伍『増補大日本地名辞書』第五巻・１０８３～１０８４頁
伊豆　島の北岸にして、神着村と相隣接す。○増訂志稿云、式内佐伎多麻比咩神社は神着の御笏明神是なり、三宅記に「三島大神の三柱の后の一人をかめつきの郷に置參らす」とある是也。此后の子を八王子と云ひ、島内に八柱の社あり、共に式内に列す、波夜志命（三宅記、ヘムズの御子）は神着の風早山ハウス明神なるべし、片菅命は（三宅記、七王子カタスゲ）御笏社のカツソ明神是也、久良惠命は（三宅記、六王子クライ）久良浜明神是也、夜須命（三宅記、三王子ヤス）今不詳、加禰命は（三宅記、二王子カネ）神着の二宮カミイ明神是也、氐良神社は（三宅記、四王子テライ）神着の神山テイ明神是也、志理太宜神社は、（三宅記、五王子シタイ）神着のシイトリ明神是也、南子神社は（三宅記、八王子ナゴ）神着の南子山に在り。
補[佐伎多麻比咩命神社]○増訂豆州志稿[重出]神着村、旧称御笏神社なるべし、三宅記に、三島大神三柱の后神を置き賜ふ項に、三人めはかめつきの郷に置き參らすとあり、かめつき即ち神着にて、此地に置き給ひし后神佐伎多麻比咩命なるべし、今尚佐伎多麻の地名存す、当村に佐伎多麻観音あり、本社の旧地なりと云ふ、此比咩神の生みませる八王子、当村或は近地に鎮座せり。文徳紀曰、嘉祥三年六月、加伊豆国佐伎多麻比咩神従五位下。

郁岡良弼『日本地理志料』巻十三・伊豆国賀茂郡三島郷
三宅島　在神津島東八里、下田東南二十里、周七里半、全島峻嶮、雄山聳其中央、有火脈、田圃百三十町、有伊賀谷、神著、伊豆、坪田、阿古五邑、領戸八百二十二、口二千七百九十、産牛馬、出絲紬、大野原島屬之、」按神著村、蓋事代主神始上陸之處、伊豆村、其所幽宅之處、故稱伊豆御島神邪、三宅記云、神菅與其妃定諸子所居、地名同今之五邑、」祀典所載、二十四社在海島、而其十二在本島焉、曰佐伎多麻比咩命神社、即三島神妃也、曰波夜志命神社、曰片菅命神社、曰加彌命神社、曰志理太宜命神社、曰南子命神社、以上在神著村、並佐伎多麻比咩所生、曰伊賀牟比賣命神社、在伊賀谷村、稱后宮、曰伊波乃比咩命神社、在坪田村、稱坪田后宮、亦三島神妃也、曰阿米都和氣神社、在阿古村、稱總鎭守三島明神、曰久良惠命神社、在久良濱、曰氐良命神社、曰夜須命神社、在伊豆村、並佐伎多麻比咩所生、有爲朝山、是源爲朝居阯也、

足立鍬太郎『南豆神祇誌』１７～２０頁（静岡県賀茂郡神職會）
既に述べた如く、白鳳年間伊豆沖海島に現れてより約百五十年、天長九年に至って男女二神に分化し、深谷を塞ぎ高巖を摧きて土地を増益し、併せて旱霖を調節するを以て其の神驗とした。蓋し富士火山帶の活動に因る爆發の威力と、其の噴出した溶岩や泥灰の爲に海中に新地を得ることが、無上の恐怖と多大の感謝を齎したのである。加も其の爆發前に於ける火山性地震が、やがて來るべき災難を豫告警戒するを以て、居民は御神火を三嶋神と畏むと同時に、此の地震を伊古奈比咩命と稱へて感謝を表したのであらう。是れアイヌ語Ｉｋｏｎｎｕは凶事を未然に戒める義であってＩｋｏｎｎｕ－ｇｕｒｕ及びＩｋｎｎｕｐは神變を現す者であるより出たのである。但これより推して巫女と解することも出來る。（彼の三宅記の見目＝御妻を考ふべきである）。そして此の二神の本貫は三宅島であって、島の名は神明（燒）に起因し、其の雄山が三島＝神島神の體を表したものであらう。次に阿古は噴火の本場であって、其の地名は神名Ｉｋｏの轉である。Ｂａｃｈｅｌｏｒ氏アイヌ語文典Ｔｏｉｓｈｉｋａｒｉの説明に據れば、同語に於てｉ音のａに變ずるは屡々ある例だといふ。思ふに同地澪池は女神の躰を表すもので、男神と共に此地に鎭座し給うたのを、内地に奉遷した後に、御子阿米都和氣命を祀ったのであらう。尚ついでにいはゞ、同島神著はアイヌ語Ｋａｍｕｉｓｈｙｏｔｋｉ＝火の女神の處の意で、佐伎多摩比咩命の坐す地、伊ケ谷は同語Ｅｋａｙｅｃｈｉｓｈｉ若くはＥｋａｉｃｈｉｓｈにて險しき處の意、即ち伊賀牟比賣命の坐す地である。又坪田はＴｏｐｏｃｈｉ＝水溜の複數なれば、古澪池を表すもので、伊波乃比賣命の坐す處である。そして伊古奈比咩命 三宅記には天地今宮后と稱するには、阿米都和氣命の他に穗都佐和氣命といふ御子おはし、佐伎多摩比咩命には、加彌・夜須・弖良・志里太平宜・久良惠・片菅・波夜志・南子の八子おはすを以て、こゝに主神・嫡后・三妃・十王子の三宅神族を組織すると、承和七年上津島の噴火によりて、更に三嶋神の本后阿波命・嫡子物忌奈命といふ神出現し、

しかも其の本后には五子物忌奈伊太和氣阿豆佐和氣外二神ありと稱し、神津・御藏・利島を連ねて神津の一神族を形成した。然るに大島三原山は三宅島雄山と交互に爆發する御神火の本場であるから、こゝにも其舊噴火口なる波浮池今は一方を決して港とするに妃波布比咩命現れ、彼の白鳳當時の神造地たる野增の阿治古・泉津の波知兩神を其の二王子として大島神族を組織する。更に又式根なる久爾都比咩命といふ妃神には、新島の多祁美加賀命と稱する武勇の神と他に一柱の王子坐し、これに對して遙かに沖島八丈島にも妃優婆夷命・王子許志伎命外四神が現れたから、こゝに一主神の下に、兩后・六妃と嫡子以外に知名十六王子他に名の傳らざるもの七神より成る三嶋大神族式二十六社總三十三柱が組織された。

足立鍬太郎『南豆神祇誌』３７～３９頁（靜岡縣賀茂郡神職會）
　　延喜式卷九に載せた伊豆國神名帳は次の如くである。但所在地は萩原正平著伊豆國式社考略に私考を加へて註記す。
　　　　　伊豆國九十二座　　大五座小八十七座
　　　　　　賀茂郡四十六座　　大四座小四十二座
　　　　　　　云々
　　　　　　　久良惠命神社　　　　　　　　　　　　　仝上久良濱
　　　　　　　云々

靜岡縣『旧版 靜岡縣史』第三卷・７１１～７１４頁（名著出版刊）
【賀茂郡四十六座大四座小卌二座】
云々
（久良惠命神社）
　　原祭神は久良惠命。原所在は伊豆三宅島久良濱。
云々

奈疑知命神社

『特選神名牒』３０６～３０７頁
奈疑知命神社
　祭神　奈疑知命
　　今按伊豆神階帳に從四位上なつひめ明神あり奈疑知の疑の省かり知の津と轉したる稱と聞ゆ村名の奈波知も奈疑知の轉訛なること互に證すべし又ナツヒメ明神の奈疑知命より外に當べき神なきと子安明神と云ひて安産を祈るにても此神の姫神にますことを知るべき也而るに此神を夜須命に當たるは此社の舊祠にして所由有る神と思はるゝと子安神稱に因たると聞ゆれど彼神は佐佐多麻比咩命の御子にして島内鎮座の神なるは更也八王子とも稱して男神なるに此神の姫神なるに合はざるを以て非説なるを知べし
　祭日
　社格　村社（明細帳に子安神社とあり祭神奈疑知命）
　所在　（賀茂郡下河津村大字繩地）　繩地村

度會延經『神名帳考證』（『神祇全書』第一輯）
○奈疑知命神社　長路磐神　日本紀云、投帶是謂長道磐神、備後國知波夜比古神社

伴信友『神名帳考證』（『伴信友全集』第一）
奈疑知命神社
知一本作智[神代紀]投帶是謂長道盤神

伴信友『神名帳考』（『神道大系』古典註釋編七・延喜式神名帳註釋）
奈疑知命神社
○書紀、投帶、是謂長道盤神、
　１（頭註）知、一本作智、

鈴鹿連胤『神社覈錄』（井上頼圀・佐伯有義校訂『神社覈錄』下編）
奈疑知命神社
　奈疑知は假字也○祭神明か也○在所詳ならず

栗田寛『神祇志料』第十二巻
奈疑知命神社、今繩地村にあり、子安明神といふ。

『大日本史』[九]・志一・巻二百五十五
奈疑知命神社、○今在繩地村、稱子安神者、蓋是、神明帳有從四位上奈都姫乃明神、奧奈疑知音相近、而繩地蓋亦奈疑知之訛、附以備考、

竹村茂雄『伊豆國式社考』（『神祇全書』第四輯）
奈疑知（智一本）命神社　繩地に子安明神あり

萩原正平『伊豆國式社攷略』（静岡県立中央図書館所蔵）
奈疑知命神社
　賀茂郡繩地村鎮座なつひめの明神 神階帳舊稱子安明神社なる可し 式攷証註進特選 今云ふ當社子安の稱ある何の故なるを知らずと雖方俗此尓因て恩頼を祈る尓神驗著明なりと嗚呼神祇の情状人智を以て測る可らず

萩原正平・萩原正夫『増訂豆州志稿』巻之八上・式内神社考並神階帳考緒言（長倉書店刊）
○奈疑知命神社[増]神階帳從四位上なつひめの明神[増]賀茂郡繩地村子安神社ナル可シ

萩原正平・萩原正夫『増訂豆州志稿』巻之九上・神祠三・賀茂郡（長倉書店刊）
○子安明神（繩地村）[増]村社子安神社祭神奈疑知命ナル可シ[増]式内奈疑知命神社ナル可シ（前記）村名繩地ハ奈疑知ノ轉訛ナラム往昔本村なぎの杜ヨリ現地ニ遷祀スト云なぎノ稱神名ノ遺レルナル可シ神階帳ニなつひめの明神トアルハなぎち姫ノ省略ニシテちヲつニ轉ジタルナラム一説ニ式内夜須神社ニ當テタルハ子安ノ稱ニ泥ミテ誤レル也且夜須命ハ男神ナレバ當社ノ女神ヲ祭ルト傳ヘタルニモ適ハズ其不稽言ヲ待タズ○金鈬ニ鑑ス柏木群河津庄ト（桜スルニ■ハ楠ノ字、群ハ郡ノ字也）○末社二（乳ノ神トミアリ○伊豆納符[増]三百五十七頁民一）

菅原久高『伊豆國九十二式社祭神記』（『全國神職會々報』第二十一號）
奈疑知命神社　下河津村繩地鎮座村社子安神社なり
　祭神　奈疑知命

吉田東伍『増補大日本地名辞書』第五巻・１０７５頁
繩地　今下河津村の大字とす、式内奈疑知命神社は此地の古祠ならん、繩地山は慶長中金鉱を採取し数坑あれど、後世出産多からず、之を試掘するも成功せず。○増訂志稿云、伊豆金は天正五年丁丑の頃より、西浦土肥村にて始て金鉱を開掘す、相継ぎて湯が島、繩地、修善寺等より出づ、河津郷繩地より出でしもの最多し、大抵五十余年にして止む、貞享より宝永に至る間、賀茂郡毛倉野、吉野等より出づ、宝貨事略に「伊豆国より黄金白銀を出だす、古は此国より出だす事聞こえず、慶長十年の頃より盛に出で、其数大概佐渡より出るが如し、然るに程なく出る事多からず、采る事を止めらる」と、繩地、青野、毛倉野等は近年再び採鉱に従事せしも、共に出額多からずして止みぬ。
補[上河津]○増訂豆州志稿、沢田村の水神を山口の社と称す。是より山中の入口なればなり、○式内奈疑知命神社は繩地命にて、当村子安神社ならむ（神階帳夏姫と曰ふ）逆川村は河津川東南に順流す、此水西北山の方に向つて逆流す、因て村名となる、式内布佐乎宜神社あり、筏場村は山中にて材木を伐り出し、椻とし此処より流し下す、○湯野村に鉱泉涌出る事頗る多し。道路不便なり、○梨本村は旧名川井那、天

城川の間に在る野なりし改川間野なり、本村の名となる、後人家次第に広まる。村北往還路に本梨樹ありし処を梨本と云ひたり、今一村の総名となる。南方より北方へ天城山を越ゆるに、此村の上更に人家なし。

郖岡良弼『日本地理志料』巻十三・伊豆国賀茂郡
川津　訓闙、按依駿河川津郷例、當讀云加波都、讃岐又有川津郷、津之言門也、河津川至此歸海、故名、河蝦考云、以地多河蝦爲名、恐牽強也耳、」東鑑有河津莊、曾我物語、文祿檢地帳同、北條分限帳作川津郷、伊東系圖、工藤維職補伊豆押領使、領河津伊東宇佐美三莊、總稱葛見莊、其裔有川津氏、安元中、有祐泰者、爲工藤祐經所戕、其二孤冒曾我氏、終克復讐、天下韙之、豆州志云、川津方廢、今川津組、領十七村、按圖亘大川、奈良本、片瀨、白田、稲取、見高、濱、笹原、田中、澤田、峯、谷津、縄地、逆川、川津筏場、佐賀野、湯原、梨本、大鍋、小鍋、須原諸邑、盖其地也、」梨本村水神祠慶長二年文書、楠木郡河津莊、縄地村子安祠金皷識同、子安祀典稱奈疑知命神社、是也、杉鉾別命神社在田中、爲川津莊十七村總鎮守、布伎乎宜神社在逆川、稱三島明神、佐佐原比咩神社在笹原、稱姫宮、谷津有河津祐泰宅阯、其稱念庵、即祐泰所觕云、

賀茂郡役所編『静岡県南豆風土誌』２９３～２９４頁（長倉書店刊）
云々、今賀茂郡四十六座の内より海島鎮座二十四座を減じ、又那賀郡二十二座の内より土肥以北井田に至る八座を除く時は、今日の賀茂郡は正に三十六座の式内社を算すべきなり。然れども伊豆三島神社は、上古鎮座の本域、賀茂郡 三島和名抄所載郷名、即海島の總稱にして、其の本島は今の三宅島なり。なりしが、中世同郡大社郷和名抄所載。今の白濱村伊古奈比咩命神社の地なり。に遷座し、後又今の田方郡三島町に遷祀せられたりと云ふ（伊豆國式社攷略）を以て、更に一座を除きて、茲に三十五座を得と謂ふべし。今左に増訂豆州志稿巻八上によりて之を擧げむ。同書に云はく、式内社を記すに「也」といふは疑ひなきもの、「なるべし」といふは略證蹟あるもの、「ならむ乎」といふは、信疑相半するものに用ふと。
　　云々
　　奈疑知命社　　同郡縄地村(今下河津村)子安神社なるべし。

賀茂郡役所編『静岡県南豆風土誌』５７２頁・下河津村（長倉書店刊）
子安神社　縄地－村社－祭神、（式内）奈疑知命〇舊社にして延喜の制小社に列せらる。村名縄地は奈疑知の轉訛ならむ。一説に、式内夜須命神社に當つるは、子安の稱に泥みて誤れるものなりといへり。
　〇現今縄地區有として保存せる大久保石見守が縄地の諸神に獻納せる金の鰐口と稱するもの三個あり。其銘に曰く
　　（イ）奉掛豆州賀茂郡縄地村山神御寶前
　　　　奉寄進大久保石見守長安
　　　　慶長十二丁未年三月吉日
　　（ロ）奉掛豆州賀茂郡縄地村子安大明神御寶前
　　　　奉寄進大久保石見守長安
　　　　慶長十二丁未年三月吉日
　　（ハ）大日本國東海道伊豆州柏木郡河津庄縄地三村山神寶殿
　　　　慶長拾二丁未年文月吉日
　　　　　内田佐右衛門　敬白
　就中（イ）は最も大なるものにして、重量役七貫目、徑一尺四寸、厚さ三分、口の長さ二尺四寸あり、其の音響頗る佳良なり。〇沿革の章にも述べたる如く、慶長十二年は伊豆産金の漸く衰へし時なれば鰐口の寄進或は其の再盛を祈りしにあらざるか。現に白濱村三島神社にも（イ）（ロ）と同一なるものを奉納せり

足立鍬太郎『南豆神祇誌』３７～３９頁（静岡縣賀茂郡神職會）
　延喜式巻九に載せた伊豆國神名帳は次の如くである。但所在地は萩原正平著伊豆國式社考略に私考を加へて註記す。
　　　　伊豆國九十二座　大五座小八十七座
　　　　　賀茂郡四十六座　大四座小四十二座
　　　　　　云々
　　　　　奈疑知命神社　　　　　　　　　　　下河津村縄地
　　　　　　云々

足立鍬太郎『南豆神祇誌』７５～８０頁（静岡縣賀茂郡神職會）
　伊豆國神階帳は、群書類從二三に、康永二年辛亥(興國四年)十二月廿五日在廳判の奥書あるものを、在廳伊達某藏本から寫して收めてある。伊達家に現藏するものは鳥子紙二枚續にて後世の寫本である即ち尾張のより二十年許前のものである。在廳とは、中古國衙の廳にあり、國司の命を奉じて事務を行ふ下司であったが、多くは世職だから其の稱呼を傳へて居たのだ。先づ左に其の全文を掲げよう。
伊豆國神階帳　式社の配當は萩原正平の意見に據る
　　伊豆國三ケ郡神明帳事
　正一位三島大明神
　　云々
　　那賀郡貳拾四所
　　云々
　　賀茂郡三十七所
　　従四位上なつ姫の明神　奈疑知命神社
　　云々

足立鍬太郎『南豆神祇誌』１３７～１３８頁（静岡縣賀茂郡神職會）
　降って徳川氏の世に至り、慶長十一年正月大久保石見守長安、伊豆代官兼務を命ぜられて縄地金山今下河津村を管理した。長安は奈良奉行として春日神社の事にも關係しただけ、神祇を崇敬し、又之を研究するにも興味を有し、同十二年三月、徑一尺五寸の金鼓を白濱神社に奉りて産鑛の隆盛を祈った。其金鼓には伊古奈姫命大明神の銘を鑄出してある。長安は、別に縄地の山神社・子安神社にも略同樣の金鼓を納めて居るのみな

らず、今の松崎町郷社伊那上神社を式仲神社と鑑定し、仝十三年三月、鍍金六角形透彫の上に毛彫を加へた釣燈籠を納め、仝十四年には同様のものを松崎下之神社十一月銘松崎大明神・宇久須神社十二月にも納めた。此の燈籠と同一型のもの、尚下野足利鑁阿寺に納められて、當代美術の標本となって居る。文學士黒田鵬心氏大日本美術史但松崎に上式仲神社後三嶋宮今伊那上神社下式伊那上神社？後松崎大明神若くは唐大明神今下之神社兩宮を明かに對稱的に記した文書は、現在では慶長五年三月十一日附の彦坂九兵衞の神領付を最も古しとする。

足立鍬太郎『南豆神祇誌』１４１～１４２頁（静岡縣賀茂郡神職會）
　一方祭神として三嶋大明神の勢力は各方面に及び、苟も三嶋神に縁故あるは皆三嶋と稱し、甚しきに至っては、單に山神と稱するものが、大山祇命を介して混雜したのもあるらしい。之に對して他方に勢力のあったのは八幡宮である。中には此の兩社を併祀し、若くは三嶋に縁故ありながら稲取子浦の如く八幡と稱したのもある。修驗道發行者より寧ろ白山系を内容として居るの影響も亦尠からず。式伊波例命神社を石廊權現として十一面觀音に習合し、又所々熊野權現・藏王權現を祭る如きはそれである。高根權現は地藏に習合して、航海目標の山上に祭られ、又海難救助祈願の爲には、橘姫を祭る白鳥神社・吾妻神社も現れた。木の神の來宮は、走湯山縁起によって何時の間にか酒小鳥を禁ずる祭を強ひられ、水分神は子の神と呼ばれて、中には正月餅を氏子に搗かしめざる奇習を存して居るのもある。尚天馬駒・茂山・小鷹神の如きは擬當すべき神も明らぬ。又慶長の頃聖母マリアの像を齎らしたのが原因で、子安神社といふのも出來、彌々複雜なものとなった。

足立鍬太郎『南豆神祇誌』１５９～１６３頁（静岡縣賀茂郡神職會）
　　　　第十八章　下河津村
云々
子安神社
　所在　繩地字穴口
　創立　延寶七年再建
　祭神　奈疑知命
　社格　村社　式内　供進
　境内　三五七坪　民一
　繩地は奈疑知の轉じたる名であって、奈疑知はアイヌ語Ｎａｉｂｕｃｈｉ＝谷口であらう。式内奈疑知命神社夙にこゝに鎭座したのを、慶長の頃、繩地金山繁昌して役夫四方より雲集した時、基督敎の信者が、子安神と稱してマリアを崇拜したのと、何時か交換されたのではあるまいか。現に慶長十二年大久保長安が奉った金鼓には子安大明神の銘がある。此の金鼓は、他の山神の二金鼓－内田左右衞門の奉納と共に、俗に黄金の鰐口と呼ばれて、今繩地の區有となって居る。但子安の名は平安京の始より見えて居る
　繩地字金生に、アイヌ式土器破片及び石鏃の包含層があって、其の採掘した遺物は、今豆陽中學校・武山閣に保存されて居る。

静岡縣『旧版　静岡縣史』第三巻・７１１～７１５頁（名著出版刊）
【賀茂郡四十六座大四座小卌二座】
云々
（奈疑知命神社）
　原祭神は奈疑知命。原所在は賀茂郡下河津村繩地字穴口。現在社は同所の子安神社。
云々

静岡県郷土研究協会『静岡県神社志』第三篇（日本仏書センター刊）
　村社　子安神社
　　　賀茂郡下河津村字繩地字穴口鎭座
云々
　祭神　奈疑知命
　　　　相殿二座　山神社　大山祇命・明治四十年一月十八日合祀　　天王社　不詳・明治四十年一月十八日合祀
　例祭日　十月十八日
　由緒　延喜式神名帳賀茂郡奈疑知命神社あり、神階帳従四位上なつひめ明神とあるに相当する。特選神名牒にはなつひめは奈疑知姫の疑の省かり、知の津とと転じたる稱と聞こゆ、村名の奈波知も奈疑知の転化なること互に証すべし、又なつひめ明神の奈疑知命より外に当つべき神なきと、子安明神と云うて、安産を祈るにても、この神の姫神この神の姫神に坐すことを知るべき也、明治六年九月村社に列格、明治四十年一月十二日神饌幣帛料供進社に指定せらる。
云々

夜須命神社

『特選神名牒』３０６頁
夜須命神社
　祭神　夜須命
　　今按式社攷證に此神も佐伎多麻比咩命の生玉へる八柱の御子神の内なること三宅記に三をばヤスと有るにて著きを思ふべし
　祭日
　社格
　所在
　　今按式社攷證に此神三宅島鎭座なること疑なけれど未確定せず伊豆村嶽が平と云山に嶽が平明神と云有て同神を祀れる由云れど證なければ定め難しと云るを後に註進せる考證には加茂郡三島鎭座と定めて記せるは誤りなるべし

度會延經『神名帳考證』（『神祇全書』第一輯）
○夜須命神社　瀛津世襲命　建額赤命同母弟也、天忍男命、母賀奈良知姫命、舊事紀云、天忍男命子瀛津世襲命、石見國那賀郡夜須神社

伴信友『神名帳考證』（『伴信友全集』第一）
夜須命神社

伴信友『神名帳考』（『神道大系』古典註釋編七・延喜式神名帳註釋）
夜須命神社
　1（頭註）田圖云、八十千村、

鈴鹿連胤『神社覈録』（井上賴囶・佐伯有義校訂『神社覈録』下編）
夜須命神社
　夜須は假字也○祭神明か也○在所詳ならず

栗田寛『神祇志料』第十二巻
夜須命神社、三島神の子、夜須命を祭る。こは菅佐岐多麻比咩命の生坐る神也。三宅記

『大日本史』［九］・志一・巻二百五十五
夜須命神社、○或云、在三宅島、然祀地今不詳、以上三神、亦三島神子、亦佐岐多麻比咩所生云、

竹村茂雄『伊豆國式社考』（『神祇全書』第四輯）
夜須命神社　谷津村の天神、また鷲津古社なり、

斎田茂先・山本忠英『掛川志稿』伊豆巻（郷土新聞社刊）
子安大明神　繩地渓の末海岸にあり、延宝七年の札云、惟以子安大明神与謂者仁王五十八代之御門光孝天皇之皇后、諱号班子女皇与父二品式部卿仲野親王之御女仁天皇宇多天皇之御母也、彼夫人後美濃川之総廟、現子女大明神鱷口銘云、奉掛豆州かも郡繩地村子安大明神御宝前、奉寄進大久保石見守長安、慶長十二年丁未三月吉日、鱷口径一尺三寸
乳神山神　子安の末社也、同所にあり、鱷口銘云、伊豆州柏木郡河津庄繩地之村山神御宝殿、慶長十二年丁未文月吉日、内田左衛門敬白、此鱷口に柏木郡とあるは、楠木郡なり、他村に例あり、此頃民間の俗称なり、以上三祠伊豆納符又山神の祠一所、南の方村外れの林中にあり、此山神を秦檍丸は式内夜須命神社とす、何の拠なるを知らす、此祠にも亦大久保長安の鱷口あり

萩原正平『伊豆國式社攷略』（静岡県立中央図書館所蔵）
夜須命神社
　所在未定同島伊豆村鎮座や春のみ古三宅記舊稱嶽が平明神社攷證註進の一説同島坪田村御嶽神社攷證註進の一説攷於の
　所由あるが如し登雖未証蹟顯は連ず

萩原正平・萩原正夫『増訂豆州志稿』巻之八上・式内神社考並神階帳考緒言（長倉書店刊）
○夜須命神社［増］所在未定。是亦佐伎多麻比賣命生座ル八王子ノ一ニシテ三宅記ニ三ヲバやすトアレバ三宅島鎮座ナル事疑ナシ。伊豆村舊稱嶽ガ平明神社亦坪田村御嶽神社各由緒アルガ如シ國圖ニ賀茂郡繩地村ニ載セタルハ非也

萩原正平・萩原正夫『増訂豆州志稿』巻之八上・神祠一・君澤郡（長倉書店刊）
○八王子社（竹倉村）［増］無格社八王子神社［増］當社ハ佐伎多麻比賣命ノ八王子ヲ祭ルナル可シ八王子トハ南子、加禰、夜須、弓良、志理太宜、久良惠、片菅、波夜ノ命ヲ云（其本社ハ皆三宅島ニ在式内也式内神社考部参看）當村八王子山通猛院ハ往昔本社ノ別當也（○守僧云天照大神八幡大菩薩ヲ配祀スト俗ニ傳フ此村山中ニ八ノ家アリ其靈ヲ祀ル故ニ八王子トユサレ共谷田ノ石床別命ヲ下ノ宮ト稱シコレヲ上ノ宮ト對シ云ハヾ天照大神素戔嗚尊ノ五男三女ヲ合祀スル八王子ナルカ否ラスハ三島大神第三后八子同産ノ御子ナラム［増］第三后即佐伎多麻比咩命ヲエルニテ後ノ説充當ナリ）○元禄七年棟札ニ夏梅木、竹倉、兩村ノ鎮守ト（［増］七十五坪官一）

萩原正平・萩原正夫『増訂豆州志稿』巻之九上・神祠三・賀茂郡（長倉書店刊）
○子安明神（繩地村）［増］村社子安神社祭神奈疑知命ナル可シ［増］式内奈疑知命神社ナル可シ（前記）村名繩地ハ奈疑知ノ轉訛ナラム往昔本村なぎの杜ヨリ現地ニ遷祀スト云なぎノ稱神名ノ遺レルナル可シ神階帳ニなつひめの明神トアルハなぎち姫ノ省略ニシテちヲつニ轉ジタルナラム一説ニ式内夜須命神社ニ當テタルハ子安ノ稱ニ泥ミテ誤レル也且夜須命ハ男神ナレバ當社ノ女神ヲ祭ルト傳ヘタルニモ適ハズ其不稽言ヲ待タズ○金皷ニ

鑷ス柏木群河津庄ト（按ズルニ■ハ楠ノ字、群ハ郡ノ字也）○末社二（乳ノ神トス云アリ伊豆納存［増］三百五十七坪民一）

萩原正夫『伊豆七島志』上・三宅島・神祠（長倉書店刊）
［増］嶽比良神社［増］伊豆村嶽比良山鎮座祭神不詳［増］嶽比良山上ニアリテ頗ル小祠ナリ一説ニ式内夜須命神社ナリト云ヘドモ詳ナラズ（社域一萬千百十八坪官有地一種）

萩原正夫『伊豆七島志』上・三宅島・神祠（長倉書店刊）
［増］御嶽神社（○御岳明神）［増］坪田村鎮座祭神不明或云夜須命［増］式内夜須命神社ナラム乎夜須命ハ佐伎多麻比咩命ノ八王子ノ一ニシテ三宅記ニ三ヲバ「ヤス」トアル是ナリ（社域・・・・・）

菅原久高『伊豆國九十二式社祭神記』（『全國神職會々報』第二十一號）
夜須命神社　所在詳らかならず
　　祭神　夜須命

吉田東伍『増補大日本地名辞書』第五巻・１０８３頁
伊賀谷　島の西岸にして、其小港を大船戸と呼び、温泉あり、阿古村と相隣接す。延喜式、伊賀牟比売命神社あり、後明神と称す、三宅記に「此后を伊豆郷いかいと云所に置参らす」と云ひたり、阿古村には阿米都和気命神社あり。○増訂志稿云、三宅島にて古来神事の時の詞に「一大社、あめつち大宮、今后」と云ふ、一とは三島大神にて、今宮は阿米都和気命なり、文徳紀、嘉祥三年、此神并に佐支多麻姫授位の事見え、式内に列す、今も一島の総社とす。
補［伊賀牟比売神社］○増訂豆州志稿、式内伊賀牟比売神社は三宅島伊賀谷村、旧称后明神也。三宅記、三島大神三柱の后神を置賜ふ項に、嫡女とは伊豆郷いがいと云ふ所に置参らすと見え、古き祭文・神楽歌等に伊賀谷の后とあり、○阿米都和気神社［重出］阿古村富賀神社なるべし、古来神事の時神名を唱ふる例あり、曰く「一大社あめつち今宮、今后」と。大社三島大神あり、あめつち今宮は阿米都和気命にして、伊古奈比咩命の王子なるべし、今宮は当后の意にて、伊古奈比咩命なり、文徳紀曰、嘉祥三年六月伊豆国阿米都和気命授従五位下、仁寿二年十二月加従五位上、斉衡元年六月加正五位上と。
○波夜志命神社［同］同じく式内なり、神着村風早山鎮座、旧称はうす明神社なるべし。三宅記に「へむずのみこ」とあるは、はうすの訛れるにて、はうすは波夜志の転ぜしならむ。
○加弥命神社［同］神着村かみいの杜鎮座、旧称二之宮なる可し。三宅記に「二をばかね」とあり、即ち第二の王子なれば、二宮の称に適へり。加弥は加補の誤ならむも知るべからず。
○夜須命神社［同］所在未定、是亦八王子の一にして、三宅記に「三をばやすと云ふ」とあれば、三宅島鎮座なること疑なし。
○弖良明神社［同］同島伊豆村神山鎮座、旧称ていの社ならむか。三宅記に「四をばてらい（一本てい）」とありて、八王子の内なれば、本島鎮座なる事は論なし。
○志理太宜神社［同］神着村、旧称しいとり明神社なるべし。三宅記に「五をばしたひ」とある是なり。
○久良恵命神社［同］久良浜、旧称久良浜明神社なるべし。八王子の一にして、三宅記に「六をばくらひ」とある是なり。
○片菅命神社［同］御笏神社境内、旧称かつその社なるべし。此神佐伎多麻比咩命の八王子の内にして、三宅記に「七をばかたすげ」とある是なり。
○伊波乃比咩命神社［同］三宅島坪田村、二宮神社三座の一座なるべし。旧社地は字神戸の石室ならむも知る可からず。三宅記に「次の后をつぼたの郷に置給ふ」とある即ち此比咩神なる可し。
○南子神社［同］同村南子山鎮座、三宅記に彼八王子の事を誌して「一人をばなご」とある是なり。
三宅島は上古三島大神鎮座の本城にして、其后神御子神式に所載十二座の多きに至る。

吉田東伍『増補大日本地名辞書』第五巻・１０８３～１０８４頁
伊豆　島の北岸にして、神着村と相隣接す。○増訂志稿云、式内佐伎多麻比咩神社は神着の御笏明神是なり、三宅記に「三島大神の三柱の后の一人をかめつきの郷に置参らす」とある是也。此后の子を八王子と云ひ、島内に八柱の社あり、共に式内に列す、波夜志命（三宅記、ヘムズの御子）は神着の風早山ハウス明神なるべし、片菅命は（三宅記、七王子カタスゲ）御笏社のカツソ明神是也、久良恵命は（三宅記、六王子クライ）久良浜明神是也、夜須命（三宅記、三王子ヤス）今不詳、加補命は（三宅記、二王子カネ）神着の二宮カミイ明神是也、氐良神社は（三宅記、四王子テライ）神着の神山テイ明神是也、志理太宜神社は、（三宅記、五王子シタイ）神着のシイトリ明神是也、南子神社は（三宅記、八王子ナゴ）神着の南子山に在り。
補［佐伎多麻比咩命神社］○増訂豆州志稿［重出］神着村、旧称御笏神社なるべし、三宅記に、三島大神三柱の后神を置き賜ふ項に、三人めはかめつきの郷に置き参らすとあり、かめつき即ち神着にて、此地に置き給ひし后神佐伎多麻比咩命なるべし、今尚佐伎多麻の地名存す、当村に佐伎多麻観音あり、本社の旧地なりと云ふ、此比咩神の生みませる八王子、当村或は近地に鎮座せり。文徳紀曰、嘉祥三年六月、加伊豆国佐伎多麻比咩神従五位下。

郁岡良弼『日本地理志料』巻十三・伊豆国賀茂郡三島郷
三宅島　在神津島東八里、下田南二十里、周凡七里半、全島峻嶮、雄山聳其中央、有火脈、田圃百三十町、有伊賀谷、神著、伊豆、坪田、阿古五邑、領戸八百二十二、口二千七百九十、産牛馬、出絲紬、大野原島屬之、」按神著村、蓋事代主神始上陸之處、伊豆村、其所幽宅之處、故稱伊豆御島神邪、三宅記云、神嘗與其妃定諸子所居、地名同今之五邑、」祀典所載、二十四社在海島、而其十二在本島焉、曰佐伎多麻比咩命神社、即三島神妃也、曰波夜志命神社、曰加彌命神社、曰志理太宜命神社、曰南子神社、以上在神著村、並佐伎多麻比咩所生、在伊賀谷村、稱后宮、亦三島神妃也、曰阿米都和氣命神社、在阿古村、稱總鎮守三島明神、曰久良恵命神社、在久良濱、曰氐良命神社、曰夜須命神社、在伊豆村、並佐伎多麻比咩所生、有爲朝山、是源爲朝居

阯也、

足立鍬太郎『南豆神祇誌』１７～２０頁（静岡縣賀茂郡神職會）
　既に述べた如く、白鳳年間伊豆神海島に現れてより約百五十年、天長九年に至って男女二神に分化し、深谷を塞き高巖を摧きて土地を増益し、併せて旱霖を調節するを以て其の神驗とした。蓋し富士火山帶の活動に因る爆發の威力と、其の噴出した溶岩や泥灰の爲に海中に新地を得ることが、無上の恐怖と多大の感謝を齎したのである。加も其の爆發前に於ける火山性地震が、やがて來るべき災難を豫告警戒するを以て、居民は御神火を三嶋神と畏むと同時に、此の地震を伊古奈比咩神と稱へて感謝を表したのであらう。是れアイヌ語Ｉｋｏｎｎｕは凶事を未然に戒める義であってＩｋｏｎｎｕ－ｇｕｒｕ及びＩｋｎｎｕｐは神變を現す者であるより出たのである。但これより推して巫女と解することも出來る。（彼の三宅記の見目＝御妻を考ふべきである）。そして此の二神の本貫は三宅島であって、島の名は神明（燒）に起因し、其の雄山が三島＝神島神の體を表したものであらう。次に阿古は噴火の本場であって、其の地名は神名Ｉｋｏの轉である。Ｂａｃｈｅｌｏｒ氏アイヌ語文典Ｔｏｉｓｈｉｋａｒｉの説明に據れば、同語に於てｉ音のａに變ずるは屢々ある例だといふ。思ふに同地澪池は女神の躰を表すもので、男神と共に此地に鎭座し給うたのを、内地に奉遷した後に、御子阿米都和氣命を祀ったのであらう。尚ついでにいはゞ、同島神著はアイヌ語Ｋａｍｕｉｓｈｙｏｔｋｉ＝火の女神の處の意で、佐伎多摩比咩命の坐す地、伊ケ谷は同語Ｅｋａｙｅｃｈｉｓｈｉ若くはＥｋａｉｃｈｉｓｈにて險しき處の意、即ち伊賀牟比賣命の坐す地である。又坪田はＴｏｐｏｃｈｉ＝水溜の複數なれば、古澪池を表するもので、伊波乃比咩命の坐す處である。そして伊古奈比咩命 三宅には天地今宮后と稱するには、阿米都和氣命の他に穂都佐和氣命といふ御子おはし、佐伎多摩比咩命には、加彌・夜須・弓良・志里太平宜・久良惠・片菅・波夜志・南子の八子おはすを以て、こゝに主神・嫡后・三妃・十王子の三宅神族を組織すると、承和七年上津島の噴火によりて、更に三嶋神の本后阿波命・嫡子物忌奈命といふ神出現し、しかも其の本后には五子 物忌奈伊太豆和氣阿豆佐和氣外二神 ありと稱し、神津・御藏・利島を連ねて神津の一神族を形成した。然るに大島三原山は三宅島雄山と交互に爆發する御神火の本場であるから、こゝにも其舊噴火口なる波浮池 今は一方を決して港とするに妃波布比咩命現れ、彼の白鳳當時の神造地たる野增の阿治古・泉津の波知兩神を其の二王子として大島神族を組織する。更に又式根なる久爾都比咩命といふ妃神には、新島の多祁美加賀命と稱する武勇の神と他に一柱の王子坐し、これに對して遙かに沖島 八丈島 にも妃優婆夷命・王子許志伎命 外四神 が現れたから、こゝに一主神の下に、兩后・六妃と嫡子以外に知名十六王子 他に名の傳らざるもの七神 より成る三嶋大神族 式二十六社總三十三柱 が組織された。

足立鍬太郎『南豆神祇誌』３７～３９頁（静岡縣賀茂郡神職會）
　延喜式卷九に載せた伊豆國神名帳は次の如くである。但所在地は萩原正平著伊豆國式社考略に私考を加へて註記す。
　　　　　伊豆國九十二座　大五座小八十七座
　　　　　　賀茂郡四十六座　大四座小四十二座
　　　　　　　云々
　　　　　　　夜須命神社　　　　　　　　　　　　　仝上伊豆？
　　　　　　　云々

静岡縣『旧版　静岡縣史』第三巻・７１１～７１４頁（名著出版刊）
【賀茂郡四十六座 大四座小卌二座】
云々
（夜須命神社）
　原祭神は夜須命。原所在は伊豆三宅島。
云々

加弥命神社

『特選神名牒』３０７頁
加彌命神社稱二宮
　祭神　加彌命
　　今按此神も佐伎多麻比咩命の生玉へる八王子の内にして三宅記に二をばカネとみえたれば三島神の御子
　　神に坐こと著し社考證に今三宅島神着村の東方二十許町二宮と云ありて加彌命を祀れる由云傳へたる
　　も弟二の御子なる故二宮と唱へ來れるものなるべし神名の彌は加禰の誤寫ならむも知べからずと云るが
　　如く三宅記と今稱とによるに加禰命なるべし
　祭日
　社格　（村社）
　所在　（三宅島坪田村大字小倉山）　三宅島神着村

度會延經『神名帳考證』（『神祇全書』第一輯）
○加彌命神社　神皇産靈尊　天嗣梓命、神皇産靈三世孫也、　舊事紀云、神皇産靈尊兒天神玉命、鴨縣主等祖

伴信友『神名帳考證』（『伴信友全集』第一）
加彌命神社

伴信友『神名帳考』（『神道大系』古典註釋編七・延喜式神名帳註釋）
加彌命神社

鈴鹿連胤『神社覈録』（井上頼圀・佐伯有義校訂『神社覈録』下編）
加彌は假字也○祭神明か也○在所詳ならず

栗田寛『神祇志料』第十二巻
加彌命神社、今三宅島神着村にあり、二宮といふ。伊豆式社考證加彌命を祀る。こは三島神佐岐多麻比咩命に娶て
生坐る第二の子神也。三宅記

『大日本史』［九］・志一・巻二百五十五
加彌命神社、〇一本無命字、今在三宅島神着村東、稱二宮、據三宅記、彌當作禰、

竹村茂雄『伊豆國式社考』（『神祇全書』第四輯）
加彌命神社　吉佐美八幡宮奉納の歌に、籤の宮といふことあり、加彌命は加々彌命の加文字の一字脱たるか、

萩原正平『伊豆國式社攷略』（静岡県立中央図書館所蔵）
加彌命神社
　三宅島神着村かみいの杜鎮座かねのみ古三宅記舊稱二宮なりと須致証註進特選今云ふ當社既尓廢頽尓係る蓋加彌命
　は佐伎多麻比咩命の御子神八柱の内第二尓當連ヽば二宮の稱あるもて証と春可かりけ里

萩原正平・萩原正夫『増訂豆州志稿』巻之八上・式内神社考並神階帳考緒言（長倉書店刊）
加彌命神社［増］三宅島神着村かみいの杜鎮座舊稱二之宮ナル可シ三宅記ニ二ヲバかねトアリ即佐伎多麻比賣
命ノ第二ノ王子ナレバ二之宮ノ稱ニ適ヘリ。加彌ハ加禰ノ誤寫ナラムモ知ル可ラズ

萩原正平・萩原正夫『増訂豆州志稿』巻之八上・神祠一・君澤郡（長倉書店刊）
○八王子社（竹倉村）［増］無格社八王子神社［増］當社ハ佐伎多麻比賣命ノ八王子ヲ祭ルナル可シ八王子トハ南子、
加禰、夜須、弖良、志理太宜、久良惠、片菅、波夜ノ命ヲ云（其本社ハ皆三宅島ニ在テ式内他式内神社考部参看）當村八王子山通猛院
ハ往昔本社ノ別當也（守僧云天照大神八幡大菩薩ヲ配祀スト俗ニ傳フ此村山中ニ八ノ家アリ其霊ヲ祀ル故ニ八王子トミトサレ共谷田ノ石床別命ヲ下ノ宮ト稱シコレヲ上ノ宮ト對シ云ハバ天照大
神素戔嗚命ノ御子五男三女ヲ合祀スル八王子ナルカ否ラスハ三島大神第三后ノ御子ナラム［増］第三后即佐伎多麻比咩命ヲミルニテ後ノ説充當ナリ）○元禄七年棟札ニ夏梅木、
竹倉、兩村ノ鎮守ト（［増］七十五坪官一）

萩原正夫『伊豆七島志』上・三宅島・神祠（長倉書店刊）
［増］御笏神社（○御笏明神）［増］神着村首山鎮座祭神佐伎多麻比咩命ナル可シ（増訂豆州志稿ニ詳記ス二九二頁）［増］勝祖神社ハ御
笏神社ノ境内ニアリ（増訂豆州志稿ニ詳記ス二九四頁）［増］峰指神社ハ同境内ニアリ風早山ニ鎮座セシヲ近年此ニ遷ス由緒ハ
次記峰指神社ノ條ニ就テ知ル可シ［増］二ノ宮神社ハ同境内ニアリ神着村東廿許町ニアリシヲ近年此ニ遷ス由
緒ハ次ノ二ノ宮神社ノ條ニ就テ知ル可シ［増］外ニ境内社十五（一ノ潮幣社、二ノ潮幣社、三ノ潮幣社、飯王子神社、酒王子神社、若宮神社、船宮神社、風
神社、柏精神社、諏訪神社、八幡神社、稲荷神社、琴平神社、天王神社、湯船神社［増］社域二千十五坪官有地一種）

萩原正夫『伊豆七島志』上・三宅島・神祠（長倉書店刊）
［増］二ノ宮神社［増］神着村鎮座祭神加彌命ナル可シ［増］神着村東廿許町ニアル小祠ナリ式内加彌命神社ナル
可シ（増訂豆州志稿ニ詳記ス二九四頁）接近ノ地［増］明治七年七月噴火ノ災ニ罹リタルヲ以テ御笏神社ノ境内ニ遷祀ス

菅原久高『伊豆國九十二式社祭神記』（『全國神職會々報』第二十一號）
加彌命神社　三宅島神着村鎮座二の宮と稱す
　祭神　加彌命

吉田東伍『増補大日本地名辞書』第五巻・１０８３頁
伊賀谷　島の西岸にして、其小港を大船戸と呼び、温泉あり、阿古村と相隣接す。延喜式、伊賀牟比売命神
　　社あり、後明神と稱す、三宅記に「此后を伊豆郷いかいと云所に置参らす」と云ひたり、阿古村には阿米
　　都和気命神社あり。○増訂志稿云、三宅島にて古来神事の時の詞に「一大社、あめつち今宮、今后」と云

ふ、一とは三島大神にて、今宮は阿米都和気命なり、文徳紀、嘉祥三年、此神并に佐支多麻姫授位の事見え、式内に列す、今も一島の総社とす。

補[伊賀牟比売命神社]〇増訂豆州志稿、式内意が牟比売神社は三宅島伊賀谷村、旧称后明神也。三宅記、三島大神三柱の后神を置賜ふ項に、嫡女とは伊豆郷いがいと云ふ所に置参らすと見え、古き祭文・神楽歌等に伊賀谷の后とあり、〇阿米都和気神社[重出]阿古村富賀神社なるべし、古来神事の時神名を唱ふる例あり、曰く「一大社あめつち今宮、今后」と。大社三島大神あり、あめつち今宮は阿米都和気命にして、伊古奈比咩命の王子なるべし、今后は当后の意にて、伊古奈比咩命なり、文徳紀曰、嘉祥三年六月伊豆国阿米都和気命授従五位下、仁寿二年十二月加従五位上、斉衡元年六月加正五位上と。

〇波夜志命神社[同]同じく式内なり、神着村風早山鎮座、旧称はうす明神社なるべし。三宅記に「へむずのみこ」とあるは、はうすの訛れるにて、はうすは波夜志の転ぜしならむ。

〇加弥命神社[同]神着村かみいの杜鎮座、旧称二之宮なる可し。三宅記に「二をばかね」とあり、即ち第二の王子なれば、二之宮の称に適へり。加弥は加禰の誤ならむも知るべからず。

〇夜須命神社[同]所在未定、是亦八王子の一にして、三宅記に「三をばやすと云ふ」とあれば、三宅島鎮座なること疑なし。

〇弖良明神社[同]同島伊豆村神山鎮座、旧称ていの社ならむか。三宅記に「四をばてらい（一本てい）」とありて、八王子の内なれば、本島鎮座なる事は論なし。

〇志理太宜神社[同]神着村、旧称しいとり明神社なるべし。三宅記に「五をばしたひ」とある是なり。

〇久良恵命神社[同]久良浜、旧称久良浜明神社なるべし。八王子の一にして、三宅記に「六をばくらひ」とある是なり。

〇片菅命神社[同]御笏神社境内、旧称かつその社なるべし。此神佐伎多麻比咩命の八王子の内にして、三宅記に「七をばかたすげ」とある是なり。

〇伊波乃比咩命神社[同]三宅島坪田村、二宮神社三座の一座なるべし。旧社地は字神戸の石室ならむも知る可からず。三宅記に「次の后をばつぼたの郷に置給ふ」とある即ち此比咩神なる可し。

〇南子神社[同]同村南子山鎮座、三宅記に彼八王子の事を誌して「一人をばなご」とある是なり。

三宅島は上古三島大神鎮座の本域にして、其后神御子神式に所載十二座の多きに至る。

吉田東伍『増補大日本地名辞書』第五巻・1083～1084頁
伊豆　島の北岸にして、神着村と相隣接す。〇増訂志稿云、式内佐伎多麻比咩神社は神着の御笏明神是なり、三宅記に「三島大神の三柱の后の一人をかめつきの郷に置参らす」とある是也。此后の子を八王子と云ひ、島内に八柱の社あり、共に式内に列す、波夜志命（三宅記、ヘムズの御子）は神着の風早山ハウス明神なるべし、片菅命は（三宅記、七王子カタスゲ）御笏社のカツソ明神是也、久良恵命は（三宅記、六王子クライ）久良浜明神是也、夜須命（三宅記、三王子ヤス）今不詳、加禰命は（三宅記、二王子カネ）神着の二宮カミイ明神是也、氐良神社は（三宅記、四王子テライ）神着の神山テイ明神是也、志理太宜神社は、（三宅記、五王子シタイ）神着のシイトリ明神是也、南子神社は（三宅記、八王子ナゴ）神着の南子山に在り。

補[佐伎多麻比咩命神社]〇増訂豆州志稿[重出]神着村、旧称御笏神社なるべし、三宅記に、三島大神三柱の后神を置き賜ふ項に、三人めはかめつきの郷に置き参らすとあり、かめつき即ち神着にて、此地に置き給ひし后神佐伎多麻命なるべし、今尚佐伎多麻の地名存す、当村に佐伎多麻観音あり、本社の旧地なりと云ふ、此比咩神の生みませる八王子、当村或は近地に鎮座せり。文徳紀曰、嘉祥三年六月、加伊豆国佐伎多麻比咩神従五位下。

郶岡良弼『日本地理志料』巻十三・伊豆国賀茂郡三島郷
三宅島　在神津島東八里、下田東南二十里、周凡七里半、全島峻嶮、雄山簪其中央、有火脈、田圃百三十町、有伊賀谷、神著、伊豆、坪田、阿古五邑、領戸八百二十二、口二千七百九十、産牛馬、出絲紬、大野原島屬之、」按神著村、蓋事代主神始上陸之處、伊豆村、其所幽宅之處、故稱伊豆御島神邪、三宅記云、神誓與其妃定諸子所居、地名同今之五邑、」祀典所載、二十四社在海島、而其十二在本島焉、曰佐伎多麻比咩命神社、即三島神妃也、曰波夜志命神社、曰片菅命神社、曰加彌命神社、曰志理太宜命神社、曰南子神社、以上在神著村、並佐伎多麻比咩所生、曰伊賀牟比賣命神社、在伊賀谷村、稱后宮、曰伊波乃比咩命神社、在坪田村、稱坪田后宮、亦三島神妃也、曰阿米都和氣命神社、在阿村、稱總鎮守三島明神、曰久良惠命神社、在久良濱、曰氐良命神社、曰夜須命神社、在伊豆村、並佐伎多麻比咩所生、有爲朝山、是源爲朝居阯也、

足立鍬太郎『南豆神祇誌』17～20頁（静岡縣賀茂郡神職會）
　既に述べた如く、白鳳年間伊豆神海島に現れてより約百五十年、天長九年に至って男女二神に分化し、深谷を塞き高巖を摧きて土地を増益し、併せて旱霖を調節するを以て其の神驗とした。蓋し富士火山帯の活動に因る爆發の威力と、其の噴出した溶岩や泥灰の爲に海中に新地を得ることが、無上の恐怖と多大の感謝を齎したのである。加も其の爆發前に於ける火山性地震が、やがて來るべき災難を豫告警戒するを以て、居民は御神火を三嶋神と畏むと同時に、此の地震を伊古奈比咩神と稱へて感謝を表したのであらう。是れアイヌ語Ikonnuは凶事を未然に戒める義であってIkonnu-guru及びIknnupは神變を現す者であるより出たのである。但これより推して巫女と稱することも出來る。（彼の三宅記の見目＝御妻を考ふべきである）。そして此の二祁の本貫は三宅島であって、島の名は神明（燒）に起因し、其の雄山が三島＝神島神の體を表したものであらう。次に阿古は噴火の本場であって、其の地名は神名Ikoの轉である。Bachelor氏アイヌ語文典Toishikariの説明に據れば、同語に於てi音のaに變ずるは屢々ある例だといふ。思ふに同地澪池は女神の躰を表すもので、男神と共に此地に鎮座し給うたのを、内地に奉遷した後に、御子阿米都和氣命を祀ったのであらう。尚ついでにいはヾ、同島神著はアイヌ語Kamuishyotki＝火の女神の處の意で、佐伎多摩比咩命の坐す地、伊ケ谷は同語Ekayechishi若くはEkaichishにて險しき處の意、即伊賀牟比賣命の坐す地である。又坪田はTopochi＝水溜の複數なれば、古澪池を表すもので、伊波乃比咩命の坐す處である。そして伊古奈比咩命三宅記には天地今宮后と稱

するには、阿米都和氣命の他に穗都佐和氣命といふ御子おはし、佐伎多摩比咩命には、加彌・夜須・弓良・志里太乎宜・久良惠・片菅・波夜志・南子の八子おはすを以て、こゝに主神・嫡后・三妃・十王子の三宅神族を組織すると、承和七年上津島の噴火によりて、更に三嶋神の本后阿波命・嫡子物忌奈命といふ神出現し、しかも其の本后には五子 物忌奈命伊豆和氣阿豆佐和氣外二神 ありと稱し、神津・御藏・利島を連ねて神津の一神族を形成した。然るに大島三原山は三宅島雄山と交互に爆發する御神火の本塲であるから、こゝにも其舊噴火口なる波浮池 今は一方を決して港とするに 妃波布比咩命現れ、彼の白鳳當時の神造地たる野增の阿治古・泉津の波知兩神を其の二王子として大島神族を組織する。更に又式根なる久爾都比咩命といふ妃神には、新島の多祁美加賀命と稱する武勇の神と他に一柱の王子坐し、これに對して遙かに沖島 八丈島 にも妃優婆夷命・王子許志伎命 外四神 が現れたから、こゝに一主神の下に、兩后・六妃と嫡子以外に知名十六王子 他に名の傳らざるもの七神 より成る三嶋大神族 式二十六社總三十三社 が組織された。

足立鍬太郎『南豆神祇誌』３７〜３９頁（静岡縣賀茂郡神職會）
　　延喜式卷九に載せた伊豆國神名帳は次の如くである。但所在地は萩原正平著伊豆國式社考略に私考を加へて註記す。
　　　　伊豆國九十二座　　大五座小八十七座
　　　　賀茂郡四十六座　　大四座小四十二座
　　　　　云々
　　　　　加彌命神社　　　　　　　　　　　　　　　　　　　三宅島神着
　　　　　云々

静岡縣『旧版　静岡縣史』第三卷・７１１〜７１５頁（名著出版刊）
【賀茂郡四十六座 大四座小卌二座 】
云々
（加彌命神社）
　　原祭神は加彌命。原所在は伊豆三宅島神着村。
云々

許志伎命神社

『特選神名牒』３０７～３０８頁
許志伎命神社
　祭神　許志伎命
　祭日
　社格
　所在
　　今按式社攷證に此神は本郡八丈島總鎭守二座の内古寶明神なるべし其は三宅記にいなはえの后に添て五郎王子と云御子を置玉ふ由見えたる此神と聞ゆるが式に漏べき所謂なく現今社の立る大賀郷の西方山野に渉り廣く古志伎と云處有て緣故ある地名なるが古く此邊に御社ありて負せたる神稱なるべく聞ゆるを以て也亦古寶明神の稱を按に舊は古敷また古布など書しを訛りてこはうと唱へたるより古寶の文字を當たるならんとみえ又同郡加增野村より小杉原村へ越る山路にこしきば峠と云有を先輩往々當社にあてたり小杉原の稱もこしき原の轉と聞ゆれば緣故なきに非ず亦三宅島東南隅にミコシキと云處有て此にみこしき明神と云小祠あるも所緣ありと云るが中に古敷を古寶と書しならんとあるは信がたけれど此古寶明神鎭座の村中に崇福寺と云ありて山號を甑峯山と稱するも古志伎の地名あるも由あれば八丈島總鎭守古寶明神の方據あるに似たり姑附て攷に備ふ

度會延經『神名帳考證』（『神祇全書』第一輯）
〇許志伎命神社　五十猛神　日本紀云、五十猛神多將樹種、國之内莫不播殖、

伴信友『神名帳考證』（『伴信友全集』第一）
許志伎命神社
〇篤胤云藤井昌幸云許志伎バト云所ニ此社アリコシキノ神社ト云

伴信友『神名帳考』（『神道大系』古典註釋編七・延喜式神名帳註釋）
許志伎命神社
〇アツ云、藤井昌幸云、許志伎バト云所ニ、此社アリ、コシキノ神社ト云フ、
　１（頭註）林圖云、カリフノ村、コシキ峠社カ、

鈴鹿連胤『神社覈錄』（井上賴義・佐伯有義校訂『神社覈錄』下編）
許志伎命神社
　　許志伎は假字也〇祭神明か也〇在所詳ならず
　　　平田篤胤云、藤井昌幸云、許志伎バト云所ニ此社アリ、コシキノ神社ト云フ、

栗田寬『神祇志料』第十二卷
許志伎命神社、今許志岐婆の地にあり。神名帳考證士代

『大日本史』[九]・志一・卷二百五十五
許志伎命神社、〇今在八丈島大賀郷、與甕婆夷神同社、稱古寶明神者、蓋是、按社西山野總稱曰許志伎、蓋舊址所在、今村中有崇福寺、號甑峯山、甑訓許志伎、即其遺名、傳言、此神亦三島神子、優婆夷命所生、

竹村茂雄『伊豆國式社考』（『神祇全書』第四輯）
許志伎命神社　富戸村三島明神藏來山下にあり、又加增野にこしきば峠あり、

萩原正平『伊豆國式社攷略』（静岡県立中央図書館所蔵）
許志伎命神社
　八丈島大賀郷鎭座五郎の王子三宅記舊稱古寶明神社な類可し攷証註進特選今は優婆夷命神社尓合祭して二坐とし一島の總鎭守と崇む

萩原正平・萩原正夫『增訂豆州志稿』卷之八上・式内神社考並神階帳考緒言（長倉書店刊）
〇許志伎命神社[增]八丈島大賀郷舊稱古寶明神社ナル可シ今ハ優婆夷命神社ニ合祀ス三宅記ニ五郎王子トアルハ蓋此神ナラム大賀郷ノ西方ニ古志伎ノ地名アリ。是レ舊社地ナル可シ又甑峰山崇福寺アリ甑峰ノ山號ハ許志伎ノ神名ニ仍レルナラム式考ニ賀茂郡加增野村ヨリ小杉原村ヘ越ル山ヲ、コシキバ峠、ト云ヲ以テ本社地ニ當テタリ（小杉原村ニ八幡社天神社アリ小杉原ハ、コシキ原ノ轉訛トモ聞ユ）又三宅島ノ東南隅ニみこしき明神ト云小祠アリ共ニ附記シテ後考ニ備フ

萩原正夫『伊豆七島志』中・八丈島・沿革（長倉書店刊）
〇沿革[增]本島モ他ノ諸島ト同ク事代主神ノ眷族ノ開創ニ係レリ三宅記ニ三島明神沖ノ島ニ置キ給フ后ヲいなばえの后（一本八十八江ノ后）トゾ申ケル其御腹ニ王子五人在ス其后カクレサセ給ヒケレバ嫡子ト次郎ノ王子トハ手ヲ執リ合ヒ思ヒ死ニ終ラセ給ヒ石トナリテ弟兄ノ尊トテ立チ給ヘリ二人ノ御子ノ幼少ニテカクレサセ給フ五郎ノ王子ノミ沖ノ島ニ在ストアリ此いなはえの后トアルハ優婆夷命五郎王子トアルハ許志伎命ナル可クシテ其祠宇ハ共ニ式内ニ列セラルレバ是レ本島創始ノ祖ナルコト疑ナカル可シ

萩原正夫『伊豆七島志』中・八丈島・山川（長倉書店刊）
[增]西山ハ島ノ乾位ニ屹峙セル孤峰ニシテ大賀郷三根ニ村ニ跨ル高サ海面ヲ抜クコト二千八百四十六尺周回九千七百間ニ亙リテ殆ド全島三分ノ一ニ居ル古來噴火セルヲ以テ滿山燒砂ニシテ山腹ヨリ上ハ樹木生育セズ山巓噴坑アリ〇火坑徑五町廣回十四五町深サ凡二十仞坑底水潴ス（[增]尚小坑アリ徑百間許底深クシテ其形擂盆ノ如シ）坑邊焦巖尖立攀チ難シ山形駿州富士山ニ彷彿タルヲ以テ八丈富士トモ呼ブ又甑峰香爐山等ノ稱アリ登路二里餘（三根山ヨリ上ル）

萩原正夫『伊豆七島志』中・八丈島・神祠（長倉書店刊）
［増］郷社優婆夷命神社、寶明神社（○老姥明神寶明神）［増］大賀郷村大里鎮座、優婆夷神社祭神優婆夷命也寶明神社祭神許志伎命ナル可シ（増訂豆州志稿ニ詳記スニ九四頁、二九五頁）○神職奥山遠江守、外下社人、占部四人祝三人、加社手七人、宮婦一人、巫女一人、神主代一人、補宜五人、僧家五人、凡テ二十八戸（［増］神職以下明治五年解職ス）祭田二町三反二畝二十歩［増］明治七年兩社ヲ郷社ニ列セラル境域樹木鬱蒼頗ル優邃ナリ［増］境内社四（松尾神社、稲荷神社、三島神社、礒神社［増］社域三千九十四坪官有地）

萩原正夫『伊豆七島志』中・八丈島・佛刹（長倉書店刊）
［増］大賀郷村大里原ニ在リ淨土宗（伊豆下田梅善寺末、本尊阿彌陀観世音勢至）［増］寺傳ニ云源爲朝八丈島住シ七郎三郎長女ヲ妾トシ二子ヲ生マシム長ヲ太郎、次ヲ次郎ト呼ブ次郎生長シテ源爲宗ト名ケ一島ヲ領ス後香爐山彌陀寺ヲ西山ノ麓ニ創建シ父母ノ冥福ヲ修ス爲宗寺ニ住シ子孫相承ケ奕世入道ノ宮ト稱ス永享ノ初其裔雲加（爲朝ヨリ六世ノ孫トナリトニ）ノ時西山噴火シテ堂宇燒亡セルヲ以テ寺ヲ大里原ニ移ス尋テ十二年武州金川宗興禪ニ隷シ禪宗トナリ寺ヲ甄峰山宗福寺ト改稱シ雲加乃瑞翁宗的ト號ス（宗的嘉吉三年寂ス）永祿中住僧靈譽宗遊ノ時淨土宗トナルト

菅原久高『伊豆國九十二式社祭神記』（『全國神職會々報』第二十一號）
許志伎命神社　八丈島大賀郷鎮座
　祭神　許志伎命

吉田東伍『増補大日本地名辞書』第五巻・１０８４～１０８６頁
八丈島　三宅、御倉の南にして、御倉を去る凡五十海里、（東京より直航、本島樫立港まで百五十九海里とぞ）島形東北より西南に馳す。其高峰甄峰は一名西山と云ひ、西北に在る活火山にして、常時噴煙す、高二千八百余尺、形状富士に同じ。（式内、許志伎命神社は即此山を祭る歟）島中を大賀郷、中野郷、末吉村、樫立村、三根村の五部に分つ、人口一万許。○貿易備考云、八丈島は下田港を去る四十七里にあり、東西二里半、南北四里、海岸巉巖峙ち、碇泊に便ならず、纔に船舶を寄す可き処二あり、東北に在るを神港と曰ひ、西南にあるを八重根と云ふ、島の西辺に甄峰あり、山巒全島三分の一に居る、灌漑の利あり、水田六十三町、白田二百七十六町、戸数一千五百、人口九千あり、居民淳樸にして、言語風俗内地に殊なり、男は漁業農事を専にし、女は養蚕機織を力む、農牛二千四百あり、物産富殖、気候温燠にして、自一佳郷となす。
　　　　　送人之八丈島　　　　　　　　　長　梅外
　漫道方壺在渺茫、豈知近接我南彊、仙家交易錢神失、
　楽土膳羞鹹草香、機響于今如蟋蟀、女敃当日妒鴛鴦、
　流連不用恋孤島、北望蓬莱是故郷、
八丈の島名は保元物語に初めて見え、又東鑑に八丈絹（治承六年、建久三年等）とあるを、諸家論じて此島の産絹と爲せど誤れり。八丈絹とは一種の絹布の名にして、此島と相関らず。然るに此島より後世絹紬を貢進したるを以て、古の八丈絹と其名称相混じたり。（伊豆日記に、八丈島にて絹紬を八丈といはずして、タンゴ織と云ふと載す）島絹の事は北条五代記に曰く、
　伊豆の下田より南に当て八丈島あり、此の島女甚美容なり、昔はのみありしに、そのかみ下川辺六郎行秀入道智定房此島へ渡り、（智定房のことは、東鑑、貞永二年五月廿七日、武州参御所給、帯一封状、被披覧御前、令申給曰、去三月七日、熊野那知浦、有渡于補陀落山之者、号智定房、下川辺六郎行秀法師也、云々、状云、彼乗船者、入屋形之後、自外以釘皆打附、無一扉、不能観日月光、只可憑燈、三十箇日之程食物并油等僅用意とありて、此八丈へ到否の事は古書に載せず、信じ難し）あまたの子をうみしより、男もあまたになりぬとかや、延徳年中、早雲入道の伊豆の国を治給ひし世までも、八丈島の名を聞かず、其比豆州賀茂の住人、朝比奈の六郎知明と云侍あり、是より南海に当て島有よし聞及び、大船一艘に人多く取乗、伊豆下田の津より渡海し、彼島につき民家をなびかし、末代伊豆の国の内たるべき旨申さだめたり、其けんしやうに伊豆の国下田の郷を、朝比奈六郎知明子々孫々永代他の妨有べからずと、云々、故に今知明が孫あさひな兵庫助、下田を知行す、此島より北条家五代、毎年の貢絹をさむる、云々。
貿易備考云、八丈島は其量尺異制也、物を量るに幾升幾杯と称し、合勺を称せず、其一升は二升五合を入れ、一杯は二合五勺を容れ、（両手の掬に盈つるを一杯とす）一苞は一十四斤を容る、段匹は幾段幾策と称る、八勺を以て一策となし、四策を一段となす、伊豆海島誌及び七島日記を案ずるに、八丈紬は黒樺黄の三種あり、樺色は内地にて之を鳶色と称し、椎の皮を煎じて染料となし、樺色はまだみの皮を煎じて染料となし、黄色はかりやすを以て染料と爲す、其糸を染むるや始終一種、五十回余にして色を得るに至る、故に幾回之を洗濯するも褪色の憂なし、是を以て無比の名産と称せられしも亦宜なり、然るに後世、商賈等賎価を主とするを以て、漸次其品位を下劣するに至ると、又南汎録を按ずるに、染色の数三十回余と爲す、蓋七島日記は寛政八年の記にして、南汎録は天保六年の録に係る、其相距ること四十三年にして、既に染色の数二十回を省減せり、其漸く粗に流るること見る可し。
補［八丈島］○増訂豆州志稿、東鑑に、「八丈絹二疋大神宮幣物云々」見ゆ、北条五代記に、御北条氏五代の間、毎年八丈島より絹を貢すとあり。元久の頃濃袴（三腰）褂（二領）黄衿（二帖）伊豆より召されし事、台記別記に見ゆ。
○文献通考、四、裔考に曰く、女国在扶桑東千里、食鹹草、葉似邪蒿、気香味鹹（本草綱目又載之）女国は八丈島を云ふ。○王充論衡曰、周時倭国献鹹草。
○増訂豆州志稿、承安元年辛卯七月八日、船一艘抵伊豆沖島、登岸八人、長皆八九尺許、反首猿目裸躰而纏編蒲、刺繍遍身、執丈杖、而皆無言、島人以爲、是鬼乃試与之梁酒、則歡若馬飲、既而見島人持弓矢、而乞之不与、即怒呼喚、丈殺五人、或被傷、島人大懼、出神弓且射之、於是輒没海、上船乗風去、十月状其事、而与其遺一帯上之国司、帯乃蔵諸蓮華王院宝庫、著聞集旧仮名書きなり。
○人名辞書、沢橋六太夫は宇喜多氏の嬬某氏の子なり、慶長庚子の乱平いて後、秀家及子秀規、八丈島に配流せらる、嬬脱去し六太夫を懐き、京師に赴て、秀家の夫人前田氏に見え謂て曰く、媼将に公子に謫所に従はんとす、請ふ此の児を奉ぜんと、言畢て去る、嬬遂に従て往く。夫人は前田利家の女なり、遺孤を

撫育し稍々長ずるに及びて僧となす、将軍秀忠二条城に入るの日、群を出でて訟書を上る、曰く秀家は加賀侯の正聟たり、願くは命を加賀に下し、糧を秀規（八丈島）に運ばんことを、乃ち之を前田氏に命じ、毎歳望請する所の金穀器財悉く之を運輸せしむ、実に六太の力なり、（鶴頭夜話に云く、沢橋兵太夫加賀を去り、上請して曰く、秀家没して後、八郎極て貧にして、食を給する能はず、老母亦耄にして之を養ふ能はず、願くば命を加賀に下だし、臣加賀に食むの料を以て八丈島へ送り、以て八郎を給養せんことをと、秀忠乃ち命を加賀に下だし、毎年米一百苞金二十両を八丈島に送りて、以て兵太夫の忠孝を表す）。

吉田東伍『増補大日本地名辞書』第五巻・１０８６頁
大賀　八丈島の西南岸なる一村なり、式内優婆夷命神社あり、三宅記に之を「沖の島に置給ふ后いなばえの后」と載す、沖之島とは八丈の一名なるべし。又同書、沖の島の五郎王子と云ふは許志伎神社にして、今優婆夷社に合祀す。［増訂志稿］大賀は又大岡にも作り、一島の首邑にして、島庁の在る所とす、其港を八重根と云ふ、（島の東北岸なる三根村にも神湊てふ小埠あり）村中に宇喜多秀家の墓あり。
補［優婆夷命神社］○増訂豆州志稿［重出］式内優婆夷命神社、旧称優婆明神社也。沖の島は八丈島を云ふ、社辺に「内いなば、外いなば」等の地名存す。按ずるに神名はいなばえとある方正しかるべく、転訛してうばいと云ふ。
補［許志伎命神社］○増訂豆州志稿［重出］許志伎命神社は大賀郷、旧称古宝明神社なる可し、三宅記に、「五郎王子」とあるは、蓋此神ならむ、大賀郷の西方に古志伎の地名あり、是旧社地なるべし。又瓶峰山、崇福寺あり、瓶峰の山号は許志伎の神名に仍れるならむ。

郷岡良弼『日本地理志料』巻十三・伊豆国賀茂郡三島郷
八丈島　一名沖島、以去内地最遠也、在御倉南二十里、下田南四十七里、周凡十里半、海岸巉巖削立、不便碇泊、西邊有瓶峯、山巓常噴火、高二千八百四十餘尺、周亘七里、居全島三之一、其狀似駿河富士山、故八丈富士云、小川數流、有灌漑之利、田圃二百四十七町、有大賀郷、三根、末吉、中郷、樫立五村、領戸千五百八十六、口九千四百二十三、多牛馬、民性淳朴、言語風俗、大輿内地殊、男專漁樵農事、女力養蠶機織、物産富殖、気候温燠、自爲一佳郷、本島御倉島間、海中有迅流、曰黒瀨川、幅凡二十町、激潮東流、航客毎稱危險矣、」祀典所秩優婆夷命神社、在大賀郷、三宅記云、三島神有五妃、置之五島、在沖島者、以那婆衣后、優婆夷、即以那婆衣之轉、許志伎命神社亦在此、稱古寶明神、優婆夷命所生、瓶峯、盖取神號也、」凡海南諸島、女多男寡、而本島婦女、容姿端麗、肌膚白皙、髪垂委地、其俗貴女、故古稱女護島、後漢書云女國、日觀要考云女子郷、是也、東鑑云、治承中、本島輸絹鎌倉、精緻可喜、乃獻之大神宮、八丈絹始著矣、海島風土記云、島民不用錢貨、凡交易皆用米麥布帛、其量米麥、兩手盈掬曰一杯、即當二合五侖、十四杯爲一升、十四升爲一俵、量布帛、以八尺爲一策、四策爲段、絲長一策四十縷爲一升、間有用權衡者、毎村有卜部一人、掌龜卜事、吉凶就而問之、

足立鍬太郎『南豆神祇誌』１７～２０頁（静岡縣賀茂郡神職會）
既に述べた如く、白鳳年間伊豆神海島に現れてより約百五十年、天長九年に至って男女に神に分化し、深谷を塞き高巖を摧きて土地を増益し、併せて旱霖を調節するを以て其の神驗とした。蓋し富士火山帯の活動に因る爆發の威力と、其の噴出した溶岩や泥灰の爲に海中に新地を得ることが、無上の恐怖と多大の感謝を齎したのである。加も其の爆發前に於ける火山性地震が、やがて來るべき災難を豫告警戒するを以て、居民は御神火を三嶋神と畏むと同時に、此の地震を伊古奈比咩神と稱へて感謝を表したのであらう。是れアイヌ語Ｉｋｏｎｎｕは凶事を未然に戒める義であってＩｋｏｎｎｕ－ｇｕｒｕ及びＩｋｎｎｕｐは神變を現す者であるより出たのである。但これより推して巫女と解することも出來る。（彼の三宅記の見目＝御妻を考ふべきである）。そして此の二神の本貫は三宅島であって、島の名は神明（燒）に起因し、其の雄山が三島＝神島神の體を表したものであらう。次に阿古は噴火の本場であって、其の地名は神名Ｉｋｏの轉である。Ｂａｃｈｅｌｏｒ氏アイヌ語文典Ｔｏｉｓｈｉｋａｒｉの説明に據れば、同語に於てｉ音のａに變ずるは屢々ある例だといふ。思ふに同地濘池は女神の躰を表すもので、男神と共に此地に鎭座し給うたのを、内地に奉遷した後に、御子阿米都和氣命を祀ったのであらう。尚ついでにいはゞ、同島神著はアイヌ語Ｋａｍｕｉｓｈｙｏｔｋｉ＝火の女神の處の意で、佐伎多摩比咩命の坐す地、伊ケ谷は同語Ｅｋａｙｅｃｈｉｓｈｉ若くはＥｋａｉｃｈｉｓｈにて險しき處の意、即ち伊賀牟比賣命の坐す地である。又坪田はＴｏｐｏｃｈｉ＝水溜の複數なれば、古濘池を表すもので、伊波乃比咩命の坐す處である。そして伊古奈比咩命三宅記には天地今宮后と稱するには、阿米都和氣命の他に穂都佐和氣命といふ御子おはし、佐伎多摩比咩命には、加彌・夜須・弖良・志里太平宜・久良惠・片菅・波夜志・南子の八子おはすを以て、こゝに主神・嫡后・三妃・十王子の三宅神族を組織すると、承和七年上津島の噴火によりて、更に三嶋神の本后阿波命・嫡子物忌奈命といふ神出現し、しかも其の本后には五子物忌奈伎太和氣阿治和氣外二神ありと稱し、神津・御藏・利島を連ねて神津の一神族を形成した。然るに大島三原山は三宅島雄山と交互に爆發する御神火の本場であるから、こゝにも其舊噴火口なる波布池今は一方を決して港とするに妃波布比咩命現れ、彼の白鳳當時の神造地たる野増の阿治古・泉津の波知兩神を其の二王子として大島神族を組織する。更に又式根なる久爾都比咩命といふ妃神には、新島の多祁美加賀命と稱する武勇の神と他に一柱の王子坐し、これに對して遙かに沖島八丈島にも妃優婆夷命・王子許志伎命外四神が現れたから、こゝに一主神の下に、両后・六妃と嫡子以外に知名十六王子他に名の傳らざるもの七神より成る三嶋大神族式二十六社總三十三社が組織された。

足立鍬太郎『南豆神祇誌』３７～３９頁（静岡縣賀茂郡神職會）
　延喜式巻九に載せた伊豆國神名帳は次の如くである。但所在地は萩原正平著伊豆國式社考略に私考を加へて註記す。
　　　　伊豆國九十二座　大五座小八十七座
　　　　　賀茂郡四十六座　大四座小四十二座
　　　　　　云々
　　　　　許志伎命神社　　　　　　　　　八丈島大賀郷
　　　　　　云々

静岡縣『旧版 静岡縣史』第三巻・７１１～７１５頁（名著出版刊）
【賀茂郡四十六座大四座小册二座】
云々
（許志伎命神社）
　　原祭神は許志伎命。原所在は伊豆八丈島。
云々

氐良命神社

『特選神名牒』３０７頁
氐良命神社
　祭神　氐良命
　　今按此神三島大神の后佐支多麻比咩命の生玉へる御子なること三宅記に四をばテライと有にて明か也
　祭神
　社格
　所在
　　今按式社考證に此神三宅記に四をばテライ一本ニライと有神と聞ゆれば此島鎮座なること論無れど未詳伊豆村神山にていの天神ありて小社なれど舊社とみえ祠内に神鏡八十三枚安置ある由ありと云ひ又内地賀茂郡二條村に氐良山氐良野氐良ヶ谷戸と云地名ありて此處に山神と云ふを其當社也と云説あり古社とも見えざれど早く東鑑に伊豆國寺宮荘と云あるは弖良命を遷祀るより負る名ならん亦同郡中村に八王子社と云小祠ありて其邊の地名を弖良と稱へ來れるは若くは八王子の内の弖良命を遷祀れるに因れるなるべしなど云れど一定の説なければ今決め難し

度會延經『神名帳考證』（『神祇全書』第一輯）
〇氐良命神社　筑前國麻氐良布神社　姓氏録、氐良公、百濟國主意里都解四世孫秦羅君之後也、

伴信友『神名帳考證』（『伴信友全集』第一）
氐良命神社
［志］二條村手良山神アリ古社トモ見エズ寺ガ谷ニアルニヨリテ寺ノ山ノ神ト呼シトモオハル〇信友云志ニカクアレドモ神名ハ正シク式社也イカニモ當社ナルベシ〇筑前國麻氐良布神社

伴信友『神名帳考』（『神道大系』古典註釋編七・延喜式神名帳註釋）
氐良命神社
〇筑前國麻氐良布神社、△志ニ、二條村手良山神アリ、古社トモ見エス、寺谷ニアルニヨリテ、寺山神ト呼シトオモハル、〇信友云、志ニカクアレトモ、神名ハ正シク式社ナリ、イツレニモ、當社ナルベシ、
　1（頭註）校圖云、メラ村、

鈴鹿連胤『神社覈録』（井上頼圀・佐伯有義校訂『神社覈録』下編）
氐良命神社
　氐良は假字也〇祭神明か也〇在所詳ならず
　　伊豆志に、二條村手良［テラ］山神アリ、古社トモ見エズ、寺谷ニアルニヨリテ寺山神ト呼シトオモハル、
　　と云り、〇伴信友云、志ニカクアレドモ、神名ハ正シク式社ナリ、イツレニモ當社ナルベシ、

栗田寛『神祇志料』第十二巻
氐良命神社、今二條村寺が谷にあり、氐良山神と云、盖三宅島より遷し奉る所也。豆州志、式社考證氐良命を祀る、佐岐多麻比咩命の生る第四の子神に坐す。三宅記

『大日本史』［九］・志一・巻二百五十五
氐良命神社、〇舊在三宅島、後徙于二條村寺谷、稱氐良山神、盖是、以上二神、亦與夜須命同母兄弟之神云、

竹村茂雄『伊豆國式社考』（『神祇全書』第四輯）
氐良命神社　二條村に手良山神あり、寺カ谷といふにあり、

萩原正平『伊豆國式社攷略』（静岡県立中央図書館所蔵）
弖良命神社
　所在未定同島伊豆村神山鎮座てらいのみ古三宅記舊稱ていの神社ならむか攷証註進續攷此亦衰替の小祠なり抑佐伎多麻比咩命の御子神八柱の中弖良夜須二神の證蹟未詳なる説を得春蓋三宅記尓因里て按ふる尓鎮座の地は神着伊豆二村の内を出ざる可しかの島有志者力を捜索尓盡して其神蹟を明瞭尓春るの策なくはある可らず

萩原正平・萩原正夫『増訂豆州志稿』巻之八上・式内神社考並神階帳考緒言（長倉書店刊）
〇弖良命神社［増］同島伊豆村神山鎮座舊稱ていの社ナラム乎三宅記ニ四ヲバてらい（一本ていト）アリテ佐伎多麻比賣命ノ八王子ノ内ナレバ本島鎮座ナル事ハ論ナシ一説（式考並信友ノ説）曰賀茂郡二條村氐良山神ナル可シト按ズルニ此地ニ氐良野、氐良ヶ谷戸等ノ地名アリ又東鑑ニ伊豆國寺宮荘トアレバ或ハ弖良命ヲ分祀セル社アリシナラムモ知ル可ラズ必其本社ニハ非ジ（氐良山神社今公簿ニ載セズ附録參看）國圖ニ賀茂郡妻良村ニ載セタルハ妻良ノ稱ノ弖良ニ近キヨリ謬レル也

萩原正平・萩原正夫『増訂豆州志稿』巻之八上・神祠一・君澤郡（長倉書店刊）
〇八王子社（竹倉村）［増］無格社八王子神社［増］當社ハ佐伎多麻比賣命ノ八王子ヲ祭ルナル可シ八王子トハ甫子、加補、夜須、弖良、志理太宜、久良惠、片菅、波夜ノ命ヲ云（其他ハ皆三宅島ニ在テ式内式神社考部參看）當村八王子山通猛院ハ往昔本社ノ別當也（〇守僧云天照大神八幡大菩薩ヲ配祀ス俗ニ傳フ此村山中ニ八ノ家アリ其靈ヲ祀ル故ニ八王子トシトサレ共谷田ノ石床別命ヲ下ノ宮ト稱シコレヲ上ノ宮ト對シ云ハバ 天照大神素戔嗚命ノ御子五男三女ヲ合祀スル八王子ナルカ否ラスハ三島大神第三后八子同産ノ御子ナラム［増］第三后即佐伎多麻比咩命ヲ云ルニテ後ノ説允當ナリ）〇元祿七年棟札ニ夏梅木、竹倉、兩村ノ鎮守ト（［増］七十五耳官一）

萩原正平・萩原正夫『増訂豆州志稿』巻之九下・［増］附録（長倉書店刊）
手良山神（式内ニ氐良神社アリサレ共コノ祠古社トモ見エズ 寺ガ谷ニアルニ因テ寺山ノ神ト呼ビタリト思ハル［増］此社ノ事式内弖良命神社ノ條ニ記ス）

萩原正夫『伊豆七島志』上・三宅島・神祠（長倉書店刊）

［増］弓伊神社［増］伊豆村神山鎮座祭神不詳［増］式内弓良命神社ナラム平俗ニテイ天神ト詳ス弓良命ハ佐伎多麻比咩命ノ八王子ノ一ニシテ三宅記ニ四ヲバ「テライ（一本テイ）」トアル是レナリ祠内ニ神鏡八十三枚ヲ藏ム（神鏡ハ皆同質ニシテ徑一寸五分ヨリ二寸ニ至ル）目下頗替ヲ極ム（本社今公廨ニ藏セズ）

菅原久高『伊豆國九十二式社祭神記』（『全國神職會々報』第二十一號）
氏良命神社　三宅島鎮座
　　祭神　氏良命

吉田東伍『増補大日本地名辞書』第五巻・１０８３頁
伊賀谷　島の西岸にして、其小港を大船戸と呼び、温泉あり、阿古村と相隣接す。延喜式、伊賀牟比売命神社あり、後明神と称す、三宅記に「此后を伊豆郷いかいと云所に置参らす」と云ひたり、阿古村には阿米都和氣命神社あり。○増訂志稿云、三宅島にて古来神事の時の詞に「一大社、あめつち今宮、今后」と云ふ、一とは三島大神にて、今宮は阿米都和氣命なり、文徳紀、嘉祥三年、此神并に佐支多麻姫授位の事見え、式内に列す、今も一島の総社とす。
補［伊賀牟比売神社］○増訂豆州志稿、式内伊賀牟比売神社は三宅島伊賀谷村、旧称后明神也。三宅記、三島大神三柱の后神を置賜ふ項に、嫡女とは伊豆郷いがいと云ふ所に置参らすと見え、古き祭文・神楽歌等に伊賀谷の后とあり、○阿米都和氣命神社［重出］阿古村富賀神社なるべし、古来神事の時神名を唱ふる例あり、曰く「一大社あめつち今宮、今后」と。大社三島大神あり、あめつち今宮は阿米都和氣命にして、伊古奈比咩命の王子なるべし、今后は当后のの意にて、伊古奈比咩命なり、文徳紀曰、嘉祥三年六月伊豆国阿米都和氣命授従五位下、仁寿二年十二月加従五位上、斉衡元年六月加正五位上と。
○波夜志命神社［同］同じく式内なり、神着村風早山鎮座、旧称はうす明神社なるべし。三宅記に「へむずのみこ」とあるは、はうすの訛れるにて、はうすは波夜志の転ぜしならむ。
○加弥命神社［同］神着村かみいの杜鎮座、旧称二之宮なる可し。三宅記に「二をばかね」とあり、即ち第二の王子なれば、二之宮の称に適へり。加弥は加補の誤ならむも知るべからず。
○夜須命神社［同］所在未定、是亦八王子の一にして、三宅記に「三をばやすと云ふ」とあれば、三宅島鎮座なること疑なし。
○弓良命神社［同］同島伊豆村神山鎮座、旧称ていの社ならむか。三宅記に「四をばてらい（一本てい）」とありて、八王子の内なれば、本島鎮座なる事は論なし。
○志理太宜神社［同］神着村、旧称しいとり名神社なるべし。三宅記に「五をばしたひ」とある是なり。
○久良恵命神社［同］久良浜、旧称久良浜明神社なるべし。八王子の一にして、三宅記に「六をばくらひ」とある是なり。
○片菅命神社［同］御笏神社境内、旧称カツソノ社なるべし。此神佐伎多麻比咩命の八王子の内にして、三宅記に「七をばかたすげ」とある是なり。
○伊波乃比咩命神社［同］三宅島坪田村、二宮神社三座の一座なるべし。旧社地は字神戸の石室ならむも知る可からず。三宅記に「次の后をばつぼたの郷に置給ふ」とある即ち此比咩神なる可し。
○南子神社［同］同村南子山鎮座、三宅記に彼八王子の事を誌して「一人をばなご」とある是なり。
三宅島は上古三島大神鎮座の本域にして、其后神御子神式に所載十二座の多きに至る。

吉田東伍『増補大日本地名辞書』第五巻・１０８３〜１０８４頁
伊豆　島の北岸にして、神着村と相隣接す。○増訂志稿云、式内佐伎多麻比咩神社は神著の御笏明神是なり、三宅記に「三島大神の三柱の后のひとりをかめつきの郷に置参らす」とある是也。此后の子を八王子と云ひ、島内に八柱の社あり、共に式内に列す、波夜志命（三宅記、ヘムズの御子）は神着の風早山ハウス明神なるべし、片菅命は（三宅記、七王子カタスゲ）御笏社のカツソ明神是也、久良恵命は（三宅記、六王子クライ）久良浜明神是也、夜須命（三宅記、三王子ヤス）今不詳、加補命は（三宅記、二王子カネ）神着の二宮カミイ明神是也、氏良神社は（三宅記、四王子テライ）神着の神山テイ明神是也、志理太宜神社は、（三宅記、五王子シタイ）神着のシイトリ明神是也、南子神社は（三宅記、八王子ナゴ）神着の南子山に在り。
補［佐伎多麻比咩命神社］○増訂豆州志稿［重出］神着村、旧称御笏神社なるべし、三宅記に、三島大神三柱の后神を置き賜ふ項に、参人めはかめつきの郷に置き参らすとあり、かめつき即ち神着にて、此地に置き給ひし后神佐伎多麻比咩命なるべし、今尚佐伎多麻の地名存す、当村に佐伎多麻観音あり、本社の旧地なりと云ふ、此比咩神の生みませる八王子、当村或は近地に鎮座せり。文徳紀曰、嘉祥三年六月、加伊豆国佐伎多麻比咩神従五位下。

郁岡良弼『日本地理志料』巻十三・伊豆国賀茂郡三島郷
三宅島　在神津島東八里、下田東南二十里、周凡七里半、全島峻嶮、雄山聳其中央、有火脈、田圃百三十町、有伊賀谷、神著、伊豆、坪田、阿古五邑、領戸八百二十二、口二千七百九十、産牛馬、出絲紬、大野原島属之、」按神著村、蓋事代主神始上陸之處、伊豆村、其所幽宅之處、故稱伊豆御島神邪、三宅記云、神菅與其妃定諸子所居、地名同今之五邑、」祀典所載、二十四社在海島、而其十二在本島焉、曰佐伎多麻比咩命神社、即三島神妃也、曰波夜志命神社、曰片菅命神社、曰加彌命神社、曰志理太宜神社、曰南子神社、以上在上著村、並佐伎多麻比咩所生、曰伊賀牟比賣命神社、在伊賀谷村、稱后宮、曰伊波乃比咩命神社、在坪田村、稱坪田后宮、亦三島神妃也、曰阿米都和氣命神社、在阿古村、稱總鎮守三島明神、曰久良惠命神社、在久良濱、曰氏良命神社、曰夜須命神社、在伊豆村、並佐伎多麻比咩所生、有爲朝山、是源爲朝居阯也、

足立鍬太郎『南豆神祇誌』１７〜２０頁（静岡縣賀茂郡神職會）
　既に述べた如く、白鳳年間伊豆神海島に現れてより約百五十年、天長九年に至って男女に神に分化し、深谷を塞き高巖を摧きて土地を増益し、併せて旱霖を調節するを以て其の神驗とした。蓋し富士火山帶の活動に因る爆發の威力と、其の噴出した溶岩や泥灰の爲に海中に新地を得ることが、無上の恐怖と多大の感謝を

齋したのである。加も其の爆發前に於ける火山性地震が、やがて來るべき災難を豫告警戒するを以て、居民は御神火を三嶋神と畏むと同時に、此の地震を伊古奈比咩神と稱へて感謝を表したのであらう。是れアイヌ語Ｉｋｏｎｎｕは凶事を未然に戒める義であってＩｋｏｎｎｕ－ｇｕｒｕ及びＩｋｎｎｕｐは神變を現す者であるより出たのである。但これより推して巫女と解することも出來る。（彼の三宅記の見目＝御妻を考ふべきである）。そして此の二神の本貫は三宅島であって、島の名は神明（燒）に起因し、其の雄山が三島＝神島神の體を表したものであらう。次に阿古は噴火の本場であつて、其の地名は神名Ｉｋｏの轉である。Ｂａｃｈｅｌｏｒ氏アイヌ語文典Ｔｏｉｓｈｉｋａｒｉの說明に據れば、同語に於てｉ音のａに變ずるは屢々ある例だといふ。思ふに同地澪池は女神の躰を表すもので、男神と共に此地に鎭座し給うたのを、內地に奉遷した後に、御子阿米都和氣命を祀ったのであらう。尚ついでにいはゞ、同島神著はアイヌ語Ｋａｍｕｉｓｈｙｏｔｋｉ＝火の女神の處の意で、佐伎多摩比咩命の坐す地、伊ケ谷は同語Ｅｋａｙｅｃｈｉｓｈｉ若くはＥｋａｉｃｈｉｓｈにて險しき處の意、即ち伊賀牟比賣命の坐す地である。又坪田はＴｏｐｏｃｈｉ＝水溜の複數なれば、古澪池を表するもので、伊波乃比咩命の坐す處である。そして伊古奈比咩命三宅記には天地今宮后と稱するには、阿米都和氣命の他に穗都佐和氣命といふ御子おはし、佐伎多摩比咩命には、加彌・夜須・弓良・志里太平宜・久爾惠・片菅・沒夜志・南子の八子おはすを以て、こゝに主神・嫡后・三妃・十王子の三宅神族を組織すると、承和七年上津島の噴火によりて、更に三嶋神の本后阿波命・嫡子物忌奈命といふ神出現し、しかも其の本后には五子物忌奈伊太邑和氣伊豆佐和氣外二神ありと稱し、神津・御藏・利島を連ねて神津の一神族を形成した。然るに大島三原山は三宅島雄山と交互に爆發する御神火の本場であるから、こゝにも其舊噴火口なる波浮池今は一方を決して港とするに妃波布比咩命現れ、彼の白鳳當時の神造地たる野增の阿治古・泉津の波知兩神を其の二王子として大島神族を組織する。更に又式根なる久爾都比咩命といふ妃神には、新島の多祁美加賀命と稱する武勇の神と他に一柱の王子坐し、これに對して遙かに沖島八丈島にも妃優婆夷命・王子許志伎命外四神が現れたから、こゝに一主神の下に、兩后・六妃と嫡子以外に知名十六王子他に名の傳らざるもの七神より成る三嶋大神族式二十六社總三十三柱が組織された。

足立鍬太郎『南豆神祇誌』３７～３９頁（靜岡縣賀茂郡神職會）
　延喜式卷九に載せた伊豆國神名帳は次の如くである。但所在地は萩原正平著伊豆國式社考略に私考を加へて註記す。
　　　　伊豆國九十二座　　大五座小八十七座
　　　　　賀茂郡四十六座　　大四座小四十二座
　　　　　　云々
　　　　　氏良命神社　　　　　　　　　　　　　　　　　　仝上伊豆？
　　　　　云々

靜岡縣『旧版　靜岡縣史』第三卷・７１１～７１５頁（名著出版刊）
【賀茂郡四十六座大四座小卌二座】
云々
（氏良命神社）
　原祭神は氏良命。原所在は伊豆三宅島伊豆村神山。
云々

久爾都比咩命神社

『特選神名牒』３０８～３０９頁
久爾都比咩命 稱泊大明神
　祭神　久爾都比咩命
　　今按此神は三宅記に三島大神島々に后神を置玉ふ事を記して新島に置給ふ后をばみちのくちの御門の大后とぞ申けるとみえて三島大神の后神にます事明か也さてみちのくちのクチは久爾都と音相近きを以て同神なること知られたり式社攷證に久爾都は地名より起りたる稱と聞ゆるが後に訛りて久知となり久知の御門などの稱は起りたると思はれ亦此社地は所謂泊とも御門とも云小嶼なるが奇巖左右に壁立して海は甚狹窄なるより口津の意にて久知とも久爾都とも通はし云るには非じかと云るも由あり附て後考に備ふ
　　祭日　四月八月十一月十八日
　　社格　（無格社）
　　所在　（伊豆國新島屬式根島）　新島の内式根島

度會延經『神名帳考證』（『神祇全書』第一輯）
〇久爾都比咩命神社　出雲國神魂伊豆乃賣神社、按上所所謂伊豆奈比咩同神歟、

伴信友『神名帳考證』（『伴信友全集』第一）
久爾都比咩命神社

伴信友『神名帳考』（『神道大系』古典註釋編七・延喜式神名帳註釋）
久爾都比咩命神社

鈴鹿連胤『神社覈錄』（井上賴圀・佐伯有義校訂『神社覈錄』下編）
久爾都比咩命神社
　久爾都比咩は假字也〇祭神明か也〇在所詳ならず
　　連胤按るに、伊豫國風早郡國津比古命神社あり、共に三島の裔神なるべし、

栗田寛『神祇志料』第十二巻
久爾都比咩命神社、今新島の式根島にあり、泊大明神と云。伊豆式社考證久爾都比咩命を祀る。延喜式美知能久知能御門能太后と申す、蓋三島神の后神也。三宅記

『大日本史』［九］・志一・巻二百五十五
久爾都比咩命神社、〇今在式根島、稱泊大后明神、又久知大后者、蓋是、傳言、祀久爾都比咩命、即三島神妃也、

竹村茂雄『伊豆國式社考』（『神祇全書』第四輯）
久爾都比咩命神社

萩原正平『伊豆國式社攷略』（静岡県立中央図書館所蔵）
久爾都比咩命神社
　新島式根鎭座みち能ミとの大后三宅記舊稱泊大后明神社な里と須改証註進特選今云ふみち能くちのミと登泊も共尓式根嶼の稱な里抑式根嶼は本島を離るゝ西方一里程尓あ里て素よ里棲息春る者なく唯舩舶の泊春る嶼あるのみ其嶼口の左右奇巖怪石突立横臥激浪常尓白蛇を怒らし青龍を走ら春の状あ里世間多く觀る可らざるの域と云ふ可し

萩原正平・萩原正夫『増訂豆州志稿』巻之八上・式内神社考並神階帳考緒言（長倉書店刊）
〇久爾都比賣命神社［増］新島附屬式根嶼鎭座舊稱泊大后明神社ナル可シ三宅記ニ三島大神新島ニ置給フ后ヲみちのくちのみとの大后トアルハ蓋是レナラム

萩原正平・萩原正夫『増訂豆州志稿』巻之八上・神祠一・君澤郡（長倉書店刊）
見目社［増］三島神社攝社［増］當社ハ三島大神ノ御妃六柱ヲ祭ルナル可シ其神名ハ波布比賣、久爾都比賣、優婆夷、伊賀牟比賣、伊波乃比賣、佐伎多麻比賣命ナル可クシテ三島大社々傳ニ見目六柱ト云ハ即是也（見目ノ軼内神社考緒言ニ考記ス）眞本曾我物語ニ見目御前トアリ其姫神タルヲ證ス可シ

萩原正夫『伊豆七島志』上・新島・総説（長倉書店刊）
〇總說［増］島ノ名義ヲ按ズルニ扶桑略記仁和三年ノ條ニ新生ノ島トアルハ本島ニシテ宮津河山ヨリ南方一面ノ地ニ當時噴出シタルニヨリ新島ト稱セシナラム〇三宅記ニハ島ノ色白キガ故ニ新ラシ島ト名クトアリ［増］三宅記ニ曰ク三島明神一人ノ后ヲ新島ニ置キ參ラセ「ミチノクノミ」トノ大后トゾ申ケル此御腹ニ王子二人マシヽヽキ一人ハ「ダイサムノ王子」（一本大宮王子）一人ハ「テイサムノ王子」ト申ス此王子ニ「劍ノ御子ヲ添參ラセケル云々」ト此ミチノクチノミトノ大后トアルハ久爾都比咩命ダイサムノ王子トアルハ多祁美加々命ナル可クシテ其祠宇ハ共ニ式内ニ列セラレ今ニ存在スレバ此神々コソ本島創始ノ祖ナル可ケレ〇島人傳云フ往古ダイサムノ王子ト云人此島ヲ開クト

萩原正夫『伊豆七島志』上・新島・神祠（長倉書店刊）
［増］泊途ノ口大后神社（〇泊大后明神）［増］式根嶼泊浦鎭座祭神久爾都比咩命ナル可シ［増］式内久爾都比咩命神社ナル可シ三宅記ニアリ（社域一千八百坪官有地）

菅原久高『伊豆國九十二式社祭神記』（『全國神職會々報』第二十一號）
久爾都比咩命神社　式根島 新島附屬鎭座

祭神　久爾都比咩命

吉田東伍『増補大日本地名辞書』第五巻・１０８１頁
　式根島　今新島に属す、新島の西南二海里に在りて、方一里に満たず、消火山峰ありて、其下に温泉出づ。
　　三宅記に「新島に置かせ給ふミチノクチノミトの大后」とあるは、此島の泊大后明神を云ふ、即延喜式の
　　久爾都比咩命神社とす、故に此島を一名泊島と云ふ、今人家なし。○南汎録云、式寧島、謁山神廟、穿箸
　　二百歩、出東辺、奇岩臚崎、有洞通潮汐、海際有温泉、古者式寧接新島、一歳海哨、中断為二所、謂潮穿
　　洞、当時所洗出云、島有三十一湾、々皆可漁可泊、故東風則漁西湾、西風則漁東湾、目為宝庫。
　補［式根島］○増訂豆州志稿、式内久爾都比咩命神社は新島附属式根所鎮座、旧称泊大后明神社なるべし、三
　　宅記に、三島大神新島に后を置給ふを、「みちのくちのみこの大后」とあるは、蓋是れならむ。

邨岡良弼『日本地理志料』巻十三・伊豆国賀茂郡三島郷
　新島　在利島南二里、下田東南十里許、周凡七里、有新島山、高千四百九十六尺、田圃七十八町、山林六十
　　町、有本村若郷二邑、管戸三百八十七、口二千五百五十、民業漁樵、山産牛馬、早島、地内島、鵜渡根島
　　属之、」天武十二年紀、十月己卯朔、是夕、有聲如鼓、聞于東方、有人曰、伊豆島伊豆島西北二面自然増
　　益三百餘丈、更爲一島、則如鼓音者、神造是島之響也、所以名新島也、」有多祁美加加命神社、稱大宮王
　　子、即三島神妃久爾都比咩命所生、仁和三年叙正五位下、見三代實録、

邨岡良弼『日本地理志料』巻十三・伊豆国賀茂郡三島郷
　式根島　一名泊島、在新島西南一里許、周凡三里、多出新材、祀典所云久爾都比咩命神社在此、稱曰泊大后
　　明神、即三島神妃也、

静岡県田方郡役所編『静岡県田方郡誌』５２７～５３９頁（長倉書店刊）
　　三島神社（官幣大社）　祭神　積羽八重事代主命
　三島町傳馬町に鎮座す、祭神は從來大山祇命と稱し、豫州三島より遷坐すと傳へたるは、三島の稱より附會
したりとなん、明治五年十一月十八日附を以て、當社少宮司萩原正平よりの上申により翌六年一月六日指令
ありて事代主命と確定せり。云々
城内に於ける攝社末社合せて十三社あり。
云々
２見目社（攝社）　増訂志稿に當社は三島大神の御妃六柱を祭るなるべし、其神名は波布比賣・久爾都比咩・優
　　波夷・伊賀牟比咩・伊波乃比咩・佐伎多麻比咩命なる可くして、三島大社々傳に見目六柱と云は即是也、
　　眞本曾我物語に見目御前とあり其姫神たるを証すべしとあり。

足立鍬太郎『南豆神祇誌』１７～２０頁（静岡県賀茂郡神職會）
　既に述べた如く、白鳳年間伊豆神海島に現れてより約百五十年、天長九年に至って男女二神に分化し、深
谷を塞ぎ高巌を摧きて土地を増益し、併せて早霖を調伏するを以て其の神験とした。蓋し富士火山帯の活動
に因る爆發の威力と、其の噴出した溶岩や泥灰の爲に海中に新地を得ることが、無上の恐怖と多大の感謝を
齎したのである。加も其の爆發前に於ける火山性地震が、やがて來るべき災難を豫告警戒するを以て、居民
は御神火を三嶋神と畏むと同時に、此の地震を伊古奈比咩神と稱へて感謝を表したのであらう。是れアイヌ
語Ｉｋｏｎｎｕは凶事を未然に戒める義であってＩｋｏｎｎｕ－ｇｕｒｕ及びＩｋｎｎｕｐは神變を現す者
であるより出たのである。但これより推して巫女と解することも出來る。（彼の三宅記の見目＝御妻を考ふ
べきである）。そして此の二神の本貫は三宅島であって、島の名は神明（燒）に起因し、其の雄山が三島＝
神島神の體を表したものであらう。次に阿古は噴火の本場であって、其の地名は神名Ｉｋｏの轉である。Ｂ
ａｃｈｅｌｏｒ氏アイヌ語文典Ｔｏｉｓｈｉｋａｒｉの説明に據れば、同語に於てｉ音のａに變ずるは屢々
ある例だといふ。思ふに同地澪池は女神の躰を表すもので、男神と共に此地に鎮座し給うたのを、内地に奉
遷した後に、御子阿米都和氣命を祀つたのであらう。尚ついでにいはゞ、同島神著はアイヌ語Ｋａｍｕｉｓ
ｈｙｏｔｋｉ＝火の女神の處の意で、佐伎多摩比咩命の坐す地、伊ケ谷は同語Ｅｋａｙｅｃｈｉｓｈｉ若く
はＥｋａｉｃｈｉｓｈにて險しき處の意、即ち伊賀牟比賣命の坐す地である。又坪田はＴｏｐｏｃｈｉ＝水
溜の複数なれば、古澪池を表すもので、伊波乃比賣命の坐す處である。そして伊古奈比咩命三宅記には天地今宮后と稱
するに、阿米都和氣命の他に穂都都佐和氣といふ御子おはし、佐伎多摩比咩命には、加彌・夜須・弖良・志
里太平宣・久良惠・片菅・波夜悲・南子の八子おはすを以て、こゝに主神・嫡后・三妃・嫡子・十王子の三宅神族
を組織すると、承和七年上津島の噴火によりて、更に三嶋神の本后阿波命・嫡子物忌奈命といふ神出現し、
しかも其の本后には五子物忌奈伊太豆和氣阿豆佐和氣外一神ありと稱し、神津・御蔵・利島を連ねて神津の一神族を形成した。
然るに大島三原山は三宅島雄山と交互に爆發する御神火の本場であるから、こゝにも其舊噴火口なる波浮池
今は一方を決して港とするに妃波布比咩命現れ、彼の白鳳當時の神造地たる野増の阿治古・泉津の波知兩神を其の二王子
として大島神族を組織する。更に又式根なる久爾都比咩命といふ妃神には、新島の多祁美加賀命と稱する武
勇の神と他に一柱の王子坐し、これに對して遙かに沖島八丈島にも妃優婆夷命・王子許志伎命外四神が現れたから、
こゝに一主神の下に、両后・六妃と嫡子以外に知名十六王子他に名の傳らざるもの七神より成る三嶋大神族二十六社總三十三柱が
組織された。

足立鍬太郎『南豆神祇誌』３７～３９頁（静岡県賀茂郡神職會）
　延喜式卷九に載せた伊豆國神名帳は次の如くである。但所在地は萩原正平著伊豆國式社考略に私考を加へて註記す。
　　　伊豆國九十二座　　大五座小八十七座
　　　　賀茂郡四十六座　　大四座小四十二座
　　　　　云々
　　　　久爾都比咩命神社　　　　　　　　　　　　新島式根
　　　　　云々

静岡縣『旧版 静岡縣史』第三巻・711〜715頁（名著出版刊）
【賀茂郡四十六座大四座小冊二座】
云々
（久爾都比咩命神社）
　　原祭神は久爾都比咩命。原所在は伊豆新島の内式根島。
云々

多祁伊志豆伎命神社

『特選神名牒』３０８頁
多祁伊志豆伎命神社
　　祭神
　　祭日
　　社格
　　所在
　　　今按式社攷證に神階帳從四位上たけしの明神と有り此社未定加茂郡本郷村高馬鎭座八幡社ならんか此社は豆志に竹麻神社三坐の内として云一座在本郷村高馬今八幡と稱す云々とありて所由有社と聞ゆるが舊社地は今の社後岩壁上にて舊蹟ものこりたるが伊志豆伎の稱に適ひ高馬の稱のタケシに近く通ひて開ゆる所縁あるを以て此亦同郡見高村見高明神ならむか豆志に云見高明神見祠寛文二年上梁文に云光仁天皇天應三年三島より奉遷大山祇命也未社二とみえ社記に熟考人皇四十五代聖武天皇天平五癸酉年三島大明神始興洲現所謂大山祇命也云々とある如く由ある神と聞ゆるが舊社地何の所見なしと雖此社にやと思はれ神階帳にたけしの明神とあるたけし則多祁伊志の約にて地名となりしと思はるゝにこの見高の稱の近くかよひて縁由ありげに聞ゆれば也又同郡一色村に三島明神あり村稱の一色伊志都伎に通ひて聞ゆるは據あらむも知べからず又同郡青野村三島神の妹也と然らば二社共に必式内なるべし云々と見え社傳に祭神石突命と傳へて所由ありて聞ゆれど攷べき證蹟なしと云る以上の四所何れとも決めては云がたし姑附て後考を俟つ

度會延經『神名帳考證』（『神祇全書』第一輯）
○多祁伊志豆伎命神社　建眞利根命　姓氏錄、石作○此下恐脫連字建眞利根命後、舊事紀云、建眞利根命、石作連等祖、按伊志豆伎石作也乎、弘雄按久利反切伎也

伴信友『神名帳考證』（『伴信友全集』第一）
多祁伊志豆伎命神社

伴信友『神名帳考』（『神道大系』古典註釋編七・延喜式神名帳註釋）
多祁伊志豆伎命神社

鈴鹿連胤『神社覈錄』（井上頼囶・佐伯有義校訂『神社覈錄』下編）
多祁伊志豆伎命神社
　　多祁伊志豆伎は假字也○祭神明か也○在所詳ならず

栗田寛『神祇志料』第十二巻
多祁伊志豆岐命神社

『大日本史』［九］・志一・巻二百五十五
多祁伊志豆伎命神社、○神明帳作從四位上多祁志乃明神

竹村茂雄『伊豆國式社考』（『神祇全書』第四輯）
多祁伊志豆伎命神社　茂場瀧權現

萩原正平『伊豆國式社攷略』（静岡県立中央図書館所蔵）
多祁伊志豆伎命神社
　　所在未定たけしの明神神階帳賀茂郡本郷村高馬鎭座八幡神社攷証の一説註進續攷同郡見高村見高神社攷証註進の一説同郡青野村三島神社傳攷証及註進の一説三社の内孰連ならむいまだ確証あらは連受

萩原正平・萩原正夫『増訂豆州志稿』巻之三上・町村三（長倉書店刊）
○見高村（［増］東稲取村一里十四町、西笹原村二十一町十三間二尺、南濱村二十町三十五間四尺）［増］拾六里拾五町十六間五尺（［増］四里五町十四間一尺）○税祠簿、見たかト或ハ耳高ニ依ル（［増］○寛文二年、見高神社、上梁文、川津庄、耳高村同社貞享五年ノ札、神明社、同年ノ札皆同之古檢地帳、耳高無ニトアリ文藪ノ帳ナラム、延寶六年、檢地帳見高村トス耳高ハ州ノ地ナリコヽニ用ウルニ由ナシトアルハ推測ノ説ナリ○屬里　山家或ハ七曲山家ト云［増］順行記、山家、田尻、釜崎、萬藏、宮下、赤松ノ地名ヲ載ス、物産、澤田、炭、薪、海苔、太少草、石決明、榮螺、海老、烏賊、底魚類ト今石材アリ）
　　○田額三百六拾七石八斗壹升壹合［増］反別千九拾四町八反三畝壹歩内（田三十五町九反八畝歩、畑四十三町四反五畝八歩、宅地五町一反六畝一歩、山林六百町五反四畝二十三歩、原野五百九町六反三畝二十三歩、雜種地五畝六歩）［増］地價金貳萬貳千三百八拾四圓三拾八錢［増］地租金五百五拾九圓六拾貳錢五厘［増］社七（村堂權六）寺二（併）分校一［増］戸現住貳百廿七現在貳百四拾八［増］口本籍千貳百六拾五（男六百二十一、女六百四十四）現住千貳百三拾七（男六百、女六百三十七）

萩原正平・萩原正夫『増訂豆州志稿』巻之八上・式内神社考並神階帳考緒言（長倉書店刊）
○多氣伊志豆伎命神社［増］神階帳從四位上たけしの明神［増］所在未定。賀茂郡見高村見高神社又同郡青野村三島神社等由緒アルガ如シ

萩原正平・萩原正夫『増訂豆州志稿』巻之九上・神祠三・賀茂郡（長倉書店刊）
○見高明神（見高村）［増］村社見高神社祭神不詳［増］式内多祁伊志豆伎命神社ニ當テタル一説アリ（前記）○寛文二年ノ上梁文ニ云光仁天皇天應三年三島ヨリ遷シ奉ル大山祇命也ト（［増］此ハ三島大神ヲ大山祇神ト傳ヘタルヨリ謬レル也。舊記ニ云三島大明神實龜十年從奥州現來三島故其類族處々多殊耳高明神者靈威感應難思議鎭座以來此郷ノ宗廟而守護萬民云々ト古來當社祭日ニ牛ノ舌形ノ粢ヲ神前ニ供ヘヶ氏子ニ配附ス田方郡田京深澤神社ニモ此例アリ蓋據アル事ナラム俗傳ノ説アレ共附會ナリトス）［増］境内社七（琴平、天王、天神、稲荷、淡島、厄神、亞神［増］三百六十四坪官ー）

萩原正平・萩原正夫『増訂豆州志稿』巻之九上・神祠三・賀茂郡（長倉書店刊）
竹麻神社（［増］舊稱八幡）［増］神階帳正五位上たふたまつとの明神ナル可シ（前記）社地ヲ高馬ト云高馬ハたふたまノ

轉訛ナラム又つとハ津門ノ意ニシテ往昔此邊マデ海灣ナル可レバ實蹟ニ適セル神稱也（當村ニ神階帳所載ニ社アルハ此地豆南ノ公衙アリシヨリ中世特ニ叙位アリシナラム）原書當社ヲ式内竹麻神社三座ノ一ニ當テタルハ非也（前記）社號蓋此説ニ因リテ改稱セルナラム（又式社考證ノ一説ニ當社ヲ多祁伊志豆岐命神社ニ當テタル共從と難シ）初社背、山上ニ鎮座ス〇延寶五年ノ上梁文ニ云大寶中行基菩薩來此境有巖鏡奇瑞號八幡大菩薩ト（〇末社四、稲荷、山神、愛宕、摩利志天［増］百六十六坪官一）

萩原正平・萩原正夫『増訂豆州志稿』巻之九上・神祠三・賀茂郡（長倉書店刊）
〇三島明神（青野村）［増］村社三島神社祭神二座神名不詳、［増］式内多祁伊志豆伎命神社ニ當テタル一説アリ（前記）
〇兩扉二座也寛文三年ヨリ安政中迄ノ札皆仁科荘栗生野村トアリ（［増］七百九十三坪官一）

菅原久高『伊豆國九十二式社祭神記』（『全國神職會々報』第二十一號）
多祁伊志豆伎命神社　所在詳らかならず
　　祭神　多祁伊志豆伎命

吉田東伍『増補大日本地名辞書』第五巻・１０７５頁
沢田　今笹原、田中、見高、峰、谷津などと合せ、下河津村と云ふ。谷津の立岩、石田の二湯は塩類泉、温百四十度許、沢田は伊豆石の一産地とす、見高は谷津の北半里、人家多く、小港舋あり。〇増訂志稿云、河津の笹原に式内佐々原神社あり、沢田には林際寺あり、此寺に正長三年足利持氏の文書、河津林際寺と記せるもの以下、古簡数通あり。
補［沢田］〇地学雑誌、凝灰岩は耐火質のもの多く、且其組織色沢の良好なるものは、其装飾石材として用ひ得可し、即ち静岡県沢田石の如き是なり。
補［谷津］〇増訂豆州志稿、谷津村に鉱泉あり。其一、立岩鉱泉、眼疾瘡類に効あり。其二、石田鉱泉、立岩の東にあり。見高村の見高神社は式内多祁伊志豆伎命を祭るならむ。

賀茂郡役所編『静岡県南豆風土誌』２９３〜２９４頁（長倉書店刊）
云々、今賀茂郡四十六座の内より海島鎮座二十四座を減じ、又那賀郡二十二座の内より土肥以北井田に至る八座を除く時は、今日の賀茂郡は正に三十六座の式内社を算すべきなり。然れども伊豆三島神社は、上古鎮座の本域、賀茂郡三島 和名抄所載郷名、即海島の總稱にして、其の本島は今の三宅島なり。なりしが、中世同郡大社郷 和名抄所載。今の白濱村伊古奈比咩命神社の地なり。に遷座し、後又今の田方郡三島町に遷祀せられたりと云ふ（伊豆國社攷略）を以て、更に大神の一座を除きて、茲に三十五座を得と謂ふべし。今左に増訂豆州志稿巻八上によりて之を擧げむ。同書に云はく、式内社を記すに「也」といふは疑ひなきもの、「なるべし」といふは略證蹟あるもの、「ならむ乎」といふは、信疑相半するものに用ふと。
　　云々
　　多祁伊志豆伎命神社　所在未定。同郡見高村（今下河津村）見高神社、青野村（今南上村）三島神社等由緒あるが如し。

賀茂郡役所編『静岡県南豆風土誌』５７１頁・下河津村（長倉書店刊）
見高神社　見高－村社－祭神、（式内）多祁伊志豆伎命〇天平五年創建せりと云ふ。

足立鍬太郎『南豆神祇誌』３７〜３９頁（静岡縣賀茂郡神職會）
　延喜式巻九に載せた伊豆國神名帳は次の如くである。但所在地は萩原正平著伊豆國式社考略に私考を加へて註記す。
　　　伊豆國九十二座　　大五座小八十七座
　　　　賀茂郡四十六座　　大四座小四十二座
　　　　　云々
　　　　　多祁伊志豆伎命神社　　　　　　　　下河津村見高？
　　　　　云々

足立鍬太郎『南豆神祇誌』７５〜８１頁（静岡縣賀茂郡神職會）
　伊豆國神階帳は、群書類從二三に、康永二年辛亥（興國四年）十二月廿五日在廳判の奥書あるものを、在廳伊達某藏本から寫して収めてある。伊達家に現藏するものは鳥子紙二枚續にて後世の寫本である即ち尾張より二十年許前のものである。在廳とは、中古國衙の廳にあり、國司の命を奉じて事務を行ふ下司であったが、多くは世職だから其の稱呼を傳へて居たのだ。先づ左に其の全文を掲げよう。
伊豆國神階帳　式社の配當は萩原正平の意見に據る
　　伊豆國三ケ郡神明帳事
　　正一位三島大明神
　　　云々
　　　那賀郡貳拾四所
　　　云々
　　　賀茂郡三十七所
　　　云々
　　　從四位上たけしの明神　　多祁伊志豆伎命神社
　　　云々

足立鍬太郎『南豆神祇誌』１５９〜１６２頁（静岡縣賀茂郡神職會）
　　　　第十八章　下河津村
云々
見高神社
　所在　見高字川上
　創立　天平五年と稱す。
　祭神　多祁伊志豆伎命
　社格　村社　式内？　　供進

境内　三六四坪　官一
　　見高又耳高はアイヌ語Ｍｉｎｄａｒａ＝庭・牧塲・塵捨塲であらう。本社の附近小學校敷地内に於て、近く發見した石器時代の祭壇？は研究すべきものである。又祭禮に牛の舌餅といふものを製する例がある。

静岡縣『旧版 静岡縣史』第三巻・７１１～７１５頁（名著出版刊）
【賀茂郡四十六座大四座小卌二座】
云々
（多祁伊志豆伎命神社）
　　原祭神は多祁伊志豆伎命。原所在は賀茂郡下河津村見高字川上か。現在社は同所の見高神社か。
云々

静岡県郷土研究協会『静岡県郷土研究協会』第三篇（日本仏書センター刊）
村社　見髙神社
　　　　賀茂郡下河津村見髙字川上鎮座
云々
　　祭神　多祁伊志豆岐命
　　例祭日　十月二十三日
　　由緒　社記には第四十五代聖武天皇天平五癸酉年三島大明神始興洲現所謂大山祇命也云々と、伊豆志に見髙明神見社寛文二年光仁天皇天応三年三島より奉遷大山祇命也、末社二、見ゆとある如く、創建古く、延喜式神名帳賀茂郡多祁伊志豆岐命神社とあり、神階帳従四位上たけしの明神とあるに相当すると称す。本村は本村は元見髙の地名なり、たけし即ち多祁伊志の約にて地名となりしと思わるゝに、この見髙の称も近く通いて縁由ありげに聞ゆと特選神名牒に見ゆ。明治六年九月村社に列格し、明治四十六月二十一日神饌幣帛料供進社に指定せらる。
　　社殿　後西天皇寛文元年春、大火に罹りて社殿焼失、同四年再建、寛文二年の棟札には耳高明神と記載あり、光格天皇文化四年改築、光明天皇安政三年八月暴風雨のため損傷損傷、同五年三月上屋及び本殿共に落成以て今日に至る。
云々

伊波乃比咩命神社

『特選神名牒』３０９頁
伊波乃比咩命神社
　祭神　伊波乃比咩_{坪田后}
　　今按此神は三宅記に嫡女をば伊豆郷にいがいと云處に置まいらせ給ふ云々次の后をばつほたの郷に置給ふ云々三人めはかめつきの郷に置給ふとみえたるつほたの后即伊波乃比咩命なるべし其は式社攷證にいがいの后は伊賀牟比賣命に坐かめつきの后は佐伎多麻比咩命に坐こと明かなるが坪田后の式に漏べき謂れ無く決めて伊波乃比咩命なるべく思はるゝに付て島々諸社を點撿するに此比咩命の坪田后より外に思合べき社なく此神今は二宮と云に合祀てあれど舊社地は今の致り二十町許村北神戸と云處の石室也と聞ゆるが此石室に鎭座せるより伊波乃比咩命と稱へ奉ることと思はると云る由縁ありて聞ゆれば此説可也而るを伊豆志に當郡雲見村に淺間祠あり御嶽山の巓にます式社なりと云傳ふ磐長姫を祀る故に此山にて駿州淺間のことを云ことを忌妹開耶姫と隙あるが故なりと云るによりて玉欅に伊波乃比咩命神社の祭神を磐長姫と定め云るは誤りなること上に云る説にて辨ふべし
　祭日
　社格　（村社）
　所在　（伊豆國三宅島坪田村字小倉山）　三宅島坪田村

度會延經『神名帳考證』（『神祇全書』第一輯）
○伊波乃比咩命神社　大山祇女石長比咩命、按乃奥奈言通　播磨國伊和都比賣神社、古事記、鳥之石楠船神、祝詞式、屋船豊宇氣姫命、

伴信友『神名帳考證』（『伴信友全集』第一）
伊波乃比咩命神社
［文實］嘉祥二年十月壬子伊豆國石奈比咩命神授從五位上○仁德ノ大后ニ石ノ姫アリ［志］當郡雲見村ニ淺間ノ祠アリ御嶽山ノ巓ニ在ス式社也ト云ヒ傳フ磐長姫ヲ祀ル故ニ此山ニテ駿州淺間ノ事ヲ言コトヲ諱ム磐長姫ソノ妹開耶姫ト隙アルガユヱ也又六月朔日ヨリ齋戒シテ山ヘ上リ拜ス_{伊豆納符ニモ出}禰宜高橋氏ナリ○信友按國人云當國雲見村ニ雲見神社アリ石長姫ヲ祭ル古社ニテ神威甚荒ク坐セリ此地ニテ富士山ノコトヲ言ヘバ神ノイタク怒リテアラビ玉フトテ其言ヲ愼メル也ト云ヘリコハ富士山ニ木花開耶姫鎭座スニヨリテ彼上古ノ御妬ノ御意ノ今ニ坐ス故ナルベシ豆州志ニ當村四方峯巒周遭テ唯仰テ雲ヲ見ル故ニ雲見トス云○_{國人藤井昌幸云志ニカクハイヘレドコヨリ富士山ヲ見ルコト手ニトルガ如シ又此社ノ山ノツバキ山ノ川上ニ藤生スゝトヘドモ山ノスソニハ藤アリ}サテ伊波乃比咩命神社則コノ雲見ノ社ニテ石長姫ノ御事ナルベシサラバ伊波奈比咩ト申スヲ伊波乃ヒメトモ申セル也長ヲ奈ト云ヘルハ科長津彦ノ類ニテ例アリサテソノ奈ト乃ト通ハセテ云フハイト例多キコト也此説正シカラバ石長姫ヲイハナヒメト稱シタル證トモスベシナホ考ベシ下ニ伊波比咩命神社トアルモ同神ノ社ナガラ既ニイハノノ乃ヲテニヲハノ之ノ義トシテ字ヲ省ケル歟又乃ノ脱タル歟ユヘアルベシ當郡長鶴村いろを權現ハ石長姫ヲ祭ルト云ヘリト國人藤井昌幸イヘリ

伴信友『神名帳考』（『神道大系』古典註釋編七・延喜式神名帳註釋）
伊波乃比咩命神社
○アツ云、文德實錄、嘉祥二［三］年十月壬子、伊豆國石［伊古］奈比咩命神授從五位上、△志ニ、當郡雲見村ニ淺間ノ祠アリ、御嶽山ノ巓ニ坐ス、式社也トムヒ傳フ、磐長姫ヲ祀ル故ニ、此山ニテ駿州淺間ノ事ヲ諱ム、磐長姫、ソノ妹開耶姫ト隙アルカ故也、又六月朔日ヨリ齋戒シテ、山ヘ上リ拜ス、_{伊豆納符ニモ出}、禰宜高橋氏ナリ、○信友按、國人云、當郡雲見村ニ雲見神社アリ、石長姫ヲ祭ル古社ニテ、神威甚荒ク坐セリ、此地ニシテ富士山ノ事ヲ言ヘバ、神ノイタク怒リテ、アラビ玉フトテ、其言ヲ愼メル也ト云ヘリ、コハ富士山ニ、木花開耶姫鎭座スニヨリテ、彼上古ノ御妬ノ御意ノ、今ニ坐ス故ナルベシ、豆州志ニ、當村四方峯巒周遭テ、唯仰デ雲ヲ見ル故ニ雲見トフト云ヘリ、○_{昌幸云、當村四方峯巒周云ナレドモ、富士山ヲ見ル事手ニトルカ如シ、又云、此社ノ山ツバキノ山山上ニ藤ハエヌナリ、サレド、山スソニハ藤アリ}、「コレニよ依リテ思フニ、當國ヨリ富士峯ノ見エル所、コヽカシコ多キ由ナレハ、カノ峯ノ見エヌ地ニ鎭リ坐セ奉リシニモヤアラン、サテ伊波乃比咩命神社、則此雲見ノ社ニテ、石長姫ノ御事ナルベシ、サラハ伊波奈比咩ト申スヲ、伊波乃姫トモ申セル也、長ヲ奈ト乃ト通ハセ云フハ、イト例多キ事也、此説正カラバ、石長ヒメヲイハナヒメト稱シタル證トモスベシ、ナホ考ベシ、下ニ伊波比咩命神社トアルモ同神ノ社ナガラ、既ニイハノノ乃ヲ、テニヲハノ之ノ義トシテ、ジヲ省ケル歟、又乃ノ脱タル歟、ユエアルベシ、○信友云、當郡長鶴村いろを權現、石長姫ヲ祭ルト云ヘリト、昌幸云ヘリ、

鈴鹿連胤『神社覈錄』（井上賴圀・佐伯有義校訂『神社覈錄』下編）
伊波乃比咩命神社
　伊波乃比咩は假字也○祭神明か也○雲見村御嶽山巳巓に在す、今淺間社と稱す、_志例祭　月　日
　　伊豆志に、磐長姫ヲ祀ル故ニ、此山ニテ駿州淺間ノ事ヲ言フ事ヲ諱ム、磐長姫ソノ妹開耶姫ト隙アルガ故也、又六月朔日ヨリ齋戒シテ山ヘ上リ拜ス、_{伊豆納符ニモ出ヅ}○伴信友云、按國人云、當郡雲見村ニ雲見村ニ雲見神社アリ、石長姫ヲ祀ル、古社ニテ神威甚荒ク坐セリ、此地ニシテ富士山ノ事ヲ言ヘバ、神ノイタク怒リテアラビ玉フトテ其言ヲ愼メル也ト云リ、コハ富士山ニ木花開耶姫鎭座スニヨリテ、彼上古ノ御妬ノ御意ノ今ニ坐ス故ナルベシ、豆州志ニ、當村四方峯巒周遭テ、唯仰テ雲ヲ見ル故ニ雲見トフト云ヘリ、此ニ依テ思フニ、當國ヨリ富士峯ノ見ユル所、コヽカシコ多キ由ナレバ、カノ峯ノ見エヌ地ニ鎭リ坐セ奉リシニモヤアラン、サテ伊波乃比咩命神社則此雲見社ニテ、石長姫ノ御事ナルベシ、サラバ伊波奈比咩ト申スヲ伊波乃姫トモ申セル也、長ヲ奈ト云ヘルハ、級長津彦ノ類ニテ例アリ、サテ其奈ト乃ト通ハセ云フハ、イト例多キ事也、此説正シカラバ石長ヒメヲイハナヒメト稱シタル證トモスベシ、猶考フベシ、下ニ伊波比咩命神社トアルモ同神ノ社ナガラ、既ニイハノヽ乃ヲ、テニヲハノ之ノ義トシテ字ヲ省ケル歟、又乃ノ脱タル歟、ユエアルベシ、又云、昌幸云、當郡長鶴村いろを權現ハ石長姫ヲ祭ルト云ヘリ、
　神位
　　文德實錄、嘉祥三年十月壬子、伊豆國石奈比咩命神授從五從下、

栗田寛『神祇志料』第十二巻
伊波乃比咩命神社、今三宅島坪田村にあり。伊豆式社考證伊波乃比咩命を祀る。延喜式此神は三島神の次の后神也。三宅記

『大日本史』［九］・志一・巻二百五十五
伊波乃比咩命神社、〇今在三宅島坪田村、旧坪田后、蓋此、傳言、祀三島神妃、三宅記

竹村茂雄『伊豆國式社考』（『神祇全書』第四輯）
伊波乃比咩命神社　茂場と峰村の境に辨天岩あり、神階帳にいわよひめあり、

徳川義直『神祇寶典』巻五・伊豆（『神祇全書』第貳輯）
伊波乃比咩命神社
　大山祇之長女磐長姫也、
　日本紀云、大山祇神乃使二女姉磐長姫、弟日木花開耶姫、持百机飲奉進、時皇孫天津彦火瓊々杵尊謂姉爲醜不御而罷、妹有國色引而幸之、故磐長姫大慙而詛之曰、假使天孫不斥妾而御者、生兒永壽有如盤石之常存、今既不然、唯弟獨見御、故其生兒必如木華之移落、一云、磐長姫耻恨而唾泣之曰、顯見蒼生者、如木花之俄遷轉當衰去矣、此世人短折之縁也、
　舊事紀云、父大山祇神白送言、我女二並立奉由者、使磐長姫者、天神御子之命、雖雪雨零風吹、恒如盤石而常石堅石不動坐、亦使木花之榮榮坐、誓約貢進、而返磐長姫、獨留木花之開姫、故天神御子壽命者、木花之阿摩比能微坐、故是以至于今、天皇命等之御命不長矣、

萩原正平『伊豆國式社攷略』（静岡県立中央図書館所蔵）
伊波乃比咩命神社
　三宅島坪田村鎭座つぼたの后三宅記今稱二宮神社三坐ノ一坐な類遍し攷証詳進特運ヲ云ふ同村字神戸能岩屋觀音のある所舊社蹟なる可く思ふ由ありて攷証ヲ記し置き里果して然らは既く侵奪ㇾ係連願ずるふまでも非ず又平田翁の説ㇾ内地賀茂郡雲見村淺間神社ㇾ當テた連とかの社は全く磐長姫命を祀連る舊社ㇾて同神ㇾ非ず此は別ㇾ記せるものあれば就て知累可し

萩原正平・萩原正夫『増訂豆州志稿』巻之八上・式内神社考並神階帳考緒言（長倉書店刊）
〇伊波乃比賣命神社［増］三宅島坪田村二宮神社三座ノ一座ナル可シ舊社地ハ字神戸ノ石室ナラムモ知ル可ラズ三宅記ニ次ノ后ヲバつぼたの郷ニ置給フトアル即此比賣神ナル可シ一説（古史傳玉襷ノ説）ニ賀茂郡雲見村淺間神社ニ當テタルハ適當ナラズ

萩原正平・萩原正夫『増訂豆州志稿』巻之八上・神祠一・君澤郡（長倉書店刊）
見目社［三島神社攝社］［増］當社ハ三島大神ノ御妃六柱ヲ祭ルナル可シ其神名ハ波布比賣、久爾都比賣、優婆夷、伊賀牟比賣、伊波乃比賣、佐伎多麻比賣命ナル可クシテ三島大社々傳ニ見目六柱ト云ハ即是也（見目ノ事式内神社考緒言ニ考記ス）眞本曾我物語ニ見目御前トアリ其姫神タルヲ證ス可シ

萩原正平・萩原正夫『増訂豆州志稿』巻之九上・神祠三・賀茂郡（長倉書店刊）
〇淺間（雲見村）［増］郷社（兼村社）淺間神社〇磐長姫ヲ祀ル［増］神階帳從四位上石戸に明神ナル可シ（前記）當村海中ニ淺間門ト呼ベル石門アリ（町村部職帳部ニ詳記ス）石戸ノ稱蓋シ此石門ヨリ起リ又此石門ヲ當社ノ祠門ニ形トリ淺間ノ稱ヲ負セシナラム當社ハ磐長姫命上古ヨリ鎭座ノ本域ナル可シ（當社ノ式ニ漏レタルノ億フニ故アル事ナラム曾得セル説アレバ別ニ考記ス）古史傳、玉手襷等ニ當社ヲ式内賀茂郡伊波乃比咩命神社ニ當テタレド此地往昔那賀郡ニ屬スレバ其謬レル者必セリ（和名鈔ニ那賀郡石火郷ヲ載スノ石礫村是也神名ニ那賀郡式伊志夫神社ヲ載ス此社今石部村ニ在リ雲見ハ即石部ノ隣地ニシテ往昔石火郷内ナレバ賀茂郡ニ非ル事論ナキノミ）且磐長姫命ハ伊波乃比咩命ト同神ニ非ズ又一説ニ那賀郡式内石倉命神社ニ當テタレド亦非也舊祠颶風ノ爲ニ海没セリ因テ明三年現地ニ遷シテ再建ス舊地ヲ距ル五十間〇御嶽山（［増］赤淺間山ト云全山峻峭にして頂上平坦凡十五歩許即之ヲ神城ト爲ス山嶽部參觀）ノ巓ニアリ式社也ト傳フ六月朔日ヨリ諸人齋戒シテ登山ス此山ニテ駿州富士淺間ノ事ヲ談ズルヲ諱ム（伊豆緇符補宜高橋氏、上ノ山城主丹波守ノ後孫也）［増］明治十二年郷社ニ列セラル（［増］三百六十五坪官一）

萩原正夫『伊豆七島志』上・三宅島・神祠（長倉書店刊）
［増］二宮神社（〇二宮明神）［増］坪田村小倉山鎭座祭神伊波乃比咩命ナル可シ相殿二王子（社域二千六百九十坪官有地一種増訂豆州志稿ニ詳記ス二九五頁）

菅原久高『伊豆國九十二式社祭神記』（『全國神職會々報』第二十一號）
伊波乃比咩命神社　三宅島坪田村鎭座
　祭神　伊波乃比咩命

吉田東伍『増補大日本地名辞書』第五巻・１０８３頁
伊賀谷　島の西岸にして、其小港を大船戸と呼び、温泉あり、阿古村と相隣接す。延喜式、伊賀牟比売命神社あり、後明神と称す、三宅記に「此后を伊豆郷いかいと云所に置まらす」と云ひたり、阿古村には阿米都和気命神社あり。〇増訂志稿云、三宅島にて古来神事の時の詞に「一大社、あめつち今宮、今后」と云ふ、一とは三島大神にて、今宮は阿米都和気命なり、文徳紀、嘉祥三年、此神并に佐支多麻姫授位の事見え、式内に列す、今も一島の総社とす。
補［伊賀牟比売神］〇増訂豆州志稿、式内伊賀牟比売神社は三宅島伊賀谷村、旧称后明神也。三宅記、三島大神三柱の后神を置賜る項に、嫡女とは伊豆郷いがい云ふ所に置まらすと見え、古き祭文・神楽歌等に伊賀谷の后とあり、〇阿米都和気神社［重出］阿古村富賀神社なるべし、古来神事の時神名を唱ふる例あり、曰く「一大社あめつち今宮、今后」と。大社三島大神あり、あめつち今宮は阿米都和気命にして、伊古奈比咩命の王子なるべし、今后は当后の意にて、伊古奈比咩命なり、文徳紀曰、嘉祥三年六月伊豆国阿米都

和気命授従五位下、仁寿二年十二月加従五位上、斉衡元年六月加正五位上と。
○波夜志命神社[同]同じく式内なり、神着村風早山鎮座、旧称はうす明神社なるべし。三宅記に「へむずのみこ」とあるは、はうすの訛れるにて、はうすは波夜志の転ぜしならむ。
○加弥命神社[同]神着村かみいの杜鎮座、旧称二之宮なる可し。三宅記に「二をばかね」とあり、即ち第二の王子なれば、二之宮の称に適へり。加弥は加禰の誤ならむも知るべからず。
○夜須命神社[同]所在未定、是亦八王子の一にして、三宅記に「三をばやすと云ふ」とあれば、三宅島鎮座なること疑なし。
○弖良明神社[同]同島伊豆村神山鎮座、旧称ていの社ならむか。三宅記に「四をばてらい（一本てい）」とありて、八王子の内なれば、本島鎮座なる事は論なし。
○志理太宜命神社[同]神着村、旧称しいとり明神社なるべし。三宅記に「五をばしたひ」とある是なり。
○久良恵命神社[同]久良浜、旧称久良浜明神社なるべし。八王子の一にして、三宅記に「六をばくらひ」とある是なり。
○片菅命神社[同]御笏神社境内、旧称かつその社なるべし。此神佐伎多麻比咩命の八王子の内にして、三宅記に「七をばかたすげ」とある是なり。
○伊波乃比咩命神社[同]三宅島坪田村、二宮神社三座の一座なるべし。旧社地は字神戸の石室ならむも知る可からず。三宅記に「次の后をばつぼたの郷に置給ふ」とある即ち此比咩神なる可し。
○南子神社[同]同村南子山ちんざ、三宅記に彼八王子の事を誌して「一人をばなご」とある是なり。
三宅島は上古三島大神鎮座の本域にして、其后神御子神式に所載十二座の多きに至る。

吉田東伍『増補大日本地名辞書』第五巻・１０８４頁
坪田　島の南岸とす。式内、伊波乃比咩命神社は、坪田村の二宮三座の一にして、其旧宮は村内なる神戸の石室なるべしと云ふ。三宅記に「次の后をばつぼたの郷に置給ふ」とあるにあたる。

郷岡良弼『日本地理志料』巻十三・伊豆国賀茂郡三島郷
三宅島　在神津島東八里、下田東南二十里、周凡七里半、全島峻嶮、雄山聳其中央、有火脈、田圃百三十町、有伊賀谷、神著、伊豆、坪田、阿古五邑、領戸八百二十二、口二千七百九十、産牛馬、出絲紬、大野原島屬之、」按神著村、蓋事代主神始上陸之處、伊豆村、其所幽宅之處、故稱伊豆御島神邪、三宅記云、神菅與其妃定諸子所居、地名同今之五邑、」祀典所載、二十四社在海島、而其十二在本島焉、曰佐伎多麻比咩命神社、即三島神妃也、曰波夜志命神社、曰片菅命神社、曰加彌命神社、曰志理太宜命神社、曰南子神社、以上在神著村、並佐伎多麻比咩所生、曰伊賀牟比賣命神社、在伊賀谷村、稱后宮、曰伊波乃比咩命神社、在坪田村、稱坪田后宮、亦三島神妃也、曰阿米都和氣神社、在阿古村、稱總鎮守三島明神、曰久良惠命神社、在久良濱、曰氏良命神社、曰夜須命神社、在伊豆村、並佐伎多麻比咩所生、有爲朝山、是源爲朝居阯也、

静岡県田方郡役所編『静岡県田方郡誌』５２７～５３９頁（長倉書店刊）
　　三島神社（官幣大社）　祭神　積羽八重事代主命
三島町傳馬町に鎮座す、祭神は從來大山祇命と稱し、豫州三島より遷坐すと傳へたるは、三島の稱より附會したりとなん、明治五年十一月十八日附を以て、當社少宮司萩原正平よりの上申により翌六年一月六日指令ありて事代主命と確定せり。云々
城内に於ける攝社末社合せて十三社あり。
云々
２見目社（攝社）　増訂志稿に當社は三島大神の御妃六柱を祭るなるべし、其神名は波布比賣・久爾都比咩・優波夷・伊賀牟比咩・伊波乃比咩・佐伎多麻比咩命なる可くして、三島大社々傳に見目六柱と云は即是也、眞本曾我物語に見目御前とあり其姫神たるを証すべしとあり。

足立鍬太郎『南豆神祇誌』１７～２０頁（静岡縣賀茂郡神職會）
　既に述べた如く、白鳳年間伊豆神海島に現れてより約百五十年、天長九年に至って男女に神に分化し、深谷を塞き高巖を摧きて土地を増益し、併せて旱霖を調節するを以て其の神驗とした。蓋し富士火山帶の活動に因る爆發の威力と、其の噴出した溶岩や泥灰の爲に海中に新地を得ることが、無上の恐怖と多大の感謝を齎したのである。加も其の爆發前に於ける火山性地震が、やがて來るべき災難を豫告警戒するを以て、居民は御神火を三嶋神と畏むと同時に、此の地震を伊古奈比咩神と稱へて感謝を表したのであらう。是れアイヌ語Ｉｋｏｎｎｕは凶事を未然に戒める義であってＩｋｏｎｎｕ－ｇｕｒｕ及びＩｋｎｎｕｐは神變を現す者であるより出たのである。但これより推して巫女と解することも出來る。（彼の三宅記の見目＝御妻を考ふべきである）。そして此の二神の本貫は三宅島であって、島の名は神明（燒）に起因し、其の雄山が三島＝神島神の體を表したものであらう。次に阿古は噴火の本場であって、其の地名は神名Ｉｋｏのヽである。Ｂａｃｈｅｌｏｒ氏アイヌ語文典Ｔｏｉｓｈｉｋａｒｉの説明に據れば、同語に於てｉ音のａに變ずるは屢々ある例だといふ。思ふに同地澪池は女神の躰を表すもので、男神と共に此地に鎮座し給うたのを、内地に奉遷した後に、御子阿米都和氣命を祀ったのであらう。尚ついでにいはゞ、同島神著はアイヌ語Ｋａｍｕｉｓｈｙｏｔｋｉ＝火の女神の處の意で、佐伎多摩比咩命の坐す地、伊ケ谷は同語Ｅｋａｙｅｃｈｉｓｈｉ若くはＥｋａｉｃｈｉｓｈにて險しき處の意、即ち伊賀牟比賣命の坐す地である。又坪田はＴｏｐｏｃｈｉ＝水溜の複數なれば、古澪池を表するもので、伊波乃比咩命の坐す處である。そして伊古奈比咩命三宅記には天地今宮后と稱するには、阿米都和氣命の他に穗都佐和氣命といふ御子おはし、佐伎多摩比咩命には、加彌・夜須・弖良・志里太平宜・久良惠・片菅・波夜志・南子の八子おはすを以て、こゝに主神・嫡后・三妃・十王子の三宅神族を組織すると、承和七年上津島の噴火によりて、更に三嶋神の本后阿波命・嫡子物忌奈命といふ神出現し、しかも其本后には五子物忌奈伊太氐和氣命伊佐和氣本ノ神ありと稱し、神津・御藏・利島を連ねて神津の一神族を形成した。然るに大島三原山は三宅島雄山と交互に爆發する御神火の本場であるから、こゝに其舊噴火口なる波浮池 今は一方を決して港とするに 妃波布比咩命現れ、彼の白鳳當時の神造地たる野増の阿治古・泉津の波知兩神を其の二王子として大島神族を組織する。更に又式根なる久爾都比咩命といふ妃神には、新島の多祁美加賀命と稱する武

—158—

勇の神と他に一柱の王子坐し、これに對して遙かに沖島八丈島にも妃優婆夷命・王子許志伎命外四神が現れたから、こゝに一主神の下に、両后・六妃と嫡子以外に知名十六王子他に名の傳らざるもの七神より成る三嶋大神族式二十六社總三十三柱が組織された。

足立鍬太郎『南豆神祇誌』３７～４０頁（静岡縣賀茂郡神職會）
　延喜式卷九に載せた伊豆國神名帳は次の如くである。　但所在地は萩原正平著伊豆國式社考略に私考を加へて註記す。
　　　　伊豆國九十二座　大五座小八十七座
　　　　　賀茂郡四十六座　大四座小四十二座
　　　　　　云々
　　　　　伊波乃比咩命神社　　　　　　　　　　　三宅島坪田
　　　　　　云々

静岡縣『旧版　静岡縣史』第三巻・７１１～７１６頁（名著出版刊）
【賀茂郡四十六座 大四座小卌二座】
云々
（伊波乃比咩神社）
　原祭神は伊波乃比咩命。原所在は伊豆三宅島坪田村小倉山。
云々

静岡県郷土研究協会『静岡県神社志』（日本仏書センター刊）
郷社　浅間神社　磐長姫命
　　　　　　賀茂郡岩科村雲見字雲見ヶ嶽鎮座
云々
　　祭神　磐長姫命
　　例祭日　七月十六日
　由緒　本社祭神は富士浅間神社御祭神 木花開耶姫命 の姉君にまして、人命長寿を司らせ給う故に近郷崇敬の中心をなす。明治十六年郷社に列す。御鎮座の由来創建等は不詳、当初嶽上に鎮座せし社殿は暴風雨のため海中に落され書類も共に失われて旧記を知るに由ないが、明暦三年現地に再建すと云う。延喜式神名帳賀茂郡伊波乃比咩命神社なりと伝う。南豆神祇志にはもと伊豆最西端雲見岬上海抜五百三十尺の烏帽子山を祭ったのを、後に磐長姫命に擬当した、是は天気常に富士山と晴雲を異にするというより、木花開耶姫命に対して、その姉君を祀ったのであろうと記されたが確証はない。又嘗てこの神社の神鏡であったろうと考えられる鴛鴦五花鏡（藤原後期）外八面（鎌倉室町）は宝永七年神明松の焼失した跡より掘得たもので、今神明神社として祭られてある。明治七年村社に列し、同十二年七月郷社に昇格し、明治四十年六月二十一日神饌幣帛料供進社に指定せらる。
云々

杉桙別命神社

『特選神名牒』３０９～３１０頁
杉桙別命神社
　祭神　杉桙別命
　　今按この神を五十猛命と云説あるは木宮と云よりの謬なるべし式社考證に木野と云は地名にして古く社
　　邊を木野とも云たる由物に見えたれば木野明神と唱へ遂に木宮と唱ふる事となりたるなれば只杉桙別命
　　ほこわけの明神と云神と心得て妨あるべからずと云る穩か也思ふにこも三島神の御子なるべし
　祭日
　社格　郷社
　所在　（賀茂郡下河津村大字田中）
　　今按豆州志に八幡村木宮明神大見十六村の惣鎭守也相傳ふ式内杉桙別命也と正保二年の札に云貞和年藤
　　原朝臣祐義公新に宮殿造立又云田中村來宮明神あり五十猛命を祀る或云杉桙別命也と川津十七村の惣鎭
　　守也云々伴信友云この正保の札によるに貞和年中の新建にて田中村の來宮を遷せるなるべし式社考證に
　　も田中村鎭座木野明神是也社記にほこわけの明神とみえて古老は然稱へたる由なるが神階帳に從四位上
　　ほこわけの明神と有に符号すと云り故今之に從ふ

度會延經『神名帳考證』（『神祇全書』第一輯）
○杉桙別命神社　大己貴命　姓氏録、天御中主命十一世孫天御桙命、出雲風土記云、須佐能乎命御子衝桙等
乎而留比古命、按大己貴神別名歟、

伴信友『神名帳考證』（『伴信友全集』第一）
杉桙別命神社
杉古本作枌○[出雲風土記]須佐能乎命ノ御子衝桙等乎而留比古命[志]當郡田中村ニ來宮明神アリ五十猛命ヲ
祀ル或云杉桙別命也ト川津十七村ノ總鎭守也慶長ノ札ニ木野大明神トアリ祠傍ノ古樟樹十三抱許又謄八ノ大
樹二株アリ末社ニ小鳥ト云フアリ當社ノ名[伊豆納符]ニモ出タリ又當郡佐々原比咩神社ノ坐ス篠原村ニ蔭山
明神アリ衣冠ノ古神像アリ慶安ノ札ニ當諸鎭守木宮大明神部類眷屬百廿社内也トアリ今蔭山勘解由ヲ祀ルト
云後世配祀スルニヤトアリ今参考ノ爲ニアツメテ記ス又同郡八幡ハツマ村ニ木宮明神アリ大見十六村ノ總鎭守
也相傳テ式内杉桙別命也ト正保二年ノ札ニ云貞和中藤原朝臣祐義公新ニ宮殿造立○信友按ニ此札ノ文ニヨレ
バ貞和年中ノ新建ニテ田中村ノ來宮ヲ遷セルナルベシ又那賀郡熱海村ニモ木宮明神アリ或云五十猛命ト稱ス
政文ノ記ニ弘仁元年白道明神ヲ祀ルト云フ

伴信友『神名帳考』（『神道大系』古典註釈編七・延喜式神名帳註釋）
杉桙別命神社
○出雲風土記、須佐能乎命子、衝桙等乎而留比古命、△志云、當郡田中村來宮明神アリ、五十猛命ヲ祀ル、
或云、。[式内]杉桙別命ナリト、川津十七村ノ總鎭守ナリ、慶長ノ札ニ、木野大明神トアリ、祠傍ノ古樟樹十
三抱許、又膽八大樹二株アリ、末社ニ小鳥ト云フアリ、●當社ノ名、伊豆納符ニモ出タリ、●當郡佐々原比
咩神社ノマスサヽ原村ニ、蔭山明神アリ、衣冠古蔵リ、慶安ノ札ニ、當所鎭守木宮大明神、部類眷屬百廿社
内也トアリ、●今蔭山勘ヶ由ヲ祀ルト云、後世配祀スルニヤ」トアリ、今三[参]考ノタメニ、アツメテ記ス、
△又同郡八幡ハツマ村ニ、木宮明神アリ、大見十六村ノ總鎭守也、相傳テ式内杉桙別命也ト、正保二年札ニ
云、貞和年藤原朝臣祐義公、新ニ宮殿造立、○信友按ニ、コノ札ノ文ニヨレハ、貞和年中ノ新建ニテ、田中
村ノ木宮ヲ遷セルナルベシ、○又那賀郡熱海村ニモ木宮明神アリ、或云、五十猛命ト稱ス、政文ノ記ニ、弘
仁元年白道明神ヲ祀ルト云フ、
　1（頭註）杉、古本作枌、

鈴鹿連胤『神社覈録』（井上頼囶・佐伯有義校訂『神社覈録』下編）
杉桙別命神社
　杉桙別は須伎保古和氣と訓べし○祭神明か也○八幡[ハツマ]村に在す、今木宮名神と稱す、大見十六村の惣
　鎭守也、志例祭　月　日、
　　伊豆志に、相傳フ當社ハ、式内杉桙別命也ト、正保二年ノ札ニ云、貞和中藤原朝臣祐義公新ニ宮殿造立、」
　　又云、田中村來宮明神アリ、五十猛命ヲ祀る、或云、杉桙別命也ト、川津十七村ノ惣鎭守也、慶長ノ札
　　ニ木野大明神トアリ、云々、○伴信友云、コノ札正本の札を云文ニヨレバ、貞和年中ノ新建ニテ、田中村ノ
　　來宮ヲ遷セルナルベシ、と云り、覼按るに、新に宮殿造立とあれば、いかにも新建のやう聞ゆれど、こ
　　は宮殿を新に造立したるなるが、書様の悪きならん、今に式内社と申傳ふるぞ憑なるべき、故に今は八
　　幡村の方に從、猶考ふべし、
　　　神位
　國内神階記云、從四位上ほこわけの明神

栗田寛『神祇志料』第十二巻
杉桙別命神社、今田中村にあり、來宮明神と云ふ。豆州志、足柄縣取調帳

『大日本史』[九]・志一・巻二百五十五
杉桙別命神社、○神明帳従四位上保古和氣乃明神、今在田中村、日來宮明神、爲川津荘十七村總鎭守、祀杉桙別命、伊豆峯記

竹村茂雄『伊豆國式社考』（『神祇全書』第四輯）
杉桙別命神社　田中來宮明神、志神階帳にほこわけの明神あり、

斎田茂先・山本忠英『掛川志稿』伊豆巻（郷土新聞社刊）
来宮大明神　或は本宮田野の間にあり、除地、五十猛命を祀る、或云、是則式内杉鉾別神社也と、今河津十
七町の総鎮守とす、一説に伊豆山の地主白道明神なり共云へり、伊豆権現高麗に飛去給し時、此明神迎に行

て大に酒に沈酔し、期日を愆る、故に今祭礼の間社人社僧十二月朔日より廿四日まて禁酒す、郷中の者も十七日より八日の間酒及鳥肉を禁す、古は十二戸の社人ありて郷中に分処し、祭儀を勤しと云、其子孫今四五戸ありて神事に預る、寛永慶安の棟札、並鰐口には、木野宮大明神とあり社地二十抱餘の大楠ありしか、切て根のみ遺る
熊野　来宮の末社也、又小鳥の宮と称す、小祠也以上二祠伊豆納符

萩原正平『伊豆國式社攷略』（静岡県立中央図書館所蔵）
杉桙別命神社
　賀茂郡田中村鎮座ほ古王けの明神 神階帳及社傳 舊稱木宮明神社是なり 社傳國圖式攷攷證証進特選 今云ふ世ゥ河津の木宮と稱須神驗著明ゥして衆庶の欽卯淺からざるは遍祢く人の知連るが如し

萩原正平・萩原正夫『増訂豆州志稿』巻之三上・町村三（長倉書店刊）
○田中村（[増]東見高村二十四町五十一間五尺、西峰村二十八町三十九町一尺、川津直越凡八町、南笹原村九町二十五間四尺、北澤田村九町二十五間五尺）[増]拾五里拾六町三拾七間五尺（[増]三里二十五町三十八間五尺）[増]文祿三年檢地帳、河津庄小嶺村ト（○舊村ト一村ニシテ小峯ト稱ス今ニ小峯ノ地名アリ田中氏ノ故家アリシヨリ名クル由ナリ[増]或ハ云舊小峯村ト稱セシハ現田中村ノミニ非ス）現峯村、澤田村及筏場村、字大セキ邊ナリトロ碑ニ傳ヘタルカ゛土地ノ形況ト古記トニ因リテ攷フルニ謬ナルヘ゛シト本村鎮座來宮神社ハ式内杉鉾別命神社ナリ伊豆國神名帳及舊記ほこわけノ明神ト記ス即川津十七村總鎮守ニシテ今郷社ニ列ス物産、薪、炭及石材アリ）
　　○田額三百四拾七石壹斗貳升五合内（新田十八石六斗六升五合）[増]貳百五町七反貳拾壹歩内（田二十二町七反七歩、畑六町七反一畝二十七歩、宅地二町二反七畝歩、山林百四十三町一反五畝二十五歩、原野三十町八反五畝二十三歩）[増]地價金壹萬八千貳圓六拾五錢貳厘[増]地租金四百五拾圓八錢貳厘[増]社一（郷）小學校一（字宮脇ニ在リ）[増]戸現住七拾四現在八拾[増]口本籍三百九拾五（男百九十八、女百九十七）現住三百九拾貳（男百九十四、女百九十八）

萩原正平・萩原正夫『増訂豆州志稿』巻之八上・式内神社考並神階帳考緒言（長倉書店刊）
○杉桙別命神社[増]神階帳従四位上ほこわけの明神[増]賀茂郡田中村舊稱木宮明神社也

萩原正平・萩原正夫『増訂豆州志稿』巻之九・神祠・賀茂郡（長倉書店刊）
○木宮明神（八幡村）[増]郷社（兼村社）來宮神社祭神二座神名不詳○一祠兩扉也大見十六村ノ總鎮守ト稱ス記錄皆燒失ス相傳テ云式内杉鉾別命也ト[増]此傳非也（杉鉾別命神社ハ式賀茂郡ニ載ス此地住昔田方郡ニ屬ス）○正保二年ノ札ニ曰貞和中藤原朝臣祐義公新宮殿造ルト小池アリ（[増]傳云安元三年伊東祐清大見成家ヲ襲フ成家遁レテ當社ニ蹔匿ス[流布本曾我物語參觀]信僞ヲ知ラズ）[増]境内社三（山神、熊野、天神、[増]二百三十四官一）

萩原正平・萩原正夫『増訂豆州志稿』巻之九上・神祠三・賀茂郡（長倉書店刊）
○來宮明神（田中村）[増]郷社（兼村社）杉鉾別神社祭神杉桙別命、相殿五十猛命、少彦名命ナリト云[増]式内杉鉾別命神社也（前記）伊豆峰記ニ川津木ノ宮、杉鉾別也ト誌シ社記ニほこわけ明神ト見ユ來宮（或作ヶ宮）ノ稱ハ社邊ヲ木野ト呼ビショリ起リテ古クハ木野明神ト云リ[増]傳云往古此神御船ニテ此地ニ來リ谷津村川津八幡神社條參觀）○五十猛命ヲ祭シ或ハ云式内杉鉾別命神社也ト川津十七村ノ總鎮守也[増]社記ニ曰建久四年源頼朝社領ヲ附ス其後藤原頼經、源義植等祠宇ヲ再修スト往昔頗大祠ナリシモ天文七年社殿燒亡ヌ尋テ十三年水災ヲ被リ爾後衰替ヲ極メ社人各方ニ離散ス文祿三年彦坂光正、檢田ノ際社地廿間四面並ニ別當寺域五畝歩ヲ除税ス○古ハ社人十二戸郷中ニ分居シテ祭禮ヲ勤ム今其裔四五人[増]今八戸ナス）アリテ神事ニ預ル祭時社人社僧十二月朔日ヨリ廿四日迄禁酒ス郷中十七村八日（[増]十七日ヨリ二十四日迄）ノ間酒及鳥肉ヲ斥ク（[増]今尚此禁ヲ犯ス者ハ神譴アリト云又當社ニ祈願スル者日ヲ期シテ酒肉ヲ禁ズルノ例トス）社僧云扉背ニ爲淺草見玄孝當社一宇奉再建ト書スト寛永慶長ノ札及金皷ニ木野大明神ト記ス[増]懸佛ノ裏面ニ川津大社奉掛御寶前元和六年十二月吉日ト鑑ス今尚神威嚴著、遠近來賽スル者多シ（○祠傍ノ古樟樹十三抱許、又膳八ノ大樹二株アリ伊豆納符）[増]境内社七（道祖、宇賀、稲荷[天神水神ヲ合祀]小鳥[天神熊野ヲ合祀]歳神[産靈神、大樟ヲ合祀]塞神山神、○末社ニ小鳥ト云アリ[増]八百四十二坪官一）

萩原正平・萩原正夫『増訂豆州志稿』巻之九上・神祠三・賀茂郡（長倉書店刊）
○三社八幡（谷津村）[増]村社川津八幡神社○川津祐泰、祐成、時致ヲ祀ル[増]伊東祐親ノ子川津祐泰（三郎）此地ニ邸居ス没後里人祠ヲ建テヽ其子曾我祐成（十郎）同時致（五郎）ヲ配祀スト云明暦延寶等棟札アリ○神像三軀（[増]従來三軀也○伊豆納符）[増]別殿二（木ヶ崎社天神社）（[増]此二社初本村木ヶ崎ニ在リシヲ明治十一年遷祀ス舊記ニ曰古社杉鉾明神、木ヶ崎明神、[神名不詳]ノ二神御船ニテ此地ニ着シ木ヶ崎ヨリ上陸シ給フト従來木ヶ崎社ヲ田中村杉鉾別神社ノ下之宮ヽ稱ス○天神。明神ヲ配祀ス伊豆峰記ニ川尻天満宮、木崎ヲ明神トアルハ豈後世配祀スルカ甚古祠也、伊豆納符[増]百九十五坪官一）

菅原久高『伊豆國九十二式社祭神記』（『全國神職會々報』第二十一號）
杉桙別命神社　下河津村田中鎮座郷社杉鉾別神社なり保古和氣乃明神又來宮明神と稱す
　祭神　杉桙別命

吉田東伍『増補大日本地名辭書』第五巻・１０７５頁
河津　今上下の二村に分つ、中世河津庄と云ふは稲生沢（稲梓）の諸村をも籠めたり。東鑑、承元二年、神宮寺造營材木、自伊豆国狩野山之奧、出河津海。工藤伊東の一族に河津氏あり、源頼朝の兵を擧げし時、河津祐親之に應ぜず、遙に平氏の軍に期待する所ありしが敗る、祐親の孫に祐成時致あり、相州曾我氏に養はる、其事を記せるもの曾我物語あり。
　　増訂志稿云、河津は小田原北条氏の文書に川津、同役高帳に川津郷とあり、河津の山中に鉱穴多きも、今は皆廃す、田中の来宮に式内杉桙別命神社にして、郷中の大祀とす。（来宮は此に杉樹を祭れる者と知るべし）
補[河津]○増訂豆州志稿[重出]東鑑・蘇我物語、北条氏の文書、川津庄、同役高帳、川津郷。蓋もと川津十七村の総称ならむ。川津川天城山を発し、川津郷中を通じ、海に入る。桜沢大松山鉱山あり、明治後開掘するも、出額多からず、遂に廃坑となる、○田中村、鎮座来宮神社は式内杉桙別命神社なり、今郷社に列す。

邨岡良弼『日本地理志料』巻十三・伊豆国賀茂郡

川津　訓闕、按依駿河川津郷例、當讀云加波都、讃岐又有川津郷、津之言門也、河津川至此歸海、故名、河蝦考云、以地多河蝦爲名、恐牽強也耳、」東鑑有河津荘、曾我物語、文禄檢地帳同、北條分限帳作川津郷、伊東系圖、工藤維職補伊豆押領使、領河津伊東宇佐美三荘、總稱葛見荘、其裔有川津氏、安元中、有祐泰者、爲工藤祐經所牂、其二孤冒曾我氏、終克復讐、天下賍之、豆州志云、川津方廢、今川津組、領十七村、按圖亘大川、奈良本、片瀬、白田、稲取、見高、濱、笹原、田中、澤田、峯、谷津、繩地、逆川、川津茷場、佐賀野、湯原、梨本、大鍋、小鍋、須原諸邑、盖其地也、」梨本村水神祠慶長二年文書、楠木郡河津荘、繩地村子安祠金皷識同、子安祀典稱奈疑知命神社、是也、杉桙別命神社在田中、爲川津荘十七村總鎭守、布佐乎宜神社在逆川、稱三島明神、佐佐原比咩命神社在笹原、稱姫宮、谷津有河津祐泰宅阯、其稱念庵、即祐泰所瘞云、

賀茂郡役所編『静岡県南豆風土誌』２９３～２９４頁（長倉書店刊）
云々、今賀茂郡四十六座の内より海島鎭座二十四座を減じ、又那賀郡二十二座の内より土肥以北井田に至る八座を除く時は、今日の賀茂郡は正に三十六座の式内社を算すべきなり。然れども伊豆三島神社は、上古鎭座の本域、賀茂郡三島（和名抄所載郷名、即海島の總稱にして、其の本島は今の三宅島なり。）なりしが、中世同郡大社郷（和名抄所載。今の白濱村伊古奈比咩命神社の地なり。）に遷座し、後又今の田方郡三島町に遷祀せられたりと云ふ（伊豆國式社攷略）を以て、更に大神の一座を除きて、茲に三十五座を得と謂ふべし。今左に増訂豆州志稿卷八上によりて之を擧げむ。同書に云はく、しきないしを記すに「也」といふは疑ひなきもの、「なるべし」といふは略證蹟あるもの、「ならむ乎」といふは、信疑相半するものに用ふ。
　　云々
　　杉桙別命神社　　同郡田中村（今下河津村）舊稱來宮神社なり。

賀茂郡役所編『静岡県南豆風土誌』５７１頁・下河津村（長倉書店刊）
杉桙別命神社　　（又來宮神社と云ふ）。田中－郷社兼村社－祭神（式内）杉桙別命、相殿　五十猛命・少彦名命　○本地開闢以來の守と明細帳に見ゆ。延喜式内は勿論、降って建久四年源頼朝、社領を寄進し、後藤頼朝・足利由植等相次ぎり。當時頗る大社なりき。元和六年札にも川津大社とあり。社家十二戸・社僧六・大福宜・小福宜・別當・惣二十四戸奉仕と、舊伊豆誌及伊豆納符等に見ゆ。古へ墨印二百三十石・後・御朱印百二十石なりといふ。河津十七村の總鎭守にして、社殿宏壮、石垣四境を圍繞し、境内には巨大なる橲樹あり。枝葉繁茂して晝尚暗し。古來、毎年十二月十七日より同月二十四日迄の間、酒・小鳥精進と稱して郷中の氏子、嚴に飲酒・捕鳥を禁ぜり。今尚神威藾々として遠近より來賽するもの多し。

足立鍬太郎『南豆神祇誌』３７～４０頁（静岡縣賀茂郡神職會）
　延喜式卷九に載せた伊豆國神名帳は次の如くである。　但所在地は萩原正平著伊豆國式社考略に私考を加へて註記す。
　　　伊豆國九十二座　　大五座小八十七座
　　　　賀茂郡四十六座　　大四座小四十二座
　　　　　云々
　　　　　杉桙別命神社　　　　　　　　下河津村田中
　　　　　云々

足立鍬太郎『南豆神祇誌』５２～５３頁（静岡縣賀茂郡神職會）
次に、石室崎の風蝕せる大集塊岩窟は伊波例命として、岩殿なる同じ大岩窟は伊波氏別命として、武峰山の尖鋭なる岩塊は多祁富許都久和氣命として、嘗て下河津村田中にあった筈の巨杉は杉桙別命として、妻良港は大津往比咩命として、伊豆山温泉は火牟須比命として富洞の礫濱は布刀主若玉命として、安良里の網屋崎は國玉命として、皆神格づけられて居る。此類はまだ〳〵多い。又地名を冠して居る神社でも、神洞瀑は多爾夜神社、田子島は哆胡神社、鴨ケ池＝洞内海は佐波神社の一座、戸田港は部多神社、石寶殿は石德高（德はアイヌ語Ｔｏｋｓｅ＝丘で同語Ｉｗａと熟したのにタカといふ國語を添へたのであらう）神社の神主ではなかったらうか。　海岸の島嶼を三島神の若宮として祀った形迹は尚ある

足立鍬太郎『南豆神祇誌』７５～８０頁（静岡縣賀茂郡神職會）
　伊豆國神階帳は、群書類從二三に、康永二年辛亥（興國四年）十二月廿五日在廳判の奥書あるものを、在廳伊達某藏本から寫して收めてある。伊達家に現蔵するものは鳥子紙二枚繼にて後世の寫本である即ち尾張のより二十年許前のものである。在廳とは、中古國衙の廳にあり、國司の命を奉じて事務を行ふ下司であったが、多くは世職だから其の稱呼を傳へて居たのだ。先づ左に其の全文を掲げよう。
伊豆國神階帳　　式社の配當は萩原正平の意見に據る
　　伊豆國三ケ郡神明帳事
　　正一位三島大明神
　　　云々
　　　那賀郡貳拾四所
　　　云々
　　　賀茂郡三十七所
　　　云々
　　　從四位上ほこわけの明神　　杉桙別命神社
　　　云々

足立鍬太郎『南豆神祇誌』１４１～１４２頁（静岡縣賀茂郡神職會）
　一方祭神として三嶋大明神の勢力は各方面に及び、苟も三嶋神に縁故あるは皆三嶋と稱し、甚しきに至っては、單に山神と稱するものが、大山祇命を介して混雑したのもあるらしい。之に對して他方に勢力のあったのは八幡宮である。中には此の兩社を併祀し、若くは三嶋に縁故ありながら稲取浦の如く八幡と稱したのもある。修驗道（役行者より學ぶ白山系）を内容として居るの影響も亦尠からずある。式伊波例命神社を石廊權現として十一面觀音に習合し、又所々熊野權現・藏王權現を祭る如きはそれである。高根權現は地藏に習合して、航海目標の山上に祭られ、又海難救助祈願の爲には、橘姫を祭る白鳥神社・吾妻神社も現れた。木の神の來宮は、走湯山縁起によって何時の間にか酒小鳥を禁ずる祭を強ひられ、水分神は子の神と呼ばれて、中には正月餅を氏子に搗

かしめざる奇習を存して居るのもある。尚天馬駒・茂山・小鷹神の如きは擬當すべき神も明らぬ。又慶長の頃聖母マリアの像を齎らしたのが原因で、子安神社といふのも出來、彌々複雜なものとなった。

足立鍬太郎『南豆神祇誌』１５９～１６０頁（静岡縣賀茂郡神職會）
　　　　第十八章　下河津村
杉桙別命神社
　所在　田中字宮脇
　祭神　杉鉾別命　相殿五十猛命少彦名命
　創立　和銅年間再建と稱す。
　社格　郷社　式内　　供進
　境内　八四二坪　官一
　本地開闢以來の神と稱し、舊川津十七村の總鎭守とす。建久四年源頼朝社領を寄進し、後藤原頼經・足利義植祠宇を再修したが、天文七年社殿燒亡し、尋いで十三年水害を被りてより、社人も各方に離散して昔日の觀に復するに至らないと傳へる。されど俗間には河津の來宮又榀と呼びて、遠近來賽する者が多い。祠後に有名な大樟樹がある。祠の東笹原に村社姫宮神社があった。即ち式佐々原比咩命神社であるが、今全く廢頹して殆ど址をも存しないは遺憾である。

静岡縣『旧版　静岡縣史』第三巻・７１１～７１６頁（名著出版刊）
【賀茂郡四十六座大四座小卌二座】
云々
（杉桙別命神社）
　　原祭神は杉桙別命。原所在は賀茂郡下河津村田中字宮脇。現在社は同社の杉桙別命神社。
云々

静岡県郷土研究協会『静岡県神社志』第三篇（日本仏書センター刊）
郷社　杉桙別命神社
　　　　賀茂郡下河津村田中字宮ノ脇鎭座
云々
　祭神　杉桙別命
　　　　　相殿　五十猛命　少彦名命
　例祭日　十月十六日
　由緒　延喜式神名帳賀茂郡杉桙別命神社あり、神階帳從四位上ほこわけの明神とあるに当るとなす。而して豆州志には杉桙別命は八幡村木宮明神、大見十六村の惣鎭守也とせられる。式社考證には田中村鎭座木野明神是也、社記及古老の伝称ほこわけの明神は神階帳と符合すと。豆州志には「又云田中村来宮明神あり、五十猛命を祀る、或云杉桙別命也、川津十七村惣鎭守也云々」と、特選神名牒は之れに從われ、且つほこわけの明神は三島神の御子なるべし」と見ゆ、静岡県神社要覧にはこの社和銅年間再建す、建久四年源頼朝再栄し社田九十三石を寄付す、藤原頼経、源義植等も重修し、頗大社にて、末社四十社社家十二戸あったという、社地地名木野と云えるより、木野宮大明神と称せしを、明治二年二月現社名に復称す。明治六年九月郷社に列し、明治四十年一月十二日神饌幣帛料供進社に指定せらる。
云々

伊波久良和氣命神社

『特選神名牒』３１０～３１１頁
伊波久良和氣命神社﹅﹅﹅
　祭神　伊波久良和氣命神社
　祭日
　社格
　所在　（田方郡中大見村大字八幡）　八幡野村
　　今按豆州志に八幡神祠極めて古祠也八幡野は未成村落時の名也又八幡野村八幡宮木宮を配祀す本二社同也近年重修の時一祠兩扉とす﹅﹅﹅﹅八幡は上古の神にして本宮也本宮は古老相傳へて伊波久良和氣命と云古代着岸の時海濱の岩窟に祭る後此を八幡祠域に祀る今は却て八幡二宮と成れり兩神の祭式相混ずれ共八幡の祭儀を用るに似たり云々とあるにより式社考證にも伊波久良和氣命神社は八幡野村木宮なるべし口碑に神名を傳へたるは更に往古海濱の岩窟内に鎭座せる由なるは正説にて伊波久良と稱へ奉れる原由と知られたりとも云り又子浦村八幡社を伊波久良和氣命神社也と云説あれど唯村中に石倉と云諸るのみにて社の有し證もなければ諾ひがたしと云り故今豆州志考證の説に從ふて八幡野村と定めつる也

度會延經『神名帳考證』（『神祇全書』第一輯）
伊波久良和氣命神社　日本紀云、闇山祇、當國那賀郡石倉命神社、能登國鳳至郡石倉比古神社

伴信友『神名帳考證』（『伴信友全集』第一）
伊波久良和氣命神社
［志］當郡八幡野村八幡宮ハ木宮ヲ配祀ス八幡ハ上古ノ神ニシテ本宮也本宮ハ○今ハ二ノ宮ト云古老相傳テ伊波久良和氣命ト云古代著岸ノ時海濱ノ岩窟ニ登ルト祭ノトキ酒ヲ竹筒ニ盛リ伊古奈明神社ヘオクル禮アリ又相傳フ往昔海濱ニ神酒ヲ甕ニ滿テ十一月九日ノ夜廳舎ニ神官會シケルニ一人ノ老翁來リ其酒ヲノ呑ミ神官ニモ傳ヘ受ケシメテ東雲ニ翁ハ歸リケリ其甕今ニ存ス又其翁ノ傳ヘシメテ祭祀ノトキ詠ズル歌ニ「ミ引フ子オハマ返イホリ引ノ引ヤマノシガハ引ヲ引レンケシハヲ引ハレンケシイカリスルヨミルメノイテオワレシキスマレンゲシャレキ引スマレンケシ」

伴信友『神名帳考』（『神道大系』古典註釋編七・延喜式神名帳註釋）
伊波久良和氣命神社
△志ニ、當郡八幡野村八幡宮ハ、木宮ヲ配祀ス、八幡ハ上古ノ神ノ神ニ〆、本宮也、木宮ハ、古老相傳テ伊波久良和氣命ト云、今ハ二ノ宮也、古代着岸ノトキ、海濱ノ岩窟ニ登ルト、祭ノトキ酒ヲ竹筒ニ盛リ、伊古奈姫神社ヘオクル禮アリ、又相傳フ、往昔、海濱ニ神酒ヲ甕ニ滿テ、十一月九日ノ夜、廳舎ニ神官會シケルニ、一人ノ老翁來リ其酒ヲ呑ミ、神官ニモ傳ヘ受シメテ、東雲ニ翁ハ歸リケリ、其甕今ニ存ス、亦其翁ノ傳ヘシトテ、祭祀ノトキ詠スル歌ニ、「三引　フ子オハマ三返　イホリ引ノ引　ヤマノシガハ引　ヲ引　レンケシハヲ引　ハレンケシイカリスルヨミルメノイテオワレシキスマレンゲシヤシキ引　スマレンケシ」
　１（頭註）本圖云、コウラ村

鈴鹿連胤『神社覈錄』（井上賴圀・佐伯有義校訂『神社覈錄』下編）
伊波久良和氣命神社
　伊波久良和氣は假字也○祭神明か也○八幡野村に在す、志例祭　月　日、
　　伊豆志に、當郡八幡野村八幡宮ハ、木宮ヲ配祀ス、八幡ハ上古ノ神ニシテ本宮也、木宮ハ古老相傳テ伊波久良和氣命ト云、今ハ二ノ宮也古代着岸ノ時、海濱ニ神酒ヲ甕ニ滿テ、十一月九日ノ夜廳舎ニ神官會シケルニ、一人ノ老翁來リ、其酒ヲ呑ミ神官ニモ傳ヘ受シメテ、東雲ニ翁ハ歸リケリ、其甕今ニ存ス、亦其翁ノ傳ヘシトテ、祭祀ノ時詠ズル歌ニ「三引フ子オハマ三返イホリ引ノ引ヤマノシガハヲ引レンケシハヲ引ハレンケシイカリスルヨミルメノイテオワレシキスマレンゲシヤシキ引スマレンケシ
　　　神位
　國内神階記云、從四位上いはくらわけの明神、

栗田寛『神祇志料』第十二卷
伊波久良和氣命神社、今八幡野村八幡宮に配祭る本宮の神即是也。八月九日十日祭を行ふ。豆州志、足柄縣神社取調帳、

『大日本史』［九］・志一・巻二百五十五
伊波久良和氣命神社、○今在八幡野村、曰木宮、神明帳爲從四位上、

竹村茂雄『伊豆國式社考』（『神祇全書』第四輯）
伊波久良和氣命神社　八幡野八幡宮、志又岩殿村熊野權現、いづれならんか、

萩原正平『伊豆國式社攷略』（静岡縣立中央図書館所蔵）
伊波久良和氣命神社
　所在未定いはくらわけの明神神階帳同郡八幡野村鎭座來宮神社豆志攷證註進特選同郡子浦村八幡神社社傳國圖續攷二社の内なるべし按ふ尓子浦村は舊社迹尓岩倉の地名存せ里と聞く果して然らば所由あらむも知るべから受

萩原正平・萩原正夫『増訂豆州志稿』巻之八上・式内神社考並神階帳考緒言（長倉書店刊）
○伊波久良和氣命神社［増］神階帳從四位上いはくらわけの明神［増］同郡子浦村八幡神社ナル可シ一説（原書式社考證等）ニ同郡八幡野村來宮神社ニ當テタレド信ジ難シ

萩原正平・萩原正夫『増訂豆州志稿』巻之九上・神祠三・賀茂郡（長倉書店刊）
○八幡宮（八幡野村）［増］郷社八幡、來宮、神社（兼村社）八幡ハ祭神不詳、來宮ハ伊波久良和氣命也ト云［増］一説ニ來ノ宮神社ヲ式内伊波久良和氣命神社ニ當テタレド諾ヒ難シ（前記）按ズルニ當社ハ其分祠ナル可シ○八幡來ノ

宮、本ト同林ニ鎮座ス近年重修ノ時之ヲ配ス(伊豆納符)八幡ハ古祠ニシテ地主神也([増]八幡野ノ村稱ノ起因其舊社ヲ知ル可シ)來ノ宮ハ古老相傳テ伊波久良和氣命ト云往古海濱ノ岩窟ニ祭ル後之ヲ八幡祠域ニ移ス今ハ劫テ八幡ニ二ノ宮ト為レリ兩神ノ祭式相混ズレ共八幡ノ祭儀ヲ用ルニ似タリ祭事酒ヲ竹筒ニ盛リ白濱明神ニ贈ル禮アリ([増]近年ハ酒筒ノ社傍一岩窟ニ納メテ白濱神社ニ獻ズルニ變ス)相傳フ往昔霜月九日ノ夜海濱ニ於テ甕ニ神酒ヲ滿テヽ神事ヲ行フニカリ一人ノ白頭翁來リテ其酒ヲ飲ミ神官ニモ傳ヘ受シメ東雲ニ翁ハ歸リヌト其甕今ニ存ス([増]甕高二尺徑一尺五寸許、舊ト土中ニ埋レタルヲ天明中掘出シタリト云)其翁ノ傳ヘタリトテ祭時詠ズル歌ニ
ミ引フネオハマ三返イホリ引ウ引ヤマノシガハ引ヲ引レンケシハヲハレンケシイカリイスルヨミルメノイテオワレシキスマレンケシヤシキ引スマレンケシ(コレノ神樂歌ナル可シ共轉唱シテ唱ヘ誤リシニヤ今ハ解シ難シ)[増]古來社家十二戸アリテ祭事ヲ掌ル皆舊式ニ遵フ(順行記二日八月十日祭日也[現今ハ陰暦八月十五日]籤ニ羽作ノ矢十四筋ヲ襴宜一人ニ筋宛七人ニテ持チ羽ヲ拔テ別々ニシテー人ノ襴宜ニ渡ス襴宜榊[當日榊ヲ中央ニ立テ社人其左右ニ座ス]ヲ巡ル事三度、一宮デイ、ト云事三度ニシテ件ノ籤ヲ社ニ向テ投グ又前ノ如ク云テ羽ヲ投グ唄人十四人アリ唄テ日ミフネオハマ云々ト尚他ノ式アリ)[増]境内社七(○末社ニ燎ノ神又オコヒノ社ト云石積アリ[増]其他五祠アリ[増]七百九十二坪許一)

萩原正平・萩原正夫『増訂豆州志稿』巻之九上・神祠三・賀茂郡（長倉書店刊）
○八社(子浦村)[増]村社八幡神社祭神伊波久良和氣命ナル可シ相殿事代主神ナル可シ[増]式内伊波久良和氣命神社ナル可シ(前記)初村北十餘町ノ地ニアリキト云遺址ヲ今尚岩久良ト稱ス國圖ニ當社ヲ那賀郡式内石倉命神社ニ當テタルハ神名ノ疑似セルヨリ謬レル也此神三島大神ノ御子神ニシテ子浦ノ村稱ノ起因ナラムト云八幡ノ社號ハ若宮ノ稱ヨリ轉ゼシナラム○天神ノ杜ニ鎮座、兩扉也雷槌九、大刀一口ヲ藏ム○天神同林ニアリ亦兩扉也天正以前ノ上梁文數多アレ共文字不分明山上大松ト云處ニ舊址アリテ礎石或ハ古松等存ス近世移シテ八幡ノ祠ト並ベ立ツ古祀也(鑰取安氏[増]二百七十三坪許一)

菅原久高『伊豆國九十二式社祭神記』（『全國神職會々報』第二十一號）
伊波久良和氣命神社　三濱村子浦鎮座村社八幡神社なり
　祭神　伊波久良和氣命

吉田東伍『増補大日本地名辭書』第五巻・１０６７頁
妻良　今子浦、伊浜と合せ、三浜村と改む、其港隩は子浦と共に之を抱有し、豆南の名港とす、下田の西四里、松崎の南三里。○水路志云、妻良は三つ石埼と波勝埼の中間にあり、港形殆囊を括るが如し、其濶さ南北五鏈、東北六鏈、門口広さ四鏈にして西に面す、冬季港口より来る強風を除く外は、安泊するを得べし、然れども港内狭隘なるを以て、小艦以下に在ては、港内適宜の処に泊すべし。
東鑑、元暦二年三月、武衞為征伐平氏、兵船三十二艘、日来浮于伊豆国鯉名泊、并妻良津、被納兵糧米、仍早可解纜之由、被仰下。○艮斎遊豆記勝云、妻良村、与小浦村、隔港相向、港口一巖、高三丈、遊梵字隱起、名経字岩、又有三島橋、以巨巖為双柱、相距二丈余、又以大石平広者、亘其上、若役鬼而成之、舟漸進、葉賀知山高百仞、純骨無肉、其下乱石穿空、驚濤捲雪。○増訂志稿云、妻良は今妻浦にも作る、三島明神ありて、是は式内那賀郡大津往命神社にあたり、神階帳によれば姫神とす、子浦の若宮は式内伊波久良和気命神社にあたり、蓋子神とす、房州にも妻浦と子浦あり、蓋三島の后神と子神の鎮座せる知なれば歟。
補[妻浦]増訂豆州志稿、立岩は妻良の隩、子浦と内海を隔て、相値り、隩亦相連る、砂石にして浪高し、陸より長四百廿歩、広東西九百歩、船舶六十艘を泊すべし、○子浦村、松下隩、昔は巨船四五百艘を泊せし湊にして、赤三浦の其一なり、近世山崩れ沙石流入て海を埋す、陸より隩口まで四百二十余歩東西百五十歩、今は運船三十艘を泊す、西風東北風みな宜し、唯東南風大に怖るべし、海中長這嶼その他嶼嶕多し、○波分岬、村西に突出す、西風の時は波浪左右に分る、故に名づく、又波勝崎に作る。

郁岡良弼『日本地理志料』巻十三・伊豆国那賀郡
石火　訓闕、按當讀云伊志夫、神名式有那賀郡伊志夫神社、本國神名帳作伊志比明神、建暦元年文書、作石火宮、今在賀茂郡石部邨、以石為神云、石火即石靈也、古訓靈字日比、如高皇産靈、神皇産靈之靈、比夫一聲相通、本社天文十二年梁牌、作仁科雲見郷石火村、寛文十三年梁牌、作石部村盖嫌火字也、豆州志云、石火方廢、石部村存、按圖亘岩科、道部、岩地、石部、雲見、子浦、妻浦、一色、蝶野、蛇石、市瀨諸邑、其故地也、今隸賀茂郡、」祀典所載國柱命神社、在岩科村、伊波比咩命神社、在一色村、伊波久良和氣命神社、在子浦村、大津往命神社、在妻浦村、東鑑作妻良津、北條五代記同、雲見有烏帽子山、一名淺間山、高千八百尺、航客望以為標識、山上有淺間社、祀磐長姫命云、即木華開耶姫命姉也、二神在駿豆間、必有幽契而存焉、

賀茂郡役所編『静岡県南豆風土誌』２９３〜２９４頁（長倉書店刊）
云々、今賀茂郡四十六座の内より海島鎮座二十四座を減じ、又那賀郡二十二座の内より土肥以北井田に至る八座を除く時は、今日の賀茂郡は正に三十六座の式内社を算すべきなり。然れども伊豆三島神社は、上古鎮座の本域、賀茂郡三島和名抄所載郷名、即海島の總稱にして、其の本島は今の三宅島なり。なりしが、中世同郡大社郷和名抄載。今の白濱村伊古奈比咩命神社の地なり。に遷座し、後又今の田方郡三島町に遷祀せられたりと云ふ(伊豆国式社攷略)を以て、更に大神の一座を除きて、茲に三十五座を得と謂ふべし。今左に増訂豆州志稿卷八上によりて之を擧げむ。同書に云はく、式内社を記すに「也」といふは疑ひなきもの、「なるべし」といふは略證蹟あるもの、「ならむ乎」といふは、信疑相半するものに用ふと。
　云々
　伊波久良和氣命神社　同郡子浦村（今三濱村）八幡神社なるべし。

賀茂郡役所編『静岡県南豆風土誌』６５９頁・三濱村（長倉書店刊）
　　子浦　是れ妻浦に對する稱にして、子浦八幡神社の祭神たる式内伊波久良和氣命の事代主命の子なるに因る。後世甲良と書けるものあれど、そは妻良に對する杜撰なる宛字なり。

賀茂郡役所編『静岡県南豆風土誌』６６０頁・三濱村（長倉書店刊）
八幡神社　子浦一村社一祭神、（式内）伊波久良和氣命○初村北十餘町の地に在りきと（古墳の條參照）と稱す。祭神の考説前に見ゆ。八幡の社號は若宮より轉ぜしならむ。境内の杜を天神杜と稱す。天神の社あればなり。（物忌名命の社にあらざるか。）文藏四年の棟札あり。創建年月不詳。

賀茂郡役所編『静岡県南豆風土誌』６６２頁・三濱村（長倉書店刊）
　岩久良の古墳　子浦の西北、約十四五町を距てたる朝日山の南麓に、堆石塚十數あり。各周圍六・七間高四・五尺。中には瓢形に類するものあり。傳へて子浦八幡宮の遺蹟と稱し、今に岩久良と呼ぶ。石谷の義なるべし。

足立鍬太郎『南豆神祇誌』３７～４０頁（静岡縣賀茂郡神職會）
　延喜式卷九に載せた伊豆國神名帳は次の如くである。但所在地は萩原正平著伊豆國式社考略に私考を加へて註記す。
　　　　伊豆國九十二座　　大五座小八十七座
　　　　　賀茂郡四十六座　　大四座小四十二座
　　　　　　云々
　　　　　伊波久良和氣命神社　　　　　　　　　　　三濱村子浦
　　　　　　云々

足立鍬太郎『南豆神祇誌』７５～８１頁（静岡縣賀茂郡神職會）
　伊豆國神階帳は、群書類從二三に、康永二年辛亥（興國四年）十二月廿五日在廳判の奧書あるものを、在廳伊達某藏本から寫して收めてある。伊達家に現藏するものは鳥子紙二枚續にて後世の寫本である即ち尾張のより二十年許前のものである。在廳とは、中古國衙の廳にあり、國司の命を奉じて事務を行ふ下司であったが、多くは世職だから其の稱呼を傳へて居たのだ。先づ左に其の全文を掲げよう。
伊豆國神階帳　式社の配當は萩原正平の意見に據る
　　伊豆國三ケ郡神明帳事
　　正一位三島大明神
　　　云々
　　　　那賀郡貳拾四所
　　　云々
　　　　賀茂郡三十七所
　　　云々
　　　　從四位上いはくらわけの明神　伊波久良和氣命神社
　　　云々

足立鍬太郎『南豆神祇誌』１４１～１４２頁（静岡縣賀茂郡神職會）
　一方祭神として三嶋大明神の勢力は各方面に及び、苟も三嶋神に緣故あるは皆三嶋と稱し、甚しきに至っては、單に山神と稱するものが、大山祇命を介して混雑したのもあるらしい。之に對して他方に勢力のあったのは八幡宮である。中には此の兩社を併祀し、若くは三嶋に緣故ありながら稻取浦の如く八幡と稱したのもある。修驗道役行者より寧ろ白山系を内容として居るの影響も亦尠からずある。式伊波例命神社を石廊權現として十一面觀音に習合し、又所々熊野權現・藏王權現を祭る如きはそれである。高根權現は地藏に習合して、航海目標の山上に祭られ、又海難救助祈願の爲には、橘姫を祭る白鳥神社・吾妻神社も現れた。木の神の來宮は、走湯山緣起によって何時の間にか酒小鳥を禁ずる祭を強ひられ、水分神は子の神と呼ばれて、中には正月餅を氏子に搗かしめざる奇習を存して居るのもある。尚天馬駒・茂山・小鷹神の如きは擬當すべき神も明らぬ。又慶長の頃聖母マリアの像を齎らしたのが原因で、子安神社といふのも出來、彌々複雜なものとなった。

足立鍬太郎『南豆神祇誌』２１０～２１２頁（静岡縣賀茂郡神職會）
　　　第三十一章　三濱村
云々
八幡神社
　所在　子浦字宮ノ谷
　祭神　伊波久良和氣命
　創立　文祿四年　再建（棟札）
　社格　村社　式内　供進
　境内　二七三坪　官一
　元來、子浦より蛇石に通ずる街道子浦より登ること十四五町の東なる。石谷（堆石塚やうのもの數個存す）に祭ったと傳へて居る。其處より得たと稱する石器數個と他に京物長さ三尺六寸の太刀及び無反の刀鏽蝕甚しを藏す。又約二寸五分の鑄像八幡三躰・全十一面觀音一躰は、兜に藏めたものを保存したのであらう。本社の別殿に天神のあるのは恐らくは、祭神の分化したので、始は菅公ではなかったらう。天正二十年＝文禄元年の棟札がある

静岡縣『旧版　静岡縣史』第一巻・６９０～７０２頁（名著出版刊）
　　　第一四節　賀茂郡の遺蹟
云々
　　　八　三濱村大字子浦岩谷の堆石塚？
　三濱村大字子浦字岩倉は、子浦より大字伊濱への通路から右に岐れて、南上村大字蛇石字平戸へ通ずべき徑路の東入の谷間で、そこに堆石塚樣のもの十一個と、別に古墳（恐らくは堅穴式石槨）の覆石の露出にあらずやと考へられるもの一個を存する。其谷は東西に分れて何れも南に開け、餘の三面は馬蹄形をなす丘陵にて圍まれ、塚は其の内側の淺く緩き傾斜面に五個づゝ積まれ、兩口合したる所に一塚と覆石樣のものがある。丘上よりは西南に渺茫たる大洋を望み、谷間には念佛水と稱する清泉湧出し古來式内伊波久良和氣命神社の舊址と傳へてある。塚は楕圓形をなすもの八基、其の長徑三.六乃至五.四米、短徑二.七乃至三.六米、高一.二乃至一.八米ある。いづれも花崗岩（？）の、徑五〇乃至六〇糎より六乃至九糎に至る、人工を以て削磨を加へたる疑ある石片にて積み、楕圓形なるは長軸略南北に一致してゐる。加之周圍を構成せる石材は大型なるを用ひ、其下部は地中に埋没し、内部を構成せる石材は小形なるを用ひ、人工を以て堆積せることは疑ひない。さればケールンかと考へられないでもないが、未だ遺物の認むべきものなく又聞く所もないか

ら、遽かに斷定することを控へておく。「いづれも」以下川村氏の調査に據る

　此塚に最初著目した者は、子浦八幡乃ち伊波久良和氣命神社の神職齋藤久三郎氏である。大正二年八月足立は齋藤氏の話を聞き、澤村久氏を指導として數名の小學校教員諸氏と踏査し、次いで三濱村長及び齋藤神職から發掘願を提出したけれども、古代の遺蹟は保存すべきものであるとの理由によって許可されなかった。大正五年八月足立が柴田常惠氏を導いて再び此處に來た時は、恰も大正天皇御即位大典の紀念事業として、塚邊一體に茶樹を栽ゑた爲に、いかにも新に開墾したやうな姿となってゐたから、氏は唯々彼の覆石を指示して去った。然るに大正十五年五月に至り、川村當時小松眞一氏が足立の書いた「賀茂の光」で此事を知り、詳細調査して人類學雜誌同年七月發行三十六巻四五六七號合一册に發表し、相當の工夫と勞力を加へて積んだもので堆石塚と考へられないこともないが、遽に斷定することは避けると述べ、又同年八月九日賀茂郡長は、其數や規模を調査し、古墳たるの確證を得て相當の保護方法を立てたいと縣へ申報してゐる。尚ほ聞く所に據れば、昨昭和四年伏見宮博英王殿下が調査の爲に態々此の僻地へ成らせられたといふは光榮の次第といはねばならない。

静岡縣『旧版 静岡縣史』第一巻・７４５〜７９２頁（名著出版刊）
　　　　　　　静岡縣原史時代遺蹟遺物一覽表
云々
　　　　　　　　伊　豆　國
云々
　　　　　　　　　二　賀　茂　郡
云々
三濱村大字妻良西谷　　　　　　　須惠器殘片（蓋坏？）・土師器皿（糸切底）
同　村大字子浦字岩谷　　　　　　　　　　　　　　　　　　　　　　　　　　　　　堆石塚？・群集

静岡縣『旧版 静岡縣史』第三巻・７１１〜７１６頁（名著出版刊）
【賀茂郡四十六座大四座小冊二座】
云々
（伊波久良和氣命神社）
　原祭神は伊波久良和氣命。原所在は田方郡對馬村八幡野字西ノ洞か。現在社は同所の來宮神社か。一説に賀茂郡三濱村子浦の八幡神社ともいふ。
云々

静岡県郷土研究協会『静岡県神社志』第三篇（日本仏書センター刊）
郷社　八幡宮
　　来宮神社
　　　田方郡対馬村八幡野字西ノ洞鎮座
云々
　祭神　譽田別命　伊波久良和気命
　例祭日　九月十五日
　由緒　創立年月不詳。、社伝には旧時は両社別殿なりしが、延暦年中再建の際一祠両扉となった。八幡宮は正八幡に座すと。又来宮神社は延喜式神名帳所載賀茂郡伊波久良和気命神社なりとの言伝あれども詳かでない。来宮は海岸なる岩倉と云ふ地に在りしを、中古当地に移したと云、貞享四年の棟札を存す。明治六年九月郷社に列し。明治四十年四月十二日神饌幣帛料供進社に指定せらる。
云々

静岡県郷土研究協会『静岡県神社志』第三篇（日本仏書センター刊）
村社　八幡神社
　　　賀茂郡三浜村子浦字西子浦鎮座
云々
　祭神　伊波久良和気命
　　別殿　天神宮菅原道眞
　例祭日　十一月一、二日
　由緒　子浦八幡神社は、延喜式神名帳賀茂郡伊波久良和気命神社にて、神階帳従四位上いはくらわけ明神に充当するが本社はもと現在地を距る十四、五町なる子浦より蛇石に通ずる街道の東字岩倉の窪に鎮座せりと伝えらる。こゝには堆石塚数個存して、その一族の陵墓なりと伝う。現地に奉遷の年代は詳ならざれども、文明十八年以前なるは疑うべからず。という。天正廿年即文禄元年の棟札を存す。伝え云う事代主命、一族陪従の諸神を率いて来らるゝや先ず妻良に上陸して妃神をその地に置き、又子神を子浦に居らしめ給うた、妻良、子浦の名称こゝに起因すと、一説には嫡子物忌奈命を伊波久良和気命と名つけて子浦に鎮座せしめ給えりとも云う。特選神名牒には伊波久良和気命神社は、豆州志考証の説に従いて、田方郡中大見村字八幡郷社八幡神社末宮に充当せられたれども今は本社社記に従いて録し置く。明治六年九月村社に列し、大正十五年二月十三日神饌幣帛料供進社に指定せらる。

多祁富許都久和氣命神社

『特選神名牒』３１０頁
多祁富許都久和氣命神社 稱武峯山神社
　祭神　多祁富許都久和氣命
　　今按神階帳にたけふこわけの明神とある即此神なり豆州志に此神社のことを今武峯權現と云古き上梁文字多く滅す其中に伊豆國賀茂郡武山大權現者當初役行者歡請熊野三所大權現と永正十八年の札に稲澤本郷崗之山爰弟社檀號熊野權現云々とあるによらば熊野神の如くなれど熊野神を多祁富許都久和氣命と云べき由古書に所見なければ從ひがたし
　祭日
　社格　（明細帳に武峯神社とあり祭神多祁富許都久和氣命）
　所在　（賀茂郡濱崎村大字柿崎）　柿崎村 武峯山
　　今按式社考證に古くより此山を多祁大山と稱へたるはタケフコの稱の遺存れるにて多祁富許都久和氣命の鎭座地なること明けし山上に自古の窟と云有より古く御室と云稱有しと見えて隣里中村に御室と云小祠ありて是を多祁富許都久和氣命神社也と云傳へ亦本郷村市岩山半腹に武彦明神と云神ありて武峯山の神と同神なる由に傳たるは正説にて竹彦はたけふこの轉訛なること明白なれば此二社共に武峯山の神を遷祀れること論無く武峯山神の多祁富許都久和氣命なることも亦決定すべしと云うる據ありて聞ゆれば之に從へり

度會延經『神名帳考證』（『神祇全書』第一輯）
〇多祁富許都久和氣命神社　天御桙命　舊事紀云、伊豆國造、天蕤桙命八世孫若建命、磐衝別命、姓氏錄云、阿曇犬養〇此下恐脫連字海神大和多罪神三世孫穗己都久命之後也、

伴信友『神名帳考證』（『伴信友全集』第一）
多祁富許都久和氣命神社
［姓氏］阿曇犬養海神大和多羅神三世孫穗己都久命之後也

伴信友『神名帳考』（『神道大系』古典註釈編七・延喜式神名帳註釋）
多祁富許都久和氣命神社
〇姓氏錄、阿曇犬養。［連］海神大和多羅［罪］神三世孫、穗己都久命之命後也、
　1（頭註）内圖云、中村、

鈴鹿連胤『神社覈錄』（井上賴圀・佐伯有義校訂『神社覈錄』下編）
多祁富許都久和氣命神社
　多祁都久和氣は假字也〇祭神明か也〇在所詳ならず

栗田寬『神祇志料』第十二巻
多祁富許都久和氣命神社、今栃崎村武峯山神社と云ふ。伊豆式社考證〇按武峯は、多祁富許の轉音なり、

『大日本史』［九］・巻二百五十五
多祁富許都久和氣命神社、〇神明帳有從四位上太川不太和氣乃明神、疑斯神也、今在柿埼村、日武峯山神社、蓋此、武峯多祁富許、音相近、蓋舊名之遺、蓋祀綿津見神三世孫穗巳都久命、姓氏錄、延喜式、

『大日本史』［十一］・志三・巻二百九十三
凡本國島嶼纂多、皆隷本郡云、…曰三宅島、〇在上津東九里、周凡七里、山嶺巉峨、多產硫黄、上古三島神、分處諸子於神著、伊豆、阿古、坪田等地、三宅記〇並爲村里有多祁富許都久和氣命社、延喜式有爲朝山、源爲朝嘗居于此、南方海島志

竹村茂雄『伊豆國式社考』（『神祇全書』第四輯）
多祁富許都久和氣命神社 梨本に陳慕瀑布あり、三宅島阿古村、島志

萩原正平『伊豆國式社攷略』（静岡県立中央図書館所蔵）
多祁富許都久和氣命神社
　同郡柿崎村武峯山鎭座たけふこ王けの明神 神階帳舊稱武峯神社是なり 國圖改證註進特選續敬今や本社既尓廢頽尓属し隣里本郷村及び中村等尓分祀せる小祠ありて僅尓其神名を存春るのみ慨歎尓餘あ里と謂ふ可し村人志優らは速尓市社宇を再建して神名を無窮に垂類ゝの擧なくはあ類べからず 若くは村社三島神社に合祭春も可なるべし

萩原正平・萩原正夫『増訂豆州志稿』巻之八上・式内神社考並神階帳考緒言（長倉書店刊）
〇多氣富許都久和氣命神社［増］神階帳從四位上たつふこわけの明神［増］同郡柿崎村武峰山鎭座武峰神社也神階帳たつふこわけノつハけノ誤寫ナル可シ

萩原正平・萩原正夫『増訂豆州志稿』巻之九上・神祠三・賀茂郡（長倉書店刊）
〇武峰權現（同村）［増］無格社武峰神社祭神多氣富許都久和氣命［増］式内多氣富許都久和氣命神社也（前記）武峰山ノ半腹ニアリ武峰多氣夫ト訓ス即神名ノ遺レル也（隣地中村ニ御室神社アリ又本郷村一岩山ノ半腹ニ武彦神社アリテ上梁文ニ御牟福御所武彦明神ト詔ス敷レモ本社ノ分祠ニシテ武峯山頭ニ石窟アルヨリ本社ヲ御室ノ神又御牟福御所ト稱ヘシナラム武彦ノ社鹽ハ神名ノ多祁富許ノ天訛ナル可シ此二祠今至テ小祠ニシテ公簿ニ載セス）當社ヲ原書式内竹麻神社三座ノ一ニ當テタルハ非也（前記）目下頗衰替ヲ極ム（〇古キ上梁文多クビス其中ニ伊豆國賀茂郡武山大權現者當初役行者勸請熊野三所大權利トアリ永正十八年札ニ稲澤本郷崗之上爰第社壇號熊野權現歳深既廢壞寔土曠人稀羅分厥舊跡矣然而當地領主朝比奈惠抄抽願力再興トアリ［増］熊野權現云々ハ佛役二徒ノ附會セル也）後世山頭ニ石尊ヲ祀リテ末社トス伊豆納符［増］十坪民一）

菅原久高『伊豆國九十二式社祭神記』（『全國神職會々報』第二十一號）
多祁富許都久和氣命神社　濱崎村柿崎鎭座無格社武峯神社なり

祭神　多祁富許都久和氣命
　　大日本史神祇志に曰穂己都久命

吉田東伍『増補大日本地名辞書』第五巻・１０７３頁
柿崎　下田港の東側を柿崎半島とす、柿崎、須崎の二村あり、今白浜と合せ、浜崎と改む。岸崖岩嶂紛錯出
　　没して、海山の景象頗奇幻なり、其東伸の岬角を爪木埼とす。〇柿崎の武富山に、式内多祁富許都久和気
　　命神社（神階帳にはたけふこわけに作る）あり。〇柿崎玉泉寺は、安政三年、米国使節ハルリス滞留の寓
　　所とす。

郁岡良弼『日本地理志料』巻十三・伊豆国賀茂郡
大社　訓闕、按讀云於保夜之呂、崇神紀、祭八十萬神、仍定天社國社、出雲風土記、屋代郷、本用社字、
　　　信濃陸奥出羽周防又有屋代郷、東雅云、社讀爲夜之呂、即屋代也、尚古祭神、掃地設壇、謂之屋代、
　　　蓋代宮殿之義、神必有土、故假社稷字墳之、鹽尻云、寶龜中、初定諸社大小、正三位以上爲大社、自
　　　餘爲小社、神名式、有三島神社、班名神大社、承和七年紀、單稱三島大社、初在三宅島、中遷本郷白
　　　濱邑、郷名因起、後徙今田方郡國府地、已注上、」豆州志云、大社方廢、今有稲生澤組領十九邑、蓋
　　　是、按圖亘白濱、柿埼、須埼、下田、本郷、中村、蓮臺寺、大澤、河内、落合、箕作、堀内、相玉、
　　　横川、加増野、椎原、宇土金諸邑、其故區也、」按三島大社應永八年文書、稲梓郷愛玉村、諏訪祠文
　　　明十七年文書、稲梓郷横川村、高根祠永正十六年梁牌、稲澤郷落合村、文祿以後文書、皆作稲生澤郷、
　　　一聲轉訛耳、」祀典所謂伊古奈比咩命神社、在白濱村、即三島神後妃也、初三島神自三宅島遷、妃神
　　　從之、同殿居之、後追遷國府、妃神獨留云、波夜多麻和氣尊神社、在相玉村、稱相玉天神、多祁富許
　　　都久和氣命神社、在柿埼、稱武峰明神、伊波奧命神社、在本郷村、稱淺間宮、」下田有大安寺、有大
　　　安寺山、世稱下田富士、主税寮式、伊豆國大安寺料稲三千束、大安寺在大和、此其寺田、故置別院也、
　　　蓮臺寺村、舊名藤原、蓋藤原氏流寓之處、後以寺名邑、有廢連臺寺、天平中、僧行基刱、承久中廢、
　　　今存大日堂一宇、」下田大馬頭也、船舶會湊、其八幡祠應永六年金皷識、豆州下田郷、北條五代記同、
　　　嘉永中、米使來乞互市、幕府誤許之、世極爲之一變、洶可浩歎、先是、本州代官江川英龍、察宇内形
　　　勢、申幕府、築壚于此、以鑄煩礮、男英敏繼其志、至安永中、成大小數百門云、附表其功、

賀茂郡役所編『静岡県南豆風土誌』２９３～２９４頁（長倉書店刊）
云々、今賀茂郡四十六座の内より海島鎭座二十四座を減じ、又那賀郡二十二座の内より土肥以北井田に至る
八座を除く時は、今日の賀茂郡は正に三十六座の式内社を算すべきなり。然れども伊豆三島神社は、上古鎭
座の本域、賀茂郡三島（和名抄所載郷名、即海島の總稱にして、其の本島は今の三宅島なり。）なりしが、中世同郡大社郷（和名抄所載。今の白濱村伊古奈比咩神社の地なり。）に遷座し、後又今の田方郡三島町に遷祀せられたりと云ふ（伊豆國式社攷略）を以て、更に大神の一座を除きて、
茲に三十五座を得と謂ふべし。今左に増訂豆州志稿巻八上によりて之を擧げむ。（同書に云はく、式内社を記すに「也」といふは疑ひな
きもの、「なるべし」といふは略證蹟あるもの、「ならむ乎」といふは、信疑相半するものに用ふと。
　　云々
　　多祁富許都久和氣命神社　　同郡柿崎村（今須崎村）武峰山鎭座武峰神社也。

賀茂郡役所編『静岡県南豆風土誌』６０６～６０７頁・濱崎村（長倉書店刊）
武山神社　柿崎－無格社－祭神（式内）多祁富許都久和氣命〇武峰を「タケブ」といふは、神名多祁富の遺れるなり。

足立鍬太郎『南豆神祇誌』１７～２２頁（静岡縣賀茂郡神職會）
　既に述べた如く、白鳳年間伊豆神海島に現れてより約百五十年、天長九年に至って男女二神に分化し、深
谷を塞き高巖を摧きて土地を増益し、併せて旱霖を調節するを以て其の神驗とした。蓋し富士火山帯の活動
に因る爆發の威力と、其の噴出した溶岩や泥灰の爲に海中に新地を得ることが、無上の恐怖と多大の感謝を
齎したのである。加も其の爆發前に於ける火山性地震が、やがて來るべき災難を豫告警戒するを以て、居民
は御神火を三嶋神と畏むと同時に、此の地震を伊豆奈比咩神と稱へて感謝を表したのであらう。是れアイヌ
語Ｉｋｏｎｎｕは凶事を未然に戒める義であってＩｋｏｎｎｕ－ｇｕｒｕ及びＩｋｎｎｕｐは神變を現す者
であるより出たのである。但これより推して巫女と解することも出來る。（彼の三宅記の見目＝御妻を考ふ
べきである）。そして此の二神の本貫は三宅島であって、島の名は神明（燒）に起因し、其の雄山が三島
＝神島の體を表したものであらう。次に阿古は噴火の本場であって、其の地名は神名Ｉｋｏの轉である。Ｂ
ａｃｈｅｌｏｒ氏アイヌ語文典Ｔｏｉｓｈｉｋａｒｉの説明に據れば、同語に於てｉ音のａに變ずるは屡々
ある例だといふ。思ふに同地濹池は女神の躰を表すもので、男神と共に此地に鎭座し給うたのを、内地に奉
遷した後に、御子阿米都和氣命を祀ったのであらう。尚ついでにいはゞ、同島神著はアイヌ語Ｋａｍｕｉｓ
ｈｙｏｔｋｉ＝火の女神の處の意で、佐伎多摩比咩命の坐す地、伊ケ谷は同語Ｅｋａｙｅｃｈｉｓｈｉ若く
はＥｋａｉｃｈｉｓｈにて險しき處の意、即ち伊賀牟比賣命の坐す地である。又坪田はＴｏｐｏｃｈｉ＝水
溜の複數なれば、古濹池を表すもので、伊波乃比咩命の坐す處である。そして伊古奈比咩命（三宅記には天地今宮后と稱
するには、阿米都和氣命の他に穗都佐和氣命といふ御子おはし、佐伎多摩比咩命には、加彌・夜須・弓良・志
里太平宜・久良惠・片菅・波夜志・南子の八子おはすを以て、こゝに主神・嫡后・三妃・十王子の三宅神族
を組織すると、承和七年上津島の噴火によりて、更に三嶋神の本后阿波命・嫡子物忌奈命といふ神出現し、
しかも其の本后には五子（物忌奈伊豆和襲阿豆佐和氣外二神ありと稱し、神津・御藏・利島を連ねて神津の一神族を形成した。
然るに大島三原山は三宅島雄山と交互に爆發する御神火の本場であるから、こゝにも其舊噴火口なる波浮池
（今は一方を決して港とするに）妃波布比咩命現れ、彼の白鳳當時の神造地たる野増の阿治古・泉津の波知兩神を其の二王子
として大島神族を組織する。更に又式根なる久爾都比咩命といふ妃神には、新島の多祁美加賀命を稱する武
勇の神と他に一柱の王子坐し、これに對して遙かに沖島（八丈島）にも妃優婆夷命・王子許志伎命（外四神）が現れたから、
こゝに一主神の下に、両后・六妃と嫡子以外の知名十六王子（他に名の傳らざるもの七神）より成る三嶋大神族（式二十六社總三十三柱）が
組織された。之を前章に述べた各族を代表する諸神陞位の順序と對照する時は、尠からず感興を覺える。波
布はアイヌ語Ｈａｂｏ＝母若くは琉球語Ｈａｆｕ＝ホト（陰部）、優婆夷はアイヌ語Ｕａｉｎｕ＝尊敬の意を表す
ものではあるまいか。

かゝる威徳の強盛な神が大國魂となると、次第に他の地方神を糾合し又同化する。是に於て先づ陪從神と稱するものが現れる。彼の右内左内と稱する多祁富許都久和氣命武峯山・意波輿命−弓山は其の一例である。又過去に祭られた神を驅逐して之に代る。乃ち同一の神を祭る社が幾つも現れる。アイヌ語Ｋａｂａｔｏ＝泥湖を祭った加畑神社と、仝語Ｋｕｔｏ＝弓湖を祭った久田神社が、賀茂郡家所在地たるが爲に、いつしか賀茂神社仁座として三嶋神夫妻を祭られた如きは其の一例である。かうして伊豆の國神が統一されて、次第に秩序整然たる大團躰を作り、其の神の國たる賀茂から、漸く人の住む、田方に威徳を布及するに何の不思議のあるべき。彼の徒に居住人民の遲速にのみ執着し、若くは神社の祭神を氏族神ばかりに限らうといふ見地に立って、どうして神祇の眞相を明かにすることが出來よう。將に展開し來らんとする延喜式を讀まうとする者は、先づ思をこゝに致すべきである。

足立鍬太郎『南豆神祇誌』３７～４０頁（靜岡縣賀茂郡神職會）
　延喜式卷九に載せた伊豆國神名帳は次の如くである。但所在地は萩原正平著伊豆國式社考略に私考を加へて註記す。
　　　　伊豆國九十二座　　大五座小四十二座
　　　　　賀茂郡四十六座　　大四座小四十二座
　　　　　　云々
　　　　　　多祁富許都久和氣命神社　　　　　　　　濱崎村柿崎
　　　　　　云々

足立鍬太郎『南豆神祇誌』５２～５３頁（靜岡縣賀茂郡神職會）
　次に、石室崎の風蝕せる大集塊岩窟は伊波例命として、岩殿なる同じ大岩窟は伊波氏別命として、武峰山の尖銳なる岩塊は多祁富許都久和氣命として、嘗て下河津村田中にあった筈の巨杉は杉桙別命として、妻良港は大津往比咩命として、伊豆山溫泉は火牟須比命として富洞の礫濱は布刀主若玉命として、安良里の網屋崎は國玉命として、皆神格づけられて居る。此類はまだ〳〵多い。又地名を冠して居る神社でも、神洞瀑は多爾夜神社、田子島は哆胡神社、鴨ケ池＝洞内海は佐波神社の一座、戸田港は部多社、石寶殿は石德高（德はアイヌ語Ｔｏｋｓｅ＝丘で同語Ｉｗａと熟したのにタカといふ國語を添へたのであらう）神社の神主ではなかったらうか。海岸の島嶼を三島神の若宮として祀った形迹は尚ある

足立鍬太郎『南豆神祇誌』７５～８１頁（靜岡縣賀茂郡神職會）
　伊豆國神階帳は、群書類從二三に、康永二年辛亥(興國四年)十二月廿五日在廳判の奧書あるものを、在廳伊達某藏本から寫して收めてある。伊達家に現藏するものは鳥子紙二枚襴にて後世の寫本である即ち尾張のより二十年許前のものである。在廳とは、中古國衙の廳にあり、國司の命を奉じて事務を行ふ下司であったが、多くは世職だから其の稱呼を傳へて居たのだ。先づ左に其の全文を掲げよう。
伊豆國神階帳　　式社の配當は萩原正平の意見に據る
　　伊豆國三ケ郡神明帳事
　　正一位三島大明神
　　云々
　　　那賀郡貳拾四所
　　云々
　　　賀茂郡三十七所
　　云々
　　從四位上たけふこわけの明神　　多祁富許都久和氣命神社
　　云々

足立鍬太郎『南豆神祇誌』１８７～１８８頁（靜岡縣賀茂郡神職會）
　　　　第二十三章　　濱崎村
云々
其他、柿崎・外浦八幡神社、須崎・坂口津島神社の二村社がある。又柿崎字武山の武峰神社は、式内多祁富許都和氣命神社なれども、微々として振はず。云々

靜岡縣『舊版　靜岡縣史』７１１～７１６頁（名著出版刊）
【賀茂郡四十六座大四座小卅二座】
云々
（多祁富許都久和氣命神社）
　原祭神は多祁富許都久和氣命。原所在は賀茂郡濱崎村柿崎字武山。現在社は同所の武峯神社。
云々

靜岡県郷土研究協会『靜岡県神社志』第三篇（日本仏書センター刊）
無格社　武峰神社
　　　　　賀茂郡浜崎村柿崎字武山鎮座
云々
　祭神　多祁富許都久和気命
　例祭日
　由緒　創立年月不詳、延喜式神名帳に所載伊豆国賀茂郡多祁富許都久和気命神社是也と云う明治十七年中暴風雨の為社殿顛覆す。
云々

阿治古神社

『特選神名牒』３１１～３１２頁
阿治古神社稱大宮明神
　　祭神　阿治古神
　　今按三宅記に三島の大神の后神のことを大島に置玉ふ后をば羽分大后とぞ申ける其の御腹に王子二人おはし坐一人を太郎王子おほい所とぞ申ける一人をば二郎王子すない所とぞ申ける云々と有て本島鎭座の神は此波布大后と此二柱の王子と知らるゝに總鎭守と云ひ大宮と云ひ大島明神と稱ふにて此神の太郎王子なること灼然く野増村南方二里海濱に阿治古と稱する所ありて舊此地に村居の有しを噴火の爲に埋れて今の地に移したる由口碑に傳たる據有説にて古く此神も彼地鎭座なること知られ阿治古の地名存れるを以て阿治古命なること疑なく聞ゆと式社考證にに云る確證と云べしかくて此神は三島の神の后にます波布比咩命の生ませる第一御子神とみえたり
　　祭日
　　社格　（郷社）
　　所在　（伊豆國大島野増村）　大島野増村

度會延經『神名帳考證』（『神祇全書』第一輯）
阿治古神社　阿遲古連公

伴信友『神名帳考證』（『伴信友全集』第一）
阿治古神社

伴信友『神名帳考』（『神道大系』古典註釋編七・延喜式神名帳註釋）
阿治古神社
　１（頭註）治、一本作沼、

鈴鹿連胤『神社覈錄』（井上賴圀・佐伯有義校訂『神社覈錄』下編）
阿治古神社
　阿治古は假字也〇祭神在所等詳ならず

栗田寛『神祇志料』第十二巻
阿治古神社、今大島野増村にあり、大島總鎭守大宮明神と云。伊豆式社考證、足柄縣式社取調帳、〇按村の南方二里許海濱に阿治古と云處あり、もと村居ありしが、噴火の爲に今地に移し移したりと云もの蓋とすべし。阿治古命を祀る。延喜式此は三島の神並布比咩命に娶て生坐る第一の御子神也。三宅記

『大日本史』［九］・志一・巻二百五十五
阿治古神社、〇今在大島野増村、日總鎭守大宮明神、舊址在村南二許里阿治古、後遷今地、祀三島神子阿治古神、即波布比咩神所生、

竹村茂雄『伊豆國式社考』（『神祇全書』第四輯）
阿治古神社　網代神明宮ならん

萩原正平『伊豆國式社攷略』（静岡県立中央図書館所蔵）
阿治古神社
　大島野増村鎭座太郎の王子おほ以所三宅記今稱大宮神社なる可し攷證註進特選今なほ阿治古の地名僅に存世里と雖數噴火の変遷尓係るを以て其舊址を詳尓春類を得ざるは遺憾と云ふ可くこそ

萩原正平・萩原正夫『増訂豆州志稿』巻之八上・式内神社考並神階帳考緒言（長倉書店刊）
〇阿治古神社［増］大島野増村大宮神社ナル可シ當村ノ南方二里許ニ阿治古ノ地名存スコレ舊社地ナラム蓋シ噴火ニ罹リテ現地ニ遷祀セシナル可シ三宅記ニ大島ニ置キ給フ后ノ御腹ニ二人ノ王子オハシマス一人ヲ太郎王子おほい所トアルハ此神ナラム

萩原正平・萩原正夫『増訂豆州志稿』巻之九上・神祠三・賀茂郡（長倉書店刊）
〇神明（網代村）［増］村人阿治古神社祭神天照大神ナリト云相殿來宮［増］初本村朝日山ニ鎭座スト云元和元年字別所ヨリ此地ニ遷祀ス（寛文二年ノ社記）式考ニ式内賀茂郡阿治古神社ニ當テタレ共非也（此地往昔田方郡ニ屬ス）社號蓋シ此説ニ從テ改稱セルナラム（正保三年上梁文アリ〇補宜高橋氏）相殿來宮ハ初下多賀村中野ニ鎭座ス（舊址存ス）後當村日寄山ニ遷シ明治十六年本社ニ合祀ス（〇來宮、大己貴命他多賀ヨリ移ス。補宜松尾氏）［増］境内社三（一ハ天神、八坂ヲ合祀。一ハ琴平、淺間ヲ合祀。一ハ稲荷）［増］三百四十五坪官一）

萩原正夫『伊豆七島志』上・六島・沿革（長倉書店刊）
［増］本島上古ノ事蹟ハ詳ナラズト雖事代主神ノ眷族ノ開創ニカヽレルハ疑ナカル可シ三宅記ニ三島明神大島ニ置キ給フ后ノ御名ヲ「羽分ノ大后」ト申ス其御腹ニ王子二人オハシマス一人ヲ「太郎王子オホイ所」次ハ「次郎ノ王子スクナイ所」トゾ申ケルトアリ此羽分ノ大后トアルハ波布比賣命、太郎王子オホイ所トアルハ阿治古命、次郎ノ王子スクナイ所トアルハ波治命ニシテ其祠廟ハ共ニ式内ニ列セラルレバ是レ本島開創ノ始祖ナル可シ島民傳云フ本島及諸島ハ孝安天皇ノ時始テ人住メリト是レ三宅記ニ同天皇ノ御代ニ三島ノ神伊豆ノ屬島ニ渡來シ給フトアルヨリ起レル説ニテ他ニ憑據アルニ非レバ信ズルニ足ラズ。

萩原正夫『伊豆七島志』上・大島・神祠（長倉書店刊）
［増］郷社大宮神社（〇大宮明神）［増］野増村大宮山鎭座祭神阿治古命ナル可シ（社域一千二百二十坪官有地増訂豆州志稿ニ詳記ス二九五頁）

菅原久高『伊豆國九十二式社祭神記』（『全國神職會々報』第二十一號）
阿治古命神社　大島村野増村鎭座大宮明神と稱す

祭神　阿治古命

吉田東伍『増補大日本地名辞書』第五巻・１０８０頁
野増　大島西岸の村落とす、新島村と相並び、大宮明神社あり、慶長十七年の上梁文に、大宮十八社大明神と号し、寛永十一年の金皷銘に大島明神とあり、蓋延喜式阿治古社なり、［七島志］また泉津村の第二王子は、式の波治加麻神たるを知る。野増村の龍の口の海崖、表土の下凡八丈赤土層あり、此層中に種々の遺物あり、土器、石器并に石鏃原料たる黒曜石、猪鹿の骨、鯨の骨等より、人骨まで発見せらる。（火山弾も混在す）蓋太古の墟落が火山灰と溶岩とに埋没せしめられたる者ならん。而も其石器時代遺物包含層の上に、溶岩流之を被覆し、其上に火山灰層あり、灰中にも土器を発見すと云ふ。又島中表土の上にも、石器遺物を発見することありと。

補［阿治古神社］〇増訂豆州志稿、式内阿治古神社は大島野増村大宮神社なるべし、当村の南方二里許に阿治古の地名存す、これ旧社地ならむ、蓋噴火に罹りて現地に遷地せしなる可し。三宅記に、大島に置玉ふ后の御腹に二人の王子おはします、一人を太郎王子おほい所とあるは此神ならむ。

補［泉津］〇増訂豆州志稿、波知神社は大島泉津村、旧称波治竈明神社なり、近地には波治の尾と云ふ高峰あり。三宅記に、大島に置給ふ后の御腹に二人の王子おはします、一人を次郎の王子すない所とあるは此ならむ。

郁岡良弼『日本地理志料』巻十三・伊豆国賀茂郡三島郷
大島　按在下田港東南八里、周十里半、三原山常噴火、鷹二千五百五十尺、田圃百二十一町四反、有新島、岡田、差木地、泉津、野増五村、管戸九百六十五、口四千四百六十、民業耕織漁樵、其俗敦樸、不盗竊、不束髪、尤信鬼神、其親之死、別造喪屋而居之、盖上古之遺風也、諸島風俗大抵準之、」祀典所秩波布比咩命神社在波布港、曰波布太后大明神、即三嶋神之妃也、阿治古神社在野増村、曰總鎮守大宮明神、波治神社在泉津村、曰波治竈明神、並波布比咩神所生、」天武二年紀、麻續王有罪、其子某連座、流伊豆島、神亀元年紀、敕配流遠近之程、以本國、爲遠流地、皆斥本島也、慶長中、德川氏流浮田秀家于八丈島、以八丈爲流地、自茲始、

足立鍬太郎『南豆神祇誌』１７～２０頁（静岡縣賀茂郡神職會）
　既に述べた如く、白鳳年間伊豆神海島に現れてより約百五十年、天長九年に至って男女二神に分化し、深谷を塞き高巖を摧きて土地を増益し、併せて旱霖を調節するを以て其の神驗とした。蓋し富士火山帯の活動に因る爆發の威力と、其の噴出した溶岩や泥灰の爲に海中に新地を得ることが、無上の恐怖と多大の感謝を齎したのである。加も其の爆發前に於ける火山性地震が、やがて來るべき災難を豫告警戒するを以て、居民は御神火を三嶋神と畏むと同時に、此の地震を伊古奈比咩神と稱へて感謝を表したのであらう。之れアイヌ語Ｉｋｏｎｎｕは凶事を未然に戒める義であってＩｋｏｎｎｕ－ｇｕｒｕ及びＩｋｎｎｕｐは神變を現す者であるより出たのである。但これより推して巫女と解することも出來る。（彼の三宅記の見目＝御妻を考ふべきである）。そして此の二神の本貫は三宅島であって、島の名は神明（燒）に起因し、其の雄山が三島＝神島神の體を表したものであらう。次に阿古は噴火の本場であって、其の地名は神名Ｉｋｏの轉である。Ｂａｃｈｅｌｏｒ氏アイヌ語文典Ｔｏｉｓｈｉｋａｒｉの説明に據れば、同語に於てｉ音のａに變ずるは屡々ある例だといふ。思ふに同地澪池は女神の躰を表すもので、男神と共に此地に鎮座し給うたのを、内地に奉遷した後に、御子阿米都和氣命を祀ったのであらう。尚ついでにいはゞ、同島神著はアイヌ語Ｋａｍｕｉｓｈｙｏｔｋｉ＝火の女神の處の意で、佐伎多摩比咩命の坐す地、伊ケ谷は同語Ｅｋａｙｅｃｈｉｓｈｉ若くはＥｋａｉｃｈｉｓｈにて險しき處の意、即ち伊賀牟比賣命の坐す地である。又坪田はＴｏｐｏｃｈｉ＝水溜の複數なれば、古澪池を表すもので、伊波乃比咩命の坐す處である。そして伊古奈比咩命三宅記には天地今宮后と稱するには、阿米都和氣命の他に穗都佐和氣命といふ御子おはし、佐伎多摩比咩命には、加彌・夜須・弓良・志里太平宜・久良惠・片菅・波夜志・南子の八子おはすを以て、こゝに主神・嫡后・三妃・十王子の三宅神族を組織すると、承和七年上津島の噴火によりて、更に三嶋神の本后阿波命・嫡子物忌奈命といふ神出現し、しかも其の本后には五子物忌奈伊豆和氣阿豆佐和氣外二神ありと照し、神津・御藏・利島を連ねて神津の一神族を形成した。然るに大島三原山は三宅島雄山と交互に爆發する御神火の本場であるから、こゝにも其舊噴火口なる波浮池今は一方を決して港とするに妃波布比咩命現れ、彼の白鳳當時の神造地たる野増の阿治古・泉津の波知兩神を其の二王子として大島神族を組織する。更に又式根なる久爾都比咩命といふ妃神には、新島の多祁美加賀命と稱する武勇の神と他に一柱の王子坐し、これに對して遙かに沖島八丈島にも妃優婆夷命・王子許志伎命外四神が現れたから、こゝに一主神の下に、両后・六妃と嫡子以外に知名十六王子他に名の傳ざるもの七神より成る三嶋大神族式二十六社總三十三社が組織された。

足立鍬太郎『南豆神祇誌』３７～４０頁（静岡縣賀茂郡神職會）
　延喜式卷九に載せた伊豆國神名帳は次の如くである。但所在地は萩原正平著伊豆國式社考略に私考を加へて註記す。
　　　　伊豆國九十二座　　大五座小八十七座
　　　　　　賀茂郡四十六座　　大四座小四十二座
　　　　　　　云々
　　　　　　　阿治古神社　　　　　　　　　　　　大島野増
　　　　　　　云々

静岡縣『旧版 静岡縣史』第三巻・７１１～７１７頁（名著出版刊）
【賀茂郡四十六座大四座小卌二座】
云々
（阿治古神社）
　原祭神は阿治古神。原所在は伊豆大島野増村の南方二里の海濱。
云々

阿米都加多比咩命神社

『特選神名牒』３１１頁
阿米都加多比咩命神社
　祭神
　祭日
　社格
　所在
　　今按式社考證に妻良村三島明神なるべし正中二年の社記に神代の昔三島大神と溝樴姫命と御船にて渡來玉ひ當浦より上らせ玉ふとみえ一座は姫神なるも所由あり村名の妻浦も姫神鎮座の地なるより比賣浦の略と聞ゆとみえ又一説に下小野村鎮座大宮明神ならむ豆志に下小野村門小野に在今稱大宮上下小野川合野三村の總鎮守也村老相傳ふ此神は靑野村三島明神の妹也然らば二社ともに必式内なるべし云々とみえ古老の説に門野明神と稱たると傳へ今に社邊を門野或は門小野と稱へるが神名の加多に近く大宮の稱あるも因ありと云るによりて足柄縣註進には下小野村と定めたれど門野明神又門小野などの稱によりて加多比賣に由ありと云るは信がたき心地せらるれば從はず

度會延經『神名帳考證』（『神祇全書』第一輯）
阿米都加多比咩命神社　神阿多都比賣命　古事記云、大山津見神之女神神阿多都比賣、亦名曰木花佐久夜毘賣、按加多阿多言通

伴信友『神名帳考證』（『伴信友全集』第一）
阿米都加多比咩命神社
印本无比字○田方郡ニ阿米都瀬氣多知命神社アリ

伴信友『神名帳考』（『神道六系』古典註釋編七・延喜式神名帳註釋）
阿米都加多比咩命神社
○田方郡ニ阿米都瀬氣多知命神社アリ、

鈴鹿連胤『神社覈錄』（井上賴圀・佐伯有義校訂『神社覈錄』下編）
阿米都加多比咩命神社
　阿米都加多比咩は假字也○祭神明か也○在所詳ならず
　　　　神位
　國内神階記云、あめつかた姫の明神、

栗田寬『神祇志料』第十二巻
阿米都加多比咩命神社

『大日本史』［九］・志一・巻二百五十五
阿米都加多比咩命神社、○今妻浦村有三島明神祠、蓋是、神明帳爲從四位上、

竹村茂雄『伊豆國式社考』（『神祇全書』第四輯）
阿米都加多比咩命神社　一色姫宮明神ならん、神階帳にあめつうたひめ明神あり、

萩原正平『伊豆國式社攷略』（静岡県立中央図書館所蔵）
阿米都加多比咩命神社
　同郡下小野村鎮座あ免つか多ひめの明神 神階帳今稱三島神社なる可し 攷證の一説註進續攷

萩原正平・萩原正夫『増訂豆州志稿』巻之八上・式内神社考並神階帳考緒言（長倉書店刊）
○阿米都加多比賣命神社［増］神階帳從四位上あめつかたひめの明神［増］同郡下小野村三島神社ナル可シ一説ニ妻浦村三島神社ニ當テタレド此社ハ式内大津往命神社ナル可レバ從ヒ難シ

萩原正平・萩原正夫『増訂豆州志稿』巻之九上・神祠三・賀茂郡（長倉書店刊）
○三島明神（下小野村門小野）［増］郷社（兼村社）三島神社祭神阿米都加多比咩命ナル可シ相殿八幡（○八幡同林）［増］式内阿米都加多比咩命神社ナル可シ（前記）往古ハ門野明神ト稱スト云今社邊ヲ門野或ハ門小野ト云共ニ加多ノ神名ノ遺レルナラム（社前ノ耕地ニ門神腰掛石ト呼ル石アリ）○今稱大宮上下小野ノ總鎮守也村老相傳フ此神ハ靑野村三島ノ神ノ妹也ト然ラバ二社必式内ナル可シ應永十年文明十四年等ノ上梁文ニ仁科荘小野郷ト□永四年ノ文ニハ時ノ政所長久入道ト誌ス此外古札數多アレ共文字多ク滅ス［増］ナホ建武二年永享五年等ノ札アリ（共ニ大山祇命ト誌スコレ三島大社神ヲ訛傳セショリ謬レル也此類多シ）○廳舍經藏等アリ○八幡ハ元祿以前ノ棟札多シ（［増］七百七十一町官一）

菅原久高『伊豆國九十二式社祭神記』（『全國神職會々報』第二十一號）
阿米都加多比咩命神社　南上村下小野鎮座郷社三島神社なり
　祭神　阿米都加多比咩命

吉田東伍『増補大日本地名辭書』第五巻・１０６７～１０６８頁
小野　蛇石、靑野、毛倉野、岩戸野などと併せ、南上村と云ふ、烏帽子山の東なる山谷にして、手石川の水源にあたる。岩科、松崎より蛇石峠を越えて此谷に入る。○増訂志稿云、小野村三島明神、文永五年上梁文に、仁科庄小野郷と記す、此社は延喜式并に神階帳に阿米都加多姫神ならん、但し阿米都別神は三島に鎮座す、岩戸野の諏訪明神は、式内伊波別命神社とす、毛倉野村に日原山鉱孔あり、其創開は慶長の度にして、盛に行はれたる由なるが、故ありて廃坑となり、数多の星霜を経て、慶応二丙寅年、再び之が開鑿をなし、明治に至りなほ引続き採鉱に従事せるも、其出額多からず。

補［日原金山］〇地誌提要、毛倉野村日原、採出一年吹目金凡五百匁、繩地村運長山吹目金凡三百匁、浜村桜沢大松山吹目金三拾匁、其三所一年合八百三十匁、〇同郡青野村休山。

補［蛇石］〇増訂豆州志稿、蛇石村長者が原村の西北、浪の山の東方なり、四望渺々、南方は島嶼在目前、亦佳景の地なり、〇岩殿村鎮座諏方社は、式内伊波氏別命神社なるべし。

郁岡良弼『日本地理志料』巻十三・伊豆国賀茂郡
賀茂　訓義見上、即加毛神社所在、而郡家在焉、豆州志云、賀茂郷廢、賀茂村存、按圖亘上賀茂、下賀茂、青市、大賀茂、一條、二條、加納、石井、岩殿、毛倉野、上小野、下小野、青野諸邑、盖其地也、」祀典所云、加毛神社、在下賀茂、稱加畑明神、阿米都加多比咩命神社、在下小野村、伊波氏別命神社、在岩殿村、三島大社文永應永古文書、有仁科荘小野郷岩殿郷、秋山氏曰、天平十三年紀、流小野東人於伊豆、盖居小野耶、州有九條、三條、三宅殿、加畑、一條、二條、五條、藤原、葦屋等邑、皆摺紳謫居之阯也、大賀茂、頼政記作尾加茂、青市、舊名蒲谷、神鳳抄伊豆國蒲谷御厨、東鑑作蒲屋御厨、三島大社文永七年文書作蒲原誤、同應永七年梁牌、有蒲屋郷青市村、加納、古名日出里、久壽中改叶、後用今字、

賀茂郡役所編『静岡県南豆風土誌』２９３～２９４頁（長倉書店刊）
云々、今賀茂郡四十六座の内より海島鎭座二十四座を減じ、又那賀郡二十二座の内より土肥以北井田に至る八座を除く時は、今日の賀茂郡は正に三十六座の式内社を算すべきなり。然れども伊豆三島神社は、上古鎭座の本域、賀茂郡三島 和名抄所載郷名、即海島の總稱にして、其の本島は今の三宅島なり。なりしが、中世同郡大社郷 和名抄所藏。今の白濱村伊古奈比咩命神社の地なり。に遷座し、後又今の田方郡三島町に遷祀せられたりと云ふ（伊豆國式社攷略）を以て、更に大神の一座を除きて、茲に三十五座を得と謂ふべし。今左に増訂豆州志稿巻八上によりて之を擧げむ。同書に云はく、式内社を記すに「也」といふは疑ひなきもの、「なるべし」といふは略證蹟あるもの、「ならむ乎」といふは、信疑相半するものに用ふと。
　　云々
　　阿米都加多比咩命神社　同郡下小野村（今南上村）三島神社なるべし。

賀茂郡役所編『静岡県南豆風土誌』６５１頁・南上村（長倉書店刊）
三島明神　下小野―郷社兼村社―祭神、阿米都加多比咩命〇住古は門野明神と稱せりといふ。今社邊を門野又は門小野といふ。俗に大宮と稱し上下小野の總鎭守とす。建武二年再建以前の事は知られず。

足立鍬太郎『南豆神祇誌』３７～４０頁（静岡縣賀茂郡神職會）
延喜式巻九に載せた伊豆國神名帳は次の如くである。但所在地は萩原正平著伊豆國式社考略に私考を加へて註記す。
　　　　伊豆國九十二座　大五座小八十七座
　　　　　賀茂郡四十六座　大四座小四十二座
　　　　　　云々
　　　　　阿米都加多比咩命神社　　　　　　　　南上村下小野
　　　　　　云々

足立鍬太郎『南豆神祇誌』７５～８１頁（静岡縣賀茂郡神職會）
伊豆國神階帳は、群書類從二三に、康永二年癸亥（興國四年）十二月廿五日在廳判の奥書あるものを、在廳伊達某藏本から寫して収めてある。伊達家に現藏するものは鳥子紙二枚續にて後世の寫本である即ち尾張のより二十年許前のものである。在廳とは、中古國衙の廳にあり、國司の命を奉じて事務を行ふ下司であったが、多くは世職だから其の稱呼を傳へて居たのだ。先づ左に其の全文を掲げよう。
伊豆國神階帳　式社の配當は萩原正平の意見に據る
　　伊豆國三ケ郡神明帳事
　　正一位三島大明神
　　　云々
　　　那賀郡貳拾四所
　　　云々
　　　賀茂郡三十七所
　　　云々
　　　從四位上あめつかた姫の明神　阿米都加多比咩命神社
　　　云々

足立鍬太郎『南豆神祇誌』２０６頁（静岡縣賀茂郡神職會）
　　　　第二十九章　南上村
三島名神
　　所在　下小野字宮ノ前
　　祭神　阿米都加多比咩命
　　創立　建武二年　再建
　　社格　郷社　式内
　　境内　七七一坪　官一
　一社二扉で、一方には八幡を祀ってある。阿彌陀の撥物がある室町初期より安土桃山時代までの神鏡四面を藏す。又棟札に富む。第九章に示した永和のものを首として、文明十四年・天文十三年・天正十七年・慶長十三年・元和四年より明治三十九年まで、順を逐うて十六枚を存す。

静岡縣『旧版　静岡縣史』第三巻・７１１～７１７頁（名著出版刊）
【賀茂郡四十六座 大四座小四十二座】
云々

(阿米都加多比咩命神社)
　　原祭神は阿米都加多比咩命。原所在は賀茂郡南上村下小野字宮前か。現在社は同所の三島神社か。
云々

静岡県郷土研究協会『静岡県神社志』第三篇
郷社　三島神社
云々
　祭神　事代主命　（又云阿米都加多比咩命）
　　　　相殿　応神天皇
　例祭日　十一月一日
　由緒　創建年代不詳なれども、延喜式神名帳に賀茂郡阿米都加多比咩神社とあり神階帳に従四位上あめつかた姫の明神とあるに当るか、式社考証には一説として、下小野村鎮座大宮明神ならむ豆志に下小野村門小野に在今称大宮上下賀茂村川合野三村の総鎮守なり村老相伝う此神は青野村三島明神の妹也然らば三社共に必式内なるべし云々と見ゆ。明治六年郷社に列す。建武二年再建、永和年間の棟札を始め文明十四年云々天文十三年云々天正十七年云々慶長十三年云々元和四年云々より明治三十九年まで順次十六枚の棟札を存す。
云々

意波與命神社

『特選神名牒』３１１頁
伊波與命神社
　祭神　伊波與命
　社格　（明細帳に淺間神社とあり祭神伊波與命）
　所在　（賀茂郡稲生澤村大字本郷）　本郷村一巖山
　　今按この社所在定かならず式社考證に加茂郡本郷村一巖山上鎭座淺間ならむか其は神名の伊波與は巖に因ある稱號と聞ゆるに此山は名にし負一巖山にして突兀壁立形勝他に異りて能神號に適ひ淺間の稱も姫神に坐より起たるにて緣由有を以て知べし又同郡岩殿村白山社ならむか此社は豆志に波次磯山岩殿中の白山權現亦山下の熊野權現極めて古社也云々と記せる如く神名の伊波與は岩寄の意にて此社の岩壁の嵌空に片寄り立たるに適へり又池村に淺間社には非じかと思はるれど此邊古く賀茂田方二郡接界の地にて若くは田方郡に屬せしにやと疑ありて決しがたしと云りされど足柄縣の註進には上の一説によりて本郷村鎭座と定めたるに從ふ

度會延經『神名帳考證』（『神祇全書』第一輯）
意波與命神社　土靈　波布比賣命、優波夷命、此神社皆同、埴安姫命轉語、按與夜音通、波埴也、土靈木靈並祀近江國意波閇神社埴安姫、舊事紀、物部阿遲古連公、水間君等祖、

伴信友『神名帳考證』（『伴信友全集』第一）
意波與命神社

伴信友『神名帳考』（『神道大系』古典註釋編七・延喜式神名帳註釋）
意波與命神社

鈴鹿連胤『神社覈錄』（井上頼囶・佐伯有義『神社覈錄』下編）
意波與命神社
　意波與は假字也○祭神明か也○在所詳ならず
　　　神位
　國內神階記云、從四位上いはよ姫の明神、

栗田寬『神祇志料』第十二卷
意波與命神社、今本郷村一巖山にあり。式社考證

『大日本史』［九］・志一・卷二百五十五
意波與命神社、○神明帳作從四位上伊和與姫乃明神

竹村茂雄『伊豆國式社考』（『神祇全書』第四輯）
意波與命神社

萩原正平『伊豆國式社攷略』（静岡県立中央図書館所蔵）
意波與命神社
　同郡本郷村土濱一岩山上鎭坐いはよひめの明神 神階帳今稱淺間神社なるべし 攷証の一説註進特選續攷一岩山は其形象の似たるより世ル下田冨士と稱春淺間の稱あるも蓋此尓原けるなり山上なるを以て祠亦大ならず

萩原正平・萩原正夫『増訂豆州志稿』卷之八上・式内神社考並神階帳考緒言（長倉書店刊）
○意波與命神社［増］神階帳從四位上いはよ姫の明神［増］同郡本郷村土濱一岩山上鎭座淺間神社ナラム乎或云同郡岩殿村白山社ナル可シト如何ヲ知ラズ

萩原正平・萩原正夫『増訂豆州志稿』卷之九上・神祠三・賀茂郡（長倉書店刊）
○淺間神社（同村下同）［増］無格社祭神不明或云意波與命［増］式内意波與命神社ナラム乎（前記）一岩山上ニ鎭座ス此山富嶽ニ似タルヨリ人呼テ下田富士ト云淺間ノ社號蓋之ニ因ル原書當社ヲ式内竹麻神社三座ノ一ニ當テタルハ非也（前記）○本石祠九宇アリ永正中此邊ノ地頭朝夷知明九祠ヲ一棟ニ改造ス（［増］九祠ハ蠶末社ヲ合算セルナラム）［増］北條五代記ニ清水上野守ノ妻、宿願有テ山上ノ氏神ノ社ニ參詣ノ事ヲ載ス（北條盛衰記同之。列女部參看）蓋當社ナル可シ（［増］五十坪民一）

萩原正平・萩原正夫『増訂豆州志稿』卷之九上・神祠三・賀茂郡（長倉書店刊）
白山權現（同村）○波次機山岩殿ノ中ニアリ又山下ノ熊野權現極テ古社也伊豆山伏祝ノ護摩ヲ焚ク岩殿寺ハ本ト權現ノ別當也今ハ權現反テ寺ノ土地廟ト成テ祠ノ由來ヲ喪フ（［増］此二祠今公簿ニ載セズ）［増］白山ヲ式内意波與命神社ニ當テタル一説アリ（前記）

菅原久高『伊豆國九十二式社祭神記』（『全國神職會々報』第二十一號）
意波與命神社　所在詳らかならず
　祭神　意波與命

吉田東伍『増補大日本地名辞書』第五卷・１０７１頁
一岩山　本郷の西に隆起する一峰にして、標高数百尺に過ぎざれど、形容富士山に同く、下田港の上にあたるを以て、海客の目標と為り、下田富士と名づく。此山のいわよ姫明神は神階帳に見え、式内意波与命神社にあたると云へり。

郁岡良弼『日本地理志料』巻十三・伊豆国賀茂郡
大社　訓闕、按當讀云於保夜之呂、崇神紀、祭八十萬神、仍定天社國社、出雲風土記、屋代郷、本用社字、信濃陸奥出羽周防又有屋代郷、東雅云、社讀爲夜之呂、即屋代也、尚古祭神、掃地設壇、謂之屋代、蓋代宮殿之義、神必有土、故假社稷字墳之、鹽尻云、寶龜中、初定諸社大小、正三位以上爲大社、自餘爲小社、神名式、有三島神社、班名神大社、承和七年紀、單稱三島大社、初在三宅島、中遷本郷白濱邑、郷名因起、後徙今田方郡國府地、已注上、」豆州志云、大社方廢、今有稲生澤組領十九邑、蓋是、按圖亘白濱、柿埼、須埼、下田、本郷、中村、蓮臺寺、大澤、河内、落合、箕作、掘内、相玉、横川、加増野、椎原、宇土金諸邑、其故區也、」按三島大社應永八年文書、稲梓郷愛玉村、諏訪祠文明十七年文書、稲梓郷横川村、高根祠永正十六年梁牌、稲澤郷落合村、文祿以後文書、皆作稲生澤郷、一聲転訛耳、」祀典所謂伊古奈比咩命神社、在白濱村、即三島神後妃也、初三島神自三宅島遷、妃神從之、同殿居之、後迨遷國府、妃神獨留云、波夜多麻和氣命神社、在相玉村、稱相玉天神、多祁富居都久和氣命神社、在柿埼、稱武峰明神、意波與命神社、在本郷村、稱淺間宮、」下田有大安寺、有大安寺山、世稱下田富士、主税寮式、伊豆國大安寺料稲三千束、大安寺在大和、此其寺田、故置別院也、蓮臺寺村、舊名藤原、蓋藤原氏流寓之處、後以寺名邑、有廢連臺寺、天平中、僧行基瓢、承久中廢、今存大日堂一宇、」下田大馬頭也、船舶會湊、其八幡祠し應永六年金皷識、豆州下田郷、北條五代記同、嘉永中、米使來乞互市、幕府誤許之、世局爲之一變、洶可浩歎、先是、本州代官江川英龍、察宇内形勢、申幕府、築壘于此、以鑄煩礮、男英敏繼其志、、至安永中、成大小數百門云、附表其功、

賀茂郡役所編『静岡県南豆風土誌』２９３～２９４頁（長倉書店刊）
云々、今賀茂郡四十六座の内より海島鎭座二十四座を減じ、又那賀郡二十二座の内より土肥以北井田に至る八座を除く時は、今日の賀茂郡は正に三十六座の式内社を算すべきなり。然れども伊豆三島神社は、上古鎭座の本域、賀茂郡三島（和名抄所載郷名、即海島の總稱にして、其本島は今の三宅島なり。なりしが、中世同郡大社郷（和名抄所載。今の白濱村伊古奈比咩命神社の地なり。に遷座し、後又今の田方郡三島町に遷祀せられて云ふ（伊豆風土社攻略）を以て、更に大神の一座を除きて、茲に三十五座を得と謂ふべし。今左に増訂豆州志稿巻八上によりて之を舉げむ。同書に云はく、式内社を記すに「也」といふは疑ひなきもの、「なるべし」といふは略證蹟あるもの、「ならむ乎」といふは、信疑相半するものに用ふと。
云々
　意波與命神社　同郡本郷村（今稲生澤村）土濱淺間神社ならむか。

賀茂郡役所編『静岡県南豆風土誌』５９８頁・稲生澤村（長倉書店刊）
淺間神社　本郷－無格社－祭神、意波與命〇富士山頂にあり。初、淺間神社には木花咲耶姫を、意波與命神社には意波與命を祀りき。特に後者は式内に列せるを以て（神階帳に從四位いわよ姫の明神とあり。）今は前者を合祀せり。祠後に賽券の堆石あり。此山元來一岩山と呼べども、形富嶽に似たれば、俗に本郷富士とも又下田富士ともいふ。元は石祠九宇ありしを、永正中此地の地頭頼比奈知明合して一祠とす。北條五代記に清水上野守の妻宿願あり、山上の氏神社に参詣してし大力を驅せること見ゆ。其の氏神社は此の社なるべしと傳ふ。又社側の細青冬葉（モチノキ）に米人手刻の文字あり。普通にはペリーといへど、一八五五の刻字を眞とすれば、後に來りしアダムス一行の者か。

足立鍬太郎『南豆神祇志』１７～２２頁（静岡縣賀茂郡神職會）
　既に述べた如く、白鳳年間伊豆神海島に現れてより約百五十年、天長九年に至って男女二神に分化し、深谷を塞ぎ高巌を摧きて土地を増益し、併せて旱霖を調節するを以て其の神驗とした。蓋し富士火山帯の活動に因る爆發の威力と、其の噴出した溶岩や泥灰の爲に海中に新地を得ることが、無上の恐怖と多大の感謝を齎したのである。加も其の爆發前に於ける火山性地震が、やがて來るべき災難を豫告警戒するを以て、居民は御神火を三嶋神と畏むと同時に、此の地震を伊古奈比咩神と稱へて感謝を表したのであらう。是れアイヌ語Ｉｋｏｎｎｕは凶事を未然に戒める義であってＩｋｏｎｎｕ－ｇｕｒｕ及びＩｋｎｎｕｐは神變を現す者であるより出たのである。但これより推して巫女と解することも出來る。（彼の三宅記の見目＝御妻を考ふべきである）。そして此の二神の本貫は三宅島であって、島の名は神明（燒）に起因し、其の雄山が三島＝神島神の體を表したものであらう。次に阿古は噴火の本場であって、其の地名は神名Ｉｋｏの轉である。Ｂａｃｈｅｌｏｒ氏アイヌ語文典Ｔｏｉｓｈｉｋａｒｉの説明に據れば、同語に於てｉ音のａに轉ずるは屢々ある例だといふ。思ふに同地澪池は女神の躰を表すもので、團眞と共に此地に鎭座し給うたのを、内地に奉遷した後に、御子阿米都和氣命を祀ったのであらう。尚ついでにいはヾ、仝島神著はアイヌ語Ｋａｍｕｉｓｈｙｏｔｋｉ＝火の女神の處の意で、佐伎多摩比咩命の坐す地、伊ケ谷は同語Ｅｋａｙｅｃｈｉｓｈｉ若くはＥｋａｉｃｈｉｓｈにて陵しき處の意、即ち伊賀牟比賣命の坐す地である。又坪田はＴｏｐｏｃｈｉ＝水溜の複数なれば、古澪池を表すもので、伊波乃比咩命の坐す處である。そして伊古奈比咩命三宅には天地（今宮后と稱するには、阿米都和氣命の他に穗都佐和氣命といふ御子おはし、佐伎多摩比咩命には、加彌・夜須・弓良・志里太乎宜・久良惠・片菅・波夜志・南子の八子おはすを以て、こゝに主神・嫡后・三妃・十王子の三宅神族を組織すると、承和七年上津島の噴火によりて、更に三嶋神の本后阿波命・嫡子物忌奈命といふ神出現し、しかも其の本后には五子（物忌奈命伊太阿那阿自佐和氣命二神）ありと稱し、神津・御藏・利島を連ねて神津の一神族を形成した。然るに大島三原山は三宅島雄山と交互に爆發する御神火の本場であるから、こゝにも其舊噴火口なる波浮池（今は一方を決して港とするに）妃波布比咩命現れ、彼の白鳳當時の神造地たる野増の阿治古・泉津の波知兩神を其の二王子として大島神族を組織する。更に又式根なる久爾都比咩命といふ妃神には、新島の多祁美加賀命と稱する武勇の神と他に一柱の王子坐し、これに對して遙かに沖島（八丈島）にも妃優婆夷命・王子許志伎命（四神）が現れたから、こゝに一主神の下に、両后・六妃と嫡子以外に知名十六王子他に名の傳らざるもの七神より成る三嶋大神族（式二十六社總三十三社）が組織された。之を前章に述べた各族を代表する諸神陞位の順序と對照する時は、尠からず感興を覺える。波布はアイヌ語Ｈａｂｏ＝母・若くは琉球語Ｈａｆｕ＝ホト（國語）、優婆夷はアイヌ語Ｕａｉｎｕ＝尊敬の意を表すものではあるまいか。
　かゝる威德の強盛な神が大國魂となると、次第に他の地方神を糾合し又同化する。是に於て先づ陪從神と稱するものが現れる。彼の右内左内と稱する多祁富許都久和氣命（武峯山）・伊波與命（一岩山）は其の一例である。又過去に祭られた神を驅逐してこれに代る。乃ち同一の神を祭る社が幾つも現れる。アイヌ語Ｋａｂａｔｏ＝泥湖を祭った加畑神社と、仝語Ｋｕｔｏ＝弓湖を祭った久田神社が、賀茂郡家所在地たるが爲に、いつしか賀茂神社二座として三嶋神夫妻を祭られた如きは其の一例である。かうして伊豆の國神が統一されて、次第に秩序整然たる大團体を作り、其の神の國たる賀茂から、漸く人の住む、田方に威德を布及するに何の不思議の

あるべき。彼の徒に居住人民の遲速にのみ執着し、若くは神社の祭神を氏族神ばかりに限らうといふ見地に立って、どうして神祇の眞相を明かにすることが出來よう。將に展開し來らんとする延喜式を讀まうとする者は、先づ三たび思をこゝに致すべきである。

足立鍬太郎『南豆神祇誌』３７～４０頁（静岡縣賀茂郡神職會）
　　延喜式卷九に載せた伊豆國神名帳は次の如くである。但所在地は萩原正平著伊豆國式社考略に私考を加へて註記す。
　　　　　　　伊豆國九十二座　　大五座小八十七座
　　　　　　　　賀茂郡四十六座　　大四座小四十二座
　　　　　　　　　　云々
　　　　　　　　　　意波奥命神社　　　　　　　　　　　　　稲生澤村本郷
　　　　　　　　　　云々

足立鍬太郎『南豆神祇誌』７５～８１頁（静岡縣賀茂郡神職會）
　　伊豆國神階帳は、群書類從二三に、康永二年辛亥(興國四年)十二月廿五日在廳判の奥書あるものを、在廳伊達某藏本から寫して收めてある。伊達家に現藏するものは鳥子紙二枚綴にて後世の寫本である即ち尾張のより二十年許前のものである。在廳とは、中古國衙の廳にあり、國司の命を奉じて事務を行ふ下司であったが、多くは世職だから其の稱呼を傳へて居たのだ。先づ左に其の全文を掲げよう。
伊豆國神階帳　式社の配當は萩原正平の意見に據る
　　伊豆國三ケ郡神明帳事
　　正一位三島大明神
　　　云々
　　　那賀郡貳拾四所
　　　云々
　　　賀茂郡三十七所
　　　云々
　　　從四位上いわよ姫の明神　　意波奥命神社
　　　云々

足立鍬太郎『南豆神祇誌』１７５～１８０頁（静岡縣賀茂郡神職會）
　　　　第二十一章　稲生澤村
云々
淺間神社
　　所在　本郷字富士
　　創立　永正中　改造
　　社格　無格社　式内
　　境内　五〇坪　民一
　　本社は元來一岩山形似によって下田富士と呼ぶを祀ったのであらうが、後には富士といふより淺間と稱へるに至った。神階帳にはいわよ姫の明神とある。元は石祠九宇であったのを、永正中、元年地頭朝比奈知明合して一祠とした。社後の細青冬葉に米人手刻の文字があったが、今は見えない。駿河富士に對する嫉妬傳説がある。

静岡縣『旧版　静岡縣史』第三卷・７１１～７１６頁（名著出版刊）
【賀茂郡四十六座大四座小卌二座】
云々
（意波奥命神社）
原祭神は意波奥命。原所在は賀茂郡稲生澤村本郷字富士か。現在社は同所の淺間神社か。
云々

静岡県郷土研究協会『静岡県神社志』第三篇（日本仏書センター刊）
無格社　淺間神社
　　　　　賀茂郡稲生沢村本郷字富士山鎮座
云々
　　祭神　意波奥神
　　例祭日　六月一日
　　由緒　創建年月不詳、延喜式神名帳所載意波奥命神社神階帳從四位上いはよ姫の明神は是也と伝う。世俗下田富士と稱す、淺間の稱あるも蓋し富士の稱あるに原けるならんと云う、或一説には、この神は岩殿の白山社に座すとなす。
云々

阿波神社

『特選神名牒』３１２～３１３頁
阿波神社 名神大

　祭神　阿波咩命 旧長濱明神

　　今按このを阿波咩命は三島大神の本后にして神異を顯し島を造りて其造れる島に鎭座し玉ふ事は續日本後紀に承和七年九月乙未伊豆國言賀茂郡有造作島大名上津島此島坐阿波神是三島大社本后也又坐物忌奈乃命即前社御子神也新作宮四院石室二間屋二間闇室十三臺上津島本體草木繁茂東南北方巖峻崎峠人船不到纔西面有泊宿之濱今咸燒崩與海共成陸地并沙濱二千許町其島東北角有新造神院其中有壟高五百許丈其形如伏鉢東方片岸有階四重靑黃赤白色沙次第敷之其上有一閣室高四許丈次南海邊有一石室各長十許丈廣四許丈高三許丈其裏五色稜石屛風立之巖伐波山川飛雲其形微妙難名其前懸來繒軟障即有美麗濱以五色沙成修次南傍有一礒如立屛風其色三分之二悉金色矣眩曜之狀不可敢記亦東南角有新造院周垣二重以堊築固各高二許丈廣一許丈南面有二門其中央有一壟周六百許丈高五百許丈其南片岸有十二闇室八臺南面四基西面四基周各廿許丈高十二許丈其上階東有屋一基瓺玉瓦形萱造之長十許丈廣四許丈高六許丈其壁以白石立周則南面有一戶其西方有一屋以黑瓦葺作之其壁塗赤土東面有一戶裏礫砂皆悉金色又西北角有新作院周垣未究作其中有二壟其周各八百許丈其體如瓮狀南片岸有階二重以白砂敷之其頂平麗也從北角至于未申角長十二許里五許里皆悉成沙濱從戌亥角至于丑寅角長八許里廣五許里同成沙濱此二院元是大海又山岑有一院一門其頂有如人坐形石高十許丈右手把劔左手持棒其後有侍者跪瞻貴主其邊嵳峨不可通達自餘雜物燎餤未止不能具注去承和五年七月五日夜出火上津島左右海中燒炎如野火十二童子相接取炬下海附火諸童子履潮如地入地如水震上大石以火燒摧炎煬達天其狀朦朧所々餤飛其間經旬雨灰滿部仍召集諸祝刀禰等卜求其祟云阿波神者三島大社本后五子相生而後后授賜冠位我本后未預其色因玆我殊恠異將預冠位若褌宜祝等不申此祟者出鹿火將亡褌宜等國郡司不勞者將亡國郡司若成我所欲者轉訛國郡平安令產業豐登今年七月十二日眇望彼雲島烟覆四面都不見狀漸比戻近雲霧霽朗神作院岳等之類露見其兒斯乃神明之所感也とみえ三宅記に此神のことを中津嶋に置玉ふ后をば長濱の御前ぞ申しけるとあり古き上梁文に長濱大明神與奉申御神者當島鎭守神集島定大明神御母神也とあるにて著明し

　神位　仁明天皇承和七年十月丙辰奉授伊豆國無位阿波神從五位下以伊豆國造島靈驗也文德天皇嘉祥三年十月壬子伊豆國阿波神授從五位上十一月甲戌朔詔以安房神列官社仁壽二年十二月丙子加伊豆國阿波咩神正五位下 今按齊衡元年六月己卯同位階を授ることあるは何れか衍文なるべし故今本文を存して彼を刪る

　祭日　四月六月十一月並中酉日
　社格　縣社（府社）
　所在　（伊豆國神津島字永續山）　神津島

度會延經『神名帳考證』（『神祇全書』第一輯）
　阿波神社 名神大　阿波咩命　今在神津島云御瀧明神、或云長濱御前神津島、在大島之南三宅島之西南也、自下田渡海十六里、續日本紀云、承和七年九月、伊豆國言、賀茂郡有造作島、本名上津島、此島坐阿波神、是三島大社本后也、又坐物忌奈乃命、即前者御子神也、新作神宮神宮四院石室二間屋二間闇室十三臺、上津島本體草木繁茂、東南北方巖峻崎崒、人船不到、纔西面優泊宿之濱、今咸燒崩、與海共成陸地云々、召集諸祝刀褌等、卜求其祟云、阿波神者、三島大社本后、五子相生、而後后授賜冠位、我本后未預其色、因玆我示恠異、將預冠位、十月、奉授無位阿波神、物忌奈乃命並從五位下、以造島靈驗也、文德實錄、仁壽二年十二月丙子、加駿河國三島大神中四位下、阿波比咩命 云々、加五位下、

伴信友『神名帳考證』（『伴信友全集』第一）
　阿波神社 名神大
○今在神津嶋志同曰御瀧明神或曰長濱御前神津嶋在大嶋之南三宅嶋之西南自下田渡海十六里[續後紀]承和七年九月乙未伊豆國言賀茂郡有造作嶋大名上津嶋此坐阿波神是三嶋大社本后也又坐物忌奈乃命即前社御子神也新作神宮四院石室二間屋二間闇室十三基上津島本體草木繁茂東南北方巖峻崎峠人船不到纔西面有泊宿之濱今咸燒崩與海共成陸地云々召集諸刀褌等卜求其祟云阿波神者三島大社本后五子相生而後后授賜冠位我本后未預其色因玆我殊示怪異將預冠位云々十月丙辰奉授無位阿波神者奈忌乃命並從五位下以伊豆國造島靈驗也[文實]嘉祥三年十月壬子伊豆國阿波神授從五位上十一月甲戌朔詔以伊豆國安房神列於官社[同書]仁壽二年十二月丙子駿河國阿波咩命神加將五位下 駿州當作伊豆 齊衡元年六月己卯加伊豆國阿波咩命正五位下 仁壽齊衡同階可重考○[臨時祭式]作阿波命神社春村云下文阿氣神ノ條考フベシ

伴信友『神名帳考』（『神道大系』古典註釋編七・延喜式神名帳註釋）
阿波神社 名神大、
○文德實錄、仁壽二年十二月丙子、加駿河國阿波咩。[命]神正五位下、駿當作伊豆、又曰、齊衡元年六月、加伊豆國阿波咩。[命]神正五位下、仁壽・齊衡同階、可重考、嘉祥三年十月、伊豆國阿波神授五位上、五上從字脱、○今神津島、曰御瀧明神、或曰長濱御前、神津島、在大嶋之南、三宅嶋之西南、自下田渡海十六里、○續日本後紀曰、承和七年九月、伊豆國言、賀茂郡有造作嶋、大名上津嶋、此嶋坐阿波神、是三嶋大社本后也、又坐物忌奈乃命、即前社御子神也、新作神宮四院・石室二間・屋二間・闇室十三臺[基]、上津島本體、草木繁茂、東南北方巖峻崎峠、人船不到、纔西面有泊宿之濱、今咸燒崩、與・[海]共成陸地、云云、召集諸刀褌等、卜求其祟云、阿波神者、三嶋大社本后、五子相生、而後后授賜冠位、我本后未預其色、因玆我殊示怪異、將預冠位、十月、奉授無位阿波神・物忌奈乃命並從五位下、以造嶋之靈驗也、△神津島ニ坐、
　1(頭註)臨時祭式、爲阿波命神社、

鈴鹿連胤『神社覈錄』（井上頼圀・佐伯有義校訂『神社覈錄』下編）
阿波神社　名神大
阿波は假字也○祭神三島神本后也○神集島多子濱に在す、志御瀧明神或長濱御前と稱す、例祭　月　日、○式三、臨時祭名神祭二百八十五座、中略伊豆國阿波命神社一座、○續日本後紀、承和七年九月乙未、伊豆國言、賀茂郡有造島、本名上津島、此島坐阿波神、是三島大社本后也、又坐物忌奈乃命、即前社御子神也、新作宮四院石室二間屋二間闇室十三臺、上津島本體草木繁茂、東南北方巖峻崎峠、人船不到、纔西面

有泊宿之濱、今咸燒崩、與海共成陸地、并砂濱二千許町、其島東北角有新造神院、其中有壟、高五百許丈、其周八百許丈、其形如伏鉢、東方片岸有階四重、青黄赤白色沙次第敷之、其上有一閣室、高四許丈、次南海邊有一石室、各長十許丈、廣四許丈、高三許丈、其裏五色稜石屏風立之、巖壁伐波、山川飛雲、其形微妙難名、其前懸夾纈軟障、即有美麗濱、以五色沙成、修次南傍有一礒、如立屏風、其色三分之二悉金色矣、眩曜之状不可敢記、亦東南角新造院、周垣二重以堅築固、各高二許丈、廣一許丈、南面有二門、其中央有一壟、周六百許丈、高五百許丈、其南片岸有十二闇室八臺［基イ］、南面四基、西面四基、周各廿許丈、高十二許丈、其上階東有屋一基、瓷玉瓦形葺作之、長十許丈、廣四許丈、高六許丈、其壁以白石立固、則南面有一戸、其西方一屋、以黒瓦葺作之、其壁塗赤土、東面有一戸、院裏礫砂皆悉金色、又西北角有新作院、周垣未究作、其中有二壟、基周各八百許丈、高六百許丈、其體如瓮伏、南片岸有階二重、以白沙敷之、其頂平麗也、從北角至于未申角、長十二許里、廣五許里、皆悉成沙濱、從戌亥角、至于丑寅角、長八許里、廣五許里、同成沙濱、此二院元是大海、又山岑有一院一門、其頂有如人坐形石、高十許丈、右手把劍、左手持桙、其後有侍者、跪瞻責主、其邊嵯峨不可通達、自餘雜物、燎焔未止、不能具注、去承和五年七月五日夜、出火、上津島左右海中、燒炎如野火、十二童子相接取炬、下海附火、諸童子履潮如地、入地如水、震上大石、以火燒攉、炎煬達天、其形朦朧、所所歘飛、其間經旬、雨灰滿部、仍召集諸祝刀褊等、卜求其祟云、阿波神者、三嶋大社本后、五子相生、而後后授賜冠位、我本后未預其色、因茲我殊示性異、將預冠位、若褊宜祝等不申此祟者、出龕火將亡褊宜等、國郡司不勞者、將亡國郡司、若成我所欲者、天下國郡平安、令産業豊登、今年七月十二日眇望彼靈［雲イ］島、烟覆四面、都不見状、漸比戻近、雲霧霽朗、神作院岳等之類、露見其貌、斯乃神明之所感也、

　日本紀、天武天皇十三年十月壬辰、是夕、有鳴聲、如皷聞于東方、有人曰、伊豆島西北二面、自然增益三百餘丈、更爲一島、則如皷音者、神造是島響也、とあるは今いづれの島とも知がたし、故こゝに附して後勘をまつ、
　　神位　官社
　續日本後紀、承和七年十月丙辰、奉授伊豆國無位阿波神從五位下、以伊豆國造島靈驗也、文德實錄、嘉祥三年十月壬子、伊豆國阿波神授從五位上、同年十一月甲戌朔、詔以安房神列於官社、仁壽二年十二月丙子、加伊豆國阿波咩神正五位下、又齊衡元年六月己卯、加伊豆國阿波咩神鈔五位下、_{同位重出不審}

栗田寛『神祇志料』第十二巻
阿波神社、○按文德實錄、阿波神又安房神に作る。今神津島に在り、長濱御前と云。_{三宅記、神名帳貴証、豆州志、南方海島志}三島大神の本后阿波咩神を祭る。續日本後紀、_{文德實錄}上古伊弉諾伊弉冉二神、天神の詔の隨、此國を修固給ふ時に、山神大山祇神を生坐給ひ、_{古記}中世に及て此伊豆の島々を造り成し、其后神と坐阿波咩神、甚く神靈を耀して、上津島を造り給ひき。_{舊日本書紀、續日本後紀大意}仁明天皇承和七年十月丙辰、無位より從五位下を授く。初伊豆國奏さく、本郡に神の造れる島あり、上津島と云。其島に坐阿波神、物忌奈神、新に神宮四院を造る。凡島の東北角に壟あり、高五百餘丈、東岸に四重階を架て、青黄赤白の砂を敷き、其上に一閣室あり。南に一石室あり、長さ各十許丈前に夾纈の軟障を懸く、又東南角の神院に、二重の垣あり。高各二許丈、南面に二門を設け、中央に五百餘丈の壟あり。其南岸十二闇室八臺あり。其西に一屋又西北角の院中に二壟あり。南岸に二重階を構へ、又山岑に一院一門を設て、其山川形状妙に麗くして、沙石皆照耀けり。五年の秋海中に火ありし時、十二童子炬を取り、海に下て火を附て、潮を蹈事地の如く、地に入事水の如く、大石を動してノ事燒攉て、其の煙炎部内に滿るとあるを以て、祝刀褊に卜求しむるに、我は三島大社の本后にして、御子五柱坐すを、後后神にのみ冠を授坐故に、此怪を致せり。國郡司等此事を奏奉る事なくば、我安龕火を出して燒滅してむ。若我に冠位を授給はば、天下平穩ならんと敎給ひしが、今年七月、雲霧自ら霽て、神の造れる院岳悉に見れたるは、即神明の御心ならむと奏すを以て、此に至て神位を進め給ひ、_{續日本後紀}文德天皇嘉祥三年十月壬子、十五位上に叙され、十一月甲戌、官社に列り、斉衡元年六月己卯、正五位下を加へ、_{文德實錄}醍醐天皇延喜の制、名神大社に列る。延喜式凡四月六月十一月中酉を以て祭を行ふ。_{伊豆式社考證}

『大日本史』［九］・志一・巻二百五十五
阿波神社、○一作安房、_{今在神津島、日長濱明神}、祀三島神元妃阿波咩命、_{續日本後紀、文德實錄}承和七年、叙位見上、_{續日本後紀}文德帝即位、加一階爲官社、仁壽二年、爲正五位下、_{文德實錄}延喜制、列名神大社、_{延喜式}

『大日本史』［十一］・志三・巻二百九十三
凡本國島嶼纂多、皆隸本郡、榮稱七島云、…曰上津島、_{南方海島志○又作神集、或神津、在新島西五里、周五里許、三宅記云、上古諸神所會、故名}、承和七年國言、賀茂郡有上津島、島中火起、經旬不止熄、巖石焚碎、雨灰滿地、是阿波咩、物忌奈二神所爲也、_{續日本後紀事具神祇志}、○_{本島東控三宅島、南渓浩勝、風浪險悪、嶵巖岐嶮、草木繁茂、西面纔可停泊云}、

竹村茂雄『伊豆國式社考』（『神祇全書』第四輯）
阿波・_{（畔文實）}神社_{名神大　神津島、志}

德川義直『神祇寶典』巻五・伊豆（『神祇全書』第貳輯）
阿波神社_{名神大}
　續日本後紀云、仁明天皇承和七年九月癸酉朔乙未、伊豆國言、賀茂郡有造作島、本名上津島、此島坐阿波神、是三島大社本后也、又坐物忌奈乃命、即前社御子神也、新造宮四院、石室二間、屋二間、闇室十三基、上津島本體草木繁茂、東南北方巖峻嵯峭、人船不到、纔西面有泊宿之濱、今咸燒崩、與海共成陸地、并沙濱二千許町、其島東北北角有新造神院、其中有壟、高五百許丈、其周八百許丈、基形如伏鉢、東方片岸有階四重、青黄赤白色沙次第敷之、其上有一閣室、高四許丈、次南海邊有二石室、各長十許丈廣四許丈、高三許丈、其裏五色稜石屏風立之、巖壁伐波、山川飛雲、形微妙難名、其前懸夾纈軟障、即有美麗濱、以五色沙成、修次南傍有一礒、如立屏風、其色三分之二悉金色矣、眩曜之状不可敢記、亦東南角有新造院、周垣二重以堅築固、各高二許丈、廣一許丈、南面有二門、中央有一壟、周六百許丈、高五百許丈、其南片岸有十二闇室八基、南面四基、西面四基、周各廿許丈、高十二許丈、其上階東有屋一基、瓷玉瓦形葺造之、長十許丈、廣四許丈、高六許丈、其壁以白石立固、則南面有一戸、其西方有一屋、以黒瓦葺作之、其壁塗

赤土、東南有一戸、院裏礫砂皆悉金色、又西北角有新作院、周垣未究作、其中有壟、其周各八百許丈、高
六百許丈、其體如瓮伏、南片岸有階二重、似白砂敷之、其頂平麗也、從北角至于未申角、長十二許里、廣
五許里、皆悉成沙濱、從戌亥角至于丑寅角、長八許里、廣五許里、同成沙濱、此二院元是大海、又山岑有
一院一門、其頂有如人坐形石、高十許丈、右手把劔、左手持桙、其後有侍者、跪瞻貴主、其邊嵯峨不可通
達、自餘雜物燎燼摧、炎煬達天、其状朦朧、所々燼飛、其間經旬、雨灰滿部、仍召集諸祝刀禰等、卜求其
祟云、阿波神者三島大社本后、五子相生、而後各授賜冠位、我本后未預其色、因茲我殊示怪異將預冠位、
若禰宜祝等不申此祟者、出麁火將亡禰宜等、國郡司不勞者、將亡國郡司、勞成我所欲者、天下國郡平安、
令産業豊登、今年七月十二日、眇望彼雲島、烟覆四面、都不見状、漸比戻近、雲霧霽朗、神作院岳等之類、
露見其貌、斯乃神明之所感也、
又云、冬十月癸卯朔丙辰、奉授無位阿波神、物忌奈乃命、並從五位下、以伊豆國造島靈驗也、
文德實錄云、嘉祥三年十月壬子、伊豆國阿波神、物忌奈乃神、並授從五位上、

萩原正平『伊豆國式社攷略』（静岡県立中央図書館所蔵）
阿波咩命神社
　神集島長濱鎭座ながはまの后三宅記舊稱長濱明神社是なり古史傳島志式攷証註進特選抑當社地たる頗聚落を隔徒るを以て
漸く陵替尓及ぶべりと雖是即仁明天皇紀尓所載承和七年の神作に係連る四宮院の一東北角有新造神院とある
尓當里て巖壁伐波の景勝山川飛雲の風光千歳の下坐尓當昔の神異を追想して去る尓忍ばざらしむ今の尓於
て保存尓意を施し天下尓多からざ類の神蹟を埋滅尓歸世ざらしむるの處置ぞ有らまほしき猶余が海島日記
尓就て其の詳細を窺ふべし

萩原正平・萩原正夫『増訂豆州志稿』巻之八上・式内神社考並神階帳考緒言（長倉書店刊）
○阿波神社（名神大）［増］神階帳一品きさきの宮（田方郡ニ載ス）［増］神集島長濱鎭座長濱神社也三宅記ニ長濱の御前ヲ
神集島ニ置給ノトアリ（伊古奈比咩命神社ノ條參看）○在神集島續日本後紀日此島座阿波神是三島大社本后
也ト（［増］承和七年九月ノ條ニ他海島志ニ詳記ス可シ）［増］仁明紀日承和七年十月奉授無位阿波神從五位下文德紀日嘉祥三年十月授
從五位上仁壽二年十二月加正五位下、齋衡元年六月加正五位上、ト

萩原正平・萩原正夫『増訂豆州志稿』巻之八上・神祠一・君澤郡（長倉書店刊）
○神明（長濱村）［増］村社長濱神社祭神阿波賣命ナル可シ［増］式内長濱神社也（前記）按ズルニ當社ハ神集島長濱神
社ノ分祠ニシテ阿波賣命ヲ祭ルナラム（州中神明ト稱スル社ハ概ネ姫神社）現今社地狹隘、蓋シ蠶食ニ係ルナル可シ○此處ヲ
麻坂、其海岸ヲ麻溪ト稱ス昔此地ニ麻自生ス故ニ名クト云相傳ル俚歌ニ日ク
　　麻坂ニ麻蒔初テウミ初テ磯ニヘサセテ浪ニ織ラセムト

萩原正平・萩原正夫『増訂豆州志稿』巻之九上・神祠三・賀茂郡（長倉書店刊）
○日少宮（上多賀村）［増］村社多賀神社祭神不詳［増］式内白波之彌奈阿和命神社ナラム乎（前記）寬永中ノ上梁文ニ阿
波命神社ト記セルハ神名ノ相似タルヨリ謬レルナル可シ（阿波神社ハ式賀茂郡ニ載又此地往昔田方郡ニ屬ス）○往昔村西山中ニ山王ノ
祠アリ近世日ノ御影ト稱スノ木像海濱ニ漂着シタルヲ取上ゲ（［増］其取上シ地ヲ神ノ道ト云今尚神輿ヲ奉ジテ海濱ニ於テ祭ル式アリ）山中山
王ノ祠ヲ此ニ引テ木像ヲ納メ又伊弉諾、伊弉冊二尊像ヲ造リ總テ日ノ少宮ト號ス山王ハ劫テ末社ト爲リテ留
守居ノ神ト云山中ノ舊址ニ影降石存スルノミ（伊豆納符、補宜野田氏）［増］境内社七（稲荷［天神ヲ合祀］八坂［金山ヲ合祀］水神、祖子神、日月ノ社、八
幡、道祖神）［増］一千四十九坪官一）

萩原正夫『伊豆七島志』上・神津島・總説（長倉書店刊）
○總説［増］神津、仁明天皇紀ニ上津、三宅記ニ神集ニ作ル○神津島ハ上ツ島ノ義ナリ東方ニテハ西ヲ上トス
此島諸島ノ最西ニアル故名ク三宅記ニハ神々集リテ島々ヲ燒出シ給フ詮議ヲナシケル故神集島ト名クトアリ
［増］仁明天皇紀ニ伊豆國賀茂郡有造作島名上津島トアルニヨリテ案ズルニ神津ハ神造ノ意ナラム乎［増］仁明
天皇紀ニ上津島座阿波神是三島大社本后又座物忌奈乃命即前社ノ御子神ナリ云々又阿波神五子相生云々ト
アリ三宅記ニ三島明神神集島ニ置給フ后ヲ長濱ノ御前ト申ス此御腹ニ王子二人マス「タヽナイ」「タウナヘ」
トゾ申ケルトアリ長濱ノ御前トアルハ即阿波神ナリ此神及其子物忌奈乃命ノ祠廟ハ共ニ式内名神祭二百八十
五座ノ内ニ列シ今府社タリ此母子ノ神コソ本島開創ノ祖ナルコト疑ナカル可ケレ。

萩原正夫『伊豆七島志』上・神津島・神祠（長倉書店刊）
［増］府社阿波命神社（旧長濱明神）［増］長濱鎭座祭神阿波咩命（社域二千八百五十坪官有地増訂豆州志稿ニ詳記ス二九六頁）

萩原正夫『伊豆七島志』上・三宅島・神祠（長倉書店刊）
［増］長濱神社［増］坪田村鎭座祭神不明或云阿波咩命（［増］社域二千六百九十八坪官有地一種）

菅原久高『伊豆國九十二式社祭神記』（『全國神職會々報』第二十一號）
阿波咩命神社名神大又神津島神集島長濱村鎭座長濱明神と稱す
　　祭神　阿波咩命

吉田東伍『増補大日本地名辞書』第五巻・１０８１頁
　神津島　又神集、上津に造る、古史に承和年中此島噴火、其名夙く著る。新島の西南八浬、方二里許の面積
　　を有ち、島頂天井山は高二千余尺、休火山なれど活動全く尽きたるにはあらず。島中田圃多からず、人口
　　千九百、漁耕を力む、東京より直航一百海里、下田より三十海里。
　　續日本後紀、承和七年九月、伊豆国言、賀茂郡有造作島、本名、上津島、此島坐阿波神、是三島大社本后
　　也、又坐物忌乃命、即前社御子神也、新神宮四院、石室二間、屋二間、閣室十三基、上津島本体、草木繁
　　茂、東南北方、巖峻嶠崒、人船不到、纔西面有宿泊之浜、今咸燒崩、与海共成陸地幷沙濱、二千許町、其
　　島東北角、有新造神院、其中有壟、高五百許丈、其周八百許丈、其形如伏鉢、東方片岸、有階四重、青黄
　　赤白沙、次第敷之、其上有一閣室、高四許丈、次南海辺、有二石室、各長十許丈、広四許丈、其裏五色稜

石屏風立之、巌壁伐波、山川飛雲、其形微妙難名、其前懸夾纈軟障、即有美麗浜、以五色沙成修、次南傍有一礒、如立屏風、其色三分之二悉金色矣、眩躍之状不可敢記、亦東南角、有新造院、周垣二重、以堊築固、各高二許丈、其南片岸有閣室八基、南面四基、西面四基、周各廿許丈、高十二許丈、其上階東有屋一基、瓮玉瓦形、葺造之、長十許丈、広四許丈、高六許丈、其壁以白石立固、則南面有一戸、其西方有一屋、以黒瓦葺作之、其壁塗赤土、東面有一戸、院裏礫砂皆悉金色、又西北角有新作院、周垣未究作、其中有二墾、其周各八百許丈、高六百許丈、其体如瓮伏、南片岸有階二重、以白沙敷之、其頂平麗也、従北角至于未申角、長十二許里、広五許里、咸悉成沙浜、従戌亥角至于丑寅角、長八許里、広五許里、同成沙浜、此二院元是大海、又山岑有一院一門、其頂有如人坐形石、高十許丈、右手つ把剣、左手持桙、其後有侍者、跪瞻貴主、其辺嵯峨、不可通達、自余雑物、燎燄未止、不能具注、去承和五年、七月五日、夜出火、上津島左右海中燒、炎如野火、十二童子相接取炬、下海附火、履潮如地、入地如水、震上大石、以火燒摧、炎煬達天、其状朦朧、所々焔飛、其間経旬、雨灰満部、仍是集諸祝刀褊等、卜求其祟、云阿波神者、三島大社本后、五子相生、而後后授賜冠位、我本后未預其色、因茲我殊示怪異、将預冠位、若褊宜祝等不申此祟者、出𡒒火将亡褊宜等、国郡司不労者、将亡国郡司、労成我所欲者、天下国郡平安、令産業豊登、今年七月十二日、眇望彼雲島、煙覆四面、都不見状、漸近戻近、霧雲霽朗、神作院岳之類、露見其貌、斯乃神明之所感也。〇按、上津島承和年中噴火の状、頗詳なり、其言ふ所変幻恍惚、最人情の至感至想を尽す。其宮院室屋と云ふは、皆岩石崖岸の奇状、種々の形容を成せる者とす。而も其修成は皆三島大神の霊異に帰せらる、惟ふに古人此神を以て、造島噴火の霊と為し、其大小の諸島諸所は、皆是れ大神の妻子、眷属、陪従の人々の栖宅、鎮座の地と看取せられたり。故に三島大神は神代の巻の大山祇命にも比擬すべしと雖、本来拝物教の巨霊にして、祖先教の意義なき者とす。さればその妻子、眷属と云ふも、真の歴史的人間の関係あるにはあらずと悟るべし。

吉田東伍『増補大日本地名辞書』第五巻・１０８２頁
阿波神社　今上津島に在りて、長浜御前と云ふぞ、三島大神の本后阿波姫を祭るとぞ、其事仁明紀承和七年の条に見ゆ。(同年十月、奉授無位阿波神、物忌奈乃命、並従五位下、以伊豆国造島霊験也)文徳紀、嘉祥三年、阿波咩神に作り、同斉衡元年安房守に作る、延喜式、名神大社に列す。〇増訂志稿云、阿波神社は三宅記に長浜の御前と云ひ、神集島に置給ふと載せたり、物忌奈乃尊神社と共に、式内賀茂郡の大社たり、長浜御前の古き棟札に「長浜大明神と申奉るは、当鎮守神集島の定大明神の御母」と云へば、物忌神を後世定明神と云ふ、而も康永の神階帳に田方郡に載せたるは、当時拝所を田方郡に設けて享祭せるが故也。〇七島志云、長浜の神社は仁明紀に「島東北角、有新造院」云々とあるに当る歟、其沙浜は謂ゆる「美麗浜、以五色沙成修」とあるに合ふ、又「島東南角、有新造院」云々、是は今の日向明神の地なるべし。神津島の西に恩走と称する岩嶼あり、又恩馳より西南二十余浬に三本岳島あり、伊豆石室崎の正南五十余浬、数嶼あれど皆岩礁の大なるものに過ぎず、住民なし。此三本岳を七島志に銭島と云ふ。南汎録にもしか云ひ、別に三宅島の三岩をば三本岳と云へり「天井山、架鏡望西南、可百余里、而見露礁簇竪、是為銭嶼、東西運舸、至此無有脱者、移鏡東南、乃見三山鼎峙、是為八丈之西山東山小島」云々。
伊豆日記云、昨夕は猶はげしけれども、順風なりとて、下田の柿崎より帆を揚げ、追風なるに心つよく、巳の時ばかりに新島に至る、幸に風よければとて、三宅島さして行くに、未の時過ころはしりつき、猶風よければ此島へも船をよせず、たゞちに八丈島を追ふに、よひ月のたまく雲間にみえたるも、いつしか波にかくれて、五月闇のあやめもわかぬ海原を、たゞ南針をのみたのみて走けるに、短夜のはやあけわたれば、八丈島ほのかに御ゆ、みな人の喜ぶことかぎりなし、さて船子どもは八丈島といふ事をいみて、わがものといふ、忘れても八丈島とのたまふなとおきてするもをかし、それは何としたるいはれなるぞと問ふに、知らずと云ふも猶をかし。
補［阿波神社］〇神祇志料、按、文徳実録、阿波咩神大安房守に作る、
今神津島に在り、長浜御前と云ふ（三宅記・神名帳考証・豆州志・南方海島志）三島大神の本后阿波咩神を祭る（続日本後紀・文徳実録）上古伊弉諾伊弉冉二神、天神の詔の随、此国を修固給ふ時に、山神大山祇神を生坐給ひ（古事記）中世に及て、此神伊豆の島々を造り成し、其后神と坐阿波咩神、甚しく神霊を耀して、上津島を造り給ひき（斟酌日本書紀・続日本後紀大意）仁明天皇承和七年十月丙辰、無位より従五位下を授く、初伊豆国奏さく、本郡に神の造れる島あり上津島と云ふ、其島に坐阿波神・物忌奈神、新に神宮四院を造る、凡島の東北角に墾あり、高五百余丈、東岸に四重階を架て、青黄赤白の沙を敷き、其上に一閣室あり、南に一石室あり、長各十許丈、前に夾纈の軟障を懸く、又東南角の神院に二重の垣あり、高五百余丈の墾あり、其南岩十二閣室八台あり、其西に一屋、又西北角の院中に二墾あり、南岸に二重階を構へ、又山岑に一院一門を設けて、其山川形状妙に麗くして、沙石皆照耀けり。五年の秋海中に火ありし時、十二童子炬を取り、生みに下りて火を附けて、潮を踏む事地の如く、地に入る事水の如く、大石を動して之を焼摧て、其煙突部内に満る事あるを以て、祝刀褊に占求しむるに、我は三島大社の本后にして、御子五柱坐すを、後后神にのみ冠位を授坐す、故に此怪を致せり、国郡司等此事を奏奉る事なくば、我𡒒火を出して焼滅してむ、若我に冠位を授け給はば、天下平穏ならんと教給ひしが、今年七月雲霧自ら霽れて、神の造れる岳悉に見れたるは、即ち神明の御心ならむと奏すを以て、此に至て神位を進め給ひ（続日本後紀）文徳天皇嘉祥三年十月壬子従五位上に叙され、十一月甲戌官社に列り、斉衡元年六月己卯正五位を加へ（文徳実録）醍醐天皇延喜の制、名神大社に列る、（延喜式）凡四月・六月・十一月中酉を以て祭を行ふ（伊豆式社考証）

郁岡良弼『日本地理志料』巻十三・伊豆国賀茂郡三島郷
神津島　舊名神集島、在式根島西南二里、下田南十二里半、周凡六里、有天城山、高二千餘尺、田圃二十四町、山林九十一町、西南邊倚山面海成聚落、戸三百六、口四千五百五、居民業兼農漁、間事養蠶、恩馳、祇苗、錢島等、皆屬本島、」祀典云所阿波神社在此、曰長濱明神、祀三島神元妃阿波咩命、物忌奈命神社、稱定明神、爲一島總鎮守、即阿波咩命所生也、承和七年、伊豆國言、物忌奈阿波二神造上津島、大示靈驗、詔同叙従五位下、本史記事甚詳、宜繙面讀、

足立鍬太郎『南豆神祇誌』１０～１３頁（静岡縣賀茂郡神職會）

前記天長九年三嶋神伊古奈比咩命神二前の神功は、現白濱神社々域の成立を語るものと認められて、其の二院相對の制は、近く寛保元年改造の前まで存せられて居た。此の二神は元來三宅島に鎭り給ひしが、予が憶測にして違はずんば、桓武天皇十九年の富士山大噴火の影響を受けて、己むを得ず内地に遷徙し給うたのであらう。然るに仁明天皇の時に至りて、承和七年九月乙未二十三日伊豆國言。賀茂郡有造作島。本名上津島。此島坐阿波神。是三嶋大社本后也。又坐者忌奈乃命。即前社御子也。新作宮四院。石室二間。闇室十三基。中間役五百字省略去承和五年七月七日出火。上津島左右海中。燒炎如野火。十二童子相接取炬。下海附火。諸童子履潮如地入地如水。震上大石。以火燒摧。炎煬達天。其狀朦朧。所々餞飛。其間經旬。雨灰滿部。仍召集諸祝刀補等ト求其祟。云阿波神者三嶋大社本后。五子相生。而後后授賜冠位。我本后未預其色。因茲我殊示怪異。將預冠位。若襁褓祝等不申此崇者。出龜火將亡襁褓等。國郡司不勞者。將亡國郡司。若成我所欲者。天下國郡平安。令産業豊登。今年七月十二日眇望彼雲島。漸比戻近。雲霧霽朗。神作院丘等之類。露見其貌。斯乃神明之所感也。續日本紀九といふことがある。曩に承和三年十一月丙寅朔。勅。護持神道。不如一乘之力。轉禍作福。亦憑修善之功。宜遣五畿七道僧各一口。毎國内名神社。令讀法華經一部。國司檢校。務存潔信。必期靈驗。全上五とあれば、今溶岩が盛に海中に流入するを形容し、大森博士藥師十二神將に象った十二童子に、法華經妙莊嚴王本事品又賢愚經にもなる入地如水履水如地の文を附會するも怪しむに足らないが、一方又、此の三年越の大噴火に島の地貌の劇變したのを目撃し、且は神託の猛烈なるに驚いた、新任國守外從五位下高原王此年正月任命された國守外從五位下飯高宿禰 比麿が病の爲に退いたので三月高原王が任命されたのであらうが、周章してかく長々しい解を上ったのである。されど此の裏面には、八年前に三宅神族が冠位＝從五位下を贏ち得たのを嫉視して、之に對抗すべく他神族活動したとは解されないであらうか。今少し明にいはゞ、阿波神阿波國齋部の祖天日鷲神の長女に饗當すや物忌奈命は阿波の齋部族が齋きまつる神であって、文學博士久米邦武氏そを彼等が安房に植民する途中の要港にして、賀茂郡家の附近神津島上津島對岸なる鯉名嶴頭今の竹麻村に祭ったのを、郡司巫祝や別當樣の僧侶大和國大安寺の支院石門寺は後まで竹麻神社に奉仕して居た等が相謀り、密教々理を應用して土地第一の靈神たる三嶋神の正妻嫡子に擬し、以て巧に機會を利用したのではあるまいか。是れ今も神津島には定物忌奈長濱阿波兩明神鯉名より渡來の説を傳へ、竹麻には三嶋明神神津島より渡來の説を傳へる所以、將た延喜式に竹麻神社三座一座は三嶋神とある所以であらう。萩原正平の竹麻神社三座配當説は首肯し難い恰も當時肥後國阿蘇郡なる健磐龍命の神靈池にも、大涸渇の神異があったから、朝廷では事態容易ならずとして之を卜に求められると、果して旱疫及び兵革あるべしと現れたから、或は伊勢神宮や賀茂御祖社に祈り、或は賑救の詔を下され、終に冬十月丙辰十四日奉授無位阿波神物忌奈之命竝從五位下。以伊豆國造島靈驗也。續日本紀九といふことになった。

足立鍬太郎『南豆神祇誌』１７～２０頁（静岡縣賀茂郡神職會）
　既に述べた如く、白鳳年間伊豆神海島に現れてより約百五十年、天長九年に至って男女二神に分化し、深谷を塞き高巖を攉きて土地を増益し、併せて旱霖を調節するを以て其の神驗とした。蓋し富士火山帶の活動に因る爆發の威力と、其の噴出した溶岩や泥灰の爲に海中に新地を得ることが、無上の恐怖と多大の感謝を齎したのである。加も其の爆發前に於ける火山性地震が、やがて來るべき災難を豫告警戒するを以て、居民は御神火を三嶋神と畏むと同時に、此の地震を伊古奈比咩神と稱へて感謝を表したのであらう。是れアイヌ語Ｉｋｏｎｎｕは凶事を未然に戒める義であってＩｋｏｎｎｕ－ｇｕｒｕ及びＩｋｎｎｕｐは神變を現す者であるより出たのである。但これより推して巫女と解することも出來る。（彼の三宅記の見目＝御妻を考ふべきである）。そして此の二神の本貫は三宅島であって、島の名は神明（燒）に起因し、其の雄山が三島＝神島神の體を表したのであらう。次に阿波は噴火の本場であって、其の地名は神名Ｉｋｏの轉である。Ｂａｃｈｅｌｏｒ氏アイヌ語文典Ｔｏｉｓｈｉｋａｒｉの説明に據れば、同語に於てｉ音はａに變ずるは屢々ある例だといふ。思ふに同地澪池は女神の軆を表すもので、男神と共に此地に鎭座し給うたのを、内地に奉遷した後に、御子阿米都和氣命を祀ったのであらう。尚ついでにいはゞ、同島神著はアイヌ語Ｋａｍｕｉｓｈｙｏｔｋｉ＝火の女神の處の意で、佐伎多摩比咩命の坐す地、伊ケ谷は同語Ｅｋａｙｅｃｈｉｓｈｉ若くはＥｋａｉｃｈｉｓｈにて險しき處の意、即ち伊賀牟比賣命の坐す地である。又坪田はＴｏｐｏｃｈｉ＝水溜の複數なれば、古澪池を表するもので、伊波乃比咩命の坐す處である。そして伊古奈比咩命三宅記には天地今宮古と稱するには、阿米都和氣命の他に穗都佐和氣命といふ御子おはし、佐伎多摩比咩命には、加彌・夜須・弓良・志里太乎宜・久良惠・片菅・波夜志・南子の八子おはすを以て、こゝに主神・嫡后・三妃・十王子の三宅神族を組織すると、承和七年上津島の噴火によりて、更に三嶋神の本后・阿波命・嫡子物忌奈命といふ神出現し、しかも其の本后には五子物忌奈伊太和阿治佐和氣外二ありと稱し、神津・御藏・利島を連ねて神津の一神族を形成した。然るに大島三原山は三宅島雄山と交互に爆發する御神火の本場であるから、こゝにも其舊噴火口なる波浮池今は一方を決して港とするに妃波布比咩命現れ、彼の白鳳當時の神造地たる野増の阿治古・泉津の波知兩神を其の二王子として大島神族を組織する。更に又式根なる久爾都比咩命といふ妃神には、新島の多祁美加賀命と稱する武勇の神と他に一柱の王子坐し、これに對して遙かに沖島八丈島にも妃優婆夷命・王子許志伎命外四神が現れたから、こゝに一主神の下に、兩后・六妃と嫡子以外に知名十六王子他に名の傳らざるもの七神より成る三嶋大神族式二十六社總三十三柱が組織された。

足立鍬太郎『南豆神祇誌』３７～４０頁（静岡縣賀茂郡神職會）
　延喜式卷九に載せた伊豆國神名帳は次の如くである。但所在地は萩原正平著伊豆國式社考略に私考を加へて註記す。
　　　伊豆國九十二座　　大重座小八十七座
　　　　賀茂郡四十六座　　大四座小四十二座
　　　　　云々
　　　　阿波神社　名神大　　　　　　　　　　　神津島長濱
　　　　　云々

足立鍬太郎『南豆神祇誌』７５～８８頁（静岡縣賀茂郡神職會）
　伊豆國神階帳は、群書類從二三に、康永二年辛亥(興國四年)十二月廿五日在廳判の奥書あるものを、在廳伊達某藏本から寫して収めてある。伊達家に現藏するものは烏子紙二枚續にて後世の寫本である。即ち尾張のより二十年許前のものである。在廳とは、國衙の廳にあり、國司の命を奉じて事務を行ふ下司であったが、多くは世職だから其の稱呼を傳へて居たのだ。先づ左に其の全文を掲げよう。

伊豆國神階帳　　式社の配富は萩原正平の意見に據る
　　　伊豆國三ケ郡神明帳事
　　正一位三島大明神
　　　一品きさきの宮
　　　一品當きさ（き）の宮
　　　正五位上第三皇子并十八所御子達
　　　正一位千眼大■
　　　從五位上六所王子
　　　云々
　　　正一位天滿天神
　　　云々
　次に特に著しく目を惹くのは、田方郡何所といふ標題を缺いだことである。輕く考へると、最初に田方郡三十四所とあるべきが闕けたのだと思はれるけれど、仔細に研究する時は其の不可能な事が明る。即ち
　　一、正五位上第三皇子并十八所御子達と從五位上六所王子とは各一所と數へてよろしきか。
　　二、正一位千眼大■の正體は如何
　　三、第四乃至八各神の紋列が位階によって居ない。
　　四、特に疑問となるは著しき式社の所屬郡に變動を生じたのは何故か。
といふことである。先づ一についていふと、式其他の出典によって、第（大）三皇子を多祁美加加命に充てて、都合十六所を數へ得ることは第三章に述べた如くであるが、餘の二柱恐らくは續後紀阿波命所生五子の内知名三子を除いた殘であらうが、は勿論、後の六所王子といふも檢出し得ない。思ふに三嶋神族組織の根柢には、法華經化城喩品なる大通智勝佛＝阿閦後に藥師佛の十六子のことあれば、彼の宴曲三嶋詣にも、
　　抑債思ひ解けば、大通智勝の其昔、東方阿閦と聞ゆるも、今の醫王善逝かとよ。十六沙彌は即ち、十六王
　　子とあらはれ、互に行化を助けつつ、共に主伴の昵あり。一乘化城の妙文、誰かは是を仰がざらむ。
と述べ、又三島大社所傳の一にもしかあれば、かたがた十六王子を以て正しとすべく、隨って
　　　正五位上第三皇子等十六所御子達
と訂正すべきである。次に從五位上六所王子（白濱神社へ納めた在廳の棟札には正五位上六所冲島王子と書いてある。）も、位階に於て卑き感あれど、三嶋詣及び大社古傳の見目鄕紀六柱＝六所王妃の轉訛で、即ち式波布比賣命以下六神であらう。かく考へ來ると、彼の嫡子として名神大の待遇を受けた式物忌奈命神社が見えない。然るに是は伊豆で屢々若宮として八幡に、又天神として菅公に混ぜられるから、正一位天滿天神といふがそれである。次に賴朝と特別な關係があって、鎌倉幕府から殊遇を受けた伊豆山神社＝式火牟須比命神社が見えない。されどこれも走湯山緣起なる本地から推すと、正しく正一位千眼大■がそれである。當時三島は大山祇命、富士山は木花咲耶姫命、伊豆山は瓊々杵尊を祭神として姻族關係を示して居た。是で二の問題もついでに茲に解決した事となる。さうして此の神階帳冒頭の一群神を整理して、
　　正一位三嶋大明神　　　　　　　伊豆三嶋神社
　　一品きさきの宮　　　　　　　　阿波命神社
　　一品當きさ（き）の宮　　　　　伊古奈比咩命神社
　　正一位天滿天神　　　　　　　　物忌奈命神社
　　正五位上第三皇子等十六所御子達　多祁美加々命神社
　　從五位上六所王妃　　　　　　　波布比賣命神社等六社
とすれば、恰も位階の紋列の正しい二十六柱の三嶋神族の一團となって、いづれも式賀茂郡鎭座の神社であることが明白となる。隨ってそれを卷頭に置いたのは、即ち總社に招祭したからであることは勿論なれども、當時既に三島神社は驛頭に奉遷したものとなって居たから、此の神階帳には、田方郡に編入すると、神祇界の權威たる延喜式、及び折角苦心慘憺辛うじて案出した社地神領に限り賀茂郡の飛地であるといふ説に衝突すべく、又賀茂郡に加へると現實を無視することになるから、此のＤｉｌｅｎｍａを脱せんとて、遂に斯樣な類例の無い形式を用ひたのである。されば眞の田方郡に屬するは、右を差引いた殘餘の正一位千眼大■外二十七所であるから、之に總社の二十六所を加へると加へぬとに論無く、三十四所とは明記されないのが當然であって他の二三項目と共に、かゝる不得要領な記載方をなすことが、當時の事情からいへば、却て大に要領を得たものであったかも知れない。併しながら、是が遂に賀茂郡飛地説の正體を暴露したのは、是非ない次第である。阿波命所生の名の知れない二王子を認めて十八王子とする時は、三嶋神社の總數は廿八柱となって法華經廿八品に合致す。

足立鍬太郎『南豆神祇誌』１４１～１４３頁（靜岡縣賀茂郡神職會）
　一方祭神として三嶋大明神の勢力は各方面に及び、苟も三嶋神に緣故あるは皆三嶋と稱し、甚しきに至っては、單に山神と稱するものが、大山祇命を介して混雜したのもあるらしい。之に對して他方に勢力のあったのは八幡宮である。中には此の兩社を併祀し、若くは三嶋に緣故ありながら稻取子浦の如く八幡と稱したのもある。修驗道役行者より篠々白山系を內容として居るの影響も亦勘からずある。式伊波例命神社を石廓權現として十一面觀音に習合し、又所々熊野權現・藏王權現を祭る如きはそれである。高根權現は地藏に習合して、航海目標の山上に祭られ、又海難救助祈願の爲には、橘姬を祭る白鳥神社・吾妻神社も現れた。木の神の來宮は、走湯山緣起によって何時の間にか酒小鳥を禁ずる祭を强ひられ、水分神は子の神と呼ばれて、中には正月餅を氏子に搗かしめざる奇習を存して居るのもある。尚天馬駒・茂山・小鷹神の如きは擬當すべき神も明らぬ。又慶長の頃聖母マリアの像を齋らしたのが原因で、子安社といふのも出來、彌々複雜なものとなった。
　かういふ時に、地方人の無學につけこんで、例の勿體らしい緣起や古文書や寶物の作者が現れる。凡そ南豆社寺の緣起で組立の立派なのは石廓權現のであらう。但文章と最終の歌とは、後作の寶劍と共に不感服である。妻良三島神社の安仁親王筆神像託宣記・源賴政筆と稱する和歌・源賴朝の納書等は、吉佐美八幡の源賴政文書寶物と共に皆造作で、恐らくは元祿頃に同一人の手に成ったものであらう。云々

足立鍬太郎『南豆神祇誌』１９１～１９４頁（靜岡縣賀茂郡神職會）
　　　第二十五章　朝日村
云々
八幡神社

所在　吉佐美字八條
祭神　譽田別命　相殿三島神社祭神阿波命　若宮神社祭神不詳
創立　寛永十年　再興（八幡棟札）
社格　村社
境内　六〇八坪　民一

近衛天皇仁平二年源賴政此地に謫居して石清水八幡宮を勸請したといふは、一切の關係文書什器と共に後世の追作である。

一例をいはゞ、久壽元年八月吉日源朝臣三位賴政（當時未だ從五位下である）と署名し奉朝日里八幡宮之と題して並書した歌が五首ある中の、第一、
　　　神さびてあはれ幾世に成ぬらん
　　　　浪になれたる朝日のみや
是は續古今集七なる嘉陽門院越前が、建仁元年五十首の歌合の第五句あさくまの宮を變へたのであって、久壽元年より四十餘年後のものである。又あさひのみやでは一字不足して歌の躰を得ない。第二の、
　　　神代より光をとめて朝日なる
　　　　鏡の宮にうつる月かげ
これも續拾遺集二十なる前僧正隆辨のうたの第三句あさくまの變へたのだ。第三の、
　　　けふまではかくてくらしつ里人は
　　　　かねてきさみの神にまかせん
は新續古今集二十なる六條入道前太政大臣賴實の、承安三年廣田社の歌合に述懷の心を詠んだのであって、三四句行末を心廣田のとあるを變へたので、意味がわからぬことになった。これも久壽より十幾年の後のである。第四の、
　　　かくてのみやむべきものを千早振
　　　　土生の社の萬代を見ん
これは後撰集十六なる三條右大臣定方の歌で、二句の終ものか・四句の始賀茂を變へたのである。千早振といふ冠辭を土生に續けるなどは亂暴至極だ。但これは賴政以前の歌である。第五の、
　　　さりとては賴みぞかくるゆふだすき
　　　　われは朝日の神とおもへば
は千載集二十賀茂政平の歌の初句さりともと・第四句我がかたをかのを變へたのである。以て其餘を推知される。

合祀された三嶋神社には、永祿三己未十月念六日再興の棟札がある。之を、吉佐美の語源は后宮に出て居るとか、又賴政記に豆州十七番の神といふから、神階帳十六番月まの明神の第二座であるとかいって、阿波咩命に擬した萩原正平の説は強辯である。若し賴政記を信ずるならば、何故に其の次にある多田之川上土生大明神とあるをも取って、式波布比賣命に擬當せぬのであらうか。當時本社にあった烏帽子狩衣の男神像は、神社檢視の際爲に散々に冷評されたといふ。吉佐美の語源は第四章に述べてある隨て祭神不詳となって居る若宮は、三嶋神の陪從であること勿論である。現に之に對して、貞享元年の現（見）目大明神寶殿建立・寶永七年の見目權現王宮修覆等の棟札も存して居る。尚合祀されてある神明宮の金鼓に、嘉吉二年七月十五日の銘がある。菖蒲前の黄金の鰐口より遙に優れたものである

静岡縣『旧版 静岡縣史』第三巻・六七七〜六八三頁（名著出版刊）

伊豆は火山地帶である關係上古くより海底噴火に伴ふ海島の變異及び地震の災害を被ることが多かった。奈良時代に於ても天武天皇の白鳳十三年伊豆嶋西北に一島が出現し大地震があったことを「日本書紀」は傳へてゐるが、平安時代になって承和五年に及び再び海底噴火が突發したことは「續日本後紀」承和七年九月廿三日の條に詳記されてゐる。

伊豆國言、賀茂郡有造作嶋。本名上津嶋。此嶋坐阿波神、是三島大社本后也。又坐物忌奈乃命、即前者御子神なり。新作神宮四院、石室二間、屋二間、闇室十三基。（略）去承和五年七月五日夜出火。上津島左右海中、燒炎如野火。十二童子相接欲炬、下海附火。諸童子履剛如地、入地如水。震上大石、以火燒爛。炎焰達天、其狀朦朧、所々儀飛。其間經旬。雨灰滿部。仍召集所祝刀祢等、卜求其崇云、阿波神者、三嶋大社本后。玉子相。而後后授嶋冠位。我本后未預其色。因茲我殊示性異、將預冠位。若苗冝祝等不申此崇者、出龜火將亡祢冝等。國郡司不勞者、將亡國郡司。若成我所欲者、天下國平安、合産業豊登。今年七月十二日眇望彼嶋、雲烟覆四面、都不見狀、漸比炭止、雲霧霽朗。神作院岳等之願、露見其貌。斯汭神汭之所爲也。

この爲めに仁明天皇は承和八年五月神功皇后御陵へ同年六月伊勢皇大神宮及び賀茂神社へ勅使を差遣し給ひ、また同年七月五日詔を發して震災地伊豆の賑救を計り給ふたのである（第三章第二節一参照）。

前掲承和七年の史料に見える上津島は現在の神津島である。この史料に誌されたる三島大社本后阿波神や物忌奈乃命に就ては第九章第二節三に説述するが、特に注意を要する事は上津島の災異は阿波神に對する不敬に基因するといふト占である。即ちこれは丁度富士山の噴火が淺間神に對する不敬に原因するといふ考へ方と一致するもので（本章第二節参照）、この爲めに三島神社を始め伊豆諸社は屢々神位社格を増進されるに至ったと思はれるのである。右上津島の異變の場合にも遂に阿波神・物忌奈乃命に對する授位となったことは、「續日本後紀」承和七年十月十四日の左の條によって知られる。

奉授無位阿波神、物忌奈乃命、並從五位下。以伊豆國造嶋驗也。

史料に見ゆる平安時代の伊豆の海島變異及び地震の例としては、なほ「中右記」天永三年十一月廿四日の條を掲げることが出來る。

伊豆國解云、去十月中下旬之比、海上火出來、鳴動如雷起。是去月天下鳴動聲、大略此響歟。希有奇恠第一之事也。

以上は極めて激烈なりし場合を擧げたるに過ぎないが、通常程度の噴火や地震は頻繁であったに相違ない。そのことは伊豆が富士火山帶に屬する關係上平安初期屢々の富士山噴火の度毎に（本章第二節参照）伊豆にも震災が續發したと考へられるのである。恐らく伊豆に神社を祭祀すること特に數多い理由の一はこの點にもあったであらう。のみならず平安時代に於て伊豆が最もト占に名を得てゐた原意の一も亦この點に考へられるのである。蓋し災異に際しト占を以て神慮吉凶を判ずることは當時一般の習俗であったからである。

伊豆のト占を見るに當りまづ本國出身の龜卜の大家にト部宿禰平麻呂があったことをわすれてはならない。平麻呂に關する史料は「三代實錄」元慶五年十二月五日の左の條である。

從五位下行丹波介ト部宿禰平麻呂卒。平麻呂者、伊豆國人也。幼而習龜ト之道、爲神祇官之ト部。揚火作龜、決義疑多効。承和之初、遣使聘唐。平麻呂以善ト術、備於使部。使還之後、爲神祇大史。嘉祥三年轉少祐、齊衡四年陞外從五位下、天安二年拜權大祐、兼爲宮主。貞觀八年遷參河權介、十年授從五位下、累歴備後丹波介。卒時七十五

即ち平麻呂はト術に長じ、承和の初年遣唐使に随行して入唐し、歸國後神祇官となり、遂に天安二年權大祐兼宮主にまで出世してゐるのである。これトト部系圖が何れも平麻呂を祖とする所以であらう。右史料の示す如く平麻呂は元慶五年七十五歳を以て卒したのであるが、これより二十一年前の天安二年占部宿禰雄貞なる者が四十八歳を以て卒してゐる。即ち「文德實錄」天安二年四月十日の條に

是日、宮主外從五位下卜部宿祢雄貞卒。雄貞者、龜築之綸也。兄弟尤長此術。帝在東宮時爲宮主。踐祚之日、爲大宮主。齊衡二年正月敍外從五位下。雄貞本姓卜部。齊衡三年改姓占部宿祢。性嗜飮酒、遂沉湎卒。時年四十八。

とあるのがそれである。雄貞が本姓卜部であったこと、兄弟尤も龜卜の術に長じてゐたこと等の記載より、傍證は存し無いが前記平麻呂と雄貞は兄弟かと思はれるのである。然りとせば年齡より推算して平麻呂が兄、雄貞が弟と見做すことが出來よう。

かくの如く伊豆に龜卜の大家が生れたことは聽て伊豆に龜卜の術が發達してゐたことを裏書する。そのことを確證するものは左記の二史料である。

イ 「延喜式」卷三、神祇三
　凡宮主取卜部堪事者任之。其卜部取國卜術優長者。伊豆五人。壹岐五人。對馬十人。若取在都之人者自非卜術絶群、不得輙充。其食人別日黑米二升、鹽二勺。妻別日米一升五合、鹽一勺五撮。

ロ 「古事談」第六
　龜甲御占ニハ、春日南室町西角ニ御坐スル社ヲバフトノトノ明神と申。件社ヲ此占之時ハ奉念云々。
　又伊豆國大嶋下人者皆此占ヲスルナリ。堀川院御時、件嶋下人三人上洛。召テ被占之處、皆奉仕此事者也云。

右二史料に示された事項の中で特に注目すべきは、イに見える伊豆五人、壹岐五人、對馬十人の註である。これによれば伊豆の龜卜は壹岐・對馬の龜卜と同一系統に屬する樣である。而して今日朝鮮總督府編輯「朝鮮の巫覡」所收の巫覡分布圖によれば、全羅南道の海南郡及び濟州島はその最多なるものとなってゐる。たゞ朝鮮の巫覡は龜卜其他の間接的觀象法のみならず直接的通神法をも試みて卜占を行ひ、なほ祈禱禳祓のことや神樂舞踊をも爲すのであるから我國平安時代の龜卜とは可成り相違してゐるが、一面に龜卜と巫覡に相通ずる神秘的卜占的要素のあることは見落せない。かくして伊豆大島・壹岐島・對馬島の卜占は更に朝鮮濟州島の卜占に關係せしむることを得、伊豆大島の龜卜が朝鮮に系統を有することを想像し得るのである。この說は更に上記諸島の間に地理・地名・風俗上の共通點を發見することによって補强される。即ち地理上海島にして且つ火山地帶なること、地名上難訓難解なるもの多きこと（伊豆南海岸を含む）、風俗上婦人の荷物頭載を見ること等はそれである。かの弘仁十一年新羅の叛民が伊豆國府より乘船入海したといふことは伊豆海島に於ける朝鮮民族の占據を暗示する事實では無からうか（第一章第七節三參照）。此等の問題に就てはなほ伊豆三島神社の遷祀を論ずるに當って觸れる豫定である（第九章第二節三參照）。

静岡縣『旧版 静岡縣史』第三巻・７１１～７１７頁（名著出版刊）
【賀茂郡四十六座大四座小冊二座】
云々
（阿波神社 名神大）本章第二節三參照
　　原祭神は阿波咩神。原所在は伊豆神津島永德山。
云々

静岡縣『旧版 静岡縣史』第三巻・７５８～７７２頁（名著出版刊）
（伊豆三島神社）本章第一節三參照
　伊豆三島神社は「延喜神名式」に伊豆國賀茂郡の所在とし、名神大月次新嘗の社格を受け、「諸國一宮記」に伊豆國一宮と誌され、鎌倉時代には賴朝並びに歷代將軍以下の武家によって特に崇敬された名社である。
云々
　以上は三島神社の原所在に關する考察であるが、同時に三島神社の祭神が伊豫三島神と同神即ち大山祇神であるといふ說も自ら成立して來る。現在は三島神社の祭神を事代主と定められてゐるが、之に對する大山祇神說は屢々先人によって提唱されてゐることを附記しなければならない。なほ三島神には本后・後后以下多數の族神あることに注意を要する。例へば前に述べた「日本逸史」天長九年五月廿二日の條及び「續日本後紀」承和七年九月廿三日の條によって本后阿波神、後后伊古奈比咩命、御子神物忌奈乃命神の坐はしましたことを知る。恐らく三島神社が最初伊豫から遷祀された時には未だ此等の族神は存せず、その後三島神を奉齋する民族が伊豆諸島や伊豆南海岸地方に發展するに連れて漸次その族神を各地に齋祀するに至ったものであらう。云々

　かくして伊豆七島及び南伊豆には三島神社を中心として多數の族神が齋祀された。三島神社は「延喜神名式」によれば名神大社の社格を與えられてゐる。その平安時代に於ける增進の有樣を表示して置こう。

授　列　年　月　日	出　　典	神位社格
天長九年五月廿二日	日本逸史	名神に預く
嘉祥三年十月七日	文德實錄	從五位上
仁壽二年十二月十五日	文德實錄	從四位下
貞觀元年正月廿七日	三代實錄	從四位上
貞觀六年二月五日	三代實錄	從四位下
貞觀十年七月廿七日	三代實錄	正四位下
延長年間	延喜神名式	從三位
寬仁元年十月二日	左經記	名神、奠幣案上神

その特別なる尊信を集めてゐた有樣は見る可きである。從つて三島神社の本后なる阿波神、後后なる伊古奈比咩命神、御子神物忌奈乃命神が何れも餘社に比較して著しい崇敬を受けたことは自然の理であった。左に右三社の平安時代に於ける神位社格の增進を表示してみよう。

授　列　年　月　日	出　典	阿波神	伊古奈比咩命神社	物忌奈命神社
天長九年五月廿二日	日本逸史	名神		
承和七年十月十四日	續日本後紀		從五位下	從五位下
嘉祥三年十月七日	文德實錄	從五位上	從五位上	從五位上
嘉祥三年十一月一日	文德實錄	官社	官社	官社
仁壽二年十二月十五日	文德實錄	正五位下	正五位下	正五位下
延長年間	左經記	名神	名神	名神

　こゝに石井廣夫氏は右の如き三島神及び族神に對する崇敬、また「延喜神名式」に伊豆國が諸國に比して

斷然官社數の多いことに疑問を挿み、恐らくその原因かの卜部平麻呂等の伊豆出身の卜部氏（第八章第三節參照）による策動の結果と解してゐられるが、正鵠を得てゐるであらう。加ふるに第八章第三節に述べた如く當時宛も伊豆諸島の異變多く、その爲めに一層位階增進のことが行はれたと考へられるのである。

伊波比咩命神社

『特選神名牒』３１２頁
伊波比咩命神社
　祭神　伊波比咩命
　祭日
　社格　村社
　所在　（賀茂郡三坂村大字一色）　一色村
　　今按式社攷證に賀茂郡一色村姫宮明神なるべし國圖にも此村に載せ豆志に一棟三扉の祠なり慶安四年の文に中は姫宮左權現右は御靈社前代敗壞中絶百年と又末社の天神は地主神也故に此所を天神社と云舊社にして式内也と云と記せる此邊の山谷都て岩なるは伊波比咩の御名にも適へる土地にて疑なく思はる末社天神は地主神也とある此社より東方五町許蝶箇野村地内に医波志美豆と稱する巖山ありて頂上に辨天と稱する稱祠立るが其さま此神の舊址なるべく聞えたり能索ぬべし又同郡白岩村屬里小川の土神に子安明神ありて豆志に寛文五年の文に姫御前大見庄小川鎭守と誌せり村老傳へて岩姫と云とみえ伴信友が説に是正しく伊波比咩命神社なるべしと云れたれど此邊もと田方郡にして賀茂郡なりし處とは隔れゝば然らずと云るによりて足柄縣の註進にも件の一色村の社と定めたれば今は之に從へり

度會延經『神名帳考證』（『神祇全書』第一輯）
伊波比咩命神社　石長姫命　上所謂伊波乃比咩同神

伴信友『神名帳考證』（『伴信友全集』第一）
伊波比咩命神社
〇伊波乃比咩同神載上［志］賀茂郡白岩村ノ内小河ノ土神ニ子安明神アリ寛文五年ノ文ニ姫御前大見庄上下小川鎭守トアリ村老傳テ云岩姫ト云神也ト海貝コヤスガイノ如キ小貝ノ土中ニ聚リ凝テ石ニ化シタルモノヲ神體トス婦人安産ヲ祈ルモノ水杓ノ底ヲ抜キトリテコレヲ奉ルトアリテ式社ナルコトヲイハズ〇信友按ルニコレ正シク伊波比咩命神社ナルベシ

伴信友『神名帳考』（『神道大系』古典註釋編七・延喜式神名帳註釋）
伊波比咩命神社
〇伊波乃比咩同神、載上、△志ニ、賀茂郡白岩村ノ内小河［川］ノ土神ニ、子安明神アリ、寛文五年ノ文［札］ニ、姫御前、大見庄上・下小川鎭守トアリ、村老傳テ云、岩姫と云神也ト、海貝コヤスガイ、ノ如キ小貝ノ、土中ニ聚リ凝テ石ニ化シタルモノヲ神體トス、婦人ノ安産ヲ祈ルモノ、水杓ヒシャク、ノ底ヲ抜キテ、コレヲ奉ル」トアリテ、式社ナル事ヲイハズ、〇信友按ルニ、コレ正シク伊波比咩命神社ナルベシ、
　１（頭註）國云、一色村、

鈴鹿連胤『神社覈録』（井上賴圀・佐伯有義校訂『神社覈録』下編）
伊波比咩命神社
　伊波比咩は假字也、上なる伊波乃比咩神社同神歟〇祭神明か也〇在所詳ならず
　　伊豆志に、賀茂郡白岩村ノ内、小河ノ土神ニ子安明神アリ、寛文五年ノ文ニ、姫御前大見庄上下小川鎭守トアリ、村老傳テ云、岩姫ト云神也ト、海貝コヤスガイノ如キ小貝ノ、土中ニ聚リ凝テ石ニ化シタルモノヲ神體トス、婦人安産ヲ祈ルモノ水拘ヒシャクノ底ヲ抜キトリテ、コレヲ奉ル」トアリテ、式社ナル事ヲイハズ、」〇伴信友按ルニ、コレ正シク伊波比咩命神社ナルベシ、〇國圖云、一色村に在す、
　　　神位
　　國内神階記云、いは姫の明神、

栗田寛『神祇志料』第十二巻
伊波比咩命神社、今一色村にあり、姫宮明神といふ。式社考證、伊豆國圖

『大日本史』［九］・志一・巻二百五十五
伊波比咩命神社、〇神明帳作從四位上伊和姫乃明神、今在一色村、稱姫宮明神者、蓋是、

竹村茂雄『伊豆國式社考』（『神祇全書』第四輯）
伊波比咩命神社　手石村手石御前なるべし、神階帳にいわひめの明神あり、

德川義直『神祇寶典』巻五・伊豆（『神祇全書』第貳輯）
伊波比咩命神社
　磐長姫也
　見于上

萩原正平『伊豆國式社攷略』（静岡県立中央図書館所蔵）
伊波比咩命神社
　賀茂郡一色村鎭座いはひめの明神　神階帳舊稱姫宮明神社な里と　須國圖改証註進特選今云ふ村名の一色は石姫の轉訛尓やと云ふ説あり是や非や

萩原正平・萩原正夫『増訂豆州志稿』巻之三上・町村三（長倉書店刊）
〇一色村（［増］東蝶ケ野村九町四十一間、西妻良村二十七町二十二間、南入間村三十一町三十九間、北子浦村一里十四町四十三間）［増］貳拾貳里五町四十七間（［増］四里二十町七間五尺）［増］北條役高帳、一色、税祠簿、いつしき、年號不詳檢地帳豆州内一色村ト（皮七月十三日ト有レバ　慶長三年彦坂小刑部ノ檢地ナリ〇一色ノ地名諸處ニ多シ、何ニ因テ起レルカ考フベカラズ　［増］或ハ云本村鎭座、姫宮神社ハ延喜式内伊波比賣命神社、神名帳いわひめノ明神ニシテ村名ノ一色モ此神名ヨリ出テ石ヲイシ明キト唱ヘ來リシモノナルベシト神社部參照）
　　　〇田額三百九拾九石三斗九升六合（［増］永七百文鹿皮七枚代役ト）反別貳百五拾三町八畝拾三歩内（田三十町一反四畝十歩、畑十五町八反

六畝五歩、宅地三町八反四畝三歩、山林百三一五町七反四畝十六歩、原野六十七町四反九畝八歩）[増]地價金壹萬九千六百九拾八圓三拾九錢貳厘[増]地租金四百九拾貳圓四拾六錢六厘[増]社二(村一離一)寺二(曹)分校一[増]戸現住八拾六現在同上[増]口本籍四百八(男百九十八、女二百十)現住四百(男百九十三、女二百七)

萩原正平・萩原正夫『増訂豆州志稿』巻之八上・式内神社考並神階帳考緒言（長倉書店刊）
○伊波比賣命神社[増]神階帳從四位上いはひめの明神[増]賀茂郡一色村姫宮ナル可シ一説ニ同郡上白岩村子安神社ニ當テタルハ謬リ也

萩原正平・萩原正夫『増訂豆州志稿』巻之九上・神祠三・賀茂郡（長倉書店刊）
子安神社(同村下同[増]相殿第六天八幡)○小川ノ土神也寛文五年ノ札ニ姫御前大見庄上下小川鎮守ト誌ス村老傳テ岩姫ト云(肥海ノ如キ小貝ノ土中ニ聚リ凝テ石ニ化シタル物ヲ為主ト婦人安産ヲ祈ル者水杓ノ當ヲ抜テ奉ル)[増]一説(伴信友説)ニ當社ヲ式内賀茂郡伊波比咩命神社ニ當テタルハ非也(此地往昔田方郡ニ屬ス、又玉手権、磐長姫命ノ事蹟ヲ記セルモ式内伊豆國賀茂郡伊波乃咩命神社ト同郡ニ伊波比咩命神社[即當社ヲ云]ト申スモアリ今小子安明神ト申ス其靈代ハ畏ケレト子安貝ノ如キ小貝ノ奇シク凝タル狀ノ石ニマスト秋山章ガ伊豆志ニ記セリ凝ナク同神ト開ユトアル末謬は式内伊波乃咩伊波比咩命ト磐長姫命ト同神ニアラズ)[増]百三十七坪官一)

萩原正平・萩原正夫『増訂豆州志稿』巻之九上・神祠三・賀茂郡（長倉書店刊）
○姫宮明神(一色村金井)[増]村社姫宮神社祭神伊波比咩命ナル可シ相殿二座神名不詳[増]式内伊波比咩命神社ナル可シ(前記)祠傍ノ山谷皆磐石ニシテ伊波比咩ノ神名ニ適ス或者云村名ノ一色ハ石姫ノ字ヨリ轉訛セルニテ石姫、初伊波比咩ト訓ジ後伊志幾ト謬レルナラムト(玉襷ニ此神ヲ磐長姫命ト同神ナラムト云ルハ非也)○一棟三扉ノ祠也慶安四年ノ札ニ云中姫宮、左權現、右御靈、當社前代敗壊中絶百年ト末社ノ天神ハ地主神也故ニ神地ヲ天神社ト稱ス舊祠ニシテ式内ナリト云(鑰取畔氏[増]八十三坪氏一)

菅原久高『伊豆國九十二式社祭神記』（『全國神職會々報』第二十一號）
伊波比咩命神社　三坂村一色鎮座村社姫宮神社なり伊和姫乃明神と稱す
　　祭神　伊波比咩命

吉田東伍『増補大日本地名辭書』第五巻・１０６８頁
加納　同上加茂、下加茂、一条、二条などと併せ、南中村と云ふ。小野の東にして、同一山谷の間とす、加納より下田まで三里。○下加茂には式内加茂神社あり、又塩類泉あり、数所に湧出すれども、其二所は浴場の設備をなす、一は温百四十八度、一は温九十度。○上加茂の凝灰岩は、俗に伊豆の加茂石と稱する者の上品にして、すずりを造るべし。其色淡紫にして、微に青色を含み、細紋あり。
補 [賀茂] ○増訂豆州志稿、下加茂村は延喜式加茂神社二座と。即ち本村鎮座加畑神社にして、今に郷社に列せり、此辺賀茂郷首村ならむ。鉱泉に、曰大湯、曰正湯。鉱泉志に云ふ、青野川に沿ひ数所に湧出し、二湯を其最となす。而して大湯は川岸土礫の中より発し、正湯は山麓の田畔に出づ、道路便ならず、塩類性。
○一色村姫宮神社は、式内伊波姫の祠なるべし。

郁岡良弼『日本地理志料』巻十三・伊豆国那賀郡
石火　訓闕、按當讀云伊志夫、神名式有那賀郡伊志夫神社、本國神名帳作伊志比明神、建暦元年文書、作石火宮、今在賀茂郡石部村、以石爲神云、石火即石靈也、古訓靈字曰比、如高皇産靈、神皇産靈之靈、比夫一聲相通、本社天文十二年梁牌、作仁科荘雲見郷石火村、寛文十三年梁牌、作石部村盖嫌火字也、豆州志云、石火方廢、石部村存、按圖亘岩科、道部、岩地、石部、雲見、子浦、妻浦、一色、蝶野、蛇石、市瀬諸邑、其故地也、今隷賀茂郡、」祀典所載國柱命神社、在岩科村、伊波比咩命神社、在一色村、伊波久良和氣命神社、在子浦村、大津徃命神社、在妻浦村、東鑑作妻良津、北條五代記同、雲見有烏帽子山、一名淺間山、高千八百尺、航客望以爲標識、山上有淺間社、祀磐長姫命云、即木華開耶姫命姊也、二神在駿豆間、必有幽契而存焉、

賀茂郡役所編『静岡県南豆風土誌』２９３～２９４頁（長倉書店刊）
云々、今賀茂郡四十六座の内より海島鎮座二十四座を減じ、又那賀郡二十二座の内より土肥以北井田に至る八座を除く時は、今日の賀茂郡は正に三十六座の式内社を算すべきなり。然れども伊豆三島神社は、上古鎮座の本域、賀茂郡三島和名抄所載郷名、即海島の總際にして、其の本島は今の三宅島なり。なりしが、中世同郡大社郷和名抄載。今の白濱村伊古奈比咩神社の地なり。に遷座し、後又今の田方郡三島町に遷祀せられたりと云ふ(伊豆國式牧略)を以て、更に大神の一座を除きて、茲に三十五座を得と謂ふべし。今左に増訂豆州志稿巻八上によりて之を擧げむ。同書に云はく、式内社を記すに「也」といふは疑ひなきもの、「なるべし」といふは略證蹟あるもの、「ならむ乎」といふは、信疑相半するものに用ふと。
　　云々
　　伊波比咩命神社　同郡一色村(今三坂村)姫宮神社なるべし。

賀茂郡役所編『静岡県南豆風土誌』６５６頁・三坂村（長倉書店刊）
一色　北條役高帳に一色、税祠簿に「いつしき」とあり。其の何に因れるか考へ難し。或は云ふ、本村鎮座姫宮神社は、式内伊波比咩命神社・神階帳「いわひめ」明神なれば、此神名の石を「イシ」姫を「キ」と唱へしものならむと。

賀茂郡役所編『静岡県南豆風土誌』６５６頁・三坂村（長倉書店刊）
姫宮神社　一色－村社－祭神、（式内）伊波比咩命○神名村名の關係は前に述べたり。創建の年月不詳。延寳五年再建

足立鍬太郎『南豆神祗誌』３７～４０頁（静岡縣賀茂郡神職會）
　　延喜式巻九に載せた伊豆國神名帳は次の如くである。但所在地は萩原正平著伊豆國式社考略に私考を加へて註記す。
　　　　伊豆國九十二座　　大五座小八十七座
　　　　　賀茂郡四十六座　　大四座小四十二座
　　　　　　云々
　　　　　伊波比咩命神社　　　　　　　　　　　　三坂村一色

　　　　云々

足立鍬太郎『南豆神祇誌』７５～８１頁（静岡縣賀茂郡神職會）
　伊豆國神階帳は、群書類従二三に、康永二年辛亥(興國四年)十二月廿五日在廳判の奥書あるものを、在廳伊達某藏本から寫して収めてある。伊達家に現藏するものは鳥子紙二枚續にて後世の寫本である即ち尾張のより二十年許前のものである。在廳とは、中古國衙の廳にあり、國司の命を奉じて事務を行ふ下司であったが、多くは世職だから其の稱呼を傳へて居たのだ。先づ左に其の全文を掲げよう。
伊豆國神階帳　　式社の配當は萩原正平の意見に據る
　　伊豆國三ケ郡神明帳事
　　正一位三島大明神
　　　云々
　　　那賀郡貳拾四所
　　　云々
　　　賀茂郡三十七所
　　　云々
　　　従四位上いわ姫の明神　　伊波比咩命神社
　　　云々

足立鍬太郎『南豆神祇誌』２０８頁（静岡縣賀茂郡神職會）
　　　　第三十章　三坂村
姫宮神社
　　所在　一色字下ノ坪
　　祭神　伊波比咩命　相殿事代主命・譽田別命
　　創立　延寶五年　再建
　　社格　村社　式内
　　境内　八三坪　民一
　相殿は字才ノ神にあったのを、大正六年に合祀したが、該社には大永六年の棟札があった。又本神社附近の山谷が皆盤石で神名に適するとか、一色は石姫の湯桶讀であるとかより式社に擬當するは、確かならぬ感じがある。

静岡縣『旧版　静岡縣史』第三巻・７１１～７１７頁（名著出版刊）
【賀茂郡四十六座大四座小冊二座】
云々
（伊波比咩命神社）
　原祭神は伊波比咩命。原所在は賀茂郡三坂村一色下ノ坪。現在社は同所の姫宮神社。
云々

静岡県郷土研究協会『静岡県神社志』第三篇（日本仏書センター刊）
村社　姫宮神社
　　　賀茂郡三坂村一色字下ノ坪鎮座
云々
　祭神　主神　伊波比咩命
　　　　　相殿　云々
　例祭日　十一月二日
　由緒　延喜式神名帳賀茂郡伊波比咩命神社あり神階帳に従四位上いわ姫の明神とあるに該当す。式社考証に、賀茂郡一色村姫宮明神なるべし、国図にもこの村に載せ、豆志に一棟三扉の祠なり、慶安四年の文に中は姫宮左権現、右御霊、当社前代敗壊中絶百年と云々、此處の山谷都て岩なるは伊波比咩の御名にも適える土地にて、疑なく思わる、と記せり、又耆老の説に村名一色の文字は、昔石姫と称し来りしを謝って伝えたりという。明治六年九月村社に列す、相殿はもと字オノ神に鎮座せるを大正六年合祀したが、該社には大永六年の棟札があったという。
　社殿　は慶安四年の再建といい、次で延宝五年再建すという、云々

伊波氏別命神社

『特選神名牒』３１４～３１５頁
伊波氏別命神社稱諏訪明神（明細帳に諏訪明神祭神同所）
　祭神　伊波氏別命
　　今按この神號は下に引る攷證に云る如く數十丈削立たる如き巖石上に鎭坐すを以て稱へしものなるべき
　　を豆州志に田方郡梅名村右内神社を伊波弖別命と云ひ慶長九年の棟札に天石別又名櫛石窓亦神石窓此
　　御門之神也今號右内明神と云ひて一神の如く云るは誤なり故今とらず
　祭日
　社格　村社
　所在　岩殿村
　　今按式社攷證に岩殿村諏訪明神なるべし今實地を檢見するに數十丈削立たる巖石上に鎭座なるは伊波氏
　　別の神號に思合され神階帳にいわでわけのみこと有が古く若宮と稱へたるに符号ひ村名の岩殿も本伊波
　　弖の稱に當たりと聞ゆるを殿をどのと訓て遂に今の如く訛たるを以て證すべし然るを豆志に田方郡梅名
　　村右内神社を當社と定めたるは非説也と云る實にあたれり

度會延經『神名帳考證』（『神祇全書』第一輯）
○伊波氏別命神社　姓氏録云、多米連、神魂命兒天石都倭居命之後也、土佐國天石門別安國玉主天神

伴信友『神名帳考證』（『伴信友全集』第一）
伊波氏別命神社
[姓氏]神魂命天石都倭居命[志]君澤郡梅名村ニ坐慶長九年ノ棟札ニ天石戸別又名櫛石窓亦神石窓此御門之神
也トアリ今石内明神と號上梁文ニモ又賀茂郡田方詔梅名村トアリ三島大社内ヨリ遷スヲ以テ祠地ノミ賀茂郡
トスルコト大社ノ例ノ如キ歟

伴信友『神名帳考』（『神道大系』古典註釋編七・延喜式神名帳註釋）
伊波氏別命神社
○姓氏録、神魂命兒、天石都倭居命、△志ニ、君澤郡梅名村ニ坐、慶長九年ノ棟札ニ、天石戸別、又名櫛石
窓、亦神石窓、此御門之神也、トアリ、今右内明神ト號、●上梁文ニモ又、賀茂郡田方荘梅名村トアリ、三
嶋大社内ヨリ遷スヲ以テ、祠地ノミ賀茂郡トスル事、大社ノ例ノコトキカ、

鈴鹿連胤『神社覈録』（井上賴圀・佐伯有義校訂『神社覈録』下編）
伊波氏別命神社
　　伊波氏は假字也、別は和氣と訓べし、祭神明か也○君澤郡梅名村に在す、今右内明神と稱す、志例祭　月
　　日、
　　　　伊豆志に、慶長九年ノ棟札ニ、天石門別又名櫛石窓此御門之神也トアリ、と云り、
　　　　神位
　　國内神階記云、從四位上いはてわけのみこ、

栗田寛『神祇志料』第十二巻
伊波氏別命神社、今岩殿村にあり、諏訪明神と云ふ。式社考證伊波氏別命を祀る。延喜式

『大日本史』[九]・志一・巻二百五十五
伊波氏別命神社、○神明帳作從四位上伊和天和氣乃御子、今在岩殿村、稱諏訪明神者、蓋是、

竹村茂雄『伊豆國式社考』（『神祇全書』第四輯）
伊波氏別命神社　加増野村拜石ならんか、川奈村の夷子ならんか、神階帳にいわでわけとあり、

萩原正平『伊豆國式社攷略』（静岡県立中央図書館所蔵）
伊波氏別命神社
　賀茂郡岩殿村鎭座いはでわけのみ古神階帳今稱諏訪明神社なり登須改証註進特選今亦小祠登なる旧説尓二十里を隔
　て志君沢郡梅名村右内神社を當たるは迂繆も甚しからずや

萩原正平・萩原正夫『増訂豆州志稿』巻之三上・町村三（長倉書店刊）
○岩殿村（[増]東石井村十四町、西下小野村十四町五十二間、南上小野村二十町七間、北毛倉野村八町五間）[増]貳拾壹里拾町四拾間（[増]三里二十五町）[増]慶長
　三年、檢地帳、豆州賀茂郡岩殿郷ト（○諏訪神社、寛文二年ノ上梁文、豆州仁科荘岩殿村ト岩殿ハ巨岩ノ下ノ方厳空ニシテ殿屋ノ如キヲ以テ名ヅク此名アル所皆然リ
　[増]岩殿ノ稱一説アリ神社ノ條ニ記セルヲ見ルベシ）
　　○田額七拾六石九斗四千四合内（新田八石五斗六升九合）[増]反別七拾四町貳反五畝七歩内（田五町六反四畝十八歩、畑三町八反二畝一歩、
　　宅地九反二十二歩、山林五十町一反五畝十二歩、原野六町七反二畝十四歩）[増]地價金四千四百七拾六圓六拾四錢壹厘[増]地租金百拾壹圓
　　九拾壹錢四厘[増]社一（寸）寺一（眞言）[増]戸現住拾八現在同上[増]口本籍九拾七（男四十三、女五十四）現住九拾貳（男
　　四十二、女五十二）

萩原正平・萩原正夫『増訂豆州志稿』巻之八上・式内神社考並神階帳考緒言（長倉書店刊）
○伊波氏別命神社[増]神階帳從四位上いはてわけのみこ[増]賀茂郡岩殿村諏訪神社ナル可シ○君澤郡梅名村
伊波氏別命神社慶長九年上梁文ニ曰天石戸別又名者櫛石窓、亦神石窓、此御門之神也ト今號右内明神式ニ賀
茂郡ニ載ス上梁文ニモ亦賀茂郡田方荘梅名村トス豈大社内ヨリ遷スヲ以テ祠地ノミ賀茂郡トスル事大社ノ例
ノ如キカ[増]此説非也當社ハ中島村左内神社ト共ニ三島大社ノ南方距離廿餘町ノ地ニ在テ左右ニ相對シテ鎭
座セルヨリ彼社ヲ左内此社ヲ右内ト稱シ祭神ヲ戸別命ト附會シタル也式内伊波氏別命神社ハ神典ニ載スル
所ノ石戸別命ニ非ズ（緒言参看）上梁文ニ賀茂郡トアルハ全ク三島大社御門ノ神ト稱ヘシヨリ起レル也（三島大社々地ハ維新
ノ際マデ賀茂郡ニ属ス）

— 191 —

萩原正平・萩原正夫『増訂豆州志稿』巻之八上・神祠一・君澤郡（長倉書店刊）
〇右内明神(梅名村)[増]村社右内神社祭神阿米都瀬氣多知命ナル可シ[増]式内阿米都瀬氣多知命神社ナルカシ(前記)社傍ニ宇米都ノ池ノ遺蹟存ス宇米都ノ轉訛ナル可シ原書式内賀茂郡伊波底別命神社ニ當テタルハ非也(前記)今地形ニ據テ按ズルニ往昔梅名川此地ニ至リテ左右ニ分流シ當社ハ中島ニ鎮座セシ者ナル可クシテ神階帳かはらの明神ナラム(かはらハ河原ノ意也梅名川往昔ハヤヽ大ナリシナラム舊川蹟存ス)慶長九年上梁文ニ領主石川日向守造立トアリ(日向守此地ニ居住セシ事古蹟部ニ記ス)石川日向守書簡二通石川伊織ノ書翰、黒田信濃ノ文書、（元和元年ノ文書也神領高一石七斗八升年貢諸役等無相違免許云々トアリ）等ヲ藏ス（〇補宜朝立氏）[増]境内社一(山神、第六天、淡島、床浦、秋葉、天神、金比羅、社護神等ヲ合祀[増]六百八十六坪官一)

萩原正平・萩原正夫『増訂豆州志稿』巻之九上・神祠三・賀茂郡（長倉書店刊）
〇諏訪明神(岩殿村)[増]村社諏訪神社祭神伊波氏別命ナル可シ[増]式内伊波氏別命神社ナル可シ(前記)當社ノ巌頭ニアルハ伊波氏別ノ社名ニ適ヒ村名ノ岩殿ハ伊波氏ノ轉訛ナラム(岩殿ノ字ヲ初伊波氏ト訓シ後伊波登乃ト譯レルナラム尚村部ニ記シタル一説アレドモ附會ナル可シ)又神階帳ニいはてわけのみことアルハ古來當社ヲ若宮ト稱シタルニ符合ス（村内ニ若宮ノ地名存ス）〇在一巌山上延寶以前ノ上梁文三四アリ皆朽チタリ（[増]七十二坪民一）

菅原久高『伊豆國九十二式社祭神記』（『全國神職會々報』第二十一號）
伊波氏別命神社　南上村岩殿鎮座村社諏訪神社なり
　　祭神　伊波氏別命

吉田東伍『増補大日本地名辞書』第五巻・１０６７〜１０６８頁
小野　蛇石、青野、毛倉野、岩戸野などと併せ、南上村と云ふ、烏帽子山の東なる三谷にして、手石川の水
　　源にあたる。岩科、松崎より蛇石峠を越えて此谷に入る。〇増訂志稿云、小野村三島明神、文永五年上梁
　　文に、仁科庄小野郷と記す、此社は延喜式并に神階帳に阿米都加多姫神ならん、但し阿米都別神は三島に
　　鎮座す、岩戸野の諏訪明神は、式内伊波別命神社とす、毛倉野村に日原山鉱穴あり、其創開は慶長の度に
　　して、盛に行はれたる由なるが、後故ありて廃坑となり、数多の星霜を経て、慶応二丙寅年、再び之が開
　　鑿をなし、明治に至りなほ引続き採鉱に従事せるも、其出額多からず。
補［日原金山］〇地誌提要、毛倉野村日原、採出一年吹目金凡五百匁、縄地村運長山吹目金凡三百匁、浜村桜
　　沢大松山吹目金三拾匁、其三所一年合八百三十匁、〇同郡青野村休山。
補［蛇石］〇増訂豆州志稿、蛇石村長者が原村の西北、浪の山の東方なり、四望渺々、南方は島嶼在目前、亦
　　佳景の地なり、〇岩殿村鎮座諏方社は、式内伊波氏別命神社なるべし。

郁岡良弼『日本地理志料』巻十三・伊豆國賀茂郡
賀茂　訓義見上、即加毛神社所在、而郡家在焉、豆州志云、賀茂郷廢、賀茂村存、按圖亘上賀茂、下賀茂、
　　青市、大賀茂、一條、二條、加納、石井、岩殿、毛倉野、上小野、下小野、青野諸邑、蓋其地也、」
　　祀典所云、加毛神社、在下賀茂、稻加畑明神、阿米都加多比咩命神社、在下小野村、伊波氏別命神社、
　　在岩殿村、三島大社文永應永古文書、有仁科荘小野郷岩殿郷、秋山氏曰、天平十三年紀、流小野東人
　　於伊豆、盖居小野耶、州有九條、三條、三宅殿、加畑、一條、二條、五條、藤原、葦屋等邑、皆搢紳
　　謫居之阯也、大賀茂、頼政記作尾加茂、青市、舊名蒲谷、神鳳抄伊豆國蒲谷御廚、東鑑作蒲屋御廚、
　　三島大社文永七年文書作蒲原誤、同應永七年梁牌、有蒲屋郷青市村、加納、古名日出里、久壽中改叶、
　　後用今字、

賀茂郡役所編『静岡県南豆風土誌』２９３〜２９４頁（長倉書店刊）
云々、今賀茂郡四十六座の内より海島鎮座二十四座を減じ、又那賀郡二十二座の内より土肥以北井田に至る
八座を除く時は、今日の賀茂郡は正に三十六座の式内社を算すべきなり。然れども伊豆三島神社は、上古鎮
座の本域、賀茂郡三島和名抄所載郡名、即海島の總稱にして、其の本島は今の三宅島なり。なりしが、中世同郡大社郷和名抄所載。今の白濱村伊古奈比咩命神社の地なり。に遷座し、後又今の田方郡三島町に遷祀せられたりと云ふ(伊豆國式社攷略)を以て、更に大神の一座を除きて、
茲に三十五座を得と謂ふべし。今左に増訂豆州志稿巻八上によりて之を擧げむ。同書に云はく、式内社を記すに「也」といふは疑ひなきもの、「なるべし」といふは略證蹟あるもの、「ならむ乎」といふは、信疑相半するものに用ふと。
　　云々
　　伊波氏別命神社　　同郡岩殿村(今南上村)諏訪神社なるべし。

賀茂郡役所編『静岡県南豆風土誌』６５１頁・南上村（長倉書店刊）
諏訪明神　岩殿一村社－祭神、（式内）伊波氏別命〇延寶以前の上梁文三・四あり。天正二年の再建に係る。

足立鍬太郎『南豆神祇誌』３７〜４０頁（静岡縣賀茂郡神職會）
　延喜式巻九に載せた伊豆國神名帳は次の如くである。但所在地は萩原正平著伊豆國式社考略に私考を加へて註記す。
　　　　伊豆國九十二座　大五座小八十七座
　　　　　賀茂郡四十六座　大四座小四十二座
　　　　　　云々
　　　　　伊波氏別命神社　　　　　　　　　　　南上村岩殿
　　　　　　云々

足立鍬太郎『南豆神祇誌』５２〜５３頁（静岡縣賀茂郡神職會）
次に、石室崎の風蝕せる大集塊岩窟は伊波例命として、岩殿なる同じ大岩窟は伊波氏別命として、武峰山の
尖鋭なる岩塊は多祁富許都久和氣命として、嘗て下河津村田中にあった筈の巨杉は杉桙別命として、妻良港
は大津往比咩命として、伊豆山温泉は火牟須比命として富洞の礫濱は布刀主若玉命として、安良里の網屋崎
は國玉命として、皆神格づられて居る。此類はまだ／＼多い。又地名を冠して居る神社でも、神洞瀑は多
爾夜神社、田子島は哆胡神社、鴨ケ池＝堂内海は佐波神社の一座、戸田港は部多神社、石寶殿は石德高（德
はアイヌ語Ｔｏｋｓｅ＝丘で同語Ｉｗａと熟したのにタカといふ國語を添へたのであらう）神社の神主では

なかったらうか。海岸の島嶼を三島神の若宮として祀った形迹は尚ある

足立鍬太郎『南豆神祇誌』７５～８１頁（静岡縣賀茂郡神職會）
　伊豆國神階帳は、群書類従二三に、康永二年辛亥(興國四年)十二月廿五日在廳判の奥書あるものを、在廳伊達某藏本から寫して收めてある。伊達家に現藏するものは鳥子紙二枚續にて後世の寫本である即ち尾張のより二十年許前のものである。在廳とは、中古國衙の廳にあり、國司の命を奉じて事務を行ふ下司であったが、多くは世職だから其の稱呼を傳へて居たのだ。先づ左に其の全文を掲げよう。
伊豆國神階帳　　式社の配當は萩原正平の意見に據る
　　　伊豆國三ケ郡神明帳事
　　正一位三島大明神
　　　云々
　　　　那賀郡貳拾四所
　　　云々
　　　　賀茂郡三十七所
　　　云々
　　　　從四位上いわてわけのみこ　　伊波氏別命神社
　　　云々

足立鍬太郎『南豆神祇誌』２０６～２０７頁（静岡縣賀茂郡神職會）
　　　　第二十九章　南中村
云々
諏訪明神
　　所在　岩殿字旭岡
　　祭神　伊波氏別命
　　創立　天正二年　再建
　　社格　村社　式内
　　境内　七二坪　民一
　式伊波氏別命神社は、岩殿寺後丘なる集塊岩の大窟を祭ったのであらうから、此の諏訪明神をそれに擬するは、やゝ變に感ぜられる。當社に藏する最古の棟札は正德二年のものである。又十一面觀音の掛物がある。

静岡縣『旧版　静岡縣史』第三卷・７１１～７１８頁（名著出版刊）
【賀茂郡四十六座大四座小冊二座】
云々
（伊波氏別命神社）
　原祭神は伊波氏別命。原所在は賀茂郡南上村岩殿字旭岡か。現在社は同所の諏訪神社か。
云々

静岡県郷土研究協会『静岡県神社志』第三篇（日本仏書センター刊）
　村社　諏訪神社
　　　賀茂郡南上村岩殿字旭岡鎮座
云々
　　祭神　伊波氏別命
　　例祭日　陰暦七月二十六日
　　由緒　本社は延喜式神名帳賀茂郡伊波氏別命神社とあり神階帳に從四位上いわでわけのみこととあるに充当するとなす。特選神名牒には、今按、この神号は式社考證に岩殿村諏訪明神なるべし。この社殿は數十丈削立せる巖岩上に鎮座成るは伊波氏別の神号に思い合わされ、神階帳にいわでわけのみこと有るが、古く若宮と稱えたるに符合し、村名の岩殿も本伊波氏の稱に當りたりと聞ゆるを、殿をどのと訓み遂に今の如く訛りたるを以て知られる、とある。（因に式社は或は君沢郡梅名村伊波氏別命神社、又は稲梓村加増野字拝石ならむかともいう）明治六年村社に列す。
云々

静岡県郷土研究協会『静岡県神社志』第三篇（日本仏書センター刊）
　村社　右内神社
　　　田方郡中郷村梅名字宮城鎮座
　　祭神　櫛石窓命
　　例祭日　十月十七日
　　由緒　創立年月等不詳なれども、同村左内神社の由緒の部に記したる三島大神の左右随神たりし事は以て本社にも通ずる古伝であらう。或は延喜式神名帳賀茂郡伊波氏別命神社を、又は田方郡阿米都瀬氣多知命神社を、本社に比定する説もある。而して慶長九年六月修建の棟札裏書というに左記の如きものあり、慶長九甲辰歳上棟札裏書写
　　夫右内神社者在ニ伊豆国賀茂郡梅名村中郷一、国府賀茂郡三島宮之南一里許、所レ祭神一座
　　櫛石窓神也　神社啓蒙曰、中山神社、在ニ帝京三条猪熊之辺一、所レ祭之神、註左豊石窓神　古語拾遺曰是並太玉命子也、旧事紀曰、天石戸別、亦名櫛石窓神、亦曰神門石窓神、此御門之神也　林子神社考曰、後冷泉院永承五年六月十六日建二神社一、同六年十一月授ニ從三位一、天喜元年四月始奉ニ官幣一也、今奉崇梅名村右内太神者、右件神已　三島宮社
　　　　　　　人　謹恐頓首再拝書
なお本社には文禄慶長度の古文書三通を蔵す。明治六年九月村社に列す。昭和十年十二月神饌幣帛料供進社

に指定せらる。
云々

志理太宜神社

『特選神名牒』３１４頁
志理太宜神社
　祭神　志理太宜神
　　今按此神も三島神の后佐伎多麻比咩命の生玉へる八王子の内なること三宅記に五をばシタイと云るにて
　　明かなり志理太宜の理を省き太宜を音便にタイと稱したるなり
　祭日
　社格　（無格社）
　所在　（伊豆國三宅島神着村字推取山）　三宅島神着村
　　今按式社攷證に三宅記に五をばシタイと有其と聞ゆれば三宅島鎭座なること決しと思ひて探るに神着村
　　東方三十許町しいとりと云處にしいとり明神と云有り古く志太良とも稱たる由祭文神樂歌等に見えたれ
　　ば此志理太宜命なるべく聞えたりされど今は姫宮神保取神と合祀て一棟三扉の小祠となり上古の其か非
　　ぬかとたどらるゝ計り衰頽に及びたる世の變遷は爲便無き事になむ而るに豆志に志理太宜神社白田村祀素盞
　　鳴尊後八幡を配す貞和二年上梁文に白田來濱神社は新羅擁護神也云々志理太宜白田來通音也云々神名帳
　　攷證に志理太は下田也と記し竹村茂雄は下流若宮なるべしと云て各地名の近きより云出たるなれと從ひ
　　難し云るによりて縣の注進狀にも神着島と定めたるに從ふ

度會延經『神名帳考證』（『神祇全書』第一輯）
〇志理太乎〇乎一本無宜神社　按志理太下田也、乎宜船戸神、興玉命、

伴信友『神名帳考證』（『伴信友全集』第一）
志理太平宜神社
太一本作大乎一本无、［秘釋］乎衍文志理太下田也〇下ニ布佐乎宜神社トモアレバ乎ハ衍トモ云ベカラズ［志］
賀茂郡白田村ニ坐ス素戔嗚尊ヲ祀リ後八幡ヲ配ス貞和三年ノ棟札ニ白田來濱神社新羅擁護神也野州岩船山ト
同神也云々志理太宜ハ白田來也〇信友按素戔嗚尊新羅ニ渡リ坐シ古事ニヨシアリ

伴信友『神名帳考』（『神道大系』古典註釋編・延喜式神名帳註釋）
志理太平宜神社
〇按、志理太、下田也、考證、〇下ニ布佐乎宜神社トモアレハ、乎ハ衍トモ云ベカラス、△志ニ、賀茂郡白田
村ニ坐、祀素戔嗚尊、後ニ八幡ヲ配ス、貞和三年ノ棟札ニ、白田來濱神社・新羅擁護神也、野州岩船山ト同
神也トアリ、志理太宜ハ、白田來也、〇信友按、素戔嗚尊、新羅ヘ渡リ坐シ古事ニヨシアリ、
　１（頭註一）一本无平字、
　１（頭註二）朱圍云、シラタ村、

鈴鹿連胤『神社覈錄』（井上賴圀・佐伯有義校訂『神社覈錄』下編）
志理太平宜神社
　志理太乎宜は假字也〇祭神素戔嗚尊、志〇白田村に在す、圍志
　伊豆志に、後八幡宮ヲ配ス、貞和三年ノ棟札ニ、白田來濱神社新羅擁護神也、野州岩船山ト同神也、と
　　云り、〇伴信友云、志理太宜は白田來也、と云るは乎字の脱たる本のあるより附會せしなるべし、乎宜
　　は下に布佐乎宜神社もあれば脱字なるべし、〇又云、按素戔嗚尊新羅へ渡リ坐シ古事ニヨシアリ、とも
　　云り、

栗田寛『神祇志料』第十二卷
志理太宜神社、〇按本書印本、太の下乎ニあるは、恐らくは衍也、今諸本に據てこれを削る。三宅島神着村にあり。伊豆式社考證盖三島神の后、佐岐多
麻比咩命の第五の子神也。三宅記

『大日本史』［九］・志一・巻二百五十五
志理太平宜神社、〇一無平字、今在三宅島神着村東、按三宅記、志理太宜作志伊、土人今稱志伊登利、又志太良、故皆志理太宜之訛也、

竹村茂雄『伊豆國式社考』（『神祇全書』第四輯）
志理太乎（一本無乎字）宜神社　白田來濱神社、志

萩原正平『伊豆國式社攷略』（静岡県立中央図書館所蔵）
志理太宜神社
　三宅島神着村鎭座志多いのみ古三宅記舊稱志いと里明神社なりと須攷証進特選當社すで尓瑣尾を究めて上古の其
　連か否ぬか登辿らるゝばか里になむ

萩原正平・萩原正夫『増訂豆州志稿』巻之三上・町村三（長倉書店刊）
〇白田村（［増］東片瀨村六町十二間三尺、西稲取村一里七町）［増］拾四里貳拾壹町拾間四尺（［増］六里二十町二十五間三尺五寸）［増］文祿三年檢地帳、
　　河津庄白田郷ト（税祠簿、しらた、天正十八年、織田信雄文書、伊奈熊藏文書等白田村ト木宮神社貞和二年ノ上梁文白田來濱神社トモアリ〇晉書傳玄傳云白田收至十餘斛水田收數十斛白田
　　水田二對シニヘバ正二是レハタケナリ、此村吉ハタケ許ノ時ノ名ナルカ源順引續搜神記畠ノ字ヲ出ス蓋シ晉唐ノ谷字ニシテ是白田ノ二字ヲ合セル他而レドモ中土後世此字傳ハラズ吾那ハ中古以来專ラ
　　用ウ［増］白田人蔵黄坑明礬坑アリ）
　　　〇田額四百三拾三石壹斗壹升四合（〇一日四百九斗三合ト）［増］反別千五百六拾五町四反六畝七歩内（田二十八町三反二畝十七歩、
　　畑十五町九畝二歩、宅地四町八反二畝十八歩、山林八百三十一町七反三畝十八歩、原野六百八十五町四反歩、雜種地八畝十五歩）［増］地價金貳萬千八百圓六拾七錢五厘
　　［増］地租金五百四拾五圓貳錢四厘［増］社一（村）寺二（禪）分校一［増］戸現住百七拾現在百七拾四［増］口本籍
　　九百四（男四百七十四、女四百三十）現住八百八拾九（男四百六十四、女四百二十五）

萩原正平・萩原正夫『増訂豆州志稿』巻之八上・式内神社考並神階帳考緒言（長倉書店刊）
〇志理太宜神社［増］三宅島神着村舊稱しいとり明神社ナル可シ三宅記ニ五ヲバしたいトアル是也したい、し

いとり、共ニ志理太宜ノ轉ゼシナラム今極メテ小祠也○白田村志理太宜神社（本太下有乎字今從一本）貞和二年上梁文ニ日ク白田來濱ノ神社ハ新羅擁護ノ神野州岩船山ト同神也ト志理太宜、白田來、リラ通音也［増］此神佐多麻比賣命ノ八王子ノ内ニシテ三宅島鎮座ナル事疑ナケレバ此説諾ヒ難シ又一説（神名帳考證生田國秀等ノ説）ニ志理太疑ハ下田ナリト云ルハ殊ニ甚シトス

萩原正平・萩原正夫『増訂豆州志稿』巻之八上・神祠一・君澤郡（長倉書店刊）
○八王子社（竹倉村）［増］無格社八王子神社［増］當社ハ佐伎多麻比賣命ノ八王子ヲ祭ルナル可シ八王子トハ南子、加補、夜須、弖良、志理太宜、久良惠、片菅、波夜ノ命ヲ云（其本社ハ皆三宅島ニ在テ式内也式内神社考部参看）當村八王子山通猛院ハ往昔本社ノ別當也（○守僧云天照大神八幡大菩薩ヲ配祀スト俗ニ傳フ此村山中ニ八ノ家アリ其疊ヲ配ル故ニ八王子ト云トサレ共谷田ノ石床別命ヲ下ノ宮ト稱シコレヲ上ノ宮ト對シ云ハバ天照大神素戔嗚尊ノ御子五男三女ヲ合祀スル八王子ナルカ否ラスハ三島大神第三后八子同産ノ御子ナラム［増］第三后即佐伎多麻比咩命ヲエルニテ後ノ説允當ナリ）○元禄七年棟札ニ夏梅木、竹倉、兩村ノ鎮守ト（［増］七十五坪官一）

萩原正平・萩原正夫『増訂豆州志稿』巻之九上・神祠三・賀茂郡（長倉書店刊）
○志理太宜神社（白田村）［増］村社祭神不明、或云志理太宜命○祀素戔嗚尊後八幡ヲ配ス［増］原書式内志理太宜神社ニ當テタレ共非也（前記）或云當社ハ其分祠ナル可シト康永貞治等上梁文存ス初白田來濱神社ト呼ビ後木ノ宮ト稱シタリキ○末社二（山神稲荷［増］四百十二坪官一）

萩原正夫『伊豆七島志』上・三宅島・神祠（長倉書店刊）
［増］椎取神社［増］神着村椎取山鎮座祭神志理太宜命ナル可シ（増訂豆州志稿ニ詳記ス二九六頁）（社域五萬五千三百三十九坪官有地一種）

菅原久高『伊豆國九十二式社祭神記』（『全國神職會々報』第二十一號）
志理太宜命神社　三宅島神着村鎮座
　　祭神　志理太宜命

吉田東伍『増補大日本地名辞書』第五巻・１０８３頁
伊賀谷　島の西岸にして、其小港を大船戸と呼び、温泉あり、阿古村と相隣接す。延喜式、伊賀牟比売命神社あり、後明神と称す、三宅記に「此后を伊豆郷いかいと云所に置参らす」と云ひたり、阿古村には阿米都和気神社あり。○増訂志稿云、三宅島にて古来神事の時の詞に「一大社、あめつち今宮、今后」と云ふ、一とは三島大神にて、今宮は阿米都和気命なり、文徳紀、嘉祥三年、此神并に佐支多麻姫授位の事見え、式内に列す、今も一島の総社とす。
補［伊賀牟比売神社］○増訂豆州志稿、式内伊賀牟比売神社は三宅島伊賀谷村、旧称后明神也。三宅記、三島大神三柱の后神を置賜ふ項に、嫡女とは伊豆郷いがいと云ふ所に置参らすと見え、古き祭文・神楽歌等に伊賀谷の后とあり、○阿米都和気神社［重出］阿古村富賀神社なるべし、古来神事の時神名を唱ふる例あり、曰く「一大社あめつち今宮、今后」と。大社三島大神あり、あめつち今宮は阿米都和気命にして、伊古奈比咩命の王子なるべし、今后は当后の意にて、伊古奈比咩命なり、文徳紀曰、嘉祥三年六月伊豆国阿米都和気命授従五位下、仁寿二年十二月加従五位上、斉衡元年六月加正五位上と。
○波夜志命神社［同］同じく式内なり、神着村風早山鎮座、旧称はうす明神社なるべし。三宅記に「へむずのみこ」とあるは、はうすの訛れるにて、はうすは波夜志の転訛せしならむ。
○加弥命神社［同］神着村かみいの杜鎮座、旧称二之宮なる可し。三宅記に「二をばかね」とあり、即ち第二の王子なれば、二之宮の称に適へり。加弥は加補の誤ならむも知るべからず。
夜須命神社［同］所在未定、是亦八王子の一にして、三宅記に「三をばやすと云ふ」とあれば、三宅島鎮座なること疑なし。
○弖良明神社［同］同島伊豆村神山鎮座、旧称ていの社ならむか。三宅記に「四をばてらい（一本てい）」とありて、八王子の内なれば、本島鎮座なる事は論なし。
○志理太宜神社［同］神着村、旧称しいとり明神社なるべし。三宅記に「五をばしたひ」ととある是なり。
○久良恵命神社［同］久良浜、旧称久良浜明神社なるべし。八王子の一にして、三宅記に「六をばくらひ」とある是なり。
○片菅命神社［同］御笏神社境内、旧称かつその社なるべし。此神佐伎多麻比咩命の八王子の内にして、三宅記に「七をばかたすげ」とある是なり。
○伊波乃比咩命神社［同］三宅島坪田村、二宮神社三座の一座なるべし。旧社地は字神戸の石室ならむも知る可からず。三宅記に「次の后をばつぼたの郷に置給ふ」とある即ち此比咩神なる可し。
○南子神社［同］同村南子山鎮座、三宅記に彼八王子の事を誌して「一人をばなご」とある是なり。
三宅島は上古三島大神鎮座の本域にして、其后神御子神式に所載十二座の多きに至る。

吉田東伍『増補大日本地名辞書』第五巻・１０８３～１０８４頁
伊豆　島の北岸にして、神着村と相隣接す。○増訂志稿云、式内佐支多麻比咩神社は神着の御笏明神是なり、三宅記に「三島大神の三柱の后の一人をかめつきの郷に置参らす」とある是也。此后の子を八王子と云ひ、島内に八柱の社あり、共に式内に列す、波夜志命（三宅記、ヘムズの御子）は神着の風早山ハウス明神なるべし、片菅命は（三宅記、七王子カタスゲ）御笏社のカツソ明神是也、久良恵命は（三宅記、六王子クライ）久良浜明神是也、夜須命（三宅記、三王子ヤス）今不詳、加補命は（三宅記、二王子、カネ）神着の二宮カミイ明神是也、氐良神社は（三宅記、四王子テライ）神着の神山テイ明神是也、志理太宜神社は、（三宅記、五王子シタイ）神着のシイトリ明神是也、南子神社は（三宅記、八王子ナゴ）神着の南子山に在り。
補［佐伎多麻比咩命神社］○増訂豆州志稿［重出］神着村、旧称御笏神社なるべし、、三宅記に、三島大神三柱の后神を置き賜ふ項に、三人めはかめつきの郷に置参らすとあり、かめつき即ち神着にて、此地に置き給ひし后神佐伎多麻比咩命なるべし、今尚佐伎多麻の地名存す、当村に佐伎多麻観音あり、本社の旧地なりと云ふ、此比咩神の生みませる八王子、当村或は近地に鎮座せり。文徳紀曰、嘉祥三年六月、加伊豆国佐伎多麻比咩神従五位下。

郁岡良弼『日本地理志料』巻十三・伊豆国賀茂郡三島郷
三宅島 在神津島東八里、下田東南二十里、周凡七里半、全島峻嶮、雄山聳其中央、有火脈、田圃百三十町、有伊賀谷、神著、伊豆、坪田、阿古五邑、領戸八百二十二、口二千七百九十、産牛馬、出絲紬、大野原島屬之、」按神著村、蓋事代主神始上陸之處、伊豆村、其所幽宅之處、故稱伊豆御島神邪、三宅記云、神菅與其妃定諸子所居、地名同今之五邑、」祀典所載、二十四社在海島、而其十二在本島焉、曰佐伎多麻比咩命神社、即三島神妃也、曰波夜志命神社、曰片菅命神社、曰加彌命神社、曰志理太冝命神社、曰南子神社、以上在神著村、並佐伎多麻比咩所生、曰伊賀牟比賣命神社、在伊賀谷村、稱后宮、曰伊波乃比咩命神社、在坪田村、稱坪田后宮、亦三島神妃也、曰阿米都和氣命神社、在阿古村、稱總鎮守三島明神、曰久良惠命神社、在久良濱、曰氐良命神社、曰夜須命神社、在伊豆村、並佐伎多麻比咩所生、有爲朝山、是源爲朝居阯也、

賀茂郡役所編『静岡県南豆風土誌』５５７頁・城東村（長倉書店刊）
志理太乎宜神社　白田－村社－祭神、志理太乎宜命〇康永二年(南朝興國四年)十一月の再建にかゝる。往昔は白田來濱神社と呼び後、來宮神社と稱す。五十猛命を奉祀せしことありきといふ。

足立鍬太郎『南豆神祇誌』１７～２０頁（静岡縣賀茂郡神職會）
　既に述べた如く、白鳳年間伊豆神海島に現れてより約百五十年、天長九年に至って男女二神に分化し、深谷を塞き高巖を摧きて土地を増益し、併せて旱霖を調節するを以て其の神驗とした。蓋し富士火山帯の活動に因る爆發の威力と、其の噴出した溶岩や泥灰の爲に海中に新地を得ることが、無上の恐怖と多大の感謝を齎したのである。加も其の爆發前に於ける火山性地震が、やがて來るべき災難を豫告警戒するを以て、居民は御神火を三嶋神と畏むと同時に、此の地震を伊古奈比咩神と稱へて感謝を表したのであらう。是れアイヌ語Ｉｋｏｎｎｕは凶事を未然に戒める義であつてＩｋｏｎｎｕ－ｇｕｒｕ及びＩｋｎｎｕｐは神變を現す者であるより出たのである。但これより推して巫女と解することも出來る。（彼の三宅記の見目＝御妻を考ふべきである）。そして此の二神の本貫は三宅島であって、島の名は神明（燒）に起因し、其の雄山が三島＝神島神の體を表したものであらう。次に阿古は噴火の本場であって、其の地名は神名Ｉｋｏの轉である。Ｂａｃｈｅｌｏｒ氏アイヌ語文典Ｔｏｉｓｈｉｋａｒｉの説明に據れば、同語に於てｉ音のａに變ずるは屢々ある例だといふ。思ふに同地澪池は女神の躰を表すもので、男神と共に此地に鎭座し給うたのを、内地に奉遷した後に、御子阿米都和氣命を祀ったのであらう。尚ついでにいはゞ、同島神著はアイヌ語Ｋａｍｕｉｓｈｙｏｔｋｉ＝火の女神の處の意で、佐伎多摩比咩命の坐す地、伊ケ谷は同語Ｅｋａｙｅｃｈｉｓｈｉ若くはＥｋａｉｃｈｉｓｈにて險しき處の意、即ち伊賀牟比賣命の坐す地である。又坪田はＴｏｐｏｃｈｉ＝水溜の複數なれば、古澪池を表するもので、伊波乃比咩命の坐す處である。そして伊古奈比咩命 三宅記には天地今宮后と稱するには、阿米都和氣命の他に穗都佐和氣命といふ御子おはし、佐伎多摩比咩命には、加彌・夜須・弓良・志里太乎宜・久良惠・片菅・波夜志・南子の八子おはすを以て、こゝに主神・嫡后・三妃・十王子の三宅神族を組織すると、承和七年上津島の噴火によりて、更に三嶋神の本后阿波命・嫡子物忌奈命といふ神出現し、しかも其の本后には五子物忌奈伊太豆和氣阿豆佐和氣外二神ありと稱し、神津・御藏・利島を連ねて神津の一神族を形成した。然るに大島三原山は三宅島雄山と交互に爆發する御神火の本場であるから、こゝにも其舊噴火口なる波浮池今は一方を決して港とするに妃波布比咩命現れ、彼の白鳳當時の神造地たる野增の阿治古・泉津の波知兩神を其の二王子として大島神族を組織する。更に又式根なる阿爾部比咩命には、新島の多祁美加賀命と稱する武勇の神と他に一柱の王子坐し、これに對して遙かに沖島八丈島にも妃優婆夷命・王子許志伎命外四神が現れたから、こゝに一主神の下に、兩后・六妃と嫡子以外に知名十六王子他に名の傳らざるもの七神より成る三嶋大神族式二十六社總三十三柱が組織された。

足立鍬太郎『南豆神祇誌』３７～４０頁（静岡縣賀茂郡神職會）
　延喜式卷九に載せた伊豆國神名帳は次の如くである。但所在地は萩原正平著伊豆國式社考略に私考を加へて註記す。
　　　伊豆國九十二座　　大五座小八十七座
　　　　賀茂郡四十六座　　大四座小四十二座
　　　　　云々
　　　　　志理太乎宜神社　　　　　　　　　　三宅島神著
　　　　　云々

足立鍬太郎『南豆神祇誌』９５頁（静岡縣賀茂郡神職會）
　城東村白田志理太乎宜神社は八幡を配して居るが、其の八幡社殿内に平安末若くは鎌倉初の毛彫銅板阿彌陀の掛物を藏して居る。是は八幡の正躰であるから、是によって此社も相應の古さをもって居ると考へる。但志理乎宜神社は式のではない

足立鍬太郎『南豆神祇誌』１５５～１５７頁（静岡縣賀茂郡神職會）
　　　第十六章　城東村
云々
志理太乎宜神社
　　所在　志理太乎宜命
　　創立　康永二年興國三年　　再建
　　社格　村社　　供進
　　境内　四一二坪　官一
　初白田來濱神社と呼び、後木の宮と稱へた。随って素盞嗚尊を祭神とし後八幡を配したのを、更に地名によって志理太乎宜命に改めた。八幡の本地阿彌陀を毛彫した、優秀なる銅板の掛物がある。平安末若くは鎌倉初のものである。又湖州八花鏡破損がある一面を藏す。

静岡縣『旧版　静岡縣史』第三巻・７１１～７１７頁（名著出版刊）

【賀茂郡四十六座大四座小卌二座】
云々
（志理太［乎］宜神社）
　　原祭神は志理太［乎］宜神。原所在は賀茂郡城東村白田字宮後。現在社は同所の志理太乎宜神社。
云々

静岡県郷土研究協会『静岡県神社志』第三篇（日本仏書センター刊）
村社　志理太乎宜神社
　　　　賀茂郡城東村白田字宮後鎮座
云々
　祭神　志理太乎宜命
　　　　別殿　五十猛命
　例祭日　十月二十五日
　由緒　創建年代を詳にせず、後村上天皇興国四年(康永二年十一月)再建と伝えらる、往昔は白田来浜神社といい、後来宮と称し、式内社と言い伝う、明治六年九月村社に列し、明治四十年十二月二十七日神饌幣帛料供進社に指定せらる。
云々

南子神社

『特選神名牒』３１４頁
南子神社稱南子宮
　祭神　南子命
　　今按この神は三宅記にかの八柱の御子神を記して一人をばナゴ云々かの王子等生給ふ處は島の丑寅の方カマツケと云處也ナヽハシラと云所にて育たまひ所々宮造有て王子王子を宮々に置玉へりとある是神にて三島大神の后神にます佐伎多麻比咩命の生玉へる御子神なり
　祭日　七月二十七日十一月中酉日
　社格
　所在　（伊豆國三宅島伊谷村村社后神社境内）　三宅島神着村南子山

度會延經『神名帳考證』（『神祇全書』第一輯）
○南子神社　今云御笏明神、在三宅島、　水靈　古事記、美呂浪、倭比咩世記云、麻奈古神、阿波国天水沼間比古神

伴信友『神名帳考證』（『伴信友全集』第一）
南子神社
○今日御笏明神在三宅嶋

伴信友『神名帳考』（『神名帳考』古典註釋編七・延喜式神名帳註釋）
南子神社
○今日御笏明神、在三宅嶋、考證、
　１(附箋)南字ハナコカ、又ミナコカ、信州諏訪郡南方刀美、

鈴鹿連胤『神社覈錄』（井上頼囶・佐伯有義校訂『神社覈錄』下編）
南子神社
　南子は美奈美古と讀り○三宅島神着村に在す、今御笏明神と稱す、考證

栗田寬『神祇志料』第十二巻
南子神社、今三宅島神着村南子山に在り、南子宮といふ。伊豆式社考證三島の神の后神佐岐多麻比咩命の子神也、三宅記七月廿七日十一月中酉日に祭を行ふ。式社考證

『大日本史』［九］・志一・巻二百五十五
南子神社、○今在三宅島神着村南子山、稱南子宮、相傳、二神亦三島神子、而佐伎多麻比咩神所生也、

竹村茂雄『伊豆國式社考』（『神祇全書』第四輯）
南子神社　下田湊の南なる御子元嶼ならん

萩原正平『伊豆國式社攷略』（静岡県立中央図書館所蔵）
南子神社
　同島同村南子山鎮座なごのみこ三宅記今稱南子神社是なり帳考改証註進特選續改當社また衰頽の一小祠な里抑三宅島は三島大神上古鎮座の本域なるを以て其の島中の諸神官祭に預るもの無虜十二坐みな大神の后神御子神なる中尓神着村は佐伎多麻比咩命の本居にして其の生給へる八柱の御子神村中或は近傍を鎮座の地登す然而從古數田の噴火に罹里其の變替音ならず今に於て意を保存に留る尓非ずば廢絶尓歸する立て待つべきのみ苟も志を此尓存するもの誰か黙焉尓附するに忍びむ余大に望む所あ里て三宅島壬生氏尓詢らむ登須甞て聞く氏が家は神裔を以て歴世尓祭登島政とを掌里島民能屬望を受く淺々ならず登蓋是神惠を蒙るの厚き尓出づ其の保存尓從事するの任氏尓非ずして誰ぞ氏よ氏よ氏古ヽ尓立つ同憂諸氏登計里佐伎多麻比咩命の宮社を清潔崇高尓創建し八柱の御子神を左右相殿尓配祭して以て神名を無窮尓存し恩頼を千歳にあふくの擧なくは有るべからず誠於若此見上は以て神恩の厚きに報ひ下は以て島民の屬望尓答へ而して孝を祖先尓伸べ功を後昆に垂る何事か之尓加ふるを得べき嗚呼氏よ鞠躬盡力幸尓余が言を空しくする事勿連

萩原正平・萩原正夫『増訂豆州志稿』巻之八上・式内神社考並神階帳考緒言（長倉書店刊）
○南子神社［増］同島同村南子山鎮座南子神社也三宅記ニ彼八王子ノ事ヲ誌シテ一人ヲバなごトアル是也一説(神名帳考)ニ本社ヲ本島御笏神社ニ當テ又國圖式考ニハ御子元嶼神社ニ當テタル等皆謬リ也［増］三宅島ハ上古三島大神鎮座ノ本域ニシテ其后神式ニ所載十二座ノ多キニ至ル

萩原正平・萩原正夫『増訂豆州志稿』巻之八上・神祠一・君澤郡（長倉書店刊）
○八王子社(竹倉村)［増］無格社八王子神社［増］當社ハ佐伎多麻比賣命神社ノ八王子ヲ祭ルナル可シ八王子トハ南子、加補、夜須、弖良、志理太宜、久良惠、片菅、波夜ノ命ヲ云(其本社ハ皆三宅島ニ在テ式内也式内神社考部参看)當村八王子山通猛院ハ往昔本社ノ別當也（○守僧云天照大神八幡大菩薩ヲ配祭ストス俗ニ傳フ此村山中ニ八ノ家アリ其靈ヲ祀ル故ニ八王子トエヽトサレ共谷田ノ石床別命ヲ下ノ宮ト稱シコレヲ上ノ宮ト對シ云ハバ天照大神素戔嗚尊ノ御子五男三女ヲ合祀スル八王子ナルカ否ラスハ三島大神第三后八子同産ノ御子ナラム［増］第三后即佐伎多麻比咩命ヲ云ルニテ後ノ説允當ナリ）○元禄七年棟札ニ夏梅木、竹倉、兩村ノ鎮守ト（［増］七十五坪官一）

萩原正平・萩原正夫『増訂豆州志稿』巻之九上・神祠三・賀茂郡（長倉書店刊）
神兒元島神社［増］國圖式考等ヲ式内南子神社ニ當テタレ共非也（前記［増］一坪官二）

萩原正夫『伊豆七島志』上・三宅島・神祠（長倉書店刊）
［増］南子神社［増］神着村南子山鎮座祭神南子命（増訂豆州志稿ニ詳記ス二九六頁）

菅原久高『伊豆國九十二式社祭神記』(『全國神職會々報』第二十一號)
南子命神社　三宅島神着村鎮座南子宮と稱す
　　祭神　南子命

吉田東伍『増補大日本地名辞書』第五巻・１０８３頁
伊賀谷　島の西岸にして、其小港を大船戸と呼び、温泉あり、阿古村と相隣接す。延喜式、伊賀牟比売命神社あり、後明神と称す、三宅記に「此后を伊豆郷いかいと云所に置参らす」と云ひたり、阿古村には阿米都和気命神社あり。○増訂志稿云、三宅島にて古来神事の時の詞に「一大社、あめつち今宮、今后」と云ふ、一とは三島大神にて、今宮は阿米都和気命なり、文徳紀、嘉祥三年、此神并に佐支多麻姫授位の事見え、式内に列す、今も一島の総社とす。
補［伊賀牟比売神社］○増訂豆州志稿、式内伊賀牟比売神社は三宅島伊賀谷村、旧称后明神也。三宅記、三島大神三柱の后神を置賜ふ項に、嫡女とは伊豆郷いがいと云ふ所に置参らすと見え、古き祭文・神楽歌等に伊賀谷の后とあり、○阿米都和気神社［重出］阿古村富賀神社なるべし、古来神事の時神名を唱ふる例あり、曰く「一大社あめつち今宮、今后」と。大社三島大神あり、あめつち今宮は阿米都和気命にして、伊古奈比咩命の王子なるべし、今后は当后の意にて、伊古奈比咩命なり、文徳紀曰、嘉祥三年六月伊豆国阿米都和気命授従五位下、仁寿二年十二月加従五位上、斉衡元年六月加正五位上と。
○波夜志命神社［同］同じく式内なり、神着村風早山鎮座、旧称はうす明神社なるべし。三宅記に「へむずのみこ」とあるは、はうすの訛れるにて、はうすは波夜志の転ぜしならむ。
○加弥命神社［同］神着村かみいの杜鎮座、旧称二之宮なる可し。三宅記に「二をばかね」とあり、即ち第二の王子なれば、二之宮の称に適へり。加弥は加禰の誤ならむも知るべからず。
○夜須命神社［同］所在未定、是亦八王子の一にして、三宅記に「三をばやすと云ふ」とあれば、三宅島鎮座なること疑なし。
○弖良明神社［同］同島伊豆村神山鎮座、旧称ていの社ならむか。三宅記に「四をばてらい（一本てい）」とありて、八王子の内なれば、本島鎮座なる事は論なし。
○志理太宜神社［同］神着村、旧称しいとり明神社なるべし。三宅記に「五をばしたひ」とある是なり。
○久良恵命神社［同］久良浜、旧称久良浜明神社なるべし。八王子の一にして、三宅記に「六をばくらひ」とある是なり。
○片菅命神社［同］御笏神社境内、旧称かつその社なるべし。此神佐伎多麻比咩命の八王子の内にして、三宅記に「七をばかたすげ」とある是なり。
○伊波乃比咩命神社［同］三宅島坪田村、二宮神社三座の一座なるべし。旧社地は字神戸の石室ならむも知る可からず。三宅記に「次の后をばつぼたの郷に置給ふ」とある即ち此比咩神なる可し。
○南子神社［同］同村南子山鎮座、三宅記に彼八王子の事を誌して「一人をばなご」とある是なり。
　三宅島は上古三島大神鎮座の本域にして、其后神御子神式に所載十二座の多きに至る。

吉田東伍『増補大日本地名辞書』第五巻・１０８３〜１０８４頁
伊豆　島の北岸にして、神着村と相隣接す。○増訂志稿云、式内佐伎多麻比咩神社は神着の御笏明神是なり、三宅記に「三島大神の三柱の后の一人をかめつきの郷に置参らす」とある是也。此后の子を八王子と云ひ、島内に八柱の社あり、共に式内に列す、波夜志命（三宅記、ヘムズの御子）は神着の風早山ハウス明神なるべし、片菅命は（三宅記、七王子カタスゲ）御笏社のカツ明神是なり、久良恵命は（三宅記、六王子クライ）久良浜明神是也、夜須命（三宅記、三王子ヤス）今不詳、加禰命は（三宅記、二王子カネ）神着の二宮カミイ明神是なり、氐良神社は（三宅記、四王子テライ）神着の神山テイ明神是なり、志理太宜神社は、（三宅記、五王子シタイ）神着のシイトリ明神是なり、南子神社は（三宅記、八王子ナゴ）神着の南子山に在り。
補［佐伎多麻比咩命神社］○増訂豆州志稿［重出］神着村、旧称御笏神社なるべし、三宅記に、三島大神三柱の后神を置き賜ふ項に、参人めはかめつきの郷に置き参らすとあり、かめつき即ち神着にて、此地に置き給ひし后神佐伎多麻比咩命なるべし、今尚佐伎多麻の地名存す、当村に佐伎多麻観音あり、本社の旧地なりと云ふ、此比咩神の生みませる八王子、当村或は近地に鎮座せり。文徳紀曰、嘉祥三年六月、加伊豆国佐伎多麻比咩神従五位下。

郵岡良弼『日本地理志料』巻十三・伊豆国賀茂郡三島郷
三宅島　在神津島東八里、下田東南二十里、周凡七里半、全島峻嶮、雄山其中央、有火脈、田圃百三十町、有伊賀谷、神著、伊豆、坪田、阿古五邑、領戸八百二十二、口二千七百九十、産牛馬、出絲紬、大野原島属之、」按神著村、蓋事代主神始上陸之處、伊豆村、其所幽宅之處、故伊豆御島神邪、三宅記云、神嘗與其妃定諸子所居、地名同今之五邑、」祀典所載、二十四社在海島、而其十二在本島焉、曰佐伎多麻比咩命神社、即三島神妃也、曰波夜志命神社、曰片菅命神社、曰加彌命神社、曰志理太宜命神社、曰南子神社、以上在神著村、並佐伎多麻比咩所生、曰伊賀牟比賣命神社、在伊賀谷村、稱后宮、曰伊波乃比咩命神社、在坪田村、稱坪田后宮、亦三島神妃也、曰阿米都和氣命神社、在阿古村、稱總鎮守三島明神、曰久良惠命神社、在久良濱、曰氐良命神社、曰夜須命神社、在伊豆村、並佐伎多麻比咩所生、有爲朝山、是源爲朝居阯也、

足立鍬太郎『南豆神祇誌』１７〜２０頁（静岡縣賀茂郡神職會）
　既に述べた如く、白鳳年間伊豆神海島に現れてより約百五十年、天長九年に至って男女二神に分化し、深谷を塞き高巌を摧きて土地を増益し、併せて旱霖を調節するを以て其の神験とした。蓋し富士火山帯の活動に因る爆發の威力と、其の噴出した溶岩や泥灰の爲に海中に新地を得ることが、無上の恐怖と多大の感謝を齎したのである。加も其の爆發前に於ける火山性地震が、やがて來るべき災難を豫告警戒するを以て、居民は御神火を三嶋神と畏むと同時に、此の地震を伊古奈比咩神と稱へて感謝を表したのであらう。是れアイヌ語Ｉｋｏｎｎｕは凶事を未然に戒める義であってＩｋｏｎｎｕ－ｇｕｒｕ及びＩｋｎｎｕｐは神變を現す者であるより出たのである。但これより推して巫女と解することも出來る。（彼の三宅記の見目＝御妻を考ふ

べきである)。そして此の二神の本貫は三宅島であって、島の名は神明(燒)に起因し、其の雄山が三島＝神島神の體を表したものであらう。次に阿古は噴火の本場であって、其の地名は神名Ikoの轉である。Bachelor氏アイヌ語文典Toishikariの説明に據れば、同語に於てi音のaに變ずるは屢々ある例だといふ。思ふに同地澪池は女神の躰を表すもので、男神と共に此地に鎭座し給うたのを、内地に奉遷した後に、御子阿米都和氣命を祀ったのであらう。尚ついでにいはヾ、同島神著はアイヌ語Kamuishyotki＝火の女神の處の意で、佐伎多摩比咩命の坐す地、伊ケ谷は同語Ekayechishi若くはEkaichishにて險しき處の意、即ち伊賀牟比賣命の坐す地である。又坪田はTopochi＝水溜の複數なれば、古澪池を表するもので、伊波乃比咩命の坐す處である。そして伊古奈比咩命三宅記には天地今宮后と稱するには、阿米都和氣命の他に穗都佐和氣命といふ御子おはし、佐伎多摩比咩命には、加彌・夜須・弖良・志里太平宜・久良惠・片菅・波夜志・南子の八子おはすを以て、こゝに主神・嫡后・三妃・十王子の三宅神族を組織すると、承和七年上津島の噴火によりて、更に三嶋神の本后阿波命・嫡子物忌奈命といふ神出現し、しかも其の本后には五子物忌奈伊豆和氣阿豆佐和氣外二神ありと稱し、神津・御藏・利島を連ねて神津の一神族を形成した。然るに大島三原山は三宅島雄山と交互に爆發する御神火の本場であるから、こゝにも其舊噴火口なる波浮池今は一方を決して港とするに妃波布比咩命現れ、彼の白鳳當時の神造地たる野增の阿治古・泉津の波知兩神を其の二王子として大島神族を組織する。更に又式根なる久爾都比咩命といふ妃神には、新島の多祁美加賀命と稱する武勇の神の他に一柱の王子坐し、これに對して遙かに沖島八丈島にも妃優婆夷命・王子許志伎命外四神が現れたから、こゝに一主神の下に、兩后・六妃と嫡子以外に知名十六王子他に名の傳らざるもの七神より成る三嶋大神族式二十六社總三十三柱が組織された。

足立鍬太郎『南豆神祇誌』３７～４０頁（静岡縣賀茂郡神職會）
　延喜式卷九に載せた伊豆國神名帳は次の如くである。但所在地は萩原正平著伊豆國式社考略に私考を加へて註記す。
　　　　伊豆國九十二座　大五座小八十七座
　　　　　賀茂郡四十六座　大四座小四十二座
　　　　　　云々
　　　　　　南子神社　　　　　　　　　　　　　　　仝上
　　　　　　云々

静岡縣『旧版 静岡縣史』第三巻・７１１～７１８頁（名著出版刊）
【賀茂郡四十六座大四座小卌二座】
云々
（南子神社）
　　原祭神は南子神。原所在は伊豆三宅島伊谷村南子山。
云々

大津往命神社

『特選神名牒』３１５～３１６頁
大津往命神社
　祭神
　祭日
　社格
　所在
　　今按式社攷證に賀茂郡本郷村に波布比賣明神有て豆志に波布比賣命神社士濱總鎭守也貞享元年の札に云稲生澤郷川津庄本郷村波富明神と此式内にして大島波富池上に祀る波富大后と同神也云々とあるはもとよりなる波布比賣神社と訛り來れるにて決めて大津往命なるべく聞えたりさるは此村に續きて所謂下田湊あるが古昔は此本郷村境迄入海にて今下田町と云あたりは皆海中なりしと聞ゆれば能大津の稱に協ひ此所に大津と云地名あるも舊稱の遺存にて其大津に往通ふ處なるより大津往と云地名起り此所鎭坐の神なれば彼伊賀牟比賣命笹原比賣命などの例と同く大津往比賣と稱へ奉りしと思うはるれば也然るを豆志に云大津往命神社も社大津往は古昔此邊の小地名なるべし亦王子宮とも云三島の林と相對して三島神の御子ならむとあれど思合する證無耳ならず此社もと竹麻神社の舊社地より遷し祀れる由なるが竹麻神社三座坐すが上に亦大津往命神社の並て有べくも非ず亦王子とあれば男神なる事論無きに神階帳におほつゆき姫の明神と有に協はざれば從ひがたしとみえたるを一説に同郡妻浦村三島神社二座の一座なるべし既に先輩の考説ある如く當社の舊祠なる事論なく式社攷證には阿米都加多比咩命神社なるべしと論へる如く所由ある社なるが加多比咩命は同郡下小野村允當聞ゆるに就て考るに大津往の稱に適へる該地の形象なるは此姫神より外に適當の神社なければ治彌疑るべからずとありて何れ共決めがたし猶よく考べし

度會延經『神名帳考證』（『神祇全書』第一輯）
〇大津往命神社　大島　大土神　大年神子大土神、亦名土之御祖神、日本紀云、伊弉諾尊吹生大地海原之諸神、　姓氏錄云、市往公、往字印本訓知、

伴信友『神名帳考證』（『伴信友全集』第一）
大津往命神社
［姓氏］市往公［志］當郡手石村ニ坐ス大津往ハ古昔此邊ノト地名ナルベシ亦王子ノ宮トモ云三島ノ森ト相對ス三島神ノ御子ナラン

伴信友『神名帳考』（『神道大系』古典註釋編七・延喜式神名帳註釋）
大津往命神社
〇姓氏錄、市往公、往字、印本訓知、△志ニ、大津往命神社、當郡手石村ニ坐ス、大津往ハ、古昔此邊ノ小地名ナルベシ、又王子宮トモ云、三嶋ノ森ト相對ス、三嶋神ノ御子ナラン、

鈴鹿連胤『神社覈錄』（井上賴圀・佐伯有義校訂『神社覈錄』下編）
大津往命神社
　大津往は於保都由岐と訓べし〇祭神明か也〇手石村に在す、今王子宮と稱す、
　　伊豆志に、大津往ハ古昔此邊ノ小地名ナルベシ、三嶋森ト相對ス、三嶋神ノ御子ナラン、と云り、
　　　神位
　國内神階記云、從四位上おほつゆき姫の明神、

栗田寛『神祇志料』第十二巻
大津往命神社、〇按伊豆神階帳、大津由岐比咩明神に作る。此に據るに蓋姫神也、往字の下或は姫字を脱せる歟。

『大日本史』［九］・志一・巻二百五十五
大津往命神社、〇神明帳作從四位上袁袁津由幾比咩乃明神、今生本郷村、稱波布比賣明神者、蓋是、

竹村茂雄『伊豆國式社考』（『神祇全書』第四輯）
大津往命神社　志に手石村とあれども、神階帳にをいつゆきとあり、

萩原正平『伊豆國式社攷略』（静岡県立中央図書館所蔵）
大津往命神社
　同郡妻浦村鎭座おほつゆき姫の明神神階帳今称三島神社二座の一座なる可し攷証及註進の一説攝改一説尓本郷村波布姫神社尓當たれどかの社は大島波布比賣命神社の遙宮なり登云ふ説尓據連るを以て今は採ざるな里

萩原正平・萩原正夫『増訂豆州志稿』巻之八上・式内神社考並神階帳考緒言（長倉書店刊）
〇大津往命神社［増］神階帳おほつゆき姫の名神［増］賀茂郡妻良村三島神社二座ノ一座ナル可シ〇手石村ニ在リ大津往ハ古昔此邊ノ小地名ナル可シヶ王子ノ宮共云三島ノ林ト相對ス三島ノ神ト御子神ナラム（伊豆納符［増］此社今公簿ニ載セズ）［増］此説不稽也大津往命ハ比賣神ナレバ王子ノ稱アルニ適ハズヶ一説ニ本郷村波布姫神社ニ當テタレド此社ハ波布比賣命神社ノ條ニ云ルガ如シ

萩原正平・萩原正夫『増訂豆州志稿』巻之九上・神祠三・賀茂郡（長倉書店刊）
〇三島明神（妻浦村）［増］村社三島神社祭神大津往命神社ナル可シ相殿事代主神ナル可シ［増］式内大津往命神社ナル可シ（前記）此地ノ形象大津ノ稱ニ適ス此社三島大神ノ后神ニシテ妻浦ノ村稱ノ起因ナラムト云（或云妻浦ノ村稱ハ比賣浦ノ略ナル可シト）正中二年神記ニ云上古三島大社溝樴姫命御船ニ乘リテ此浦ニ着御シ賜フト（加納村三島神社々傳同之當村海中ニ三島橋ト稱スル石橋アリ二神此橋ヨリ上陸シ賜フト云）按ズルニ溝樴姫命ハ大津往命ト異名同神ナラム（溝樴姫命ノ事田方郡田京、深澤神社ノ條ニ記ス、正中二年札ニ御神体筆者安保親王長子安仁親王トアリ〇青楠ノ大樹アリ伊豆納符［増］二百八十二坪民一）

— 202 —

菅原久高『伊豆國九十二式社祭神記』（『全國神職會々報』第二十一號）
大津往命神社　三濱村妻良鎭座村社三島神社なり於保津由幾姫乃明神と稱す
　　祭神　大津往命

吉田東伍『増補大日本地名辞書』第五巻・１０６７頁
妻良　今子浦、伊浜と合せ、三浜村と改む、其港塢は子浦と共に之を抱有し、豆南の名港とす、下田の西四里、松崎の南三里。〇水路志云、妻良は三つ石埼と波勝埼の中間にあり、港形殆嚢を括るが如し、其潤さ南北五鏈、東北六鏈、門口広さ四鏈にして西に面す、冬季港口より来る強風を除く外は、安泊するを得べし、然れども港内狭隘なるを以て、小艦以下の在ては、港内適宜の処に泊すべし。
　　東鑑、元暦二年三月、武蔚為征伐平氏、兵船三十二艘、日来浮于伊豆国鯉名泊、并妻良津、被納兵糧米、仍早可解纜之由、被仰下。〇艮斎遊豆記勝云、妻良村、与小浦村、隔港相向、港口一巖、高三丈、有梵字隠起、名経字岩、又有三嶌橋、以巨巌為双柱、相距二丈余、又以大石平広者、亘其上、若役鬼而成之、舟漸進、葉賀知山高百仞、純骨無肉、其下乱石穿空、驚濤捲雪。〇増訂志稿云、妻良は今妻良にも作る、三島明神ありて、是は式内那賀郡大津往命神社にあたり、神階帳によれば姫神とす、子浦の若宮は式内伊波久良和気命神社にあたり、蓋子神とす、房州にも妻良と子浦あり、蓋三島の后神と子神の鎮座せる地なればか。
補［妻良］〇増訂豆州志稿、立岩は妻良の塢、子浦と内海を隔て、相値り、塢亦相連る、砂石にして浪高し、陸より長四百廿歩、広東西九百歩、船舶六十艘を泊すべし、〇子浦村、松下塢、昔は巨船四五百艘を泊せし湊にして、亦三浦の其一なり、近世山崩れ沙石流入て海を埋す、陸より塢口まで四百二十歩東西百五十歩、今は運船三十艘を泊す、西風東北風皆みな宜し、唯東南風大に怖るべし、海中長這嶼その他嶼嶕多し、〇波分岬、村西に突出す、西風の時は波浪左右に分る、故に名づく、又波勝崎に作る。

郁岡良弼『日本地理志料』巻十三・伊豆国那賀郡
石火　訓闕、按當讀云伊志夫、神名式有那賀郡伊志夫神社、本國神名帳作伊志比明神、建暦元年文書、作石火宮、今在賀茂郡石部村、以石爲神云、石火即石靈也、古訓靈字曰比、如高皇産霊、神皇産霊之霊、比夫一聲相通、本社天文十二年梁牌、作仁科荘雲見郷石火村、寛文十三年梁牌、作石部村蓋嫌火字也、豆州志云、石火方廢、石部村存、按圖亘岩科、道部、岩地、石部、雲見、子浦、妻浦、一色、蝶野、蛇石、市瀬諸邑、其故地也、今隷賀茂郡、」祀典所載國柱命神社、在岩科村、伊波比咩命神社、在一色村、伊波久良和氣命神社、在子浦村、大津徃命神社、在妻浦村、東鑑作妻良津、北條五代記同、雲見有烏帽子山、一名淺間山、高千八百尺、航客以望爲標識、山上有淺間社、祀磐長姫命云、即木華開耶姫命姉也、二神在駿豆間、必有幽契而存焉、

賀茂郡役所編『静岡県南豆風土誌』２９３〜２９４頁（長倉書店刊）
云々、今賀茂郡四十六座の内より海島鎭座二十四座を減じ、又那賀郡二十二座の内より土肥以北井田に至る八座を除く時は、今日の賀茂郡は正に三十六の式内社を算すべきなり。然れども伊豆三島神社は、上古鎭座の本域、賀茂郡三島和名抄能載郡名、即海島の總稱にして、其の本島は今の三宅島なり。なりしが、中世同郡大社郷和名抄載。今の白濱村伊古奈比咩命神社の地なり。に遷座し、後又今の田方郡三島町に遷祀せられたりと云ふ(伊豆國式社攷略)を以て、更に大神の一座を除きて、茲に三十五座を得と謂ふべし。今左に増訂豆州志稿巻八上によりて之を擧げむ。同書に云はく、式内社を記すに「也」といふは疑ひなきもの、「といふは略證賾あるもの、「ならむ乎」といふは、信疑相半するものに用ふと。
　云々
　大津往命神社　　同郡妻良村(今三濱村)三島神社二座の一座なるべし。

賀茂郡役所編『静岡県南豆風土誌』６５９頁・三濱村（長倉書店刊）
　妻良　　東鑑・(後)北條役高帳・北條五代記皆solstice書けり。妻良には三島神社ありて式内大津往命神社に相當し、神階帳には「をいつゆき姫の明神」として之を女神としたれば、正しく事代主命の妃溝機姫命を祀れるを以て、妻浦なること論なし。現に特選神名帳にも豆州志稿にも此の字を用ひ又同地の記錄にも存せり。

賀茂郡役所編『静岡県南豆風土誌』６６０頁・三濱村（長倉書店刊）
三島神社　妻良一村社ー祭神、（式内）大津往命〇考説は妻良の項下に詳かなり。正中二年社記に云ふ。上古三島大神溝機姫命御船に乘りて此浦に着御し給ふと。
　尚其の札に、御神體筆者阿保親王長子安仁親王とあれども、信ずべからず。慶長十三年再建。

足立鍬太郎『南豆神祇誌』３７〜４１頁（静岡縣賀茂郡神職會）
　延喜式巻九に載せた伊豆國神名帳は次の如くである。但所在地は萩原正平著伊豆國式社考略に私考を加へて註記す。
　　　　伊豆國九十二座　　大五座小八十七座
　　　　　賀茂郡四十六座　　大四座小四十二座
　　　　　　云々
　　　　　大津往比咩命神社　　　　　　　　　　　三濱村妻良
　　　　　　云々

足立鍬太郎『南豆神祇誌』５２〜５３頁（静岡縣賀茂郡神職會）
次に、石室崎の風蝕せる大集塊岩窟は伊波例命として、岩殿なる同じ大岩窟は伊波氏別命として、武峰山の尖鋭なる岩塊は多祁富許都久和氣命として、嘗て下河津村田中にあった筈の巨杉は杉桙別命として、妻良港は大津往比咩命として、伊豆山温泉は火牟須比命として富洞の礫濱は布刀主若玉命として、安良里の網屋崎は國玉命として、皆神格づけられて居る。此類はまだ〳〵多い。又地名を冠して居る神社でも、神洞瀑は多爾夜神社、田子島は哆胡神社、鴨ケ池＝堂内海は佐波神社の一座、戸田港は部多神社、石寶殿は石德高（德はアイヌ語Ｔｏｋｓｅ＝丘で同語Ｉｗａと熟したのにタカといふ國語を添へたのであらう）神社の神主ではなかったらうか。海岸の島嶼を三島神の若宮として祀った形迹は尚ある

足立鍬太郎『南豆神祇誌』７５〜８１頁（静岡縣賀茂郡神職會）

伊豆國神階帳は、群書類從二三に、康永二年辛亥(興國四年)十二月廿五日在廳判の奥書あるものを、在廳伊達某藏本から寫して收めてある。伊達家に現藏するものは鳥子紙二枚續にて後世の寫本である即ち尾張のより二十年許前のものである。在廳とは、中古國衙の廳にあり、國司の命を奉じて事務を行ふ下司であったが、多くは世職だから其の稱呼を傳へて居たのだ。先づ左に其の全文を掲げよう。
伊豆國神階帳　式社の配當は萩原正平の意見に據る
　　伊豆國三ケ郡神明帳事
　　正一位三島大明神
　　　云々
　　　　那賀郡貳拾四所
　　　云々
　　　　賀茂郡三十七所
　　　云々
　　　　從四位上をゝつゆき姫の明神　大津往命神社
　　　云々

足立鍬太郎『南豆神祇誌』１４１～１４３頁（靜岡縣賀茂郡神職會）
　一方祭神として三嶋大明神の勢力は各方面に及び、苟も三嶋神に縁故あるは皆三嶋と稱し、甚しきに至っては、單に山神と稱するものが、大山祇命を介して混雜したのもあるらしい。之に對して他方に勢力のあったのは八幡宮である。中には此の兩社を併祀し、若くは三嶋に縁故ありながら稲取子浦の如く八幡と稱したのもある。修驗道役行者より寮ろ白山系を内容として居るの影響も亦勘からずある。式伊波例命神社を石廊權現として十一面觀音に習合し、又所々熊野權現・藏王權現を祭る如きはそれである。高根權現は地藏に習合して、航海目標の山上に祭られ、又海難救助祈願の爲には、橘姫を祭る白鳥神社・吾妻神社も現れた。木の神の來宮は、走湯山縁起によって何時の間にか酒小鳥を禁ずる祭を強ひられ、水分神は子の神と呼ばれて、中には正月餅を氏子に搗かしめざる奇習を存して居るのもある。尚天馬駒・茂山・小鷹神の如きは擬當すべき神も明らぬ。又慶長の頃聖母マリアの像を齎らしたのが原因で、子安神社といふのも出來、彌々複雜なものとなった。
　かういふ時に、地方人の無學につけこんで、例の勿體らしい縁起や古文書や寶物の作者が現れる。凡そ南豆社寺の縁起で組立の立派なのは石廊權現のであらう。但文章と最終の歌とは、後作の寶劍と共に不感服である。妻良三島神社の安仁親王筆神像託宣記・源賴政筆と稱する和歌・源賴朝の納書等は、吉佐美八幡の源賴政文書寶物と共に皆追作で、恐らくは元祿頃に同一人の手に成ったものであらう。云々

足立鍬太郎『南豆神祇誌』２１０～２１１頁（靜岡縣賀茂郡神職會）
　　　　第三十一章　三濱村
三島神社
　所在　妻良字向條
　祭神　大津往比咩命
　創立　慶長十三年　再建（棟札）
　社格　村社　式内　供進
　境内　二八二坪　民一
　元來妻良の大津を祭ったのである。當社所藏の、阿保親王長子安仁親王在原系譜に見えぬ筆の神像并に託宣記・源賴政の和歌三首皆伊勢物語中の歌・建久元年正月十五日附源賴朝の納書文治六年四月十一日建久と改元したれば、正月に溯って其年號を用ふる筈なし。・今川彈正氏房今川記今川家譜共に氏房の名無し。筆正中二年癸未正月十五日の縁起等皆後作である。其の神像託宣記・賴政の和歌は、加納八幡の縁起や吉佐美八幡の舊記寶物と共に、同一人の手に成ったのではあるまいか。さうして當社の託宣記の終にある年號の樣から推せば、凡そ元祿頃に出來た？と考へられる。社地の附近から石器やイハヒベ土器の掘出されたのがある。

靜岡縣『旧版　靜岡縣史』第三卷・７１１～７１８頁（名著出版刊）
【賀茂郡四十六座大四座小卌二座】
云々
（大津往命神社）
　　原祭神は大津往命。原所在は賀茂郡三濱村妻良字向條か。現在社は同所の三島神社か。
云々

静岡県郷土研究協会『静岡県神社志』第三篇（日本仏書センター刊）
村社　三島神社
　　賀茂郡三浜村妻良字向条鎮座
云々
　祭神　大津往比咩命（古来大山祇命又は事代主命ともいい今大津往命と云う）
　　　　別殿　八雲神社素戔嗚命
　例祭日　十一月二日
　由緒　本社は延喜式神名帳賀茂郡大津往命神社とあり、神階帳從四位上をゝつゆき姫の明神あるに当てる。特選神名牒には、式社考證には稲生沢村本郷の波布比売明神説や、豆州志の手石に大津往命神社あり、大津往は古昔この辺の小地名なるべし又王子宮とも云うなどの説を排して、更に同郡妻良村三島神社二座の一座なるべし、既に先輩の考説もある如く、当社の旧祠なる事論なく、該地の形象なるは大津往の称に適へば、此姫神より外に適当の神社なければ愈々疑あるべからず、と断定している。慶長十三年九月再建の棟札あり、明治六年九月村社に列し、大正十五年七月十二日神饌幣帛料供進社に指定せらる。
云々

穗都佐和氣命神社

『特選神名牒』３１５頁
穗都佐和氣命神社
　祭神　穗都佐和氣命
　祭日
　社格
　所在
　　今按式社攷證に州崎村三島明神ならんか其此神號は波利島に坐す阿豆佐和氣命の御稱と同く火より起り穗津は火都にて彼奔火の燃出るが如き地に鎭座なるより稱へ奉りし神名ならん此村邊の形勝は既く豆志にも云し如く一山岡の南方海中に突出たる所にて岩石磊落たる岬崎なるが此地より白濱村に至る間山岳より海濱にある處の石巖凡て燒出たるものにて彼神造とある海中諸島の形勢に異なる事無きを以て稱へ奉りしと思はるゝを以てなりなほ此海濱に人家の有を後に村中に遷し祀りたることと思はるゝが神階帳に所載をつさわけの明神此神なるに此社に近き海濱の稱をゝつせと云ふはをつさの轉訛と聞ゆるをも思ふべし又同郡奈良本村屬堀川の稱穗津佐和氣の約にはあらじかと聞ゆるも所由あるを思ふべし又大瀨村に王子明神あり豆志云王子明神大瀨村本瀨にあり古祠也云々伊豆峯記に本瀨濱の三島明神大瀨村氏神也と大瀨長鶴一村の時總鎭守也云々とあり此大瀨本瀨の號の穗都佐をつさに通ひて聞ゆるは縁由ある稱ならんも知べからず又一説に入間村三島明神あり此社なるべしと云ひて諸説まちまちなる故に縣の註進狀にも未定の由を記せりかくて思ふに神號の穗津は火都にて火を出して島を造れる由に云ふ説は信がたし入間村なるも古き棟札はあれど證なし唯大瀨村の本瀨にある王子明神ぞ穗津佐和氣命神社なるべき猶よく考べし

度會延經『神名帳考證』（『神祇全書』第一輯）
○穗都佐氣命神社　天石穗押別命　土佐風土記云、天石帆別命、今轉石門別神子也、姓氏錄云、國栖、出自石穗押別神也、

伴信友『神名帳考證』（『伴信友全集』第一）
穗都佐氣命神社
［姓氏］國栖出自石穗押別命也［土佐風土記］天石帆別命今天石門別神子也○氣上恐脱和字

伴信友『神名帳考』（『神道大系』古典註釋編七・延喜式神名帳註釋）
穗都佐。氣命神社
○姓氏錄、國栖、出自石穗押別命也、○土佐風土記曰、天石帆別命、今天石門別神子也、考證、
　1(頭註)佐下脱和字乎、

鈴鹿連胤『神社覈錄』（井上賴圀・佐伯有義校訂『神社覈錄』下編）
穗都佐和氣尊神社
　穗都佐和氣は假字也○祭神明か也○在所詳ならず
　　　神位
　國内神階記云、正五位下ほつさわけの明神

栗田寛『神祇志料』第十二卷
穗津佐和氣命神社、○按本書和字なし、今伊豆神階帳に據て之を補ふ、

『大日本史』［九］・志一・卷二百五十五
穗都佐氣命神社、○神明帳作正五位下袁津佐和氣明神者、蓋是、今在大瀨村、稱王子明神、疑此社也、

竹村茂雄『伊豆國式社考』（『神祇全書』第四輯）
穗都佐氣命神社

萩原正平『伊豆國式社攷略』（静岡県立中央図書館所蔵）
穗都佐和氣命神社
　同郡大瀨村鎭座をつさ王けの明神神階帳旧稱王子明神社なるべし攷証及註進の一説續改又同郡須崎村兩社明神ならむ登の説あれど諦なる准據を得ず

萩原正平・萩原正夫『増訂豆州志稿』卷之八上・式内神社考並神階帳考緒言（長倉書店刊）
○穗都佐和氣命神社［増］所在未定、海島鎭座ナル可シ舊説(式社考證特選神名帳其他)ニ賀茂郡大瀨村王子神社ニ當テタレド此社ハ神階帳所載正五位下をつさわけ明神ニミテ式内穗都佐和氣命神社ノ分祠ナル可シ○穗都佐和氣命神社據神階記佐下脱和字

萩原正平・萩原正夫『増訂豆州志稿』卷之九上・神祠三・賀茂郡（長倉書店刊）
○王子明神(大瀬村本濱)村社王子祠社祭神穗都佐和氣命ナル可シ相殿事代主神ナル可シ［増］式内穗都佐和氣命神社ノ分祠ニシテ神階帳正五位下をつさわけの明神ナル可シ(前記)村名ノ大瀨地名ノ本瀨等ハヲツサノ轉訛ナラム舊説式内本社ニ當テタレド神階帳ニ正五位下トアルニテ其非ナルヲ知ル可シ(神階帳ノ事緒言ニ記ス)又從來三島大社ニ傳フル所ノ見目六柱十六王子(緒診参看)廿二座ハ皆海島鎭座ノ式神ニシテ穗都佐和氣命神社モ其一座ナル可キヲ當社ヲ其本社トスル時ハ海島式社中一座不足トナレバ其謬ナル事明也(海島鎭座式社總二十四座ニシテ討ち阿波咩命物忌奈命ヲ除キ二十二座也阿波咩命ハ三島大社内ニ招奉シ物忌奈命ハ別ニ拝所ヲ設ケタレバ共ニ此數ニ入ラズ)○古社也兩扉ナレバ三島ト二神ガ伊豆峰記ニ云本瀨濱ノ三島明神大瀨村氏神也ト舊大瀨長鶴同村ノ時ノ總鎭守也(慶長十八年札ニ大瀨号長鶴村トアリ［増］百七十七坪官一)

萩原正夫『伊豆七島志』上・大島・神祠（長倉書店刊）

［増］三原山神社（〇本宮三原明神）［増］三原山鎮座祭神不詳［増］式内穂都佐和氣命神社ナラム乎三原山ハ古來數噴火セルガ其火坑ヲほどトモほとトモ呼ビテ火處ノ意ト聞ユルガ神名ノ穂邊ハ此火坑ヨリ起レルナル可ク思ハル（佐和氣ハ穂乃佐和氣、彦佐和氣ナド／佐和氣ト同ジクシテ尊稱ナリ）三原全山ヲ祭リテ祠宇ナクタベ山麓ニ拜所及華表建ルノミ從來一島ノ總鎮守ト稱ス〇一島ノ本祠ナリ（［増］此社公簿ニ載セズ）

菅原久高『伊豆國九十二式社祭神記』（『全國神職會々報』第二十一號）
穂都佐和氣命神社　所在詳らかならず
　　祭神　穂都佐和氣命

吉田東伍『増補大日本地名辞書』第五巻・１０６８頁
長津呂　今大瀬、下流と合併して、南崎村と云ふ、石廓埼此に在り、大瀬、下流は長津呂の海崖とす。
　増訂志稿云、長津呂、税祠簿には「なかとろ、王子神社」慶長十八年の棟札「大瀬郷、長鶴村」とあり、
　疊を津と云ひ呂は助語也、疊口両岸、石壁高く峙つ、其間長四百四十歩、広は長の十三分の一なり、狹長
　如帯、故に長津の名あり、本村鎮座の石室神社は、式内伊波例命神社、神名帳、いわらひめ明神にして、
　十余町巳午の方洲崎（是即州の極南）に在り、其社域の絶勝なる、構造の奇異なる、筆舌の尽す所に非ず、
　大瀬の海中に島多し、景勝の地なり、其中に仏島名だかし、磐遊余録曰、仏嶼高濶数十仞、兀立洋中、面
　容色相、衣体皺紋、分明而如彫如画、宛慌惚、高僧之憑椅而端座、称名説法状、試比之寧楽大仏、則当以
　兄、天造之妙、豈人工之所能乎。〇遊豆記勝云、大瀬村、踰山循海、遙見石筍、高数丈、如竪掌列指、
　其西数峰、盤踞半空、骨立不容寸土、行二里至長津呂村、為西南極界、村口石峰突出二分、垂覆屋危欲墜、
　其南碧山秀蔚、所謂石廓山也、山劈巖作磴頗険、登数百弓、忽復坦夷、老松皆数百年物、盤挐偃蹇、与遊
　人争道、山上設燈台、夜間洋舶認以弁方所、又数百歩、海崖極巉絶、上結木欄、備巓墜、蛇行而下、絶壁
　中有巨窟、非人所能梯、而石廓権現祠乃安其内、可謂絶奇、廊広数十筵、以帆檣為基、其上窻檻相接、若
　連艫縻艦、啓窓則下俯不測之淵、濤瀾砰撃、飛騰成雨、不可久視、祠外巨巌突起、匍匐出其上、滄溟万里、
　浮天無岸、西与志州鳥羽対、世所称七十五里長洋者、本邦水路之険、以此為最、一港在両山之間、屈曲如
　峽、想亦石廓支峰、大船停泊山下、両涯狂峰怪巌、詭態万状、或粘空而立、或劈海而起、皮膚消削、神骨
　独存、如虫■如刀鏃。
　　浮藻さいて松を綺ふの入江かな、　　　　三　千　風
　　妻浦子浦や比翼のうき巣鴨の船、
　東遊記云、昔伊豆の海辺は人の心おそろしかりしが、今にては温淳の風俗となれりとぞ、昔の物語を聞く
　に、正月年礼に来る者、先づ唱へてイナサ参らふと云、あるじ答へて寄せて御座れ、古釘で祝いませうと、
　是を年始の祝言とす、是をいかなるわけと問ふに、イナサとは此海上の悪風なり、此風吹く時は、此辺の
　者ども手に松明を持ち、或は火を燃して浜辺を往来す、沖に行かふ船難風に苦みて、入るべき湊やあると
　うろつき居る時、此火の光りを見て、人家やあると寄来れば、忽海底の岩に触れ、打砕けて破船に及ぶ、
　翌朝浦々の人破船せる荷物道具を取り掠む、さればこそ、今に至りても此辺の古き家は、天井板敷なども、
　多くは船の古板もて造りたり、云々。
補［長津呂］〇増訂豆州志稿、大瀬村は峻山村を擁し、海に島嶼多し。向山に古松あり、島嶺に怪石あり、景
　勝の地なり。海中上人嶼あり、一名雀嶼、又名仏嶼、〇大瀬村の王子神社は、式内穂都佐和気命神社にや
　あらむ。

吉田東伍『増補大日本地名辞書』第五巻・１０７９頁
三原山　大島の活火山なり、直高二千五百余呎、盛に煙炎を揚ぐ。天武紀に「此島西北二面増益」とあるは、
　蓋此山の噴火流岩の事ならん。中世には稍記載を欠くも、熾滅起伏其常なかりしごとし。近時は航客称
　して、海中天成の燈明台と云ふ、光景おもふべし。
　竺仙録に「伊豆州海中、有一坐山、名曰大島、毎年三百六十日、日々火出自燃、声如雷、煙焔漲天、近日
　以来、又復灰飛数百里、夜間掃除、天明復積、如霜雪」とあるは、建武の比の事なれば、保元の為朝流罪
　の比は、数世火絶えたる者が、此に至り又起りし如し。鎌倉大日記に、応永二十八年四月四日、伊豆大島
　焼とあり［伊豆七島志］と云ふも、信否知らず。近世は天和四年発火、天祿、安永にも又発火したり。安永
　の火は寛政四年の秋まで盛なり、天保中しばしば山焼の報ありしも、其後止息凡二十年、明治三年に至り
　噴火、四月を経て消ゆ。明治九年十二月又起り、翌年二月に至り盛く起り、漸くにして又盛なりと云ふ。
　山神社あり、式内、穂都佐和気命神社歟と称せらる。〇羽倉氏南汎録云、三原山上、騎馬上三原山、可十許里、箐尽
　災石磊々、或作羆犀鶏虫之状、不復通蹄、歩而上、有野羊数隻、追跡而来、小憩又上、山斗峻削、而遇風
　至、毎硫煙下覆、伏沙過煙、手行二百余歩、始抵山巓、々有大坎、周里余、硫煙蓊出、是曰火原、坎沙熱、
　不可久竚。〇地災集覧、三原山発火貴治云、三原山、天和四年甲子、三月十六日、山巓出火、崩裂方一里
　有半、六十歩為洞穴、不知其深、至于元禄三年庚午而熄、今安永七年戊戌七月十九日、従其洞穴出火、入
　夜炎気弥天、昼則唯望烟、時有濃淡、焼声已甚、地震、頻雨蛛糸灰鉄液灰、迄八月廿七八日、焼声地震皆
　止、灰亦不下、廿九日北風雨、洞火還熾、至于九月六日、味爽特甚、炎気益猛、爆声如雷、地比動、八日
　九日大風雨、及暮風雨共止、火声両益甚、至于十二日同状、而不飛灰、石砂乗風下、発火処、新旧凡七号、
　天和四年二月十六日、三原山御洞、同年三月八日、御洞下寅方六里許、小釜滝山下称新築者、安永六年七
　月廿九日、御洞、七年三月廿二日、御洞六里中野沢、広六丈深十丈許延焼者、九月十八日、御洞九里、赤
　沢、広五丈許深十八丈延焼者、廿七日御洞十八里塵沢、広百八十余歩、深二丈許、或問、地中之火、若或
　欻然発、村里不亦畏乎、抑有救急之備乎、対曰、新島、岡田二村、以寄腰之山為蔽、在三原西北、不待不
　虞之備、野増、泉津、差木地三村異于是、違御洞不太遠、然山火稍垂熄、当于此時、移居二村、似国家之
　大恵、実失居民之産業、臨急咄々、遷於新島村、未為緩、若或当路火発、而絶道通、以船遷之、亦不難、
　既為之備、島中男女二千、自古称山火曰神火、未曾有延焼民屋者、神之恵云、是以皆有寧所之意云々。
　天武紀云、十三年十月、己卯朔、壬辰、逮于人定、大地震、挙国男女叫唱、不知東西、則山崩河涌、諸国
　軍官舎、及百姓倉屋、寺塔神社、破壊之類、不可勝数、由是人民及六畜多死傷之、時伊予温泉没而不出、
　土左国田苑五十余万頃、没為海、古老曰、若是地動未曾有也、是夕有鳴声如皷、聞于東方、有人曰、伊豆
　島西北二面、自然増益、三百余丈、更為一島、則如皷音者、神造是島響也。〇按、今三原山の西北に、愛

― 206 ―

宕と名づくる寄生熄火の山あり、其他同種の山丘、四傍に存在すと云ふ、猶考ふべし。

賀茂郡役所編『静岡県南豆風土誌』５６２頁・稲取村（長倉書店刊）
八幡神社　八幡小路－村社－祭神、穂都佐和氣命、別殿に八幡宮あり〇本村の總鎭守神にして伊豆誌に地主の神と記せり。源頼朝山地を附輿せし以來世々官民の崇敬厚く、德治年間代官藤原勝世、社殿を造營せり。德川時代に至りても、代官の崇敬變らざりしが、天明中領主水野出羽守忠誠以後特に崇敬を加へ、例祭には毎年金幣を供進し、以て維新後に至れり。今の社殿は安政年間の造營に係り代官原川奥七郎氏子を勸奬して造るものにして輪奐壮麗なり。

足立鍬太郎『南豆神祇誌』１７～２０頁（静岡県賀茂郡神職會）
　既に述べた如く、白鳳年間伊豆神海島に現れてより約百五十年、天長九年に至って男女二神に分化し、深谷を塞き高巖を摧きて土地を増益し、併せて旱霖を調節するを以て其の神驗とした。蓋し富士火山帶の活動に因る爆發の威力と、其の噴出した溶岩や泥灰の爲に海中に新地を得ることが、無上の恐怖と多大の感謝を齎したのである。加も其の爆發前に於ける火山性地震が、やがて來るべき災難を豫告警戒するを以て、居民は御神火を三嶋神と畏むと同時に、此の地震を伊古奈比咩神と稱へて感謝を表したのであらう。是れアイヌ語Ｉｋｏｎｎｕは凶事を未然に戒める義であってＩｋｏｎｎｕ－ｇｕｒｕ及びＩｋｎｎｕｐは神變を現す者であるより出たのである。但これより推して巫女と解することも出來る。（彼の三宅記の見目＝御妻を考ふべきである）。そして此の二神の本貫は三宅島であって、島の名は神明（燒）に起因し、其の雄山が三島＝神島神の體を表したものであらう。次に阿古は噴火の本場であって、其の地名は神名Ｉｋｏの轉である。Ｂａｃｈｅｌｏｒ氏アイヌ語文典Ｔｏｉｓｈｉｋａｒｉの説明に據れば、同語に於てｉ音のａに變ずるは屢々ある例だといふ。思ふに同地澪池は女神の躰を表すもので、男神と共に此地に鎭座し給うたのを、内地に奉遷した後に、御子阿米都和氣命を祀ったのであらう。尚ついでにいはゞ、同島神著はアイヌ語Ｋａｍｕｉｓｈｙｏｔｋｉ＝火の女神の處の意で、佐伎多摩比咩命の坐す地、伊ケ谷は同語Ｅｋａｙｅｃｈｉｓｈｉ若くはＥｋａｉｃｈｉｓｈにて險しき處の意、即ち伊賀牟比賣命の坐す地である。又坪田はＴｏｐｏｃｈｉ＝水溜の複數なれば、古澪池を表すもので、即ち伊波乃比賣命の坐す處である。そして伊古奈比咩命三宅記には天地今宮后と稱するには、阿米都和氣命の他に穂都佐和氣命といふ御子おはし、佐伎多摩比咩命には、加彌・夜須・弖良・志里太平宜・久良惠・片菅・波夜志・南子の八子おはすを以て、こゝに主神・嫡后・三妃・十王子の三宅神族を組織すると、承和七年上津島の噴火によって、更に三嶋神の本后阿波命・嫡子物忌奈命といふ神出現し、しかも其の本后には五子物忌奈伊豆和氣阿佐和氣外二神ありと稱し、神津・御藏・利島を連ねて神津の一神族を形成した。然るに大島三原山は三宅島雄山と交互に爆發する御神火の本場であるから、こゝにも其舊噴火口なる波浮池今は一方を決して港とするに妃波布比咩命現れ、彼の白鳳當時の神造地たる野増の阿治古・泉津の波知兩神を其の二王子として大島神族を組織する。更に又式根なる久爾都比咩命といふ妃神には、新島の多祁美加賀命と稱する武勇の神と他に一柱の王子坐し、これに對して遙かに沖島八丈島にも妃優婆夷命・王子許志伎命外四神が現れたから、こゝに一主神の下に、兩后・六妃と嫡子以外に知名十六王子他に名の傳らざるもの七神より成る三嶋大神族式二十六社總三十三柱が組織された。

足立鍬太郎『南豆神祇誌』３７～４１頁（静岡縣賀茂郡神職會）
　延喜式卷九に載せた伊豆國神名帳は次の如くである。但所在地は萩原正平著伊豆國式社考略に私考を加へて註記す。
　　　　伊豆國九十二座　　大五座小八十七座
　　　　　賀茂郡四十六座　　大四座小四十二座
　　　　　　云々
　　　　　穂都佐和氣命神社　　　　　　　　　　南崎村大瀬？
　　　　　　云々

足立鍬太郎『南豆神祇誌』７５～８１頁（静岡縣賀茂郡神職會）
　伊豆國神階帳は、群書類從二三に、康永二年辛亥(興國四年)十二月廿五日在廳判の奥書あるものを、在廳伊達某藏本から寫して収めてある。伊達家に現藏するものは鳥子紙二枚續にて後世の寫本である即ち尾張のより二十年許前のものである。在廳とは、中古國衙の廳にあり、國司の命を奉じて事務を行ふ下司であったが、多くは世職だから其の稱呼を傳へて居たのだ。先づ左に其の全文を掲げよう。
伊豆國神階帳　　式社の配當は萩原正平の意見に據る
　伊豆國三ケ郡神明帳事
　正一位三島大明神
　　云々
　　那賀郡貳拾四所
　　云々
　　賀茂郡三十七所
　　云々
　　正五位下をつさわけの明神　　穂都佐別命神社
　　云々

足立鍬太郎『南豆神祇誌』９５頁（静岡縣賀茂郡神職會）
　稲取町八幡小路なる八幡神社は、式穂都佐和氣命神社に擬當される一であるが、德治某年恐らくは二年の棟札が發見されて居るから、鎌倉時代に存して居たのではあるまいか。其の二對四面の神鏡中是れに釣合って居るのがある。

足立鍬太郎『南豆神祇誌』１４１～１４２頁（静岡縣賀茂郡神職會）
　一方祭神として三嶋大明神の勢力は各方面に及び、苟も三嶋神に縁故あるは皆三嶋と稱し、甚しきに至っては、單に山神と稱するものが、大山祇命を介して混雜したのもあるらしい。之に對して他方に勢力のあったのは八幡宮である。中には此の兩社を併祀し、若くは三嶋に縁故ありながら稲取子浦の如く八幡と稱したのもある。修驗道役行者より寧ろ白山系を内容として居るの影響も亦尠からずある。式伊波例命神社を石廊權現として十一面觀音に習

— 207 —

合し、又所々熊野權現・藏王權現を祭る如きはそれである。高根權現は地藏に習合して、航海目標の山上に祭られ、又海難救助祈願の爲には、橘姫を祭る白鳥神社・吾妻神社も現れた。木の神の來宮は、走湯山縁起によって何時の間にか酒小鳥を禁ずる祭を強ひられ、水分神は子の神と呼ばれて、中には正月餅を氏子に搗かしめざる奇習を存して居るのもある。尚天馬駒・茂山・小鷹神の如きは擬當すべき神も明らぬ。又慶長の頃聖母マリアの像を齎らしたのが原因で、子安神社といふのも出來、彌々複雜なものとなった。

足立鍬太郎『南豆神祇誌』１５８～１５９頁（静岡縣賀茂郡人職會）
　　　　第十七章　稲取町
八幡神社
　所在　八幡小路
　祭神　穂都佐和氣命　譽田別命
　創立　天明四年再建　但德治□年正月廿五日の棟札がある。多分二年であらうと神職稲岡氏はいふ
　社格　村社　　供進
　境内　五七二坪　民一
　二祠並び立つ。主神若宮は地主神と稱へ、まんね明神三宅記に據るかと號したのを、今穂都佐和氣命と更めた。式社に擬當する論者もある八幡は後に配祀したのである。源爲朝の子島家の祭ったのだとも傳へる石皿石棒及び湖州六花鏡・鎌倉初期の菊折枝鏡・室町時代の菊紋飛雀鏡・有窠菊紋飛雀鏡を藏して居る。正德二年燒亡して一切の社記を失った。

足立鍬太郎『南豆神祇誌』１５９～１６４頁（静岡縣賀茂郡神職會）
　　　　第十八章　下河津村
云々
三島神社
　所在　逆川字向田
　創立　永正十五年重修
　祭神　布佐手宜命　事代主命
　社格　村社　　式内
　境内　三八〇坪　官一
　神名布佐乎宜は、アイヌ語Ｈｕｓｓａ－Ｏｋｉｒａ＝病を吹き拂ふ力の意か。穂都佐和氣命のホツサも蓋しフツサであらう社に、鎌倉末期の蓬萊鏡を藏している。天正十八年在銘の金鼓は今普門院に藏す

足立鍬太郎『南豆神祇誌』１９９頁（静岡縣賀茂郡神職會）
　　　　第二十七章　南崎村
王子神社
　所在　大瀬字本瀬
　祭神　穂都佐和氣命
　創立　仁和年間
　社格　村社　式内？　供進
　境内　一七七坪　官一
　式穂都佐和氣命神社に擬當されるものゝ一である。想ふに蓑掛島を三嶋神の王子として祀ったのに起因するだらう。今大瀬菊池佐兵衞氏方に、當社慶長十八年の棟札を藏して居る。
　當社と神域を一にし、相並んで長津呂に屬する村社八幡神社がある。（供進）

静岡縣『旧版　静岡縣史』第三巻・７１１～７１８頁（名著出版刊）
【賀茂郡四十六座 大四座小卌二座】
云々
（穂都佐和氣命神社）
　原祭神は穂都佐和氣命。原所在は賀茂郡南崎村大瀧字本瀬か。現在社は同所の王子神社か。
云々

静岡県郷土研究協会『静岡県神社志』第三篇（日本仏書センター刊）
　村社　王子神社
　　　　賀茂郡南崎村大瀬字本瀬鎮座
云々
　祭神　穂都佐和気命
　例祭日　十一月二日
　由緒　本社は延喜式神名帳賀茂郡穂都佐和気命神社にて、神階帳正五位下をさつ和気の明神とあるに相當すとなす。特選神名牒に曰く式社考證に、大瀬村に王子明神あり、豆州志に云、王子明神は大瀬村本瀬に在りて古祠也云々伊豆峰記に本瀬浜の三島明神は大瀬村氏神也と大瀬長鶴が一村の時総鎮守也云々と、この大瀬本瀬の号の、穂都佐をつさに通じて聞ゆるは縁由ある稱なるを知る、と、蓋し王子と稱するは三島神の王子として祀れるに因るか、尚この穂都佐和気命鎮座地に擬當する所に洲崎の三島明神（今浜崎村須崎）入間（今御坂村）の三島明神等がある、又当社本殿は両扉なれば二柱の神鎮座ならんとの説もある。本社は光孝天皇仁和三年十一月の創建と傳えらる、慶長十八年の棟札を今大瀬の菊池佐兵衛方に藏す。明治六年九月村社に列す、大正七年六月十三日神饌幣帛供進社に指定せらる、
云々

— 208 —

波治神社

『特選神名牒』３１６頁
波治神社 稱波治加明神
　　祭神　波治神
　　祭日
　　社格　（無格社）
　　所在　（伊豆國大島和泉津村大字大澤）　大島泉津村
　　今按式社考證に秋山章が海島志にもはやく按神名帳波治神社あり此神ならむかと云り古老の口碑に波布
　　大后の第二の御子神也と傳へたるは三宅記に所謂二郎王子すない所とある神と聞えて能適へり斯て古き
　　上棟文に波治竈明神或は八ヶ間明神など有によりて考るに神名の波治は例の地名より稱へし事的然今稱
　　の波治竈は神社の山間に有るより起たるにて波治之間の意なるべし此地に連りて簪え立る一高峯あるを
　　波治の尾と云も舊稱の存れると聞ゆれば也と云る據とすべしかゝれば此波治神は三島大神の后波布比賣
　　命に娶て生坐る弟二の御子神也

度會延經『神名帳考證』（『神祇全書』第一輯）
○波治神社　今云初島　埴安姫神

伴信友『神名帳考證』（『伴信友全集』第一）
波知神社
○知印本作地○今日初島

伴信友『神名帳考』（『神道大系』古典註釋編七・延喜式神名帳註釋）
波知神社
○今日初島、
　1（頭註）治、一本作沼、

鈴鹿連胤『神社覈錄』（井上賴囶・佐伯有義校訂『神社覈錄』下編）
波治神社
　波治は假字也○祭神詳ならず
　　考證に、今云初島、あれど、さばかりにては覺束なし、伊豆志當社の事載せず、

栗田寛『神祇志料』第十二巻
波治神社、今大島和泉津村にあり、波治竈明神といふ。南方海島志、伊豆式社考證、波治神を祀る。延喜式三島神波布比咩命
に娶て生坐る第二の子神也。三宅記

『大日本史』［九］・志一・巻二百五十五
波治神社、○今在大島和泉津村、曰波治竈明神、祀三島神子波治神、即波布波布比咩神所生、三宅記

竹村茂雄『伊豆國式社考』（『神祇全書』第四輯）
波治神社　宇佐美に波津村あり

萩原正平『伊豆國式社攷略』（静岡県立中央図書館所蔵）
波治神社
　大島泉津村波治竈鎮座次郎の王子春な以所三宅記舊稱波治竈明神社是なり島志攷証註進特選當社亦村落を離連たる山
　谷間尓ありて例の衰替尓屬せり登雖現尓波治の地名存春を 波治が間波治が尾の類以て証登すべくなむ

萩原正平・萩原正夫『増訂豆州志稿』巻之八上・式内神社考並神階帳考緒言（長倉書店刊）
○波知神社［増］大島和泉津村舊稱波治竈明神社也近地ニ波治ノ尾ト云高峰アリ三宅記ニ大島ニ置給フ后ノ御
腹ニ王子二人マシマス一人ヲ次郎ノ王子すない所トアルハ是レナラム

萩原正夫『伊豆七島志』上・大島・沿革（長倉書店刊）
［増］本島上古ノ事蹟ハ詳ナラズト雖事代主神ノ眷族ノ開創ニカヽレルハ疑ナカル可シ三宅記ニ三島明神大島
ニ置キ給フ后ノ御名ヲ「羽分ノ大后」ト申ス其御腹ニ王子二人オハシマス一人ヲ「太郎王子オホイ所」次ハ
「次郎ノ王子スクナイ所」トゾ申ケルトアリ此羽分ノ大后トアルハ波布比賣命、太郎王子オホイ所トアルハ
阿治古命、次郎ノ王子スクナイ所トアルハ波知みこと其祠廟ハ共ニ式内ニ列セラルレバ是レ本島開創ノ始祖
ナル可シ島民傳云フ本島及諸島ハ孝安天皇ノ時始テ人住メリト是レ三宅記ニ同天皇ノ御代ニ三島ノ神伊豆ノ
屬島ニ渡來シ給フトアルヨリ起レル説ニテ他ニ憑據アルニ非レバ信ズルニ足ラズ。

萩原正夫『伊豆七島志』上・大島・神祠（長倉書店刊）
［増］郷社波知加麻神社（○波治加麻社）［増］泉津村大澤鎮座祭神波知命［増］式内波知神社ナリ（○神名帳波知神社ナラム乎）（社域一百九
坪官有地増訂豆州志稿ニ詳記ス二九七頁）

菅原久高『伊豆國九十二式社祭神記』（『全國神職會々報』第二十一號）
波治命神社　大島泉津村鎮座波治竈明神と稱す
　　祭神　波治命

吉田東伍『増補大日本地名辭書』第五巻・１０８０頁
野増　大島西岸の村落とす、新島村と相並び、大宮明神社あり、慶長十七年の上梁文に、大宮十八社大明神
　と号し、寛永十一年の金皷銘に大島明神とあり、蓋延喜式阿治古社なり、［七島志］また泉津村の第二王子

は、式の波知加麻神たるを知る。野増村の龍の口の海崖、表土の下凡八丈赤土層あり、此層中に種々の遺物あり、土器、石器并に石鏃原料たる黒曜石、猪鹿の骨、鯨の骨等より、人骨まで発見せらる。(火山弾も混在す) 蓋太古の墟落が、火山灰と溶岩とに埋没せしめられたる者ならん。而も其石器時代遺物包含層の上に、溶岩流之を被覆し、其上に火山灰層あり、灰中にも土器を発見すと云ふ。又島中表土の上にも、石器遺物を発見することありと。

補[阿治古神社] 〇増訂豆州志稿、式内阿治古神社は大島野増村大宮神社なるべし、当村の南方二里許に阿治古の地名存す、これ旧社地ならむ、蓋噴火に罹りて現地に遷地せしなる可し。三宅記に、大島に置玉ふ后の御腹に二人の王子おはします、一人を太郎王子おほい所とあるは此神ならむ。

補[泉津] 〇増訂豆州志稿、波知神社は大島泉津村、旧称波知竈明神社なり、近地には波知の尾と云ふ高峰あり。三宅記に、大島に置給ふ后の御腹に二人の王子おはします、一人を次郎の王子すない所とあるは是ならむ。

邨岡良弼『日本地理志料』巻十三・伊豆国賀茂郡三島郷

大島 按在下田港東南八里、周十里半、三原山常噴火、鷹二千五百五十尺、田圃百二十一町四反、有新島、岡田、差木地、泉津、野増五村、管戸九百六十五、口四千四百六十、民業耕織漁樵、其俗敦樸、不盜竊、不束髪、尤信鬼神、其親之死、別造喪屋而居之、蓋上古之遺風也、諸島風俗大抵準此、」祀典所秩波布比咩命神社、在波布港、曰波布太后大明神、即三島神之妃也、阿治古神社在野増村、曰總鎮守大宮明神、波治神社在泉津村、曰波治竈明神、並波布比咩神所生、」天武二年紀、麻續王有罪、其子某連座、流伊豆島、神龜元年紀、敕定配流遠近之程、以本國、爲遠流地、皆斥本島也、慶長中、德川氏流浮田秀家于八丈島、以八丈爲流地、自兹始、

足立鍬太郎『南豆神祇誌』１７～２０頁（静岡縣賀茂郡神職會）

　既に述べた如く、白鳳年間伊豆神海島に現れてより約百五十年、天長九年に至って男女二神に分化し、深谷を塞き高巖を摧きて土地を増益し、併せて旱霖を調節するを以て其の神驗とした。蓋し富士火山帶の活動に因る爆發の威力と、その噴出した溶岩や泥灰の爲に海中に新地を得ることが、無上の恐怖と多大の感謝を齎したのである。加も其の爆發前に於ける火山性地震が、やがて來るべき災難を豫告警戒するを以て、居民は御神火を三嶋神と畏むと同時に、此の地震を伊古奈比咩神と稱へて感謝を表したのであらう。是れアイヌ語Ｉｋｏｎｎｕは凶事を未然に戒める義であってＩｋｏｎｎｕ－ｇｕｒｕ及びＩｋｎｎｕｐは神變を現す者であるより出たのである。但これより推して巫女と解することも出來る。（彼の三宅記の見目＝御妻を考ふべきである）。そして此の二神の本貫は三宅島であって、島の名は神明（燒）に起因し、其の雄山が三島＝神島神の體を表したものであらう。次に阿古は噴火の本場であって、其の地名は神名Ｉｋｏの轉である。Ｂａｃｈｅｌｏｒ氏アイヌ語文典Ｔｏｉｓｈｉｋａｒｉの説明に據れば、同語に於てｉ音のａに變ずるは屢々ある例だといふ。思ふに同地澪池は女神の躰を表すもので、男神と共に此地に鎭座し給うたのを、内地に奉遷した後に、御子阿米都和氣命を祀ったのであらう。尚ついでにいはヾ、同島神著はアイヌ語Ｋａｍｕｉｓｈｙｏｔｋｉ＝火の女神の虚の意で、佐伎多摩比咩命の坐す地、伊ケ谷は同語Ｅｋａｙｅｃｈｉｓｈｉ若くはＥｋａｉｃｈｉｓｈにて險しき處の意、即ち伊賀牟比賣命の坐す地である。又坪田はＴｏｐｏｃｈｉ＝水溜の複數なれば、古澪池を表するもので、伊波乃比賣命の坐す處である。そして伊古奈比咩命三宅記には天地今宮后と稱するには、阿米都和氣命の他に穂都佐和氣命といふ御子おはし、佐伎多摩比咩命には、加彌・夜須・弓良・志里太乎宜・久良惠・片菅・波夜志・南子の八子おはすを以て、こゝに主神・嫡后・三妃・十王子の三宅神族を組織すると、承和七年上津島の噴火によりて、更に三嶋神の本后阿波命・嫡子物忌奈命といふ神出現し、しかも其の本后には五子物忌奈伊豆比咩阿佐和氣外二神ありと稱し、神津・御藏・利島を連ねて神津の一神族を形成した。然るに大島三原山は三宅島雄山と交互に爆發する御神火の本場であるから、こゝにも其舊噴火口なる波浮池今は一方を決して港とするに妃波布比咩命現れ、彼の白鳳當時の神造地たる野増の阿治古・泉津の波知兩神を其の二王子とすし大島神族を組織する。更に又式根なる久爾都比咩命といふ妃神には、新島の多祁美加賀命と稱する武勇の神と他に一柱の王子坐し、これに對して遙かに沖島八丈島にも妃優婆夷命・王子許志伎命外四神が現れたから、こゝに一主神の下に、兩后・六妃と嫡子以外に知名十六王子他に名の傳らざるもの七神より成る三嶋大神族式二十六社卅三社が組織された。

足立鍬太郎『南豆神祇誌』３７～４１頁（静岡縣賀茂郡神職會）

　延喜式巻九に載せた伊豆國神名帳は次の如くである。但所在地は萩原正平著伊豆國式社考畧に私考を加へて註記す。

　　　　伊豆國九十二座　　大五座小八十七座
　　　　　賀茂郡四十六座　　大四座小四十二座
　　　　　　云々
　　　　　波治神社　　　　　　　　　　　　大島泉津
　　　　　云々

静岡縣『旧版 静岡縣史』第三巻・７１１～７１８頁（名著出版刊）

【賀茂郡四十六座大四座小卌二座】
云々
（波治神社）
　原祭神は波治神。原所在は伊豆大島泉津村大澤。
云々

布佐乎宜神社

『特選神名牒』３１６～３１７頁
布佐乎宜神社
　祭神
　祭日
　社格
　所在
　　今按式社考證に逆川村三島明神ならむか此社は豆志に云三島明神逆川村若宮を配祀す其祭式三島本社と同じ神階帳におさめいはかにのみこ。と有則比布佐乎宜命布佐乎宜は例の地名と思はるゝに既くおさめいはかはと稱したるより然に唱へたると聞ゆるを今此村中に天川小石川と云有は舊稱の遺存と思はるれば也亦村名の佐加佐川もおさめいはかはの轉訛ならむも知べからずさて神階帳みこと有て大社の御子神と聞ゆれば布佐乎宜命同殿に坐す若宮神なるべく思はるゝが三島大神は父神に坐す縁を以て合祀たるものなるべし亦同郡筏場村上佐が野と云に三島明神と云あり豆志古祠也大永七年の文小川三島大明神と誌す云々とありてさが野と云ひ小川と云稱呼のおさかいはかはと有に通ひて聞ゆるは所由あるに似たりとみえたるは何れも神名の地名に似通ひたるより云る説にて明證なければ今決めがたし

度會延經『神名帳考證』（『神祇全書』第一輯）
○布佐乎宜神社　　船戸神

伴信友『神名帳考證』（『伴信友全集』第一）
布佐乎宜神社

伴信友『神名帳考』（『神道大系』古典註釋編七・延喜式神名帳註釋）
布佐乎宜神社

鈴鹿連胤『神社覈錄』（井上頼圀・佐伯有義校訂『神社覈錄』下編）
布佐乎宜神社
　　布佐乎宜は假字也○祭神在所詳ならず
　　　連胤云、上に志理太乎宜神社もあり、考合すべし、

栗田寛『神祇志料』第十二巻
布佐乎宜神社

『大日本史』［九］・志一・巻二百五十五
布佐乎宜神社、○今在逆川村、稱三島明神者、疑是、按神明帳、有從四位上於佐伊波加波乃御子神、以延喜式神社次序推之、蓋此神也、

竹村茂雄『伊豆國式社考』（『神祇全書』第四輯）
布佐乎宜神社

萩原正平『伊豆國式社攷略』（静岡県立中央図書館所蔵）
布佐乎宜神社
　賀茂郡逆川村鎭座おさ免いはかはのみ古神階今稱三島神社二座の一なるべし攷証及註進の一説續攷又同郡筏場村上佐賀野三島神社所由あらむも知るべからず能く探ねまほしくこそ

萩原正平・萩原正夫『増訂豆州志稿』巻之三上・町村三（長倉書店刊）
○逆川村（［増］東峰村一里二町五十四間三尺、西須原村十七町十九間一尺、北小鍋村二十六町九間一尺）［増］拾四里貳町貳拾五間四尺（［増］三里二十町十九間一尺）［増］
　　天正十八年、檢地帳、河津庄、逆川村ト記ス（或ハ逆河ニ作ル○或ハ舊名新荘或ハ深松トモ書クト川津川東南ニ順流ス此水西北山ノ方ニ向フテ逆流ス因テ村名トナル［増］順行記ニモ古ハ深松村トヱトアリ村社三島神社ハ式内布佐乎宜神社ナリト永正天文等ノ上梁文ヲ存ス物産、薪、炭、紙アリ）
　　○田額貳百三拾九石四斗貳升七合内（新田二石四斗六升二合）［増］反別四百九拾壹町五反七畝貳拾八歩内（田十八町四反四畝十六歩畑八町三反二畝二十八歩、宅地二町六畝十一歩、山林三百三十五町五反九畝七歩、原野百二十七町一反四畝二十六歩）［増］地價金九千百五拾六圓六拾錢四厘［増］地租金貳百貳拾八圓九拾三錢［増］社二（村一雜一）寺二（天台一禪一）分校一［増］戸現住六拾現在六拾五［増］口本籍貳百八拾（男百三十、女百四十七）現住貳百七十一（男百三十、女百四十一）

萩原正平・萩原正夫『増訂豆州志稿』巻之八上・式内神社考並神階帳考緒言（長倉書店刊）
○布佐乎宜神社［増］神階帳從四位上おさめいはかはのみこ［増］賀茂郡逆川村三島神社二座ノ一座ナル可シ又同郡筏場村上佐賀野三島神社ニ當テタル一説アリ

萩原正平・萩原正夫『増訂豆州志稿』巻之九上・神祠三・賀茂郡（長倉書店刊）
○三島明神（逆川村）［増］村社三島神社祭神二座、布佐乎宜命、事代主命ナル可シ［増］式内布佐乎宜命神社ナル可シ（前記）從來祭神二座ノ一座ヲ若宮ト稱ヘ來レルハ即三島大神ノ王子ナル可クシテ神階帳おさめいはかはのみことアルニ符合ス村名ノさかさかはハおさめいはかはノ轉訛ナラムモ知ル可ラズ神階帳おさめいはかはのみこニ當テタルハ式ニ布佐乎宜、佐々原比咩、竹麻、加毛ト次第シ帳ニおさめいはかは、さゝはらひめ、月ま、加茂、ト並記セルニ因テ也（村内ニ布佐屋敷ノ地名アリト關ク果シテ然ラバ縁故アル稱也）三島大神ハ父神タル縁由ヲ以テ合祀セルナラム○永正十五年ノ上梁文ニ云代官平朝臣矢野中之五郎左衛門尉家次ト（［増］此札ニ當所總社三島大明神ト記ス）天文二年ノ分ニ云代官清水右京亮吉政ト（［増］其他古札數件存ス）［増］往昔ハ山上ニ鎭座ス（元社ノ地名存ス）後山下ニ遷シ享保十五年更ニ現地ニ轉ゼシ事社記ニ見ユ○祭式三島大社ト同ジ社人ノ苗裔十二家アリ（［増］今尚存ス）［増］境内社一（津島［増］三百八十坪官一）

萩原正平・萩原正夫『増訂豆州志稿』巻之九上・神祠三・賀茂郡（長倉書店刊）

— 211 —

三島神社（同村下同○屬里上佐ケ野ノ土神）○古祠也大永七年ノ札ニ小川三島大明神ト誌ス天文慶長ノ札ニ時ノ代官清水小太郎ト誌ス舊小川ニアリシヲ此ニ遷ス（[増]元龜中遷祀スト云）地主即末社ノ水神也其大永七年、天文十二年ノ札ニ云御阿闍梨靈宮、大旦那清水小太郎ト[増]當社ヲ式内布佐乎宜神社ニ當テタル一説アリ（前記[増]百七十五坪民一）

菅原久高『伊豆國九十二式社祭神記』（『全國神職會々報』第二十一號）
　布佐乎宜命神社　　下河津村逆川鎭座村社三島神社なり
　　　祭神　　布佐乎宜命

吉田東伍『増補大日本地名辞書』第五巻・１０７５頁
　繩地　今下河津村の大字とす、式内奈疑知命神社は此地の古祠ならん、繩地山は慶長中金鉱を採取し数坑あれど、後世出産多からず、之を試掘するも成功せず。○増訂志稿云、伊豆金は天正五年丁丑より、西浦土肥村にて始て金鉱を開掘す、相継ぎて湯が島、繩地、修善寺等より出づ、河津郷繩地より出でしもの最多し、大抵五十余年にして止む、貞享より宝永に至る間、賀茂郷毛倉野、青野等より出づ、宝貨事略に「伊豆国より黄金白銀を出だす、古は此国より出だす事聞こえず、慶長十年の頃より盛に出で、其数大概佐渡より出るが如し、然るに程なく出る事多からず、采る事を止めらる」と、繩地、青野、毛倉野等は近年再び採鉱に従事せしも、共に出額多からずして止みぬ。
　補[上河津]○増訂豆州志稿、沢田村の水神を山口の社と称す。是より山中への入口なればなり、○式内奈疑知命神社は繩地命にて、当村子安神社ならむ（神階帳夏姫と曰ふ）○逆川村は川津川東南に順流す、此水西北山の方に向って逆流す、因て村名となる。式内布佐乎宜神社あり。筏場村は山中にて材木を伐り出し、椴とし此処より流し下す、○湯野村に鉱泉涌出る事頗る多し。道路不便なり、○梨本村は旧名川井那、天城川の間に在る野なりし故川間野なり、本村の名となる、後人家次第に広まる。村北往還路に本梨樹ありし処を梨本と云ひたり、今一村の総名となる。南方より北方へ天城山を越ゆるに、此村の上更に人家なし。

郁岡良弼『日本地理志料』巻十三・伊豆国賀茂郡
　川津　訓闕、按依駿河川津郷例、當讀云加波都、讃岐又有川津郷、津之言門也、河津川至此歸海、故名、河蝦考云、以地多河蝦爲名、恐牽強也耳、」東鑑有河津荘、曾我物語、文禄檢地帳同、北條分限帳作川津郷、伊東系圖、工藤維職補伊豆押領使、領河津伊東宇佐美三荘、總稱葛見荘、其裔有川津氏、安元中、有祐泰者、爲工藤祐經所㦀、其二孤冒曾我氏、終克復讐、天下韙之、豆州志云、川津方廢、今川津組、領十七村、按圖亘大川、奈良本、片瀬、白田、稲取、見高、濱、笹原、田中、澤田、峯、谷津、繩地、逆川、川津筏場、佐賀野、湯原、梨本、大鍋、小鍋、須原諸邑、盖其地也、梨本村水神祠慶長二年文書、楠木郡河津荘、繩地村子安祠金皷識同、子安祀典稱奈疑知命神社、是也、杉梓別命神社在田中、爲川津荘十七村總鎭守、布佐乎宜神社在逆川、稱三島明神、佐佐原比咩神社在笹原、稱姫宮、谷津有河津祐泰宅阯、其稱念庵、即祐泰所䎹云、

賀茂郡役所編『静岡県南豆風土誌』２９３～２９５頁（長倉書店刊）
　云々、今賀茂郡四十六座の内より海島鎭座二十四座を減じ、又那賀郡二十二座の内より土肥以北井田に至る八座を除く時は、今日の賀茂郡は正に三十六座の式内社を算すべきなり。然れども伊豆三島神社は、上古鎭座の本域、賀茂郡三島（和名抄所載郷名、即海島の總稱にして、其の本島は今の三宅島なり。なりしが、中世同郡大社郷（和名抄所載。今の白濱村伊古奈比咩命神社の地なり。に遷座し、後又今の田方郡三島町に遷祀せられたりと云ふ（伊豆國式社攷略）を以て、更に大神の一座を除きて、茲に三十五座を得と謂ふべし。今左に増訂豆州志稿巻八上によりて之を擧げむ。同書に云はく、式内社を記すに「也」といふは疑ひなきもの、「なるべし」といふは略證蹟あるもの、「ならむ乎」といふは、信疑相半するものに用ふと。
　　云々
　　布佐乎宜命神社　　同郡逆川村（今下河津村）三島神社二座の一座なるべし。

賀茂郡役所編『静岡県南豆風土誌』５７１～５７２頁（長倉書店刊）
　三島神社　逆川一村社－祭神、（式内）布佐乎宜命・事代主命○延喜式神名帳所載、布佐乎宜神社にして伊豆國神階帳に從四位上「をさめいはかはのみこ」なるべしとあり。又天正年間の檢地帳に「ふさやしき」の地名存すと云ふ。

足立鍬太郎『南豆神祇誌』３７～４１頁（静岡縣賀茂郡神職會）
　延喜式卷九に載せた伊豆國神名帳は次の如くである。但所在地は萩原正平著伊豆國式社考略に私考を加へて註記す。
　　　　伊豆國九十二座　　大五座小八十七座
　　　　　賀茂郡四十六座　　大四座小四十二座
　　　　　　云々
　　　　　布佐乎宜神社　　　　　　　　　　下河津村逆川
　　　　　　云々

足立鍬太郎『南豆神祇誌』７５～８１頁（静岡縣賀茂郡神職會）
　伊豆國神階帳は、群書類從二三に、康永二年辛亥（興國四年）十二月廿五日在廳判の奧書あるものを、在廳伊達某藏本から寫して收めてある。伊達家に現藏するものは鳥子紙二枚續にて後世の寫本である即ち尾張のより二十年許前のものである。在廳とは、中古國衙の廳にあり、國司の命を奉じて事務を行ふ下司であったが、多くは世職だから其の稱呼を傳へて居たのだ。先づ左に其の全文を掲げよう。
伊豆國神階帳　　式社の配當は萩原正平の意見に據る
　　伊豆國三ケ郡神明帳事
　　正一位三島大明神
　　　云々
　　　那賀郡貳拾四所
　　　云々
　　　賀茂郡三十七所

云々
　　　從四位上おさめいわかはのみこ　布佐乎宜神社
　　云々

足立鍬太郎『南豆神祇誌』１５９～１６４頁（静岡縣賀茂郡神職會）
　　　　第十八章　下河津村
云々
三島神社
　　所在　逆川字向田
　　創立　永正十五年重修
　　祭神　布佐手宜命　事代主命
　　社格　村社　式内
　　境内　三八〇坪　官一
　神名布佐乎宜は、アイヌ語Ｈｕｓｓａ－Ｏｋｉｒａ＝病を吹き拂ふ力の意か。穂都佐和氣命のホツサも蓋しフツサであらう社に、鎌倉末期の蓬萊鏡を藏して居る。天正十八年在銘の金鼓は今普門院に藏す

静岡縣『旧版 静岡縣史』第三巻・７１１～７１９頁（名著出版刊）
【賀茂郡四十六座大四座小冊二座】
云々
（布佐乎宜神社）
　　原祭神は布佐乎宜神か。原所在は賀茂郡下河津村逆川字向田か。現在社は同所の三島神社か。
云々

静岡県郷土研究協会『静岡県神社志』第三篇（日本仏書センター刊）
村社　三島神社
　　　　賀茂郡下河津村逆川字向井田鎮座
云々
　　祭神　布佐乎宜命
　　　　　相殿　三島大神　　子神社
　　例祭日　十月十五日
　　由緒　本社は延喜式神名帳賀茂郡布佐乎宜神社にて、伊豆国神階帳従四位上おさめいわかわのみこととあるに相当するという。往古は稲生沢郷近隣の総鎮守と称し大社なりしと云う。村名さかさかわは恐らくおさめいわかわの転化ならん、特選神名牒には今按ずる式社考証に、逆川村三島明神ならんか、この社は豆志に云、三島明神逆川村若宮を配祀す。其三島本社に同じ、神階帳おさめいわかわのみことありて、大社の御子神と聞ゆれば布佐乎宜命は同殿に坐す若宮神なるべく思わるゝが、三島大神は父神に座す縁を以て、合祀したるものなるべし」と記されてある、今村内に布佐屋敷の地名を存す、後柏原天皇永正十五年の上梁文に、代官平朝臣矢野中之五郎左衛門尉家次とありて、当所総社三島大明神と記す、天文二年の棟札には代官清水右京亮吉政とある。本社は往古は山上に鎮座せしが後山下に遷り、享保十五年更に現地に遷る、社人の苗裔十二家今尚存す、明治六年九月村社に列し、昭和十年一月十五日神饌幣帛料供進社に指定せらる。
云々

佐々原比咩命神社

『特選神名牒』３１７頁
佐佐原比咩命神社
　　祭神　佐々原比咩命
　　祭日　十一月十五日
　　社格　村社
　　所在　（賀茂郡下河津村大字笹原）　篠原村字ひめ宮地

度會延經『神名帳考證』（『神祇全書』第一輯）
〇佐々原比咩命神社　在河津村、去三島南十九里、佐々良比賣命　中臣祓祝詞云、速佐須良比咩、鎭座傳記云、速佐須良比賣、土藏靈實也、

伴信友『神名帳考證』（『伴信友全集』第一）
佐々原比咩命神社
〇在河津村去三島南十九里〇[中臣秡詞]速佐須良比咩[志]當郡篠原村ニ坐ス今姫ノ宮ト稱ス

伴信友『神名帳考』（『神道大系』古典註釋編七・延喜式神名帳註釋）
佐々原比咩命神社
〇在河津村、去三嶋南十九里、〇中臣祓詞云、速佐須良比咩、考證、△志ニ、當郡篠原村ニ坐、今姫宮ト稱ス、
　1（頭註）朱圖云、サヽハラ村、

鈴鹿連胤『神社覈錄』（井上頼圀・佐伯有義校訂『神社覈錄』下編）
佐佐原比咩命神社
　　佐佐は假字也、原は波良と訓べし、比咩も假字也、〇祭神明か也〇佐篠原村に在す、今姫宮と稱す、國圖、志
　　例祭
　　　考證に、河津村と云り、
　　　　　神位
　　國内神階記云、從四位上さゝはら姫のみこ、

栗田寬『神祇志料』第十二巻
佐佐原比咩命神社、今篠原村にあり、姫宮といふ。豆州志

『大日本史』[九]・志一・巻二百五十五
佐佐原比咩命神社、〇神明帳作從四位上佐和良姫乃御子、今在篠原村、稱姫宮、

竹村茂雄『伊豆國式社考』（『神祇全書』第四輯）
佐々原比咩命神社　篠原村姫宮

斎田茂先・山本忠英『掛川志稿』伊豆巻（郷土新聞社刊）
篠原村
田中の下にあり、旧浜村と一村、寛永十年より別て一村となる、田地は交錯して分ちかたし篠原姫神社あるに因て村名とす

斎田茂先・山本忠英『掛川志稿』伊豆巻（郷土新聞社刊）
佐々原比咩神社　今は姫宮と称す、河津川の北一町許にあり、見捨地、神階帳に従四位上ササワラノ明神とあるは此祠にして即式社也、されとも川旁に在りて、屢水害にかゝりしにや、小祠にして旧物無し、寛文四年の棟札には、奉再興姫宮大明神御社とあり、社地方十五六歩、此辺より下河津川の北岸数町の間篠原なり、此神社篠原村の篠原に在て姫宮と称す、式社なること疑無し、

萩原正平『伊豆國式社攷略』（静岡県立中央図書館所蔵）
佐々原比咩命神社
　同郡笹原村鎭座さゝはら姫のみ古神階帳舊稱姫宮明神社是なり國圖豆志式攷攷証註進特選當社今は社域湫溢祠宇瑣小な里登雖笹原の村名及び姫宮の社號ある確然尓して動くべくも非ず蓋國中宜社の或は陵遲変替せるに因里て強尓疑を容がたき此を以て類推すべきのみ

萩原正平・萩原正夫『増訂豆州志稿』巻之三上・町村三（長倉書店刊）
〇笹原村（[増]東見高村二十一町十三間二尺、西谷津村三町四十六間一尺、南濱村四町二十六間四尺、北田中村九町二十五間四尺）[増]拾五里貳拾六町三間三尺（[増]三里十六町十三間一尺）[増]延喜式、佐々原比賣命神社アリ蓋是ヨリ起レル村名ナラム（神名帳さゝわら姫のみこト即姫宮神社ナリ舊ク篠原ニ作ル元禄ノ比ヨリ笹原ノ字ヲ用ウ相傳フモト濱村トー村ナリシガ寛永十年分ッテニ村トナル故ニ其土地ノ境界立タズ錯雜ニ渉ルヲ以テ天保十年更ニ新檢地ヲ命ゼラルト其天保ノ帳ナホ伊豆國加茂郡笹原村濱村檢地帳ト合蔵セリ）
　　　〇田額貳百三拾四石五斗六升七合内（新田三斗）[増]反別百九拾九町壹反五畝廿四歩（田十一町九反二畝二十四歩、畑四町六反六畝五歩、宅地一町八畝四歩、山林三十七町九反八畝八歩、原野百四十四町五反十三歩）[増]地價金壹萬百三拾九圓拾四錢五厘[増]地租金貳百五拾三圓四拾九錢八厘[増]社三（村一離二）寺[増]戸現住三拾三現在三拾六[増]口本籍百七拾八（男百一、女七十七）現住百七拾四（男九十七、女七十七）

萩原正平・萩原正夫『増訂豆州志稿』巻之八上・式内神社考並神階帳考緒言（長倉書店刊）
〇佐々原比賣命神社[増]神階帳從四位上さゝはら姫みのみこ[増]同郡笹原村姫宮神社也〇今姫宮ト稱ス

萩原正平・萩原正夫『増訂豆州志稿』巻之九上・神祠三・賀茂郡（長倉書店刊）
〇姫宮（笹原村姫宮）[増]村社姫宮神社祭神佐々原比咩命[増]式内佐々原比咩命神社也（前記）笹原ノ村名、姫宮ノ社號アル等證トス可シ目下頗衰替ニ屬ス（[増]七十三坪弐一）

菅原久高『伊豆國九十二式社祭神記』（『全國神職會々報』第二十一號）
佐々原比咩命神社　下河津村笹原鎭座村社姫宮神社なり
　　祭神　佐々原比咩命

吉田東伍『増補大日本地名辞書』第五巻・１０７５頁
沢田　今笹原、田中、見高、峰、谷津などと合せ、下河津村と云ふ。谷津の立岩、石田の二湯は塩類泉、温百四十度許、沢田は伊豆石の一産地とす、見高は谷津の北半里、人家多く、小港嶼あり。〇増訂志稿云、川津の笹原に式内佐々原神社あり、沢田には林際寺あり、此寺に正長三年足利持氏の文書、河津林際寺と記せるもの以下、古簡数通あり。
補[沢田]〇地学雑誌、凝灰岩は耐火質のもの多く、且其組織色沢の良好なるものは、其装飾石材として用ひ得可し、即ち静岡県沢田石の如き是なり。
補[谷津]〇谷津村に鉱泉あり、其一、立岩鉱泉、眼疾瘡類に効あり。其二、石田鉱泉、立岩の東にあり。見高村の見高神社は式内多祁伊志豆伎命を祭るならむ。

郱岡良弼『日本地理志料』巻十三・伊豆国賀茂郡
川津　訓關、按依駿河川津郷例、當讀云加波都、讃岐又有川津郷、津之言門也、河津川至此歸海、故名、河蝦考云、以地多河蝦爲名、恐牽強也耳、」東鑑有河津荘、曾我物語、文禄檢地帳同、北條分限帳作川津郷、伊東系圖、工藤維職補伊豆押領使、領河津伊東宇佐美三莊、總稱葛見莊、其裔有川津氏、安元中、有祐泰者、爲工藤祐經所狀、其二孤冒曾我氏、終克復讐、天下麗之、豆州志云、川津方廢、今川津組、領十七村、按區亙大川、奈良本、片瀬、白田、稲取、見高、濱、笹原、田中、澤田、峯、谷津、繩地、逆川、川津筏場、佐賀野、湯原、梨本、大鍋、小鍋、須原諸邑、盖其地也、」梨本村水神祠慶長二年文書、楠木郡河津荘、繩地村子安祠金皷識同、子安祀典稱奈疑知命神社、是也、杉桙別命神社在田中、爲川津荘十七村總鎭守、布佐乎宜神社在逆川、稱三島明神、佐佐原比咩神社在笹原、稱姫宮、谷津有河津祐泰宅阯、其稱念庵、即祐泰所豰云、

賀茂郡役所編『静岡県南豆風土誌』２９３～２９５頁（長倉書店刊）
云々、今賀茂郡四十六座の内より海島鎭座二十四座を減じ、又那賀郡二十二座の内より土肥以北井田に至る八座を除く時は、今日の賀茂郡は正に三十六座の式内社を算すべきなり。然れども伊豆三島神社は、上古鎭座の本域、賀茂郡三島（和名抄所載郷名、即海島の總稱にして、其の本島は今の三宅島なり。）なりしが、中世同郡大社郷（和名抄所載、今の白濱村伊古奈比咩命神社の地なり。）に遷座し、後又今の田方郡三島町に遷祀せられたりと云ふ（伊豆國式社攷略）を以て、更に大神の一座を除きて、茲に三十五座を得と謂ふべし。今左に増訂豆州志稿巻八上によりて之を擧げむ。同書に云はく、式内社を記すに「也」といふは疑ひなきもの、「なるべし」といふは略證贋あるもの、「ならむ乎」といふは、信疑相半するものに用ふと。
　　云々
　　佐々原姫命神社　　同郡笹原村（今下河津村）姫宮神社也

賀茂郡役所編『静岡県南豆風土誌』５７１頁・下河津村（長倉書店刊）
姫宮神社　笹原－村社－祭神、（式内）佐々原比咩命

足立鍬太郎『南豆神祇誌』３７～４１頁（静岡縣賀茂郡神職會）
　延喜式卷九に載せた伊豆國神名帳は次の如くである。但所在地は萩原正平著伊豆國式社考略に私考を加へて註記す。
　　　　伊豆國九十二座　大五座小八十七座
　　　　　賀茂郡四十六座　大四座小四十二座
　　　　　　云々
　　　　　佐佐原比咩命神社　　　　　　　　　　仝上笹原
　　　　　　云々

足立鍬太郎『南豆神祇誌』７５～８１頁（静岡縣賀茂郡神職會）
　伊豆國神階帳は、群書類從二三に、康永二年辛亥（興國四年）十二月廿五日在廳判の奧書あるものを、在廳伊達某藏本から寫して收めてある。伊達家に現藏するものは鳥子紙二枚續にて後世の寫本である即ち尾張のより二十年許前のものである。在廳とは、中古國衙の廳にあり、國司の命を奉じて事務を行ふ下司であったが、多くは世職だから其の稱呼を傳へて居たのだ。先づ左に其の全文を掲げよう。
伊豆國神階帳　式社の配當は萩原正平の意見に據る
　伊豆國三ケ郡神明帳事
　正一位三島大明神
　　云々
　　　那賀郡貳拾四所
　　云々
　　　賀茂郡三十七所
　　云々
　　　從四位上さゝわら姫のみこ　佐々原比咩命神社
　　云々

足立鍬太郎『南豆神祇誌』１５９～１６０頁（静岡縣賀茂郡神職會）
　　　　第十八章　　下河津村

杉桙別命神社
　　所在　田中字宮脇
　　祭神　杉桙別命　相殿五十猛命少彦名命
　　創立　和銅年間再建と稱す。
　　社格　郷社　式内　供進
　　境内　八四二坪　官一
　　本地開闢以來の神と稱し、舊川津十七村の總鎭守とす。建久四年源賴朝社領を寄進し、後藤原賴經・足利義植祠宇を再修したが、天文七年社領燒亡し、尋いで十三年水害を被りてより、社人も各方に離散して昔日の觀に復するに至らないと傳へる。されど俗間には河津の來宮又檀と呼びて、遠近來賽する者が多い。祠後に有名な大樟樹がある。祠の東笹原に村社姫宮神神社があった。即ち式佐々原比咩命神社であるが、今全く廢頽して殆ど址をも存しないは遺憾である。

静岡縣『旧版 静岡縣史』第三巻・７１１～７１９頁（名著出版刊）
【賀茂郡四十六座大四座小冊二座】
云々
（佐佐原比咩命神社）
　　原祭神は佐佐原比咩命。原所在は賀茂郡下河津村笹原字ひめ宮。現在社は同所の姫宮神社。
云々

竹麻神社

『特選神名牒』３１７～３１８頁
竹麻神社三座
 祭神 三島大神稱月間明神（明細帳に手石村月間明神）
    阿波咩命稱三島神社
    物忌奈命稱若宮八幡
 祭日 九月十七日十一月中酉日
 社格 郷社手石村雜社吉佐美村湊村（郷社）
 所在 （賀茂郡竹麻村大字手石） 手石村吉佐美村湊村

 今按式社攷證湊村月間の地鎭座今は各所に分祀す竹間は和名抄に所載賀茂郡月間郷神階帳に所謂月間同地の稱なるが湊手石二村の北二十許町吉佐美青市田牛王村の境界に接したる所に有て古くは海灣此邊迄至り嚮内甚廣く船舶輻輳の所と聞えたるを後に此海口悉陸地と成り人居を東南の岸に遷し村里の區分起りしより總鎭守とある竹麻三座を各所に遷祀ることと成て今の如く髣髴しく成たるなれば社地の沿革とに留意せずば有可らず其一座手石村鎭座月間明神と稱す神階帳に所載月間の明神是也豆志㝡の部に云月間明神手石湊青市級一村也仍三村の鎭守なり湊村に月間の地名存す古額に正一位參島大明神と刻す社傳に往古神津島より遷坐と傳へたるは既く竹麻神社三坐は三島大神と阿波咩命物忌奈命なるべく思想せるに符合ひ當社は古額に參島大明神とみえ打任せて月間明神と云稱あるを思ふに三座の第一の神にして三島大神なる事論ひ無し其一座は吉佐美村鎭座三島明神と稱す此村月間の地に接して同郷中なりしが村里の分れたる時遷祀たるなり村稱の吉佐美は后宮の省略にて竹麻神社山座の内第二座に當り給ふ后神を遷祀たるより起りたる稱呼なること云までもあらず舊記に豆州十七番の御神云々と有るも神階帳に所載賀茂郡内地二十一座の内月間明神と有を三座と數ふるに此神則十七番目に當れるは彼在廳の奉幣の第十七に當る神也と云傳のありしを其儘記されたると聞えて所緣あるを思ふべし第三座は諸説あれど湊村にある若宮八幡と云社是にて若宮は三島神の后神阿波咩命の御子神とます物忌奈命ならんと云るに因て縣の注進にも月間明神三島大神手石村三島神后神阿波咩命は吉佐美村若宮八幡物忌奈命は湊村と定めたるに從へり

度會延經『神名帳考證』（『神祇全書』第一輯）
○竹麻神社三座 竹葉瀨君、－日本紀仁德云、上毛野君祖竹葉瀨、姓氏錄云、豊城入彦五世孫多奇波世、

伴信友『神名帳考證』（『伴信友全集』第一）
竹麻神社三座
［和鈔］月間［志］一座ハ當郡本郷村高馬ニ坐今八幡ト申一座ハ本郷土濱ノ一岩山ノ上ニ坐元祿六年ノ文ニ御牟漏竹彦明神ト此山富士ニ似タリ因テ又富士山トヨビ遂ニ其神ヲ淺間トス一座ハ柹崎村武峯山ノ半腹ニ坐ス今武峯權現トス古キ棟札ニ伊豆國賀茂郡武山大權現當初役行者勸請熊野山三所大權現永正十八年ノ札ニ稲澤本鄕崩之山爰第社檀號熊野權現云々再興

伴信友『神名帳考』（『神道大系』古典註釋編七・延喜式神名帳註釋）
竹麻神社三座
○和名抄、月間、△志ニ、「一座ハ當郡本郷村高馬ニ坐ス、今八幡ト申、ヽ一座ハ本郷土濱一岩山ノ上ニ坐ス、元祿六年ノ文ニ、御牟漏竹彦明神ト、此山富士ニ似タリ、因テ又富士山トヨビ、遂ニ其神ヲ淺間トス、ヽ一座ハ柳崎村武峯山ノ半腹ニ坐ス、今武峯權現トス、古キ棟札ニ、伊豆國賀茂郡武山大權現、當初役行者、勸請熊野山三所大權現、永正十八年ノ札ニ、稲澤本鄕岡之山、爰ニ第社檀、號熊野權現云々、再興、」
 1（頭註）村圖云、本郷村

鈴鹿連胤『神社覈錄』（井上賴圀・佐伯有義『神社覈錄』下編）
竹麻神社三座
 竹麻は都久末と訓べし、和名鈔、郷名部月間、○祭神詳ならず○三座各々に在す、一座は月間郷本郷村高馬に在す、今八幡と稱す、一座は本郷土濱一岩上に在す、今淺間と稱す、一座は柹崎村武峰山半腹に在す、今武峰權現と稱す、志例祭
   神位
 國内神階記云、從四位上月まの明神、

栗田寛『神祇志料』第十二巻
竹麻神社三座、舊湊村月間の地にありしを、後各所に分祀る。其一座は手石村にありて、月間明神といひ、其一座は吉佐美村にありて、三島明神と云ひ、其一座は湊村にありて、若宮八幡と云。伊豆式社考證、足柄縣注進狀

『大日本史』［九］・志一・巻二百五十五
竹麻神社三座、○神明帳作從四位上月末乃明神、舊在湊村月間之地、今分祀二座于手石吉佐美二村、其在湊村者、稱若宮八幡、手石村稱月間明神、吉佐美村稱三島明神、

『大日本史』［十一］・志三・巻二百九十三
月間、○今湊村有月間地、中世亙青石手石諸村、稱蒲谷郷、在賀茂東南、有竹麻社、延喜式月開山、豆州志○在湊村西北

竹村茂雄『伊豆國式社考』（『神祇全書』第四輯）
竹麻神社三座 一座は湊村にて、今は古代同村なりといふ、手石に月間明神あり、二座は本郷村と柹埼村にあるよし志にあれども、竹麻をたかまとよめるによれる考なれば、いかがあらん、月間は郷名なり、神階帳にも月まの明神とあり、但し月間の郷の内なれば、かの本郷の八幡宮と吉佐美の八幡宮などにや、

萩原正平『伊豆國式社攷略』（静岡県立中央図書館所蔵）
竹麻神社三座
 月まの明神神階帳各所尓分祀す其の一座は同郡手石村鎭座月間神社是な里式攷証註進特選其二座は吉佐美村三島神社な里登す攷証註進特選其三座は湊村若宮神社なるべし攷証の一説註進特選攷今云ふ此三座を豆志尓本郷村八幡神社尓當

た連ど適はず玖証續玟等尓辨明世るを見て知るべし

萩原正平・萩原正夫『増訂豆州志稿』巻之一・郡郷（長倉書店刊）
○月間 [増]延喜式竹麻ノ神社三坐神名帳月間明神有リ○湊村ニ月間ノ地名存ス（此村ヨリ入間マデ 此郷ナルカ[増]按ズルニ入間邊ハ賀茂郷トシ大賀茂、吉佐美、田牛ハ月間郷トシテ允當ナラムカ尚ヨク考ヘテ定メマホシ。）

萩原正平・萩原正夫『増訂豆州志稿』巻之三上・町村三（長倉書店刊）
○湊村（[増]東田牛村三十一町、西手石村五町六間、北吉佐美村二十五町五十二間）[増]貳拾里九町三拾四間（[増]二里二十四町）[増]和名鈔、月間郷、延喜式、竹麻神社神名帳、月間名神アリ、古ク手石、湊邊ノ總稱ナルベシ延寶檢地帳湊村ト（○昔ハ青市、手石、當村ミナ蒲谷郷ノ分名ニシテ墨ヲ鋼名ト稱ス月間名神、永正六年上梁文云、賀茂郡蒲谷郷手石祿村ト水帳モ延寶ノ頃マデ一村ナリ[増]相傳フ手石、湊、青市ハ三代天正度マデ 手石村ト稱セシヲ萬治二年三村二分レテ本村ヲ湊村ト改ムト手石村、天正年度ノ書類、凡テ三村ニ關スルヲ以テ思フニ擴ノ説ナルベシ、順行記、物產、澤田薪、名沃明、鰮、鯉ヲ臺ス卜）
○田額五百貳拾壹石五斗壹升内（新田六升四合）[増]反別四百拾町九反六畝貳歩内（田三十四町八畝十三歩、畑四十四町三反五畝二十七歩、宅地七町三反六畝十三歩、山林二百三十五町二反四畝四歩、原野八十九町八反九畝十四歩、雉種地一畝二十六歩）[増]地價貳萬七千六百六十四圓八拾貳錢貳厘[増]地租金七百拾六圓六十四錢四厘[増]社一（雉）寺三（禪）分校一[増]戸現住百七拾六現在百七拾九[増]口本籍九百七拾五（男四百九十二、女四百八十三）現住九百四拾壹（男四百六十七、女四百七十四）

萩原正平・萩原正夫『増訂豆州志稿』巻之三上・町村三（長倉書店刊）
○手石村（[増]東湊村五町六間、西下流村十九町七間、北下賀茂村廿五町十二間）[増]貳拾里拾五町四拾間（[増]二里三十町）[増]天正十八年檢地帳、豆州賀茂郡手石郷ト（神明札、寛永元年ノ札、蒲谷郷手石村ト○頼政記ニ青市村ノ次ニ手磯戸トアリ磯ノ字ヲかく畫多キヲ以テ遂ニ石トナス、石上、石部、ナド、イソノ訓アラバナリ、戸ハ所ト云ニ如シ、或ハ戸ロニ寄テ人家權ニ在ルヲ云ヤウナリ、皆ト仕字ナリ石ヲイシトヨミ手石ノ名ニ因テ強テ其石ヲ索ム、但地名トシテ可ナルベシ○屬里 小稻、即鯉名[増]村南十餘町二在リ○手石邊、手石、湊、兩村ノ間二南ヘ辨天島ヨリ東北身貴山下ニ走ル二百歩及ヲ合墨ノトゟノ岸迄ヒ七十三歩、運船ヲ繋ルニ十許歲、東南風二悪シ是予爲々燎、古代ハ手石川源ニ入ル所ヨリ北方二十餘町東西十數町ノ間人海流海舩モ碇ヲ泊シテ餘有リ東繋、伊東祐親爲屬小松羽林浮舩伊豆國醉名泊艁醤海上トアル此地陵分變遷夕々幾ヶ頃ノ耕田トナル鷲鹽鹹之間徃々艁鹽石ヲ見ル里二鯉名ノ留ヲ東涯ノ村ニ湊ノ名存ス所謂艁海舩モ碇ヲ泊シテ桑田モ古ノ形象胆可見）本村藏座月間神社神名帳ニ載ハ唯月間名神ノ一座即神名帳月間名神ニ一ノ三嶋山彦社ト有南十數町ニ瀰陀窟アリテノ人ニ知ル所ナリ、繋薔繪錄云、山下高不峻、潤赤不關即賈柿而泛篷蓋以風波譟入洞中五六仰眺狀不知洞ノ所極隆々挽黃金色之物大者尺餘、小者八九ヶ、曷人立高低三四如聚熊然濁有有徵隙而通天日光徹子彼物ノ側輝々射波以故得審其形狀也土人云甲斐國僧遠人者正德始予現之而首唱三尊佛出現千也以若令貧逆瀰岡風頂僧形墨ソ專敬佛陀然唯恐受饑羊潟沽詢向之欺故不敢拜而去易卜或云正保中蓋人餞魚下探ラント窟二入ル忽光明ノ麻奕タルヲ見テ大二驚亡出ツソレヨリ遠近信シテヲ丹拜ト云（伊豆日記）又此窟ノ左右二涸アリ一日浮曜乾方ヘ貫通ルノノ鳴潜潛中嶋多シモ三潯共其内相通ジテナリト云）
○田額貳百八拾三石三斗四升内（新田五十九石九斗一升九合[増]永三百五十文定納鹿皮三枚半役札十六文釜役一石一斗一升三合代右ノ外蘩十分一舟役太心草役高下物有リ）反別貳百四拾壹町四反七畝拾歩内（田十二町四反一畝十五歩、畑二十町一反八畝十九歩、宅地五町三反九畝歩、山林四十三町三反四畝七歩、原野五十町二十四歩、雉種地一反三畝五歩）地價金壹萬六千六百貳圓四拾錢壹厘[増]地租金四百拾五圓七錢八厘[増]社二（郷-雉-）寺二（禪）戸長役場一（字宮前二在リ本村ノ外湊、青市、大瀨、下流、長津呂、五村ヲ督ス）浦役場一（同上）巡査駐在所一・小學校一（字城嶺二在リ）[増]戸現住百五拾現在百五拾貳[増]口本籍八百貳拾三（男四百十三、女四百十）現住八百五（男三百七十九、女四百二十六）

萩原正平・萩原正夫『増訂豆州志稿』巻之八上・式内神社考並神階帳考緒言（長倉書店刊）
○竹麻神社三座[増]神階帳從四位上月まの明神[増]今ハ三所ニ分祀ス其一ハ同郡手石村月間神社也其二ハ吉佐美村三島神社ナル可シ其三ハ港村若宮神社ナル可シ○一座ハ在本郷村高馬今八幡ト稱ス一座ハ本郷土濱ノ一岩山上ニ座ス元祿六年ノ文ニ曰御牟漏御所竹彥明神ト此山形富嶽ニ似タリ因テ亦富士山ト呼ビ遂ニ其神ヲ以テ淺間トス（[増]竹彥明神ハ山ノ半腹ニ在テ式内多祁富都久和氣命神社ヲ祀セシナル可シ此山上鎭座ノ淺間ト同神ニ非ズ 柿崎村武峯神社ノ條參觀）一座ハ柿崎村武峯山半腹ニ在リ今名富士、武峰、二山下ノ耕地ニ在内右ノ物存ス豐古ヘ祠田ニシテ其名殘レルカ左右ハ此ニテハ竹麻ニ向フ方位ヲ以テ云。内ハ竹麻三座ノ義ナリヤ[増]此説ハ竹麻ノ字ヲ、タカマ、ト訓テ高馬、竹彥、武峰等ノ稱ニ泥ミテ誤リタル也竹麻、ツクマト訓ム可シ延喜式考異ニ竹麻案恐音讀、和名鈔有月間郷神階帳月間乃明神語路酷近シト有リ

萩原正平・萩原正夫『増訂豆州志稿』巻之九上・神祠三・賀茂郡（長倉書店刊）
○淺間神社（同村下同）[増]無格社祭神不明或云意波與命[増]式内意波與命神社ナラム乎（前記）一岩山上ニ鎭座ス此山富嶽ニ似タルヨリ人呼テ下田富士ト云淺間ノ社號蓋之ニ因ル原書當社ヲ式内竹麻神社三座ノ一ニ當テタルハ非也（前記）○本石祠九宇アリ永正中此邊ノ地頭朝夷和知名九祠ヲ一棟ニ改造ス（[増]九祠ハ叢末社ヲ合算セルナラム）[増]北條五代記ニ清水上野守ノ妻、宿願有テ山上ノ氏神ノ社ニ參詣ノ事ヲ載ス（北條盛衰記同之。列女部參看）蓋當社ナル可シ（[増]五十坪民一）

萩原正平・萩原正夫『増訂豆州志稿』巻之九上・神祠三・賀茂郡（長倉書店刊）
○竹麻神社（[増]舊稱八幡）[増]神階帳正五位上たふたまつとの明神ナル可シ（前記）社地ヲ高馬ト云高馬ハたふたまノ轉訛ナラム又つとハ津門ノ意ニシテ往昔此邊マデ海灣ナル可レバ實蹟ニ適セル神稱也（當村ニ神階帳所載二社アルハ此地豆南ノ公廨アリシヨリ中世特ニ叙位アリシナラム）原書当社ヲ式内竹麻神社三座ノ一ニ當テタルハ非也（前記）社號蓋此説ニ因リテ改稱セルナラム（又式社考證ノ一説ニ當社ヲ名祁伊豆伎命神社ニ當テタレ共是モ疑シ）初社背、山上ニ鎭座ス○延寳五年ノ上梁文ニ云大寳中行基菩薩來此境有巖鏡奇瑞號八幡大菩薩ト（○末社四、稲荷、山神、愛宕、摩利支天[増]百六十六坪官一）

萩原正平・萩原正夫『増訂豆州志稿』巻之九上・神祠三・賀茂郡（長倉書店刊）
○武峰權現（同村）[増]無格社武峰神社祭神多氣富許都久和氣命[増]式内多氣許都久和氣命神社也（前記）武峰山ノ半腹ニアリ武峰多氣夫ト訓ス即神名ノ遺レル也（隣地中村ニ御室神社アリ又本郷村一岩山ノ半腹ニ竹彦神社アリテ上梁文二御牟漏御所竹彦明神ト誌ス執レモ本社ノ分祠ニシテ武峰山頭ニ石祠アルヨリ本社ヲ御室ノ神又御牟漏御所ト稱ヘシナラム武彦ノ社號ハ神名ノ多祁富許ノ轉訛ナル可シ此二祠今至テ小祠ニシテ公簿ニ載セズ）當社ヲ原書式内竹麻神社三座ノ一ニ當テタルハ非也（前記）目下頗衰替ヲ極ム（○古キ上梁文夕クビス其ニ一伊豆國賀茂郡武山大權現者當村役行者勸請熊野山三所大權現トアリ永拾八年札二稻澤本獨岡之上爰第社壇號熊野權現蔵深既廢壞夏土職人稻鸞分厥舊跡奕然而當地爵主朝比奈悉妙抽願力再興トアリ[[増]熊野權現云々ハ佛役ニ依ノ附會セル也）後世山頭ニ石尊ヲ祀リテ末社トス伊豆納符[増]十坪民一）

萩原正平・萩原正夫『増訂豆州志稿』巻之九上・神祠三・賀茂郡（長倉書店刊）
○八幡宮（吉佐美村）[増]村社八幡神社祭神不詳、相殿三島神祭神阿波咩命ナル可シ○若宮ヲ配祀ス此神ハ源頼政石清水八幡宮ヲ勸請シテ地名ヲ改ム（事村里ノ部ニ出ヅ）若宮ハ舊多田美川ノ上三島ノ林中ニアリシヲ源三位此ニ遷スコレ若宮若宮ハ非ズ三島ノ社ニ從テ若宮ナル可シ寛永六年ノ札ニ日吉佐美郷清水谷村ト金皷ニ刻シテ

日奉吉佐美八幡源頼政治之ト此内ニ小鈴ト二寸許ノ金舌ヲ垂ル其舌ニ前中宮菖蒲ト鑴ス（又久壽元年八月賴政奉納ノ和歌トテ「神世ヨリ光ヲトメテ朝日ナル籤ノ宮ニウツル月影」「神サヒテアハレ幾世ニ成リヌラム浪ニ飄レタル朝日ノ宮」「カクテノミ止ム可キ物カ千早振士生ノ社ノ萬代フ見ム」「サリトテハ賴ゾカクル木綿襷我ハ朝日ノ神ト思ヘバ」「石清水流レノ末ヲウケツギテ今ハ吉佐美ノ神ニ仕フル」）［増］按ズルニ以上賴政ノ事附會ナル可シ（流寓部參觀）又金鼓ニ前中宮菖蒲ト鑴シタレ共菖蒲ハ中宮ニ非ズ（菖蒲ハ賴政ニ敗獻スル所ナリト云中宮下臣下ニ賜ヒタル例有ル可クモアラズ海若子日八幡ノ社守ル人ノ家ニ至ルニ主人ノハヤガテ身ヲ清メテヌリコメノ内ヨリ白木ノ箱トウデヾ文机ノ上ニ置キタリ。ウヤウヤシウ開キ見ルニ吉佐美八幡宮祭禮執行ノ文ニヒラ神前ニ奉レル歌十首ハタ里人ノ系圖カ今ニヒラ賴政此圖ニサスラヒ三年此里ニ住居セシ事ナドアリ。久壽元年九月源三位賴政ト自ラ書キ誌シタリ。又八幡宮ニ菖蒲ノ前ニ奉レル丸九寸程ナルバト小キ鰐口ノ表ニ奉古佐美八幡源賴政ト記シタルトヨリ穴エリアケテ鰐口ノ中ニイト小キ鈴釣下ゲタル舌ニ長一寸幅五分程ナル眞鍮ノ短冊ノ表ニ前中宮菖ノ方ニ菖蒲トエリツケタリ。ヨク見レバ鰐口ニ近キ頃ノ者也抑此ヨリ政ノ歌ドモアリ見ニナニト云意モワカス云々手ナトハ今ヤウトラムゲニ揃クト見ルホドヽニユカシサモ覺メツル心地ソセラル。文ト云モ總テ揃サ云ノ方ナシコハイツノ世ニ斯ル事ナシ置キケンイカナルシレモハワサニカト奧サメテ覚エタト）〇末社十二、祠域ノ經藏ニ大般若經等ノ殘本アリ（補宜進土氏）［増］相殿三島ノ社ハ式内竹麻神社三座ノ一ナル可シ（前記尚手石村月間神社ノ條參觀）此神ヲ從來十七番ノ御神ト稱ス按ズルニ神階帳賀茂郡神社ノ内月まの明神（即式内竹麻神社）ヲ三座ト數フル時ハ此神十七番ニ當レルニ因リテナラム又吉佐美ノ村名ニ后宮ノ略ニシテ此神三島大神ノ后神ナルヨリ起レルナル可シ古來字深田ニ鎭座セシヲ明治十一年合祀ス〇配祀白鬚（源賴政記アリ其略ニ日豆州十七番ノ御神、神尾山御倉山ノ麓多田美河ノ河上ニ座マスハ當郷朝日ノ里月吉村ノ土生大明神、人皇六代ニ當リテ奧津彦、奧津姫ニ等ト〔〔増〕賴政ノ事ニ云ルカ如シ）此神式社ナル可シ共祠典何レノ命ナルカ或云コレ多祁美加々命神社多田加波ト語相類シテ訛誤アルカト［〔増〕此説非也］三島明神トスルハ昔祠域ニ若宮祠アリ是レ三島明神ニ從ヒシ祀宮ナル故稱セシナラム。伊豆納符〔増〕六百八坪民一）

萩原正平・萩原正夫『増訂豆州志稿』巻之九下・神祠三・賀茂郡（長倉書店刊）
〇若宮八幡（湊村）［増］無格社若宮神社祭神物忌奈命ナル可シ相殿、山神、天神、辨天、稻荷、少童［増］式内竹麻神社三座ノーナル可シ（前記。尚手石村月間神社ノ條參觀）若宮ノ稱ハ三島大神第一王子物忌奈命ヲ祭ルヨリ起レルナラム〇弘治二年重修ノ事アリ其他ノ札讀ミ難シ（伊豆峯記ニ正八幡トス）［増］相殿五座ハ近年合祀ス（〇天満宮伊豆峯記ニ梅ノ宮ト云ニ上梁文皆磨滅ス［増］千三百十坪官一）

萩原正平・萩原正夫『増訂豆州志稿』巻之九上・神祠三・賀茂郡（長倉書店刊）
〇月間明神（手石村）［増］郷社（神祠社）月間神社祭神事代主神、相殿神明［増］式内竹麻神社三座ノ一也（前記）竹麻神社三座ハ初湊村月間ノ地ニ鎭座（湊、手石、二村ノ北二十町許、吉佐美、田午、青市、三村ニ接シタル地ニ在リキ）後、地理ノ變遷ニヨリテ三所ニ分祀ス其一ハ當社也其二ハ吉佐美村三島神社（現今八幡神社ノ相殿）ナル可シ又竹麻神社三座ノ祭神ハ事代主神、阿波咩命、物忌奈命ニシテ當社即事代主神、吉佐美村三島神社ハ阿波咩命、港村若宮神社物忌奈命ナル可シ（当社傳ニ云三島大神津島ヨリ當所勝天島ニ遷艤アリテ字笑戸ヨリ上陸當社ニ鎭座シ給フト）〇手石、湊、青市、舊一村也今仍三村ノ鎭守タリ湊村ニ月間ノ地名存ス古額二、共ニ正一位參島大明神ト刻ス又康永ノ上梁文（［増］康元元年十一月也）アレ共文字多ク減［増］康永二年沙門友柱ノ社領寄進狀、延德二年上梁文等尚存ス〇先年祠域ヨリ古佛武具等ヲ掘出ス此祠ハ三島大社ノ舊地ナリト（鏽取山田氏伊豆納符）［増］明治十六年郷社ニ加班ス相殿神明ハ日野ニアリシヲ明治八年合祀ス（〇神明、古社也寛永九年札ニ蒲谷郷手石村ト今湊村ニテ祭ル、伊豆納符）〇境内社一（水神［増］二千五百七坪官一）

萩原正平・萩原正夫『増訂豆州志稿』巻之十一上・佛利三・賀茂郡（長倉書店刊）
廢東光寺（同村下同鑾湯峰山）〇舊月間神社ニ隸ス今、藥師堂トナル（古佛アリ）

菅原久高『伊豆國九十二式社祭神記』（『全國神職會々報』第二十一號）
竹麻神社三座　三所に分祀す竹麻村手石鎭座郷社月間神社同村港鎭座無格社若宮神社朝日村吉佐美鎭座村社八幡神社相殿三島神社なり
　祭神　事代主神月間　物忌奈神若宮　阿波咩命三島

吉田東伍『増補大日本地名辭書』第五巻・１０６９頁
月間郷　和名抄、賀茂郡月間郷。〇今竹麻村并に朝日村なるべし、竹麻は即月間の訛にして、竹麻の祠の名のこす。
　延喜式竹麻神社、神階帳月間明神は今竹麻村の手石に存す。手石川は青野川とも云ひ、加茂郷の山間に發し東南流し、此にて海へ入る、其河口を小嶋とし、手石は其右岸、湊村は其左岸とす。
補［竹麻神社］〇増訂豆州志稿、式内、三座、今手石、湊村、吉佐美の三所に分祠す、手石を本所とすべし。

吉田東伍『増補大日本地名辭書』第五巻・１０６９頁
手石　今竹麻村と改む、加納へ一里、下田へ二里。〇増訂志稿云、手石湊に月間明神あり、古く嶼を鯉名と稱す。月間明神永正六年上梁文に「賀茂郡蒲谷郷、手石湊村」と、頼政記に青市村の次に手磯とあり、磯の字画多きを以て遂に石となす、村南即鯉名に在り、村南十余町に在り、石嶼は手石と湊、両村の間に当る、南は弁天島より東北身貴山下に至る二百歩、是を嶼ぐす、此より岸迄七十三歩、運船を繋る二十許艘、東南風に悪し、古代は手石川海に入る所より、北方二十余町、東西十数町の間入海也、海舶千艘を泊して余あり、東鑑「伊東祐親、爲属小松羽林、浮船伊豆國鯉名泊、擬廻海上」とある此也、陵谷変遷、今は数十頃の耕田となる、猶壠畝の間往々纜船石を見る、属里に鯉名の名を留め、東涯の村に湊の名存す、又村南十数町に弥陀窟あり。〇艮齋遊豆記勝云、手石村、南行半里、一山横截海中、所謂弥陀窟在焉、入山数百歩、滿山皆矗松、空翠染衣、俯視深谷、有巨窟、潮水捲雪、林下仏堂、置弥陀像三軀、俾童子為導、堂東崖路灣曲而下、則海澨大石犬牙相錯、仰視絶壁百余仭、峭削刻画詭怪百出、有窟曰盖穴、潮水噴薄、即向達于山後者、其東又巨窟寥然、高可二丈、広半之、童子云是弥陀窟也、棹小艇而入、凡十余歩、深黒不弁色、左右角齟齬、潮水盪激、倐見白光燿然現霊相、信為神異、自堂而西、危厳乱立、有穴、名塩吹。〇東遊記云、下田の西手石浦に奇異の岩窟あり、抑伊豆国は駿河と相摸二国にはさまり、箱根より南海中へ二十五里出張りたる国なり、故にいづるの詞を以て国号とすると、志摩国鳥羽の湊より此国下田の湊まで、七十五里の海を遠州灘と称して、日本第一の大洋とす。
補［弥陀窟］〇増訂豆州志稿、弥陀窟あり、或云、正保中蜑人鰒魚を探らんと、窟内に入る、忽ち光明の赫奕たるを見て、大に驚き出づ、それより遠近信じて之を拝すと。

郁岡良弼『日本地理志料』巻一三・伊豆国賀茂郡
月間　訓闕、按當讀云都久麻、神代紀、月讀神、萬葉集月夜、皆月爲都久、仁壽二年紀、有近江國筑摩神、

内膳司式、近江筑摩御厨、萬葉集作都久麻野、亦託馬野、信濃筑摩郡訓豆加萬、天武十一年紀、作束間、盖同語、藻類部引辨色立成云、江浦草、和名都久毛、一云多久萬毛、本草和名同訓、多久萬毛即月間藻、而都久毛其急呼、本郷瀬海、豈取土宜邪、」神名式、賀茂郡竹麻神社三座、神階帳作月末明神、在湊村月間山、今分祀其二座于手石吉佐美二村、在湊稱若宮、在手石稱月間明神、在吉佐美稱三島明神、豆州志云、月間方廢、湊村有月間地、是名之遺也、按圖亘湊、手石、下流、大津、長津呂、中木、入間、吉佐美、田牛諸邑、其故區也、」月間社永正六年梁牌、蒲谷郷手石湊村、賴政記作手磯戸、有小稲地、東鑑所謂鯉名泊即此、長津呂亦見東鑑、王子社慶長十七年文書作長鶴、伊波例命神社在此、稱石廊權現、吉佐美、盖蚶海之義、初日朝日里、源賴政謫居于此、更今名云、三島大社曆應應永文書、有蒲谷御厨内田牛村、牛字濁讀宇自、播磨牛鹿邑、亦同、

賀茂郡役所編『静岡県南豆風土誌』２９３～２９５頁（長倉書店刊）
云々、今賀茂郡四十六座の内より海島鎭座二十四座を減じ、又那賀郡二十二座の内より土肥以北井田に至る八座を除く時は、今日の賀茂郡は正に三十六座の式内社を算すべきなり。然れども伊豆三島神社は、上古鎭座の本域、賀茂郡三島 和名抄所載郷名、即海島の總稱にして、其の本島は今の三宅島なり。なりしが、中世同郡大社郷 和名抄所載。今の白濱村伊古奈比咩命神社の地なり。に遷座し、後又今の田方郡三島町に遷祀せられたりと云ふ（伊豆國式社畧）を以て、更に大神の一座を除きて、茲に三十五座を得と謂ふべし。今左に増訂豆州志稿卷八上によりて之を舉げむ。同書に云はく、式内社を記すに「也」といふは疑ひなきもの、「なるべし」といふは略證蹟あるもの、「ならむ乎」といふは、信疑相半するものに用ふと。
　　　云々
　　　　　　　　其一　同郡手石村（今竹麻村）月間神社也。
竹麻神社三座　其二　同郡吉佐美村（今田日村）三島神社なるべし。
　　　　　　　　其三　同郡港村（今竹麻村）若宮神社なるべし。

賀茂郡役所編『静岡県南豆風土誌』５９８頁・稲生澤村（長倉書店刊）
竹麻神社　本郷－無格社－祭神、たふたまつとの明神○舊稱八幡宮。所在地の字を高馬（タコーマと發音す）。といふは「たふたま」の轉訛か。又「つと」は津戸の義なるべし。神階帳に正五位上とあり。或は當社を式内竹麻神社三座の一とし、又は同多祁伊志豆伎命神社にあるるはいかゞ。○延寶五年再建○群書類從本伊豆神階帳には、正五位上たふこまつの明神とあり。

賀茂郡役所編『静岡県南豆風土誌』６３３頁・竹麻村（長倉書店刊）
月間神社　手石－郷社兼村社－祭神、事代主命○式内竹麻神社三座の一なり。竹麻神社二座は初め湊區字月間とて、今の湊手石より二十町許化の地に鎭座せしを、地理の變遷によりて、祭神の一座事代主命をこにとめ、阿波咩命を吉佐美なる八幡神社の相殿三島神社とし、物忌奈命を湊區なる若宮と祀りしなるべし。又富社の傳によれば三島大神神津島より富所辨天島に渡り、字笑戸より上陸して當社に鎭座せりと。（註）月間は吉佐美・田牛・青市に接したる處なり。又富社の勸請を嘉祥三年とする説あり。

賀茂郡役所編『静岡県南豆風土誌』６３３頁・竹麻村（長倉書店刊）
若宮神社　湊－無格社－祭神、物忌奈命○式内竹麻神社の一座なるべし。物忌奈命は事代主命の子。此社弘治重修。

足立鍬太郎『南豆神祇誌』１０～１３頁（静岡縣賀茂郡神職會）
　前記天長九年三嶋神伊古奈比咩神二前の神功は、現白濱神社々域の成立を語るものと認められて、其の二院相對の制は、近く寛保元年改造の前まで存せられて居た。此の二神は元來三宅島に鎭り給ひしが、予が憶測にして違はずんば、桓武天皇延暦十九年の富士山大噴火の影響を受けて、己むを得ず内地に遷徙し給うたのであらう。然るに仁明天皇の時に至りて、承和七年九月乙未 二十三日伊豆國言。賀茂郡有造作島。本名上津島。此島坐阿波神。是三嶋大社本后也。又坐物忌奈乃命。即前社御子也。新作宮四院。石室二間。闇室十三基。中間約五百字省略 去承和五年七月七日出火。上津島左右海中。燒炎如野火。十二童子相接取炬。下海附火。諸童子履潮如地入地如水。震上大石。以火燒摧。炎煬達天。其狀朦朧。所々歛飛。其間經旬。雨灰滿部。仍召集諸祝刀禰等卜求其祟。云。阿波神者三嶋大社本后。五子相生。而後后授賜冠位。我本后未預其色。因茲我殊示怪異。將預冠位。若禰宜祝等不申此祟者。出歛火將亡禰宜等。國郡司不勞者。將亡國郡司。若成我所欲者。天下國郡平安。令産業豊登。今年七月十二日眺望彼雲島。烟覆四面都不見。漸比天近。雲霧霽朗。神作院岳等之類。露見其貌。斯乃神明之所感也。續日本紀九と いふことがある。曩に承和三年十一月丙寅朔。勅。護持神道。不如一乘之力。轉禍作福。亦憑修善之功。宜遣五畿七道僧各一口。毎國内名神社。令讀法華經一部。國司檢校。務存潔信。必期靈驗。全上五とあれば、今溶岩が盛に海中に流入するを形容し、大森博士薬師十二神將を象った十二童子に、法華經所莊嚴妙王本事品又賢愚經にもなる入地如水履水如地の文を附會するも怪しむに足らないが、一方又、此の三年越の大噴火に島の地貌の劇變したのを目撃し、且は神託の猛烈なるに驚いた、新任國守外從五位下高原王 此年正月任命された國守外從五位下飯高宿禰常比善が病の爲に退いたので三月高原王が任命されたのであらうが、周章してかく長々しい解を上つたのである。されど此の裏面には、八年前に三宅神族が冠位＝從五位下を贏ち得たのを嫉視して、之に對抗すべく他神族が活動したとは解されないであらうか。今少し明にいはゞ、阿波神 阿波國齋部の祖天日鷲命の長女に饗當すや物忌奈命は阿波の齋部族が齋きまつる神であって、文學博士久米邦武氏 そを彼等 か゛ 安房に植民する途中の要港にして、賀茂郡家の附近神津島 上津島對岸なる鯉名嶼頭 今竹麻村に祭ったのを、郡司巫祝や別當様の僧侶 大和國大安寺の支院石門寺は後世まで竹麻神社に奉仕して居た等が相謀り、密敎々理を應用して土地第一の靈神たる三嶋神の正妻嫡子に擬し、以て巧に機會を利用したのであるまいか。是れ今も神津島には 定物忌奈長濱阿波兩明神 鯉名より渡來の説を傳へ、竹麻には三嶋明神 神津島より渡來の説を傳へる所以、將た延喜式に竹麻神社三座 一座は三嶋神とある所以であらう。萩原正平の竹麻神社三座配當説は首肯し難い

足立鍬太郎『南豆神祇誌』２４頁（静岡縣賀茂郡神職會）
　賀茂郡家は、今の南中村下賀茂字九條であったと考へられる。現に九條と書きながらグヂョウと呼ぶは、郡廳の音を傳へたのである。其の附近にミヤケドと呼ぶ所があるは、屯倉の所在地であったらう。地は恰も加畑と久田との中間で、到る處に温泉がある。そして南には鯉名の大港 竹麻村手石礁を控へ、西は妻良の津に通じて、海島へも上國へも交通の便が多い。後に其の東に蒲谷御厨が置かれた。竹麻神社や石門寺も勿論其の附近にある。

足立鍬太郎『南豆神祇誌』２８～２９頁（静岡縣賀茂郡神職會）
　次にアイヌ語Ｔｏは沼で、Ｍａは河或は海につゞく沼湖をいふが、Ｍａｔｏといふと沼湖の口である。賀茂郡内に松尾と書いてマトーと訓ませて居るのが、岩科村岩地・南中村二條・稲生澤村河内にある。今はいづれも河岸か迫って狭い口になっている。其他朝日村田牛に間戸、城東村奈良本に間門、濱崎村柹崎に間戸ケ濱がある。駿河沼津の附近の間門は、今マカドと呼んで居るけれども、曾てはマトといはなかったか。曲亭馬琴の殺生石後日怪談四篇には西眞戸とあるこれは實にＭａｔｏの絶好標本である。次にＴｏの複数は之を重ねてＴｏｔｏであらはし、又濁ってドドと呼ぶ。これが國内處々にある百々といふ地名の語源で、引いてドードーともいふ。竹麻村靑市に、堂道と書いてドードーと呼ぶは、即ち石門寺の舊址の入口と認むべき處で、其の集塊岩の門状をなせる内に、二つの沼があったと考られる。此のＴｏｔｏをＭａｔｏに冠してＴｏｔｏ－ｍａｔｏと呼ぶと、二つ以上の沼が口を開く地名となる。康永二年の奥書ある伊豆國神階帳に、正五位上たうたまつとの明神とあるは、トートーマ〻の明神で、正に稲生澤村本郷高馬明神所在地附近の地勢とすっくり合ふ。此點よりすれば、伴信友が高馬を月間と考へて、此の明神を式竹麻神社の一座に宛てたのは誤である。

足立鍬太郎『南豆神祇誌』３１頁（静岡縣賀茂郡神職會）
　次にＫｉｓａは木片を揉みて火を取る事、Ｎｏｍｉは祈る事、即ちＫｉｓａ－ｍｏｍｉは神聖なる木火をつくって神に祈る處といふが朝日村吉佐美で、今も火を焚いて島々の神を祭る風と適合はすまいか。それを后宮だと解して、強ひて竹麻神社の一座をこゝの三島神社に擬したのは、萩原正平の誤であらう。尚ほ田方郡の久寢はＫｕｓｕｒ－ｍｏｉ＝温泉ある灣宇佐美はＵｓｕ－ｍｏｉ＝附近に家ある灣で、吉佐美とは語源が異なって居る。

足立鍬太郎『南豆神祇誌』３７～４１頁（静岡縣賀茂郡神職會）
　延喜式卷九に載せた伊豆國神名帳は次の如くである。但所在地は萩原正平著伊豆國式社考略に私考を加へて註記す。
　　　　伊豆國九十二座　　大五座小八十七座
　　　　　賀茂郡四十六座　　大四座小四十二座
　　　　　　云々
　　　　　　竹麻神社三座　　　　　　　　　　　竹麻村
　　　　　　云々

足立鍬太郎『南豆神祇誌』７５～８１頁（静岡縣賀茂郡神職會）
　伊豆國神階帳は、群書類從二三に、康永二年辛亥(興國四年)十二月廿五日在廳判の奥書あるものを、在廳伊達某藏本から寫して收めてある。伊達家に現藏するものは鳥子紙二枚續にて後世の寫本である即ち尾張のより二十年許前のものである。在廳とは、中古國衙の廳にあり、國司の命を奉じて事務を行ふ下司であったが、多くは世職だから其の稱呼を傳へて居たのだ。先づ左に其の全文を掲げよう。
伊豆國神階帳　　式社の配當は萩原正平の意見に據る
　　伊豆國三ケ郡神明帳事
　　正一位三島大明神
　　　云々
　　　　那賀郡貳拾四所
　　　云々
　　　　賀茂郡三十七所
　　　云々
　　　　從四位上月まの明神　　竹麻神社(三座)
　　　云々

足立鍬太郎『南豆神祇誌』９４～９５頁（静岡縣賀茂郡神職會）
　治承四年八月、源頼朝以仁王の令旨を奉じて蛭ケ島に起り、十七日先づ目代山木判官平兼隆を襲殺した。然るに兼隆の族史大夫從五位下にして前太政官左大史であった者稱平知親蒲谷御厨を支配し、平居非法を行ひ土民を悩すを以て、十九日以仁王の令旨と矯り、藤原邦道に奉行させて之を停止したことが、吾妻鑑に見えて居る。此の文書に關する議論は別として、御厨は、今の賀茂郡竹麻村靑市から朝日村田牛へかけた伊勢外宮の神領で、神鳳抄に鍬五十勺雜用百匁三十丁小と見えて居り、厨司の遺址も長者屋敷と稱し、又鍬鍛冶の子孫も、蒲谷といふ知名も共に遺存して居る。此の御厨に奉祭した神明宮は、手石川の左岸、今字揚水場の南にあったのを、後竹麻神社に併祀された。蒲谷は郷名として手石邊にも冠せられて居る此神明宮は平安末より存して居た筈である。社址の附近手石正善寺に傳來する胎藏界大日如來像(鎌倉末期)は、或は此の神明宮の本地佛かと考へられる。胎内に鏡があった。

足立鍬太郎『南豆神祇誌』１７５～１８０頁（静岡縣賀茂郡神職會）
　　　　第二十一章　稲生澤村
云々
竹麻神社
　所在　　本郷字高馬タコーマと訓む
　祭神　　たふたまつとの明神
　創立　　延寶五年　再建
　社格　　無格社
　境内　　一六六坪　官一
　神階帳たふたまつと語源の説明に第四章にあるの明神である。高馬の文字に拘泥して式竹麻神社の一座とするは誤だ。

足立鍬太郎『南豆神祇誌』１９６～１９８頁（静岡県賀茂郡神職會）
　　　　第二十六章　竹麻村
月間神社

```
所在　手石字宮ノ前
祭神　事代主命　阿波命　物忌奈命　相殿蒲屋御厨鎭守
創立　嘉祥年間
社格　郷社　式内（三座）
境内　二、一一七坪　官一
```
　承和五年より同七年の間に、神津島の噴火があったので、伊豆國守高原王、阿波命神託を奏して冠位を請うたから、乃ち造島の靈驗によりて、阿波命・物忌奈命に從五位下を奉授され、嘉祥三年には官社に列せられ、後其の遙拝所を鯉名夒頭に造營されたのが本社であらう。地は郡の要樞を占め、賀茂郡家後には蒲屋厨司にもに近く、又大和大安寺の支院石門寺が、大寺と稱して後見の地位にあった爲か、比較的威望があったやうだ。彼の大治五年伊豆守大江通國が、旱霖調節を祈る爲に伊豆神に奉った大般若經の如きも、石門寺に置かれたのを、今其の後身なる修福寺に五百廿二巻他に後補十七巻を傳來し、大正八年國寶に指定された。本社に康永元年の棟札の存することは第九章で述べたが、其の修理執行の辨寶は、正和四年に此經の第一回修補をした僧である。尚ほ永正十六年の棟札がある。これには正壹位參島大明神と記名されて居る。彼の萩原正平の祭神三座別社の論は肯ひ難いが、後に若宮だけを或は湊に分祀したかも知れぬ。こは手石・湊と漸く分離した爲であらう。

静岡縣『旧版　静岡縣史』第三巻・７１１〜７１９頁（名著出版刊）
【賀茂郡四十六座大四座小冊二座】
云々
（竹麻神社三座）
　一座は賀茂郡朝日村吉佐見の三島神社か。
　一座は賀茂郡竹麻村湊の若宮神社か。
　一座は同村手石の月間神社。原祭神は事代主命。
云々

静岡県郷土研究協会『静岡県神社志』第三篇（日本仏書センター）
郷社　月間神社
　　　賀茂郡竹麻村手石字宮ノ前鎮座
云々
　祭神　事代主命
　　　　相殿　天照皇大神
　例祭日　十一月二日
　由緒　往古は一社にて竹麻神社と称し、旧湊村月間に鎮座ありしを、地理の変遷に因りて三所に分祀す、即ち一は当社にして、他は湊鎮座若宮八幡（祭神物忌名神）と、吉佐美（現朝日村の大字）鎮座三島明神（祭神阿波咩命）なりと伝う、創建は文徳天皇嘉祥三年と社記に見ゆるも、実は詳かならず、延喜式神名帳賀茂郡竹麻神社三座とあり、神階帳には従四位上月まの明神と見えたるは当社であろう。古来手石、湊、青市三村の鎮守にて、村人は三島大社の旧地なりと云う由豆州志稿に見ゆ、治承元年源氏追討祈願に依りて正一位三島大明神と称せられたという。社蔵の古額に正一位三島大明神と刻るものがある。康永元年十一月（後北上天皇興国三年）の僧棟札、後土御門天皇延徳二年の棟札等を蔵す。又曩年祠域より古仏武具等を発掘せしことあり、明治六年九月村社に列せられ同十六年十二月十四日郷社に昇格、大正十年六月八日神饌幣帛料供進社に指定せらる。
云々

静岡県郷土研究協会『静岡県神社志』第三篇（日本仏書センター刊）
無格社　若宮神社
　祭神　物忌奈命
　　　　賀茂郡竹麻村湊字森鎮座
云々
　祭神　物忌奈命
　　　　相殿五座　大山祇命　市杵島姫命　倉稲魂命　菅原道真　少童命
　例祭日　十一月二日
　由緒　物忌奈神は三島大神の御子神である。延喜式神名帳賀茂郡竹間麻神社三座の中の一座なるべしという、分祀の年代不詳（因に云、この社のこと、竹麻村月間神社の由緒中に記す）慶長十四年四年七月再建の由伝う。
云々

静岡県郷土研究協会『静岡県神社志』第三篇（日本仏書センター刊）
村社　三島神社
　　　賀茂郡竹麻村青市字松場鎮座
云々
　祭神　事代主神
　例祭日　十一月二日
　由緒　詳ならざれども、延喜式神名帳賀茂郡竹麻神社三座とあるを、三所に分祀したる中の一社ならむも知れずという。たゞ後小松天皇応永二十七年社殿改築の由を伝えるのみ。明治六年九月村社に列す。
云々

加毛神社

『特選神名牒』３１８頁
加毛神社二座稱加畑加茂神(明細帳加畑加茂神社)
　　祭神
　　祭日　十月十九日
　　社格　下加茂村　郷社　(郷社)
　　所在　(賀茂郡南中村大字下賀茂)　賀茂郷下賀茂村加納村
　　　今按式社攷證に一座は下賀茂村鎭座加畑明神と稱す豆志に云加畑は社邊の地名是加茂神社二座の一也今
　　に加茂明神とも稱へり云々一座は同郡加納村三島神社ならむか其は豆志三島明神加納これ大祠にして加納
　　二條石井三村の鎭守也云々上下賀茂村とは最近く地を接したる所にして舊同郷なること著く村里を分し
　　時遷祀れる事月間明神と同例とみえたるが如くなるべし

度會延經『神名帳考證』(『神祇全書』第一輯)
○加毛神社二座　彦坐命　在下上、去三島南十七里、姓氏錄云、鴨君、日下部宿禰同祖彦坐命之後也、續日
本紀云、天平十四年四月甲甲賜日下部眞○眞恐直誤益人伊豆國造、伊豆直姓

伴信友『神名帳考證』(『伴信友全集』第一)
加茂神社二座
○茂印本作毛在下上曰三島南十七里[姓氏]鴨君日下部宿禰同祖彦坐命之後也[續紀]天平十四年四月甲申賜從
五位下日下部直益久伊豆國造伊豆直姓[志]一座當郡下賀茂村賀茂磯明神賀茂磯トイフ處ニ坐ス大山祇命ヲ祀
ルトミユ一座ハ社邊加畑ノ地ニ加畑明神アリコレ也ト云

伴信友『神名帳考』(『神道大系』古典註釋編七・延喜式神名帳註釋)
加毛神社二座
○在下・上云、三嶋南十七里、○姓氏錄、鴨君、日下部宿禰同祖、彦坐命之後也、○續日本紀、天平十四年、
賜日下部直益人、伊豆國造伊豆直姓、△志ニ、＼坐當郡下賀茂村賀茂磯明神、賀茂磯トイフ處ニ坐、大山
祇ヲ祀ルトミユ、＼一坐ハ社邊、加畑ノ地ニ加畑明神アリ、コレ也ト云、
　１(頭註)本圖云、上賀茂村・下賀茂村

鈴鹿連胤『神社覈錄』(井上賴圀・佐伯有義校訂『神社覈錄』下編)
加毛神社二座
　加毛は假字也、和名鈔、鄕名部賀茂、○祭神詳ならず○二座各々に在す、一座は賀茂郡下賀茂村賀茂磯に在
　す、今賀茂磯明神と稱す、大山祇命を祭る、一座は社邊加畑に在す、今加畑明神と稱す、志例祭
　　　國圖に、上賀茂下賀茂兩村に在すとあり、
　　　　類社
　　山城國愛宕郡賀茂別雷神社の條見合すべし
　　　　神位
　　國内神階記云、從四位上賀茂の明神、

栗田寛『神祇志料』第十二卷
加茂神社二座、今其一は下賀茂村の賀茂磯にありて、賀茂磯明神といふ。一は社邊の加畑にあり、加畑明神
と云。豆州志

『大日本史』[九]・志一・卷二百五十五
加毛神社二座、○一座今在下賀茂村、稱加畑明神、一座不詳、或云、在村中加茂磯地、祀三島大神及溝樴姬命、社傳○神明帳爲從四位上

『大日本史』[十一]・志三・卷二百九十三
賀茂、○今上下賀茂、及大加茂村、在郡西南、古郡家在此、和名鈔大意有加毛社、延喜式手石川、豆州志

竹村茂雄『伊豆國式社考』(『神祇全書』第四輯)
加毛神社二座　一座下賀茂村、志一座加畑明神と志にあり、いかゞあらん、

斎田茂先・山本忠英『掛川志稿』伊豆卷 (郷土新聞社刊)
加茂郡
上加茂下加茂の二村あり、是則延喜式の加茂神社にして、古へ加茂郷の名存せり、郡の名此に起る、和名抄
加茂郡五郷、加茂、月間、三島、大社、河津

斎田茂先・山本忠英『掛川志稿』伊豆卷 (郷土新聞社刊)
加茂郷　加茂村上下二村有て、式内加茂神社あり加茂郷の名存せり、

德川義直『神祇寶典』卷五・伊豆 (『神祇全書』第貳輯)
加毛神社二座
　大和國葛上郡鴨社同體、事代主神也、
　事代主神事、見于宮中八神殿之下、

萩原正平『伊豆國式社攷略』(静岡縣立中央圖書館所藏)
加毛神社二座
　加茂の明神神階帳また分祀せり其一座は同郡下賀茂村鎭座舊稱加畑明神是なり國圖國志攷證註進特選其二座は同郡加納
　村三島神社なるべし攷證の一議註進特選續攷此他数說あれど准據正しからざれば記し出でず

萩原正平・萩原正夫『増訂豆州志稿』卷之一・郡郷（長倉書店刊）
○賀茂今、上下二村存ス（[増]延喜式、加毛神社、神名帳、賀茂明神、北條氏文書賀茂郷見ユ）蛇石ニ至ル迄拾六村大約此郷ナリ（[増]竹村茂雄考曰長鶴ヨリ此所ノ川ノ邊マデヲ總テ云ルナルベシト今按ルニ長鶴邊ハ八月間賀茂何ニ屬シナラム確ニ考フベカラズ。）

萩原正平・萩原正夫『増訂豆州志稿』卷之三上・町村三（長倉書店刊）
○加納村（[増]東下賀茂村十六町三十二間、南長津呂村一里二十町四十間、北石井村十六町二十六間）[増]貳拾里廿六町拾壹間（[増]三里四町三十一間）[増]税祠簿かのうト（慶長三年ノ檢地帳アレドﾞ表書ヲ失ス）○二條、石井ト三村三島明神ヲ共祀ス水帳モ一本ナリ（加納古名日ノ出里久壽中叶ト改ム後今ノ字ヲ用ウ見舊記○屬里泉[増]順行記、泉、小山、矢崎、森、杉田ノ小名ア矢崎ノ鑛泉、宿崎ニ古ト記セリ）
○田額五百拾石五斗四合内（新田十三石二斗九升）[増]反別五百貳町一反七畝八歩内（田三十二町二十二歩、畑十五町七反一畝十六歩、宅地三町七反五畝二十三歩、山林五六十町一反五畝、原野二百八十町五反二畝八歩）[増]地價金貳萬四千四百四十七圓廿七錢九厘[増]地租金六百壹圓拾九錢九厘[増]社一（村）寺一（禰）郵便局一（兼貯金額）[増]戸現住百六現在百拾[増]口本籍五百拾九（男二百五十一、女二百六十八）現住五百三（男二百三十四、女二百六十九）

萩原正平・萩原正夫『増訂豆州志稿』卷之三上・町村三（長倉書店刊）
○下賀茂村（[増]東手石村二十五町二十間、西入間村三十五町五十間二尺、南長津呂村一里十八町一間四尺、北蠛ガ野村十八町三十間三尺）[増]貳拾里九町三十八間（[増]貳里二十三町五十八間）[増]和名鈔賀茂郷ヲ載ス（延喜式、加毛神社二座神名帳、賀茂ノ名帖ト即本村鎭座加畑神社、其一座ニシテ今二社ニ列セリ此邊賀茂郷中ノ首村ナラム天文ノ文書、賀茂郷寛永ノ文書、加茂社元祿圖古ハ加茂社正徳五年官寄帳賞郡下賀茂トミエタリ○一条ト上賀茂皆一村也古水帳ニ見ユ舊記ニ據ルニ昔ノ賀茂郷名ノ時ハ村名日詰ト云今、日詰ノ地名存ス木ノ宮萬治、元祿ノ上梁文ニ賀茂郡日■村トアリ■ノ字體辨ジ難ㇰ盖ツメ、ト訓ム九条三条三宅殿加畑等又近大邊邊ニ一條二條五條、藤原、蘆屋里ナドノ地名アルハ昔ノ流人都ユカシク名ヅケシニヤ[増]鑛泉ニ日大湯、日正湯、鑛泉志ニ云青野川ニ沿ヒ數所ニ涌出シニ湯ヲ其最トナス而シテ大湯ハ川岸土礫ノ中ヨリ發シ正湯ハ山麓ノ田畔ニ出ヅ道路便ナラズト物産石材アリ）
○田額四百四十七石壹斗八合内（新田三石八斗四升五合）[増]反別貳百九拾七町九反四畝廿八歩内（田三十五町九反二十二歩、畑七町四畝四歩、宅地三町九反一畝歩、山林五六十四町八反三畝二十八歩、原野八十六町二反二畝二十六歩、鑛地七歩）[増]地價金貳萬六千百四十三圓五拾三錢七厘[増]地租金六百五十三圓五拾八錢九厘[増]社二（郷一禰一）寺二（禰）巡査駐在所一[増]戸現住百九現在同上[増]口本籍五百五十九（男二百八十二、女二百七十七）現住五百四拾八（男二百七十二、女二百七十六）

萩原正平・萩原正夫『増訂豆州志稿』卷之八上・式内神社考並神階帳考緒言（長倉書店刊）
○加毛神社二座[増]神階帳從四位上加茂の明神[増]亦分祀セリ其一ハ同郡下賀茂村加畑賀茂神社也其二ハ加納村三島神社ナル可シ○在下賀茂村一座ハ賀茂磯明神、加茂磯ト云處ニ座ス（[増]今鷲森神社トス）一座ハ加畑明神、加畑ハ社邊ノ地名[増]ナホ國圖ニハ一座ヲ上賀茂村ニ載ス。

萩原正平・萩原正夫『増訂豆州志稿』卷之九上・神祠三・賀茂郡（長倉書店刊）
○三島明神（同村）[増]村社三島神社祭神溝神姫命ナル可シ[増]式内加毛神社二座ノ一座ナル可シ（前記尚下賀茂村加畑賀茂神社ノ條參觀）今二條ノ村社タリ○コレ大祠ニシテ加納、二條、石井、三村ノ鎭守也慶長二年ノ札ニ云川津荘二條村鈴木主水ト（此後孫今ニ奉祀セリ。伊豆納符）[増]境内社一（田村社[増]石井村ヨリ遷祀ス[増]三百四十九坪官一）

萩原正平・萩原正夫『増訂豆州志稿』卷之九上・神祠三・賀茂郡（長倉書店刊）
○田村明神（上賀茂村）[増]村社田村賀茂神社祭神不詳[増]初字小島ニ鎭座、文祿中現地ニ遷ス（正保二年札アリ）國圖ニ當社アヲ式内加毛神社二座ノ一ニ當テタレ共諾ヒ難シ○古祠也神像正ハ大山祇神ノ如シ又祠外ニ藥師アレバ必三島明神ナル可シ或ハ云坂上田村麻六世ノ孫小林平馬正廣ト云者吉佐美村ニ流寓ス既ニシテ此ニ移居ス因テ田村將軍ノ祠ヲ立ツ其後裔田村氏今尚祠事ヲ掌ルト（伊豆納符）[増]境内社二（八雲八幡[増]四百四十五坪民一）

萩原正平・萩原正夫『増訂豆州志稿』卷之九上・神祠三・賀茂郡（長倉書店刊）
○加畑明神（下賀茂村）[増]郷社（兼村社）加畑賀茂神社祭神事代主神ナル可シ[増]式内加毛神社二座ノ一座也（前記）此地和名鈔所載賀茂郷ノ首村ニシテ初加毛神社二座茲ニ鎭座セシヲ後分郷ノ時一座ヲ加納村ニ遷祀セルナラム又加毛神社二座ノ祭神ハ事代主神溝神姫命ニシテ當社ハ即事主代主神、加納村三島神社ハ溝神姫命ナル可シ（溝機姫命ノ事田方郡田京賀津神社ノ條參觀）當社傳ニ別雷神ヲ祀ルト云ルハ賀茂ノ稱ヨリ附會セル也（傳云往古三島大神神集島ヨリ此地一移リ後稻生澤郷武山權現ヨリ古内左内ノ兩神迎義シ乃先導シテ田方郡深津一到リ更ニ三島一遷座シ賜フト柿崎村ニモ鷲祠キ古傳アリ又加納村三島神社ノ傳ニ云三島大神溝機姫命卿船一テ妻浦港二着御［妻浦村ニモ此傳アリ］次デ此地一啓行シ後三島一遷座シ賜フト）從來上賀茂、下賀茂、一條、三村ノ總社ト稱ス（弘治慶長等札アリ延寶五年ノ札ニ大願主從六位今村傳三郎正成ト詰ス○伯ノ古樹圓二丈許）[増]別殿二（王子濱川）[増]末社十二（○若宮八幡神戸大社、日ケ原來宮、大浦八幡屋久氏社、馬込山王社、鷲森社、篠原田村社、石楠船社、天馬駒聖天社、王子稲荷社、篠原姫宮、[増]以上上賀茂、下賀茂、一條、三村内二散在ス[増]四百七十四坪官一）

萩原正平・萩原正夫『増訂豆州志稿』卷之九上・神祠三・賀茂郡（長倉書店刊）
○鷲森神社（在三條○賀茂磯明神）[増]原書ニ式内加毛神社二座ノ一座ニ當テタリ（前記）○明曆二年ノ札ニ賀茂磯明神、其外藥師佛トアリ祠内ニ古鏡、五輪塔等ヲ納ム（鑰取小島氏伊豆納符）

菅原久高『伊豆國九十二式社祭神記』（『全國神職會々報』第二十一號）
加毛神社二座　二所に分祀す南中村下賀茂鎭座郷社加畑賀茂神社同村加納鎭座村社三島神社なり
　　祭神　事代主命 加畑賀茂　溝機姫命 三島

吉田東伍『増補大日本地名辞書』第五卷・１０６８頁
　加納　同上加茂、下加茂、一条、二条などと併せ、南中村と云ふ。小野の東にして、同一山谷の間とす、加
　　納より下田まで三里。○○下加茂には式内加毛神社あり、又塩類泉あり、数所に湧出すれども、其二所は
　　浴場の設備をなす、一は温百四十八度、一は温九十度。○上加茂の凝灰岩は、俗に伊豆の加茂石と称する
　　者の上品にして、硯を造るべし、其色淡紫にして、微に青色を含み、細紋あり。
　補[賀茂]○増訂豆州志稿、下加茂村は延喜式加茂神社二座と。即ち本村鎭座加畑神社にして、今に郷社に列
　　せり、此辺賀茂郷中の首村ならむ。鉱泉二、曰大湯、曰正湯。鉱泉志に云ふ、青野川に沿ひ数所に湧出し、
　　二湯を其最となす。而して大湯は川岸土礫の中より発し、正湯は山麓の田畔に出づ、道路便ならず、塩類
　　性。○一色村姫宮神社は、式内伊波姫の祠なるべし。

郁岡良弼『日本地理志料』巻十三・伊豆国賀茂郡
賀茂郡　訓闕、按依淡路賀茂郷例、當讀云加毛、參河美濃佐渡播磨安藝有賀茂郡、名義見山城賀茂郷疏證、」神名式、賀茂郡加毛神社二座、今在賀茂村、祀事代主命、溝樴姫命、郡名盖取社號也、姓氏錄、鴨君、與日下部同系、天平十四年紀、賜日下部直益人姓伊豆國造伊豆直、鴨者賀茂也、不知涉否、元祿郷帳作加茂、今用賀字、塚本氏曰、賀茂郡、後併田方郡三郷、及那賀郡一郷、疆域殆占一州之半、」按本郡、東南臨大海、大島八丈群島皆屬之、西至那賀田方二郡、北至相摸足下郡、管郷五、盖下郡也、近古私曰楠木郡、曰河津、仁科、葛見莊、曰賀茂、稲梓、相玉、田牛、小野、岩殿、新須、白田諸莊、今領村百二十、郡治在下田村、

郁岡良弼『日本地理志料』巻十三・伊豆国賀茂郡
賀茂　訓義見上、即加毛神社所在、而郡家在焉、豆州志云、賀茂郷廢、賀茂村存、按圖亘上賀茂、下賀茂、青市、大賀茂、一條、二條、加納、石井、岩殿、毛倉野、上小野、下小野、青野諸邑、盖其治也、」祀典所云、加毛神社、在下賀茂、稱加畑明神、阿米都加多比咩命神社、在下小野村、伊波氏別命神社、在岩殿村、三島大社文永應永古文書、有仁科莊小野郷岩殿郷、秋山氏曰、天平十三年紀、流小野東人於伊豆、盖居小野耶、州有九條、三條、三宅殿、加畑、一條、二條、五條、藤原、葦屋等邑、皆摺紳謫居之阯也、大賀茂、頼政記作尾加茂、青市、舊名蒲谷、神鳳抄伊豆國蒲谷御厨、東鑑作蒲屋御厨、三島大社文永七年文書作蒲原誤、同應永七年梁牌、有蒲屋郷青市村、加納、古名、日出里、久壽中改叶、後用今字、

賀茂郡役所編『静岡県南豆風土誌』９２～９３頁（長倉書店刊）
　延喜式卷九神名帳上、伊豆國賀茂郡四十六座の最末に加毛神社二座を掲げたるを、豆州志稿の増訂社萩原正平氏は、南中村大字下賀茂なる加畑神社郷社兼村社と同村大字加納なる三島神社村社とを以てこれに擬し、甲を事代主尊を祀るものとし、乙を溝樴姫命を齋くものとし、初はいづれも賀茂郷にありけむを、後分郷の際に一座を加納に遷しゝなるべく又神社所在地なる上・下賀茂は和名抄所載賀茂郷の首村なりけむと述べ、加畑神社傳に別雷神を祭るといへるは名によりて附會せるなりと論じ、更に割註に於て、加畑神社社傳に、往古三島大神神集島より此地に移り、地神の先導によりて田方郡深澤に到り、更に三島に遷座し給きとあると、三島神社加納社傳に、事代主尊・溝樴姫命と船にて妻浦今妻良に着し、次で此の地に啓行し、後、三島に遷座し給ひき妻良にも此傳ありとあるとを附記せり。想ふに所傳の如く事代主神が眷屬を率ゐて荒く遙けき浪路をおはしならば、神船妻浦に泊てむは地理上自らの順序にして、やがて船など繕はせ給はむあひだ、僅かに一里餘を距てたる、山青く水清く、しかも土地廣くして温泉さへ混々たる青野河口にいでまし、更に古き鯉名奧などみそなはして、如何なる神慮をか運し給ひけむ。かくて神裔此の由緒ある地に留りて、祖神を曾遊の地に齋けるもの即ち加毛神社にして、是より其の附近一帯に神領となれば、こゝに賀茂郷の名も起り、遂に轉じて郡名となりけむこと、是亦自らなる順序なるべし。但、事代主命の神蹟は國内に遍くして、其の遷座の次第などには種々の傳説の存すれば、今一々それらにつきて辯論せむこと煩瑣にたへず。

賀茂郡役所編『静岡県南豆風土誌』９４～９５頁（長倉書店刊）
賀茂郷　訓義前に見ゆ。今、南中村に上下賀茂の地名を存す。こは此の郷の首村にして、又加毛神社及賀茂郡家の所在地なり。此の郷の區域は今の南上・南中・三坂・南崎の諸村大凡之に當る。但長津呂邊に月間・賀茂の何れに屬せしか明かならず。

賀茂郡役所編『静岡県南豆風土誌』２９３～２９５頁（長倉書店刊）
云々、今賀茂郡四十六座の内より海島鎭座二十四座を減じ、又那賀郡二十二座の内より土肥以北井田に至る八座を除く時は、今日の賀茂郡は正に三十六座の式内社を算すべきなり。然れども伊豆三島神社は、上古鎭座の本域、賀茂郡三島和名抄所載郷名、即溝島の總稱にして、其の本島は今の三宅島なり。なりしが、中世同郡大社郷和名抄所載。今の白濱村伊古奈比咩命神社の地なり。に遷座し、後又今の田方郡三島町に遷祀せられたりと云ふ（伊豆國式社畧）を以て、更に大神の一座を除きて、茲に三十五座を得と謂ふべし。今左に増訂豆州志稿卷八上によりて之を擧げむ。同書に云はく、式内社を記すに「也」といふは疑ひなきもの、「なるべし」といふは略證蹟あるもの、「ならむ乎」といふは、信疑相半するものに用ふと。
　云々
　　　　　　　其一　同郡下賀茂村（今南中村）加畑神社也。
加毛神社二座
　　　　　　　其二　同郡加納村（今南中村）三島神社なるべし。

賀茂郡役所編『静岡県南豆風土誌』６４５頁・南中村（長倉書店刊）
加畑加毛神社　下賀茂―郷社兼村社―祭神、八重事代主命、（式内）加毛神社二座の一座なり○此地和名抄所載賀茂郷の首村にして、大同年間加毛神社二座茲に鎭座して一郷の總鎭守なりきとぞ

賀茂郡役所編『静岡県南豆風土誌』６４５頁・南中村（長倉書店刊）
三島神社　二條―村社―祭神、溝樴姫命。（式内）加毛神社二座の一なるべし○創建の年月詳かならず。慶長二年再建。二條・加納・石井の鎭守にして、社頭に大樟樹あり。

足立鍬太郎『南豆神祇志』１７～２２頁（静岡縣賀茂郡神職會）
　既に述べた如く、白鳳年間伊豆神海島に現れてより約百五十年、天長九年に至って男女二神に分化し、深谷を塞き高巖を摧きて土地を増益し、併せて旱霖を調節するを以て其の神驗とした。蓋し富士火山帯の活動に因る爆發の威力と、其の噴出した溶岩や泥灰の爲に海中に新地を得ることが、無上の恐怖と多大の感謝を齎したのである。加も其の爆發前に於ける火山性地震が、やがて來るべき災難を豫告警戒するを以て、居民は御神火を三嶋神と畏むと同時に、此の地震を伊古奈比咩神と稱へて感謝を表したのであらう。是れアイヌ語Ｉｋｏｎｎｕは凶事を未然に戒める義であってＩｋｏｎｎｕ－ｇｕｒｕ及びＩｋｎｎｕｐは神變を現す者であるより出たのである。但これより推して巫女と解することも出來る。（彼の三宅記の見目＝御妻を考ふ

べきである)。そして此の二神の本貫は三宅島であって、島の名は神明(燒)に起因し、其の雄山が三島＝神島神の體を表したものであらう。次に阿古は噴火の本場であって、其の地名は神名Ｉｋｏの轉である。Ｂａｃｈｅｌｏｒ氏アイヌ語文典Ｔｏｉｓｈｉｋａｒｉの説明に據れば、同語に於てｉ音のａに變ずるは屢々ある例だといふ。思ふに同地澪池は女神の躰を表すもので、男神と共に此地に鎭座し給うたのを、内地に奉遷した後に、御子阿米都和氣命を祀ったのであらう。尚ついでにいはゞ、同島神著はアイヌ語Ｋａｍｕｉｓｈｙｏｔｋｉ＝火の女神の處の意で、佐伎多摩比咩命の坐す地、伊ケ谷は同語Ｅｋａｙｅｃｈｉｓｈｉ若くはＥｋａｉｃｈｉｓｈにて險しき處の意、即ち伊賀牟比賣命の坐す地である。又坪田はＴｏｐｏｃｈｉ＝水溜の複數なれば、古澪池を表するもので、伊波乃比咩命の坐す處である。そして伊古奈比咩命三宅記には天地今宮后と稱するには、阿米都和氣命の他に穗都佐和氣命といふ御子おはし、佐伎多摩比咩命には、加彌・夜須・弖良・志里太平宜・久良惠・片菅・波夜志・南子の八子おはすを以て、こゝに主神・嫡后・三妃・十王子の三宅神族を組織すると、承和七年上津島の噴火によりて、更に三嶋神の本后阿波命・嫡子物忌奈命といふ神出現し、しかも其の本后には五子物忌奈伊太豆和氣阿豆佐和氣外二神ありと稱し、神津・御藏・利島を連ねて神津の一神族を形成した。然るに大島三原山は三宅島雄山と交互に爆發する御神火の本場であるから、こゝにも其舊噴火口なる波浮池今は一方を決して港とするに妃波布比咩命現れ、彼の白鳳當時の神造池たる野增の阿治古・泉津の波知兩神を其の二王子として大島神族を組織する。更に又式根なる久爾都比咩命といふ妃神には、新島の多祁美加賀命と稱する武勇の神と他に一柱の王子坐し、これに對して遙かに沖島八丈島にも妃優婆夷命・王子許志伎命外四神が現れたから、こゝに一主神の下に、兩后・六妃と嫡子以外に知名十六王子他に名の傳らざるもの七神より成る三嶋大神族式二十六社總三十三社が組織された。之を前章で述べた各族を代表する諸神陞位の順序と對照する時は、尠からず感興を覺える。波布はアイヌ語Ｈａｂｏ＝母・若くは琉球語Ｈａｆｕ＝ホト陰語、優婆夷はアイヌ語Ｕａｉｎｕ＝尊敬の意を表すものではあるまいか。

かゝる威德の強盛なる神が大國魂となると、次第に他の地方神を糾合し又同化する。是に於て先づ陪從神と稱するものが現れる。彼の右內左內と稱する多祁富許都久和氣命武峯山・伊波輿命一岩山は其の一例である。又過去に祭られた神を驅逐して之に代る。乃ち同一の神を祭る社が幾つも現れる。アイヌ語Ｋａｂａｔｏを祭った加畑神社と、仝語Ｋｕｔｏ＝弓湖を祭った久田神社が、賀茂郡家所在地たるが爲に、いつしか賀茂神社二座として三嶋神夫妻を祭られた如きは其の一例である。かうして伊豆の國神が統一されて、次第に秩序整然たる大團躰を作り、其の神の國たる賀茂から、漸く人の住む、田方に威德を布及するに何の不思議のあるべき。彼の徒に居住人民の遲速にのみ執着し、若くは神社の祭神を氏族神ばかりに限らうといふ見地に立って、どうして神祇の眞相を明かにすることが出來よう。將に展開し來らんとする延喜式を讀まうとする者は、先づ三たび思をこゝに致すべきである。

足立鍬太郎『南豆神祇誌』３７～４１頁（静岡縣賀茂郡神職會）
　延喜式卷九に載せた伊豆國神名帳は次の如くである。但所在地は萩原正平著伊豆國式社考略に私考を加へて註記す。
　　　　　伊豆國九十二座　　大五座小八十七座
　　　　　　賀茂郡四十六座　　大四座小四十二座
　　　　　　　云々
　　　　　　　加毛神社二座　　　　　　　　　　　南中村
　　　　　　　云々

足立鍬太郎『南豆神祇誌』５３頁（静岡縣賀茂郡神職會）
又賀茂神社二座は、前に述べた如く、泥湖と弓湖を郡家所在の地神として、三嶋伊古奈比咩兩神に更へたのであると思ふが、之と同じく廣瀬神社も、浮橋川大澤川の合流點に、田方郡家所在地神として、同神夫妻こゝでは女神を溝樴姫命として居るけれどもそれは後に變更したのであらうを祭ったのであらう。随て仲神社も那賀郡に於ける同例であらうから、此の三社はいはばそれぞれの郡魂神社である。

足立鍬太郎『南豆神祇誌』７５～８２頁（静岡縣賀茂郡神職會）
　伊豆國神階帳は、群書類從二三に、康永二年辛亥(興國四年)十二月廿五日在廳判の奧書あるものを、在廳伊達某藏本から寫して收めてある。伊達家に現藏するものは鳥子紙二枚續にて後世の寫本である即ち尾張のより二十年許前のものである。在廳とは、中古國衙の廳にあり、國司の命を奉じて事務を行ふ下司であったが、多くは世職だから其の稱呼を傳へて居たのだ。先づ左に其の全文を掲げよう。
伊豆國神階帳　式社の配當は萩原正平の意見に據る
　伊豆國三ケ郡神明帳事
　　正一位三島大明神
　　云々
　　　那賀郡貳拾四所
　　　云々
　　　賀茂郡三十七所
　　　云々
　　　從四位上賀茂の明神　加毛神社(二座)
　　　云々

足立鍬太郎『南豆神祇誌』２０２～２０５頁（静岡縣賀茂郡神職會）
　　　第二十八章　南中村
加畑賀茂神社
　所在　下賀茂字小島
　祭神　事代主命
　創立　大同年間
　社格　郷社　式内（一座）
　境内　四七四坪　官一

加畑はアイヌ語Ｋａｂａｔｏ＝泥湖である。今社前到る處に温泉の涌出する邊が、一の沼をなして居たのであらう。後後賀茂郡家をこヽに置くに至って、其の泥湖を祀れる加畑神が三島神と更って、所謂郡神となった。さうして社前を流れる手石川の上流、二條川と合する辺にあったＫｕｔｏ＝弓湖即ち久田は、當初より一對に認められた神であったから、之を后神に擬當し、二座を並べて式加毛神社としたのである。今同様の古佛像が双方に一躰つヾ藏められて居る。神木も彼は巨樟樹・此は古檜柏である。
三島神社
　所在　二條字後山
　祭神　溝機姫命　合祀　大山祇命石井山神社　田村神社上賀茂(田村)賀茂神社　譽田別命加納八幡神社　素盞嗚尊境内社(明治六年矢崎より遷した)八雲神社及び黄宮神社　高靇神二條披露貴船神社
　創立　慶長二年　再建
　社格　村社　式内(一座)
　境内　三四九坪　官一
　二條は古昔久田と稱へた處で、邑長鈴木主水助といふ者が本社を奉祀したと傳へて居る。蓋し再建の事であらう。其齋尚靈取を仕へて居る。元來弓形をなした沼があって神と祭られて居たのであらう。其他は加畑賀茂神社の傍に述べてある先年まで八幡ならぬ本社に、殊な射禮が存して居たのも、何か所謂があるであらう。本社の神木は樟の大樹が二株ある。矢崎は本社の西少許を距てた處である。其の黄宮に古式の祭禮があった。毎年十月朔より十五日まで、社人酒を戒めて齋甚だ嚴重である。十一日に幣を岩崎温泉の上に立て翌日温泉に投ずる。之をオハキといふ。（ハキはアイヌ語Ｐａｋｅ＝頭又は主長の義？。）十二日鬱蕉を入間ノ濱に取り、柯葉を大倉山に採り、十四日夜神酒を併せ、惠酌保宇（アイヌ語Ｅｓｈｏｃｈｕｐｕ＝饗應を了ふ義？。）といふ祠に獻じ、祭主・社人皆神酒を飮み、始めて酒禁を弛べる。翌旦祭主神歌を謳ふに、節も詞も古雅なものであったといふ。
　一、御狩する、大倉の山の、柯が葉を、ハレヨ、柯が葉をいると、ハレ、見っ。今年こそ、するべの稲を、ハレ、磯城に積まうよ。
　　（注）柯實の豊かなるは稲の豊かな兆であるとの傳説がある。〇するべはアイヌ語 shuppa＝束といふ義であらうか。
　二、御狩する、賀茂か岩殿、妻良めうらの、ハレヨ、めらんの浦、みょん(三穂)が崎、わたる隼、鳥取らば、おきん(沖の)鳥。玉座よるべし抜けさもよるべし。
　三、此殿の、闇のさすがね(鎖)、三聲鳴る。三聲鳴るは君か、此身の熟睡頃、ハレヨ、うつら頃。御前の端、つめなる鶏ぞうたふべき。
　四、此の夜は、あけか月夜か。あけならば、ハレヨ、あけならば、予もまゐらう。あす、明日もまゐらう。
（參考）ヤクート人が、其の最高の神を大氏にて祭る(すべての氏々が共同して)ことを、イシャフ Ysyakh といひ、馬乳にて造れる酒を奉ることがある。(鳥居文學博士)

静岡縣『旧版 静岡縣史』第三巻・７１１～７１９頁（名著出版刊）
【賀茂郡四十六座大四座小卌二座】
云々
　（加毛神社二座）本章第二節三參照。
　　一座は賀茂郡南中村下賀茂字小島の加畑加茂神社。原祭神は事代主命。
　　一座は賀茂郡南中村二條字後山の三島神社か。
云々

静岡縣『旧版 静岡縣史』第三巻・７６５～７６８頁（名著出版刊）
　こヽに三島神社に關聯して賀茂の地名の存在するすることを一瞥しなければならない。このことに就ては石井廣夫氏の畏著「神祇古史傳」に充分の研究が見えてゐるが、その要點は平田篤胤の如く「二十二社本縁」に據って三島鴨系を事代主神とすることも、三島通良氏の如く「二十一社記」に據って三島鴨系を大山祇神（實は賀茂建角身命となるけれども）とせんとすることも、何れも不合理である、結局伊豆三島神社と伊豫大山祇神社を同系神とするならば、我國從來の山城・大和兩賀茂神の二大神系の外に、獨立して三島鴨神系の存在することを認めなければならない。而して三島鴨神系の證據は「大日本史」神祇志中伊勢度會郡に大山祇神裔の鴨神社坐はすこと、また既に揭げたる「伊豫風土記」所見の攝津國三島鴨神社が坐すことである。その結果攝津にしろ三島にしろ三島鴨神の鎭座地には賀茂の地名が生じたのであるといふのである。かくして石井氏は田方郡三島町が近世迄賀茂郡を稱したる事實、三島町及び韮山村の賀茂川神社、また南豆に於ける朝日村大賀茂、南中村上賀茂・下賀茂、八丈島の賀茂山・賀茂川等を以て何れも三島神社御祭神に由緒を有する地名とせられた。
　然しながら「延喜神名式」の伊豆國賀茂郡四十六座にある加毛神社二座に關する限りなほ考察の餘地が存する(本章第一節三参照)。この加毛神社二座とは恐らく「和名類聚抄」巻五國郡部十二の賀茂郡に見ゆる賀茂郷に所在した神社であらう。この地は現在の賀茂郡朝日村大賀茂より南中村上賀茂・下賀茂に及ぶ範圍で、右加毛神社二座の現在社は南中村下賀茂字小島に所在する加畑賀茂神社、及び同村二條後山に所在する三島神社と推定されてゐる。現在二社の祭神は何れも三島神系とされてゐるがそれは後世の改作かも知れない。少くとも「延喜神名式」制定當時の加毛神社二座の祭神は直ちに三島神系の神祇であったとは斷言出來ないのである。事實「延喜神名式」には近隣遠江磐田郡に山城鴨御祖神を祭れる御祖神社があり(本章第一節一参照)、なほ常陸新治郡にも同神が存在してゐる。加畑賀茂神社の攝社に大山咋命が祀られてゐることは如何なる意味か。この様に考へて來ると加毛神社二座は或は山城鴨神を祭る賀茂神社では無かったとの疑問がどうしても殘される。從って此地にある賀茂の地名は三島神社に關係あるものとは俄に斷じ難いのである。
　以上は三島神社の原所在に關する考察であるが、同時に三島神社の祭神が伊豫三島神と同神即ち大山祇神であるといふ説も自ら成立して來る。現在は三島神社の祭神を事代主神と定められてゐるが、之に對する大山祇神説は屢々先人によって提唱されてゐることを附記しなければならない。なほ三島神には本后・後后以下多数の族神があることに注意を要する。例へば前に述べた「日本逸史」天長九年五月廿二日の條及び「續日本後紀」承和七年九月廿三日の條によって本后阿波神、後后伊古奈比咩命神、御子物忌奈乃命神の坐はしたことを知る。恐らく三島神社が最初伊豫から遷祀された時には未だ此等の族神は存せず、その後三島神を奉齋する民族が伊豆諸島や伊豆南海岸地方に發展するに連れて漸次その族神を各地に齋祀するに至ったものであらう。故に「延喜神名式」の賀茂郡の部を見ると大部分の神社は難解なる祭神名を用ひ、僅かに伊豆三島神社及加毛神社二座・竹麻神社三座のみが地名を神社名としてゐるのである。（この傾向は那賀・田方兩郡に於ては半減してゐる）これ前段に加毛神社二座は山城鴨御祖神を奉祀する神社であらうとの疑問を提

出した理由の一である。

静岡県郷土研究協会『静岡県神社志』第三篇（日本仏書センター）
郷社　加畑賀茂神社
　　　　賀茂郡南中村下賀茂字小島鎮座
云々
　　祭神　事代主命
　　　　別殿　王子神社（不詳）　浜川神社（不詳）
　　例祭日　十一月二日
　　由緒　延喜式神名帳に賀茂郡加毛神社二座とあり、神階帳に従四位上賀茂の明神とあるに充当する。式社考証には一座は下賀茂村鎮座加畑明神と称すと、豆州志に加畑は神辺の地名是加茂神社二座の一也、今に加茂明神とも称えり云々と、一座は同郡三島神社（今南中村二条鎮座村社）ならむか、そは豆州志に三島明神加納村これ大祠にして加納・二条・石井三村の鎮守也、上下賀茂村とは最近く地を接したる所にして、旧同郷たること著しく、村里分ちし時遷祀せるなるべしという、明治四年加畑明神を現社名に改む、明治六年二月郷社に列し、大正六年二月七日神饌幣帛供進社に指定せらる。
云々

静岡県郷土研究協会『静岡県神社志』第三篇（日本仏書センター刊）
村社　三島神社
　　　　賀茂郡南中村二条字後山鎮座
云々
　　祭神　溝樴姫命
　　　　　　合祀　云々
　　例祭日　十月三十日
　　由緒　創建年代未詳なれども、古来二条、加納、石井の総鎮守と称せらる。慶長二年再建の古棟札がある、二条は古昔久田と称して、邑長鈴木主水介という者が本社を祭祀して居たと伝える、蓋し再建の事であろう。其裔今猶鑰取を仕えて居る。延喜式神名帳賀茂郡加毛神社二座の一なるべしという。明治六年九月村社に列格す、明治四十五年四月八幡神社、山神社、田村神社、貴船神社、黄宮の各神社を合祀す、先年まで八幡ならぬ本社に特殊な射礼が存して居たのも何か所謂あるであろう。参道脇の二株の巨樟は、周囲二丈に余れる神木で、古社を偲ばしめる。
云々

伊豆国田方郡の式内社・諸説集成

荒木神社

『特選神名牒』３１８頁
荒木神社稱鞍掛明神
　　祭神
　　祭日
　　社格　郷社
　　所在　（田方郡韮山村大字原木）　原木村
　　今按豆州志社攷證ともに原木村にありとし又村中に荒木里荒木畠と云地名あるは舊稱の遺れるなるべしとみえたるに因るべし一説に同郡多田村熊野社の社傳に此村はもと牛鍬と云しを後に人居を今地に移し其跡は田地となりなほ牛鍬と唱ふるが此所にくわうき荒亀と書と云地名ありてくわうき明神と云社ありしを當社に合祀りたるくわうき明神即荒木神社なるを荒を字音に訓たるもの也と云りされど原木村と云ぞ正かるべき故今之に從ふ

度會延經『神名帳考證』（『神祇全書』第一輯）
〇荒木神社　今在北條村　建荒木命　姓氏錄云、玉祖宿禰、天高御魂乃命十三世孫建荒木命之後也、按當郡有玉作水神社可併考、

伴信友『神名帳考證』（『伴信友全集』第一）
荒木神社
[姓氏]玉祖宿禰天高御魂乃命十三世建荒木命之後也〇按玉作水神社可併考〇今在北條村[志]當郡原木村ニアリ（和鈔）茨木郷（東鑑）蕀木村アリ荒木原木皆轉語ナリ且神田ニ荒眞木ノ名アリ近キコロ鞍掛明神ト云フ

伴信友『神名帳考』（『神道大系』古典註釋編七・延喜式神名帳註釋）
荒木神社
〇姓氏錄、玉祖宿禰、天高御魂乃命十三世。[孫、]建荒木命之後也、〇按、玉作水神社、可併考、〇今在北條村、考證、△志ニ、當郡原木村ニアリ、和名抄ニ、茨木郷、東鑑ニ、蕀木村ニアリ、荒木原木、皆語轉也、且神田ニ荒眞木ノ名アリ、正徳五年マデハ、棟札ニ茨木神社トアリ、近キ比、鞍掛明神ト云フ、
　１(頭註)外圖云、茨城郡原木村、

鈴鹿連胤『神社覈錄』（井上頼圀・佐伯有義校訂『神社覈錄』下編）
荒木神社
　荒木は阿良岐と訓べし〇祭神詳ならず〇茨城郷原木村に在す、國圖、志、例祭
　　考證云、在北條村、〇伊豆志に、東鑑に、蕀木[ムバラキ]村アリ、荒木原木皆語轉也、且神田ニ荒眞木ノ名アリ、正徳五年マデハ、棟札ニ荒木神社トアリ、近キ比鞍掛明神ト云フ、といへり、
　　　類社
　　大和國宇智郡荒木神社の條見合すべし
　　　神位
　　國内神階記云、正四位上あらきの明神、

栗田寛『神祇志料』第十二巻
荒木神社、今原木村に在り、鞍掛明神と云。豆州志、伊豆式社考證、〇按荒木原木共に通音なり、和名鈔越後國頸城郡原木を阿良幾とあるもの證とすべし。

『大日本史』[九]・志一・巻二百五十五
荒木神社、〇今在原木村、稱茨木神社、近世又曰鞍掛明神、神明帳爲正四位上、

『大日本史』[十一]・志三・巻二百九十三
茨城、〇今原木村、在佐婆西南、有荒木社、延式後曰蕀木邑、有長埼地、〇今長埼村、治承中、源頼朝獻之三島社、有北條南條地、東鑑平直方孫時方居北條、因氏焉、鎌倉時、遷國府于此、私稱北條郡云、豆州志、國圖、〇志云、當時原木至南條、市坊相接、有寺宮荘、有願成就院、〇在寺家村北條時政所凱、東鑑有金山城、〇城址在神益村正平中、畠山國清據此而畔、太平記

竹村茂雄『伊豆國式社考』（『神祇全書』第四輯）
荒木神社　原木村、志神階帳あらきの明神、

竹村茂正『豆州式社考案』（『神祇全書』第四輯）
荒木神社
　原木村ノ神社ナルベシ、神社ノ近傍ニ荒眞木、荒幾、今荒戸里ト云荒木免、當今御供免向新城畑今新城ヲ字音ニ稱スレドモ、當所ニ城アリシコトヲ聞ズ、因テ思フニ、古৷ハ必アラキト稱セシナルベシ、ナドノ地名アリ、是必荒木ノ訛言ナガラニ殘レルナルベシ、〇又神田神納畑等、神社ニヨシアル地名モアリテ、當所タルコト疑ヒナカルベシ、〇又村名ヲモ思ヒ合スベシ、或ハ多田村ナリト云ドモ、近村古老ノ談ヲ聞ニ皆疑アリ、近年石面ニ荒木神社ト彫刻シテ社地ニ埋タリト聞ク、素ヨリ確證有ランニハ、是等ノ計略ヲ行ニ及ブ可カラズ、

萩原正平『伊豆國式社攷略』（静岡県立中央図書館所蔵）
荒木神社
　田方郡原木村鎭座あらき能明神神階帳舊稱鞍掛明神社是な里圖豆志攷攷證及註進の一説特選續攷附云ふ同郡多田村熊野神社同祀荒亀明神また荒木神社なり登云へる説あり果して然らむ尓は分祀せる社登定めむ尓難なかるべし

萩原正平・萩原正夫『増訂豆州志稿』巻之一・郡郷（長倉書店刊）
〇茨城　[増]今原木村アリ、延喜式荒木ノ神社、伊豆國神名帳、あらきの明神有リ　〇東鑑ニ蕀木ニ作ル此頃既ニ郷廢シテ村名トナレリ原木バラキト訓ズ即茨城ナリ（[増]竹村茂雄考曰北條、原木、新宿肥田邊ヲ云ナル可シト按ズルニアラキ、バラキ、通ヒ稱セ

シナラム和名鈔、越後國頸城郡原木(阿長幾)アリ參考スベシ。)

萩原正平・萩原正夫『増訂豆州志稿』巻之二下・町村二　(長倉書店刊)
○原木村([増]東長﨑村十町、西北江間村二十二町三十五間、南四日町村九町四間、北間宮村三十一町五十三間)[増]壹里三拾貳町[増]和名鈔田方郡茨城郷ヲ載ス延喜式荒木神社アリ(神名帳あらきの明神トミユ)○郷廢シテ村名ト爲タルモ已ニ久シキ事也東鑑ニ蕀北行到肥田原([増]曆應二年圓成寺ノ文書北條役高帳原木ヲ載ス慶長二年ノ檢地帳原木村トハエタリ)○屬里一色([増]此所ニ糠田ノ地名存ス三島大社元曆正和建武ノ文書及北條役高帳ニ糠田郷トアル是ナリ東鑑元曆二年四月二十日ノ條今日迎伊豆國三島社祭日被寄附當國糠田郷於彼社ト見エタリ)
　　○田額壹千五拾五石九斗九升五合六勺[増]反別百九町七反七畝拾八歩内(田七十二町一反九畝七歩、畑二十七町四反二畝二十一歩、宅地八町一反一畝歩、山林二町二畝十四歩、原野二畝六歩)[増]地價金五萬五千三百七拾三圓四拾七錢三厘[増]地租金千三百八拾四圓三拾六錢九厘[増]社二(郷一雜一)寺四(禪二日蓮一淨土一)[増]戸現住百五現在百六[増]口本籍六百八拾六(男三百三十九、女三百四十七)[増]現住六百四拾貳(男三百三十七、女三百二十五)

萩原正平・萩原正夫『増訂豆州志稿』巻之八上・式内神社考並神階帳考緒言　(長倉書店刊)
○荒木神社[増]神階帳正四位上あらきの明神○田方郡原木村ニアリ[増]多田村熊野神社ハ當社ノ分祠ナル可シ

萩原正平・萩原正夫『増訂豆州志稿』巻之八下・神祠二・田方郡　(長倉書店刊)
○熊野權現(同町多田)[増]村社熊野神社祭神不詳○八幡神ヲ配祀ス[増]社傳曰當社ハ式内荒木神社ニシテ初當村ノ舊地牛鍬ニ鎭座、荒龜神ト稱ス(荒龜クワウキト訓ム舊檢地帳ニクワウ木ノ地名ヲ載ス)荒龜ハ荒木ノ轉訛也永正七年村民轉住ノ時共ニ此地ニ遷シテ熊野社(此社ハ山宮ト稱シテ從前ヨリ此地ニ在リキト云)ニ合祀スト按ズルニ式内荒木神社ハ原木村ニアリ原木、多田、初同郷ナレバ後此地ニ分祀セルナラム其本社ニハ非ズ(鰐口ノ銘ニ奉納延喜式内伊豆國方郡多田村荒木神社嚴廣前、貞享四年丁卯十月トアリ社記載ル所ノ事蹟信據シ難キ者多シ之ヲ省略ス)○弘治二年奉納ノ中臣祓一巻ヲ藏ム(禰宜梅原氏[増]四百九十四軒官一)

萩原正平・萩原正夫『増訂豆州志稿』巻之八下・神祠二・田方郡　(長倉書店刊)
○鞍掛明神(原木村)[増]郷社(兼村社)荒木神社祭神不詳[増]式内荒木神社也(前記)○茨木(和名鈔郷名)蕀木(東鑑村名)荒木、原木、皆語ノ轉訛也([増]按ズルニ和名鈔ニ越後國頸城郡原木[阿良機]トアレバ原木即アラキト訓ミシナラム)且神田ニ荒眞木ノ名アリ(村中ニ荒木里、荒木畠等地名アリ尚緣起アル稱存ス)正德五年迄ハ棟札ニ茨木神社ト記ス鞍掛明神ト稱スルハ近頃也(禰宜渡邊氏)[増]明治十二年郷社ニ列セラル[増]別殿二(熊野貴船[増]共ニ慶應二年境外ヨリ遷祀ス)[増]境内社一(伊勢兩宮、稲荷、嚴島、御門、八坂、風神、山神、山咲、琴平、塞神、ヲ合祀[増]八百七十坪官一)

菅原久高『伊豆國九十二式社祭神記』(『全國神職會々報』第二十一號)
荒木神社　韮山村原木鎭座郷社なり茨木明神又鞍掛明神と稱す
　　祭神　詳らかならす

吉田東伍『增補大日本地名辞書』第五巻・1038頁
原木　今韮山村の大字とす、鐵道停車場あり、三島驛を去る六哩餘、東鑑に蕀木に作る。○増訂志稿云、原木に延喜式荒木神社あり、(荒木は原木蕀木と相近けれど、轉訛の跡考慮を要す)又糠田と云ふ地字のこる、東鑑に糠田郷を三島大社へ寄進の事を錄し、北条役高帳にも糠田を載す、即此とす。○東鑑、治承四年八月十七日、頼朝兵を舉ぐる条に、北條館より山木館を襲ふべき進路を述べ、
　　士卒已競起、北條殿(時政)被申云、今日三島神事也、群參之輩下向之間、定滿衢歟、仍廻牛鍬大路者、爲往返者可被咎之間、可行蛭島通者歟、武衞被仰曰、所思然也、但為事之草創、難用閑路、將又於蛭島通者、騎馬之儀不可叶、只可為大道者、云々、然後蕀木北行、到于肥田原、北條殿招駕、対佐々木定綱云、兼隆(山木判官)後見堤權守信遠、在山木北方、勝勇士也、与兼隆同時不誅戮者、可有事煩歟、云々、子剋牛鍬東行、定綱兄弟留于信遠宅前田頭訖。
北條館より北へ蕀木、肥田原に至り、此より廻轉して東南行、山木館に向ふ、牛鍬大路とは肥田原(原木と肥田の間)より韮山へ通ずる者にて、當時の大路と聞ゆ、蛭島通とは北條館より直に山木館に向ふ捷路なれど、小徑なりしと知られたり、牛鍬の名は今韮山町の辺多田にのこる。
補[原木]○[重出]増訂豆州志稿、東鑑に蕀木北行到于肥田原、此所に糠田の地名存す。三島大社元曆・正和・建武の文書、及北条役高帳に糠田郷とある是なり、東鑑、元曆二年四月廿日の条、今日迎伊豆国三島社、祭日被寄附当国糠田郷於彼社と見えたり。

郂岡良弼『日本地理志料』巻十三・伊豆国田方郡
茨城　訓闕、按依常陸茨城郡例、當讀云牟波良岐、下總又有茨城郷、伊呂波字類抄、荊、茨、薋、蒺藜、皆訓牟波良、草木部、薔薇同訓、爾雅釋草、茨、蒺藜也、本草經、蒺藜、其刺傷人甚疾而利也、今俗曰伊婆良、又省曰婆良、名義見常陸國疏證、」姓氏錄、茨木造、天津彦根命之後、神代紀同、舊事本紀、以彦根命孫筑紫刀補、爲茨城國造、言常陸茨城郡也、其裔分處下總及本州、因名地焉、神名式載田方郡荒木神社、本國神名帳同、今在原木村、稱茨木明神、蓋其相廟也、越後原木郷、注阿良岐、下總茨城郷、今作小原子村、茨、荒、腹、一聲相通、」東鑑治承四年、源頼朝襲山木兼隆條、取路蕀木、北至肥田原、圓成寺曆應二年文書、田方郡原木村、北條分限帳、慶長二年檢地帳同、豆州志云、茨城方廢、原木村存、按圖亘北條、原木、肥田、新宿、塚本、仁田、長崎、奈古屋、柏谷、畑毛、平井、大土肥、間宮諸邑、其故區也、」按東鑑元曆元年條、以伊豆糠田郷、寄三島社、今原木村有糠田地、姓氏錄云、額田部氏、與茨城國造同系、亦居此、東鑑、曾我物語、有北條郡増鏡云、平時方居北條郡、因氏焉、其孫時政、與源頼朝有姻、執幕府政、九葉世襲、玉海有馬宮荘、東鑑作寺宮誤、三島社治承建武文書有長崎郷、神鳳抄有塚本御厨、文祿檢地帳作塚本郷、皆著邑也、」祀典所謂金村五百君和氣命神社、在奈古屋村、稱杉埼明神、村有國清寺、康安中、畠山國清所建、居國東十利之一、見鎌倉大冊子、

静岡県田方郡役所編『静岡県田方郡誌』502～503頁(長倉書店刊)

本郡に於ける古神社の史乗に顯はれたるは、延喜式神名帳と伊豆國神階帳とを其完備せるものとす。前者は平安朝の初期、後者は南北朝時代に現在せる宮社を記載せるものなり。而して此等所載の神社は、引續き現存せるものなりや否や、今日に之を考定するは頗る至難の事に屬す。然れば先進各考説を異にし、甲是乙非にて、必ずしも一定せず、是を以て、此書には伊豆國式社考證の著者故萩原正平氏の説に從ひ之を表示す。
　　延喜式神名帳所載社名　荒木神社（田方）
　　神　階　帳　所　載　社　名　正四位上 あらきの明神
　　現　　　在　　　社　　　名　郷社兼村社 荒木神社
　　所　在　地　（舊　制）　田方郡原木村
　　所　在　地　（現　制）　韮山村原木

足立鍬太郎『南豆神祇誌』３７～４１頁（静岡縣賀茂郡神職會）
　延喜式卷九に載せた伊豆國神名帳は次の如くである。但所在地は萩原正平著伊豆國式社考略に私考を加へて注記す。
　　　　伊豆國九十二座　大五座小八十七座
　　　　　賀茂郡四十六座　大四座小四十二座
　　　　　　云々
　　　　　田方郡　大一座小廿三座
　　　　　　荒木神社　　　　　　　　　　　　　　韮山村原木
　　　　　　云々

足立鍬太郎『南豆神祇誌』７５～７７頁（静岡縣賀茂郡神職會）
　伊豆國神階帳は、群書類從二三に、康永二年辛亥（興國四年）十二月廿五日在廳判の奧書あるものを、在廳伊達某藏本から寫して收めてある。伊達家に現藏するものは鳥子紙二枚續にて後世の寫本である即ち尾張のより二十年許前のものである。在廳とは、中古國衙の廳にあり、國司の命を奉じて事務を行ふ下司であったが、多くは世職だから其の稱呼を傳へて居たのだ。先づ左に其の全文を掲げよう。
伊豆國神階帳　式社の配當は萩原正平の意見に據る
　　伊豆國三ケ郡神明帳事
　　正一位三島大明神
　　　云々
　　正四位上あらきの明神　荒木神社
　　　云々

静岡県『旧版 静岡縣史』第三巻・７１１～７２０頁（名著出版刊）
【賀茂郡四十六座大四座小卌二座】
云々
【田方郡二十四座大一座小廿三座】
（荒木神社）
　原祭神は天津日子根命。原所在は田方郡韮山村原木字上町。現在社は同所の荒木神社。
云々

静岡県郷土研究協会『静岡県神社志』第三篇（日本仏書センター刊）
郷社　荒木神社
　　　田方郡韮山村原木鎮座
云々
　祭神　天津日子根命
云々
　例祭日
　由緒　創立年月不詳、延喜式神名帳田方郡荒木神社是也、中古茨木神社又は鞍掛明神とも称した。豊臣家の軍韮山城をせめた時、その兵火に罹り、爾後大に衰えた。正徳五年の棟札には茨木神社と記載す。鞍掛明神の称は、鎌倉時代以後にて、初め源頼朝、蛭ヶ島に流人の際、当社に祈願をこめ、参拝毎に馬の鞍を鳥居前の社木に掛けたるより、この称ありと伝う。明治十二年郷社に列格、明治四十年四月十二日神饌幣帛料供進社に指定せらる。
云々

文梨神社

『特選神名牒』３１８～３１９頁
文梨神社稱天地明神
　祭神
　　今按豆州志今阿米都知明神或は左内明神とも云豊磐窓命にして伊波氏別命と三島大社御門左右の神也とあれどこは此社を左内明神と云ひ梅名村に右内明神ありて三島大社の南方三十許町の左右に相對して立玉へるより御門之神也と云傳へたるより云る説にて信がたし
　祭日
　社格　村社（明細帳左内神社とあり）
　所在　（田方郡中の郷村大字中島）　中島村今屬君澤郡
　　今按豆志に君澤郡江梨村の社なりとし神名記に文を父に作る共に衣の草書を誤りなるべしと云るを式社攷證に同郡中島村天地明神なるべし其は神階帳にちゝなしの明神とあればちゝなしなること論無ク此社地續きの中村にてなしの森あり是ちゝなしの轉訛にて此邊の總稱なるが社傍に存れるものと思はるればなり偖今天地明神と稱ふは若くは天無志明神など書しを志を知に稱へて天無知明神と唱ふることと成たらんも知べからずと云うるに就て縣の注進状にも此地と定めたる據ありて聞ゆれば之に從ふ

度會延經『神名帳考證』（『神祇全書』第一輯）
〇文梨神社　狩野　文梨船居神䬻　履中紀、鰤無磯別王、万葉集、伊豆乎夫禰、

伴信友『神名帳考證』（『伴信友全集』第一）
文梨神社
[和鈔]久寢郷アリモシコノ地名ナラバモト久禰トアリシヲ文梨トアヤマレルニヤ[志]君澤郡江梨村ニアリ[神名記]文ヲ父ニ作共ニ衣ノ草書ヲ誤リシナルベシ

伴信友『神名帳考』（『神道大系』古典註釋編七・延喜式神名帳註釋）
文梨神社
〇和名抄、久寢郷アリ、モシコノ地名ナラハ、モト久禰トアリシヲ、文梨ニアヤマレルニヤ、△志ニ、君澤郡江梨村ニアリ、神名記ニ、文ヲ父ニ作ル、共ニ衣ノ草書ヲ誤シナルヘシ、
　１（頭註）社圖云、エナシ村、君澤郡

鈴鹿連胤『神社覈錄』（井上頼圀・佐伯有義校訂『神社覈錄』下編）
文梨神社
　文梨は布奈志と訓べし〇祭神詳ならず〇江梨村に在す、今君澤郡とす、圖圖、志、例祭
　　伊豆志に、神名記ニ文ヲ父ニ作ル、共ニ衣ノ草書ヲ誤シナルベシ、〇伴信友云、和名鈔久寢郷アリ、モシコノ地名ナラバ、モト久禰トアリシヲ、文梨トアヤマレルニヤ、と云り、
　　神位
　　國内神階記云、從四位上ちゝなし明神、

栗田寛『神祇志料』第十二巻
文梨神社、今君澤郡中島村にあり、天地明神と云ふ、即是也。伊豆式社考證〇按伊豆神階帳、知々奈之明神に作るものは本社にて文梨の文は、父と字體同じきに依て誤れる事著し、又按天地明神の天地は又知々奈之の轉訛にて、天地と誤れるものなる事又明し、姑附て考に備ふ。

『大日本史』［九］・志一・巻二百五十五
文梨神社、〇神明帳作從四位上知知奈志乃明神、據此文蓋父之誤、今在君澤郡中島村、日天地明神、社傍中村之地、有天奈之森、蓋亦父梨之轉也、

竹村茂雄『伊豆國式社考』（『神祇全書』第四輯）
文(父ヵ)神社　冢本村萬後明神ならんか、父梨といふ御名によりて、生人の萬後明神とよべるなるべし、神階帳ちゝなしの明神、

竹村茂正『豆州式社考案』（『神祇全書』第四輯）
文梨神社
　予ガ曾祖父、神階帳ニヨルニ文ハ父ナルベシト云ヘリ、萩原直胤又上説ノ如ニシテ、後ニ方言ニシテテナシト稱シタルモノニテ、今ノ手ナシノ森ナルベシト云リ、サモアルベシ、又肥田村ニ地持山香徳寺アリ、此山號モヨシアリゲナリ、

萩原正平『伊豆國式社攷略』（静岡県立中央図書館所蔵）
父梨神社
　君澤郡中島村鎭座ちゝなしの明神神階舊稱天地明神社なるべし改証註進特選續攷蓋續き尓てなしの地名存連るは決めて父梨の稱轉訛なる事云ふまでも非ずてなしの地藏世尓名高し他のものを竊みて我がものがは尓衒け居るは中子の得手ならむかし

萩原正平・萩原正夫『増訂豆州志稿』巻之五・林叢（長倉書店刊）
〇手無森〇中村ニアリ殊ニ古キ社ナリ[増]手無ハ父梨ノ轉訛ニシテ往昔此邊ニ式内父梨神社鎭座シタリシト云今地藏佛ヲ安ス（〇舊ト林中ニ長松庵アリ傳云石鎚ノ地藏時々怪ヲ爲ス狩野介ノ郎薰數人此ヲ過ギケルニ石佛出デゝタブラカス乃刀ヲ抜テ其手ヲ斬墮セリ因テ手無佛ト稱スト[増]是説固ヨリ妄誕ト免レズ）

萩原正平・萩原正夫『増訂豆州志稿』巻之八上・式内神社考並神階帳考緒言（長倉書店刊）
〇父梨神社[増]神階帳從四位上ちゝなしの明神[増]君澤郡中島村左内神社ナル可シ〇江梨村文梨神社。八幡神明ヲ配祀ス(未社多シ)或ハ神階記ニ文ヲ父ニ作ル共ニ衣ノ草書ヨリ誤リシナル可シト[増]此説非也文梨トアルハ誤寫也延喜式考異ニ父梨神社案神階帳有知智奈之之明神ト見ユ

萩原正平・萩原正夫『増訂豆州志稿』巻之八上・神祠一・君澤郡（長倉書店刊）
阿米都知明神（中郷村）［増］村社左内神社祭神不詳、相殿山神石神［増］式内父梨神社ナル可シ（前記）舊社地ニ接シテ中村ノ地ニてなしノ杜アリてなしハ父梨ノ轉訛ナラム原書式内阿米都瀬氣多知命神社ニ當テタルハ諾ヒ難シ（前記）初字園田ニ鎮座ス明治十九年燒亡、廿年字西田ニ移シテ再建ス（［増］二百七十坪民一）

萩原正平・萩原正夫『増訂豆州志稿』巻之八上・神祠一・君澤郡（長倉書店刊）
〇大瀬明神（江梨村）［増］郷社大瀬神社祭神引手力命ナル可シ［増］式内引手力命神社ナル可シ（前記）大瀬崎ニ鎮座ス按ズルニ天武天皇紀ニ曰白鳳十三年十月壬辰逮于人定大地震云々土左國田苑五十餘萬頃、没爲海是夕有鳴聲如皷、聞于東方、有人曰伊豆島西北二面、自然增益三百餘丈、更爲一島如觀音者神造是島響也ト有ルハ即此地ナル可シ此地本州西北隅ニアル岬角ニシテ其東北ニ斗出スル事殆ド八町ナルハ本紀ノ文ニ符合ス又琵琶島ノ稱アルヲ思フニ往昔ハ別ニ一島ヲ爲セシナラム（岬角部參看）而テ當時土佐國ノ國地ヲ引來テ此島ヲ造リシト云傳説アリテ其神異ニ感ジ引手力ノ神名ヲ負セ奉リシナル可シ（既ニ古史傳ニモ羅考記サレタリ故ニ古來力技射術等ニ靈驗アリト稱ス昔テ源賴朝鶴筋ヲ奮テ本州大島ニ配流セラルヽ時此神ニ祈テ臂創頓ニ癒工齊舊ニ勝ルト云、近年鋭匠大挽小稱スル者神驗ヲ蒙リテ其業ニ妙ヲ得タリト傳フ）〇或作御瀬尾瀬此州嘴ヨリ沼津ノ西方ヲサシ暗礁アリテセ（セハ春也瀬セ）ヲ爲ス故ニ大瀬ト云縁起曰源爲朝在大島時渡海寄船於此憶亡考會稽之義馳流泊還郷之思沈吟徘徊忽有靑松白檎怪岩枯木之險隘跳上峻崖直覺之果有洲埼四百二十似餘ノ圓池因以護膚本尊高三寸二歩爲主以所載舟板爲小舍而安置馬又納弓矢外藏武具建武中熊野八荘司之中鈴木左京兆（重家三代）與一族浮兵船流着于此賴地理而住在此社不凡境而修理增加而祭之明應頃當邑鈴木氏屬北條長氏領近邊百有餘年前海溢神社弓矢等皆沈没已而得金銅尊軀石砂中因立祠ヲ二十年後爲野燒所焚時鈴木氏既衰村民協力再立云々ト此古縁起ノ殘餘ヲ集メ綴屬文飾セル也（按ズルニ三津村氣多神社／舊記ニ據レハ 此神齊衡三年鎮座ナリ然レ共神名ヲ言ハズ意フニ同神ナルヲ以テ並ビ擧ルカサレバ 爲朝ハ祠アルニ就テ金銅ノ像弓矢等ヲ納メシ也或人云以此神文梨神社ニ當ツ可シト但延壽、齋衡子ヨ此遠カラスイブカシ）［増］文梨神社ノ事式内神社考父梨神社ノ條ニ考記スコヽノ辨天ノ小祠ハ正徳中ニ立ツ又池ノ宮ハ寶永中ニ立ツ）［増］社地眺望絶佳ニシテ相山駿海眸中ニアリ（此地括ノ木多ツ濱木綿ヲ産ス〇伊豆納符［増］四百三十四坪官一）

萩原正平・萩原正夫『増訂豆州志稿』巻之八上・神祠一・君澤郡（長倉書店刊）
〇文梨神社（同村下同）［増］村社神明神社祭神天照大神ナリト云相殿八幡［増］原書本社ヲ式内文梨（文ハ父ノ誤也）神社ニ當テタルハ非也［増］境内社二（八坂天神）祖靈社一（［増］三百九十九坪官一）

菅原久高『伊豆國九十二式社祭神記』（『全國神職會々報』第二十一號）
父梨神社　中郷村中島鎮座村社左内神社なり天地明神と稱す
　　祭神　詳らかならす

吉田東伍『増補大日本地名辭書』第五巻・１０３６頁
大場　今梅名、玉川、青木などと合併し中郷村と改、谷田の南にして、鉄道停車場あり。
　増訂志稿云、大場村は和名抄佐婆郷の中なれば、今も沢の郷と云ふ、此村は中島より間宮まで民の家並つづき、伊豆に名ある里なり、大場十郎近郷は此村人にて、承久の戦功あり、其として下総国青砥村を賜りぬ、其四世孫を藤満と云ふ、青砥左衛門藤綱も此族なり、或は曰ふ、大場の赤王明神は式内大朝神社にて、中島の左内明神は式内文梨明神なりと。
　鎌倉円覚寺文書に、貞治三年、足利基氏より豆州多呂郷を寄進すること見ゆ、今中郷村の大字に多呂存す。
　補［大朝神社］〇増訂豆州志稿、延喜式大朝神社は、大場の赤王明神か。同式阿米都瀬気多知命神社は梅名の
　　右内明神なるべし、同式父梨神社、神階帳智々奈之命にて、中島の左内明神なるべし。

郁岡良弼『日本地理志料』巻十三・伊豆国田方郡
佐婆　訓闕、按當讀云左八、上野石見周防又有佐波郷、田野部引風俗通、水草交曰澤、和名佐波、説文澤、光潤也、釋名、下面有水曰澤、言潤澤也、狩谷氏曰、水陸際地、其土必潤澤、故謂水草交爲澤、所謂轉注也、」天正十八年豊臣秀吉文書、田方郡澤之郷、豆州志云、佐婆方廢、大場村一名澤郷、隣邑上澤北澤、谷田村有佐婆池涸阯、以知其燊矣、按圖亘上澤、北澤、大場、多呂、谷田、中島、八反畑、梅名、安久、御園、長伏、松本、平田、堀内諸邑、盖其域也、」源平盛衰記有澤六郎宗家、屬源賴朝、戰死石橋山、即本郷人、大場、伊豆山舊記大庭郷、天正掾地舊記多呂郷、在廳文書多呂氏世居此、見三島社古文書、佛光語録、建武元年、足利直義以豆州安久郷、寄佛光禪師、三島文書、延元三年、北畠顯家以安久郷進于本社、治承四年建武二年文書、有御薗荘、康應二年文書、作三園郷、」祀典所謂倭文神社、在長伏村、高椅神社、在松本村、阿米都瀬氣多知命神社在梅名村、父梨神社在中島村、

静岡県田方郡役所編『静岡県田方郡誌』５０２～５０３頁（長倉書店刊）
　本郡に於ける古神社の史乘に顯はれたるは、延喜式神名帳と伊豆國神階帳とを其完備せるものとす。前者は平安朝の初期、後者は南北朝時代に現在せる宮社を記載せるものなり。而して此等所載の神社は、引續き現存せるものなりや否や、今日に之を考定するは頗る至難の事に屬す。然れば先進各考説を異にし、甲是乙非にて、必ずしも一定せず、是を以て、此書には伊豆國式社考證の著者故萩原正平氏の説に從ひ之を表示す。
　　云々
　　延喜式神名帳所載社名　　父梨神社（田方）
　　神　階　帳　所　載　社　名　　從四位上　ちゝなしの明神
　　現　　　在　　　社　　　名　　村社　左内神社？
　　所　在　地　（舊　制）　　君澤郡中島村
　　所　在　地　（現　制）　　中郷村中島

足立鍬太郎『南豆神祇誌』３７～４１頁（静岡縣賀茂郡神職會）
　延喜式卷九に載せた伊豆國神名帳は次の如くである。但所在地は萩原正平著伊豆國式社考略に私考を加へて註記す。
　　　　伊豆國九十二座　大五座小八十七座
　　　　　　賀茂郡四十六座　大四座小四十二座
　　　　　　云々

田方郡廿四座　　大一座小廿三座
　　　　云々
　　　　父梨神社　　　　　　　　　　　　　　中郷村中島
　　　　云々

足立鍬太郎『南豆神祇誌』７５〜７７頁（静岡縣賀茂郡神職會）
　伊豆國神階帳は、群書類從二三に、康永二年辛亥(興國四年)十二月廿五日在廳判の奧書あるものを、在廳伊達某藏本から寫して收めてある。伊達家に現藏するものは鳥子紙二枚續にて後世の寫本である即ち尾張のより二十年許前のものである。在廳とは、中古國衙の廳にあり、國司の命を奉じて事務を行ふ下司であったが、多くは世職だから其の稱呼を傳へて居たのだ。先づ左に其の全文を掲げよう。
伊豆國神階帳　　式社の配當は荻原正平の意見に據る
　　伊豆國三ケ郡神明帳事
　正一位三島大明神
　　云々
　　　從四位上ちゝなしの明神　　父梨神社
　　云々

静岡縣『旧版　静岡縣史』第三巻・７１１〜７２０頁（名著出版刊）
【賀茂郡四十六座大四座小卌二座】
云々
【田方郡二十四座大一座小廿三座】
云々
（文梨神社）
　原所在は田方郡中郷村中島字西田か。現在社は同所の左内神社か。
云々

輕野神社

『特選神名牒』３１９頁
輕野神社
　祭神
　　今按日本紀應神巻に五年冬十月科伊豆國令造船長十丈船既成之誠浮于海便泛疾行如馳故名其船曰枯野とある
　　枯野は即輕野にて此神社は此舟木を伐出せし時に祭れる神にやあらん
　祭日
　社格　村社（郷社）
　所在　（田方郡中狩野村大字松ヶ瀬）　松瀬村
　　今按國圖に田京村深澤社の處輕野神社ならむと載たれど隣里三福村熊野社の上梁文に狩野庄とあるに因
　　しにて證なし又加殿村の神社なるべしと云るは村名の輕野に近く通うふより云るにて鎮座の神に考べき
　　徴傳はらず又一説に田方郡松が瀬村に笠離明神と稱する古社あり豆志に笠卸明神松瀬村神田と云所の石
　　山に在る舊祠也天文十一年上梁文に地頭狩野介大旦那飯田中務尉泰長代官小泉意春とみえたるが疑なく
　　輕野神社なるべく思る其は此輕野は和名抄狩野郷にして今も狩野組と稱し二十餘村あるを遍ねく點撿
　　するに當社計り舊社と思はゝは無く神階記に狩野の明神とあるに協へりと云るを以て縣の註進狀に未
　　定とせられたれど松瀬村は古の狩野郷にして今狩野組と云神階記に狩野明神と阿るを據として式社と定
　　めて可ならん

度會延經『神名帳考證』（『神祇全書』第一輯）
○輕野神社　袁邪本王　倭名抄云、田方郡狩野、古事記云、日子坐王子袁邪本王者、蚊野之別祖也、日本紀
應神云、應神天皇五年、科伊豆國令造船、長十丈、輕泛疾行如馳、故名其船曰枯野、由船輕疾名枯野、是義違
焉、若謂輕野後人訛歟

伴信友『神名帳考證』（『伴信友全集』第一）
輕野神社
［應神紀］五年十月科伊豆國令造船長十丈云々輕泛疾行如馳故名其船曰枯野由船輕疾名枯野是義違焉若謂輕野
後人訛歟［和鈔］田方郡狩野［古事］日子坐王子衣邪本王者蚊野之別祖也

伴信友『神名帳考』（『神道大系』古典註釋編七・延喜式神名帳註釋）
輕野神社
○應神紀五年、科伊豆國令造船、長十丈、輕泛疾行如馳、故名其船曰枯野、由船輕疾名枯野、是義違焉、若
謂輕野、後人訛歟、○和名抄云、田方郡狩野、○古事記、日子坐王子袁邪本王者、蚊野之別祖也、○應神ノ
御歌二、
　１（頭註）休國圖云、田中村、

鈴鹿連胤『神社覈録』（井上頼圀・佐伯有義校訂『神社覈録』下編）
輕野神社
　輕野は加留能と訓べし、和名鈔、郷名部狩野、○祭神詳ならず○田中村に在す、圖例祭　月　日、○日本紀、
　應神天皇五年十月、科伊豆國令造船、長十丈、船既成之、試浮于海、便輕泛疾行如馳、故名其船曰枯野、
　注云、由船輕疾名枯野、是義違焉、若謂輕野後人訛歟、
　　類社
　　近江國愛智郡輕野神社
　　　神位
　　國内神階記云、正四位上狩野の明神、

『大日本史』［九］・志一・巻二百五十五
輕野神社、○神明帳作正四位上狩野乃明神、今在狩野郷松瀬村、稱笠離明神、按日本書紀、應神朝、本國獻船、名曰枯野、枯野輕野訓同、本社蓋奥此有縁故也、

『大日本史』［十一］・志三・巻二百九十三
狩野、○今三福村、有茨城甫、郷名尚存、應神帝時、本國貢船、名曰枯野、採材于此、日本書紀、伊豆風土記、○枯又作輕、奥狩通、後日狩野荘、東
鑑駿河守藤原維景任滿居此、子孫稱狩野介、伊東系圖有輕野社、延式有狩野牧、○牧郷村嘉禎中、加藤景朝兄弟相爭
牧郷地頭職、即此、東鑑有田代地、○今代村田代信綱所居、源平盛衰記有曰金嶽、風土記○一名久志良山

竹村茂雄『伊豆國式社考』（『神祇全書』第四輯）
輕野神社　田中村深澤、神階帳狩野の明神、加殿神社なるべし、

竹村茂正『豆州式社考案』（『神祇全書』第四輯）
輕野神社
　田中村深澤神社ニテ、神階帳ニ狩野明神トアルモ是ナルベシ、其ヨシハ日本紀應神天皇五年ノ條ニ、冬十
　月、科伊豆國令造船、長十丈、船既成之、試浮于海、便輕泛疾行如馳、故名其船曰枯野、トアル分ノ注ニ、
　日本紀通證史徴、古史傳等ニ引ケル伊豆風土記曰、傳云、此舟木者曰金麓奥野楠也、是本朝造大船始也下アル文、又萬葉集ニ、鳥總立足柄山爾船木伐、マタ母毛豆志麻安志我良于天瀬、諸國ニ船材
　ヲ出シ山々モ多カルベキニ、船ノコトシイヘバ、必柄山ニノミカケテ云ニヨリテ思ヘバ、足柄ノラハロト通ヘバ、足カロニテ、輕野船ヨリ起リシ山名ニハアラジカト思ハル、又疾行如馳トアル文
　ニ據テ按フニ、船名の枯ハ借字ニテ、輕イコト思フベシ、ナドヨメルヲ思ヘバ、今ノ足柄ヨリ日金アタリ迄ハ、一連ノ山ナルヲ以テ、
　古ハ總テ足柄山トヒテ、此山中ヨリ彼御船材ハ出シコトウヅナシ、サテ彼奇靈ナル御船材ノ出シ地タルヲ
　以テ、其山下ニ神社建立シ玉ヒテ、彼船ノ名ヲタヘテ輕野神社ト稱シ奉リシナルベシ、カク思ヒヨリテ、
　其山ノ近傍ヲ探求スルニ、深澤ノ外ニソレトオボシキヲ得ズ、其所以ハ、田中ノ土地タルヤ、山ハ日金ヨ
　リ一連ニテ、風土記ノ日金麓云々トアルニモカナヘリ、又神階帳ニ狩野明神トアル、輕野神社ナルベク思
　ハルヽヨシノアルニ、當社大小ノ祭禮數十度ナルガ、必狩野郷中安全ヲ祈ヲ以テ古例トシ、又造營毎ニ、
　古代ハ永八十貫文ヲ狩野郷中ヨリ出スヲ例トス、近代ニ至ル迄、此遺例ヲ以テ、御造營ノ刻ハ、官ノ免許ヲ得テ、狩野郷中ノ助カヲ乞タリ、其都度々々官ノ下

知書、今獵從前社職西島氏ニ在リ、又狩野郷ハ、古代當所横山ヨリ東南ニシテ、深澤神社狩野惣鎭守ナルヨシ、古老ノ口碑ニ殘リ、中古以來當所ハ、狩野ノ郷中ニアラザルニ、上件ノ如ク狩野ノ郷云々ノ所以トモ、多ク殘レルモ思フベシ、又伊豆國圖ニモ、當社ヲ狩野神社トシ、コノ圖信ジガタキ所多カレドモ、コハ必古傳ノ殘リシナラン、當社傳ニモ、或ハ楊原ト云、或ハ輕野ト云フ、又彼御船材ハ楠ナルニ、當社内楠ノ大木ヲ以テ大楠神社ト稱シテ、末社ノ第一トスルナドヲ思ヒ合スレバ、輕野神社ハ必當社ナルコト論ナカルベシ、然ルヲ輕野神社ハ、松ケ瀬村ノ神社ナルヨシ云ヘレド、其説受ガタシ、何トナレバ輕野神社ハ、上ニモ云ル如ク、彼船材ノ所以ヨシ以テ造立在リシモノナルベキニ、松ケ瀬村ハ、日金ヨリハ其山脈モ續カズ、遙ニ隔絶シテ、風土記ノ文ニ叶ハザレバ、何ノヨシナキ同村ニ、此神社ヲ建立スルノイハレノ有ベキヤ、サレド松ケ瀬村ニ輕野神社ニモヤト思ハルヽコトノマヽ殘レルハ、按フニ古ヘ狩野郷ハ、古老ノ口碑ノ如ク、田中ノ横山邊ヨリ東南ヲ稱セシガ、後ニ瓜生野邊ヨリ以南天城邊迄、今ノ如ク稱スルコトトナリシヨリ、狩野郷中ニ即其神社無キヲ以テ、松ケ瀬ハ今ハ狩野郷中央ニシテ、然モ今ハ社地靈場ナルガ故ニ、後ニ當社ヘ勸請シタルモノナルベシ、仍テ今猶狩野神社ニモヤト思ハルヽコトドモノ殘レルナラン、又深澤ハ廣瀬神社ナリト云レド受ガタシ、其ヨシハ廣瀬神社ノ條下ニ云ベシ、サテ諸社御衰頽甚シキ中ニ、深澤ノヤヽ大社ナルハ、古代狩野郷ハ、他郷ニ一二倍ノ大郷ナルニ、上ニモイヘル如ク、郷中ノ惣鎭守トシテ、諸人殊更尊崇シ、御造營ノ折杯モ、寄附助力等多カリシヲ以テ、後世迄御繁營アリシナラント思ハレテ、此又同社ノ狩野神社タル一證ナリ、彼是ノ證ヲ以テ、上件ノ御社ハ、神階帳ニ所謂狩野明神ニテ、深澤ナル事疑ヒナカルベシ、

萩原正平『伊豆國式社攷略』（静岡県立中央図書館所蔵）
輕野神社
　田方郡松瀬村鎭座狩野の明神神階舊稱笠卸明神社なり登須攷証進特選當社も登一小村の土神ヽして祠宇大ならず登雖今狩野組二十余村の郷社ヽ列せられ多り攷証依頼定まりたる宦社の世ヽ顕は連多る本神の如きは未あらざるな里

萩原正平・萩原正夫『増訂豆州志稿』巻之一・郡郷（長倉書店刊）
〇狩野［増］日本紀、應神天皇、五年冬十月、科伊豆國令造船長十丈、船既成之、試浮于海、便輕泛疾行如馳故名其船曰枯野　〇枯野ノ船材出之所故ニ名トス此郷ニ式内輕野神社（［増］神名帳狩野ノ明神）有リカルノ・カレノ・カリノ皆轉語ナリ今狩野ノ荘又狩野組ト云フ、（［増］東鑑狩野ノ荘マタ狩野山ノ稱アリ國郡沿革考日加殿以南ノ地ト竹村茂雄、考曰瓜生野邊ヨリ天城山迄ヲ云フト、以上ノ説ニ因リテ其地理ノ大概ヲ知ルベシ。）

萩原正平・萩原正夫『増訂豆州志稿』巻之二下・町村二（長倉書店刊）
〇松ケ瀬村（［増］東雲金村十町十間西大平柿木村二十六町三十間、南本柿木村五町十九間、北大平村十四町）［増］五里三拾三町四拾三間貳尺〇天正十八年豊臣氏文書松笠郷ニ作ル(舊ク然唱ヘシナラム延賓六年輪地帳松ケ瀬村トミユ)本村鎭座松離神社ハ即式内輕野神社ニシテ(倭名抄狩野郷アリ神名帳狩野ノ明神ヲ載ス)枯野船材ヲ伐シ處此邊ナラム(日本紀ノ應神天皇五年冬十月科伊豆國令造船長十丈船既成之浮海便輕泛疾行如馳故名其船日枯野ト即狩野ハ此枯野ノ船材ヲ伐シ處ナヨリ起レル稱ナリ而シテ輕野神社ハ其時移レル社ナルベシ蓋村名ノ松笠又社號ノ笠腰ミナ此神ノ靈威ニ因リテ起レル稱ナリ委ク神社ノ條ニ記スベシ或當一傳日此舟木者日金山ノ麓奥野ノ楠地ト記セシト據ナキ附會ノ説ニシテ事實ニ遠ハズト知ルベシ)
　〇田額百四拾七石壹斗貳升内（新田五升四合）［増］反別五拾五町四反三畝貳拾七歩内（田十一町二反四畝十四歩、畑三町四反六畝十九歩、宅地一町三畝十一歩、山林二十五町八反四畝二十二歩、原野十三町五反六畝二十一歩、）［増］地價金四千九百壹圓三拾八錢九厘［増］地租金百貳拾圓五拾四錢貳厘［増］社一（郷）〇戸現住貳拾九現在同上［増］口本籍百五拾七（男七十三、女八十四）現住同上

萩原正平・萩原正夫『増訂豆州志稿』巻之八上・式内神社考並神階帳考緒言（長倉書店刊）
〇輕野神社［増］神階帳正四位上狩野の明神［増］田方郡松ケ瀬村舊稱笠卸(或作笠離)明神社ナル可シ國圖ニ田京村ニ載セタルハ非也

萩原正平・萩原正夫『増訂豆州志稿』巻之八下・神祠二・君澤郡（長倉書店刊）
〇深澤明神（田京村）［増］郷社（兼社）深澤神社〇溝樴姫命瓊々杵尊二神ヲ祀ル（［増］社傳曰祭神三座、一座溝樴姫命二座不詳ト）［増］式内廣瀬神社ナル可シ(前記)往昔狩野川祠傍ヲ流レ(古川ノ稱存ス又舟寄松、舩繋松等アリ舟寄松近年枯ル)此地ニ至リ深澤川、大澤川ト相會シテ流域始テ大ヲ爲ス故ニ廣瀬ト稱セシナラム大和國廣瀬神社モ初瀬、佐保ノ二川社邊ニテ會流スルヨリ其稱アルガ如シ(祝詞式ニ廣瀬ノ川合トアリ)現今、社西、神島村ノ内ニ廣瀬ノ地名存ス(蓋狩野川ノ水路變更スルニ随ヒ廣瀬モ移リタルナラム)社傳ニ日三島大社ハ往古白濱ヨリ此地ニ移シ後三島ニ遷祀スト(古老口碑亦同ジデ賀茂郡下賀茂社附加畑加茂神社々傳ニ三島大社古、田方深澤ニ移リ後三島ニ遷座スト。柿崎村ニモコレト同キ古傳アリ)祭神溝樴姫命ハ三島大神ノ后神ナレバ此地ニ鎭座セルハ宜ナリト謂可シ(神代記ニ日事代主神化爲ハ尋鰐鱷通三島溝樴姫ト事代主神即三島大神ナルト事ニ前述ス又溝樴姫命、伊古奈比咩命ト同神ナリシ説充富ナラム)國圖ニ式内輕野神社ニ當テタルハ非也三島町廣瀬神社ハ當社ノ分祠ナリトス（前記）〇田中五村ノ總鎭守ニシテ祠頗大也［増］當社寛永中文書ニ云曰ヱルハ伊豆山三島、深澤、中郷、山倉（玉北）等ノ五村ニシテ慶長元年ノ上梁文ニ曰伊豆國田方郡田中郷福澤大明神者伊與國福田荘出而以人民養育誓願現大明神聖武天皇御宇天平年中鎭座此所給云々抑當社間尺移天長年中三島大明神造營而鑁金銀所也云々ト［増］當社ヲ豫州ヨリ遷祀スト云ルハ謬傳ナル事三島大社ノ例ノ如シ往昔ハ補宜三十六人、供僧六坊ヲ置キタリ（〇今月影山大雲院／顧存ス供僧ノーナリシカ［増］寛永二十一年金鑿ニ狩野庄田中鄕月慶山大雲院深澤大明神ト鑿スル緣起ニ一別當隔月慶山大雲院ニアリ駿州駿東郡深澤ニ深澤山大雲院アリ開基ヘ深澤八郎左衛門法名深澤院殿大安鐵雲ト云ル按ズルニ深澤氏八當鄉ヨリ駿州ニ轉任シ大雲院ヲモ移シタルナラム駿河志料ニハ駿州ヨリ伊豆ニ至リ一村ヲ開クトアリ尚可追考當社上／東南ニ補宜屋敷／稱存ス社人／宅地ナルゾ）〇昔ハ神田八町八段大五十歩（［増］田中鄕／内）ト永八十貫文［増］内七十五貫文狩野總郷内、五貫文三福郷内）ヲ領ス天正十八年兵火ニ赤土ト爲リ文書等悉失フト云［増］此時補宜供僧皆退轉シ源頼朝、北條時政等社田寄進狀燒亡ス（〇慶長元年上梁文中二日北條氏直依青輪命關白秀吉公奉敕命天正八庚寅三月於駿河國浮島原前驅軍勢鎭九州四國北國始五十餘州之士卒共五十萬餘騎伊豆相模風入筒社頭打散三十六人之社人六坊之供僧者拾身命逐電社務盡文悉蔬紛失云々。寛永十五年上梁文中二日依兵亂朝朝將軍御判、北條政御判炎上、御神領八町八段大五十歩、代八十貫文記無證文云々ト〇因テ文藏中打畳ヲ時伊弘氏、彦坂氏ニ詫テ社地御供免神主宅地ノ租稅ヲ除カル）爾來所領ヲ失ヒ伊豆全州ノ助成ヲ以テ造營修繕ヲ爲ス（寛永九年代官今宮惣左衛門外五人連名ノ文書ニ曰田中深澤ノ宮破損致候間諸勸進ニテ修覆致度之由神主候申候承條ヘバ當國大社ノ由ニテ前々ヨリ勸進ヲ以テ建立致來候ト候申候間壹紙半錢ニヨラズ心持次第二可被致候候其如此ニ候以上ト尚貞享四年、享保八年、明和九年等勸化許狀アリ）〇祠域ニ藥師堂（［増］維新ノ際廢ス）ノ見目（本社ノ左ニアリ故ニ左雷ト云）有レバ三島ト同神ニシテ式社ナル可シ毎歳正月十五日年穀ノ占ヲ爲ス粥ヲ煮竹筒（［増］竹筒ニ井ズ古來筥ヲ用ウ蓋狩野川社傍ヲ流過セシ日水澤ノ筥ヲ採用セシヨリ恒例トナリタルナラム）ヲ投ジ其筒中ノ虚實ヲ以テ五穀ノ豊凶ヲ占フ（［増］占田祭ト云）又田打（［増］正月六日執行ス其式柳ノ串五百數ヲ長一尺二寸ニ製シ當日社參ノ者ニ與フ此串毎苗代田ノ水口ニ立ツル例トス）田植（［増］六月十五日之ヲ行フ當日三福村字神田ヨリ早苗ヲ採來リ社傳ノ老楠樹ニ打付ケ畢テ神田ヲ植ルノ例トス）新嘗（［増］九月九日之ヲ行フ當日午舌形ノ菱ヲ神前ニ供ヘ次日田中鄕ノ氏子毎戸二戸宛配附スルノ例ハ是ヲキト舌菜トス。賀茂郡見高村見高神社ニモ亦此式アリ）等ノ祭式アリ［増］例祭ハ古來正月（現今一月）十七日ニ執行ス以上ヲ五度ノ大祭ト稱ス維新ノ際迄ハ一ケ年ノ祭事

總テ七十五度アリキ社域老樹鬱蒼頗幽邃ナリ(社傍ノ老楠周圍四丈二尺アリ域内近年神德碑ヲ立ツ○神官西島氏)○末社六([增]見目、大楠、若宮、嚴島、稻荷、□□)[增]祖靈社一(明治八年建ツ[增]二千七百八坪官一)

萩原正平・萩原正夫『增訂豆州志稿』巻之八下・神祠二・田方郡（長倉書店刊）
○笠卸明神(松ケ瀨村)[增]郷社(兼村社)輕野神社祭神不詳[增]式内輕野神社ナルヘシ[增]日本紀曰應神天皇五年冬十月科伊豆國令造船云々輕泛疾行如馳故名其船曰枯野ト蓋此地船材ヲ出セシ舊土ニシテ此社必當時ノ創建ナラム和名鈔所載狩野郷即此地也(郡郷部参觀)社傍ニ楠田ノ稱存シ隣里ニ上船原、下船原ノ村名アリ又村北大平村ニ大木橋アリ傳云往古此地ニテ船材ヲ伐リシ時其梢ヲ架シテ橋ト作ス故ニ今尚大木ノ稱ヲ存スト是皆證左トスルニ足ル初村道社前ニアリ行人神威ヲ避ケ笠ヲ卸シテ過グ故ニ笠卸明神ト稱シ又笠ヲ社域ノ松ニ懸ケショリ其地ヲ松笠ト呼ビ延稱シテ村名ト爲リ轉訛シテ松ケ瀨ト爲リタリト云○神田ト云所ノ石山ニアル舊祠也天文十一年ノ上梁文云地頭狩野介大旦那飯田中務尉泰長代官小泉意春ト[增]明治十九年社號ヲ改ム[增]境内社四(高根、天神、神明、山神、[增]皆近年境外ヨリ遷ス○高根、寶永四年ノ文ニ云高皇大明神ト○神明、靈地也祠、中慶ス寛保中再興セリ[增]六百九十八坪官一)

菅原久高『伊豆國九十二式社祭神記』（『全國神職會々報』第二十一號）
輕野神社　中狩野村末ケ瀨鎭座郷社なり狩野明神又笠御又笠離明神と稱す
　祭神　詳らかならす

吉田東伍『增補大日本地名辭書』第五巻・１０５１～１０５２頁
狩野郷　和名抄、田方郡狩野郷。○今修善寺村、下狩野村、中狩野村、上狩野村等是也。大略、大仁の溪流以南、天城山に至る山谷を指す、本州に於て中央の一區とす。
　狩野は中世庄名に呼び、大仁以北なる田中村、北狩野村も其庄内なりしことあり、東鑑、文治四年五月の院宣に「蓮華王院領、伊豆国狩野庄、年貢注文遣之」とあり、本来院御料なりしを知る。其地頭は狩野介茂光と云ひ、其子親光と共に頼朝に随従して、遂に鎌倉殿の家人と為り、子孫累世武名あり。明應六年、北条早雲に破られ其家衰滅す、狩野氏は藤原姓工藤とも号したり、其一族庶流、豆駿遠相四州に繁茂して、東海道の名家たりき。○增訂志稿云、藤原維景、駿河の任満ちて、本州狩野に来住し、狩野を族とす、伊東系図には、藤原為憲伊豆守と為り、始て工藤と稱す、為憲時理を生む、時理時信を生む、時信維永を生む、維永の嫡子を維景とす、二男を維信と云ひ、曾我（相摸）の祖とす、維景の子維次（号狩野九郎）其子家次、其子茂光、伊豆介に補任し、狩野介と曰ふ、菅源八郎為朝を大島に伐りたり、其子孫鎌倉に出仕繁栄す、後には太平記、慶安元年、畠山道誓修善寺城を保する条に、「一方の大将にもと頼みし狩納介も降参しぬ」とあり、又北条盛衰記に曰く「北条早雲は堀越御所を討取り、又狩野介を攻む、狩野介は伊東が婿なれば、伊東の弟に円覚と云法華の僧ありけるを、大将として加勢、云々、狩野打負け名越の国清寺にて自害しける」と、此に至りて全く衰ふ。○東鑑、承元二年「鎌倉神宮寺造営材木、自伊豆国狩野山之奥、出河津海」とあるは、天城山を狩野山とも云へるなり。
補[狩野郷]○和名抄郡郷考、伊豆国神階帳、正四位上狩野明神、○志稿、枯野の船材出せし所故名とすと云ふ、○今按、神名式輕野神社、これ船名より出たる名にて、カラヌ也、然らば狩野はカラヌより転ぜしものか、東鑑、文暦二年八月伊豆国狩野庄内牧郷とあるは、庄郷転訛したるか、又当時のとなへかく有りしか。○增訂豆州志稿、国郡沿革考曰、加殿以南の地と。竹村茂雄考曰、瓜生野辺より天城山までを云ふと。以上の説によりて其地理の大概を知るべし。
○增訂豆州志稿、松が瀨村鎭座笠離神社は、即ち式内輕野神社にして、枯野船材を伐りし處、此處ならむ、○日本紀、応神天皇五年冬十月（略）○名跡志に、此所は狩野介茂光が居住の地、歷代の旧領なりと。其旧跡村の東南にあり、城山と云ふ、山上平地ありて、重隆の跡存す。又其西本城と云ふ地あり、今は耕宅地となると、○笠離とは、行人神威を畏みて笠を卸し、敬禮して過ぐるより起るのみ。

吉田東伍『增補大日本地名辭書』第五巻・１０５２頁
輕野神社　今松が瀨の笠離明神是なり、延喜式の官社にして、俗説、応神帝の時、枯野船を伐りし地といふ。応神紀、伊豆国令造船、長十丈、船既成、試浮于海、便輕泛、疾行如馳、故名曰枯野、（歌に云、訶羅怒）
　按に輕野はカラノとも、カノとも、いづれにも訓むべし、近江国にも同名の地あり。狩猟馳駆の山野なれば、本義は狩野なるを、古人已に（子母音の轉換により）訛りてカノともカラノとも唱へしを憶ふべし、又此社を後世笠離と云ふは、行路の人之を過ぐれば必笠を脱し禮を爲しゝに因る。

邨岡良弼『日本地理志料』巻十三・伊豆国田方郡
狩野　訓闕、按當讀云加留乃、常陸又有輕野郷、應神五年紀、科伊豆國造船、船成長十丈、試浮于海、輕駛如馳、因名其船曰枯野、此出船材所、故名、神名式載田方郡輕野神社、本國神名帳作狩野明神、今在狩野郷松瀨村、稱笠卸明神、按枯輕狩邦訓同、相摸足柄郡、後風土記作足輕、亦同、」尊卑分脈、藤原維景任駿河守、任滿居于伊豆狩野、其子維職、補伊豆押領使、因以狩野爲氏、其孫茂光、爲伊豆介、世稱狩野介、時源爲朝侵掠本州諸島、狼獵日甚、茂光奏朝、討而之亡、治承中、從源賴朝于石橋山、軍敗死之、子孫襲稱狩野介、續太平記云、昔者武家定八介、于周防大内介、于出羽秋田城介、于相摸三浦介、于兩總千葉介上總介、于伊豆狩野介、于遠江井伊介、于加賀富樫介、盖右屬也、」東鑑承元二年條、加藤景朝兄弟、論訴狩野荘牧郷地頭職、天正十一年北條氏文書作狩野牧、豊臣氏文書加乃萬岐、天神神祠金鼓識豆州宝郡加野巻、豆州志云、狩野郷廢、狩野荘存、又稱狩野組、領二十七村、按圖亘牧郷、瓜生野、熊坂、修善寺、柏久保、年川、田代、加殿、日向、立野、大平、松瀨、佐野、雲金、柿木、青羽根、舟原、矢熊、田澤、月瀨、吉奈、門野原、市山、湯島所邑、其故區也、」文祿檢地帳、載宝郡田代郷、又宝郡日向郷、宝郡狩野荘等、宝即寶字俗體、盖田方之轉訛、修禪寺、初名桂谷山寺、元亨釋書云、僧空海建一宇於豆州桂谷、東鑑建久四年條、幽源範頼于修禪寺、建仁四年條、前將軍賴家薨于修禪寺、即此、吉奈、元龜三年文書作善名、有善名寺、傳言、僧行基創、田代即田代信綱所居、砦阯猶存、

静岡県田方郡役所編『静岡県田方郡誌』１０４頁（長倉書店刊）
　九、狩野郷　東鑑に狩野荘と作り、後世荘名と變り居れど、式内輕野神社は中狩野村松ケ瀬に鎭座しあれば此地方ならん。狩野介茂光の居住跡亦此村に存すれば、此地の夙く開けたるを知るべし。狩野の語源につき大日本地名辭書に狩獵の地に基くと記せど、最初枯野或は茅野にて後に狩野と變りたるものとするは非か。

静岡県田方郡役所編『静岡県田方郡誌』５０２～５０４頁（長倉書店刊）
　本郡に於ける古神社の史乘に顯はれたるは、延喜式神名帳と伊豆國神階帳とを其完備せるものとす。前者は平安朝の初期、後者は南北朝時代に現在せる宮社を記載せるものなり。而して此等所載の神社は、引續き現存せるものなりや否や、今日に之を考定するは頗る至難の事に屬す。然れば先進各考説を異にし、甲是乙非にて、必ずしも一定せず、是を以て、此書には伊豆國式社考證の著者故萩原正平氏の説に從ひ之を表示す。
　　云々
　　延喜式神名帳所載社名　　輕野神社（田方）
　　神　階　帳　所　載　社　名　　正四位上　狩野の明神
　　現　　　在　　　社　　　名　　郷社兼村社　輕野神社？
　　所　　在　　地　（舊　　制）　　田方郡松ケ瀬村
　　所　　在　　地　（現　　制）　　中狩野村月ケ瀬

静岡県田方郡役所編『静岡県田方郡誌』７０４～７０６頁（長倉書店刊）
　枯野船材伐出地跡　中狩野村松ケ瀬なりと云ふ。枯野は船名にして、應神天皇の朝伊豆國より貢する所なり、即ち日本書紀
　應神天皇五年甲午冬十月科伊豆國令造船。長十丈。船既成試浮于海、便輕泛疾行如馳故名其船曰枯野。
此船材の伐出地を増訂志稿に考定して左の如く説けり（豆州志稿原本には全く考説なし）
　松ケ瀬村笠卸明神は式内輕野神社なるべし、蓋此地船材を出せし舊土にして、此社必當時の創建ならむ。和名鈔所載狩野郷即此地なり、社傍に楠田の稱存し、隣里に上船原・下船原の村名あり、又村北大平村に大木橋あり、傳云往古此地にて船材を伐りし時、其の梢を架して橋となす、故に今尚大木の稱存すと、是皆證左とするに足る。初村道社前に在り、行人神威を避け、笠を卸して過ぐ、故に笠卸明神と稱し、又笠を社域の松に懸けしより、其の地を松笠と呼び延稱して村名となり、轉訛して松ケ瀬となりたりと云ふ。今之を狩野・河谷の歴史に徵するに、狩野の名を最も早く歴史に馳せたるは、源平時代に於ける狩野一族なるが如し、而して此狩野の一族の本據地は、柿木青羽根の界なるに考へて、他に有力なる駁説なき以上、此考説に據る外はなかるべし。因に此枯野船は、我國に韓土の造船法の傳來の動機をなしたるものなり、こは日本書紀の記す所にして、之を幕末に於て、西洋式の造船法が戸田の地に初まりたる事實と合せて、本郡の地が、外國式の造船法と奇しき因縁を有するを知るべし。日本書紀應神天皇朝三十一年條（枯野船を貢してより廿六年）
　三十一年秋八月、詔群卿曰、官船名枯野者、伊豆國所貢之船也。是朽之不堪用、然久爲官用、功不可忘。何其船名勿絕而得傳後葉焉。群卿便被詔以令有司取其船材爲薪而燒之。於是得五百籠鹽。則施之周賜諸國、因令造船是以諸國一時貢上五百船悉集於武庫水門。當是時新羅調使共宿武庫爰於新羅停忽失火、即引之及于聚船、而多船見焚由是責新羅人新羅王聞之譽然大驚乃貢能匠者是猪名部等之始祖也。

足立鍬太郎『南豆神祇誌』３７～４１頁（静岡縣賀茂郡神職會）
　延喜式巻九に載せた伊豆國神名帳は次の如くである。　但所在地は萩原正平著伊豆國式社考畧に私考を加へて註記す。
　　　伊豆國九十二座　　大五座小八十七座
　　　　賀茂郡四十六座　　大四座小四十二座
　　　　　云々
　　　　田方郡廿四座　　大一座小廿三座
　　　　　云々
　　　　輕野神社　　　　　　　　　　　　　　　中狩野村松ケ瀬
　　　　　云々

足立鍬太郎『南豆神祇誌』７５～７７頁（静岡縣賀茂郡神職會）
　伊豆國神階帳は、群書類從二三に、康永二年辛亥（興國四年）十二月廿五日在廳判の奥書あるものを、在廳伊達某藏本から寫して收めてある。伊達家に現藏するものは鳥子紙二枚續にて後世の寫本である即ち尾張のより二十年許前のものである。在廳とは、中古國衙の廳にあり、國司の命を奉じて事務を行ふ下司であったが、多くは世職だから其の稱呼を傳へて居たのだ。先づ左に其の全文を掲げよう。
伊豆國神階帳　　式社の配富は萩原正平の意見に據る
　　伊豆國三ケ郡神明帳事
　　正一位三島大明神
　　　云々
　　　正四位上狩野の明神　　輕野神社
　　　云々

静岡縣『旧版　静岡縣史』第三巻・７１１～７２０頁（名著出版刊）
【賀茂郡四十六座大四座小卌二座】
云々
【田方郡二十四座大一座小卌三座】
云々
　（輕野神社）
　　「日本書紀」應神天皇五年冬十月の條に伊豆國に命じて船を造らしめ枯野と名付けたことがある。原所
　　在は田方郡中狩野村松ケ瀬字神田。現在社は同所の輕野神社。
云々

静岡県郷土研究協会『静岡県神社志』第三篇（日本仏書センター刊）
郷社　軽野神社
　　　田方郡中狩野村松ヶ瀬字神田鎮座
云々
　祭神　不詳(明細帳)　狩野明神(八重事代主命)(社伝)
　例祭日　十月十九日
　由緒　本社伝にては、延喜式神名帳に田方郡軽野神社とあり、日本書紀「応神天皇冬十月科‐伊豆国‐令レ造レ船、長十丈船既成之、試浮‐于海‐軽泛疾行如レ馳、故名‐其船‐曰‐枯野‐」とある。枯野は即ち軽野にて、此神社は恐らくこの船木伐り出したる際、祭れる神にやと思わる、古老の伝には三嶋神社と同神にて、祭日祭式等も該社の例と異ならずという。昔はたゞ明神とのみ称したるも、神威厳然、社前に笠を冠りて通過すれば神罰を蒙るとて、いつとはなく笠離明神と云い習うた。伊豆志に笠卸明神は松ヶ瀬村神田と云う所の石山に在す。旧社也云々と、天文二十一年の上梁文に「奉修造豆州狩野庄松ヶ瀬村神田笠離大明神御宝殿　地頭狩野介、大旦那飯田中務尉康長、代官小泉音春」とありね特選神名牒にはこれを解して、これ疑なく軽野神社なるべく思わる、そはこの軽野は和名抄軽野郷にて、今も軽野組と称し、二十余あるを遍ねく点検するに、当社許り旧社許と思わるゝはない。県の注進状に未定とせられたれど松瀬村は古の狩野郷にして、今狩野組といい、神階記に狩野の明神とあるを拠として式社と定めて可ならんと云う、竹村氏の式社考は田中村深沢神社に比当する。明治六年八月郷社に列し。明治十九年五月一日軽野神社と改称す。昭和十年十一月十四日神饌幣帛料供進社に指定せらる。
云々

倭文神社

『特選神名牒』３１９～３２０頁
倭文神社
　祭神
　祭日
　社格
　所在
　　今按この神社諸説一定ならず一説に君澤郡長伏村鍬手明神なるべし豆志未定の部に載たれど神名帳に各社を載られたる序次は父梨輕野倭文高椅長濱とあるを神階帳にはちゝなし狩野長濱と並載て倭文高椅を列ねず別處に高橋の明神くわとの明神を並出せるは彼狩野明神長濱明神の間より此二社を引抜て出したること知られて此くわとの明神倭文神社なること疑なければなり又一説に國圖に大野村に載たれど今然るべき社なし牧郷村天神社ならむ隣里柏久保村は舊一村なりし由なるが彼村に一宮明神ありと稱するは必式社ならむ社邊に今シントと云地名ある牧郷村に岑度山東隱寺と云あるは倭文の轉訛なるべし又一説に田京村深澤明神ならん社邊の字に麻が畑麻侵川あり近隣の者夜半に時々機織の音を聞事ありと是機を司り玉ふ神なるに由あり田京は建羽槌命の轉ならんと云る長伏村と云は神名帳の順序に由あり大野村は倭文の語に由ありて聞ゆれば此二村の内なるべし牧郷村なるは其説少しく附會に近し

度會延經『神名帳考證』（『神祇全書』第一輯）
〇倭文神社　建葉槌命　纂疏云、恐是武甕槌之屬也歟、按御子乎與比波預命社同神、按近江國愛智郡輕野神社

伴信友『神名帳考證』（『伴信友全集』第一）
倭文神社

伴信友『神名帳考』（『神道大系』古典註釈編七・延喜式神名帳註釋）
倭文神社
　１（頭註）木圖云、田中村

鈴鹿連胤『神社覈錄』（井上頼囶・佐伯有義校訂『神社覈錄』下編）
倭文神社
　倭文は志圖利と訓べし〇祭神建羽槌男神歟〇大野村に在す、圖例祭
　　　類社
　伊勢國鈴鹿郡倭文神社の條見合すべし

栗田寛『神祇志料』第十二巻
倭文神社

『大日本史』［九］・志一・巻二百五十五
倭文神社

竹村茂雄『伊豆國式社考』（『神祇全書』第四輯）
倭文神社　南中村に聖天の祠あり、倭文を聖天にあやまりたるならんか、又月が瀬村に聖の宮あり、しとりをひぢりといひあやまれるにや、

竹村茂正『豆州式社考案』（『神祇全書』第四輯）
倭文神社
　小坂村葛木神社ナルベシ、此社モト葛木山今大トツケト云ノ半腹ニアリテ、別當寺モ有シガ、野火ノ爲ニ燒失シテ、今ハ澤ノ藥師堂ノ中ニアリテ、殆里人モ知ル者少キニ至ル、サテ此社ヲ倭文ナラント云由ハ、式ニ大和國葛下郡倭文坐天羽雷命神社トアル、是諸國倭文神社ノ本社ナルベシ、當社又彼神ヲ齋祀スルヲ以テ倭文ト云、又葛木ト稱セルナラン、又此神社ノ鎭座マシマスガ故ニ、則山名ヲモ葛木ト稱セシナルベシ、此山ヲ大トツケト云ヘルハ、大ハ元苧生ニアラザルカ、トツケハ方言カ、或訛言ナラン、小坂モ苧坂苧境ナドニテ、共ニ倭文ニヨレル名ナルベシ、又按フニ、此御神社則神階帳ノ高山明神ナルベク思ハル、其ヨシハ、上ニ所謂葛木山ヲ、近村ニテ高山或ハ高トツケト呼ベリ、此山ニ御鎭座有ルヲ以テ、康永ノ比高山明神ト稱シ奉リシナルベシ、今當村ニテハ、却テ高云々ト云稱呼ヲ失セリ、

徳川義直『神祇寳典』巻五・伊豆（『神祇全書』第貳輯）
倭文神社
　倭文神者、天羽槌命也、
　見于大和國倭文社之下

萩原正平『伊豆國式社攷略』（静岡県立中央図書館所蔵）
倭文神社
　君澤郡長伏村鎭座く王との明神神階帳舊稱鍬手明神社なる可し攷証及び註進の一説ニ載此の他數説あれど皆憶斷を逞連ざ連婆掲ぐるを要せず

萩原正平・萩原正夫『増訂豆州志稿』巻之二下・町村二（長倉書店刊）
〇大野村（〇東田原村三十四町二十六間、西牧ノ郷村一里十二町六間、南年川村三十二町四十間、北下畑村十二町二十間）［増］五里拾四町五拾九間〇是山中ニシテハ差平ナル野原アル故名ク（［増］按ズルニ本村倭文山アリ天正十八年豊臣氏ノ文書田中郷内わふみ村ミユ今何レ村ナリヤ考フ可カラズ蓋若クハ倭文ヲ字音ニわふみト唱ヘ其又轉訛デゞうのトナリタルカ或ハわふみノ略ナラムカ今ニ和臺ノ字アルモ倭文臺ノ略ナラムモ知ラズ延寶五年ノ檢地帳大野村トアリ元祿圖天保郷帳大野入牧ノ郷同瓜生野散田ヲ載ス文祿度高百七十石一升アリシガ慶長元年石高三百七十九石八斗二升此反別三十五町九反二畝二十九歩牧之郷ヨリ編入ス又天和八年同郷分石高四十六石二升七合此反別三町一反七畝七歩瓜生野村ヨリ編入ス明治十一年反別

六町八畝二十九歩ノ飛地ヲ牧之郷ヘ分地ス元禄圖大野ノ内道所ヲ載ス道所ハ堂所ナリ其他倭臺洞ノ小名アリナホ村ノ東北二十町許堀山藤次林等ノ字アリ相傳フ住昔堀藤次親家居住ノ所ナリ)
○田額六百六石四斗九升九合内(新田九石六斗四升二合)[増]反別七百五拾八町八反六畝拾九歩内(田三十六町三反六畝五歩、畑四十四町四反三畝十二歩、宅地四町八反六畝二十一歩、山林三百四町五反五畝九歩、原野二百六十八町六反五畝二歩)[増]地價金二萬五百拾五圓五拾九錢三厘[増]金五百拾貳圓八拾七錢八厘[増]社一(村)寺三(禪)小學校一(字臺ニ在リ)[増]戸現住百一現在百二[増]口本籍六百拾五(男三百十二、女三百三)現住六百(男三百一、女二百九十九)

萩原正平・萩原正夫『増訂豆州志稿』巻之八(上)・式内神社考並神階帳考緒言（長倉書店刊）
○倭文神社[増]神階帳從四位上くわとの明神[増]君澤郡長伏村鍬戸神社ナル可シ國圖ニハ田方郡大野村ニ載ス(此村ニ倭文山アリテ神明ノ小祠アリ)

萩原正平・萩原正夫『増訂豆州志稿』巻之八(上)・神祠一・君澤郡（長倉書店刊）
○鍬手明神(長伏村)[増]村社鍬戸神社祭神不詳[増]式内倭文神社ナル可シ(前記○以上二神社名記ニ載スレ共未審)[増]境内社一(淡島、天神ヲ合祀)[増]三百二十七坪官一)

菅原久高『伊豆國九十二式社祭神記』（『全國神職會々報』第二十一號）
倭文神社　中郷村長伏鎭座村社鍬戸神社なり
　　祭神　詳らかならす

吉田東伍『増補大日本地名辞書』第五巻・１０３６～１０３７頁
中郷　今村名に轉ず、元中の郷とも云ひ、三島驛の南、狩野川に至る諸村を指せり、東に賀茂川流れ、西は玉川を以て駿東郡界とす。
　　増訂志稿云、梅名の右内明神は、式内阿米都瀬気多知命神社なるべし、長伏の鋤手明神は式内倭文神社ならん、又式内玉作水神社は玉川に、式内高橋神社は松本にあるべし。又云、三島宿の南に青木村あり、天正十八年検地帳に「こくが青木の村入、新屋」とある新屋は今新谷に作り、サウチ原と云ふ地名も検地帳に載す、鶴喰村は三島大社建武二年文書に見ゆ。
　　　雑訴決断所牒　伊豆国衙（建武二年）
　　　　　三島神主盛親代実法申、当社領北中村、安富、鶴喰、糠田、御薗、長前、并宮倉、神護以下、社辺敷地等事、副重解状、具書、
　　　　牒、当社神主職、并神領等、先度盛親所預勅裁也、而資盛々行等、令濫妨云々、太不可然、早止彼等之妨、宜沙汰付盛親者、以牒。
補[中郷]○増訂豆州志稿、[重出]新谷村或は新屋と書す、天正十八年の検地帳に載るさうち原は所謂屯倉の旧址なりと云ひ傳へたるが、今猶青木新谷二村に渉るの地名なり、○鶴喰村は三島大社建武二年の文書に、鶴喰の稱見ゆ、此村古き村にして、中頃近村或は皆鶴喰の郷と稱す。

吉田東伍『増補大日本地名辞書』第五巻・１０３７頁
玉川　今中郷村の大字とす、玉水池てふ清泉あれば、式内玉作水神社はタマナスミヅと訓み、此清泉の霊にあらずや。又三島大社文書に「玉川郷者、元久二年閏七月、被寄進当宮」云々、安貞二年のものに、三島宮領伊豆国玉川郷住人云々。
　玉川の溝洫は今豆駿の州郡界とす、（小泉川とも云ふ、駿州に重出す）田家民居、居一溝の左右に縁り、屋舎相望むも、州管を異にす、三島驛の千貫樋の水、即玉川の別源とす。
補[玉川]○増訂豆州志稿、東雅に云ふ、玉は尊貴の稱なり、古語に者を呼ぶに、玉と云ふ事を加稱して、皆其物を賞する詞なりと、此村の西北に玉水池あり、其流れを玉川と云ふ、水清潔にして冷なり、因て名づく。三島大社の文書に云ふ、当郷者元久二年閏七月被寄進当宮云々、安貞二年の文書なり、其始に下三島宮領伊豆国玉川郷住人云々と見えたり、青木・鶴喰・畑より平田までを中郷と云ふ、亦御殿川と界川との中間にある故なるか、○式内玉作水神社は玉川の愛高明神か。式内高椅神社は松本村の鎮座なり。長伏村の鋤手明神、これも式内倭文神社なり。

郷岡良弼『日本地理志料』巻十三・伊豆国田方郡
佐婆　訓闕、按當讀云左末、上野石見周防又有佐波郷、田野部引風俗通、水草交曰澤、和名佐波、説文、澤、光潤也、釋名、下而有水曰澤、言潤澤也、狩谷氏曰、水陸際池、其土必潤澤、故謂水草交爲澤、所謂轉注也、〇天正十八年豊臣秀吉文書、田方郡澤之郷、豆州志云、佐婆方廢、大場村一名澤郷、隣邑有上澤、北澤、谷田村有佐婆池涸阯、可以知其槩矣、按廣亘上澤、北澤、大場、多呂、谷田、中島、八反畑、梅名、安久、御園、長伏、松本、平田、掘内諸邑、蓋其域也、」源平盛衰記有澤六郎宗家、屬源頼朝、戰死石橋山、即本郷人、大場、伊豆山舊記作大庭邨、天正撿地帳有多呂郷、在廳多呂氏世居此、見三島社古文書、佛光語錄、建武元年、足利直義以豆州安久荘、寄佛光禪師、三島文書、延元三年、北畠顯家以安久郷遵于本社、治承四年建武二年文書、有御薗荘、康應二年文書、作御園郷、祀典所謂倭文神社、在長伏村、高椅神社、在松本村、阿米都瀬氣多知命神社在梅名村、父梨神社在中島村、

静岡県田方郡役所編『静岡県田方郡誌』５０２～５０４頁（長倉書店刊）
　本郡に於ける古神社の史乘に顯はれたるは、延喜式神名帳と伊豆國神階帳とを其完備せるものとす。前者は平安朝の初期、後者は南北朝時代に現在せる宮社を記載せるものなり。而して此等所載の神社は、引續き現存せるものなりや否や、今日に之を考定するは頗る至難の事に屬す。然れば先進各考説を異にし、甲是乙非にて、必ずしも一定せず、是を以て、此書には伊豆國式社考證の著者故萩原正平氏の説に從ひ之を表示す。
　　云々
　延喜式神名帳所載社名　倭文神社（田方）
　神　階　帳　所　載　社　名　從四位上　くわとの明神
　現　　在　　社　　名　　村社　鍬戸神社？
　所　在　地　（舊　制）　君澤郡長伏村

　　　　所　在　地　（現　制）　中郷村長伏

足立鍬太郎『南豆神祇誌』３７〜４１頁（靜岡縣賀茂郡神職會）
　延喜式卷九に載せた伊豆國神名帳は次の如くである。但所在地は萩原正平著伊豆式社考畧に私考を加へて註記す。
　　　　　伊豆國九十二座　　大五座小八十七座
　　　　　　賀茂郡四十六座　　大四座小四十二座
　　　　　　　云々
　　　　　　田方郡廿四座　　大一座小廿三座
　　　　　　　云々
　　　　　　　倭文神社　　　　　　　　　　　　　　　北狩野村大野星山区倭文山
　　　　　　　云々

足立鍬太郎『南豆神祇誌』７５〜７６頁（靜岡縣賀茂郡神職會）
　伊豆國神階帳は、群書類從二三に、康永二年辛亥（興國四年）十二月廿五日在廳判の奥書あるものを、在廳伊達某藏本から寫して收めてある。伊達家に現藏するものは鳥子紙二枚續にて後世の寫本である即ち尾張のより二十年許前のものである。在廳とは、中古國衙の廳にあり、國司の命を奉じて事務を行ふ下司であったが、多くは世職だから其の稱呼を傳へて居たのだ。先づ左に其の全文を掲げよう。
伊豆國神階帳　式社の配當は萩原正平の意見に據る
　　伊豆國三ケ郡神明帳事
　　　正一位三島大明神
　　　　云々
　　　　從四位上くわとの明神　倭文神社
　　　　云々

靜岡縣『旧版　靜岡縣史』第二卷・１４９〜１５４頁（名著出版刊）
　古語拾遺に據れば天孫降臨の時天太玉命の率ゐる部下に種々の職業を掌る神があって、其中に天羽槌雄命が文布を織る部曲の丁であった。此神又建葉槌命ともいひ倭文布神として諸國に祭られてゐる。シドリ或はシヅリともいひ、或は志豆波多とも呼ぶ。麻・楮・苧麻等の繊維を青草木葉赤自生茜又ハ赤土等に染めて緯糸とし、以て横柳條を織出せるもので上古は之を阿夜とも呼びて神幣に供し、服装に用ひ、特に帶とした。シヅハタオビといふ。第十一代垂仁天皇三十九年冬十月、皇子五十瓊敷命に十箇品部を賜うた中に倭文部がある。これ命に其部の工人を統べて、朝廷用度の倭文布を織らしめんが爲であったが命薨去の後は主管する者なきを以て、是より工人各自に製して獻った。
　　云々
　倭文織創製の地を、常陸風土記の「久慈郡西田里靜織里。上古之時。織綾之機人未知之。于時此村初織因名。」によって、それと決定する者あれども、又倭文の名が、出雲民族の根據地たる山陰地方の村や神社に冠せられたるもの多きを以て、否とする者もある。坪井博士は伯耆國河村郡宮内・因幡國高草郡大和・美作國久米郡倭文・淡路國三原郡松帆・伊勢國鈴鹿郡高宮等を原始移住地にて古しとし、駿河・（伊豆脱?）甲斐・常陸・上野・岩代・陸前の倭文・委文・靜織里・靜戸の郷を後世の設置とし、之に理由を附して曰く、「この倭文部の原始移住地の分布は、熊襲が瀬戸内海の北沿海地を前進せむといたしたるを遮り、之を中斷しましたる出雲移住民の南下徑路を明白に示します」と。
　　云々
　凡そ部は世襲的に同一の産業又は其他の活動に從事する者の團結であって、皇室に屬する公的の品部と、豪族に屬する私的の部曲とがある。さうして品部を率ゐて公に奉仕するものは即ち伴造であるから、此倭文部（賤機部）にも必ず其長があったらう。又倭文布生産地は各國にあって、其所には倭文神社が祭られてある。延喜式に載れる本縣内の倭文神社の一は、駿河國富士郡大宮町星山にある。本社は觀音堂と寺との間にあって星山淺間といひ、今は榊を神木として假初なる拜殿があるに過ぎない。（側に大なる杉がある。實は是が神木であらう。）次に伊豆國田方郡なるは、今中郷村長伏にある鍬戸神社を然りといへど、是は擬當に異論がある。又遠江國にて共に式内社に列する引佐郡中川村祝田の蜂前神社は祭神中に建葉槌命を加ふれども、濱名郡豊西村羽鳥服織神社は秦氏に縁ありて、倭文部に關係がない。唯引佐郡三ケ日町岡本なる初生衣神社は、大棚機命に建羽槌神を併せ祭ると稱し、境内に織殿を設け、加止利といふ帛を織りて伊勢神宮に奉った。之を往古は麻糸を用ひた倭文であったといへど、其の資料たる赤引糸は蠶糸である。恐らくは平田篤胤の古史傳によりて、繊をシドリと誤り考へたから出たのであらう。尚靜岡（市）の名の出自たる賤機山下には、夙に倭文部が住ってゐて、後延喜の頃まで常陸と同じく年々倭文を調貢したと傳へてゐる。
　　云々

靜岡縣『旧版　靜岡縣史』第二卷・３８２〜３８４頁（名著出版刊）
　自然崇拜には二段の階級がある。即ち其の初歩は自然物・自然現象を直に神として崇拜するのであるけれども、一歩進むと其中に神靈ありと信じて之を崇拜することになり、更に其の神靈に人格を寓するに至って一方出自敬愛すの至情と結合し、茲に祖先崇敬と呼ぶ至重至深なる倫理的意義が成立する。特に我國にありては、天壤無窮の神勅のまにまに萬世一系の皇統連綿として斷ゆることなきによりて、世界に無比なる惟神の大道が顯現して、神祇の祭祀が國家の大典となったのは誇るべきことゝはねばならぬ。さうしてかく信仰が淨化向上されて報本反始の大道が履行さるべき場所即ち齋庭が、其神の所在（例へば墳丘）若くは神靈を招ぎ奉るべき處（例へば磐境・神籬其他の祭壇）に定著すると、こゝに神社が現れて、我が國體と最も密接な關係に立つのである。彼の駿・遠の境なる島田町向谷水神山に、大井神社大部分と河伯神社向谷分とが南北脊合に鎭坐したるは、前に述べた順序を的確に示すものであらう。即ち大井神社は脚下を流るゝ大井川の偉大さを崇仰するに起因したるもの、河伯神社は文字の示す如く當初より川の神靈を畏祭したものであったのを、後に祭神を古典に求めて人格神としこゝに産土神として祭祀に仕ふるに至ったと解せられまいか。此理を推せば、富士山より淺間神社に、海島噴火より三島神社に、温泉湧出より伊豆山神社に、本宮山より小國神社

に、將た濱名湖の開塞より角避彦神社に至るまで等の進化的順序も會得されると思ふ。一方また神氏の大神神社・彌和山神社、縣氏の英多神社、秦氏の敬滿神社等の如く純粹に祖先を齋く者や、海部の綿積・住吉兩神社に於ける、倭文部の倭文神社に於ける、服織部の服織神社に於ける如く各自に緣故ある神＝守護神を奉ずる者があって、所謂（1）大地主神＝産土神、（2）氏族神＝氏神と、場合によって（3）職業に關する守護神ともいふべきものが現れる。以上は要するに一定の土地に住む一族の共同して祭る神であってこれが後世の氏神と通稱さるゝものである。上古は世農世職であるから、氏族神と職業神とは大體一致する。其の分離するは部の組織が解けてからである。彼の大井川下流南岸に於ける氏族神敬滿神社と北岸に於ける大地主神大井神社とが、其の上流地方で大井敬滿神社といふ一の氏神となるは、此の過程を語るものであるまいか。
　云々

静岡縣『旧版　静岡縣史』第二巻・６４１頁（名著出版刊）
　云々
５　倭文部同上　延喜式田方郡に倭文神社がある。今中郷村長伏の鍬戸神社を之に擬す。
　云々

静岡縣『旧版　静岡縣史』第三巻・７１１～７２０頁（名著出版刊）
【賀茂郡四十六座 大四座小冊二座】
　云々
【田方郡二十四座 大一座小廿三座】
　云々
（倭文神社）
　　原所在は田方郡中郷村長伏字石原か。現在社は同所の鍬戸神社か。
　云々

静岡県郷土研究協会『静岡県神社志』第三篇（日本仏書センター刊）
　村社　鍬戸神社
　　　　田方郡中郷村長伏字石原鎮座
　云々
　　祭神　不詳
　　例祭日　十月十五日
　　由緒　増訂豆州志稿は本社を延喜式神名帳田方郡二十四座の内倭文神社にて、神階帳に従四位上くわとの明神に相当すとなす、（倭文神社は、旧南中村聖天祠、又月が瀬村聖宮に、或は小坂村葛木神社に擬当する説もある）口碑には三島神社の大祭は、旧暦どゅういちが津酉の日にして、本社祭日はその翌戌の日を用い来たれるにより、三島神社と縁由ある旨を伝う。
　云々

久豆弥神社

『特選神名牒』３２０～３２１頁
久豆彌神社
　祭神
　祭日
　社格
　所在
　　今按當社所在未詳豆志に久豆彌神社_{賀茂郡岡村}元禄十年上梁文に葛見大社岡村稲荷者藤原朝臣鎌足大臣十六代後胤工藤大夫祐高公之修造也とみゆされど葛見大社と有のみにて他に證なければ定難し神名帳考證に木宮明神在熱海大湯之西云々或云五十猛命と稱す又熱海村温泉明神なるべし豆志に云伊豆峰記に湯前權現とす熱海温泉記に云天平勝寶元年六月神小童に託して温泉を汲取て之に浴せば能衆疾を治せんと敎へ給ひぬ里人因て祠を建て少彦名命を祀ると永正十八年上梁文に熱海郷湯瓦原村湯宮禰宜四郎大夫家吉其外官位人六人と記すとあり伊豆國風土記に曰稽温泉玄古天孫未降也大巳貴尊與少彦名命我秋津洲憫民夭折始製藥温泉之術伊津神湯又其數而箱根之元湯是也_{走湯者不然養老年中開墓非尋常出湯一晝夕二度山岸屈中火焔隆發而出温泉甚烈鈍沸湯以樋盛湯浸身諸病悉治}とみゆ此によるに温泉記の説は舊よりかヽる傳の殘れるを取合せて天平勝寶とは云ひしが又社を建しは此時にや久豆彌の地名も此神を祀りしより出たるにて奇靈の神の義ならんとみえ又一説に八幡村木宮明神なるべしと云り此社は豆志に云一祠兩扉也大見十六村の總鎮守と稱す云々とあり舊く田方郡にして葛見庄とも云たれば此ならん歟猶よく考べしと云るが中に就て熱海村温泉明神所由ありて聞ゆれば此社と定むべきに似たり

度會延經『神名帳考證』（『神祇全書』第一輯）
○久豆彌神社　木神句々洒馳　今云木宮明神、在熱海大湯之西、　倭名抄云、直見_{多々美}　今熱海乎　大殿祭祝詞云、久々遅命、_欞　越前國久豆彌神社、丹後國木積神社、

伴信友『神名帳考證』（『伴信友全集』第一）
久豆彌神社
○今日木宮明神在熱海大湯之西［倭鈔］直見多々見今ノ熱海乎○越前國久豆彌神社丹後國木積神社［志］元禄十年ノ棟札ニ葛見大社岡村稲荷云々賀茂郡岡村ニアリ○信友云和名鈔田方郡久寢ノ書入ト見合ベシ

伴信友『神名帳考』（『神道大系』古典註釋編七・延喜式神名帳註釋）
久豆彌神社
○今日木宮明神、在熱海大湯之西、○和名抄、直見、多々見、今熱海乎、○越前國久豆彌神社・丹後國木積神社、△志ニ、元禄十年ノ棟札ニ、葛見大社、岡村稲荷云々、賀茂郡岡村ニアリ、○信友云、和名抄、田方郡久寢クスモ、ノ書入ト見合ヘシ、
　１（頭註）_{共國云、久浪郷岡村、賀茂郡、}

鈴鹿連胤『神社覈錄』（井上賴圀・佐伯有義校訂『神社覈錄』下編）
久豆彌神社
　久豆彌は假字也○祭神詳ならず○久寢郷岡村に在す、今賀茂郡に屬す、_{國圖、志、}
　　伊豆志に、元禄十年ノ札ニ、葛見大社岡村稲荷云々、と云り、

栗田寛『神祇志料』第十二巻
久豆彌神社、今賀茂郡岡村にあり葛見社といふ。○按足柄縣式社取調帳、一説云、此地舊田方郡にて倭名鈔久寢郷なりと云り、以て證に備ふべし。

『大日本史』［九］・志一・巻二百五十五
久豆彌神社、○今在賀茂郡熱海村、稱温泉明神、相傳、祀少彦名命、永正中棟札、熱海温泉記、

『大日本史』［十一］・志三・巻二百九十三
久寢、○今熱海村、在新居南東、有久豆彌社、按久寢國隔也、在國東北澤、故名、後屬賀茂郡、久豆彌社在此、延喜式後曰葛見荘、曾我物語又稱阿多美郷、東鑑以温泉顯、晝夜湧各三次、響如雷、豆州志古稱伊豆鳴澤、萬葉集有伊豆山、豆州志又伊豆高嶺、萬葉集走湯山、出温泉、豆州志○在熱海北火牟須比命社在此、延喜式源頼朝崇奉之、東鑑有赤澤山、○在赤澤村、土石皆赭、山麓曰八幡野、安元中、工藤祐經殺河津祐泰於此、東鑑、曾我物語、豆州志、有蘆田谷、曾我物語、豆州志、○今吉田村有伊東荘、伊東家譜○今和田湯川松原諸村屬之、在國東、因名、伊東和田二氏出此、有伊東洞、深不可測、豆州志○在龜山、呼蛇食洞、建仁中、源頼家遊獵、使和田胤長窮之、巨■棲焉、乃斬之、東鑑有波都幾島、○在熱海東南傳言、古波津幾神所居、豆州志○後日初島、又波島、所謂沖小島也、後撰和歌集、金塊和歌集、

竹村茂雄『伊豆國式社考』（『神祇全書』第四輯）
久豆彌神社　楢木村地神（道明）、棟札に葛見荘とあり、

竹村茂正『豆州式社考案』（『神祇全書』第四輯）
久豆彌神社
　熱海村湯前神社ニテ、祭神ハ大名持少名彦二柱大神_{今里人モ少彦名命ヲ祭トニマシ}〳〵テ、神階帳ノ熱海ノ湯明神ト有ルモ、此社ナルコト必然タリ、サテ其由ハ先久豆彌ノ豆ハ、郷名ニヨルニ須ナルベシ、郷名久寢ハ久須美ニテ、後ニ葛見ノ字ヲ用ヒルモ、共ニ須ノカナ成ガ、其須ヲ濁音ニ稱ヘシナルベシ、因テ後世同音ナルヲ以テ、終ニ豆ト誤リシモノナラント思ハレ、_{又素ヨリ豆ナランニモ、須ニ通ヘバサマタゲナシ、}彌ハ毘ニ通ヒテ、久須毘ナルベク思ハル、_{又毛ヨリ彌ニモアルベシ}其久豆毘ハ、古事記傳ニ、熊野久須毘命ノ久須毘ハ、久須志毘ヲ約タルナリ、_{志ヲ引レバ須ナリ}ソノ久志ハ奇靈ナリ、須毘ハ須美ニ同ジク、某産巣日神ト云巣日ニ通テ、美ハ耳ノ略ナリトアルヲ以テ、奇靈ト云言ナルコト明ケシ、サテ其奇靈テフ辭ヲ以テ、御神社ノ稱號トセシヨシハ、イカニト云ニ、古史傳ニ引ル伊豆風土記ニ曰、稽温泉、玄古天孫未降ナリ、大己貴尊與少彦名命、我秋津洲憫民夭折、始藥湯泉之術、伊津神湯又其數、而箱根之元湯是也_{云々}、非尋常出湯、一晝夕二度、山岸宿中火焔隆發而出、

温泉甚烈鈍沸湯以樋、盛湯船浸身者、諸病悉治トアルハ、史傳ノ説ノ如ク、熱海ノ湯泉ナルコトウツナク、上文ノ神湯トハ、二神ノ始メ玉ヘルハ元ヨリニテ、其湯泉ノサマ神々シキ義也、非尋常出湯トハ、今モ晝夜三次沸騰シテ、其サマノ實ニ奇異ニ猛ナルコト、見ル人目ヲ驚スヲサシテ云ヘルナルベシ、カカル奇異温泉涌出ル所ナルヲ以テ久須美郷トモ云、其所ニ御鎮座マシマス御神社ナルヲ以テ、久須美神社ト稱ヘ奉リシナルベシ、サテ彼ニ二柱ノ神ヲ齋祀セルヨシハ、風土記ニ依テシルベキナリ、上野國群馬郡伊賀保神社モ、今ハ湯前大明神ト云テ、祭神ハ少昆古那神ナルヨシニテ、祭神今ノ稱號等當社ニ附合セリ、豆志ニ、伊東岡村ノ神社ヲ以テ、當御神社ナリトスレドモ誤ナルベシ、其説ノ起レルヤ、伊東氏同所ニ住居ノ頃ハ、郷中第一繁營ナルヲ以テ、同所ヲ宗ト久豆彌ト稱シ、其所ノ神社今葛ノ見神社ヲ以テ、終ニ久豆彌神社ト呼コトトナリシナルベシ、故ニ伊豆志ニハ、此訛説ヲトラレタルニテ、久豆彌神社ハ、熱海村湯前神社タルコト判然タリ、

萩原正平『伊豆國式社攷略』（静岡県立中央図書館所蔵）
久豆彌神社
　所在未定賀茂郡岡村鎮座今稱葛見神社圖圖豆志攷証及ヒ註進の一説同郡熱海村熱海の湯の明神神階帳今稱湯前神社攷証及ヒ註進の一説特選同郡八幡村来宮社攷証及ヒ註進の一説斯改三社の内孰ならむ確定めが多しかくて來宮神社は神階帳の多の明神多の字の下見を脱したるとて多見の明神なるべく八幡村ハ即大見ポ属すならむか能く攷へまほし

萩原正平・萩原正夫『増訂豆州志稿』巻之一・郡郷（長倉書店刊）
〇久寢、今葛見ノ荘ト云又岡村賀茂郡ニ式内久須彌ノ神社ヲ載ス、（[増]東鑑蘇我物語、蕭美庄、伊東系圖久須美云々ト）舊記云久須美ハ國隅ノ義ナリ此郷、國ノ東北隅ニアレバナリト、（寢ノ字シンノ音ヲ假リテスミト訓シ上總ニ夷濁郡アリ濁ノ音ジン本亦茎ニジン・ジミシン皆通音ナル故夷濱ト讀ム今ハ夷隅ニ作サレバ久寢ノクスミナル事明カナリ或云三島ノ北今駿河ノ地ニ入テ久根村存スル即久寢ナリト寢デスミト云ヲ知ラザルナリ、[増]古ク調ヲカナニ用イタル例ナケレバ寢ノ讚スミナル事論フマデモアラズ。）

萩原正平・萩原正夫『増訂豆州志稿』巻之三上・町村三（長倉書店刊）
〇熱海村（[増]東初島海上三里、西稲井澤村三里ニ二十間、南上多賀村一里十五町五十間、北伊豆山村二十八町六間）[増]七里八町貳拾八間三尺（[増]十八里二十町三間四尺）〇東鑑（建保元年十二月條）伊豆國阿多美郷、湯前神社、永仁十八年上梁文、熱海郷湯瓦原村、天正十八年、豊臣氏文書、あたみ郷、（日工集、宗長記、東關紀行、北條役高帳、ミナ熱海ヲ載スナリ聖範ハ上野介平直方長子、鎌倉ヨリ豆ノ熱海ニ來住ス、阿多美四郎ト稱ス、維時ノ孫ナリト、神名帳、熱海ノ湯ノ明神ヲ載ス是即今ノ湯前神社ナリ相傳フ古ヘ湯川原村、和田水口ノ三村テ合セ総名ヲ以テ熱海ト稱セリト）〇往古ハ熱泉涌出デ、漫流シテ海ニ入ル、故ニ湯瓦原村ト稱ス（永正ノ頃迄此名アリ湯前神祠、上梁ノ文ニ見ユ）但シ熱泉海ニ入ルノミナラス海中ニモ又泌湧ス（[増]今ナホ海中ニ熱湯湧出ヅ）因テ熱海ト云アタミハアツウミナリ（[増]伊豆順行記ニ云住古温泉海中ニ湧出ルニ號クト〇一説ニ天平寶字年中、皆狼山僧侶萬巻上人、偶々此地ニ至リ、海中魚鼈ノ爛爛スルヲ見テ憫然トシテ誦心梵ヲ唱ヘテ祈リケレバ沸泉俄山狹ニ徙リ湧クト予思フニ萬巻、温泉ノ病癒テ鼈スヲ知テ人為ニ此地ヲ開キシナルベシ、准后親房ノ記、伊豆風土記ヲ引テ云人皇四十四代養老ノ開基スト、定カナラズ）熱海地志云熱海幅員之為形勝也、三面沓峭攅簇一面層波疊翠勢若箕踞、海光染翠之工、山嵐設邑之妙、曝砂之鳥、呻浪之鱗皆悅目恢心以極幽致（[増]温泉名勝志草ニ云、上古温泉波濤ノ中ニ湧沸シテ天ニ滯リ浪ヲ焼、故ニ熱海ノ名ヲ獲タリ西北ハ山岳峙チ、東南海岳ヲ臨ム海光翠ヲ染ムノ工、山嵐色ヲ設ルノ妙砂ニ曝ス鳥、浪ニ呻ブ鱗皆目ヲ悅バシ心ヲ慊フテ幽致ヲ極ム、見テ西海ヨリ東國ニ至ル船舶、此洋ヲ過ズト云事ナク共ニ此地ノ風光ヲ添ニ似タリ、ト [増] 蓋、熱海鑛泉、湧出スルヲ以テ古來其名ヲ博ス云々

〇田額六百四拾三石貳斗九升九合内（新田三十石一斗六升六合 [増] 米二石山手役、永一貫二十八文蜜柑役、永一貫三百八十七文五分酒役、永十四貫二百二十八文薪十分一）[増]反別千六拾四町四反五畝八歩内（田五十一町七畝二十七歩、畑三十六町五反四畝二十六歩、宅地十二町一反四畝二歩、山林六百町五反五畝一歩、原野三百六十四町二反九畝五歩、鑛泉地二畝、雑種地二十五歩）[増]地價金四萬八千七百五拾五圓六拾壹錢七厘 [増] 地租金千貳百拾八圓拾九錢五厘 [増] 社四（村一雑三）寺六（禪岡浄土一日連二）戶長役場一（字新横町二在リ本村外伊豆山、泉町島ノ三村是ナリ）浦役場一電信局一（字坂町二在リ）郵便局一（兼貯金預）警察分署一（字坂町二在リ）治安裁判所一（本町二在リ）小學校一（字清水田二在リ）瀟氣館一（字本町二在リ）鑛泉貳拾六 [増] 戶現住五百三拾七現在四百九拾三 [増] 口本籍貳千五百四拾貳（男千二百六十五、女千二百七十七）現住貳千八百七拾四（男千五百六十三、女千三百十二）

萩原正平・萩原正夫『増訂豆州志稿』巻之三上・町村三（長倉書店刊）
〇岡村（[増]東久須美村八町五十間、西徳永村貳拾十六町六間、南荻村一里二町十間、北松原村十町五十間）[増]九里拾八町（[増]十三里十一町）[増]北條役高帳伊東之内岡ト（葛見神慶長十五年棟札賀茂郡葛見庄伊東郷岡之村、元禄十年鬼見大社岡村稲荷云々ト）〇凡海濱ノ村落地高低アレバ高所ヲ岡ト云海旁ヲ濱ト云〇屬里　廣野　小川（[増]順行記ニ川ヨリ北ニ廣野、小川アリ川ノ南ニ馬場上條、下居居家ノ所ナリ湯田、古ク湯池ト云温泉アレドモ至テ弱シ其能ヲ知ル人ナシト伊東誌賴朝祐清ノ女ニ通ジ出曾セシ地音無ノ森其邊音無川ナラズガ瀧巖マタ川向ニ日暮ノ林アリ是ナリ此ニ二日ノ暮ルルヲ待玉フナドゾ思フニ賴朝ハ川西、今ノ小川、廣野ナド云處ニ寓居セシト思ハルルナリト村其字原田ト云所伊東氏ノ舊墟ナリト云傳フ其墳墓トミモノアリ物産、薪、炭等アリ近來灰アリ出スカカラズト）

〇田額六百七拾三石壹斗貳合 [増] 反別七百四町貳畝廿八歩内（田四十三町三反七畝八歩、畑三十四町五反五畝二十四歩、宅地三町五反八畝二十三歩、山林三百三十七町三反二畝十歩、原野二百八十四町八反五畝二十三歩）[増]地價三萬七千七百六圓五拾貳錢六厘 [増] 地租金九百貳拾七圓六拾七錢三厘 [増] 社六（彌一雑五）寺三（日蓮一禪二）[増]戶現住百八現在百拾五 [増] 口本籍六百七拾四（男三百四十七、女三百二十七）現住六百八拾三（男三百五十、女三百三十三）

萩原正平・萩原正夫『増訂豆州志稿』巻之三上・町村三（長倉書店刊）
〇玖須美村（[増]東新井村六町十間、西岡村八町五十間、南古田村一里十二町二十五間）[増]七里貳拾五（[増]十三里）[増]和名鈔田方郡久寢郷ヲ載ス延喜式久須美神社アリ（蘇我物語、鎌倉武鑑等楠美ノ庄久津美ノ庄ヲ載ス伊東系圖久須美四郎太夫アリ伊東マタ北邊ノ總稱ナリ東鑑、蘇我物語等伊藤、伊東、或ハ伊東崎、ミユ天正十八年豊氏ノ文書伊東郷ト記ス）モト和田、竹内ノ二村ナリ明治二十年合併シテ玖須美村ト稱ス〇和田（[増]延寶六年稔地帳、伊豆國賀茂郡和田村正徳三年船役金割付和田村ニ作ル〇可成談ニ云岸ノ和田、岩和田、佐川和田ナド、地名ニワダト云ハ局ノ字ナルベシ海川ノ曲メナリト和田木及ビ村下ト證ニ海ノ曲メニ在リ）〇伊東祐親滅ビテ此地衰ヘ伊勢早雲、伊東氏ヲ撃チ此地益微ナリサレドモ伊東氏世々ノ居所故下田町八幡町等町類モ頗多ク武具許造レモ一町有シ元禄十六年十一月廿三日ノ夜地震海溢シテ人死スル者百六十餘人田地皆蕩盡沙原トナル之ヨリ別シテ寒村タリ（今大柴、宿中柴、井戸川ノ四町アリ湯川、松原、竹ノ内、新井、岡、鎌田ノ七社モト伊東一村ノ分名ナリ後數社ニ分ツ尚伊東ノ總稱トス伊東ハ伊豆ノ東ノ義ナリ [増] 和田鑛泉村民人家近接ノ地數所一湧ス其内二泉又最トス道路稍便リ村木ハ海灣二面海運ノ便アリ居民農商又漁業ニ從事ス物産薪、炭及ヒ魚介アリ沿海諸村準之）

〇田額百八拾四石一斗七升五合内（新田一斗九升三合）〇竹内〇諸州此地名アリ竹林多キヨリノ名ト見ユ（[増]コノ地音無シアリ順行記ニ日相傳フ源賴朝伊東ノ女ニ婚ス日暮ノ社ニ日ノ暮ル音無ノ社ニ音遠ノ故ニ大川ニナラズカ瀧トモ又尋達ントシテ松葉アリ以テ眼ヲ突ク故今ニ至ルマデ境内ニ松樹ナシト實ニナキナリト今ナホ音無神社祭リノ時スベテ聲音ヲ禁ジテ暗中ニ式ヲ行フ皆此故事ニ起因セルナリト）

〇田額百七拾八石三斗四升五合内（新田二斗）[増]反別三百三十七町貳反貳畝九歩内（田十一町八反五畝三歩、畑二十二町九反十五歩、宅地五町八反九畝二十三歩、鑛泉地二畝、山林百八十町九反五畝十六歩原百十五町四反九畝十一歩、池沼九歩、雑種地六畝二十歩）[増]地價金壹萬五千六拾七圓七拾

錢壹厘［増］地租金三百七拾六圓六拾八錢四厘［増］社六（村ニ離四）寺十二（日蓮九淨土ニ眞言一）戸長役場一（字往還筋ニ在リ本村ノ外新井、川奈、吉田、荻、十足、岡ノ六村ヲ管ス）浦役場一沼津治安裁判所出張所一郵便局一（貯金預ヲ兼ヌ）小學校一（字芝上町ニ在リ）東浦銀行一伊東會社一和田會社一鑛泉三［増］戸現住貳百拾五現在二百貳拾八［増］口本籍千百五拾九（男五百六十三、女五百九十六）現住千百七拾五（男五百七十六、女五百九十九）

萩原正平・萩原正夫『増訂豆州志稿』巻之八上・式内神社考並神階帳考緒言（長倉書店刊）
○久豆彌神社［増］神階帳從四位上熱海之湯明神［増］賀茂郡熱海村湯前神社ナル可シ○岡村久豆彌神社［増］國圖亦岡村ニ載ス當否ヲ知ラズ

萩原正平・萩原正夫『増訂豆州志稿』巻之九上・神祠三・賀茂郡（長倉書店刊）
○湯前神社（同村）［増］無格社湯前神社祭神不明或云少彦名命［増］式内久豆彌神社ナル可シ（前記）按ズルニ久豆彌ハ久須毘ノ訛レルニテ此神ノ靈威ニ起因セル稱ナル可ク和名鈔所載久寢郷ハ即此地ナラム（久須毘ハ久豆毘ト同義也熱海温泉一晝夜六回沸騰ノ事ナド思ヒ合ス可シ）神階帳ニ從四位上熱海湯ノ明神トアル是也（一説ニ久豆彌神社ヲ岡村葛見神社ニ當タレ共彼社ハ神階帳ニ載セザレバ從ヒ難シ）○伊豆峰記ニ湯前權現トス熱海トス熱海温泉記ニ云天平勝寶元年六月神小童ニ託シテ曰温泉ニ浴セバ能ク疾ヲ治セント里人因テ祠ヲ建テ少彦名命ヲ祀ルト（［増］古史傳ニハ此社ノ祭神ヲ大己貴命少名命ノ二柱神ナル事云マクモ更ナリト有リ本書参覽）永正十八年上梁文ニ熱海郷湯瓦原村湯宮彌宜四郎大夫家吉其外官位ノ人六人ト記ス此社神階記ニ見ユ（［増］慶長二年金鏡アリ○彌宜石渡氏）［増］境内社一（嚴島［増］祠前ニ石碑アリ社ノ由緒ヲ勒ス［増］二百九十二坪官一）

萩原正平・萩原正夫『増訂豆州志稿』巻之九上・神祠三・賀茂郡（長倉書店刊）
○久豆彌神社（岡村）［増］郷社（兼社）葛見神社祭神不詳、相殿稲荷［増］原書國圖等ニ式内久豆彌神社ニ當テタリ（前記 尚熱海、湯前神社ノ條参覽）往昔伊東家崇敬ノ社也ト云（維新前ハ領主ヨリ供米ヲ寄ス）○元祿十六年上梁文ニ曰ク葛見大社岡村稲荷者藤原朝臣鎌足大臣十六代後胤工藤大夫祐高公ノ修造也ト慶長十五年ノ文ニ曰藤原氏伊東正世公伊東郷住人鈴木近江守ニ仰セ而燒失后造立ト按ズルニ倉稲魂命ヲ祀ル（祠傍ノ古檜樹圍五丈餘下ニ稲荷ノ小祠ヲ建ツ）［増］境内社五（八幡［神明春日ヲ合祀］三島、白山、熊野、疱瘡神［増］五百五十五坪官一）

菅原久高『伊豆國九十二式社祭神記』（『全國神職會々報』第二十一號）
久豆彌神社　熱海町熱海鎮座無格社湯前神社なり温泉明神と稱す
　祭神　少彦名命

吉田東伍『増補大日本地名辞書』第五巻・１０５５頁
久寢郷　和名抄、田方郡久寢郷。○今大見の諸村なるべし、東鑑に葤見に作り、後世には專葛見に作る、或は久須見に作れり。
　　久寢は古訓クスミなり、（寢は古音シムなればスミに転用するを得ん）或はクツミに移るも、いづれか正訛なりや、其実を知らず、又其名義を詳にせず。○日向記云、工藤大夫祐隆は伊豆国、宇佐美、伊東、河津此三箇所をつかねて、葛見庄と号する本主なり。北越軍記云、宇佐美三郎祐茂、抜群の軍忠により、右大将頼朝公より伊豆の本領、宇佐美、久須美、河津其外数箇所の庄園地頭職を賜る、云々。○これらにて中世庄号にも呼ばれしを知るべく、而も式内久豆弥神社は、伊東に電設すれば、伊東を以て本拠とする歟、疑ふべし、近世まで葛見庄の名行はれたり。
補［久豆弥神社］○延喜式、久豆弥神社、岡村に鎮座。［神祇志、今在賀茂郡熱海村、稱温泉明神］

吉田東伍『増補大日本地名辞書』第五巻・１０５７頁
久豆弥神社　今伊東村の大字岡に伝へ、延喜式田方郡の官社とす。○増訂志稿云、伊東葛見明神の慶長十五年棟札「賀茂郡、葛見庄、伊東郷岡之村」と記す、伊東誌に「頼朝が伊東祐清の女に通じ出会せし地、音無の森、其辺に音無川、ならずが滝、また川向に日暮の林あり、此にて日の暮るゝを待玉ふなどを思ふに、頼朝は川西、今小川広野など云処に寓居せしと思はるゝなり」と、村東字原田と云所を、伊東氏の旧壘なりと伝へ、其墳墓と云者もあり。
　曾我物語に伊藤の釈迦堂とふを載す、今の岡村東林寺の事にや、此寺は伊東氏の創建とつたふ。又日蓮宗仏現寺あり、是は和田の毘沙門堂と云へるが、伊東八郎右衛門朝高の計らひとして、預の流人日蓮を置きたる遺蹟とぞ、文応元年の事とす。又弘誓寺と云ふ禅院あり、此に懸仏鏡銘「延文三年戊戌八月、菩薩戒弟子浄満敬白」とあるものを蔵む。

吉田東伍『増補大日本地名辞書』第五巻・１０５９～１０６０頁
熱海　今熱海町、戸数八百、三島の東に山嶺を隔て、今相距る五里。又相州小田原国府津へは、近年鉄道を通ずれど、汽車を駛するに非ず、凡八里。汽船は日々下田、熱海、国府津間を往復す、東京を距る二十九里。
　増訂志稿云、熱海は東鑑「伊豆国阿多美郷、」湯前神社永正十八年上梁文に「熱海郷、湯瓦原」とありて、日工集、宗長記、東国紀行、北条役高帳みな熱海と載す、平聖範は上野介平直方の長子、鎌倉より熱海に来住し、阿多美四郎と称す、此地海中にも温湯泌湧く因て熱海と云ふ、（今按、アタミは熱水の義のみ、海に附会するは拘泥に過たり）湯戸商店多し。云々
　熱海湯前神社は、当国帳に従四位上熱海湯明神にあたる、来宮神社は木宮にも作り、熱海社の西北なる日金山道の傍に在り、老樹森々たり。云々
補［湯前神社］○増訂豆州志稿、湯前神社は式内久豆弥神社なる可し、久豆弥は久須毘の訛れるにて、此神の霊異に起因せる稱なる可く、和名抄所載久寢郷は、即ち是地ならむ。熱海温泉一昼夜六回沸騰の事など思ひ合す可し。

邨岡良弼『日本地理志料』巻十三・伊豆国田方郡
久寢　訓闕、按當讀云玖須美、盖國隅之義、在州之東北隅、故名、按大隅補寢郷、訓泥志米、上總夷灊郡訓伊志美、上野男信郷、訓奈萬之奈、出雲惠曇郷、訓會登毛、凡古韻第七部第八部者、麻行相轉、是地

名用字之例也、國單曰久、吉野國栖訓久須、山城國背訓久世、即是、」神名式、田方郡久豆彌神社、本國神階帳作熱海湯明神、今在賀茂郡熱海村、稱湯前明神、祀少彦名命云、湯前盖訛湯泉者、東鑑作久津美莊、曾我物語作菌美莊、菌盖俗楠字、伊東家譜、工藤維職、補伊豆押領使、居伊東郷、領伊東河津宇佐美三處、號曰葛見莊、豆州志云、久寢方廢、葛見莊存、領伊豆山、熱海、初島、上多賀、下多賀、網代、所邑、隷賀茂郡、是其地也、」祀典所秩白波之彌奈阿和命神社、在上多賀村、火牟須比神社、在伊豆山村、東鑑稱伊豆權現、又走湯權現、源頼朝尤崇奉之、傳言、古在日金山上、後遷今地、曰金、萬葉集稱伊豆高嶺、相摸集、金槐集、太平記、稱伊豆御山、盖一州之望也、」熱海、東鑑作阿多美郷、準后親房記引風土記、太古大名持少彦名二神、憫民夭折、始制禁厭藥餌湯泉、伊豆神湯即一也、坌涌有時、晝夜各三次、將涌聲如怒雷、愈鳴愈涌、其所衝激、如砲釋機、疊石防之、勢益怒、側作木溝道之、須更百餘戸浴槽皆滿、神湯之名不虛矣、熱海郷、見義堂日工集、宗長記、東國紀行、北條分限帳、有溫泉寺、傳言、藤原藤房遁世居此、大日本史以爲誣妄、姑附備考、」初島、古者波都岐命所居、因名、金槐集所詠沖小島是也、」按一説、久寢、今入駿河郡、稱久根村、是不知寢音須美者、可謂瞽説矣、

静岡県田方郡役所編『静岡県田方郡誌』１０５頁（長倉書店刊）
　一二、久寢郷　東鑑に菌見に作り、後世は葛見・久須見・久須美と書す。大日本地名辭書に大見の諸村なるべしとあれども、豆州志稿の説伊東となすを可と思はる。伊東には現に久須美の村名存し、式内久豆彌神社も同町岡村にあり、疑を容るゝ餘地なきが如し。戰國時代莊名としては北は多賀村邊まで汎稱したるものと見え、多賀村の古文書に記さる。

静岡県田方郡役所編『静岡県田方郡誌』５０２〜５０４頁（長倉書店刊）
　本郡に於ける古神社の史乘に顯はれたるは、延喜式神名帳と伊豆國神階帳とを其完備せるものとす。前者は平安朝の初期、後者は南北朝時代に現在せる宮社を記載せるものなり。而して此等所載の神社は、引續き現存せるものなりや否や、今日に之を考定するは頗る至難の事に屬す。然れば先進各考説を異にし、甲是乙非にて、必ずしも一定せず、是を以て、此書には伊豆國式社考證の著者故萩原正平氏の説に從ひ之を表示す。
　　云々
　　延喜式神名帳所載社名　　久豆彌神社（田方）
　　神階帳所載社名　　　　　從四位上　熱海之湯明神
　　現　在　社　名　　　　　無格社　湯前社？
　　所　在　地（舊　制）　　賀茂郡熱海村
　　所　在　地（現　制）　　熱海町熱海

足立鍬太郎『南豆神祇誌』３７〜４２頁（静岡縣賀茂郡神職會）
　延喜式卷九に載せた伊豆國神名帳は次の如くである。但所在地は萩原正平著伊豆國式社考略に私考を加へて註記す。
　　　伊豆國九十二座　大五座小八十七座
　　　　賀茂郡四十六座　大四座小四十二座
　　　　　云々
　　　　田方郡廿四座　大一座小廿三座
　　　　　云々
　　　　久豆彌神社　　　　　　　　　　　　　　伊東町岡（一に熱海村）
　　　　　云々

足立鍬太郎『南豆神祇誌』７５〜７８頁（静岡縣賀茂郡神職會）
　伊豆國神階帳は、群書類從二三に、康永二年辛亥(興國四年)十二月廿五日在廳判の奧書あるものを、在廳伊達某藏本から寫して收めてある。伊達家に現藏するものは鳥子紙二枚續にて後世の寫本である即ち尾張のより二十年許前のものである。在廳とは、中古國衙の廳にあり、國司の命を奉じて事務を行ふ下司であったが、多くは世職だから其の稱呼を傳へて居たのだ。先づ左に其の全文を掲げよう。
伊豆國神階帳　式社の配當は萩原正平の意見に據る
　　伊豆國三ケ郡神明帳事
　　正一位三島大明神
　　　云々
　　從四位上熱海の湯明神　久豆彌神社？
　　　云々

静岡縣『旧版　静岡縣史』第三巻・７１１〜７２０頁（名著出版刊）
【賀茂郡四十六座 大四座小卌二座】
云々
【田方郡二十四座 大一座小廿三座】
云々
（久豆彌神社）
　　原所在は田方郡伊東町岡字宮ノ上。現在社は同所の葛見神社。
云々

静岡県郷土研究協会『静岡県神社志』第三篇（日本仏書センター刊）
　郷社　葛見神社
　　　　田方郡伊東町岡字宮ノ上鎮座
　云々
　　祭神　主神不詳

　　　　　相殿　倉稲魂命
　例祭日　十月十九日
　由緒　往昔伊豆の東北部を葛見庄と称した。当社はその庄名を負う、而して伊豆国式社中、地名を以て称らるゝ神社の祭神は、概ね出雲系統の神々なりと考証する者多きに従えば、当社の御祭神もまた事代主命御一族に座すならんと信ずるものが多い。而して創建年代は不詳なるも延喜式神名帳田方郡久豆弥神社に相当させるが、式内久豆弥神社は熱海市湯前神社、木の地神に比定する説もある。往古は久須美神社或は久寢大社と称し、正徳年間にはには葛大社とも称した、御一新後葛見神社と称する。堀川天皇御宇伊東祐隆(歟)当庄に地頭たるに当り篤く崇敬して相殿に倉稲魂命を勧請した。維新前迄は領主より年々供米を寄進せられた。明治六年四月郷社に列し、大正四年六月二十二日神饌幣帛料供進社に指定せらる。
云々

高椅神社

『特選神名牒』３２０頁
高椅神社稱高橋明神
　　祭神
　　祭日　九月九日
　　社格　村社
　　所在　（田方郡中の郷村大字松本）　上松本村下松本村（字宮の脇　今屬君澤郡）

度會延經『神名帳考證』（『神祇全書』第一輯）
〇高倚神社　備後國々高依彦神社　高魂命

伴信友『神名帳考證』（『伴信友全集』第一）
高倚神社
倚一本作椅〇備後國高依彦神社

伴信友『神名帳考』（『神道大系』古典註釋編七・延喜式神名帳註釋）
高倚神社
　１（頭註）倚、一本作椅、

鈴鹿連胤『神社覈録』（井上頼圀・佐伯有義校訂『神社覈録』下編）
高椅神社
　　高椅は多加波志と訓べし〇祭神在所等詳ならず
　　　　　　類社
　　山城國愛宕郡高橋神社の條見合すべし
　　　　　　神位
　　國内神階記云、從四位上高橋の明神、

栗田寛『神祇志料』第十二巻
高椅神社、〇按本書椅を倚に誤る。今伊豆神階帳に據りて之を訂す。今上松本村にあり、高橋明神と云ふ、凡其祭九月九日の后行ふ。豆州志、神名帳考證、足柄縣式社取調帳、

『大日本史』［九］・志一・巻二百五十五
高倚神社、〇神明帳作從四位高橋乃明神、據此倚當作椅、今在君澤郡上松本村、稱高橋明神、

竹村茂雄『伊豆國式社考』（『神祇全書』第四輯）
高倚（椅一本）神社　上松本村に高橋明神あり、神階帳高橋明神

竹村茂正『豆州式社考案』（『神祇全書』第四輯）
高倚神社
　　上松本村高橋明神ナリ、倚ハ式一本椅ト有ニヨルベシ、神階帳ニモ高橋明神トアレバナリ、

萩原正平『伊豆國式社攷略』（静岡県立中央図書館所蔵）
高椅神社
　　同郡松本村村鎮座高椅の明神神階帳今稱高橋神社是な里式攷攷証註進特選蓋此の攷証は既く延喜式攷異松江藩板竹村茂雄翁の式社考尓端を開かれたるに基く抑該二書の如き僅々數葉尓過ずと雖斯の如く攷説の麻柱尓備ふるもの少からず故尓此尓附記して其功を知らし免むと須附云ふ當社素よ里狹隘の祠域なる尓亦多く社木を伐れるより大尓風致を失へ里近比諸社尓此事の專行はヽるは無端わざの極登謂ふべし

萩原正平・萩原正夫『増訂豆州志稿』巻之八上・式内神社考並神階帳考緒言（長倉書店刊）
〇高椅神社［増］神階帳從四位上高橋の明神［増］同郡松本村高橋神社也

萩原正平・萩原正夫『増訂豆州志稿』巻之八上・神祠一・君澤郡（長倉書店刊）
〇高橋明神（松本村）［増］村社高橋神社祭神不詳［増］式内高椅神社也（前記）延喜式考異曰高椅案當訓多加波之神階帳有高橋乃明神ト高椅ノ稱ハ往昔此地ニ高ク架ケタル橋アリシヨリ起レルナル可シ今社傍ニ石橋ノ地名存ス〇上下兩村（［増］今合村）ノ土地也鍬手明神ト同林（［増］百坪一）

菅原久高『伊豆國九十二式社祭神記』（『全國神職會々報』第二十一號）
高椅神社　中郷村松本鎮座村社高橋神社なり
　　祭神　詳らかならす

吉田東伍『増補大日本地名辞書』第五巻・１０３６〜１０３７頁
中郷　今村名に転ず、元中の郷とも云ひ、三島駅の南、狩野川に至る諸村を指せり、東に賀茂川流れ、西は玉川を以て駿東郡界とす。
　増訂志稿云、梅名の右内明神は、式内阿米都瀬気多知命神社なるべし、長伏の鋤手明神は式内倭文神社ならん、又式内玉作水神社は玉川に、式内高椅神社は松本にあるべし。又云、三島宿の南に青木村あり、天正十八年検地帳に「こくが青木の村入、新屋村」とある新屋は今新谷に作り、サウチ原と云ふ地名も検地帳に載す、鶴喰村は三島大社建武二年文書に見ゆ。
　　雑訴決断所牒　伊豆国衙（建武二年）
　　　三島神主盛親代実法申、当社領北中村、安富、鶴喰、糠田、御薗、長前、井宮倉、神護以下、社辺

敷地等事、副重解状、具書、
　　牒、当社神主職、并神領等、先度盛親所預勅裁也、而資盛々行等、令濫妨云々、太不可然、早止彼等之
　　妨、宜沙汰付盛親者、以牒。
　補［中郷］〇増訂豆州志稿、［重出］新谷村或は新屋と書す、天正十八年の検地帳に載るさうち原は所謂屯倉の
　旧址なりと云ひ伝へたるが、今猶青木新谷二村に渉るの地名なり、〇鶴喰村は三島大社建武二年の文書に、
　鶴喰の称見ゆ、此村古き村にして、中頃近村或は皆鶴喰の郷と称す。

吉田東伍『増補大日本地名辞書』第五巻・１０３７頁
　玉川　今中郷村の大字とす、玉水池てふ清泉あれば、式内玉作水神はタマナスミズと訓み、此清泉の霊にあ
　らずや。々三島大社文書に「玉川郷者、元久二年閏七月、被寄進当宮」云々、安貞二年のものに、三島宮
　領伊豆国玉川郷住人云々。
　　玉川の溝洫は今豆駿の州郡界とす、（小泉川とも云ふ、駿州に重出す）田家民居、一溝の左右に縁り、屋
　舎相望むも、州管を異にす、三島駅の千貫樋の水、即玉川の別源とす。
　補［玉川］〇増訂豆州志稿、東雅に云ふ、玉は尊貴の称なり、古語に物を呼ぶに、玉と云ふ事を加称して、皆
　其物を賞する詞なりと、此村の西北に玉水池あり、其流れを玉川と云ふ、水清潔にして冷なり、因て名づ
　く。三島大社の文書に云ふ、当郷は元久二年閏七月被寄進当宮云々、安貞二年の文書なり、其始に下三島
　宮領伊豆国玉川郷住人云々と見えたり、青木・鶴喰・畑より平田迄を中郷と云ふ、亦御殿川と界川との中
　間にある故なるか、〇式内玉作水神社は玉川の愛高明神か。式内高椅神社は松本村の鎮座なり。長伏村の
　鋤手明神、これも式内倭文神社なり。

郁岡良弼『日本地理志料』巻十三・伊豆国田方郡
　佐婆　訓闕、按當讀云左八、上野石見周防又有佐波郷、田野部引風俗通、水草交曰澤、和名佐波、説文、澤、
　　光潤也、釋名、下而有水曰澤、言潤澤也、狩谷氏曰、水陸際地、其土必潤澤、故謂水草交爲澤、所謂
　　轉注也、」天正十八年豊臣秀吉文書、田方郡澤之郷、豆州志云、佐婆方廢、大場村一名澤郷、隣邑有
　　上澤北澤、谷田村有佐婆池涸阯、可以知其梟矣、按圖亙上澤、北澤、大場、多呂、谷田、中島、八反
　　畑、梅名、安久、御園、長伏、松本、平田、掘内諸邑、盖其域也、」源平盛衰記有澤六郎宗家、屬源
　　頼朝、戰死石橋山、即本郷人、大場、伊豆山舊記作大庭郷、天正撿地帳有多呂郷、在廳多呂氏世居此
　　見三島社古文書、佛光語録、建武元年、足利直義以安久荘、寄佛光禪師、三島文書、延元三年、北畠
　　顯家以安久郷進于本社、治承四年建武二年文書、有御薗荘、康應二年文書、作三園郷、」祀典所謂倭
　　文神社、在長伏村、高椅神社、在松本村、阿米都瀬氣多知命神社在梅名村、父梨神社在中島村、

静岡県田方郡役所編『静岡県田方郡誌』５０２～５０４頁（長倉書店刊）
　本郡に於ける古神社の史乘に顯はれたるは、延喜式神名帳と伊豆國神階帳とを其完備せるものとす。前者
は平安朝の初期、後者は南北朝時代に現在せる宮社を記載せるものなり。而して此等所載の神社は、引續き
現存せるものなりや否や、今日に之を考定するは頗る至難の事に屬す。然れば先進各考説を異にし、甲是乙
非にて、必ずしも一定せず、是を以て、此書には伊豆國式社考證の著者故萩原正平氏の説に從ひ之を表示す。
　　云々
　　延喜式神名帳所載社名　　高椅神社（田方）
　　神階帳所載社名　　　　從四位上　高椅の明神
　　現　　在　　社　　名　　村社　高橋神社
　　所　在　地（舊　制）　　君澤郡松本村
　　所　在　地（現　制）　　中郷村松本

足立鍬太郎『南豆神祇誌』３７～４２頁（静岡縣賀茂郡神職會）
　延喜式卷九に載せた伊豆國神名帳は次の如くである。但所在地は萩原正平著伊豆國式社考略に私考を加へて注記す。
　　伊豆國九十二座　大五座小八十七座
　　　賀茂郡四十六座　大四座小四十二座
　　　　云々
　　　田方郡廿四座　大一座小廿三座
　　　　云々
　　　　高椅神社　　　　　　　　　　　　　　　中郷村松本
　　　　云々

足立鍬太郎『南豆神祇誌』５３～５５頁（静岡縣賀茂郡神職會）
　次に氏族神を擧げると、式田方郡に於ける玉作水神社今沼津市は玉作部の齋く神である。楊原神社今同上が特殊
の待遇を受けて明神大に列したのは、大岡牧？兵部式駿河國岡野牧駅があるに關係せし（恐らくは外來）大氏族の氏神で
あったからではあるまいか。そしてそれが、近く發見された大岡村の廢寺や、所謂牧長者と因縁があると考
へられる。彼の遠江榛原郡初倉村の式名神大敬滿神社が竹林寺と稱する廢寺と共に、大井川渡船や白羽牧主税式遠江白羽管
牧馬直四千四百六十束に關係したと考へられる秦氏族に對する状態と同じくはあるまいか。又今賀茂郡松崎町下之神社
と稱するは、舊石火那賀兩郷の接する處にあって、式社の擬當に紛糾ある古社であるが、私は、其の所藏の
神像や、私等の發見した二面の神鏡（一面には古風なる綾を有する冠を著けた神像の毛彫があり一面には墨
書の願文がある）や、唐大明神と稱する事等から遡り考へ、又附近に櫻田といふ地名、森・高橋・松本など
いふ舊家の存するを參照して、やはり其地に居住した秦氏の氏神であらうと考へ試みた。（田方郡中郷村松
本にある高椅神社も亦然らん）尚石火といふは燧石から火を取ることを知った民族によって開かれた郷では
あるまいか。そしてそれ等外來？種族が、那賀岩科兩川の注ぐ江奈灣の要地を占め、沼津や初倉の如く船税
を收めて相應の富をなし、漸次灣の頭尾に分れて繁殖するに隨って、氏神も二所に勸請することになったか
ら、其の地勢高く郡家に近き本宮が伊那上神社（唐大明神）となり、遠き海寄の方が伊那下神社（船寄大明
神）となり、以て仲神社現在の郷社伊那上神社は式仲神社たる證據がある（三嶋大明神）と鼎立したのであらう。式仲大藏神社は今の中川村社豚賀

神社に擬當すべきである。

足立鍬太郎『南豆神祇誌』７５〜７６頁（静岡縣賀茂郡神職會）
　伊豆國神階帳は、群書類従二三に、康永二年癸亥(興國四年)十二月廿五日在廳判の奥書あるものを、在廳伊達某藏本から寫して収めてある。伊達家に現藏するものは鳥子紙二枚續にて後世の寫本である即ち尾張のより二十年許前のものである。在廳とは、中古國衙の廳にあり、國司の命を奉じて事務を行ふ下司であったが、多くは世職だから其の稱呼を傳へて居たのだ。先づ左に其の全文を掲げよう。
伊豆國神階帳　　式社の配當は萩原正平の意見に據る
　　伊豆國三ケ郡神明帳事
　　正一位三島大明神
　　　云々
　　従四位上高橋の明神　　高崎神社
　　　云々

静岡縣『旧版 静岡縣史』第三巻・７１１〜７２０頁（名著出版刊）
【賀茂郡四十六座大四座小卌二座】
云々
【田方郡二十四座大一座小廿三座】
云々
（高椅神社）
　原所在は田方郡中郷村松本字松葉座。現在社は同所の高橋神社。
云々

静岡県郷土研究協会『静岡県神社志』第三篇（日本仏書センター刊）
村社　高橋神社
　　　田方郡中郷村松本字松葉座鎮座
　云々
　　祭神　不詳
　　例祭日　十月十六日
　由緒　延喜式神名帳田方郡二十四座の内高椅神社、神階帳に従四位上高橋の明神とあるは本社なりとなす。増訂豆州志稿に「村社高橋神社祭神不詳、式内高椅神社祭神不詳、式内高椅神社也、延喜式考異曰、高椅案当レ訓ニ多加波之ー神階帳有ニ高橋乃明神ーと、高橋の称は往昔此地に高く架けたる橋ありしより起れるなるべし、今社傍に石橋の地名存す。」寛永元年十二月の再建という。明治六年九月村社に列す。
云々

長濱神社

『特選神名牒』３２０頁
長濱神社
　祭神
　　今按豆州志ニ長濱神社今神明ト稱スとみえ式社考證ニ近頃伊勢大神也と云るは神明の稱に因て錯ひし也
　　州中神明と稱する社の大方姫神なるに因て考るに賀茂郡上津島に坐阿波咩命を遷し祀れるならむも知べ
　　からずと云れど明證なければ定めがたし
　祭日　一月十六日
　社格　村社
　所在　（田方郡内浦村大字長濱）　長濱村麻之坂○今屬君澤郡

度會延經『神名帳考證』（『神祇全書』第一輯）
○長濱神社　姓氏錄云、長公、事代主命之後也、　大朝神社此神裔

伴信友『神名帳考證』（『伴信友全集』第一）
長濱神社
[姓氏]長公事代主命之後也○當郡大朝神社此神裔也[志]君澤郡長濱村ニ坐ス今神明ト稱ス此處ヲ麻坂ト云海
涯ヲ麻ノ谷ト云古コノ所麻自ラ生ジテ一夜ニ樹ヲ爲ス故ニ名トス相傳ル俚歌「麻ノ坂ニ麻マキソメテウミソ
メテ磯ニヘサセテ浪ニオラセン」

伴信友『神名帳考』（『神道大系』古典註釋編七・延喜式神名帳註釋）
長濱神社
○姓氏錄、長公、事代主命之後也、當郡大朝神社、此神裔、考證、△志ニ、君澤郡長濱村ニ坐ス、今神明ト稱
ス、コノ處ヲ麻坂ト云、海涯ヲ麻谷ト云、古コノ處、麻自ラ生〆、一夜ニ樹ヲ爲ス、故ニ名トス、相傳ル哩
歌、「麻ノ坂ニ　麻マキソメテ　磯ニヘサセテ　浪ニオラセン」
　1（『頭註』）林圖云、長濱村、君澤郡、

鈴鹿連胤『神社覈錄』（井上賴圀・佐伯有義校訂『神社覈錄』下編）
長濱神社
　長濱は奈賀波麻と訓べし○祭神詳ならず○君澤郡長濱村に在す、今神明と稱す、圖圖、志、例祭
　　伊豆志に、此處ヲ麻坂[ヲク]ト云、海涯ヲ麻ノ谷ト云フ、古コノ處麻自ラ生〆、一夜ニ樹ヲ爲ス、故ニ
　　名トス、相傳ル俚歌ニ「麻ノ坂ニ麻マキソメテ磯ニヘサセテ浪ニオラセン、と云り、連胤按るに、上に倭
　　文神社のあるも此ゆゑ にやあらん、
　　　　國内神階記云、正四位上長瀨の明神、瀨は濱の誤歟

栗田寬『神祇志料』第十二巻
長濱神社、今君澤郡長濱村麻之坂にあり。豆州志、伊豆式社考證

『大日本史』［九］・志一・巻二百五十五
長濱神社、○今君澤郡長濱村、稱神明、

『大日本史』［十一］・志三・巻二百九十三
吉妾、○今木負村、在依馬西、吉妾木負、音訓相通、有長濱社、延喜式

竹村茂雄『伊豆國式社考』（『神祇全書』第四輯）
長濱（瀨）神社　長瀨村の神社にならん、長濱は古代は那賀郡なり、神階帳に長瀨明神ありて、長濱神社といふなし

竹村茂正『豆州式社考案』（『神祇全書』第四輯）
長濱神社
　類聚本神階帳ニ長瀨トアルヲ以テ、長瀨村ナリト云ハ、從前在廳家伊達氏本書ニ、濱トアルヲ未見ザルガ
　故也、是長濱村當今神明ト稱スル神社ナルコト論ナシ、

萩原正平『伊豆國式社攻略』（静岡県立中央図書館所蔵）
長濱神社
　同郡長濱村麻坂鎮座長濱の明神神階帳舊稱神明社是なり圖圖圖志攷證註進特選當社頗衰替尓属したれど顧る者なきが如
　し又祭神を伊勢大神なり登云類は神明の稱尓拘める臆斷尓て其實尓符ふべからず

萩原正平・萩原正夫『増訂豆州志稿』巻之二上・町村一（長倉書店刊）
○長濱村[増]西重須北七町一間、北三津北十町廿六間、[増]四里拾壹町廿六間○延喜式ニ長濱神社ヲ載ス凡式社アルハ皆古キ村
　里タル事可知[増]天文十二年癸卯ノ檢地野帳マタ檢地書出シ等存ス（此他西浦七郷天文間ノ貫高ヲ記セルモノアリ）本村漁獵多
　シ。
　　○田額四拾六石九斗三升七合[増]反別四拾四町壹反六畝拾八歩内（田二町一反六畝二十六歩、畑一町一反八畝二十一歩、宅地一町四反六畝二
　　歩、山林三十六町四畝四十一歩、原野三町二反二畝六歩、雑種地一反六畝十二歩、[増]地價金千八百貳拾圓四拾錢九厘[増]地租金四拾五圓五拾壹
　　錢貳厘[増]社二（村）寺二（日蓮一時）[増]戸現住四拾三現在同上[増]口本籍三百三拾五（男百七十一、女百六十四）現住三百
　　貳拾八（男百七十、女百五十八）

萩原正平・萩原正夫『増訂豆州志稿』巻之八上・式内神社考並神階帳考緒言（長倉書店刊）
○長濱神社　[増]神階帳正四位上長濱の明神[増]同郡長濱村麻坂鎮座舊稱神明社也○今神明ト稱ス（[増]群書類從本
神階帳ニ長瀨トアルハ誤寫也）

—254—

萩原正平・萩原正夫『増訂豆州志稿』巻之八上・神祠一・君澤郡（長倉書店刊）
○神明（長濱村）[増]村社長濱神社祭神阿波賣命ナル可シ[増]式内長濱神社也（前記）按ズルニ當社ハ神集島長濱神社ノ分祠ニシテ阿波賣命ヲ祭ルナラム（州中神明ト稱スル社ハ概ネ姫神社）現今社地狹隘、蓋シ蠶食ニ係ルナル可シ○此處ヲ麻坂、其海岸ヲ麻溪ト稱ス昔此地ニ麻自生ス故ニ名クト云相傳ル俚歌ニ曰ク
　　麻坂ニ麻蒔初テウミ初テ磯ニヘサセテ浪ニ織ラセムト
[増]別殿一（稲荷[増]百九十四坪官一）

菅原久高『伊豆國九十二式社祭神記』（『全國神職會々報』第二十一號）
長濱神社　内浦村長濱鎮座村社なり神明と稱す
　祭神　詳らかならす

吉田東伍『増補大日本地名辞書』第五巻・１０４６頁
長浜　増訂志稿云、長浜神社存す、蓋神集島の長浜神社の別宮分祠にして、阿波咩命を祭るならむ、此処を麻坂、其海岸を麻溪と稱す、昔此地に麻自生す、故に名くと云ふ、又小比叡明神あり、昔は白鬚明神と云ふ、祠前に於て往々曲玉及びメドアキ石を得、古墳を祭りし者なる可し、祠内に古石塔を蔵め、又社域より曲玉管玉の類を得、三津の長浜城址は城山是なり、山上平地三百歩許、弁天の小祠を立つ、山下重須村の地に、外郭（今田郭と云）城下等の稱存す、此城は太平記に見ゆる畠山道誓の三津の城構なるが、後北条氏其旧址に因て復築きたるにや、天正十七八年頃、北条氏政より美濃守氏規に与る書中に、長浜城と云ふも此也。

邨岡良弼『日本地理志料』巻十三・伊豆国田方郡
天野　訓闕、按當讀云阿麻乃、名義未聞、天野系圖、景澄、姓藤原氏、稱入江權守、始居伊豆天野郷、因氏、其孫遠景、稱藤内、保元中、從狩野茂光討源爲朝、治承中、屬源賴朝、屢立大功、文治二年補鎭西守護職、子孫居此、見保元物語、東鑑、承久記、太平記諸書、藩翰譜、天野康景、仕東照公、守駿河興國寺城、蓋其後也、秋山氏曰、天野有藥師段地、傳言、天野氏宅阯、豆州志、天野郷廢、天野村存、按圖亘天野、小坂、戸澤、三津、長瀬、長濱、掘切、大澤、重須諸邑、其故區也、今皆入君澤郡云、」祀典所秩長濱神社、在長濱村、劔刀乎夜爾命神社在戸澤稱多知乎輿伎明神、伊加麻志神社、在掘切伊加麻入地、有養加山益山寺、豈其祠僧乎、三津荘、見國史考引康安二年文書、重須港、見北條五代記　驅籠荘大澤村、見子神祠天文元年梁牌、小坂郷、見北條分限帳、小坂太郎見東鑑、蓋本土人、

静岡県田方郡役所編『静岡県田方郡誌』５０２～５０３頁（長倉書店刊）
　本国に於ける古神社の史乘に顯はれたるは、延喜式神名帳と伊豆國神階帳とを其完備せるものとす。前者は平安朝の初期、後者は南北朝時代に現在せる宮社を記載せるものなり。而して此等所載の神社は、引續き現存せるものなりや否や、今日に之を考定するは頗る至難の事に屬す。然れば先進各考説を異にし、甲是乙非にて、必ずしも一定せず、是を以て、此書には伊豆國式社考證の著者故萩原正平氏の説に從ひ之を表示す。
　云々
　延喜式神名帳所載社名　　長濱神社（田方）
　神　階　帳　所　載　社　名　　正四位上　長濱の明神
　現　　在　　社　　名　　村社　長濱神社
　所　在　地　（舊　制）　君澤郡長濱村
　所　在　地　（現　制）　内浦村長濱

足立鍬太郎『南豆神祇誌』３７～４２頁（静岡縣賀茂郡神職會）
　延喜式卷九に載せた伊豆國神名帳は次の如くである。但所在地は萩原正平著伊豆國式社考略に私考を加へて註記す。
　　　伊豆國九十二座　大五座小八十七座
　　　　賀茂郡四十六座　大四座小四十二座
　　　　　云々
　　　　田方郡廿四座　大一座小廿三座
　　　　長濱神社　　　　　　　　　　　　　　内浦村長濱
　　　　　云々

足立鍬太郎『南豆神祇誌』７５～７７頁（静岡縣賀茂郡神職會）
　伊豆國神階帳は、群書類從二三に、康永二年辛亥（興國四年）十二月廿五日在廳判の奥書あるものを、在廳伊達某藏本から寫して収めてある。伊達家に現藏するものは鳥子紙二枚續にて後世の寫本である即ち尾張のより二十年許前のものである。在廳とは、中古國衙の廳にあり、國司の命を奉じて事務を行ふ下司であったが、多くは世職だから其の稱呼を傳へて居たのだ。先づ其の全文を掲げよう。
伊豆國神階帳　式社の配當は萩原正平の意見に據る
　　伊豆國三ケ郡神明帳事
　　正一位三島大明神
　　　云々
　　　正四位上長濱の明神　　長濱神社
　　　云々

静岡縣『旧版　静岡縣史』第三巻・７１１～７２０頁（名著出版刊）
【賀茂郡四十六座大四座小冊二座】
云々
【田方郡二十四座大一座小廿三座】
云々

— 255 —

（長濱神社）
　　原所在は田方郡内浦村長濱字水楊か。現在社は同所の長濱神社か。
云々

静岡県郷土研究協会『静岡県神社志』第三篇（日本仏書センター刊）
村社　長浜神社
　　　田方郡内浦村長浜字麻坂鎮座
云々
　祭神　阿波咩命（一説天照皇大神）
　　　　別殿　稲荷神社　天王社
　例祭日　一月十六日　十月十八日
　由緒　按ずるに本社は延喜式神名帳田方郡二十四座の内長濱神社にて神階帳正四位上長濱の明神是なりと云う。元禄年間より神明宮と称す、増訂豆州志稿に「長濱神社は今神明と云う、長浜村村社祭神阿波咩命なるべし、式内長濱神社也、按ずるに当社は神集島長濱神社の分祠にて阿波賣命を祀るならん」と中古より明治維新までは同村内の住本寺が鑰取をなした。本社はもと神明宮と称したるを明治三年長浜神社と復称し、同六年十月村社に列す。社地狭隘のため大正五年同村村社小比叡神社と合併してその地に遷った。
云々

伊加麻志神社

『特選神名牒』３２２頁
伊加麻志神社
　祭神
　祭日
　社格　村社
　所在　堀切村益山〇今屬君澤郡（田方郡修繕寺村大字堀切）
　　今按式社考證に堀切村に益山あり豆志佛剏の部に云養加山益山寺堀切村益山の上にあり云々とみえて二十町許高き山岳上なるが東の方に伊加麻入と云谷ある神益村に屬す夫より麓に神益と云村ある南方の麓に神戸と稱する地ある堀切村に屬す北方に加麻が洞と云谷ある等は更なり山號の養加は伊加の轉訛寺號の益山は麻志山の意と聞ゆるを思に伊加麻志の稱呼の遺存れる事論無しと云ふ實にあたれり故れ縣の注進狀にも此地と定めたれば之に從ふ

度會延經『神名帳考證』（『神祇全書』第一輯）
〇伊加麻志神社　越後國伊加良志神社　景行皇子五十日帶日子王　伊豫國越智郡伊加奈志神社同神乎　物部伊香色雄命

伴信友『神名帳考證』（『伴信友全集』第一）
伊加麻志神社
〇伊與國伊加奈志神社

伴信友『神名帳考』（『神道大系』古典註釋編七・延喜式神名帳註釋）
伊加麻志神社
〇伊豫國伊加奈志神社、

鈴鹿連胤『神社覈錄』（井上頼囶・佐伯有義校訂『神社覈錄』下編）
伊加麻志神社
　伊加麻志は假字也〇祭神在所詳ならず

栗田寛『神祇志料』第十二巻
伊加麻志神社、今君澤郡堀切村益山にあり。式社考證〇按養加山益山寺あり、益山の上に高岳あり、其東方に伊加麻入谷あり、養加は伊加の轉、益山は麻志山の義と聞ゆるもの證とすべし。

『大日本史』［九］・志一・巻二百五十五
伊加麻志神社、〇今在君澤郡堀切村、按村中有養加山益山寺、其東有伊加麻入地、屬神益村、神益神益蓋伊加麻志之轉、寺傍有小祠、稱三島明神、即是、

竹村茂雄『伊豆國式社考』（『神祇全書』第四輯）
伊加麻志（那加志麻カ）神社　中島村神益村と同村なり、此里の神社か、又湯ヶ島の神社か、益山神社か、

竹村茂正『豆州式社考案』（『神祇全書』第四輯）
伊加麻志神社
　益山村今三島明神ナルベシ、予ガ曾祖父、社前ノ養伽山益山寺ノ稱號、伊加麻志ニ近キ由疑ヲ殘セリ、近比萩原直胤、養伽ハ伊加ノ訛言ナルベク、又近傍ニ釜ガ洞アリ、此又イカマガ洞ノイヲ省キタルナラントヱヘリ、然レドモ、未適證ヲ得ザレバ、猶古老ノ口碑、或ハ地名等ヲ探求セシニ、神益村ニ益山ヘ連接セシ山名ヲ、イカマイリト云ヘリ、イリハ方言ニ其地ニ望ム所ヲモ云ヘド、宗ト此地ノ彼地ニ逼ル所ヲ云ヘレバ、是則伊加麻志ノ逼ル所ノ稱呼ナルベシ、志ヲバ省テ云ヘルナルベシ又相近キニ神戸ノ地名モ存セリ、サテ社前ノ益山寺ハ、古代ノ別當寺ナルガ、當國諸社ノ別當寺ハ、必眞言宗ナルガ、當寺又眞言宗ナリ、社寺共火災ニ罹テ後、寺ハ再建アリテ觀音ヲ安置セシカド、神社ハタダカリソメニ、觀音堂ノ傍ニ小社ヲ立シマヽニテ、却テ當寺守護神ノ如クナリ行、其衰頽甚シク、今ノ如ク埋レ果テ、知ル人無ニ至リ、隨舊記古傳説ヲモ失ヘルナルベシ、サレド幸ニ、上件ノ地名寺號ノ稱號等ノ彼寺ニ中古縣台ノ伐木禁止状四五通ヲ所持セリ、是必古代ハ御神社ニ附シモナルベシ、殘レルヲ以テ、當社ノ伊加麻志神社ナルコトヲ探求セリ、

萩原正平『伊豆國式社攷略』（静岡県立中央図書館所蔵）
伊加麻志神社
　君澤郡堀切村益山鎭座高山の明神神社舊稱三島明神社なりと須式攷改証註進特選續攷今云ふ當社久しく埋没尓係り寺域益山寺の偏偶僅尓一小祠を存するのみ蓋實地の景迹登豆志の記す所登尓因手既く其の略有尓係れるを知る噫浮屠の狡獪妖狐音ならず其の奸曲を認むるもの誰か之を黙焉尓附すべき飽まで其の罪を世尓聲して筆誅を加ヘずはあるべからず

萩原正平・萩原正夫『増訂豆州志稿』巻之二上・町村一（長倉書店刊）
〇堀切村［増］東熊坂村十八町、西大澤村三十町、南修善寺村一里二十七町四十九間、北神島村二十町、［増］五里三町拾九間［増］慶長十二年ノ檢地帳表書ニ豆州狩野庄熊坂ノ内堀切ト見エマタ元和四年熊坂起間ニ熊坂本郷堀切分トアリ因リテ按ズルニモト熊坂ト一村ナリシナラム〇屬里　猿山新田　［増］今或ハ益山ニ作ル山上田方郡式内伊加麻志神社ヲ祭ル（マタ養伽山益山寺アリ）
　〇田額貳百拾壹石五斗九升内（新田六十石五斗九升）［増］反別五百七拾三町九反八畝拾九歩内（田十八町六反二畝十三歩、畑十一町三反八畝十一歩、宅地三町一反四畝十三歩、山林百六十六町二反五畝二十三歩、原野三百七十五町五反七畝十九歩）［増］地價金九千四百四十三圓八拾貳錢六厘［増］地租金貳百三十六圓拾壹錢八厘［増］社二（村）寺二（禪）分校一［増］戸現住五拾貳現在同上［増］口本籍三百拾八（男百四十三、女百七十五）現住三百拾四（男百四十、女百七十四）

萩原正平・萩原正夫『増訂豆州志稿』巻之四・山嶽（長倉書店刊）
〇益山[増]同村ニ属ス山頂式内伊加麻志神社及ビ益山寺アリ〇古名養加山

萩原正平・萩原正夫『増訂豆州志稿』巻之八上・式内神社考並神階帳考緒言（長倉書店刊）
〇伊加麻志神社[増]神階帳從四位上高山の明神[増]君澤郡堀切村益山鎮座舊稱三島明神社也

萩原正平・萩原正夫『増訂豆州志稿』巻之八上・神祠一・君澤郡（長倉書店刊）
〇三島明神（同村益山）[増]村社伊加麻志神社祭神不詳[増]式内伊加麻志神社也（前記）神舊社域ニ養加山益山寺アリ養加ハ伊加、益山ハ麻志山ノ意ニシテ社號ノ遺レルナル可シ東方ニ伊加麻入、北方ニ加麻ガ洞ノ稱呼アル亦縁故アルガ如シ社地佛徒ノ略有スル所ト爲リテ久ク埋没ニ係ル（コレ原書之ヲ脱スル所以也）現今寺域ノ後脊僅ニ小祠ヲ存スルノミ（佛刹部參看）明治十二年村社ニ列セラレ十九年社號ヲ復ス[増]別殿四（八幡、稲荷、、山神、秋葉、[増]八十坪官一）

萩原正平・萩原正夫『増訂豆州志稿』巻之十上・佛刹一・君澤郡（長倉書店刊）
〇養加山益山寺（堀切村益山）[増]眞言宗（紀州高野山高室院末。本尊千手觀世音）〇益山ノ上ニアリ舊名千手院、傳云僧空海ノ草創ニシテ本尊觀世音ハ其自作ナリト（[増]目下安置スル所ノ本尊ハ古作ニ非ルニ似タリ）寺ニ金剛盤ヲ藏ス其背ニ鑄シテ曰ク于時弘仁八歳正月吉日、右方ニ養加山、左方ニ當山住物ト（[増]此古器今亡失ス）享保癸卯歳境内祠跡ニ於テ古鏡四、經筒一ヲ発掘セリ[増]三島代官ノ寄進狀及ビ禁制文數通ヲ藏ム寺地延喜式内伊加麻志神社ノ舊址ニシテ寺ハ別當ナリシヲ遂ニ社域ヲ略有セル者ナル可シ（原文境内祠跡トアル蓋是レナラム）今佛殿ノ後背僅ニ一小祠ヲ存スルノミ（神祠部參看）〇寺前民家二（[増]今四戸アリ[増]七百三十二坪官四）

菅原久高『伊豆國九十二式社祭神記』（『全國神職會々報』第二十一號）
伊加麻志神社　修善寺村堀切鎭座村社なり
　　祭神　詳らかならず

吉田東伍『増補大日本地名辞書』第五巻・１０５１頁
熊坂　今修善寺村の管内とす、湯場の北にして、神益に隣比す、慶長十二年検地帳「豆州狩野庄、熊坂之内堀切」と。堀切に養加山益山寺と云ふがありて、是は延喜式田方郡伊加麻志神社の旧境なること、其名号にて推断すべし、俗に益山と云ふ地なり。
補[熊坂]〇増訂豆州志稿、大沢村、子神社天文元年の上梁文に、駏籠荘大沢村　と見ゆ、然れども寛永二十一年堀切を分て一村とすとも云ふ、〇堀切村は慶長十二年の検地帳表書に、豆州狩野庄熊坂之内堀切と見え、属里を猿山神田と曰ふ、今或は益山に作る、其山上に田方郡式内伊加麻志神社を祭る、また養加山益山寺ありて、神域を占有す。堀切の村社は石神也、〇熊坂山の半腹に熊野権現の祠あり、熊坂の熊は八十垧などの垧に同じく、隅・隈の意ならむ。

邨岡良弼『日本地理志料』巻十三・伊豆国田方郡
天野　訓關、當讀云阿麻乃、名義未聞、天野系圖、景澄、姓藤原氏、稱入江權守、始居伊豆天野郷、因氏、其孫遠景、稱藤内、保元中、從狩野茂光討源爲朝、治承中、屬源頼朝、屢立大功、文治二年補鎭西守護職、子孫居此、見保元物語、東鑑、承久記、太平記諸書、藩翰譜、天野康景、仕東照公、守駿河興國寺城、蓋其後也、秋山氏曰、天野有藥師段地、傳言、天野氏宅阯、豆州志、天野郷廢、天野村存、按圖亘天野、小坂、戸澤、三津、長瀬、長濱、掘切、大澤、重須諸邑、其故區也、今皆入君澤郡云、」祀典所秩長濱神社、在長濱村、劔刀乎夜爾命神社、在戸澤稱多知乎與伎明神、伊加麻志神社、在掘切伊加麻入地、有養加山益山寺、豈其祠僧乎、三津荘、見國史考引康安二年文書、重須港、見北條五代記、駏籠荘大澤村、見子祠天文元年梁牌、小坂郷、見北條分限帳、小坂太郎見東鑑、蓋本土人、

静岡県田方郡役所編『静岡県田方郡誌』５０２～５０３頁（長倉書店刊）
　本郡に於ける古神社の史乘に顯はれたるは、延喜式神名帳と伊豆國神階帳とを其完備せるものとす。前者は平安朝の初期、後者は南北朝時代に現在せる宮社を記載せるものなり。而して此等所載の神社は、引續き現存せるものなりや否や、今日に之を考定するは頗る至難の事に屬す。然れば先進各考説を異にし、甲是乙非にて、必ずしも一定せず、是を以て、此書には伊豆國式社考證の著者故萩原正平氏の説に從ひ之を表示す。
　云々
　　延喜式神名帳所載社名　　伊加麻志神社（田方）
　　神　階　帳　所　載　社　名　　從四位上　高山の明神
　　現　　在　　社　　名　　村社　伊加麻志神社
　　所　在　地　（舊制）　　君澤郡堀切村益山
　　所　在　地　（現制）　　修善寺村堀切

足立鍬太郎『南豆神祇誌』３７～４２頁（静岡縣賀茂郡神職會）
　延喜式巻九に載せた伊豆國神名帳は次の如くである。但所在地は萩原正平著伊豆國式社考略に私考を加へて註記す。
　　　　伊豆國九十二座　大五座小八十七座
　　　　　賀茂郡四十六座　大四座小四十二座
　　　　　　云々
　　　　　田方郡廿四座　大一座小廿三座
　　　　　　云々
　　　　　　伊加麻志神社　　　　　　　　　　　修善寺村堀切
　　　　　　云々

足立鍬太郎『南豆神祇誌』７５～７８頁（静岡縣賀茂郡神職會）
　伊豆國神階帳は、群書類從二三に、康永二年辛亥（興國四年）十二月廿五日在廳判の奥書あるものを、在廳伊達某

—258—

藏本から寫して収めてある。伊達家に現藏するものは鳥子紙二枚續にて後世の寫本である即ち尾張のより二十年許前のものである。在廳とは、中古國衙の廳にあり、國司の命を奉じて事務を行ふ下司であったが、多くは世職だから其の稱呼を傳へて居たのだ。先づ左に其の全文を掲げよう。
伊豆國神階帳　　式社の配當は萩原正平の意見に據る
　　　伊豆國三ケ郡神明帳事
　　正一位三島大明神
　　　云々
　　　從四位上高山の明神　　伊加麻志神社
　　　云々

静岡縣『旧版 静岡縣史』第三巻・７１１～７２１頁（名著出版刊）
【賀茂郡四十六座大四座小四十二座】
云々
【田方郡二十四座大一座小廿三座】
云々
（伊加麻志神社）
　　原所在は田方郡修善寺町堀切字坂ノ上。現在社は同所の伊加麻志神社。
云々

静岡県郷土研究協会『静岡県神社志』第三篇（日本仏書センター刊）
村社　伊加麻志神社
　　　　田方郡修善寺町堀切字益山鎮座
云々
　祭神　不詳（官幣大社三島神社の御子神なりと伝う）
　例祭日　十一月一日
　由緒　本社は延喜式神名帳田方郡伊加麻志神社にて、神階帳從四位高山の明神に相当するとなす。本社旧称を高山明神又は三島明神社と称したが、久しく埋没せられて、僅かに寺域の後背に一小祠を存するのみであった、明治十二年八月村社に列し明治十九年四月廿四日現社名に復称した。大正十四年十月二十九日神饌幣帛料供進社に指定せらる。
云々

石德高神社

『特選神名牒』３２２頁
石德高神社
 祭神
 祭日
 社格
 所在
  今按足柄縣註進狀に石德高神社は君澤郡江間村雄德山神社なるべし其は石德は石床の意高はタケと訓て嵩の意と聞ゆるをこの山の岩壁よく石床高の稱にかなひ山頂舊祠の址に寶殿平前殿平神樂石など云稱の遺れるのみにあらず山名の雄德は石德の轉訛と聞ゆるなど證とすべし斯て後に社を西麓チム野に遷し又丸山に豆塚に移せり豆志に記せる如く寺家村八幡も此雄德山よりもと此山上に石德高神社の鎭座也し確證と云しも强言に非ざるは此江間鄕北條鄕はもと一鄕なるを村里の區分せるより總鎭守とある雄德山の神を江間の鄕にてはチン野に遷し北條の鄕にては寺家村の守山に遷したるより山上の本社遂に廢絶に及び雄德山の稱号のみ遺れる事となりし也此他諸説あれど此二處の内にて定むべきことなるべし

度會延經『神名帳考證』（『神祇全書』第一輯）
〇石德高神社　攝津國止杼侶支比賣命神社　按德高言泉䏻沸、今熱海溫泉艮隅湯前權現是乎、

伴信友『神名帳考證』（『伴信友全集』第一）
石德高神社
〇按德高言泉䏻佛今熱海溫泉艮隅湯前權現是乎釋書桓舜傳曰舜甚蹇浪遊豆州説法溫泉神祠云云〇下ニ劒刀石床別神社アリ

伴信友『神名帳考』（『神道大系』古典註釋編七・延喜式神名帳註釋）
石德高神社
按、德高言泉䏻沸、今熱海溫泉艮隅湯前權現是乎、考證、△元亨釋書、釋桓舜傳、云云、舜甚蹇浪遊豆州、説法溫泉神祠、云云、〇下ニ劒刀石床別命神社アリ、
 １（頭註）林圖云、トクナカ村、賀茂郡、

鈴鹿連胤『神社覈錄』（井上賴圀・佐伯有義校訂『神社覈錄』下編）
石德高神社
 石德高は位波登古と訓べし〇祭神詳ならず〇德永村に在す、今那賀郡に屬す、圖例祭
  考證に、按德高言泉䏻沸、今熱海溫泉艮隅湯前權現是乎と云り、〇元亨釋書云、桓舜傳舜甚蹇、浪遊豆州、説法溫泉神祠、

栗田寬『神祇志料』第十二卷
石德高神社、今寺家村總社八幡の林中に地主神あり、一巨石を祭る。福石明神と云。盖是也。豆州志

『大日本史』［九］・志一・卷二百五十五
石德高神社、〇今在寺家村、以中世配祀八幡神、故今專稱曰總社八幡、域内有福石明神、號地主神、有一巨石、古以爲神體云、傳言、祀大山祇神、木華開耶姬命、豆州志

竹村茂雄『伊豆國式社考』（『神祇全書』第四輯）
石德高神社　寺家村總社八幡

竹村茂正『豆州式社考案』（『神祇全書』第四輯）
石德高神社
 谷田村多賀神社カ、同社ヲ豆志ニ、神階帳川原明神ナラントアレド、又思ニ、同帳多明神ハ、賀ヲ脱セルニテ同社ナランカ、或ハ同帳ナツメノ明神ナランカ、ソハ同村小地名ニ棗木アレバ、ナツメキ明神ナルヲ、キヲ脱シタルカ、サテ同社石德高ナルヲ石床別ニ誤ル、又其説ヲ同村御嶽神社ヘ誤リ傳ヘタルヲ、豆志ニハ取用ヒタルナルベシ、當代ハ三島大社ノ攝社別宮八社ノ内ナリ、社地ハ數轉セシコトナリ、或下多賀村今ノ松尾神社ハ、往古中村多賀神社ト稱シテ、近江多賀神社ノ御同神ナルガ、上多賀村日若宮海中ヨリ出現ノ後、社務ニ預ル修驗ノハカラヒニテ、今ノ稱號ニ改メタル由、古老ノ口碑ニ殘リ、相近キニ神宮廢寺高德寺アリ、其外神社ニ由緣アル地名彼是存セリ、ヨリテ思ヘバ、此社ナルベクモ思ハル、以上二説共、唯思ヒヨレル儘ニ記スノミ、

萩原正平『伊豆國式社攷略』（静岡県立中央図書館所蔵）
石德高神社
 今は分祀して二社登須其一は君澤郡北江間郡鎭座ゐいのゝ明神神階帳今稱豆塚神社攷證註進特選其二者田方郡寺家村八幡神社社傳豆志攷証の一説攷なり登須蓋地理の變更ニ因里て分祀せる例少からず等しく是同神なり何ぞ囂しく其の本末を諍ふ事を爲べき

萩原正平・萩原正夫『増訂豆州志稿』巻之二上・町村一（長倉書店刊）
〇北江間村（［増］東原木村二十二町三十五間、西駿ノ口野村二十二町五十間、南江間村五町、北駿ノ日守村、）［増］貳里貳拾壹町四拾九間貳尺〇江間和名鈔ニ依馬ニ作ル鄕名ナリサレドモ東鑑ニ已ニ一村トス鄕廢スル事久シ海川ノ入シ處並ニ池澤ヲモ江ト云コノ昔大池アリテ池ト山トノ間ニ人家始リシ故名トス［増］文明四年豆塚神社ノ鰐口ノ銘ニ江馬莊トアリ（北條役高帳ニモ江馬ト見ユ）物産石材アリ又養豚所アリ其他歡業ニ意ヲ留ル者少カラズ。
 〇田額七百六拾貳石貳斗六升一合内（新田三石九斗五升四合）〇反別三百拾壹町五畝拾壹歩内（田五十九町一反四畝十六歩、畑三十四町六反三畝二十三歩、宅地八町五反十二歩、山林七十五町二反九畝十三歩、原野百三十三町四反七畝六歩、雜種地一歩、）［増］地價金四萬七千六百五拾貳圓貳拾貳錢七厘［増］地租金千百九拾壹圓三拾八錢貳厘［増］社四（鄕一雜三）寺一（禪）［増］戸現住百三拾貳現在同上［増］口

本籍七百九拾四（男三百八十三、女四百十一）現住八百拾九（男三百九十一、女四百二十八）

萩原正平・萩原正夫『増訂豆州志稿』巻之八上・式内神社考並神階帳考緒言（長倉書店刊）
〇石徳高神社[増]神階帳從四位上にいのゝ明神[増]往古君澤郡江間村雄徳山ニ鎭座、後兩所ニ分祀スト云其一ハ北江間村豆塚神社其二ハ田方郡寺家村八幡神社ナル可シ（〇石徳高一本無高字）

萩原正平・萩原正夫『増訂豆州志稿』巻之八上・神祠一・君澤郡（長倉書店刊）
〇豆冢明神（北江間村）[増]郷社（兼村社）[増]豆塚神社祭神不詳[増]式内石徳高神社ナル可シ（前記）往昔南江間村雄徳山（或作巨徳山）ニ鎭座セリト云雄徳ハ石徳ノ轉訛ナラム（山北ニ巨徳山北條寺アリ巨徳ノ稱亦同ジ）山巓ニ御寶殿ト稱スル巖石アリ神ノ鎭座ノ域ト傳フ山麓ニ神戸、神田、神傳地、忌ノ馬場、鳥居前、鳥居内（今轉訛シテ鳥内ト云）等ノ稱呼存ス、初雄徳山ヨリ西麓ちむ野ノ地ニ移ス（舊址存大字大明神ト云）ちむ野ハ新野ノ字ヲしむ野ト訓ミタルヨリ轉訛セルニテ神階帳新野（にいのヽト訓ス）の明神ナル可シ後丸山ニ轉ズ（其遺址ヲ亦大明神ト云）北條義時更ニ現地ニ遷祀スト云田方郡寺家村八幡神社亦石徳高神社ノ分祠ナリトス〇本丸山ニ坐ス頗ル大祠也豆冢ハ今ノ祠地昔畠ナリシ時ノ名也扁額ニ大明神ト書ス凡ソ州人單ニ大明神ト稱スルハ多クハ大山祇命等貴キ神也（[増]大山祇命トアルハ三島大神ヲ訛轉セルヨリ云也）金鼓ニ云文明四年ト（[増]百五十四坪官一）

萩原正平・萩原正夫『増訂豆州志稿』巻之八下・神祠二・田方郡（長倉書店刊）
〇總社八幡（寺家村）[増]總社八幡神社祭神事代主命、木花開耶姫命、譽田別命、ナリト云相殿氣長足姫命、武内宿禰、大鷦鷯命、猿田彦神、[増]式内石徳高命神社ニシテ初君澤郡南江間村雄徳山（或作男山）ニ鎭座後兩所ニ分祀スト云一ハ北江間村豆塚神社一ハ當社ナル可シ（前記）蓋江間、北條ノ地往昔和名鈔所載依馬郷ナル可レバ地理ノ沿革ニ因リ分祀セルナラム（豆塚社ノ條參照）社地守山ノ半復ニアリ守山ノ別名ヲ男山ト云亦舊社地ヨリ移セシ稱ナル可シ〇大山祇神（[増]中古三島大神ヲ大山祇神ト傳ヘヨリ訛リタルナル可シ）木花開耶姫ヲ祀ル社傳云式内石徳高神社也ト延喜七年豊前國宇佐八幡ヲ江間雄徳山ニ勸請セリ後又此ニ配祀ス是ヨリ專ラ八幡ト稱スト云源頼信、祠ヲ造營シテ旗竿ヲ納ム頼義、頼朝、亦旗竿ヲ奉獻ス武田信玄攻韮山城時富永山城守ノ雜兵之ヲ劫奪ス[増]源頼朝祠宇ヲ造營シテ社領ヲ附スト云（生記）慶長二年韮山城代内藤豊前守信成再建、元和三年三島代官井出藤左衛門正信修理ス往昔頗大祠ニシテ四條（北條、上條、中條、南條也。東鑑所載）ノ總社ナリキ〇古ハ神田モ多ク社人十六戸、社僧十六坊アリキ文明十七年江州愛智郡平井村源觀勢ト云者弘法手書ノ船板ノ名號ヲ納ム今存ス總テ古寶文書等轉移シテ信州ニアリト云林中ニ福石明神トテ地主神アリ社奥ノ一巨石高五尺許中央ニ三穴アリテ水湧出ヅ是古ノ神主也神領二町一段六畝廿八歩（外ニ社地並ニ神官宅）御除地也（神主續氏）〇末社四（[増]一ハ愛宕一ハ山神、一ハ福石、一ハ平岡、香取、鹿島、松川、松尾、鹽釜ヲ合祀〇舊二十社[増]八百五十九坪官一）

萩原正平・萩原正夫『増訂豆州志稿』巻之九上・神祠三・賀茂郡（長倉書店刊）
〇山神（德永村）[増]村社岩徳高神社祭神不明或云大山祇神[増]國圖、社傳等ニ式内石徳高神社ニ當テタレ共諾ヒ難シ初高宮山ニ鎭座セリト云〇天正二年ノ札ニ云一貫文地頭勝部新六郎殿、百文代官、二百文湯川松原ト（[増]三百九十三坪官一）

菅原久高『伊豆國九十二式社祭神記』（『全國神職會々報』第二十一號）
石徳高神社　二所に分祀す江間村北江間鎭座郷社豆塚神社韮山村寺家鎭座村社八幡神社なり
　　祭神　石徳高神

吉田東伍『増補大日本地名辞書』第五巻・１０４５頁
江間　今江間村と云ふ、南北の二大字に分つ、其西堺は駿東郡静浦村（江之浦）の海湾に近し。江間は、北
　　条義時を江間殿とも云へるに因り、頗顯る。（東鑑、巻十三、江間殿嫡男、童形、此間在江間、云々、家
　　督若君、渡御江間殿新造花亭云々）
　　神階帳豆塚明神は本南江間村の雄徳山にあり、雄徳一に巨徳に作る、今も巨徳山北条寺の称存す、式内石
　　徳高神社是なり、雄徳山上に故址猶存す、北条寺は観音堂にして、本尊仏像、黒色油の浮べるが如し、迦
　　羅木に造りたりと、小田原北条家の古証文には宝成寺に作る、境内に義時夫妻の墓あり、又南江間に廃吉
　　祥寺址あり、高僧伝「釈素安、号了堂、紀州太守源国清、創吉祥寺於豆州、延安為第一世」云々。鎌倉大
　　双子曰「尊氏の御代に畠山阿波守国清、其舎屋張守義深、二代関東の執事にて、伊豆国の守護と為る、夫
　　の人の建立の有、瑞龍山吉祥寺と申す、今に在り、木像もこれあり、」（今北条寺の南に吉祥寺の地名存
　　す）此寺は大叢林にて、宝成寺、東漸寺はその子院なりければ、本寺へ当国中島郷を寄進せられし畠山国
　　熈、細川頼之の証文、今北条寺に蔵む。[増訂志稿]〇大師窟、鍛冶は北江間の堂山に在り、大師窟は深さ
　　一丈八九尺、高一丈許、鍛冶窟は較狭し、窟中に各石櫃を置く、大師窟に在るは長七尺五寸、幅四尺六寸
　　高さ蓋を併せて五尺、鍛冶窟に在るは窟奥の磐石を鑿ちて櫃と為し、別に蓋を設く、櫃腹に刻し、
　　　石井清兵衛、当地田畔、從往昔就旱損以、窮公儀、明暦元乙未年二月、構狩野川流水者也。
　　とあるは、古石櫃を利用して、近世の治水の事を銘記したるなり。
補[北条寺]〇増訂豆州志稿、巨徳山北条寺、南江間村にあり、本観音堂也。相伝ふ、観音仏、鎌倉極楽寺に
安置せし也、二位禅尼命じて此に贈る、北条長氏及び氏綱・氏康・氏政の文書六章あり、皆作宝成寺。

静岡県田方郡役所編『静岡県田方郡誌』５０２～５０３頁（長倉書店刊）
　　本郡に於ける古神社の史乘に顯はれたるは、延喜式神名帳と伊豆國神階帳とを其完備せるものとす。前者
　は平安朝の初期、後者は南北朝時代に現在せる宮社を記載せるものなり。而して此等所載の神社は、引續き
　現存せるものなりや否や、今日に之を考定するは頗る至難の事に屬す。然れば先進各考説を異にし、甲是乙
　非にて、必ずしも一定せず、是を以て、此書には伊豆國式社考證の著者故萩原正平氏の説に從ひ之を表示す。
　　云々
　　延喜式神名帳所載社名　　石徳高神社（田方）
　　神　階　帳　所　載　社　名　　從四位上　にいのゝ明神
　　現　　　在　　　社　　　名　　郷社兼村社　豆塚神社

所　在　地　（舊　制）　君澤郡北江間村
　　　所　在　地　（現　制）　江間村北江間

足立鍬太郎『南豆神祇誌』３７～４２頁（静岡縣賀茂郡神職會）
　延喜式卷九に載せた伊豆國神名帳は次の如くである。但所在地は萩原正平著伊豆國式社考略に私考を加へて註記す。
　　　　　　伊豆國九十二座　大五座小八十七座
　　　　　　　賀茂郡　大四座小四十二座
　　　　　　　　云々
　　　　　　　田方郡廿四座　大一座小廿三座
　　　　　　　　云々
　　　　　　　　石徳高神社　　　　　　　　　　　　　　　江間村
　　　　　　　　云々

足立鍬太郎『南豆神祇誌』５２～５３頁（静岡縣賀茂郡神職會）
　次に、石室崎の風蝕せる大集塊岩窟は伊波例命として、岩殿なる同じ大岩窟は伊波氏別命として、武峰山の尖鋭なる岩塊は多祁富久都久和氣命として、嘗て下河津村田中にあった筈の巨杉は杉桙別命として、妻良港は大津往比咩命として、伊豆山温泉は火牟須比命として富洞の礫濱は布刀主若玉命として、安良里の網屋崎は國玉命として、皆神格づけられて居る。此類はまだ〳〵多い。又地名を冠して居る神社でも、神洞瀑は多爾夜神社、田子島は哆胡神社、鴨ケ池＝堂内海は佐波神社の一座、戸田港は部多神社、石寶殿は石徳高（徳はアイヌ語Ｔｏｋｓｅ＝丘で同語Ｉｗａと熟したのにタカといふ國語を添へたのであらう）神社の神主ではなかったらうか。海岸の島嶼を三島神の若宮として祀った形迹は尚ある

足立鍬太郎『南豆神祇誌』７５～７７頁（静岡縣賀茂郡神職會）
　伊豆國神階帳は、群書類從二三に、康永二年癸未（興國四年）十二月廿五日在廳判の奥書あるものを、在廳伊達某藏本から寫して収めてある。伊達家に現蔵するものは鳥子紙二枚續にて後世の寫本である即ち尾張のより二十年許前のものである。在廳とは、中古國衙の廳にあり、國司の命を奉じてじ事務を行ふ下司であったが、多くは世職だから其の稱呼を傳へて居るのだ。先づ左に其の全文を掲げよう。
伊豆國神階帳　式社の配當は萩原正平の意見に據る
　　伊豆國三ケ郡神明帳事
　　正一位三島大明神
　　　云々
　　　　從四位上にゐのゝ明神　石徳高神社
　　　云々

静岡縣『旧版　静岡縣史』第三巻・７１１～７２１頁（名著出版刊）
【賀茂郡四十六座大四座小卌二座】
云々
【田方郡二十四座大一座小卌三座】
云々
（石徳高神社）
　原所在は田方郡江間村雄徳山か。現在社は同村北江間字町屋の豆塚神社及び韮山村寺家字守山の八幡神社か。
云々

静岡県郷土研究協会『静岡県神社志』第三篇（日本仏書センター刊）
郷社　豆塚神社
　　　田方郡江間北江間小字町屋敷
云々
　祭神　石徳高神社
　例祭日　四月三日
　由緒　明治十八年明細帳に依れば、本社は延喜式内田方郡二十四座の内石徳高神社なりとす。今は分祠して二社となりとなりその二は本郡韮山村寺家八幡神社（村社）である。往古は本村南江間なる雄徳山（大男山とも書く）に鎮座せしを、中世西麓丸山の珍野に遷祀し、（今その蹟大明神と称して小祠がある）後更に北麓丸山に遷す、、この地も大明神と称する。後江間小四郎平義時の崇敬厚く、更に現地豆塚に移遷し斎して豆塚大明神と称した。明細帳によれば大明神と書したる額があり、又文明四年と記した神器もあるようである。而してこの江馬郷（今は南北二村）北条村（今は寺家、中条、四日町の三村）は元一郷にて、和名抄に所謂江間中なるを、狩野川の流、今の如く中間を流れるに至り、村里自から分れて総鎮守たる雄徳山の神を江間郷にては珍野に移し、北条にては寺家村字守山に遷し祀ったのであろう。明治六年九月郷社に列し、大正十四年三月二十八日神饌幣帛料供進社に指定せらる。
云々

廣瀬神社

『特選神名牒』３２２～３２３頁
廣瀬神社
 祭神
 祭日
 社格
 所在
  今按伊豆志に廣瀬神社第四宮と稱す祀倉稲魂命云々廣瀬は小濱池旁の地名なり甚小祠となる故或は誤て辨天と稱すとあり式社攷證に田方郡田京村深澤明神なるべし其ハ豆志に深澤明神田京村溝樴姫命瓊々杵尊二神を祀る田中郷五村の總鎮守にして祠頗大也云々必三島同神にして式社なるべしと記されたる如く他に異なる所由あることは更なり社記寶暦年間の文書に柳原神社とみえ明和の奉加簿に延喜式神名帳に柳原神社と申奉るは則是也とみえたるがこは三島大社に次で此社ばかり大社は無ければ楊原神社の名神大の社なるに思合せて然稱へたると聞ゆれど楊原神社は現今社地判然なれば協はざること論なく楊原神社に次で所由あるは廣瀬神社にて楊原を三の宮廣瀬を四宮と稱するは所由ありて聞ゆるに深澤明神より外に充べき社の冗と廣瀬の稱に適へる社地なるにて知べし其社地は狩野の大川あり東方よりは浮橋川流れ出て社西南方よりは大澤川流れ出て社下に至て狩野川に合し落合處なれば川幅廣くして廣瀬と云稱によく符へれば少しも疑無るべしと云るいと由ありて聞ゆ尚よく考べし

度會延經『神名帳考證』（『神祇全書』第一輯）
○廣瀬神社　彦屋主田心命　姓氏録云、他田廣瀬朝臣、大稲輿命男彦屋主田心命之後也、在小濱<small>三島攝社也</small>

伴信友『神名帳考證』（『伴信友全集』第一）
廣瀬神社
○在小濱三島之攝社也[姓氏]他田<small>一作日</small>廣瀬朝臣大稲輿命男彦屋主田心命之後也[志]小濱ニ坐ス廣瀬ハ小濱池旁ノ地名也今小祠ニテ辨天トス第四ノ宮ト云藏稲魂命ヲ祀ル（舊事）素戔烏尊娶大山祇神女名神大市姫生二神兒大年神次稲倉魂命コレ大山祇神ノ外孫也[神名記]從一位廣瀬明神

伴信友『神名帳考』（『神道大系』古典註釈編七・延喜式神名帳註釋）
廣瀬神社
○在小濱、三嶋攝社也、○姓氏録、他田一作日、廣瀬朝臣、大稲輿命男、彦屋主田心命之後也、△志ニ、小濱ニ坐ス、廣瀬ハ、小濱池旁ノ地名也、今小祠ニテ、辨天ト云、●第四宮トイフ、祀[ママ]倉稲魂命ヲマツル、○舊事紀、素戔鳴尊、娶大山祇女神大市姫、生二神、大年神・次倉稲魂命、コレ大山祇神ノ外孫也、」神名記、從一位廣瀬明神、
 1（頭註）<small>本圖云、三嶋驛、君澤郡、</small>

鈴鹿連胤『神社覈録』（井上頼囶・佐伯有義校訂『神社覈録』下編）
廣瀬神社
 廣瀬は比呂勢と訓べし○祭神倉稲魂命、<small>或</small>○小濱に在す、今辨財天と稱す、<small>志</small>三島社攝社也、例祭
  伊豆志に、廣瀬は小濱池傍の地名也と云り、○或説に、第四宮トイフ、舊事紀、素戔鳴尊娶大山祇女神大市姫生二神、大年神、次倉稲魂命、コレ大山祇神ノ外孫也と云り、
   類社
  武藏國入間郡廣瀬神社
    神位
  國内神階記云、從一位廣瀬明神、

栗田寛『神祇志料』第十二巻
廣瀬神社、今小濱の廣瀬にあり。<small>神名帳考證、豆州志</small>

『大日本史』[九]・志一・巻二百五十五
廣瀬神社、○<small>今在君澤郡三島驛北小濱池傍廣瀬之地相傳</small>、祀倉稲魂命、<small>豆州志○神明帳爲從一位</small>

竹村茂雄『伊豆國式社考』（『神祇全書』第四輯）
廣瀬神社　<small>三島小濱</small>

竹村茂正『豆州式社考案』（『神祇全書』第四輯）
廣瀬神社
 間宮村八幡其舊社ナルベシ、彼神社、往古ハ今ノ往還ヨリ東南ノ方ニアリテ、頗ル大社ナルニヨリテ、間宮ノ村名モ起レルヨシ、豆志ニ見エタリ、サテ廣瀬ノ稱ハ、古代狩野川南條村ヨリ韮山ノ下ヲ過ギ、多田ノ村ヨリ長崎ヲ經テ、仁田柏谷兩村ノ間ヲ流レ、大場ノ村ヲ過グ、御園以下ハ今ニ同ジ、又大場村ハヅレ、其川尻ナル故江尻ノ渡ノ奈リナド、豆志ニ見エタレバ、此近川瀬廣カリシニ因テ廣瀬ト云、又此社其岸近キニ御鎮座アリシヲ以テ、廣瀬ト稱シ奉リシナルベシ、川筋上ノ如ク此所彼所ニテ屈曲シ、所々ノ小川共モ落入リテ、此ワタリニテハ、川瀬ノヤヽユルヤカニ廣カリシトゾ、<small>隣村安久村ノ舊家ニ廣瀬氏アリ、此 必廣瀬ノ地名ニヨリシナラン、</small>又別當寺タル廣渡院ノ名モ由緣アリゲナリ、<small>此寺後世今ノ名ニ改ショシナレバ、往古若シクハ廣瀬寺トハイハザリシカ、</small>サテ祭神ハ、必三島大神ノ御子神ニテ若宮ト稱シ奉リシヲ、後ニハ八幡トノミ商ルコトトナリシナルベシ、此例イト多シ、サテ江尻川ノ變遷カ、或ハ火災カニヨリテ、舊地ニハ小祠ヲ殘シテ、三島ノ今ノ七面山ヘ遷座シ奉リシナルベシ、サレバ三島ノ廣瀬別宮八社ノ一ニシテ、此邊ヲ惣テ廣セト云、當社モ又三島大社ノ一ニシテ、此邊廣セト稱スル地名ノ、最廣キナドヲ思ニモ、必廣セノ本社ナルコトシルベシ、ソハ本社ナルベキヲ、又佛徒ノ爲ニ、今ノ地ヘ遷サレ、御衰頽甚シク、當今ノ如クニハナリシナラン、或ハ廣セハ深澤神社ナラント云ヘドモ、其説受ガタシ、何トナレバ、區域相近キ深澤ヨリ、三島ヘ遷シ奉ルベ

キ謂レアルベカラズ、三島近傍へ他所ヨリ遷シ奉リシト思ハル御神社モ是彼アレド、ソハ皆距離遠キ賀茂郡ナル神社ニテ、近隣ノ神社ヲ遷シ奉リシト思ハレハ見エズ、又今ノ三島ノ廣セハ別ニ勸請シタリシト云ンカ、是又近傍ニ本社アルニ、コト更ニ彼所ニ勸請スルイハレナシ、若シ遷シ奉リシトスル時ハ、舊地ニハ只其シルシバカリヲ殘ス爲ニ、小祠杯コソ立置クベレ、今ニ其御神社ノ、却テ諸社ニ卓越タル大社ナルベキ謂レアルベカラズ、トニカクニ深澤タルノ説ニハ随ヒガタクナン、

徳川義直『神祇寶典』巻五・伊豆（『神祇全書』第貳輯）
廣瀬神社
　大和國廣瀬坐和加賣神同體也
　見于大和國

萩原正平『伊豆國式社攷略』（静岡県立中央図書館所蔵）
廣瀬神社
　田方郡田京村鎭座廣瀬ノ明神神階帳今稱深澤神社なり登す攷証註進特選續攷かくて三島大社の攝社廣瀬神社は遷祀せる社なるこ登同じく楊原神社の例の如し抑當社地たる上古は所謂狩野川ㇽ沿天東西より浮橋川大澤川流れきて落合ふ所なるよ里廣瀬登稱したるこ登かの大和國廣瀬郡廣瀬神社の坐す廣瀬の河合登同じく土地の形象よ里起連る地名ㇽなㇺ委しくは攷証續攷等ㇽ辨へ置るを見婆疑ひあらじかし

萩原正平・萩原正夫『増訂豆州志稿』巻之二下・町村二（長倉書店刊）
〇田京村（[増]南三福村六町五十六間、北御門村八町十六間）[増]三里拾七町三拾五間[増]舊句田中郷ト稱ス（天正十八年豊臣氏ノ文書深澤神社慶元年寛永十年ノ記皆田中郷ト記ス同社慶安四年ノ記田中村トス北條五代記所蔵田中五郎左衛門ハ此地ノ人カ）田京ハ分離ノ後ニ起リシ稱ナラㇺ寛永三年ノ割付同十二年ノ檢地帳田京村トアリ（田京ノ名ハ何ニ由テ起リタルカ若クハ土地ノ肥沃ナルヨリ驚ケタル嘉稱ナラㇺモ知ルベカラズ）〇屬里泉（[増]此地狩野川ノ衝突スル所トナルモ西河戸下田往還ニ屬ス此ニ深澤神社アリ祠字大ニ社域廣ノ顔ノ風致アラ存ス東北安野澤、藏春院ノ巨刹アリ山中幽邃ノ境タリ田中官林ハ本村ノ東ニ接ス近者鉄道用材ニ伐採スル事トナル）
〇田額六百八拾七石九斗四合〇（舊藏春院領十七石三斗二升）[増]反別貳百五拾四町八反貳畝拾三歩内（田三十町五反九畝三歩、畑十四町七反九畝十六歩、宅地六町二畝二歩、山林八十七町九反二十五歩、原野八町五反二十七歩）[増]地價金三萬千貳百三拾七圓八拾三錢六厘[増]地租金七百八拾圓九拾七錢[増]社（郷）寺三（浄土一禪二）戸長役場一（字公藏免ニ在リ本村ノ外大仁吉田三福柿島白山堂御門守木宗光寺ノ八村ヲ管ス）巡査駐在所一[増]戸現住九拾五現在百五拾五[増]口本籍六百拾六（男二百八十七、女三百二十九）現住六百六（男二百八十、女三百二十六）

萩原正平・萩原正夫『増訂豆州志稿』巻之八上・式内神社考並神階帳考緒言（長倉書店刊）
〇廣瀬神社[増]神階帳正一位廣瀬の明神[増]田方郡田京村深澤神社ナル可シ〇三島、廣瀬神社[増]此説不稽ナリ三島町ニアルハ本社ノ拝所ナル可シ（物忌奈命神社ノ條參看）

萩原正平・萩原正夫『増訂豆州志稿』巻之八上・神祠一・君澤郡（長倉書店刊）
〇廣瀬神社（同郡同）[増]三島神社攝社[増]當社ハ式内廣瀬神社ノ拝所ナル可シ（式内神社考物忌奈命神社ノ條參看）舊説其本社ニ當テタルハ非也（拝所ナルガ故ニ今極テ小社ト爲レリ果シテ神階後一位ニモ進ミ特別ノ由緒アル明ナルモ シヤ三島大社攝社淺間、楊原、天神等同之）〇第四ノ宮ト稱ス（祀倉稻魂命舊事本紀日素戔嗚命娶大山祇女神大市姫生二神兄大年神次倉稻魂神ト乃大山祇神之外孫也[増]祭神ノ説信ジ難シ）神名記ニ從一位廣瀬明神ト記ス（廣瀬ハ小濱池傍ノ地名也[増]此地名亦本社ヨリ移セシ也）今ハ甚小祠ト爲ル故ニ或ハ誤テ辨天ト稱ス（[増]四十三坪官一）

萩原正平・萩原正夫『増訂豆州志稿』巻之八下・神祠二・田方郡（長倉書店刊）
〇深澤明神（田京村）[増]郷社（兼村社）深澤神社〇溝樴姫命瓊々杵尊二神ヲ祀ル（[増]社傳日祭神三座、一座溝樴姫命二座不詳ト）[増]式内廣瀬神社ナル可シ（前記）往昔狩野川祠傍ヲ流レ（古川ノ稱存ス又舟寄松、舟繋松等アリ舟寄松近年枯ル）此地ニ至リ深澤川、大澤川ト相會シテ流域始テ大ヲ爲ス故ニ廣瀬ト稱セシナラㇺ大和國廣瀬神社モ初瀬、佐保ノ二川社邊ニテ會流スルヨリ其稱アルガ如シ（祝詞式ニ廣瀬ノ川合トアリ）現今、社西、神島村ノ内ニ廣瀬ノ地名存ス（蓋狩野川水路變更スルニ随ヒ廣瀬ノ稱モ移リタルナラㇺ）社傳ニ日三島大社ハ往古白濱ヨリ此地ニ移シ後三島ニ遷祀スト（古老口傳赤同ジ賀茂郡下賀茂村加畑加茂神社ノ傳ニ三島大神往古、田方深澤ニ移リ後三島ニ遷座ス。柿崎村ニモコレト同キ古傳アリ）祭神溝樴姫命ハ三島大神ノ后神ナレバ此地ニ鎭座セルハ宜ナリト謂可シ（神代記ニ曰事代主神化爲八尋鰐體通三島溝樴姫ト時主神即三島大神ノ事足ニ前述ス又溝樴命、伊古奈比咩命ト同神ナリト云説充當ナラㇺ）國圖ニ式内輕野神社ニ當テタルハ非也三島町廣瀬神社ハ當社ナリトス（前記）〇田中五村ノ總鎭守ニシテ祠頗大也（[増]當社寛永中文書ニ云伊豆ニ大社ハ伊豆山三島、深澤、中野、白濱ノ五社ト）慶長元年ノ上梁文ニ曰伊豆國田方郡田中郷福澤大明神者伊與國福田荘出而以人民養育誓願現大明神聖武天皇御宇天平年中鎭座此所給云々抑當社間尺移天長年中三島大明神造營而鑄金銀所也云々[増]當社ヲ豫州ヨリ遷祀スト云ルハ謬傳ナル事三島大社ノ例ノ如シ往昔ハ禰宜三十六人、供僧六坊ヲ置キタリ（今月影山大雲院ノ額存ス供僧ノ一ナリシカ[増]寛永二十一年金輪ニ狩野庄田中郷月慶山大雲院深澤大明神ト鑄ス緣起ニ別當備月慶山大雲院トアリ駿州駿東郡深澤ニ深澤山大雲院アリ開基ハ深澤八郎左衛門法名深澤院殿大安鐵雲トニ按ズルニ深澤氏ハ當地ヨリ駿州ニ轉往シ大雲院ヲモ移シタルナラㇺ駿河志料ニハ駿州ヨリ伊豆ニ至リ一村ヲ開クトアリ尚可追考當社ノ東南ニ藩宜屋敷ノ稱存ス社人ノ宅地ナル可シ）〇昔ハ神田八町八段大五十歩（[増]田中郷ノ内）ト永八十貫文（[増]ノ七十五貫文野總郷ノ内、五貫文三福郷ノ内）ヲ領ス天正十八年兵火ニ赤土ト爲リ文書等悉失フト云[増]此時禰宜供僧皆退轉シ源頼朝、北條時政等社田寄進燒亡ス（〇慶長元年上梁文中ニ曰北條氏直依肯輪命國白秀吉公奉教命天正十八庚寅三月上駿河國浮島原前驅軍勢鑰西九州四國北國始五十餘州之士卒共五十萬餘驅伊豆相模亂入節社頭打敗三十六人之社人六坊之供僧者拾身命遂竄花紛紜文悉記紛失云々。寛永十五年上梁文ニ曰依兵亂賴朝將軍御判、北條時政御判炎上、御神領八町八段大五十歩、大八十貫文盡無證文云々[増]〇因文禄中打量ノ時伊奈氏、彦坂氏ニ詑テ社地御供免ゆ主宅地御（租税）除ルム）爾来所領ノ失ヒ伊豆全州ノ助成ヲ以テ造營修繕ヲ爲ス（寛永九年代官今雲惣左衛門外五人連名ノ文書ニ曰田中深澤之宮破損致候間諸勸進ニテ修覆致度之由時主被申候候ヘハバ當國大社ノ由ニテ前々ヨリ勸進ヲ以テ建立致來候ト被申候間壹紙半錢ニコロス　心持次第ニ可被致候爲其如此ニ候以上ト尚貞享四年、享保八年、明和九年等勤化許状アリ）〇祠域ニ藥師堂（[増]維新ノ際廢ス）ノ見目（本社ノ左ニアリ故ニ左當ト云）有レバ三島ト同神ニシテ式社ナル可シ毎歳正月十五日年穀ノ占ヲ爲ス粥ヲ煮竹筒（[増]竹筒ニ并ズ古其霞ヲ用ヒ蓋狩野川社傍ヲ流過セシ日水澤ノ霞ヲ採用セシヨリ恒例トナリタルナラㇺ）ヲ投ジ其筒中ノ虚實ヲ以テ五穀ノ豊凶ヲ占フ（[増]占田祭トス）又田打（[増]正月元旦執行ス其式柳ノ木五寸五分數アラ一尺二寸ニ製ツ鍬日蓋ノ名ニ奉フ此串ヲ田ノ水口ニ立ツルノ例トス）田植（[増]六月十五日ヲ行フ當日三福郷字神田ヨリ早苗ヲ採來リ社域ノ老楠樹ニ打付ケ擧テ神田ヲ植ルノ例トス）新嘗（[増]九月九日之ヲ行フ當日牛岳形ノ薬ヲ神前ニ供ヘ次日田中郷ノ氏子毎戸ノ戸に宛配附スルノ例トス是ヲキニ舌粢トス。賀茂郡見高村見神社ニモ赤此式アリ）等ノ祭式有リ[増]例祭ハ古來正月（現今一月）十七日ニ執行ス以上ヲ五度ノ大祭ト稱ス維新ノ際迄ハ一ヶ年ノ祭事總テ七十五度アリキ社域老樹鬱蒼頗幽遂ナリ（祠傍ノ老楠周圍四丈二尺アリ境内近年神德碑ヲ建ツ〇神官西島氏）〇末社六（[増]見目、大楠、若宮、嚴島、稲荷、□□）[増]祖靈社一（明治八年建ツ[増]二千六百八坪官一）

萩原正平・萩原正夫『増訂豆州志稿』巻之十下・佛刹二・田方郡（長倉書店刊）

○引接山澄樂寺（三福村）［増］眞言宗（紀州高野山金剛峰寺末。本尊不動）［増］舊作長樂寺○延暦十年僧空海創建スト云頗古刹ナレドモ數々火災ニ罹リテ舊記ヲ失ス［増］僧覺乘ヲ中興祖ト稱ス從來田京村深澤神社ノ供僧ナリキ（深澤神社慶安四年ノ上梁文ニ供僧長樂寺ト見ユ同社供僧六坊ノ一ナリト云）地藏佛辨財天ノ古畫ヲ藏ム（○地藏佛ハ小野篁ノ筆蹟ナリト云）○天明丙午耕夫寺傍ヨリ銅磬ヲ掘出シヽニ文永六年三月日僧淸賢大工橘宗近ト鐫ス（［増］今亡失ス○三反三畝十歩除地［増］四百九十二坪官四）

菅原久高『伊豆國九十二式社祭神記』（『全國神職會々報』第二十二號）
廣瀨神社　田中村田京鎭座縣社なり
　　祭神　溝樴姬命

吉田東伍『増補大日本地名辞書』第五巻・１０４３～１０４４頁
田中　今村名に転ず、南条の南宗光寺より大仁に至る間とす、旧狩野庄内にて、田中郷の名ありし地とす。
増訂志稿云、宗光寺は慶寿院相光禅寺の寺家村にて、寛永十二年検地帳に「伊豆国狩野庄、田中之内宗光寺村」と題す、田中の内の田京は、土地の肥沃なるより号したる嘉称ならむも知るべからず、此に深沢神社あり、祠宇大に社域広し、頗旧祠の風致を存す、東北安野沢に蔵春院の古刹あり、山中幽邃の境たり、田中官林本村の東に接す、広さ九百余町あり、松樹多きに居る。
補［田中］○増訂豆州志稿［重出］宗光寺もと相光寺に作る、寛永十二年の検地帳に、伊豆国狩野庄田中の内宗光村と。古く田中郷と称せし所、なほ広し、○深沢神社は式内広瀬神なるべし、神階帳従一位とありて、三島遙拝第四宮と為す、○長谷山蔵春院、田京村にあり、永享十一年上杉安房守憲実、持氏将軍を追薦し、施地建寺、開基とす、聯燈録曰、実山永秀禅師、相州松田氏子、出家於最乗寺、礼春屋為師云々、春屋卓庵於豆州田方郡、及去付師、師居此、為禅宴之所、永享己未房州太守藤憲実、施地建寺、追薦持氏、今蔵春院是也、師住此数年、黒白帰者如林云々と。
補［山興寺］○増訂豆州志稿、金剛山慶寿院、宗光寺村にあり、相光禅寺と号す。延喜式に「伊豆国山興寺為為国分寺、置僧十口」とあり、山興寺は中絶し、転訛して相光寺の地名存せしなる可し。此地より古瓦を出す、是山興寺の遺物ならんも知る可らずと。按ずるに、田中の郷は往古国府の地、廃久昌寺は国分寺なりと云ふ説あり。［延喜式玄蕃寮、参照］

吉田東伍『増補大日本地名辞書』第五巻・１０４４頁
深沢神社　式内広瀬神社なるべし、田京に在り、神階帳に従一位深沢大明神とのせ、三島大社にては遙拝摂社の第四宮とす。抑広瀬とは、昔年狩野川此に川合の瀬を成せしよりかく名づくとぞ、慶長元年の上梁文に「田中郷福沢大明神者、伊与国出現」とあれど、国内各処の通説に、三島大明神初め白浜より深沢へ移り、後今の国府の地へ移れりと云ふにあらずや。

静岡県田方郡役所編『静岡県田方郡誌』５０２～５０４頁（長倉書店刊）
　本郡に於ける古神社の史乘に顯はれたるは、延喜式神名帳と伊豆國神階帳とを其完備せるものとす。前者は平安朝の初期、後者は南北朝時代に現在せる宮社を記載せるものなり。而して此等所載の神社は、引續き現存せるものなりや否や、今日に之を考定するは頗る至難の事に屬す。然れば先進各考説を異にし、甲是乙非にて、必ずしも一定せず、是を以て、此書には伊豆國式社考證の著者故萩原正平氏の説に從ひ之を表示す。
　　云々
　　延喜式神名帳所載社名　　廣瀨神社（田方）
　　神階帳所載社名　　　　　從一位　廣瀨の明神
　　現　在　社　名　　　　　縣社　深澤神社？
　　所　在　地（舊　制）　　田方郡田京村
　　所　在　地（現　制）　　田中村田京

静岡県田方郡役所編『静岡県田方郡誌』５４０～５４１頁（長倉書店刊）
　廣瀨神社（縣社兼郷社）　祭神　溝樴姬命外二神
田中村田京にあり、式内廣瀨神社なるべく、神階帳從一位廣瀨の明神は、即ち之れなるべしといふ。中古舊稱を失し、慶長元年の棟札には福澤大明神と記され、寛永以後は深澤と號せり。明治二十八年より復廣瀨と稱す。社傳に三島大社は往古白濱より此地に移し、後三島に遷祀すと、昔時は禰宜三十六人、供僧六坊を置き隆昌を極めしも、天正十八年韮山城攻撃の際兵燹に罹り、漸次衰頽に向へり。
　明治四十四年貳萬餘圓を投じて新に神殿を造營し、頗る崇高壯麗を極め、境内坪數二千七百餘坪にして老樹欝蒼神人に迫るの思ひあらしむ。實に中豆の大社にして、古文書等多し、社司は代々相傳て現職西島善時氏に至れり。
　域内に見目神社・大楠神社・小楠神社・若宮神社・嚴島神社・稻荷神社の祿末社其他祖靈社・龍爪神社を祭れり。
　例祭は毎年一月十七日にして、古式によりて宗光寺白旗神社まで神輿の御渡りあり、沿道花山車を曳き連ね、近鄕よりの參拜者夥し。一月六日御田打、一月十五日御筒粥、六月十五日御田植、九月九日新甞祭の神事あり、境内の神木大楠は社域の左方にあり、中身空虛にして、毎年田植祭には村民早苗を取り來りて、第一の枝に打ち上ぐるを麗とす。
　明治四十年一月本縣告示第十二號を以て、明治三十九年勅令第九十六號により、神饌幣帛料を供進すべき神社と指定せらる。

足立鍬太郎『南豆神祇誌』３７～４２頁（静岡縣賀茂郡神職會）
　　延喜式卷九に載せた伊豆國神名帳は次の如くである。但所在地は萩原正平著伊豆國式社考略に私考を加へて註記す。
　　　　伊豆國九十二座　　大五軍小八十七座
　　　　　賀茂郡四十六座　　大四座小四十二座
　　　　　　云々
　　　　　田方郡廿四座　　大一座小廿三座

云々
　　　廣瀨神社　　　　　　　　　　　　　　　　　田中村田京
　　　云々

足立鍬太郎『南豆神祇誌』５３頁（静岡縣賀茂郡神職會）
　又賀茂神社二座は、前に述べた如く、泥湖と弓湖を郡家所在の地神として、三嶋伊古奈比咩兩神に更へたのであると思ふが、之と同じく廣瀨神社も、浮橋川大澤川の合流點に、田方郡家所在地神として、同神夫妻〔では女神を溝樴姫命として居るけれどもそれは後に變更したのであらう〕を祭ったのであらう。随て仲神社も那賀郡に於ける同例であらうから、此の三社はいはばそれぞれの郡魂神社である。

足立鍬太郎『南豆神祇誌』７５～７６頁（静岡縣賀茂郡神職會）
　伊豆國神階帳は、群書類從二三に、康永二年辛亥(興國四年)十二月廿五日在廳判の奥書あるものを、在廳伊達某藏本から寫して收めてある。伊達家に現藏するものは鳥子紙二枚繼にて後世の寫本である即ち尾張のより二十年許前のものである。在廳とは、中古國衙の廳にあり、國司の命を奉じて事務を行ふ下司であったが、多くは世職だから其の稱呼を傳へて居たのだ。先づ左に其の全文を掲げよう。
伊豆國神階帳　式社の配當は荻原正平の意見に據る
　　伊豆國三ケ郡神明帳事
　　正一位三島大明神
　　　云々
　　　従一位廣瀨明神　廣瀨神社
　　　云々

静岡縣『旧版 静岡縣史』第一巻・１７９～１８１頁（名著出版刊）
　狩野川古水路に就ては、増訂豆州志稿が次の如く書いてゐる。
　　往昔は大仁・吉田・三福・田京諸村に沿ひて流れ、御門・守木・宗光寺三村を過ぎて南條村に至る。南條
　　村より韮山下を過ぎ、多田村北より長崎を經て、仁田・柏谷兩村の間を流れ、大場の村南を過ぐ。以上まゝ古水道の遺形を見る御園以下は今と同じ。其後仁田村下より八ガ橋に至り、此にて又西に決し、今押切と云ふ田の名あり。肥田を歴たり。守山の西を開鑿し今の川筋に爲せしは、何れの時なるか或は鎌倉北條氏の季世と云ふ。
　河岸の現況が前述の如くであるから、此の説の如く、大仁以北に於て既に河道の變を認めることの出來るのは、當然であらう。即ち現在の流路を見ると、大仁の西を北に過ぎてからは、全く西方に偏って了って、石英安山岩の大岩塊たる城山山麓を洗ひ神島東方へ直進してゐる。併し其の東岸に中島なる聚落を有することや、此の中島と東方臺地との間に窪地を存してゐること等より見れば、嘗ては此所に有力なる一流派のあったことが推定されるであらう。
　たゞ田中村田京の廣瀨神社境内には、最近迄舟繋松と云ふものを有し、また文政年間迄は舟寄松を存したと傳へられることによって、昔時の狩野川が此の神社に接して西方を流過したと説く者がある。併しよく附近の地形を觀察すると、同社地は現河水面より十米以上の高位にあって、然も深澤川扇狀地斜面の一部を占めてゐるから、河水が此所を流れたのは、まだ社地の定まらない有史以前のことであらう。其の頃には此の東岸寄りの流路は更に北に直進して、御門・守木間より南條方面に通ってゐたこともあったと思はれる。然るに傾斜の急なことに於て、本流とは到底比較にならない所の扇狀平地（三十分一の傾斜である）を造り、遂に本流を西方に押し遣ったものであらう。此の川の土砂運搬力が頗る大であることは、其の河床にある大石礫によって推すことが出來る。かくて此の扇狀地には幾つかの分流が消長したことと思はれるが、今も神社の北方に當り深澤本流から分れた一小流があって、駿豆電車線の西方を北進して宗光寺附近に出てゐるのは、恐らく當時の深澤川一分流、及び是れを合した狩野川流路の名殘であらう。其の後此の扇狀地の廣瀨に於ける水害少き地點を選んで祭られたのが、此の神社の起りではあるまいか。また此の扇狀地が略今日の如く生成された後に於ても、有力なる狩野川の一流は、吉田・三福の臺地下に近く中島の東方を流れて、深澤川合流點に出たと思はれるから、如上の舟繋や舟寄の松があったとすればそは一の傳説か、然らずば出水時に於ける一時的現象でもあったらう。かくて後に至り何時か河道は城山下に移って、小坂・天野方面に向けて西岸を直進する樣になったけれども、神島北東方を侵蝕した結果は、其所の渡場西方にある岩頭衝突することゝなって、流勢は東に轉じ、泉の西方及び白山堂の南方を迂回するの餘儀なきに至り、此所に廣瀨川扇狀地を削って小斷崖を呈してゐる。

静岡縣『旧版 静岡縣史』第三巻・７１１～７２１頁（名著出版刊）
【賀茂郡四十六座大四座小卌二座】
云々
【田方郡二十四座大一座小廿三座】
云々
（廣瀨神社）
　現祭神は三島溝樴姫命他二柱の神。原所在は田方郡田中村田京字深澤。現在社は同所の縣社廣瀨神社。
云々

静岡県郷土研究協会『静岡県神社志』第三篇（日本仏書センター）
県社　広瀬神社
　　　　田方郡大仁町田京字深沢鎮座
云々
　祭神　三島溝樴姫命
　例祭日　一月十七日
　由緒　延喜式神名帳に田方郡広瀬神社と在り神階従一位広瀬明神である、式社考証に「田方郡田京村深沢明神なるべし、其は伊豆志に深沢明神田京村溝樴姫命、瓊々杵尊二神を祀る・田中郷五村の総鎮守にて、祠頗

大也云々と、而してその社地の所在も極めて広瀬の称に適えることにて、まづ狩野川の大川あり、東方よりは浮橋川流れ出で西南方よりは大沢川流れ出でて、社下に適えることにて、まず狩野川に落合う処なれば、川幅広くして広瀬と云う称によく符えれば少しも疑なかるべし」と云えり。近古以来深沢神社と称せしを、明治二十八年五月十八日復日の許可を得て現社号を称す。

　抑々三島溝樴は三島の大神積羽八重事代主命の后神に座し、神武天皇の皇后姫踏鞴五十鈴媛の御生母神に座せば、歴朝の御尊敬も篤く、文徳天皇以降清和天皇貞観年中に漸次御陞階ありて、遂に従一位の神階に陞せられ、往古は三十六人の弥宜及六坊の供僧を置き淳和天皇の天長年中三島大明神の神殿に擬し金銀を鏤めて造営し、北条時政已来神領八町八反大五十歩永八十貫文を有せしも、天正十八年三月豊臣秀吉、小田原北条氏を攻むるに当り、その兵燹に罹り神宝古典等悉く焼燼し、且つ神領を失うと雖年中七十五度の祭事を執行した。境内は老樹鬱蒼として清浄自から敬虔の念を起さしめ、真に田中郷（田京、御門、守木、白山堂、宗光寺五ヶ村）総鎮守たるに相応す。寛永以後は僅に除地四反八畝二十四歩を有するのみ、然れども修造費等は代官所の免許を稟け、一国勧進して経営せし証今尚存す。明治六年八月郷社に列し、明治三十二年六月十二日県社に昇格、明治四十年一月十二日神饌幣帛料供進指定社となる。
云々

大朝神社

『特選神名牒』３２３〜３２４頁
大朝神社
　祭神
　　今按豆州志に祀大日孁貴今は山宮又潮留明神と稱すとあれど大朝と云によりて大日孁を附會せしものと聞ゆればとらず
　祭日　三月十六日
　社格　村社
　所在　下香貫村字山宮○今屬駿河國駿東郡（駿東郡楊原村大字下香貫）
　　今按伊豆式社攷證には香貫村と云は豆志の説なれど考合べき證なしとみえ一説に賀茂郡上白岩村大宮明神ならんか大宮はもと大朝宮と云しを後に朝字を省きて大宮とせしか又大朝をおほみやとも訓しに非じか云れど此説信がたし又一説に田方郡神益村駒形神社なるべし社後の山を總て神山と稱し其頂の一方をヲヨミ嶽と呼一方をオホマ嶽と呼おほまは大麻なるべしと云れど大麻の麻を朝とせしならんとの説なれば是は適はず又一説に駿河國駿東郡大衡村鷲巣神社ならんか祭神天日鷲命なるに因て鷲巣とも云しにや大朝は大麻にて村名の大平は大朝平と云し朝の省かりたるかと云るも牽強なり又一説に君澤郡大場村あり此大場の稱は大朝の轉訛にやと思はるなど云るも信がたければとらず今豆州志と静岡縣の註進に從て之を記す

度會延經『神名帳考證』（『神祇全書』第一輯）
○大朝神社　按阿波國大麻比古、阿佐多知比古、並阿田賀田須命也、朝與阿田横音通、又疑取田賀田之神名號田方郡、

伴信友『神名帳考證』（『伴信友全集』第一）
大朝神社
○按阿波國大麻比古阿佐多知比古並阿四賀田須命朝與阿田横音通又疑田賀田之神名號田方郡［志］大日孁貴ヲ祀ル今ハ山宮又ハ潮留明神ト云今駿河香貫村ニアリ此地中古ヨリ駿河ニ入タリ

伴信友『神名帳考』（『神道大系』古典註釋編七・延喜式神名帳註釋）
大朝神社
○按、阿波大麻比古・阿佐多知比古、並阿田賀田須命、朝與阿田横音通、又疑取田賀田神名、號田方郡、考證、
△志ニ、祀大日孁貴、今ハ山宮、又ハ潮留明神ト云、
　１（頭註）志ニ、大朝…・玉作水…・楊原…、此三社、駿河香貫村ニアリ、此地中古ヨリ、駿河ニ入タリ、

鈴鹿連胤『神社覈録』（井上賴圀・佐伯有義校訂『神社覈録』下編）
大朝神社
　大朝は於保阿左と訓べし○祭神大日孁尊、志○駿河國駿東郡香貫村に在す、今山宮、又潮留明神と稱す、
　　同上例祭　月　日、

栗田寛『神祇志料』第十二巻
大朝神社、今駿河、駿東郡、下香貫村山宮にあり。豆州志、静岡縣注進状

『大日本史』［九］・志一・巻二百五十五
大朝神社、○今在駿河駿東郡下香貫村、稱山宮、又潮留明神、神明帳爲從四位上、

『大日本史』［十一］・志三・巻二百九十三
鏡作、○今上下香貫村、屬駿河駿東郡、豆州志云、鏡作土人訛呼加豆良、用香貫字、大同中、以本郷十六戸、充大和鏡作社、新鈔格敕符郷名由起、有大朝、玉作水、楊原三社、延喜式

竹村茂雄『伊豆國式社考』（『神祇全書』第四輯）
大朝神社　志には香貫村にありとあり、神階帳おほあさの明神、

竹村茂正『豆州式社考案』（『神祇全書』第四輯）
大朝神社
　神益村駒形神社ナルベシ、サテ式ニ、石見國那賀郡大麻神社トアルニ依リテ思フニ、朝ハ麻ナルヲ、聲ノ同キヲ以テカリ用ヒタルコトヲ知ルベシ、石見國ナルモ、麻ハ當國ノ朝トアル、又神階帳ニオホアサノ明神トアルニヨリテ、アサトヨムコトヲ知ルベシ、カクテ神益ナリトイヘル由ハ、彼社後ノ山ヲ總テ神山ト稱シ、其イタヾキノ、一方ハヲミヨト稱ヘ、一方ヲオホマ嶽ト呼ベリ、其ヲミヨハ苧峯ナルベク、方言峯ヲミヨト云オホマ嶽ノマハ、麻ヲ音ニトナヘタルニテ、則大麻嶽ナルコトウツナシ、是社號ノ山名ニ殘リシモノ也、サテ當社ノ祭神ハ、長白羽命ナラント思ハルレバ、若其ヨシノ傳ヘハナキヤト里人ニ問ニ、中古ハ白馬明神ト申奉リシヨシ、古老ノ口碑ナリト云ヘリ、ヨリテ熟考スルニ、社後ノ神山ノ半腹ニ馬蹄石アリ、此ニヨリテ中古白羽ヲ白馬ト附會シ、又後ニ駒形ト轉稱シ奉リシナルベシ、又近傍ニ御神社ニ由緣アル地名彼是存シ、別當寺モアリシガ、中代廢シテ他所ニ移セシヨシ、從前神職ノ家ハ今猶存シテ、舊記近年迄アリシガ、今不殘散失セリ 舊記數冊ヲ大見猴ヘカシ遣ハセシガ、終ニカヘサザルヨシ之傳ヘレド、何村ノ何人ニ讓リシニヤ、今ハシレズト云ヘリ、トゾ惜ムベシ、然レドモ祭式ナド聊口碑ニ殘ルヲ聞ニ、頗ル大社ノヨシ也、彼是ヲ以テ大朝神社ハ、彼ノ神社タルコト疑ヒ無クシテ、豆志ノ説ハ取ガタクコソ、

萩原正平『伊豆國式社攷略』（静岡県立中央図書館所蔵）
大朝神社
　所在未定おほあさの明神 神階帳同國同郡下香貫村鎭座山宮神社 豆志駿志静岡縣註進特選 君澤郡大場村赤玉神社 攷証及び註進の一説續攷 賀茂郡上白岩村大宮神社 攷証及註進の一説 三社おの〳〵縁由あるが如し

萩原正平・萩原正夫『増訂豆州志稿』巻之一・郡郷（長倉書店刊）
○鏡作、小河ノ二郷田方郡ノ中ニ於テ之ニ充ベキ所ナシ或云駿州駿東郡口野ヨリ多比、江ノ浦、獅子濱、眞籠志下、我入道、香貫ニ至ル八村又日守ヨリ大平、德倉、的場、畠中、戸田、久米田、西玉川、湯川、道庭、柿田、長澤、八幡、伏見等ノ二十餘村、（コノ内古村ニ三分ノ一トミユ）原伊豆ノ地ナリト如此ナレバ狩野、黄瀬ノ二水北ハ官道ヲ以テ州界トス地形宜シク彊域尤モ分明ナリ因テ上ノ諸村ヲ咨詢スルニ絶エテ石記遺文ノ憑據トスベキナシ唯田方郡、式内、玉乍、楊原、大朝ノ三神社之ヲ香貫村ニ得タリ伊豆山ヨリ出ル伊豆山伏ト云者（先達一人伏三人）蘭脱小角ノ蹤ヲ追ヒ毎歳季冬十五日正月廿八日迄伊豆海濱ノ古祠舊刹ニ納符ス今千三百餘年其詣スル處所ヲ錄シテ伊豆峰ノ記ト云（凡ソ是ノ記ニ所載ノ祠寺ハ伊豆納符ノ四字ヲ附スコヘ其古跡タルヲ假スガ爲ナリ）山伏已ニ香貫ニ至リ上ノ三神祠ニ納符ス納符此村ニ畢ルヲ以テ方ニ始メテ帶ヲ石上ニ解キ行裝ヲユルベ衣ヲ披テ虱ヲ捫ス是其法始メテ出ルヨリ四十餘日未ダ嘗テ帶ヲ解ザルヲ以テナリ故ニ其石ヲ號シテ曰解帶石トサレバ此迄伊豆ノ境タル事知ル可シ京本平治物語云男子ハ駿河國カツラト云所ニ在リケルヲ母方ノ舅木工頭トモタダト云者捕ヘテ平家ヘ獻ス是ノカツラハ地名ニシテ即香貫ナリ此頃ハ駿河ニ屬セシ事亦可知（今ノ行ノ本ニハ駿河ノ國香貫ト云者捕ヘテ平家ヘ獻ズト香貫ヲ人名トスルハ譌マレリ）因テ意ニカツラハリヲ通音ニシテ鏡作ノ省語ナラム歟（[増]神社ノ部楊原神社ノ條ニ云ウハ大宮又松彦明神ト稱ス相近キニ楊原ノ地名アリ今訛シテ八重原ト云祠中ノ古簿ニ三嶋田賀方郡楊原神社ノ三神名ヲ記ス赤大朝ノ明神同ジ 祠宮所傳論モ亦同ジナリ如ニ三嶋驛楊原ニ赤楊原ノ神社アリテ第三ノ宮是香貫村ノ邊駿州ニ兼セシ故ニ一遷シ祀トリ見ユト然ルニ駿志科香貫ノ條云香貫明神云々一説ニ當社ヲ伊豆國田方式社楊原神社ニ云ハ非ナリカノ社ハ三嶋驛ニ楊原ノ地名並ニ楊原神社ノ古迹存シタレバ其地ニ鎭座アリシニ決ナシトアルハ反對説ナリ附記シテ後攷ニ備フ猶彊域ノ條参觀スベシ。）

萩原正平・萩原正夫『増訂豆州志稿』巻之八上・式内神社考並神階帳考緒言（長倉書店刊）
○大朝神社[増]神階帳從四位上おおあさの明神[増]賀茂郡上白岩村大宮神社ナラム乎亦君澤郡大場村赤王神社ニ當テタル一説アリ○在駿州駿東郡香貫村祀大日孁貴今ハ山宮又潮留明神ト稱ス林中有烏帽子懸岩（末社三、住吉、猿田彦、橘姫）

萩原正平・萩原正夫『増訂豆州志稿』巻之八上・神祠一・君澤郡（長倉書店刊）
○赤王明神（同村）[増]村社赤王神社祭神不詳[増]神階帳從四位上さゝはらの明神ナル可シ（前記）舊社地赤王山ノ麓ニ笹原ノ地名存ス一説ニ式内大朝神社ニ當テタレド諾ヒ難シ○昔ハ赤王山ニアリシニ洪水ノ時流レテ今ノ地ニ止マル[増]故ニ地名ヲ取揚川所ト云當社赤王山ニ鎭座ノ時ハ頗ル大祠ナリキト云其遺址、大明神洞ニアリ（[増]二百九坪官一）

萩原正平・萩原正夫『増訂豆州志稿』巻之九上・神祠三・賀茂郡（長倉書店刊）
○大宮明神（上白岩村）[増]村社大宮神社祭神不詳[増]式内大朝神社ナラム乎（前記）或云大朝ハ大麻ノ義此地ノ郷名大見ハ麻績の謂ヒニシテ此社邊ヨリ起レル稱呼ナラムト（假名違ヒアルハ世習ノ常也又大朝ノ字ヲおほみやト訓シナラムト思フ由アリ大見ハ大宮ノ約ナラムモ知ル可ラズ）社域ノ形狀ト大宮ノ稱呼トニ徵シテ略其式社タルヲ知リ且往昔大祠タルヲ想見スルニ足ル（尚町村部參觀）○上下兩村ノ惣鎭守也傳云日吉廿一社ノ祖神ナリト弘安三年奉加簿ノ始ニ藤原氏ノ女ト有リ應永六年庄主道芳都菅存明、延德二年ノ文ニ庄主慶陽都關德智、文龜七年ノ杉關九郎藤原吉次、大正六年ノ文ニ南條山城ノ守藤原朝臣長吉、天文十二年ノ文ニ南條右京亮平ノ朝臣綱長、承應三年ノ文ニ藤原氏吉久ト有リコレ皆重修セシ人ノ姓名也[増]境内社八（木宮、山神、熊野、姥神、諏訪、水神、琴平、稲荷[増]境内社木宮ニ石棒ノ折ヲ藏ム[増]二千三百九十八坪官一）

菅原久高『伊豆國九十二式社祭神記』（『全國神職會々報』第二十二號）
大朝神社　駿河國駿東郡楊原村下香貫鎭座村社なり山宮又潮留明神と稱す
　祭神　詳らかならす

吉田東伍『増補大日本地名辭書』第五巻・１０３６頁
大場　今梅名、玉川、青木などと合併し中郷村と改む、谷田の南にして、鉄道停車場あり。
　増訂豆州志稿云、大場村は和名抄佐婆郷の中なれば、今も沢の郷と云ふ、此村は中島より間宮まで民の家並つづき、伊豆に名ある所なり、大場十郎近郷は此村人にて、承久の戦功あり、其賞として下総国青砥村を賜りぬ、其四世孫を藤満と云ふ、大場の赤王明神は式内大朝神社にて、中島の左内明神は式内文梨明神なりと。
　鎌倉円覚寺文書に、貞治三年、足利基氏より豆州多呂郷を寄進すること見ゆ、今中郷村の大字に多呂存す。
補[大朝神社]○増訂豆州志稿、延喜式大朝神社は、大場の赤王明神か、同式阿米都瀬氣多知命神社は梅名の右内明神なるべし、同式父梨神社、神階帳智々奈之命にて、中島の左内明神なるべし。

吉田東伍『増補大日本地名辭書』第五巻・１０５４頁
関野　今白岩村と合せ下大見と改む、下狩野村田代の東とす。○増訂豆州志稿云、文祿検地帳に大見之谷関野と記す、関とは井堰にて、水をせくを云ふ、白岩の大宮明神は式内大朝神社ならむ、或は曰く大朝は大麻の義にて、郷名大見は元麻続の訛なりと、大宮の境内木宮には石棒の折を納む。

邨岡良弼『日本地理志料』巻十三・伊豆国田方郡
鏡作　加加美豆久里　按古者鏡作連所居、名義見大和鏡作郷條、新抄格敕符、大同元年、大和國鏡作神、充伊豆封十六戸、即是、豆州志云、鏡作方廢、今駿河駿東郡邑香貫村、蓋加加美豆久里、譌爲香豆良、遂填香貫字、是名之遺也、京本平治物語、男子潛匿駿河國香豆良邑、其舅木工頭友忠、捕獻平氏、其轉譌亦久、亘上香貫、下香貫、我入道、德倉、湯川、戸田、堂庭所邑、豈其城耶、祀典所秩田方郡楊原神、玉作水神、在上香貫、大朝神在下香貫、古爲伊豆地、足以證、」駿河志料云、駿河郡玉造郷、言香貫村、村有玉作水神社是也、楊原神社在三島驛楊原地、與前説相反、國郡沿革考、以君澤郡松本村擬之、其地鄰的場村、併錄以備釆撑

静岡県駿東郡役所編『静岡県駿東郡誌』１６３～１６７頁（臨川書店刊）

［駿東田方兩郡の境界］　即國境の関係なるが、交互錯雜して、俄に論定し難きものあり、今暫先人の説を掲げて後攷を俟つ。

豆州志稿云　鏡作小河の二郷、田方郡の中に於て、之に充つべき所なし。或云、駿州駿東郡口野より、多比、江浦、獅子濱、眞籠、志下、我入道、香貫に至る八村、又、日守より大平、德倉、的場、畠中、戸田、久米田、西玉川、湯川、堂庭、柿田、長澤、八幡、伏見等の二十餘村もと伊豆の地なりと如此なれは狩野黄瀬の二水、北は官道を以て州界とす、地形宜しく、疆域尤分明なり、因て上の諸村を咨詢するに、絶えて古記遺文の憑據とすべきなし。唯田方郡式内玉作、楊原、大朝の三神社之を香貫村に得たり、京本平治物語に、男子は駿河國カツラと云所に在りけるを、母方の舅捕へて平家へ献ずと、是カツラ地名にして即香貫なり、此頃は駿河に屬せし事亦可知云々。

又云、豆駿界小河あり、今は二州に界たるを以て界河と名く、古は小河と云ひしと思はる、此河西、上に擧る諸村の内、的場より堂庭に至るの七村を泉郷と云、柿田川の源泉、此に沸湧するを以て名つく、亦田方郡式内神社に小河泉水神社あり、即知る此邊必ず小河郷ならむ、而して小河泉水神社未審、但湯川最古村にして、其土神は八幡宮に熊野を配す、傳誦して云、泉郷の總鎭守なりと、されば是神を以て之に當つべきか云々。

志稿又云、盖伊豆は、もと駿河より分れし州なれば、此二郷（鏡作、小河）の地、駿河たる事勿論なり、分置の時伊豆に屬し、延喜の後、復駿河に屬し、北條氏割取して伊豆とし、駿河亞相（忠長）駿城にありし時、庖廚料として復駿河となる、彼是附屬定まらざる地なれば、其考難きも宜なり云々。

增訂豆州志稿云　神祠の部、楊原神社の條に云、今は大宮又松彦明神と稱す、相近きに楊原の地名あり、今訛して八重原と云、祠中の古簿に、豆州田方郡楊原明神並に神明と記す、又大朝の明神同じ、祠官所傳誦も亦是の如し、三島驛楊原に、亦楊原の神社ありて稱第三宮、是香貫村の邊、駿州に隸せし故、此に遷し祀ると見ゆ云々。

又云　駿河志料國境條云、香貫より口野に至る八ケ村、又日守より伏見に至る十三ケ村等の地もと伊豆にて、當治世となり、駿河家の時に駿河となれりと、伊豆人秋山氏の豆州志稿にあれど、其事は僻事なるべし云々、玉造條云。此地は倭名抄に云ふ、玉造郷の地にして玉造社あり、南方獅子濱はもと完人郷なり、東なる長澤等は、駿河郷の地にして、伊豆國風土記殘闕本に駿河國伊豆埼を頒ち、伊豆國を置とある其時より、今の分境にて、中古本國は今川氏、伊豆は上杉氏より北條氏に至る、分國の時、又當治世となりても、分境は易らざりしよし、灼然其徵頗多し、諸郡神階帳に玉造、加奴岐、玉川、完人、利倉等の社號見ゆ、社外の社にて、神階帳に載せらるゝは、古社にして、其社號の地名に現在する地は、狩野川黄瀨川の東角にあり云々。

駿河志料云　香貫より口野に至る八ケ村、又日守より伏見に至る十三ケ村等の地、もと伊豆にて、當御治世となり、駿河家の御時で駿河となれりと、伊豆人秋山氏の豆州志稿にあれど、そは僻事なるべき事、卽に記せし如し、猶此地の舊家に存する古文書を閱するに、伊豆と記せるものなくして、豆州志に諸村を諮詢するに、絶て古記遺文の憑據すべきなしと云へるに合へり、但し香貫社を伊豆國式内楊原神社なりと云へど、本國神階帳に香貫の社號見え、楊原の地名は三島驛にありて、此地は、香貫なること必定なり、又山宮を大朝神社、湯川村熊野社を小川泉水神社と云へるも、古事の徵なく、たゞ暗斷の説なり、中古今川氏の分國となれるは、建武二年なり、金持莊は本國（駿河）なりと、曆應二年足利直義の文書によりて、伊豆は相州兵亂記にも、永享年祿の頃も、山内上杉家の分國なりとあれば、此地兩家分國の境なれば、いかにも錯亂すべき理由なし、長祿二年北條韮山に移り、伊豆を掌握し、天正年中氏眞の讓をうけて、泉郷の地等北條家に屬せし頃、同家の文書に駿河領とあり、志々濱、泉、足柄、戸倉、大宮等の古城に將卒を置しは、今川氏の援兵にして、割取せしにはあらず、又當御治世天正十七年十一月二十七日、大神君七ケ條朱印、西玉川（里長に預）泉東方と村名あり、（今も此地を泉八ケ村と云）、こは駿遠三御領へ賜ふ掟なり、慶長七年十二月、木瀨川八幡領御寄附狀に、駿州木瀨川と正しくあり、さるを駿河家の御時よりと云は非ならん、殿の御領となりしは、寬永二年正月なればなり（藩翰譜）、上件の式社の違ひ及國境の地なれば、古書の存するをも審に云べし、富士淺間神職に藏する、天文二十一年八月十二日（北條和親は二十三年なり）義元朱印の文に、上方、下方、次津、宇流井河、東限樋爪云々、又永祿三年八月九日同事の文に、宇流井河東は限伊豆境と見え、樋爪は千貫樋爪なり、さるに依て、繼判の文に、伊豆を限るとは記せり、（千貫樋は、豆州志稿に、應永三年始て造るとあり、伊豆は上杉分國の時なりり）、樋爪は橘爪などいふ風なるべし、ツメは軒のつまなど云、ツマと同じく、片端の義なるべし、天文二十一年三月廿日、義元判物、西玉川農家に藏する甘利文書の文に、駿河國於長澤名職之内、從前相拘日結土堰爲修理分杵置地之事云々（此文に日結とあるは、上にいふ樋爪なるべし、千貫樋修造は今も長澤村進退なり）、大平郷星谷藏する、天文二十一年五月廿四日、今川家被官葛山備中守氏元文書に、口野之内江浦云々、永祿三年八月廿二日朝比奈備中守泰朝文書、香貫にあり、同十年二月六日氏眞朱印泉郷掟書、大平郷桃源院所藏、永祿十二年、元龜二年、同三年氏眞朱印等數通あり、天正五年三月十日北條家評定衆泉郷掟書に、先國主氏眞云々、同家朱印の文に、駿河領泉之郷云々とあり、天文年中多比村龍雲院は、今川氏の一族開基し、大平郷桃源院は、今川氏の開基なり、時の文書增善寺に所藏す、天文十七年八月十六日、義元判物の文に、駿河國大平郷の内云々と見えたり、猶此外にも多かるべし、さて此地を兩家の爭ふ端は、北條早雲始め伊勢氏を名乘りし時、今川氏親に仕へ、興國寺城を賜はり、下方莊は同家給恩の地なれば、（給恩地辭せし事所見なけれど、一國の主となれば辭すべき理なり）、北條氏に因あり、依て國境を侵し、伊豆と倂せんとせしならん、されど古文書の、富士駿東二郡の内に存するもの、皆前件の如くに見えたり云々。

駿河新風土記云　香貫村は、古の駿河郡玉造郷とす、其證は上香貫に、玉造の神社あるにて知るべく、此地の往昔より、駿河郡の域内なりし證は、源平盛衰記に、駿河國住人香貫五郎とあるにて知らる云々。

以上、要するに、狩野川南東、楊原村（上香貫を除く）淸水村の地が、分國後駿豆何れに屬したるかにあり、而して之を決定するには、主として小河（後に泉）鏡作二郷と、楊原、泉水、大朝三式社の位置を明にせざるべからず、切に地方識者の研鑽を希望すと云爾。

静岡県駿東郡役所編『静岡県駿東郡誌』３３５頁（臨川書店刊）

本郡神社の總數は三百二十一座、其内縣社二座、郷社八座、村社百八十二座、無格社百二十九座とす、而して延喜式載する所の式内神社、現在六座を有す、按に延喜式神名帳駿河國廿二座にして、其駿河郡に屬す

るもの僅に二座に止る、之を桃澤神社とし、丸子神社となせり、而して今の狩野川南東に於ける諸村落は、延喜時代には伊豆國に屬したることゝて、楊原神社・大朝神社・玉造神社の三社は、楊原村香貫に、小川泉水神社は、清水村湯川に鎭座あり、今本郡の式内社たり、即ち延喜以前に在りては、現今の楊原村・靜浦村・及清水村の一部は、伊豆に屬したるものにて、式に伊豆田方郡の内に楊原神社外三社を載す、殊に楊原神社は名神大とありて三島大社と對等の神社、其大社たりしこと分明なり、云々

静岡県駿東郡役所編『静岡県駿東郡誌』３５３～３５４頁（臨川書店刊）
式内村社大朝神社
　楊原村下香貫字山宮に在り、祭神大日靈神、社域三百四十四坪。
　社記云、當社は延喜式載する所、伊豆國田方郡大朝神社是なり、伊豆國神階帳に從四位おほあさの明神と見えたり、往時は潮留大明神、又山宮大明神とも稱す、創建年代不詳、當社は延喜時代には田方郡に屬して、神名帳同郡の部に載せらる、其後駿河に屬したる年代亦詳ならず。
　往時當社境内に小なる池あり、其畔に大石あり、手洗石、又烏帽子掛岩と云、傳云、古へ奉幣使此岩に烏帽子を掛け手洗す、因て此名ありと、又云、往昔此邊津波押上げ、田園を荒したること多く、時に日蓮此池を過ぎ、神社へ曼陀羅を掛けて祈り、靈驗により津波の害を避く、今社の脇に曼陀羅ケ原の地名殘れり、其頃より潮留大明神と稱せりと、古來神主としては高田氏、大宮楊原神社を云當社兩社に奉仕し來れり。
　舊社領として五石三斗三升の除地を有したり、明治維新、除地及び舊境内上地となる。

静岡県駿東郡役所編『静岡県駿東郡誌』１２１９頁・楊原村（臨川書店刊）
　神社に郷社楊原神社(下香貫)村社大朝神社(同)同玉造神社(上香貫)以上三社は延喜式内の古社たり神社篇に委し、外に無格社六社あり。

静岡県田方郡役所編『静岡県田方郡誌』５０２～５０４頁（長倉書店刊）
　本郡に於ける古神社の史乘に顯はれたるは、延喜式神名帳と伊豆國神階帳とを其完備せるものとす。前者は平安朝の初期、後者は南北朝時代に現在せる宮社を記載せるものなり。而して此等所載の神社は、引續き現存せるものなりや否や、今日に之を考定するは頗る至難の事に屬す。然れば先進各考説を異にし、甲是乙非にて、必ずしも一定せず、是を以て、此書には伊豆國式社考證の著者故萩原正平氏の説に從ひ之を表示す。
　　云々
　　延喜式神名帳所載社名　　大朝神社（田方）
　　神　階　帳　所　載　社　名　　從四位上　おほあさの明神
　　現　　　在　　　社　　　名　　村社　大宮神社？
　　所　在　地　（舊　制）　田方郡上白岩村
　　所　在　地　（現　制）　〟大見村上白岩

足立鍬太郎『南豆神祇誌』３７～４２頁（静岡縣賀茂郡神職會）
　延喜式卷九に載せた伊豆國神名帳は次の如くである。但所在地は萩原正平著伊豆國式社考略に私考を加へて註記す。
　　　伊豆國九十二座　　大五座小八十七座
　　　　賀茂郡四十六座　　大四座小四十二座
　　　　　云々
　　　　田方郡廿四座　　大一座小廿三座
　　　　　云々
　　　　大朝神社　　　　　　　　　　　　　　　沼津市我入道
　　　　　云々

足立鍬太郎『南豆神祇誌』７５～７７頁（静岡縣賀茂郡神職會）
　伊豆國神階帳は、群書類從二三に、康永二年辛亥(興國四年)十二月廿五日在廳判の奧書あるものを、在廳伊達某藏本から寫して收めてある。伊達家に現藏するものは鳥子紙二枚續にて後世の寫本である即ち尾張のより二十年許前のものである。在廳とは、中古國衙の廳にあり、國司の命を奉じて事務を行ふ下司であったが、多くは世職だから其の稱呼を傳へて居たのだ。先づ左に其の全文を掲げよう。
伊豆國神階帳　　式社の配當は萩原正平の意見に據る
　　　伊豆國三ケ郡神明帳事
　　正一位三島大明神
　　　云々
　　　從四位上おほあさの明神　　大朝神社
　　　云々

静岡縣『旧版　静岡縣史』第三巻・７１１～７２１頁（名著出版刊）
【賀茂郡四十六座大四座小卌二座】
云々
【田方郡二十四座大一座小廿三座】
云々
（大朝神社）
　現祭神は大日靈命。現所在は沼津市下香貫字宮前か。現在社は同所の大朝神社か。
云々

小河泉水神社

『特選神名牒』３２３頁
小河泉水神社
　祭神
　　今按此社熊野神と八幡神を合祀れるより熊野權現と云ひ祭神を伊弉諾尊伊弉冉尊など云るなれど小河に
　　ます泉水神か又は小河の泉郷にます水神を祭れるものなるべし
　祭日　十一月十八日
　社格　村社
　所在　湯川村字泉森○今屬駿河國駿東郡（駿東郡清水村大字湯川村）
　　今按式社攷證に豆志に云今熊野權現と稱す在駿東郡湯川村もと熊野八幡を配祀せしが八幡は同郡八幡村
　　にへ遷座ありしと云又駿界小川今は二川に界たるを以て界川と名つく古は小河と云しと思はる此河西諸
　　村的場より堂庭に至るの七村を泉郷と云柿田川の源泉此に沸湧するを以て名つく湯川村最古村にして其
　　土神は八幡宮に熊野を配す傳誦して泉郷の總鎭守也とされば此神を以て之に當べしとみえたる穩當なり
　　と云るが如く異説あることなし

度會延經『神名帳考證』（『神祇全書』第一輯）
○小河泉水神社　今古々井社、在伊豆權現北、倭名抄云、小河、今云門河、小河之訛乎、

伴信友『神名帳考證』（『伴信友全集』第一）
小河泉水神社
[和鈔]小河今日門河乎今古々井社在伊豆權現西北[志]熊野權現ト稱ス今駿河國駿東郡湯川村ニアリ此地古ハ
伊豆ノ地也○一本無水字

伴信友『神名帳考』（『神道大系』古典註釋編七・延喜式神名帳註釋）
小河泉水神社
○和名抄、小河、今曰門河、小河之訛乎、今古々井社、在伊豆權現西北、考證、△志ニ、熊野權現ト稱ス、今
駿河國駿東郡湯川村ニアリ、此地、古ハ伊豆ノ地也、
　1（頭註1）水字一本無、
　　（頭註2）圖云、小川郷マタシロ村、

鈴鹿連胤『神社覈錄』（井上賴圀・佐伯有義校訂『神社覈錄』下編）
小河泉水神社
　小河は乎賀波と訓べし、和名鈔、郷名部小河、」泉水は伊豆美と訓べし○祭神詳ならず○小河郷田代村に
　在す、國圖例祭　月　日、
　　伊豆志に、今駿河國駿東郡湯川村ニアリ、熊野權現ト稱ス、此地古ハ伊豆ノ地也、と云り、邊按るに、
　　昔駿河國へ伊豆の地の入込たる事は、下なる玉作の郷の、和名鈔に、駿河國駿河郡玉作とあるにても著
　　しけれど、當社の小河の稱は、和名鈔當郡に見ゆれば、當社を駿東郡に在すといふはいかゞあらん、
　　　神位
　　國内神階記云、從四位上小河泉明神、

栗田寬『神祇志料』第十二巻
小河泉水神社、今駿河、駿東郡、泉郷、湯川村、泉森にあり、凡其祭十一月十八日の后行ふ。豆州志、靜岡縣伺書、○按
伊豆駿河の界に界川あり、是盖古小河の地、姑附て考に備ふ。

『大日本史』[九]・志一・巻二百五十五
小河泉水神社、○一無水字、今在駿河駿東郡泉郷湯川村泉森、稱熊野權現、按本國輿駿河界有川、曰界河、蓋古小河也、小河以西七村稱泉郷、以此社爲總鎭守、神明帳作從四位上、

『大日本史』[十一]・志三・巻二百九十三
小河、○今駿河駿東郡湯川村、有小河泉水社、併其旁近六村曰泉郷、泉即小河泉水之省、有小河泉水社、延喜式壽永中、郷名尚存、東鑑有狩野川、西流至
沼津注海、豆州志、參取駿河國圖、

竹村茂雄『伊豆國式社考』（『神祇全書』第四輯）
小河泉水神社　駿湯川村

竹村茂正『豆州式社考案』（『神祇全書』第四輯）
小河泉水神社
　豆志ノ説ノ如クナルベシ

萩原正平『伊豆國式社攷略』（靜岡縣立中央図書館所藏）
小河和泉神社
　駿河國駿東郡湯川村鎭座小河泉の明神神階帳今稱熊野神社是なり豆志駿志攷證註進靜岡縣註進特選社號の泉は地名なる事近古
　泉庄の稱あ里しは更尓も云はず今猶方俗の唱ふる所なるは證登するに足るべくなむ

萩原正平・萩原正夫『増訂豆州志稿』巻之一・郡郷（長倉書店刊）
○小河、豆駿界小河アリ今ハ二州ニ界タルヲ以テ界河ト名ツク古ヘハ小河ト云シト思ハル此河西上ニ擧ル諸
村ノ内的場ヨリ堂庭ニ至ルノ七村ヲ泉ノ郷ト云（今ハ玉川ヲ除キ六村ナリ）柿田川ノ源泉此ニ沸湧スルヲ以テ名ツク（[増]東
鑑日元暦二年七月十六日丁未前律師忠快爲流人一昨日到着伊豆國小河郷）亦田方郡式内ノ神社ニ小河泉水神社神社アリ即知ル此邊必ス小河ノ郷ナ
ラム而シテ小河泉水神社未審但湯川最古村ニシテ其土神ハ八幡宮ニ熊野ヲ配ス傳誦シテ云泉郷ノ總鎭守ナリ
トサレバ是ノ神ヲ以テ之ニ當ツベキカ所得大概舛差有ルマジキ歟（[増]本書神祠條曰小河泉水ノ神社、今熊野權現ト稱ス、亦在駿東郡湯川村モト熊

野、八幡ヲ配祀セシガ八幡ハ同郡八幡村ヘ遷座アリシト云伊豆山山伏饋路此祠ニ納符ス　○蓋シ伊豆ハ原駿河ヨリ分レシ州ナレバ此二郷（鏡作小河）ノ地駿河タル事勿論ナリ分置ノ時伊豆ニ属シ延喜ノ後復タ駿河ニ属シ北條氏割取シテ伊豆トシ駿河亞相駿城ニ在シ時庖厨料トシテ復タ駿河トナル彼是附属不定地ナレバ其考難キモ宜キリ神祠部疆域ノ部、併セ看ル可シ。）

萩原正平・萩原正夫『増訂豆州志稿』巻之八上・式内神社考並神階帳考緒言（長倉書店刊）
○小川泉神社[増]神階帳從四位上小川泉の明神○在駿州駿東郡湯川村今熊野権現ト稱ス元熊野八幡ヲ配祀セシガ八幡村ニ遷座アリトキ云（[増]伊豆山山伏饋路此祠ニ納符ス）[増]此説充當也此邊和名鈔所載小川郷（豆駿國界ニ界川アリ是レ小川ノ稱ノ起因ナラム）ニシテ中古泉莊ト稱シ今尚泉郷ト呼ブ（一巻小川郷ノ條参看）國圖ニ賀茂郡白岩村ニ載セタルハ屬里小川ノ稱アルニ因テ謬リタル也

菅原久高『伊豆國九十二式社祭神記』（『全國神職會々報』第二十二號）
小河泉神社　駿河國駿東郡清水村湯川鎮座村社なり
　祭神　詳らかならず

吉田東伍『増補大日本地名辞書』第五巻・１０３０頁
小河郷　和名抄、田方郡小河郷。○今三島町、北上村及び駿東郡清水村蓋是也。中世郡宅郷と云へるより、小河の名廃す、伊豆府并に三島大社此に在り。国郡沿革考云、東鑑「元暦二年七月、前律師忠快、爲流人、到着伊豆国小河郷之由、狩野宗茂申之」とある小河郷は、当時国府の地にして、三島駅の辺たることを知るべし。○伊豆志稿云、伊豆駿河の堺（三島駅の西）を流ゝ堺河を、昔は小河と云しと思はる、此河の西下の諸村を泉郷といふ、延喜式、田方郡小河泉水神社も此辺ならんか、今さだかならず。
補[小河郷]○和名抄郡郷考、神名式、田方郡小河泉水神社、○伊豆国神階帳、從四位上小河泉明神、○東鑑元暦二年七月小河郷、○秋山氏云、伊豆駿河の堺に流ゝ小川あり、今は二国に堺ふるをもて、界川とよべるを、ふるくは小河と云ひしとおもはる、此河西下にいへる諸村のうち、的場より堂庭に至る迄の七村を泉郷といふ（今は玉川を除きて六ケ村也）柿田川の源泉此に沸湧するをもて名づく、又田方郡式内の神に小河泉水神社とあれば、此あたり決なく小河郷ならん、さて小河泉水神社さだかならず、但湯川村と云ふはいと古き村にして、生土は八幡宮に熊野を配せり、伝へ云ふ、泉郷の総鎮守神なりと、さればこの神を以て当つべきか、右二郷的証少しといへども、多年披索考究の所得、大概舛差あるまじきか、蓋し伊豆はもと駿河より分れし国なれば、此二郷の地、駿河なること勿論也、分置の時伊豆に属し、延喜の後また駿河に属し、北条氏割取て伊豆となし、駿河亜相駿城におはしし庖厨料として後、駿河となる、彼是附属不定の置なれば、其考のかたきもむべなり。

郖岡良弼『日本地理志料』巻十三・伊豆国田方郡
小河　訓闕、按依上總小河郷例、當讀云乎加波、駿河有小河郷、伊勢武藏下總陸奥丹波讃岐肥後有小川郷、狩野黄瀨二水會于此、因名、東鑑元暦二年條、流律師忠快於伊豆小河郷、神名式、田方郡小河泉水神社、今在駿河駿東郡湯川村泉森、稱熊野権現、號泉郷七村總鎮守、按圖亘的場、畠中、戸田、久米田、西玉川、湯川、堂庭七邑、其故區也、泉郷、盖小河泉水之省呼、」秋山氏曰、伊豆本自駿河分、小河鏡作二郷、初屬伊豆、延喜以後、復屬駿河、北條氏時入伊豆、徳川忠長治駿府、復隷駿河、一彼一此、後世難考者居多、」塚本氏以三島驛擬之、恐失攷、

静岡県駿東郡役所編『静岡県駿東郡誌』１６３～１６７頁（臨川書店刊）
　[駿東田方兩郡の境界]　即國境の關係なるが、交互錯雜して、俄に論定し難きものあり、今暫先人の説を掲げて後攷を俟つ。
　豆州志稿云　鏡作小河の二郷、田方郡の中に於て、之に充つべき所なし。或云、駿州駿東郡口野より、多比、獅子濱、眞籠、志下、我入道、香貫に至る八村、又、日守より大平、徳倉、的場、畠中、戸田、久米田、西玉川、湯川、堂庭、柿田、叓澤、八幡、伏見等の二十餘村もと伊豆の地なりと如此なれは狩野黄瀬の二水、北は官道を以て州界とす、地形宜しく、疆域尤分明なり、因て上の諸村を咨詢するに、絶えて古記遺文の憑據とすべきなし。唯田方郡式内玉作、楊原、大朝の三神社之を香貫村に得たり、京本平治物語に、男子は駿河國カツラと云所に在りけるを、母方の舅捕へて平家へ獻ずと、此カツラ地名にして即香貫なり、此頃は駿河に屬せし事亦可知云々。
　又云、小河　豆駿界小河あり、今は二州に界たるを以て界河と名く、古は小河と云ひしと思はる、此河西、上に舉る諸村の内、的場より堂庭に至るの七村を泉郷と云、柿田川の源泉、此に沸湧するを以て名つく、亦田方郡式内神社に小河泉水神社あり、即知る此邊必ず小河郷ならん、而して小河泉水神社未審、但湯川最古村にして、其土神は八幡宮に熊野を配す、傳誦して云、泉郷の總鎮守神なりと、されば是神を以て之に當つべきか云々。
　志稿又云、盖伊豆は、もと駿河より分れし州なれば、此二郷（鏡作、小河）の地、駿河たる事勿論なり、分置の時伊豆に属し、延喜の後、復駿河に属し、北條氏割取して伊豆とし、駿河亞相（忠長）駿城にありし時、庖厨料として復駿河となる、彼是附属定まらざる地なれば、其考難きも宜なり云々。
　増訂豆州志稿云　神祠の部、楊原神社の條に云、今は大宮又松彦明神と稱す、相近きに楊原の地名あり、今訛して八重原と云、祠中の古簿に、豆州田方郡楊原明神並に神明と記す、又大朝の明神同じ、祠官所傳誦も亦是の如し、三島驛楊原に、亦楊原の神社ありて稱第三宮、是香貫村の邊、駿州に隷せし故、此に遷し祀ると見ゆ云々。
　又云　駿河志料國境條云、香貫より口野に至る八ケ村、又日守より伏見に至る十三ケ村等の地もと伊豆にて、當治世となり、駿河家の時に駿河となれりと、伊豆人秋山氏の豆州志稿にあれど、其事は僻事なるべし云々、玉造條云。此地は倭名抄に云ふ玉造郷の地にして玉造社あり、南方獅子濱はもと完人郷なり、東なる長澤等は、駿河郷の地にして、伊豆國風土記殘闕本に駿河國伊豆埼頒ち、伊豆國を置とある其時より、今の分境にて、中古本國は今川氏、伊豆は上杉氏より北條氏に至る、分國の時、又當治世となりても、分境は易らざりしよし、灼然其徴頗多し、諸郡神階帳に玉造、加奴岐、玉川、完人、利倉等の社號見ゆ、社外の社にて、神階帳に載せらるゝは、古社にして、其社號の地名に現在する地は、狩野川黄瀬川の東角にあり云々。
　駿河志料云　香貫より口野に至る八ケ村、又日守より伏見に至る十三ケ村等の地、もと伊豆にて、當御治

世となり、駿河家の御時で駿河となれりと、伊豆人秋山氏の豆州志稿にあれど、そは僻事なるべき事、卽に記せし如し、猶此地の舊家に存する古文書を閲するに、伊豆と記せるものなくして、豆州志に諸村を諮詢するに、絶て古記遺文の憑據すべきなしと云へるに合へり、但し香貫社を伊豆國式內楊原神社なりと云へど、本國神階帳に香貫の社號見え、楊原の地名は三島驛にありて、此地は香貫なること必定なり、又山宮を大朝神社、湯川村熊野社を小川泉水神社と云へるも、古書の徵なく、たゞ暗斷の說なり、中古今川氏の分國となれるは、建武二年なり、金持荘は本國（駿河）なりと、曆應二年足利直義の文書によりて、伊豆は相州兵亂記にも、永享長祿の頃も、山內上杉家の分國なりとあれば、此地兩家分國の境なれば、いかにも錯亂すべき理由なし、長祿二年北條韮山に移り、伊豆を掌握し、天正年中氏眞の讓をうけて、泉鄉の地等北條家に屬せし頃、同家の文書に駿河領とあり、志々濱、泉、足柄、戶倉、大宮等の古城に將卒を置しは、今川氏の援兵にして、割取せしにはあらず、又當御治世のはじめ天正十七年十一月二十七日、大神君七ケ條朱印、西玉川（里長に預）泉東方と村名あり、（今も此地を泉八ケ村と云）、こは駿遠三御領へ賜ふ掟なり、慶長七年十二月、木瀨川八幡領御寄附狀に、駿州木瀨川と正しくあり、さるを駿河家の御時と云は非ならん、殿の御領となりしは、寬永二年正月なればなり、（藩翰譜）、上件の式社の違ひ及國境の地なれば、古書の存するをも審に云べし、富士淺間神職に藏する、天文二十一年八月十二日（北條和親は二十三年なり）義元朱印の文に、上方、下方、次津、宇流井河、東限樋爪云々、又永祿三年八月九日同事の文に、宇流井河東は限伊豆境と見え、樋爪は千貫樋爪なり、さるに依て、繼判の文に、伊豆を限るとは記せり、（千貫樋は、豆州志稿に、應永三年始て造るとあり、伊豆は上杉分國の時なりき）、樋爪は橋爪などいふ同義にて、ツメは軒のつまなど云、ツマと同じく、片端の義なるべし、天文二十一年三月廿日、義元判物、西玉川農家に藏する甘利文書の文に、駿河國於長澤名職之內、從前相拘日結土堰爲修理分村置地之事云々（此文に日結とあるは、上にいふ樋爪なるべし、千貫樋修造は今も長澤村進退なり）、大平鄉星谷藏する、天文二十一年五月廿四日、今川家被官葛山備中守氏元文書に、口野之內江浦云々、永祿三年八月廿二日朝比奈備中守泰朝文書、香貫にあり、同十年二月六日氏眞朱印泉鄉掟書、大平鄉桃源院所藏、永祿十二年、元龜二年、同三年氏眞朱印等數通あり、天正五年三月十日北條家評定衆泉鄉掟書に、先國主氏眞云々、同家朱印の文に、駿河領泉之鄉云々とあり、天文年中多比村龍雲院は、今川氏の一族開基し、大平鄉桃源院は、今川氏の開基なり、時の文書增善寺に所藏す、天文十七年八月十六日、義元判物の文に、駿河國大平鄉の內云々と見えたり、猶此外にも多かるべし、さて此地を兩家の爭ふ端は、北條早雲始め伊勢氏を名乘りし時、今川氏親に仕へ、興國寺城を賜はり、下方莊は同家給恩の地なれば、（給恩地辭せし事所見なけれど、一國の主となれば辭すべき理なり）、北條氏に因あり、依て國境を侵し、伊豆と併せんとせしならん、されど古文書の、富士駿東二郡の內に存するもの、皆前件の如くに見えたり云々。

　駿河新風土記云　香貫村は、古の駿河郡玉造鄉とす、其證は上香貫に、玉造の神社あるにて知るべく、此地の往昔より、駿河郡の域內なりし證は、源平盛衰記に、駿河國住人香貫五郎とあるにて知らる云々。

　以上、要するに、狩野川南東、楊原村（上香貫を除く）淸水村の地が、分國後駿豆何れに屬したるかにあり、而して之を決定するには、主として小河（後に泉）鏡作二鄉と、楊原、泉水、大朝三式社の位置を明にせざるべからず、切に地方識者の研鑽を希望すと云附。

静岡県駿東郡役所編『静岡県駿東郡誌』３３５頁（臨川書店刊）
　本郡神社の總數は三百二十一座、其內縣社二座、鄉社八座、村社百八十二座、無格社百二十九座とす、而して延喜式載する所の式內社、現在六座を有す、按に延喜式神名帳駿河國廿二座にして、其駿河郡に屬するもの僅に二座に止る、之を桃澤神社、丸子神社とし、而して今の狩野川南東に於ける諸村落は、延喜時代には伊豆國に屬したることゝて、楊原神社・大朝神社・玉造神社の三社は、楊原村香貫に、小川泉水神社は、淸水村湯川に鎭座あり、今本郡の式內社たり、卽ち延喜以前に在りては、現今の楊原村・靜浦村・及淸水村の一部は、伊豆に屬したるものにて、式に伊豆田方郡の內に楊原神社外三社を載す、殊に楊原神社は名神大とありて三島大社と對等の神社、其大社たりしこと分明なり、云々

静岡県駿東郡役所編『静岡県駿東郡誌』３５４～３５５頁（臨川書店刊）
式内小川泉水神社
　淸水村湯川に在り、祭神伊弉諾尊、泉津事解之男神、速玉男神三座とす、社域四百五坪。
　社記云、當社は延喜式載する所、伊豆國田方郡小川泉水神社是なり、創建年代詳ならず、亦古記錄等傳ふるものなし、往時熊野權現と稱す、寶曆六年の棟札熊野三所大權現と記す、明治初年本社號に改む。
　駿河記云、熊野本宮社伊豆國式內の神社にて、小川泉水神社と稱す、昔熊野八幡を配祀す、八幡は八幡村に遷座す、伊豆山伏歸路に此祠に納符す、此地往古は豆州に隷し、今は駿河に屬す云々。
　豆州志稿に云、小川泉水神社今熊野權現と稱す、駿東郡湯川村に在り、熊野八幡を配祀せしが、八幡は同郡八幡村へ遷座ありしと云ふ。

静岡県駿東郡役所編『静岡県駿東郡誌』１２２７～１２２８頁・清水村（臨川書店刊）
　明治二十二年德倉・的場・畑中・戶田・久米田・湯川・伏見・新宿・長澤・堂庭・玉川・八幡・柿田の十三ケ村を倂せて一自治區を組成し淸水村と云ふ、村名は往昔鄉荘の時代、泉鄉小泉鄉等に屬し皆淸水に由りて名を得、殊に柿田川の淸洌又泉頭の勝地あり、因て淸水村の名を負ふと云、役場を玉川に置く或云、今の東海國道以南にある玉川・堂庭・久米田・湯川・戶田・畑中・的場等は古くは伊豆に屬したること香貫に同じ、故に今湯川に在る小河泉水神社は延喜式田方郡に載すと、是豆州志稿の主張なり、云々
　神社に鄉社八幡神社(八幡)あり古社にして德川時代社領二十石の朱印を有せり、村社は淺間神社(德倉)八幡神社(同)日枝神社(柿田)神明宮(的場)熊野神社(伏見)熊野神社(堂庭)稻荷神社(久米田)天神社(戶田)愛鷹神社(玉川)智方神社(長澤)地方神社(新宿)見目神社(畑中)小河泉水神社(湯川)三津島神社(玉川)等あり、其他に無格四社存す。

静岡県田方郡役所編『静岡県田方郡誌』５０２～５０４頁（長倉書店刊）
　本郡に於ける古神社の史乘に顯はれたるは、延喜式神名帳と伊豆國神階帳とを其完備せるものとす。前者は平安朝の初期、後者は南北朝時代に現在せる宮社を記載せるものなり。而して此等所載の神社は、引續き現存せるものなりや否や、今日に之を考定するは頗る至難の事に屬す。然れば先進各考說を異にし、甲是乙

非にて、必ずしも一定せず、是を以て、此書には伊豆國式社考證の著者故萩原正平氏の説に從ひ之を表示す。
　云々
　延喜式神名帳所載社名　　小河泉神社（田方）
　神　階　帳　所　載　社　名　　從四位上　小川泉の明神
　現　　　在　　　社　　　名　　熊野權現
　所　在　地　（舊　制）　　駿東郡湯川村
　所　在　地　（現　制）　　駿東郡淸水村湯川

足立鍬太郎『南豆神祇誌』３７～４２頁（靜岡縣賀茂郡神職會）
　延喜式卷九に載せた伊豆國神名帳は次の如くである。但所在地は萩原正平著伊豆國式社考略に私考を加へて註記す。
　　　　伊豆國九十二座　大五座小八十七座
　　　　　賀茂郡四十六座　大四座小四十二座
　　　　　　云々
　　　　　田方郡廿四座　大一座小廿三座
　　　　　　云々
　　　　　　小河泉神社　　　　　　　　　　　　　　　　駿東郡淸水村
　　　　　　云々

足立鍬太郎『南豆神祇誌』７５～７６頁（靜岡縣賀茂郡神職會）
　伊豆國神階帳は、群書類從二三に、康永二年辛亥(興國四年)十二月廿五日在廳判の奧書あるものを、在廳伊達某藏本から寫して收めてある。伊達家に現藏するものは鳥子紙二枚續にて後世の寫本である即ち尾張のより二十年許前のものである。在廳とは、中古國衙の廳にあり、國司の命を奉じて事務を行ふ下司であったが、多くは世職だから其の稱呼を傳へて居たのだ。先づ左に其の全文を揭げよう。
伊豆國神階帳　　式社の配當は萩原正平の意見に據る
　　　伊豆國三ケ郡神明帳事
　　正一位三島大明神
　　　云々
　　　從四位上小河泉明神　　小河泉神社
　　　云々

靜岡縣『旧版　靜岡縣史』第三卷・７１１～７２１頁（名著出版刊）
【賀茂郡四十六座大四座小卌二座】
云々
【田方郡二十四座大一座小卌三座】
云々
（小河泉［水］神社）
　現祭神は熊野夫須美命。原所在は駿東郡淸水村湯川字宮脇。現在社は同所の小河泉水神社。
云々

玉作水神社

『特選神名牒』３２４頁
玉作水神社
　祭神　水波能女
　　今按式社攷證に引る駿河草云玉祖神を祭る又日水德神瀬織津姫ならむか狩野川出水守護神ならんとあり
　　この玉祖神と云るは玉作の字によりて云出たるものなるべければ信がたし玉作に座す水神と聞ゆれば水
　　波能女神にますべきを瀬織津姫と云るは如何あらん故今之を訂せり
　祭日　六月一日
　社格　村社
　所在　上香貫村字黒瀬〇今屬駿河國駿東郡（駿東郡楊川村大字上香貫）
　　今按式社攷證に上香貫村舊社ともみえず玉作川の稱に協はざる社地なれば疑ひ無きに非ず一説に玉川村
　　の神社なるべし玉作水は沸涌する清泉の玉なして流るゝより起り玉作川の意なるべし玉川村に副て玉川
　　又界川あり上源に玉水池あり其玉川村は東岸にあり其西岸は駿河國にて玉川村あり此川に添たる諸村を
　　索るに玉川村に愛鷹明神あり平田村に神明社ありされど考徴すべきものなしと云り此玉川村由ありて聞
　　ゆれど徴なければ考べき由なし故今姑く静岡縣の註進に従ふ

度會延經『神名帳考證』（『神祇全書』第一輯）
〇玉作水神社　櫛明玉命　姓氏錄云、忌玉作、高魂命孫天明玉命之後也、玉祖連亦號玉作連、出雲國玉作湯
神社、陸奥國玉造溫泉神社、字書、溫和柔也、　古事記云、取天安河之河上之天堅石、科玉祖命令作八尺勾
璁之五百津之御須麻流之珠、

伴信友『神名帳考證』（『伴信友全集』第一）
玉作水神社
[姓氏]忌玉作高魂命孫天明玉命之後也玉祖連亦號玉作連〇出雲國玉作湯神社陸奥國玉造溫泉神社[志]祭神未
詳今駿河香貫村ニアリ

伴信友『神名帳考』（『神道大系』古典註釋編七・延喜式神名帳註釋）
玉作水神社
〇姓氏錄、忌玉作、高魂命孫、天明玉命之後也、玉祖連、亦號玉造連、〇出雲國玉作湯神社・陸奥國玉造溫
泉神社、△志ニ、祭神未詳、

鈴鹿連胤『神社覈錄』（井上賴囶・佐伯有義校訂『神社覈錄』下編）
玉作水神社
　玉作は多末都久里と訓べし、和名鈔、郷名部駿河國駿河郡玉造、」〇祭神水神歟〇駿河國駿東郡香貫村に
　在す、志例祭
　　　　　　　神位
　　國内神階記云、從四位上玉作明神、

栗田寛『神祇志料』第十二巻
玉作水神社

『大日本史』[九]・志一・巻二百五十五
玉作水神社、〇神明帳作從四位上玉作明神、今在駿河駿東郡上香貫村、

『大日本史』[十一]・志三・巻二百九十三
鏡作、〇今上下香貫村、屬駿河駿東郡、豆州志云、鏡作土人訛呼加豆良、用香貫字、大同中、以本郷十六戸、充大和鏡作社、新鈔格敕符郷名由起、有大
朝、玉作水、楊原三社、延喜式

竹村茂雄『伊豆國式社考』（『神祇全書』第四輯）
玉作水神社　玉川村の神社か、志には香貫とあり、神階帳玉作明神、

竹村茂正『豆州式社考案』（『神祇全書』第四輯）
玉作水神社
　玉川村ノ神社ナランカ、同所ニ玉水池アリ、今ニ玉水ト書キテ、玉カハト稱ヘルヨシナリ、サテ此池ハ、
　天長九年ノ神異ニテ出來タル三所ノ池ノ一也ト云ヘルハ、元ヨリ論ニ足ザルコトナガラ、イヅレカ神異ノ
　コトアリシニ依テ、此説ノアルナラント思ヘリ、サレド未判然タル證ヲ得ザレバ、極メテハ言ガタケレド、
　豆志ノ説ニハ随ヒガタシ、

徳川義直『神祇寶典』巻五・伊豆（『神祇全書』第貳輯）
玉作水神社
　水神罔象女也
　見于阿波國彌都波能賣神社之下

萩原正平『伊豆國式社攷略』（静岡県立中央図書館所蔵）
玉作水神社
　駿河國駿東郡上香貫村鎭座玉作の明神神階帳今稱玉作神社なるべし豆志駿志攷証及び註進の一説静岡縣註進特選抑此の玉作水は玉
　作川水を川尓用ゐたる例は三代實錄万葉集其の他尓も見ゆ尓て玉川村君澤郡及び駿東郡の村名尓因ありげなれ登未准據を得ざれ婆論らふこ登
　を得ず

—276—

萩原正平・萩原正夫『増訂豆州志稿』巻之一・郡郷（長倉書店刊）
○鏡作、小河ノ二郷田方郡ノ中ニ於テ之ニ充ベキ所ナシ或云駿州駿東郡口野ヨリ多比、江ノ浦、獅子濱、眞籠志下、我入道、香貫ニ至ル八村又日守ヨリ大平、德倉、的場、畠中、戸田、久米田、西玉川、湯川、堂庭、柿田、長澤、八幡、伏見等ノ二十餘村、（コノ内古村ニ三分ノートミュ）原伊豆ノ地ナリト如此ナレバ狩野、黃瀨ノ二水北ハ官道ヲ以テ州界トス地形宜シク彊域尤モ分明ナリ因テ上ノ諸村ヲ咨詢スルニ絕エテ石記遺文ノ憑據トスベキナシ唯田方郡、式內、玉作、楊原、大朝ノ三神社之ヲ香貫村ニ得タリ伊豆山ヨリ出ル伊豆山伏ト云者（先達一人山伏三人）蘭脫小角ノ蹤ヲ追ヒ每歲季冬十五日ヨリ正月十八日まで伊豆海濱ノ古祠舊刹ニ納符スル事于今千三百餘年其詣スル處所ヲ錄シテ伊豆峰ノ記ト云（凡ソ是ノ記ニ所載ノ神寺ハ伊豆納符ノ四字ヲ符スコレ其古蹟タルヲ見ハスガ爲ナリ）山伏已ニ香貫ニ至リ上ノ三神祠ニ納符ス納符此村ニ畢ルヲ以テ方ニ始メテ帶ヲ上ニ解キ行裝ヲユルベ衣ヲ披テ虱ヲ捫ス是其法始メテ出ルヨリ四十餘日未タ甞テ帶ヲ解ザルヲ以テナリ故ニ其石ヲ號シテ日帶解石トサレバ此迄伊豆ノ境タル事知ル可シ京本平治物語云男子ハ駿河國カツラト云所ニ在リケルヲ母方ノ舅木工頭トモタダト云者捕ヘテ平家ヘ獻ス卜是ノカツラハ地名ニシテ即香貫ナリ此頃ハ駿河ニ屬セシ事亦可知（今ノ行ノ本ニハ駿河國香貫トス者揃メ出シテ平家ヘ獻ズト香貫ヲ人名トスルハ謬マレリ）因テ意ニカツラハリフ通音ニシテ鏡作ノ省語ナラム歟（[増]神祠ノ部楊原神社ノ條ニ云ハ今大宮又松彥明神ト稱ス相近キニ楊原ノ地名アリ今詮シテ八重原ト云村中ノ古驛ニ豆州田賀方郡楊原明神並ニ神名ヲ記ス又大朝ノ明神同ジ 祠宮所傳誦モ亦是ノ如シニ三島驛楊原ニ亦楊原ノ神社アリテ第三ノ宮是香貫村ノ邊駿州ニ隷セシ故ニ遷シ祀ルト見ユ然レ一駿河志料香貫村ノ條ニ云香貫明神云々ニ一當社ヲ伊豆田方郡式楊原神社ニ云ニハ非ナリカノ社ハ三島驛ニ楊原ノ地名並ニ楊原神社ノ古蹟存シタレバ 其地ニ鎭座アリシニ決ナシトアルハ反對說ナリ附記シテ後攷ニ備フ彊疆ノ條參觀スベシ。）

萩原正平・萩原正夫『増訂豆州志稿』巻之二上・町村一（長倉書店刊）
○玉川村（[増]東新谷村六町三十七圓四尺、西駿ヶ玉川村四町五十四圓三尺、南幅ノ內村一町二十七圓五尺、北三島宿十八町四十五圓）[増]北條役高帳稅祠簿トモニ玉川ヲ載ス天正十八年ノ檢地帳豆州玉川鄉下有リ○東雅ニ云玉ハ尊貴ノ稱ナリ古語ニ物ヲ呼ブニ玉ト云事ヲ加稱シテ皆其物ヲ賞スル詞ナリト此村ノ西北ニ玉水ノ池アリ其流レヲ玉川ト云水淸潔ニシテ冷ナリ因テ名ヅク又村名トス彼ノ六玉川ノ如キ各賞稱スル所アルナリ三島大社ノ文書ニ云當鄉者元久二年閏七月被寄進當宮云云［增］安貞二年ノ文書ナリ其始一下三島宮領伊豆國玉川鄉住人云々卜見エタリ。
○田額貳百三拾九石四斗一壹升貳合［增］反別貳拾四町九反貳畝廿七步內（田二十二町七反五畝二十二步、畑三反二畝二十二步、宅地一町六反七畝二十七步、山林一反六畝二步、原野十四步、）［增］地價金壹萬八千九百七拾七圓拾錢五厘［增］地租金四百七拾四圓四拾貳錢九厘［增］社一（村）寺一（禪）［增］戶現住貳拾五現在貳拾六［增］口本籍百六拾四（男八十、女十十四）現住百五拾八（男七十六、女八十二）

萩原正平・萩原正夫『増訂豆州志稿』巻之八上・式内神社考並神階帳緒言（長倉書店刊）
○玉作水神社[増]神階帳從四位上玉作の明神○在駿東郡香貫村所祀神未詳（末社三、鑰取小祠五）[増]今、玉作神社ト稱ス式考ニハ君澤郡玉川村愛鷹神社ニ當テタリ

萩原正平・萩原正夫『増訂豆州志稿』巻之八上・神祠一・君澤郡（長倉書店刊）
○愛鷹明神（玉川村）[増]村社愛鷹神社祭神不詳[増]當社ヲ式内玉作水神社ニ當テタル一說アリ錄シテ後考ニ供フ（[増]百八十八坪宮一）

菅原久高『伊豆國九十二式社祭神記』（『全國神職會々報』第二十二號）
玉作水神社　駿河國駿東郡楊原村上香貫鎭座村社なり玉作明神と稱す
　祭神　詳らかならす

吉田東伍『増補大日本地名辞書』第五巻・１０３６～１０３７頁
中郷　今村名に轉ず、元中の郷とも云ひ、三島驛の南、狩野川に至る諸村を指せり、東に賀茂川流れ、西は玉川を以て駿東郡界とす。
　増訂志稿云、梅名の右內明神は、式內阿米都瀨氣多知命神社なるべし、長伏の鋤手明神は式內倭文神社ならん、又式內玉作水神社は玉川に、式內高椅神社は松本にあるべし。又云、三島宿の南に靑木村あり、天正十八年檢地帳に「こくが靑木の村入、新屋村」とある新屋は今新谷に作り、サウチ原と云ふ地名も檢地帳に載す、鶴喰村は三島大社建武二年文書に見ゆ。
　　雜訴決斷所牒　伊豆國衙（建武二年）
　　　三島社神主盛親代實法申、當社領北中村、安富、鶴喰、糠田、御薗、長前、幷宮倉、神護以下、社邊敷地等事、副重解狀、具書、
　　　牒、當社神主職、幷神領等、先度盛親所預勅裁也、而資盛々行等、令濫妨云々、太不可然、早止彼等之妨、宜沙汰付盛親者、以牒。
補[中郷]○増訂豆州志稿、[重出]新谷村或は新屋と書す、天正十八年の檢地帳に載るさうち原は所謂屯倉の舊址なりと云被傳へたるが、今猶靑木新谷二村に涉るの地名なり、○鶴喰村は三島大社建武二年の文書に、鶴喰の稱見ゆ、此村は古き村にして、中頃近村或は皆鶴喰の鄉と稱す。

吉田東伍『増補大日本地名辞書』第五巻・１０３７頁
玉川　今中郷村の大字とす、王水池てふ淸泉あれば、式内玉作水神社はタマナスミヅと訓み、此淸泉の靈にあらずや。又三島大社文書に「玉川鄉者、元久二年閏七月、被寄進當宮」云々、安貞二年のものに、三島宮領伊豆國玉川鄉住人云々。
　玉川の溝洫は今豆駿の州郡界とす、（小泉川とも云ふ、駿州に重出す）田家民居、一溝の左右に緣り、屋舍相望むも、州管を異にす、三島驛の千貫樋の水、卽玉川の別源とす。
補[玉川]○増訂豆州志稿、東雅に云ふ、玉は尊貴の稱なり、古語に物を呼ぶに、玉と云ふ事を加稱して、皆皆其物を賞する詞なり、此村の西北に玉水池あり、其流れを玉川と云ひ、水淸潔にして冷なり、因て名づく。三島大社の文書に云ふ、當鄉者元久二年閏七月被寄進當宮云々、安貞二年の文書なり、其始に下三島宮領伊豆國玉川鄉住人云々と見えたり。靑木・鶴喰・畑より平田迄を中郷と云ふ、亦御殿川と界川との中間にある故なるか、○式內玉作水神社は玉川の愛高明神か。式內高椅神社は松本村の鎭座なり。長伏村の鋤手明神、これも式內倭文神社なり。

邨岡良弼『日本地理志料』巻十三・伊豆国田方郡
鏡作　加加美豆久里　按古者鏡作連所居、名義見大和鏡作郷條、新抄格敕符、大同元年、大和國鏡作神、充伊
　　豆封十六戸、即此、豆州志云、鏡作方廢、今駿河駿東郡有香貫村、盖加加美豆久里、譌爲加豆良、遂
　　墳香貫字、是之名遺也京本平治物語、男子潜匿駿河國加豆良邑、其舅木工頭友忠、捕獻平氏、其轉譌
　　亦久、亘上香貫、下香貫、我入道、德倉、湯川、的場、畑中、戸田、堂庭諸邑、豈其城耶、祀典所秩
　　田方郡楊原神、玉作水神、在上香貫、大朝神在下香貫、古爲伊豆地、足以證、」駿河志料云、駿河郡
　　玉造郷、言香貫村、村有玉作水神社是也、楊原神社在三島驛楊原地、與前説相反、國郡沿革考、以君
　　澤郡松本村擬之、其地鄰的場村、併錄以備采擇、

静岡県駿東郡役所編『静岡県駿東誌』１６３～１６７頁（臨川書店刊）
［駿東田方兩郡の境界］　即國境の關係なるが、交互錯雜して、俄に論定し難きものあり、今暫先人の説を掲げて後攷を俟つ。
　豆州志稿云　鏡作小河の二郷、田方郡の中に於て、之に充つべき所なし。或云、駿州駿東郡口野より、多比、江浦、獅子濱、眞籠、志下、我入道、香貫に至る八村、又、日守より大平、德倉、的場、畠中、戸田、久米田、西玉川、湯川、堂庭、柿田、長澤、八幡、伏見等の二十餘村もと伊豆の地なりと如此なれは狩野黄瀨の二水、北は官道を以て州界とす、地形宜しく、疆域尤分明なり、因て上の諸村を咨詢するに、絶えて古記遺文の憑據とすべきなし。唯田方郡式内玉作、楊原、大朝の三神社之を香貫村に得たり、京本平治物語に、男子は駿河國カツラと云所に在りけるを、母方の舅捕へて平家へ献ずと、是カツラ地名にして即香貫なり、此頃は駿河に屬せし事亦可知云々。
　又云、小河　豆駿界小河あり、今は二州に界たるを以て界河と名く、古は小河と云ひしと思はる、此河西、上に擧る諸村の內、的場より堂庭に至るの七村を泉郷と云、柿田川の源泉、此に沸湧するを以て名つく、亦田方郡式内神社に小河泉水神社あり、即知る此邊必ず小河郷ならむ、而して小河泉水神社未審、但湯川最古村にして、其土神は八幡宮に熊野を配す、傳誦して云、泉郷の總鎮守上なりと、されば是神を以て之に充つべきか云々。
　志稿亦云　盖伊豆は、もと駿河より分れし州なれば、此二郷（鏡作、小河）の地、駿河たる事勿論なり、分置の時伊豆に屬し、延喜の後、復駿河に属し、北條氏割取して伊豆とし、駿河亞相（忠長）駿城にありし時、庖厨兩として復駿河となる、彼是附屬定まらざる地なれば、其考難きも宜なり云々。
　增訂豆州志稿云　神祠の部、楊原神社の條に云、今は大宮又松彦明神と稱す、相近きに楊原の地名あり、今訛して八重原と云、祠中の古簿に、豆州田方郡楊原明神並に神明と記す、又大朝の明神同じ、祠官所傳誦も亦是の如し、三島驛楊原に、亦楊原の神社ありて稱第三宮、是香貫村の邊、駿州に隸せし故、此に遷し祀ると見ゆ云々。
　又云　駿河志料國境條云、香貫より口野に至る八ケ村、又日守より伏見ケ村等の地もと伊豆にて、當治世となり、駿河家の時に駿河となれりと、伊豆人秋山氏の豆州志稿にあれど、其事は僻事なるべし云々、玉造郷條云。此地は倭名抄に云ふ、玉造郷の地にして玉造社あり、南方獅子濱はもと完人郷なり、東なる長澤等は、駿河郷の地にして、伊豆國風土記残闕本に駿河國伊豆埼を頒ち、伊豆國を置とある其時より、今の分境にて、中古本國は今川氏、伊豆は上杉氏より北條氏に至る、分國の時、又當治世となりても、分境は易らざりしよし、灼然其徴頗多し、諸郡神階帳に玉造、加納岐、玉川、完人、利倉等の社號見ゆ、社外の社にて、神階帳載せらるゝのは、古社にして、其社號の地名に現在する地は、狩野川黄瀨河の東角にあり云々。
　駿河志料云　香貫より口野に至る八ケ村、又日守より伏見に至る十三ケ村等の地、もと伊豆にて、當御治世となり、駿河家の御時で駿河となれりと、伊豆人秋山氏の豆州志稿にあれど、そは僻事なるべき事、卽に記せし如し、猶此地の舊家に存する古文書を閲するに、伊豆と記せるものなくして、豆州志に諸村を諮詢するに、絶て古記遺文の憑據すべきなしと云へるに合へり、但し香貫社を伊豆國式内楊原神社なりと云へど、本國神階帳に香貫の社號見え、楊原の地名は三島驛にありて、此地は、香貫なること必定なり、又山宮を大朝神社、湯川村熊野社を小河泉水神社と云へるも、古書の徴なく、たゞ暗斷の説なり、中古今川氏の分國となれるは、建武二年なり、金持荘は本國（駿河）なりと、暦應二年足利直義の文書によりて、伊豆は相州兵亂記にも、永享長祿の頃も、山内上杉家の分國なりとあれば、此地兩家分國の境なれば、いかにも錯亂すべき理由なし、長祿二年北條韮山に移り、伊豆を掌握し、天正年中氏眞の讓をうけて、泉郷の地等北條家に屬せし頃、同家の文書に駿河領とあり、志々濱、泉、足柄、戸倉、大宮等の古城に將卒を置しは、今川氏の援兵にして、割取せしにはあらず、又當御治世のはじめ天正十七年十一月二十七日、大神君七ケ條朱印、西玉川（里長に預）泉東方と村名あり、（今も此地を泉八ケ村と云）、こは駿遠三御領へ賜ふ掟なり、慶長七年十二月、木瀨川八幡領御寄附狀に、駿州木瀨川と正しくあり、さるを駿河家の御時よりと云は非ならん、殿の御領となりしは、寛永二年正月なればなり（藩翰譜）、上件の式社の違ひ及國境の地なれば、古書の存するをも審に云べし、富士淺間神職に藏する、天文二十一年八月十二日（北條和親は二十三年なり）義元朱印の文に、上方、下方、次津、宇流井河、東限樋爪云々、又永祿三年八月九日同事の文に、宇流井河東は限伊豆境と見え、樋爪は千貫樋爪なり、さるに依て、繼判の文に、伊豆を限るとは記せり、（千貫樋は、豆州志稿に、應永三年始て造るとあり、伊豆は上杉分國の時なりき）、樋爪は橋爪などいふ同義にて、ツメは軒のつまなど云、ツマと同じく、片端の義なるべし、天文二十一年三月廿日、義元判物、西玉川農家に藏する甘利文書の文に、駿河國於長澤名職之内、從前相拘日結土堰爲修理分村置地之事云々（此文に日結とあるは、上にいふ樋爪なるべし、千貫樋修造は今も長澤村進退なり）、大平郷星谷藏する、天文二十一年五月廿四日、今川家被官葛山備中守氏元文書に、口野之内江浦云々、永祿三年八月二日朝比奈備中守泰朝文書、香貫にあり、同十年二月六日氏眞朱印泉郷掟書、大平郷桃源院所藏、永祿十二年、元龜二年、同三年氏眞朱印等數通あり、天正五年三月十日北條家評定衆泉郷掟書に、先國主氏眞云々、同家朱印の文に、駿河領泉之郷云々とあり、天文年中多比村龍雲院は、今川氏の一族開基し、大平郷桃源院は、今川氏の開基なり、時の文書增善寺に所藏す、天文十七年八月十六日、義元判物の文に、駿河國大平郷の内云々と見えたり、猶此外にも多かるべし、さて此地を兩家の爭ふ端は、北條早雲始め伊勢氏を名乘りし時、今川氏親に仕へ、興國寺城を賜はり、下方荘は同家給恩の地なれば、（給恩地辭せし事所見なけれど、一國の主となれば辭すべき理なり）、北條氏に因あり、依て國境を侵し、伊豆と併せんとせしならん、されど古文書の、富士駿東二郡の内に存するもの、皆前件の如くに見えたり云々。

駿河新風土記云　香貫村は、古の駿河郡玉造郷とす、其證は上香貫に、玉造の神社あるにて知るべく、此地の往昔より、駿河郡の域内なりし證は、源平盛衰記に、駿河國住人香貫五郎とあるにて知らる云々。
　以上、要するに、狩野川南東、楊原村（上香貫を除く）清水村の地が、分國御駿豆何れに屬したるかにあり、而して之を決定するには、主として小河（後に泉）鏡作二郷と、楊原、泉水、大朝三式社の位置を明にせざるべからず、切に地方識者の研鑽を希望すと云爾。

静岡県駿東郡役所編『静岡県駿東郡誌』３３５頁（臨川書店刊）
　本郡神社の總数は三百二十一座、其内縣社二座、郷社八座、村社百八十二座、無格社百二十九座とす、而して延喜式載する所の式内神社、現在六座を有す、按に延喜式神名帳駿河國廿二座にして、其駿河郡に屬するもの僅に二座に止る、之を桃澤神社とし、丸子神社となせり、而して今の狩野川南東に於ける諸村落は、延喜時代には伊豆國に屬したることゝて、楊原神社・大朝神社・玉造神社の三社は、楊原村香貫に、小川泉水神社は、清水村湯川に鎭座あり、今本郡の式内社たり、即ち延喜以前に在りては、現今の楊原村・静浦村・及清水村の一部は、伊豆に屬したるものにて、式に伊豆田方郡の内に楊原神社外三社を載す、殊に楊原神社は名神大とありて三島大社と對等の神社、其大社たりしこと分明なり、云々

静岡県駿東郡役所編『静岡県駿東郡誌』３５４頁（臨川書店刊）
式内玉造神社
　楊原村上香貫字黒瀬に在り、祭神水波迺女命、社域二百五十二坪。
　社記に云、當社は延喜式載する所、伊豆國田方郡玉造神社是なり、伊豆國神階帳に從四位上玉造明神と見えたり、創建年代詳ならず、亦此地の駿河に屬したる年代詳ならず。
　駿河志料云、當社は狩野川の邊にありて、古木生茂り神さびたる森なり、玉造郷なる故に然稱す、諸郡神階帳に正五位下玉造天神とある當社なり云々。又駿河記云玉造神社祭神不詳、伊豆國九十五座の内云々。

静岡県駿東郡役所編『静岡県駿東郡誌』１２１９頁・楊原村（臨川書店刊）
　神社に郷社楊原神社(下香貫)村社大朝神社(同)同玉造神社(上香貫)以上三社は延喜式内の古社たり神社篇に委し、外に無格社六社あり。

静岡県田方郡役所編『静岡県田方郡誌』５０２～５０４頁（長倉書店刊）
　本郡に於ける古神社の史乘に顯はれたるは、延喜式神名帳と伊豆國神階帳とを其完備せるものとす。前者は平安朝の初期、後者は南北朝時代に現存せる宮社を記載せるものなり。而して此等所載の神社は、引續き現存せるものなりや否や、今日に之を考定するは頗る至難の事に屬す。然れば先進各考説を異にし、甲是乙非にて、必ずしも一定せず、是を以て、此書には伊豆國式社考證の著者故萩原正平氏の説に從ひ之を表示す。
　　云々
　延喜式神名帳所載社名　　三川水神社（田方）
　神　階　帳　所　載　社　名　　從四位上　玉作の明神
　現　　在　　社　　名　　玉作神社
　所　在　地　（舊　制）　駿東郡香貫村
　所　在　地　（現　制）　駿東郡楊原村香貫

足立鍬太郎『南豆神祇誌』３７～４２頁（静岡縣賀茂郡神職會）
　延喜式卷九に載せた伊豆國神名帳は次の如くである。 但所在地は萩原正平著伊豆國式社考略に私考を加へて註記す。
　　伊豆國九十二座　大五座小八十七座
　　　賀茂郡四十六座　大四座小四十二座
　　　　云々
　　　田方郡廿四座　大一座小廿三座
　　　　云々
　　　玉作水神社　　　　　　　　　　　　　　　　　仝楊原
　　　　云々

足立鍬太郎『南豆神祇誌』５３～５５頁（静岡縣賀茂郡神職會）
　次に氏族神を擧げると、式田方郡に於ける玉作水神社今沼津市は玉作部の齋く神である。楊原神社今同上が特殊の待遇を受けて明神大に列したのは、大岡牧？兵部式駿河國岡野馬牧があるに關係せし（恐らくは外來）大氏族の氏神であったからではあるまいか。そしてそれが、近く發見された大岡村の廢寺や、所謂牧長者と因縁があると考へられる。彼の遠江榛原郡初倉村の式名神大敬滿神社が竹林寺と稱する廢寺と共に、大井川渡船や白羽牧式遠江白羽官牧直四千四百六十束に關係したと考へられる秦氏族に對する状態と同じくはあるまいか。又今賀茂郡松崎町下之神社と稱するは、舊石火那賀兩郷の接する處にあって、式社の擬當に紛糾ある古社であるが、私は、其の所藏の神像や、私等の發見した二面の神鏡（一面には古風なる綾を有する冠を著けた神像の毛彫があり一面には墨書の願文がある）や、唐大明神と稱する事等から溯り考へ、又附近に櫻田といふ地名、森・高椅・松本などいふ舊家の存するを參照して、やはり其地に居住した秦氏の氏神であらうと考へ試みた。（田方郡中郷村松本にある高椅神社も亦然らん）尚石火といふは燧石から火を取ることを知った民族によって開かれた郷ではあるまいか。そしてそれ等外來？種族が、那賀岩科兩川の注ぐ江奈灣の要地を占め、沼津や初倉の如く船税を収めて相應の富をなし、漸次灣の頭尾に分れて繁殖するに隨って、氏神も二所に勸請することになったから、其の地勢高く郡家に近き本宮が伊那上神社（唐大明神）となり、遠き海寄の方が伊那下神社（船寄大明神）となり、以て仲神社現在の郷社伊那上神社は式仲神社たる證據がある（三嶋大明神）と鼎立したのであらう。式仲大蔵神社は今の中川村社那賀神社に擬當すべきである。

足立鍬太郎『南豆神祇誌』７５～７６頁（静岡縣賀茂郡神職會）
　伊豆國神階帳は、群書類從二三に、康永二年辛亥(興國四年)十二月廿五日在廳判の奥書あるものを、在廳伊達某

藏本から寫して收めてある。伊達家に現藏するものは鳥子紙二枚縒にて後世の葛本である即ち尾張のより二十年許前のものである。在廳とは、中古國衙の廳にあり、國司の命を奉じて事務を行ふ下司であったが、多くは世職だから其の稱呼を傳へて居たのだ。先づ左に其の全文を揭げよう。
伊豆國神階帳　式社の配當は萩原正平の意見に據る
　　伊豆國三ケ郡神明帳事
　　正一位三島大明神
　　　　云々
　　　　從四位上玉作明神　玉作水神社
　　　　云々

静岡縣『旧版　静岡縣史』第一卷・７０３～７０８頁（名著出版刊）
　　　　　（丁）　工　　業　　址
云々
　　　七　沼津市玉造の遺蹟
　沼津市の東端香貫山の北狩野川の流に近く村社玉造神社が鎭座し、それより北へ數百米狩野川の對岸に縣社日吉神社があり、その社頭に左右に分れて二個の石が立ってゐる。一は一．八米・他は一．二米の高さをもったもので、各の面には堅にに數條の細く磨り減らされた線がついてゐる。是即ち玉類を磨り作るために用ひられた砥石と見るべきである。果して然らば玉造神社にあって然るべきものであるのに、日吉神社にあることが聊か不思議に思はれるところであるけれども、和名抄によると、駿河郡に玉造郷が存在したことが記載せられてあり、恰もその所は今日の駿東郡に當ってゐるのであるから、玉造神社の近傍に當時玉造部族が攻玉の事に從ってゐたと見ることも不可能のことではなからう。たゞ惜むらくは出雲國の玉造地方では古くから攻玉材料・未成品・砥等の發見が多いが、此處には全く斯かる遺物の發見せられてゐないことである。併し狩野川の幾回かの氾濫がこれらの遺蹟を洗ってしまったこともあるので失はれたものであらう。されば日吉神社の攻玉砥石がある以上、此の附近を玉造の遺蹟地と推定しても先づ差支はなからうと思ふ。「富士の研究」
柴田常惠氏文參照

静岡縣『旧版　静岡縣史』第三卷・７１１～７２２頁（名著出版刊）
【賀茂郡四十六座大四座小冊二座】
云々
【田方郡二十四座大一座小廿三座】
云々
　（玉作水神社）
　　原所在は駿東郡清水村玉川字清水か。現在社は同所の愛鷹神社か。一説に沼津市上香貫の玉作神社ともいふ。
云々

楊原神社

『特選神名牒』３２４〜３２５頁
楊原神社 名神大
 祭神 大山祇命
 神位 清和天皇貞觀元年正月廿七日甲申奉授伊豆國從五位下楊原神從五位上十二年五月廿九日庚辰詔授伊
    豆國從五位上楊原神正五位下光孝天皇仁和二年十一月廿五日庚子授伊豆國正五位下楊原神正五位上
 祭日
 社格 郷社
 所在 下香貫村字大宮○今屬駿河國駿東郡（駿東郡楊原村大字下香貫）
    今按豆州志に駿河國駿東郡香貫村に在り祀大山祇命配木花開耶姫磐長姫今は大宮又松彦明神と稱す相近
   きに楊原の地名あり今訛て八重原と云伊豆峯記曰三島大明神云々祠域に有藥師堂此神社中古迄兩香貫よ
   り江浦まで共祀す今唯香貫兩村の鎭守なり三島驛楊原にも楊原神社有て稱第三宮是香貫村邊駿河に隸せ
   し故此に移し祀るとみゆ楊原の地名は神社に因て呼し也云々とあるが如くなるべし而るを一説に三島驛
   楊原の地往古よりの鎭座なるべしと云るは信がたし故今静岡縣の註進と豆州志の説に從ふ

度會延經『神名帳考證』（『神祇全書』第一輯）
○楊原神社 名神大、今云赤澤村、地土赤如朱沙、有伊豆權現之社、伊弉二字反切夜也 伊弉諾尊 今云伊豆權現、在走湯山傍、有大梛樹二、

伴信友『神名帳考證』（『伴信友全集』第一）
楊原神社 名神大
[實]貞觀元年正月廿七日奉授伊豆國從五位下楊原神從五位上同十二年五月廿九日伊豆國從五位上楊原神正五位下仁和二年十一月廿五日授正五位下楊原神正五位上○今曰伊豆權現在走湯山傍大梛樹二[志]祀大山祇命配木花開耶姫磐長姫今ハ大宮又松彦明神ト稱ス相近キニ楊原ノ地名アリ今訛テ八重原ト云フ[神名記]從一位楊原明神[伊豆峯記]三島大明神ト云リ中古マデ社人三十八人別當坊等アリ今香貫兩村ノ總鎭守也古簿ニ豆州田賀方郡楊原明神并ニ神名ヲ記ス今君澤郡三嶋驛楊原神社アリコハ元和九年香貫村ナルヲ移シ祀レルナリ

伴信友『神名帳考』（『神道大系』古典註釋編七・延喜式神名帳註釋）
楊原神社 明神大、
○三代實錄、貞觀元年正月廿七日、奉授伊豆國從五位下楊原神從五位上、又曰、同十二年五月廿九日、授伊豆國從五位上楊原神正五位下、仁和二年十一月廿五日、授正五位下楊原神正五位上、○今曰伊豆權現、在走湯山傍、有大梛樹二、△志ニ、祀大山祇命、配木花開耶姫・磐長姫、今ハ大宮、又松彦明神ト稱ス、相近キニ楊原ノ地名アリ、今訛テ八重原ト云フ、神名記ニ、從一位楊原ノ地名アリ、伊豆峯記ニ、三嶋大明神ト云ヘリ、中古マデ社人三十八、別當・坊等アリ、今香貫兩村ノ總鎭守ナリ、古簿ニ、豆州田方郡楊原明神、并ニ神名ヲ記ス、今君澤郡三嶋驛楊原ニ、楊原神社アリ、コハ元和九年、香貫村ナルヲウツシマツレル也、
 1（頭註）外圖云、三嶋驛、君澤郡、

鈴鹿連胤『神社覈錄』（井上賴圀・佐伯有義校訂『神社覈錄』下編）
楊原神社 名神大
  楊原は夜伎波良と訓べし○祭神大山祇命、相殿木花開耶姫、磐長姫、也○駿河國駿東郡香貫村にあす、今
  大宮、又松彦名神と稱す、同上例祭 月 日、○式三、臨時祭名神祭二百八十五座、中略伊豆國楊原神社 一座、
  伊豆志に、相近キニ楊原ノ地名アリ、今訛テ八重原ト云フ、伊豆峰記ニ、三島大明神ト云ヘリ、中古マ
  デ社人卅八人別當坊アリ、今香貫兩村ノ總鎭守也、古簿ニ、豆州田賀方郡楊原名神并ニ神名ヲ記ス、今
  君澤郡三島驛楊原ニ楊原神社アリ、コハ元和九年香貫村ナルヲ遷シマツレル也、圖圖には、三嶋驛に在すと云り、○考
  證云、今曰、伊豆權現在走湯山、傍大柳樹二、今云、赤澤村地土如朱砂、有社伊豆權現社僧到此修法、
  神位
  三代實錄、貞觀元年正月廿七日甲申、奉授伊豆國從五位下楊原神從五位上、同十二年五月廿九日庚辰、詔
  授伊豆國從五位上楊原神正五位下、仁和二年十一月廿五日庚子、授伊豆正五位下楊原神鈔五位上、」國
  內神名記云、從一位楊原名神、國內神階記云、從一位やぎはらの明神、
   ○前件三社の今駿河國に隸る事は（以下缺文）

栗田寛『神祇志料』第十二巻
楊原神社、今駿河國、駿東郡、下香貫村にあり。神社古傳、豆州志、郡名攝駿河國圖、○按今社近きわたりに楊原の地名あり、訛て八重原と云ふ。大宮とい
ひ、又松彦明神と云。豆州志清和天皇貞觀元年正月甲申、從五位下楊原神に從五位上を授け、十二年五月庚辰、
正五位下に進め奉り、光孝天皇仁和二年十一月庚子、正五位上を授く。三代實錄醍醐天皇延喜の制名神大社に列
る。延喜式

『大日本史』[九]・志一・巻二百五十五
楊原神社、○神明帳作從一位幾和良乃明神、今在駿河駿東郡下香貫村、稱大宮、又松彦明神、按社傍有八重原地、蓋楊原之譌、貞觀元年、自從五位下加從五位上、
十二年又進一階、仁和二年、進正五位上、三代實錄延喜制、列名神大社、延喜式

『大日本史』[十一]・志三・巻二百九十三
鏡作、○今上下香貫村、屬駿河駿東郡、豆州志云、鏡作土人訛呼加豆良、用香貫字、大同中、充大和鏡作社、新鈔格教訓郷名由起、有大朝、玉作水、楊
原三社、延喜式

竹村茂雄『伊豆國式社考』（『神祇全書』第四輯）
 楊原神社 三島驛楊原ならん、志には香貫とあり、

竹村茂正『豆州式社考案』（『神祇全書』第四輯）

楊原神社
　豆志ノ説ニ随フ可シ

萩原正平『伊豆國式社攷略』（静岡県立中央図書館所蔵）
楊原神社明神大
　同國同郡下香貫村鎮座屋ぎはらの明神神階帳舊稱大宮明神是なり豆志攷証及ヒ註進ノ一説静岡縣社進特選續攷三島大社の攝社楊
　原神社は後尓遷祀せるもの登須抑豆州の官社中名神大社五座なり而して三島神社は官幣大社尓列せら連其
　の他の三社も既尓縣社の格尓進めら然而當社其の一尓居里由緒の確なる欽仰の素ある祠域の大なる少も
　他尓讓る可らす而る尓依然沈滯して未崇敬の典尓預からず抑之を上請するものなきか將上請するも有司の
　不問尓附するか或は他州尓属せるが爲の故か余其の原由を知る能はず竊尓此疑を起す登云ふ

萩原正平・萩原正夫『増訂豆州志稿』巻之一・郡郷（長倉書店刊）
○鏡作、小河ノ二郷田方郡ノ中ニ於テ之ニ充ベキ所ナシ或云駿州駿東郡口野ヨリ多比、江ノ浦、獅子濱、眞
籠志下、我入道、香貫ニ至ル八村又日守ヨリ大平、德倉、的場、畠中、戸田、久米田、西玉川、湯川、堂庭、
枛田、長澤、八幡、伏見等ノ二十餘村、（コノ内古村ニ三分ノートミュ）原伊豆ノ地ナリト如此ナレバ狩野、黄瀨ノ二水北
ハ官道ヲ以テ州界トス地形宜シク疆域尤モ分明ナリ因テ上ノ諸村ヲ咨詢スルニ絶エテ石記遺文ノ憑據トスベ
キナシ唯田方郡、式内、玉作、楊原、大朝ノ三神社之ヲ香貫村ニ得タリ伊豆山ヨリ出ル伊豆山伏ト云者（先達一人伏三人）
蘭脱小角ノ蹤ヲ追ヒ毎歳季冬十五日ヨリ正月廿八日迄伊豆海濱ノ古祠舊刹ニ納符スル事于今千三百餘
年其詣スル處所ヲ錄シテ伊豆峰ノ記ト云（凡ソ是ノ記ニ所載ノ祠寺ハ伊豆納符ノ四字ヲ附スコレ其古跡タルヲ見ハスガ爲ナリ）山伏已ニ香貫ニ至リ上
ノ三神祠ニ納符ス納符此村ニ畢ルヲ以テ方ニ始メテ帶ヲ石上ニ解キ行装ヲユルベ衣ヲ披テ虱ヲ捫ス是其法始
メテ出ルヨリ四十餘日未ダ嘗テ帶ヲ解ザルヲ以テナリ故ニ其石ヲ號シテ日解帶石トサレバ此迄伊豆ノ境タル
事知ル可シ京本平治物語云男子ハ駿河國カツラト云所ニ在リケルヲ母方ノ舅木工頭トモタダト云者捕ヘテ平
家ヘ獻ズト是ノカツラハ地名ニシテ即香貫ナリ此頃ハ駿河ニ屬セシ事亦可知（今ノ行ノ本ニハ駿河ノ國香貫ト云名備メ出シテ平家ヘ獻ズト香貫ノ名ヲ称スルヲ譯マレリ）因テ意ニカツラハリヲ通音ニシテ鏡作ノ省語ナラム歟（[増]今ノ行ノ部楊原神社ノ條ニ今ハ大宮又松彦明神ト稱ス相近キニ楊原
ノ地名アリ今訛シテ八重原ト云祠中ノ古簿ニ豆州田賀方郡楊原明神並ニ神名ヲ記ス又大朝ノ明神同ジ祠記所傳誦モ示是ノ如シ三島驛楊原ニ赤楊原ノ神社アリテ稱第三ノ宮是香貫村ノ邊駿州ニ隸セシ故此ニ遷シ祀ルト見ユト然ル二駿河志料香貫村ノ條云各香貫明神モクー説ニ當社ヲ伊豆國田方郡式社楊原神社ニ云ハ非ナリカノ社ハ三島驛ニ楊原ノ地名並ニ楊原神社ノ古迹存シタレバ其地ニ鎮座アリシニ決ナシトアルハ反對説ナリ附記シテ後攷ニ備フ猶疆域ノ條ヲ参觀スベシ）

萩原正平・萩原正夫『増訂豆州志稿』巻之二・町村一（長倉書店刊）
○三島宿　…云々○市ガ原…云々此外小巷宮倉、（建武二年ノ文書ニ見ユ明神ノ庫裏アリシ處ト云）田町、柴町、裏町、（[増]今ハ浦町ニ作ル）
祓所（東鑑ニモ見ユ大社ノ祓ヒセシ所ト云）（[増]今ハ浦町ニ屬ス）問屋小路（[増]今ハ折半シテ久保町浦町ニ屬ス）唐人町（[増]今ハ折半シテ久保町田町ニ屬ス）竹林寺
小路（[増]今ハ久保町ニ屬ス）蓮行寺町（舊名阿闍梨小路）二ノ宮町（昔二ノ宮八幡宮ノアリシ處ナリ貞享五年ノ改メニ二ノ宮町長サ七十九間トアリ今コノ町ナシ）仙臺、
　　　　楊原（[増]此二所今田町ニ屬ス）ノ地名アリ…云々

萩原正平・萩原正夫『増訂豆州志稿』巻之八上・式内神社考並神階帳考緒言（長倉書店刊）
○楊原神社（名神大）[増]神階帳從一位上やきはらの明神[増]駿州駿東郡香貫村舊稱大宮明神社也祭神事代主神
ナル可シ（○祀大山祇命配木花開耶姫磐長姫[増]祭神ハ中古以来三島大神ヲ大山祇命ト傳ヘタルヨリ霧レルニテ伊豆式内社タル一證也配神二座又大山祇命ヨリ解會セルナル可シ）○今ハ大宮
又松彦明神ト稱ス相近キニ楊原ノ地名アリ今訛テ八重原ト云（[増]此地社域ノ東南十町許ニアリ本社ノ舊地ニトス）三代實錄日貞觀元
年正月奉授伊豆國從五位下楊原神從五位上十二年五月詔授從五位上楊原神正五位下仁和二年十一月授正五位
上、神階記曰從一位楊原明神、伊豆峰記日三島大明神（末社五、八幡、天神、子守、嚴島、稲荷）祠域有藥師堂（[増]今廢ス）此神社、
中古迄社人三十八、別當坊等アリテ兩香貫ヨリ江ノ浦迄共祀ス今只香貫兩村ノ總鎮守也。大朝神社亦我入道
ヨリ兩間門迄ノ土神也キト云。（禰宜高田氏禰宜ハ官名ニシテ妄ニ稱ス可キニ非ズ只郷松奉神者ノ總稱シテ禰宜トエ姑ク從之）祠中ノ古簿ニ豆州田賀方郡
楊原明神並ニ神名ヲ記ス又大朝明神同之。祠官所傳誦亦如此（尚見郡郷部）[増]式考駿河志料等ニ三島大社攝社楊
原神社ニ當テタルハ不稽也此社ハ本社ノ拜所ナル可シ（物忌奈命神社ノ條參看。赤駿河志料ノ説ハ首巻郡郷部ニ詳ス）

萩原正平・萩原正夫『増訂豆州志稿』巻之八上・神祠一・君澤郡（長倉書店刊）
○楊原神社（同町田）[増]三島神社攝社[増]當社ハ式内楊原神社ノ拜所ナル可シ（式内神社考物忌奈命神社ノ條參看）楊原神社ハ駿
州駿東郡香貫村ニアリ（前記）○第三ノ宮ト稱ス是香貫村邊駿州ニ隸セシ故此ニ遷祀シ地名ヲモ楊原ト呼ビシト
見ユ元和九年楊原ノ御殿（德川家光築之）ヲ築キシ時現地ニ移ス（[増]伴信友ノ説ニ元和九年香貫村ヨリ移ストエルハ誤也）亦地名ヲ楊原ト呼ブ
（[増]二百一坪民一。民一トハ民有地第一種ノ略。以下傚之）

萩原正平・萩原正夫『増訂豆州志稿』巻之十・佛刹一・君澤郡（長倉書店刊）
○仙臺山福聚因（同町田）[増]臨濟宗建長寺派（相州鎌倉、建長寺末。本尊正觀世音）○初僧明堂（嘉吉元年寂）御殿ノ地ニ創立シ山號ヲ
楊原山ト稱シタリ[増]元和九年德川家光此處ニ旅館ヲ營築スルニ方リ現地ニ移轉ス（○五反九畝三歩除地[増]七百八十二坪官四）

萩原正平・萩原正夫『増訂豆州志稿』巻之十・佛刹一・君澤郡（長倉書店刊）
○正福山楊原寺（同町田）[増]臨濟宗建長寺派（同町福聚院末。本尊藥師）○往昔同驛御殿、楊原神社域内ノ藥師堂ナリシヲ僧
立庵（福聚院二世、慶二二年寂）寺ト爲ス[増]元和九年德川氏、御殿ノ地ニ旅舘ヲ造ルヲ以テ福聚院ト共ニ移轉ス（二反六畝十六歩除地[増]九十四坪官四）

菅原久高『伊豆國九十二式社祭神記』（『全國神職會々報』第二十二號）
楊原神社名神大　駿河國駿東郡楊原村下香貫鎮座郷社なり大宮又松彦明神と稱す
　祭神　大山祇神
　　増訂豆州志稿に日事代主神なるかし

吉田東伍『増補大日本地名辞書』第五巻・1020頁
玉造郷　和名抄、駿河郡玉造郷、訓多麻都久里。○今楊原村なり、沼津の東南にして、狩野川の左岸とす。
　楊原の大字上香貫に玉造神社あり、一説此辺をば昔の伊豆国田方郡鏡作郷にして、楊原神社と云ふが下香

貫に存すと主張するも、其論拠甚薄弱とす。香貫はカヌキと唱へ、カツラにはあらず、且加加美豆久里はカツラと訛るべき者にあらず。又平治物語に、カツラと云ふは、香貫の誤訓のみ。
　伊豆志稿云、延喜式田方郡の玉造、楊原、大朝の三神社を香貫村に得たり、我伊豆山の伊豆山伏と云者、先達一人山伏三人、毎歳冬季十五日より、正月廿八日迄、伊豆海浜の古祠舊利に納符すること、今に千三百有余年、その詣づる所々を録して、伊豆峰記と云、これその古蹟たるをしめさんがため也、故に香貫に至り上の三神祠に納符す、納符此村に終るをもて、始て帯を石上に解き行装を改む、故に其石を号して解帯石と云ふ、さればこれ迄伊豆の境たることしりぬべし、京本平治物語に「男子は駿河国かつらと云所にありけるを、母方の舅木工頭ともたべと云もの捕得て、平家へ献ず」と、是かつらは地名にして即香貫なり、その頃は駿河に属せしこともたありぬべし、今本には駿河国香貫と云ふもの搦め出して、平家に献ずとありて、香貫を人名とせるは誤也、因ておもふに、かつらは鏡作の省語ならんか。〇増訂豆州志稿云、楊原神社は香貫の大宮明神、又松房明神と云ふにあたる、近傍に楊原てふ地名あり、今訛て八重原といふ。〇駿河志料云、楊原神社は香貫村に在りと云ふは非なり、三島駅に楊原の地名現存し、其古迹もあれば、彼地に鎮座ありしに疑なし。(今三島大社の摂社に楊原神あり)

吉田東伍『増補大日本地名辞書』第五巻・１０２０～１０２１頁
香貫　今楊原村と改む、沼津の東南にして、狩野川を隔て鷲頭山（香貫山）に倚る。上下の二に分ち、其下香貫には近年多く貴顯の別荘を置かる。此地江山佳麗にして、気候和順、養生によろし。毘沙門山、桃郷の辺最推賞せらる、鷲頭の下に霊山寺あり。
　新風土記云、香貫村は古の駿河郡玉造郷とす、其証は上香貫に玉造の神社あるにて知るべく、此地の往昔より駿河郡の域内なりし証は、源平盛衰記に駿河国住人香貫五郎とあるにて知らる。
補［香貫明神］〇増訂豆州志稿、駿河志料香貫村の条云、香貫明神云々、一説に当社を伊豆国田方郡式社楊原神社と云ふは非なり、かの社は三島駅に楊原の地名并に楊原神社の古迹存したれば、其地に鎮座ありしに決なしと。［楊原村］

吉田東伍『増補大日本地名辞書』第五巻・１０３４頁
楊原　三島町の地字に遺り、又大社の摂末に楊原明神あり。即延喜式、田方郡の名神大社、楊原是なり、［駿河志料］一説に此神を今駿東郡の香貫に在りと云ふは採り難し。
補［楊原神社］〇増訂豆州志稿、式内楊原神社は名神大にして、駿州駿東郡香貫村、旧称大宮名神社也、又松彦明神と称す、相近きに楊原の地名あり、今訛て八重原と云ふ。三代実録曰、貞観元年正月奉授伊豆国従五位下楊原神従五位上、此神社中古まで社人三十八別当房等ありて、両香貫より江の浦まで共祀す、祠中の古簿に豆州田賀郡楊原明神并に神名を記す。駿河志料に、三島大社摂社楊原神社に当てたるは不稽。此社は本社の拝所なるべし。

邨岡良弼『日本地理志料』巻十三・伊豆国田方郡
鏡作　加加美豆久里　按古者鏡作連所居、名義見大和鏡作郷條、新抄格敕符、大同元年、大和國鏡作神、充伊豆封十六戸、即此、豆州志云、鏡作方廢、今駿河駿東郡有香貫村、盖加加美豆久里、譌爲加豆良、遂填香貫字、是名之遺也、京本平治物語、男子潜匿駿河國加豆良邑、其舅木工頭友忠、捕ённ平氏、其轉譌亦久、亘上香貫、下香貫、我入道、徳倉、湯川、的場、畑中、戸田、堂庭諸邑、豈其城耶、祀典所秩田方郡楊原神、玉作水神、在上香貫、大朝神在下香貫、古者爲伊豆地、足以證、」駿河志料云、駿河郡玉造郷、言香貫村、村有玉作水神社是也、楊原神社在三島驛楊原地、與前説相反、國郡沿革考、以君澤郡松本村擬之、其地鄰的場村、併録以備采擇、

静岡県駿東郡役所編『静岡県駿東郡誌』１５４～１５７頁（臨川書店刊）
　［郷］元正天皇靈龜元年、里を改めて郷と爲し、倭名抄載するところの郷數四千五十あり、而して駿河郡の郷を柏原・矢集・子松・古家・玉造・横走・駿河・山埼・宍人・永倉及宇良の十一とす、今此等の各郷につき、大日本史國郡志並に大日本地名辞書、両者の説く所を見んとす。駿河風土記は、近世の僞作にして信じ難けれども、暫参考として併せ録す。
云々
玉造郷　多麻都久里
　國郡志云　玉造、高山寺本作玉作、按、國内神名帳所謂玉作天神、在上香貫村盖是、古玉作部所居、後曰小泉莊。
　地名辞書云　玉造郷、今楊原村是なり、沼津の東南にして、狩野川の左岸とす、楊原村上香貫に玉作神社あり、一説此邊をば、昔の伊豆國鏡作郷にして、楊原神社といふが下香貫（シモツラ）に存すと主張するも、其論據薄弱とす、香貫はカヌキと唱へ、カツラにはあらず、且加加美豆久里は、カツラと訛るへきものにあらず、又平治物語に、カツラと云ふは、香貫（カヌキ）の誤訓のみ。
　風土記云　薦河郡玉造、公穀三百二十七束三畝半二毛田、假粟百八十丸三畝三字田。

静岡県駿東郡役所編『静岡県駿東郡誌』１６３～１６７頁（臨川書店刊）
　［駿東田方兩郡の境界］即國境の關係なるが、交互錯雑して、俄に論定し難きものあり、今暫先人の説を掲げて後攷を俟つ。
　豆州志稿云　鏡作小河の二郷、田方郡の中に於て、之に宛つべき書なし、或云、駿州駿東郡口野より、多比、江浦、獅子濱、眞籠、志下、我入道、香貫に至る八村、又、日守より大平、徳倉、的場、畑中、戸田、久米田、西玉川、湯川、堂庭、柿田、長澤、八幡、伏見等の二十餘村もと伊豆の地なりと如此なれは狩野黄瀬の二水、北は官道を以て州界とす、地形宜しく、疆域尤分明なり、因て上の諸村を咨詢するに、絶えて古記遺文の憑據とすべきなし。唯田方郡式内玉作、楊原、大朝の三神社之を香貫村に得たり、京本平治物語に、男子は駿河國カツラと云所に在りけるを、母方の舅捕へて平家へ献ずと、是カツラ地名にして即香貫なり、此頃は駿河に属せし事亦可知云々。
　又云、小河　豆駿界小河あり、今は二州に界たるを以て界河と名く、古は小河と云ひしと思はる、此河西、

上に擧る諸村の内、的場より堂庭に至るの七村を泉郷と云、柿田川の源泉、此に沸湧するを以て名つく、亦田方郡式内神社に小河泉水神社あり、即知る此邊必す小河郷ならむ、而して小河泉水神社未審、但湯川最古村にして、其土神は八幡宮に熊野を配す、傳誦して云、泉郷の總鎭守神なりと、されば是神を以て之に當つべきか云々。
　志稿又云　盖伊豆は、もと駿河より分れし州なれば、此二郷（鏡作、小河）の地、駿河たる事勿論なり、分置の時伊豆に屬し、縁起の後、復駿河となる、北條氏割取して伊豆とし、駿河亞相（忠長）駿城にありし時、庖厨兩として復駿河となる、彼是附屬定まらざる地なれば、其考難きも宜なり云々。
　増訂豆州志稿云　神祠の部、楊原神社の條に云、今は大宮又松彦明神と稱す、相近きに楊原の地名あり、今訛して八重原と云、祠中の古簿に、豆州田方郡楊原明神並に神明と記す、又大朝の明神同じ、祠官所傳も亦是の如し、三島驛楊原に、亦楊原の神社ありて稱第三宮、是香貫村の邊、駿州に隷せし故、此に祀ると見ゆ云々。
　又云　駿河志料國境條云、香貫より口野に至る八ケ村、又日守より伏見に至る十三ケ村等の地もと伊豆にて、當治世となり、駿河家の時に駿河となれりと、伊豆人秋山氏の豆州志稿にあれど、其事僻事なるべし云々、玉造條云。此地は倭名抄に云ふ、玉造郷の地にして玉造社あり、南方獅子濱はもと完人郷なり、東なる長澤等は、駿河郷の地にして、伊豆國風土記殘闕本に駿河國伊豆埼を頒ち、伊豆を置とある其時より、今の分境にて、中古本國は今川氏、伊豆は上杉氏より北條氏に至る、分國の時、又當治世となりても、分境は易らざりしよし、灼然其徴頗多し、諸郡神階帳に玉造、加奴岐、玉川、完人、利倉良の社號見ゆ、社外の社にて、神階帳に載せらるゝは、古社にして、其社號の地名に現在する地は、狩野川黄瀬川の東角にあり云々。
　駿河志料云　香貫より口野に至る八ケ村、又日守より伏見に至る十三ケ村等の地、もと伊豆にて、當御治世となり、駿河家の御時で駿河となれりと、伊豆人秋山氏の豆州志稿にあれど、そは僻事なるべき事、即に記せし如し、猶此地の舊家に存する古文書を閲するに、伊豆と記せるものなくして、豆州志に諸村を咨詢するに、絶て古記遺文の憑據すべきなしと云へるに合へり、但し香貫社を伊豆國式内楊原神社なりと云へど、本國神階帳に香貫の社號見え、楊原の地名は三島驛にありて、此地は、香貫なること必定なり、又山宮を大朝神社、湯川村熊野社を小河泉水神社と云へるも、古書の徴なく、たゞ暗斷の説なし、中古今川氏の分國となれるは、建武二年なり、金持莊は本國（駿河）なりと、暦應二年足利直義の文書によりて、伊豆は相州兵亂記にも、永享長祿の頃も、山内上杉家の分國なりとあれば、此地兩家分國の境なれば、いかにも錯亂すべき理由なし、長祿二年北條韮山に移り、伊豆を掌握し、天正年中氏眞の讓をうけて、泉郷の地等北條家に屬せし頃、同家の文書に駿河領とあり、志々濱、泉、足柄、戸倉、大宮等の古城に將卒を置しは、今川氏の援兵にして、割取せしにはあらず、又當御治世のはじめ天正十七年十一月二十七日、大神君七ケ條朱印、西玉川（里長に預）泉東方と村名あり、（今も此地を泉八ケ村と云）、こは駿遠三御領へ賜ふ掟なり、慶長七年十二月、木瀬川八幡領御寄附狀に、駿州木瀬川と正しくあり、さるを駿河家の御時よりと云は非ならん、殿の御領となりしは、寛永二年正月なればなり（藩翰譜）、上件の式社の違ひ及國境の地なれば、古書の存するをも審に云べし、富士淺間神職に藏する、天文二十一年八月十二日（北條和親は二十三年なり）義元朱印の文に、上方、下方、次津、宇流井河、東限樋爪なり、さるに依て、繼判の文に、伊豆を限るとは記せり、（千貫樋は、豆州志稿に、應永三年始て造るとあり、伊豆は上杉分國の時なりき）、樋爪は橋爪などいふ同義にて、ツメは軒のつまなど云、ツマと同じく、片端の義なるべし、天文二十一年三月廿日、義元判物、西玉川農家に藏する甘利文書の文に、駿河國於長澤名職之內、從前相拘日結土堰爲修理分村置地之事云々（此文に日結とあるは、上にいふ樋爪なるべし、千貫樋修造は今も長澤村進退なり）、大平郷星谷藏する、天文二十一年五月十四日、今川家被官葛山備中守氏元文書に、口部之内江浦云々、永祿三年八月二日朝比奈備中守康朝文書、香貫にあり、同十年二月六日氏眞朱印掟書、大平郷桃源院所藏、永祿十二年、元龜二年、同三年氏眞朱印等數通あり、天正五年三月十日北條家評定衆掟書に、先國主氏眞云々、同家朱印の文に、駿河領泉之郷云々とあり、天文年中多比村龍雲院は、今川氏の一族開基し、大平郷桃源院は、今川氏の開基なり、時の文書增善寺に所藏す、天文十七年八月十六日、義元判物の文に、駿河國大平郷の内云々と見えたり、猶此外にも多かるべし、さて此地を兩家の爭ふ端は、北條早雲始め伊勢氏を名乘りし時、今川氏親に仕へ、興國寺城を賜はり、下方莊は同家給恩の地なれば、（給恩地辭せし事所見なけれど、一國の主となれば辭すべき理なり）、北條氏に因あり、依て國境を侵し、伊豆と併せんとせしならん、されど古文書の、富士駿東二郡の内に存するもの、皆前件の如くに見えたり云々。
　駿河新風土記云　香貫村は、古の駿河郡玉造郷とす、其證は上香貫に、玉造の神社あるにて知るべく、此地の往昔より、駿河郡の域内なりし證は、源平盛衰記に、駿河國住人香貫五郎とあるにて知らる云々。
　以上、要するに、狩野川南東、楊原村（上香貫を除く）清水村の地が、分國後何れに屬したるかにあり、而して之を決定するには、主として小河（後に泉）鏡作二郷と、楊原、泉水大朝三式社の一を明にせざるべからず、切に地方識者の研鑽を希望すと云爾。

静岡県駿東郡役所編『静岡県駿東郡誌』３３５頁（臨川書店刊）
　本郡神社の總數は三百二十一座、其内縣社二座、郷社八座、村社百八十二座、無格社百二十九座とす、而して延喜式載する所の式內神社、現在六座を有す、按に延喜式神名帳駿河國廿二座にして、其駿河郡に屬するもの僅に二座に止る、之を桃澤神社とし、丸子神社となせり、而して今の狩野川南東に於ける諸村落は、延喜時代には伊豆國に屬したることゝて、楊原神社・大朝神社・玉造神社の三社は、楊原村香貫に、小川泉水神社は、淸水村湯川に鎭座あり、今本郡の式內社たり、即ち延喜以前に在りては、現今の楊原村・静浦村・及淸水村の一部は、伊豆に屬したるものにて、式に伊豆田方郡の内に楊原神社外三社を載す、殊に楊原神社は名神大とありて三島大社と對等の神社、其大社たりしこと分明なり、云々

静岡県駿東郡役所編『静岡県駿東郡誌』３４７頁（臨川書店刊）
式内郷社楊原神社
　楊原村下香貫字宮脇に在り、祭神大山祇命、木花開耶姫命三座とす、社域八百四十坪。
　社記云、當社は延喜式載する所、伊豆國田方郡楊原神社、名神大とある是なり、創建年代不詳、往時は大宮大明神、又は香貫大明神とも稱したり、往古の社地は今の字柳原にして、同地に神座ありしが、永祿中北條・武田合戰の時、北條兵の爲めに社殿悉く燒失す、其後天正年中今の社地に遷す、舊社領として除地

高三石五斗二升を有したり、傳へ云、往昔は頗る大社にして社領五百石を有し、社家三十餘人あり、今の馬場の人家是なりと、又一二の鳥居あり今に祭典の時注連を張る其所を鳥居竹と呼ぶと。
　三代實錄曰、貞觀元年正月、奉授伊國從五位下楊原神從五位上、同十二年五月詔、從五位楊原神授正五位下、仁和二年十一月授正五位上、云々、神名記從一位楊原神社、云々。

静岡県駿東郡役所編『静岡県駿東郡誌』１２１８～１２１９頁・楊原村（臨川書店刊）
　明治二十二年上香貫・下香貫・善太夫新田・我入道の四ケ村を併せて一自治區を組織し楊原村と稱す、村名は楊原神社の古名稱に取る、延喜式神名帳に楊原神社（名神大）を載す、是本村下香貫楊原神社（從前香貫明神と云ふ）なること明確に屬す。云々
　神社に郷社楊原神社（下香貫）村社大朝神社（同）同玉造神社（上香貫）以上三社は延喜式内の古社たり神社篇に委し、外に無格社あり。

静岡県田方郡役所編『静岡県田方郡誌』５０２～５０４頁（長倉書店刊）
　本郡に於ける古神社の史乘に顯はれたるは、延喜式神名帳と伊豆國神階帳とを其完備せるものとす。前者は平安朝の初期、後者は南北朝時代に現在せる宮社を記載せるものなり。而して此等所載の神社は、引續き現存せるものなりや否や、今日に之を考定するは頗る至難の事に屬す。然れば先進各考説を異にし、甲是乙非にて、必ずしも一定せず、是を以て、此書には伊豆國式社考證の著者故萩原正平氏の説に從ひ之を表示す。云々
　　延喜式神名帳所載社名　　楊原神社（田方）
　　神　階　帳　所　載　社　名　　從一位　やきはらの明神
　　現　　　在　　　社　　　名　　楊原神社
　　所　在　地　（舊　制）　　駿東郡香貫村
　　所　在　地　（現　制）　　駿東郡楊原村香貫

足立鍬太郎『南豆神祇誌』３７～４２頁（静岡縣賀茂郡神職會）
　延喜式卷九に載せた伊豆國神名帳は次の如くである。但所在地は萩原正平著伊豆國式社考略に私考を加へて註記す。
　　　伊豆國九十二座　　大五座小八十七座
　　　　賀茂郡四十六座　　大四座小四十二座
　　　　　云々
　　　　田方郡廿四座　　大一座小廿三座
　　　　　云々
　　　　楊原神社　　　　　　　　　　　　　　　仝上
　　　　　云々

足立鍬太郎『南豆神祇誌』５３～５５頁（静岡縣賀茂郡神職會）
　次に氏族神を擧げると、式田方郡に於ける玉作水神社今沼津市は玉作部の齋く神である。楊原神社今同上が特殊の待遇を受けて明神大に列したのは、大岡牧？兵部式駿河國岡野馬牧があるに關係せし（恐らくは外來）大氏族の氏神であったからではあるまいか。そしてそれが、近く發見された大岡村の廢寺や、所謂牧長者と因縁があると考へられる。彼の遠江榛原郡初倉村の式名神大敬滿神社が竹林寺と稱する廢寺と共に、大井川渡船や白羽牧主税式遠江白羽官牧直四千四百六十束に關係したと考へられる秦氏族に對する狀態と同じくはあるまいか。又今賀茂郡松崎町下之神社と稱するは、舊石火那賀兩郷の接する處にあって、式社の擬當に紛糾ある古社であるが、私は、其の所藏の神像や、私等の發見した二面の神鏡（一面には古風なる綾を有する冠を著けた神像の毛彫があり一面には墨書の願文がある）や、唐大明神と稱する事等から遡り考へ、又附近に櫻田といふ地名、森・高橋・松本などいふ舊家の存するを參照して、やはり其地に居住した秦氏の氏神であらうと考へ試みた。（田方郡中郷村松本にある高椅神社も亦然らん）尚石火といふは燧石から火を取ることを知った民族によって開かれた郷ではあるまいか。そしてそれ等外來？種族が、那賀岩科兩川の注ぐ江奈灣の要地を占め、沼津や初倉の如く船税を收めて相應の富をなし、漸次灣の頭尾に分れて繁殖するに隨って、氏神も二所に勸請することになったから、其の地勢高く郡家に近き本宮が伊那上神社（唐大明神）となり、遠き海寄の方が伊那下神社（船寄大明神）となり、以て仲神社現在の郷社伊那上神社は式仲神社たる證據がある（三嶋大明神）と鼎立したのであらう。式仲大歳神社は今の中川村社那賀神社に擬當すべきである。

足立鍬太郎『南豆神祇誌』７５～７６頁（静岡縣賀茂郡神職會）
　伊豆國神階帳は、群書類從二三に、康永二年辛亥(興國四年)十二月廿五日在廳判の奥書あるものを、在廳伊達某藏本から寫して收めてある。伊達家に現藏するものは烏子紙二枚續にて後世の寫本である即ち尾張のより二十年許前のものである。在廳とは、中古國衙の廳にあり、國司の命を奉じて事務を行ふ下司であったが、多くは世職だから其の稱呼を傳へて居たのだ。先づ左に其の全文を掲げよう。
伊豆國神階帳　式社の配當は萩原正平の意見に據る
　　伊豆國三ケ郡神明帳事
　　正一位三島大明神
　　　云々
　　從一位やきはらの明神　楊原神社
　　　云々

静岡縣『旧版 静岡縣史』第三巻・７１１～７２２頁（名著出版刊）
【賀茂郡四十六座大四座小卌二座】
云々
【田方郡二十四座大一座小廿三座】
云々

（楊原神社名神大）本章第二節三參照。
　　現祭神は大山祇命。原所在は田方郡三島町の楊原か。現在社は同町田町の柳原神社か。一説に沼津市下香貫字宮脇の楊原神社ともいふ。
云々

静岡縣『旧版　静岡縣史』第三巻・７７６～７７７頁（名著出版刊）
（楊原神社）本章第一節三參照
　楊原神社は「延喜神名式」に載せられたる田方郡唯一の名神大社である。「三代實錄」によれば延喜以前に於て既に屡々神位を與へられてゐたことが解る。即ち貞觀元年正月廿七日從五位上、貞觀十二年五月廿九日正五位下、仁和二年十一月廿五日正五位下を授かつた。
　この神社は現在沼津市香貫字宮脇の鎮座とされてゐるが「駿河志料」巻六十四下香貫山宮大明神の條に
　　一説に當社を伊豆國田方郡式社楊原神社と云ふは非なり。楊原神社は三島驛楊原地名並に楊原神社古連存したれば、其地に鎮座ありしに決なし。
とある説は注意を要すこる。
　一體「延喜神名式」田方郡の神社が從來の研究によれば一として伊豆國府に鎮座しまさぬといふことは遠駿の場合に比較して不條理である（本章第一節三參照）。國府に國分寺が建立された如く、官社たる可き神社も亦國府に存在したであらう。然るに三島神社が國府に遷つたのは既述の如く、「延喜神名式」制定以後のことである。然りとせば「延喜神名式」に田方郡唯一の名神大社と誌された楊原神社は伊豆國府に鎮座してゐたと考ふべきでは無からうか。それが後ち三島神社が遷祀されるや漸次その聲望に壓倒され、靈て衰退したのではあるまいか。かくして「駿河志料」上掲の異説に遵ひ、楊原神社の現在社は三島町田町の柳原神社と推定する方が穩當と思ふのである。

静岡県郷土研究協会『静岡県神社志』第三篇（日本仏書センター刊）
郷社　楊原神社
　　　沼津市下香貫字宮脇鎮座
云々
　祭神　大山祇命　石長姫命　木花開耶姫命
　例祭日　一月十七日
　由緒　延喜式神名帳所載の伊豆国田方郡楊原神社名神大である。往古は本村字柳原に鎮座せし大社なりしも永禄中兵燹に罹り、天正十八年現在の地に移して再建すという。旧除地高三石五斗二升八合であった。古は大宮と称え来り今も尚斯く称し、境内地も現在の三倍なりしといい、今尚其の古形を認めらる。明治八年二月郷社に列し、同四十三年五月六日神饌幣帛料供進社に指定さる。
云々

静岡県郷土研究協会『静岡県神社志』第三篇（日本仏書センター刊）
無格社　楊原神社
　　　　田方郡三島町田町鎮座
云々
　祭神　事代主神　大山祇神
　例祭日　七月五日
　由緒　延喜式所載伊豆国田方郡廿四座大一座小廿三座の内、楊原神社名神大神階帳に従一位やきはらの明神とあるは即ち本社である。（竹村氏式社考）創立年代は未詳なるも、神位の史籍に見ゆるものを列挙すれば、三代実録清和天皇貞観元年正月廿七日甲申奉レ授ニ伊豆国従五位下楊原神従五位上一、同貞観十二年五月廿九日庚辰授ニ伊豆国従五位上楊原神正五位下一、同光孝天皇仁和二年十一月廿五日庚子、授ニ伊豆国正五位下楊原神正五位上一と見ゆ。而して往古より現官幣大社三島神社の摂社第三ノ宮と称せられて、別に社格を有しない。社伝に拠れば、本社はもと今駿河国駿東郡香貫村の地にあったが、香貫村辺が駿河国に隷属するに至り、伊豆国地内の本社三島神社の鎮座地、三島町小中島に遷座して、地名をも楊原と称した。然るに元和九年徳川氏楊原に殿宇を築いた時、更に現地に遷祀したと云う。
云々

加理波夜須多祁比波預命神社

『特選神名牒』３２５頁
加理波夜須多祁比波預命神社
　祭神
　祭日
　社格
　所在
　　今按式社攷證に賀茂郡宇佐美村留田鎭座天神社なるべし又は社傳にも然云ひ國圖にも此村に載せ豆志に
　　天神社天速日命を祀る舊社なりとみえて此速日亦社傍に比波夜志と云地名ある等皆比波須より出たる稱
　　と聞ゆるを以て證とすべしと云る由あれど一説に瀧山村天神ならんと云るは證なければ取がたし

度會延經『神名帳考證』（『神祇全書』第一輯）
○加理波夜須多祁比波預命神社　樋速日命　陸奥國鹿島伊都乃比氣神社　按加理苅也、波夜須囂也、多祁比
波預武燬速日也、舊事紀云、伊弉諾尊抜所帶十握劔斬軻遇突智頸云々、腹劔鐔垂血激越爲神、亦走就湯津石村
所成之神名、曰天尾羽張神、亦名稜威雄走神、亦曰燬速日神、　日本紀、天石窟所住神稜威雄走神之子甕速
日神、甕速日神之子燬速日神、燬速日神之子武甕槌神、

伴信友『神名帳考證』（『伴信友全集』第一）
加理波夜須多祁比波預命神社
○按加理苅也波夜須囂也多祁比波預武燬速日也[舊事]伊弉諾尊遂抜所帶十握劔斬軻遇突智頸云々復劔鐔垂血
激越爲神亦走就湯津石村所成之神名曰轉尾羽張神亦名稜威雄走神亦曰燬速日神○日赤澤村土地赤如朱砂有社
伊豆權現之社僧到此修法

伴信友『神名帳考』（『神道大系』古典註釋編七・延喜式神名帳註釋）
加理波夜須多祁比波預命神社
○按、加理、苅也、波夜須、囂也、多祁比波預、武燬速日也、○舊事記[紀]曰、伊弉諾尊、遂抜取[所]帶從握
劔、斬軻遇突智頸、云云、復劔鐔垂血激越爲神、亦走就湯津石村、所成神名、曰天尾羽張神、亦名稜威雄走
神、亦曰燬速日神、考證、○今曰赤澤村、土地赤如朱砂、有社、伊豆權現之社僧、到此修法、
１（頭註）国圖云、宇佐美村、賀茂郡

鈴鹿連胤『神社覈録』（井上賴圀・佐伯有義校訂『神社覈録』下編）
加理波夜須多祁比波預命神社
　加理波夜須は假字也、枕詞也、多祁比波預も假字也、○祭神明か也○宇佐美村に在す、今賀茂郡に屬す、
　園例祭　月　日、

栗田寛『神祇志料』第十二巻
加理波夜須多祁比波預命神社、今賀茂郡宇佐美村富田にあり、天神と云。伊豆國圖、豆州志、式社考證、○豆州志に祭神速日命と云ひ、社傍
に比波夜志と云地名ある證とすべし。

『大日本史』[九]・志一・巻二百五十五
加理波夜須多祁比波預命神社、○今在賀茂郡宇佐美村留田、社傍有稱比波夜志地、傳言、祀天速日命、豆州志蓋燬速日神也、日本書紀、延喜式、

竹村茂雄『伊豆國式社考』（『神祇全書』第四輯）
加理波夜須多祁比波預命神社　夜須多祁は地名か、大平村に安竹といふ所あり、

竹村茂正『豆州式社考案』（『神祇全書』第四輯）
加理波夜須多祁比波預命神社
　瀧山村天神ナランカ、其由ハ伊豆風土記ニ、興野八牀村獵鞍神社、
　神獵年々國別役也、構八枚幣座、出納狩具行装之次第有圖記、推古天皇御宇、伊豆甲斐兩國之間、聖徳太
　子御領也、自此獵鞍停止、八枚別所往古獵鞍之司々祭山神、號幣坐神坐、其舊法斷久也、夏野獵鞍者、伊
　藤興野每年撰鹿柵射者トアル八枚別所ハ、豆志ノ或説ノ如ク、彼所ニシテ、獵鞍ノ鞍ハ座ノカリ字ニテ、
　獵場ト同意ナルベシ、其獵場ハ、則御神名ノ加理波ニテ、地名ヲ以テ稱ヘタルナルベク、夜須ハ加理波夜須ハ、鎌
　倉ニ扇ケ谷ナド云地名多キヲ思ヘバ、此モ鷺鳴ケ谷ナルヤ、後ニ轉訛シテ金谷ト云ニアラザルカ、八牧ハ元同村ナロシナリ、地名カ、稱名カ、未思ヒエズ、多祁比
　波預ハ、火牟須比命ノ一名ヲカク稱ヘテ、本社ニマギレザランガタメノ設ケナルベシ、彼神ヲ殊ニ此所ニ
　勸請シテ、時トシテハ本社ニ奉ベキ幣ヲ、此所ニ奉リシ故ニ、別所ト稱○以下不審

萩原正平『伊豆國式社攷略』（静岡県立中央図書館所蔵）
加理波夜須多祁比波預命神社
　賀茂郡宇佐美村留田鎭座たまたの明神神階帳今稱天神社是なり社傳圖攷証註進特選天神の稱は後尓配祀せる神號よ里
　起連るなり然るを今は却里て天神の方をのみ主登せるものゝ如きは本末を違へ里登云ふべし

萩原正平・萩原正夫『増訂豆州志稿』巻之三上・町村三（長倉書店刊）
○宇佐美村（[増]西浮橋村十町五十九間、南湯川村一里四町十六間、北網代村一里十三町五間）[増]七里拾八町三拾三間（[増]十四里十六町）[増]天正十八年
　豊臣氏文書宇佐美郷ト記ス（宇佐美ノ稱古ク東鑑蘇我物語等ニミユ其他北條役高帳宇佐美ト天正十八年織田信雄伊奈熊藏ノ文書皆之ニ同ジ）○村内ノ分名留田
　（[増]神名帳たまたの明神ヲ載スル是本村々社村社天神社ニシテ式内田方郡加理波夜須多祁比波預命ノ神社ナリ神社ノ部ニ詳ニス）新宿、嵯峨野、河原田、峰、中里、
　鹽木道、八幡波津（波津ハ村ノ古名ナリ）蘇我物語云宇佐美葛見、河津、三箇荘ト（按ズルニ倭名抄ニ宇佐美郷ナシ且ツ伊豆ノ雄山ヨリ八幡野
　マデ葛見郷タル事古今易ラズ宇佐美其問ニ夾リテ荘號アルベカラス意フニ伊東氏ノ所領タル時此村較大ナル故新ニ一荘ヲ立テ其名ニ誇ルナルベシ）[増]宇佐美氏ノ砦地留田ニ在リ城山ト云順行記ニ
　物産、海苔、澤田、薪、椎、魚類ヲ以出鹽ヲ專ラ取ナリト）
　○田額九百九拾六石九升五合内（新田三石一斗七升六合）[増]反別貳千貳百町六反四畝廿四歩内（田九十四町五反三畝二十三歩、畑四

十七町三反二十八歩、宅地十一町七反三畝二十三歩、山林千三百八町九反九畝五歩、原野七百三十八町四畝二十八歩、雑種地二畝七歩）[増]地價金七萬九百貳圓九拾九錢四厘[増]地租金千七百七拾貳圓五拾九錢[増]社十一（村二社九）寺八（日蓮三淨土一禪四）巡査駐在所一分校一[増]戸現住四百九拾五現在五百八[増]口本籍貳千六百六拾（男千三百二十八、女千三百三十三）現住貳千六百貳拾六（男千三百十、女三百十六）

萩原正平・萩原正夫『増訂豆州志稿』巻之八上・式内神社考並神階帳考緒言（長倉書店刊）
○加理波夜須多氣比波預命神社[増]神階帳從四位上たまたの明神[増]賀茂郡宇佐美村比波預天神社也

萩原正平・萩原正夫『増訂豆州志稿』巻之九上・神祠三・賀茂郡（長倉書店刊）
○天神社（宇佐美村留田）[増]村社比波預天神社祭神加理波夜須多祁比波預命、相殿菅原道眞公[増]式内加理波夜須多祁比波預命神社也（前記）社傳ニ天速日命ヲ祭ルトテルハ神名ノ波夜須ヨリ謬リ社傍ニ比波夜志ノ地名アルハ比波預ノ轉ナラム又社地留地ノ稱ハたまたノ訛レルニテ神階帳たまたの明神也舊稱天神ハ神官北山氏ノ祖先山城國小北山村ヨリ此地ニ轉住シ其産土神天滿宮ヲ合祀セルヨリ起レリト云（○天速日命ヲ祭ル舊社也林中ニ大檜八樹アリ伊豆納符猶宜北山氏）[増]境内社四（山神、稲荷、風神、琴平[増]二百一坪官一）

菅原久高『伊豆國九十二式社祭神記』（『全國神職會々報』第二十二號）
　加理波夜須多祁比波預命神社　宇佐美村宇佐美鎮座村社比波預天神社なり
　　祭神　加理波夜須多祁比波預命
　　大日本史神祇志に曰天速日命

吉田東伍『増補大日本地名辞書』第五巻・１０５７～１０５８頁
　宇佐美　今宇佐美村と云ふ、伊東の北一里余、巣雲山の下にして、東南に海湾をうけたり、南条、田中の辺より浮橋を山越して三里余歟。○増訂志稿云、宇佐美村に式内、田方郡加里波夜須多祁比波予命の神社あり、曾我物語に「宇佐美、葛見、河津、三箇荘」と、和名抄に宇佐美郷なし、且伊豆の雄山より八幡野まで、葛見郷たる事、古今易らず、宇佐美其間に夾りて、荘号あるべからず、意ふに伊東氏の所領たる時、此村較大なる故、新に一荘を立てしなり。（和名抄、有雑は宇佐美と云へり、郷名なきにあらず）北越軍記云、宇佐美三郎祐茂、（東鑑助茂に作る、工藤の庶流にて、伊東、狩野、河津などと一族たり）伊豆の本領を安堵し、摂津守祐辻より、足利公方家直参なり、祐辻八代、左衛門尉政豊は義政公の眤近たり、其子祐孝、長享二年村岡の如意輪寺に討死し、其子能登守定興、法名道盛は、延徳三年、伊豆の堀腰にて北条早雲と合戦し討死、爰に至て宇佐美代々の本領を早雲に取られ断絶なり、定興が嫡子越中守孝忠は、十六年前に伊豆より越後へ入り、次男左近大夫祐興は、父討死を聞て宇佐美の城に籠りしを、早雲押寄せ十余日攻しかば、糧尽て左近自害し、本領断絶せし也○遊豆記勝、至宇佐美、又循海而南、有春日明神祠、祠後古樟、根幹擁腫、数人抱之、不合、腹朽虚、可敷席十張、藤蔓翳薈、白日無影、中幹爲斧斤所斷、土人云、太閤征朝鮮時、伐以造巨艦、案逸す史、天正十九年、関白将伐朝鮮、命沿海諸国、大治舟艦、係是時事。

邨岡良弼『日本地理志料』巻十三・伊豆国田方郡
　有雑　按諸本作有辨、訓闢、今依高山寺本訂、當讀云宇左比、佐渡雑太郡、志摩伊雑郷、雑字皆訓佐波、紀伊雑賀邑、萬葉集作狹日鹿、神龜五年紀紀朝臣雑物、天平元年紀作佐比物、有雑之爲宇佐比、可以例、後曰宇佐美、一聲相通、名義未聞」東鑑有宇佐美郷、曾我物語有宇佐美荘、伊東系圖、維職補伊豆押領使、居伊東郷、併河津伊東宇佐美三處、稱葛見莊、其子祐茂、號宇佐美三郎、屬源頼朝、討平兼隆、累戰立功、居二十五功臣之一、子孫傳領、至後北條氏時、見東鑑、太平記等書、後入賀郡、屬葛見莊、伊東郷、盖亘宇佐美、湯川、大川、松原、和田、竹田、新井、岡、鎌田、川奈、吉田、萩、大池、十足、富戸、先原、池、八幡野諸邑、其故區也、」祀典所秩田方郡賀理波須多祁比波預命神社、在宇佐美村留田地、引手力命神社、在十足村手力山、古屬本郡、足以徴矣、」伊東洞、在鎌田村、深不可測、東鑑云、建仁中、源頼家獵此、使和田胤長窮之、有巨蟒栖焉、乃斬而出、伊東浦見日蓮注畫讃、和田佛眼寺、即日蓮流謫之地、多藏其遺墨、
　　○按伊豆志云、有辨修上也、其地高平、在國府上方、因名、今呼三島驛北十餘村曰道上、屬君澤郡在官道北、故冒道字、即其地也、是就誤文爲説者、今不取矣、

静岡県田方郡役所編『静岡県田方郡誌』５０２～５０４頁（長倉書店刊）
　本郡に於ける古神社の史乘に顯はれたるは、延喜式神名帳と伊豆國神階帳とを其完備せるものとす。前者は平安朝の初期、後者は南北朝時代に現在せる宮社を記載せるものなり。而して此等所載の神社は、引續き現存せるものなりや否や、今日に之を考定するは頗る至難の事に屬す。然れば先進各考説を異にし、甲是乙非にて、必ずしも一定せず、是を以て、此書には伊豆式社考證の著者故萩原正平氏の説に從ひ之を表示す。
　　云々
　　延喜式神名帳所載社名　加理波夜須多初比波預命神社（田方）
　　神　階　帳　所　載　社　名　從四位上 たまたの明神
　　現　　　在　　　社　　　名　村社 比波預天神社
　　所　在　地　（舊　制）　賀茂郡宇佐美村留田
　　所　在　地　（現　制）　宇佐美村留田

足立鍬太郎『南豆神祇誌』３７～４２頁（静岡縣賀茂郡神職會）
　延喜式巻九に載せた伊豆國神名帳は次の如くである。但所在地は萩原正平著伊豆國式社考略に私考を加へて註記す。
　　　　伊豆國九十二座　　大五座小八十七座
　　　　　賀茂郡四十六座　　大四座小四十二座
　　　　　　云々
　　　　　田方郡廿四座　　大一座小廿三座

云々
　　　加理波夜須多祁比波預命神社　　　　　　　宇佐美村留田
　　　云々

足立鍬太郎『南豆神祇誌』７５～７８頁（静岡縣賀茂郡神職會）
　伊豆國神階帳は、群書類從二三に、康永二年辛亥(興國四年)十二月廿五日在廳判の奧書あるものを、在廳伊達某藏本から寫して收めてある。伊達家に現藏するものは鳥子紙二枚綴にて後世の寫本である即ち尾張のより二十年許前のものである。在廳とは、中古國衙の廳にあり、國司の命を奉じて事務を行ふ下司であったが、多くは世職だから其の稱呼を傳へて居たのだ。先づ其の全文を掲げよう。
伊豆國神階帳　　式社の配當は萩原正平の意見に據る
　　伊豆國三ケ郡神明帳事
　正一位三島大明神
　　云々
　　從四位上たまたの明神　　加理波夜須多祁比波預命神社
　　云々

静岡縣『旧版 静岡縣史』第三巻・７１１～７２２頁（名著出版刊）
【賀茂郡四十六座大四座小冊二座】
云々
【田方郡二十四座大一座小廿三座】
云々
（加理波夜須多祁比波預命神社）
　原祭神は加理波夜須多祁比波預命。原所在は田方郡宇佐美村字上生戸か。現在社は同所の比波預天神社か。
云々

劍刀乎夜爾命神社

『特選神名牒』３２５頁
劍刀乎夜爾命神社稱刃大明神
　　祭神　劍刀乎夜爾命
　　祭日　一月十五日
　　社格　村社
　　所在　戸澤村字小川原〇今屬君澤郡（田方郡川西村大字戸澤）
　　　今按式社考證に豆志に當社の事を今云君澤郡戸澤村今劍刀明神又訛て多知乎預疑と云とあり此村二十戸に足らぬ小村にして舊社有べくも非ず他に徵證なしと雖も國圖にも然記され寬政元年碑文にも劍刀乎夜爾命神社とあるなどを思ふに既くより然稱へたること知るべし一說に谷田村小山の多賀神社なるべしと云るは谷田の稱と小山の地名の乎夜爾に通ふより云るにて證なし今按に大場村に赤王明神と云舊社あり赤王山の麓に笹原と云所有は神階記にさゝはらの明神と有社と聞え社傳に劍刀石床別命神社なる由傳へたれど小谷の奧まりたる所にして石床など云巖石なく乎夜爾の稱にかなへれば劍刀の冠辭より錯ひて石床別命とは訛りたるかと云れど明證とも云難し且縣の註進にも戸澤村と定めたれば之に從ふ

度會延經『神名帳考證』（『神祇全書』第一輯）
〇劍刀乎夜爾命神社　赤澤村社甗　伊都尾羽張　古事記云、所斬之刀名謂天之刀名謂天之尾羽張、亦名謂伊都之尾羽張、按夜爾波利橫音通、乎夜爾尾張也、

伴信友『神名帳考證』（『伴信友全集』第一）
劍刀乎夜爾命神社
［志］君澤郡戸澤村今劍刀明神又訛テタチヲヨギトイフ

伴信友『神名帳考』（『神道大系』古典註釋編七・延喜式神名帳註釋）
劍刀乎夜爾命神社
△志ニ、君澤郡戸澤村、今劍刀［ツルギ・ママ］明神、又訛テタチヲヨギト云、
　１（頭註）木圖云、戸澤村、君澤郡、

鈴鹿連胤『神社覈錄』（井上賴圀・佐伯有義校訂『神社覈錄』下編）
劍刀乎夜爾命神社
　　劍刀は都流支多知と訓べし、枕詞也、乎夜爾は假字也、〇祭神明か也、〇君澤郡戸澤村に在す、今劍刀［ツルギ］明神と稱す、志例祭

栗田寛『神祇志料』第十二卷
劍刀乎夜爾命神社、今君澤郡戸澤村にあり、劍刀明神と云ふ。豆州志、足柄縣式社取調帳、

『大日本史』［九］・志一・卷二百五十五
劍刀乎夜爾命神社、〇今在君澤郡戸澤村、曰劍刀明神、或謂稱多知乎與伎、

竹村茂雄『伊豆國式社考』（『神祇全書』第四輯）
劍刀乎夜爾命神社　戸澤村、志

竹村茂正『豆州式社考案』（『神祇全書』第四輯）
劍刀乎夜爾命神社
　　豆志說當レリヤ否、又外ニ未ダ憶說モ思ヒ得ズ、

萩原正平『伊豆國式社攷略』（靜岡縣立中央圖書館所藏）
劍刀乎夜爾命神社
　　君澤郡戸澤村鎮座舊稱劍刀神社なるべし圖豆志攷證註進特選續攷今は一小村の土神尓して頗陵夷を極むまた社地小河原の稱あるを思ふ尓神階帳の河原の明神ならむも知るべからず能く探ねまほしくなむ

萩原正平・萩原正夫『增訂豆州志稿』卷之八上・式内神社考並神階帳考緒言（長倉書店刊）
〇劍刀乎夜爾命神社［增］神階帳從四位上たんかひの明神〇君澤郡戸澤村、今劍明神又訛テ多知乎預疑ト云

萩原正平・萩原正夫『增訂豆州志稿』卷之八上・神祠一・君澤郡（長倉書店刊）
〇劍明神（戸澤村）［增］村社劍刀神社祭神劍刀乎夜爾命ナル可シ［增］式内劍刀乎夜爾命神社ナル可シ（前記）寬政元年建タル石標ニ劍刀乎夜爾命神社ト刻ス神階帳たんかひの明神トアルハ當社ナラムたんかひはたにかひニシテ谷峽ノ義ナル可シ此地山谷間ニアリテ其稱ニ適ス（祠内ニ美キ自然石ヲ藏ム）［增］別殿二（高根稻荷）境内社二（琴平神明）（［增］五十三坪官一）

菅原久高『伊豆國九十二式社祭神記』（『全國神職會々報』第二十二號）
劍刀石床別命神社　川西村戸澤鎮座村社劍刀神社なり劍刀明神と稱す
　　祭神　劍刀乎夜爾命

吉田東伍『增補大日本地名辭書』第五卷・１０４５頁
長岡　今川西村の大字と爲る、古奈の西とす。〇增訂志稿云、長岡山王祠の後より、近年石壺を掘出せることあり、又祠内に石槌の折を藏す、若宮の後ろには古墳あり、其他皋上三小祠ありて相并ぶ、皆古墳を祭るものの如し、祠内に石棒ありて石神と号し、祠傍より往々古土器の破片を獲べし、長岡の西戸沢村に式内劍太刀乎夜爾命神社あり、祠内に美しき自然石器を藏す。

郁岡良弼『日本地理志料』巻十三・伊豆国田方郡
天野　訓闕、按當讀云阿麻乃、名義未聞、天野系圖、景澄、姓藤原氏、稱入江權守、始居伊豆天野郷、因氏、其孫遠景、稱藤内、俣元中、從狩野茂光討源爲朝、治承中、屬源頼朝、屢立大功、文治二年補鎭西守護職、子孫居此、見保元物語、東鑑、承久記、太平記諸書、藩翰譜、天野康景、仕東照公、守駿河興國寺城、盖其後也、秋山氏曰、天野有藥師段地、傳言、天野氏宅阯、豆州志、天野郷廢、天野村存、按圖亘天野、小坂、戸澤、三津、長瀨、長濱、掘切、大澤、重須諸邑、其故區也、今皆入君澤郡云、」祀典所秩長濱神社、在長濱村、劒刀乎夜爾命神社、在戸澤稱多知乎與伎明神、伊加麻志神社、在掘切伊加麻入地、有養加山益山寺、豈其祠僧乎、三津荘、見國史考引康安二年文書、重須港、見北條五代記、驪籠荘大澤村、見子神祠天文元年梁牌、小坂郷、見北條分限帳、小坂太郎見東鑑、盖本土人、

静岡県田方郡役所編『静岡県田方郡誌』１０２～１０３頁（長倉書店刊）
　本郡に於ける古神社の史乘に顯はれたるは、延喜式神名帳と伊豆國神階帳とを其完備せるものとす。前者は平安朝の初期、後者は南北朝時代に現在せる宮社を記載せるものなり。而して此等所載の神社は、引續き現存せるものなりや否や、今日に之を考定するは頗る至難の事に屬す。然れば先進各考説を異にし、考是乙非にて、必ずしも一定せず、是を以て、此書には伊豆國式社考證の著者故萩原正平氏の説に從ひ之を表示す。
　　云々
　　延喜式神名帳所載社名　　劍刀乎夜爾命神社（田方）
　　神　階　帳　所　載　社　名　　從四位上　たんかいの明神
　　現　　　在　　　社　　　名　　村社　劍刀神社？
　　所　在　地（舊　制）　　君澤郡戸澤村
　　所　在　地（現　制）　　川西村戸澤

足立鍬太郎『南豆神祇誌』３７～４２頁（静岡縣賀茂郡神職會）
　延喜式卷九に載せた伊豆國神名帳は次の如くである。但所在地は萩原正平著伊豆國式社考略に私考を加へて註記す。
　　　　伊豆國九十二座　　大五座小八十七座
　　　　　賀茂郡四十六座　　大四座小四十二座
　　　　　　云々
　　　　　田方郡廿四座　　大一座小廿三座
　　　　　　云々
　　　　　劔刀乎夜爾命神社　　　　　　　　　　　　　　川西村戸澤
　　　　　　云々

足立鍬太郎『南豆神祇誌』７５～７６頁（静岡縣賀茂郡神職會）
　伊豆國神階帳は、群書類從二三に、康永二年辛亥(興國四年)十二月廿五日在廳判の奥書あるものを、在廳伊達某藏本から寫して收めてある。伊達家に現藏するものは鳥子紙二枚續にて後世の寫本である即ち尾張のより二十年許前のものである。在廳とは、中古國衙の廳にあり、國司の命を奉じて事務を行ふ下司であったが、多くは世職だから其の稱呼を傳へて居たのだ。先づ左に其の全文を掲げよう。
伊豆國神階帳　式社の配當は萩原正平の意見に據る
　伊豆國三ケ郡神明帳事
　正一位三島大明神
　　云々
　　從四位上たんかいの明神　　劔刀乎夜爾命神社
　　云々

静岡縣『旧版　静岡縣史』第三巻・７１１～７２２頁（名著出版刊）
【賀茂郡四十六座大四座小卅二座】
云々
【田方郡二十四座大一座小廿三座】
云々
（劔刀乎夜爾命神社）
　　原祭神は劔刀乎夜爾命。原所在は田方郡伊豆長岡町戸澤字宮脇か。現在社は同所の劔刀神社か。
云々

静岡県郷土研究協会『静岡県神社志』第三篇（日本仏書センター刊）
村社　　劔刀神社
　　　　田方郡伊豆長岡町戸沢字宮ノ脇鎮座
云々
　　祭神　劔刀乎夜爾命
　　例祭日　十月十五日
　　由緒　創立年月不詳、延喜式神名帳田方郡二十四座の内劔刀乎夜爾命神社神階帳に從四位上たんかひの明神なりと伝う。明治六年九月村社に列す。
云々

火牟須比命神社

『特選神名牒』３２５〜３２６頁
火牟須比命神社（明細帳伊豆山神社祭神同所縣社）
　　祭神　火牟須比命
　　相殿　伊邪那岐命
　　　　　伊邪那美命
　　祭日　三月十五日十六日
　　社格　縣社
　　所在　伊豆山村字伊豆雄山〇今屬賀茂郡（田方郡熱海町大字伊豆山）
　　今按式社攷證に賀茂郡伊豆山村鎭座伊豆山神社と稱す此社は中世以還其名高く今も頗る大社にして神威嚴然なる事は人の遍く知るが如く往昔日金嶽鎭座なりし由走湯山縁起其外にもみえ古書に伊豆乃高嶺とも云て最高き山頂なるが上古猛火常に燃出其火之峯許々比乃森など云て皆火神の神驗り起たる稱號と聞ゆればなりさて中頃山上より四十町許下りて新に御社を建て中の本宮と稱し山上の社を上の本宮と唱へ後に又中の本宮より今の地に遷祀りて新宮と唱へ伊豆權現走湯權現など稱る事と成たるが今に中の本宮の地を牟須夫の峯と唱へ又彼日金の本宮をも後に新宮の攝社に遷して若宮と稱へ新宮の御子神の如く錯り來れりと云るが如くなれば之に從へり

度會延經『神名帳考證』（『神祇全書』第一輯）
〇火牟須比命神社　今云雷電宮、在伊豆權現上宮東傍、　火産靈命　舊事紀云、火之産靈迦具突智、　鎭火祭祝詞、妹背二柱嫁繼給氐、國能八十國島能八十島乎生給比、麻奈弟子爾火結神生給氐云々、

伴信友『神名帳考證』（『伴信友全集』第一）
火牟須比命神社
〇今雷電宮在伊豆權現上宮傍［舊事］火之産靈迦具突

伴信友『神名帳考』（『神道大系』古典註釋編七・延喜式神名帳註釋）
火牟須比命神社
〇今日雷電宮、在伊豆權現上宮傍、〇舊事紀、火之産靈迦具突智、
　１（頭註）大圖云、久寢郷カマタ村、賀茂郡

鈴鹿連胤『神社覈錄』（井上賴囿・佐伯有義校訂『神社覈錄』下編）
火牟須比命神社
　　火牟須比は假字也〇祭神明か也〇カマタ村に在す、今賀茂郡に屬す、國圖〇日本紀神代卷上、一書曰、伊弉冊尊生火産靈時、爲子所焦而神退矣、〇式九、祝詞鎭火祭、云々、麻奈弟子爾火結神生給氐、美保止被燒氐石隱坐氐、下略
　　　考證云、今日、雷電宮、在伊豆權現上宮東傍、

栗田寬『神祇志料』第十二卷
火牟須比命神社、今伊豆山村伊豆雄山にあり。伊豆式社考證、足柄縣社取調帳、〇按本社古へ日金山に在りしを、牟須夫峯に遷し、又今地に遷す、仍て日金を本宮、牟須夫峯を中本宮、今社を新宮と云り。盖火神軻遇突智神を祭る。軻遇突智神又火結神と云、伊邪那岐命、伊邪那美命を配祭る。日本書紀、延喜式、本社傳説、凡其祭三月十五日之を行ふ。足柄縣式社取調帳

『大日本史』［九］・志一・卷二百五十五
火牟須比命神社、〇今在賀茂郡伊豆山村、古者在日金丘上、中世遷之山腹、稱其地日牟須夫峯、社日中本宮、稱舊社日山本宮、後又徙于今地、日新宮、祀火神軻遇突智命、〇一作火之迦具土神、一名火産靈日本紀、延喜式、又火之夜藝速男神、或火之炫毘古神、古事記後合祭伊弉諾伊弉冉二神、土人傳説號日伊豆權現、又稱走湯權現、源賴朝尤崇奉之云、東鑑、走湯山緣起、

『大日本史』［十一］・志三・卷二百九十三
久寢、〇今熱海村、在新居南東、有久豆彌社、按久寢國隅也、在國東北隅、故名、後屬賀茂郡、久豆彌社在此、延喜式後日葛見荘、曾我物語又稱阿多美郷、東鑑以溫泉顯、晝夜湧各三次、響如雷、豆州志古稱伊豆鳴澤、萬葉集有伊豆山、豆州志又稱伊豆高嶺、萬葉集走湯山、出溫泉、豆州志〇在熱海北火牟須比命社在此、延喜式源賴朝崇奉、東鑑有赤澤山、〇在赤澤村、土石皆赭、山麓日八幡野、安元中、工藤祐經殺河津祐泰於此、東鑑、曾我物語、豆州志、有蘆田氏、曾我物語、豆州志、〇今吉田村有東莊、伊豆家譜〇今和田湯川松原諸村屬之、在國東、因名、伊東和田二氏出此、有東洞、深不可測、豆州志〇在鎌田山、呼蛇食洞、建仁中、源賴家遊獵、使和田胤長窮之、巨■棲焉、乃斬之、東鑑有波都幾島、〇在熱海東南傳言、古波津幾神所居、豆州志〇後日初島、又波島、所謂沖小島也、後撰和歌集、金塊和歌集、

竹村茂雄『伊豆國式社考』（『神祇全書』第四輯）
火牟須比命神社　南條村荒神の社か、田中村愛宕地藏ならんか、

竹村茂正『豆州式社考案』（『神祇全書』第四輯）
火牟須比命神社
　又未ダ考説ナシ

德川義直『神祇寶典』卷五・伊豆（『神祇全書』第貳輯）
火牟須比命神社
　火神軻遇突智也
　日本紀云、日月既生、次生蛭兒、次生素戔嗚尊、次生火神軻遇突智、時伊弉冉尊爲軻遇突智所焦而終無矣、其且終之間、臥生土埴山姬、及水神罔象女、即軻遇突智娶埴山姬、生稚産靈、此神頭上生蠶與桑、臍中生五穀、
　一書曰、伊弉冉尊生火産靈時、爲子所焦而神退矣、

— 292 —

一書曰、至於火神軻遇突習之生也、其母伊弉冉尊見焦而化去、于時伊弉諾尊恨之曰、唯以一兒替我愛之妹者乎、則匍匐頭邊、匍匐脚邊、而哭泣流涕焉、其淚墮而爲神、是即畝丘樹下所居之神、號啼澤女命矣、遂抜所帶十握劒、斬軻遇突智爲三段、此各化爲神也、復劒刃垂血、是爲天安河邊所在五百箇磐石也、即此經津主神之祖矣、復劒鐔垂血激越爲神、號曰甕速日神、次熯速日神、其甕速日神、是武甕槌神之祖也、
古事記云、次生生火之夜藝速男神、亦名謂火之炫毘古神、亦名謂火之迦具土神、因生此子、美蕃登見炙而病臥、故伊邪那美神者、因生火神遂神避坐也、

萩原正平『伊豆國式社攷略』（静岡県立中央図書館所蔵）
火牟須比命神社
　賀茂郡伊豆山村鎭座伊豆山神社なり登す伊豆山祭神考攷証註進特選今云ふ神名帳攷証に同社攝社雷電社を當たるがかの社は伊豆山神社の舊蹟も登日金山上尓存在世しを遷祀せる尓て固よ里支吾登云ふべからず抑當社中比より佛役二徒の弊害尓陷里紛錯究め正しき神名をさへ五里霧中尓迷宝失して殆ど知るもの無き尓至里たりしを特に度會氏其の雲霧を披きて世上尓掲げ出ら連しは卓出の見登云はむも過當尓あらざるべし

萩原正平・萩原正夫『増訂豆州志稿』巻之三上・町村三（長倉書店刊）
○伊豆山村（［増］東初島海上三里十八町、西幅井澤村三里十八町、南熱海村二十八町六間、北門川村一里十町）［増］八里三十四間三尺（［増］十九里十二町）［増］伊豆山稱東鑑ヲ始諸書ニ多ク載ス（伊豆ハ伊傳由ノ略ニシテ出湯ヨリ起ルト云説ニ從フベシ）古來其名高キモノ伊豆山神社鎭座ナルニ因テナリ（本社ハ延喜式内、田方郡火牟須比命神社也（伊豆國式社攷特選神名艦神祇志料中古走湯ノ神トモ稱ス、東鑑其他ノ記載ニ因リテ置其崇敬ノ篤カリシヲ知ルベシ、北條分限帳、伊豆山領、中郡、德延、伊豆奥田牛、西郡村大足、町屋、同太井、三田分、以上百九十一貫六百二十文ト其他ノ丘、駿、相、武、總ノ諸國神領アリ事古文書ニ見ユ）○或ハ伊豆雄山［増］相模集「思フ事ヒラクル方ヲ賴ムトハ、伊豆ノ御山ノ花トコソ見メ」續後撰集、鎌倉右大臣ノ歌ニ「千早振伊豆ノ小山ノ玉椿、萬代マデモ色ハカハラジ」太平記ソノ他伊豆ノ御山マタ伊豆山ト記セルモノ多シ）又伊豆高嶺ト云（伊豆ノ高嶺、往昔ハ日金峯ヲ指云シナルベシ權現ノ始メ宮居セシ處トス［増］此説允當ナラン、万葉集、伊豆能多可禰、東鑑ニ光峯トアル是ナリ、日金山上十嶺山アリ、天氣晴朗ノ日、十國五島ヲ望ムベシ、天明三年ノ碑文ニ伊豆國賀茂郡、日金山頂所觀望者、十國五島自子至卯相模國武藏國、安房國、上總國、下總國、自西至亥駿河國、信濃國、甲斐國ト竹村茂雄歌集ニ「イヅガ子ネ、ムサシアハカヒ、上下ノフサ、サガミスルガニ、トナタフミスム」とあり、今伊豆山神社社域ニコピヒノ森ノ稱アリ、拾遺集ニ以下歌ニコメル名所アリ、是亦日金山上ヨリ遷セル地名ナルベシ）
○此山景勝幽邃、林樹葱蘢、西北連山、東南海ニ臨ム、浪高シテ漁ヲ爲サズ、惟鮟、拳螺、アリ新磯、（温泉前ノ濱也）小勾戸埼（新礒ノ西）又閼伽井、中道、岸ノ三谷アリ、（［増］今小地名ハ濱、岸谷、中道、山石、鰗場、谷、東谷、向谷、上谷ナリ○塔ノ下村、温泉西ニ昔浮屠アリシ時ソノ下ニ在シ故名ケ、古文書ニ三山今コノ名ナリ）［増］明治十二年相模國足柄下郡宮上村飛地自稲村ヲ本村ニ合ス（○伊南村高十五石、伊豆山祠ノ東北海ノ上ニ在リ、皇租原ヨリ權現領ニ入レ事里銀艘ニ屬タル相州土肥ノ宮上村ニ隷ス）［増］伊豆山鑛泉（村ノ東南、海涯ニ在リ、岩洞間ヨリ涌出ル尤多ク、古ハ直ニ海奔流セリ、蓋走湯ノ名此ニ因テ起リシナラム、玉葉集ニ走湯山ニ詣デヽ詠得リケル鎌倉右大臣、「伊豆ノ國山ノ南ニ出ル湯ノ速キ神ノ驗ナリケリ」同大臣歌集「走湯ノ神トハ誰モ云ケラシ速キ驗ノアレバナリケリ」マタ「海ツミノ中ニ向ヒテ出ル湯／伊豆ノ小山ノ宜モ云ケリ」宗長法師奉納歌、「跡タル山ノカヒヨリ世ト共ニ、絶々時ナク走湯ノ神」ト遊叢■記ニ走湯、俗ニ瀧ノ湯ト云大瀧、小瀧トテ山ノ頂ヨリ涌出テ荒磯／岩間ヘ落ツト、温泉名勝五君二瀧ノ湯、或大瀧、女瀧、坂ノ湯等ノ名アリ山間ノ石寳ヲ穿チ流レテ海涯ニ落ツト、鑛泉二熱海ヲ距ル二十五町餘ニシテ三面山ヲ遶ラシ、東方海ニ面ス、泉ハ海岸ニ接スル山脚／空洞中數所ニ涌出ス海面ヨリ高キ凡四十二尺、海岸湯戸七戸アリ、木筧ヲ以テ源泉ヲ引キ家々ノ浴槽ニ通ズ、又泉ヨリ清泉ヲ以テ飲用トナスト［増］順行記、物産、海苔（公獻上）福石、橘柑ト今鯔、海苔、柑類、薪炭、小松石ヲ出ス本村ノ北村三十町七尾原、伊豆牧主社ノ設アリ始メ田方郡山木ニ置ク後此ニ移ス）
○田額三百石（［増］德川氏寛永十三年寄進文伊豆國惣見庄内二百石賀茂郡ノ内百石合三百石）○反別七百三拾町貳畝拾歩内（田十八町八反二畝二歩、畑參拾六町二畝九歩、宅地町三反六拾七歩、山林三百七十五町七反四畝十九歩、原野二百九十四町五反一畝歩、雑種地五畝二十七歩）［増］地價金壹萬四千八百拾六圓八厘［増］地租金三百七拾圓四拾貳錢［増］社一（縣社）寺一（眞言）［増］戸口往現住百三拾四現在百貳拾三［増］口本籍八百拾壹（男三百八十六、女百二十五）現住八百貳拾三（男三百九十四、女百二十九）

萩原正平・萩原正夫『増訂豆州志稿』巻之四・山嶽（長倉書店刊）
○日金山○伊豆雄山ノ西ニ聳ユ（走湯山緣起ニ古名久鉛山ト見ユ）最高峰ヲ丸山ト云（熱海ヨリ六十町許）此處ヨリ相、武、上下總、房、駿、遠、信、甲、豆、十州ヲ眺望ス故ニ又十州峰ト稱ス（頃年重藤ノ木氏石ヲ樹テ文字勒ス［増］其文町村部ニ掲載ス）［増］海面ヲ抜ク二千六百三十一尺山巓ヨリ望メバ北ハ富士山巍然トシテ霄漢ヲ衝キ二子、愛鷹、左右ニ爭シ駿豆ノ村落其前ニ碁布ス西ハ富士川帶ヲ曳クガ如ク三保岬龍ノ游グニ似タリ南ハ蒼海渺茫五島（大島、利島、津集島、三宅島）點在、而テ天城ノ山脈數十里ニ起伏ス東ハ房總ノ群山雲霧ノ間ニ隱顯シ呂相瀨海ノ勝景悉ク膺集シテ頷下ニ在リ眺觀ノ美東海無比ト稱ス按ズルニ日金ハ火ガ峰ノ巍ニシテ往古山頭二式内火牟須比命神社鎭座セルヨリ起レル稱ナル可シ（神祠部三看、或噴火山ナルヲ以テ火ヶ峰ト稱セシナラムモ知ル可ラス）萬葉集ニ伊豆能多可禰東鑑ニ光峰トアル是也萬葉集ノ歌ニ日「麻可奈思美、奴良久浪思家良久、奈良久波、伊豆能多可禰能、奈流左波奈須與、」ト（○或書日源賴朝日金山ヨリ進ミテ巖階山（即石橘山也）ニ陣スル時一老翁來リテ郷導リ爲スヌ其云ヒ時一首ノ和歌詠シテ日ク、「天傳フ日金ガ岳ノ路ワケシ磐階山ノチキリ忘ルナ」ト

萩原正平・萩原正夫『増訂豆州志稿』巻之五・林叢（長倉書店刊）
○古々比森又作古々井子轡、蕋井、等○賀茂郡伊豆山村走湯權現「［増］伊豆山神社ナリ」ノ社傍、雷電祠邊ノ森ナリ清少納言ノ枕ノ草子ニ杜ハコビヒノモリトアリテ古來尤著名也［増］往古日金山上ニ式内火牟須比命神社鎭座ス古々比ハ此神ノ一名火之炫毘古神ノ炫毘ノ轉訛ニシテ火牟須比命神社ヲ山麓ニ遷祀シ（伊豆山神社是也）其稱モ亦移シタルナラム或云古々比ハ凝火ノ義ニシテ日金山頂噴火セシニヨリ起レル稱ナル可シト。
　○拾遺集ニ
　右兵衛佐宣房マカリカクレケルニ親ノ許ニツカハシケル
　　茲ニダニツレヽト啼ク子規マシテ子戀杜ハイカニゾ　　右　大　臣　顯　光　公
　又順ガ子ナクナリテ侍リケルコロ問ニツカハシケル
　　　　　　　　　袖モ鑑ケカリケリ家集
　　思ヒヤル子戀ノ杜ノ雫ニハヨソナル人ノ袖モヌレケリ　清　原　元　輔
　後拾遺集ニ靜範法師、八幡ノ宮ノ事ニカヽリテ伊豆國ヘ流サレテ又ノ年五月ニ内ノ大貳ノ三位ガ許ニツカハシケル
　　五月ヤミ古々比ノ杜ノ子規人シレズノミ啼キワタル哉　藤　原　兼　房　朝　臣
　返シ
　　子規古々比ノ杜ニナク聲ハ聞クヨソ人ノ袖モヌレケリ　大　貳　三　位
　コレヲ聞コシメシテ召還ス可キ由仰下サレケルヲ聞テヨメル
　　天皇モアラヒト神モナゴムマテ啼キケル杜ノ子規カナ　素　意　法　師
　夫木集ニ屏風ノカタニ秋古々比ノ杜ニ紅葉見ル人アリ
　　人ノ親ノ思フコヽロヤイカナラム子戀ノ杜ノ秋ノ夕暮　惠　慶　法　師

同集ニ
　　待得タルカヒモアル哉子規戀ノ杜ニオチカヘリ鳴ク　　　　　寛　玄　法　師
新撰六帖ニ
　　露時雨色ニ見セテモカヒゾナキ程ハ子戀ノ杜ノ言ノ葉　　　　左　京　大　夫　信　實

萩原正平・萩原正夫『増訂豆州志稿』巻之八上・式内神社考並神階帳考緒言（長倉書店刊）
○火牟須比命神社［増］神階帳正一位千眼大菩薩［増］賀茂郡伊豆山村伊豆山神社也三島大社攝社淺間神社ハ本社ノ拜所ナル可シ(物忌奈命神社ノ條參觀)

萩原正平・萩原正夫『増訂豆州志稿』巻之八上・神祠一・君澤郡（長倉書店刊）
○淺間神社(同町小濱)［増］三島神社攝社［増］當社ハ式内火牟須比命神社ノ拜所ナル可シ(式内神社考物忌奈命神社ノ條參看)火牟須比命ヲ中世佛徒千手千眼大菩薩ノ垂跡ト稱ス淺間ハ千眼ノ稱ヨリ轉ゼシ也(伊豆山村伊豆山神社條參觀)○第二ノ宮ト稱ス第二第三ノ宮ノ事ハ東鑑ニモ出デタリ淺間ハ舊第三ノ宮也第二ノ宮八幡、大社域内ニ引ケショリ淺間ヲ第二ノ宮ト稱ス神名記ノ正一位千眼大菩薩是也千眼淺間國音同キヲ以テ遂ニ佛名ト爲レリ([増]コハ佛名ヨリ淺間ノ字ニ轉訛シタル事已ニ前説ノ如シ)或云式社ノ伊賀牟比賣命也伊賀牟ハイケガミ也小濱ノ池上ニ座セバ也ト［増］此説謬レリ伊賀牟比賣命神社ハ三宅島ニ在リ○神官云木花開耶姫ヲ祭ルト［増］今姫ノ宮ト稱ス［増］是ハ淺間ノ稱ヨリ附會シ來レル也　百七十一坪官一)

萩原正平・萩原正夫『増訂豆州志稿』巻之八下・神祠二・田方郡（長倉書店刊）
○雷電權現(田代村)［増］村社火雷神社祭神火雷神ナル可シ相殿子安神○雷電ノ神ハ蓋シ伊豆雄山ヨリ遷祀セルナラム［増］雷電ノ宮ハ日金山上ニアリテ式内火牟須比命神社ノ舊地也(縣社伊豆山神社條參看)○古假面、箭鏃、各一ヲ藏ム［増］境内社四(神明、八幡、山神、八坂、［増］六十一坪官一)

萩原正平・萩原正夫『増訂豆州志稿』巻之八下・神祠二・田方郡（長倉書店刊）
○雷電權現(輕井澤村)［増］村社雷電神社祭神火牟須比命ナル可シ［増］日金山上雷電宮ヲ分祀ナル可シ(田代村火雷神社ノ例ノ如シ)元和以來ノ札アリ(○寛永十四年奉納セシ金鼓ノ第二日信理高之鰐口ト)［増］境内社二(一ハ八坂、天神、山神、琴平ヲ合祀。一ハ稻荷、床浦ヲ合祀。[増]四百九十四坪官一)

萩原正平・萩原正夫『増訂豆州志稿』巻之八下・神祠二・田方郡（長倉書店刊）
○櫻童子(大土肥村)［増］村社雷電神社祭神火牟須比命ナル可シ［増］日金山上雷電ノ宮ヲ分祀セルナル可シ(田代村火雷神社ノ例ノ如シ)走湯山ノ記ニ云櫻童子(元慶元年出現)ヲ大鳥井村ニ遷祀スト即當社ニシテ櫻童子トアルハ蓋附會ナラム○伊豆山ヨリ遷ス村人今雷電ト云慶長十六年ノ文ニ云井出甚之助正吉造替ト祠域ニ二石アリ人崇メテ不敢踐［増］境内社二(諏訪山神[増]三百七十一坪官一)

萩原正平・萩原正夫『増訂豆州志稿』巻之九上・神祠三・賀茂郡（長倉書店刊）
○伊豆權現(伊豆山村)［増］縣社(兼鄕社也)伊豆山神社祭神火牟須比命、相殿伊邪那岐神、伊邪那美神ナル可シ［増］式内火牟須比命神社也(前記)往古日金峰ニ鎭座スト云(社記伊豆風土記等)日金ハ火ガ峰ノ義ニシテ此神鎭座ヨリ起レル稱呼ナル可シ(山嶽部參觀)其後山上ヨリ牟須夫峰ニ遷ス牟須夫ノ稱ハ神名ノ遺ルニ牟須夫ノ稱ナラム今之ヲ本宮ト云(次記)次ニ現地ニ移シテ新宮ト稱ス然ルニ山上舊址ニ小祠アリシヲ又遷シテ新宮ノ攝社ト爲シ雷電權現、或ハ若宮ト稱ス雷電ハ火牟須比神ノ一名、火雷神ヨリ起レル稱ナラム(鎌倉九代記、北條盛衰記等二冨ノ宮、眞本曾我物語二雷殿トアリ)伊豆權現ノ王子ナリト云説ハ固ヨリ附會ニ出ヅ祠邊ヲ古々比ノ森ト云モ亦此神ノ一名火之炫毘古神ノ炫毘ノ轉訛ナラム神名帳考證ニ雷電宮ヲ火牟須比命神社ニ當テタルハ卓見ト謂可シ(現今日金峯ノ舊址ニ日金地藏堂アリ)伊豆山ノ地名モ日金峰ヨリ移セルニテ日金峰ヲ伊豆ノ多可補(萬葉集所載)ト稱ス一説ニ日伊豆ノ稱ハ即此神ノ神威ヨリ起レルニテ稜威ノ義ナル可ク國號亦茲ニ起因セルナラム(綠起ニ是渴權現ハ伊邪那岐、伊邪那美尊之皇子一女三男之随一也正哉吾勝々速日天忍穗耳尊トアリ是亦火牟須ヒ座スー證也忍穗耳尊ハ天照大神ノ皇子ナレバ其謬傳ナル事明也古史傳ニモ巳ニ祭神ヲ天忍穗耳尊トモ酒火麗々杵尊トモ彦火々出見尊トモ云ヘド 此國邊ニ古ノ天皇タチノ齋ハレ給フ可キ所由ナシト云リ)○相傳ノ天忍穗耳尊ハ櫻幡千々姫トヲ祀ル左殿ノ手人玉[贄白道明神男神也]右殿ノ早疑利[贄早追姫兒姫女神也]ト以上二神地主神なり。推后ノ記ニ云日金山ニ住古伊豆別王子、豐々杵尊ヲ祭ルト。又大江政文ノ記ニ云應神天皇ノ時此神高麗國ヨリ相州唐ノ濱磯部ニ到ル松葉仙と云る者ハ寺ヲ建テ安置シ仁德天皇ノ時此ニ奉祀スト。神社考ニハ彦火々出見尊トシ靈龜草ニハ船央ノ祖土辰廟トス諸説一定セサル事如此［増］以上祭神ノ説皆安鑿也當社ノ事ハ先人正平ノ著述火牟須比命神社考証ニ考記セルガ見ル可シ)相殿二座ハ男女二神也ト傳ヘタレバ伊邪那岐神伊邪那美神ナル可シ古來祭事、兩神佹儷、王子降誕ノ式、女神下之宮ニ行幸、男神追幸ノ式、等アリ按ズルニ佹儷ノ式ハ兩神美斗能麻具波比ノ古事、降誕ノ式ハ火牟須比命ノ生產ノ古事、女神行幸ノ式ハ豫美國ニ行幸シ給ヒシ古事ノ傳ハレルナル可シ中世佛徒當社ヲ千手千眼大菩薩ノ垂跡ト稱ス(眞本曾我物語二日走湯權現奉幸御本地千手千眼廣大圓滿觀世音菩薩也ト[異本同之]當社弘安九年文書東明寺鐘銘等云千手千眼ノ垂跡ト走湯山緣起云本地ハ千手千眼也ト其趣頗ル多シ)神階帳正一位千眼大菩薩是也(先業未ダ此考證アラザリシハ遺憾ト謂可シ○政文ノ記二云白雉五年群臣疫ヲ害ス朝廷使テ遣テ此神ニ祈ル鼠災則盡ム因テ本長正一位奉ニ等ト按ニ此頃ハ佹儷モ大鎌小鎌小鍋ナド云奉位ノ制モ未ダアラザル時也イカゞ歟リケム[増]政文記妄誕多シ)○稱上宮又走湯權現承和三年四月竹生賢安(甲州八代郡ノ人後相州早分ノ安然和尚二化度セラレテ僧ト爲リ賢安法師ト云天安二年二月賦テ此[増]賢安ノ事眞本曾我物語、當社緣起等ニ見ユ)權現ノ神託ヲ承ケ甲斐ノ國史麻績某ヲ檀那トシテ祠堂ヲ今ノ地ニ經營シ日金峯ヨリ遷シ新ニ本跡ノ像ヲ刻シテ之ヲ安置ス元慶二年沙門隆保(安然ノ弟子和州悉下郡ノ人也)諸人ヲ勸進シテ堂舍ヲ修造ス其後源賴朝深ク權現ヲ崇信シ伊豆箱根兩社ニ參詣シ蘋蘩ノ禮ヲ盡ス東鑑ニ二所參詣トス此頃ハ神祠宏麗坊舍モ夥キ事ノ由(東鑑日安仁二年二月三日講堂中堂新行堂燒失火燒體不奉取出同以爲灰燼ト同書祝源白髭藏二年十二月二十九日今夜々半伊豆國走湯權現寶殿並回廊堂会鐘十字鐘亡其火至翌日午前而不滅ト[此時拜殿靈殿常行堂並鑁門金剛力士ノ像ヲ燒ニスト三年ノ記ニ見ユ]之ニ因テ見レバ當時ノ廣大想フ可シ[増]住昔田方郡大土肥村ニ本社ノ大鳥井アリキト云大土肥ノ大鳥居ノ說也古戰錄ニ三島ノ大鳥居トアル是也)［増］鎌倉歷代ノ幕將及執權相次デ崇敬ス(源賴朝、平政子、源實朝、藤原賴經、同賴嗣、宗尊親王、惟康親王等幕社參)又社殿ヲ修理シ社領ヲ附ス其事東鑑ニ詳也(東鑑社ノ事ヲ揭載スル數十所繁冗ア關テ茲ニ省ク本書參看。此他將家ヨリ社領寄進等ハ當社古文書ニ就テ知ル可シ)曆應四年足利尊氏再建、文龜二年北條早雲修造スト云○室町氏京居ヲ以テ祠稍衰ヘ且數災ニ罹ル其後元龜、永祿、兩度兵火ニ燒カル古老云天正十八年雜兵來リテ火ヲ放チ寶物ヲ劫奪シ去ルト慶長十七年東照公境宇ヲ再興シ社田三百石ヲ兩度ニ附ス([増]此後寛文七年、元祿十年舊幕府ニ於テ造營ス今上梁文存ス)今ニ官社ニ列ス[増]從來關東總鎭守ト稱ス別當般若院ハ供僧十二坊ヲ領シ上下兩宮ニ奉仕シタリキ維新ノ際別當職ヲ解ク(佛刹部参觀)○正殿、幣殿、拜殿、祭所、(延喜ノ記云賢安ノ弟子金春造立ノ御祭所ハ本是レ女體ヲ安置スル所也本宮ヨリ茲ニ遷スト)神厨、神庫、鐘樓アリ庫ニ松葉仙ノ太刀、蓮生坊ノ劍、([増]蓮生ハ熊谷直實也建久三年十二月此地ニ遁楯ス、事東鑑ニ見ユ寓窟參觀)古佛像、珠玉、之類([増]什物總三十餘品ヲ藏ス)及歷代將家ノ祈願文、施入文、等數十章ヲ藏ム、[増]治承以來天正ニ至ル古文書總三十通アリ原書ハ天保三年燒失ス[以上古文書部、古器物部參觀]鎌倉九代記、北條盛衰記等二日源賴朝白事、曾我宿成時宗ノ矢太刀、足利尊氏ノ顧當社ノ什物也云々ト)上宮ノ鐘ハ北條氏康、鳥銃ヲ造ラントテ鑄敗ス其後天文十九年鎌倉淨智寺ノ鐘ヲ贈ル(正慶元年平崇鑑所鑄拙撰銘[増]梵鐘ハ明治ノ初取除ク鐘銘ハ附藏ニ藏ス)上ノ宮ノ傍

— 294 —

ニ竹柏ノ神樹アリ(土産部ニ詳也)
　○鎌倉右大臣家集ニ
　　走湯ノ神トハウベモ云ケラシハヤキ験ノ有レハ成ケリ
　　新後拾遺集ニ　文永三年二月二所ニ詣デケル時伊豆ノ御山ニ奉リケル三十首ノ歌ノ中ニ
　　　神モ亦棄テヌ道トハ頼メ共アハレ知ル可キ言ノ葉ソナキ　　　　　　　中務卿宗尊親王
　　　當社ヘ奉納廿首ノ歌ノ中ニ
　　　跡タルヽ山ノカヒヨリ世トヽモニ絶ル時ナク走湯ノ神　　　　　　　　宗　長　法　師
［増］北條役高帳ニ伊豆山領百九十一貫六百廿文(四十貫七百五十文、中郡徳延。四十貫文、伊豆奥田牛。五十三貫三百五十文、西郡中村ニ伏大豆町屋。三十三貫文、同大井三田分。十七貫五百文、熱海ヨリ参燈明錢)ヲ載ス(曽我物語ニ源頼朝夫人政子下共ニ當社参籠並靈夢ノ事ヲ載ス鎌倉九代記ニ北條氏編社参ジテ別當般若院頼慶阿奢利ニ縁起ヲ尋ル事ヲ載ス[小田原記、北條盛衰記等同之]古戰錄ニ朝比奈彌太郎社参ノ事ヲ載ス當社ノ事其他諸書ニ散見ス尚佛利部走湯山般若院ノ條参觀[増]四千四百四十坪官一)

萩原正平・萩原正夫『増訂豆州志稿』巻之九上・神祠三・賀茂郡（長倉書店刊）
本宮 (同村下同) ［増］當社ノ事前條ニ誌ス日金ノ山腹ニアル小祠ニシテ伊豆山神社ニ屬ス(○在本社西二十町許山中延尋ノ記ニ云走湯権現日金頂上ニ御座ス時ヘ彼篁ノ東南ニ富リテ女体ヲ安ス権現湯ノ濱ノ上ニ下降ノ後女體ノ移シ新宮ト稱ズ其舊地ヲ本宮ト云ト)○結明神在本宮側([増]「結牟須夫」權火牟須比ノ神名ノ遺レルナラム○手人玉疑利ノ子也延命ノ記ニ云景行天皇三十一年久知良山ニ出現ス巫女初木之ヲ養ジ事己カ゛子ノ如シ疑シデ日精[女也]月精[男也]ト云遂ニ夫婦ト爲ム成務天皇五年ニ被定諸國之界至當國以此二人所定之畢是權現氏人之元始也卜延尋ノ記ニ云其終没不知乃以其所榛ヲト宅奉祀之世人云結護法是也ト[増]コレ皆附會ナリ)○早追、([増]早追ハ火牟須比命ノ一名火之燒速男ノ稱ノ傳レルナラム)飯王子、勸請仙、(即松葉仙也或ハ開山祖卸ト云)倶利迦羅ノ四祠本宮ノ近傍ニアリ(古圖ニ見ユ[増]三百八十五坪官一)

萩原正平・萩原正夫『増訂豆州志稿』巻之九上・神祠三・賀茂郡（長倉書店刊）
雷電権現［増］當社ノ事伊豆山神社ノ條ニ誌ス○上ノ宮ノ下子戀ノ社ニ宮居ス［増］明治八年焼亡、爾來伊豆山神社ニ合祀ス(一ノ舊記ニ云此神雷火ヲ拏ル故ニ稱ス菅原氏龕ノ記ニ云延喜五年ノ春熊野ヨリ大島ノ淨濱ニ移リ明年二月赤富山ニ移ル歩湯権現ノ儲君也ト[[増]コレ附會ナリ]眞本曽我物語ニ云文徳天皇ノ時建立ス卜[増]當社及下ノ數祠古來伊豆權現ニ附属シタリキ)

萩原正平・萩原正夫『増訂豆州志稿』巻之十一上・佛利三・賀茂郡（長倉書店刊）
○走湯山般若院(伊豆山村)［増］眞言宗(紀州高野山、金剛峰寺末。本尊不動)○舊密嚴院東明寺ト號ス([増]密嚴院ノ稱ハ眞本曽我物語及貞治二年文書ニ見ユ東明寺ノ稱ハ鎌倉及元弘至徳ノ文書ニ載ス○政文記ニ云東明ノ號ハ欽明天皇欽賜スル所ナリト[増]此說信憑シ難シ)[増]古來伊豆權現(今伊豆山神社)ノ別當ナリ創立年代詳ナラズ弘仁中僧空海留錫シ承和中僧賢安(甲州人)來住スト云今、僧桓舞(天喜五年寂)ヲ中興祖ト稱ス○治承中ノ住職覚淵阿闍梨ハ源頼朝ノ師僧ナリ([増]東鑑、治承四年七月五日ノ條二日ク昨日遣御書被召走湯山住侶文陽房覚淵今日参向北條御亭武衛云吾有挿心底而法華經之讀誦終一千部之功彼宣羅中丹由離有兼且素願繞已火急之間殆難延及後日的轉讃分八百部故欲西佛陀如何者覚淵申云離不滿一千部被啓白條不可青冥慮者則供香花於佛前啓白其旨趣云々武術殊感嘆欽仰事訖賜施物判官邦通取之及晚尋師退出至門外之更更召返之世上無爲之時於嵯島身爲今日布施之由卸覚淵頻有喜悅之氣退去云々熊野盛衰記ニ曰ク伊豆山ノ開性坊阿闍梨ハ兵衛佐ノ年來ノ祈リノ師ナリケレバ使ヲ遣テ祈請シテ日ク頼朝勤勤ニ預リテ年久シ今平家ヲ追討スル可キ院宣ヲ蒙レリ就テハ故下野守ノ爲ニ法華經千部轉讃ノ願ヲ起シ既ニ八百部ノ功ヲ訖リテ二百部ヲ殘セリ部数ヲ淌ントスレバ月日ヲ重ヌ可ジ平家ニ遥レ聞エテ討手ヲ下サレナバハシキ大事ヲ宿願ノ果サズシテ合戰ヲ企アラバ報恩ノ志空クヤナリ侍ラン進退谷レリコトラビ給ヘトアリケレバ阿闍梨暫ク案ジテ云ハ八百部ノ功既終ラバ本意ヲ遂ゲ給フ可キ員数ナリ急ギ思ヒ立チ給へ時日ヲ廻ラス可ラズト申シケレバ佐殿甚ニ嬉シ氣ニテ御僧ノ敎誡ハ神明ノ託宣ニヤトテ伊豆箱根ニ立願ノ狀ヲ撫ゲテ開性坊阿闍梨ヲ以テ啓白セラレケリ云々ト開性坊阿闍梨トハ卽覚淵ナリ眞本曽我物語ニ密嚴院鄭律師兵衛佐殿御師匠トアリ鄭律師亦覚淵ヲ云フ)正應中ノ住職覚海法印ハ足利泰氏ノ子學德兼備ノ名僧ナリ([増]又覚海ノ族覺忠覚遍等來住セリ見也官ニ載ノ就テ知ル可ジ)[増]往古ハ極テ大伽藍ニシテ許多ノ支坊及ノ僧徒常ニ群聚シタリ(諸書ニ走湯山大衆トアリ是レナリ)其事蹟東鑑其他ノ舊志ニ散見ス(今案兄ブ略テ之ヲ載セズ)從來古義眞言宗關東五利ノ一ト稱ス○古佛數十驅ヲ藏ス寺域ニ護摩堂、淸龍権現祠(木像ハ唐土淸龍寺ヨリ僧空海ノ齎シ來ル所ナリ) アリ隷屬ノ供僧十二坊アリ眞乗、福壽、本地、善満、寶藏、泉藏、定藏、圓藏、行覺、日下、常心、岸坊ト云又修驗七坊アリ圓光、西藏、寶珠、勸喜、常福、常光、圓秀ト云承仕四戶アリ[増]明治革新ノ際別當職ヲ解キ同村成就坊ヲ併セ其境域ニ移轉ス此時以上ノ堂宇皆廢絶ス［増］往昔源頼朝及夫人平政子當院ニ寓居シ(東鑑二日ク安元々年九月ノ比祐親法師欲奉誅武衞九郎開此事書告申間武衞遂走湯山給云々ト又日ク治承四年八月十九日及晚卸臺所所邀卸于走湯山文陽山房覚淵之坊也上落居之程今寄宿此所給ト眞本曽我物語ニ日ク治承二年戌年佐殿北方ヨリ代一夜御兼其夜内出白地貰樣脫絵上卸衣裳女一人卸乳母子申侍佼女房計女男一人不奉副迷出泉分道歩叢中志伊豆山密嚴院卸律師勿無奈内者不顯被女房達三人相列不知行末迷山路哀云々至從三人女房達伊豆卸山入開性坊卽密嚴院是卿律師大驚俄構卸所入進奉勞樣々則其日卸律師急北條御所進卸使北方卿文書細々賜卸使佐殿卿覧御文喜事愚邪乃卸使僧爲先達入密嚴院開性坊卿所云ト尚源平盛衰記参看) 又熊谷直實遁處ス(建久三年ノコトナリ流寓部参看)其後足利尊氏ノ子竹若此ニ寄食セリ(流寓部参看)北條役高帳ニ圓藏坊領拾貫文(熱海ノ内)ヲ載ス(當院ノコト其他数書ニ見ユナホ神祠部伊豆山神社ノ條参看[増]四百十六坪民一)

萩原正平・萩原正夫『増訂豆州志稿』巻之十一上・佛利三・賀茂郡（長倉書店刊）
東光寺(同村下同)［増］日金山上ニアリ今、日金地藏堂ト呼ビ巨ナル地藏佛ノ銅像ヲ置ス(其左右二脇士二童子ノ銅像アリ地藏像ハ貞享中般若院ノ僧歷算鎔造スル所ナリ卜云)傳云源頼朝堂宇ヲ修築シテ寺田ヲ附セリト此地往古延喜式内火牟須比命神社(今伊豆山神社)鎭座ノ舊址ナリト云(神祠部参看)○七坊([増]今四坊存ス)アリ住僧皆妻帶ナリ[増]堂前ニ閻魔王、生死河壺ノ石像アリ堂後ニ松葉、木生、金地三仙人ノ墳アリ)
○關東古戰錄ニ曰ク日金山ニ東光寺トテ地藏ヲ安置セル小堂アリ寺號ニ因リテ思ヘバ粟田口東光寺ノ僧善祐此邊ヲサマヨヒ歩キテ住ミ馴レシ舊院ノナツカシサニ假初ナル庵ヲ結ビ此佛像ヲ安シ侍リシニヤト［増］又曰ク源右大將蛭小島ニ流寓シテオハシケル時東光寺ニ數々参龍アリテ源家ノ運開クル期アラバ居館ヲ定地ヘ遷祀ス可キ旨祈誓シケリ故ニ天下一統後鎌倉ノ雪ノ下ニ一宇ヲ創建シテ松源寺ト號シ運慶彫刻セル地藏ヲ安置セラレケリト(又日ク天正十年極月上旬朝比奈彌太郎泰勝、夕暮二日金嶺ヲトリレヌルニ折節法師トモ山伏トモ見エヌ髭男ノ色黒キカ鑕様子杖ニツキ松明ヲ提ゲ道傍ニ立休ラビ居タル朝比奈カ゛供ナリケル若黨二向ヒ饉ノ幇リ十六七女ノ童ノ登リ來ル可シ山ニテ待ツ者アリ疾々参レ伝ヘラレヨト云リ朝比奈不思議ニ思ヒテ打過ギケル件ノ童女ト思シキカ見ユ来レリ若黨云々ノ言傳ヲ言ヒ聞カセヌカ゛クテ嶺ノ方ニ大ニ喚キ叫ブ聲シテ打響エケル怪シトモ思ヒナガラナホ下リケルニ玉澤ニ云處ニ至リテ人多ク集リ亡者ヲ茶毘スルデ見テイカル人ヲカ送葬スルゾト問ヒケレバ首根ノ關字半田某ノ女十七歲ヨリカカリタル也トゾ申シケル朝比奈ハ天性正氣ナルデ以テ別ハ日金、首根ノ奧ニハ地獄アリト聞ヒビニマサシク前ニ見ツル女ハ此ノ者ノ靈魂ニテ彼髭男ノ冥途ノ獄卒ナルコト疑ナシ呵責デ課セタルガ故ニ喚キ叫ビシナラム奇怪ノコトダ見ツルカナト人ニモ語リケルニ云伊豆、駿、遠、武、相ノ國ニニテ朝比奈ニ今地獄/鬼ヲ見タリト沙汰ス是レ日金地藏堂ヲ守レル法師ノ娘麓ノ里ノ親戚許行キタリケルカタ刻限ノ闇リ侍リケルマヽ法師迎ニ出デヽ未ダ゛行達ハザルニ対リ來リテ驚き付ケントシケル程ニ彼童女叫ビ故父ノ法師走リ行行キテ打殺シケル音ノサバカリニ聞エケルハ折悪ク半田氏ノ娘ヲ送葬セルヨリ朝比奈心得違ヒシタルナリト[此事、小田原記、北條盛衰記ニモ見ユ])

菅原久高『伊豆國九十二式社祭神記』(『全國神職會々報』第二十二號)
火牟須比命神社　熱海町伊豆山鎭座縣社伊豆山神社なり
　祭神　火牟須比命

吉田東伍『增補大日本地名辞書』第五巻・１０６１頁

伊豆山　今熱海町の管内なれど、北に去る二十余町、民戸数数十あり、塩類泉（温百四十余度）の湧出すること熱海に同じ、之を走湯又滝湯と称す。此地は三面乱山を繞らし、東方海に面す、湯は海岸に接する山脚の空洞中、数所に湧出す、海面より高き事凡四十二尺。海岸（新磯と名づく）湯戸数宇あり、木筧を以て源泉を引き、家々の浴槽に通ず、之を高処より導くを以て、小瀑布を為して落下す。

伊豆山とは本走湯神を伊豆山権現と称せるに起り、神領の村里をも伊豆山とは云へる也。此名は東鑑以下に多く載せ、「治承四年九月二日、御台所（平政子）自伊豆山、遷秋戸郷」云々、（走湯山の条参考）鎌倉殿の崇敬極めて篤く、箱根山と相並称して二所権現と云へり。北条役高帳に、伊豆山領百九十一貫六百二十文と載せ、当時猶盛大なり、徳川幕府の時は、神領猶三百石を安堵せしめられしが、明治維新後益衰ふ。

補［伊豆山］○［重出］増訂志稿、元禄十一年伊豆山領と小田原領と、国界の論争あり、同十三年裁可の時、門川を豆相の国界と定め、河南を伊豆国賀茂郡に属し、河北を相模国土肥郡小田原領とせらる、○伊豆山の称、東鑑を始め多く諸書に載す、伊豆は伊伝由の略にして、出湯より起ると云ふ。伊豆山と云ふは神社鎮座なるに因りてなり、本社は延喜式内田方郡火牟須比命神社也、中古走湯の神とも称す。東鑑其他の記載に因りて、其崇敬の篤かりしを知るべし。北条分限帳、伊豆山領百九十一貫六百廿文と、其他豆駿相武野諸国神領ありし事、古文書に見ゆ。徳川氏のとき社領三百石あり、○或は伊豆の雄山といふ、相模集に、
　　　　思ふ事ひらくる方を頼むには伊豆の御山の花をこそ見め［類従本、いづのみ山］

吉田東伍『増補大日本地名辞書』第五巻・１０６１〜１０６２頁

伊豆御山　伊豆山の旧号とす、小山、雄山にも作るは、ヲ、オの混用にして、本来尊称に出でしなれば、御山なるべし。
　　　　千早振伊豆のをやまの玉椿やほよろづよも色はかはらじ、［続後撰集］　　鎌倉右大臣
太平記には伊豆御山と載せ、又万葉集に伊豆の高嶺の語あるを想へば、元日金をば伊豆山と云ひ、伊豆とは湯出の転訛にやと説く者あり、此説に拠れば、伊豆は走湯の湯を本として、山名と為り、遂に広く国名にもなれる者とす。
　　　　まがなしみぬらくしまらくさならくは伊豆の高嶺のなるさはなすよ、［万葉集］
鳴沢とは渓流の鳴轟するを称したるにて、此には走湯の激湍を云へるならん歟。北村季吟の万葉註にもしか云へり、而も今は伊豆山に別に鳴沢と呼ぶ渓流あり、再考すべし。宗祇方角抄云、いずの高根は、箱根の南の山也、海にさし出たる也、山中に走湯あり。
　　　　走湯山に詣でて、よみ侍りける、
　　　　伊豆の国山の南に出づる湯の速きは神のしるしなりけり、［玉葉集］　　走湯の神とはうべも云ひけらし
　　　　速き験のあればなりけり、　和田つみの中に向ひて出づる湯のいずの小山とむべも云ひけり、　鎌倉右大臣
走湯とは馳水、走井など云へる古語と同く、水の激奔するに名づけたるなり。此地の温泉、天成の岩洞に涌出したるを以て、古人凤に之を見て、霊異と為し、謂ゆる伊豆の神の業に成ると思惟しけん。後世には湯滝と云ふ、即走湯と同義とす。天文中宗牧東国紀行云、伊豆山一見、湯滝水滝、済度の海に落合ひたる様、煩悩の垢もすぐ心地したり。
羅山丙辰紀行云、走湯山は昔鎌倉殿伊豆箱根を信じ、常に蘋繁の礼を致し給ふ、二所参詣といへるは是也、伊豆山に出湯あり、石ばしる滝のごとし、走湯の名もこれによる。○東海道図会云、滝の湯は走湯山権現の二町計り山下に在り、岩洞より涌出して海岸へ流れ落る、其疾きこと矢の如し、故に走湯の名あり、滝は二所ありて一所に浴室あり。○増訂伊豆志稿云、走湯は古に直に海に奔流せり、走湯の名是に因る。
或は海に向ふて走るの故と為すは疑ふべし、涌流の際激湍奔波を成すもの、之を走湯と名づくるのみ、海中に向ふと否とは、走湯の実に関与せず。松崎益城紀行に「瀑布泉、前臨絶海、後倚洪崖、竹樹蒙密、過午不見日影、崖下之洞、深十五歩、泉初其中、號々分流、筧受而瀑之、上瀑澍々、有屋槽焉、下瀑特大、奮迅注於海崖」とある者、走湯の実景を状せるなり。

吉田東伍『増補大日本地名辞書』第五巻・１０６２頁

走湯下宮址　又浜宮と称し、新磯に在り、宮殿は明治維新の初め悉皆撤去して上宮へ併す。蓋下宮は走湯の神の旧society にして、中世上宮新宮を起し、他の火牟須比神社に混同したる者也。
　　　　文永二年二月、二所（箱根伊豆）に詣でける時、伊豆の御山に奉りける、
　　　　神も亦捨てぬ道とは頼めども哀れ知るべき言の葉ぞなき、［新後拾遺集］　　宗尊親王
熱海地志云、下宮、距上宮五町許、在海浜、故呼白浜有観音薬師弥陀地蔵四堂、役氏堂及鐘楼、両社祭祀、毎歳十二月十五日也、神輿従下宮遷上宮、翌日又還下宮。
　　　　走湯山東明寺鐘銘、　并並序、
　　南部州、葦原飽津島、東海道、豆州走湯山、有神遷之廟壇、有仏閣之梵宇、権現之施外用也、一陰一陽、薩埵之彰内証也、千手千眼、謂垂跡之草創、応神天皇聖代、霊鏡出海、思済生之根元、仁徳天皇明時、瑞湯現流、凡厥奇特、敢叵逞弾、越鎮坐以降、運転幾暦数、遐邇不限、感応是日新、而文保著雍年、玄律十一月、樹提示薩、華構丕基、是以使跂成風之殊功、将祿締雲之旧製、先鋳銅鐘備器、宜覃法音於無辺際、普致勝利於一切衆、仍作銘曰、（中略）元徳三年二月日。
林檉宇伊豆紀行云、謁下祠、自官道降、石磴五百級、古廟荒廃、闃然無人、洪鐘一口、明徳年間鋳造、銘古拙、又降二百余級、即瀑布温泉、発現崖下之洞、號號迸出、受而瀑之、甃石為池、又引之於槽、皆可澡。

吉田東伍『増補大日本地名辞書』第五巻・１０６２〜１０６３頁

伊豆神社　伊豆山にあり、旧号走湯山権現、又伊豆田方郡火牟須比命神社にして、当国神階帳には千手千眼大菩薩と録する者に同じ。火結千手千眼は三島大社の末社にも祭りて、二宮と称す。千眼は浅間と音相通じ、
駿河の富士浅間大神と相同じかるべし。富士は中世以降木花開耶姫を祭ると云ひ、此なる伊豆の神をも
　　　　思ふこと開くる方を頼むには伊豆の御山の花とこそ見め、［相摸家集］

とよまれたるに、中世以降は木花開耶姫を祭る者と為せるを知る。又本社の摂末に雷電宮あり、若宮とも云へば、三島大社の三宮十八所王子に同じ。神道家、是等の諸社を神代紀に牽合して解釈するは、皆古義にあらず。蓋伊豆駿河に於ける三島富士等の諸神は、神代紀所説の外に別伝して、州人の古へ造島噴火の霊威ありしを談ずる者のみ。

東鑑、治承四年八月、武衞（頼朝）年来之間、毎日御勤行、而自今以後令交戦場給之程、定可有不意御怠慢之由、被歎仰、爰伊豆山有号法音之尼、是御台所（政子）御経師、仍可被仰付日々御所作、於件禅尼之旨、即被遣目録、

　　心経十九巻、、八幡、若宮、熱田、八剣、大筥根、能善、駒形、走湯権現、雷電、三島、第三、第二、熊野若王子、住吉、富士大菩薩、祇園、天道、北斗、観音、各一巻可法楽、云々。

曾我物語云、抑走湯山と申すは、承和三年丙辰、甲斐国八代県の上人、賢安大徳と云ひし人、此の御山に来りつゝ、霊山に新来起して、東岸より始めて、清浄覚悟の御湯の涌出するを拝見す、是れ即走湯権現垂跡示現のはじめなり、御本地を尋ね奉れば、千手千眼広大円満観世音菩薩これなり、雷殿は八大金剛童子、岩の童子、中堂の権現、講堂権現并ばせたまふ。鎌倉管領九代記云、走湯山権現は地神第三代、瓊々杵速日尊にておはします、彼垂迹の御時は、高麗国よりして天の鳥船にめされ、雲路をかけり万里をしのぎ、相州中郡の山中に天降らせたまふ、此故にその山を高麗寺と合しけり、こゝに仏在世のとき、天竺来鷲山のたつみにあたる山頂に、五百の仙人ありて、金剛摩尼の法を修す、如来の滅後に及びて思ひ〳〵に化益をいたす、播州印南の法花山に空鉢仙人の来りし比に、此御山にも知道仙人とて、虚空を翔り神通に乗じて来りつゝ、大日経を持誦せられしよりこのかた、霊験あらたなる事勝て数ふべからず。〇増訂志稿云、走湯山権現は、当国神階帳、正一位千眼大菩薩是也、往古日金峰に在りしを、牟須夫峰に移し、之を本宮と云ひ、次に現地に移し、新宮上宮と云ふ、牟須夫は延喜式、牟須比神とあるものゝ遺称なり、然るに牟須夫峰の本宮をも上宮に移し、之を雷電若宮と称す、雷神とは火牟須比神の一名也（雷電若宮は鎌倉九代記、北条盛衰記等に、雷の宮、真本曾我物語に雷殿とあり）大江政文の記に云、応神天皇の時、此大神高麗国より相州唐の浜の磯に到る、松葉仙と云者祠を建て安置し、仁徳天皇の時比に奉祀すと、藻塩草には、船史の祖王辰爾を祭る者とす、中世仏徒当社を千手千眼大菩薩の垂跡と称す、承和三年四月、竹生賢安とて甲州八代郡の人あり、相州星谷の安然和尚に度せられて僧と為り、権現の神託を承け、甲斐の国史生麻続某を檀那として、祠堂を今の地に経営し、日金峰より遷し、新に本地の像を刻して之を安置す、庫に松葉仙の宝剣、蓮生坊の太刀あり、（蓮生は熊谷直実也、建久三年十二月此地に遁栖す、事東鑑に見ゆ）上宮の鐘は北条氏康鳥銃を造るとて之を毀り、後天文十九年、鎌倉浄智寺（正慶二年の銘あり）の古鐘を贈る。〇又云、走湯山は明治維新の始め神仏分離せられ、別当房般若院は神境を去り別地へ移転す、此別当房の往昔頗大刹なりしことは、東鑑脱漏に「七堂伽藍焼失、一昼夜之間、炎煙焦天」とあるにて知らる、又密厳院東明寺と云、密厳院の称は異本曾我物語并に当山貞治二年の文書、東明寺の称は当山鐘銘、及び元弘至徳の文書に載す、其他別当文陽房覚淵の事、東鑑、曾我勲功記等に見ゆ、源平盛衰記に開性房阿闍梨、異本曾我物語に密厳院の卿律師とあるは、共に同人なり、頼朝公の祈禱師たりき、其後正応の頃、少輔法印覚海と言ふ人、足利泰氏の子頼氏の弟にして、学徳兼備の僧なりき。〇熱海地志云、走湯山上宮、寛文七年、小田原城主、承鈞命修営、元禄十一年再加修補、今現在者、本宮拝殿、本地堂、太子堂、雷電宮、竈殿、宝蔵、鐘楼、鳥居二基也、凡八谷、有供僧十二坊、神社左傍、有大椰樹（竹柏）二、俗云、用此椰葉敷桎鏡匣内、則夫婦柏譜云、此山多産玉椿、最早開花、有紅白数種、

　　仰下　諸国御家人等、并関々泊々津々、沙汰人等所、可令早遣無違乱、走湯山五堂燈油料伍拾艘内、中喜房船事、

　　右於五十艘船者、為御祈禱、令寄進五堂畢、仍此船梶取等、可令勤仕燈油之役者也者、云御家人等、云関々沙汰人、仰此旨、莫遣失、故下、

　　　　治承六年正月日［集古文書、東明寺蔵］

雑訴決断所牒、駿河国衙、（元弘三年十二月）

　　伊豆国走湯山東明寺衆徒等申、当国中田保同伊賀留美郷濫妨事、

　　右止方々濫妨、可全所務之由、宜令下知彼衆徒者、以牒、

林樲宇謁伊豆山祠記云、有渓曰鳴沢、水声鏘然、其上即国詩所称子恋森、古蹟也、折而南、得伊豆山祠、祠分上下、隔道相望、余謁上祠、石磴百五十級、茅宇十余椽、喬木欝蒼、環邃其外、洵為神霊奥区、祠南竹柏、高数仭、蠡々摩霄、土人以為神樹、甚厳憚之、有一僵幹、繚以欄、日炙雨淋、皎如玉虹、蓋数百歳物、亦、亦竹柏云、本祠係鎌倉府所崇祀、当時極輪奐之美、今則蒼苔荒涼、罕有人来賽者、豈神亦由人為盛衰邪。

吉田東伍『増補大日本地名辞書』第五巻・１０６３頁

古古比森　伊豆国の歌名所にて、杜鵑をよむ、清少納言枕草子にも載せたり、今伊豆山火牟須比神の森即是なりと。［東海道図絵、増訂豆州志稿］ここひのもりとは、蓋かかひの訛にして、万葉集、并に常陸風土記に見ゆる燿歌会に同じ。而も此なるここひの森の子規の本歌を得ず、後拾遺にあるは子規によみかけて、伊豆の事を述べし者のみ。

　　後拾遺云、静範法師、八幡宮の事にかかりて、伊豆国に流されて、又の年五月に、内の大弐の三位が許につかはしける、　　　兼房朝臣

　　五月やみここひの森の杜鵑人知れずのみ啼いたる哉、

　　　　　返し　　　　　　大弐三位

　　子規ここひの森に鳴く声は聞くよそ人の袖も濡けり、

　　　　これをきこしめして、召還すべき由仰下されけるを、聞てよめる、　　　素意法師

　　すべらぎも荒人神も和ごむ迄啼きける森の子規哉。

此子恋森の雷殿は、近年焼亡す、森は上宮の南一町許に存す。伊豆志稿に上宮の相殿神二座は男女二神にて、蓋伊邪那岐伊邪那美の二神とす、古来の祭式に二神佮儷、王子降誕の例あり、古事記の伝説ののこれるならんと述ぶ。されば此森のかがひの名義、はた椰の木の夫婦の語らひを固むる神験など、皆神理に於て相契合す。且上宮（新宮）下宮（浜宮）本宮（結峰）等、神殿各所移転の説もあれど、再考するに、此森の雷殿（火牟須夫神）こそ、神階帳にも載せらるる古社にて、後世湯の浜に下宮起り、山上に東明寺本

宮起り、走湯権現と地蔵菩薩出でて、雷殿と千眼菩薩を混乱するに似たり。社説、子恋森の雷電若宮を、日金の結峰より移したりと云ふも、却て本末を倒さまにするにあらずや、（結峰は上宮の西二十町許、本宮と称す）今雷電社、結神社并に上宮に并祭せらる。

補［古古比森］〇増訂豆州志稿、古々比森は伊豆山走湯権現の森なり。清少納言の枕草子に、杜はこごひのもりとありて、古来尤著名也、往古日金山上に式内火牟須比命神社鎮座す、古々比は此神の一名火之炫毘古神の炫毘の転訛にして、日金山頂噴火せしにより起れる称なる可しと。
〇今伊豆山神社々域にここひの森の称あり、［後］拾遺集以下歌によめる名所なり、是亦［日］金山上より遷せる地名なるべし、此山景勝幽邃、林樹葱蘢、西北連山、東南海に臨む、浪高うして漁をなさず、惟鰻拳螺あり、新磯と温泉の前の浜なり。
宗長法師奉納歌、
　跡たたる山のかひより世とともに絶ゆる時なく走湯の神、
遊嚢贐記に、走湯、俗は滝湯と云ふ、大滝・小滝とて、山の岨より涌出て、荒磯の岩間へ落つと。〇鉱泉志に、熱海を去る廿五町にて［下脱］

吉田東伍『増補大日本地名辞書』第五巻・１０６３～１０６４頁
日金山　伊豆山の西峰にして、箱根山脈の一峰とす、其峰容団円、天気晴朗の日に登れば、十州五島を望見し得べし。天明三年、一碑を立て、其望視の方位を記す。或云、登日金、満山皆白茅、是為円山、慊堂翁所謂、極天下之陋観、而眺観之美、皆自他山来者也。
　　　　日金山　　　　　　盤　　渓
　群巒環遶海成湾、隔海青螺一帯山、忽覚飄然換凡骨、神馳五島十洲間、
日金は光の訛にして、古書に光峰と云ふ、即雷電神の峰の義なり。後世之に因りて説を為し、伊豆山神社の火牟須比の旧祀は光峰に在りと云ふも如何にや。本来走湯神は浜宮（下宮）にして、上宮（新宮）は火牟須夫神と思惟せらるれば、中世以降、走湯神を千眼菩薩の垂跡と為すは疑ふべし。千眼とは即火牟須夫、即雷電なれば、後世雷電の本地仏を日金の地蔵菩薩に託するは誤ならん。此山上は往昔伊豆箱根二所参詣の盛に行はれし時は、経由の一行場にて、東光寺あり、即雷電神（東鑑巻一巻廿九に見ゆ）の本地々蔵堂とす、又此東光寺を寛平年中、善祐法師が建てたりとも云ふは信じ難し。関東古戦録曰、栗田口東光寺の善祐僧正、此辺にさまよひ歩きて、住なれし旧院のゆかしさに、仮初の庵を繕ひ、現在の迷妄を果し、将来の快楽を願ひて、此仏像を据置き侍る、云々。〇増訂志稿云、北条盛衰記、日金山の麓にて、朝比奈弥太郎鬼に遇へる事を記す、世俗死者の霊魂日金地蔵の許に到るときは、此説より附会して伝ふるものならんも知るべからず、寺前に今も閻魔王及び生死河婆の石像ありて、古色掬すべし、此日金山を走湯山縁起には久志良山と云ひ、熱海村より六十町許、此処より相、武、上下総、房、駿、遠、信、甲、豆十州を眺望す、海面を抜く二千六百尺、眺観の美東海無比と称す、按ずるに日金は火が峰の義にして、往古山頭に式内火牟須比命神社鎮座せるより起れる称なるべし、或は噴火山なるを以て、火が峰と称せしならむも知る可からず、万葉集に伊豆能多可補、東鑑に光峰とある是也。〇今按、鎌倉実記と云ふ近世の偽書に「准后親房記、引伊豆風土記曰、稽温泉、玄古大己貴、与少彦名、始制禁薬湯泉之術、伊津神又其数、而箱根之元湯是也、走湯者不然、養老年中開基、非尋常出湯、一昼二度、山岸宿中、火焔隆発而出、云々」又は「伊豆国王子之、景行天皇二十四子、武押分命也、伊豆風土記曰、割駿河国伊豆乃崎、号伊豆国、日金岳祭瓊々杵尊、荒神魂、興野神氣、年々国別役仕、構八枚幣座、出納狩具、推古天皇御宇、伊豆甲斐両国之間、聖徳太子御領多、自此猟鞍者、伊藤興野、毎年撰鹿柵射手行之」云々とあるは、固より信用し難し。其文句の古意に遠きのみにあらず、走湯を一昼二涌、火焔隆発と云ひ、日金に瓊々杵尊を祭ると云ひ、八牧郷をば八牧別所と為す如き、皆事実を失ふ者とす、誣詐も甚し、興野、伊藤の二地名も古文に非ず。
松崎慊堂遊記云、文化元年、五月日、従熱海登日金山、路出木宮右、二里至四面塔、梵碑也、右行二里漸上、林木欝然、至土沢地蔵堂、在家僧主之、路漸険、山漸禿、暑気赫々、汗洒然下、腹背皆湿、五里通日金地蔵堂、主者三四屋、亦在家僧也、又行半里、右折而上、半里而遠、曰丸山、日金巓也、山身南連天城、北属箱根、草茅満目、蓋天下陋観也、然而其名于勝概者、自他山而来、甚矣、麗沢之不可已也。

補［日金山］〇増訂豆州志稿、伊豆雄山の西に聳ゆ。走湯山縁起に、古名久志良山と見ゆ。最高峰を丸山と云ふ、熱海より六十町。

補［東光寺般若院］〇古来伊豆権現の別当なり、往昔は頗る大刹にして、巨多の支坊を有し、東鑑脱漏曰、七堂伽藍焼失、一昼夜の間炎煙天正五年焦すと、以て当寺の壮大を知る可し、往昔は三千八百の支坊を有したりと云ふ。明治維新の初別当職を解き、同村成就坊を併せて境内に移転す。従来古義真言宗関東五刹の一と称す、嘗て源頼朝并夫人平政子当山に寄寓す。東鑑曰、治承四年八月十九日の条に云ふ、「及晩御台所渡御于走湯山文陽房覚淵之坊、邦道昌家等候御共、世上落居之程、令寄宿此所給」と、又養和二年二月十五日の条に曰、「安元元年九月の比祐親法師欲奉誅武衞、九郎聞此事潜告申、聞武衞逃走湯山給」云々〇増訂豆州志稿、東光寺、今称日金地蔵堂、往昔延喜式内火牟須比命神社（今伊豆山神社）鎮座の地なり。

郷岡良弼『日本地理志料』巻十三・伊豆国田方郡
久寝　訓闕、按當讀云玖須美、盖國隅之義、在州之東北隅、故名、按大隅補寝郷、訓泥志米、上總夷灊郡訓伊志美、上野男信郷、訓奈萬之奈、出雲惠曇郷、訓會登毛、凡屬古韵第七部第八部者、麻行相轉、是地名用字之例也、國單曰久、吉野國栖訓久須、山城久背訓久世、即是、」神名式、田方郡久豆彌神社、本國神階帳作熱海湯明神、今在賀茂郡熱海村、稱湯前明神、祀少彦名命云、湯前盖訛湯泉者、東鑑作久津美莊、曾我物語作菊美莊、菊盖俗楠字、伊東家譜、工藤維職、補伊豆押領使、居伊東郷、領伊東河津宇佐美三處、號曰葛見莊、豆州志云、久寝方廢、葛見莊存、領伊豆山、熱海、初島、上多賀、下多賀、網代、諸邑、隷賀茂郡、是其地也、」祀典所秩白波之彌奈阿和命神社、在上多賀村、火牟須比神社、在伊豆山村、東鑑稱伊豆權現、又走湯權現、源頼朝尤崇奉之、傳言、古在日金山上、後遷今地、日金、萬葉集稱伊豆高嶺、相摸集、金槐集、太平記、稱伊豆御山、盖一州之望也、」熱海、東鑑作阿多美郷、準后親房記引風土記、太古大名持少彦名二神、憫民夭折、始制禁厭藥餌湯泉、伊豆神湯即其一也、全涌有時、晝夜各三次、將涌聲如怒雷、愈鳴愈涌、其所衝激、如砲釋機、疊石防之、勢益怒、側作木溝道之、須更百餘戸浴槽皆滿、神湯之名不虚矣、熱海郷、見義堂曰工集、宗長記、東國紀行、

北條分限帳、有溫泉寺、傳言、藤原藤房遁世居此、大日本史以爲誣妄、姑附備考、」初島、古者波都
　　岐命所居、因名、金槐州所咏沖小島是也、」按一說、久寢、今入駿河郡、稱久根村、是不知寢音須美
　　者、可謂瞽說矣、

静岡県田方郡役所編『静岡県田方郡誌』５０２～５０４頁（長倉書店刊）
　本郡に於ける古神社の史乘に顯はれたるは、延喜式神名帳と伊豆國神階帳とを其完備せるものとす。前者
は平安朝の初期、後者は南北朝時代に現在せる宮社を記載せるものなり。而して此等所載の神社は、引續き
現存せるものなりや否や、今日に之を考定するは頗る至難の事に屬す。然れば先進各考說を異にし、甲是乙
非にて、必ずしも一定せず、是を以て、此書には伊豆國式社考證の著者故萩原正平氏の說に從ひ之を表示す。
　　云々
　　延喜式神名帳所載社名　　火牟須比命神社（田方）
　　神　階　帳　所　載　社　名　　正一位　千眼大■
　　現　　　在　　　社　　　名　　縣社兼郷村社　伊豆山神社？
　　所　在　地　（舊　　制）　　賀茂郡伊豆山村
　　所　在　地　（現　　制）　　熱海町伊豆山

静岡県田方郡役所編『静岡県田方郡誌』５４２～５４９頁（長倉書店刊）
　伊豆山神社（縣社兼郷社）　祭神　火牟須比命・伊奘諾尊・伊奘冉尊三神外相殿十二座
　熱海町伊豆山字上野地七百八番にあり、元伊豆大權現或は伊豆宮或は走湯大權現と稱す。明治元年伺濟の
上、伊豆山神社と改稱し、明治六年八月三十一日縣社に列せらる。創建事由・祭神・社領等につき、本社社
司の取調書（明治二十八年古社寺調）によれば、抑本社濫觴は、人皇第五代孝昭天皇の御宇御造營あらせられし由、伊豆
山記及古記錄に見ゆ、是は日金の山上に御鎭座の趣なりしが、中古佛法盛に行はれし頃より、土地の不便と、
時勢の變遷とに因り、此宮は地藏堂となり、堂守六坊を附置きて守らしめし由、先輩の考按と、古老の口碑
とに存す。維新の際には、本社別當般若院の支配所なりしが、上地以來堂守等の持分となる、此宮を後世
本宮と稱し奉れり。其の後何天皇の御宇にや、日金山より一里餘、南東の方本社より十四五町許西北方の結
の峰と云ふ地に御營造あらせられし由、是も先輩の考按と古老の口碑とに因る。此宮は享保年中野火のため
に燒失せしを、本社別當よりの上申に依り、古來の儘依然として存在す。中央に唯一の小祠あるのみ、松樹
森々と繁茂し、風景尤美なり。當時此の宮を中宮と稱し、又中ノ宮と稱せしを、現今之を本宮と稱し奉れり。
其後人皇第十六代仁德天皇の御宇泊瀬の大瑞、百濟の薗部兩人を勅使として、下向せしめ玉ひて今の社地に
御造營あらせられ、之を新宮と稱し、勅願所と定め玉ひし由、走湯山記及古社錄に見ゆ。又同天皇の二十七
年八月當州の稅三分の一を納め玉ひしこと伊豆山記に見ゆ。而して文武天皇の御宇役小角、當社の神德を慕
ひ、大島より當山に渡り、終身神明に仕へ奉り、嵯峨天皇の御宇僧空海を勅使として、當山に參向せしめ玉
ひ、社則法令を定めしことあり。爾神佛混淆の體を成し、佛法亦大に行はれ、終に三千八百餘坊の寺院佛閣
を建るに至れり。然るに永祿元龜の頃、數々兵燹に罹り、殆んど荒廢を極めたりしが、德川氏に至り、本社
を始め本宮以下夥多の神殿佛閣を再興せり。然れども元祿十年御修造の內、現今存在せるものは神殿及拜殿
の二殿あるのみ、其他は悉皆維新以來取拂ひし由。而して此上棟札の最古きものは寬文七年のものなり。
　　　　征夷大將軍正二位源朝臣再興
　　上棟　豆州賀茂郡走湯山大權現社　　從四位下侍從美濃守越知朝臣稻葉氏則奉
　　　　寬文七年丁未九月二日
　　　　征夷大將軍源朝臣再興　小田原城主稻葉美濃守越知正則奉　　　　丸田四郎左衞門古忠
　　豆州走湯山大權現社　至幣殿末社等悉修造功畢　　　　　　　　　　　家人
　　　　寬文七丁未九月二日　當山別當法印權大僧都盛算　　　　　　　　鰭持助兵衞淸行
　　　　　　　　　　　　　　　　　　　　　　　　　　　　　　　　　大工　內山淸兵衞由茂

　祭神については、本社祭神は元來三柱にましまして、東殿は伊邪那岐命、西殿は伊邪那美命、中央は火牟
須比命にまします事は、本社例祭の時神合體の式、若宮降誕の式と云ふこと傳はり、其前に女神下の宮へ行
幸の式、男神追て行幸の式あり、此兩神合體と云へるは、伊邪那岐命・伊邪那美命の美斗能麻具波比の古事
にて、若宮降誕と云へるは、火牟須比命の生座の段の古事にして、女神下の宮へ行幸、男神追て行幸のこと
は豫美國の段の古事の傳はれる式にて最珍しき事なるを、何年頃よりの事なりけん、本社祭神を地神第二正
哉吾勝勝速日天忍穗耳尊などゝ唱へ出でヽ、古典を忘るヽに至れり。平田大人の古史傳伊津神湯の條に、此
伊豆神社の事を論じて、祭神を書等に天忍穗耳尊とも、彥火瓊々杵尊とも、彥火々出見尊ともあれど、此
の國邊に右の天皇命たちの齋はれ給ふべき所由なし云々と見え、其他本社祭神のことは、渡會延經神主を始め、
秋山章翁・萩原正平主などの考說ありて、既に其筋へ上申せしことも數度に及べば、前に述べたる通り、伊
邪那岐命・伊邪那美命・火牟須比命三柱の大神等に確定したれど、猶神佛混淆の際修驗者の尊崇敬祭したる
祭神名を記し、己が愚考をも述べて參考に供せんとす。
　　■　早　疑　利　明　神　　　　　　　　八　大　童　子
　　■　遍　照　大　權　現　　　　　■　日　精　童　子
　　■　走　湯　大　權　現　　　　　■　雷　電　大　權　現　本地如意輪
　　　　手　入　玉　明　神　　　　　■　月　精　童　子
　　■　結　護　王　昆波戸佛　　　　■　初　木　明　神
　　■　白　山　大　權　現　十一面　　■　拳　童　子　不動
　　　　早　追　權　現　本地不動大威德　■　櫻　童　子　觀聖音
　　　　　　　　　　　　　　　　　　■　岩　童　子　本地彌勒■金剛藏王示現なり小勾戸庵室役の行者の本尊也
　　　　　　　　　　　　　　　　　　■　護　湯　童　子　馬頭
　　　　　　　　　　　　　　　　　　■　來　宮　明　神　地藏
　右祭神に就き、本社古記錄を考ふるに、「本地主神有二神其內一神は伊邪那岐命云々」又緣起第四卷に「抑

雷電金剛童子者南山熊野之王子東明走湯の儲君也云々」、熊野の神は伊邪那美命にましませば、遍照大權現は伊邪那岐神、走湯大權現は伊邪那美神、雷電大權現は比牟須比神にまします事彌明なり。既に度會延經神主の著はされたる神名帳考證にも、此雷電の宮を火牟須比命神社なりと確定せられたれば、更に疑なかるべし。此大神は元來本殿中央にましませしを、醍醐天皇の延喜年中、神託奇瑞ありしに依て、建立せられたる趣既に前に記せり、又伊豆山記に因れば醍醐天皇延喜五年雷電宮自熊野移大島移當山有異香薰空花雨之瑞而後大雷雨故名雷電宮或名光宮或即是權現儲君也云々、又早疑利明神は速玉男神、手入玉明神は泉事解神、日精童子は天照大神、月精童子は月讀大神、八大童子は五男男子の神々ならむ。初木明神は大綿津見神、結護王と早追權現は神祖二柱神、白山大權現は菊理姫神、岩童子は石長姫神、櫻童子は木花咲耶姫、神護湯童子、來宮明神は大名牟遲神少彦名神、拳童子、は詳ならずと雖、本社祭神に所由ある神等ならん、古老の口碑によれば、本社には百八十ケ所の攝末社ありしと云へり。

　神領に就きて古老の口碑によれば、鎌倉以前までは貳萬壹千石餘もありて、東は相州足柄下郡早川を堺ひとし、西は豆州田方郡大土肥を堺ひとし（往古此地に本社の大鳥居ありし故に後人訛りて大土肥と云ふ由云へり）南は豆州賀茂郡白田川を堺ひとし、海面見通し、北は相州箱根山脈を堺として、本社の神領たりしを、豐臣秀吉公東征の際、本社社僧等小田原城主北條氏の加勢となりて、官軍に敵對せし罪に因りて、社領減少せられたりと云へり。此等の説を確かめんが爲に、社司宮澤大道巡回の途路、豆相兩國沿道の古老に問ひ、試みしに然りと答ふ。前に述べたる白田川と云ふは、水源を天城山に發し、南流して海に入る。又大土肥と云ふ地にも川あり、此川も水源を箱根山の西麓に發し、南西流して海に入る、以上の川々に就きて、地形を見渡すに、古老の口碑に傳はれる本社神領、太古には貳萬壹千石餘ありしと云へるは事實ならんと思はる。鎌倉將軍以來武門政治に歸し、武將の權力盛なりしより、漸次社領を減宿せられたるを德川家康公の治世と成りては、總て舊例をめられずして、社領三百石並山林境内四里四方を以て、本社永遠の神領に充てらる。

　御朱印の寫
　　伊豆山權現社領伊豆國葛見庄之貳百石、同國賀茂郡之内百石、都合參百石之事、並山林境内如緣起四至傍至守護使不入任、元和五年三月十七日先判之旨永不可有相違之狀如件。
　　　　　　　　　　　　　　　　　　　　　　寬永十三年十一月九日
以後同文の朱印狀十五通を下されしが、明治維新に至りて悉く上地となり、今は境内地第一種坪數四千百四十坪と、境外に山林三反七畝六歩を有するのみ。
社寶の主なるものとして
　一、走湯山記　一卷　　　奥書　萬治二年彌生二十五日於走湯山書之畢　吟松軒朱印
　一、伊豆山記　　　　　　奥書　元祿戊寅秋九月朔　雅後學山岡文希本希本敬識
　一、奉納伊豆權現社和歌三十首　箱入一折　　卷末文政元年仲秋上旬南希人記季文書
　　　　此は白河少將殿の集給ひし五萬石以上の諸侯三十名の和歌にして白河少將殿の奉納
　一、佛經註釋之殘欠　横卷一卷　僧空海眞筆也
　一、兩　刄　劔　一振　　社傳曰當山佛法開山松葉仙人所持也
　一、頭髮曼荼羅　一軸
　　　　裏書曰　右大將賴朝公御臺所平氏政子法名如實尼爲大將菩提毛髮以所繡法華曼荼羅也是則法華堂本尊也　嘉永申年寺務定叔修補之
以上は明治二十八年古社寺調の際、本社社司より其筋に申達したる調書より、抄録したるものなるが、更に増訂志稿によれば、伊豆山神社の條左の記事あり、前者の別考として茲に抄録す。曰く
　中世佛徒當社を千手千眼大菩薩の垂跡と稱す、神階帳正一位千眼大■是也、○上宮又走湯權現と稱す、承和三年四月竹生賢安（甲州八代郡の人、後相州星谷の安念和尚に化度せられて僧となり賢安法師と云、天安二年二月誌て此賢安の事與本社我物語當社緣起に見ゆ）權現の神託を承け、甲斐國史麻讀某を檀那として、祠宇を今の地に經營し、日金峰より遷し、新に本跡の像を刻して之を安置す。元慶二年沙門隆保（安念の弟子和州葛下郡の人也）諸人を勸進して堂舎を修造す。其後源賴朝深く權現を崇信し、伊豆箱根兩社に参詣し、蘋蘩の禮を盡す、東鑑に二所参詣と云、此頃は神祠宏麗坊舍も夥き事の由（東鑑曰安貞二年二月三日講堂・中堂・常行堂爲失火災俗体不奉取出同以爲灰燼と、同書脫漏日嘉禄二年二月廿九日今夜々半伊豆國走湯權現寶殿並回廊堂舎數十字燒亡其火至翌日午時不歇と此時拜殿・竈殿・常行堂並總門金剛力士の像等燒亡すと三年の記に見ゆるに因て見れば當時の廣大思ふべし）。鎌倉歴代の幕將及執權相次で崇敬し（源賴朝・平政子・源實朝・藤原賴經・同賴嗣・宗尊親王・惟康親王等屢社参）。暦應四年足利尊氏再建文龜二年北條早雲修造すと云ふ。中略

從來關東總鎭守と稱す、別當般若院は供僧十二坊を領し、上下兩宮に奉仕したりき。維新の際別當職を解く、尚下宮にありたりと云ふ。鐘銘豆州志稿原本に記しあり、之亦本社の緣起を知る一端ともなれば之を摘録す。
　　走湯山東明寺鐘銘並序
　南部州葦原蓬津島東海道豆州走湯山有神墻之廟壇有佛閣之梵宇權現之施外用也一陰一陽薩埵之彰内證也千手千眼謂垂跡之草創應神天皇聖代靈鏡出海思濟生之根元仁明天皇時瑞燈權現流凡厥奇特歌叵逞澤越鑷座以降運輸幾載歎遞遷不限感應是以使賤成風之森功將藏綠裳之舊製先鑄銅鐘專備器宣賈盂音於無遽際晉致勝利於一切象仍作銘曰
　　　金之爲器　　鐘有發聲　　宮商選變　　津呂倶全　　凫氏功顯　　鯨王聽驚
　　　形摸異獸　　韻擅巨鯨　　隨嵐幽明　　待霜和鳴　　達三千界　　告五更五
　　　不合諸衆　　悉地各成　　乃至群類　　罪根不萠　　縱歴億劫　　縱歴多生
　　　梵響無斷　　法宇無斷
　　　元徳三年二月八日執事權大僧都弘意大工相州森莊一色村泉權守常盛當時下所權大僧都乘賢當時上所權大僧都善忠明德三年壬申十一月廿六日書之

靜岡縣田方郡役所編『靜岡縣田方郡誌』７３４頁（長倉書店刊）
　古々比森（又作子戀・古々井・笠井等）　伊豆海に熱海町伊豆山區伊豆山神社の南に在りしが近古林樹を伐り墾開して舊形を喪へり（林中雷電祠ありしも明治八年廢せり）。淸少納言枕草紙に杜はこゞひの杜とありて古來著名なりき。按ずるに古々比は火牟須比命の一名火之炫毘古神の轉訛ならむ、伊豆山神社は延喜式内火牟須比命神社にして往古日金山頭に鎭座せしを後現地に遷祀せるなり、或は云ふ古々比は凝火にして日金山の噴火に起因せる稱なるべしとあり。然れども日金山の噴火云々は、地體の構造より見て許さゞる所なれば、大日本地名辭書にこゞひは蓋かびひの訛にして萬葉集並に常陸風土記に見ゆる耀歌會に同じとあるは信に近からずや。

足立鍬太郎『南豆神祇誌』３７～４３頁（靜岡縣賀茂郡神職會）
　延喜式卷九に載せた伊豆國神名帳は次の如くである。但所在地は萩原正平著伊豆國式社考略に私考を加へて註記す。
　　伊豆國九十二座　　大五座小八十七座

賀茂郡四十六座　　大四座小四十二座
　　　　云々
　　　田方郡廿四座　　大一座小廿三座
　　　　云々
　　　　火牟須比命神社　　　　　　　　　　　　　熱海町伊豆山
　　　　云々

足立鍬太郎『南豆神祇誌』５２～５３頁（静岡縣賀茂郡神職會）
　次に、石室崎の風蝕せる大集塊岩窟は伊波例命として、岩殿なる同じ大岩窟は伊波氏別命として、武峰山の尖鋭なる岩塊は多家富許都久和氣命として、嘗て下河津村田中にあった筈の巨杉は杉桙別命として、妻良港は大津往比咩命として、伊豆山温泉は火牟須比命として富洞の礫濱は布刀主若玉命として、安良里の網屋崎は國玉命として、皆神格づけられて居る。此類はまだ〳〵多い。又地名を冠して居る神社でも、神洞瀑は多爾夜神社、田子島は哆胡神社、鴨ケ池＝堂内海は佐波神社の一座、戸田港は部多神社、石寶殿は石德高（德はアイヌ語Ｔｏｋｓｅ＝丘で同語Ｉｗａと熟したのにタカといふ國語を添へたのであらう）神社の神主ではなかったらうか。海岸の島嶼を三島神の若宮として祀った形迹は尚ある

足立鍬太郎『南豆神祇誌』７５～８８頁（静岡縣賀茂郡神職會）
　伊豆國神階帳は、群書類從二三に、康永二年辛亥(興國四年)十二月廿五日在廳判の奥書あるものを、在廳伊達某藏本から寫して收めてある。伊達家に現藏するものは鳥子紙二枚續にて後世の寫本である即ち尾張のより二十年許前のものである。在廳とは、中古國衙の廳にあり、國司の命を奉じて事務を行ふ下司であったが、多くは世職だから其の稱呼を傳へて居たのだ。先づ左に其の全文を掲げよう。
伊豆國神階帳　　式社の配當は荻原正平の意見に據る
　　伊豆國三ケ郡神明帳事
　　正一位三島大明神
　　　一品きさきの宮
　　　一品當きさ き の宮
　　　正五位上第三皇子并十八所御子達
　　　正一位千眼大■
　　　從五位上六所王子
　　　云々
　　　正一位天滿天神
　　　云々
　次に特に著しく目を惹くのは、田方郡何所といふ標題を缺いだことである。輕く考へると、最初に田方郡三十四所とあるべきが闕けたのだと思はれるけれど、仔細に研究する時は其の不可能なことが明る。即ち
　一、正五位上第三皇子并十八所御子達と從五位上六所王子とは各一所と數へてよろしきか。
　二、正一位千眼大■の正體は如何。
　三、第四乃至八各神の紋列が位階によって居ない。
　四、特に疑問となるは著しき式社の所屬郡に變動を生じたのは何故か。
といふことである。先づ一についていふと、式其他の出典によって、第（大）三皇子を多祁美加加命に充て、都合十六所を數へ得ることは第三章に述べた如くであるが、餘の二柱恐らくは續後紀阿波命所生五子の内知名三子を除いた殘數であらうが、は勿論、後の六所王子といふをも檢出し得ない。思ふに三嶋神族組織の根柢には、法華經化城喩品なる大通智勝佛＝阿閦後に藥師佛の十六子のことあれば、彼の宴曲三嶋詣にも、
　　抑倩思ひ解けば、大通智勝の其昔、東方阿閦と聞ゆるも、今の醫王善逝かとよ。十六沙彌は即ち、十六王子とあらはれ、互に行化を助けつつ、共に主伴の眤あり。一乘化城の妙文、誰かは是を仰がざらむ。
と述べ、又三島大社所傳の一にもしかあれば、かたがた十六王子を以て正しとすべく、隨って
　　正五位上第三皇子等十六所御子達
と訂正すべきである。次に從五位上六所王子白濱神社へ納めた在廳の棟札には正五位上六所神島王子と書いてある。も、位階に於て卑き感あれど、三島詣及び大社古傳の見目親妃六柱＝六所王妃の轉訛で、即ち式波布比賣命以下六神であらう。かく考へ來ると、彼の嫡子として名神大の待遇を受けた式物忌奈命神社が見えない。然るに是は伊豆で屢々若宮として八幡に、又天神として菅公に混ぜられるから、正一位天滿天神といふがそれである。次に頼朝と特別な關係があって、鎌倉幕府から殊遇を受けた伊豆山神社＝式火牟須比命神社が見えない。されどこれも走湯山緣起なる本地から推すと、正しく正一位千眼大■がそれである。當時三島は大山祗命、富士山は木花咲耶姬命、伊豆山は瓊々杵尊を祭神として姻族關係を示して居た。是で二の問題もついでに茲に解決した事となる。さうして此の神階帳冒頭の一群神を整理して、
　　正一位三嶋大明神　　伊豆三嶋神社
　　一品きさきの宮　　阿波命神社
　　一品當きさ（き）の宮　　伊古奈比咩命神社
　　正一位天滿天神　　物忌奈命神社
　　正五位上第三皇子等十六所御子達　　多祁美加々命神社等十六社
　　從五位上六所王妃　　波布比賣命神社等六社
とすれば、恰も位階の紋列正しい二十六柱の三嶋神族の一團となって、いづれも式賀茂郡鎭座の神社であることが明白となる。隨ってそれを卷頭に置いたのは、即ち總社に招祭したからであることは勿論なれども、當時既に三島神社は驛頭に奉遷したものとなって居たから、此の神階帳には、田方郡に編入すると、神祇界の權威たる延喜式、及び折角苦心慘憺辛うじて案出した社地神領に限り賀茂郡の飛地であるといふ説に衝突すべく、又賀茂郡に加ふると現實を無視することになるから、此のＤｉｌｅｎｍａを脱せんとて、遂に斯様な類例の無い形式を用ひたのである。されば眞の田方郡に屬するは、右を差引いた殘餘の正一位千眼大■外二十七所であるから、之に總社の二十六所を加へると加へぬとに論無く、三十四所とは明記されないのが當然であって他の二三項目と共に、かゝる不得要領な記載方をなすことが、當時の事情からいへば、却て大に要領を得たものであったかも知れない。併しながら、是が遂に賀茂郡飛地説の正體を暴露したのは、是非な

い次第である。阿波命所生の名の知れない二王子を認めて十八王子とする時は、三嶋神社の總數は廿八柱となって法華經廿八品と合致す。

足立鍬太郎『南豆神祇誌』１０３～１０５頁（靜岡縣賀茂郡神職會）
　　走湯山緣起五卷は伊豆山の緣起で、其の第二は弘仁三年の、第三は延喜四年の、第四は天慶二年の、第五は承平八年と永延二年の奧書がある。元來伊豆山神社は、彼の地方に涌出する溫泉＝藥湯（アイヌ語Ｋｕｓｕｒｉ）を祭ったものであったのを、延喜式に火牟須比命神社としたのは、やはり地熱の作用を神格化して、日本書紀一書の傳に擬當したのである。現に楠山といふ別名があり、又日金山にも久志良山の名があるのは、いづれもＫｕｓｕｒｉに起因したものと考へざるを得ない。それに修驗道・仙人譚・陰陽道・密敎等各方面の分子が加り來って、實に複雜至極なものとなった。さうして一方源賴朝が伊豆にあった時、相模邊より志を運ぶ澁谷佐々木當時近江を去って相模に寄寓して居たの輩が捷路として此山を利用し、頗る衆徒とも懇意となり、現に賴朝の兵を擧げんとする約四十日前、既に走湯山から文陽房覺淵を召して之を內談し、いよ〳〵之を實行するや、伊豆山の法音尼が政子の經師たる故を以て、自己に代って心經・觀音經の日課を勤行せしめ、又相模より往復する諸士の狼藉に對して、他日事成らば豆相兩國覺一所の辨償的寄進を約し、最後には政子を覺淵の坊に托するに至った。此の如き關係から、源家興隆後、伊豆山の勢力は嚇々として神秘と威嚴を加へ、何時しか伊豆一國の社寺を頤使して、其の統領たる觀があった。此の緣起の第一に、沙訶沙羅湯泉の梵語歟とあるは、アイヌ語Ｓａｐａ＝頭Ｓａｒａ＝尾であって、自今以後以大養德國爲本首。以三韓爲邊畔。の文に應ずるものであらう。又第二に稻並石藏谷とあるのも、例のＩｎａｕを供へて祭る場所であらう。更に第五の久地良山上の杉脂から日精月精が分化し、巫女初木に養はれて伊豆を統轄する祖先となる物語は、初島傳說を織りまぜたもので面白い。又第一に來宮物語のあることや、第三に走湯權現の本地が千手千眼であり、第四に權現の夢告に、伊豆の伊は惠比須・は頭、伊人は東境惠比須であるが、我が神威を仰ぐに依って一天下の頭首たるべしといふことのあるは、或は坂上田村麿の東夷征伐の際千手觀音の靈威を仰いだから、東海道に其の信仰系を遺して居る事に觸れ、或は源賴朝が、伊豆山の加護によって、天下の第一人者となったことを豫言躰に示して居る。火牟須比命神社が正一位千眼大■となる仔細は、是によって判明する。又千眼を淺間にも通ぜしめることは、祭神を瓊々杵尊としてから、富士山と關係づけた爲である。

靜岡縣『旧版　靜岡縣史』第二卷・２０６～２０８頁（名著出版刊）
　　第四十一代持統天皇朱鳥元年十月三日大津皇子謀反に坐して死を賜ひ、二十九日其の帳內礪杵道作は伊豆に流された。今賀茂郡稻梓村箕作は道作の居た所だと傳へられ、八幡宮に合祀されてゐる。
云々
　　此頃外國より輸入した儒佛道敎が、固有の神道と互に影響し習合して一種奇妙な宗敎を作り出した。即ち易・陰陽・緯候の學、道敎の符呪の方術、佛敎の方便說を混じて、鍊行修法の神秘的信仰に陶醉せしめんとする民間宗敎修驗道であって、其の開祖を役小角とす。小角は大和國葛木上郡茅原村の人、生知にして博學と稱せらる。三十二歲にして家を捨てゝ佛道を修し、葛木山の巖窟に住し、藤皮を衣、松葉を食ひ、修業の効驗にて大神通を得たが、弟子韓國廣足に讒せられ、文武天皇三年五月伊豆國大島に流され、居ること三年、大寶元年十月勅ありて召返された。
　　かくて小角の後其流を汲む者は山伏と稱し、諸國に靈地を開きて修業の道場としたが、中古以來天台・眞言の僧等、金胎兩部の密經を所依にして修驗道を盛にし、眞言派は聖寶を祖とし醍醐寺を本山として當山派と號し、天台派は增譽或は圓珍とす。を祖とし聖護院を本山として本山派と號し、互に優劣を爭ひ訴訟常に絕えなかった。伊豆の走湯山當山駿河の富士山本山遠江の秋葉山當山等亦是等によりて修驗道の靈地となった。

靜岡縣『旧版　靜岡縣史』第二卷・３８２～３８３頁（名著出版刊）
　　自然崇拜には二段の階級がある。即ち其の初步は自然物・自然現象を直に神として崇拜するのであるけれども、一步進むと其中に神靈ありと信じて之を崇拜することになり、更に其の神靈に人格を寓するに至って一方出自敬愛の至情と結合し、茲に祖先崇敬と呼ぶ至重至深なる倫理的意義が成立する。特に我國にありては、天壤無窮の神勅のまにまに萬世一系の皇統連綿として斷ゆることなきによりて、世界に無比なる惟神の大道が顯現して、神祇の祭祀が國家の大典となったのは誇るべきことゝいはねばならぬ。さうしてかく信仰が淨化向上されて報本反始の大道が履行さるべき場所即ち齋庭が、其神の所在（例へば墳丘）若くは神靈を招ぎ奉るべき處（例へば磐境・神籬其他の祭壇）に定著すると、こゝに神社が現れて、我が國體と最も密接な關係に立つのである。彼の駿・遠の境なる島田町向谷水神山に、大井神社大堰門分と河伯神社向谷分とが南北脊合に鎭坐したのは、前に述べた順序を確に示すものであらう。即ち大井神社は脚下に流るゝ大井川の偉大さを崇仰するに起因したもの、河伯神社は文字の示す如く當初より川の神靈を畏祭したものであったのを、後に祭神を古典に求めて人格神としこゝに産土神として祭祀に仕ふるに至ったと解せられまいか。此理を推せば、富士山より淺間神社に、海島噴火より三島神社に、溫泉湧出より伊豆山神社に、本宮山より小國神社に、將た濱名湖の開塞より角避彥神社に至るまで等の進化的順序も會得されると思ふ。云々

靜岡縣『旧版　靜岡縣史』第三卷・７１１～７２２頁（名著出版刊）
【賀茂郡四十六座大四座小冊二座】
云々
【田方郡二十四座大一座小廿三座】
云々
（火牟須比命神社）本章第三節三參照。
　　原祭神は火牟須比命。原所在は田方郡熱海町日金山。現在社は同町伊豆山の國幣小社伊豆山神社。
云々

靜岡縣『旧版　靜岡縣史』第二卷・７９３頁～７９４頁
　　走湯山權現は「延喜神名式」の伊豆國田方郡火牟須比命神社である（本章第一節三參照）。即ち火山及び溫泉湧出に對する自然信仰であらう。この故に「元亨釋書」卷五桓舜の條には
　　　舜甚變。浪二遊豆州一、說二法溫泉神祠一

とあり、「地蔵菩薩霊験記」には

<small>サレバ承和二年乙卯二伊豆ノ温泉初テ涌シケリ。爾々神徳高ク顕レモフ。故ニ走湯権現ト白シ奉ル。</small>

とあり、「諸寺略記」（群書類従二六）には

<small>一走湯東明寺者、仁明天皇御宇、承和年中、賢安修行之次、来二遊此地一、宿二一樹之辺一。五更之間、夢中有二霊異之人一。相示云、我是地主走湯権現也。汝留二此所一持二修行一云々。夢醒之後、従二東岸一——初以温泉湧落。弥感二示現一、建二立一堂一。</small>

と誌されているのである。但し神社としての起源は遥か古い時代にあった。然るに右三条によっても明白なる如くこの神社は特に神仏習合思想の影響を受けている。その原因は神社の背後に聳ゆる日金山の連峰が、平安中期以後に隆盛した修験道山伏の着目するところとなったからである（第一章第一節一参照）。されば走湯山権現に関する平安時代及び鎌倉初期の史料は大部分仏寺方面に属する。故に走湯山権現の記述は便宜上第十章仏寺第二節三に挿入することとし、本項に於てはただこの神社が鎌倉初期二所社参の成立により著しく復興された事実を指摘するに止める。

静岡県『旧版 静岡県史』第三巻・９１５～９２５頁（名著出版刊）
（走湯山神宮寺）

　走湯山神社は現在伊豆山神社と称し田方郡熱海町伊豆山に祭祀されているが、「延喜神名式」の田方郡火牟須比命神社に擬当される古社である。その奉斎は極めて古く後ち平安時代になり神迹道迹迹仏習合思想が発達するや祭神を走湯権現と称し、その本地を千手観音菩薩なりとされた（第九章第三節二参照）。そして通例に従って所謂神宮と称すべき寺院が建立され、神社の別当となって神事一切を支配するに至った模様である。走湯山神宮寺発展の情況を「走湯山縁起」の比較的信拠すべき記載に基いて示せば左の如くなる。

<small>承和三年賢安本述の御影を造り宝社を構えて俗体を入れ堂閣を造って千手観音像を安置した。
斉衡二年安然和尚山に詣で松岳西谷に舎房を構え聖経を安置した。
元慶元年安念の門弟沙門隆保神勒に依って伽藍を建立し、翌二年堂社を造りまた法花八講・不断観音品読　誦等を始めた。
延喜四年法華長講を始めた。次いで講堂・経蔵を修造礼堂を造立し十一面観音像等を安置した。
天徳四年、康保九年等に堂宇仏像の造立を為した。
安和三年延教勧進となり常行堂を建て金身仏菩薩七躯を安置した。
天禄四年延教勧進となり宝塔一基を建立した。
永観元年三間檜皮葺大門を造立し御祭所・礼殿・三間四面檜皮葺中堂等を改造した。</small>

右の発展の趣は鎌倉中期叡山僧承澄の著わした「諸寺略記」の左の条によっても粗々推測出来る。

<small>一走湯東明寺者、仁明天皇御宇、承和年中、賢安修行之次来二遊此地一。宿二一樹之辺一。五更之間、夢中有二霊異之人一。相示云、我是地主走湯権現也。汝留二此住持修行云々。夢醒之後従二東岸一初以温泉湧落。弥感二示現一、建二立一堂一。安二置尺六四十種観音像一体一。其後寛平中、沙門金春攀二躋此岳一、建二立六丈仁一祠奉造権現像、安二置其中一。今御在所是也。</small>

また「伊豆山神社文書」所収弘安九年十一月二十九日付けの鎌倉将軍家寄進状にも

<small>抑伊豆権現者、自二承和代一、祠宇祐基。以来一陰一陽之神、霊験不測。</small>

と誌されているのである。ここに東明寺とあるは走湯山神宮寺の寺名であるが之に就ては後述する。以上列挙の史料に基き創建はまず平安初期承和年間と想定して大過あるまい。そのことはこの寺院が所謂山岳仏教に属する点からも考えられる。然るに「走湯山縁起」等には諸種の付会説を載せているがもとより信ずる訳には参らない。

　平安時代の史料として永久五年丁酉八月四日己未僧良勝、成祐橘氏在銘の経筒や、工人僧永祐承安二年十一月十一日、藤原陰行景行、芳助平氏、相州下毛利在銘の銅鏡等が現在の伊豆山神社境内から発掘されているが（第十一章第四節参照）、此等は神宮寺よりも神社に関するものであろう。また「元亨釈書」巻第五に見ゆる釈桓舜の豆州温泉神祠に於ける説法の如きも明かに神社に対する事件である。然し神社とは名のみで実際に神社を支配し祭祀を司る者が神宮寺の僧侶であったことを考えれば、右の諸問題は移して神宮寺関係のものと為すことも許されよう。実に走湯山神宮寺は走湯山神社を蚕食し走湯山をして仏教化せしめている。殊に平安中期以後修験道の発展と共に走湯山は富士山と並んで四方の霊験所とされ著しく密教化したのであった（本章第一節一参照）。

　走湯山神宮寺の最も活躍した時期は鎌倉初期であった。その原因は既に述べた如くこの頃伊豆に興起せる源頼朝及び東国武家と軍事、交通、信仰等の諸理由を以て密接なる結合を成し遂げたからに外ならない（第六章第二節三参照）。当時走湯山を代表して活躍せる僧侶は「吾妻鏡」の所謂文陽房覚淵・専光房良暹・浄蓮房源延等であった。此等の中大部分の問題は既に第六章第九章等に述べたから省筆し、ここには一般住侶及び堂舎に関する記載を試みることとしよう。

　「吾妻鏡」文治四年十二月十八日及び建久三年正月二十五日等の条に頼朝が走湯山に参詣し当山住侶の蘭次を規定したことが見えている。これは年戒を守り住侶の序次を判然たらしむるに興って力があったであろう。恐らく走湯山別当以下の社僧の職はこの時に設けられたと思われる。即ち「三宝院文書」所収左記文書によってこの推測は是認される。

<small>一密厳院別当職記録
一伊豆山寺走湯山。密厳院の別当職事
（略）爰に鎌倉右大将家天下を始め給しより御崇敬ことに甚し。数々の神領を御寄進ありて神事を興行せ　らる。最初の別当文養房阿闍梨覚淵この密厳院を建立して右大将家の御祈祷を始め置けり。自レ爾このかた東門流の人むね補任しきたる者也。</small>

密厳院については後に述べる。されば鎌倉中期無住法師の撰「沙石集」の浄土房之遁世事に見える一和尚二和尚の左の説話は正に文治年間以前に於ける走湯山住侶の席次を物語るものと解すべきではなかろうか。

<small>伊豆ノ山ニ、浄土房ト云学匠有リケリ。時ノ二和尚ナリ。一和尚ノ老僧重病ヲ受テ、カキリナルヨシ聞キ テ、ユキテトブライケレバ、一和尚申ケルハ、法師ガ死セン事、イカニウレシクオボスランドイウ。思フ　ズニ覚テ、何ゴトトニカ、左様ノ心候ベキトイエバ、一和尚ニ成リ給ワンズレバヨトイイケル。別当モナク　テ、一和尚ヲ別当ノ如ク思エル所仁故ニ、カクイイケルヲ聞テ、モトヨリ道心アル僧ニテ、思ケガサレ タルモ且ハハズカシク覚テ、（略）</small>

走湯山別当の下に属する住僧や大衆の数は極めて多くその勢威近国に並び無き有様であったらしい。「吾妻鏡」建久三年五月八日の条に見ゆる南御堂の後白河法皇御仏事に参加せる僧衆の中鶴岡の二十口に次いで多いのは伊豆山箱根山の各十八口であった。走湯山の大衆に関しては第六章第二節三に述べておいたが、なお此等の大衆が延年舞等を試みたことが「吾妻鏡」仁治元年八月五日の条に示されている。別に走湯山に早くより舞楽が伝えられていたことが同じく「吾妻鏡」建久元年八月十五日の条に見え、当日鶴岡八幡宮の放生

会舞楽には舞童悉く伊豆山より参上したと誌されているのである。
　走湯山神宮寺の堂舎に関する考察を試みれば、前述の如く平安時代に既に幾多の建立を見たけれども興廃あり、結局鎌倉初期の頃は之を主なるもの五堂に纏めることが出来たかと思われる。このことは「伊豆山神社文書」所収の治承六年正月日付頼朝下文に可レ令下早遣中無二違乱一走湯山五堂燈油料五十艘内中喜房船上事、右於二五十艘船一者、為二御祈祷一令レ寄二進五堂一了とあることから推測される。此等の五堂を中心として中喜房・文陽坊・専光坊等の諸坊等の諸坊が所属し、その一坊の坊主が走湯山別当となって五堂即ち神宮寺を支配し神社の祭祀を司っていたのである。勿論鎌倉初期に至っても武家の特別なる帰崇を受け諸堂の新造されるものは多かった。例えば「走湯山上下諸堂目安」によれば正治元年十月十四日両堂棟上、建永元年三月二十二日常行堂棟上、四月十六日法花堂棟上のことが誌され、「吾妻鏡」によれば嘉禄二年十二月二十九日走湯権現の宝殿并廻廊堂舎数十宇焼亡、安貞二年二月三日去夜当山講堂中堂常行堂火災及びその再建のことが記されているが如くである。
　鎌倉中期以後走湯山神宮寺を総称して東明寺と号した様である。そのことは前に引用した「諸寺略記」の走湯山東明寺の用例からも知られるが、なお「伊豆山神社文書」所収元弘三年十二月七日付雑訴決断所牒に伊豆国走湯山東明寺衆徒等申とあり、「集古十種」鐘銘所収の明徳三年十一月二十六日付旧東明寺鐘銘の冒頭に走湯山東明寺鐘銘并序とあることによって疑うべくもない。而して東明寺は鎌倉末期以後所謂上の宮上所と下の宮下所の二所に分れたものの如くである。そのことは右鐘銘の末尾に当時下所権大僧都善忠の連署名が見えている点からも考えられるが、更に「伊豆山神社文書」所収暦応四年正月十八日付僧永承安堵状に上下衆徒云々と誌していることからも判明する。「伊豆山神社文書」にはなお左掲の如き注進状を載せているが、これによって上所の諸堂の景況はよく解るであろう。

　　注進　走湯山諸堂造営之事
　　云々
　　右注進如レ件。
　　　暦応二年七月　日　　　　　　　　　　　　　密厳院

　ここに注意すべきは右文書の差出名に密厳院とあることである。即ち密厳院は走湯山別当であってその史料は「三宝院文書」に数多く見出されるのである。中にも密厳院別当職記録の中には最初の別当文義坊阿闍梨覚淵この密厳院を建立して右大将家の御祈祷を始め置けり、自レ爾このかた東寺門流の人むねと補任しきたる者也と明記されている。されば密厳院は東明寺を代表し別当の立場にあって右暦応二年七月日の上諸堂造営注進状を差出したのである。かくして走湯山神宮寺は鎌倉時代の進行と共に著しく発達し、寺を総称して東明寺と号し、別当密厳院がその上所下所を支配して走湯山権現に奉仕したことが解る。

静岡県『旧版　静岡県史』第三巻・９８１頁
（伊豆山法華種子曼陀羅）田方郡熱海町伊豆山
　竪一尺八寸四分、横一尺三寸一分。絹本着色。中央に蓮台に乗る宝塔を図し、之を花心にして八葉の蓮辨を作り、辨の間に三鈷を覗かせ、之を内院として中院外院を建立する事常の法華曼陀羅の如くであるが、其の円相中の種子を表わすに毛髪の刺繍を以てする事は他に類例を見ない。伝えて尼將軍政子の頭髪という。絵の時代から察すれば此の説もあながちに拒否すべきではないと思われる。（図版二十二参照）

静岡県『旧版　静岡県史』第三巻・９９５〜９９８頁
（伊豆山神社経塚）田方郡熱海町伊豆山
　伊豆山神社は往時は走湯権現とも称し当山派修験の霊場と云えば、ここに経塚のある事は怪しむに足らぬ。本経塚の発見は去る大正十二年九月の大震災に依り、神社裏山の崩壊したるを復旧工事中昭和二年一月偶然に発見したるものである。位置は神社本殿の直背にして発掘物には次の如きものがある。
　銅経筒（一号）鋳製。総高八寸五分、径三寸。蓋は四方に垂れた被蓋で宝珠の紐のものと思われるが紐は欠損している。身には「永久五年丁酉八月四日㊪僧良勝　成祐橘氏」の双鈎体刻文があり、其の基部には八葉の蓮座を作る。尚経筒には紙片付着す。記年名の経筒は他にも例があるが蓋の形式の斯くの如くなるは未だ類例を知らない。
　銅経筒（二号）鋳製厚手。高八寸三歩、径二寸七分。蓋欠。
　銅経筒（三号）鋳製厚手。高六寸七分、径二寸。蓋欠。
　銅経筒（四号）鋳製厚手。高五寸六分、径三寸六分。蓋欠。
　銅経筒（五号）鋳製薄手。下半欠高不明、径四寸。宝珠鈕被蓋。水銀鍍金。
　銅経筒（六号）鋳製薄手。下半欠高不明、径三寸八分。宝珠鈕被蓋。
　銅経筒（七号）鋳製薄手。高不明破損、径二寸八分。円座鈕被蓋。水銀鍍金。
　銅経筒（八号）打物鋲止。高八寸一分、径三寸八分。被平蓋。
　銅経筒（九号）打物鋲止。高八寸五分、径四寸。被平蓋。
　銅経筒（十号）打物鋲止。高六寸四分、径二寸三分。蓋底欠。
　銅経筒（十一号）打物鋲止。高六寸、径二寸三分。饅頭形被蓋。
　土製経筒残欠。素焼赤色。高八寸五分、径三寸六分。蓋欠。
　陶製壺（一号）灰色。堅焼。片張り壺。高一尺一寸、口径六寸。
　陶製壺（二号）灰色。堅焼。片張り壺。口径三寸五分、高七寸六分
　陶製壺（三号）灰色。堅焼。片張り壺。高八寸、径三寸五分。
　陶製壺（四号）灰色。堅焼。片張り壺。高七寸四分、径三寸三分。肩に窯印「正」字を刻す。
　千手観音坐像。銅製。高二寸九分。掛仏の円板より離脱せるもので千手は欠、四臂のみ残。
　網地双鳥鏡。青銅製。径三寸五分。捩菊座鈕。単圏。直角縁。内区網地に双鳥をあらわし、外区に斜格子を作り、鏡面には「□人僧永祐」承安二年十一月十一日藤原景行□□平氏」相州下毛利」の針書がある。
　銅経筒第一号の内面紙片僅かに付着せる以外経巻の名残は何もとどめないが、斯く十二基もの経筒が同時に出土して居る事から察すれば相当大規模の経塚であった事が知られる。且つ発掘の経筒中に永久五年銘があると同時に鏡に承安二年の銘記がある事を思えば、それが一度の埋納で無く数回にわたっての埋納であった事が思われ、銅経筒中打物鋲止の経筒の如きは比較的後の鎌倉期に入っての埋納かと察せられる。（図版二十七参照）

— 304 —

静岡県郷土研究協会『静岡県神社志』第三篇（日本仏書センター刊）
国幣小社　伊豆山神社
　　　　　熱海市伊豆山町上野地鎮座
云々
　祭神　伊豆山神　相殿　伊邪那岐命　伊邪那美命
　例祭日　四月十五日
　由緒　延喜式神名帳に火牟須比命神社とあるは即ち当社である。創祀るは未詳なれども、社伝には神代に属すとなす。特選神名牒には式社考証に拠りて「此社は往昔日金嶽鎮座なりし由走湯山縁起その外にも見え、古書に伊豆乃高嶺ともいうて最も高き山頂なるが、上古猛火常に燃え出、その火光の断えざるより火之峰、許々比乃森など云て、皆火神の神験から起りたる称号ときこゆ、さて中頃山上より四十丁許下りて、新たに御社を建てて中の本宮と称し、山上の社を上の本宮と唱えへ後に又中の本宮より今の地に遷し祀りて新宮と称えへ、伊豆権現、走湯権現など称えることゝなりたるが今に中の本ノ宮の地牟須夫の峰と唱え、、牟須夫明神と云う小祠あるは、旧称の遺れるこというもあらず、又かの日金の本宮をも後に新宮の摂社に遷して若宮と称え、新宮の御子神の如く伝うるは錯れるのである」と記す。この神古来伊豆、箱根一帯の温泉守護神とし、又鎮火の神として中世以還その名殊に高い。社伝に拠れば仁徳天皇勅願所とし給うてより、爾来清寧、敏達、推古、孝徳、後奈良天皇に至る六朝の勅願所となり、伊豆国税三分一の後寄進を亨く、源頼朝源家の再興を本社に祈願し、後志を得て幕府を鎌倉に開くや、最高の崇敬社として、一山の総造営及び奉幣を行いて箱根神社と共に屡々社参をなした。所謂二所詣である。将軍実朝もまた社参すること実に二十九度に及ぶという。当時は数千の院兵を擁して東国一の勢力であった。其後北条、足利、徳川の諸家も崇敬厚く、造営及び奉幣、領寄進をなして、明治維新までは領四里四方、海上見渡す限りを有したと伝う。また皇室の後尊崇も厚く、大正三年、今上陛下、皇太子殿下に在しましゝ時再度御参拝ありて、二株の若松を御手植遊ばされ、同七年には金三万円御下賜の恩命に接す、又皇族の御参拝、御寄進も屡々に及ぶ。而して昭和三年十一月御大典の佳辰には国幣小社に列格仰出されて、御神威彌やが上にもいやちこにまします。
　社　殿　昭和五年十月伊豆地方の震災に当たり、本殿以下その厄に遇い、昭和六年より国費を以て復旧の工事を起し昭和十一年十一月往時を偲ぶ朱塗極彩色、金色燦然たる社殿全く竣工して輪奐の美を極む。
云々

金村五百君和氣命神社

『特選神名牒』３２６～３２７頁
金村五百君和氣命神社稱杉崎明神
　祭神　金村五百君和氣命
　　今按五百君和氣命五百五百村比咩命は其神名を考るに夫婦相並びて稱へたるものにて三島大神の御所縁ある神なるべし而るを景行天皇の御子の五百木之入日子命五百木之入比賣命ますを以て此の御子達を祭るならむと云説も聞ゆれど此御子等の此國に縁由あることなければ取がたし
　祭日
　社格　村社
　所在　（明細帳になし何れの郡村なるや取調舊社名杉崎神社今は奈古谷神社）奈古谷村（田方郡韮山村大字奈古谷）
　　今按式社攷證に下に擧る五百村比咩神社に對して近き邊には此社ばかり所因ある社はみえぬを以て證すべし金村は古く此邊の地名にして今此村の北に金谷と稱する地ある南方二十町許に金谷村あるは舊稱の遺存れる事云迄もなし猶村名の奈胡谷も加奈賀谷の轉訛ならんも知べからずと云るに從ふ

度會延經『神名帳考證』（『神祇全書』第一輯）
〇金村五百君和氣尊神社　奈須浦乎　景行紀、八坂入媛爲妃、生五百城入彦皇子、五百城入姫皇女、舊事紀云、五百木部、天香語山命九世孫若都保命、五百木部遠祖、若都保命、倭得玉彦命子也、姓氏錄、五百木部連、火明命之後也、

伴信友『神名帳考證』（『伴信友全集』第一）
金村五百君和氣命神社
［舊事］五百木部轉香語山命九世孫若都保命五百木部遠祖云々

伴信友『神名帳考』（『神道大系』古典註釋編七・延喜式神名帳註釋）
金村五百君和氣命神社
〇舊事紀、五百木部、天香語山命九世、若都保命、五百木部遠祖、

鈴鹿連胤『神社覈錄』（井上頼囶・佐伯有義校訂『神社覈錄』下編）
金村五百君和氣命神社
　金村は加奈牟良と訓べし、枕詞歟考ふべし、」五百君は伊保岐美と訓べし、和氣假字也、〇祭神明か也〇在所詳ならず

栗田寬『神祇志料』第十二巻
金村五百君和氣命神社

『大日本史』［九］・志一・巻二百五十五
金村五百君和氣命神社、〇今在奈胡谷村、稱杉埼明神者、疑是、按村北有稱金谷地、又南方二十許町有金谷村、蓋舊稱之遺云、

竹村茂雄『伊豆國式社考』（『神祇全書』第四輯）
金村五百君和氣命神社　熊坂に金谷村ありて、熊野宮の古社地あり、

竹村茂正『豆州式社考案』（『神祇全書』第四輯）
金村五百君和氣命神社

萩原正平『伊豆國式社攷略』（静岡県立中央図書館所蔵）
金村五百君和氣命神社
田方郡奈胡谷村鎮座奈胡谷の明神神階帳今稱杉崎神社な里登す攷証註進特選抑當社の神名業已に埋没に垂とせしが特神階帳あるを以てこそ辛して攷証する事を得た里け連此の帳なか里せば何を階梯登して其の堂室尒入里蘊奧を究むる事を得む他社尒ても此の帳ある尓因里て發得するもの其の類少からず是に因里て之を觀連は此の帳の賜物も亦大な里登謂はざるべけむや

萩原正平・萩原正夫『増訂豆州志稿』巻之二下・町村二（長倉書店刊）
〇奈古屋村（［増］西長崎村廿町二間、南韮山町二十八町、北畑毛村十七町二十二間）［増］貳里八町五間〇又作那古谷名越（［増］平家物語巻五文覺流罪ノ條二富國住人近藤四郎國高二仰セテ去古屋中奥ニソ栖居ケルト東鑑二那古谷榔次賴时トアルハ此地ノ人ナラム又神名帳二奈胡谷明神トアルハ所謂杉崎神社ニシテ式内金村五百君和氣命神社ナリ慶長三年檢地帳奈古谷村其他名古屋、名古屋郡古分ノ記載アリ）〇正徳ノ末南北二分ツ［増］明治十一年マタ合シテ一村トナル（或云元禄度分離ス、近頃牧畜ノ設アリ）〇田額北六百貳拾六石壹斗壹升貳合内（新田一石一斗三合三勺）南六百八拾九石四斗五升貳合五勺内（新田一石二斗一升五合八勺）［増］舊國清寺領貳拾石（モト境内七千六百畔ト現今二千九百四十九歩アリ）［増］反別六百四拾六町九反六歩内（田九十九町九反三畝二十六歩、畑二十九町七反六畝十八歩、宅地十一町七反六畝十一歩、山林百五十七町九反二十歩、原野三百七町五反二畝二十一歩）［増］地價金五萬七千九拾八圓拾七錢九厘［増］地租金千四百貳拾七圓四拾六錢七厘［増］社三（村一雜二）寺四（禪）巡査駐在所一［増］戸現住百五拾四現在百五拾五［増］口本籍八百八拾七（男四百三十六、女四百五十一）現住八百七拾四（男四百二十八、女四百四十六）

萩原正平・萩原正夫『増訂豆州志稿』巻之八上・式内神社考並神階帳考緒言（長倉書店刊）
〇金村五百君和氣命神社［増］神階帳正四位上奈胡谷の明神［増］田方郡奈古谷村杉崎神社ナル可シ

萩原正平・萩原正夫『増訂豆州志稿』巻之八下・神祠二・田方郡（長倉書店刊）
〇奈胡谷明神（奈古谷村）［増］村社奈古谷神社祭神金村五百君和氣命ナル可シ［増］式内金村五百君和氣命神社ナル可シ（前記）按ルニ金村ハ往古此地ノ總稱ニシテ村名ノ奈古谷ハ加奈ガ谷ノ轉訛ナラム乎今尚村北二金谷ノ地名存ス〇神名記ニ見ユ今杉崎明神ト稱ス式社ナル可シ鎌倉大草子ニハ國清寺ノ伽藍神ノ内二載ス蓋盛時伽藍神トセシ歟、今、兩村（［増］元南北兩村二分ツ）共二祀ル［増］明治十一年社號ヲ改ム［増］境内社二（一ハ幡。一ハ來宮、吾妻、稲荷是貴船、神

明ヲ合祀ス［増］鎌倉大草子ニ國清寺鎭守ノ社ノ内ニ又宮明神、四阿山權現［即吾妻也］ヲ載ス此二祠近年遷祀ス〇木宮在南、本兩村ノ土神ニシテ甚古社也杉崎明神ノ行宮ナリト云［増］八百八十二坪官一）

菅原久高『伊豆國九十二式社祭神記』（『全國神職會々報』第二十二號）
金村五百君和氣命神社　韮山村奈古谷鎭座村社奈古谷神社なり
　　祭神　金村五百君和氣命

吉田東伍『増補大日本地名辞書』第五巻・１０３９頁
奈古屋　今韮山村の管内にて、原木の東なる山山とす、東鑑に那古谷橘次頼時とあるも此地の在名に外ならず。〇増訂志稿云、源平盛衰記に「僧文覚配流の後籠居したる処をば、奈古屋寺と云、本尊は観音大悲の霊像也、効験無双の薩埵なれば、国中の貴貴賤参詣ひまなし」云々、平家物語に「其後文覚をば当国の住人金銅四郎国隆に仰せて、名古屋が奥にぞ住ませける」云々、奈古屋寺は法号を安養浄土院と云ふ、蓋文覚が頼朝に請て重脩し、寺号を授福寺と改めしなるべし、近世野焼に焚かれ廃しぬ、今唯金剛門院存す、金剛の像は雲慶修飾すと、之を視るに古様他に異なり、門傍瑞龍山の三字は寧一山の書とす、毘沙門堂は此寺の鎮守なりしが、今は国清寺に属す、国清寺を距る十余町の山中に在り。箱根山縁起云、寿永年中、源頼朝有瑞夢、乃令文覚於豆州奈古谷、建多聞堂一宇。長門本平語云、北条蛭が島の辺に、奈古屋が崎と云ふ所に、名護屋寺と霊地おはします、文覚草堂を建て、毘沙門の像を安置し、平家を呪咀しけり。
補［奈古谷］〇増訂豆州志稿、奈古谷村、東鑑に那古谷橘次頼時とあるは、此地の人ならむ。又神名帳に奈胡谷明神とあるは、所謂杉崎神社にして、式内金村五百君和気命神社なり、奈古谷明神、鎌倉大草子に国清寺の伽藍神として記録したり。

吉田東伍『増補大日本地名辞書』第五巻・１０３９頁
国清寺　増訂志稿云、国清寺は寺説に、康安元年の比、畠山道誓国清、修善寺城に籠りける時建てられしが、応安元年、上杉民部大輔憲顕、越後上野伊豆三州を領せし時、営造して大伽藍とし、勅賜仏真禅師（諱は妙謙）を開山初祖とす、殿閣壮麗比類少かりき、鎌倉大草子に国清寺は上杉兵庫頭憲房の為め、子息民部大輔憲顕建立す、遂に升せらて関東十刹に列しぬと、延徳中伊勢新九郎長氏の当国を取りし頃より、是寺衰微したり、総門の額天長山は明人周伯温の書にて、仏真禅師之に謝する詩あり、
　　伯温声価重扶桑、遠慕其風望大方、鯨浪吹雲三万里、天長山上墨痕香、
而も現在の額は伯温に非ず、勅賜仏真禅師の六字額なり、是れ寺伝に後花園帝の勅筆なりと、当寺昔の総門は十余町距て名のみ存し、蓮池の跡今は田となれりとぞ、空華集に「本源叟住国清山門疏、本寺乃高雄上人旧宅也、記曰後百年当有□身大士、興仏法于此地矣、通来上杉戸部少卿、革律為禅、遂拝仏国上足無礙謙公、為開山祖、惟公勤労土木幾三十年、蔚成叢林、及茲前記験矣、而公大功不宰、退居東庵之明年春、請于官入諸山之列、仍法弟源叟本公為第二世、代而主之、可謂公矣、云々」され共文覚の旧宅と云ふは違へり、文覚の草庵は此より十余町山中、護摩石のある処是也、鎌倉大草子、応永廿三年十月、上杉禅秀氏憲が叛逆の条に「持氏、憲基（上杉）不叶して落させ玉ふ、云々、御跡より参る人々御所の御行末を知らず、唯伊豆名古屋の国清寺に御座の由披露ありければ、宗徒の人々皆国清寺へ馳集る、敵も名古屋に御座とや思ひけん、狩野介并に伊豆奥の兵共、走湯山の大衆を語らひ、大勢にて同十日国清寺に押寄ける、寺中は御奉公の面々、佐竹の手の者、都合百余人には不過、矢軍に時を移す、然りと雖早寺中矢種つき、敵は持楯をつき武士と大衆入代り火を掛け攻しかば、憲基は夜にまぎれ落玉ふ、木部将監満範を初として二十一人、高櫓に上り一同自害して失にけり」云々と、又同書に「永享十一年、上杉安房守（憲実）は名越の国清寺に於て、子息二人と共に出家となり、兄をば徳丹、弟をば周清と名く」云々、北条盛衰記曰、北条早雲は堀越の御所を討取て、威勢弥盛りければ、近辺皆其下知に随ふ、其より又狩野助を責むる、狩野介打負け、名越の国清寺にてぞ自害しけむ、云々。〇国清寺今も臨済宗の中本寺格、五十八箇の末寺を属せしむ、鎌倉佐介谷にも往時国清寺あり、伊豆の別院なりしと。鎌倉大草子に「国清寺の鎮守の社は、文殊明神、来宮明神、杉崎明神、鷲明神、四阿山権現を崇め、又上杉代々武州の守護にてありし故にや、武州府中六所大明神をも此寺の内に勧誘して社壇あり」云々。此杉崎明神を神階帳に奈胡谷明神と云ひ、即式内金村五百君和気命神社かと、或書に論ず。
補［国清寺］〇増訂豆州志稿、天長山国清寺奈古谷村にあり、もともと末寺三百余院ありきと云ふ、今五十八寺を有し中本寺格也。

邨岡良弼『日本地理志料』巻十三・伊豆国田方郡
茨城　訓闕、按依常陸茨城郡例、當讀ス牟波良岐、下總又有茨城郷、伊呂波字類抄、荊、薋、蒺藜、皆訓牟波良、草木部、薔薇同訓、爾雅釋草、茨、蒺藜也、本草經、蒺藜、其刺傷人甚疾而利也、今俗曰伊婆良、又省曰婆良、名義見常陸國疏證、」姓氏録、茨木造、天津彦根命之後、神代紀同、舊事本紀、以彦根命孫筑紫刀禰、爲茨城國造、言常陸茨城郡也、其裔分處下總及本州、因名地焉、神名式載田方郡荒木神社本國神名帳同、今在原木村、稱原木明神、盖其祖廟也、越後原木郷、注阿良岐、下總茨城郷、今作小原子村、茨、荒、原、一聲相通、」東鑑治承四年、源頼朝襲山木兼方條、取路蕀木、北至肥田原、圓成寺曆應二年文書、田方郡原木村、北條分限帳、慶長二年檢地帳同、豆州志云、茨城方廢、原木村存、按圖亘北條、原木、肥田、新宿、塚本、仁田、長崎、奈古屋、柏谷、畑毛、平井、大土肥、間宮諸邑其故區也、」按東鑑元曆元年條、以伊豆國糠田郷、寄三島社、今原木村有糠田地、姓氏錄云、額田部氏、與茨城國造同系、亦居此、東鑑、曾我物語、有北條郡増鏡云、平時方居北條郡、因氏焉、其孫時政、與源賴朝有姻、執幕府政、九葉世襲、玉海有馬宮莊、東鑑作寺宮誤、三島社治承建武文書有長崎郷、神鳳抄有塚本御厨、文祿檢地帳作塚本郷、皆著邑也、」祀典所謂砂村五百君和氣命神社、在奈古屋村、稱杉埼明神、村有國清寺、康安中、畠山國清所建、居關東十刹之一、見鎌倉大冊子、

静岡県田方郡役所編『静岡県田方郡誌』５０２～５０４頁（長倉書店刊）
本郡に於ける古神社の史乘に顯はれたるは、延喜式神名帳と伊豆國神階帳とを其完備せるものとす。前者は平安朝の初期、後者は南北朝時代に現在せる宮社を記載せるものなり。而して此等所載の神社は、引續き現存せるものなりや否や、今日に之を考定するは頗る至難の事に屬す。然れば先進各考説を異にし、甲是乙

非にて、必ずしも一定せず、是を以て、此書には伊豆國式社考證の著者故萩原正平氏の説に從ひ之を表示す。
　　云々
　　延喜式神名帳所載社名　　金村五百君和氣神社（田方）
　　神　階　帳　所　載　社　名　　正五位上　奈胡谷の明神
　　現　　在　　社　　名　　村社　奈古谷神社？
　　所　在　地　（舊　制）　田方郡奈古谷村
　　所　在　地　（現　制）　韮山村奈古谷

足立鍬太郎『南豆神祇誌』３７～４３頁（静岡縣賀茂郡神職會）
　　延喜式卷九に載せた伊豆國神名帳は次の如くである。　但所在地は萩原正平著伊豆國式社考略に私考を加へて註記す。
　　　　伊豆國九十二座　　大五座小八十七座
　　　　　賀茂郡四十六座　　大四座小四十二座
　　　　　　云々
　　　　　田方郡廿四座　　大一座小廿三座
　　　　　　云々
　　　　　金村五百君和氣命神社　　　　　　　　　　韮山村奈古屋
　　　　　　云々

足立鍬太郎『南豆神祇誌』７５～７７頁（静岡縣賀茂郡神職會）
　　伊豆國神階帳は、群書類從二三に、康永二年辛亥(興國四年)十二月廿五日在廳判の奥書あるものを、在廳伊達某藏本から寫して收めてある。伊達家に現藏するものは鳥子紙續にて後世の寫本である即ち尾張のより二十年許前のものである。在廳とは、中古國衙の廳にあり、國司の命を奉じて事務を行ふ下司であったが、多くは世職だから其の稱呼を傳へて居たのだ。先づ左に其の全文を掲げよう。
伊豆國神階帳　　式社の配當は萩原正平の意見に據る
　　　伊豆國三ケ郡神明帳事
　　　正一位三島大明神
　　　　云々
　　　正四位上奈胡谷の明神　　金村五百君和氣命神社
　　　　云々

静岡縣『旧版 静岡縣史』第三巻・７１１～７２３頁（名著出版刊）
【賀茂郡四十六座大四座小冊二座】
云々
【田方郡二十四座大一座小廿三座】
云々
（金村五百君和氣命神社）
　　原祭神は金村五百君和氣命。原所在は田方郡韮山村奈古谷字宮原か。現在社は同所の奈胡谷神社か。
云々

白浪之彌奈阿和命神社

『特選神名牒』３２６頁
白浪之彌奈阿和命神社
　　祭神
　　祭日
　　社格　（明細帳上多賀村なし谷田村に多賀神社あり右ならんか無格社）
　　所在　上多賀村（田方郡多賀大字上多賀）
　　今按式社攷證に國圖に君澤郡重寺村の處に記され延喜式攷異に按國圖有彌奈阿波島と見えたるが此村海中に淡島と云一巖島有て頂上に辨天と稱する小社ありと云ひ又一説に駿河國駿東郡香貫村に在て豆志に大朝神社なりと云る社ならむか其は神階記にタムカイの明神と有て此海濱の舊地名タムカイと云し由なれば此なるべきか又君澤郡谷田村小山鎭座多賀明神ならむか豆志に多賀神社又田川神社と稱す田河は多賀也神階記に所謂タムカイは美奈阿和を轉倒して字音に唱たる稱なるが現今當社の神名を或はタムガと稱し或は田川と稱するは皆タムカイの轉訛と聞ゆ斯て神號の白波は彌奈阿和へ係る冠辭彌奈阿和は御社の川流近く鎭座なるより例の實地の形勝に因て負せたる也と云るなど何れも明證と云難し又上多賀村鎭座多賀神社にには非じかと思ふ因り村名の多賀は彼タンカイより起たる稱と思はれ社地の海濱に近きと海上より憑來玉へると云社傳の白波云々の神號に合ひ又寛永の上梁文に祭神を阿波神社と記したる小緣ならず聞ゆと云るはいと由あり縣の註進狀にも此地と定めたれば今之に從ふ

度會延慶『神名帳考證』（『神祇全書』第一輯）
○白波之彌奈阿和命神社　今伊豆權現下宮、去上宮五町許在海濱、故呼濱宮　日本紀云、沫蕩命生伊弉諾尊、沫蕩此阿和那伎、

伴信友『神名帳考證』（『伴信友全集』第一）
白波之彌奈阿和命神社
波一本及秘釋作浪○今伊豆權現下宮去上宮五町許在海濱故曰濱宮［神代記］沫蕩尊

伴信友『神名帳考』（『神道大系』古典註釋編七・延喜式神名帳註釋）
白波之彌奈阿和命神社
○今伊豆權現下宮、去上宮五町許、在海濱、故曰濱宮、○神代紀、沫蕩尊、
　1（頭註一）波、一本及秘釋作浪、
　　（頭註二）国云、シケテラ村ノ島ニ坐、
　　（附箋）和、一本古本作知、

鈴鹿連胤『神社覈録』（井上賴囶・佐伯有義『神社覈録』下編）
白波之彌奈阿和命神社
　白波之は志良奈美乃と訓べし、枕詞也、」彌奈阿和は假字也、○祭神明か也○シケテラ村に在す、國圖例祭
　　考證云、今伊豆權現下宮、去上宮五町許在海濱、故呼曰濱宮、

栗田寛『神祇志料』第十二巻
白波之彌奈阿和命神社、今下多賀村にあり、多賀神社と云。式社考證、足柄縣式社取調帳○按一説多賀は彌奈阿和の字音皆淡を顚倒して、タムカイと云ひしが、タガと轉りしにて、白波は、水淡の冠辭なりと云り。

『大日本史』［九］・志一・巻二百二十五
白波之彌奈阿和命神社、○今在賀茂郡上多賀村、本社棟札云、阿波命神社、蓋是、

竹村茂雄『伊豆國式社考』（『神祇全書』第四輯）
白波之彌奈阿和命神社　三島白瀧なうんか、

竹村茂正『豆州式社考案』（『神祇全書』第四輯）
白波之彌奈阿和命神社
　江梨村大瀬神社ニテ、神階唉ノ瀬ノ明神ニアラザルカ、サテ御神名ハ阿和命ナルニ、白波之彌奈テフ稱辭ヲ冠ラシタルニテ、則阿波咩命ト御同神ナランカ、其由ハ彼神社ノ御神威ノアラ〲シクイチジルシク坐マスガ、阿波神ノ承和七年ノ御神異ニ思ヒ合サレ、又彼社ノ緣起ニ、爲朝ノ事ヲ載タルハ、此神社ハ海島ノ神ヲ勸請シ奉リシ由ノ説アルヲ以テ、附會セシニハアラザルカト思ヘレバ也、和ト波トカナノタガヘルハ、若クハ阿波咩ノ波モ和ニハアラザルカ、サレド猶熟考セシニモ非ズ、サモヤト思ヒエタルマヽヲ試ニ記スノミ、又三島ノ白瀧重寺ノ淡島ナドニモヤアラザルカトモ思ヘレド、未ダイヅレモ確乎タル證ヲ得ズ、

萩原正平『伊豆國式社攷略』（静岡県立中央図書館所蔵）
白波之彌奈阿和命神社
　同郡上多賀村鎭座たんかいの明神神階帳今稱上多賀神社舊稱日少宮なる可し攷証の一説註進特選續攷今云ふ當社の祭神を寛永度の上棟文尓賀茂郡阿波命登記せるは舊彌奈阿和命なり登云へ類傳のありしを既く郡界の錯雜る尓心着ずかの比咩命尓附會せるならむも知るべからず又君澤郡谷田村多賀神社尓は非じか登思ふ説あ里未准據を得ず登雖参攷のた免記しおく

萩原正平・萩原正夫『増訂豆州志稿』巻之二上・町村一（長倉書店刊）
○重寺村［増］東驛ノ口野村十六町二十間、南小海村十町四十五間、［増］四里拾町廿六間○コノ村駿州口野村ニ隣ル界浦ニシテ内浦西浦道ノ始メナリ此ヨリ下重須ニ至ルミナ漁業ヲナス［増］本村ハ海ニ瀕シテ部落ヲナシ居民概ネ漁ヲ以テ生業トナス村ノ西陸ヲ去ル數町ニ淡島アリ高拾町周回貳拾五町全島巉巖絶壁頂上淡島神社ヲ鎭祭ス眺望絶佳ナリ近者樹木ヲ伐採シテ頗風致ヲ損ストイフ。

○田額貳拾七石六斗三升七合[増]反別七拾八町壹反貳畝拾七歩内（田三反三畝二十五歩、畑五町四反五畝十五歩、宅地一町一反八畝十一歩、山林六十三町四反四畝二十三歩、原野七町一反八畝三歩、雑種地五反二畝歩、[増]地價金千五百貳拾圓貳拾三錢七厘[増]地租金三拾八圓八厘[増]社二（村一雜一）寺一（禰）[増]戸現住七拾貳現在同上[増]口本籍四百五拾貳（男二百三十、女二百二十二）現住四百四拾壹（男二百二十五、女二百十六）

萩原正平・萩原正夫『増訂豆州志稿』巻之八上・式内神社考並神階帳考緒言（長倉書店刊）
○白波之彌奈阿和命神社[増]神階帳從四位上多の明神[増]同郡上多賀村多賀神社ナラム乎神階帳多の明神ハ賀ノ字ヲ脱漏セルナラム（熱海ノ湯明神ノ次ニ列ネタルニ就テモ爾思ハル也又多ノ明神ヲ下多賀村下多賀神社ニ當テタル一説アリ）國圖、延喜式考異等ニ君澤郡重寺村ニ當テタリ縁故ナキニ非ズ

萩原正平・萩原正夫『増訂豆州志稿』巻之八上・神祠一・君澤郡（長倉書店刊）
嚴島神社（同村）○辨天[増]淡島ノ嶺ニ鎮座ス寶永五年重修ス（此時江戸和泉屋仁平次ヨリ辨天、大黒毘沙門ノ古像ヲ納ムト之ヲ遠志其他ニ見ユ）當社ヲ國圖其他ニ式内白波之彌奈阿波命神社ニ當テタリ（前記）社域ノ形象ニ適スル考説ナレバ録シテ後考ニ備フ（[増]七十三畝民一）

萩原正平・萩原正夫『増訂豆州志稿』巻之九上・神祠三・賀茂郡（長倉書店刊）
○日少宮（上多賀村）[増]村社多賀神社祭神不詳[増]式内白波之彌奈阿和命神社ナラム乎（前記）寛永中ノ上梁文ニ阿波命神社ト記セルハ神名ノ相似タルヨリ謬レルナル可シ（阿波神社ハ式賀茂郡ニ載ス此地往昔田方郡ニ屬ス）○往昔村西山中ニ山王ノ祠アリ近世日ノ御影ト稱スル木像海濱ニ漂着シタルヲ取上ゲ（[増]其取上ゝ地ヲ神ノ道ト云今尚神輿ヲ奉ジテ海濱ニ於テ祭ル式アリ）山中山王ノ祠ヲ此ニ引テ木像ヲ納メ又伊弉諾、伊弉册二尊像ヲ造リ總テ日ノ少宮ト號ス山王ハ劫テ末社トナリテ留守居ノ神ト云山中ノ舊址ニ影降石存スルノミ（伊豆納符、禰宜野田氏）[増]境内社七（稲荷[天神ヲ合祀]八坂[金山ヲ合祀]水神、祖子神、日月ノ社、八幡、道祖神[増]千四十九坪官一）

萩原正平・萩原正夫『増訂豆州志稿』巻之九上・神祠三・賀茂郡（長倉書店刊）
○松尾明神（下多賀村）[増]村社下多賀神社祭神不詳○本多賀大社ト云里人云江州犬上郡多賀神社ト同神也トサレバ伊弉諾尊ヲ祀ル也按ズルニ神名記ニ熱海湯ノ明神ノ次ニ多の明神ヲ載ス即此神ナル可クシテ脱賀字也昔ハ多賀兩村ノ總鎮守ニシテ大祠也末社四十アリシヲ皆近村ニ移ス寛文十一年上梁文ニ云大明神多賀郷中村ト又神屋敷ノ地名ハ昔神官坊ノアリシ處ト云（[増]慶長六年札アリ）[増]境内社二（一ハ琴平、水神、砲宿神ヲ合祀一ハ秋葉、天神、庚申ヲ合祀[増]七百二十九坪官一）

菅原久高『伊豆國九十二式社祭神記』（『全國神職會々報』第二十二號）
白波之彌奈阿和命神社　多賀村上多賀鎮座村社多賀神社なり
　　祭神　白波之彌奈阿和命

吉田東伍『増補大日本地名辭書』第五巻・１０４６頁
重寺　今内浦村の管内とす。○増訂志稿云、重寺村の陸岸を去ること数町に淡島あり、高拾町、周囲貳拾五町、全島巉巌絶壁、頂上に淡島神社を鎮祭す、眺望絶佳なり、近者樹木を伐採して、頗風致を損す、本村より南重須村に抵りて港湾をなす、所謂三津湊なり、居民専浦の漁獵を以て生業となす。（一説、淡島神社は式内白波之水沫命神社ならんと云へり）

邨岡良弼『日本地理志料』巻十三・伊豆国田方郡
久寝　訓闕、按當讀云久須美、盖國隅之義、在州之東北隅、故名、按大隅襧寝郷、訓泥志米、上總夷灊郡訓伊志美、上野男信郷、訓奈萬之奈、出雲惠曇郷、訓會登毛、凡屬古韵第七部第八部者、麻行相轉、是地名用字之例也、國單曰久、吉野國栖訓久須、山城國背訓久世、即是、」神名式、田方郡久豆彌神社、本國神階帳作熱海湯明神、今在賀茂郡熱海村、稱湯前明神、祀少彦名命云、湯前盖訛湯泉者、東鑑作久津美莊、曾我物語作菌美莊、菌盖俗楠字、伊東家譜、工藤維職、補伊豆押領使、居伊東郷、領伊東河津宇佐美三處、號葛見莊、豆州志云、久寝方廢、葛見莊存、領伊豆山、熱海、初島、上多賀、下多賀、網代、諸邑、隸賀茂郡、是其地也、」祀典所秩白波之彌奈阿和命神社、在上多賀村、火牟須比神社、在伊豆山村、東鑑稱伊豆權現、又走湯大神、源賴朝尤崇奉之、傳言、古在日金山上、後遷今地、日金、萬葉集稱伊豆高嶺、相摸集、金槐集、太平記、稱伊豆御山、盖一州之望也、」熱海、東鑑作阿多美郷、準后親房記引風土記、太古大名持少名彦名二神、憫民夭折、始制禁厭藥餌湯泉、伊豆神湯即其一也、坴涌有時晝夜各三次、將涌聲如怒雷、愈鳴愈涌其所衝激、如砲釋機、疊石防之、勢益怒、側作木溝道之、須叟百餘戸浴槽皆滿、神湯之名不虛矣、熱海郷、見義堂日工集、宗長記、東國紀行、北條分限帳、有溫泉寺、傳言、藤原藤房遁世居此、大日本史以爲誣妄、姑附備考、」初島、古者波都岐
命所居、因名、金槐集所詠沖小島是也、」按一説、久寝、今入駿河郡、稱久根村、是不知寝音須美者、可謂瞽説矣、

静岡県田方郡役所編『静岡県田方郡誌』５０２～５０４頁（長倉書店刊）
　本郡に於ける古神社の史乘に顯はれたるは、延喜式神名帳と伊豆國神階帳とを其完備せるものとす。前者は平安朝の初期、後者は南北朝時代に現在せる宮社を記載せるものなり。而して此等所載の神社は、引續き現存せるものなりや否や、今日に之を考定するは頗る至難の事に屬す。然れば先進各考説を異にし、甲是乙非にて、必ずしも一定せず、是を以て、此書には伊豆國式社考證の著者故萩原正平氏の説に從ひ之を表示す。
　　云々
　　延喜式神名帳所載社名　　白波之彌奈阿和命神社（田方）
　　神 階 帳 所 載 社 名　　從四位上 多の明神
　　現　　在　　社　　名　　村社 多賀神社？
　　所　在　地（舊　制）　　賀茂郡上多賀村
　　所　在　地（現　制）　　多賀村上多賀

足立鍬太郎『南豆神祇誌』３７～４３頁（静岡縣賀茂郡神職會）
　延喜式卷九に載せた伊豆國神名帳は次の如くである。但所在地は萩原正平著伊豆國式社考略に私考を加へて註記す。
　　　　伊豆國九十二座　　大五座小八十七座
　　　　　賀茂郡四十六座　　大四座小四十二座
　　　　　　云々
　　　　　田方郡廿四座　　大一座小廿三座
　　　　　　云々
　　　　　　白波之彌奈阿和命神社　　　　　　　　　多賀村
　　　　　　云々

足立鍬太郎『南豆神祇誌』７５～７８頁（静岡縣賀茂郡神職會）
　伊豆國神階帳は、群書類從二三に、康永二年辛亥(興國四年)十二月廿五日在廳判の奥書のあるものを、在廳伊達某藏本から寫して收めてある。伊達家に現藏するものは鳥子紙二枚續にて後世の寫本である即ち尾張のより二十年許前のものである。在廳とは、中古國衙の廳にあり、國司の命を奉じて事務を行ふ下司であったが、多くは世職だから其の稱呼を傳へて居たのだ。先づ左に其の全文を掲げよう。
伊豆國神階帳　　式社の配當は萩原正平の意見に據る
　　伊豆國三ケ郡神明帳事
　　正一位三島大明神
　　　云々
　　從四位上多明神　　白波之彌奈阿和命神社
　　　云々

静岡縣『旧版 静岡縣史』第一巻・２８７頁（名著出版刊）
　次に多賀村に入りては下多賀神社境内より土器・石匙・磨製石斧を出し、上多賀字大渡にはその地で發見された石棒がある。而してこれは粗製のもので、南豆にあるそれらと同一形式である。

静岡縣『旧版 静岡縣史』第一巻・３３１～３５１頁（名著出版刊）
　　　　　静岡縣石器時代遺蹟遺物一覧表
云々
　　　　伊　豆　國
　　　　　一　田　方　郡
云々
多賀村上多賀・大渡　　　　　　　　　　　　石棒
　　下多賀・多賀神社境内　　　　　　　　　土器　石匙　磨石斧

静岡縣『旧版 静岡縣史』第三巻・７１１～７２３頁（名著出版刊）
【賀茂郡四十六座大四座小卌二座】
云々
【田方郡二十四座大一座小廿三座】
云々
（白波之彌奈阿和命神社）
　　原祭神は白波之彌奈阿和命。原所在は田方郡多賀村上多賀字宮脇か。現在社は同所の多賀神社か。
云々

金村五百村咩命神社

『特選神名牒』３２７頁
金村五百村咩命神社
　祭神　金村五百村咩命
　祭日
　社格　郷社
　所在　仁田村（田方郡函南町大字仁田）

度會延經『神名帳考證』（『神祇全書』第一輯）
〇金村五百材咩命神社

伴信友『神名帳考證』（『伴信友全集』第一）
金村五百材咩命神社
〇材印本作村　上ニ金村五百君和氣命アリ和氣ト咩ト對ス又按材ハ比ノ誤歟[志]仁田村ニ初姫明神坐ス昔ヨリ武社也ト云傳フ或云金村五百村比咩命ニシテ[神名記]ノナツ姫明神歟ナトハト假字似タリ

伴信友『神名帳考』（『神道大系』古典註釋編七・延喜式神名帳註釋）
金村五百材咩命神社
〇信友云、上ニ金村五百君別命アリ、和氣ト咩ト對ス、●又材ハ比ノ誤カ、△志ニ、仁田村ニ初姫明神坐ス、昔ヨリ式社也ト云ヒ傳フ、或云、金村五百村比咩命ニシテ、神名記ノナツ姫明神カ、ナトハト假字似タリ、

鈴鹿連胤『神社覈錄』（井上賴圀・佐伯有義校訂『神社覈錄』下編）
金村五百材咩命神社
　金村は前に同じ、五百村咩は伊保牟良比賣と訓べし、〇祭神明か也〇在所詳ならず
　　伊豆志に、仁田村ニ初姫明神坐ス、昔ヨリ式社也ト云ヒ傳フ、或云、金村五百村比咩命ニシテ、神名記ノナツ姫明神カ、ナトハト假字似タリ、〇伴信友云、上ニ金村五百君和氣命アリ、和氣ト咩ト對ス、

栗田寛『神祇志料』第十二巻
金村五百材比咩神社、〇按本書材を材に作る、今一本に从ふ、上に金村五百君和氣命あるに據るに、材は蓋君の省音也、姑附て考に備ふ。今仁田村に有、初姫明神と云ふ。　豆州志〇按伊豆神階帳、那都姫明神あり、那波音近し、初姫那都比咩、蓋同神也、凡其祭九月十五日を用ふ。　足柄縣式社考證

『大日本史』[九]・志一・巻二百五十五
金村五百村咩命神社、〇村咩之村一作材、今在仁田村、日初姫明神、

竹村茂雄『伊豆國式社考』（『神祇全書』第四輯）
金村五百村（比ｶﾋﾒ・材ー本）咩命神社

竹村茂正『豆州式社考案』（『神祇全書』第四輯）
金村五百村咩命神社一本百ノ下村ヲ材トアルニヨルベシ、又咩ノ上比ヲ脱セルカ、
　　右二座ハ御夫妻カ、御兄弟ノ神ニシテ、必相近ニ鎮座アルベシ、サテ今ソレニモヤ思ヒヨル説ヲ試ニイハバ、金村ハ地名ニテ、ソヲ金筒谷ト訛リ、又後ニ筒ヲ省テ金谷ト云シニハ非ルカ、又ハ金谷村ト云シヲ、材ノ字ヲ普通ノ村名ニ添テミヘル村ト同ジキモノト心得テ、後ニハ省キテ云コトトナリシナランカ、サラバ奈古谷村金谷ニ、イマ金山ト稱スル神社、瀧山金谷瀧山元一村ナルコト上ニモ云ヘリノ天神ノ兩社ナランカ、或ハ豆志ノ説ノ如ク、一座ハ仁田初姫神社ニテ、一座ハ奈古谷ナランカ、又ハ熊坂村金谷ニ、土神ノ舊社地アリ、牧郷ノ神社舊社ナルカ、同村ノ舊名狩野牧ト云シハ、金ノ訛言ニテ、此兩村ノ神社ナランカ、上件ノ諸説未ダ當否ヲ知ラズ、只試ニ述ルノミ、

萩原正平『伊豆國式社攷略』（静岡県立中央図書館所蔵）
金村五百村咩命神社
　田方郡仁田村鎮座た者らの明神神階帳今稱初姫神社な里登須改証註進特選續攷蓋神名の五百村咩は五百都比咩の錯誤尓て其の五百都比咩即轉りて初姫登はな里た類な免里如此訛なからも正名を云ひ傳へたるはい登珍らし

萩原正平・萩原正夫『増訂豆州志稿』巻之八上・式内神社考並神階帳考緒言（長倉書店刊）
〇金村五百村賣神社[増]神階帳從四位上たはらの明神[増]田方郡仁田村初姫神社ナル可シ

萩原正平・萩原正夫『増訂豆州志稿』巻之八下・神祠二・田方郡（長倉書店刊）
〇初姫明神(仁田村)[増]郷社（兼村社）初姫神社祭神金村五百都比咩命ナル可シ[増]式内金村五百村社命神社ナル可シ(前記)蓋シ五百村咩ハ五百都比咩ノ錯誤ニシテ初姫ハ五百都比咩ノ轉訛ナラム社邊ニたはら(或稱御田原)ノ地名アリ神階帳たはらの明神ナル可シ〇昔ヨリ式社ト云傳フ或ハ云金村五百村社命ニシテ神名記ノなつ姫明神是レナリト。なは國字形相似タリ（[増]神名記なつ姫明神ニ富富テタルハ諾ヒ難シ〇宣命使權松氏）〇末社二（現今ハ一祠ニ神明、床浦、山神、八幡、稲荷、八坂、王子、御嶽、金山ヲ合祀ス[増]千百五十二坪官一）

菅原久高『伊豆國九十二式社祭神記』（『全國神職會々報』第二十二號）
金村五百村咩命神社　函南村仁田鎮座郷社初姫神社なり初姫明神と稱す
　祭神　金村五百村咩命

吉田東伍『増補大日本地名辞書』第五巻・１０３８頁
仁田　又新田に作る、今函南村の館内とす、間宮と原木の間にして、名高き仁田四郎常忠の故里とす。仁田を物語ニタンと唱ふるは古訓にや、又読癖にや、今はニツタと唱ふ。東鑑に新田、仁田混用するを見れば、本義はニヒタにて、ニタンは本訓にはあらず。増訂志稿云、仁田の初姫明神は、式内金村五百姫社にあら

ずや。
補［仁田］〇［重出］増訂豆州志稿、仁田村、伊豆名跡志に云、此処は仁田四郎常忠の居住の所也、昔はニハ原村と云ひしとかや、常忠の武勇の徳盛なる故にや、仁田名字世に流布して、いつとなく仁田村と云ふと、然れども東鑑すでに仁田・新田の称あるを思ふに、却て仁田の方や旧ならむ。

静岡県田方郡役所編『静岡県田方郡誌』５０２～５０４頁（長倉書店刊）
　本郡に於ける古神社の史乗に顯はれたるは、延喜式神名帳と伊豆國神階帳とを其完備せるものとす。前者は平安朝の初期、後者は南北朝時代に現在せる宮社を記載せるものなり。而して此等所載の神社は、引續き現存せるものなりや否や、今日に之を考定するは頗る至難の事に属す。然れば先進各考説を異にし、甲是乙非にて、必ずしも一定せず、是を以て、此書には伊豆國式社考證の著者故萩原正平氏の説に從ひ之を表示す。
　云々
　　延喜式神名帳所載社名　　金村五百村咩命神社（田方）
　　神階帳所載社名　　　　　從四位上　たはらの明神
　　現　在　社　名　　　　　郷社兼村社　初姫神社？
　　所　在　地（舊　制）　　田方郡仁田村
　　所　在　地（現　制）　　函南村仁田

足立鍬太郎『南豆神祇誌』３７～４３頁（静岡縣賀茂郡神職會）
　延喜式卷九に載せた伊豆國神名帳は次の如くである。　但所在地は萩原正平著伊豆國式社考略に私考を加へて註記す。
　　　　伊豆國九十二座　　大五座小八十七座
　　　　　賀茂郡四十六座　　大四座小四十二座
　　　　　　云々
　　　　　田方郡廿四座　　大一座小廿三座
　　　　　　云々
　　　　　　金村五百比咩命神社　　　　　　　　　　　函南村仁田
　　　　　　云々

足立鍬太郎『南豆神祇誌』７５～７７頁（静岡縣賀茂郡神職會）
　伊豆國神階帳は、群書類從二三に、康永二年辛亥（興國四年）十二月廿五日在廳判の奥書あるものを、在廳伊達某藏本から寫して收めてある。伊達家に現藏するものは鳥子紙二枚續にて後世の寫本である即ち尾張のより二十年許前のものである。在廳とは、中古國衙の廳にあり、國司の命を奉じて事務を行ふ下司であったが、多くは世職だから其の稱呼を傳へて居たのだ。先づ左に其の全文を掲げよう。
伊豆國神階帳　　式社の配當は萩原正平の意見に據る
　　伊豆國三ケ郡神明帳事
　　正一位三島大明神
　　　云々
　　　從四位上たわらの明神　　金村五百比咩神社
　　　云々

静岡縣『旧版　静岡縣史』第三巻・７１１～７２３頁（名著出版刊）
【賀茂郡四十六座大四座小四十二座】
云々
【田方郡二十四座大一座小廿三座】
云々
（金村五百村咩命神社）
　原祭神は金村五百村咩命。原所在は田方郡函南村仁田字町屋。現在社は同所の初姫神社。
云々

静岡県郷土研究協会『静岡県神社志』第三篇（日本仏書センター刊）
　郷社　初姫神社
　　　　田方郡函南村仁田字油屋敷鎮座
云々
　　祭神　金村五百村咩命
　例祭日　十月十八日
　由緒　創立年月不詳なれども、延喜式神名帳田方郡金村五百村咩命神社に相当する。（村は恐くは比字の誤といわる）古社伝を欠くが、文禄五年十二月、元和三年、承応三年、貞享四年等再建の棟札がある。享保年間より楊原神社とも称した事ありしといい伝う。明治六年九月郷社に列し、明治四十年六月二十一日神饌幣帛料供進社になる。
云々

引手力命神社

『特選神名牒』３２７頁
引手力命神社（明細帳大瀬神社郷社とあり祭神同所）
　　祭神　引手力命
　　祭日
　　社格　郷社
　　所在　江梨村今屬君澤郡（田方郡西浦村大字江梨）
　　　今按豆志に引手力命神社十祀手力雄は山名也祠宇無しと云ひて此村と定めたるは手力雄山の名によりたるにて他に證あるに非ず一説に塚本村萬後明神ならん豆志に昔肥田塚本一村なり神名記の肥田王子は塚本萬後明神王子社に坐せし時の稱也云々とあり引手力命は手力雄神には非ず三島大社の御子神にして塚本の社本社なるべし云々と云りこは肥田の村名によりて引手の約とせる説なれば信難し又一説に江梨村大瀬明神なるべし神階帳に正四位上瀬の明神とみゆ三津村氣多明神の舊記に七浦の總鎭守の神御瀬大明神云々と記せる等を以て所因ある神なることを知べし斯て引手力命なるべしと云故は天武天皇紀十三年十月壬申逮于人定大地震云々時伊豫温泉没而不出土佐國田苑五十餘頃沒爲海古老曰若是地動未曾有也夕有雷聲如鼓聞于東方有人曰伊豆島西北二面自然増益三百餘丈更爲一島則如鼓音者神造是島響也と有事跡を攷るに此大瀬崎則全國の西北隅に當りて疑ひ無く此時神造に成し所と聞え増益三百餘丈更爲一島と有るに能くも適當せる所なるに既く先輩も云る如く土佐の國地を引來て縫ひ付給へる事と聞ゆれば其御事實に因りて引手力と云御稱を負せ奉れる事と思はるれば也然れば古くより弓引業をはじめ手力を用ふる事に幸給ふ神驗の著明なるも神名に協へる事也と云るによりて縣の註進にも此地と定めたれば姑く之に從ふされど天武紀の地震の事を引きて此神の引來て縫付玉へるならんと云ひ引手力命と云に弓引業手力を祈るに驗ありと云を證としたるは附會に近し猶よく考べき也

度會延經『神名帳考證』（『神祇全書』第一輯）
○引手力命神社　天手力雄命　今錦浦錦窟、窟中五彩如織錦、

伴信友『神名帳考證』（『伴信友全集』第一）
引手力命神社
○今錦浦錦窟々中五彩如織錦[志]賀茂郡十足村手力雄山アリテ社ナシヲドリ場ト云フ處アリ今ハハナシ坂ト云フヲドリヲ爲テ祭リシ處カ云々

伴信友『神名帳考』（『神道大系』古典註釋編七・延喜式神名帳註釋）
引手力命神社
○今錦浦錦窟々中五彩、如織錦、䪫䪫、△志ニ、賀茂郡十足村手力雄山ニアリテ、社ナシ、ヲドリ場ト云フ處アリ、今ハハナシ坂ト云フ、ヲトリヲ爲テ、祭リシ處カ、云云、

鈴鹿連胤『神社覈錄』（井上頼圀・佐伯有義校訂『神社覈錄』下編）
引手力命神社
　引手力は比岐多知加良と訓べし○祭神手力雄命歟○十足[トホタリ]村手力雄山に在す、志例祭
　　伊豆志に、社ナシ、ヲドリ場ト云フ處アリ、今ハハナシ坂ト云フ、ヲトリヲ爲テ祭リシ處カ、と云り、

栗田寛『神祇志料』第十二巻
引手力命神社、舊十足村手力雄山に在り、社今絶たり。豆州志、神名帳打聞盖天手力男神を祭る。日本書紀、古語拾遺、延喜式、

『大日本史』[九]・志一・巻二百五十五
引手力命神社、○今慶、賀茂郡十足村有手力雄山、蓋舊所在、或云、在君澤郡江梨村、稱大瀬明神者是也、附以備考、

竹村茂雄『伊豆國式社考』（『神祇全書』第四輯）
引手力命神社　肥田村の神社ならんか

竹村茂正『豆州式社考案』（『神祇全書』第四輯）
引手力命神社
　肥田村ノ神社ニテ、神階帳肥田王子ト云モ、此ナランカ、其由ハ古ヘ田方守ト云シハ、塚本往古ハ肥田塚本一村地ナリト云ヘル古老ノ説ニヨリテ按フニ、引ハ手力ノ意ニヽラズ、只辭ノ冠詞ニテ、梓引春ナドノ如シ手力ハ力量ノ義ニハアラズ、田租ノ借字ナルベシ、故ニヤガテ其森ヲ田方ノ森ト云ヒ、村名ヲモ肥田ト云シナルベキカ、

徳川義直『神祇寳典』巻五・伊豆（『神祇全書』第貳輯）
引手力命神社
　思兼命之子手力雄神也
　手力雄神事、見于紀伊國牟婁郡、

萩原正平『伊豆國式社攷略』（静岡県立中央図書館所蔵）
引手力命神社
　君澤郡江梨村大瀬崎鎭座瀬の明神神階帳今稱大瀬神社なるべし改証註進特選續攷そも〴〵當社の地たる本州西北隅海面に斗出せる岬角尒して風光特異眺矚絶莖佳駿豆山海の景勝集免て顧昢の間尒あ里春夏の交舟を泛べて竒を此尒探るもの多きも亦宜なるか那

萩原正平・萩原正夫『増訂豆州志稿』巻之二上・町村一（長倉書店刊）
○江梨村（[増]東久料村二十四町二間、西井田村一里三町十九間、南戸田村二里十二町五十間、）[増]六里貳拾壹町貳拾七間[増]北條五代記、北條役高帳、税祠簿等ミナ江梨ヲ載ス○此村專ハラ漁獵ヲ以テ生トス重寺ヨリ此ニ至ル内浦ト云フ村皆山ヲ後

ニシ海ヲ前ニシ土地狹窄ナリ大瀨埼(又瀨埼トモ云)其形琵琶ニ似タリ故ニ琵琶島トモ稱ス東北ヘ洲嘴ヲ爲ス事幾ンド八町[増]大瀨神社アリ式内引手力命ヲ祭ル○古柏蒼欎亂枝龍蟠ソノ中水池ヲ開キテ如シ鏡ノ又駿州濱海一帶ノ景勝ミナ在目前ニ遊賞ノ地ナルカナ[増]古來立保村ヨリ江梨村マデヲ江梨五ケ村ト稱シ以テ内浦九ケ村ニ別ツ。

○田額三拾貳石三斗三升六合内(新田四斗七升)[増]反別六百五拾五町六反七畝廿歩内(田一反十三歩、畑八町一反六畝七歩、宅地二町六反六畝十四歩、山林六百十八町二反二十六歩、原野五町七反一畝九歩、池沼二十六歩、離種地八反一畝十五歩)[増]地價金三千貳百七十九圓壹錢貳厘[増]地租八拾壹圓九勾八錢七厘[増]社二(郷一村一)寺二(禪)分校一[増]戸現住六拾四現在六拾七[増]口本籍四百五拾壹(男二百二十八、女二百三十三)現住四百四拾五(男二百二十六、女二百十九)

萩原正平・萩原正夫『増訂豆州志稿』巻之三上・町村三（長倉書店刊）
○十足村([増]東吉田村一里一町三十五間、西德永村一里十三町五間、南池村二十九町四十八間、北荻村一里一間)[増]拾里貳拾貳町([増]十二里二十七町)○或云本八幡野ト一村ニシテ遠田里トタリ後文字ヲ改シナラム宗長法師此里ヲ過リテ○八幡野ニ一夜ノ宿ヲ借ケレハアスハイケトテ路ヲトヲタリ([増]万葉集山乃多平里マタ太流美ナドアルト同ジク山ノタワミタル所ナルヨリ起レル村名ナラム本村西南一里許手力雄山アリ僅ニ一溪ヲ隔テテ猿田山アリ皆村名ヲ取リ何ノ縁由アリテ如此稱アルカ今改フコトカラズ物産松杉板薪炭柿栗等アリ)

○田額七拾壹石壹斗五升四合内(新田四斗八升)[増]反別七百五拾壹町四反三畝廿歩内(田六町二反七畝十二歩、畑四町九反八畝二十二歩、宅地一町四反二畝十八歩、山林六百十二町一反五畝六歩、原野三十六町五反五畝二十六歩)[増]地價金三千九百拾貳圓八拾八圓八拾八錢[増]社三(村一雜二)寺一(禪)[増]戸現住貳拾九現在三十[増]口本籍百四十八(男七十八、女七十)現住百三十五(男七十一、女六十四)

萩原正平・萩原正夫『増訂豆州志稿』巻之四・山嶽（長倉書店刊）
○手力雄山○十足村ノ西南一里許ニ在リ其南ニ小山アリ○猿田山○手力雄山ト僅ニ一溪ヲ隔ツ山外ヲ猿田野ト云

萩原正平・萩原正夫『増訂豆州志稿』巻之五・岬角（長倉書店刊）
○大瀨崎[増]君澤郡江梨村ノ東北海中ニ斗出スル幾ト八町内浦ノ灣口ヲ扼ス北方海底ニ暗礁アリテ潮路瀨ヲナスヲ以テ大瀨ト稱スト云又崎形、琵琶ニ似タルヲ以テ琵琶島トモ呼ブ中央ニ大瀨神社アリ式内引手力命神社ナル可シ岬極ニ淡水ノ沼池アリ周回三百歩許、此地松柏鬱蒼、眺望佳絶、西ハ駿ノ三保岬ヲ望ミ北ハ富嶽ノ玲瓏タルヲ仰グ雅客韻士常ニ舟ヲ泛ベテ逍遙ス按ズルニ天武天皇紀ニ白鳳十三年十月伊豆島ノ西北二面自然増益三百餘丈更爲一島トアルハ正ニ此地ニシテ噴火ノ所爲ニ由ルナル可シ(神祠部池塘部參看)

萩原正平・萩原正夫『増訂豆州志稿』巻之六・池塘（長倉書店刊）
○大瀨ノ池○江梨村大瀨崎ニアリ周回可三百歩[増]此池岬角ノ極端瀨海ニアリテ淡水湧出、大小ノ鯉鮒游泳スルヲ見ル奇ト謂可シ按ズルニ是レ往古ノ噴火口ナラム乎（岬角部參看）

萩原正平・萩原正夫『増訂豆州志稿』巻之八上・式内神社考並神階帳考緒言（長倉書店刊）
○引手力命神社[増]神階帳正四位上瀨ノ明神[増]君澤郡江梨村大瀨崎鎭座大瀨神社ナル可シ○在十足村手力雄ハ山ノ名也(山嶽部ニ委ク)祠宇ナシ踊場ト云處今ハ咄坂ト云コレ齋場ニシテ踊ヲ爲テ祭リシ所ナルカ(白石先生曰上古ハ地ヲ掃ヒ齋場ヲ設ケ神ヲ祭祀スト云バユニハナドゝ云フヲ其後屋代共云シハ齋場ヲモテ宮殿ニ代ル義也)[増]此説手力雄山ノ名稱ニ因テ附會シタルニ外ナラズ諾ヒ難シ

萩原正平・萩原正夫『増訂豆州志稿』巻之八上・神祠一・君澤郡（長倉書店刊）
○大瀨明神(江梨村)[増]郷社大瀨神社祭神引手力命ナル可シ[増]式内引手力命神社ナル可シ(前記)大瀨崎ニ鎭座ス按ズルニ天武天皇紀ニ白鳳十三年十月壬辰逮于人定大地震云々土左國田苑五十餘萬頃、没爲海是夕有鳴聲如鼓、聞于東方、有人曰伊豆島西北二面、自然増益三百餘丈、更爲一島如皷音者神造是島響也ト有ルハ即此地ナル可シ此地本州西北隅ニアル岬角ニシテ其東北ニ斗出スル事殆ド八町ナルハ紀ノ文ニ符合ス又琵琶島ノ稱アルヲ思フニ往昔ハ別ニ一島ヲ爲セシナラム(岬角部參看)而當時土佐ノ國地ヲ引來テ此島ヲ造リシト云傳説アリテ其神異ニ感ジ引手力ノ神名ヲ負セ奉リシナル可シ(既ニ古史傳ニモ署名記サレタリ故ニ古來力技射術等ニ靈驗アリト稱ス昔ヲ源爲朝臂筋ヲ斷テ本州大島ニ配流セラル時此神ニ祈テ臂剱頓ニ癒エ青カ舊一勝トレ云、近年鎌倉大挽ヒ稱スルオ神驗ヲ蒙リテ其業ニ妙ヲ得タリト傳フ)○或作御瀨尾瀬此州嘴ヨリ沼津ノ西方ワサシ暗礁アリテセ(セハ春也塞也)ヲ爲ス故ニ大瀨ト云縁起曰源爲朝在大島年渡海寄船於此憶亡考會稽之義馳流泊還郷之思沈吟徘徊忽有青松山槇怪岩枯木之險隘跳上幾崖直覺之果有洲埼四百二十餘之圓池因以護膚本尊高三寸二歩爲主以所載舟板爲小舍而安置馬又納弓矢矛械武具建武中熊野八荘司之中鈴木左京兆(重家三代)與一族浮兵船流着于此賴地理而住在此社不凡境而修理増加而祭之明應頃當邑鈴木氏爲北條長氏領近邊百有餘年前海溢神社弓矢等皆沈没已而得金銅尊軀石砂中因立祠ヲ二十年後爲野燒所焚時鈴木氏既衰村民協力再立云々ト此近年祠内古縁起ノ殘餘ヲ集メ綴屬文飾セル也(按ズルニ三津村氣多神社ノ舊記ニ據レバ此神齋衡三年鎭座ナリ然シ共神名ヲ言ハズ意フニ同神ナルヲ以テ並ビ擧ルカサレバ爲朝ハ祠アルニ就テ金銅像ヲ弓矢テ納メシ也或人以此神文梨神社ニ當ツ可シト但延喜、齋衡フ五山遠カラスイブカシ)[増]文梨神社/事式内神社考父梨神社ニ候二考記スコノ辨天ノ小祠ハ正德中ニ立ツ又池ノ宮ハ實永中ニ立ツ)[増]社地眺望絶佳ニシテ相山駿海眸中ニアリ(此ノ地括ノ木多シ又濱木綿ヲ産ス○伊豆納符[増]四百三十四坪官一)

萩原正平・萩原正夫『増訂豆州志稿』巻之九上・神祠三・賀茂郡（長倉書店刊）
○山神(十足村)[増]村社引手力神社祭神大山祇神ナリト云相殿第六天、若宮[増]初本村手力山ヨリ遷祀スト云慶安五年札アリ[増]境内社二(金櫻水神)[増]二百十坪官一)

菅原久高『伊豆國九十二式社祭神記』(『全國神職會々報』第二十二號)
引手力命神社　西浦村江梨鎭座郷社大瀨神社なり大瀨明神と稱す
　祭神　引手力命

吉田東伍『増補大日本地名辞書』第五巻・１０４７頁
大瀨埼　江梨の西半里、内浦の南角とす。○増訂志稿云、大瀨崎、内浦の湾口を扼す、北方海底に暗礁ありて、潮路瀬をなすを以て大瀬と称す、又崎形は琵琶に似たるを以て、琵琶島とも呼ぶ、中央に大瀬神社あり、式内引手力命神社なる可し、岬極に淡水の沼地あり、周回三百歩許、此地末柏欝蒼、眺望佳絶、西は

駿の三保岬を望み、北は富岳の冷瓏たるを仰ぐ、雅客韻士時に舟を泛べて逍遙す、按ずるに、天武天皇紀に「白鳳十三年十月、伊豆島、西北二面、自然増益、三百余丈、更為一島」とあるは、正に此地にして、噴火の所為に由るなる可し。（今按、伊豆島とは特に大島を指して云へる名なれば、西北と云ふも大瀬崎のことにあらず）

郁岡良弼『日本地理志料』巻十三・伊豆国田方郡
吉妾 訓闕、按豆州志、吉妾當讀云岐世布、今有木負村、或作木正、見天正撿地帳、凡任在背、謂之世於布、約世布、吉妾、即修木背負也、居民采樵爲産、故名、」萩原氏曰、吉妾、亘訓與之都麻、祀典所謂鮑珠白珠比咩命神社、在木負村、盖祀三島大神妃神也、郷名因起、本國神階帳作宮玉明神、後稱赤埼明神、又木負宮、後世吉妾音讀、遂轉木負也、今察地形、本郷瀬江浦灣、佃漁爲業、則采樵之説恐妄、」據圖考之、亘木負、久連、平澤、河内、立保、古宇、足保、久料、江梨諸邑、稱内浦九個村、屬君澤郡、盖其地也、」祀典所載引手力命神社、在江梨村、稱大瀬明神、天正撿地帳、有高田郡三津荘江梨内久料村、高田即田方也、河内村、古爲源頼政采邑、其子仲綱任州守、子孫稱伊豆氏、其族有大河内氏、今班華族、

郁岡良弼『日本地理志料』巻十三・伊豆国田方郡
有雜 按作諸本有辨、訓闕、今依高山寺本訂、當讀云宇佐比、佐渡雜太郡、志摩伊雜郷、雜字皆訓佐波、紀伊雜賀邑、萬葉集作狹日鹿、神龜五年紀紀朝臣雜物、天平元年紀作佐比物、有雜之爲宇佐比、可以例、後日宇佐美、一聲相通、名義未聞」東鑑有宇佐美郷、曾我物語有宇佐美荘、伊東系圖、維職補伊豆押領使、居伊東郷、併河津伊東宇佐美三處、稱葛見荘、其子祐茂、號宇佐美三郎、屬源頼朝、討平兼隆、累戰立功、居二十五功臣之一、子孫傳領、于後北條氏時、見東鑑、太平記等書、後入賀茂郡、屬葛見荘、曰伊東郷、盖亘宇佐美、湯川、大川、松原、和田、竹田、新井、岡、鎌田、川奈、吉田、萩、大池、十足、富戸、先原、池、八幡野諸邑、其故區也、」祀典所秩田方郡賀理波須多祁比波預命神社、在宇佐美村留田地、引手力命神社、在十足村手力山、古屬本郡、足以徴矣、」伊東洞、在鎌田村、深不可測、東鑑云、建仁中、源頼家獵此、使和田胤長窮之、有巨蟒栖焉、乃斬而出、伊東浦見日蓮注畫讚、和田佛眼寺、即日蓮流謫之地、多藏其遺墨、
　　○按伊豆志云、有辨修上也、其地高平、在國府上方、因名、今呼三島驛北十餘村曰道上、屬君澤郡、在官道北、故冒道字、即其地也、是就誤文爲説、今不取矣、

静岡県田方郡役所編『静岡県田方郡誌』５０２～５０３頁（長倉書店刊）
　本郡に於ける古神社の史乘に顯はれたるは、延喜式神名帳と伊豆國神階帳とを其完備せるものとす。前者は平安朝の初期、後者は南北朝時代に現在せる宮社を記載せるものなり。而して此等所載の神社は、引續き現存せるものなりや否や、今日に之を考定するは頗る至難の事に屬す。然れば先進各考説を異にし、甲是乙非にて、必ずしも一定せず、是を以て、此書には伊豆國式社考證の著者故萩原正平氏の説に從ひ之を表示す。
　　云々
　　延喜式神名帳所載社名　　引力命神社（田方）
　　神階帳所載社名　　　　　正四位上瀨の明神
　　現　　在　　社　　名　　郷社　大瀬神社？
　　所　在　地　（舊　制）　君澤郡江梨村
　　所　在　地　（現　制）　西浦村江梨

足立鍬太郎『南豆神祇誌』３７～４３頁（静岡縣賀茂郡神職會）
　延喜式卷九に載せた伊豆國神名帳は次の如くである。但所在地は萩原正平著伊豆國式社考略に私考を加へて註記す。
　　　　伊豆國九十二座　大五座小八十七座
　　　　　賀茂郡四十六座　大四座小四十二座
　　　　　　云々
　　　　　田方郡廿四座　大一座小廿三座
　　　　　　云々
　　　　　引手力命神社　　　　　　　　　　　　　　西浦村江梨
　　　　　　云々

足立鍬太郎『南豆神祇誌』７５～７７頁（静岡縣賀茂郡神職會）
　伊豆國神階帳は、群書類從二三に、康永二年辛亥(興國四年)十二月廿五日在廳判の奥書あるものを、在廳伊達某藏本から寫して收めてある。伊達家に現藏するものは鳥子紙二枚續にて後世の寫本である即ち尾張のより二十年許前のものである。在廳とは、中古國衙の廳にあり、國司の命を奉じて事務を行ふ下司であったが、多くは世職だから其の稱呼を傳へて居たのだ。先づ左に其の全文を掲げよう。
伊豆國神階帳　式社の配當は萩原正平の意見に據る
　　伊豆國三ケ郡神明帳事
　　正一位三島大明神
　　　云々
　　　正四位上瀨の明神　引手力命神社
　　　云々

静岡縣『旧版 静岡縣史』第三巻・７１１～７２３頁（名著出版刊）
【賀茂郡四十六座 大四座小冊二座】
云々
【田方郡二十四座 大一座小廿三座】
云々

（引手力命神社）
　　原祭神は引手力命。原所在は田方郡小室村十足の手力雄山邊か。現在社は同所の引手力男神社か。一説に西浦村江梨字大瀬の大瀬神社ともいふ。
云々

静岡県郷土研究協会『静岡県神社志』第三篇（日本仏書センター刊）
郷社　大瀬神社
　　　田方郡西浦村江梨小字大瀬鎮座
云々
　祭神　引手力命
　例祭日　四月四日
　由緒　本社は延喜式内、田方郡二十四座の内引手力命神社にて、神階帳正四位上瀬の明神に座す。中古御鎮座の地名に因みて大瀬明神と申す、隣村内浦村三津気多神社の旧記に七浦の総鎮守御瀬明神云々、又斉衡三年此処に御遷座也とありて所因あるある神社なることが知られる。社伝に保元の役源為朝伊豆大島に配流された時、此の霊験顕著なるを聞き、窃に海を渡りてこゝに詣で甲冑弓箭献納祈願を込めたと云う。爾後源家の信仰厚かった又建武年間鈴木繁伴（家の三代）は深くこの神を尊信して、遂に此所に来住し社殿の造営をした寛文二年再建、明治六年九月郷社に列す。明治四十二年五月七日神饌幣帛料供進社に指定せらる。明治三十二年東宮殿下（後の大正天皇）親しく御参拝ありて幣帛料を賜わり、近くは昭和十四年十一月九日畏くも　天皇陛下の行幸を仰いだ。
　境内は本州西北隅海面に突出する岬角にして風光特美の佳境である。その洲の中に池あり、神池と称す清水湧出大旱にも涸るゝことなし今境外となる。
云々

阿米都瀨氣多知命神社

『特選神名牒』３２８頁
阿米都瀨氣多知命神社（明細帳に右内神社とあり）
　祭神　阿米都瀨氣多知命
　祭日
　社格　村社
　所在　梅名村今屬君澤郡（田方郡中郷村大字梅名）
　　今按式社攷證に君澤郡梅名村左内明神なるべし其は此阿米都瀨氣多知の稱は地形より起りたると聞ゆるに就て遍く求るに此村東方に副て梅名川の流あり古昔は其流必社地に衝當り左右に分れて流れ社は中島に立しと想像るれば當時其實地のさまに因て瀨乃氣立と云しが後に水脉變り社域の周圍は池の如く成たるを宇米都の池と稱へ來れる由なるが此宇米都直ちに阿米郷の轉訛と聞ゆ梅名の村名も此宇米都乃池より起りて梅津野の省略なる由古老の口碑に傳たるも正説と思はるゝ等を攷て知べしと云るによりて縣の註進にも此地と定めたるに從ふされど神名の瀨氣多知は瀨乃氣立と云義なりと云るは信がたし

度會延經『神名帳考證』（『神祇全書』第一輯）
〇阿米都瀨氣多知命神社　遠江國曾許乃御立神社　天曾己多知命　倭姫世紀云、天船者天之曾己立、鎭座傳記云、猿田彦大神訓悟白、吾是天下之土君也、故號國底立神也、　古事記云、底度久御魂、　阿波國麻殖郡天水塞比賣　度會氏譜云、櫛眞乳魂命子天曾己多知命、　姓氏錄云、神魂命八世孫佐古太都命、　按瀨氣曾許音通、船戸神也、

伴信友『神名帳考證』（『伴信友全集』第一）
阿米都瀨氣多知命神社
［世記］天船者天之曾己立〇遠江國曾許乃御立神社［志］君澤郡中島村ニアリ今阿米都知明神或左内明神トモ云豊磐窓命ニシテ伊波氏別命ト三島大社ノ御門ノ左右ノ神也

伴信友『神名帳考』（『神道大系』古典註釋編・延喜式神名帳註釋）
阿米都瀨氣多知命神社
〇遠江國曾許乃御立神社、〇倭比咩世紀、天船首者、天之曾己立、考證、△志ニ、君澤郡中嶋村ニアリ、今阿米都知明神、或ハ左内明神トモ云、豊磐窓命ニシテ、伊波氏別命ト、三嶋大社の御門、左右ノ神也、
　１（頭註）國圖云、ミト村、君澤郡、

鈴鹿連胤『神社覈錄』（井上賴圀・佐伯有義校訂『神社覈錄』下編）
阿米都瀨氣多知命神社
　阿米都瀨氣多知は假字也〇祭神明か也〇君澤郡中嶋村に在す、今左内明神と稱す、志例祭
　　伊豆志に、豊磐窓命ニシテ、伊波氏別命ト三島大社ノ御門左右ノ神也、〇國圖には、ミト村にありと云り、

栗田寬『神祇志料』第十二巻
阿米都瀨氣多知命神社、今君澤郡中島村にあり、阿米都知明神即是也。舊大社の御門神なるを以て、左内明神とも云ふ。豆州志

『大日本史』［九］・志一・巻二百五十五
阿米都瀨氣多知命神社、〇今在君澤郡梅名村、稱左内明神、

竹村茂雄『伊豆國式社考』（『神祇全書』第四輯）
阿米都瀨氣多知命神社　中島村、志平井村に天地明神あり、

竹村茂正『豆州式社考案』（『神祇全書』第四輯）
阿米都瀨氣多知命神社
　宇佐美村留田ノ天神ナランカ、其由ハ御名ノ雄々シク建々シク聞ユルガ、古史成文少彦名命ノ段ノ、大國主神即取而置掌中、翫之則跳而齧其頬矣、マタ詠曰、眞暨寝哉而踐健之跡處、於今存湯中之石上、ナドアル文勢ニ自ラ相叶ヘレバ、跳而齧其頬矣、踐健之跡處ナドノ語勢ハ、氣ニ氣多知ト云ニ相叶ヒテ聞ヘタリ、必少彦名命一名ナルベシ、サテ留田ノ天神ハ、トマタハタマタノ訛言ニテ、ヤガテ地名トナリシナラン、神階帳タマタノ明神ナルコトウツナク、其則手間天神ニテ、タマタハ手間ノ訛言カト思ヒ、自吾手俣漏墮之子也トアル本文ニヨレバ、タマタノ方却テ正シキ御名ナランカ、少彦名命ノ又ノ御名ナリ、古老ノ説ニモ、或ハ京師五條天神五條天神ハ少彦名命ヲ祭レルコト、神社啓蒙ニ見エタリ、ヲ遷シ奉リシ由ヲ言ヒ、或ハ御同神ナリト言フ、予ガ思ヒヨリシ如ク、少彦名命ナルコト論ナク、サレハ今タマタヲトマタト訛リテ地名トシ、神社ヲバ單ニ天神ト稱ト稱ヘシヨリ、終ニ昔神ノ如ク思フコト成シナラン、又彼村ニ天氣山ト云ル山名ヨシアリゲナリ、

萩原正平『伊豆國式社攷略』（静岡縣立中央圖書館所藏）
阿米都瀨氣多知命神社
　君澤郡梅名村鎭座今稱右内神社なる可し攷証註進特選續攷今云ふ當社傍に梅津の池の舊蹟あ里梅名の村名は此よ里起連里登かや蓋其の宇米都は神號の阿米都よ里轉連る稱なるべくぞ聞えたる當連里や否や

萩原正平・萩原正夫『増訂豆州志稿』巻之八上・式内神社考並神階帳考緒言（長倉書店刊）
〇阿米都瀨氣多知命神社［増］神階帳從四位上河原之明神［増］君澤郡梅名村右内神社ナル可シ〇在中島村今阿米都知明神或ハ左内明神トモ云豊磐窓命ニシテ伊波氏別命ト三島大社御門左右ノ神也（左右ハ大社ヨリノ方位、内ハ大社内ヨリ遷ス故ニヤ）［増］此説諾ヒ難シ阿米都知明神ノ祭神ヲ豊磐窓命ト云ル事附會也（賀茂郡伊波氏別命神社ノ條參觀）又國圖ニハ三津村ニ載セタリ

萩原正平・萩原正夫『増訂豆州志稿』巻之八上・神祠一・君澤郡（長倉書店刊）
○右内明神(梅名村)[増]村社右内神社祭神阿米都瀬氣多知命ナル可シ[増]式内阿米都瀬氣多知命神社ナル可シ（前記）社傍ニ宇米都ノ池ノ遺蹟存ス宇米トノ轉訛ナル可シ原書式内賀茂郡伊波底別命神社ニ當テタルハ非也(前記)今地形ニ據テ按ズルニ往昔梅名川此地ニ至リテ分流シ當社ハ中島ニ鎭座セシ者ナル可クシテ神階帳かはらの明神ナラム（かはらハ河原ノ意也梅名川昔ハヤヽ大ナリシナラム舊川跡存ス）慶長九年上梁文ニ領主石川日向守造立トアリ(日向守此地ニ居住セシ事古蹟部ニ記ス)石川日向守書翰二通石川伊織ノ書翰、黒田信濃ノ文書、（元和元年ノ文書也神領高一石七斗八升年貢諸役等無相違免許云々トアリ）等藏ス（○禰宜朝立氏）[増]境内社一〈山神、第六天、淡島、床浦、秋葉、天神、金比羅、社護神等７合祀[増]六百七十六坪歩一）

萩原正平・萩原正夫『増訂豆州志稿』巻之八上・神祠一・君澤郡（長倉書店刊）
○阿米都知明神(中島村)[増]村社左内神社祭神不詳、相殿山神石神[増]式内父梨神社ナル可シ（前記）舊社地ニ接シテ中村ノ地ニテなしの杜アリテなしハ父梨ノ轉訛ナラム原書式内阿米都瀬氣多知命神社ニ當テタルハ諾ヒ難シ（前記）初字園田ニ鎭座ス明治十九年燒亡、廿年字西田ニ移シテ再建ス([増]二百七十坪歩一)

萩原正平・萩原正夫『増訂豆州志稿』巻之八上・神祠一・君澤郡（長倉書店刊）
○氣多明神(三津村)[増]村社氣多明神祭神不詳[増]社記ニ貞觀元年鎭座トアレ共詳ナラズ國圖ニ式内阿米都瀬氣多知命神社ニ當テタリ（前記）蓋氣多ノ稱ニ據レルナラム（○舊記ニ曰氣大明神者元八幡宮譽田天皇乃御親氣多羅司姫尊也、山城國香宮廉御神貞觀元仁伊豆國名宇郡三津濱仁御鎭座、依之七浦總鎭守御潮大明神仁三年後日守宮同年當社奉遷祀■大藏卿奥利十二町於賜長岡社官藤原忠明神主下人家登成正月七日四月中亥九月十五日十二月八日外浦祭時登志天月亥日祭者成、仁和四年四月中亥日作賜菅原道實卿氣多大明神御神形古代神書者藤天失、依之永祿元年九月十五日改之浦方於當社祭事祈天奉神前此者也永祿元年九月十五日筆者箭部氏守貞〔花押〕此外十三人姓名花押具ス終リニ豆州名字郡三津濱氣多大明神濱前卜誌シ次ニ一貞去ノ御家二首ノ歌ヲ載ス曰ク「名久利幾天三津乃浦邉仁宿家利天波男間久良仁夢ロ見丹計利「此酒家御鹽女久見茂富加留三津成口千日呂乃浦丹波鷹毛奈志ト[増]此記拙文解シ難シ祭神ノ説氣多ノ稱ニヨリ附會セルナラム皆公ノ事猛誕サリ」[増]境内社一（八坂[増]二百六十一坪歩一）

菅原久高『伊豆國九十二式社祭神記』（『全國神職會々報』第二十二號）
阿米都瀬氣多知命神社　中郷村梅名鎭座村社右内神社なり河原之明神と稱す
　　祭神　阿米都瀬氣多知命

吉田東伍『増補大日本地名辭書』第五巻・１０３６頁
大場　今梅名、玉川、青木などと合併し中郷村と改む、谷田の南にして、鐵道停車場あり。
　増訂志稿云、大場村は和名抄佐婆郷の中なれば、今も沢の郷と云ふ、此村は中島より間宮まで民の家並つヾき、伊豆に名ある所なり、大場十郎近郷は此村人にて、承久の戦功あり、其賞として下総国青砥村を賜りぬ、其四世孫を藤満と云ふ、青砥左衛門藤綱も此族なり、或は曰ふ、大場の赤王明神は式内大朝神社にて、中島の左内明神は式内文梨神社なりと。
　鎌倉円覚寺文書に、貞治三年、足利基氏より豆州多呂郷を寄進すること見ゆ、今中郷村の大字に多呂存す。
補[大朝神社]○増訂豆州志稿、延喜式大朝神社は、大場の赤玉明神か。同式阿米都瀬気多知命神社は梅名の右内明神なるべし、同式父梨神社、神階帳智々奈之命にて、中島の左内明神なるべし。

吉田東伍『増補大日本地名辭書』第五巻・１０３６〜１０３７頁
中郷　今村名に転ず、元中の郷とも云ひ、三島駅の南、狩野川に至る諸村を指せり、東に賀茂川流れ、西は玉川を以て駿東郡界とす。
　増訂志稿云、梅名の右内明神は、式内阿米都瀬気多知命神社なるべし、長伏の鋤手明神は式内倭文神社ならん、また式内玉作水神社は玉川に、式内高椅神社は松本にあるべし。又云、三島宿の南に青木村あり、天正十八年検地帳に「こくが青木の村入、新屋村」とある新屋は今新谷に作り、サウチ原と云ふ地名も検地帳に載す、鶴喰村は三島大社建武二年文書に見ゆ。
　　雑訴決断所牒　伊豆国衙（建武二年）
　　　三島社神主盛親代実法申、当社領北中村、安富、鶴喰、糠田、御菌、長前、并宮倉、神護以下、社辺敷地等事、副重解状、具書、
　　牒、当社神主職、并神領等、先度盛親所領勅裁也、而資盛々々行等、令濫妨云々、太不可然、早止彼等之妨、宜沙汰附盛親者、以牒。
補[中郷]○増訂豆州志稿、[重出]新谷村或は新屋と書す、天正十八年の検地帳に載るさうち原は所謂屯倉の旧址なりと云ひ伝へたるが、今猶青木新谷二村に渉るの地名なり、○鶴喰村は三島大社建武二年の文書に、鶴喰の称見ゆ、此村古き村にして、中頃近村或は皆鶴喰の郷と称す。

吉田東伍『増補大日本地名辭書』第五巻・１０４６頁
三津　今内浦村と改む、韮山町の西二里、沼津の東南三里、旧庄名にも呼び、広く立保久料の辺まで及ぼせり。○増訂志稿云、三津は古書に三戸とも云へり、康安元年、畠山道誓入道国清当国にに入りし時、三津に城を築きたり、即太平記に三津、金山、修善寺の三城を構ふとある是なり、而も今遍く三津を尋るに、城址見ゆる所なし、隣村長浜は隠然城址と見ゆ、異本太平記、三津を長浜に作る、却て其実を得たるが如し、修善寺、金山と搗角の勢いを為す、形状を以て之を判知す、気多明神あり、是は式内阿米都瀬気多知命神社にやとも云へり。
　源平盛衰記に、いずの工藤介と三戸次郎と云ふは中悪く、常に合戦しける趣を載せ、太平記にも武蔵守高師直が一族三戸次郎と云ふも、伊豆駿河の辺に忍び居けるが、観応二年、薩埵山合戦の比、自害して死せりと云ひ、鎌倉九代記にも、足利基氏、三戸七郎を召さしめ、汝は吾家にて執事職を承る程のものなるが、高家の一族なればとて、之を殺害せらると記す。此三戸氏は源三位頼政の子、伊豆守仲綱の裔孫にやと論ぜらる、又道家殿下処分記に、伊豆国三津御厨、井田庄云々とあれば、伊勢神封たりしが、領家地頭の所有に帰せるものとす。○北条五代記云、延徳の比、駿州高国寺の城より、伊勢新九郎長氏、堀越御所を襲ひければ、当国の郷士三津の松下左衛門尉、江梨の鈴木兵庫助、大見の三人衆も新九郎に降伏し、御所も会下寺に入て切腹し給ひぬ。
補[三津庄]○相摸風土記、浄光明寺文書、応安七年足利義満寄進豆州三津庄沢立保葦原久料の四村。○増訂豆州志稿、三津村は太平記に、三津金山修善寺の城とある三津、即ち此地なり、古書にみゆる三戸五郎

— 319 —

・三戸七郎みな此地より出し人なり。

郉岡良弼『日本地理志料』巻十三・伊豆国田方郡
　佐婆　訓闕、按當讀云左八、上野石見周防又有佐波郷、田野部引風俗通、水草交曰澤、和名佐波、説文、澤、光潤也、釋名、下而有水曰澤、言潤澤也、狩谷氏曰、水陸際地、其土必潤澤、故謂水草交爲澤、所謂轉注也、」天正十八年豊臣秀吉文書、田方郡澤之郷、豆州志云、佐婆方廢、大場村一名澤郷、隣邑有上澤北澤、谷田村有佐婆池涸阯、可以知其檠矣、按圖亘上澤、北澤、大場、多呂、谷田、中島、八反畑、梅名、安久、御園、長伏、松本、平田、、堀内諸邑、盖其域也、」源平盛衰記有澤六郎宗家、屬源頼朝、戰死石橋山、又松本郷人、大場、伊豆山舊記作大庭郷、天正撿地帳有多呂郷、在廳多呂氏世居此、見三島社古文書、佛光語録、建武元年、足利直義以豆州安久莊、寄佛光禪師、三島文書、延元三年、北畠顯家以安久郷進于本社、治承四年建武二年文書、有御薗莊、康應二年文書、作三園郷、」祀典所謂倭文神社、在長伏村、高椅神社、在松本村、阿米都瀬氣多知命神社在梅名村、父梨神社在中島村、

静岡県田方郡役所編『静岡県田方郡誌』５０２～５０４頁（長倉書店刊）
　本郡に於ける古神社の史乗に顯はれたるは、延喜式神名帳と伊豆國神階帳とを其完備せるものとす。前者は平安朝の初期、後者は南北朝時代に現在せる宮社を記載せるものなり。而して此等所載の神社は、引續き現存せるものなりや否や、今日に之を考定するは頗る至難の事に屬す。然れば先進各考説を異にし、甲是乙非にて、必ずしも一定せず、是を以て、此書には伊豆國式社考證の著者故萩原正平氏の説に從ひ之を表示す。
　云々
　　延喜式神名帳所載社名　阿米都瀬氣多知命神社（田方）
　　神　階　帳　所　載　社　名　從四位上　河原之明神
　　現　　　在　　　社　　　名　村社　右内神社？
　　所　在　地　（舊　制）　君澤郡梅名村
　　所　在　地　（現　制）　中郷村梅名

足立鍬太郎『南豆神祇誌』３７～４３頁（静岡縣賀茂郡神職會）
　延喜式卷九に載せた伊豆國神名帳は次の如くである。　但所在地は萩原正平著伊豆國式社考略に私考を加へて註記す。
　　　　伊豆國九十二座　　大五座小八十七座
　　　　　賀茂郡四十六座　　大四座小四十二座
　　　　　　云々
　　　　　田方郡廿四座　大一座小廿三座
　　　　　　云々
　　　　　阿米都瀬氣多知命神社　　　　　　　中郷村梅名
　　　　　　云々

足立鍬太郎『南豆神祇誌』７５～７７頁（静岡縣賀茂郡神職會）
　伊豆國神階帳は、群書類從二三に、康永二年辛亥(興國四年)十二月廿五日在廳判の奥書あるものを、在廳伊達某藏本から寫して收めてある。伊達家に現藏するものは鳥子紙二枚續にて後世の寫本である即ち尾張のより二十年許前のものである。在廳とは、中古國衙の廳にあり、國司の命を奉じて事務を行ふ下司であったが、多くは世職だから其の稱呼を傳へて居たのだ。先づ左に其の全文を掲げよう。
伊豆國神階帳　式社の配當は萩原正平の意見に據る
　　伊豆國三ケ郡神明帳事
　　正一位三島大明神
　　　云々
　　從四位上河原の明神　阿米都瀬氣多知命神社
　　　云々

静岡縣『旧版　静岡縣史』第三巻・７１１～７２４頁（名著出版刊）
【賀茂郡四十六座大四座小卌二座】
云々
【田方郡二十四座大一座小廿三座】
云々
（阿米都瀬氣多知命神社）
　原祭神は阿米都瀬氣多知命。原所在は田方郡中郷村梅名字宮城か。現在社は同所の右内神社か。
云々

静岡県郷土研究協会『静岡県神社志』第三篇（日本仏書センター刊）
　村社　左内神社
　　　田方郡中郷村中島小字西鎮座
云々
　　祭神　阿米都瀬気多知命（或云豊磐窓命）
　　例祭日　七月十七日
　　由緒　社伝には、本社は古く天地明神又阿米都知社とも称し、同村字梅名鎮座右内神社と共に、三島大社左右御門の守護神として、下田往還を挟みて左右に相対して鎮座まします。旧社地は君沢郡中島村字園田であったが、明治十九年二月火災に罹りて建物悉皆烏有に帰し、翌廿年四月現地に御造営申したのである。増訂豆州志稿に依れば、往古三島大神、上津島（今神津島）より伊豆半島御上陸の際、位の稲生沢郷柿崎武山権現より、左内、右内の両神迎し、先導して田方郡田京深津に到りり、更に現今の三嶋に遷御し給う、その時より両神は御門の守護として相対して鎮座すと。社伝にては本社こそ延喜式田方郡阿米都瀬気多知命神社

なりとす。（因に他の神社に比定する説もある）正徳五乙未年五月廿八日上梁文に左内之神社、文化十四丁丑年三月上梁文に天地宮又阿米都瀬神社と見ゆと云う。明治六年九月村社に列す。明治四十年六月二十一日神饌幣帛料供進社に指定せらる。
云々

静岡県郷土研究協会『静岡県神社志』第三篇（日本仏書センター刊）
村社　右内神社
　　　田方郡中郷村梅名字宮城鎮座
云々
　祭神　櫛石窓命
　例祭日　十月十七日
　由緒　創立年月等不詳なれども、同村左内神社の由緒の部に記したる三島大神の左右随神たりし事は以て本社にも通ずる古伝であろう。或は延喜式神名帳賀茂郡賀茂郡伊波氏別命神社を、又は田方郡阿米都瀬氣多知命神社を、本社に比定する説もある。而して慶長九年六月修建の棟札裏書というに左記の如きものあり、
慶長九甲辰歳上棟札裏書写
　夫右内神社者在=伊豆国賀茂郡梅名村中郷-、国府賀茂郡三島宮之南一里許、所レ祭神一座
　櫛石窓神也　神社啓蒙曰、中山神社、在=帝京三条猪熊之辺-、所レ祭之神、註左豊石窓神　古語拾遺曰是並太玉命子也　旧事紀曰、天石戸別、亦名櫛石窓神、亦曰神石窓神、此御門之神也　林子神社考曰、後冷泉院永承五年六月十六日建=神社-、同六年十一月授=従三位-、天喜元年四月始奉=官幣-也、今奉崇梅名村右内太神者、右件神也　三島宮社
　　　人　謹恐頓首再拝書
なお本社には文禄慶長度の古文書三通を蔵す。明治六年九月村社に列す。昭和八年十月十二日神饌幣帛料供進社に指定せらる。
云々

劔刀石床別命神社

『特選神名牒』３２８頁
劔刀石床別命神社
　祭神　劔刀石床別命
　祭日　正月九月並九日
　社格　（明細帳に山木村になし谷田村御嶽神社とあり祭神劔刀石床別の命ならんか村社）
　所在　山木村（田方郡錦田村大字谷田）
　　今按豆州志に劔刀石床別命神社谷田村相傳云祀日本武尊今御嶽權現又下の宮と稱すとあり式社攷證に谷田の村名も石床の省略とも聞えて石巖上に鎭座なるより起れるならん然るに此近邊に巖巒とては少しもなければ信難し又一説に山木村屬里瀧山鎭座にて神階記に所謂瀧山明神明神なるべし瀧山不動のある處の山頭は巖壁削立山下は巨石磊落他に異なる有状なるは能石床の稱に適へる實地なるを以て知るべしと云る山木村の不動は即ち此神の本地佛にて所謂瀧山明神即本社なるべし

度會延經『神名帳考證』（『神祇全書』第一輯）
○劔刀石床別命神社　今云巖谷村山多出石、村人皆石工也、伊豆石者皆出此、石工斷之、磐筒男　大和國平群石床神社、陸奥國白河郡石都々和氣神社　日本紀云、劔鋒垂血激越爲神、號曰磐筒男命、

伴信友『神名帳考證』（『伴信友全集』第一）
劔刀石床別命神社
○今日巖谷村山多出石村人皆石工也[書紀]劔鋒垂血激越爲神號曰磐筒男神　大和國平群郡石床神社○陸奥國石都々古和氣神社[志]君澤郡谷田村ニ坐ス傳テ云日本武尊也今御嶽權現又下宮トモ申ス

伴信友『神名帳考』（『神道大系』古典註釋編七・延喜式神名帳註釋）
劔刀石床別命神社
○今日巖谷村、山多出石、村人皆石工也、○日本紀、劔鋒血激越爲神、號曰磐筒男神、○大和國平群郡石床神社・陸奥國都々古和氣神社、△志ニ、君澤郡谷田村ニ坐、傳テ曰、日本武尊也、今御嶽權現、又下宮トモ申ス、
　1（頭註）國圖云、ヤタ村、君澤郡、

鈴鹿連胤『神社覈録』（井上賴圀・佐伯有義校訂『神社覈録』下編）
劔刀石床別命神社
　劍刀は前に同じ、石床別は伊波止古和氣と訓べし、○祭神明か也○君澤郡谷田村に在す、今御嶽權現又下宮と稱す、國圖、志、例祭
　　考證云、今日、巖谷村山多出石、村人皆石工也、伊豆石者皆出此、石工斷之

栗田寛『神祇志料』第十二巻
劔刀石床別命神社、今山木村の瀧山明神と云。式社考證○按此地の山東頭は巖壁削立、山下は巨石磊落、其形状よく石床の名に稱へる處なりとぞ。

『大日本史』[九]・志一・巻二百五十五
劔刀石牀別命神社、○按今山本村屬里瀧山有神祠、日天神、山巖壁立、其下巨石成列、眞可稱石牀、社名蓋由此而起、即此祠恐本社之遺也、附以備考、

竹村茂雄『伊豆國式社考』（『神祇全書』第四輯）
劔刀石床別命神社　谷田村、志

竹村茂正『豆州式社考案』（『神祇全書』第四輯）
劔刀石床別命神社
　寺家村八幡ナランカ、其由ハ本艸和名曰、石牀、乳水下凝積生如笋状一名乳床、一名逆石、出鍾乳中トアルヲ思フニ、彼社邊ノ巨岩ニ穴アリテ清水湧出スルサマノ、此文ニ相叶ヘレバナリ、サテ彼社傳ニ、石德高ナルヨシ云ヘルハ、石床別ヲ誤傳タルモノナルベシ、

萩原正平『伊豆國式社攷略』（静岡県立中央図書館所蔵）
劔刀石床別命神社
　所在未定田方郡韮山町瀧山鎭座たき山の明神神階帳今は廢絶尓属す攷証の一説註進特選君澤郡谷田村なつめの明神神階帳今稱御嶽神社社傳國圖豆志續攷賀茂郡八幡野村來宮神社攷の一説の三社の内孰登も決免て云ふ事を得ず着附云ふ瀧山の神蹟は豫く仲子の奄有する所登な里て上古の蹤跡存するを見ずいでや今の時尓於て恢復の旗を立て有志を嘯集する者あらば誰か憤起して一臂の力を助けん登欲せざるもの有らむや

萩原正平・萩原正夫『増訂豆州志稿』巻之八上・式内神社考並神階帳考緒言（長倉書店刊）
○劔刀石床別命神社[増]神階帳從四位上たきの明神[増]田方郡韮山村瀧山鎭座ナル可シ今廢絶ニ屬シテ遺址ニ不動佛ヲ安置ス、此地嶽壁削立、石床ノ名社名ニ適ス且山頂宮山ト云山麓ニ神田屋敷、神戸、神田原橋等ノ稱呼存ス今山下ニ華表ノ立ルニテモ其社址タルヲ知ル可シ○在君澤郡谷田村傳云祀日本武尊（[増]劔刀石床別命神社ハ社号劔刀石床別命也日本武尊ヲ祀ルト云ハ甚謂レナシ）今御嶽權現又下ノ宮ト稱ス[増]國圖亦谷田村ニ載ス按ズルニ此社ハ劔刀石床別命神社ノ分祠ナラム乎

萩原正平・萩原正夫『増訂豆州志稿』巻之八上・神祠一・君澤郡（長倉書店刊）
○劔刀石床別命神社（谷田村）[増]村社御嶽神社祭神不明或云劔刀石床別命[増]神階帳從四位上なつめの明神ナル可シ（前記）屬里ニ夏梅木ノ稱存ス按ズルニ當社ハ式内劔刀石床別命神社ノ分祠ナラム乎文龜以来ノ上梁文ニ劔刀石床別命トアリ原書ニハ其本社ニ當タリ（前記）○別當教覺院舊號彌勒院（[増]今廢ス）[増]境内社四（金比羅、稲荷、津

島、秋葉［増］百一坪官一）

萩原正平・萩原正夫『増訂豆州志稿』巻之八上・神祠一・君澤郡（長倉書店刊）
○御嶽權現（大場村）［増］村社劔刀石床別命神社祭神不詳［増］本社ヲ劔刀石床別命神社ト改稱セル徴據アリヤ
［増］境内社四（八坂、山神、床浦、阿夫利神［増］二百九十九坪官一）

菅原久高『伊豆國九十二式社祭神記』（『全國神職會々報』第二十二號）
劔刀石床別命神社　錦田村谷田鎮座村社御嶽神社なり
　　祭神　劔刀石床別命

吉田東伍『増補大日本地名辞書』第五巻・１０４２～１０４３頁
山木　今韮山町と云ひ、旧城西の村巷即是也、東鑑に山木郷と云ひ、三島大社応永九年文書にも山木郷と云
ふ。山木判官平兼隆の館址は、今上之山と云ひ白田と為る地なるべしと説けり、山木或は八牧につくる。
　　東鑑云、散位平兼隆、前廷尉、号山木判官者、伊豆国流人也、配于山木郷、漸歴年序之後、仮平和国禅閣
　　之権、輝威於郡県、然間先試可被誅兼隆也、而件居所為要害之地、前途後路、共以可令煩人馬之間、令図
　　絵彼地形、為得其意、兼日密々被遣邦道、邦道洛陽放遊客也、求事之次、向兼隆之館、如思至山川村里、
　　悉以令図絵訖、軍士之可競赴之道路、可有進退用意之所々、皆以令指南給、凡見画図之体、正如莅其境也、
　　（治承四年八月十七日夜）北条殿（時政）以下、進於兼隆郎従多以為拝三島神事参詣、其後留黄瀬川宿逍
　　遙、所残留之壮士等、争死挑戦、云々。○増訂志稿云、式内劔刀石床別命神社は神階帳たき山の明神歟、
　　山木に滝山存す、社廃し不動仏の堂あり、此地岩壁削立、石床の神名に適ふ、且山頂を宮山と云ひ、山麓
　　に神田屋敷、神戸等の称呼のこり、鳥居門の立てるにて、其明神の旧址たるを知る、又天満天神は上之山
　　天満坂に在りしが、明治七年伊勢大神宮を合祀し、十三年共に移転して今の韮山大神宮を建置す。
補［劔刀石床別命神社］○神祇志料、今山木村の滝山にあり、滝山明神と云ふ（式社考証）
　　按、此地の山頭は巖壁削立、山下は巨石磊落、其形状よく石床の名に称へる処なりとす。
補［天満坂］○増訂豆州志稿［重出］皇太神社、県社にして、祭神天照大神、相殿天神。社は初め滝山に在り、
　　東鑑所載天満坂の称あるを以て、其旧社たるを知る可し。明治七年皇太神社を合祀し、十三年同社と共に
　　移転す、相殿兼隆社は初字上の山、即ち山木兼隆の館址に在りしを、後下町に遷し、明治十三年現地に転
　　ず。兼隆は平貞盛九代の孫也、治承四年八月源頼朝の襲殺する所と為す、後里人之を神祀す。

静岡県田方郡役所編『静岡県田方郡誌』５０２～５０４頁（長倉書店刊）
　　本郡に於ける古神社の史乗に顯はれたるは、延喜式神名帳と伊豆國神階帳とを其完備せるものとす。前者
は平安朝の初期、後者は南北朝時代に現在せる宮社を記載せるものなり。而して此等所載の神社は、引續き
現存せるものなりや否や、今日に之を考定するは頗る至難の事に属す。然れば先進各考説を異にし、甲是乙
非にて、必ずしも一定せず、是を以て、此書には伊豆國式社考證の著者故萩原正平氏の説に從ひ之を表示す。
　　云々
　　延喜式神名帳所載社名　劍刀石床別命神社（田方）
　　神　階　帳　所　載　社　名　從四位上　たき山の明神
　　現　　　在　　　社　　　名　廢　絶
　　所　在　地（舊　制）　田方郡韮山村瀧山
　　所　在　地（現　制）　韮山村山木

足立鍬太郎『南豆神祇誌』３７～４３頁（静岡縣賀茂郡神職會）
　　延喜式巻九に載せた伊豆國神名帳は次の如くである。但所在地は萩原正平著伊豆國式社略に私考を加へて註記す。
　　　　伊豆國九十二座　　大五座小八十七座
　　　　　賀茂郡四十六座　　大四座小四十二座
　　　　　　云々
　　　　　田方郡廿四座　　大一座小廿三座
　　　　　　云々
　　　　　　劔刀石床別命神社　　　　　　　　　　　　　　韮山村山木
　　　　　　云々

足立鍬太郎『南豆神祇誌』７５～７８頁（静岡縣賀茂郡神職會）
　　伊豆國神階帳は、群書類從二三に、康永二年癸亥（興國四年）十二月廿五日在廳判の奥書あるものを、在廳伊達某
藏本から寫して収めてある。伊達家に現蔵するものは鳥子紙二枚續にて後世の寫本である即ち尾張のより二十年許前のものである。在廳
とは、中古國衙の廳にあり、國司の命を奉じて事務を行ふ下司であったが、多くは世職だから其の稱呼を傳
へて居たのだ。先づ左に其の全文を掲げよう。
伊豆國神階帳　式社の配當は萩原正平の意見に據る
　　伊豆國三ケ郡神明帳事
　　正一位三島大明神
　　　云々
　　　從四位上たき山の明神　劔刀石床別命神社
　　　云々

静岡縣『旧版　静岡縣史』第三巻・７１１～７２４頁（名著出版刊）
【賀茂郡四十六座大四座小四十二座】
云々
【田方郡二十四座大一座小廿三座】
云々

（劔刀石床別命神社）
　　原祭神は劔刀石床別命。原所在は田方郡錦田村谷田字並木か。現在社は同所の御嶽神社か。
云々

静岡県郷土研究協会『静岡県神社志』第三篇（日本仏書センター刊）
県社　皇大神社
　　　　田方郡韮山村下向山鎮座
云々
　境内社　云々。一、剣刀石床別神社　こは延喜式神名帳にある剣刀石床別神社にて、神階帳正四位上瀧山明神とあるに相当す、特選神名牒に曰く豆州志には谷田村として、錦田村谷田の今御嶽権現、又下ノ宮と称するに比定すれども（同社の部参照）式社考証には谷田村近辺には、巖巒とては少ければ信じ難し、一説に山木村属里瀧山鎮座にて、神階帳に所謂瀧山明神なるべし、瀧山不動のある処の山頭は、巖壁削立、山下は巨岩磊落、他に異る有様なるは、能く石床の称に適えるなり、山木村の不動は即ちこの神の本地仏である、今も山頂を宮山と呼び山麓に神田屋敷、神戸、神田原等の称呼存す。

静岡県郷土研究協会『静岡県神社志』（日本仏書センター刊）
村社　御嶽神社
　　　　田方郡錦田村谷田字並木鎮座
云々
　祭神　劔刀石床別命
　例祭日　十月十五日
　由緒　本社は延喜式所載伊豆国田方郡劔刀石床別命神社とあり、神階帳従四位上なつめの明神とあるに相当すと伝うれども未だ詳ならず。棟札は文亀三年九月九日劔刀石床和気神社御嶽大権現、豆州天田村氏子中とあり、古棟札は過半腐朽して文字明かならず。一説に今韮山村向山鎮座県社皇大神神社境内社劔刀石床別神社がそれで神階帳正四位上瀧の明神とあるに相当すとあり、明治六年九月村社に列す。
云々

鮑玉白珠比咩命神社

『特選神名牒』三二八頁
鮑玉白珠比咩命神社稱赤崎明神
　祭神　鮑玉白珠比咩命
　　今按神階帳從四位上宮玉の明神とあるは白玉の訛にて此神なるべし豆州志に赤埼明神伊豆峯の記に木負
　　村赤埼に坐すと上梁文に云三島明神之妹也と今は直に三島明神と稱すとある傳説據あるか考ふべし
　祭日
　社格　村社
　所在　木負村今屬君澤郡（田方郡西浦村大字木負）

度會延經『神名帳考證』（『神祇全書』第一輯）
〇鮑玉白珠比咩命神社　今云和田村、海浦石決明多、有稱八幡社、海童豊玉姫命乎、和田者熱海之東南也、
豊玉姫命　日本紀、武烈帝歌云、婀我裒屢拕摩能我獄玉婀波寐之羅陁魔鰒眞珠也　倭名抄云、珠、白虎通云、海出
明珠、　日本紀私記云、眞珠之良太麻、

伴信友『神名帳考證』（『伴信友全集』第一）
鮑玉白珠比咩命神社
[武烈紀]婀我裒屢拖摩能婀波寐之羅陀魔[日本紀私記]眞珠之良太麻〇今日和田村海浦石決明多有稱八幡社
[志]當郡赤埼村ニ赤埼明神アリ[神名記]ニ載タリ[伊豆峯紀]木負村赤埼ニ坐トス云ヘリ棟札ニ三島明神之妹也
トアリ今ハ直ニ三島明神ト稱ス此地古村ニシテ在廳ノ祝詞簿ニモノセタレバ式社タルコト必セリ或云コレ鮑
白珠比咩ナルベシトコレ田方郡ノ式社ニ比咩ト稱スル只二座アルユエ也一座ハ仁田村初姫トス[武烈紀]「コ
トガミニキイル影媛珠ナラバアガホルタマノアハビシラタマ」コレ影姫ヲマツル歟〇信友云[志]ニ當郡佐野
村ノ土神雲金村ノ屬里北村トモ云フ處ニ鮫明神アリ鮫字式作鰒ハ誤也應永十年造替ノ棟札アル由ヲ記セリ按ニ
鰒ハアハビト訓ナレタル字也モシクハコノ鮑玉云々神ニヤ坐ベキ

伴信友『神名帳考』（『神道大系』古典註釋編七・延喜式神名帳註釋）
鮑玉白珠比咩命神社
〇武烈紀、歌ニ、「婀我裒屢拖摩能　婀波寐之羅陀魔、」〇和名抄、珠、〇日本紀私記、眞珠之良太麻、〇
今日和田村、海浦石決明多、有稱八幡社、△志ニ、當郡赤崎村ニ、赤崎明神アリ、神名記ニモ載タリ、伊豆
峯記曰、木負村赤崎ニ坐トス云ヘリ、棟札ニ、三嶋明神ノ妹也トアリ、今ハ直ニ三嶋明神ト稱ス、此地古村ニ
シテ、在廳ノ税[祝]祠簿ニモノセタレバ、式社タルコト必セリ、或云、コレ鮑玉白珠比咩ナルベシト、コレ
田方郡ノ式社ニ、比咩ト稱スル只二座アルユエ也、一座ハ仁田村初姫トス、武烈紀ニ、「コトガミニ　キヰ
ル影姫　珠ナラハ　アカホル玉ノ　アハビシラタマ」コレ影姫ヲマツル歟、〇信友云、當郡佐野村ノ土神、
雲金村ノ屬里北村ト云フ處ニ、鮫明神アリ、鮫字或作鮑ハ誤也、應永十年造替ノ棟札アル由ヲ記セリ、按ニ、
鮑ハ、アハビト訓ナレタル字也、モシクハ、此鮑玉白珠比咩ノ神ニヤ坐ベキ、
　1（頭註）圖云、キフセ村、

鈴鹿連胤『神社覈録』（井上賴圀・佐伯有義校訂『神社覈録』下編）
鮑玉白珠比咩命神社
　鮑玉は阿波毘多麻と訓べし、枕詞也、白珠は志良多麻と訓べし、〇祭神明か也〇木負[キフ]村赤崎に在す、
　伊豆峯記、圖會、例祭　　月　　日、
　　伊豆志ニ、赤崎村ニ赤崎明神アリ、神名記ニモ載タリ、伊豆峯記曰、木負村赤崎ニ坐スト云ヘリ、棟札
　　ニ三嶋大明神之妹也トアリ、今ハ直ニ三嶋明神ト稱ス、此地古村ニシテ、在廳ノ税祠簿ニモ載セタレバ、
　　式社タル事必セリ、或曰、コレ鮑玉白珠比咩ナルベシ、武烈紀ニ、「擧騰我瀰儞、枳謂屨箇瞪比謎、柂
　　摩儺羅麼、婀我裒屢拖摩能、婀波寐之羅陀魔、」コレ影媛ヲ祭ル歟と云り、

栗田寛『神祇志料』第十二巻
鮑玉白珠比咩命神社、今君澤郡木負村赤崎にあり、三島明神の妹神と云ふ即是也。凡毎年正月十五日祭を行
ふ。伊州志、足柄縣式社取調帳

『大日本史』[九]・志一・巻二百五十五
鮑玉白珠比咩命神社、〇今在君澤郡木負村赤埼、赤埼明神、

竹村茂雄『伊豆國式社考』（『神祇全書』第四輯）
鮑玉白珠比咩神社　小川村に子安明神あり、佐野村に鰒明神あり、

竹村茂正『豆州式社考案』（『神祇全書』第四輯）
鮑玉白珠比咩命神社
　木負村赤崎神社ナルコト必セリ、其由ハ鮑玉ヲアコヤ玉ト云ヘリト、圓珠莟雜記ニアルニヨリテ思フニ、
　赤崎ハアコヤ崎ノ約リタルニテ、コヤヲ切ムレバカトナリ則御神名ノ鮑玉ニヨレルナルベシ、又古老ノ説ニ、當所
　ノ産土神ハ比類ナキ美女ナルヲ以テ、ヨシツマト稱シ、ヤガテ村名ヲモ古代ハヨシツマト呼リト、鮑玉白
　玉テフ御名ニモ附合シ、又出雲風土記ノ説ナドノサマニモ能似テ、最正シキ古傳ナルベク、又古代ノ村名
　ヨシツマハ、吉妾ノ字ヲ用ヒシヲ、後ニ字音ニトナヘシヨリ、終ニ木負ト書クコトトナリシナラン、豆志ノ説
　ハ、地テ本末タガヘルモノナリ、又吉妾郷ハ、此村名ヨリ起リシコトヲモ知ベシ、彼是ヲ合セテ、上件ノ神社ハ、此赤崎
　神社タルコト疑ヒモアルベカラズナン、カクテ神階帳宮玉明神ニハアラザルカト思ヘレド、ソハ未ダ當否
　ヲシラズ、

萩原正平『伊豆國式社攷略』（静岡縣立中央圖書館所蔵）
鮑玉白珠比咩命神社

君澤郡木負村鎭座宮玉の明神神階帳舊稱赤崎明神社是なり 囮圜豆志攷証註進特選當社今は屬里赤崎十數戸の土神の如くにして頗衰兆を顯すに至る蓋聞く所尓因連ば近比本村御嶽神社を合祀して一村の鎭守登崇免む登するの議起里し登果して實際尓施す尓於ては永久保存の美擧登穪遍つべき事な里かし

萩原正平・萩原正夫『增訂豆州志稿』卷之一・郡郷（長倉書店刊）
〇吉妾　[增]君澤郡木負村アリ、（或ハ木正ニ作ル皆吉妾ノ字音ヨリ轉訛セルも、）吉妾ハヨシヅマト訓テ延喜式ニ所載鮑玉白珠比咩命神社（木負村鎭座）ヨリ起レル稱ナル可シ、（神祠ノ部ニ詳悉ス木負ノ字ニ就テ云ル說ハ允富卜云テ可ラズ　〇元コノ邊ヲ木負郷ト云山中ヨリ木ヲ伐出シ負テ販クフ業トセシヨリノ名ナリセフハ、セオフノ約言ナリ續日本紀ニ日、和銅六年五月、畿内七道ノ諸國郡郷ノ名著好字延喜式日、諸國部内ノ郡里等ノ名並用二字必取嘉名コレ木負ノ字穪俚ナル故換ルニ吉妾ヲ以テシ久須美、多々見、三字ナル故換ルニ二字ヘ戞、直見、ヲ以テス延喜式、和名鈔、所記地名コノ類例少カラズ　罨靠ト毛而モ此二由テ本義ヲ失フ事多シ此郷ハ木負村ヨリ江梨迄卜見ユ三津村氣多神社ノ舊記並ニ此邊諸神祠ノ棟札ニ譖レバ江梨ヨリシテ今内浦ト稱スル處皆那賀郡ナリ然レドモ吉妾郷名鈔田方郡ニ載ス且田子ヨリ内浦迄十二里餘井田一郷タルベカラズ　村人質野錫リ稱センナラム、[增]竹村茂雄考日吉妾ヨシヅマナレバヅマヲダト約テヨシダトヨヒテ吉田邊大仁、三福、田中ナド　ヲ云ルナルベシ、前說ト參考シテ其當否ヲ知ルベシ。）

萩原正平・萩原正夫『增訂豆州志稿』卷之二上・町村一（長倉書店刊）
〇木負（[增]東重須村十六町八間、西久連村七町二十二間、南河内村十一町四十七間）[增]和名鈔田方郡吉妾郷アリ按ズルニ木負ハ吉妾ノ字音ヨリ轉ゼル稱ナラム天正文祿間ノ文書名寄帳等ニハ木正ノ字ヲ用キタリ〇赤崎ト云村嘗ノ始リシ處ト云昔ノ村名ナルベシ[增]此處ニ式内鮑玉白珠比賣命神社アリ海產及ビ蜜柑、九年母ヲ出ス（以下皆同ジ）
　〇田額百八拾石壹斗貮合［增]反別七十三町九反貮畝廿步内（田一町五反六畝二十七步、畑二十町四反八畝二十二步、宅地三町三反二十九步、山林三十八町一反六畝二十步、原野一町畝十五步、雜種地三反一畝二十七步、）[增]地價金壹萬九百四拾五圓貳拾壹錢九厘[增]地租金二百七拾三圓六拾三錢壹厘[增]社一（村）寺三（日蓮一禪二）巡查駐在所一海軍艦材圍場官舍一分校一[增]戸現住七拾貮現在七拾三[增]口本籍四百貳拾七（男二百十三、女二百十四）現住四百貳拾三（男二百九、女二百十四）

萩原正平・萩原正夫『增訂豆州志稿』卷之八上・式内神社考並神階帳考緒言（長倉書店刊）
〇鮑玉白珠比賣命神社[增]神階帳從四位上宮玉の明神[增]君澤郡木負村舊稱赤崎明神、今稱木負神社也

萩原正平・萩原正夫『增訂豆州志稿』卷ノ八上・神祠一・君澤郡（長倉書店刊）
〇赤崎明神（木負村赤崎）[增]村社木負神社祭神鮑玉白珠比咩命、相殿御嶽神[增]式内鮑玉白珠比賣命神社也（前記）此地和名鈔所載吉妾ノ郷ニシテ吉妾ハ美妾ノ義ニテ此姬神鎭座ヨリ起リ社地赤崎ノ稱ハ明光崎ノ意ニテ此ノ容姿艷麗ナルニ基セルナル可シ〇伊豆峰記日木負村赤崎ニ座スト上梁文ニ日三島明神ノ妹也ト今ハ直ニ三島明神ト稱ス此社式内ナル可シ共神名知レ難シ或云鮑玉白珠比賣命ナル可シト[增]明治七年字上條、御嶽神社（〇藏王權現今土神トス[伊豆納符]）ヲ合併シテ社號ヲ改ム明治十八年境内ニ碑石ヲ建テヽ社ノ由來ヲ勒ス（從三位千家尊福ノ撰文也）[增]境内社一（金刀比羅[增]五百九十坪官一）

菅原久高『伊豆國九十二式社祭神記』（『全國神職會々報』第二十二號）
鮑玉白珠比咩命神社　西浦村木負鎭座村社木負神社なり赤崎明神と稱す
　祭神　鮑玉白珠比咩命

吉田東伍『增補大日本地名辭書』第五卷・１０４７頁
木負　今西浦村の大字とす、和名抄、吉妾郷の遺名の訛れるとぞ、古訓キセホにやにやあらん。木負の赤埼と云ふ海岬に、式内鮑玉白珠比咩神社あり。
補[内浦]〇增訂豆州志稿、木負村、赤崎と云ふ嘗に、式内鮑玉白珠比咩神社あり。

郲岡良弼『日本地理志料』卷十三・伊豆国田方郡
吉妾　訓闞、按豆州志、吉妾當讀云岐世布、今有木負村、或作木正、見天正撿地帳、凡任在背、謂之世於布、約世布、吉妾、即修木背負也、居民采樵爲產、故名、」萩原氏日、吉妾、宜訓與之都麻、祀典所謂鮑珠白珠比咩命神社、在木負村、盖祀三島大神妃神也、郷名因起、本國神階帳作宮玉明神、後稱赤埼明神、木負宮、後世吉妾音讀、遂轉木負也、今察地形、本郷瀨江浦灣、佃漁爲業、則采樵之說恐妄、」據圖考之、亘木負、久連、平澤、河内、立保、古宇、足保、久料、江梨諸邑、稱内浦九個村、屬君澤郡、盖其地也、」祀典所載引手力命神社、在江梨村、稱大瀨明神、天正撿地帳、有高田郡三津荘江梨内久料村、高田即田方也、河内村、古爲源賴政采邑、其子仲綱任州守、子孫稱伊豆氏、其族有大河内氏、今班華族、

靜岡縣田方郡役所編『靜岡縣田方郡誌』５０２～５０３頁（長倉書店刊）
　本郡に於ける古神社の史乘に顯はれたるは、延喜式神名帳と伊豆國神階帳とを其完備せるものとす。前者は平安朝の初期、後者は南北朝時代に現在せる宮社を記載せるものなり。而して此等所載の神社は、引續き現存せるものなりや否や、今日に之を考定するは頗る至難の事に屬す。然れば先進各考說を異にし、甲是乙非にて、必ずしも一定せず、是を以て、此書には伊豆國式社考證の著者故萩原正平氏の說に從ひ之を表示す。
　　云々
　　延喜式神名帳所載社名　鮑玉白珠比咩神社（田方）
　　神階帳所載社名　　　　從四位上　宮玉の明神
　　現　在　社　名　　　　村社　木負神社
　　所　在　地（舊制）　　君澤郡木負村赤崎
　　所　在　地（現制）　　西浦村木負

足立鍬太郎『南豆神祇誌』３７～４３頁（靜岡縣賀茂郡神職會）
　延喜式卷九に載せた伊豆國神名帳は次の如くである。但所在地は萩原正平著伊豆國式社考略に私考を加へて註記す。
　　　　伊豆國九十二座　　大五座小八十七座
　　　　　賀茂郡四十六座　　大四座小四十二座
　　　　　云々

田方郡廿四座　<small>大一座小廿三座</small>
　　　　云々
　　　　鮑玉白珠比咩命神社　　　　　　　　　<small>西浦村木負</small>
　　　　云々

足立鍬太郎『南豆神祇誌』７５～７６頁（静岡縣賀茂郡神職會）
　伊豆國神階帳は、群書類從二三に、康永二年<small>辛亥（興國四年）</small>十二月廿五日在廳判の奥書あるものを、在廳伊達某藏本から寫して收めてある。<small>伊達家に現藏するものは鳥子紙二枚續にて後世の寫本である即ち尾張のより二十年許前のものである。</small>在廳とは、中古國衙の廳にあり、國司の命を奉じて事務を行ふ下司であったが、多くは世職だから其の稱呼を傳へて居たのだ。先づ左に其の全文を掲げよう。
伊豆國神階帳　<small>式社の配當は萩原正平の意見に據る</small>
　　伊豆國三ケ郡神明帳事
　　正一位三島大明神
　　　云々
　　　從四位上宮玉の明神　<small>鮑玉白珠比咩命神社</small>
　　　云々

静岡縣『旧版 静岡縣史』第三巻・７１１～７２４頁（名著出版刊）
【賀茂郡四十六座<small>大四座小冊二座</small>】
云々
【田方郡二十四座<small>大一座小廿三座</small>】
云々
（鮑玉白珠比咩命神社）
　原祭神は鮑玉白珠比咩命。原所在は田方郡西浦村木負字赤崎か。現在社は同所の鮑玉白珠比咩命神社か。
云々

静岡県郷土研究協会『静岡県神社志』第三篇（日本仏書センター刊）
村社　鮑玉白珠比咩命神社
　　　田方郡西浦村木負字赤崎鎮座
云々
　祭神　鮑玉白珠比咩命
　例祭日　十月十五日
　由緒　創立年月不詳、延喜式神名帳所載伊豆国田方郡鮑玉白珠比咩命神社神階帳従四位上宮玉の明神即ち是也、と、中古より赤崎明神と称す、明治六年九月村社に列し、同七年中同村字上条に鎮座の御嶽神社を合併して、木負神社と改称した。倭名抄田方郡吉妾郷とあるは、この辺の総称なるべし、赤崎は明なりと云、共に祭神に起因せしなるべし、明治四十年九月十三日神饌幣帛料供進社に指定せらる。
云々

伊豆国那賀郡の
式内社・諸説集成

箕勾神社

『特選神名牒』３２８～３２９頁
箕勾神社
　　祭神
　　祭日
　　社格　（無格社）
　　所在　峯輪村（賀茂郡中川村峯輪）

度會延經『神名帳考證』（『神祇全書』第一輯）
○箕勾神社　水分神、阿奈和命　阿波國天水沼間比古神社　田方郡白波之彌奈阿和命神社、按箕輿水同訓、勾與間横音通、

伴信友『神名帳考證』（『伴信友全集』第一）
箕勾神社
○田方郡白波之彌奈阿和命祠社［志］峯輪村ノ野本ニ神明トテ一祠ニシテ兩扉元和二年ノ棟札ニ大神宮大六天魔王野本村鎭守也トアリ享保ノ初火災今小祠トナル舊記皆焚タリ又西繩ノ天神原ノ天神延慶元年應永卅二年ノ棟札アレドモ字ヨメガタシ熊野權現ノ神像トテ十二アリ尤古シ古鏡六大小ノ鐸ニ磬一アリ祭式古風ナリ又箕勾石二ツアリ上古ノ神體也コノ二祠イヅレニヤ未定

伴信友『神名帳考』（『神道大系』古典註釋編七・延喜式神名帳註釋）
箕勾神社
○田方郡白波之彌奈阿和命神社、志ニ、峯輪村ノ野本ニ、神明トテアリ、一祠兩扉、元和元年ノ棟札ニ、大神宮・大六天・摩［魔］王、野本村鎭守也トアリ、享保ノ初火災、今小祠トナル、舊記ミナ焚タリ、又西繩ノ天神・原ノ天神、延享元年・應永卅二年ノ棟札アレトモ、字ヨメカチシ、熊野權現ノ神像トテ、十二アリ、尤古シ、古鏡六、大小ノ鐸二、磬一アリ、祭式古風也、又箕勾石二ツアリ、上古ノ神體也、コノ二祠、イツレニヤ、未定、
　１（頭註）田圖云、三子ワ村、

鈴鹿連胤『神社覈錄』（井上頼圀・佐伯有義校訂『神社覈錄』下編）
箕勾神社
　箕勾は美乃和と訓べし○祭神在所詳ならず
　　國圖云、峯輪村にあり、○伊豆志ニ、峯輪村野本ニ神明トテアリ、一祠ニシテ兩扉、元和二年ノ棟札ニ、大神宮大六天魔王野本村鎭守也トアリ、享保ノ初火災、今小祠トナル、舊記ミナ焚タリ、又西繩ノ天神原ノ天神、延慶元年、應永卅二年ノ棟札アレドモ字ヨメガタシ、熊野權現ノ神像トテ十二アリ尤古シ、古鏡六、大小ノ鐸二、磬市アリ、祭式古風也、又箕勾石二ツアリ、上古ノ神體也、コノ二祠イヅレニヤ未定、
　　　　神位
　國内神階記云、從四位上みのわの明神、

栗田寛『神祇志料』第十二巻
箕勾神社、今峯輪村野本にあり、神明と云ふ。凡九月廿五日祭を行ふ。豆州志、足柄縣取調帳

『大日本史』［九］・志一・巻二百五十五
箕勾神社、○在峯輪村、神明帳爲從四位上、

『大日本史』［十一］・志三・巻二百九十三
那賀、○今中村、屬茂郡、豆州志ニ、亙松埼宮為伏倉南郷明伏小杉原六社、其地也、古郡家所在、和名鈔大意有仲社、延喜式那賀川、豆州志有佐波社、箕勾社、延喜後有仁科莊、佐波神社大永七年上梁文仁科川出焉、豆州志

竹村茂雄『伊豆國式社考』（『神祇全書』第四輯）
箕勾神社　峰輪村野本、志神階帳みのわの明神、

斎田茂先・山本忠英『掛川志稿』伊豆巻（郷土新聞社刊）
○峰輪村　船田の南にあり、川を隔つ、式内箕勾神社あるに因て村名とす、今峰輪と云は誤なり、船田川大沢川の間にして川の回りたる所にある村なれは箕勾は水の回なるへし、東大沢七町余、南明伏六町余、田二百二十三石六斗八升二合、戸六十二、口百八十九、前田又吉知行

萩原正平『伊豆國式社攷略』（静岡県立中央図書館所蔵）
箕勾神社
　那賀郡峯輪村鎮座みの王能明神 神階帳舊稱神明社なるべし 國圖志攷証註進特選當社例の衰替に屬して上古の景迹存するものなし又同村天神社あり頗舊祠尓して社宇も略大な連ば心引るゝ方なきに非ず故に附記して後の參攷尓供ふ

萩原正平・萩原正夫『増訂豆州志稿』巻の三下・町村四（長倉書店刊）
○峰輪村（［増］東明伏村十町二十六間、大澤村同上、西船田村六町五十一間）［増］拾九里貳拾三町壹間（［増］五里八町二十七間）［増］延喜式箕勾神社、神名帳みのわの明神ヲ載ス（古檢地帳傳ハラス○東雅云、俗ニマワレル處ヲ輪ト云、又云古語ニワト云ハ囘也蔵囘浦囘ナド是ナリト此村峰巒マハリテアル故ナリ［増］順行記ニ野本、升亀、中島、西繩ノ小名ヲ載セタリ）
　　○田額貳百拾參石六斗貳合（内新田七石一斗一升五合）［増］反別貳百八拾八町七反九畝拾八歩内（田十二町一反市畝二十歩、畑八町一反一畝十二歩、宅地一町九反三畝十八歩、山林二百六町貳反五畝二十七歩、原野六町三反七畝十一歩）［増］地價金九千九百六拾壹圓拾貳錢六厘［増］地租

金貳百四拾九圓三錢一厘[増]社二(權)寺一(廢)[増]戸現住五拾六現在六拾三[増]口本籍貳百六拾壹(男百二十六、女百三十五)現住貳百六拾貳(男百二十六、女百三十六)

萩原正平・萩原正夫『増訂豆州志稿』巻之八上・式内神社考並神階帳考緒言（長倉書店刊）
〇箕勾神社[増]神階帳從四位上みのわの明神〇那賀郡峰輪村ノ野本ニアリ神明ト稱ス同村天神（西繩ノ天神原）亦古社也今神明ヲ以テ定テ式社トスルハ野本ハ村ノ始リナルヨシ且神明ノ稱トニ因テ也（本州ノ俗式社ハ大略神明八幡三島明神ト稱ス）他ノ證ナシ故ニ茲ニ二祠ヲ並擧テ疑ヲ存ス[増]神明今野本神社、天神今箕勾神社ト改稱ス此二祠何レガ當レルヲ知ラズ

萩原正平・萩原正夫『増訂豆州志稿』巻之九下・神祠四・那賀郡（長倉書店刊）
〇天神（峰輪村）[増]無格社箕勾神社祭神不詳〇熊野權現ヲ配祀ス[増]式内箕勾神社ナル可シ（前記）又箕勾神社ヲ同村野本神社ニ當テタル説アリ孰レガ是ナルヲ知ラズ〇延慶元年應永三十二年ノ棟札アレドモ文字讀ミ難シ（[増]應永ノ札ニ藤原安中、平内三郎ノ文字辨ス可シ又慶長十四年ノ札アリ大旦那大久保石見守長安ト誌ス）熊野權現、舊熊野ノ杜ヨリ遷スト云神像十二アリ尤古シ古錢録、大小ノ鐸二、磐一ヲ藏ム天文廿四年以来ノ上梁文讀ム可シ此祠ノ祭式古風存ス社邊ニ箕勾石二ツアリ最上古ノ神主也（鑰取鈴木氏）〇日光月光同林（兩扉ニシテ神像二驅ヲ祀ル舊ト日月ノ杜ニ在リ萬治三年天神ノ神ニ遷ス事棟札ニ見ユ）末社二（菅神八幡[増]二百四十六坪官一）

萩原正平・萩原正夫『増訂豆州志稿』巻之九下・神祠四・那賀郡（長倉書店刊）
野本神社（同村〇神明）[増]式内箕勾神社ニ當テタル説アリ（前記）〇一祠ニシテ兩扉也元和二年ノ上梁文ニ曰ク大神宮大六天魔王ハ野本村ノ鎭守也ト（享保ノ初祠傍ノ古楠自ラ火ヲ發シテ祠及ビ廳舎舊記筥笥ケタリ今小祠トナル[増]境内社三、淺間、琴平、稻荷[増]五十三坪官一）

菅原久高『伊豆國九十二式社祭神記』（『全國神職會々報』第二十二號）
箕勾神社　賀茂郡中川村峯輪鎭座無格社なり
　祭神　詳らかならず

吉田東伍『増補大日本地名辞書』第五巻・１０６６頁
中郷　今松崎の東なる中川の谷間を中郷村と云ふ、數部落に分れ、天城山の西端とす。高峰あり、本岳、婆娑羅岳と云ふ、中川は長凡三里。
　増訂志稿云、峰輪村に式内箕勾神社あり、舟田村に帰一寺あり、帰一は一山禅師、正安元年此に謫居し、其居を以て寺と為ししものとぞ、元亨釈書曰、一寧号一山、宋台州胡氏子也、元主泰心不止、奇謀百計、以我嚮浮屠、諭寧藩撫、寧逼不得已、駕舶着太宰府、正安元年也、平貞時激怒、編菅豆州、云々、南郷とは那賀の南郷の謂にて、慶長三年検地帳に「豆州那賀之内、南郷村」と録したり。
補[峰輪]〇増訂豆州志稿、建久寺村は旧那賀と一村、寺に因て村名となる、思ふに旧と巨利なりし事著し、然れども記文の証とすべきもの伝はらず。吉田廃寺、弥陀堂其遺址なり、伊豆日記曰、吉田寺村名を以て寺号とす、尼将軍頼家菩提の為め仏工運慶に命じて七仏を造らしめ、当寺を草創して像を安置すと、〇箕勾神社、峰輪村は延喜式箕勾神社あり、俗にワと云ふは回也、磯回、浦回など是なりと、此村峰巒まはりてある故なり。
補[小杉原]〇増訂豆州志稿、小杉原村は南郷と山を隔て、路頗る遠けれども、本南郷と一村なり。

郤岡良弼『日本地理志料』巻十三・伊豆国那賀郡
那賀　訓義見上、按那賀郡司治于此、郡名因起、神名式、那賀郡仲神社、今在郡之中村、稱高嶺明神、仲御歳神社、在賀茂郡松埼村、稱下明神、二村相鄰、慶長三年檢地帳、西浦那賀郷内中村、建久寺村、吉田村、秋山氏曰、松埼、宮内、伏倉、南郷、明伏、小杉原六邑、古屬本郷、見伊那上神社流記、今轉入賀茂郡、豆州志云、那賀郷廢、中村存、盖亙建久寺、吉田、櫻田、船田、峯輪、大澤、門野、大澤里、仁科、杉坂、濱、江奈諸邑、其故地也、」祀典所謂箕句神社、在峰輪村、伊那上神社、在宮内村、伊那下神社在松埼村、佐波神社在濱村、布刀主若玉命神社在濱村、」東鑑治承四年條、有中村太郎景平、同次郎盛平、盖本郷人、荒神祠應永八年神像識、仁科莊門野村、嘉吉三年梁牌識、小田原分限帳同、北條五代記作西奈、伊豆日記云、吉田優吉田寺、尼將軍建之、以祈賴家冥福、

賀茂郡役所編『静岡縣南豆風土誌』２９３〜２９５頁（長倉書店刊）
云々、今賀茂郡四十六座の内より海島鎭座二十四座を減じ、又那賀郡二十二座の内より土肥以北井田に至る八座を除く時は、今日の賀茂郡は正に三十六座の式内社を算すべきなり。然れども伊豆三島神社は、上古鎭座の本域、賀茂郡三島（和名抄所蔵郷名、卽海島の總稱にして、其の本島は今の三宅島なり。なりしが、中世同郡大社郷和名抄所蔵。今の白濱村伊古奈比咩命神社の地なり。に遷座し、後又今の田方郡三島町に遷祀せられたりと云ふ（伊豆國式社略）を以て、更に大神の一座を除きて、茲に三十五座を得と謂ふべし。今左に増訂豆州志稿巻八上によりて之を擧げむ。同書に云はく、式内社を記すに「也」といふは疑ひなきもの、「なるべし」といふは略證賾あるもの、「ならむ乎」といふは、信疑相半するものに用ふと。
　云々
　箕勾神社　那賀郡峰輪村（今中川村）野本にあり。神明と稱す。同村天神（西繩天神）亦古社也。今神明を以て定めて式社とするは、野本は村の始りなるよしと神明の稱とに因りて也。神明今野本神社、天神今箕勾神社と改稱す。此の二祠何れか當れるを知らず。

賀茂郡役所編『静岡縣南豆風土誌』６７４〜６７５頁・中川村（長倉書店刊）
箕勾神社　峯輪－無格社－祭神、不詳〇式内箕勾神社なる可しと云ふ。熊野權現を配祀す。延慶元年應永三十二年の棟札あれども文字讀む可らず。神像十二體・古鏡六面・大小の鐸二個・磐一個を藏む。今尚社邊に箕勾石あり、是れ上古の神主なりと云ふ。

足立鍬太郎『南豆神祇誌』３７〜４３頁（静岡縣賀茂郡神職會）
　延喜式巻九に載せた伊豆國神名帳は次の如くである。但所在地は萩原正平著伊豆國式社考略に私考を加へて註記す。
　　　伊豆國九十二座　大五座小八十七座

賀茂郡四十六座　　大四座小四十二座
　　　　云々
　　　田方郡廿四座　　大一座小廿三座
　　　　云々
　　　那賀郡廿二座　　並小
　　　　箕勾神社　　　　　　　　　　　　　　　　　　　中川村峯輪
　　　　云々

足立鍬太郎『南豆神祇誌』７５〜７８頁（静岡縣賀茂郡神職會）
　伊豆國神階帳は、群書類從二三に、康永二年辛亥（興國四年）十二月廿五日在廳判の奥書あるものを、在廳伊達某藏本から寫して収めてある。伊達家に現藏するものは島子紙二枚綴にて後世の寫本である即ち尾張のより二十年許前のものである。在廳とは、中古國衙の廳にあり、國司の命を奉じて事務を行ふ下司であったが、多くは世職だから其の稱呼を傳へて居たのだ。先づ其の全文を掲げよう。
伊豆國神階帳　　式社の配當は荻原正平の意見に據る
　　伊豆國三ケ郡神明帳事
　　正一位三島大明神
　　　云々
　　　那賀郡貳拾四所
　　從四位上みのわの明神　　箕勾神社
　　　云々

足立鍬太郎『南豆神祇誌』９６頁（静岡縣賀茂郡神職會）
　中川村峯輪箕勾神社に併祀された熊野両社には、平安後期の薄飛雀鏡・鎌倉前期の片輪車蝶鳥鏡・籬秋草双雀鏡優秀外三面を藏し、岩科村道部熊野神社には、表に種子を墨書した鎌倉中期の橘樹飛雀鏡外二面を藏し、宇久須村別所舊熊野神社には、素紋・菊紋双蝶・蓬莱千鳥・草花紋蝶鳥・菱点格子地飛雀鏡二面・群薄蝶鳥・梅櫻楓飛雀等九面、いづれも表に種子を墨書した平安後期の一群鏡と、鎌倉中期の柴垣飛雀鏡優秀を藏して居る。是等は熊野信仰に伴ひ、本祠の分霊として將來したものであらう。

足立鍬太郎『南豆神祇誌』２１６〜２１８頁（静岡縣賀茂郡神職會）
　　　第三十三章　中川村
云々
箕勾神社
　　所在　峯輪字宮麓
　　祭神　不詳
　　創立　應永三十二年　（棟札）
　　社格　村社　式内　供進
　　境内　二四六坪　官一
　本社は式内の古社であるが、其の天神といふより、應永三十二年既に天滿大自在天神となって居る。尚當社には、慶長十四年に熊野神社を、万治三年に日光月光両神伊豆山出現の日精（女）月精（男）のことであらう今伊勢雨宮とすを併祀してある。其の熊野祠内には、薄飛雀鏡藤原末期・片輪車蝶鳥鏡・籬秋草飛雀鏡二面鎌倉前期等六面の和鏡を藏して居るのは、本宮新宮の霊代であらう。又大小の鐵鐸や古朽佛像をも藏して居る。

静岡縣『旧版　静岡縣史』第三巻・７１１〜７２４頁（名著出版刊）
【賀茂郡四十六座大四座小卌二座】
云々
【田方郡二十四座大一座小廿三座】
云々
【那賀郡廿二座並小】
（箕勾神社）
　　原所在は賀茂郡中川村峰輪字宮麓か。現在社は同所の箕勾神社か。
云々

静岡県郷土研究協会『静岡県神社志』第三篇（日本仏書センター刊）
村社　箕勾神社
　　　　賀茂郡中川村峰輪字宮ノ麓鎮座
云々
　　祭神　不詳
　　例祭日　七月十四日
　　由緒　本社は増訂豆州志稿に延喜式延喜式神名帳那賀郡箕勾神社にして、神階帳那賀郡從四位上みのわの明神とあるに当てる。又一に野本の神明社に当てるもある。本社今は一棟五扉にて、中央に天神を祭り、向右に日光一扉、月光一扉、向左熊野権現二扉を祀る。天神と稱し奉るにより応永三十二年の棟札には天満大自在天神となって居る。なお慶長十四年峰輪熊野社より熊野神社を、万字三年十一月には日光月光両両神を峰輪日月社より奉遷した。其熊野祠内には六面の和鏡（宝物の部参照）を藏するは蓋し霊代であらうと。大正十四年十一月二十日神饌幣帛料供進社に指定せらる。
云々

伊志夫神社

『特選神名牒』３２９頁
伊志夫神社
　祭神　大山祇命
　　今按神階帳從四位上いしひの明神とあり豆州志に伊志夫神社大山祇命也神主は上古石を祀る神田にあり此神の舊き牛王松崎村に存す石火宮寶印と刻す云々又石火石神田と云處の人家の後に有牝牡二石牡石高一丈五尺圍七丈餘上平にして其中窪なる處黑色也村人之を昔土神火を燃し給ふ也と云ふ火字に因て附會せし也牝石は差少にして横臥するが如し上古は山川若くは木石を祀る事有村人は斯石を今に石火明神と號し崇敬する事良有哉とある思ふに此牝牡兩石は此神に由ある石にて如此云傳しならん姑く付附て考に備ふ
　祭日
　社格　村社
　所在　石部村（今屬賀茂郡）
　　今按豆州志本社天文十二年上梁文に仁科庄雲見郷石火村寛文十二年なるは那賀郡仁科庄雲見郷石部村と延喜式火作夫誤寫也火は靈也古語に靈をひと云天文中火災數起るを以て火を部に改る由上梁文に見ゆとあるが如く石部村の稱あり石火の牛王あり棟札もありて其稱正ければ之に從ふ

度會延經『神名帳考證』（『神祇全書』第一輯）
〇伊志夫神社　軻遇突智命　倭名抄云、那賀郡石火、日本紀云、伊弉諾尊斬軻遇突智命、是時斬血激灑染於石礫樹草、此草木沙石自含火之縁也、

伴信友『神名帳考證』（『伴信友全集』第一）
伊志夫神社
［和鈔］那賀郡石火［志］今賀茂郡石部村ニ坐ス神體ハ上古石ヲ祭ル此神ノ古キ牛王松埼村ニ存ス石火宮寶印ト刻ス祠中ニ古鏡古鈴二ヲ蔵ム

伴信友『神名帳考』（『神道大系』古典註釋編七・延喜式神名帳註釋）
伊志夫神社
〇和名抄、那賀郡石火、△志ニ、今賀茂郡石部村ニ坐、神體ハ、上古石ヲ祀ル、此神ノ古キ牛王、松崎村ニ存ス、石火宮寶印ト刻ス、祠中ニ古鏡一、古鈴二ヲ藏ム、
　1 (附箋) 葦火ヲ、萬廿ノ十二、安之布トアリ、
　1 (頭註) 扶圖云、イシフ村、加茂郡、

鈴鹿連胤『神社覈錄』（井上頼圀・佐伯有義校訂『神社覈錄』下編）
伊志夫神社
　伊志夫は假字也、和名鈔、郷名部石火、〇祭神詳ならず〇石部村に在す、今賀茂郡に屬す、圖圖、志、例祭
　　伊豆志に、神體は上古石ヲ祀ル、此神ノ古キ牛王松崎村ニ存ス、石火宮寶印ト刻ス、祠中ニ古鏡一古鈴二ヲ藏ム、と云り、
　　　神位
　　國内神階記云、從四位上いしひの明神、

栗田寛『神祇志料』
伊志夫神社、〇按伊豆國神階帳、伊志夫を石火に作る。今賀茂郡雲見郷石部村にあり、石火明神といふ。天文十二年上梁文、豆州志、凡其祭九月十七日を用ふ。足柄縣式社取調帳

『大日本史』［九］・志一・巻二百五十五
伊志夫神社、〇神明帳作十四位上伊志比乃明神、今在賀茂郡石部村、

『大日本史』［十一］・志三・巻二百九十三
石火、〇今石部村、在郡南、後稱雲見郷、屬仁科荘、入賀茂郡有伊志夫社、延喜式岩科川、豆州志妻良津、東鑑〇今妻良村

竹村茂雄『伊豆國式社考』（『神祇全書』第四輯）
伊志夫神社　石部村、志神階帳いしひの明神、

斎田茂先・山本忠英『掛川誌稿』伊豆巻（郷土新聞社刊）
石火郷　道部、石夫、岩地、雲見、伊浜、小浦、妻良の八村、古の石火郷なり、石夫村に式内神社あり、石夫は石火の転せるなり、此八村今は加茂郡に入る

萩原正平『伊豆國式社攷略』（静岡県立中央図書館所蔵）
伊志夫神社
　賀茂郡石部村鎭座い志ひの明神神階帳今稱石部神社是なり圖圖豆志攷証註進特選今云ふ伊志夫の夫は火の誤ならむ登式の攷異尓云へるを然登須村名も素石火奈里し後尓今の如く更ためたるよし豆志尓云へるは暗合登謂つべくや

萩原正平・萩原正夫『増訂豆州志稿』巻之一・郡郷（長倉書店刊）
〇石火［増］延喜式伊志夫神社神名帳いしひの明神アリ（其他石火ト記セルモノ少カラズ）〇岩科ヨリ妻良邊ニ至ル此郷ナリ廢シテ一村ノ名トナルモ已ニ久シ（元蔵中此郷賀茂郡トナル石火明神ノ上梁文ニ見ユ［増］竹村茂雄考岩地、石部、邊ヨリ石廓崎マデヲ云トイルハ推當ノ説ニシテ實地ニ適ハズト知ルベシ。）

萩原正平・萩原正夫『増訂豆州志稿』巻之三上・町村三（長倉書店刊）
〇石部村（[増]東岩科村三十二町、南伊濱オ一里十八町雲見村十七町、北岩地十二町）[増]拾九里拾八町貳拾五間（[増]七里十三町）[増]和名鈔、那賀郡石火郷ヲ載ス（石火郷ハ岩科ヨリ妻良邊ニ至ル延喜式、伊志夫神社、神名帳、いしひノ明神アリ、〇伊志夫神社天文十二年ノ上梁文ニ仁科荘雲見ノ郷石火村、寛文十二年云、那賀郡仁科荘雲見郷石部村ト、サレドモ五古村ナリ、延喜式ヲ作夫誤寫也、火ハ靈也、古語ニ靈ヲヒト云靈ノ字畫多キヲ以テ火トシ、天文中火災頻起ルヲ以テ火ノ部ニ改メ上梁ニ見ユ漁アリ[増]石火ノ專神社ノ部ニ詳ニス順行記、横瀬、山家、大平野、坂下ノ地名ヲ載ス）
　〇田額百七拾六石八斗壹証八合（内新田四石二斗五升九合）[増]反別貳百七拾六町三反三畝拾九歩内（田十八町一反六畝十九歩、畑十二町二反三畝十九歩、宅地三町六畝二歩、山林百九十七町九反五畝二十五歩、原野四十四町九反一畝十四歩）[増]地價金壹萬三千四拾圓六拾三錢五厘[増]地租金三百貳拾六圓貳錢四厘[増]社一（村）寺一（禰）分教室一[増]戸現住九拾七現在九拾九[増]口本籍四百六拾壹（男二百三十二、女二百二十九）現住同上。

萩原正平・萩原正夫『増訂豆州志稿』巻之五・石巖（長倉書店刊）
〇石火石　〇石部村[増]神田ニ二石アリ一ハ高一丈五尺、圍七丈餘、上平カニシテ凹處アリ傳云往古土神火ヲ燃シタル跡ナリト一ハ差ハナリ村人此二石ヲ石火明神ト稱シテ崇敬ス（神祠部ニ出ヅ）

萩原正平・萩原正夫『増訂豆州志稿』巻之八上・式内神社考並神階帳考緒言（長倉書店刊）
〇伊志夫神社[増]神階帳從四位上いしひの明神[増]賀茂郡石部村伊志夫神社也（〇石部村）一説ニ松崎村下之神社ニ當テタレド諾ヒ難シ

萩原正平・萩原正夫『増訂豆州志稿』巻之九上・神祠三・賀茂郡（長倉書店刊）
〇伊志夫神社（石部村）[増]村社祭神事代主神ナル可シ[増]式内伊志夫神社也（前記）此地和名鈔所載石火郷ニシテ伊志夫ハ石火ノ誤寫ナル可シ（延喜式考異ニ家和名抄有石火郷神階帳有石火乃明神トアリ當社天文十二年ニ梁文ニ石火大明神宮又石火村土誌ス天文中火災屢起ルヲ以テ火ノ部ニ改メ石部ト稱スト云村部参照）往昔字神田（今字向ト云）ヨリ現地ニ遷ス〇上古ノ神主ハ石也今尚神田ニアリ（[増]石上凹處アリ傳云神ノ火ヲ焚キタル處ニシテ石火ノ稱ノ起因ナリト里人避ケテ汚サズ最行記ニ石火ト云石アリ常ニ倚ニヨラザル由ト）石火宮寶印石刻ス（[増]長一尺横一尺五寸厚一寸許ノ板也松崎村ノ宮ニ藏ム）[増]建暦元年ノ文書ニ鰹船二艘者爲石火宮供免除免云々ト記ス（此文書赤松崎村下之宮ニ在リ共ニ故アリテ松崎村ニ傳ハリタルナラム舊説下之宮ヲ以テ伊志夫神社ニ當テタルハ非也）〇祠中ニ古鏡一、古鈴二ヲ藏ム（祠下ニ藥師堂アリ）　末社八（[増]三百十三坪官一）

萩原正平・萩原正夫『増訂豆州志稿』巻之九上・神祠三・賀茂郡（長倉書店刊）
〇伊那下神社（松崎村）[増]村社下之神社祭神不詳[増]式内仲大歳神社ナル可シ（前記）按ズルニ式内仲神社、仲大歳神社ハ共ニ地名ヲ以テ社號ニ命ジタルニテ同地鎮座ナラム而テ仲神社ハ當社ヲ距ル數町宮内村ノ地ニアリテ從來上之神社ト稱シ當社ヲ下之神社ト稱シ來レルノミナラズ上之神社ヲ神階帳ニハおほとしの明神ト記セルニテ宮内ノ地亦大歳ノ稱アリシヲ知ルニ足リ（鄰里岩科村ニモ大歳ノ稱存スレバ廣ク稱ヘシ地名ナル可シ）當社ノ仲大歳神社タル疑フ可クモ非ズ（仲ノ稱ノ地名ナル上ニ下之神社ノ稱ニミエルガ如シ）又當社ヲ大唐明神トモ稱ス大唐ハ大歳ノ轉訛ナラム舊説式内伊那下神社ニ當テタルハ下之神社ノ稱呼ヨリ謬リタル也（下之神社ハ上之神社ニ對呼セシ也）又一説ニ式内伊志夫神社ニ當テタルハ當社ニ石火宮寶印戸刻シタル午王、石火宮ト書シタル建暦元年文書（石部村伊志夫神社ノ條参看）等ヲ藏スルヨリ誤解セシ也（〇相傳フ神功皇后新羅ヲ征シ給ヒシ時彼國人皇后ノ御船ヲ守護シ奉リテ長州豊浦ニ留リ後此ニ鎮座ス故ニ額ニ唐大明神ト書ヶ來レリト又一説ニハ伊那上ノ兩神奥ヲ並ビ祭ルヨリ兩奥トミ呂セ也ノ説也）〇祠内ニ鏡十二面劍一口、建暦、永正、天文ノ文書ヲ藏ム（[増]永正十五年文書ニ松崎下之宮之船之事如前ニリヤウシノ事任先寄之旨爲扶持者也仍如件トアリ天文八年文書略同之又祠内ニ古木像ヲ藏ム）社域ノ銀杏、樹黄葉十餘里ニ見ユ（社領宮内村上之宮ニ條ニ記ス神主蒙氏）〇末社四（天神、辨天、津島、金比羅、[増]三百六十三坪官一）

菅原久高『伊豆國九十二式社祭神記』（『全國神職會々報』第二十二號）
伊志夫神社　賀茂郡岩科村石部鎮座村社なり伊志比乃明神と稱す
　祭神　事代主神なるへし

吉田東伍『増補大日本地名辞書』第五巻・１０６６頁
石火郷　和名抄、那賀郡石火郷。〇今岩科村、三浜村是なり、松崎の南、烏帽子山、波勝崎左右の海崖とす。
　延喜式、那賀郡伊志夫神社、当国神階帳いしひの明神は、今岩科村の大字石部に存す。石部とは石火の訛たること分明とす、此社の天文十二年上梁文に、雲見郷石火村とあれば、石火の郷名も廃したるも久し。

吉田東伍『増補大日本地名辞書』第五巻・１０６７頁
雲見　今岩科村へ入る、松崎の西南一里余。烏帽子山突起して海上に雄張し、其斗絶する処を雲見崎と云ふ、西浦に於て一望標たり。
　北条五代記云、延徳の比、伊勢新九郎いずへ打入り、堀越御所も切腹し給ひければ、此威勢におそれ、土肥の富長三郎左衛門尉、田子の山本左衛門尉、雲見の高橋将監、妻良の村田市之助などいふ侍ども、ことごとく降人となり、伊豆一国は三十日の中に平定す。〇増訂志稿云、雲見村は慶長三年検地帳「豆州西浦、雲見之村」とあり、四方峰巒周遭して、唯仰て雲のみを見る、因て名とす、浅間山は村の西端に在り、又烏帽子山と云ひ、直立凡一千八百尺、高峻にして攀躋に難し、瀕海の地に在るを以て、航客毎に望標となす、又西南海中浅間門あり、槃游余録に曰「高可四十仭、広亦数十仭、固是一塊石、石之中心游洞、洞高五仭許、濶近三仭、可容数百人、海舶可來往其中、兀然孤立、寔門也、試窺視之、波濤渺漫、駿遠之諸山、皆洞中之物也」その形勝の奇異なる、他に其類を見ず、故に千貫門の名あり、千貫は価の尤貴きを云ふなり。
補[烏帽子山]〇地誌提要、一名御岳、又浅間山と云ふ。伊志夫神社、天文十二年の上梁文に云ふ、雲見郷石火村。

邨岡良弼『日本地理志料』巻十三・伊豆国那賀郡
石火　訓闕、按當讀云伊志夫、神名式、有那賀郡伊志夫神社、本國神名帳作伊志比明神、建暦元年文書、作石火宮、今在賀茂郡石部村、以石爲神云、石火即石靈也、古訓靈字曰比、如高皇産靈神皇産靈之靈、比夫一聲相通、本社天文十二年梁牌、作仁科荘雲見郷石火村、寛文十三年梁牌、作石部村盖嫌火字也、

豆州志云、石火方廢、石部村存、按圖、亘岩科、道部、岩地、石部、子浦、妻浦、一色、蝶野、蛇石、市瀬諸邑、其故地也、今隸賀茂郡、」祀典所載國柱命神社、在岩科村、伊波比咩命神社、在一色村、伊波久良和氣命神社、在子浦村、大津徃命神社、在妻浦村、東鑑作妻良津、北條五代記同、雲見有烏帽子山、一名淺間山、高千八百尺、航客望以爲標識、山上有淺間車、祀磐長姫命云、即木華開耶姫命姉也、二神在駿豆間、必有幽契而存焉、

賀茂郡役所編『静岡県南豆風土誌』９７頁（長倉書店刊）
石火郷　石部村、舊名石火といひしを、天文中屢火災ありしを以て、火字を忌みて部に改めたり。石火は即ち石靈の義にして、石神を祭れるよりいふ。（神名式に伊志夫神社あり。神階帳に伊志比明神あり。建暦元年文書に石火宮と見ゆ。但しヒ・フは相通なり。）今の岩科三濱二村大凡之に當る。元禄中此郷賀茂郡に併せらる。(石火明神上梁文)一説に承應頃までに那賀郡に屬せしが寛文以後賀茂郡に入りぬと。

賀茂郡役所編『静岡県南豆風土誌』２９３～２９５頁（長倉書店刊）
云々、今賀茂郡四十六座の内より海島鎭座二十四座を減じ、又那賀郡二十二座の内より土肥以北井田に至る八座を除く時は、今日の賀茂郡は正に三十六座の式内社を算すべきなり。然れども伊豆三島神社は、上古鎭座の本域、賀茂郡三島 和名抄所載名、即海島の總稱にして、其の本島は今の三宅島なり。なりしが、中世同郡大社郷 和名抄所載。今の白濱村伊古奈比咩命神社の地なり。に遷座し、後又今の田方郡三島町に遷祀せられたりと云ふ(伊豆國式社攷略)を以て、更に大神の一座を除きて、茲に三十五座を得と謂ふべし。今左に增訂豆州志稿卷八上によりて之を舉げむ。同書に云はく、式内社を記すに「也」といふは疑ひなきもの、「なるべし」といふは略證蹟あるもの、「ならむ乎」といふは、信疑相半するものに用ふと。
　　云々
　　伊志夫神社　賀茂郡石部村(今岩科村)伊志夫神社也。

賀茂郡役所編『静岡県南豆風土誌』６６８頁・岩科村（長倉書店刊）
伊志夫神社　石部－村社－祭神、事代主命〇式内伊志夫神社にして、往昔神田の地より遷祀すと云ふ。上古の神主は磐石の稱の起因なりと。然れども古、靈を訓して比と日へば石火卽、石靈に非ざるか。

足立鍬太郎『南豆神祇誌』３７～４３頁（静岡県賀茂郡神職會）
　延喜式卷九に載せた伊豆國神名帳は次の如くである。但所在地は萩原正平著伊豆國式社考略に私考を加へて註記す。
　　　伊豆國九十二座　大五座小八十七座
　　　　賀茂郡四十六座　大四座小四十二座
　　　　　云々
　　　　田方郡廿四座　大一座小廿三座
　　　　　云々
　　　　那賀郡廿二座　並小
　　　　　云々
　　　　　伊志夫神社　　　　　　　　　　　岩科村石部
　　　　　云々

足立鍬太郎『南豆神祇誌』５３～５５頁（静岡県賀茂郡神職會）
　次に氏族神を擧げると、式田方郡に於ける玉作水神社今沼津市は玉作部の齋く神である。楊原神社今同上が特殊の待遇を受けて明神大に列したのは、大岡牧？兵部式駿河國園野馬牧があるに關係せし（恐らくは外來）大氏族の氏神であったからではあるまいか。そしてそれが、近く發見された大岡村の廢寺や、所謂牧長者と因縁があると考へられる。彼の遠江榛原郡初倉村の式名神大敬滿神社が竹林寺と稱する廢寺と共に、大井川渡船や白羽牧主税式遠江白羽官牧馬直四千四百六十束に關係したと考へられる秦氏族に對する狀態と同じくはあるまいか。又今賀茂郡松崎町下之神社と稱するは、舊石火那賀兩郷の接する處にあって、式社の擬當に紛糾ある古社であるが、私は、其の所藏の神像や、私等の發見した二面の神鏡（一面には古風なる綾を有する冠を著けた神像の毛彫があり一面には墨書の願文がある）や、唐大明神と稱する事等から遡り考へ、又附近に櫻田といふ地名、森・高橋・松本などいふ舊家の存するを參照して、やはり其地に居住した秦氏の氏神であらうと考へて試みた。（田方郡中郷村松本にある高椅神社も亦然らん）尚石火といふは燧石から火を取ることを知った民族によって開かれた郷ではあるまいか。そしてそれ等外來？種族が、那賀岩科兩川の注ぐ江奈灣の要地を占め、沼津や初倉の如く船税を收めて相應の富をなし、漸次灣の頭尾に分れて繁殖するに隨って、氏神も二所に勸請することになったから、其の地勢高く郡家に近き本宮が伊那上神社（唐大明神）となり、遠き海寄の方が伊那下神社（船寄大明神）となり、以て仲神社現在の郷社伊那上神社は式仲神社たる證據がある（三嶋大明神）と鼎立したのであらう。式仲大歳神社は今の中川村村社那賀神社に擬當すべきである。

足立鍬太郎『南豆神祇誌』７５～７８頁（静岡県賀茂郡神職會）
　伊豆國神階帳は、群書類從二三に、康永二年辛亥(興國四年)十二月廿五日在廳判の奧書あるものを、在廳伊達某藏本から寫して收めてある。伊達家に現藏するものは鳥子紙二枚續にて後世の寫本である即ち尾張のより二十年許前のものである。在廳とは、中古國衙の廳にあり、國司の命を奉じて事務を行ふ下司であったが、多くは世職だから其の稱呼傳へて居たのだ。先づ左に其の全文を掲げよう。
伊豆國神階帳　式社の配當は萩原正平の意見に據る
　　伊豆國三ケ郡神明帳事
　　　正一位三島大明神
　　　　云々
　　　　那賀郡貳拾四所
　　　　云々
　　　　從四位上いしひの明神　伊志夫神社
　　　　云々

足立鍬太郎『南豆神祇誌』２１３～２１５頁（静岡縣賀茂郡神職會）
　　　　第三十二章　岩科村
云々
伊志夫神社
　所在　石部字坂下
　祭神　事代主命　大山祇命
　創立　不詳
　社格　村社　式内
　境内　三一三坪　官一
　往古、字神田にある雌雄両石_{雄石高一丈五尺周圍七丈雌石稍小}の頂に火炎を見たから之を祭ったのを、後に神社を今の地に移したのだといふ。されど、石火とは、燧石もて火を鑽ることを知った民族を特稱したから出た名ではあるまいか社内に古鈴が三個ある。

足立鍬太郎『南豆神祇誌』２１９～２２９頁（静岡縣賀茂郡神職會）
　　　　第三十四章　松崎町
云々
下之神社
　所在　松崎字宮原
　祭神　彦火々出見命
　創立　不詳
　社格　村社　式内？（唐大明神）　供進
　境内　三六三坪　官一
　社地は舊石火郷に接續して、後に牛原山を負ひ、左に岩科川を帶び、右に那賀川を迎へ、前に松崎港を擁して駿河灣に臨み、形勢眞に森嚴雄大である。社頭に雌雄の老公孫樹があって、氣根を無數に垂れ、樹邊を逐く御手洗川のせゝらぎは、暫しも奏樂の響を絶たない。若し秋風黄雲を梢頭に漲らせる時は、遠く駿河路を往來する旅人をして歩を停めしめるといふ。誰か其の神さびたる古社に崇敬の情を捧げないであらう。然るを此社が延喜式の何社に該當するかが未だ定らず、空しく下之神社といふ通稱を冠せざるを得ないのは、抑々何の爲であらう。曾っては、所藏の文書や寶印を資料として、式伊志夫神社と認められんとしたこともある。又萩原正平には仲大歳神社に擬せられたこともある。されど神職氏子等は秋山章の説を守りて、伊那下神社たらんことを固執した爲に、神籍を船寄神社と爭ふこととなって、かく解決を得るに至らないと聞く。實に遺憾といふべきである。前にも述べたやうに、慶長五年彦坂九兵衞の神領附には、松崎上宮_{三嶋大明神}領の内に下宮_{唐大明神}渡分を規定して、名は相對的に、實は統屬的にしてあるけれども、同十三年大久保長安は上宮を仲神社に擬當し、其翌十四年下宮には、松崎大明神と銘した上宮同型の燈籠を奉納して、對等的の待遇をして居る。然るに正徳二年上宮は既に伊那上宮と稱しても、其の前年下宮は單に唐大明神と稱して遷宮をして居るのみならず、二十六年後の元文二年にも、猶ほ同名を襲用して居る、是は當時の神守森氏を配下と見た金指家の威壓によったのか、抑々また他に伊那下と公稱するを得ざる理由があったかわからぬが、其のこれを公表するを得るに至ったのは、恐らくは寛政元年に入って秋山章が豆州志稿を公にし、又近く江川坦庵が伊那下の額を書いてからであらう。又唐大明神と稱するにつきても、神功皇后新羅を征し給ひし時に、彼國人皇后の御船を守護し奉りて長門豊浦に留り、後此に鎮座するが爲といひ、或は之より住吉三神といひ、又海幸より考へて吉田家は彦火々出見尊と稱し、或は彦火々出見尊を石火宮と稱し、之に住吉三神を並べて兩輿明神と呼ぶともいひ、衆説紛々たれども、要するに渡海漁業を守護する神にして、上宮_{三嶋大明神}とは系統を異にすること明かである。然るに大正八年私は參拝のついでに、社殿より萩薄蝶鳥鏡_{藤原後期}と松藤双鶴鏡_{鎌倉前期}との小・大の二鏡を發見し、和鏡研究の權威廣瀨都巽を煩して之を鑑査させた結果、甲の表面には極めて古風な巻纓把笏の毛彫神像が現れ、乙の表面には墨書の願文_{所々消えて讀下し難い}が發見された。元來當社に南豆で第一といはれる大神像を藏して居るから、之を鏡面の影像と比較し、且つ附近に櫻田といふ地名や森_{神職}高橋松本等の諸氏のあること石火郷が外來民族と關係があらうとの考等лが、遠江大井河畔初倉に敬滿神社を祭った秦氏の一族、富士河邊より出た大生部多の行動を怒って之を打懲した爲に、神と呼ばれた秦河勝等に推及して、所謂唐大明神は江奈灣頭に水路の要衝を占めた秦氏が、氏神として祖先功滿王_{秦始皇帝五世孫}を祭ったのであらうといふ結論に到達した。_{沼津附近にも秦氏の族が居住したではあるまいか}依って之を上宮に比較するに、よしや鎮座の地勢から上下と稱へても、内容には毫も緣故がないから、私は三島大明神を式仲神社とする以上は唐大明神を以て、江奈灣頭地勢高く、且つ郡家に近くして本宮と考へられる方より式伊那上神社に擬當すべきものと思ふ。尚船寄神社の條下に其論を繼ぐであらう。
　本社には前述の二鏡の外に、七寶繋紋白銅鏡_{安土桃山時代}がある。七寶繋は當社の神紋であるが、或は樂官たる秦氏補襠の紋樣より出でたのであらう。古作の舞楽面が一對ある。又所藏の古文書に鰹船免許状がある。但し
　　　　　　（袖判）
　　仁科庄松崎下宮鰹船
　　貳艘者爲石火宮供菜
といふ丈が價値あらうといふ部分で、以下は後人の補筆貼附したものである。袖判は北條時政に似たれど、果して當時既に松崎に上下宮の稱ありしか、又下宮の鰹船から、石火宮の供菜料を辨ぜしめて、其の漁獵を免許するの意か、或は石火宮が下宮の内に存在したか、是等の點を研究するにあらざれば確定し難いと考へる。_{供菜船の事につきては、他に比較すべき文書がある。}但し鰹船は事實後世まであったといふことである。次に唐大明神に由緒ある北條氏船番匠文書と稱するものは、弘治元年乙卯三月十三日、北條氏が松崎船番匠彌五郎に下した、番匠奉公の規定及び棟別の免許、屋敷の保證に關した朱印で、題して「船番匠可被召仕樣躰」とあって、毫も神社關係のものではない。今松崎町松田六次郎氏の所藏である。

静岡縣『旧版　静岡縣史』第二巻・１５～１６頁（名著出版刊）
　云々又賀茂郡松崎町下之神社に、建暦元年少將實朝の出したといふ鰹船の文書がある。これは「仁科庄松

崎下官〇宮の誤鰹船・貳艘者石火宮供菜」の二行と、袖判〇北條時政だけが問題となるもので、免除云々以下は他紙を糊接し、更に差出人の名を削除して少將實朝花押を書加へたのである。是によって今も式社擬當に議論ある同社が、既に鎌倉時代から松崎下宮と稱せられてゐたものと判定されるけれども、石火宮が同社であるか、又は同社中に祭られてゐたか、或は下宮の鰹船二艘は石火宮式内石火神社の供菜を辨ぜしめるを條件として、置くことを許したものか未だ判らない。

静岡縣『旧版 静岡縣史』第三巻・７１１～７１２頁（名著出版刊）
【賀茂郡四十六座 大四座小冊二座】
云々
【田方郡二十四座 大一座小廿三座】
云々
【那賀郡廿二座並小】
云々
（伊志夫神社）
　　現祭神は大山祇命、事代主命。原所在は賀茂郡岩科村石部字向ヒ。現在社は同所字坂下の伊志夫神社。
云々

静岡県郷土研究協会『静岡県神社志』第三篇（日本仏書センター刊）
村社　伊志夫神社
　　　　賀茂郡岩科村石部字坂下鎮座
云々
　祭神　大山祇命
　例祭日　一月十七日
　由緒　本社は延喜式神名帳那賀郡伊志夫神社にて、神階帳那賀郡従四位上いしひの明神に相当するとなす。特撰神名牒に今按に、豆州志に伊志夫神社は大山祇命なり、神主は上古石を祀る社地旧神田（今は向）にありて石火明神と称し村名も亦石火村と称せしが、何時の時か今の地に遷座す。伝えいう石火石ははは神田と云う処の人家に牝牡の二石あり牝石高一丈五尺周囲七丈余、上平にしてその中窪なる処深黒色なり、村人之を昔土神神火を燃やし給う跡地という、牝石はやゝ小にして横臥するが如し、上古は山川草木を祀ることあり、村人はこの石を今に石火明神と号して崇敬し、村名を石火と書したり。然るに天文中然るに火災数々起るを以て、火を部に改むる由、上梁文に見ゆ、今は石部と称す、この神の旧き牛王、石火宮宝印と刻したるもの松崎村に存す、又棟札ありてその証正しけれは之れに従う、とあり、この神漁業に霊験特に著しとて、今尚信者等は御石講と称えて陰暦一、五、九月の十七日を以て祀り来れり、元和七年以後伊志夫神社と改めた。明治六年八月村社に列し、明治四十年六月二十一日神饌幣帛料供進社に指定せらる。
云々

伊那上神社

『特選神名牒』３２９頁
伊那上神社
　　祭神
　　祭日
　　社格　郷社
　　所在　足柄縣（賀茂郡松崎町大字宮内）
　　今按式社攷證には賀茂郡宮内村上宮を當られたれど此仲神社と思はるれば伊那上神社は舊説に仲神社と
　唱來れる那賀郡中村の神社なるべし此社は豆志に今高嶺明神と稱す那賀郡那賀郷の那賀と云處にありと
　みえたる是なり伊那下神社は伊奈村舟寄明神なるべし彼村より上所謂中川東北側の諸村櫻田中村建久寺
　吉田船田等を伊那上と稱したること的然く此村々を點撿するに當社許り舊社と思うはゝは無く此地許
　り伊那上の稱に協へる處なきを以てなりとあるを縣の註進に賀茂郡宮内村にあてたるは誤れるか疑はし

度會延經『神名帳考證』（『神祇全書』第一輯）
○伊那上神社　火焔皇子命　武藏國稻乃賣神社

伴信友『神名帳考證』（『伴信友全集』第一）
伊那上神社
［志］今賀茂郡宮内村ニ坐ス神主金差氏四十八世祖河野氏奧州ヨリ奉遷ト云フ昔ハ大社ナリシガ天正慶長ノ兩
度ノ火災ニ舊記等迄多ク燒失ス今所存古文書八通ノ中ニ伊豆國仁科庄那賀郷三島宮納御劔之事右彼御劔者薩
他山御合戰之依御祈禱申當社之御寶殿ニ被納置者也爲後見記錄畢如件文治元年三月日駿州目代判マタ一通ハ
伊豆國那賀郡三島大明神御本社大補宜野地之事畠一段云々右金指孫四郎義長所宛行也云々正中二年三月上旬
石田藤平六平高宗判マタ那賀郡三島大明神大補宜職等之事云々天正十四年丙戌七月六日氏光判神主金指大炊助
殿トアリ今社領十五石也下ノ社五石也合二十石

伴信友『神名帳考』（『神道大系』古典註釋編七・延喜式神名帳註釋）
伊那上神社
△志ニ、今加茂郡宮内村ニ坐、●神主金差氏四十八世祖河野氏、與州ヨリ奉遷トコフ、昔ハ大社也シガ、天
正・慶長ノ兩度ノ火災ニ、舊記等迄オオクク燒失［盡］ス、今所存古文書八通ノ中ニ、伊豆國仁科庄那賀郷三
嶋宮納御劔之事、右彼御劔者、薩他山御合戰之依御祈禱申、當社之御寶殿ニ被納置者也、。［爲］後見記錄畢如
件、文治元年三月日駿州目代判、〜　伊豆國那賀郡三嶋大明神御本社大補宜野地之事、畠一段、云云、右
金差孫四郎義長所宛行也、云云、正中二年三月上旬、石田藤平六平高宗判、〜　那賀郡三嶋大明神大補宜職
等之事、云云、天正十四年丙戌七月六日、氏光判、神主金指大炊助殿」今社領十五石也、下ノ社五石也、合
二十石、
　１（頭註）㊤云、宮内村、加茂郡、

鈴鹿連胤『神社覈錄』（井上賴囶・佐伯有義校訂『神社覈錄』下編）
伊那上神社
　　伊那は假字也、上は加美と訓べし、○祭神詳ならず○宮内村に在す、圖、志、例祭
　　　伊豆志ニ、神主金差氏四十八世祖河野氏、豫州ヨリ奉遷トコフ、昔ハ大社ナリシガ、天正慶長ノ兩度ノ
　　　火災ニ、舊記等迄多ク燒失ス、今所存ノ古文書八通アリ、と云り、
　　神位
　　　國内神階記云、從四位上いなかみの明神、
　　社領
　　　當代御朱印高十五石、下社五石、合廿石、
　　雜事
　　古文書、文治元年三月、伊豆國仁科庄那賀郷三島宮納御劔之事、右彼御劔者、薩他山御合戰之依御祈禱申、
　　當社之御室殿ニ被納置者也、後見記錄如件、駿州目代判」正中二年三月上旬、伊豆國那賀郡三島大明神御
　　本社大補宜野地之事、畠一段、云々、右金指孫四郎義長所宛行也、云々、石田藤六平高宗判、」天正十四
　　年七月六日、那賀郡三島大明神大補宜職之事、云々、氏光判、神主金指大炊助殿、以上伊豆志所引

栗田寛『神祇志料』第十二巻
伊那上神社、今賀茂郡宮内村に在り、蓋三島大明神を祭る。凡神主金差氏、世々本社の事を掌る。豆州志、神社古文
書、凡其祭正月八月十六日之を行ふ。足柄縣式社取調帳

『大日本史』［九］・志一・巻二百五十五
伊那上神社、○今在賀茂郡宮内村、稱上宮、所祀與三島神同、本社所藏文治元年正中二年文書○神明帳爲從四位上、

竹村茂雄『伊豆國式社考』（『神祇全書』第四輯）
伊那上神社　宮内村、志神階帳いなかみの明神、

斎田茂先・山本忠英『掛川志稿』伊豆巻（郷土新聞社刊）
伏倉村
江奈の東南にあり、中川を隔つ、此村谷間に人家あり、上を浅倉と云下を伏倉と云浅倉は奥入浅く伏倉は奥
入深し、伏倉に人家多く在る故に一村の名とす、寂用集及古文書等菱倉に作るは伏倉の転語なり、此村宮内
の伊那上神社を氏神とす旧二村なるへし

斎田茂先・山本忠英『掛川志稿』伊豆巻（郷土新聞社刊）
○宮内村　伏倉の西にあり、人家松崎と軒を並ふ、古は同村なり、宮内は式内伊那上神社あり、松崎に伊那

下神社あり、両社の間なる故、宮内と名く、田二百二十三石四斗二升五合、戸四十、口百九十、大久保久米之助知行

萩原正平『伊豆國式社攷略』（静岡県立中央図書館所蔵）
伊那上神社
　那賀郡中村鎭座いなかみの明神神階帳舊稱高嶺神社なる可し攷証註進續攷舊説尓宮内村上之神社登せる説の辨正者事長ければ此尓云はず攷証續攷等尓詳悉せるを見て知るべし

萩原正平・萩原正夫『増訂豆州志稿』巻之一・郡郷（長倉書店刊）
○那賀［増］延喜式仲ノ社神名帳仲ノ明神アリ（文治、永正、天文等ノ文書那賀部ト）○此郷亦井田、石火、二郷ノ中ニ在リ故ニ名トス往昔ハ松崎、宮内、伏倉、南郷、明伏、小杉原ノ六村モ此郷ノ内ナリ（伊奈上社ノ流記ニミユ今ハ賀茂郡トナル［増］此ニ伊奈上社トアルハ仲神社ノ事ナリ神祠ノ條ニ詳悉スルヲ見テソノ誤謬ナル事ヲ知リ辨フベシ。）

萩原正平・萩原正夫『増訂豆州志稿』巻之三上・町村三（長倉書店刊）
○伏倉村（［増］東南櫻村二十三町、西宮内村八町二十二間、南岩科村三十二町十一間、北櫻田村一十町）［増］拾八里貳拾三町拾九間（［増］五里三十五町五間）［増］慶長三年檢地帳、豆州西浦組那賀郷之内伏藏村ト（仲神社正中二年ノ文書ヒシクラトアル此地ナラム○上神ハ伊奈上（今云仲神社）ノ祀山堂本ト一村ナルカ寂用集及ビ古文書菱倉ニ作ル郷語ニフヲヒト云故ニフシクラヲヒシクラト云シナリ朝倉山アリ雑部ニ載せ也順行記洞口尾坂朝倉ノ小名ヲ載ス）
　○田額三百八拾石貳斗壹升貳合（内新田三十二町七斗二升二合）［増］反別八百八拾八町三反錄畝七歩内（田二十二町四反八畝十四歩畑十町七反十六歩、宅地二町二反五畝十二歩、山林百五十一町七反九畝三歩、原野一町一反二畝十二歩）［増］地價金壹萬五千六百七拾三圓七拾九錢九厘［増］地租金三百九拾壹圓八拾四錢六厘［増］社一（難）寺一（禰）［増］戸現住六拾三現在同上［増］口本籍三百拾四（男百五十三、女百六十一）現住貳百九拾八（男百四十五、女百五十三）

萩原正平・萩原正夫『増訂豆州志稿』巻之三下・町村四（長倉書店刊）
○江奈村（［増］東櫻田村十二町三十一間、西濱村二十一町三十三間、南松崎村十町十二間）［増］拾八里五町四十八間（［増］六里四町二十二間）［増］慶長三年檢地帳豆州那賀之内江名之村ト（神名式ニ伊那上伊那下、神名帳にいなかみいなしりアリ、江奈ハ此伊那ヨリ転レル地名ナルベシ、神社ノ部参観）○古人湖池川澤凡テ江ト云、此村西ニ澤アリ、因テ江奈ヲネトス漁獵アリ［増］此所諸漁絶ル事ナシ夏秋ハ鰹節ヲ製シテ江都ヘ送ル松崎ニ次キテ便宜ノ地ナリ■■■南ハ開ケ北ハ塞ガリ前ニ河水流レ左右ニ岡聳連ナリテ謂ユル風水相應ノ地形トミヘベシ（伊豆日記）
　○田額貳百八拾七石六斗九升八合（内新田七十一石三斗五升六合）國圖二百十六餘ト［増］（伊豆鑑彌海寺領慶安元戊子年朱印ナリト高十五石斗）［増］反別百貳拾貳町二反八畝拾歩内（田式拾五町一反九畝二十五歩、畑十九町一反九畝二十七歩、宅地一反五畝二十二歩、山林六十七町六反六畝十六歩、原野四町五反三畝二十二歩）［増］地價貳萬三百貳拾圓三反八貳錢八厘［増］地租金五百八圓貳錢六厘［増］社四（村一禰三）寺一（禰）戸長役場一（字宮ノ前ニ在リ本村ノ外櫻田、那賀、建久寺、峰輪、吉田、門野、大澤、船田、池代ノ九村ヲ管ス）浦役場一（字同上）分校一［増］戸現住百八拾現在貳百拾四［増］口本籍千三拾三（男五百二十九、女五百四）現住九百八拾四（男五百三、女四百八十一）

萩原正平・萩原正夫『増訂豆州志稿』巻之八上・式内神社考並神階帳考緒言（長倉書店刊）
○伊那上神社［増］神階帳從四位上いなかみの明神［増］那賀郡那賀村舊稱高嶺明神社今稱仲神社ナル可シ○在宮内村［増］是ハ謬傳ナリ

萩原正平・萩原正夫『増訂豆州志稿』巻之九上・神祠三・賀茂郡（長倉書店刊）
伊那上神社（宮内村）［増］郷社（兼村）上之神社祭神事代主神ナル可シ［増］式内仲神社ナル可シ（前記）此地和名鈔所載那賀郷ニシテ當社文治元年文書ニ仁科庄那賀郷三島宮（其他文書同之）ト記シ往昔那賀郷ノ總社ト稱ス仲、那賀、國音通ズ慶長中大久保長安寄附ノ金燈籠ニ仲神社ト鑄ス當時迄ハ其稱存セシヲ知ル可シ舊説式内伊那上神社ニ當テタルハ上之神社ノ稱ヨリ謬リタル也（上之神社ハ松崎村下之神社ニ對稱セシ也尚下之神社ノ條参照）往昔源頼朝社田ヲ附シ爾來將家ノ崇敬淺カラズト云（後北條氏五世ノ間毎年當社ヨリ神符ヲ納ムルヲ以テ本地ヨリ小田原ニ至ル路次ノ傳馬ヲ給助シタル事伊豆名遠志其他ノ書ニ見ユ）○神主四十八世ノ祖河野氏豫州ヨリ奉遷ト云（［増］豫州ヨリ遷ストミルハ謬傳ナル事三島大社ノ例ノ如シ）昔ハ大社［増］田方郡京深澤神社寛永中文書ニ伊豆ノ大社ハ伊豆山、三島、深澤、中野、白濱ノ五社トアリ中野即當社ヲ云）ナリシガ天正慶長兩度ノ火災ニ舊記等多ク燒盡ス今尚祈願文、喜捨文、補任文等八通ヲ藏ム（今愛ニ其三通ヲ載ス其一ニ伊豆國仁科庄那賀郷三島宮納御飾之事右彼御飾者薩地山鋼合戰之依御祈禱申當社之御寶殿ニ被納置者也衆見記録畢如件文治元年三月日駿州日代（花押）ト其二ニ日伊豆國那賀郡三島大明神御本社大補宜町地之事畠一段（小柴山大尾ヅクリ）畠二段（柳澤）畠一段（オクラ上）畠一段（クイ原）畠三段（牛原山）畠一段（ヒシクラ三アミ）畠南面畠一段ダゞイ補宜山田頭合野地一町六段ダゞイ者右金指孫四郎義長所発行也於御祈禱者任先例可被勘仕状如件正中二年三月上旬相模平六平高宗（花押）ト其三日三島大明神大補宜職等之事任先例令頷掌畢就中御供免其外祭免等合一町之所不可有相違候仕東川二間新規令寄進者也仍如件天正十四年丙戌七月六日氏光（花押）神主金差大炊助殿ト［増］其他治承五年、正中二年、文和四年、慶安三年、慶安二十七年、應永二年、實徳四年等文書アリ）
瑠璃光堂、幣殿、隨神門、鐘樓、廳屋アレ共僅ニ舊規ヲ存スルノミニテ衰微甚シ四十末社ハ皆近村ニ引ケタリ今唯稲荷、御靈、子安、三社存ス社領二十石（上之社十五石、下之社五石）ヲ有ス（神官金差氏）［増］社地村落ノ中央ニ在テ綠樹鬱葱タリ（尚町村部参観）［増］五百八十四坪官一）

萩原正平・萩原正夫『増訂豆州志稿』巻之九下・神祠四・那賀郡（長倉書店刊）
○高嶺明神（那賀村）［増］村社仲神社祭神不詳［増］式内伊那上神社ナル可シ（前記）伊那ハ往古此邊ノ總稱ニシテ式ノ伊那上、伊那下兩社ハ同地鎭座ナラム而伊那下神社ハ江奈村舟寄神社ナル可キハ已ニ前述ス伊那上神社ハ中川東北ノ沿岸、櫻田、那賀、建久寺、吉田、船田、諸村ノ内ニアル可キヲ此社ノ殊ニ舊祠ナルト地形ノ正ニ伊那上ノ稱ニ適ヘルトヲ相スレバ則是レニ當ツルヲ妥當トス可シ原書式内仲神社ニ當テタルハ諾ヒ難シ（前記、仲神社ノ事賀茂郡宮内村上之神社ノ條参観）○末社二（天神津島［増］二百九坪民一）

菅原久高『伊豆國九十二式社祭神記』（『全國神職會々報』第二十二號）
伊那上神社　賀茂郡中川村那賀鎭座村社仲神社なり
　祭神　詳らかならず

吉田東伍『増補大日本地名辞書』第五巻・１０６６頁
江奈　今松崎村へ合す、中川の河口北岸にして、仁科と松崎の間とす。延喜式、伊那下神社、同上神社と云ふは此地にあるべし。
補［江奈］○増訂豆州志稿、江奈村は、神名式に伊那上・伊那下あり、古人湖池川沢凡て江と云ふ、此村西に

沢あり、因て江奈を名とす。漁猟あり、此所諸漁絶る事なし、夏秋は鰹節を製して江都へ送る。松崎に次ぎて便宜の地なり、南は開け北は塞がり、前に河水流れ、左右に岡巒連なりて、謂ゆる風水相応の地形と云つべし。江那上社は上流にて、下社は下流に鎮座す。

郁岡良弼『日本地理志料』巻十三・伊豆国那賀郡
那賀　訓義見上、按那賀郡司治于此、郡名因起、神名式、那賀郡仲神社、今在郡之中村、稱高嶺明神、仲御歳神社、在賀茂郡松埼村、稱下明神、二村相鄰、慶長三年檢地帳、西浦那賀郷內中村、建久寺村、吉田村、秋山氏日、松埼、宮內、伏倉、南郷、山伏、小杉原六邑、古屬本郷、見伊那上神社流記、今轉入賀茂郡、豆州志云、那賀郷廢、中村存、盖亙建久寺、吉田、櫻田、峯輪、大澤、門野、大澤里、仁科、杉坂、濱、江奈諸邑、其故地也、」祀典所謂箕句神社、在峰輪村、伊那上神社、在宮內村、伊那下神社在松埼村、佐波神社在濱村、布刀主若玉命神社在濱村、」東鑑治承四年條、有中村太郎景平、同次郎盛平、盖本郷人、荒神祠應永八年神像識、仁科莊門野村、嘉吉三年梁牌識、小田原分限帳同、北條五代記作西奈、伊豆日記云、吉田有吉田寺、尼將軍建之、以祈賴家冥福、

賀茂郡役所編『静岡県南豆風土誌』２９３〜２９５頁（長倉書店刊）
云々、今賀茂郡四十六座の内より海島鎮座二十四座を減じ、又那賀郡二十二座の内より土肥以北井田に至る八座を除く時は、今日の賀茂郡は正に三十六座の式内社を算すべきなり。然れども伊豆三島神社は、上古鎮座の本域、賀茂郡三島和名抄所藏郷名、即鴨島の總稱にして、其の本島は今の三宅島なり。なりしが、中世同郡大社郷和名抄所藏。今の白濱村伊古奈比咩命神社の地なり。に遷座し、後又今の田方郡三島町に遷祀せられたりと云ふ(伊豆國式社攷)を以て、更に大神の一座を除きて、茲に三十五座を得と謂ふべし。今左に增訂豆州志稿卷八上によりて之を擧げむ。同書にはく、式內社を記すに「也」といふは疑ひなきもの、「なるべし」といふは略證蹟あるもの、「ならむ乎」といふは、信疑相半するものに用ふと。
　云々
　伊那上神社　那賀郡那賀村(今中川村)舊稱高嶺明神社今稱仲神社なるべし。

賀茂郡役所編『静岡県南豆風土誌』６７４頁・中川村（長倉書店刊）
仲神社　那賀－村社－祭神、中高彦根命○式内伊那上神社なる可しと云ふ。舊高嶺中火災に罹り、靈寶舊記悉く烏有に歸せり。

賀茂郡役所編『静岡県南豆風土誌』６８２〜６８３頁・松崎町（長倉書店刊）
伊那上神社　宮内－郷社－祭神、積羽八重事代主命○式内仲神社なるべしといふ。嵯峨天皇弘仁丁戌(弘仁に丁戌無し。)年、伊豫國越智郡三島より遷祀すと云ひ、又國府三島より遷祀すと傳ふ。當社文治元年の文書に仁科莊那賀郷三島宮、慶長中大久保長安寄附の金燈籠に仲神社と鐫せるを見れば、往昔三島宮又は仲神社と稱せしを知るべし。源賴朝の社田を寄進するや、藁束將家の尊信淺からず。神地五百石を領し、宮殿広壯、末社八十有餘を有して西豆第一の宮居たりき。天正中火に遇ひ、社司金差義長更に四十餘祠を再建して尚大社(寛永中の深澤神社文書に、伊豆の大社は伊豆山・三島・深澤・中野・白濱の五社とあり。中野は即當社なり。)たるの面目を保持せしが、慶長中再び祝融の災に罹りて、祠宇舊記等多く燼灰に歸し、今僅に稲荷・御靈・子安の三社を存するのみ。明治六年八月賀茂郡雲見村より小杉原村に至る十一ヶ村の郷社となりしが、同二十二年町村制の實施せらるゝに及び、松崎・岩科二ヶ村の郷社となり、今は更に松崎町の郷社となれり。祷願文、喜拾文、補任文等八通を藏む。

足立鍬太郎『南豆神祇誌』３７〜４３頁（静岡縣賀茂郡神職會）
延喜式卷九に載せた伊豆國神名帳は次の如くである。但所在地は荻原正平著伊豆國式社考略に私考を加へて註記す。
　　伊豆國九十二座　　大五座小八十七座
　　　賀茂郡四十六座　　大四座小四十二座
　　　　云々
　　　田方郡廿四座　　大一座小廿三座
　　　　云々
　　　那賀郡廿二座　　並小
　　　　云々
　　　伊那上神社　　　　　　　　　　　　　松崎町宮原?(私見)
　　　　云々

足立鍬太郎『南豆神祇誌』５３〜５５頁（静岡縣賀茂郡神職會）
次に氏族神を擧げると、式田方郡に於ける玉作水神社今沼津市は玉作部の齋く神である。楊原神社今同上が特殊の待遇を受けて明神大に列したのは、大岡牧？兵部式駿河國岡野馬牧があるに關係せし（恐らくは外來）大氏族の氏神であったからではあるまいか。そしてそれが、近く發見された大岡村の廢寺や、所謂牧長者と因緣があると考へられる。彼の遠江榛原郡初倉村の式名神大敬滿神社が竹林寺と稱する廢寺と共に、大井川渡船や白羽牧主税式遠江白羽宿牧馬直四千四百五十束に關係したと考へられる秦氏族に對する狀態と同じくはあるまいか。又今賀茂郡松崎町下之神社と稱するは、舊石火那賀兩郷の接する處にあって、式社の擬當に紛糾ある古社であるが、私は、其の所藏の神像や、私等の發見した二面の神鏡（一面には古風なる綾を有する冠を著けた神像の毛彫があり一面には墨書の願文がある）や、唐大明神と稱する事等から遡り考へ、又附近に櫻田といふ地名、森・高橋・松本などいふ舊家の存するを參照して、やはり其地に居住した秦氏の氏神であらうと考へ試みた。（田方郡中郷村松本にある高椅神社も亦然らん）尚石火といふは燧石から火を取ることを知った民族によって開かれた郷ではあるまいか。そしてそれ等外來？種族が、那賀岩科兩川の注ぐ江奈灣の要地を占め、沼津や初倉の如く船稅を收めて相應の富をなし、漸次灣の頭尾に分れて繁殖するに隨って、氏神も二所に勸請することになったから、其の地勢高く郡家に近き本宮が伊那上神社（唐大明神）となり、遠き海寄の方が伊那下神社（船寄大明神）となり、以て仲神社現在の郷社伊那上神社は式仲神社たる證據がある（三嶋大明神）と鼎立したのであらう。式仲大歳神社は今の中川村社那賀神社に擬當すべきである。

足立鍬太郎『南豆神祇誌』７５〜７８頁（静岡縣賀茂郡神職會）
伊豆國神階帳は、群書類從二三に、康永二年辛亥(興國四年)十二月廿五日在廳判の奧書あるものを、在廳伊達某藏本から寫して收めてある。伊達家に現藏するものは烏子紙二枚續にて後世の寫本である即ち尾張のより二十年許前のものである。在廳とは、中古國衙の廳にあり、國司の命を奉じて事務を行ふ下司であったが、多くは世職だから其の稱呼を傳

へて居るのだ。先づ左に其の全文を掲げよう。
伊豆國神階帳　式社の配當は萩原正平の意見に據る
　　伊豆國三ケ郡神明帳事
　　正一位三島大明神
　　　　云々
　　　　那賀郡貳拾四所
　　　　云々
　　　　從四位上いなかみの明神
　　　　云々

足立鍬太郎『南豆神祇誌』１１３～１１４頁（静岡縣賀茂郡神職會）
　那賀郡社であった式仲神社現鄕社伊那上神社は、神階帳には大歳明神とあれど、正中二年の石田高宗狀寫にも、康永二年沙門友桂の供齋船代田地寄進狀にも、應永廿七年の明高讓狀にも、寶徳四年の金指遠義補任上にも、皆那賀鄕（若くは郡）三嶋宮（若くは大明神）となって居る。さうして金指家は特に大禰宜と稱して地方に雄視して居た。其の寶徳四年の補任狀は、
　　伊豆國那賀郡三嶋宮之本社大禰宜職之事。任先證之旨下渡之事。
　　合田　　　屋敷壹所者。
　　右任先例所充行金指左衛門四郎遠義也。於御祈禱以下祭禮等者。守舊規。無懈怠可被勤仕也。但乍居職怠其事者。堅可有其誡者也。仍補任狀如件。
　　寶徳四年壬申六月十九日　　　東光眞康（花押）
　　○此文書、笹川博士の日本繪畫史上に引かれたるもの誤あれば、今原本と對照し
　　　訂正しおく。眞康は畫僧にして鎌倉西來庵に住す。足利成氏の執筆たりしか。
とあって現に某家に保管さる。但大禰宜の名は、石田高宗狀寫にも明高讓狀にも既に見えて居る。○續日本紀に、駿河國駿河郡金指舍人廣名がある。

足立鍬太郎『南豆神祇誌』１３７～１３８頁（静岡縣賀茂郡神職會）
　降って德川氏の世に至り、慶長十一年正月大久保石見守長安、伊豆代官兼務を命ぜられて繩地金山今下河津村を管理した。長安は奈良奉行として春日神社の事にも關係しただけ、神祇を崇敬し、又之を研究するにも興味を有し、同十二年三月、徑一尺五寸の金鼓を白濱神社に奉りて産鑛の隆盛を祈った。其金鼓には伊古奈姫命大明神の銘を鑄出してある。長安は、別に繩地の山神社・子安神社にも略同樣の金鼓を納めて居るのみならず、今の松崎町鄕社伊那上神社を式仲神社と鑑定し、仝十三年三月、鍍金六角形透彫の上に毛彫を加へた釣燈籠を納め、仝十四年には同樣のものを松崎下之神社十一月銘松崎大明神・宇久須神社十二月にも納めた。此の燈籠と同一型のもの、尚下野足利鑁阿寺に納められて、當代美術の標本となって居る。文學士黒田鵬心氏大日本美術史但松崎に上式仲神社後三嶋宮今伊那上神社下式伊那上神社？後松崎大明神若くは唐大明神今下之神社兩宮を明かに對稱的に記した文書は、現在では慶長五年三月十一日附の彦坂九兵衞の神領付を最も古しとする。

足立鍬太郎『南豆神祇誌』１３９～１４１頁（静岡縣賀茂郡神職會）
　凡そ德川時代に於ける神職は、大抵京都なる吉田家白川家に屬するもあれど其數が少い。の管轄に屬し、其の奉祀する神社及び自己の位階の如きも、其の執奏を經て之を賜り、又無位のものといへども、前時代以來の慣例に任せて其の許狀を得、各種の裝束を著たり、呼名を稱へたりして居た。そして此の許狀の有無は、幕府の評定所を始め其他の奉行所に於ける、座席の等級即ち座階の標準となったものである。但百姓にても往々許狀を得て神職となった者があったが、其の場合には一人で百姓名と神主名とをもって居た。例せば百姓としての彌右衛門が倉持美濃であったやうなものだ。文學博士三浦周行氏(吉田白川所屬は宮地博士)是を以て、當時吉田家の斯界に於ける威勢は隆々たるもので、諸國の神職は其の門下と稱して歸服して居た。然るに僻遠の地には必ず一社に一神職を得ることすらならなかったから、是等は村長にあれ、鑰取にあれ、若くは便宜上よい加減の支配人にあれ任せて置いた。一方吉田家では、地方に相應の地位ある神職自家配下のの推薦ならば、認めて木綿繩や許狀もくれたらしいが、いつしかそれも怠り勝になって、恣に宮座・諸座・守護人・抱主などいふ名稱の似非神職が現れたり、一方戸籍管掌の特權を利用し、又多少の知識を衒って、寺院が、別當とか社僧とか稱して干涉したり、又は下社家と稱する被管の者が、輒もすれば本家の神職に反抗したり、種々の紊亂もあるから、吉田家より時々役人を派出して之が取締をなさしめて居る。彼の文化十四年、吉田家の役人鈴鹿内藏が伊豆を巡って、白濱村の白川家に屬したのを詰問したのは其例である。かういふ中に、立派に神職の躰面を保ち、寺院の干涉をも拒絶し、下社家の順序も正して來たのは、南豆で宮内（松崎）の金指家、下田の碓氷家であった。仲神社（朱印二十石附）の金指家は、三宅記の向うを張り、飽くまで三嶋明神と共に伊豫より渡來したと稱して、特に系圖をも作成し、又唯一神道祭官從五位下と號して、數戸の下社家を支配し、時には仁科村方面をも管轄して居た。文政六年仁科八幡の棟札には、宮内村上之宮神主金刺伊賀貞齋の署名花押がある。碓氷氏も御朱印附神社の神職として、一方地利を占め、是亦小林・西尾等を配下とし、吉田家の許狀を盾に大安寺の干涉を拒斥して居た。此の二家が當時奥伊豆に於ける神職の二中心であった。

足立鍬太郎『南豆神祇誌』２１６～２１７頁（静岡縣賀茂郡神職會）
　　　第三十三章　中川村
仲神社
　所在　那賀字宮ノ脇
　祭神　中高彦根命
　創立　文祿二年　（棟札）
　社格　村社　式内　（高嶺大明神）
　境内　二一九坪　民一
一社兩扉、即ち一方には天神を配祀して居る。萩原正平は、秋山章が式仲神社とするに同意せずして、伊那上神社に擬當して居るけれども、此地は伊那にあらざるを以て、牽強の感あるを免れない。恐らくは仲

大歳神社であらう。

足立鍬太郎『南豆神祇誌』２１９～２２３頁（静岡縣賀茂郡神職會）
　　　　第三十四章　松崎町
伊那上神社
　所在　宮内字宮ノ西
　祭神　積羽八重事代主命
　創立　不詳
　社格　郷社　式内　（三島大明神）　供進
　境内　五八四坪　官一
朱符二十石の社である。慶長十三年三月大久保長安が寄進した鍍金六角形透彫の上に毛彫を加へた立派な釣燈籠の銘には、豆州賀茂郡那賀神社とあるを見れば、當時那賀川以南は賀茂郡に屬したことが察せられると同時に、宮内なる本社が、三島神夫妻を祀って、仲神社であったことも明る。尚今本社外陣に藏する男女の神像は、其の時代の神主ではなかったらうか。更に今一對僧形八幡と神功皇后の像の存するのは、或る時代に八幡宮をも併祀したのであらう。又神階帳にはおゝとしの明神とあれど既に示すが如く、寶徳四年享徳元年の鎌倉管領古文書には、伊豆國那賀郷三島宮之本社とあって、神主大補宜を金指左衛門尉遠義と記してある。又慶長五年子三月十一日彦坂九衛兵神領附には、
　　　松崎上宮神領分
　　上田合六反壹畝三歩
　　下田合壹反三歩
　　上畠合壹反九畝廿七歩
　　下畠合八反六畝十五歩
　　屋敷合三反九畝五歩
　　分米合計二十石田拾石一斗六升五合畠屋敷九石八斗三升五合
　　　　内　下宮渡分
　　下田九畝歩
　　上畠五畝歩
　　下畠二反四畝十三歩
　　（分米記載記入無けれども三石位なるべし）
となって居るから、當時兩社の關係狀態は是にて察せられる。又伊那上宮といふ名の現存するものでは、正德二年の棟札が初であって唯一神道祭官從五位下金指伊賀守義治が署名し、しかも豆州那賀郷大鎭守也といって、猶故實を失ふまゝとして居る点は注意すべきである。けれども寶曆九年同村圓通寺と山林を爭うた時の三奉行の裁決書には、三嶋大明神としてある。此時宮内は那賀郡に復して居るかく伊那上神社の名は式を精究した上で擬當したものでないから、萩原正平が本社を以て式仲神社に當てたのは、郡家のあった宮内の地理から見るも、かゝる材料から考へても、正當といふべきである。
本社に鎌倉中期の松喰鶴鏡徑六寸五分がある。又大久保獻納の燈籠は、高さ約一尺三寸で、火袋の一面は、高さ九寸五分、幅四寸五分、中央に唐草透しの上へ上り藤の紋所を鑄出し、下と額庇に寶珠を刻み、六柱は梨地に打ち特に油烟抜を散蓮華の優美な透し彫にして、三個ある。
神職金指（差）氏は、伊豫河野氏の裔で、三島明神都と藻に渡來したと稱して、系圖をも作って居るが、其の橘を稱するからは、三宅記以後のものであらう。現に鎌倉管領文書にある遠義といふ者が其の系圖中に見えない。宗吉の妹婿に左衛門四郎之言といふはある。元來金刺氏は、欽明天皇磯城島金刺宮に奉仕した舎人が、宮名を負うて御名代となったもので、信濃國造建稲命に出るといふ。前に示した駿河の金刺氏のことを考ふべきであらう。

足立鍬太郎『南豆神祇誌』２１９～２２９頁（静岡縣賀茂郡神職會）
　　　　第三十四章　松崎町
云々
下之神社
　所在　松崎字宮原
　祭神　彦火々出見命
　創立　不詳
　社格　村社　式内？（唐大明神）　供進
　境内　三六三坪　官一
社地は舊石火郷に接續して、後に牛原山を負ひ、左に岩科川を帶び、右に那賀川を迎へ、前に松崎港を擁して駿河灣に臨み、形勢眞に森嚴雄大である。社頭に雌雄の老公孫樹があって、氣根を無數に垂れ、樹邊を逝く御手洗川のせゝらぎは、暫しも奏樂の響を絶たない。若し秋風黃雲を梢頭に漲らせる時は、遠く駿河路を往來する旅人をして歩を停めしめるといふ。誰か其の神さびたる古社に崇敬の情を捧げないであらう。然るを此社を延喜式の何社に該當するかが未だ定らず、空しく下之神社といふ通稱を冠せざるを得ないのは、抑々何の爲であらう。曾っては、所藏の文書や寶印を資料として、式伊志夫神社と認められんとしたこともある。又萩原正平には仲大歳神社に擬せられたこともある。されど神職氏子等は秋山章の説を守りて、伊那下神社たらんことを固執した爲に、神籍を船寄神社と爭ふこととなって、かく解決を得るに至らないと聞く。實に遺憾といふべきである。前にも述べたやうに、慶長五年彦坂九兵衞の神領附には、松崎上宮三嶋大明神領の内に下宮大明神渡分を規定して、名は相對的に、實は統屬的にしてあるけれども、同十三年大久保長安は上宮を仲神社に擬當し、其翌十四年下宮には、松崎大明神と銘した上宮同型の燈籠を奉納して、對等的の待遇をして居る。然るに正德二年上宮は既に伊那上宮と稱しても、其の前年下宮は單に唐大明神と稱して遷宮をして居るのみならず、二十六年後の元文二年にも、猶ほ同名を襲用して居る、是は當時の神守森氏を配下と見た金指家の威壓によったのか、抑々また他に伊那下と公稱を得ざる理由があったかわからぬが、其のこれを公表するを得るに至ったのは、恐らくは寛政元年に入って秋山章が豆州

志稿を公にし、又近く江川坦庵が伊那下の額を書いてからであらう。又唐大明神と稱するにつきても、神功皇后新羅を征し給ひし時に、彼國人皇后の御船を守護し奉りて長門豊浦に留り、後此に鎮座するが爲といひ、或は之より住吉三神といひ、又海幸より考へて吉田家は彦々々出見尊と稱し、或は彦々々出見尊を石火宮と稱し、之に住吉三神を並べて兩輿明神と呼ぶともいひ、衆説紛々たれども、要するに渡海漁業を守護する神にして、上宮三嶋大明神とは系統を異にすること明かである。然るに大正八年私は參拝のついでに、社殿より萩薄蝶鳥鏡藤原後期と松藤雙鶴鏡鎌倉前期との小・大の二鏡を發見し、和鏡研究の權威廣瀬都巽を煩せて之を鑑査させた結果、甲の表面には極めて古風な卷纓把笏の毛彫神像が現れ、乙の表面には墨書の願文所々消えて讀下し難いが發見された。元來當社に南豆で第一といはれる大神像を藏して居るから、之を鏡面の影像と比較し、且つ附近に櫻田といふ地名や森神職高橋松本等の諸氏のあること石火郷が外來民族と關係があらうとの考等から、遠江大井河畔初倉に敬滿神社を祭った秦氏の一族、富士河邊より出た大生部多の行動を怒って之を打懲した爲に、神と呼ばれた秦河勝等に推及して、所謂唐大明神は江奈灣頭に水路の要衝を占めた秦氏が、氏神として祖先功滿王秦始皇帝四世孫を祭ったのであらうといふ結論に到達した。沼津附近にも秦氏の族が居住したではあるまいか依って之を上宮に比較するに、よしや鎮座の地勢から上下と稱へても、内容には毫も縁故がないから、私は三島大明神を式仲神社とする以上は唐大明神を以て、江奈灣頭地勢高く、且つ郡家に近くして本宮と考へられる方より式伊那上神社に擬當すべきものと思ふ。尚船寄神社の條下に其論を繼ぐであらう。
本社には前述の二鏡の外に、七寶繫紋白銅鏡安土桃山時代がある。七寶繫は當社の神紋であるが、或は樂官たる秦氏禰襧の紋樣より出でたのであらう。古作の舞樂面が一對ある。又所藏の古文書に鰹船免許狀がある。但し
　　　　　　　（袖判）
　　仁科庄松崎下宮鰹船
　　貳艘者爲石火宮供菜
といふ丈が價値あらうといふ部分で、以下は後人の補筆貼附したものである。袖判は北條時政に似たれど、果して當時既に松崎に上下宮の稱ありしか、又下宮の鰹船から、石火宮の供菜料を辨ぜしめて、其の漁獵を免許するの意か、或は石火宮と稱するものが下宮の内に存在したか、是等の點を研究するにあらざれば確定し難いと考へる。供菜船の事につきては、他に比較すべき文書がある。但し鰹船は事實後世まであったといふことである。次に唐大明神に由緒ある北條氏船番匠文書と稱するものは、弘治元年乙卯三月十三日、北條氏が松崎船番匠彌五郎に下した、番匠奉公の規定及び棟別の免許、屋敷の保證に關した朱印で、題して「船番匠可被召仕樣躰」とあって、毫も神社關係のものではない。今松崎町松田六次郎氏の所藏である。

静岡縣『旧版　静岡縣史』第二巻・１５～１６頁（名著出版刊）
　云々又賀茂郡松崎町下之神社に、建暦元年少將實朝の出したといふ鰹船の文書がある。これは「仁科庄松崎下官〇官の誤鰹船・貳艘者石火宮供菜」の二行と、袖判〇北條時政だけが問題となるもので、免許云云以下は他紙を糊接し、更に差出人の名を削除して少將實朝花押を書加へたのである。是によって今も式社擬當に議論ある同社が、既に鎌倉時代から松崎下宮と稱せられてゐたものと判定されるけれども、石火宮が同社であるか、又は同社中に祭られてゐたか、或は下宮の鰹船貳艘は石火宮式内石火神社の供菜を辨ぜしめるを條件として、置くことを許したものか未だ判らない。

静岡縣『旧版　静岡縣史』第三巻・７１１～７２５頁（名著出版刊）
【賀茂郡四十六座大四座小冊二座】
云々
【田方郡二十四座大一座小廿三座】
云々
【那賀郡廿二座並小】
云々
（伊那上神社）伊那下神社の條參照。
　　新羅歸化の造船工猪名部の齋祀せる神社か。（伊那は猪名の轉書であらう。下之神社に唐大明神の社傳がある）從って海岸に鎮座したと思はれる。原所在は賀茂郡松崎町宮内か。現在社は同所字宮ノ西の伊那上神社か。一説に賀茂郡中川村那賀の仲神社ともいふ。
云々

静岡県郷土研究協会『静岡県神社志』第三篇（日本仏書センター刊
郷社　伊那上神社
　　　　賀茂郡松崎町宮内字宮ノ西鎮座
云々
　祭神　積羽八重事代主神
　例祭日　十一月三日
　由緒　社伝によれば本社は嵯峨天皇弘仁八年伊予国越智郡より此の地に遷し御る三嶋大明神である。（或は伊豆国三島より移せりともいふ）古代は奥伊豆第一の大社と称せられ、源頼朝は流人の時開運を祈願して、承安三年当社明神（当時三島宮と称す）に参拝幣帛を奉る、又明応年中には伊勢新九郎長氏は祈誓をかけて武運開け、韮山城主となる、爾来小田原北条氏は累代尊崇を捧げ毎年年初に御祈祷の神札を献ずれば、豆州那賀郡より相州小田原まで往還の御伝馬を給ったと伝う。慶長五年には徳川家康は十五石を寄進した。然る処天正慶長両度の回祿に本社并末社等一宇を余さず霊宝記録等一切共に焼失した。南豆神祇志には、慶長十三年三月大久保長安寄進の釣灯籠（宝物の部参照）の銘には、豆州賀茂の郡那賀神社とあるを見れば、当時那賀川以南は賀茂郡に属したることが察せらるゝと共に、宮内なる本社が三島神夫妻を祀りし仲神社なりし事も明かである。尚今本社外陣に蔵する男女の神像は、其時代の神像ではなかったろうか、更に今一対僧形八幡と、神功皇后の像の存するは、或時代に、八幡宮をも併祀したのであらう。又神階帳には「おゝとしの明神」とあれど、宝徳四年の鎌倉管領古文書には伊豆国那賀郡三島宮之本社とありて、神主大祢宜を金指左衛門尉遠義と記してある。慶長五年三月十一日彦坂久兵衛神領付には、松崎上宮（十五石）下宮（五石）となっている。又正徳二年の棟

札に伊那上宮とあるのが現存するものゝ最初であって唯一神道祭官従五位下金指伊賀守義治が署名して、併も豆州那賀郷大鎮守也とある。併るに宝暦九年同村円通寺と山林争議の時の三奉行の裁決書には、また三島大明神としてある。而して後の式社考証には延喜式仲

仲神社

『特選神名牒』３２９～３３０頁
仲神社
　祭神
　祭日
　社格
　所在
　　今按式社攷證に仲神社は舊説に伊奈上神社と稱へ來れる賀茂郡宮内村上宮なるべく思はる此社は豆志に伊那上神社宮内神主四十八世祖河野氏豫州より奉遷と云々とみえたり此邊の地理を考るに東北に中川流れ南西に岩科川有て二川の中間に有るより那賀と云稱起たる所と思はれ古く那加郷中なりし由に傳へ文治三年文書に伊豆國仁科庄那賀郷三島宮とみゆ古來仲郷中總鎭守なる由口碑に傳たるなど縁由有を以て知べし尚中大歳神社も同地鎭座にて先説に伊那下神社と唱へ來れる松崎村下宮なるべく思はるれば當社の仲神社と云考の據あるを思ふべしと云るを縣の注進に那賀郡那賀村の社をあてたるはいかが猶よく考ふべし

度會延經『神名帳考證』（『神祇全書』第一輯）
〇仲神社　于都斯奈賀命　姓氏錄、安曇連、于都斯奈賀命之後也、

伴信友『神名帳考證』（『伴信友全集』第一）
仲神社
〇仲郡名歟［志］當郡那賀郷中村ノ那賀ト云フ處ニ坐高峯明神ト云フ

伴信友『神名帳考』（『神道大系』古典州釋編七・延喜式神名帳註釋）
仲神社
〇仲ハ郡名ノ那賀歟、△志ニ、當郡那賀郷中村ノ那賀ト云フ處ニ坐、高峯明神ト云フ、
　１（頭註）内圖云、中村、

鈴鹿連胤『神社覈錄』（井上頼囶・佐伯有義校訂『神社覈錄』下編）
仲神社
　　仲は郡名に同じ、那賀と訓べし、和名鈔、郷名部那賀、〇祭神詳ならず〇那賀郷中村に在す、今高峰明神と稱す、國圖、志、例祭

栗田寛『神祇志料』第十二卷
仲神社、今那賀郷中村の那賀にあり、高峯明神と云ふ。凡三月十一月十六日祭を行ふ。豆州志、足柄縣社取調帳

『大日本史』［九］・志一・巻二百五十五
仲神社、〇今在那賀郷中村、日高嶺明神、

『大日本史』［十一］・志三・巻二百九十三
那賀、〇今中村、屬賀茂郡、豆州志云、亙松埼宮内伏倉南郷明伏小杉原六村、其地也、古郡家所在、和名鈔大意有仲社、延喜式那賀川、豆州志有佐波社、箕勾社、延喜式後有仁科荘、佐波神社大永七年上梁文仁科川出焉、豆州志

竹村茂雄『伊豆國式社考』（『神祇全書』第四輯）
仲神社　中村、志

斎田茂先・山本忠英『掛川誌稿』伊豆巻（郷土新聞社刊）
那賀郷　那賀郡は田方、加茂二郡の中間にして、那賀郷亦其中間なり、中川の北中村に式内仲神社あり、郷名此に起る、中川の南松崎以東、小杉原に至て六村、元禄中より加茂郡に入る、

斎田茂先・山本忠英『掛川誌稿』伊豆巻（郷土新聞社刊）
山神稲荷　仲神社の末社、

萩原正平『伊豆國式社攷略』（静岡県立中央図書館所蔵）
仲神社
　賀茂郡宮内村鎭座おほとしの明神神階帳今稱上之神社な類べし攷證進續攷本神を中村高嶺神社尓當たる説は悋ふべからず抑仲伊那上伊那下三社攷証の如き格舊説の在あるを以て諾ふもの少からむも知るべからず然里登雖余が此の説を立る大尓見る所あ里而后尓發須固より軽々地尓攷下するもの尓非ざるな里故其の當否の決尓至里てハ方尓將來尓期する所なくは有るべからず豈夫信を不信の人尓取るを欲せむや

萩原正平・萩原正夫『増訂豆州志稿』巻之一・郡郷（長倉書店刊）
〇那賀［増］延喜式仲ノ社神名帳仲ノ明神アリ(文治、永正、天文等ノ文書那賀郷ト)〇此郷亦井田、石火、二郷ノ中ニ在リ故ニ名トス往昔ハ松崎、宮内、伏倉、南郷、明伏、小杉原ノ六村モ此郷ノ内ナリ(伊奈上社ノ流記ニ見ユ今ハ賀茂郡トナル［増］此ニ伊奈上社トアルハ仲神社ノ事ナリ神祠ノ條ニ詳悉スルヲ見テゾ舊説ノ誤謬ナル事ヲ知リ辨フベシ。)

萩原正平・萩原正夫『増訂豆州志稿』巻之三上・町村三（長倉書店刊）
〇宮内村（［増］東伏倉村八町二十二間、西松崎村二町三十三間、南岩科村二十三町十一間、北江奈村八町）［増］拾八里拾三町四拾八間（［増］六里十一町）［増］仲神社（日上之神社）文治元年ノ文書仁科荘那賀郷トアリ（永正十八年天文五年ノ文書同之北條氏永祿ノ文書税祠簿中之郷ト〇那賀郷井田石火二郷ノ中ニ在リ故ニ名トス往昔松崎、宮内、伏倉、南郷、明伏、小杉原、六村此郷内ナリ、［増］古檢地帳傳ハラス寛文七年ノ帳宮内村トアリ蓋宮内ノ稱ハ仲神社鎭座ヨリ起レルナラン當社ノ事伊豆日記ニ云上右ハ國府三島社ニ次グ大社ナリシガ天正慶長兩度ノ回祿ニ本社末社皆燒失ス此時靈寶記錄共ニ燒又是ヨリシテ造營叶ハズニ小社トナル末社ハ近隣村々ヘ遷シシ爬ルト）

— 346 —

○田額貳百貳拾貳石四斗貳升五合（内新田二十八石五斗三合[増]圓通寺領高十二石餘仲神社領高二十石上ノ社十五石下ノ社五石差置ナリト）[増]反別四拾九町八反三畝拾貳歩内（田十五町八反五畝五歩、畑六町三反三畝貳歩、宅地一町四反八畝四歩、山林二十六町一反五畝二十五歩、原野一畝六歩）地價金壹萬千六百三拾壹圓貳拾貳錢九厘[増]地租金貳百九拾圓七拾九錢五厘[増]社一（郷）寺三（天臺一禪二）[増]戸現住三拾八現在同上[増]口本籍貳百拾七（男百五、女百十二）[増]現住貳百拾五（男百九、女百六）

萩原正平・萩原正夫『増訂豆州志稿』巻之三上・町村三（長倉書店刊）
○伏倉村（[増]東南郷村二十三町、西宮内村八町二十二間、南岩科村三十二町十一間、北櫻田村十一町）[増]拾八里貳拾三町拾八間（[増]五里三十町五間）[増]慶長三年検地帳、豆州西浦組那賀郷之内伏藏村ト（仲神社正中二年ノ文書ニヒシクラトアル此地ナラム○土神ハ伊奈上（今云仲神社）ノ祀ムラ豈本ト一村ナルカ寂用集及ヒ古文書菱倉二作ル郷語ニフヲヒトニ故ニフシクラヲヒシクラト云シナリ朝倉山アリ離部二つ具半也顕行記漏口尾坂朝倉ノ小名ヲ藏ス）
○田額三百八拾貳斗壹升貳合（内新田三十三町七斗二升二合）[増]反別百八拾八町三反六畝七歩内（田二十二町四反八畝十四歩畑十町七反十六歩、宅地二町二反五畝十二歩、山林百五十一町七反九畝三歩、原野一反二畝十二歩）[増]地價金壹萬五千六百七拾三圓七拾九錢九厘[増]地租金三百九拾壹圓八拾四錢六厘[増]社一（郷）寺一（禪）[増]戸現住六拾三現在同上[増]口本籍三百拾四（男百五十三、女百六十一）現住貳百九拾八（男百四十五、女百五十三）

萩原正平・萩原正夫『増訂豆州志稿』巻之八上・式内神社考並神階帳考緒言（長倉書店刊）
○仲神社[増]神階帳從四位上おほとしの明神[増]賀茂郡宮内村上之神社ナル可シ○那賀郡那賀郷中村ノ那賀ト云（[増]今作那賀村）處ニアリ今高嶺明神ト稱ス至テ古社ノ由云傳フ是村唯一社他ノ神ナシ乃、仲神社タルヲ知ル[増]此説モ亦謬ナリ

萩原正平・萩原正夫『増訂豆州志稿』巻之九上・神祠三・賀茂郡（長倉書店刊）
○伊那下神社（松崎村）[増]村社下之神社祭神不詳[増]式内大歳神社ナル可シ（前記）按ズルニ式内仲神社、仲大歳神社ハ共ニ地名ヲ以テ社號ニ命ジタルニテ同地鎮座ナラム而テ仲神社ハ當社ヲ距ル數町宮内村ノ地ニアリテ從來上之神社ト稱シ當社ヲ下之神社ト稱シ來レルノミナラズ上之神社ヲ神階帳ニハおほとしの明神ト記セルニテ宮内ノ地亦大歳ノ稱アリシヲ知ルニ足リ（薩里岩科村ニモ大歳ノ稱存スレバ廣ク稱ヘシ地名可シ）當社ノ仲大歳神社タル疑フ可クモ非ズ（仲ノ稱ノ地名ナル事上之神社ノ條ニミルガ如シ）又當社ヲ大唐明神トモ稱ス大唐ハ大歳ノ轉訛ナラム舊説式内伊那下神社ニ當テタルハ下之神社ノ稱呼ヨリ謬リタル也（下之神社ハ上之神社ニ對呼セシ也）又一説ニ式内伊志夫神社ニ當テタルハ當社ニ石火宮寶印ト刻シタル午三、石火宮ト書シタル建暦元年文書（石部村伊志夫神社ノ條參看）等ヲ藏スルヨリ誤解セシ也（相傳フ神功皇后新羅ヲ征シ給ヒシ時彼國人皇后ノ御船ヲ守護シ奉リテ長州港浦ニ留リ後此ニ鎮座ス故ニ額ニ唐大明神ト書キ來レリト又一説ニハ伊那上ノ兩神奥ヲ並ビ祭ルヨリ兩奥ト云ト是レ後世ノ説也）○祠内ニ鏡十二面劔一口、建暦、永正、天文ノ文書ヲ藏ム（[増]永正十五年文書ニ松崎下之宮之船之事年前ニリヤウジノ事任先寄之旨爲扶持者也仍如件トアリ天文八年文書鬪同之又祠内ニ古木像ヲ藏ム）社域ノ銀杏、樹黄葉十餘里ニ見ユ（社領宮内村上之宮ノ條ニ記ス神主森氏）○末社四（天神、辨天、津島、金比羅、[増]三百六十三坪官一）

萩原正平・萩原正夫『増訂豆州志稿』巻之九上・神祠三・賀茂郡（長倉書店刊）
伊那上神社（宮内村）[増]郷社（兼村社）上之宮神社祭神事代主神可シ[増]式内仲神社ナル可シ（前記）此地和名鈔所載那賀郷ニシテ當社文治元年文書ニ仁科庄那賀郷三島宮（其他文書同之）ト記ス往昔那賀郷ノ總社ト稱ス仲、那賀、國音通ズ慶長中大久保長安寄附ノ金燈籠ニ仲神社ト鑑ス當時迄ハ其稱存セシヲ知ル可シ舊説式内伊那上神社ニ當テタルハ上之神社ノ稱ヨリ謬リタル也（上之神社ハ松崎村下之神社ニ對稱セシ也尚下之神社ノ條參照）往昔源頼朝社田ヲ附シ爾來將家崇敬淺カラズト云（[増]豫州ヨリ遷ストニルハ謬傳セル事三島大社ノ例ノ如シ）昔ハ大社（[増]田方郡田京深澤神社寛永中文書ニ伊豆ノ大社ハ伊豆山、三島、深澤、中野、白濱ノ五社トアリ中野即當社ヲ）ナリシガ天正慶長兩度ノ火災ニ舊記等多ク燒盡ス今尚祈願文、喜捨文、補任文等八通ヲ藏ム（今愛ニ其三通ヲ藏ス其一ニ日伊豆國仁科荘那賀郷三島宮納御鏡之事右彼御鏡者薩他山御合戦之依御祈禱申當社之御寶殿ニ被納置者也後見記録果如件文治元年三月日驂修日代[花押]トキニニ日伊豆國那賀郡三島大明御本社大補宜野地之事畠一段[大野]畠一段[小柴山犬ノ戻ヅクリ]畠二段[柳澤]畠一段[オクヨ上]畠一段[クイ原]畠三段[牛原山]畠一段[ヒシクラミアミ]畠南面畠一段ダキ補宜山頭合野地一町六段ダキ者右金指系四郎義長所宛行也於御祈禱者任先例可被勤仕状如件正中二年三月上旬石田藤平六平高宗[花押]トキニ三日那賀郡三島大明神大補宜職等之事任先例令領掌畢訖中郷供免其外恐免等合一町之所不可有相違候任東川二間新規令寄進者也仍如件天正十四年丙戌七月六日氏光[花押]神主金差大祓助職トキ）其他治承五年、正中二年、文和四年、慶安三年、慶安二十七年、應永二年、實徳四年等文書アリ）瑠璃光堂、幣殿、隨神門、鐘樓、廰屋アレ共僅ニ舊規ヲ存スルノミニテ衰微甚シ四十末社ハ皆近村ニ引ケタリ今唯稲荷、御靈、子安、三社存ス社領二拾石（上之社十五石、下之社五石）ヲ有ス（神官金指氏）[増]社地村落ノ中央ニ在テ綠樹鬱蒼タリ（尚町村部參觀[増]五百八十四坪官一）

萩原正平・萩原正夫『増訂豆州志稿』巻之九下・神祠四・那賀郡（長倉書店刊）
○高嶺明神（那賀村）[増]村社仲神社祭神不詳[増]式内伊那上神社ナル可シ（前記）伊那ハ往古此邊ノ總稱ニシテ式ノ伊那上、伊那下兩社ハ同地鎭座ナラム而伊那下神社ハ江奈村舟寄神社ナル可キハ已ニ前述ス伊那上神社ハ中川東北ノ沿岸、櫻田、那賀、建久寺、吉田、船田、諸村ノ内ニアル可キヲ此社ノ殊ニ舊祠ナルト地形ノ正ニ伊那上ノ稱ニ適ヘルトヲ相スレバ則是レニ當ツルヲ妥當トス可シ原書式内仲神社ニ當テタルハ諾ヒ難シ（前記。仲神社ノ事賀茂郡宮内村上之神社ノ條參觀）○末社二（天神津島[増]二百十九坪民一）

菅原久高『伊豆國九十二式社祭神記』（『全國神職會々報』第二十二號）
仲神社　賀茂郡松崎村宮内鎮座郷社上之神社なり
　祭神　事代主神

吉田東伍『増補大日本地名辭書』第五巻・１０６６頁
松崎　今松崎村と云ふ、仁科の南にして中川の谷を東にし海湾を西にす、西浦に於て第一の大邑とす、下田の西北六里、今宮内、江奈等を併入す。
　増訂志稿云、松崎、宮内は昔一村にして、松崎とは﨑岬の名なるべし、今人家頗斉整し、諸方に通路宜し、鎮座は延喜式の仲大歳神社にして、一郡の旧祠とす、今も下田に次で繁昌の地なり、小港ありて往来の船も潮繋りす、夏秋堅節を製して江都へ送る、上品の名あり、宮内の称は仲神社鎮座より起れるならん、当社の事は伊豆日記に「上古は国府三島社に次ぐ大社なりしが、天正慶長両度の回禄に、本社末社皆焼失す、遂に小社となる、社領高二十石存す」云々

邨岡良弼『日本地理志料』巻十三・伊豆国那賀郡
那賀　訓義見上、按那賀郡司治于此、郡名因起、神名式、那賀郡仲神社、今在郡之中村、稱高嶺明神、仲御歳神社、在賀茂郡松埼村、稱下明神、二村相鄰、慶長三年檢地帳、西浦那賀郷内中村、建久寺村、吉田村、秋山氏日、松埼、宮内、伏倉、南郷、明伏、小杉原六邑、古屬本郷、見伊那上神社流記、今轉入賀茂郡、豆州志云、那賀郷廢、中村存、盖亘建久寺、吉田、櫻田、船田、峯輪、大澤、門野、大澤里、仁科、杉坂、濱、江奈諸邑、其故地也、」祀典所謂箕句神社、在朝村、伊那上神社、在宮内村、伊那下神社在松埼村、佐波神社在濱村、布刀主若玉命神社在濱村、東鑑治承四年條、有中村太郎景平、同次郎盛平、盖本郷人、荒神祠應永八年神像識、仁科莊門野村、嘉吉三年梁牌識、小田原分限帳同、北條五代記作西奈、伊豆日記云、吉田有吉田寺、尼將軍建之、以祈頼家冥福、

賀茂郡役所編『静岡県南豆風土誌』９７頁（長倉書店刊）
那賀郷　訓義前に見ゆ。今の中川村はもと中郷（明治廿四年今の名に改む。）と呼び、那賀郷・那賀郡の首村にして、仲神社及び那賀郡家の所在地なり。此の村と仁科村と松崎町との邊が大凡本郷に相當す。
　松崎・宮内・伏倉・以上今松崎町に入る。南郷・明伏・小杉原以上今中川村に入る。の六邑は元那賀郡に屬せしを、後世、賀茂郡に編入せり。又文學博士吉田東伍氏の説に據れば、田子・宇久須の二村も那賀郷に屬せしなるべしと。

賀茂郡役所編『静岡県南豆風土誌』２９３～２９５頁（長倉書店刊）
云々、今賀茂郡四十六座の内より海島鎭座二十四座を減じ、又那賀郡二十二座の内より土肥以北井田に至る八座を除く時は、今日の賀茂郡は正に三十六座の式内社を算すべきなり。然れども伊豆三島神社は、上古鎭座の本域、賀茂郡三島和名抄所載郷名、卽海島の總稱にして、其の本島は今の三宅島なり。なりしが、中世同郡大社郷和名抄所載。今の白濱村伊古奈比咩命神社の地なり。に遷座し、後又今の田方郡三島町に遷祀せられたりと云ふ（伊豆國式社攷略）を以て、更に大神の一座を除きて、茲に三十五座を得と謂ふべし。今左に増訂豆州志稿卷八上によりて之を擧げむ。同書に云はく、式内社を記すに「也」といふは疑ひなきもの、「なるべし」といふは略證蹟あるもの、「ならむ乎」といふは、信疑相半するものに用ふと。
　　云々
　仲神社　賀茂郡宮内村（今松崎村）上之神社なるべし。

賀茂郡役所編『静岡県南豆風土誌』６７４頁・中川村（長倉書店刊）
仲神社　那賀－村社－祭神、中高彦根命○式内伊那上神社なる可しと云ふ。舊、高嶺（一作高根）明神と稱す。元祿中火災に罹り、靈寶舊記悉く烏有に歸せり。

賀茂郡役所編『静岡県南豆風土誌』６８２～６８３頁・松崎町（長倉書店刊）
伊那上神社　宮内－郷社－祭神、積羽八重事代主命○式内仲神社なるべしといふ。嵯峨天皇弘仁丁戌（弘仁に丁戌無し。）年、伊豫國越智郡三島より遷祀すと云ひ、又國府三島より遷祀すと傳ふ。當社文治元年の文書に仁科莊那賀郡三島宮、慶長中大久保長安寄附の金燈籠に仲岡社と鐫せるを見れば、往昔三島宮又は仲神社と稱せしを知るべし。源頼朝の社頭を寄進するや、爾來將家の尊信淺からず。神地五百石を領し、宮殿宏壯、末社八十有餘を有して西豆第一の宮居たりき。天正中火に遇ひ、社司金差義長更に四十餘剩を再建して尚大社（寛永中の深澤神社文書に、伊豆の大社は伊豆山・三島・深澤・中野・白濱の五社とあり。中野は即當社なり。）たるの面目を保持せしが、慶長中再び祝融の災に罹りて、祠宇舊記等多く燼焦に歸し、今僅に稻荷・御靈・子安の三社を存するのみ。明治六年八月賀茂郡雲見村より小杉原村に至る十一ケ村の郷社となりしが、同二十二年町村制の實施せらるるに及び、松崎・岩科二ケ村の郷社となり、今は更に松崎町の郷社となれり。禱願文、喜捨文、補任文等八通を藏む。

足立鍬太郎『南豆神祇誌』３７～４４頁（静岡縣賀茂郡神職會）
　延喜式卷九に載せた伊豆國神名帳は次の如くである。但所在地は萩原正平著伊豆國式社考略に私考を加へて註記す。
　　　伊豆國九十二座　大五座小八十七座
　　　　賀茂郡四十六座　大四座小四十二座
　　　　　云々
　　　　田方郡廿四座　大一座小廿三座
　　　　　云々
　　　　那賀郡廿二座　並小
　　　　　云々
　　　　　仲神社　　　　　　　　　　　　　　　　　仝上宮内
　　　　　云々

足立鍬太郎『南豆神祇誌』５３頁（静岡縣賀茂郡神職會）
又賀茂神社二座は、前に述べた如く、泥湖と弓湖を郡家所在の地神として、三嶋伊古奈比咩兩神に更へたのであると思ふが、之と同じく廣瀬神社も、浮橋川大澤川の合流點に、田方郡家所在地神として、同神夫妻ここでは女神を溝織姫命として居るけれどもそれは後に變更したのであらうを祭ったのであらう。随て仲神社も那賀郡に於ける同例であらうから、此の三社はいはばそれぞれの郡魂神社である。

足立鍬太郎『南豆神祇誌』５３～５５頁（静岡縣賀茂郡神職會）
　次に氏族神を擧げると、式田方郡に於ける玉作水神社今沼津市は玉作部の齋く神である。楊原神社今同上が特殊の待遇を受けて明神大に列したのは、大岡牧？兵部式駿河國岡野牧があるに關係せし（恐らくは外來）大氏族の氏神であったからではあるまいか。そしてそれが、近く發見された大岡村の廢寺や、所謂牧長者と因縁があると考へられる。彼の遠江榛原郡初倉村の式名神大敬滿神社が竹林寺と稱する廢寺と共に、大井川渡船や白羽牧主式遠江白羽官牧馬直四千四百六十束に關係したと考へられる秦氏族に對する狀態と同じくはあるまいか。又今賀茂郡松崎町下之神社と稱するは、舊石火那賀兩郷の接する處にあって、式社の擬社に紛紜ある古社であるが、私は、其の所藏の神像や、私等の發見した二面の神鏡（一面には古風なる綾を有する冠を著けた神像の毛彫があり一面には墨書の願文がある）や、唐大明神と稱する事等から遡り考へ、又附近に櫻田といふ地名、森・高橋・松本などいふ舊家の存するを參照して、やはり其地に居住した秦氏の氏神であらうと考へ試みた。（田方郡中郷村松本にある高橋神社も亦然らん）尚石火といふは燧石から火を取ることを知った民族によって開かれた郷ではあるまいか。そしてそれ等外來？種族が、那賀岩科兩川の注ぐ江奈灣の要地を占め、沼津や初倉の如く船税を收めて相應の富をなし、漸次灣の頭尾に分れて繁殖するに随って、氏神も二所に勸請することになったか

ら、其の地勢高く郡家に近き本宮が伊那上神社（唐大明神）となり、遠き海寄の方が伊那下神社（船寄大明神）となり、以て仲神社現在の郷社伊那上神社は式仲神社たる證據がある（三嶋大明神）と鼎立したのであらう。式仲大歳神社は今の中川村社那賀神社に擬當すべきである。

足立鍬太郎『南豆神祇誌』７５～７８頁（静岡縣賀茂郡神職會）
　伊豆國神階帳は、群書類從二三に、康永二年辛亥（興國四年）十二月廿五日在廳判の奥書あるものを、在廳伊達某藏本から寫して收めてある。伊達家に現藏するものは鳥子紙二枚續にて後世の寫本である即ち尾張のより二十年許前のものである。在廳とは、中古國衙の廳にあり、國司の命を奉じて事務を行ふ下司であったが、多くは世職だから傳へて居たのだ。先づ左に其の全文を掲げよう。
伊豆國神階帳　式社の配當は萩原正平の意見に據る
　　伊豆國三ケ郡神明帳事
　　正一位三島大明神
　　　云々
　　　　那賀郡貳拾四所
　　　云々
　　　　從四位上おゝとしの明神　仲神社
　　　云々

足立鍬太郎『南豆神祇誌』１１３～１１４頁（静岡縣賀茂郡神職會）
　那賀郡社であった式仲神社現郷社伊那上神社は、神階帳には大歳明神とあれど、正中二年の石田高宗狀寫にも、康永二年沙門友桂の供齋船代田地寄進狀にも、應永廿七年の明田高讓狀にも、寶德四年の金指遠義補任狀にも、皆那賀郷（若くは郡）三嶋宮（若くは大明神）となって居る。となって居る。さうして金指家は、特に大禰宜と稱して地方に雄視して居た。其の寶德四年の補任狀は、
　伊豆國那賀郡三嶋宮之本社大禰宜職之事。任先證之旨下渡之事。
　合田□　□屋敷壹所者。
　右任先例所充行金指衛門四郎遠義也。於御祈禱以下祭禮等者。守舊規。無懈怠可被勤仕也。但乍居職怠其事者。堅可有其誠者也。仍補任狀如件。
　寶德四年壬申六月十九日　　　冥光眞康（花押）
〇此文書、笹川博士の日本繪畫史上に引かれたるもの誤あれば、今原本と對照して訂正しおく。眞康は畫僧にして鎌倉西來庵に住す。足利成氏の執筆たりしか。
とあって現に某家に保管さる。但大禰宜の名は、石田高宗狀寫にも明高讓狀にも既に見えて居る。〇續日本紀に、駿河國駿河郡金指舎人廣名がある。

足立鍬太郎『南豆神祇誌』１３７～１３８頁（静岡縣賀茂郡神職會）
　降って徳川氏の世に至り、慶長十一年正月大久保石見守長安、伊豆代官兼務を命ぜられて縄地金山今下河津村を管理した。長安は奈良奉行として春日神社の事にも關係しただけ、神祇を崇敬し、又之を研究するにも興味を有し、同十二年三月、徑一尺五寸の金鼓を白濱神社に奉りて産鑛の隆盛を祈った。其金鼓には伊古奈姫命大明神の銘を鑄出してある。長安は、別に縄地の山神社・子安神社にも略同樣の金鼓を納めて居るのみならず、今の松崎町郷社伊那上神社を式仲神社と鑑定し、同十三年三月、鍍金六角形透彫の上に毛彫を加へた釣燈籠を納め、全十四年には同樣のものを松崎下之神社十一月銘松崎大明神・宇久須神社十二月にも納めた。此の燈籠と同一型のもの、尚下野足利鑁阿寺に納められて、當代美術の標本となって居る。文學士黒田鵬心氏大日本美術史但松崎に上式仲神社後三嶋宮今伊那上神社　下伊那上神社？後松崎大明神若くは唐大明神今下之神社兩宮を明かに對稱的に記した文書は、現在では慶長五年三月十一日附の彦坂九兵衛の神領付を最も古しとする。

足立鍬太郎『南豆神祇誌』１３９～１４１頁（静岡縣賀茂郡神職會）
　凡そ徳川時代に於ける神職は、大抵京都なる吉田家白川家に屬するもあれど其數が少い。の管轄に屬し、其の奉祀する神社及び自己の位階の如きも、其の執奏を經て之を賜り、又無位のものといへども、前時代以來の慣例に任せて其の許狀を得、各種の裝束を著けたり、呼名を稱へたりして居た。そして此の許狀の有無は、幕府の評定所を始め其他の奉行所に於ける、座席の等級即ち座階の標準となったものである。但百姓にても往々許狀を得て神職となった者があったが、其の場合には一人で百姓名と神主名とをもって居た。例せばひゃくしょうとしての彌右衛門が倉持美濃であったやうなものだ。文學博士三浦周行氏（吉田白川所屬氏は宮地博士）是を以て、當時吉田家の斯界に於ける威勢は隆々たるもので、諸國の神職は其の門下と稱して歸服して居た。然るに僻遠の地には必ず一社に一神職を得ることすらならなかったから、是等は村長にあれ、鑰取にあれ、若くは便宜上よい加減の支配人にあれ任せて置いた。一方吉田家では、地方に相應の地位ある神職自家配下のの推薦ならば、認めて木綿襷や許狀もくれたらしいが、いつしかそれも怠り勝になって、茲に宮座・諸座・守護人・抱主などいふ名稱の似非神職が現れたり、一方戸籍管掌の特權を利用し、又多少の知識を衒って、寺院が、別當とか社僧とか稱して干渉したり、又は下社家と稱する被管の者が、輒もすれば本家の神職に反抗したり、種々の紊亂もあるから、吉田家より時々役人を派出して之が取締をなさしめて居る。彼の文化十四年、吉田家の役人鈴鹿内藏が伊豆を巡って、白濱村の白川家に屬したのを詰問したのは其の例である。かういふ中に、立派に神職の躰面を保ち、寺院の干渉をも拒絶し、下社家の順序も正して來たのは、南豆で宮内（松崎）の金指家、下田の碓氷家であった。仲神社（朱印二十石附）の金指家は、三宅記の向うを張り、飽くまで三嶋明神と共に伊豫より渡來したと稱して、特に系圖をも作成し、又唯一神道祭官從五位下と號して、數戸の下社家を支配し、時には仁科村方面をも管轄して居た。文政六年仁科八幡の棟札には、宮内村上之宮神主金剛伊賀茂齋の署名花押がある。碓氷家も御朱印附神社の神職として、一方地利を占め、是亦小林・西尾等を配下とし、吉田家の許狀を盾に大安寺の干渉を拒斥して居た。此の二家が當時奥伊豆に於ける神職の二中心であった。

足立鍬太郎『南豆神祇誌』２１６～２１７頁（静岡縣賀茂郡神職會）
　　第三十三章　中川村

仲神社
　所在　那賀字宮ノ脇
　祭神　中高彦根命
　創立　文祿二年　（棟札）
　社格　村社　式内　（高嶺大明神）
　境内　二一九坪　民一
　一社両扉、即ち一方には天神を配祀して居る。萩原正平は、秋山章が式仲神社とするに同意せずして、伊那上神社に擬當して居るけれども、此地は伊那にあらざるを以て、牽強の感あるを免れない。恐らくは仲大歳神社であらう。

足立鍬太郎『南豆神祇誌』２１９～２２３頁（静岡縣賀茂郡神職會）
　　　第三十四章　松崎町
伊那上神社
　所在　宮内字宮ノ西
　祭神　積羽八重事代主命
　創立　不詳
　社格　郷社　式内（三島大明神）　供進
　境内　五八四坪　官一
朱符二十石の社である。慶長十三年三月大久保長安が寄進した、鍍金六角形透彫の上に毛彫を加へた立派な釣燈籠の銘には、豆州賀茂郡那賀神社とあるをみれば、當時那賀川以南は賀茂郡に屬したことが察せられると同時に、宮内なる本社が、三島神夫妻を祀って、仲神社であったことも明る。尚今本社外陣に藏する男女の神像は、其の時代の神主ではなかったらうか。更に今一對僧形八幡と神功皇后の像の存するのは、或る時代に八幡宮をも併祀したのであらう。又神階帳にはおゝとしの明神とあれど既に示すが如く、寶德四年享德元年の鎌倉管領古文書には、伊豆國那賀郷三島宮之本社とあって、神主大補宜を金指左衛門尉遠義と記してある。又慶長五年子三月十一日彦坂九衛兵神領附には、
　　松崎上宮神領分
　　上田合六反壹畝三歩
　　下田合壹反三歩
　　上畠合壹反九畝廿七歩
　　下畠合八反六畝十五歩
　　屋敷合三反九畝五歩
　　分米合計二十石田拾石一斗六升五合畠屋敷九石八斗三升五合
　　　内　下宮渡分
　　下田九畝二十歩
　　上畠五畝歩
　　下畠二反四畝十三歩
　　（分米記入無けれども三石位なるべし）
となって居るから、當時両社の関係狀態は是にて察せられる。又伊那上宮といふ名の現存するものでは、正德二年の棟札が初であって、唯一神道祭官從五位下金指伊賀守義治が署名し、しかも豆州那賀郷大鎮守也といって、猶故實を失ふまいとして居る点は注意すべきである。けれども寶暦九年同村圓通寺と山林を爭うた時の三奉行の裁決書には、三嶋大明神としてある。此時宮内は那賀郡に屬して居るかく伊那上神社の名は式を精究した上で擬當したものでないから、後に萩原正平が本社を以て式仲神社に當てたのは、郡家のあった宮内の地理から見るも、かゝる材料から考へても、正當といふべきである。
本社に鎌倉中期の松喰鶴鏡径六寸五分がある。又大久保獻納の燈籠は、高さ約一尺三寸で、火袋の一面は、高さ九寸五分、幅四寸五分、中央に唐草透しの上へ上り藤の紋所を鋳出し、下と額庇に寶珠を刻み、六柱は梨地に打ち特に油烟抜を散蓮華の優美な透し彫にして、三個ある。
神職金指（差）氏は、伊豫河野氏の裔で、三島明神と共に渡來したと稱して、系圖をも作って居たが、其の橘を稱するからは、三宅記以後のものであらう。現に鎌倉管領文書にある遠義といふ者が其の系圖中に見えない。宗吉の妹婿に左衛門四郎之吉といふはある。元來金刺氏は、欽明天皇磯城島金刺宮に奉仕した舍人が、宮名を負うて御名代となったもので、信濃國造建稲命に出るといふ。前に示した駿河の金刺氏のことを考ふべきであらう。

静岡縣『旧版 静岡縣史』第三巻・７１１～７２５頁（名著出版刊）
【賀茂郡四十六座大四座小冊二座】
云々
【田方郡二十四座大一座小廿三座】
云々
【那賀郡廿二座並小】
云々
（仲神社）
　「和名類聚抄」那賀郡の那賀郷に鎮座した。（附近南郷に那賀氏族と同一多臣族なる金指氏が古くより居住する）原所在は賀茂郡中川村那賀。現在社は同所字宮小路の仲神社か。一説に松崎町宮内の伊那上神社ともいふ。
云々

静岡県郷土研究協会『静岡県神社志』第三篇（日本仏書センター刊）
郷社　伊那上神社
　　　賀茂郡松崎町宮内字宮ノ西鎮座
云々

祭神　積羽八重事代主神
　　例祭日　十一月三日
　　由緒　社伝によれば本社は嵯峨天皇弘仁八年伊予国越智郡より此の地に遷し御る三島大明神である。（或は伊豆国三島より遷せりとも云う）古代は奥伊豆第一の大社と称せられ、源頼朝は流人の時開運を祈願して、承安三年当社明神（当時三島宮と称す）に参拝幣帛を奉る、又明応年中には伊勢新九郎長氏は祈誓をかけて武運開け、韮山城主となる、爾来小田原北条氏は累代尊崇を捧げ毎年年初に御祈祷の神札を献ずれば、豆州那賀郡より相州小田原まで往還の御伝馬を給ったと伝う。慶長五年には徳川家康は十五石を寄進した。然る処天正慶長両度の回禄に本社并末社等一宇を余さず霊宝記録等一切共に焼失した。南豆神祇志には、慶長十三年三月大久保長安寄進の釣灯籠（宝物の部参照）の銘には、豆州賀茂の郡那賀神社とあるを見れば、当時那賀川以南は賀茂郡に属したことが察せらるゝと共に、宮内なる本社が三島神夫妻を祀りし仲神社なりし事も明かである。尚今本社外陣に蔵する男女の神像は、其時代の神像ではなかったろうか、更に今一対僧形八幡と、神功皇后の像の存するは、或時代に、八幡宮をも併祀したのであろう。又神階帳には「おゝとしの明神」とあれど、宝徳四年の鎌倉管領古文書には伊豆国那賀郡三島宮之本社とありて、神主大祢宜を金指左衛門尉遠義と記してある。慶長五年三月十一日彦坂九兵衛神領付には、松崎上宮（十五石）下宮（五石）となっている。又正徳二年の棟札に伊那上宮とあるのが現存するもゝ最初であって、唯一神道祭官従五位下金指伊賀守義治が署名して、併も豆州那賀郷大鎮守也とある。然るに宝暦九年同村円通寺と山林争議の時の三奉行の採決書には、また三島大明神としてある。而して後の式社考証には延喜式仲神社に当てゝいる。神職金指氏は伊予国河野氏の裔にして、三島明神と共に渡来したと称せられ、鳥羽天皇の元永元年河野氏を改めて金指氏を賜ったという。明治六年八月郷社に列し、明治四十年六月二十一日神饌幣帛料供進社に指定せらる。
云々

静岡県郷土研究協会『静岡県神社志』第三篇（日本仏書センター刊）
村社　仲神社
　　　賀茂郡中川村那賀字宮小路鎮座
云々
　　祭神　事代主命　天神
　　例祭日　十一月三日
　　由緒　社記に曰く本社はもと仲神社と称せしも中古賀茂郡宮内村上神社（今松崎町伊那上神社）と合祀して高根明神社と改めしが後本地に遷祀して、旧仲神社に復称したりと。式社攷証には仲神社は旧説に伊奈上神社と称え来れる賀茂郡宮内村上宮なるべく思わる、此社は豆志に伊那上神社宮付神主四十八世の祖河野氏、予州より遷し奉ると見えたり、此辺の地理を考えるに東北に中川流れ、南西に岩科川ありて、二川の中間にあるより、那賀と云称起りたりと思われ、古く那賀郷なりし由に伝え、文治三年文書に伊豆国仁科庄那賀郷三島宮と見ゆ、古来仲ノ郷中の総鎮守なる由口碑に伝うとあり、延喜式神名帳那賀郡仲神社にて神階帳那賀郡従四位上おゝとしの明神に相当するか」とある。文禄二年再建の上梁文あり、又元禄二年回禄の災に罹りて後再建、又天保十一年九月再建等の棟札がある。一座天神社は津島神社と共に、もと境内末社に鎮座せしを、文禄以前に本社殿に遷祀して一棟二扉に改めたと云う。明治六年八月村社に列す。
云々

伊那下神社

『特選神名牒』３３０頁
伊那下神社
 祭神
 祭日
 社格
 所在
  今按式社攷證に江奈村舟寄明神なるべし其は此江奈村の村名則伊奈にて舊此邊の總稱と思はるゝを此村は所謂中川の川尻なるより伊奈下と唱へより川上櫻田中村建久寺吉田船田等の村々を伊那上と唱へて此は川に添たる上下と聞ゆるが現地の有状を撿察するに江奈村の地能伊那下の稱に協へる所なるを以てなり豆志に松崎村下宮を當たれど他に證無れば非事なりとあるを縣の注進状には賀茂郡松崎村を以て當社に當たるは故あるか疑ふべし

度會延經『神名帳考證』（『神祇全書』第一輯）
〇伊那下神社

伴信友『神名帳考證』（『伴信友全集』第一）
伊那下神社
［志］今賀茂郡松埼村ニ坐相傳神功皇后新羅ヲ征シ玉ヒシトキ彼國人御船ヲ守護シ奉リテ長州豊浦ニ留リ後此ニ鎭座ス故ニ唐大明神ト書來レリ神主森氏

伴信友『神名帳考』（『神道大系』古典註釋編七・延喜式神名帳註釋）
伊那下神社
△志ニ、今賀茂郡松崎村ニ坐、相傳、神功皇后新羅ヲ征シ玉ヒシトキ、彼國人御船を守護シ上リテ、長州豊浦ニ留リ、後此ニ鎭坐ス、故ニ額ニ、唐大明神ト書來レリ、神主森氏、
 1（頭註）休圖云、松崎村、加茂郡、

鈴鹿連胤『神社覈録』（井上賴囶・佐伯有義校訂『神社覈録』下編）
伊那下神社
 伊那は前に同じ、下は資母と訓べし、〇祭神詳ならず〇松崎村に在す、今唐［モロコシ］大明神と稱す、今賀茂郡に屬す、國圖、志、例祭
  伊豆志に、相傳フ神功皇后新羅ヲ征シ玉ヒシ時、彼國人御船ヲ守護シ奉リテ、長州豊浦ニ留リ、後此ニ鎭座ス、故ニ額ニ唐［モロコシ］大明神ト書來レリ、と云り、
   神位
  國内神階記云、從四位上いなしもの明神、

栗田寛『神祇史料』第十二巻
伊那下神社、今賀茂郡松崎村稲下山にあり、唐大明神と云ふ。凡正月九月十一月廿日祭を行ふ。豆州志、伊豆雑志、神名帳打聞、足柄縣式社取調帳。

『大日本史』［九］・志一・巻二百五十五
伊那下神社、〇神明帳作從四位上伊奈志利乃明神、今在賀茂郡松埼村、稱下宮、

竹村茂雄『伊豆國式社考』（『神祇全書』第四輯）
伊那下神社 松崎村、志神階帳いなしりの明神、

斎田茂先・山本忠英『掛川志稿』伊豆巻（郷土新聞社刊）
〇宮内村　伏倉の西にあり、人家松崎と軒を並ふ、古は同村なり、宮内は式内伊那上神社あり、松崎に伊那下神社あり、兩社の間なる故、宮内と名く、田二百二十三石四斗二升五合、戸四十、口百九十、大久保久米之助知行

萩原正平『伊豆國式社攷略』（静岡県立中央図書館所蔵）
伊那下神社
 那賀郡江奈村鎭座いなし里の明神神階帳今稱舟寄神社なるべし攷証註進續舊説尒松崎村下之神社尒當たるも亦謬連るもの登す

萩原正平・萩原正夫『増訂豆州志稿』巻之三下・町村四（長倉書店刊）
〇江奈村（［増］東櫻田村十二町三十一間、西濱村二十一町三十三間、南松崎村十町十二間）［増］拾八里五町四拾八間（［増］六里四町二十二間）［増］慶長三年檢
 地帳豆州那賀之内江奈之村ト（神名式ニ伊那上伊那下、神名帳ニいかみいなしりアリ、江奈ハ伊那ヨリ起レル地名ナルベシ、神社ノ部参觀〇古人御池川澤凡テ江ト云、此村西ニ澤アリ、因テ江奈ト名トス漁濱アリ、［増］此所諸漁絶ル事ナシ夏秋ハ鰹節ヲ製シテ江都へ送ル松崎ニ次キテ便宜ノ地ナリ■■■南ハ開ケ北ハ塞ガリ前ニ河水流レ左右ニ岡巒連ナリテ謂ユル風水相應ノ地形ト云ツベシ（伊豆日記）
  〇田額貳百八拾七石六斗九升八合（内新田七十一石三斗五升六合）國圖二百十六石餘ト［増］伊豆鷭禰海寺領慶安元戊子年朱印ナリト高十石五斗）［増］反別百貳拾貳町貳反八畝拾歩内（田二十五町一反九畝二十五歩、畑十九町一反布畝二十七歩、宅地一反五畝二十二歩、山林六十七町六反六畝十六歩、原野四町五反三畝二十二歩）［増］地價金貳萬三百貳拾圓三拾貳錢八厘［増］地租金五百八圓貳錢六厘［増］社四（村一雜三）寺一（禪）戸長役場一（字宮ノ前ニ在リ本村ノ外櫻田、那賀、建久寺、峯輸、吉田、門野、大沢、船田、池代ノ九村ヲ管ス）浦役場一（字汨上）分校一［増］戸現住百八拾八現在貳百拾四［増］口本籍千三拾三（男五百二十九、女五百四）現住九百八拾四（男五百三、女四百八十一）

萩原正平・萩原正夫『増訂豆州志稿』巻之八上・式内神社考並神階帳考緒言（長倉書店刊）
〇伊那下神社［増］神階帳從四位上いなしりの明神［増］那賀郡江奈村舟寄神社ナル可シ〇在松崎村［増］此説諾

ヒ難シ

萩原正平・萩原正夫『増訂豆州志稿』巻之九上・神祠三・賀茂郡（長倉書店刊）
〇伊那下神社(松崎村)[増]村社下之神社祭神不詳[増]式内仲大歳神社ナルヘシ(前記)按ズルニ式内仲神社、仲大歳神社ハ共ニ地名ヲ以テ社號ニ命ジタルニテ同地鎮座ナラム而テ仲神社ハ當社ヲ距ル數町宮内村ノ地ニアリテ從來上之神社ト稱シ當社ヲ下之神社ト稱シ來レルノミナラズ上之神社ヲ神階帳ニハおほとしの明神ト記セルニテ宮内ノ地亦大歳ノ稱アリシヲ知ルニ足リ(隣里岩科村ニモ大歳ノ稱存スレバ廣ク稱ヘシ地名ナルヘシ)當社ノ仲大歳神社タル疑ヒ可クモ非ズ(仲ノ稱ノ地名ナル事上之神社ノ條ニ云ルガ如シ)又當社ヲ大唐明神トモ稱ス大唐ハ大歳ノ轉訛ナラム舊説式内伊那下神社ニ當テタルハ下之神社ノ稱呼ヨリ謬リタル也(下之神社ハ上之神社ニ對呼セシ也)又一説ニ式内伊志夫神社ニ當テタルハ當社ニ石火宮寶印ト刻シタル午王、石火宮ト書シタル建暦元年文書(石部村伊志夫神社ノ條参看)等ヲ藏スルヨリ誤解セシ也(〇相傳フ神功皇后新羅ヲ征シ給ヒシ時彼國人皇后ノ御船ヲ守護シ奉リテ長州豊浦ニ留リ後此ニ鎮座ス故ニ額ニ唐大明神ト書キ來レリト又一説ニハ伊那上ノ兩神奥ヲ並ビ祭ルヨリ兩奥トスト是レ後世ノ説也)〇祠内ニ鏡十二面劍一口、建暦、永正、天文ノ文書ヲ藏ム([増]永正十五年文書ニ松崎下之宮之船之事如前ニリヤウシノ事任先宗ノ旨為扶持者也仍如件トアリ天文八年文書略同之又祠内ニ古木像ヲ藏ム)社城ノ銀杏、樹黄葉十餘里ニ見ユ(社領宮内村上之宮ノ條ニ記ス神主森氏)〇末社四(天神、辨天、津島、金比羅、[増]三百六十三坪官一)

萩原正平・萩原正夫『増訂豆州志稿』巻之九下・神祠四・那賀郡（長倉書店刊）
〇船寄明神(江奈村宮之前)[増]村社船寄神社祭神不詳[増]式内伊那下神社ナルヘシ(前記)村名ノ江奈ハ伊那ノ轉ニシテ往古此地ノ總稱ト聞エ乃中川ノ下流(往昔ハ中川ノ水江奈村ヨリ海ニ注キタリ)ニアレバ伊那下ノ稱ニ適ヘリ初字古代島ヨリ此地ニ遷座ス云文龜二年、天王七年等上梁文アリ（船磯明神又船伊勢大明神ト誌ス）明治十二年村社ニ加列ス（〇古祠也村老傳云此神火ヲ好ミテ往昔鎭稱セシ處ニ數々火災有リ故ニ村民之ヲ投ズ適々漁人ノ網ニカヽリ巫ニ託シテ云我ヲ祭ラバ火災ヲ免レシト於是祀リテ土神トスト伊豆納符）[増]境内社三（八雲、子安、稲荷[増]三百三十三坪民一）

菅原久高『伊豆國九十二式社祭神記』（『全國神職會々報』第二十二號）
伊那下神社　賀茂郡松崎村江奈鎮座村社船寄神社なり伊奈志利乃明神又下の宮と稱す
　祭神　詳らかならず

吉田東伍『増補大日本地名辞書』第五巻・１０６６頁
江奈　今松崎村へ合す、中川の河口北岸にして、仁科と松崎の間とす。延喜式、伊那下神社、同上神社と云ふは此地にあるべし。
補[江奈]〇増訂豆州志稿、江奈村は、神名式に伊那上・伊那下あり、古人湖池川沢凡て江と云ふ、此村西に沢あり、因て江奈を名とす。漁猟あり、此所諸漁絶る事なし、夏秋は鰹節を製して江都に送る。松崎に次ぎて便宜の地なり、南は開け北は塞がり、前に河水流れ、左右に岡巒連なりて、謂ゆる風水相応の地形と云つべし。〇江那上社は上流にて、下社は下流に鎮座す。

郇岡良弼『日本地理志料』巻十三・伊豆国那賀郡
那賀　訓義見上、按那賀郡司治于此、郡名因起、神名式、那賀郡仲神社、今在郡之中村、稱高嶺明神、仲御歳神社、在賀茂郡松埼村、稱下明神、二村相鄰、慶長三年檢地帳、西浦那賀郷内中村、建久寺村、吉田村、秋山氏曰、松埼、宮内、伏倉、南郷、明伏小杉原六邑、古屬本郷、見伊那上神社流記、今轉入賀茂郡、豆州志云、那賀郷廢、中村存、盖亘建久寺、吉田、櫻田、船田、峯輪、大澤、門野、大澤里、仁科、杉坂、濱、江奈諸邑、其故地也、」祀典所謂箕句神社、在峰輪村、伊那上神社、在宮内村、伊那下神社在松埼村、佐波神社在濱村、布刀主若玉命神社在濱村、」東鑑治承四年條、有中村太郎景平、同次郎盛平、盖本郷人、荒神祠應永八年神像識、仁科莊門野村、嘉吉三年梁牌識、小田原分限帳同、北條五代記作西奈、伊豆日記云、吉田有吉田寺、尼將軍建之、以祈賴家冥福、

賀茂郡役所編『静岡県南豆風土誌』２９３〜２９６頁（長倉書店刊）
云々、今賀茂郡四十六座の内より海島鎮座二十四座を減じ、又那賀郡二十二座の内より土肥以北井田に至る八座を除く時は、今日の賀茂郡は正に三十六座の式内社を算すべきなり。然れども伊豆三島神社は、上古鎮座の本域、賀茂郡三島和名抄所載郷名、即海島の總稱にして、其の本島は今の三宅島なり。なりしが、中世同郡大社郷和名抄所載。今の白濱村伊古奈比咩命神社の地なり。に遷座し、後又今の田方郡三島町に遷祀せられたりと云ふ（伊豆國式社攷略）を以て、更に大神の一座を除きて、茲に三十五座を得と謂ふべし。今左に増訂豆州志稿巻八上によりて之を擧げむ。同書に云はく、式内社を記すに「也」といふは疑ひなきもの、「なるべし」といふは略證蹟あるもの、「ならむ乎」といふは、信疑相半するものに用ふと。
　云々
　伊那下神社　那賀郡江奈村(今松崎村)舟寄神社なるべし。

賀茂郡役所編『静岡県南豆風二誌』６８２頁・松崎町（長倉書店刊）
伊那下神社　松崎－村社－祭神、彦火火出尊〇式内仲大歳神社なるべしと云ふ。祠内に鏡十二面・劍一口・建暦永正天文の文書を藏す。又神境に公孫樹あり。雌木周圍二丈餘・雄木一丈五尺、黃葉遠望すべし。
　　廣前の大木を見てもみつかきの久しとは知る伊那のみやしろ　　海　後　胤　平

賀茂郡役所編『静岡県南豆風二誌』６８３頁・松崎町（長倉書店刊）
船寄神社　江奈－社－祭神、積羽八重事代主命〇式内伊那下神社なるべしといふ。古昔巨鯛島より遷座す。文龜二年天正七年の上梁文あり。航海漁業者の崇敬甚だ篤く、殊に氏子の漁業者は漁獲毎に初穂を神前に供するを例とし、他國の漁船も又之に倣ふ。

静岡県田方郡役所編『静岡県日方郡誌』５２７〜５３９頁（長倉書店刊）
三島神社(官幣大社)　祭神　積羽八重事代主命
三島町傳馬町に鎮坐す、祭神は從來大山祇命と稱し、豫州三島より遷坐すと傳へたるは、三島の稱より附會したりとなん、明治五年十一月十八日附を以て、當社少宮司萩原正平よりの上申により翌六年一月六日指令ありて事代主命と確定せり。云々

城内に於ける攝社末社合せて十三社あり。
云々
3 船寄社（社）　古事記に踏傾其船而天逆手矣於青柴垣打成而隱也と見え、又應神天皇紀に五年科伊豆國令造船長十丈輕泛疾行如馳故名其船曰枯野とある古事亦社傳に傳へたる大神の當國に渡り來給へる時の古事に思ひ合すれば、必所由ある神ならんと思へど、證を得ず、那賀郡江奈村に舟寄明神と稱する舊社あれど、是も神名傳らざれば知るべきなし。

足立鍬太郎『南豆神祇誌』３７～４４頁（静岡縣賀茂郡神職會）
　延喜式卷九に載せた伊豆國神名帳は次の如くである。但所在地は萩原正平著伊豆國式社考略に私考を加へて註記す。
　　　　　伊豆國九十二座　大五座小八十七座
　　　　　　賀茂郡四十六座　大四座小四十二座
　　　　　　　云々
　　　　　　田方郡廿四座　大一座小廿三座
　　　　　　　云々
　　　　　　那賀郡廿二座　並小
　　　　　　　云々
　　　　　　伊那下神社　　　　　　　　　　　　松崎町江奈
　　　　　　　云々

足立鍬太郎『南豆神祇誌』５３～５５頁（静岡縣賀茂郡神職會）
　次に氏族神を擧げると、式田方郡に於ける玉作水神社今沼津市は玉作部の齋く神である。楊原神社今同上が特殊の待遇を受けて明神大に列したのは、大岡牧？兵部式駿河國岡野馬牧があるに關係せし（恐らくは外來）大氏族の氏神であったからではあるまいか。そしてそれが、近く發見された大岡村の廢寺や、所謂牧長者と因緣があると考へられる。彼の遠江榛原郡初倉村の式名神大敬滿神社が竹林寺と稱する廢寺と共に、大井川渡船や白羽神社主祀式遠江白羽宜牧馬直四千四百六十束に關係したと考へられる秦氏族に對する狀態と同じくはあるまいか。又今賀茂郡松崎町下之神社と稱するは、舊石火那賀兩鄉の接する處にあって、式社の擬當に紛糾ある古社であるが、私は、其の所藏の神像や、私等の發見した二面の神鏡（一面には古風なる綾を有する冠を著けた神像の毛彫があり一面には墨書の願文がある）や、唐大明神と稱する事等から遡り考へ、又附近に櫻田といふ地名、森・高橋・松本などいふ舊家の存するを參照して、やはり其地に居住した秦氏の氏神であらうと考へ試みた。（田方郡中鄉村松本にある高椅神社も亦然らん）尚石火といふは燧石から火を取ることを知った民族によって開かれた鄉ではあるまいか。そしてそれ等外來？種族が、那賀岩科兩川の注ぐ江奈灣の要地を占め、沼津や初倉の如く船稅を收めて相應の富をなし、漸次灣の頭尾に分れて繁殖するに隨って、氏神も二所に勸請することになったから、其の地勢高く郡家に近き本宮が伊那上神社（唐大明神）となり、遠き海寄の方が伊那下神社（船寄大明神）となり、以て仲神社現在の鄉社伊那上神社は式仲神社たる證據がある（三嶋大明神）と鼎立したのであらう。式仲大歲神社は今の中川村社那賀神社に擬當すべきである。

足立鍬太郎『南豆神祇誌』７５～７９頁（静岡縣賀茂郡神職會）
　伊豆國神階帳は、群書類從二三に、康永二年辛亥（興國四年）十二月廿五日在廳判の奧書あるものを、在廳伊達某藏本から寫して收めてある。伊達家に現藏するものは鳥子紙二枚續にて後世の寫本である即ち尾張のより二十年許前のものである。在廳とは、中古國衙の廳にあり、國司の命を奉じて事務を行ふ下司であったが、多くは世職だから其の稱呼を傳へて居たのだ。先づ左に其の全文を揭げよう。
伊豆國神階帳　式社の配當は萩原正平の意見に據る
　　伊豆國三ケ郡神明帳事
　正一位三島大明神
　　云々
　　　那賀郡貳拾四所
　　云々
　　從四位上いなしりの明神　　伊那下神社
　　云々

足立鍬太郎『南豆神祇誌』１３７～１３８頁（静岡県賀茂郡神職會）
　降って德川氏の世に至り、慶長十一年正月大久保石見守長安、伊豆代官兼務を命ぜられて繩地金山今下河津村を管理した。長安は奈良奉行として春日神社の事にも關係しただけ、神祇を崇敬し、又之を研究するにも興味を有し、同十二年三月、徑一尺五寸の金鼓を白濱神社に奉りて産鑛の隆盛を祈った。其金鼓には伊古奈姬命大明神の銘を鑄出してある。長安は、別に繩地の山神社・子安神社にも略同樣の金鼓を納めて居るのみならず、今の松崎町鄉社伊那上神社を式仲神社と鑑定し、仝十三年三月、鍍金六角形透彫の上に毛彫を加へた釣燈籠を納め、仝十四年には同樣のものを松崎下之神社十一月銘松崎大明神・宇久須神社十二月にも納めた。此の燈籠と同一型のもの、尚下野足利鑁阿寺に納められて、當代美術の標本となって居る。文學士黑田鵬心氏大日本美術史伹松崎に上式仲神社後三嶋宮今伊那上神社　下式伊那上神社？後松崎大明神若くは唐大明神今下之神社兩宮を明かに對稱的に記した文書は、現在では慶長五年三月十一日附の彥坂九兵衞の神領付を最も古しとする。

足立鍬太郎『南豆神祇誌』２１９～２２９頁（静岡縣賀茂郡神職會）
　　　　　第三十四章　松崎町
云々
下之神社
　所在　松崎字宮原
　祭神　彥火々出見命
　創立　不詳

社格　村社　式内？（唐大明神）　供進
　　境内　散六三坪　官一
社地は舊石火郷に接續して、後に牛原山を負ひ、左に岩科川を帶び、右に那賀川を迎へ、前に松崎港を擁
して駿河灣に臨み、形勢眞に森嚴雄大である。社頭に雌雄の老公孫樹があって、氣根を無數に垂れ、樹邊
を逝く御手洗川のせゝらぎは、暫しも奏樂の響を絶たない。若し秋風黄雲を梢頭に漲らせる時は、遠く駿
河路を往來する旅人をして歩を停めしめるといふ。誰か其の神さびたる古社に崇敬の情を捧げないであら
う。然るを此社が延喜式の何社に該當するかが未だ定らず、空しく下之神社といふ通稱を冠せざるを得な
いのは、抑々何の爲であらう。曾っては、所藏の文書や寶印を資料として、式伊志夫神社と認められんと
したこともある。又萩原正平には仲大歲神社に擬せられたこともある。されど神職氏子等は秋山章の説を
守りて、伊那下神社たらんことを固執した爲に、神籍を船寄神社と爭ふこととなって、かく解決を得るに
至らないと聞く。實に遺憾といふべきである。前にも述べたやうに、慶長五年彦坂九兵衞の神領附には、
松崎上宮三嶋大明神領の内に下宮唐大明神渡分を規定して、名は相對的に、實は統屬的にしてあるけれども、同十
三年大久保長安は上宮を仲神社に擬當し、其翌十四年下宮には、松崎大明神と銘した上宮同型の燈籠を奉
納して、對等的の待遇をして居る。然るに正德二年上宮は既に伊那上宮と稱しても、其の前年下宮は單に
唐大明神と稱して遷宮をして居るのみならず、二十六年後の元文二年にも、猶ほ同名を襲用して居る、是
は當時の神守森氏を配下と見た金指家の威壓によったのか、抑々また他に伊那下と公稱するを得ざる理由
があったかわからぬが、其のこれを公表するを得るに至ったのは、恐らくは寬政元年に入って秋山章が豆州
志稿を公にし、又近く江川坦庵が伊那下の額を書いてからであらう。又唐大明神と稱するにつきても、神
功皇后新羅を征し給ひし時に、彼國人皇后の御船を守護し奉りて長門豊浦に留り、後此に鎭座するが爲と
いひ、或は之より住吉三神といひ、又海幸より考へて吉田家は彦火々出見尊と稱し、或は彦火々出見尊を
石火宮と稱し、之に住吉三神を並べて兩興明神と呼ぶともいひ、衆說紛々たれども、要するに渡海漁業を
守護する神にして、上宮三嶋大明神とは系統を異にすることが明かである。然るに大正八年私は參拝のついでに、
社殿より萩薄蝶鳥鏡藤原後期と松藤雙鶴鏡鎌倉前期との小・大の二鏡を發見し、和鏡研究の權威廣瀨都巽を煩して
之を鑑査させた結果、甲の表面には極めて古風な卷纓把笏の毛彫神像が現れ、乙の表面には墨書の願文所々
消えて讀下し難いが發見された。元來當社に南豆で第一といはれる大神像を藏して居るから、之を鏡面の彫像と比
較し、且つ附近に櫻田といふ地名や森神職高橋松本等の諸氏のあること石火郷が外來民族と關係があらうと
の考等から、遠江大井河畔初倉に敬滿神社を祭った秦氏の一族、富士河邊より出た大生部多の行動を怒っ
て之を打懲した爲に、神と呼ばれた秦河勝等に推及して、所謂唐大明神は江奈灣頭に水路の要衝を占めた
秦氏が、氏神として祖先功滿王秦始皇帝四世孫を祭ったのであらうといふ結論に到達した。沼津附近にも秦氏の族が居住したではあるまいか 依って之を上宮に比較するに、よしや鎭座の地勢から上下と稱へても、內容には毫も緣故がないから、
私は三嶋大明神を式仲神社とする以上は唐大明神を以て、江奈灣頭地勢高く、且つ郡家に近くして本宮と
考へられる方より式伊那上秆社に擬當すべきものと思ふ。尚船寄神社の條下に其論を繼ぐであらう。
本社には前述の二鏡の外に、七寶繫紋白銅鏡安土桃山時代がある。七寶繫は當社の神紋であるが、或は樂官たる
秦氏襧禰の紋樣より出でたのであらう。古作の舞樂面が一對ある。又所藏の古文書に鰹船免許狀がある。
但し
　　　　　　　　（袖判）
　　仁科庄松崎下宮鰹船
　　貳艘者爲石火宮供菜
といふ丈が價値あらうといふ部分で、以下は後人の補筆貼附したものである。袖判は北條時政に似たれど、
果して當時既に松崎に上下宮の稱ありしか、又下宮の鰹船から、石火宮の供菜料を辨ぜしめて、其の漁獵
を免許するの意か、或は石火宮と稱するものが下宮の內に存在したか、是等の點を研究するにあらざれば
確定し難いと考へる。供菜船の事につきては、他に比較すべき文書がある。但し鰹船は事實後世まであったといふことである。次に
唐大明神に由緒ある北條氏船番匠文書と稱するものは、弘治元年乙卯三月十三日、北條氏が松崎船番匠彌五
郎に下した、番匠奉公の規定及び棟別の免許、屋敷の保證に關した朱印で、題して「船番匠可被召仕樣舮」
とあって、毫も神社關係のものではない。今松崎町松田六次郎氏の所藏である。

足立鍬太郎『南豆神祗誌』２１９〜２３０頁（静岡縣賀茂郡神職會）
　　　第三十四章　松崎町
云々
船寄神社
　　所在　江奈字宮ノ前
　　祭神　積羽八重事代主命
　　創立　文龜二年　（棟札）
　　社格　村社　式内　（船寄大明神）
　　境内　三一三坪　民一
秦氏？の一族が、江奈灣の南から北へ繁殖したのが、更に一社を祭ったので、地勢が低く郡家に遠いから、
伊那下神社といったと考へられる。勿論今の那賀川は現在の水路に一定したのではなくて、或る時はもっ
と西北に流れて巨鯛島の方へ落ちたこともあらうし、又數派に分れて海に注いだこともあらうが、とにか
く江奈灣はもっと深く入り込んで居た筈であるから、灣の對岸便要の地に分村したと見るのが適當である。
神階帳にいなしりの明神とあるは、時代下って後川に沿うて名づけたやうである。隨って、巨鯛島の陰に
泊舟に便なる場所があったので、やはり渡海漁業を神德として、船寄大明神の名を負ひ、後三嶋神族に統
一されて總社に招祭されたのであらうといふ結論になる。尚ほ當社には下之神社にある古面を縮寫したも
のを藏して居る。又天正己卯＝七年の上葺棟札に、江奈村五十一戶內寺院もあるの名と、出金高及び決算が記錄
してあるのは、珍しい資料である。本社は船伊勢又船藏などといった事もある
巨鯛島は本社の舊地と傳へ、今辨才天を祭り、嚴島神社無格社として居る。慶長十六年の札がある

静岡縣『旧版　静岡縣史』第二卷・１５〜１６頁（名著出版刊）
　云々又賀茂郡松崎町下之神社に、建暦元年少將實朝の出したといふ鰹船の文書がある。これは「仁科庄松

崎下宮〇宮の誤鰹船・二艘者石火宮供菜」の二行と、袖判〇北條時政だけが問題となるもので、免除云云以下は他紙を糊接し、更に差出人の名を削除して少將實朝花押を書加へたのである。是によって今も式社擬當に議論ある同社が、既に鎌倉時代から松崎下宮と稱せられてゐたものと判定されるけれども、石火宮が同社であるか、又は同社中に祭られてゐたか、或は下宮の鰹船二艘は石火宮式内石火神社の供菜を辨ぜしめるを條件として、置くことを許したものか未だ判らない。

静岡縣『旧版　静岡縣史』第三巻・７１１～７２５頁（名著出版刊）
【賀茂郡四十六座大四座小卌二座】
云々
【田方郡二十四座大一座小廿三座】
云々
【那賀郡廿二座並小】
云々
（伊那下神社）伊那上神社の條参照。
　「那賀金指文書」の慶長五年及び同九年松崎上下宮社領書出シにより、伊那上神社と近接せる關係を想像し得る。（那賀川の上下により神社の上下は定められたのであらう。）原所在は賀茂郡松崎町松崎か。現在社は同所字宮ノ前の下之神社か（第十一章第一節参照）。一説に松崎町江奈の舟寄神社ともいふ。
云々

静岡県『旧版　静岡縣史』第三巻・９６３頁（名著出版刊）
（下之神社）賀茂郡松崎町松崎
　下之神社に現存する神像は総て十二体許あるが、就中高二尺三寸、衣冠、長髻の像は彫刻甚だ力強く平安時代中期の製作と察せられる（図版八参照）

静岡県郷土研究協会『静岡県神社志』第三篇（日本仏書センター刊）
郷社　伊那下神社
　　　　賀茂郡松崎町宮原字牛原山鎮座
云々
　祭神　四座　彦火火出見尊（石火宮祭神産業守護）　住吉三社神（唐大明神祭神唐大明神航海守護）
　例祭日　十一月二、三日
　由緒　本社は社地を始め相当の古社であるが古来下神社と称して、延喜式の何社に相当するかず未だに定まらない、或は石火の神社に擬せられ、或は仲大歳神社に比定せられ、或は江奈の船寄明神とせられ、或は寧ろ伊那上神社ならんとの説も出で、又は松崎下神社といふなど諸説紛々たるが今は伊那下神社と称して居る。社伝には社号の起因を建暦元年の文書に仁科荘松崎とあるに取りて、仁科は西伊那の約にていなは新羅の帰化人造船術に巧なる猪名部一族が来たりて船舶の建造に従いしを以て、その聚落をいなというが、いなと変じ港湾をいな湾と呼び、その湾の下方にあたる当社を伊那下神社と称したという。慶長五年彦坂久兵衛の神領付には、松崎上宮領十五石、下宮五石分を規定した。慶長十三年大久保長安は、上宮を仲神社に当て、その翌十四年に下宮には松崎大明神と銘した上宮と同型の灯籠（伊那上神社宝物の部参照）を奉納して、両宮対等の待遇をなして居る。然るに正徳二年には上宮は既に伊那上宮と称したるも、その前年下宮は単に唐大明神と称して遷宮を行えるのみならず、その二十六年後の元文二年にも、なお同名を襲用して居る。寛政年代に至りて豆州志稿が公にせられ又江川坦庵が「伊那下」の額を奉った頃より伊那下神社と称するに至ったであろう。古代御鎮座の年代は不詳なれども唐大明神と称するにつきては、神功皇后新羅御征討の時、彼国人皇后の御船を守護し奉りて、長門豊浦に留り、後此の地に来りて住吉三神を鎮座するが為であるといい、或は又海幸の多き地方より考えて、吉田家は彦火火出見尊なりと称し、或は彦火火出見尊と称し、之に住吉三神を並べて両輿明神と称したなど諸説一定せず、そはともあれ、夙に源頼朝始め武家の崇敬も厚く、種々の寄進があった。神鏡二面の存在（宝物の部参照）及当社に南豆第一といわれる大神像を蔵するなど、旧社なることが知られる、今漁船三艘の黒印を有す。（南豆神祇誌に拠る）明治六年九月村社に列し、昭和五年八月五日郷社に昇格し、又昭和五年十月二日神饌幣帛料供進社に指定せられた。
云々

井田神社

『特選神名牒』３３０頁
井田神社
　　祭神
　　祭日　九月九日
　　社格　村社
　　所在　井田村今屬君澤郡（田方郡戸田村大字井田）
　　　今按豆州志に井田神社今池明神と稱す村老云此處村の始にして此祠最古しと又大古久明神永祿十三年慶長十二年の上梁文に云井田庄七筒鎭守井田明神と今は村の土神と爲と見えたり式社攷證に云池明神を式内と思はれたるは村老の說を信じて謬りたる也大古久明神は上梁文にも井田明神と有るは更也今に井田明神と唱來れば井田神社なること論を俟ず社傍に井立山妙田寺と云有は必古へ井田神社の別當寺なるべし云る實に由あり故今之に從ふ

度會延經『神名帳考證』（『神祇全書』第一輯）
〇井田神社　河内國田坐神社　三代實錄、作田井神、井田亦同神、稲靈乎、但馬國有同名、

伴信友『神名帳考證』（『伴信友全集』第一）
井田神社
〇河内國田坐神社［三實］作田井神井田亦同神乎［和鈔］井田［志］君澤郡井田村ニ坐ス池明神ト云フ

伴信友『神名帳考』（『神道大系』古典註釋編七・延喜式神名帳註釋）
井田神社
〇河内國田坐神社、〇三代實錄、作田井神、井田亦同神歟、〇和名抄、井田、△志ニ、君澤郡井田村ニ坐、池明神トテフ、
　1（頭註）未圖云、井田村、君澤郡、

鈴鹿連胤『神社覈錄』（井上賴圀・佐伯有義校訂『神社覈錄』下編）
井田神社
　　井田は爲太と訓べし、和名鈔、郷名部井田、〇祭神詳ならず〇君澤郡井田村に在す、今池明神と稱す、例祭
　　　類社
　　伊賀國伊賀郡猪田神社
　　　　神位
　　國内神階記云、從四位上ゐたの明神、

栗田寬『神祇志料』第十二卷
井田神社、今君澤郡井田村にあり、井田明神と云ふ。凡九月九日祭を行ふ。豆州志、足柄縣式社取調帳〇永祿十三年の棟札に、井田庄七筒村鎭守井田明神とある證とすべし。

『大日本史』［九］・志一・卷二百五十五
井田神社、〇今在君澤郡井田村、稱井田明神、永祿中棟札曰井田荘七村鎭守井田明神、神明帳爲從四位上、

『大日本史』［十一］・志三・卷二百九十三
井田、今井田村、在郡西北、豆州志云、本郷屬村九、其字久須、安良里、田子三村材木部、餘入君澤郡、井田社在焉、延喜式後曰井田荘、關白道家荘園處分記有宇久須社、延喜式有大楠地、岩松文書〇今字久須村、按足利氏時、稱字久須郡、有眞城山、豆州志〇連天城達磨二山

竹村茂雄『伊豆國式社考』（『神祇全書』第四輯）
井田神社　井田村、志神階帳ゐたの明神、又三津村氣多明神、元祿元年の棟札に、豆州名家郡三津濱氣多大明神とあり、名家郡はなか郡とよみ、氣多大明神はいた大明神とよむなるべし、假字のたがへるは、此ころの筆者のつねなり、是をみれば此邊那賀郡にて、井田の鄉なること疑なし、

萩原正平『伊豆國式社攷略』（静岡県立中央図書館所蔵）
井田神社
　君澤郡井田村鎭座ゐたの明神神階舊稱大古久明神社是なり國政證註進特選今云ふ當社地に接近して井立妙田寺あり讀經の聲は朝に社殿尓響き唱題の皷は夕尓神域を動もす他社尓も往々見る所なり登雖未此の如きは非ず褻黷も亦甚し登謂ひつべき哉

萩原正平・萩原正夫『增訂豆州志稿』卷之一・郡鄕（長倉書店刊）
〇井田［增］延喜式井田神社神名帳ゐたの明神〇井田村ヨリ田子ニ至ル九村井田郷ナリ此郷ノ内小下田ニ至ル六村君澤郡ニ入リ宇久須、阿良里、田子ノ三村那賀郡ニ隷ス是ヲ以テ井田ノ郷ハ二郡ニ亘ル（［增］竹村茂雄考馬込村ヨリ井田マデト云レト其因據アルヲ知ラズ恐ラクハ臆測ナルベシ。）

萩原正平・萩原正夫『增訂豆州志稿』卷之二上・町村一（長倉書店刊）
〇井田村（［增］東修善寺村四里南戸田村一里十町北江梨村一里三町十九間、）［增］八里貳拾八町［增］和名鈔那賀郡井田郷ヲ載ス延喜式井田神社アリ（神名帳ニゐたの明神ミユ）又建長二年藤原道家處分記ト云モノニ伊豆國井田荘ヲ記ス（マタ井田神社永祿十三年慶甼十二年ノ上梁文ニ井田庄七箇鎭守井田明神トモ見エタリ）〇コノ村ノ始リハ洲江ノ旁ニ六七戸アリシユヱ洲江ト云シヨシ後、郷名ヲ村名トス、井田荘七村ノ元村ナリト云フ此ヨリ諸村東シ山ヲ背シ、西、海ニ向フ故ニ雲見邊迄西浦トニ云フ［增］海苔（東鑑ニ供御甘海苔自伊豆國到來千鎌倉彼ノ國ノ土産也トモ見エタリ）又石材ヲ出ス。
　　〇田額百拾貳石四斗六升三合内（新田五升八合）［增］反別六百五拾町六反四畝貳步内（田六町四反三畝二十三步、畑七町一反四畝六步、林地一町三反三畝二十八步、山林五百三十六町四反九畝二十六步、原野九十九町二十四步、雜種地二反一畝十五步）
　　［增］地價金五千百五拾四圓四拾八錢貳厘［增］地租金百貳拾八圓八拾六錢五厘［增］社四（村一雜三）寺一（日蓮）分

— 357 —

校一[増]戸現住四拾四現在同上[増]口本籍百七拾三（男百三十七、女百三十六）現住同上。

萩原正平・萩原正夫『増訂豆州志稿』巻之八上・式内神社考並神階帳考緒言（長倉書店刊）
〇井田神社[増]神階帳從四位上ゐたの明神[増]君澤郡井田村舊稱大古久明神社也〇今池明神ト稱ス村老云村老云此處村ノ始リニシテ此祠最古シト[増]是ハ村老ノ説ヲ信ジテ謬リタル也

萩原正平・萩原正夫『増訂豆州志稿』巻之八上・神祠一・君澤郡（長倉書店刊）
〇大古久明神（井田村）[増]村社井田神社祭神不詳[増]式内井田神社也（前記）社域ノ形状ト從來井田明神ノ稱アルトニ因テ其式社タルヲ知ル可シ社傍ニ井立山妙田寺アリ〇永祿十三年慶長十二年上梁文曰井田荘七箇鎮守井田明神ト今ハ村ノ土神トス（[増]二百七坪官一）

萩原正平・萩原正夫『増訂豆州志稿』巻之八上・神祠一・君澤郡（長倉書店刊）
池神社（同村下同）[増]古祠ナリト云原書本社ヲ式内井田神社ニ當テタルハ非也（前記）（[増]二百七坪官一）

菅原久高『伊豆國九十二式社祭神記』（『全國神職會々報』第二十二號）
井田神社　田方郡戸田村井田鎮座村社なり井田明神と稱す
　祭神　詳らかならす

吉田東伍『増補大日本地名辞書』第五巻・１０４８頁
戸田　今戸田村と云ふ、達磨山、猿啼山の下にて、一港湾を有す。延喜式、那賀郡部田神社は今も村落の中央に在て、式社の体面を備ふ。諸口明神は、式内国玉命神社なる可し、従来当社を弁天と称す、以て其姫神なるを証す可し、社地御浜と称する岬角に在て、喬松欝蒼たり、応永八年の金皷を懸く、諸口大明神と鐫す。[増訂志稿]
補[戸田]〇[重出]増訂豆州志稿、延喜式井田神社あり、此より以南諸村、東山を辰にし西海に向ふ、故に雲見辺迄西浦と云ふ。〇戸田村、本村は南に領嶺を負ひ、左右に高山を控へ、港は東西十二町南北十二町、船舶四百艘を泊す、海運の便あり。居民農漁及び工商の業を取る。
補[戸田山]〇甲斐国誌、夫木集註に逸見牧或は伊豆とあるは、彼州の西浦戸田の山に、今散馬あり、古は牧場なりしと云ふ、音近き故に混じ誤れるならん、彼はヘタなりヘミには非らず。〇地誌提要、真城山・達磨山共に戸田村に在り。

郘岡良弼『日本地理志料』巻十三・伊豆国那賀郡
井田　訓闕、按當讀云爲多、常陸又有井田郷、井者堰也、堰水以溉田、故名、詳見伊賀猪田郷疏證、」神名式、那賀郡井田神社、今在君澤郡井田村、稱井田明神、永祿中梁牌、曰井田荘七村鎮守神、建長二年關白道家莊園處分記、伊豆國井田上莊、下莊、最勝金剛院領、慶長檢地帳有井田莊、袖珍寳作伊豆郡、豆州志、井田方廢、井田村存、按圖、亘君澤郡井田、戸田、土肥、小土肥、八木澤、小下田、及本郡宇久須、安良里、田子諸邑、其故區也、」祀典所謂部多神社、在戸田村、其山宮祠梁牌、稱厚見郡戸田村、豐御玉命神社、在土肥村、稱土肥明神、其舊記作稻田莊土肥郷、稻宮命神社、亦在此、稱神明、青玉比賣命神社、在小土肥村稱八幡、㫋玉命神社、在八木澤、天和三年梁牌、作井田莊宇賀加郷八木澤村、石倉命神社、在小下田、寳菩提院明應二年文書、宇加賀下田兩郷、即此、宇久須神社、在宇久須村大楠地永祿五年梁牌、作井田莊宇久須郷、多爾夜神社、國玉命神社、俱在安良里、哆胡神社在田子、文龜三年梁牌、題曰大多胡鎮守明神、文祿檢地帳、作田子郷、

静岡県田方郡役所編『静岡県田方郡誌』５０２〜５０３頁（長倉書店刊）
　本郡に於ける古神社の史乘に顯はれたるは、延喜式神名帳と伊豆國神階帳とを其完備せるものとす。前者は平安朝の初期、後者は南北朝時代に現存せる宮社を記載せるものなり。而して此等所載の神社は、引續き現存せるものなりや否や、今日に之を考定するは頗る至難の事に屬す。然れば先進各考説を異にし、甲是乙非にて、必ずしも一定せず、是を以て、此書には伊豆國式社考證の著者故萩原正平氏の説に從ひ之を表示す。
　　云々
　　延喜式神名帳所載社名　　井田神社（那賀）
　　神階帳所載社名　　　　　從四位上ゐたの明神
　　現　在　社　名　　　　　村社 井田神社
　　所　在　地（舊　制）　　君澤郡井田村
　　所　在　地（現　制）　　戸田村井田

足立鍬太郎『南豆神祇誌』３７〜４４頁（静岡縣賀茂郡神職會）
　延喜式巻九に載せた伊豆國神名帳は次の如くである。但所在地は萩原正平著伊豆國式社考略に私考を加へて註記す。
　　　　伊豆國九十二座　大五座小八十七座
　　　　　賀茂郡四十六座　大四座小四十二座
　　　　　　云々
　　　　　田方郡廿四座　大一座小廿三座
　　　　　　云々
　　　　　那賀郡廿二座　並小
　　　　　　云々
　　　　　井田神社　　　　　　　　　　　　　　　田方郡戸田村井田
　　　　　　云々

足立鍬太郎『南豆神祇誌』７５〜７８頁（静岡縣賀茂郡神職會）
　伊豆國神階帳は、群書類從二三に、康永二年辛亥（興國四年）十二月廿五日在廳判の奥書あるものを、在廳伊達某

藏本から寫して収めてある。伊達家に現藏するものは鳥子紙二枚續にて後世の寫本である即ち尾張のより二十年許前のものである。在廳とは、中古國衙の廳にあり、國司の命を奉じて事務を行ふ下司であったが、多くは世職だから其の稱呼を傳へて居たのだ。先づ左に其の全文を掲げよう。
伊豆國神階帳　<small>式社の配當は萩原正平の意見に據る</small>
　　　伊豆國三ケ郡神明帳事
　　　正一位三島大明神
　　　　云々
　　　　那賀郡貳拾四所
　　　　云々
　　　　從四位上ゐたの明神　<small>井田神社</small>
　　　　云々

静岡縣『旧版 静岡縣史』第三巻・７１１〜７２５頁（名著出版刊）
【賀茂郡四十六座<small>大四座小冊二座</small>】
云々
【田方郡二十四座<small>大一座小廿三座</small>】
云々
【那賀郡廿二座並小】
云々
（井田神社）
　　原所在は田方郡戸田村井田。現在社は同所の井田神社か。
云々

静岡県郷土研究協会『静岡県神社志』第三篇（日本仏書センター刊）
村社　井田神社
　　　　田方郡戸田村井田字郷戸鎮座
云々
　　祭神　大己貴命
　　例祭日　九月九日
　　由緒　本社は延喜式神名帳那賀郡井田神社にて、神階帳那賀郡從四位上ゐたの明神に相當すとなす、特選神名牒には往古は大古久明神と称し永禄十三年修造、慶長十二年の上梁文には井田荘七箇鎮守井田明神とて村の産土神である。式社考証には池明神を式内としたるは、村老の説を信じて謬りたる也。井田明神は井田神社なること論をまたず。豆州志稿には「社域の形状と、従来井田明神の称あるとに因りて、その式社たるを知るべし社傍に井立山妙田寺あり往昔当社の別当なるべし」とあるに従うべし、とある。明治六年九月村社に列す。
云々

仲大歳神社

『特選神名牒』３３０～３３１頁
仲大歳神社
　祭神
　祭日
　社格
　所在
　　今按式社考證に豆志に云仲大歳神社在中村海名野今云那賀郡仁科村也亦神明と稱す云々と有ど仲大歳は仲と同所の地名にして必ず仲神社の近邊と聞ゆるに此地仁科村は彼仲神社の地舊說の中村今按の宮內村よりは所謂江奈山を隔て各一區別ある所にて古に仲と云し地內に非ること明瞭なれば適はざる事判然なるに因て考ふるに舊説に伊那下神社と唱へたる賀茂郡松崎村下宮なむ仲大歳神社なるべく思はる此社は豆志に相傳ふ神功皇后新羅を征し給ふ時に彼國人皇后の御船を守護し奉りて長州豊浦に留り後鎭座す故に額に唐大明神と書來れり云々と云るが如く仲神社は舊説に伊那上神社と云ふ宮內村上宮なるべく彼社とは僅に八町許を隔てヽ上宮下宮と唱へ來れるなど縁由有て聞ゆるは更なり此邊に當社より外に舊社と思はるヽは有事無きを以て證とすべしとあるを縣の注進には江奈村の神社と定められたるは疑はし猶よく考べし

度會延經『神名帳考證』（『神祇全書』第一輯）
○仲大歳神社　大歳神　古事記云、速須佐之男命娶大山津見神之女神大市比賣、生子大歳神、

伴信友『神名帳考證』（『伴信友全集』第一）
仲大歳神社
○仲ハ郡名ノ那賀歟[志]當郡中村海名野ニアリ又神明トモ申○信友按仲ハ地名也大歳神大山祇神ノ外孫也廣瀬神社ノ下可考

伴信友『神名帳考』（『神道大系』古典註釋編七・延喜式神名帳頭註）
仲大歳神社
○仲ハ郡名ノ那賀歟、△志ニ、當郡中村海名野ニアリ、又神明トモ申、●信友按ニ、仲ハ地名也、大歳神ハ、大山祇神ノ外孫也、廣瀬神社ノ下、可考合

鈴鹿連胤『神社覈錄』（井上賴囶・佐伯有義校訂『神社覈錄』下編）
仲大歳神社
　仲は前に同じ、大歳は於保登志と訓べし、○祭神大歳神歟○中村海名[カイナ]野に在す、今神明と稱す、志例祭
　　伴信友云、按に、仲は地名也、大歳神は大山祇神の外孫也、廣瀬神社の下考合すべし、

栗田寬『神祇志料』第十二卷
仲大歳神社、今中村海名野にあり、神明といふ。豆州志盖大年神を祭る。此は建速須佐之男命、大山津見神女神大市比賣に娶て生坐る神也。參酌古事記、延喜式、

『大日本史』[九]・志一・卷二百五十五
仲大歳神社、○今在中村海名野、稱神明、祀大年神、古事記、延喜式、○神明帳爲從四位上

竹村茂雄『伊豆國式社考』（『神祇全書』第四輯）
仲大歳神社　中村海名野、志神階帳なかおほとしの明神、

斎田茂先・山本忠英『掛川志稿』伊豆卷（郷土新聞社刊）
仲大歳神社　式社也、峽名野にあり、神階帳には、從四位上なかのおヽとしの明神とあり、今は中村の神明と稱す、慶長五年の棟札云、奉造立伊勢天照大神宮と、本州の人、式社なるは大略神明八幡三島大明神なと稱する也、

德川義直『神祇寶典』卷五・伊豆（『神祇全書』第貳輯）
仲大歳神社
　大歳神也
　仲者地名、即那賀之地、

萩原正平『伊豆國式社攷略』（静岡県立中央図書館所蔵）
仲大歳神社
　賀茂郡松崎村鎭座なかおほとしの明神神階帳今稱下之神社なるべし攷證註進續攷さて此の大歳は地名なるこ登上の仲神社をさへ神階帳尓おほ登しの明神登ある尓て著明し猶攷証尓せるを見るべし附云ふ特選尓伊那上仲仲大歳伊那下四社の説を舛誤られたるは註進本尓支吾ありしより起連るなるべし今は其の原稿誰の正しき尓從ひて記す

萩原正平・萩原正夫『増訂豆州志稿』卷之三上・町村三（長倉書店刊）
○松崎村（[増]東宮内村二町三十三間、西道部村四町二十四間、南岩科村二十一町六間、北江奈村十町十三間）[増]拾八里拾六町壹間（[増]六里十一町）[増]建曆元年ノ文書、仁科荘松崎、永正十五年文書松崎ト見ユ（北條五代記、伊豆國松崎、西奈、多子、あられノ湊、云々延寶六年ノ檢地帳、加茂郡松崎村ト○東宮内村ニ按スル町ア宮内ト云今妙地ニ作ル古ハ宮内ト同村ニシテ松崎ハ嶋ノ名ナルカ外ニ中町濱町アリテ道部ニ按ス人家願ル齊整諸方ニ通用宜シ、[増]本村下ノ神社ハ式内仲大歳神社ニシテ頗ル舊祠ナリ（式社攷證）此所下田二次テ繁昌ノ地ナリ川湊アリテ往來ノ船潮繋リ夏秋鰹節ヲ製シテ、江都へ送ル上品ノ名アリ、（伊豆日記）村ハ西部中央ノ里落ニシテ、東南諸村アリ西北港灣アリ故ニ産業饒カニ海運便ナリ、居民農商及漁獵ニ從事スト、物産、畳表、鰹節）
　　○田額百貳拾五石三斗四合（内新田八斗三升三合舊淨泉寺額十石二斗）[増]反別三拾町七畝六歩内（田六町七反六畝五歩、畑六町四十二歩、宅地六町一

反三畝九歩、山林十一町三畝歩、原野三畝十七歩、池沼七畝三歩)[増]地價金七千四百五拾圓七拾三錢四厘[増]地租金百八拾六圓貳拾七錢壹厘[増]社一(村)寺三(眞一禪淨土一日蓮一)戸長役場(字明地町ニ在リ本村ノ外宮内、南郷、明伏、小杉原五ケ村ヲ管ス)浦役場(字同上)警察分署一(字中町ニ在リ)郵便局一(兼貯金預)治安裁判出張所一(字明地町ニ在)[増]小學校一(同上)松崎銀行■■■■■■[増]戸現住貳百拾四現在貳百貳拾貳[増]口本籍千貳百貳拾貳(男五百四十八、女五百七十四)現住千七拾七(男五百二十六、女五百五十一)

萩原正平・萩原正夫『増訂豆州志稿』巻之八上・式内神社考並神階帳考緒言（長倉書店刊）
〇仲大歳神社[増]神階從四位上なかおほとしの明神[増]賀茂郡松崎村下之神社ナル可シ〇在那賀郡中村海名野神明ト稱ス[増]此説非也

萩原正平・萩原正夫『増訂豆州志稿』巻之九上・神祠三・賀茂郡（長倉書店刊）
〇伊那下神社(松崎村)[増]村社下之神社祭神不詳[増]式内仲大歳神社ナル可シ(前記)按ズルニ式内仲神社、仲大歳神社ハ共ニ地名ヲ以テ社號ニ命ジタルニテ同地鎮座ナラム而テ仲神社ハ當社ヲ距ル数町宮内村ノ地ニアリテ從來上之神社ト稱シ當社ヲ下之神社ト稱シ來レルノミナラズ上之神社ヲ神階帳ニハおほとしの明神ト記セルニテ宮内ノ地亦大歳ノ稱アリシヲ知ルニ足リ(隣里岩科村ニモ大歳ノ稱存スレバ廣ク稱ヘシ地名可シ)當社ノ仲大歳神社タル疑フ可クモ非ズ(仲ノ稱ハ地名ナル事上之神社ノ條ニ云ルガ如シ)又當社ヲ大唐明神トモ稱ス大唐ハ大歳ノ轉訛ナラム舊説式内伊那下神社ニ當テタルハ下之神社ノ稱呼ヨリ謬リタル也(下之神社ハ上之神社ニ對呼セシ也)又一説ニ式内伊志夫神社ニ當テタルハ當社ニ石火宮寶印ト刻シタル午王、石火宮ト書シタル建暦元年文書(石部村伊志夫神社ノ條参看)等ヲ蔵スルヨリ誤解セシ也(〇相傳フ神功皇后新羅ヲ征シ給ヒシ時依賴八皇后ノ御船ヲ守護シ奉リテ長州豊浦ニ留リ後此ニ鎮座スルニ唐ノ大明神ト書キ來レリトマタ一説ニ伊那上ノ兩神男ト並ビ祭ルヨリ兩奥ト云ト是レ俗セノ説也)〇祠内ニ鏡十二面劍一口、建暦、永正、天文ノ文書ヲ蔵ム[増]永正十五年文書ニ松崎下之宮之船之事勤前ニリヤウシノ事任先寄之旨爲扶持者也仍如件トアリ天文八年文書略同之又祠内ニ古木像ヲ蔵ム）社域ノ銀杏、樹黄葉十餘里ニ見ユ（社領宮内村上之宮ノ條ニ記ス神主森氏)〇末社四（天神、辨天、津島、金比羅、[増]三百六十三坪官一)

萩原正平・萩原正夫『増訂豆州志稿』巻之九下・神祠四・那賀郡（長倉書店刊）
〇神明(中村)[増]村社神明神社祭神不詳[増]原書式内仲大歳神社ニ當テタルハ中村ノ稱ニ據リタルナレド此地往昔佐波郷内ニシテ後分村ノ時濱村、一色村、ノ中間ニ介スルヨリ中村ト稱セシニテ固ヨリ舊稱ニ非ズ謬ナル事必セリ(前記、仲大歳神社ノ事賀茂郡松崎村下之神社ノ條参看)〇長禄三年棟札神名難分（[増]此礼ニ本願須田對馬頭ト記ス又慶長五年札ニ本願須田圖書之助經營トアリ)〇末社二（山神稲荷[増]二百十三民一)

菅原久高『伊豆國九十二式社祭神記』（『全國神職會々報』第二十二號）
仲大歳神社　賀茂郡松崎村松崎鎮座村社下之神社なり神明と稱す
　　祭神　大年神

吉田東伍『増補大日本地名辞書』第五巻・１０６６頁
松崎　今松崎村と云ふ、仁科の南にして中川の谷を東にし海湾を西にす、西浦に於て第一の大邑とす、下田の西北　六里、今宮内、江奈等を併入す。
　　増訂志稿云、松崎、宮内は昔一村にして、松崎とは崎岬の名なるべし、今人家頗斉整し、諸方に通路宜し、鎮座は延喜式の仲大歳神社にして、一郡の旧祠とす、今も下田に次で繁昌の地なり、小港ありて往来の船も潮繋りす、夏秋鰹節を製して江都へ送る、上品の名あり、宮内の称は仲神社鎮座より起れるならん、当社の事は伊豆日記に「上古は国府三島社に次ぐ大社なりしが、天正慶長両度の回祿に、本社末社皆焼失す、遂に小社となる、社領高二十石存す」云々。

邨岡良弼『日本地理志料』巻十三・伊豆国那賀郡
那賀　訓義見上、按那賀郡司治于此、郡名因起、神名式、那賀郡仲神社、今在郡之中村、稱高嶺明神、仲御歳神社、在賀茂郡松崎村、稱下明神、二村相鄰、慶長三年檢地帳、西浦那賀郷内中村、建久寺村、吉田村、秋山氏云、松崎、宮内、伏倉、南郷、明伏、小杉原六邑、古屬本郷、見伊那上神社流記、今轉入賀茂郡、豆州志云、那賀郷廢、中村存、盖亙建久寺、吉田、櫻田、船田、峯輪、大澤、門野、大澤里、仁科、杉坂、濱、江奈諸邑、其故地也、」祀典所謂箕句神社、在峰輪村、伊那上神社、在宮内村、伊那下神社在松埼村、佐波神社在濱村、布刀主若玉命神社在濱村、」東鑑治承四年條、有中村太郎景平、同次郎盛平、盖本郷人、荒神祠應永八年神像識、仁科荘門野村、嘉吉三年梁牌識、小田原分限帳同、北條五代記作西奈、伊豆日記、吉田有吉田寺、尼將軍建之、以祈賴家冥福、

賀茂郡役所編『静岡県南豆風土誌』２９３～２９６頁（長倉書店刊）
云々、今賀茂郡四十六座の内より海島鎮座二十四座を減じ、又那賀郡二十二座の内より土肥以北井田に至る八座を除く時は、今日の賀茂郡は正に三十六座の式内社を算すべきなり。然れども伊豆三島神社は、上古鎮座の本域、賀茂郡三島和名抄所載郡名、即海島の總称にして、其の本島は今の三宅島なり。なりしが、中世同郡大社郷和名抄載。今の白濱村伊古奈比咩命神社の地なり。に遷座し、後又今の田方郡三島町に遷祀せられたりと云ふ(伊豆国式社攷略)を以て、更に大神の一座を除きて、茲に三十五座を得と謂ふべし。今左に増訂豆州志稿卷八上によりて之を擧げむ。同書に云はく、式内社を記すに「也」といふは疑ひなきもの、「なるべし」といふは略證蹟あるもの、「ならんヿ」といふは、信疑相半するものに用ふと。
　　云々
　　仲大歳神社　賀茂郡松崎村(今松崎町)下之神社なるべし。

賀茂郡役所編『静岡県南豆風土誌』６８２頁・松崎町（長倉書店刊）
伊那下神社　松崎－村社－祭神、彦火火出見尊〇式内伊那下神社なるべしと云ふ。祠内に鏡十二面・劍一口・建暦永正天文の文書を蔵す。又神境に公孫樹あり。雌木二丈餘・雄木一丈五尺。黄葉遠望すべし。
　　廣前の大木をみてもみつかきの久しとは知る伊那のみやしろ　　海　上　嵐　平

賀茂郡役所編『静岡県南豆風土誌』６９１頁・仁科村（長倉書店刊）
神明神社　中一村社－祭神、天照大神〇本社を式内仲大歳神社に當てたるは誤なり。

足立鍬太郎『南豆神祇誌』３７〜４４頁（静岡縣賀茂郡神職會）
　延喜式卷九に載せた伊豆國神名帳は次の如くである。但所在地は萩原正平著伊豆國式社考略に私考を加へて註記す。
　　　　伊豆國九十二座　　大五座小八十七座
　　　　　賀茂郡四十六座　　大四座小四十二座
　　　　　　云々
　　　　　田方郡廿四座　　大一座小廿三座
　　　　　　云々
　　　　　那賀郡廿二座　　並小
　　　　　　云々
　　　　　　仲大歳神社　　　　　　　　　　　　　　　　　中川村那賀？（私見）
　　　　　　云々

足立鍬太郎『南豆神祇誌』５３〜５５頁（静岡縣賀茂郡神職會）
　次に氏族神を擧げると、式田方郡における玉作水神社今沼津市は玉作部の齋く神である。楊原神社今仝上が特殊の待遇を受けて明神大に列したのは、大岡牧？兵部式駿河國岡野馬牧があるに關係せし（恐らくは外來）大氏族の氏神であったからではあるまいか。そしてそれが、近く發見された大岡村の廢寺や、所謂牧長者と因縁があると考へられる。彼の遠江藤原郡初倉村の式名神大敬滿神社が竹林寺と稱する廢寺と共に、大井川渡船や白羽牧主税式遠江白羽官牧馬直四千四百六十束に關係したと考へられる秦氏族に對する狀態と同じくあるまいか。又今賀茂郡松崎町下之神社と稱するは、舊石火那賀兩郷の接する處にあって、式社の擬當に紛糾ある古社であるが、私は、其の所藏の神像や、私等の發見した二面の神鏡（一面には古風なる綾を有する冠を著けた神像の毛彫があり一面には墨書の願文がある）や、唐大明神と稱する事等から遡り考へ、又附近に櫻田といふ地名、森・高橋・松本などいふ舊家の存するを參照して、やはり其地に居住した秦氏の氏神であらうと考へ試みた。（田方郡中郷村松本にある高橋神社も亦然らん）尚石火といふは燧石から火を取ることを知った民族によって開かれた郷ではあるまいか。そしてそれ等外來？種族が、那賀岩科兩川の注ぐ江奈灣の要地を占め、沼津や初倉の如く船税を收めて相應の富をなし、漸次灣の頭尾に分れて繁殖するに隨って、氏神も二所に勸請することになったから、其の地勢高く郡家に近き本宮が伊那上神社（唐大明神）となり、遠き海寄の方が伊那下神社（船寄大明神）となり、以て仲神社現在の郷社伊那上神社は式仲神社たる證據がある（三嶋大明神）と鼎立したのであらう。式仲大歳神社は今の中川村社那賀神社に擬當すべきである。

足立鍬太郎『南豆神祇誌』７５〜７９頁（静岡縣賀茂郡神職會）
　伊豆國神階帳は、群書類從二三に、康永二年辛亥（興國四年）十二月廿五日在廳判の奧書あるものを、在廳伊達某藏本から寫して收めてある。伊達家に現藏するものは鳥子紙二枚續にて後世の寫本である即ち尾張のより二十年許前のものである。在廳とは、中古國衙の廳にあり、國司の命を奉じて事務を行ふ下司であったが、多くは世職だから其の稱呼を傳へて居るのだ。先づ左に其の全文を掲げよう。
伊豆國神階帳　式社の配當は萩原正平の意見に據る
　　伊豆國三ケ郡神明帳事
　　正一位三島大明神
　　　云々
　　　那賀郡貳拾四所
　　　云々
　　　從四位上なかおゝとしの明神　　仲大歳神社
　　　云々

足立鍬太郎『南豆神祇誌』２１６〜２１７頁（静岡縣賀茂郡神職會）
　　　　第三十三章　中川村
仲神社
　所在　那賀字宮ノ脇
　祭神　中高彦根命
　創立　文祿二年　　（棟札）
　社格　村社　式内　（高嶺大明神）
　境内　二一九坪　　民一
　一社兩扉、即ち一方には天神を配祀して居る。萩原正平は、秋山章が式仲神社とするに同意せずして、伊那上神社に擬當して居るけれども、此地は伊那にあらざるを以て、牽強の感あるを免れない。恐らくは仲大歳神社であらう。

足立鍬太郎『南豆神祇誌』２１９〜２２９頁（静岡縣賀茂郡神職會）
　　　　第三十四章　松崎町
云々
下之神社
　所在　松崎字宮原
　祭神　彦火々出見尊
　創立　不詳
　社格　村社　式内？（唐大明神）　供進
　境内　三六三坪　　官一
　社地は舊石火郷に接續して、後に牛原山を負ひ、左に岩科川を帶び、右に那賀川を迎へ、前に松崎港を擁して駿河灣に臨み、形勢眞に森嚴雄大である。社頭に雌雄の老公孫樹があって、氣根を無數に垂れ、樹邊を逝く御手洗川のせゝらぎは、暫しも奏樂の響を絶たない。若し秋風黃雲を梢頭に漲らせる時は、遠く駿河路を往來する旅人をして歩を停めしめるといふ。誰か其の神さびたる古社に崇敬の情を捧げないであら

う。然るを此社が延喜式の何社に該當するかが未だ定らず、空しく下之神社といふ通稱を冠せざるを得ないのは、抑々何の爲であらう。曾っては、所藏の文書や寶印を資料として、式伊志夫神社と認められんとしたこともある。又萩原正平には仲大歲神社に擬せられたこともある。されど神職氏子等は秋山章の説を守りて、伊那下神社たらんことを固執した爲に、神籍を船寄神社と爭ふこととなって、かく解決を得るに至らないと聞く。實に遺憾といふべきである。前にも述べたやうに、慶長五年彦坂九兵衞の神領附には、松崎上宮三嶋大明神領の内に下宮唐大明神渡分を規定して、名は相對的に、實は統屬的にしてあるけれども、同十三年大久保長安は上宮を仲神社に擬當し、其翌十四年下宮には、松崎大明神と銘した上宮同型の燈籠を奉納して、對等的の待遇を與へて居る。然るに正德二年上宮は既に伊那上宮と稱しても、其の前年下宮は單に唐大明神と稱して遷宮をして居るのみならず、二十六年後の元文二年にも、猶ほ同名を襲用して居る、是は當時の神守森氏を配下と見た金指家の威壓によったのか、抑々また他に伊那下と公稱するを得ざる理由があったかわからぬが、其のこれを公表するを得るに至ったのは、恐らくは寛政元年に入って秋山章が豆州志稿を公にし、又近く江川坦庵が伊那下の額を書いてからであらう。又唐大明神と稱するにつきても、神功皇后新羅を征し給ひし時に、彼國人皇后の御船を守護し奉りて長門豐浦に留り、後此に鎮座するが爲といひ、或は之より住吉三神といひ、又海幸より考へて吉田家は彦火々出見尊と稱し、或は彦火々出見尊を石火宮と稱し、之に住吉三神を並べて兩輿明神と呼ぶともいひ、衆説紛々たれども、要するに渡海漁業を守護する神にして、上宮三嶋大明神とは系統を異にすること明かである。然るに大正八年私は參拝のついでに、社殿より萩薄蝶鳥鏡藤原後期と松藤雙鶴鏡鎌倉前期との小・大の二鏡を發見し、和鏡研究の權威廣瀬都巽を煩して之を鑑査させた結果、甲の表面には極めて古風な卷纓把笏の毛彫神像が現れ、乙の表面には墨書の願文所々消えて讀下し難いが發見された。元來當社に南豆で第一といはれる大神像を藏して居るから、之を鏡面の彫像と比較し、且つ附近に櫻田といふ地名や森神職高橋松本等の諸氏のあること石火鄉が外來民族と關係があらうとの考等から、遠江大井河畔初倉に敬滿神社を祭った秦氏の一族、富士河邊より出た大生部多の行動を怒って之を打懲した爲に、神と呼ばれた秦河勝等に推及して、所謂唐大明神は江奈灣頭に水路の要衝を占めた秦氏が、氏神として祖先功滿王秦始皇帝四世孫を祭ったのであらうという結論に到達した。沼津附近にも秦氏の族が居住したではあるまいか依って之を上宮に比較するに、よしや鎮座の地勢から上下と稱へても、内容には毫も緣故がないから、私は三島大明神を式仲神社とする以上は唐大明神を以て、江奈灣頭地勢高く、且つ郡家に近くして本宮と考へられる方より式伊那上神社に擬當すべきものと思ふ。尚船寄神社の條下に其論を繼ぐであらう。
本社には前述の二鏡の外に、七寶繋紋白銅鏡安土桃山時代がある。七寶繋は當社の神紋であるが、或は樂官たる秦氏補福の紋様より出でたのであらう。古作の舞樂面が一對ある。又所藏の古文書に鰹船免許狀がある。但し

　　　　　　（袖判）
　　仁科庄松崎下宮鰹船
　　貳艘者爲石火宮供菜

といふ丈が價値あらうといふ部分で、以下は後人の補筆貼附したものである。袖判は北條時政に似たれど、果して當時既に松崎に上下宮の稱ありしか、又下宮の鰹船から、石火宮の供菜料を辨ぜしめて、其の漁獵を免許するの意か、或は石火宮と稱するものが下宮の内に存在したか、是等の點を研究するにあらざれば確定し難いと考へる。供菜船の事につきては、他に比較すべき文書がある。但し鰹船は事實後世までであったといふことである。次に唐大明神に由緒ある北條氏船番匠文書と稱するものは、弘治元年乙卯三月十三日、北條氏が松崎船番匠彌五郎に下した、番匠奉公の規定及び棟別の免許、屋敷の保證に關した朱印で、題して「船番匠可被召仕樣躰」とあって、毫も神社關係のものではない。今松崎町松田六次郎氏の所藏である。

足立鍬太郎『南豆神祇誌』２３１〜２３４頁（靜岡縣賀茂郡神職會）
　　　　第三十五章　仁科村
云々
神明神社
　　所在　中字海名野
　　祭神　天照皇太神
　　創立　慶長五年　（棟札）
　　社格　村社
　　境内　二一三坪　民一
　慶長五年二月十一日の棟札は誤って長慶此例遠江榛原郡初倉村敬滿神社の棟札にもあると記したから、後の神職が推當に長祿と考へ、それに五年なきを以て元年と變へた。然るに長祿は康正三年九月廿八日の改元であるから、二月に溯るべき筈がない。又秋山章は本社を以て式仲大歲神社に當てたれど、當時仁科村だに未だ那賀鄉から獨立はして居なかったのであらうから、況んや濱と一色との中間なる中村をやである。記錄に據れば、中村の本鄉より分離して獨立したのは寛文中である。

靜岡縣『旧版 靜岡縣史』第二卷・１５〜１６頁（名著出版刊）
　云々又賀茂郡松崎町下之神社に建曆元年少將實朝の出したといふ鰹船の文書がある。これは「仁科庄松崎下宮○官の誤鰹船・貳艘者石火宮供菜」の二行と、袖判○北條時政だけが問題となるもので、免除云々以下は他紙を糊接し、更に差出人の名を削除して少將實朝花押を書加へたのである。是によって今も指揮者擬當に議論ある同社が、既に鎌倉時代から松崎下宮と稱せられてゐたものと判定されるけれども、石火宮が同社であるか、又は同社中に祭られてゐたか、或は下宮の鰹船二艘は石火宮式内石火神社の供菜を辨ぜしめるを條件として、置くことを許したものか未だ判らない。

靜岡縣『旧版 靜岡縣史』第三卷・７１１〜７２６頁（名著出版刊）
【賀茂郡四十六座大四座小冊二座】
云々
【田方郡二十四座大一座小廿三座】
云々

（仲大歳神社）
　原祭神は大歳神か。原所在は仲神社と關聯してその附近に考ふべきであらう。一説に松崎町松崎の下之神社ともいふ。

宇久須神社

『特選神名牒』３３１頁
宇久須神社 稱三島明神
　　祭神
　　祭日　九月十五日
　　社格　村社
　　所在　宇久須村（賀茂郡宇久須村大字宇久須）（明細帳になし）

度會延經『神名帳考證』（『神祇全書』第一輯）
○宇久須神社　船靈也　日本紀云、素戔嗚尊稱日、橡樟可以爲浮寶、按宇浮也、久須橡樟也、船靈、

伴信友『神名帳考證』（『伴信友全集』第一）
宇久須神社
［神代紀］素戔烏尊稱曰橡樟可以浮寶［志］宇久須村大楠ト云處ニアリ社域ヲ別所トフ永祿五年ノ棟札ニ井田荘宇久須郷熊野三所大權現云々トアリ

伴信友『神名帳考』（『神道大系』古典註釋編七・延喜式神名帳註釋）
宇久須神社
○神代紀、素戔嗚尊曰、橡樟、可以浮寶、△志ニ、宇久須村大楠ト云處ニアリ、社域ヲ別取トフ、永祿五年ノ棟札ニ、井田荘宇久須郷熊野三取大權現云云トアリ、
　1（頭註）水圖云、ウクス村、

鈴鹿連胤『神社覈録』（井上頼翌・佐伯有義校訂『神社覈録』下編）
宇久須神社
　宇久須は假字也○祭神詳ならず○宇久須村大楠に在す、今熊野權現と稱す、圖圖、志、例祭
　　伊豆志に、社域ヲ別所トフ、永祿五年ノ棟札ニ、井田庄宇久須郷熊野三所大權現云々トアリ、と云り、
　神位
　國内神階記云、從四位上宇久須の明神、

栗田寛『神祇志料』第十二巻
宇久須神社、今井田庄宇久須郷宇久須村にあり、三島明神と云ふ。九月十五日祭を行ふ。豆州志、伊豆式社考證、足柄縣式社取調帳、

『大日本史』［九］・志一・巻二百五十五
宇久須神社、○今在宇久須村、曰三島明神、社傍有地、呼曰大楠、傳云、古有大楠樹、圍數丈、宇久須大楠、音訓相近、神明帳爲從四位上、

『大日本史』［十一］・志三・巻二百九十三
井田、○今井田村、在豆西北、豆州志云、本郷屬村九、其宇久須、安良里、田子三村林本郡、餘入君澤郡、井田社在焉、延喜式後曰井田荘、關白道家荘園處分記有宇久須社、延喜式有大楠地、岩松文書○今宇久須村、按足利氏時、稱宇久須郷、有眞城山、豆州志○連天城達磨二山

竹村茂雄『伊豆國式社考』（『神祇全書』第四輯）
宇久須神社　宇久須村、志三島神社の末社に大楠小楠社あり、神階帳うくすの明神、

斎田茂先・山本忠英『掛川誌稿』伊豆巻（郷土新聞社刊）
宇久須村
小下田と荒里の間に在り、東に大山を負ひ、西は海に臨て、東西凡一里半余、南北一里余、東の方山間に至ては次第に狭し、大久須南、上月原其下、下月原其下、浜西浜、海柴浜ノ南海浜神田北、大久保其下、深田浜ノ北、等の七組あり、其内大楠は村の始りと云、蓋式内宇久須神社あるに因て村名とす、宇久須は即大久須なり、其初大楠樹ありしより社の名とせしなるへし、此村より西の方君沢郡江梨辺まて古の井田郷なり、又今は南の方加茂郡伊浜の辺まて西浦と称す、宇久須に大村なる故に、宇久須郷大久保村なと称する也、文禄三年の検地免定豆州西浦久須郷と題せり、中古上州の岩松氏此村を領すること久し、弘安元年岩松遠江守経兼其子太郎政経に譲る書に云、右件々先祖相伝之所領也、又一通云、伊豆国宇具須郷佐野常陸介跡事、所領置也者、守先例可沙汰之状如件、　貞治元年十二月廿二日、新田治部少輔殿基氏、又一通、岩松右京大夫本領所之注文と題し、諸村を載する内にあり、尾に応永十一年四月七日と記せり、

斎田茂先・山本忠英『掛川誌稿』伊豆巻（郷土新聞社刊）
宇久須神社　大楠にあり、熊野三社を祀る、鏡を神體とす、中観音、左阿弥陀右薬師、永禄五年の棟札云、豆州井田庄宇久須郷熊野三所大權現地頭富永弥四郎康景祢宜太郎大夫秀康、此社田植祭に、若王山宝印と刻せる木印を水口牛玉と称し赤土をすりて村人の額に押して云殃をさけ、福を招くと、康永二年に記する伊豆国神階帳に、從四位上宇久須の明神とあるは此社神にして、延喜式の宇久須神社は此所なるへし、今社辺を別所と呼ふ、按に他州に別所と云所は、神明祠ある村の傍などにありて、祢宜社人等が墳墓の地なり、此大楠社の辺は、他州の別所と異なり、又上月原の田間に石の小祠あり、熊野権現の旧地と云、大楠社の外、熊野権現を祀りたる祠なけれは、此大楠社の旧地と見えたり、因て考に宮原の三島明神を、中古式社とせしこともありと云へは、夫より以前に大楠社は此地に移て、宮原の三島のみ盛に祭りし故に、大楠を別所と称せしなるへし、然に此を大楠とに呼へとも、古き楠樹なともあることなく、又末社も山神只一座あれは、甚寂寥しき所也、祢宜山本氏
山神　大楠社の傍にあり小祠也、
三島大明神　宮カ原にあり、社地長五十歩許、幅十五六歩、慶長三年の棟札云、伊豆州井田荘宇久須郷鎮守三島大明神、本願服部大藏卿秀定、浅香三郎左衛門時、代官彦坂九兵衛手代一河六郎左衛門、名主鈴木和泉守

景秀、金皷二面あり、銘云、奉寄進豆州宇久須三島大明神御宝前、応永廿七年四月廿三日、願主柴巣秋永謹置之、奉懸瀬大明神鰐口、豆州仁科荘大檀那小浦次郎右衛門敬白、嘉吉二年壬戌三月十五日嘉吉の方は他所の者なるへし中心朽たる古楠一株七抱余なるあり、此外社地に楠多し、社司云、此社は延喜元年勧請す、土人云、中古此社を式社と称せしと、豆州志稿には、宮原三島明神は一村の大祠にして且古し、今土神とす、以て式社とすへきに似たり、然れども社司延喜元年勧請すと云ひ、且大楠は村名の起りたる処、最古とすへしと云へり、此社の大楠樹は実に千年外の古木と見ゆれは、此所は極て古き社地なり、同所に末社七座あり、禰宜森本氏、

齋田茂先・山本忠英『掛川志稿』伊豆巻（郷土新聞社刊）
熊野　上月原の田間に榎一株あり、其下にある石の小祠を熊野権現の旧地云伝ふ、

萩原正平『伊豆國式社攷略』（静岡県立中央図書館所蔵）
宇久須神社
　同郡宇久須村宮原鎮座宇久須の明神 神階帳舊稱三島神社な里登須 図改証証進特選抑當社祠宇宏に社域廣久して官社たる尓耻ず登雖近來頗荒蕪汚穢尓屬するものゝ如きは窃尓慨する所なき尓非ずかし

萩原正平・萩原正夫『増訂豆州志稿』巻之三下・町村四（長倉書店刊）
○宇久須村（[増]東大澤村里二里十一間、西小下田村一里十五町二十六間、南安良里村一里六間、北門野原特越造三里二十七町五十二間）[増]拾四里拾九町廿三間（[増]十里三間）[増]文祿三年検地帳、豆州宇久須郷ト（延喜式宇久須神社神名帳宇久須ノ明神アリ、税祠豪、うくす、マタ熊野神社元祿五年上梁文井田荘宇久須郷ト三島神社慶長三年二所神社寛文八年等ノ文之ニ）○村内大久須（[増]元祿國宇久須村ノ内大久須村ト）柴、上月原、下月原（[増]同上月原村ト）深田、大久保、神田（[増]同上神原村ト）濱（[増]同上濱村ト）ノ小地名有リ（○此ノ内大久須ハ村ノ始リシ處ト云宇久須ハ即チ大久須ノ訛ナリ又大久須ハ大楠樹有ルヨリ名ヅケナラム此村ハ上野州岩松氏ノ領分荘郷ノ内ニ載テ有リ弘安元年岩松遠江守經兼其子岩松太郎政經ニ譲ル文ニ云右件所々ヽ先祖相傳所領也云々又一通ニ云伊豆國宇具須郷（佐野常陸介跡）事所預置也者守先例可沙汰之状如件貞治元年十二月二十二日基氏（花押）新田治部少輔聚又一通岩松右京大夫本願所之注文ト題シ諸村ヲ載スル内ニ在リ應永一十一年四月七日沙彌（花押）サレバ當村ハ中古岩松氏ノ領地タル事入シ [増]伊豆日記日大磯山頭青砥アリ延寶年中之ヲ伐出ス金崎銅アリ正徳年中開發銅少シテ止ム物産、明礬、硫黄、代赫石（在山中）鹿尾藻、山芭蕉、（在榊天山ニ春新葉ヲ生ス）順行記澤田薪、炭、石、茅、魚ヲ出ス）○田額八百九拾三石七斗八升壹合（[増]内新田二十二石六斗二升四合[増]國圓八百七十一石餘ト）[増]伊豆鑑明泉寺領一十石五斗慶安元戊子年朱印ナリト）[増]反別三千四百拾壹町五反六畝廿七歩内（田六十町七畝十四歩、畑二十三町九畝二十歩、宅地八町九畝一十三歩、山林千五百九十九町八反九畝歩、原野七百十一町五反五畝二十二歩、池沼三畝十八歩）[増]地價金五萬五千八百七拾六圓三拾四錢六厘 [増]地租金千三百九拾六圓九拾五錢三厘 [増]社七（村一雜六）寺八（禪三浄土一眞一日蓮一）小學校一（字山下ニ在リ）[増]戸現住三百三拾現在三百拾貳 [増]口本籍千五百六拾四（男八百七、女七百五十七）現住千五百四十四（男七百九十六、女七百四十八）

萩原正平・萩原正夫『増訂豆州志稿』巻之八上・式内神社考並神階帳考緒言（長倉書店刊）
○宇久須神社 [増]神階帳從四位上宇久須の明神 [増]同郡宇久須村宮ガ原鎮座舊稱三島明神社也○宇久須村大楠ト云處ニアリ社域ヲ別所ト云（[増]今別所神社也）大楠ハ村名ノ起リタル所最古シトス可シ亦宮ケ原ノ三島明神ハ大祠ニシテ且古ク今土神トス以テ式社ト爲ス可キニ似タレ共社司云延喜元年勧請スト故ニ採ラズ[増]此説社司ノ言ニヲ信ジテ謬リタル也

萩原正平・萩原正夫『増訂豆州志稿』巻之九下・神祠四・那賀郡（長倉書店刊）
○三島明神（宇久須村宮ガ原）[増]村社宇久須神社祭神事代主神ナリト云[増]式内宇久須神社也（前記）村落ノ中央ニ鎮座シ古來此地ノ總鎮守ニシテ郷社ト呼ブ慶長中大久保長安寄附ノ金燈籠ニ宇久須神社ト鐫ス（宇久須ノ稱ハ一町村部ニ記ス）（慶長三年上梁文ニ云井田ノ荘宇久須ノ郷鎮守三島大明神ト又嘉吉二年金皷ニ瀬ノ明神ト刻ス（他神ノ金皷ナル可シ）祠域廣ク攝末社七座（今宮、若宮八幡、[金皷日寶永二酉年藤氏朝臣佐伯氏政盛ト]宇佐八幡、正八幡、神明、[大窪ノ土神]辯天、金比羅[小祠也]）アリ（鐫取清氏○樟ノ大樹周リ二丈五尺 [増]三百九十三坪官一）

萩原正平・萩原正夫『増訂豆州志稿』巻之九下・神祠四・那賀郡（長倉書店刊）
別所神社（同村下同[増]在別所）○永祿五年上梁文ニ井田荘宇久須郷熊野三所大權現地頭富永彌四郎康景、寛文十四年札ニ山本左金吾衛府兩禰宜ト記ス（[増]尚慶長三年札アリ）正月初六日田植祭ヲ行フ水口牛王トテ若王山寶印ト刻セル小木印ニ赤土ヲ塗テ村人ノ額上ニ押ス避殃招福ト云[増]原書當社ヲ式内宇久須神社ニ當テタルハ非也（前記○禰宜山本氏○末社一、山神[増]百十九坪民一）

菅原久高『伊豆國九十二式社祭神記』（『全國神職會々報』第二十二號）
宇久須神社　賀茂郡宇久須村宇久須鎮座村社なり三島明神と稱す
　　祭神　事代主命

吉田東伍『増補大日本地名辞書』第五巻・１０６５頁
宇久須　今宇久須村と云ひ、小下田（今田方郡）の南に接す、下田町を距る西北十里、賀茂郡の西北極界とす。
　増訂豆州志稿云、宇久須村に式内、那賀郡宇久須神社あり、宇久須とは小久須、即小楠の訛なりけむ。岩松文書に「弘安元年、伊豆国、宇久須郷」を、岩松経兼入道々受より、子太郎政経に譲ること見え、又一通には「佐野常陸介跡、宇具須郷」を貞治元年十二月、足利基氏より岩松へ預置かるる旨見ゆ。伊豆日記に、此村の大磯山に青砥あり、延宝年中之を伐出す、金埼には銅ありて、正徳年中開発したるも、其産額僅少にして止め、又此山に明礬、代赭石等を出すと載す。
補[宇久須]○増訂豆州志稿[重出]宇久須村には延喜式宇久須神社あり、宇久須は即ち大久須の訛なり、大楠樹有るより名づけしならむ。此村は上野州岩松氏の領分荘郷の内に載せて有り、弘安元年岩船遠江守経兼、其子岩松太郎政経に譲る文に云ふ、「右件所々、先祖相伝所領也云々」、又一通に云ふ、「伊豆国宇具須郷（佐野常陸介跡）事、所預置也者、守先例可沙汰之状、如件、貞治元年十二月廿二日、基氏（花押）。」

郁岡良弼『日本地理志料』巻十三・伊豆国那賀郡
井田　訓闕、按當讀云爲多、常陸又有井田郷、井者堰也、堰水以溉田、故名、詳見伊賀猪田郷疏證、」神名式、那賀郡井田神社、今在君澤郡井田村、稱井田明神、永祿中梁牌、曰井田荘七村鎮守神、建長二年

關白道家莊園處分記、伊豆國井田上莊、下莊、最勝金剛院領、慶長檢地帳有井田莊、袖珍寶作伊田郡、豆州志、井田方廢、井田村存、按圖、亘君澤郡井田、戸田、土肥、小土肥、八木澤、小下田、及本郡宇久須、安良里、田子諸邑、其故區也、」祀典所謂部多神社、在戸田村、其山宮祠梁牌、稱厚見郡戸田村、豊御玉命神社、在土肥村、稱土肥明神、其舊記作稻田莊土肥郷、稻宮命神社、亦在此、稱神明、靑玉比賣命神社、在小土肥村稱八幡、瓱玉命神社、在八木澤、天和三年梁牌、作井田莊宇賀加郷八木澤村、石倉命神社、在小下田、寶菩提院明應二年文書、宇加賀下田兩郷、即此、宇久須神社、在宇久須村大楠地永祿五年梁牌、作井田莊宇久須郷、多爾夜神社、國玉命神社、倶在安良里、哆胡神社在田子、文龜三年梁牌、題目大多胡鎭守明神、文祿檢地帳、作田子郷、

賀茂郡役所編『靜岡縣南豆風土誌』２９３～２９６頁（長倉書店刊）
云々、今賀茂郡四十六座の内より海島鎭座二十四座を減じ、又那賀郡二十二座の内より土肥以北井田に至る八座を除く時は、今日の賀茂郡は正に三十六座の式内社を算すべきなり。然れども伊豆三島神社は、上古鎭座の本域、賀茂郡三島 和名抄所載郷名、即海島の總稱にして、其の本島は今の三宅島なり。なりしが、中世同郡大社郷 和名抄所載。今の白濱村伊古奈比咩命神社の地なり。に遷座し、後又今の田方郡三島町に遷祀せられたりと云ふ（伊豆國式社攷略）を以て、更に大神の一座を除きて、玆に三十五座を得と謂ふべし。今左に增訂豆州志稿卷八上によりて之を擧げむ。同書に云はく、式内社を記すに「也」といふは疑ひなきもの、「なるべし」といふは略證蹟あるもの、「ならむ乎」といふは、信疑相半するものに用ふと。
　云々
　宇久須神社　同郡宇久須村舊稱三島神社也。

賀茂郡役所編『靜岡縣南豆風土誌』７０３頁・宇久須村（長倉書店刊）
　宇久須神社　字宮原－村社－祭神、事代主命（式内）宇久須神社なり〇村の中央に鎭座す。古來此地の總鎭守にして、祠域廣く、攝末社七を有す。慶長三年の上梁文あり。

靜岡縣田方郡役所編『靜岡縣田方郡誌』５２７～５３９頁（長倉書店刊）
　　三島神社（官幣大社）　祭神　積羽八重事代主命
三島町傳馬町に鎭座す、祭神は從來大山祇命と稱し、豫州三島より遷坐すと傳へたるは、三島の稱より附會したりとなん、明治五年十一月十八日附を以て、當社少宮司萩原正平よりの上申により翌六年一月六日指令ありて事代主命と確定せり。云々
城内に於ける攝社末社合せて十三社あり。
云々
７小楠社（末社）　式に那賀郡宇久須神社を遷せるには非るか。

足立鍬太郎『南豆神祇誌』３７～４４頁（靜岡縣賀茂郡神職會）
　延喜式卷九に載せた伊豆國神名帳は次の如くである。但所在地は萩原正平著伊豆國式社考略に私考を加へて註記す。
　　　伊豆國九十二座　　大五座小八十七座
　　　　賀茂郡四十六座　　大四座小四十二座
　　　　　云々
　　　　田方郡廿四座　　大一座小廿三座
　　　　　云々
　　　　那賀郡廿二座　　並小
　　　　　云々
　　　　　宇久須神社　　　　　　　　　　　　　宇久須村
　　　　　云々

足立鍬太郎『南豆神祇誌』７５～７９頁（靜岡縣賀茂郡神職會）
　伊豆國神階帳は、群書類從二三に、康永二年辛亥（興國四年）十二月廿五日在廳判の奥書あるものを、在廳伊達某藏本から寫して收めてある。伊達家に現藏するものは鳥子紙二枚續にて後世の寫本である即ち尾張より二十年許前のものである。在廳とは、中古國衙の廳にあり、國司の命を奉じて事務を行ふ下司であったが、多くは世職だから其の稱呼を傳へて居たのだ。先づ左に其の全文を掲げよう。
伊豆國神階帳　式社の配當は萩原正平の意見に據る
　伊豆國三ケ郡神明帳事
　正一位三島大明神
　　云々
　　　那賀郡貳拾四所
　　云々
　　　從四位上宇久須の明神　宇久須神社
　　云々

足立鍬太郎『南豆神祇誌』１３７～１３８頁（靜岡縣賀茂郡神職會）
　降って德川氏の世に至り、慶長十一年正月大久保石見守長安、伊豆代官兼務を命ぜられて繩地金山今下河津村を管理した。長安は奈良奉行として春日神社の事にも關係しただけ、神祇を崇敬し、又之を研究するにも興味を有し、同十二年三月、徑一尺五寸の金鼓を白濱神社に奉りて産鑛の隆盛を祈った。其金鼓には伊古奈姫命大明神の銘を鑄出してある。長安は、別に繩地の山神社・子安神社にも略同樣の金鼓を納めて居るのみならず、今の松崎町郷社伊那上神社を式仲神社と鑑定し、仝十三年三月、鍍金六角形透彫の上に毛彫を加へた釣燈籠を納め、仝十四年には同樣のものを松崎下之神社十一月銘松崎大明神・宇久須神社十二月にも納めた。此の燈籠と同一型のもの、尚下野足利鑁阿寺に納められて、當代美術の標本となって居る。文學士黒田鵬心氏大日本美術史但松崎に上
式仲神社後三嶋宮今伊那上神社下式伊那上神社?後松崎大明神若くは唐大明神今下之神社兩宮を明かに對稱的に記した文書は、現在では慶長五年三月十一日附の彦坂九兵衞の神領付を最も古しとする。

足立鍬太郎『南豆神祇誌』２３８頁（静岡縣賀茂郡神職會）
　　　　第三十八章　宇久須村
宇久須神社
　　所在　字宮原
　　祭神　積羽八重事代主命
　　創立　慶長三年　　（棟札）
　　社格　村社　式内
　　境内　三九三坪　官一
　　所謂大楠神社である。慶長十四年十二月大久保石見守長安が納めた燈籠がある。

静岡縣『旧版 静岡縣史』第三巻・７１１～７２６頁（名著出版刊）
【賀茂郡四十六座大四座小冊二座】
云々
【田方郡二十四座大一座小廿三座】
云々
【那賀郡廿二座並小】
云々
（宇久須神社）
　　現祭神は事代主命。原所在は宇久須村字宮原。現在社は同所の宇久須神社。
云々

静岡県郷土研究協会『静岡県神社志』第三篇（日本仏諸センター刊）
村社　宇久須神社
　　　　賀茂郡宇久須村宇久須字宮原鎮座
云々
　　祭神　積羽八重事代主大神
　　　　別殿五座　正八幡宮　若宮八幡宮　今宮八幡宮 各誉田別命　厳島 市杵島姫命　金毘羅社 不詳
　　例祭日　九月十五日
　　由緒　本社は延喜式神名帳那賀郡宇久須神社にて、神階帳従四位上宇久須の明神に相当する。村落の中央に鎮座して古来郷社三島大明神と称し、この地方の総鎮守であった。永和二年一月、往古より安置せられたる御神体に修理を加ふ、慶長三年三月、社殿の造営成りて面目一新した。其他大久保長安寄進
灯籠、服部大蔵守等寄進の三十六歌仙等がある。（宝物の部に記す）明治六年八月村社に列し明治七年九月宇久須神社と称し、昭和十一年九月四日神饌幣帛料供進社に指定せらる。
云々

哆胡神社

『特選神名牒』３３１頁
哆胡神社 稱若宮
　祭神
　　今按式社攷證に祭神は三島大社の御子神なるべし其州中に所有八幡と稱する社皆同じく若宮と云より訛り來れるにて全く八幡の神を祀れるは一社も有事無ればなりと云るが如くば三島神の御子にやあらん尚よく考べし
　祭日
　社格　村社
　所在　田子村（賀茂郡田子村大字田子）

度會延經『神名帳考證』（『神祇全書』第一輯）
〇哆胡神社　田心姫命　因幡國多居乃上神社二座　日本紀九云、熊之凝者多呉吉師之遠祖也、

伴信友『神名帳考證』（『伴信友全集』第一）
哆胡神社
哆一本作多[志]當郡田子村兩扉右ハ八幡左ハ若宮文龜癸亥ノ棟札云太郎工門尉津波以後成就當社大多胡鎮守神社トアリテ裏ニ「八能谷、流久、以爾之衞、今毛安末禰久、屋取月陰」好次トアリ〇知雄按此歌脱字アリトミエテヨミガタシ

伴信友『神名帳考』（『神道大系』古典註釋編七・延喜式神名帳註釋）
哆胡神社
△志ニ、當郡田子村、兩扉、右ハ八幡、左ハ若宮、文龜癸亥ノ棟札云、太郎衛門尉、津波以後、成就當社大多胡鎮守神社トアリテ、浦ニ「八能谷　流久　以爾之衞　今毛安末禰久　屋取月陰　好次」トアリ、
　1（頭註一）哆、一本作多、
　1（頭註二）木國云、大タコ村、

鈴鹿連胤『神社覈錄』（井上賴圀・佐伯有義校訂『神社覈錄』下編）
哆胡神社
　哆胡は假字也〇祭神詳ならず〇大田子村に在す、國圖、志、例祭
　　伊豆志に、兩扉右ハ八幡、左ハ若宮、文龜癸亥ノ棟札云、太郎右衛門津波以後成就、當社大多胡鎮守神社トアリ、と云り、
　　　神位
　　國内神階記云、從四位上多胡の明神、

栗田寛『神祇志料』第十二巻
多胡神社、今田子村にあり、大多胡鎮守神と云ふ。凡其祭十一月十一日を用ふ。文龜中棟札、豆州志、

『大日本史』[九]・志一・巻二百五十五
哆胡神社、〇今在田子村、有文龜中棟札、題大多胡鎮守神社、神明帳爲從四位上、

竹村茂雄『伊豆國式社考』（『神祇全書』第四輯）
哆胡神社　田子村、志神階帳多胡の明神、

斎田茂先・山本忠英『掛川志稿』伊豆巻（郷土新聞社刊）
田子村属村 井田子
荒子と浜村の間にあり、哆胡神社あるに因て村名とす、按に此村宇久須仁科に比すれば小村也、凡何子と云は、小村の名、遠州佐野郡小原子、榑子の如きは甚小村也、属村の井田子に対て大田子と呼ひ、山にも河にも其名あり 哆胡神社、文亀癸亥の札、大多胡に作る、沿海なれとも大田子は漁猟なく耕種を専として井田子は海を専とす、田子及荒里浜村の海涯、小憩多し、最も遊賞に堪たる佳境なり、されとも山国峻険の所に在て辺土なる故に、文人詞客の如きは至る者甚稀なり、

斎田茂先・山本忠英『掛川志禣』伊豆巻（郷土新聞社刊）
哆胡神社　大田子田野の間にあり、式社也、一祠兩扉、右八幡、左若宮、神階帳には、從四位上哆胡明神とあり、文亀癸亥の札に云、奉勧請八幡大菩薩、若宮大権現当社若宮大権現当社大多胡鎮守再興、伊豆州哆胡郷住人山本太郎左衛門、背に歌あり、八の谷流久い爾之衛今も安末祢具屋取月陰好次衛の下も字ありしなるへし、滅て見へず天正十三年の札云、伊豆仁科多胡郷大檀那山本信濃守□信、鍵取磯谷氏、
天王　多胡神社の末社也、

萩原正平『伊豆國式社攷略』（静岡県立中央図書館所蔵）
多胡神社
同郡田子村鎮座の多胡の明神 神階帳舊稱八幡神社二座の一座なるべし 國圖豆志攷証註進特選今云ふ聞が如きは當社近來他尓遷祀するの説起里しが紛紜あ里て果すこ登能はず登其の如何を知らず登雖千數百年鎮祭の社地を輙く動かす己登は神虜測るべからず尤注意せずは有るべからざる事尓こそ又属里井田子三島神社所由ある社尓や登覺ゆ連ば例の漏しがたくて

萩原正平・萩原正夫『増訂豆州志稿』巻之三下・町村四（長倉書店刊）
〇田子村（[増]南濱村一里一町三間、北安良里二十六町三十四間）[増]拾六里拾町三間（[増]八里十二町五十九間）[増]文祿三年檢地帳豆州田子郷トアリ（延喜式、多胡神社、神名帳、多胡ノ明神、北條五代記、多子、同役高帳、田子、税祠簿、おいたごいた多胡神社、文亀三年ノ文、大多胡、三島神社、永祿二年ノ文、多胡郷ト〇田子村瀕海ト雖漁獵ナシ井田子ノ地ハ立獵釣獵倶ニ爲スベシ且安審アリテ船ヲ繋泊スベシ因テ戸數漸ク增シタル事本村ニ三倍ス御代官伊奈兵右衛門稱呼ヲ別ン爲ニ伊ノ字ヲ加フ、[増]元藏園田子村ノ内伊田子

— 369 —

村ト[増]田子東西六町南北十町深八尋ヨリ十五尋ニ至ル西北西北ニ向フ（地誌提要）田子嶼嶄嶼辨天島ノ奇觀アリ繋游錄二曰尖石峙立于海灣八九尋乃至五六尋如相迎而不進如相掛而不退有一古碑剥落埋滅不可讀使人増帳然土人謬引說ノ駿ノ田子ハ地嶽在背此則隔海而正山部赤人所詠即此然土地極狹隘不足信同名異所必矣ト伊豆日記云此地竹ノ浦海手ノ山頭燈明堂アリ當國ニテ田子、長津呂、下田、河奈崎ニ在リ此所ハ享保年中大風ニ破レテ絶ス物産、鰹節、海苔、石材アリ）

○田額三百七拾九石五斗貳升四合（内新田三十四石六斗一升三合[増]圃圖三百四十四石餘ト伊豆籠日永四百文定納、鹿皮四枚代右之外立魚三ケ一薪釣鰡十分一舟役アリト）[増]反別六百五拾九町八反六畝七歩内（田廿四町六反一畝四歩、畑四十一町九反八畝十八歩、宅地六町五反六畝三歩、山林四百二町三反二畝十三歩、原野百八十四町三反七畝二十九歩）[増]地價金貳萬貳千貳拾圓三拾七錢六厘[増]地租金五百五拾圓五拾四錢[増]社一（村）寺三（禰）郵便局一（兼貯金額）小學校一（字井田子ニ在リ）[増]戸現住四百三拾三現在四百七[増]口本籍貳千貳拾（男千十九、女千一）現住貳千拾五（男千十六、女九百九十九）

萩原正平・萩原正夫『増訂豆州志稿』巻之八上・式内神社考並神階帳考緒言（長倉書店刊）
○多胡神社[増]神階帳從四位上多胡明神○那賀郡田子村[増]舊稱八幡神社二座ノ一座ナル可シ

萩原正平・萩原正夫『増訂豆州志稿』巻之九下・神祠四・那賀郡（長倉書店刊）
○哆胡神社（田子村）[増]村社祭神二座神名不詳、相殿三島ノ神[増]式内哆胡神社ナル可シ（前記）初大田子ニ鎭座、明治十四年字合浦ニ遷祀ス相殿三島ノ神ハ井田子ニアリシヲ同時ニ合祀ス○哆胡神社、兩扉、右八幡、左若宮、文龜癸亥ノ上梁文ニ云太郎右衛門ノ、尉津波以後成就當社大多胡鎭守神社ト（背ニ和歌一首ヲ記ス「八能谷流久以爾之衞今毛安末禰具屋取月陰」好次ト疑ラクハ衛ノ下毛字ヲ脱スルカ輪取磯谷氏）○三島明神（井田子）兩扉也永祿二年上梁文ニ云鎭守三島大明神二社多胡郷總氏子ト慶長十年ノ札ニ云鎭守權現三島大明神二座本地藥師地藏勢至ハ行基ノ作ト舊社地八之浦（今本宮濱ト呼ブ）ナリ（禰宜藪田氏伊豆納符）[増]境内社六（神明、山神、琴平、天神、天王、東照宮、○神明、天正廿年ノ札ニ一神明大宮下誌ス禰宜藪田氏○天神[神田]永祿二年ノ札ニ云仁科荘大多胡地頭山本信州守家次、代官松井奥三左衛門ト以上ニ禰伊豆納符[増]四百三十四坪民二）

菅原久高『伊豆國九十二式社祭神記』（『全國神職會々報』第二十二號）
哆胡神社　賀茂郡田子村田子鎭座村社なり
　　祭神　詳らかならす

吉田東伍『増補大日本地名辞書』第五巻・１０６５頁
田子　今田子村と云ふ、宇久須の南一里半、松崎の北一里半。○水路志云、田子港は波勝埼の北方七海里にあり、港口は弁天島と尊の島に由て成り、其幅三鏈許、西方に面す、港内広袤凡五鏈なりと雖、岩石及び暗岩伸出し、大艦に在ては狹隘の憾あるべし、然れども北東南の三面は山脈圍繞し、能く風浪を遮断し、南西方は岩嶼能く大浪を防止す、然れども北西風に暴露するが故に、全く冬季の泊地に適せず。
　　増訂志稿云、田子村には式内多胡神社あり、安嚳にして昔当国田子、長津呂、下田、川奈の四所に燈明堂ありしと云ふも、此なるは享保年中破れてより絶ゆ、舊は東西六町南北十町、槃遊余録
　　曰、田子村、尖石峙立于海湾、八九仞乃至五六仞、如相迎而不進、如相掛而不退、有一古碑、剥落埋滅、不可読、使人増悵然、土人謬説、駿州田子浦者、富岳在背、此則隔海而正、山部赤人所詠即此、然土地極狹隘、不足信、同名異所必矣。
　補[田子]○増訂豆州志稿、瀬海と雖も漁猟なし、安嚳ありて船を繋泊すべし、東西六町南北十町深八仞より十五仞に至る、西北に向ふ。田子嶼、嶄嶼、弁天嶼等の奇観あり。伊豆日記云ふ、此地竹の浦海手の山頭、燈明堂あり。当国にて田子・長津呂・下田・河奈崎に在り、此所は享保年中大風に破れて絶。

邨岡良弼『日本地理志料』巻十三・伊豆国那賀郡
井田　訓闕、按當讀云爲多、常陸又有井田郷、井者堰也、堰水以溉田、故名、詳見伊賀猪田郷疏證、」神名式、那賀郡井田神社、今在君澤郡井田村、稱井田明神、永祿中漿牌、曰井田荘七村鎭守神、建長二年關白道家荘園處分記、伊豆國井田上荘、下荘、最勝金剛院領、慶長檢地帳有井田荘、袖珍寶作伊豆郡、豆州志、井田方廢、井田村存、按圖、亘君澤郡井田、戸田、土肥、小土肥、八木澤、小下田、及本郡宇久須、安良里、田子諸邑、其故區也、」祀典所謂部多神社、在戸田村、其山宮祠梁牌、稱厚見郡戸田村、豊御玉命神社、在土肥村、稱土肥明神、其舊記作稲田荘土肥郷、稲宮命神社、亦在此、稱神明、青玉比賣命神社、在小土肥村稱八幡、稲玉命神社、在八木澤、天和三年梁牌、作井田荘宇賀加郷八木澤村、石倉命神社、在小下田、寶菩提院明応二年文書、宇加賀下田兩郷、即此、宇久須神社、在宇久須村大楠地永祿五年梁牌、作井田荘宇久須郷、多爾夜神社、國玉命神社、俱在安良里、哆胡神社在田子、文龜三年梁牌、題曰大多胡鎭守明神、文祿檢地帳、作田子郷、

賀茂郡役所編『静岡県南豆風土誌』２９３～２９６頁（長倉書店刊）
云々、今賀茂郡四十六座の内より海島鎭座二十四座を減じ、又那賀郡二十二座の内より土肥以北井田に至る八座を除く時は、今日の賀茂郡は正に三十六座の式内社を算すべきなり。然れども伊豆三島神社は、上古鎭座の本域、賀茂郡三島和名抄所載名、即海島の總称にして、其の本島は今の三宅島なり。なりしが、中世同郡大社郷和名抄所載。今の白濱村伊古奈比咩命神社の地なり。に遷座し、後又今の田方郡三島町に遷祀せられたりと云ふ（伊豆國式攷略）を以て、更に大神の一座を除きて、茲に三十五座を得と謂ふべし。今左に増訂豆州志稿卷八上によりて之を舉げむ。同書に云はく、式内社を記すに「也」といふは疑ひなきもの、「なるべし」といふは略證蹟あるもの、「ならむ乎」といふは、信憑相半するものに用ふと。
　　云々
　　多胡神社　同郡田子村舊稱八幡神社二座の一座なるべし。

賀茂郡役所編『静岡県南豆風土誌』６９７頁・田子村（長倉書店刊）
哆胡神社　字合浦―村社―祭神、多胡若宮命・積羽八重事代主命　（式内）哆胡神社なるべし○初め大田子に鎭座せしが、明治十四年現地に遷祀せり。相殿三島大神は舊井田子にありしを同時に合祀す。文龜癸亥の上梁文に云ふ、太郎右衛門尉津波以後成就當社大多胡鎭守神社と。背に和歌一首を記す。「八能谷流久以爾之衞日今毛安末禰具屋取月影」と（□は補）卽ち「やつのたに流れ久しく古へも今もあまねくやどる月影」と訓む。

足立鍬太郎『南豆神祇誌』３７～４４頁（静岡縣賀茂郡神職會）
　延喜式卷九に載せた伊豆國神名帳は次の如くである。但所在地は萩原正平著伊豆國式社考略に私考を加へて註記す。

```
        伊豆國九十二座　　大五座小八十七座
         賀茂郡四十六座　　大四座小四十二座
            云々
          田方郡廿四座　　大一座小廿三座
            云々
          那賀郡廿二座　　並小
            云々
             哆胡神社　　　　　　　　　　　　　　田子村
            云々
```

足立鍬太郎『南豆神祇誌』５２～５３頁（静岡縣賀茂郡神職會）
　次に、石室崎の風蝕せる大集塊岩窟は伊波例命として、岩殿なる同じ大岩窟は伊波氏別命として、武峰山の尖鋭なる岩塊は多祁富許都久和氣命として、嘗て下河津村田中にあった筈の巨杉は杉桙別命として、妻良港は大津往比咩命として、伊豆山温泉は火牟須比命として富洞の礫濱は布刀主若玉命として、安良里の網屋崎は國玉命として、皆神格づけられて居る。此類はまだ一多い。又地名を冠して居る神社でも、神洞瀑は多爾夜神社、田子島は哆胡神社、鴨ケ池＝堂内海は佐波神社の一座、戸田港は部多神社、石寶殿は石德高（德はアイヌ語Ｔｏｋｓｅ＝丘で同語Ｉｗａと熟したのにタカといふ國語を添へたのであらう）神社の神主ではなかったらうか。海岸の島嶼を三島神の若宮として祀った形跡は尚ある

足立鍬太郎『南豆神祇誌』７５～７９頁（静岡縣賀茂郡神職會）
　伊豆國神階帳は、群書類從二三に、康永二年辛亥(興國四年)十二月廿五日在廳判の奥書あるものを、在廳伊達某藏本から寫して収めてある。伊達家に現藏するものは鳥子紙二枚續にて後世の寫本である即ち尾張のより二十年許前のものである。在廳とは、中古國衙の廳にあり、國司の命を奉じて事務を行ふ下司であったが、多くは世職だから其の稱呼を傳へて居たのだ。先づ左に其の全文を掲げよう。
伊豆國神階帳　　式社の配當は荻原正平の意見に據る
　　伊豆國三ケ郡神明帳事
　　正一位三島大明神
　　　云々
　　　那賀郡貳拾四所
　　　云々
　　　從四位上多胡の明神　　哆胡神社
　　　云々

足立鍬太郎『南豆神祇誌』２３５～２３６頁（静岡縣賀茂郡神職會）
　　　第三十六章　田子村
哆胡神社
　所在　合ノ浦
　祭神　多胡若宮命　積羽八重事代主命
　創立　文亀三年　（棟札）
　社格　村社　式内
　境内　四三四坪　民二
　多胡若宮命は、田子島を三島神の王子として祭ったもので、式内哆胡神社はこれであらう。後八幡宮を合祀して居る。初め大田子に鎮座したのを、明治十四年井田子の三島明神を合祀して、社殿を今の地に建立した。三島神明文化十一年の棟札に、其前年田子大火災の事が記してある。

静岡縣『旧版 静岡縣史』第三巻・７１１～７２６頁（名著出版刊）
【賀茂郡四十六座大四座小卌二座】
云々
【田方郡二十四座大一座小廿三座】
云々
【那賀郡廿二座並小】
云々
　（哆胡神社）
　　現祭神は哆胡若宮命、事代主命。原所在は賀茂郡田子村合ノ浦。現在社は同所の哆胡神社。
云々

静岡県郷土研究協会『静岡県神社志』第三篇（日本仏書センター刊）
村社　哆胡神社
　　　賀茂郡田子村合之浦鎮座
云々
　祭神　積羽八重事代主命　哆胡若宮命
　　　　相殿　広幡八幡大神　（又若宮神）
　　例祭日　十一月二日
　　由緒　本社は延喜式神名帳那賀郡哆胡神社にて神階帳那賀郡從四位上多胡の明神とあるに擬当す、もと字竹ノ浦に鎮座せしを貞享年中字月ノ浦へ遷し、文化十年火災かゝりたるを以て、同十一年四月字飯盛山に遷座す、哆胡若宮神は始め大田子に鎮座し、三島神の王子として祭ったもので文亀三年の棟札がある。明治十四年十一月三島明神を合祀して現地に遷座した、数度の火災にて社記等悉く焼失して徴すべきものがない。明治六年八月村社に列す。

云々

多爾夜神社

『特選神名牒』３３１頁
多爾夜神社
　　祭神
　　祭日　正月十五日九月廿七日
　　社格　村社
　　所在　安良里村(安良里村田子村なし)（賀茂郡安良里村大字安良里）

度會延經『神名帳考證』（『神祇全書』第一輯）
○多爾夜神社　國造本紀云、彥坐王三世孫大陀牟夜別、按日下部、彥坐王之後也、大多牟坂王者、息長宿禰子也、續日本紀、伊豆直出自彥坐、　續日本紀云、天平十四年四月甲申、賜日下部直益人伊豆國造、伊豆直姓、

伴信友『神名帳考證』（『伴信友全集』第一）
多爾夜神社
[國造]彥坐王三世孫大陀牟夜別[續]伊豆直出自彥坐王[志]當郡安良里村ニ坐ス多爾夜ハ谷屋ニテ此村兩山海ニソビヘ出タル奧ニ人家出來シトキノ名トオモハル山ニ大谷小谷ノ名アリ村尤古クシテ在廳家ノ小宮錢帳ニモ出タリ慶長十年ノ札ニ此祠久シク大破セシ由ヲ記シ又居仁如市乍作祝言ノ數字僅ニ辨ズベシ[伊豆納符]ニモアリ

伴信友『神名帳考』（『神道大系』古典註釈編七・延喜式神名帳註釋）
多爾夜神社
○國造本紀云、彥坐王三世孫、大陀牟夜別、○按續日本紀、伊豆直、出自彥坐、考證、△志ニ、當郡安良里村ニ坐、多爾夜ハ谷屋ニテ、此村兩山海ニソビヘ出タル奧ニ、人家出來シトキノ名トオモハル、山ニ大谷・小谷ノ名アリ、村名尤古クシテ、在廳家ノ小宮錢帳ニモ出タリ、慶長十年ノ札ニ、此祠久シク大破セシ由ヲ記シ、又居仁如市仁、作祝言ノ數字、僅ニ辨ズベシ、伊豆納符ニモアリ、
　1 (頭註)圖云、アラリ村、

鈴鹿連胤『神社覈録』（井上賴圀・佐伯有義校訂『神社覈録』下編）
多爾夜神社
　　多爾やは假字也、○祭神詳ならず○安良里村に在す、圖圖、志、例祭
　　　伊豆志に、多爾夜ハ谷屋ニテ、此村兩山海ニソビヘ出タル奧ニ、人家出來シ時ノ名トオモハル、山ニ大谷小谷ノ名アリ、村尤古クシテ、在廳家ノ小宮錢帳ニモ出タリ、慶長十年ノ札ニ此祠久シク大破セシ由ヲ記ス、と云り、
　　　　　神位
　　國內神階記云、從四位上たにやの明神、

栗田寬『神祇志料』第十二卷
多爾夜神社、今安良里村にあり。○按多爾谷は谷屋の義此村兩山海に聳え出たる奧に、人家出來し時の名なり、山に大谷小谷と云もあり。凡其祭十一月中酉日を用ふ。豆州志、足柄縣社取調帳

『大日本史』[九]・志一・卷二百五十五
多爾夜神社、○今在安良里村、按多爾夜蓋谷屋之義、村中有兩山、突出海口、有大小谷、民居其間、所以有此名歟、神明帳爲從四位上、

竹村茂雄『伊豆國式社考』（『神祇全書』第四輯）
多爾夜神社　安良里村、志神階帳たにや明神、

萩原正平『伊豆國式社攷略』（靜岡縣立中央圖書館所藏）
多爾夜神社
　那賀郡安良里村鎭座た尔やの明神 神階帳今稱多爾夜神社或は三島神社登も稱須是なり 圖圖豆志攷證註進特選今云ふ舊說尔多爾夜神社谷屋屋も谷或は蔚の意なるべくやなり登云へ類は大谷小谷即舊社地などの地名ある尔も適ひて從ふべき說登こそ云ふ可か里介れ

萩原正平・萩原正夫『增訂豆州志稿』卷之三下・町村四（長倉書店刊）
○安良里村（[增]南田子村二十六町三十四間、北字ハ須村一里六間）[增]拾五里拾九町廿九間（[增]九里三十三町三十三）[增]文祿三年檢地帳豆州西浦安良里村トアリ舊多爾夜ト唱ヘ（延喜式多爾夜神社神名帳たにや、神社ヲ載ス蓋多爾夜ノ谷屋ニテ此地兩山海ニ聳ヘタル奧ニ人家出來シ時ノ名ナルベシト）後ニ安良里ト更メシナラム（殼高帳安良里五代記祝祠簿あられトミユ○阿羅里或ハ阿蘭里トモ書リ阿羅ハ新又荒ノ義尤古村トミユ而ニ新里ト云ハ上代村開クシ時ノ名ナラム古ヘ村ヲ里ト云ウ又里ノ下ニ村ノ字ヲ着ク[增]安良里縣大磯山北二突出シ向ヒ山西南ニ相對ス此間口狹ク途二奧へ深ク其内圍五萬四千步網是ト云沙渚長百二十步其內船フ泊スル事二百餘艘何レノ風ニモ不可ナシ、物產、海苔、鰹節、靑石アリ）
　　○田額貳百四拾九石八斗八升八合（內新田三石一斗九升一合）[增]反別八百四拾壹町四反貳畝四步內（田町六反五畝十四步、畑十六町八反三畝二十六步、宅地產町一反二畝五步、山林四百六十一町七反一畝二十五步、原野三百四十九町七畝十步、池沼一畝十四步）[增]地價金壹萬九百八拾圓九拾五錢五厘[增]地租金貳百七十四圓五拾壹錢壹厘[增]社二（村-雛-）寺二（臞）戶長役場一（字濱川ニ在リ本村ノ外田子、字久須ノ二村ヲ管ス）浦役場一（字岡上）巡查駐在所一分校一[增]戶現住三百貳拾四現在貳百貳拾貳[增]口本籍千四拾五（男五百三十七、女五百八）現住千五拾（男五百三十四、女五百十六）

萩原正平・萩原正夫『增訂豆外志稿』卷之八上・式內神社考並神階帳考緒言（長倉書店刊）
○田爾夜神社[增]神階帳從四位上たにやの明神[增]那賀郡安良里村多爾夜神社也

萩原正平・萩原正夫『增訂豆外志稿』卷之九下・神祠四・那賀郡（長倉書店刊）

○多爾夜神社（安良里村）[増]村社多爾夜神社祭神不詳[増]式内多爾夜神社也（前記）○多爾夜ハ谷家ノ義ニシテ兩山海中ニ斗出シ其置く二人民鳩居セシ時ノ名ト思ハル三島明神ヲ祭ルナラム乎（慶長十年札ニ此祠久ク大破セシ事ヲ記セリ伊豆納符）[増]別殿四（走湯、津島、大神、天王○走湯權現）[同林]舊名子安明神、古社也。伊豆納符[増]三百三十坪官一）

菅原久高『伊豆國九十二式社祭神記』（『全國神職會々報』第二十二號）
　多爾夜神社　賀茂郡安良里村安良里鎮座村社なり
　　祭神　詳らかならす

吉田東伍『増補大日本地名辞書』第五巻・１０６５頁
安良里　今宇久須村へ合せらる、宇久須の南にして、小聚を有す。安良里の里は、古代田制の、条里の里なるべし。
　増訂志稿云、安良里は旧多爾夜村と云ひし歟、延喜式、那賀郡多爾夜神社あり、蓋多爾夜は谷屋にて、此地兩山の海に聳えたる奥に、人家出来し時の名なるべしと、安良里聚は大磯山北に突出し、向ひ山西南に相対す、此間口狭く斜に奥へ深し、其内潤五万四千歩、網屋と云ふ沙磧百二十歩、其内船を泊するに風波の憂なし、浦守明神あり、式内国玉命神社、神階帳もろき姫明神なるべし。

郁岡良弼『日本地理志料』巻十三・伊豆国那賀郡
井田　訓闕、按當讀云爲多、常陸又有井田郷、井者堰也、堰水以溉田、故名、詳見伊賀猪田郷疏證、」神名式、那賀郡井田神社、今在君澤郡井田村、稱井田明神、永祿中梁牌、曰井田莊七村鎮守神、建長二年關白道家莊園處分記、伊豆國井田上莊、下莊、最勝金剛院領、慶長檢地帳有井田莊、袖珍寶作伊田郡、豆州志、井田方廢、井田村存、按圖、亘君澤郡井田、戸田、土肥、小土肥、八木澤、小下田、及本郡宇久須、安良里、田子諸邑、其故區也、」祀典所謂部多神社、在戸田村、其山宮祠梁牌、厚見郡戸田村、豊御玉命神社、在土肥村、稱土肥明神、其舊記作稻田莊土肥郷、稻宮命神社、亦在此、稱神明、靑玉比賣命神社、在小土肥村稱八幡、甌玉命神社、在八木澤、天和三年梁牌、作宇賀加郷八木澤村、石倉命神社、在小下田、寶菩提院明應二年文書、宇加賀下田兩郷、即此、宇久須神社、在宇久須村大楠地永祿五年梁牌、作井田莊宇久須郷、多爾夜神社、國玉命神社、俱在安良里、哆胡神社在田子、文龜三年梁牌、題曰大多胡鎮守明神、文祿檢地帳、作田子郷、

賀茂郡役所編『静岡縣南豆風土誌』２９３～２９６頁（長倉書店刊）
云々、今賀茂郡四十六座の内より海島鎮座二十四座を減じ、又那賀郡二十二座の内より土肥以北井田に至る八座を除く時は、今日の賀茂郡は正に三十六座の式内社を算すべきなり。然れども伊豆三島神社は、上古鎮座の本域、賀茂郡三島和名抄所載郷名、即海島の總稱にして、其の本島は今の三宅島なり。なりしが、中世同郡大社郷和名抄所載、今の白濱村伊古奈比咩命神社の地なり。に遷座し、後又今の田方郡三島町に遷祀せられたりと云ふ（伊豆國式社略）を以て、更に大神の一座を除きて、茲に三十五座を得と謂ふべし。今左に増訂豆州志稿卷八上によりて之を舉げむ。同書に云はく、式内社を記すに「也」といふは疑ひなきもの、「なるべし」といふは略證蹟あるもの、「ならむ乎」といふは、信疑相半するものに用ふと。
　云々
　多爾夜神社　那賀郡安良里村多爾夜神社也。

賀茂郡役所編『静岡縣南豆風土誌』７０１頁・安良里村（長倉書店刊）
多爾夜神社　字宮脇－村社－祭神、積羽八重事代主命－（式内）多爾夜神社なり○神主は烏帽子狩衣の座像にして、長一尺二寸許。他に神鏡一あり。直徑五寸。銘に天上一雲守。願主九兵衞内方敬白とあり。

足立鍬太郎『南豆神祇誌』３７～４４頁（静岡縣賀茂郡神職會）
　延喜式卷九に載せた伊豆國神名帳は次の如くである。但所在地は萩原正平著伊豆國式社考略に私考を加へて註記す。
　　　伊豆國九十二座　大五座小八十七座
　　　　賀茂郡四十六座　大四座小四十二座
　　　　　云々
　　　　田方郡廿四座　大一座小廿三座
　　　　　云々
　　　　那賀郡廿二座　並小
　　　　　云々
　　　　　多爾夜神社　　　　　　　　　　　　　　安良里村
　　　　　云々

足立鍬太郎『南豆神祇誌』５２～５３頁（静岡縣賀茂郡神職會）
次に、石室崎の風蝕せる大集塊岩窟は伊波例命として、岩殿なる同じ大岩窟は伊波氏別命として、武峰山の尖銳なる岩塊は多祁富許都久和氣命として、嘗て下河津村田中にあった筈の巨杉は杉桙別命として、妻良港は大津往比咩命として、伊豆山温泉は火牟須比命として富洞の礫濱は布刀主若玉命として、安良里の網屋崎は國玉命として、皆神格づけられて居る。此類はまだ／＼多い。又地名を冠して居る神社でも、神洞瀑は多爾夜神社、田子島は哆胡神社、鴨ケ池＝堂内海は佐波神社の一座、戸田港は部多神社、石寶殿は石德高（德はアイヌ語Ｔｏｋｓｅ＝丘で同語Ｉｗａと熟したのにタカといふ國語を添へたのであろう）神社の神主ではなかったらうか。海岸の島嶼を三島神の若宮として祀った形迹は尚ある

足立鍬太郎『南豆神祇誌』７５～７９頁（静岡縣賀茂郡神職會）
　伊豆國神階帳は、群書類從二三に、康永二年辛亥（興國四年）十二月廿五日在廳判の奥書あるものを、在廳伊達某藏本から寫して収めてある。伊達家に現藏するものは鳥子紙二枚續にて後世の寫本である即ち尾張のより二十年許前のものである。在廳とは、中古國衙の廳にあり、國司の命を奉じて事務を行ふ下司であったが、多くは世職だから其の稱呼を傳へて居たのだ。先づ其の全文を掲げよう。

伊豆國神階帳　式社の配當は荻原正平の意見に據る
　　伊豆國三ケ郡神明帳事
　　正一位三島大明神
　　　云々
　　　　那賀郡貳拾四所
　　　云々
　　　　從四位上たにやの明神　多爾夜神社
　　　云々

足立鍬太郎『南豆神祇誌』２３６～２３７頁（静岡縣賀茂郡神職會）
　　　第三十七章　安良里村
多爾夜神社
　所在　字宮ノ脇
　祭神　積羽八重事代主命
　創立　慶長十三年　再建
　社格　村社　式内
　境内　三三〇坪　官一
　元來字龜島なる神洞瀑を祭ったのを、後に現地に従し、其址に山神社無格社ニを建立してある。毎年の祭禮には、神幸船を艤装し、櫂歌を奏して灣内を漕ぐ。歌は幕府濱御殿流で十五番を存し、中に御歌といふ一組の神歌がある。

静岡縣『旧版 静岡縣史』第三巻・７１１～７２６頁（名著出版刊）
【賀茂郡四十六座大四座小冊二座】
云々
【田方郡二十四座大一座小廿三座】
云々
【那賀郡廿二座並小】
云々
（多爾夜神社）
　　現祭神は事代主命。原所在は賀茂郡安良里村字宮脇。現在社は同所の多爾夜神社。
云々

静岡県郷土研究協会『静岡県神社志』第三篇（日本仏書センター刊）
村社　多爾夜神社
　　　賀茂郡安良里村宮ノ脇鎮座
云々
　祭神　積羽八重事代主命
　　　　　別殿　四座　津島神社　建速須佐之男命
　　　　　　　　　　　大神宮　天照大神　須佐之男命
　　　　　　　　　　　走湯神社　火牟須比命
　例祭日　十一月三日
　由緒　本社は延喜式神名帳那賀郡多爾夜神社にて、神階帳従四位上たにやの明神とあるに相当す、慶長十三年再建の棟札もあり、明治六年八月村社に列す。
云々

部多神社

『特選神名牒』３３１～３３２頁
部多神社稱戸田明神
　　祭神
　　祭日　九月九日
　　社格　郷社
　　所在　戸田村今屬君澤郡（田方郡戸田村大字戸田）

度會延經『神名帳考證』（『神祇全書』第一輯）
〇部多神社　兎上王　古事記云、日子坐王子兎上王、比賣陀君之祖、按部比賣也、

伴信友『神名帳考證』（『伴信友全集』第一）
部多神社
［志］君澤郡戸田村三島明神ト云

伴信友『神名帳考』（『神道大系』古典註釈編七・延喜式神名帳註釋）
部田神社
△志ニ、君澤郡戸田村三嶋明神ト云フ、
　１（頭註）圖云、ヘタ村、君澤郡、

鈴鹿連胤『神社覈錄』（井上頼圀・佐伯有義『神社覈錄』下編）
部多神社
　　部多は假字也〇祭神詳ならず〇戸田村に在す、今三嶋明神と稱す、國圖、志、例祭
　　　　類社
　　越前國坂井郡幣多神社
　　　　神位
　　國内神階記云、從四位上へたの明神、

栗田寛『神祇志料』第十二巻
部多神社、今君澤郡戸田村にあり、三島明神と云ふ。豆州志、神名帳打開後村上天皇正平元年六月御卜に、社司神事を穢し、部多神祟り給ふと云を以て、使を遣し、社司に中祓を科す、即此神也。宮主秘事口傳凡其祭十月十八日之を行ふ。足柄縣式社取調帳

『大日本史』［九］・志一・巻二百五十五
部多神社、〇今在君澤郡戸田村、稱戸田明神、神明帳爲從四位上、

竹村茂雄『伊豆國式社考』（『神祇全書』第四輯）
部多神社　戸田村、志神階帳へたの明神、

萩原正平『伊豆國式社攷略』（静岡県立中央図書館所蔵）
部多神社
　君澤郡戸田村鎮座遍多の明神神階帳今稱戸田神社舊稱三島明神登も是なり國圖豆志攷証註進特選今云ふ當社の如き冠する尓戸田の稱號を以てし祀る尓村落の正中を以てす式社の面目備はれ里と云ふべし且該村たる豆州屈指の大郷尓して尤冨豪多きの土地なり抑此地尓して此社ある苟も意を崇敬保存尓留むる者輩出する尓於ては亦何を加ふる事をえむ

萩原正平・萩原正夫『増訂豆州志稿』巻之二上・町村一（長倉書店刊）
〇戸田村（［増］東修善寺村四里八町、南ハ土肥村二里二十五町、北井村一里十町［増］拾里三町［増］延喜式ニ那賀郡部田神社アリ神名帳、へたの明神ヲ載ス（税祠簿ニモヘたトミユマタ山宮社ノ上梁ニ厚見部戸田村ト記ス、古書或ハ邊田ニ作ル〇屬里　新田　舟山（［増］税祠簿ニ舟山を載ス蓋一村ニ立シ事アルカ）當村勝呂氏先祖、小田原、北條氏ノ臣、富永氏ニ屬セシガ鴻ノ臺ニ戰死ス其子此ニ遁レ乘馬ヲ山ニ放ツ遂ニ蕃息スト云フ之ヲ捕ヘ耕馬トシ或ハ鬻タリサレドモ暖地ナル故カ形小ニ力甚ダ劣弱ニシテ不中用故ニ價甚ダ賤シフシテコレヲ捕フルノ費ヲ償ハズ漁多シ［増］本村ハ南ニ峻嶺ヲ負ヒ左右ニ高山ヲ控ヘ（南北長ク東西狭シ）北戸田港ニ面ス（港口東西十二町南北二町船四百艘ヲ泊ス海運ノ便アリ）居民農漁及ビ工商ノ業ヲ取ル物産魚介、薪炭、石材ヲ出ス。
　　〇田額八百貮拾三石壹斗五升貮合内（新田六十五石六斗八升）［増］反別三千三百六拾七町貮反四畝拾貮歩内（田五十七町一反二畝二十一歩、畑四十四町三反六畝二十三歩、宅地十六町一反六畝五歩、山林二千三百二十一町五反七畝二十九歩、原野九百二十七町八反七畝五歩、雑種地一反三畝十九歩、［増］地價金五萬千四百八拾圓貮拾七錢七厘［増］地租金千貮百八拾六圓九拾八錢七厘［増］社十一（郷一村一離九）寺七（日蓮四浄土一眞一禪一）戸長役場一（字大中島ニ在リ本村、井田ノ二村ヲ管ス）巡査派出所一郵便局一學校一（中島上ニ在リ）西豆銀行一（字石川ニ在リ明治十六年ノ創業ナリ）［増］戸現住五百六拾貮現在六百貮拾八［増］口本籍三千七拾九（男千五百三十三、女千五百四十六）現住三千五（男千四百八十八、女千五百十七）［増］追加分教室一（屬里字舟山ニ在リ）

萩原正平・萩原正夫『増訂豆州志稿』巻之八上・式内神社考並神階帳考緒言（長倉書店刊）
〇部田神社［増］神階帳從四位上へだの明神〇在君澤郡戸田村今三島明神ト稱ス［増］今稱部田神社也

萩原正平・萩原正夫『増訂豆州志稿』巻之八上・神祠一・君澤郡（長倉書店刊）
〇三島明神（戸田村）［増］郷社（兼村社）部田神社祭神不詳［増］式内部田神社也（前記）社地村落ノ中央ニアリテ式社ノ體面ヲ備フ〇末社三（神明、八幡、風神、［増］ナホ日枝、塞神、聖徳太子ヲ祭ル［増］四百二十四坪官一）

菅原久高『伊豆國九十二式社祭神記』（『全國神職會々報』第二十二號）

部多神社　田方郡戸田村戸田鎮座部田神社なり戸田明神と稱す
　　祭神　事代主命

吉田東伍『増補大日本地名辞書』第五巻・１０４８頁
戸田　今戸田村と云ふ、達磨山、猿啼山の下にて、一港湾を有す。延喜式、那賀郡部田神社は今も村落の中
　　央に在て、式社の対面を備ふ。諸口明神は、式内国玉命神社なる可し、従来当社を弁天と称す、以て其姫
　　神なるを証す可し、社地御浜と証する岬角に在て、喬松欝葱たり、応永八年の金鈸を懸く、諸口大明神と
　　鐫す。［増訂志稿］
補［戸田］〇［重出］増訂豆州志稿、延喜式井田神社あり、此より以南諸村、東山を戻し西海に向ふ、故に雲見
　　辺まで西浦といふ。〇戸田村、本村は南に峻嶺を負ひ、左右に高山を控へ、港は東西十二町南北十二町、
　　船舶四百艘を泊す、海運の便あり。居民農漁工商の業を取る。
補［戸田山］〇甲斐国志、夫木集註に逸見牧或は伊豆とあるは、彼州の西浦戸田の山に、今散馬あり、古は牧
　　場なりしと云ふ、音近き故に混じ誤れるならん、彼はヘタなりヘミには非らず。〇地誌提要、真城山・達
　　磨山共に戸田村に在り。

郘岡良弼『日本地理志料』巻十三・伊豆国那賀郡
井田　訓闕、按當讀云爲多、常陸又有井田郷、井者堰也、堰水以溉田、故名、詳見伊賀猪田郷疏證、」神名
　　式、那賀郡井田神社、今在君澤郡井田村、稱井田明神、永祿中梁牌、曰井田莊七村鎮守神、建長二年
　　關白道家莊園處分記、伊豆國井田上莊、下莊、最勝金剛院領、慶長檢地帳有井田莊、袖珍寶作伊田郡、
　　豆州志、井田方廢、井田莊存、按圖、亘君澤郡井田、戸田、土肥、小土肥、八木澤、小下田、及本郡
　　宇久須、安良里、田子諸邑、其故區也、」祀典所謂部多神社、在戸田村、其山宮祠梁牌、稱厚見郡戸
　　田村、豊御玉命神社、在土肥村、稱土肥明神、其舊記作稲田莊土肥郷、稻宮命神社、亦在此、稱神明、
　　青玉比賣命神社、在小土肥村稱八幡、𤦲玉命神社、在八木澤、天和三年梁牌、作井田莊宇賀加郷八木
　　澤村、石倉神社、在小下田、寶菩提院明應二年文書、宇加賀下田兩郷、即此、宇久須神社、在宇久須
　　村大楠地永祿五年梁牌、作井田莊宇久須郷、多爾夜神社、國玉命神社、倶在安良里、哆胡神社在田
　　子、文龜三年梁牌、題目大多胡鎮守明神、文祿檢地帳、作田子郷、

静岡県田方郡役所編『静岡県田方郡誌』５０２～５０３頁（長倉書店刊）
　本郡に於ける古神社の史乘に顯はれたるは、延喜式神名帳と伊豆國神階帳とを其完備せるものとす。前者
は平安朝の初期、後者は南北朝時代に現在せる宮社を記載せるものなり。而して此等所載の神社は、引續き
現存せるものなりや否や、今日に之を考定するは頗る至難の事に屬す。然れば先進各考説を異にし、甲是乙
非にて、必ずしも一定せず、是を以て、此書には伊豆國式社考證の著者故萩原正平氏の説に從ひ之を表示す。
　　云々
　　延喜式神名帳所載社名　　部田神社（那賀）
　　神　階　帳　所　載　社　名　　從四位上　へだの明神
　　現　　　在　　　社　　　名　　郷社兼村社　部田神社
　　所　在　地　（舊　制）　　君澤郡戸田村
　　所　在　地　（現　制）　　戸田村戸田

足立鍬太郎『南豆神祇誌』３７～４４頁（静岡縣賀茂郡神職會）
　延喜式卷九に載せた伊豆國神名帳は次の如くである。<small>但所在地は萩原正平著伊豆國式社考略に私考を加へて註記す。</small>
　　　　伊豆國九十二座　　<small>大五座小八十七座</small>
　　　　　賀茂郡四十六座　　<small>大四座小四十二座</small>
　　　　　　云々
　　　　　田方郡廿四座　　<small>大一座小廿三座</small>
　　　　　　云々
　　　　　那賀郡廿二座　　<small>並小</small>
　　　　　　云々
　　　　　部多神社　　　　　　　　　　　　　　　　　　　<small>田方郡戸田村</small>
　　　　　　云々

足立鍬太郎『南豆神祇誌』５２～５３頁（静岡縣賀茂郡神職會）
次に、石室崎の風蝕せる大集塊岩窟は伊波例命として、岩殿なる同じ大岩窟は伊波氏別命として、武峰山の
尖鋭なる岩塊は多祁富許都久和氣命として、嘗て下河津村田中にあった筈の巨杉は杉桙別命として、妻良港
は大津往比咩命として、伊豆山温泉は火牟須比命として富洞の礫濱は布刀主若玉命として、安良里の網屋崎
は國玉命として、皆神格づけられて居る。此類はまだ／＼多い。又地名を冠して居る神社でも、神洞瀑は多
爾夜神社、田子島は哆胡神社、鴨ケ池＝堂内海は佐波神社の一座、戸田港は部多神社、石寶殿は石德高（德
はアイヌ語Ｔｏｋｓｅ＝丘で同語Ｉｗａと熟したのにタカといふ國語を添へたのであらう）神社の神主では
なかったらうか。<small>海岸の島嶼を三島神の若宮として祀った形述は尚ある</small>

足立鍬太郎『南豆神祇誌』７５～７９頁（静岡縣賀茂郡神職會）
　伊豆國神階帳は、群書類從二三に、康永二年<small>辛亥（興國四年）</small>十二月廿五日在廳判の奥書あるものを、在廳伊達某
藏本から寫して收めてある。<small>伊達家に現藏するものは鳥子紙二枚續にて後世の寫本である即ち尾張のより二十年許前のものである。</small>在廳
とは、中古國衙の廳にあり、國司の命を奉じて事務を行ふ下司であったが、多くは世職だから其の稱呼を傳
へて居たのだ。先づ左に其の全文を掲げよう。
　伊豆國神階帳　　<small>式社の配當は萩原正平の意見に據る</small>
　　　伊豆國三ケ郡神明帳事
　　　正一位三島大明神

云々
　　那賀郡貳拾四所
　云々
　　從四位上へたの明神　<small>部多神社</small>
　云々

静岡縣『旧版 静岡縣史』第三巻・７１１～７２６頁（名著出版刊）
【賀茂郡四十六座<small>大四座小卌二座</small>】
云々
【田方郡二十四座<small>大一座小廿三座</small>】
云々
【那賀郡廿二座<small>並小</small>】
云々
（部多神社）
　　現祭神は大國主命。原所在は田方郡戸田村字宮脇。現在社は同所の部田神社。
云々

静岡県郷土研究協会『静岡県神社志』第三篇（日本仏書センター刊）
郷社　部田神社
　　　　田方郡戸田村戸田字宮脇鎮座
云々
　祭神　大国主命
　例祭日　十月九日
　由緒　創立年月未詳なれ共、延喜式内那賀郡二十二座の内部多神社にて、神階帳従四位上の明神に座すと伝う。旧領なく、天正二十年九月再建す、明治六年八月郷社に列せらる。
云々

静岡県郷土研究協会『静岡県神社誌』第三篇（日本仏書センター刊）

佐波神社

『特選神名牒』３３２頁
佐波神社二座
　　祭神
　　祭日　九月十五日
　　社格　郷社
　　所在　濱村(明細帳にない)（賀茂郡仁科村大字濱）
　　今按式社攷證に仁科濱村鎭座豆志に云一座在濱村澤田神功皇后三韓を征し玉ふ時始て此に祀ると云大永七年の上梁文に曰仁科荘本郷總社八幡と今に仁科五村の總鎭守也五百年前迄は海涯に在しが海溢にて今の地に止る就て三島明神と祠を並べ立つと云又三島明神同是地主神也と云々ある此二座也此は古く同殿に坐し事は賀茂郡賀毛神社二座竹麻神社三座等と同例にて佐波神社二座と有を以て明に知らるゝを中頃各々別所に分け祀りたると見えて神階帳に從四位上シテの明神シテは神田にて澤田舊稱なるべし從四位ニイの明神今稱の仁科は此ニイの明神今稱の仁科は此ニイより起れると聞えたりと有にて炳馬抑此濱村は仁科郷中の本村にして郷中の諸社往昔は皆此地に在し由なるは云までもなく社邊を今に澤田と云ふを思ふに佐波神社二座なる事論無し然るを豆志に佐波神社一座在濱田澤田云々一坐在大澤里白川山王子神を祀る云々とあれど協はず其は此白川と云處は濱村よりは三里許を隔たる山中にして固より有べき處に非る事土地を實撿して知べく又二座三座と有は皆同地鎭座の神にして遠く隔れる社を然唱ふべきに非ず亦澤田の地より遷したると云傳も無れば佐波神社の一座なりと云説の謬なる事を知べしと云るは當れる説なり故今附て攷に備ふ

度會延經『神名帳考證』（『神祇全書』第一輯）
〇佐波神社二座　狹穗彦命　古事記云、日子座王之子沙本毘古者、日下部連、甲斐國造之祖、姓氏錄、作澤道彦、

伴信友『神名帳考證』（『伴信友全集』第一）
佐波神社二座
［古事］日子坐王之子沙本昆古者日下部連甲斐國造之祖［姓氏］作澤道彦［和鈔］田方郡佐婆［志］一座ハ當郡濱村澤田ニアリ人神功皇后韓國ヲ征シ玉フトキ始テ此ニ祀ルト云大永七年ノ棟札ニ仁科庄本郷社八幡トアリ今ニ仁科五村ノ總鎭守也五百年前マデハ海岸ニアリシヲ津波ニテ今ノ地ニ止ル一座ハ當郡大澤里オホサリノ白川ニ坐ス山王ト子神也寛正二年文明六年大永元年ノ棟札ニ子ノ神ヲ宇波明神山王ヲ山神トアリ上古高見山野段ト云處ニアリシト云フ

伴信友『神名帳考』（『神道大系』古典註釋編七・延喜式神名帳註釋）
佐波神社二座
〇古事記、日子坐王子之子、沙本毘古者、日下部連、甲斐國造之祖、〇姓氏錄、澤道彦、〇和名抄、田方郡ニ佐婆アリ、△志ニ、一坐ハ當郡濱村澤田ニアリ、神功皇后韓國ヲ征シ玉フトキ、始テ此ニ祀るルト云、大永七年ノ棟札ニ、仁科庄本郷摠社八幡トアリ、今ニ仁科五村ノ總鎭守也、五百年前マデハ、海岸ニアリシヲ、津波ニテ今ノ地ニ止ル、一坐ハ當郡大澤里オホサリ、ノ白川ニ坐ス、山王ト子神也、寛正二年・文明六年・大永元年ノ棟札ニ、子神ヲ宇波明神、山王ヲ山神トアリ、上古、高見山野段ト云處ニアリシト云フ、
　1（頭註）和圖云、大サハ村、

鈴鹿連胤『神社覈錄』（井上頼囶・佐伯有義校訂『神社覈錄』下編）
佐波神社二座
　佐波は假字也、和名鈔、郷名部田方郡佐婆、〇祭神詳ならず〇二座各々に在す、一座は大澤村に在す、國圖、志、一座は濱村に在す、志例祭
　　伊豆志に、一座大澤里［オホサウリ］ノ白川ニ坐ス、山王ト子神也、寛正二年、文明六年、大永元年ノ棟札ニ、子［ネ］神ヲ宇波明神、山王ヲ山神トアリ、上古高見山野段ト云處ニアリシト云フ、」一座濱村ノ澤田ニアリ、神功皇后韓國ヲ征シ玉フ時、始テ此ニ祀ルト云フ、大永七年ノ棟札ニ、仁科庄本郷總社八幡トアリ、今ニ仁科五村ノ總鎭守也、五百年前マデハ海岸ニアリシヲ、津波ニテ今ノ地ニ止ル、と云り、

栗田寛『神祇志料』第十二卷
佐波神社二座、其一は今仁科濱村の澤田にあり、總社八幡といふ。仁科五村の總社也。一は同地に坐地主神、三島明神是也。凡其祭八月十五日、十一月中酉日を用ふ。豆州志、足柄縣式社取調帳

『大日本史』［九］・志一・卷二百五十五
佐波神社二座、〇今在仁科郷濱村澤田之地、爲仁科五村總鎭守、

『大日本史』［十一］・志三・卷二百九十三
那賀、〇今賀茂郡、豆州志、亙松崎宮内伏倉南郷卿伏小杉原六村、其地也、古郡家所在、和名鈔大意有仲社、延喜式那賀川、豆州志有佐波社、箕勾社、延喜式後有仁科荘、佐波神社大永七年ニ梁文仁科川出焉 豆州志

竹村茂雄『伊豆國式社考』（『神祇全書』第四輯）
佐波神社二座　一座濱村澤田、一座大澤里白川、志又國圖に一座大澤にありと、一座は此社ならんか、濱村には布刀主の社もあり、

斎田茂先・山本忠英『掛川志稿』伊豆卷（郷土新聞社刊）
佐婆神社　沢田にあり、式社也、仁科五村総鎮守とす、社域竪壱町許、横十五六歩、幣殿五間、祠四尺、所祀八幡大菩薩、長二尺許、束帯の神像なり、大永七年の札云、豆州仁科荘本郷総社八幡大菩薩御宝殿、御代官須田対馬守延喜式に載る所、佐婆神社二座の内なり、一座は大沢里村の白川にあり、相伝神功皇后三韓を征し給ふ時始て祀ると、いぶかし、但式社たるは的なり、古代は此辺に沢田と大沢里と唯二村ありしと云、

又古昔は此辺をすべて佐波と云しとなり、また五百年前迄は海涯に有なりと云伝、
三島大明神 佐婆神社同所にあり、地主神なりと云、祠方四尺、神體九寸許、古物なり、文亀二年の札云、
三島大明神御宝殿、地頭殿渡辺弾正忠時、代官須田官位対州守、法名正清、禰宜鈴木利兵衛
姫宮山神天満天神稲荷若宮八幡 姫宮と稲荷は二祠あり、以上七祠佐婆神社の末社なり、

萩原正平『伊豆國式社攷略』（静岡県立中央図書館所蔵）
佐波神社二座
　　那賀郡仁科濱村鎮座志ての明神神階舊舊稱三島神社二座一座は八幡神社登稱すな里登す攷証註進特選續攷蓋一座は神階帳のゐの明神ゐ當りぬべくやまた舊説ゐ一座を大澤里村白川山王ゐ當てた連ど固より據なき附會の説ゐて取るゐ足らず

萩原正平・萩原正夫『増訂豆州志稿』巻之三下・町村四 （長倉書店刊）
○濱村（［増］東中村十二町二十間、南近奈村二十一町三十三間、北田子村一里十町三間）［増］拾七里廿町五間（［増］七町二町五十四間）［増］延喜式佐波神社ヲ載ス（今澤田鎮座三島神社八幡神社二座是ナリ）蓋初佐波ト唱へ後仁科ト唱セシナラム（北條氏ノ文書同役高帳仁科郷五代記、西奈、税禰簿にな其他彦坂氏ノ文書順行記等、仁科郷ト、延享四年、寶暦五年ノ名寄帳濱村ト記ス）○佐波神社大永天正ノ上梁文ニ本郷或ハ澤田ト云海濱ナル以テ今ヌ濱ノ名アリ此邊凡テ佐波トミガ 後仁科（マタ西奈）ト稱ス○屬石二○（富洞人戸七軒許アリ古キ所ト云）［増］式内布刀主若玉命神社鎭座ナリ○野畑本村ヲ去ル事二十町許山中ニ在リ此所ノ人眼疾ヲ患フ圓二丈六尺許ノ古樟樹ノ下ニ泉湧出ツ村人コノ水ヲ飲ム故也ト［増］築地元禄圖濱村ノ内築地村ト神明社永祿中ノ棟札仁科荘築地村ト［増］海中堂ケ島大暮小暮マタ龍宮嶼ヒエバダ島雲龍嶼米苞嶼箭苧嶼等アリテ絶勝ノ地ナリ）
　　○田額五百四拾五石三斗貳合（内新田五十四石二斗一升［増］國圖四百九十一石餘伊豆鑑一日米七斗六升定納山手役永七百五十文鹿皮七枚半役永ノ外薪釣十分一舟役高下物有り）［増］反別六百三拾八町壹畝拾六歩内（田四十三町二反三畝二十一歩、畑四十七町一反七畝十三歩、宅地九町二反九畝九歩、山林四百二十三町一反八畝一歩、原野百十五町一反三畝二歩）［増］地價金四萬六百四拾七圓八拾九錢八厘［増］地租金千百六貳拾壹錢六厘［増］社五（郷一幡二）寺三（淨土一禪二）戸長役場一（字土井ノ内ニ在リ本村ノ外、一色、中村、大澤里ニ三村アラス）浦役場一（字同上） 小學校一（字屋敷田ニ在り）［増］戸現住三百五拾現在三百五拾五［増］口本籍千五百六拾三（男八百八、女七百五十五）現住千五百四拾貳（男七百八十九、女七百五十三）

萩原正平・萩原正夫『増訂豆州志稿』巻之八上・式内神社考並神階帳考緒言 （長倉書店刊）
○佐波神社［増］神階帳從四位上（にゐの明神しでの明神）［増］那賀郡濱村舊稱三島神社二座也○一座在濱村澤田一座在大澤里村白川（古代此アタリ澤田ト大澤里ト唯二村ノミニテ西奈ト稱ス）［増］式ニ二座三座トアルハ皆同地鎭座ノ神也一座大澤里村ニ當テタレド此地ノ社ハ濱村ヨリ遷祀セシト云傳モ無レバ謬ナル事必セリ

萩原正平・萩原正夫『増訂豆州志稿』巻之九下・神祠四・那賀郡 （長倉書店刊）
○三島明神（濱村）［増］郷社（兼村社）佐波神社祭神二座神名不詳［増］式内佐汐神社二座也（前記）佐波ハ地名ニシテ今社邊ヲ澤田ト云當社二座ヲ神階帳ニハにゐの明神、しでの明神トアリにゐハ此地の荘名仁科ノ起因、しでハ神田ニシテ社地ノ舊稱ナラム往古同殿ニ鎮座、後分祀シ再ビ配祭セルナル可シ一座舊稱三島神、一座八幡、
○三島明神、コレ地主神也ト云古神像及本地智勝佛ノ像アリ祠邊ノ賀茂池今ハ埋没ス大永二年ノ上梁文ニ仁科荘本郷ノ地頭渡部彈正ノ忠御代官須田對馬守、天正十七年ノ文ニ地頭北條美濃守代官須田圖書ノ助盛吉トアリ（末社ニ權ノ宮若宮等アリ禰宜須田氏）○八幡、神功皇后三韓ヲ征シ賜フ時始テ此ニ祀ルト云大永七年ノ上梁文二日仁科ノ荘本郷總社八幡ト今ニ仁科五村ノ總鎭守也五百年前迄ハ海涯ニアリシニ海溢ニテ今ノ地ニ止ル就テ三島明神ト祠ヲ並べ立ツト云所祭ノ神詳ナラス（禰宜高木氏）［増］境内社十五（姫宮、粟島、天神、鹽釜、若宮、地神、塞神、白山、山神、諏訪、稲荷五社［増］域内ニ招魂碑アリ［増］五百八十三坪官一）

萩原正平・萩原正夫『増訂豆州志稿』巻之九下・神祠四・那賀郡 （長倉書店刊）
○山王（大澤里白川）［増］無格社山神社祭神二座、一座大山祇神ナリト云一座ヲ宇波神ト稱ス相殿天神［増］原書式内佐波神社二座ノ一ニ當テタルハ非也（前記）一説ニ日ク宇波神ハ式内瓺玉命ナル可シ此神ヲ神階帳ニみかたま姫の明神トアリテ姫神ナルヨリ宇波（ウバト訓ス）ノ稱ヲ貞セシナラムト（舊社地高見山ノ高見ハ瓺玉ノ轉訛トモ開ユ又屬里禰宜ガ畑、宮ガ畑、宮ガ原等ノ稱アルニ舊祠アル事推測セラル然レトモ宇波神ノ本社ハ禰宜加畑、山神社二座ノ一ナラムト云然ラバ此説ヲ以テ同社ニ當ツル方妥當ナル可シ）錄シテ後考ニ供フ○山王子神二神ヲ祭ル寛正二年、文明六年、大永元年、等ノ棟札ニ子神ヲ宇波明神、山王ヲ山神トアリ傳記ニ云二神共ニ上古高見山ノ野ノ段ト云處ニ鎭座シ至テ古社也中古山神ハ白川ニ子ノ神ハ禰宜ガ畑ニ遷祀シ各土神トス其後兩所共依舊二神ヲ配祭スト（天神在白川山王林中）［増］境内社三（大神、嚴島、山神、［増］三百二十九坪官一）

菅原久高『伊豆國九十二式社祭神記』（『全國神職會々報』第二十二號）
佐波神社二座　賀茂郡仁科村濱鎭座郷社なり
　　祭神　詳らかならす

吉田東伍『増補大日本地名辞書』第五巻・１０６５～１０６６頁
仁科浜　仁科村の大字浜と云ふ者是なり、松崎の北半里仁科川河口とす。増訂志稿云、浜村に式内佐波神社、布刀神社あり、又長平寺あり、此寺正和三年甲寅の銘ある鐘は駿州清水寺に移されたり、村北なる祠堂の前に島嶼あり、称して堂ケ嶼と云、此境南に安城山横り、北に天窟山峙つ、山脚に洞窟あり、高さ一丈四五尺、広四五歩、長六七十歩、潮水往来し扁舟を通ず可し、之を胎内潜と称ふ、又天窟山巓に孔ありて、胎内潜の中天に達す、宛然天窟の明を取るが如し、天窟方言エジと云、南北両山の間は白岩長く連り幕を張るが如し、因て大幕と名く、其両端巌石峙立し、層楼の如く堅城に似たり、其前に島嶼碁布す、此辺風光奇絶、春夏の候舟を泛べて勝を探る者多し。
補［仁科］増訂豆州志稿［重出］浜村、此辺凡て佐波と云ひしが、後仁科（また西奈）と称す、富洞に式内布刀主若玉命神社鎮座なり、○浜村長平寺の古鐘銘文、正和三年甲寅等の字あり。
揺橋とは堂ケ島の小渓に架す、橋材は刺柏の厚板二枚、長さ各々八尺許なるを用ふ、伝へ云ふ、往古枯野の船の余材を架し、此橋を作すと。名迹志に、応神天皇の時、浜村の地にて枯野の船を造ると見ゆけども、蓋牽強ならむ。此橋不浄の者過ぐれば則動揺す、故に此称ありと云ふ。今別に不浄橋を架して渡らしむ、里俗云、此橋板の細片に広瀬神社点ずれば、小児の夜啼を止め、又能く瘧を治すと、今尚削り去る者多し。按ずるに、揺橋は藻塩草・方角抄等に本州を載せ、八雲御抄・歌枕名寄には本州或は伊予とす。浜村に在る者極て古物にして、州中尤著名なれば、是とす可きに似たり。

補［堂島］○増訂豆州志稿、熊王丸墓、浜村浮島の窟中にあり、海へ張出でし山腹に石塔あり、承久記に、承久三年五月京都京都守護伊賀判官光季（大江広元弟）後鳥羽帝の討手を被りし時、郎従皆逃れ、一騎当千の者廿七人のみ止まる、其中に熊王丸あり、事の急なるに臨み、唯贄田兄弟のみ戦死し、余は皆散じたる由を載せたり、豈熊王丸伊豆に遁れ、卒に此に死する乎。
　東鑑宝治二年記に熊王丸あり、宝治二年、承久三年を去る二十七年、果して同人なるか、将た同名異人なるか、考定むるに由なし。

邨岡良弼『日本地理志料』巻一三・伊豆国那賀郡
那賀　訓義見上、按那賀郡司治于此、郡名因起、神名式、那賀郡仲神社、今在郡之中村、稱高嶺明神、仲御歳神社、在賀茂郡松埼村、稱下明神、二村相鄰、慶長三年檢地帳、西浦那賀郷内中村、建久寺村、吉田村、秋山氏曰、松埼、宮内、伏倉、南郷、明伏、小杉原六邑、古屬本郷、見伊那上神社流記、今轉入賀茂郡、豆州志云、那賀郷廢、中村存、盖亘建久寺、吉田、櫻田、船田、峯輪、大澤、門野、大澤里、仁科、杉坂、濱、江奈諸邑、其故治也、」祀典所謂箕句神社、在峰輪村、伊那上神社、在宮内村、伊那下神社在松埼村、佐波神社在濱村、布刀主若玉命神社在濱村、」東鑑治承四年條、有中村太郎景平、同次郎盛平、盖本郷人、荒神祠應永八年神像識、仁科莊門野村、嘉吉三年梁牌識、小田原分限帳同、北條五代記作西奈、伊豆日記云、吉田有吉田寺、尼將軍建之、以祈賴家冥福、

賀茂郡役所編『静岡県南豆風土誌』２９３〜２９６頁（長倉書店刊）
云々、今賀茂郡四十六座の内より海島鎭座二十四座を減じ、又那賀郡二十二座の内より土肥以北井田に至る八座を除く時は、今日の賀茂郡は正に三十六座の式内社を算すべきなり。然れども伊豆三島神社は、上古鎭座の本域、賀茂郡三島和名抄所載郷名、即海島の總稱にして、其の本島は今の三宅島なり。なりしが、中世同郡大社郷和名抄所載。今の白濱村伊古奈比咩命神社の地なり。に遷座し、後又今の田方郡三島町に遷祀せられたりと云ふ（伊豆國式社攷略）を以て、更に大神の一座を除きて、茲に三十五座を得と謂ふべし。今左に増訂豆州志稿卷八上によりて之を擧げむ。同書に云はく、式内社を記すに「也」といふは疑ひなきもの、「なるべし」といふは略證蹟あるもの、「ならむ乎」といふは、信疑相半するものに用ふと。
　云々
　佐波神社二座　　同郡仁科村舊稱三島神社二座也。

賀茂郡役所編『静岡県南豆風土誌』６９０〜６９１頁・仁科村（長倉書店刊）
　佐波神社　濱－郷社兼社――祭神、積羽八重事代主命、廣幡八幡大神○（式内）佐波神社二座是なり。傳へ云ふ崇神天皇の朝巨船を造りて之を獻ず。天皇嘉賞し給ひ、賜ふに神主を以てす。因りて造船の地に祭祀し佐波神社となすと。舊、浜涯にありしが明應七年海嘯の爲に神體流れて此の地に留れるを以て、現地に遷祀すと。古神像及び本地習勝佛の像を藏す。

足立鍬太郎『南豆神祇誌』３７〜４４頁（静岡縣賀茂郡神職會）
　延喜式卷九に載せた伊豆國神名帳は次の如くである。但所在地は萩原正平著伊豆國式社考略に私考を加へて註記す。
　　　　伊豆國九十二座　　大五座小八十七座
　　　　　賀茂郡四十六座　　大四座小四十二座
　　　　　　云々
　　　　　田方郡廿四座　　大一座小廿三座
　　　　　　云々
　　　　　那賀郡廿二座　　並小
　　　　　　云々
　　　　　　　佐波神社二座　　　　　　　　　　仁科村濱
　　　　　　云々

足立鍬太郎『南豆神祇誌』５２〜５３頁（静岡縣賀茂郡神職會）
次に、石室崎の風蝕せる大集塊岩窟は伊波例命として、岩殿なる同じ大岩窟は伊波氏別命として、武峰山の尖鋭なる岩塊は多祁富許都久和氣命として、嘗て下河津村田中にあった筈の巨杉は杉桙別命として、妻良港は大津往比咩命として、伊豆山温泉は火牟須比命として富洞の礫濱は布刀主若玉命として、安良里の網屋崎は國玉命として、皆神格づけて居る。此類はまだ〱多い。又地名を冠して居る神社でも、神洞瀑は多爾夜神社、田子島は哆胡神社、鴨ケ池＝堂内海は佐波神社の一座、戸田港は部多神社、石寶殿は石德高（德はアイヌ語Ｔｏｋｓｅ＝丘で同語Ｉｗａと熟したのにタカといふ國語を添へたのであらう）神社の神主ではなかったらうか。海岸の島嶼を三島神の若宮として祀った形迹は尚ある。

足立鍬太郎『南豆神祇誌』７５〜８０頁（静岡縣賀茂郡神職會）
　伊豆國神階帳は、群書類從二三に、康永二年辛亥（興國四年）十二月廿五日在廳判の奥書あるものを、在廳伊達某藏本から寫して收めてある。伊達家に現藏するものは鳥子紙二枚續にて後世の寫本である即ち尾張のより二十年許前のものである。在廳とは、中古國衙の廳にあり、國司の命を奉じて事務を行ふ下司であったが、多くは世職だから其の稱呼を傳へて居たのだ。先づ左に其の全文を掲げよう。
伊豆國神階帳　　式社の配當は萩原正平の意見に據る
　　伊豆國三ケ郡神明帳事
　　正一位三島大明神
　　　云々
　　　　那賀郡貳拾四所
　　　云々
　　　　從四位上しての明神　　佐波神社一座
　　　　從四位上にゐの明神　　仝上
　　　云々

足立鍬太郎『南豆神祇誌』１３５～１３７頁（静岡縣賀茂郡神職會）
　　今日稲梓村には日枝神社山王の鎮座が多く、郷社一・村社三・無格社一・他に合祀されたのが一社ある。同村横川大梅寺は、有名な、山王や稲荷を信仰して立身した僧桓舜法性寺座主天喜五年寂す年八十を開祖と稱し、又舜が伊豆に浪遊中、法を温泉祠に説いたといふことが、元亨釋書巻五に見えて居るから、其間何等の因縁あるやう考へられるけれども、此の温泉祠は伊豆山なるべく、又大梅寺に舜を弘法の法孫と傳へること、全く事實と違って居る故、桓舜は叡山の慶圓の弟子で慶圓は喜慶の弟子である。此の關係には確證が無い。唯天文の頃、此邊の地頭吉田吉長後北條氏の臣の名が、大旦那として諸社の棟札に見えるより推せば、山王勸請の初は兎に角、其の神威の景仰されたのは此の時代が盛であったらう。郷社日枝神社の傳説に、箕作・宇土金・北湯ケ野の山王は椎原から分祀したといひ、又八楠の山王には地藏十禪子の掛物に奉造三願三新天王と刻し、加増野山王合祀に畧同様の十一面観音客人權現の掛物あるによって考へると、是等は皆一族關係があったではないか。尚山王の勢力は、西・中川村池代・南上村一條、南・稲生澤村立野子神社の前身から、一時東・白濱神社にも及んだこともあるやうだ。白濱神社の別當と稱した禰福寺に、山上七社の掛物を藏す。彼の仁科村堂ケ島長平寺藥師堂の本尊、藥師定印・釋迦・阿彌陀も、恐らくは佐波神社三島八幡の奥院として祀られたのであらう。即ち三嶋の本地藥師・八幡の本地阿彌陀を、山王地主權現二宮の藥師・聖眞子の阿彌陀に混融し、之に大宮の本地垂釋迦を加へて、日枝神社にも擬當しようと試みたのであらう。最澄は藥師釋迦彌陀を叡山なる東塔西塔横川の本尊とした。

足立鍬太郎『南豆神祇誌』２３１～２３３頁（静岡縣賀茂郡神職會）
　　　　第三十五章　仁科村
佐波神社
　　所在　濱字澁川
　　祭神　積羽八重事代主命
　　創立　崇神天皇の朝
　　社格　郷社　式内（二座）　供進　（神階帳）しての明神にゐの明神
　　境内　五八三坪　官一
　一社兩扉、一方は男女兩神を祭る。これ式佐波神社二座であって、其の一座は堂の内の梅を鴨が池として祭ったものであらう。即ち三嶋神夫妻である。大永二年・天文五年・永祿九年・天正十七年・慶長十年（追作）・全十四年等の棟札十四枚を藏して居る。一方は八幡宮であって、是亦大永七年・天文十二年・永祿五年・天正九年・慶長二年・同十四年等の棟札を藏して居る。初は全く別社で、神主のみ須田氏が兼ねて居たが、天文より八幡宮は山本氏となり、やがて社僧も出來たのを後文政六年宮内村神主上之宮金刺伊賀茂濟が、社僧威寶院と二枚の棟札を納めてこヽに兩社を合一した。
　本社を崇神天皇の朝に創建したといふは、同天皇が仁科堂ケ島へ行幸あらせられたといふ無稽の説に基いたもの、又鴨ケ池造船の傳説は謡曲自然居士の舞詞から出たものである。

静岡縣『旧版 静岡縣史』第三巻・７１１～７２７頁（名著出版刊）
【賀茂郡四十六座大四座小冊二座】
云々
【田方郡二十四座大一座小二十三座】
云々
【那賀郡廿二座並小】
云々
（佐波神社二座）
　　一座は賀茂郡仁科村濱字澁川の佐波神社か。
　　一座は同村大澤里字白川の山神社か。
云々

静岡県郷土研究協会『静岡県神社志』第三篇（日本仏書センター刊）
郷社　佐波神社
　　　　賀茂郡仁科村浜字沢田鎮座
云々
　　祭神　二座　積羽八重事代主神　広幡八幡大神
　　例祭日　十一月四日
　由緒　延喜式神名帳那賀郡佐波神社二座とあり、神階帳の那賀郡従四位しての明神、同にゐの明神に相当する。佐波は地名にて沢なり、豆州志に本社の上梁文を引証して本郷沢田海涯なるを以て浜村の名あり、昔この此辺総て佐波と云いしが仁科と改称すと。本社創建年代は詳ならず、特選神名牒には「神功皇后三韓を征し給う時始めて此地に祀るとあり、大永中の棟札に、仁科庄本郷総社八幡は今に仁科五村の総鎮守也、五百年前までは海涯にありしが海溢れて今の地に止る、依て三島明神と祠を並べ立つと云う、又三島明神は同村の地主神也云々」と。又当国田方の住人伊東祐綱入道の伝書を案ずるに、上古崇神天皇十七年庚子の歳船を此の地に造らせ給う。今の沢田の地是なるべしと、又今の安城山は行在所の旧跡なるべしと、是等悠遠の事蹟は今その真否を詳にせず、又本社はるいい屡々涛災にかゝりて旧記宝物等流失し徴証すべきものがない、南豆神祇誌に拠れば唯造営の棟札は大永二年、天文五年、永禄九年、天正十七年、慶長二年、十年、同十四年等以下十四枚を蔵し、一方八幡宮にも大永七年天文十二年、永禄五年、天正九年、慶長二年、同十四年等を蔵する。二座は始めは全く別社にて神主のみ須田氏が兼ねて居たが、天文より八幡は山本氏となり、やがて社僧も出来たるを、後文政六年宮内村神主上之金刺伊賀守茂済が社僧威宝院と二枚の棟札を納めて茲に両社は合一した。明治六年八月郷社に列し、大正四年十一月九日神饌幣帛料供進社に指定せらる。
云々

布刀主若玉命神社

『特選神名牒』３３２～３３３頁
布刀主若玉命神社
　祭神　布刀主若玉命神社
　祭日
　社格
　所在
　　今按式社攷證に豆志云布刀主若玉命神社濱村富洞今神明と稱す相傳へて式社と云極めて古祠なる由とあり先輩の説皆同じ此社今土地狹く甚だ衰頽に及びて小祠なれど神階帳に二浦若玉姫明神とある是にて布刀二浦富洞近く通ひて聞ゆるは更也姫神をば多く神明と唱へ來れる例なるに協ひて所由ある社と聞ゆれば式内と定めむに難無るべしとあるに從て當村に定むべきか一説に宇久須村熊野神社ならむか其は正月六日田植祭をなすに水口午王とて若王山寶印と刻せる小木印に赤土を塗て村人の額上におすと云小木印の若王は布刀主若玉の若玉ををを誤れるものにて因有げなりと云れど此若王山は熊野の若一王子を祭れるによりて熊野神社と云ひ其社につきたる寺院の山號に若一王子を省きて若王と名けしなるべく思はるれば若玉誤りに非ること明けし

度會延經『神名帳考證』（『神祇全書』第一輯）
○布刀主若玉命神社　經津主　陸奧國香取伊豆乃御子神社、按布刀主經津主也、

伴信友『神名帳考證』（『伴信友全集』第一）
布刀主若玉命神社
○陸奧國香取伊豆御子神社　按布刀主ハ經津主ナリ［志］濱村ノ富洞トヅフ處ニアリ小祠ナレドモキハメテ古キ社也ト云フ○信友云フツヌシヲフトヌシト云ヘル也當國ニ松ヲマトト云ヘル地名二所アリツトトトカヨハセタル當國ノ例也ナホ予ガ正ト考ニ云ヘリ

伴信友『神名帳考』（『神道大系』古典註釋編七・延喜式神名帳註釋）
布刀主若玉命神社
○陸奧國香取伊豆御子神社、○按、布刀主、經津主也、考證、△志ニ、濱村ノ富洞トヅフ處ニアリ、小祠ナレトモ、キハメテ古キ社也トフ、○信友云、フツヌシ、フトヌシト云ヘル也、當國、松ヲマトヽ云ヘル地名、二所アリ、ツトトトカヨハセタル、當國ノ例也、正ト考ニ云ヘリ、
　1（頭註）攷圖云、ハマ村、

鈴鹿連胤『神社覈錄』（井上頼圀・佐伯有義校訂『神社覈錄』下編）
布刀主若玉は不止奴之和加多麻と訓べし○祭神明か也○濱村に在す、國圖志、例祭　月　日、
　　伊豆志ニ、濱村ノ富洞トヅ處ニアリ、小祠ナレドモキハメテ古キ社也トフ、○伴信友云、フツヌシヲフトヌシト云ヘル也、當國松ヲマトヽ云ヘル地名二所アリ、ツトトヽカヨハセタル當國ノ例ナリ、正ト考ニ云ヘリ、

栗田寛『神祇志料』第十二卷
布刀主若玉命神社、今濱村の富洞にあり、神明と云ふ。豆州志○式社考證に神階帳若玉姫明神、國はしら姫明神あり、明神は此國にて姫神を云例なりぞそ。

『大日本史』［九］・志一・卷二百五十五
布刀主若玉命神社、○神明帳有從四位上二浦谷玉姫乃明神、谷疑若之訛、蓋此神也、今在濱村富洞之地、稱神明、

竹村茂雄『伊豆國式社考』（『神祇全書』第四輯）
布刀主若玉命神社　濱村富洞、志神階帳に二浦谷玉姫といふあり、

齋田茂先・山本忠英『掛川志稿』伊豆卷（郷土新聞社刊）
布刀主若玉神社　富洞にあり、式社也、今は神明と稱す、棟札以下の旧物なし、されとも此地を富洞と呼ぶこと此神社ありしより起るなるへく、又地名をふとうと云を以て式社なるを知る、然るに此所の民戸僅に七烟、社域甚狹く又小社也、

萩原正平『伊豆國式社攷略』（靜岡縣立中央圖書館所藏）
布刀主若玉命神社
　同前村屬里富洞鎭座二浦若玉姫の明神神階帳舊稱神明社なるべし圖圖豆志攷証註進特選今は祠域狹隘尒して宦社の面影存するを見ず村人又抛擲してヾ関せざるものヽの如し

萩原正平・萩原正夫『増訂豆州志稿』卷之三下・町村四（長倉書店）
○濱村（［増］東中村十二町二十間、南江奈村二十一町三十三間、北田子村一里十町三間）［増］拾七里廿町五間（［増］七里二町五十四間）［増］延喜式佐波神社ヲ載ス（今澤田鎭座三島神社八幡神社二座是ナリ）蓋初佐波ト唱ヘ後仁科ト稱セシナラム（北條氏ノ文書同役高帳仁科郷五代記、西奈、稅祠簿其他彦坂氏ノ文書順行記等、仁科鄕ト、延享四年、寶曆五年ノ名寄帳濱村ト記ス○佐波神社大永天正ノ上梁文ニ本鄕或ハ澤田ト云海濱ナルヲ以テ今又濱ノ名アリ此邊凡テ佐波ト云シカ後仁科（マタ西奈）ト稱ス○屬ニ二○（富洞人戸七軒許アリ古キ所ト云）［増］式内布刀主若玉命神社鎭座ナリ○野畑本村ヲ去ル二町許山中ニ在リ此所ノ人眼疾ヲ患フ圖二丈六尺許古樟樹ノ下ニ泉湧出ツ村人コノ水ヲ飲ム故也ト［増］築地元藏圖濱村ノ内築地村ト神明社永藏中ノ極札仁科莊築地村ト［増］海中堂ケ島大暮小幕マタ龍宮嶼ヒエバタ島雲龍嶼米笘嶼箭笘嶼等アリテ絶勝ノ地ナリ）
　○田額五百四拾貳石三斗貳合（内新田五十四石二斗一升［増］圖圖四百九十一石餘伊豆鏡二日米七斗六升定納山手役永七百五十文鹿皮七枚半役右ノ外薪釣十分一舟役高下物有リ）［増］反別六百三拾八町壹畝拾六歩内（田四十三町二反三畝二十一歩、畑四十七町二反七畝十三歩、宅地九町二反九畝九歩、山林四百二十三町一反八畝一歩、原野四十五町一反三畝二歩）［増］地價金四萬六百四拾七圓八拾九錢八厘［増］地租金千拾六圓貳拾壹錢六厘［増］社五（鄕一離四）寺三（淨土一離二）戸長役場一（字土井ノ内二在リ本村ノ外、一色、中村、大澤里ノ三村ヲ管ス）浦役場一（字同上）小學校一（字屋敷田二在リ）［増］戸現住三百五拾現在三百五拾五［増］口本籍千五百六拾三（男八百八、女七百五十五）現住千五百四拾貳（男七百八十九、女七百五十三）

—383—

萩原正平・萩原正夫『増訂豆州志稿』巻之八上・式内神社考並神階帳考緒言（長倉書店刊）
○布刀主若玉命神社［増］神階帳從四位上ニ浦谷玉姫ノ明神○在濱村富洞今神明ト稱ス［増］神階帳ニ浦谷玉姫ノ谷ハ若ノ誤寫ナラム

萩原正平・萩原正夫『増訂豆州志稿』巻之九下・神祠四・那賀郡（長倉書店刊）
○神明（同村富洞）［増］無格社神明神社祭神布刀主若玉命ナル可シ［増］式内布刀主若玉命神社也（前記）神階帳ニ二浦若玉姫の明神トアリ此並ニ地名ノ富洞ハ神名布刀ノ轉訛ナラム又州中＊神ヲバ多ク神明ト稱スル例ニモ適ヘリ現今祠域狹隘極テ衰頽ニ屬ス○屬里富洞ノ土神小祠ナレドモ相傳テ式社ト云極テ古祠ナル由（［増］百所官一）

菅原久高『伊豆國九十二式社祭神記』（『全國神職會々報』第二十二號）
布刀主若玉命神社　賀茂郡仁科村濱鎭座無格社神明神社なり二浦谷玉姫乃明神と稱す
　　祭神　布刀主若玉命

吉田東伍『増補大日本地名辞書』第五巻・１０６５～１０６６頁
仁科浜　仁科村の大字浜と云ふ者是なり、松崎の北半里仁科川河口とす。○増訂志稿云、浜村に式内佐波神社、并に布刀神社あり、又長平寺あり、此寺正和三年甲寅の銘ある鐘は駿州清水寺に移されたり、村北なる祠堂の前に島嶼あり、稱して堂が嶼と云、此境南に安城山横り、北に天窓山峙つ、山脚に洞窟あり、高さ一　丈四五尺、廣四五歩、長六七十歩、潮水往來し扁舟を通ず可し、之を胎内潛と稱ふ、又天窓山巓に孔ありて、胎内潛の中天に達す、宛然天窓の明を取るが如し、天窓方言エジと云、南北両山の間は白岩長く連り幕を張るが如し、因て大幕と名く、其両端巌石峙立し、層楼の如く堅城に似たり、其前に島嶼碁布す、此辺風光奇絶、春夏の候舟を泛べて勝を探る者多し。
補［仁科］○増訂豆州志稿［重出］浜村、此辺凡て佐波と云ひしが、後仁科（また西奈）と稱す、富洞に式内布刀主若玉命神社鎭座なり、○浜村長平寺の古鐘銘文、正和三年甲寅等の字あり。
　揺橋とは堂ヶ島の小渓に架す、橋材は刺柏の厚板二枚、長さ各々八尺許なるを用ふ、伝へ云ふ、往古枯野の船の余材を架し、此橋を作すと。名迹志に、応神天皇の時、浜村の地にて枯野の船を造ると見ゆれども、蓋牽強ならむ。此橋不浄の者遇ぐれば則動揺す、故に此稱ありと云ふ。今別に不浄橋を架して渡らしむ、里俗云、此橋板の細片に點ずれば、小兒の夜啼を止め、又能く癪を治すと、今尚削り去る者多し。按ずるに、揺橋は藻塩草・方角抄等に本州を載せ、八雲御抄・歌枕名寄には本州或は伊予とす。浜村に在る者極て古物にして、州中尤著名なれば、是とす可きに似たり。
補［堂島］○増訂豆州志稿、熊王丸墓、浜村浮島の窟中にあり、海へ張出でし山腹に石塔あり、承久記に、承久三年五月京都守護伊賀判官（大江広元弟）後鳥羽帝の討手を被りし時、郎従皆逃れ、一騎当千の者廿七人のみ止まる、其中に熊王丸あり、事の急なるに臨み、唯贄田兄弟のみ戦死し、余は皆散じたる由を載せたり、豈熊王丸伊豆に遁れ、卒に此に死する乎。
　東鑑宝治二年記に熊王丸あり、宝治二年、承久三年を去る二十七年、果して同人なるか、将た同名異人なるか、考定むるに由なし。

郁岡良弼『日本地理志料』巻十三・伊豆国那賀郡
那賀　訓義見上、按那賀郡司治于此、郡名因起、神名式、那賀郡仲神社、今在郡之中村、稱高嶺明神、仲御歳神社、在賀茂郡松埼村、稱下明神、二村相鄰、慶長三年檢地帳、西浦那賀郷内中村、建久寺村、吉田村、秋山氏曰、松埼、宮内、伏倉、南郷、明伏、小杉原六邑、古屬本郷、見伊那上神社流記、今轉入賀茂郡、豆州志云、那賀郷廢、中村存、蓋亘建久寺、吉田、櫻田、船田、峯輪、大澤、門野、大澤里、仁科、杉坂、濱、江奈諸邑、其故地也、」祀典所謂箕句神社、在峰輪村、伊那上神社、在宮内村、伊那下神社在松埼邑、佐波神社在濱村、布刀主若玉命神社在濱村、」東鑑治承四年條、有中村太郎景平、同次郎盛平、蓋本郷人、荒神祠應永八年神像識、仁科荘門野村、嘉吉三年梁牌識、小田原分限帳同、北條五代記作西奈、伊豆日記云、吉田有吉田寺、尼將軍建之、以祈賴家冥福、

賀茂郡役所編『南豆風土誌』２９３～２９６頁（長倉書店刊）
云々、今賀茂郡四十六座の内より海島鎭座二十四座を減じ、又那賀郡二十二座の内より土肥以北井田に至る八座を除く時は、今日の賀茂郡は正に三十六座の式内社を算すべきなり。然れども伊豆三島神社は、上古鎭座の本域、賀茂郡三島和名抄所載郷名、即海島の總稱にて、其の本島は今の三宅島なり。なりしが、中世同郡大社和名抄所載。今の白濱村伊古奈比咩命神社の地なり。に遷座し、後又今の田方郡三島町に遷祀せられたりと云ふ（伊豆國式社攷略）を以て、更に大神の一座を除きて、茲に三十五座を得と謂ふべし。今左に増訂豆州志稿卷八上によりて之を擧げむ。同書に云はく、式内社を記すに「也」といふは疑ひなきもの、「なるべし」といふは略證蹟あるもの、「ならむ手」といふは、信疑相半するものに用ふと。
　云々
　　布刀主若玉命神社　同郡濱村（仁科村）富洞に在り。今神明社と稱す。

賀茂郡役所編『静岡県南豆風土誌』６９１頁・仁科村（長倉書店刊）
　神明神社　濱字浮島－無格社－祭神、（式内）布刀主若玉姫命○古昔海嘯の爲に舊記悉く佚し、今祠域狹隘極めて衰頽り。慶長十三年以降の上梁文現存。

足立鍬太郎『南豆神祇誌』３１頁（静岡縣賀茂郡神職會）
　次にアイヌ語Ｆｔｏｒは礫の場所である。仁科村の富洞や、田方郡對馬村の富登はいかにも海岸の礫の場所である。されば富洞にある式布刀主若玉命は、此の礫石を玉と見てＦｔｏｒの主神を讃美したのである。

足立鍬太郎『南豆神祇誌』３７～４４頁（静岡縣賀茂郡神職會）
　延喜式巻九に載せた伊豆國神名帳は次の如くである。但所在地は萩原正平著伊豆國式社攷略に私考を加へて註記す。
　　　　伊豆國九十二座　　大五座小八十七座
　　　　　賀茂郡四十六座　　大四座小四十二座
　　　　　云々

田方郡廿四座　　大一座小廿三座
　　　　云々
　　　那賀郡廿二座　　並小
　　　　云々
　　　　布刀主若玉命神社　　　　　　　　　　　　　仝上富洞
　　　　云々

足立鍬太郎『南豆神祇誌』５２～５３頁（静岡縣賀茂郡神職會）
　次に、石室崎の風蝕せる大集塊岩窟は伊波例命として、岩殿なる同じ大岩窟は伊波氏別命として、武峰山の尖鋭なる岩塊は多家富許都久和氣命として、嘗て下河津村田中にあった筥の巨杉は杉桙別命として、妻良港は大津往比咩命として、伊豆山温泉は火牟須比命として富洞の礫濱は布刀主若玉命として、安良里の網屋崎は國玉命として、皆神格づけられて居る。此類はまだ〵多い。又地名を冠して居る神社でも、神洞瀑は多爾夜神社、田子島は哆胡神社、鴨ケ池＝堂内海は佐波神社の一座、戸田港は部多神社、石寶殿は石德高（德はアイヌ語Ｔｏｋｓｅ＝丘で同語Ｉｗａと熟したのにタカといふ國語を添へたのであらう）神社の神主ではなかったらうか。海岸の島嶼を三島神の若宮として祀った形迹は尚ある

足立鍬太郎『南豆神祇誌』７５～７９頁（静岡縣賀茂郡神職會）
　伊豆國神階帳は、群書類從二三に、康永二年辛亥（興國四年）十二月廿五日在廳判の奥書あるものを、在廳伊達某藏本から寫して收めてある。伊達家に現藏するものは鳥子紙二枚續にて後世の寫本である即ち尾張のより二十年許前のものである。在廳とは、中古國衙の廳にあり、或司の命を奉じて事務を行ふ下司であったが多くは世職だから其の稱呼を傳へて居たのだ。先づ左に其の全文を掲げよう。
伊豆國神階帳　　式社の配當は萩原正平の意に據る
　　伊豆國三ケ郡神明帳事
　　正一位三島大明神
　　　云々
　　　　那賀郡貳拾四所
　　　云々
　　　　從四位上二浦谷玉姫の明神　　布刀主若玉命神社
　　　云々

足立鍬太郎『南豆神祇誌』２３１～２３４頁（静岡縣賀茂郡神職會）
　　　　　第三十五章　仁科村
云々
　其他、濱字富洞に無格社神明神社がある。これ式布刀主若玉命神社なれども、今や殆ど廃頽して居る。慶長十三年再建の棟札がある

静岡縣『旧版　静岡縣史』第三巻・７１１～７２７頁（名著出版刊）
【賀茂郡四十六座大四座小卌二座】
云々
【田方郡二十四座大一座小廿三座】
云々
【那賀郡廿二座並小】
云々
（布刀主若玉命神社）
　　原祭神は布刀主若玉命。原所在は賀茂郡仁科村濱字御庵。現在社は同所の神明社。
云々

静岡県郷土研究協会『静岡県神社志』第三篇（日本仏書センター刊）
無格社　神明社
　　　　　賀茂郡仁科村浜字御庵鎮座
云々
　　祭神　布刀主若玉姫命
　　例祭日　十一月三日
　　由緒　本社は数度の濤災にて旧記を失いたれば拠るべきものなしと雖、式社攷証には、豆州志云延喜式延喜式神名帳那賀郡布刀主若玉姫命神社祇村富洞今神明と称す、相伝えて式社という極めて古祠なる由とあり、先輩の説皆同じ、此社今土地狭く甚だ衰頽に及びて小祠なれども、神階帳従四位上に浦谷玉姫の明神とある、是にて布刀、二浦、富洞近く通いて聞ゆれば式内と定む。」と記せり、特選神名牒も之に從う。慶長十三年以降の上梁文存せしように伝えらるゝも現存せず。
云々

稲宮命神社

『特選神名牒』３３３頁
稲宮命神社
　　祭神　稲宮命
　　　今按神階帳に從四位上稲宮姫の明神とあるによらば稲宮姫命とも稱へ奉れるなるべし伊豆志に祠邊の稲
　　季夏の初に熟す故に稲宮と稱するが今は神明と云今衰頽を極めた貢献來たるは稲宮の稱にも適ひて所由
　　有事を知べしと云る此に由あり姑附て考に備ふ

度會延經『神名帳考證』（『神祇全書』第一輯）
〇稲宮命神社　稲實祖　春　古事記云、大山津見神之子、名足名椎、日本紀云、稲田宮主簀狹之八箇耳、按
名椎八箇耳語通、　丹波國狹宮神社、若沙那賣神、草祖、

伴信友『神名帳考證』（『伴信友全集』第一）
稲宮命神社
［書紀］稲田宮簀狹之八箇耳［古事］大山津見神子名足名椎［志］君澤郡土肥村古社ニシテ末社多シ社邊ノ稲六月
ノ初ニ熟ス故ニ稲宮トユフカ今ハ神明トユフ

伴信友『神名帳考』（『神道大系』古典註釋編七・延喜式神名帳註釋）
稲宮命神社
〇日本紀云、稲田宮主簀狹之八箇耳、〇古事記云、大山津見子、名足名椎、△志ニ、君澤郡土肥村、古社ニ
シテ、末社多シ、社邊ノ稲、六月ノ初ニ熟ス、故ニ稲宮トユフカ、今ハ神明トユフ、

鈴鹿連胤『神社覈錄』（井上頼囶・佐伯有義校訂『神社覈錄』下編）
稲宮命神社
　　稲宮は伊奈美夜と訓べし〇祭神明か也〇君澤郡土肥村に在す、今神明と稱す、志例祭　月　日、
　　　伊豆志に、子社ニシテ末社多シ、社邊ノ稲六月ノ初ニ熟ス、故稲宮トユフカ、

栗田寬『神祇志料』第十二巻
稲宮命神社、今君澤郡土肥村にあり、社邊の稲尤早く熟る故に稲宮と名く。凡其祭七月廿日、十月二十八日
を用ふ。伊豆志、神名帳打聞、足柄縣式社取調帳、

『大日本史』［九］・志一・巻二百五十五
稲宮命神社、〇神明帳作從四位上伊奈美也姫乃明神、今在君澤郡土肥村、稱神明、

竹村茂雄『伊豆國式社考』（『神祇全書』第四輯）
稲宮命神社　土肥村、志神階帳いなみや姫、

萩原正平『伊豆國式社攷略』（静岡県立中央図書館所蔵）
稲宮命神社
　　君澤郡土肥村鎭座いな三やひめの明神神階帳舊稱神明社是な里豆志攷証註進特選當社頗陵替尓屬世里余嘗て其の故を
　　聞持る事あり登雖思ふ旨あ連ば此尓云者ず異日時を待て發する所あらむ登須又稲宮の稱あるや祠邊の稲季
　　夏の初に熟す故尓稱す登豆志尓云へるが如くならむかし

萩原正平・萩原正夫『増訂豆州志稿』巻之八上・式内神社考並神階帳考緒言（長倉書店刊）
〇稲宮命神社［増］神階従四位上いなみやひめの明神〇君澤郡土肥村ニアリ今ハ神明ト云［増］一説ニ八木澤
村神明神社ニ當テタリ縁故ナキニ非レバ附記ス

萩原正平・萩原正夫『増訂豆州志稿』巻之八上・神祠一・君澤郡（長倉書店刊）
〇神明社（同村屋形）［増］無格社稲宮神社祭神稲宮命ナル可シ［増］式内稲宮命神社ナル可シ（前記）〇是古社ニシテ末
社モ多シ祠邊ノ稲季夏ノ初ニ熟ス故ニ稲宮ト稱スルカ（瀧取水口氏）［増］慶長中ヨリ毎年六月六日ヲ期シ新米ヲ幕
府ニ貢獻ス明治ノ初年之ヲ止ム（土産部参看［増］百十四坪官一）

萩原正平・萩原正夫『増訂豆州志稿』巻之八上・神祠一・君澤郡（長倉書店刊）
〇神明（八木澤村小池）［増］無格社神明神社祭神甌玉命ナル可シ［増］式内甌玉命神社ナル可シ（前記）社傍ニ甌ノ澤、神
田、神地川、等ノ地名アリ又當社ヲ式内稲宮命神社ニ當テタル一説有リ（前記）現今頗ル衰頽ニ屬ス〇ハタ
イノ（［増］ハタイハ甌玉ノ轉訛ナル可シト云）濱神明洞ニアリ或云式社也ト（伊豆纈符［増］四十八坪官一）

菅原久高『伊豆國九十二式社祭神記』（『全國神職會々報』第二十二號）
稲宮命神社　田方郡土肥村土肥鎭座無格社稲宮神社なり伊奈美也姫乃明神と稱す
　　祭神　稲宮命

吉田東伍『増補大日本地名辭書』第五巻・１０４８頁
土肥　今土肥村と云ふ、戸田の南二里、達磨山の西南にして海灣を前にす。〇此村は土肥神社の旧記に「伊
豆国那賀郡、稲田庄、土肥郷」と、（稲田とは井田の訛なるべし）北条役高帳には西土肥と見ゆ、西浦に
あればなり、土肥神社の祭神豊御玉媛命の豊より起れる村名ならむか。水陸の物産あり、薪炭尤も多きに
居る、村の中央鉱泉ありと雖、僻地なるを以て浴客多からず、金山は天正五年より五十年間盛に采掘せる
由、名迹志に見えたり。土肥神社に古文書を收む、又稲宮命神社、青玉姫神社共に式内とす、稲宮は古來
稲の早熟を祈る社にして、季夏六月に新穀を獻ず。土肥温泉は二所、古湯は沙礫中に出づ、熱百零五度、
穴湯は鉱坑の廃穴に在り、熱百二十二度、共に塩類泉とす。

補［土肥］〇増訂豆州志稿、富永四郎左衛門尉、康永四年足利尊氏天竜寺供養の随兵たる事、太平記に見ゆ。又富永孫四郎と云ふ者、貞和五年高師直に従ふ事、同書に見ゆ。其族ならむ乎、〇富永康景、弥四郎と云ふ、千貫文の地を領せしこと、北条役高帳に見ゆ、〇豊明神の社に、足利基氏・織田信長の古文書を蔵す、又稲宮は古来季夏に稲熟し、徳川幕府へ年々六月六日に新米の貢進を為したり、由緒ある事なり。

邨岡良弼『日本地理志料』巻十三・伊豆国那賀郡
井田　訓闕、按當讀云爲多、常陸又有井田郷、井者堰也、堰水以溉田、故名、詳見伊賀猪田郷疏證、」神名式、那賀郡井田神社、今在君澤郡井田村、稱井田明神、永祿中梁牌、曰井田莊七村鎮守神、建長二年關白道家莊園處分記、伊豆國井田上莊、下莊、最勝金剛院領、慶長檢地帳有井田莊、袖珍寶作伊田郡、豆州志、井田方廢、井田村存、按圖、亘君澤郡井田、戸田、土肥、小土肥、八木澤、小下田、及本郡宇久須、安良里、田子諸邑、其故區也、」祀典所謂部多神社、在戸田村、其山宮祠梁牌、稱厚見郡戸田村、豊御玉命神社、在土肥村、稱土肥明神、其舊記稲田莊土肥郷、稲宮命神社、亦在此、稱神明、青玉比賣命神社、在小土肥村稱八幡、甌玉命神社、在八木澤、天和三年梁牌、作井田莊宇賀加郷八木澤村、石倉命神社、在小下田、寶菩提院明應二年文書、宇加賀下田兩郷、即此、宇久須神社、在宇久須村大楠地永祿五年梁牌、井田莊宇久須郷、多爾夜神社、國玉命神社、俱在安良里、哆胡神社在田子、文龜三年梁牌、題日大多胡鎮守明神、文祿檢地帳、作田子郷、

静岡県田方郡役所編『静岡県田方郡誌』５０２〜５０３頁（長倉書店刊）
　本郡に於ける古神社の史乘に顯はれたるは、延喜式神名帳と伊豆國神階帳とを其完備せるものとす。前者は平安朝の初期、後者は南北朝時代に現在せる宮社を記載せるものなり。而して此等所載の神社は、引續き現存せるものなりや否や、今日に之を考定するは頗る至難の事に屬す。然れば先進各考説を異にし、甲是乙非にて、必ずしも一定せず、是を以て、此書には伊豆國式社考證の著者故萩原正平氏の説に從ひ之を表示す。
　云々
　　延喜式神名帳所載社名　　稲宮命神社（那賀）
　　神　階　帳　所　載　社　名　　従四位上　いなみやひめの明神
　　現　　　在　　　社　　　名　　無格社　稲宮神社？
　　所　在　地（舊　制）　　君澤郡土肥村屋形
　　所　在　地（現　制）　　土肥村土肥

足立鍬太郎『南豆神祇誌』３７〜４４頁（静岡縣賀茂郡神職會）
　延喜式卷九に載せた伊豆國神名帳は次の如くである。但所在地は萩原正平著伊豆國式社畧に私考を加へて註記す。
　　　　伊豆國九十二座　大五座小八十七座
　　　　　賀茂郡四十六座　大四座小四十二座
　　　　　　云々
　　　　　田方郡廿四座　大一座小廿三座
　　　　　　云々
　　　　　那賀郡廿二座　並小
　　　　　　云々
　　　　　　稲宮命神社　　　　　　　　　　　　　　　田方郡土肥村
　　　　　　云々

足立鍬太郎『南豆神祇誌』７５〜８０頁（静岡縣賀茂郡神職會）
　伊豆國神階帳は、群書類從二三に、康永二年辛亥（興國四年）十二月廿五日在廳判の奧書あるものを、在廳伊達某藏本から寫して收めてある。伊達家に現藏するものは鳥子紙二枚續にて後世の寫本である即ち尾張のより二十年許前のものである。在廳とは、中古國衙の廳にあり、國司の命を奉じて事務を行ふ下司であったが、多くは世職だから其の稱呼を傳へて居たのだ。先づ左に其の全文を揭げよう。
伊豆國神階帳　　式社の配當は萩原正平の意見に據る
　　伊豆國三ケ郡神明帳事
　　正一位三島大明神
　　　云々
　　　那賀郡貳拾四所
　　　云々
　　　従四位上いなみや姫の明神　稲宮命神社
　　　云々

静岡縣『旧版　静岡縣史』第三巻・７１１〜７２７頁（名著出版刊）
【賀茂郡四十六座大四座小卌二座】
云々
【田方郡二十四座大一座小廿三座】
云々
【那賀郡廿二座並小】
云々
（稲宮命神社）
　原祭神は稲宮命。原所在は田方郡土肥村字南屋形。現在社は同所の稲宮神社。
云々

石倉命神社

『特選神名牒』３３３頁
石倉命神社
　祭神　石倉命
　　今按神階帳從四位上いはくらひめの明神とあれば姫神とみえたり
　祭日
　社格　（明細帳には淺間神社祭神岩倉の命とあり右ならんか無格社）
　　社格　小下田村今屬君澤郡（田方郡西豆村大字小下田）

度會延經『神名帳考證』（『神祇全書』第一輯）
○石倉命神社　大山祇　秋　賀茂郡伊波久良和氣命神社

伴信友『伴信友全集』（『伴信友全集』第一）
石倉命神社
○賀茂郡伊波久良和氣命神社

伴信友『神名帳考』（『神道大系』古典註釋編七・延喜式神名帳註釋）
石倉命神社
○賀茂郡伊波久良和氣命神社、

鈴鹿連胤『神社覈錄』（井上頼圀・佐伯有義校訂『神社覈錄』下編）
石倉命神社
　石倉は伊波久良と訓べし○祭神明か也

栗田寛『神祇志料』第十二巻
石倉命神社、君澤郡小下田村にあり、社を淺間山上の石室内に設く、即是也。伊豆式社考證、足柄縣式社取調帳

『大日本史』［九］・志一・巻二百五十五
石倉命神社、○今在君澤郡小下田村淺間山上石窟内、神明帳有伊和良伊乃明神、疑此、

竹村茂雄『伊豆國式社考』（『神祇全書』第四輯）
石倉命神社　子浦村板倉明神ならんか、小下田村淺間ならんか、神階帳石戸の明神あり、

萩原正平『伊豆國式社攷略』（静岡県立中央図書館所蔵）
石倉命神社
　同郡小下田村鎭座い者くら姫の明神神階帳舊稱淺間神社なるべし式攷證註進特選蓋當社の形象たる兀立世る山岳上の石室中尓立給へるは石倉の稱尓符へ里登すべくや又聞くも登當社の神璽は圓く美はしき石尓て坐しを去し安政の度火災尓罹連る時遂に放失給へ里登か惜しき事の極登云ふべくなむ

萩原正平・萩原正夫『増訂豆州志稿』巻之八上・式内神社考並神階帳考緒言（長倉書店刊）
○石倉命神社［増］神階帳從四位上いはらい姫の明神［増］同郡小下田村淺間神社ナル可シ一説ニ賀茂郡雲見村淺間神社ニ當テタルハ非也神階帳いはらい姫ハいはくら姫ノ誤寫ナラム

萩原正平・萩原正夫『増訂豆州志稿』巻之八上・神祠一・君澤郡（長倉書店刊）
○淺間明神（同村）［増］無格社淺間神社祭神石倉命ナル可シ［増］式内石倉命神社ナル可シ（前記）祠宇山上ノ石窟ニアリ即石倉（岩座ノ記）ノ神名ニ適ヘリ○上梁文曰元龜四年癸酉霜月撰吉日良辰子畢時地頭平朝臣富永政家、大官藤原朝臣淸太郎左衛門定吉、神主□時、禰宜宜兵衛大郎卜。村ヨリ十餘町ヲ隔テ淺間山上ノ石室ニ祠ヲ構ヘ釋迦像ヲ安ス傳テ富永氏ノ護身佛ト云石室廣六尺許、深二丈餘、是ヨリ數歩ニシテ大山祇神自然ノ石體立テリ呼デ奥ノ院ト云以上二祠、村ノ鎭守トス（［増］三十一坪官一）

萩原正平・萩原正夫『増訂豆州志稿』巻之九上・神祠三・賀茂郡（長倉書店刊）
○八社（子浦村）［増］村社八幡神社祭神伊波久良和氣命ナル可シ相殿事代主神ナル可シ［増］式内伊波久良和氣命神社ナル可シ（前記）初村北十餘町ノ地ニアリキト云遺址ヲ今尚岩久良ト稱スル國圖ニ當社ヲ那賀郡式内石倉命神社ニ當テタルハ神名ノ疑似セルヨリ謬レル也此神三島大神ノ御子神ニシテ子浦ノ村稱ノ起因ナラムト云八幡ノ社號ハ若宮ノ稱ヨリ轉ゼシナラム○天神ノ杜ニ鎭座、兩扉也雷槌九、大刀一口ヲ藏ム○天神同林ニアリ亦兩扉也天正以前ノ上梁文數多アレ共文字不分明山上大松ト云處ニ舊址アリテ礎石或ハ古松等存ス近世移シテ八幡ノ祠ト並べ立ツ古祀也（鑰取安田氏［増］二百十三坪官一）

萩原正平・萩原正夫『増訂豆州志稿』巻之九上・神祠三・賀茂郡（長倉書店刊）
○淺間（雲見村）［増］郷社（兼社）淺間神社○磐長姫ヲ祀ル［増］神階帳從四位上石戸に明神ナル可シ（前記）當村海中ニ淺間門ト呼ベル石門アリ（町村誌纂藐部ニ詳記ス）石戸ノ稱蓋此門ヨリ起リ又此石門ヲ當社ノ祠門ニ形トリ淺間ノ稱ヲ負セシナラム當社ハ磐長姫命上古ヨリ鎭座ノ本域ナル可シ（當社ノ式ニ編レタルヲ憶フニ故アル事ナラム會得セル説アレバ別ニ考記ス）古史傳玉手襷等ニ當社ヲ式内伊波乃比咩命神社ニ當テタレド此地往昔那賀郡ニ属スレバ其謬レル者必セリ（和名鈔ニ那賀郡石火郷ノ名アリ然ルニ今石郷村ハ他神社ヲ祀ル此神社ノ名ハ二那賀郡伊志夫神社ヲ蔵ス此石部ニ在リ雲見ハ即石部ノ隣地ニシテ往昔石火郷内ナレバ賀茂郡ニ非ル事論ナキハミ）且磐長姫命ハ伊波乃比咩命ト同神ニ非ズ又一説ニ那賀郡式内石倉命神社ニ當テタレド亦非也舊祠颶風ノ爲ニ海没セリ因テ明暦三年現地ニ遷シテ再建ス舊地ヲ距ル五十間○御嶽山（［増］赤淺間山ト云全山嶔巆ニシテ頂上平坦凡十五歩許即之ヲ神嶽ト爲ス山嶽部参觀）ノ巓ニアリ式社也ト傳フ六月朔日ヨリ諸人齋戒シテ登山ス此山ニテ駿州富士淺間ノ事ヲ談ズルヲ諱ム（伊豆舊存禰宜高橋氏、上ノ山城主丹波守ノ後孫也）［増］明治十二年郷社ニ列セラル（［増］三百六十五坪官一）

菅原久高『伊豆國九十二式社祭神記』(『全國神職會々報』第二十二號)
石倉命神社　田方郡西豆村小下田鎭座無格社淺間神社なり
　　祭神　石倉命

吉田東伍『増補大日本地名辞書』第五巻・１０４９頁
小下田　宝菩提院、明徳二年の文書「法華堂領、伊豆国、宇加賀、下田両郷事」云々、低下の地に水田ある
　を郷語に下田と云ふ、加茂郡の下田大墅にして其名広く、相嫌しきを以て、小の字を着く、村は海に瀕す
　れども岸高峻にして漁猟なし、佐久礁あり、陸を去る八町許、其頭を顕す僅に三歩許、其海底にある者殆
　四百歩に渉るとぞ、小下田浅間山の上に、式内石倉神社あり、石窟存す、山下の堂宇上梁文に曰「元亀四
　歳癸酉、地頭平朝臣富永政家」云々と、石窟広六尺許、深二丈余、［増訂志稿］今八木沢に併せ西豆村と改
　む。

郡岡良弼『日本地理志料』巻十三・伊豆国那賀郡
井田　訓闕、按當讀云爲多、常陸又有井田郷、井者堰也、堰水以溉田、故名、詳見伊賀猪田郷疏證、」神名
　式、那賀郡井田神社、今在君澤郡井田村、稱井田明神、永祿中梁牌、曰井田莊七村鎭守神、建長二年
　關白道家莊園處分記、伊豆國井田上莊、下莊、最勝金剛院領、慶長檢地帳有井田莊、袖鎭寶作伊田郡、
　豆州志、井田方廢、井田村存、按圖、亘君澤郡井田、戸田、土肥、小土肥、八木澤、小下田、及本郡
　宇久須、安良里、田子諸邑、其故區也、」祀典所謂部多神社、在戸田村、其山宮祠梁牌、稱厚見郡戸
　田村、豊御玉命神社、在土肥村、稱土肥明神、其舊記作稲田莊土肥郷、稲宮命神社、亦在此、稱神明、
　靑玉比賣命神社、在小土肥村稱八幡、瓱玉命神社、在八木澤、天和三年梁牌、作井田莊宇賀加郷八木
　澤村、石倉命神社、在小下田、寶菩提院明應二年文書、宇加賀下田兩郷、即此、宇久須神社、在宇久
　須村大楠地永祿五年梁牌、作井田莊宇久須郷、多爾夜神社、國玉命神社、倶在安良里、哆胡神社在田
　子、文龜三年梁牌、題曰大多胡鎭守明神、文祿檢地帳、作田子郷、

静岡県田方郡役所編『静岡県田方郡誌』５０２～５０５頁（長倉書店刊）
　本郡に於ける古神社の史乘に顯はれたるは、延喜式神名帳と伊豆國神階帳とを其完備せるものとす。前者
は平安朝の初期、後者は南北朝時代に現在せる宮社を記載せるものなり。而して此等所載の神社は、引續き
現存せるものなりや否や、今日に之を考定するは頗る至難の事に屬す。然れば先進各考説を異にし、甲是乙
非にて、必ずしも一定せず、是を以て、此書には伊豆國式社考證の著者故萩原正平氏の説に從ひ之を表示す。
　云々
　　延喜式神名帳所載社名　　石倉命神社（那賀）
　　神　階　帳　所　載　社　名　　從四位上　いはらい姫の明神
　　現　　　在　　　社　　　名　　無格社　淺間神社
　　所　　在　　地　（舊　　制）　君澤郡小下田村
　　所　　在　　地　（現　　制）　田方郡西豆村小下田

足立鍬太郎『南豆神祇誌』３７～４５頁（静岡縣賀茂郡神職會）
　延喜式卷九に載せた伊豆國神名帳は次の如くである。但所在地は萩原正平著伊豆國式社考略に私考を加へて註記す。
　　　伊豆國九十二座　　大五座小八十七座
　　　　賀茂郡四十六座　　大四座小四十二座
　　　　　云々
　　　　田方郡廿四座　　大一座小廿三座
　　　　　云々
　　　　那賀郡廿二座　　並小
　　　　　云々
　　　　石倉命神社　　　　　　　　　　　　　　　仝上西豆村小下田
　　　　　云々

足立鍬太郎『南豆神祇誌』７５～７９頁（静岡縣賀茂郡神職會）
　伊豆國神階帳は、群書類從二三に、康永二年辛亥(興國四年)十二月廿五日在廳判の奥書あるものを、在廳伊達某
藏本から寫して收めてある。伊達家に現藏するものは鳥子紙二枚續にて後世の寫本である即ち尾張のより二十年許前のものである。在廳
とは、中古國衙の廳にあり、國司の命を奉じて事務を行ふ下司であったが、多くは世職だから其の稱呼を傳
へて居たのだ。先づ左に其の全文を掲げよう。
伊豆國神階帳　　式社の配當は萩原正平の意見に據る
　　伊豆國三ケ郡神明帳事
　　正一位三島大明神
　　　云々
　　　　那賀郡貳拾四所
　　　云々
　　　　從四位上いわらい姫の明神　　石倉命神社
　　　云々

静岡縣『旧版　静岡縣史』第三巻・７１１～７２７頁（名著出版刊）
【賀茂郡四十六座大四座小卌二座】
云々
【田方郡二十四座大一座小廿三座】
云々
【那賀郡廿二座並小】

— 389 —

云々
（石倉命神社）
　原祭神は石倉命。原所在は田方郡西豆村小下田字堤頭か。現在社は同所の淺間神社か。
云々

國柱命神社

『特選神名牒』３３３頁
國柱命神社
　祭神　國柱命神社
　　今按神階帳に從四位上国はしら姫の明神とあるによらば國柱姫命とも申せるなり今岩科村の神を神明と申す姫神に由あり
　祭日
　社格　村社
　所在　岩科村今屬賀茂郡（明細帳なし）〔賀茂郡岩科村大字岩科〕
　　今按式社攷證に此社は豆志未定の部に云神明宮岩科村の總鎭守にして大山祇命也山口に坐す山口は一村最初の所也云々所因ある社と聞ゆ或説に國柱命なりと云とみえ社地に連てイハシナももと同稱の轉訛にやと思はれ神明と稱する社は皆姫神に坐例を以て推す神階帳に從四位上國はしら姫の明神とあるに叶えりと云るが如し

度會延經『神名帳考證』（『神祇全書』第一輯）
○國柱命神社　大和國龍田坐天御柱國御柱神社二座　舊事紀云、國中之天柱、

伴信友『神名帳考證』（『伴信友全集』第一）
國柱命神社

伴信友『神名帳考』（『神道大系』古典註釋編七・延喜式神名帳註釋）
國柱命神社

鈴鹿連胤『神社覈錄』（井上賴圀・佐伯有義校訂『神社覈錄』下編）
國柱命神社
　國柱は久邇乃美波之良と讀り○祭神明か也○在所詳ならず

栗田寬『神祇志料』第十二卷
國柱命神社、今岩科村にあり。豆州式社考證、足柄縣社取調帳蓋大山津見神の兄志那都比古神を祀る。古事記志那都比古神亦名を天御柱國御柱命と云ふ。延喜式

『大日本史』［九］・志一・卷二百五十五
國柱命神社、、○神明帳作從四位上國原姫乃明神者、蓋此、今在賀茂郡岩科村、稱神明宮、

竹村茂雄『伊豆國式社考』（『神祇全書』第四輯）
國柱命神社　神階帳に國原姫あり、

齋田茂先・山本忠英『掛川志稿』伊豆卷（郷土新聞社刊）
神明　山口に鎭座す除地一反歩、幣殿三間半、祠方一間大山祇命を祀る、岩科の総鎭守とす古祠なり、古鏡一面を納む、板に書して云、建治二年、大歲丙子三月廿九日平泰行朝臣藤原重安元応元年九月十九日、ふちはらのかけしけ天文十一年の棟札云、神明御宝殿一宇者奉為朝比奈右衛門尉藤原綱堯御息災延命富貴処本願齋藤孫左衛門尉藤原延行、大禰宜壬生久吉、天正九年の札云、代官山中彦次郎政信、金皷二口あり、貞治六年、文永十年と刻せり、鐵鉾四本あり各鏡を掛けたり、又樂面二、大般若経残缺二卷あり、大七十跋云、永和四禩、南呂十四日、雲水客僧眞堯、其箱の木札に天文十一年、朝比奈藤原綱堯建之と記せり、祭礼六月十二日鍵取壬生甚右衛門
茂山明神、小鷹明神　二祠共に神明同所に在り、端連の土神なり、天文廿二年再建の札あり、按に大山津見の神の御子加具土の神殺されて生るる神の中に志芸山津見、羽山津見と申す二柱の神あり志芸山は茂山にて深山の義なれは茂山大明神は志芸山津見なるへし、小鷹或は小高に作る、小高は即高からさるの義にて端山なれば、羽山津見なるへし

德川義直『神祇寶典』卷五・伊豆（『神祇全書』第貳輯）
國柱命神社
　大和國龍田社同體、風神也、
　見于大和國天御柱國御柱神之下

萩原正平『伊豆國式社攷略』（静岡県立中央図書館所蔵）
國柱命神社
　賀茂郡岩科村鎭座國はしら姫の明神神階帳舊稱神明社な里登す攷証註進特選牒攷今云ふ當社の舊社なるこ登は云まくも更なれど豆志神祠の部特尓摘出して疑を遺されたる其草稿尓は直尓國柱命尓富られた里尓驚き百万求訪を尽して漸く攷証の端緒を成尓至連り秋山氏豆志の如き舛謬なき尓非ず登雖亦將來尓期して發せしむるもの此類枚舉尓遑あらず其功多き尓居る登謂はむも誣言尓非ざる可し

萩原正平・萩原正夫『増訂豆州志稿』卷之八上・式内神社考並神階帳考緒言（長倉書店刊）
○國柱命神社［増］神階帳從四位上國はしらの明神［増］賀茂郡岩科村舊稱神宮ナル可シ（群書類聚本神階帳ニ國原姫トアルハ誤也）

萩原正平・萩原正夫『増訂豆州志稿』卷之九・神祠三・賀茂郡（長倉書店刊）
○神明宮（岩科村）［増］村社國柱命神社祭神國柱命ナル可シ［増］式内國柱命神社ナル可シ（前記）祠傍ニいはしらノ地名アリ按ズルニ村名岩科ハいはしらノ轉ニシテいはしらハ國はしらノ訛レルナラム従來神明ト稱セシニテ姫神ナル事著ク神階帳國はしら姫の明神トアルニ符合ス明治十八年社號ヲ改稱ス○岩科村ノ總鎭守（［増］道部村亦

— 391 —

從來當社ヲ鎭守トス)ニシテ大山祇神也([増]祭社誤傳也)山口ニ座ス祠ニ古鏡ヲ藏ム版ニ書シテ日建治二年大歳丙子三月廿九日平泰行藤原重安納ムト([増]尚神鏡十九面ヲ藏ム)又古鉾七ツ各々鏡ヲ掛タリ樂面ニツ金鈸五ツ一ハ文永十年、一ハ貞治四年ト鐫ス永和中藏ムル大般若經アリ其舍ノ木札ニ記シテ云天文十一年朝比奈藤原綱堯建之ト[増]尚建久九年十二月七日執筆永賢ト録シタル大般若經殘闕本、元應元年九月十九日ト鐫シタル懸佛、及石槌ノ折等ヲ藏ム(石槌ノ折長一尺九寸、折口徑四寸五分許、當村山王、諏訪兩社ニ在ルト、モト一物ニシテ兩斷セルモノナル可シ)祠域ニ小鷹明神(葉連ノ土神、天文中ニ重修ノ記アリ)茂山明神(山口ノ土神[増]天正慶長等札アリ)並ビ立ツ([増]尚琴平社アリ○檜皮壬生氏[増]三百六十二坪官一)

菅原久高『伊豆國九十二式社祭神記』(『全國神職會々報』第二十二號)
  國柱命神社　賀茂郡岩科村岩科鎭座村社なり神明宮と稱す
　　祭神　國柱命

吉田東伍『増補大日本地名辞書』第五巻・１０６６頁
  岩科　今道部、岩地、雲見などを合す、松崎の南にして、烏帽子山の下とす。一説、此村の國柱神社の傍地をイハシラと云へば、村名岩科はイハシラの轉訛歟と云へり。因て憶ふにイハシラは斎柱にて、之を尊みては国柱とも云ふ、此古祠に収蔵する石棒は、古人の謂ゆる斎柱その物なるべし。
  補[岩科]○増訂豆州志稿、岩科村、田代牧場は村の東南山中に在り明治三年の開設に係る。○式内国柱神社は岩科村の神明是なるべし、神階帳国柱姫とあり。○人類学会雑誌、岩科村に諏方、神明、山王の三小祠ありて、各一個の奇石を蔵す。

吉田東伍『増補大日本地名辞書』第五巻・１０６６〜１０６７頁
  国柱神社　延喜式、那賀郡の官社とす。増訂志稿云、岩科村の国柱祠傍にイハシラの地名あり、此社の古鏡の銘「建治二年、大歳丙子、三月廿九日、平泰行、藤原重安納」と、尚神鏡十九面を収蔵す、又古鉾七ツ、各鏡を掛たり、楽面二ツ、金鈸五ツ、一は文永十年と鐫す、永和中蔵むる大般若経、又「建久九年十二月、執筆永賢」と録したる大般若経残闕本、元応元年九月と鐫したる懸仏、及び石槌の折等を蔵む、石槌の折長一尺九寸、折口径四寸五分許、当村の山王、諏訪、両社に在ると、もと一物にして三断せるものなるべし、諏訪に一尺あり、山王に一尺三寸あり。○人類学会雑誌云、岩科村の神明社(即国柱神社)及び諏訪社、山王社各一個の霊石を納めありければ、明治二十年、社人相議して之を検したるに、一大石器の破片、四段と為れるを、其三段を留存して三社に蔵置したるを知る、其全形は剣とも云ふべく、扁円にして本大に末尖る、本は柄にて凹凸の握りあり、径五寸、長一尺五寸五分、山王社に蔵す、第二段径四寸五分許、長一尺五寸、神明社に蔵す、第三段は之なし、径四寸、長一尺二寸許のものなるべし、末は諏訪社に蔵し、径三寸、其末端は鋭ならず、長九寸八分、全長を測算するに五尺四寸余に及ばん。

郁岡良弼『日本地理志料』巻十三・伊豆国那賀郡
  石火　訓闕、按當讀云伊志夫、神名式、有那賀郡伊志夫神社、本國神名帳作伊志比明神、建暦元年文書、作石火宮、今在賀茂郡石部村、以石爲神云、石火即石靈也、古訓靈字曰比、如高皇産靈、神皇産靈之靈、比夫一聲相通、本社天文十二年梁牌、作仁科莊雲見郷石火村、寛文十三年梁牌、作石部村盖嫌火字也、豆州志云、石火方廢、石部村存、按圖亘岩科、道部、雲見、石部、雲見、子浦、妻浦、一色、蝶野、蛇石、市瀨諸邑、其故地也、今隷賀茂郡、」祀典所載國柱命神社、在岩科村、伊波比咩命神社、在一色村、伊波久良和氣命神社、在子浦村、大津性命神社、在妻浦村、東鑑作妻良津、北條五代記同、雲見有烏帽子山、一名淺間山、高千八百尺、航客望以爲標識、山上有淺間社、祀磐長姫命云、即木華開耶姫命姉也、二神在駿豆間、必有幽契而存焉、

賀茂郡役所編『静岡県南豆風土誌』２９３〜２９６頁(長倉書店刊)
  云々、今賀茂郡四十六座の内より海島鎭座二十四座を減じ、又那賀郡二十二座の内より土肥以北井田に至る八座を除く時は、今日の賀茂郡は正に三十六座の式内社を算すべきなり。然れども伊豆三島神社は、上古鎭座の本域、賀茂郡三島和名抄所載郷名、即海島の總鎭にして、其の本島は今の三宅島なり。なりしが、中世同郡大社郷和名抄所載。今の白濱村伊古奈比咩命神社の地なり。に遷座し、後又今の田方郡三島町に遷祀せられたりと云ふ(伊豆國式社攷略)を以て、更に大神の一座を除きて、茲に三十五座を得と謂ふべし。今左に増訂豆州志稿卷八上によりて之を擧げむ。同書に云はく、式内社を記すに「也」といふは疑ひなきもの、「なるべし」といふは略證蹟あるもの、「ならむ乎」といふは、信疑相半するものに用ふと。
　　云々
　　國柱命神社　賀茂郡岩科村舊稱神明宮なるべし。

賀茂郡役所編『静岡県南豆風土誌』６６８頁・岩科村(長倉書店刊)
  國柱命神社　岩科字山口一村社－祭神、(式内)國柱命○古昔岩科ノ宮と稱し、岩科村の總鎭守たりしが、明治拾八年現社に改む。天文十一年及天正九年再建の棟札あり。石劍三・金鈸四・古鏡四・撮鏡十三神饌金器二・鉾八・古面二・古鏡燈籠一・大般若経一部・缺本數十卷及古文書二通を藏す。

足立鍬太郎『南豆神祇誌』３７〜４４頁(静岡縣賀茂郡神職會)
  延喜式卷九に載せた伊豆國神名帳は次の如くである。但所在地は萩原正平著伊豆國式社考略に私考を加へて註記す。
　　　伊豆國九十二座　大五座小八十七座
　　　　賀茂郡四十六座　大四座小四十二座
　　　　　云々
　　　　田方郡廿四座　大一座小廿三座
　　　　　云々
　　　　那賀郡廿二座　並小
　　　　　云々
　　　　　國柱命神社　　　　　　　　　　　　　　　　岩科村岩科
　　　　　云々

足立鍬太郎『南豆神祇誌』７５～８０頁（静岡縣賀茂郡神職會）
　伊豆國神階帳は、群書類從二三に、康永二年辛亥(興國四年)十二月廿五日在廳判の奧書あるものを、在廳伊達某藏本から寫して收めてある。伊達家に現藏するものは鳥子紙二枚續にて後世の寫本である即ち尾張のより二十年許前のものである。在廳とは、中古國衙の廳にあり、國司の命を奉じて事務を行ふ下司であったが、多くは世職だから其の稱呼を傳へて居たのだ。先づ左に其の全文を揭げよう。
伊豆國神階帳は、群書類從二三に、康永二年辛亥(興國四年)十二月廿五日在廳判の奧書あるものを、在廳伊達某藏本から寫して收めてある。伊達家に現藏するものは鳥子紙二枚續にて後世の寫本である即ち尾張のより二十年許前のものである。在廳とは、中古國衙の廳にあり、國司の命を奉じて事務を行ふ下司であったが、多くは世職だから其の稱呼を傳へて居たのだ。先づ左に其の全文を揭げよう。
伊豆國神階帳　式社の配當は萩原正平の意見に據る
　　伊豆國三ケ郡神明帳事
　　正一位三島大明神
　　　云々
　　　　那賀郡貳拾四所
　　　云々
　　　從四位上國原姫の明神　　國柱命神社
　　　云々

足立鍬太郎『南豆神祇誌』２１３～２１６頁（静岡縣賀茂郡神職會）
　　　　第三十二章　岩科村
云々
國柱命神社
　所在　岩科字宮畑
　祭神　國柱命
　創立　不詳
　社格　村社　式内　供進
　境内　三六二坪　官一
　曾て岩科宮と稱し、後伊勢神明宮ともいったのを、明治十八年延喜式によりて復稱した。建久九年書寫大般若經の零本百卷、室町期の瑞花飛雀鏡等四面と、石棒の折片を藏す。天文十一年の棟札の裏面に、工事の決算が記入してあるのは面白い。又其の文永十年平泰行・貞治四年平安守記銘の金鼓は、江戸時代明和安永頃のものに古銘を刻したのである。茂山小鷹といふ境内社がある

静岡縣『旧版 静岡縣史』第一巻・３１６～３１７頁
　三濱村の北方はもはや本郡の西海岸である。其の岩科村に入れば、大字西の谷より土器・磨製石斧及び石棒を出し、同村諏訪・神明・日枝三神社の石棒は、もと一個のもので全長五六尺にも達する巨大なものゝ由、それが三折されて各社に祀られたやうに、明治二十年頃の人類學雜誌（第三巻二十一號）に秋山光條氏が報告されてある。その圖によれば、先端の長二九.七糎・徑九糎のものが諏訪に、次の部分若干缺失し、長四五.五糎・徑一二糎のものが神明に、柄の部長四七糎・徑一五.二糎乃至一三.六糎のものが日枝にあったやうである。然るに今回神明即ち村社国柱命神社々掌壬生善吉氏に調査を依賴した結果は左の通である。

岩科村石棒調査表

神社名	番號	部分	長	徑
國柱命神社（神明）	一	中	五五糎	本一二糎・末一一糎
	二	頭	二〇糎	一一糎
	三	頭	三〇糎	一四糎
日　枝　神　社	一	全體・有頭	四〇糎	本一四糎・末一三糎
	二	頭	一五糎	八糎
	三	頭	三〇糎	八糎
諏　訪　神　社	三	中	八糎	本八糎・末七.九糎
	四	中	八糎	本一〇糎・末九.四糎
	五	中	九糎	本一〇糎・末九.四糎

又字峯より厚手繩文土器片が出てゐる。

静岡縣『旧版 静岡縣史』第一巻・３３１～３５５頁（名著出版刊）
　　　　　静岡縣石器時代遺蹟遺物一覽表
云々
　　　　　伊　豆　國
云々
　　　　　二　賀　茂　郡
云々
岩科村諏訪神明日枝各神社　　　　　　　　　石棒（計八個を算す）
　西ノ谷　　　　　　　　　　　　　　　　　土器　磨石斧　石棒
　峯　　　　　　　　　　　　　　　　　　　土器

静岡縣『旧版 静岡縣史』第三巻・７１１～７２７頁（名著出版刊）
【賀茂郡四十六座大四座小冊二座】
云々
【田方郡二十四座大一座小廿三座】
云々

【那賀郡廿二座並小】
云々
（國柱命神社）
　　原祭神は國柱命。原所在は賀茂郡岩科村岩科字宮畑。現在社は同所の國柱命神社。
云々

静岡県郷土研究協会『静岡県神社志』第三篇（日本仏書センター刊）
村社　国柱命神社
　　　　賀茂郡岩科村岩科字山口宮畑
云々
　祭神　国はしら姫の明神
　例祭日　七月十六日
　由緒　社伝には、延喜式神名帳那賀郡国柱命神社とあり、神階帳那賀郡従四位上国原姫の明神とあるに当つ、旧くは岩科宮と称し、後伊勢神明宮単に神明宮とも称えまつり天文十一年再建、山口之内下屋敷に鎮座せしを近世今の地に遷す。明治十八年六月十八日延喜式によりて国柱命神社と復称した。社地に連つて「いはしら」と云う地名あり、くにはしらの省約か、又村称のいはしなももと同様の転訛にやと思わる。曩に仁科庄岩科郷と称した時代には、山口、指川、松尾、峰、八木山、野田、金沢の七ケ村及道部村の総鎮守にて郷社と称した。明治六年九月村社に列せらる。又明治四十五年神饌幣帛料供進社に指定せらる。
　社殿　古き棟札もなく創建再建不詳なれども現在社殿は嘉永三年三月の改築に成り、本社は神明造にて方二間である、幣殿は昭和四年改築、拝殿は昭和八年改築。
云々

國玉命神社

『特選神名牒』３３３～３３４頁
國玉命神社稱諸口明神
　　祭神　國玉命
　　　今按神階帳に從四位上國玉姫明神とあるによるときは此神も姫神にますと見えたり
　　祭日
　　社格　（明細帳に國玉命なし諸口神社とあり右ならむか村社）（村社）
　　所在　戸田村今屬君澤郡（田方郡戸田村大字戸田）
　　　今按式社攷證に神名式に石倉命神社國玉命神社瓱玉命神社國玉命神社豊御玉命神社と次第して有を神階帳にはいはくら姫明神國玉姫明神みかたま姫明神もろき姫明神とよみ玉姫明神と有て式に國玉命は前後二座同名なるを神階帳には前を國玉姫後をもろき姫と有にて國玉もろき異名同神なる事知られたるが那賀郡安良里村にもろこし明神と云神坐して當社諸口明神を云と同神なる由傳へたるもろくちもろこしもろき語路近く通ひて彼もろこし明神決なく神階記もろき姫明神にして後の國玉命なる事知らるれば國玉姫明神則前の國玉命にして此諸口明神なること論無く開ゆるを以て也さて豆志には國玉命神社小土肥村稱大社今無主云々此村八幡の宮内に牛頭天王の像有り本是社の主ならむと云大巳貴一名大國玉命祭も雲州杵築大社と同く十月十日也神名記に作國玉姫明神何れか是なるやと有此は國玉を大國玉命の稱に思ひよせての説と聞ゆれど國玉国玉姫と有にも協はず他に徴證なければ諾ひ難しと云るが如くなればもろくち明神と定めて可ならん故今之に從ふ

度會延經『神名帳考證』（『神祇全書』第一輯）
〇國玉命神社　國造本紀云、伊豆國造、神功皇后御世天蓛桙命八世孫若建命定賜、

伴信友『神名帳考證』（『伴信友全集』第一）
國玉命神社
[志]君澤郡小土肥村稱大社今主ナシ只古キ木鉾二ツヲ藏ム出雲ノ杵築大社ト同ク祭日十月十日也 [神名記]國玉姫明神トアリ

伴信友『神名帳考』（『神道大系』古典註釋編七・延喜式神名帳註釋）
國玉命神社
△志ニ、君澤郡小土肥村、稱大社、今主ナシ、只古キ木桙二ツヲ藏ム、出雲ノ杵築大社ト同シク、祭日十月十日也、神名記ニハ、國玉比賣明神トアリ、

鈴鹿連胤『神社覈錄』（井上頼圀・佐伯有義校訂『神社覈錄』下編）
國玉命神社
　　國玉は久爾多麻と訓べし〇祭神明か也〇小土肥村に在す、今大社と稱す、志例祭　月　日、
　　　伊豆志に、今主ナシ、只古キ木桙二ツヲ藏ム、と云り、
　　　　神位
　　國内神階記云、從四位上國玉姫の明神、

栗田寛『神祇志料』第十二卷
　國玉命神社、今君澤郡戸田村にあり、諸口明神と云ふ。式社考證〇按神階記、國玉姫明神もろき姫明神あり、式に國玉命神社二社あり、其一は上の國玉明神後なるを記にいはゆるもろき姫明神なる事明らかなり、モロキ、モロクチ、モロコシ同音にて、安良里村にモロコシ明神ありて、當社同神と云傳ふもの證とすべし。

『大日本史』［九］・志一・巻二百五十五
　國玉命神社、〇神明帳作從四位上國玉姫乃男神、今在君澤郡戸田村、稱諸口明神、

竹村茂雄『伊豆國式社考』（『神祇全書』第四輯）
　國玉・（比賣脱ヵ）命神社　志に小土肥村の大社といふとあり、神階帳國玉姫の明神、

德川義直『神祇寶典』巻五・伊豆（『神祇全書』第貳輯）
國玉命神社
　　大國玉命者、即三輪大神之一名也、
　　見于大和國三輪社、出雲国杵築社之下、

萩原正平『伊豆國式社攷略』（静岡県立中央図書館所蔵）
國玉命神社
　　同郡戸田村墨口御濱鎭坐 國玉姫の明神神階帳舊稱諸口明神社なり登す攷證註進特選攷今云ふ近来此の姫神に辨天の稱號を負せて恬登して疑はざるが如きは咄々怪事ならずや

萩原正平・萩原正夫『増訂豆州志稿』巻之八上・式内神社考並神階帳考緒言（長倉書店刊）
〇國玉命神社[増]神階帳從四位上國玉姫の明神[増]同郡戸田村御濱鎭座諸口神社ナル可シ〇在小土肥村稱大社大己貴、一名大國玉命、祭日モ雲州杵築大社ト同ク十月十日也神名記作國玉姫明神何レガ是ナリヤ[増]此説國玉命ヲ大國玉命ト同神ト思ヒ誤リタル也

萩原正平・萩原正夫『増訂豆州志稿』巻之八上・神祠一・君澤郡（長倉書店刊）
〇諸口明神（同村）[増]村社諸口神社祭神國玉命ナル可シ[増]式内國玉命神社ナル可シ（前記）按ズルニ神名式ニ石倉、國玉、瓱玉、國玉、豊御玉命ト次第シ神名帳ニいはらい姫、國玉姫、みかたま姫、もろき姫、とよみたま姫、ト並記ス之ヲ對照スルニ式所載前ノ國玉ハ帳ノ國玉姫、後ノ國玉ハ帳ノもろき姫ナル事著ク國玉命もろき姫同神ナル事疑ヒナシ現稱諸口ハもろきト同語ニシテきハくちノ反語ナリ（那賀郡阿良里村浦守神社條参看）從來當社ヲ

辨天ト稱ス以テ其姫ナルヲ證ス可シ社地御濱ト稱スル岬角ニアリテ喬松鬱葱タリ（〇寶泉寺緣起ニ云鎌倉大覺禪師江ノ島十六童子ノ内一童子ヲ申請テ甲州ニ安置ス仍テ今江ノ島ハ十五童子也甲州ヨリ此地三輪［内匠山ニアリ］ニ祭ル其後百年計經テ元弘年中御濱下松ノ下ニ憑シ當村ノ鑛守奉崇兩社ト［増］此文中三輪ヨリ遷ストアルハ或ハ實説ナラム其他ハ妄誕也）〇應永八年ノ金皷ヲ懸ク（［増］諸口大明神ト鑴ス［増］百四坪民一）

萩原正平・萩原正夫『増訂豆州志稿』巻之八上・神祠一・君澤郡（長倉書店刊）
國玉神社（同村下同）［増］原書本社ヲ式内國玉命神社ニ當テタルハ非也（前記）〇無主只古キ木鉾二ツヲ藏ム此村八幡ノ祠内ニ午頭天王ノ像アリ本是社ノ神主ナラムト云（［増］九十四坪官一）

菅原久高『伊豆國九十二式社祭神記』（『全國神職會々報』第二十二號）
國玉命神社　田方郡戸田村戸田鎮座村社諸口神社なり國玉姫乃明神と稱す
　　祭神　國玉命

吉田東伍『増補大日本地名辞書』第五巻・１０４８頁
戸田　今戸田村といふ、達磨山、猿啼山の下にて、一港湾を有す。延喜式、那賀郡部田神社は今も村落の中央に在て、式社の体面を備ふ。諸口明神は、式内国玉命神社なる可し、従来当社を弁天と称す、以て其姫神なるを証す可し、社地御浜と称する岬角に在て、喬松欝葱たり、おうえいはちねんの金皷を懸く、諸口大明神と鑴す。［増訂志稿］
補［戸田］〇［重出］増訂豆州志稿、延喜式井田神社あり、此より以南諸村、東山を辰にし西海に向ふ、故に雲見辺まで西浦と云ふ。〇戸田村、本村は南に峻嶺を負ひ、左右に高山を控へ、港は東西十二町南北十二町、船舶四百艘を泊す、海運の便あり。居民農漁工商の業を取る。
補［戸田山］〇甲斐国誌、夫木集註に逸見牧或は伊豆とあるは、彼州の西浦戸田の山に、今山馬あり、古は牧場なりしと云ふ、音近き故に混じ誤れるならん、彼はヘタなりヘミには非ず。〇地誌提要、真城山・達磨山共に戸田村に在り。

静岡県田方郡役所編『静岡県田方郡誌』５０２～５０３頁（長倉書店刊）
　本郡に於ける古神社の史乘に顯はれたるは、延喜式神名帳と伊豆國神階帳とを其完備せるものとす。前者は平安朝の初期、後者は南北朝時代に現在せる宮社を記載せるものなり。而して此等所載の神社は、引續き現存せるものなりや否や、今日に之を考定するは頗る至難の事に屬す。然れば先進各考説を異にし、甲是乙非にて、必ずしも一定せず、是を以て、此書には伊豆國式社考證の著者故萩原正平氏の説に從ひ之を表示す。
　　云々
　　延喜式神名帳所載社名　國玉命神社（那賀）
　　神　階　帳　所　載　社　名　從四位上　國玉の明神
　　現　　在　　社　　名　　村社　諸口神社？
　　所　在　地　（舊　制）　君澤郡戸田村
　　所　在　地　（現　制）　戸田村戸田

静岡県田方郡役所編『静岡県田方郡誌』６８９～６９０頁（長倉書店刊）
　御濱　戸田村戸田灣の西方に斗出する半島にして、幅五十間長十町、西北は駿河灣に臨み、奇岩怪石岸に列り東南は戸田灣に面して沙濱なり一帶松樹蓊鬱として繁茂し、北には富士山田子浦を望み、西は遙に三保松原及駿遠の群巒と相對し、風景眞に一幅の名畫に似たり、東京帝國大學は、明治三十念此内灣の方面に水泳場を開き、現今は寄宿舎さへ新築するに至れり。御濱の名は、此地に上古橘姫の御陵ありしと云へる傳説より起れり。今此半島の北端灣口に近き所に、鎮座せる諸口神社は、即ち橘姫を奉祀したるものなりと（戸田村誌）。然れ共、此の祭神のこと豆州志稿に載せず。増訂本には國玉命なるべしと、原本には寶泉寺縁起を其儘抄録すれ共弟橘姫の事なし。何如なる故にや。或は御濱の名稱、橘姫の遺物と稱するもの漂着し、之を埋めて御陵とし、御陵御濱と轉せしやも知るべからず。本郡伊東町湯川區龍神社は、弟橘姫相模灘に投ぜし時、其調度此地に漂着し因て祠を建てヽ祀る云々。又中大見村八幡村吾妻神社は、明應中神託により湯川より此地に遷したりとの記事豆州志稿に載するを見れば、伊豆と弟橘姫と何等か關係あるを知るべし。此諸口神社に藏せらるヽ金皷（鰐口）は、圓形にして徑七寸五分目方壹貫四百匁にして、銘に應永八年辛巳霜月十五日諸口大明神とあり。

足立鍬太郎『南豆神祇誌』３７～４５頁（静岡縣賀茂郡神職會）
　延喜式巻九に載せた伊豆國神名帳は次の如くである。但所在地は萩原正平著伊豆國式社考略に私考を加へて註記す。
　　　伊豆國九十二座　大五座小八十七座
　　　　賀茂郡四十六座　大四座小四十二座
　　　　　云々
　　　　田方郡廿四座　大一座小廿三座
　　　　　云々
　　　　那賀郡廿二座　並小
　　　　　云々
　　　　　國玉命神社　　　　　　　　　　　　　仝上戸田村
　　　　　云々

足立鍬太郎『南豆神祇誌』７５～７９頁（静岡縣賀茂郡神職會）
　伊豆國神階帳は、群書類從二三に、康永二年辛亥（興國四年）十二月廿五日在廳判の奥書あるものを、在廳伊達某藏本から寫して收めてある。伊達家に現藏するものは鳥子紙二枚續にて後世の寫本である即ち尾張のより二十年許前のものである。在廳とは、中古國衙の廳にあり、國司の命を奉じて事務を行ふ下司であつたが、多くは世職だから其の稱呼を傳へて居たのだ。先づ左に其の全文を掲げよう。
伊豆國神階帳　　式社の配當は萩原正平の意見に據る

伊豆國三ケ郡神明帳事
　正一位三島大明神
　　云々
　　　那賀郡貳拾四所
　　云々
　　　從四位上國玉姫の明神　　<small>國玉命神社（戸田御濱）</small>
　　云々

静岡縣『旧版 静岡縣史』第三巻・７１１～７２７頁（名著出版刊）
【賀茂郡四十六座<small>大四座小冊二座</small>】
云々
【田方郡二十四座<small>大一座小廿三座</small>】
云々
【那賀郡廿二座<small>並小</small>】
云々
（國玉命神社）
　　原祭神は國玉命。原所在は田方郡戸田村字御濱か。現在社は同所の諸口神社か。
云々

静岡県郷土研究協会『静岡県神社志』第三篇（日本仏書センター刊）
村社　諸口神社
　　　田方郡戸田村戸田字御浜鎮座
云々
　祭神　橘姫命
　例祭日　四月四日
　由緒　増訂豆州志稿は本社を以て延喜式神名帳那賀郡二十二座の内国玉命神社にて神階帳従四位上もろき姫の明神に座すとなす。そは按ずるに神名式に石倉、国玉、　玉、国玉、豊御玉命と次第し、神階帳にいわくら姫、国玉姫、、みかたま姫、もろき姫、とよみたま姫と並記す、これを対照するに式所載前の国玉は帳の国玉姫、後の国玉は帳のもろき姫なる事著く、国玉命もろき姫同神なる事疑いなし、現称諸口はもろきと同語にしてきはくちの反語なり、又従来当社を弁天と称す、以てその姫神なるを證すべし」と記す。他に異説もありて、その由緒詳ならず、応永九年三月再建と伝う。明治十二年八月村社に列す。
云々

國玉命神社

『特選神名牒』３３４～３３５頁
國玉命神社稱毛呂古志明神（浦守神社）
　祭神
　　今按式社攷證に神階帳從四位上もろき姫の明神と有りもろこし明神なるべしもろこしの稱に因て神階帳のもろき姫の明神なる事知られもろき姫の明神は式に所載後の國玉命なる事式と神階帳と照し合せて違無ればなりと云るが如くなるべきかヽれば此も姫神にて國玉姫命とも又もろき姫神とも申せる神とみえたり
　祭日
　社格
　所在　阿良里村今屬君澤郡（賀茂郡安良里村大字安良里）

度會延經『神名帳考證』（『神祇全書』第一輯）
○國玉命神社

伴信友『神名帳考證』（『伴信友全集』第一）
國玉命神社
玉一本作主

伴信友『神名帳考』（『神道大系』古典註釋編七・延喜式神名帳註釋）
國玉命神社
　1（頭註）玉、一本作主、

鈴鹿連胤『神社覈錄』（井上賴圀・佐伯有義校訂『神社覈錄』下編）
國玉命神社
　　國玉は前に同じ○祭神明か也○在所詳ならず
　　　　　　神位
　　國内神階記云、從四位上國原姫の明神、

栗田寬『神祇志料』第十二巻
國玉命神社、○按伊豆神階帳國玉姫明神とあるに據時は蓋姫神也。今君澤郡阿良里村にあり、もろこし明神と云。式社考證

『大日本史』［九］・志一・巻二百五十五
國玉命神社、○神明帳作從四位上毛呂伎姫乃明神者、蓋是、今在安良里村、稱毛呂古志明神、

竹村茂雄『伊豆國式社考』（『神祇全書』第四輯）
國玉命神社

德川義直『神祇寶典』巻五・伊豆（『神祇全書』第貳輯）
國玉命神社
　　同體大國玉神也

萩原正平『伊豆國式社攷略』（静岡県立中央図書館所蔵）
國玉命神社
　　那賀郡阿良里村綱屋崎鎮座毛ろき姫の明神神階帳舊稱諸越神社又浦守社とも稱すな里登す攷証註進特選續攷當社も亦衰替の小祠なり抑當社の祭日村民擧里て粳米粉の餅を供ふるを例登し祭事畢里て遍祢く諸人尓與ふ之を國玉餅登唱へ來れ里登かや蓋是正しき神名の此の粢餅尓遺れるもの登聞えた里と登珍らしき事な里かし

萩原正平・萩原正夫『増訂豆州志稿』巻之八上・式内神社考並神階帳考緒言（長倉書店刊）
○國玉命神社［増］神階帳從四位上もろき姫の明神［増］那賀郡阿良里村浦守神社ナル可シ

萩原正平・萩原正夫『増訂豆州志稿』巻之九下・神祠四・那賀郡（長倉書店刊）
○浦守（同村綱屋崎）［増］無格社浦守神社祭神國玉命ナル可シ［増］式内國玉命神社ナル可シ（前記）○舊稱もろこし明神［増］もろこしハもろきノ延語ニテ神階帳もろき姫の明神ナリトス式ト帳ト對稱シテ式所載、後ノ國玉命神社ナルヲ知ル［君澤郡戸田村諸口神社ノ條参看］今祭日ニ神前ニ供ル粢ヲ國玉粢ト稱スルハ即神名ノ遺レル也（慶長以來ノ札アリ［増］六十一枚官ー）

菅原久高『伊豆國九十二式社祭神記』（『全國神職會々報』第二十二號）
國玉命神社　賀茂郡安良里村安良里鎮座無格社浦守神社なり毛呂古志明神と稱す
　　祭神　國玉命

吉田東伍『増補大日本地名辞書』第五巻・１０６５頁
安良里　今宇久須村に合せらる、宇久須の南にして、小嶼を有す。安良里の里は、古代田制の、条里の里なるべし。
　　増訂志稿云、安良里は旧多爾夜村と云ひし歟、延喜式、那賀郡多爾夜神社あり、蓋多爾夜は谷屋にて、此地両山の海に聳えたる奧に、人家出來し時の名なるべしと、安良里嶼は大磯山北に突出し、向ひ山西南に相対す、此間口狭く斜に奥へ深し、其内潤五万四千歩、網屋と云ふ沙嘴長百二十歩、其内船を泊するに風波の憂なし、浦守明神あり、式内国玉命神社、神階帳もろき姫明神なるべし。

郁岡良弼『日本地理志料』巻十三・伊豆国那賀郡
井田　訓闕、按當讀云爲多、常陸又有井田郷、井者堰也、堰水以溉田、故名、詳見伊賀猪田郷疏證、」神名式、那賀郡井田神社、今在君澤郡井田村、稱井田明神、永祿中梁牌、曰井田莊七村鎭守神、建長二年關白道家莊園處分記、伊豆國井田上莊、下莊、最勝金剛院領、慶長檢地帳有井田莊、袖珍寶作伊田郡、豆州志、井田方廢、井田村存、按圖、亘君澤郡井田、戸田、土肥、小土肥、八木澤、小下田、及本郡宇久須、安良里、田子諸邑、其故區也、」祀典所謂部多神社、在戸田村、其山宮祠梁牌、稱厚見郡戸田村、豊御玉命神社、在土肥村、稱土肥明神、其舊記作稻田莊土肥郷、稻宮命神社、亦在此、稱神明、青玉比賣命神社、在小土肥村稱八幡、瓺玉命神社、在八木澤、天和三年梁牌、作井田莊宇賀加郷八木澤村、石倉命神社、在小下田、寶菩提院明應二年文書、宇加賀下田兩郷、即此、宇久須神社、在宇久須村大楠地永祿五年梁牌、作井田莊宇久須郷、多爾夜神社、國玉命神社、倶在安良里、哆胡神社在田子、文龜三年梁牌、題曰大多胡鎭守明神、文祿檢地帳、作田子郷、

賀茂郡役所編『静岡県南豆風土誌』２９３〜２９６頁（長倉書店刊）
云々、今賀茂郡四十六座の内より海島鎭座二十四座を減じ、又那賀郡二十二座の内より土肥以北井田に至る八座を除く時は、今日の賀茂郡は正に三十六座の式内社を算すべきなり。然れども伊豆三島神社は、上古鎭座の本域、賀茂郡三島 和名抄所載郡名、即海島の總稱にして、其の本島は今の三宅島なり。なりしが、中世同郡大社郷和名抄所載。今の白濱村伊古奈比咩命神社の地なり。に遷座し、後又今の田方郡三島町に遷祀せられたりと云ふ（伊豆國式社攷略）を以て、更に大神の一座を除きて、茲に三十五座を得と謂ふべし。今左に増訂豆州志稿卷八上によりて之を擧げむ。同書に云はく、式内社を記すに「也」といふは疑ひなきもの、「なるべし」といふは略證蹟あるもの、「ならむ乎」といふは、信疑相半するものに用ふと。
　　云々
　　國玉命神社　那賀郡安良里村浦守神社なるべし。

賀茂郡役所編『静岡県南豆風土誌』７０１頁・安良里村（長倉書店刊）
浦守神社　字網屋崎－無格社－祭神、（式内）國玉命なるべしといふ〇今、祭日に神前に供する粢を國玉粢としょうするは即ち神名の遺れるなりといふ。又諸越明神と稱し慶長十六年再建の札あり。

足立鍬太郎『南豆神祇誌』３７〜４５頁（静岡縣賀茂郡神職會）
　延喜式卷九に載せた伊豆國神名帳は次の如くである。但所在地は萩原正平著伊豆國式社考略に私考を加へて註記す。
　　　伊豆國九十二座　大五座小八十七座
　　　　賀茂郡四十六座　大四座小四十二座
　　　　　云々
　　　　田方郡廿四座　大一座小廿三座
　　　　　云々
　　　　那賀郡廿二座　並小
　　　　　云々
　　　　國玉命神社　　　　　　　　　　　　　　安良里村
　　　　　云々

足立鍬太郎『南豆神祇誌』５２〜５３頁（静岡縣賀茂郡神職會）
次に、石室崎の風蝕せる大集塊岩窟は伊波例命として、岩殿なる同じ大岩窟は伊波氏別命として、武峰山の尖鋭なる岩塊は多祁富許都久和氣命として、甞て下河津村田中にあった筈の巨杉は杉桙別命として、妻良港は大津往比咩命として、伊豆山温泉は火牟須比命として富洞の礫濱は布刀主若玉命として、安良里の網屋崎は國玉命として、皆神格づけられて居る。此類はまだ〳〵多い。又地名を冠して居る神社でも、神洞瀑は多爾夜神社、田子島は哆胡神社、鴨ケ池＝堂内海は佐波神社の一座、戸田港は部多神社、石寶殿は石德高（德はアイヌ語＝Ｔｏｋｓｅ＝丘で同語Ｉｗａと熟したのにタカといふ國語を添へたのであらう）神社の神主ではなかったらうか。海岸の島嶼を三島神の若宮として祀った形迹は尚ある

足立鍬太郎『南豆神祇誌』７５〜７９頁（静岡縣賀茂郡神職會）
　伊豆國神階帳は、群書類從二三に、康永二年辛亥(興國四年)十二月廿五日在廳判の奧書あるものを、在廳伊達某藏本から寫して收めてある。伊達家に現藏するものは鳥子紙二枚續にて後世の寫本である即ち尾張より二十年許前のものである。在廳とは、中古國衙の廳にあり、國司の命を奉じて事務を行ふ下司であったが、多くは世職だから其の稱呼を傳へて居るのだ。先づ左に其の全文を掲げよう。
伊豆國神階帳　式社の配當は萩原正平の意見に據る
　伊豆國三ケ郡神明帳事
　正一位三島大明神
　　云々
　　那賀郡貳拾四所
　　云々
　　從四位上もろき姫の明神　國玉命神社（安良里網屋崎）
　　云々

足立鍬太郎『南豆神祇誌』２３６〜２３７頁（静岡縣賀茂郡神職會）
　　　第三十七章　安良里村
　云々
浦守神社
　所在　網屋崎
　祭神　國玉命
　創立　慶長十六年　再建

社格　無格社　式内社（國玉命神社）
　　境内　鎌倉前期の松竹流水飛雀鏡を蔵して居る。

静岡縣『旧版 静岡縣史』第三巻・７１１～７２８頁（名著出版刊）
【賀茂郡四十六座 大四座小卌二座】
云々
【田方郡二十四座 大一座小廿三座】
云々
【那賀郡廿二座並小】
云々
（國玉命神社）
　　原祭神は豊御玉命。原所在は田方郡土肥村小土肥字出口か。現在社は同所の國玉命神社か。
云々

静岡県郷土研究協会『静岡県神社志』第三篇（日本仏書センター刊）
無格社　国玉命神社（本称）浦守神社（通称）
　　　　賀茂郡安良里村網屋崎鎮座
云々
　祭神　国玉命
　例祭日　四月三日
　由緒　本社は延喜式神名帳那賀郡国玉命神社にて、神階帳従四位上もろき姫の明神に擬当す、式社攷証、神名牒みなこの説を取る。俚俗諸越明神とも称す。慶長十六年再建の棟札を蔵す。
云々

瓱玉命神社

『特選神名牒』３３４頁
瓱玉命神社
　祭神　瓱玉命
　　今按神階帳にみか玉姫の明神とあるによらば姫神なること知るべし瓱玉姫命とも申し奉れるにやあらん
　祭日
　社格
　所在
　　今按式社攷證に君澤郡八木澤村鎭座神明社なるべし此社は豆志に神明小池ハタイの濱神明洞に在或云式社也伊豆納符とみえて今は殆衰廢を極めたれど舊社なる事灼然きがハタイの稱の瓱玉の轉にやと思はれ神明の稱に因て姫神なる事知られ社傍に瓱の澤神田神地川の地名有等小緣ならず聞ゆるを以て知るべし亦同村に三島明神あり若くは此社ならむ又一説に伊濱村三島明神ならむと云れどハタイの濱と云ひ瓱の澤など云地名あるによらば神明社の方瓱玉命に由ありて聞ゆ

度會延經『神名帳考證』（『神祇全書』第一輯）
○瓱玉命神社　舊事紀、神八井耳命孫速瓶玉命、姓氏錄云、額田部瓱玉、明日名門命之後也、出雲國造神賀詞云、大物主櫛瓱玉命、

伴信友『神名帳考證』（『伴信友全集』第一）
瓱玉命神社

伴信友『神名帳考』（『神道大系』古典註釋編七・延喜式神名帳註釋）
瓱玉命神社

鈴鹿連胤『神社覈錄』（井上賴圀・佐伯有義校訂『神社覈錄』下編）
瓱玉命神社
　瓱玉は美加多麻と訓べし○祭神明か也○在所詳ならず
　　　類社
　武藏國那賀郡瓱玉神社

栗田寬『神祇志料』第十二卷
瓱玉命神社、盖倭大物主櫛瓱玉命を祀る。延喜式

『大日本史』［九］・志一・卷二百五十五
瓱玉命神社、○神明帳作從四位上美加太滿姫乃明神、今在君澤郡八木澤村瓱澤側、曰神明祠、盖此、

竹村茂雄『伊豆國式社考』（『神祇全書』第四輯）
瓱玉命神社　神階帳みかたまひめの明神

萩原正平『伊豆國式社攷略』（静岡縣立中央図書館所藏）
瓱玉命神社
　同郡八木澤村小池鎭座みか多ま姫の明神神階帳舊稱神明社なるべし攷證註進特選續攷當社近來式微を究め殆廢替尓屬せむ登す抑延喜式所載の官社村中尓鎭座するもの幾か其の村里の光榮ならざるを得ず今や其の頽轉尓及ばむ登するを誰か傍觀坐視する尓忍びむ速尓一社殿を再興して神名を將來尓垂連恩惠を後昆尓もらしむるの擧なくは有べからざるなり若しくは村社三島神社尓後尓合祭せむも可なるべし他社尓も此類少からず苟も志を此尓振起す類者ある尓於ては何の難き事か之あらむ是余が各地の有志者尓切望して止まざる所以なる能み

萩原正平・萩原正夫『増訂豆州志稿』卷之八上・式内神社考並神階帳考緒言（長倉書店刊）
○瓱玉命神社［増］神階帳從四位上みかたま姫の明神［増］同郡八木澤村小池、神明神社ナル可シ亦那賀郡大澤里村白川、山神社二座ニ當テタル一説有リ

萩原正平・萩原正夫『増訂豆州志稿』卷之八上・神祠一・君澤郡（長倉書店刊）
○神明（八木澤村小池）［増］無格社神明神社祭神瓱玉命ナル可シ［増］式内瓱玉命神社ナル可シ（前記）社傍ニ瓱ノ澤、神田、神地川、等ノ地名アリ又當社ヲ式内稲宮命神社ニ當タル一説有リ（前記）現今頗ル衰頽ニ屬ス○ハタイノ（［増］ハタイハ瓱玉ノ轉訛ナル可シト云）濱神明洞ニアリ或云式社也ト（伊豆納符［増］四十八坪官一）

萩原正平・萩原正夫『増訂豆州志稿』卷之九下・神祠四・那賀郡（長倉書店刊）
○山王（大澤里白川）［増］無格社山神社祭神二座、一座大山祇神ナリト云一座ヲ宇波神ト稱ス相殿天神［増］原書式内佐波神社二座ノ一ニ當テタレハ非也（前記）一説ニ曰ク宇波神ハ式内瓱玉命神社ナル可シ此木ヲ神階帳ニハみかたま姫の明神トアリテ姫神ナルヨリ宇波（ウバト訓ス）ノ稱を貞セシナラムト（舊社地高見山ノ高見ハ瓱玉ノ轉訛トモ聞ユ又屬里襧宜ガ畑、宮ガ原等ノ稱アルニテ舊祠アル事推測セラル然レトモ宇波神ノ本社ハ襧宜ガ畑、山神社二座ノ一ナラムト云然ラバ此説ヲ以テ同社ニ當ツル方妥當ナルベシ）錄シテ後考ニ供フ○山王子神二神ヲ祭ル寛正二年、文明六年、大永元年、等ノ棟札ニ子神ヲ宇波明神、山王ヲ山神トアリ傳記ニ云二神共ニ上古高見山ノ野ノ段ト云處ニ鎭座シ至テ古社也中古山神ハ白川ニ子神ハ襧宜ガ畑ニ遷祀シ各土神トス其後兩所共依舊ニ二神ヲ配祭スト（天神在白川山王林中）［増］境内社三（大神、嚴島、山神、［増］三百二十九坪官一）

菅原久高『伊豆國九十二式社祭神記』（『全國神職會々報』第二十二號）
瓱玉命神社　田方郡西豆村八木澤鎭座無格社神明神社なり美加多太滿姫乃明神と稱す
　祭神　瓱玉命

吉田東伍『増補大日本地名辞書』第五巻・1048〜1049頁
　八木沢　今小下田と相併せ、西豆村と改む、土肥の南に隣り、賀茂郡宇久須村（和名抄、那賀郡那賀郷）に
　　界す。〇増訂志稿云、八木沢は旧名宇加賀と云ひ、式内那賀郡、瓱玉神社あり、神社上梁文に「天和三年、
　　豆州井田庄、宇加賀郷、八木沢村」云々、八木沢の西岬を米崎と名づく。
　補［米崎］〇増訂豆州志稿、或は云ふ、この村、昔は米沢と云ふ、小地名なり、西海に米崎あり、此其証なり、
　　式内瓱玉神社あり。

郖岡良弼『日本地理志料』巻十三・伊豆国那賀郡
　井田　訓闕、按當讀云爲多、常陸又有井田郷、井者堰也、堰水以漑田、故名、詳見伊賀猪田郷疏證、」神名
　　式、那賀郡井田神社、今在君澤郡井田村、稱井田明神、永祿中梁牌、曰井田莊七村鎭守神、建長二年
　　關白道家莊園處分記、伊豆國井田上莊、下莊、最勝金剛院領、慶長檢地帳有井田莊、袖珍寶作伊田郡、
　　豆州志、伊田方廢、井田村存、按圖、亘君澤郡井田、戸田、土肥、小土肥、八木澤、小下田、及本郡
　　宇久須、安良里、田子諸邑、其故區也、」祀典所謂部多神社、在戸田村、其山宮祠梁牌、稱厚見郡戸
　　田村、豊御玉命神社、在土肥村、稱土肥明神、其舊記作稻田莊土肥郷、稻宮命神社、亦在此、稱神明、
　　靑玉比賣命神社、在小土肥村稱八幡、瓱玉命神社、在八木澤、天和三年梁牌、作井田莊宇賀加郷八木
　　澤村、石倉命神社、在小下田、寶菩提院明應二年文書、宇加賀下田兩郷、即此、宇久須神社、在宇久
　　須村大楠地永祿五年梁牌、作井田莊宇久須郷、多爾夜神社、國玉命神社、倶在安良里、哆胡神社在田
　　子、文龜三年梁牌、題曰大多胡鎭守明神、文祿檢地帳、作田子郷、

静岡県田方郡役所編『静岡県田方郡誌』502〜504頁（長倉書店刊）
　本郡に於ける古神社の史乗に顯はれたるは、延喜式神名帳と伊豆國神階帳とを其完備せるものとす。前者
は平安朝の初期、後者は南北朝時代に現在せる宮社を記載せるものなり。而して此等所載の神社は、引續き
現存せるものなりや否や、今日に之を考定するは頗る至難の事に屬す。然れば先進各考説を異にし、甲是乙
非にて、必ずしも一定せず、是を以て、此書には伊豆國式社考證の著者故萩原正平氏の説に從ひ之を表示す。
　　云々
　　延喜式神名帳所載社名　　瓱玉命神社（那賀）
　　神　階　帳　所　載　社　名　　從四位上　みかたま姫の明神
　　現　　　在　　　社　　　名　　無格社　神明神社？
　　所　在　地　（舊　制）　　君澤郡八木澤村小池
　　所　在　地　（現　制）　　西豆村八木澤

足立鍬太郎『南豆神祇誌』37〜45頁（静岡縣賀茂郡神職會）
　延喜式卷九に載せた伊豆國神名帳は次の如くである。但所在地は萩原正平著伊豆國式社考畧に私考を加へて註記す。
　　　　伊豆國九十二座　　大五座小八十七座
　　　　　賀茂郡四十六座　　大四座小四十二座
　　　　　　云々
　　　　　田方郡廿四座　　大一座小廿三座
　　　　　　云々
　　　　　那賀郡廿二座　　並小
　　　　　　云々
　　　　　瓱玉命神社　　　　　　　　　　　　　　　　　全上西豆村八木澤
　　　　　　云々

足立鍬太郎『南豆神祇誌』75〜79頁（静岡縣賀茂郡神職會）
　伊豆國神階帳は、群書類從二三に、康永二年辛亥(興國四年)十二月廿五日在廳判の奥書あるものを、在廳伊達某
藏本から寫して收めてある。伊達家に現藏するものは鳥子紙二枚續にて後世の寫本である即ち尾張のより二十年許前のものである。在廳
とは、中古國衙の廳にあり、國司の命を奉じて事務を行ふ下司であったが、多くは世職だから其の稱呼を傳
へて居たのだ。先づ左に其の全文を揭げよう。
　伊豆國神階帳　　式社の配當は萩原正平の意見に據る
　　　伊豆國三ケ郡神明帳事
　　　正一位三島大明神
　　　　云々
　　　　那賀郡貳拾四所
　　　　云々
　　　從四位上みかたま姫の明神　　瓱玉姫命神社
　　　　云々

静岡縣『旧版　静岡縣史』第三巻・711〜727頁（名著出版刊）
【賀茂郡四十六座大四座小冊二座】
云々
【田方郡二十四座大一座小廿三座】
云々
【那賀郡廿二座並小】
云々
（瓱玉命神社）
　　原祭神は瓱玉命。原所在は西豆村八木澤字神明か。現在社は同所の神明神社か。
云々

靑玉比賣命神社

『特選神名牒』３３５頁
靑玉比賣命神社（明細帳八幡神社とあり）
　祭神　靑玉比賣命
　祭日
　社格　村社
　所在　小土肥村今属君澤郡（田方郡土肥村大字小土肥）
　　今按式社玫證に小土肥村の八幡ならむか其は豆志に云八幡宮配三島神文龜永祿の棟札に總鎭守大明神と亦大山祇命也今は賀茂春日と改め祭り土神とす亦祠域に中神明神と云有たり今廢して如來堂となると有て此村佛徒の流弊甚しく最紛錯を究めて古くは總鎭守大明神を或は八幡三島など稱し亦春日と訛り唱ふるやうに社傳を失ひたれど社地村の正中に在て式内なる事的然一坐は姫神に坐よし口碑に傳たるは更なり小土肥の稱の靑玉の轉訛にやと思はゝを以て云なりと云るによりて縣の註進狀にも此地と定めたるに從へり

度會延經『神名帳考證』（『神祇全書』第一輯）
〇靑玉比賣命神社　靑沼馬治押比賣命　古事記云、敷山主神之女靑沼馬治押比賣、日本紀云、伊弉諾尊抜劒斬軻遇突智命爲五段、此各化成五山祇云々、五則足化爲■山祇、■此云之伎、

伴信友『神名帳考證』（『伴信友全集』第一）
靑玉比賣命神社

伴信友『神名帳考』（『神道大系』古典註釋編七・延喜式神名帳註釋）
靑玉比賣命神社

鈴鹿連胤『神社覈錄』（井上賴圀・佐伯有義校訂『神社覈錄』下編）
靑玉比賣命神社
　靑玉は阿袁多麻と訓べし、比賣は假字也〇祭神明か也〇在所詳ならず
　　神位
　國内神階記云、從四位上靑玉姫の明神、

栗田寬『神祇志料』第十二巻
靑玉比咩命神社

『大日本史』［九］・志一・巻二百五十五
靑玉比賣命神社、〇今在君澤郡小土肥村、稱八幡、神明帳爲從四位上、

竹村茂雄『伊豆國式社考』（『神祇全書』第四輯）
靑玉比賣命神社　淡島辨天ならんか、神階帳靑玉姫、

萩原正平『伊豆國式社玫略』（静岡県立中央図書館所蔵）
靑玉比賣命神社
　同郡小土肥村鎭座靑玉比賣の明神神階舊稱八幡神社三島神を配祀すなる可し玫証の一説註進特選續玫なほ此他數説あれど因據正しからざれば記し出ず凡て諸社の傳説此類少し登せず社記登云ひ口碑登云ひ擧牽强附會証登する尓足るもの幾希な里是意を取捨尓用ゐざるを得ざる所以尓こそ

萩原正平・萩原正夫『増訂豆州志稿』巻之二上・町村一（長倉書店刊）
〇小土肥村（［増］南土肥村十三町二十九間、北戸田村二里二十五町）［増］拾壹里三拾四町七間［増］税祠簿ニおとい、トミエ八幡神社、文龜、永祿、ノ上梁文ミナ、小土肥村ト記ス〇凡ソ地名ノ相接テ小ナル處ハ小ノ字ヲ著ク、コノ村西南海ニ面ス、サレドモ浪高フシテ漁獵ヲ爲サズ（［増］近年漁獵ヲ爲ストモ多カラズ居民概農工或ハ薪炭ノ業ヲ取ル）
　　〇田額参百参拾九石壹斗三升七合［増］反別千貳百六拾六町九反四畝廿八歩内（田二十七町三反八畝二十三歩、畑二十二町三反三畝二十歩、宅地後町九反三畝七歩、山林千七一町二反六畝二十九歩、原野百四十五歩、雜種地一畝十四歩、［増］地價金貳二萬千三百八拾六圓拾錢［増］地租金五百参拾四圓六拾五錢［増］社九（村一難八）寺一（日蓮）盛進會社一鑛泉一　［増］戸現住百四拾壹現在百四拾貳［増］口本籍七百五拾五（男三百七十四、女三百八十一）現住七百三拾五（男三百六十八、女三百六十七）

萩原正平・萩原正夫『増訂豆州志稿』巻之八上・式内神社考並神階帳考緒言（長倉書店刊）
〇靑玉比賣命神社［増］神階帳從四位上靑玉姫の明神［増］同郡小土肥村八幡神社ナラムカ又一説ニ曰小下田村舊稱姑多御前今稱八幡神社ナラムト

萩原正平・萩原正夫『増訂豆州志稿』巻之八上・神祠一・君澤郡（長倉書店刊）
〇八幡宮（小土肥村）［増］村社八幡神社祭神靑玉比賣命ナル可シ〇配三島神［増］式内靑玉比賣命神社ナラム乎（前記）社傍アフギ田ノ地名アルハ靑玉ノ轉訛ナラムモ知ル可ラズ〇文龜永祿ノ棟札ニ總鎭守大明神トアリ（赤大山祇命也今ハ加茂春日ト改メ祀リテ土神トス又祠域ニ中神明神ト云アリタリ今廢シテ如來堂トナル。伊豆續符［増］二百十坪官一）

萩原正平・萩原正夫『増訂豆州志稿』巻之八上・神祠一・君澤郡（長倉書店刊）
八幡神社（同村下同）〇其岸脉、作根島ニ連ル故ニ沖ノ御前ト稱ス舊名姑多ノ御前（見伊豆峰記）［増］一説ニ式内靑玉比賣命神社ニ當テタリ（前記。寛永三年札アリ［増］百十九坪官一）

菅原久高『伊豆國九十二式社祭神記』（『全國神職會々報』第二十二號）
靑玉比賣命神社　田方郡土肥村小土肥鎭座村社八幡神社なり

祭神　青玉比賣命

吉田東伍『増補大日本地名辞書』第五巻・１０４８頁
土肥　今土肥村と云ふ、戸田の南二里、達磨山の西南にして海湾を前にす。○此村は土肥神社の旧記に「伊
　　豆国那賀郡、稲田庄、土肥郷」と、（稲田とは井田の訛なるべし）北条役高帳には西土肥と見ゆ、西浦に
　　あればなり、土肥神社の祭神豊御玉媛命の豊より起れる村名ならむか。水陸の物産あり、薪炭尤も多きに
　　居る、村の中央鉱泉ありと雖、僻地なるを以て浴客多からず、金山は天正五年より五十年間盛に採掘せる
　　由、名迹志に見えたり。土肥神社に古文書を収む、又稲宮命神社、青玉姫神社共に式内とす、稲宮は古来
　　稲の早熟を祈る社にして、季夏六月に新穀を献ず。土肥温泉は二所、古湯は沙礫中に出づ、熱百零五度、
　　穴湯は百二十二度、共に塩類泉とす。
補［土肥］○増訂豆州志稿、富永四郎左衛門尉、康永四年足利尊氏天竜寺供養の随兵たる事、太平記に見ゆ。
　　又富永孫四郎と云ふ者、貞和五年高師直に従ふ事、同書に見ゆ。其族ならむ乎、○富永康景、弥四郎と云
　　ふ、千貫文の地を領せしこと、北条役高帳に見ゆ、○豊明神の社に、足利基氏・織田信長の古文書を蔵す、
　　又稲宮は古来季夏に稲熟し、徳川幕府へ年々六月六日に新米の貢進を為したり、由緒ある事なり。

村岡良介『日本地理志料』巻十三・伊豆国那賀郡
井田　訓闕、按當讀云爲多、常陸又有井田郷、井者堰也、堰水以溉田、故名、詳見伊賀猪田郷疏證、」神名
　　式、那賀郡井田神社、今在君澤郡井田村、稱井田明神、永祿中梁牌、曰井田莊七村鎭守神、建長二年
　　關白道家莊園處分記、伊豆國井田上莊、下莊、最勝金剛院領、慶長檢地帳有井田莊、袖珍寶作伊郡、
　　豆州志、井田方廢、井田村存、按圖、亙君澤郡井田、戸田、土肥、小土肥、八木澤、小下田、及本郡
　　宇久須、安良里、田子諸邑、其故區也、」祀典所謂部多神社、在戸田村、其山宮祠梁牌、稱厚見郡戸
　　田村、豊御玉命神社、在土肥村、稱土肥明神、其舊記作稲田莊土肥郷、稻宮命神社、亦在此、稱神明、
　　青玉比賣命神社、在小土肥村稱八幡、瓺玉命神社、在八木澤、天和三年梁牌、作井田莊宇賀加郷八木
　　澤村、石倉命神社、在小下田、寶菩提院明應二年文書、宇加賀下田兩郷、即此、宇久須神社、在宇久
　　須村大楠地永祿五年梁牌、作井田莊宇久須郷、多爾夜神社、國玉命神社、倶在安良里、哆胡神社在田
　　子、文龜三年梁牌、題目大多胡鎭守明神、文祿檢地帳、作田子郷、

静岡県田方郡役所編『静岡県田方郡誌』５０２～５０３頁（長倉書店刊）
　本郡に於ける古神社の史乗に顯はれたるは、延喜式神名帳と伊豆國神階帳とを其完備せるものとす。前者
は平安朝の初期、後者は南北朝時代に現在せる宮社を記載せるものなり。而して此等所載の神社は、引續き
現存せるものなりや否や、今日に之を考定するは頗る至難の事に屬す。然れば先進各考説を異にし、甲是乙
非にて、必ずしも一定せず、是を以て、此書には伊豆國式社考證の著者故萩原正平氏の説に從ひ之を表示す。
　　延喜式神名帳所載社名　青玉比賣命神社（那賀）
　　神　階　帳　所　載　社　名　從四位上　青玉比賣の明神
　　現　　在　　社　　名　村社　八幡神社？
　　所　在　地　（舊　制）　君澤郡小土肥村
　　所　在　地　（現　制）　土肥村小土肥

足立鍬太郎『南豆神祇誌』３７～４５頁（静岡縣賀茂郡神職會）
　延喜式卷九に載せた伊豆國神名帳は次の如くである。但所在地は萩原正平著伊豆國式社考略に私考を加へて註記す。
　　　　伊豆國九十二座　大五座小八十七座
　　　　　賀茂郡四十六座　大四座小四十二座
　　　　　　云々
　　　　　田方郡廿四座　大一座小廿三座
　　　　　　云々
　　　　　那賀郡廿二座　並小
　　　　　　云々
　　　　　青玉比賣命神社　　　　　　　　　　　　同上

足立鍬太郎『南豆神祇誌』７５～８０頁（静岡縣賀茂郡神職會）
　伊豆國神階帳は、群書類從二三に、康永二年辛亥(興國四年)十二月廿五日在廳判の奧書あるものを、在廳伊達某
藏本から寫して收めてある。伊達家に現藏するものは鳥子紙二枚續にて後世の寫本である即ち尾張のより二十年許前のものである。在廳
とは、中古國衙の廳にあり、國司の命を奉じて事務を行ふ下司であったが、多くは世職だから其の稱呼を傳
へて居たのだ。先づ左に其の全文を掲げよう。
伊豆國神階帳　式社の配當は萩原正平の意見に據る
　伊豆國三ケ郡神明帳事
　正一位三島大明神
　　云々
　　那賀郡貳拾四所
　　云々
　　從四位上青玉姫の明神　青玉姫命神社
　　云々

静岡縣『旧版　静岡縣史』第三巻・７１１～７２８頁（名著出版刊）
【賀茂郡四十六座 大四座小卌二座】
云々
【田方郡二十四座 大一座小廿三座】
云々

【那賀郡廿二座並小】
云々
（靑玉比賣命神社）
　原祭神は靑玉比賣命。原所在は田方郡土肥村小土肥字出口か。現在社は同所の八幡社か。

豊御玉命神社

『特選神名牒』３３５頁
豊御玉命神社稱土肥明神
　祭神　豊御玉命
　　今按神階帳にトヨミ玉姫明神とみえたれば豊御玉姫命とも稱へ奉りしなるべし
　祭日
　社格　村社
　所在　土肥村今屬君澤郡（田方郡土肥村大字土肥）
　　今按式社攷證に豆云云土肥明神元德深明神と稱す古祠なれども祠典何れの命なるや未詳云々とあるが如く舊社なること云も更なるが例の轉變に因て舊稱を失ひたるより不分明に成たれど村名の土肥は豊御の約なること疑なしと云るに從ふ

度會延經『神名帳考證』（『神祇全書』第一輯）
○豊御玉命神社　海童豊玉彦命

伴信友『神名帳考證』（『伴信友全集』第一）
豊御玉命神社

伴信友『神名帳考』（『神道大系』古典註釋編七・延喜式神名帳註釋）
豊玉命神社

鈴鹿連胤『神社覈録』（井上頼圀・佐伯有義校訂『神社覈録』下編）
豊御玉命神社
　豊御玉は登與美多麻と訓べし○祭神明か也○在所詳ならず
　　神位
　　國内神階記云、從四位上とよみ玉姫の明神、

栗田寛『神祇志料』第十二巻
豊御玉命神社

『大日本史』［九］・志一・巻二百五十五
豊御玉命神社、○神明帳作從四位上止與御玉姫乃明神、今在君澤郡土肥村、

竹村茂雄『伊豆國式社考』（『神祇全書』第四輯）
豊御玉命神社　長濱小比叡明神の社の土中より、種々玉いづ、神階帳とよみ玉姫、

德川義直『神祇寶典』巻五・伊豆
豊御玉命神社
　豊玉命者、玉作部之祖也、
　日本紀云、使鏡作部遠祖天糠戸者造鏡、忌部遠祖太玉者造幣、玉作部遠祖豊玉者造玉、舊事紀云、復令玉作部遠祖豊球玉屋神、爲造玉者、
　玉作祖事、見于河内國玉祖神社之下、

萩原正平『伊豆國式社攷略』（静岡県立中央図書館所蔵）
豊御玉命神社
　君澤郡土肥村鎭座とよみたま姫の明神神階帳今稱土肥神社一稱八幡社な里登す攷證註進特選牒攷今云ふ浮屠の狡譎惡むべし誅むべし夫本州中舊該小區數村の如き舊來彼徒の流幣尓罹る淺々ならず愚民を蠱惑し褻黷し頗猖獗を究めたる言尓勝へざる也乃此の土肥神社の如き振古の神璽をは那地へか投棄して由もなき佛籍所謂法華經を龕中尓安置せるを目撃した里き井田戸田小土肥諸村も亦此の類の弊害尠からざるを見る痛惋する尓餘あり登謂ひつべし蓋之を知るもの誰か筆誅を加へざる有らむや

萩原正平・萩原正夫『増訂豆州志稿』巻之二上・町村一（長倉書店刊）
○土肥村（［増］東上船原村三里二十町、南八木澤村三十町十七間、北小土肥村十三町二十九間）［増］拾壹里貳拾三拾八間［増］土肥神社ノ舊記ニ伊豆國那賀郡稻田ノ庄土肥郷トアリマタ税祠ニとい、卜記シ（北條五代記、土肥、ト見ユ）北條役高帳ニハ西土肥トミユ（伊豆名遠志同之）○土田近村ニ比較スレバ磽确ナラザルヲ以テ名ヅクルニヤ［増］土肥神社ノ祭神豊御玉命ノ豊ヨリ起レル村名ナラムガ果シテ然ラハ土肥ノ字ニ就テ意義ヲ釋ベキニ非ズ本村ハ山嶽ニ倚リ海灣ニ面シテ居落ヲナス故ニ水陸ノ物産アリ薪、炭、尤多キニ居ル近來力ヲ勸業ニ盡スモノ少カラズ村ノ中央鑛泉アリト雖僻地ナルヲ以テ浴客多カラズ（本村金山ハ天正五年ヨリ五十年間盛ニ採掘セル由伊豆名遠志ニ見エタリ）
　　○田額七百貳拾六石五斗六升三合内（新田六十四石七斗二升三合）［増］反別貳千六百八十九町五反八畝廿歩内（田六十三町一反三畝二十歩、畑四十四町九反八畝二十一歩、宅地十一町一反二畝十四歩、山林二千二十二町六反二畝一歩、原野五百四十七町四反八畝十五歩、鑛泉三歩、雜種地二反四畝六歩）［増］地價四萬千五百拾九圓七錢七厘［増］地租金千三拾七圓九拾八錢六厘［増］社拾四（村一雜十三）寺四（淨土一日蓮一禪一眞一）戸長役場一字木ノ宮ニ在リ本村ノ外小土肥ノ木澤小下田ノ三村ヲ管ス、巡査駐在所一小學校一（字木ノ宮ニ在リ）鑛泉三［増］現住三百五拾四現在三百五拾五［増］口本籍千九百七（男九百八十六、女百二十一）現住千八百九拾三（男九百七十一、女百二十二）

萩原正平・萩原正夫『増訂豆州志稿』巻之八上・式内神社考並神階帳考緒言（長倉書店刊）
豊御玉命神社［増］神階帳從四位上とよみたま姫の明神［増］君澤郡土肥神社ナル可シ

萩原正平・萩原正夫『増訂豆州志稿』巻之八上・神祠一・君澤郡（長倉書店刊）
○土肥明神（土肥村）［増］村社土肥神社祭神豊御玉命ナル可シ相殿八幡［増］式内豊御玉命神社ナル可シ（前記）村名

ノ土肥ハ蓋神名ノ豊ノ轉訛ナラム社地村落ノ中央ニアリ（天正九年札アリ）〇元德深明神ト稱ス古祠ナレ共祠典何ノ命ナルカ未詳富永氏鎌倉ヨリ八幡ヲ勸請シ配祀スト云伊豆峰記ニ馬塲村三島大明神八幡宮ト（舊記ニ日當社八幡宮古者下若宮登申須ト）村ノ總鎭守タリ（禰宜權松氏）[増]足利基氏、平信長等文書ヲ藏ス（此文書ノ事人物部富永備前守、同近江守ノ條ニ記スヲ見ル可シ）[増]境內社三（狹口社、德保社、火產靈社）招魂社一（明治九年西南ノ役ニ戰死セシ村人鹽崎七五郞、福室市太郞ノ靈ヲ祀ル[増]一千二十一坪官一）

菅原久高『伊豆國九十二式社祭神記』（『全國神職會々報』第二十二號）
　豊御玉命神社　田方郡土肥村土肥鎭座村社土肥神社なり止與御玉姬乃明神と稱す
　　祭神　豊御玉命

吉田東伍『増補大日本地名辭書』第五卷・１０４８頁
土肥　今土肥村といふ、戶田の南二里、達磨山の西南にして海灣を前にす。〇土肥神社の舊記に「伊豆國那賀郡、稲田庄、土肥鄕」と、（稲田とは井田の訛なるべし）北条役高帳には西土肥とみゆ、西浦にあればなり、土肥神社の祭神豊御玉媛命の豊より起れる村名ならむか。水陸の物產あり、薪炭尤多きに居る、村の中央鑛泉ありと雖、僻地なるを以て浴客多からず、金山は天正五年より五十年間盛に采掘せる由名跡志に見えたり。土肥神社に古文書を收む、又稻宮命神社、青玉姬命神社共に式內とす、稻宮は古來稻の早熟を祈る社にして、季夏六月に新穀を獻ず。土肥溫泉は二所、古湯は沙礫中に出づ、熱百零五度、穴湯は鑛坑の廢穴に在り、三津百二十二度、共に鹽類泉とす。
補[土肥]〇增訂豆州志稿、富永四郞左衛門尉、康永四年足利尊氏天龍寺供養の隨兵たる事、太平記に見ゆ。又富永孫四郞と云ふ者、貞和五年高師直に從事、同書に見ゆ。其族ならむ乎、〇富永康景、弥四郞といふ、千貫文を領せしこと、北条役高帳に見ゆ、〇豊明神の社に、足利基氏・織田信長の古文書を藏す、又稻宮は古來季夏に稻熟し、德川幕府へ年々六月六日に新米の貢進を爲したり、由緒ある事なり。

郁岡良弼『日本地理志料』卷十三・伊豆國那賀郡
井田　訓闘、按當讀云爲多、常陸又有井田鄕、井者堰也、堰水以漑田、故名、詳見伊賀猪田鄕疏證、」神名式、那賀郡井田神社、今在君澤郡井田村、稱井田明神、永祿中梁牌、曰井田莊七村鎭守神、建長二年關白道家莊園處分記、伊豆國井田上莊、下莊、最勝金剛院領、慶長檢地帳有井田莊、袖珍寶作伊田郡、豆州志、井田方廢、井田村存、按圖、亘君澤郡井田、戶田、土肥、小土肥、八木澤、小下田、及本郡宇久須、安良里、田子諸邑、其故區也、」祀典所謂部多神社、在戶田村、其山宮祠梁牌、厚見郡戶田村、豊御玉命神社、在土肥村、稱土肥明神、其舊記作稻田莊土肥鄕、稻宮命神社、亦在此、稱神明、青玉比賣命神社、在小土肥村稱八幡、毆玉命神社、在八木澤、天和三年梁牌、作井田莊宇賀加鄕八木澤村、石倉命神社、在小下田、寶菩提院明應二年文書、宇加賀下田兩鄕、即此、宇久須神社、在宇久須村大楠地永祿五年梁牌、作井田莊宇久須鄕、多爾夜神社、國玉命神社、俱在安良里、哆胡神社在田子、文龜三年梁牌、題曰大多胡鎭守明神、文祿檢地帳、作田子鄕、

静岡県田方郡役所編『静岡県田方郡誌』５０２～５０３頁（長倉書店刊）
本郡に於ける古神社の史乘に顯はれたるは、延喜式神名帳と伊豆國神階帳とを其完備せるものとす。前者は平安朝の初期、後者は南北朝時代に現在せる宮社を記載せるものなり。而して此等所載の神社は、引續き現存せるものなりや否や、今日に之を考定するは頗る至難の事に屬す。然れば先進各考說を異にし、甲是乙非にて、必ずしも一定せず、是を以て、此書には伊豆國式社考證の著者故萩原正平氏の說に從ひ之を表示す。
　云々
　　延喜式神名帳所載社名　　豊御玉命神社（那賀）
　　神　階　帳　所　載　社　名　　從四位上　とよみたま姬の明神
　　現　　在　　社　　名　　村社　土肥神社？
　　所　在　地（舊　制）　君澤郡土肥村
　　所　在　地（現　制）　土肥村土肥

足立鍬太郎『南豆神祇誌』３７～４５頁（静岡縣賀茂郡神職會）
　延喜式卷九に載せた伊豆神名帳は次の如くである。但所在地は萩原正平著伊豆式社考畧に私考を加へて註記す。
　　　伊豆國九十二座　　大五座小八十七座
　　　　賀茂郡四十六座　　大四座小四十二座
　　　　　云々
　　　　田方郡廿四座　　大一座小廿三座
　　　　　云々
　　　　那賀郡廿二座　　並小
　　　　　云々
　　　　豊御玉命神社　　　　　　　　　　　　　　田方郡土肥村
　　　　　云々

足立鍬太郎『南豆神祇誌』７５～７９頁（静岡縣賀茂郡神職會）
　伊豆國神階帳は、群書類從二三に、康永二年辛亥(興國四年)十二月廿五日在廳判の奧書あるものを、在廳伊達某藏本から寫して收めてある。伊達家に現藏するものは鳥子紙二枚續にて後世の寫本である即ち尾張のより二十年許前のものである。在廳とは、中古國衙の廳にあり、國司の命を奉じて事務を行ふ下司であったが、多くは世職だから其の稱呼を傳へて居たのだ。先づ左に其の全文を揭げよう。
伊豆國神階帳　式社の配當は萩原正平の意見に據る
　伊豆國三ケ郡神明帳事
　　正一位三島大明神
　　　云々
　　　　那賀郡貳拾四所

云々
　　従四位上とよみたま姫の明神　　豊御玉命神社
　　云々

静岡縣『旧版 静岡縣史』第三巻・７１１～７２８頁（名著出版刊）
【賀茂郡四十六座大四座小卌二座】
云々
【田方郡二十四座大一座小廿三座】
云々
【那賀郡廿二座並小】
云々
（豊御玉命神社）
　　原祭神は豊御玉命。原所在は田方郡土肥村字馬場か。現在社は同所の土肥神社か。
云々

静岡県郷土研究協会『静岡県神社志』第三篇（日本仏書センター刊）
村社　土肥神社
　　　　田方郡土肥町土肥字馬場鎮座
云々
　　祭神　　豊御玉命 土肥大明神
　　　　　　相殿　譽田別命 土肥大明神
　　　　　　　　　社殿内鎮座神社　徳深神社 大国主命　火産霊神社 弥豆波乃売命
　　例祭日　十月十五日
　　由緒　特選神名牒に曰く、

地域史研究及び教育実践に関する業績目録

○研究論文の部

「村主の性格とその構造」
　　　　　　　　　　　　『静岡県埋蔵文化財調査研究所 研究紀要』Ⅰ　　1986年3月

「備前国の鉄生産についての一考察」
　　　　　　　　　　　　『静岡県考古学研究』19　　1986年6月

「松崎町の中世文書について－『県史料』所収文書を中心にして－」
　　　　　　　　　　　　『地方史静岡』第15号　　1987年3月

「雑戸の姓についての一考察」
　　　　　　　　　　　　下出積與編『古代史論輯』所収　　1988年5月

「古代廬原国の豪族と部民の分布について －その集成と若干の解説－」
　　　　　　『財団法人 静岡県埋蔵文化財研究所 設立十周年記念論文集』　　1995年3月

「古代珠流河国の豪族と部民の分布について －その集成と若干の解説－」
　　　　　　　　　　　　『地方史静岡』第24号　　1996年3月
　　　　　（なお、本論文は『日本史学年次別論文集』1996年版古代分冊に再録）

「古代伊豆国の豪族と部民の分布について －その集成と若干の解説－」
　　　　　　　　　　　　『地方史静岡』第25号　　1997年5月

「古代駿河国の堅魚貢進荷札について －その集成と若干の解説－」
　　　　　　　　　　　　『地方史静岡』第26号　　1998年3月
　　　　　（なお、本論文は『日本史学年次別論文集』1998年版古代史分冊に再録）

「伊豆国田方郡の堅魚貢進荷札について －その集成と若干の史料的検討－」
　　　　　　　　　　　　『地方史静岡』第27号　　1999年3月
　　　　　（なお、本論文は『日本史学年次別論文集』1999年版古代分冊に再録）

「伊豆国那賀郡の堅魚貢進荷札について －その集成と若干の解説」
　　　　　　　　　　　　『地方史静岡』第28号　　2000年3月
　　　　　（なお、本論文は『日本史学年次別論文集』2000年版古代分冊に再録）

「伊豆国賀茂郡の堅魚貢進荷札について －その集成と若干の解説」
　　　　　　　　　　　　『信濃』第58号5巻　　2001年5月
　　　　　（なお、本論文は『日本史学年次別論文集』2001年版古代史分冊に再録）

「駿河及び伊豆国の煮堅魚貢進荷札について －その集成と若干の解説」
　　　　　『東海の路』刊行会編『東海の路』所収　　2002年3月刊行

○研究報告文の部

「松崎町の中世文書 －『県史料』所収文書を中心に－」
　　　　　　　　　　　　『静岡県地域史研究会報』第28号　　1985年12月

「雑戸の姓についての一考察」
　　　　　　　　　　　　『静岡県地域史研究会報』第68号　　1992年7月

「駿河国の高麗人の居住地について」
　　　　　　　　　　　　『静岡県地域史研究会報』第81号　　1985年1月

○教育実践の部

「西伊豆郷土史の研究 －特に松崎町を中心にして－」
　　　　　　　　　　　　［静岡県教育奨励賞（優良賞）受賞論文］　　1983年12月

❏ 著者紹介

佐 藤 雅 明（さとう まさあき）

1949年、福岡県生まれ。
1979年、明治大学大学院修士課程卒業、在学中は下出積與博士に師事する。
日本歴史学会会員。
1980年、静岡県立松崎高等学校教諭として赴任する。この時が出版のきっかけとなる。
1985年、静岡県教育委員会文化課指導主事。
県埋蔵文化財調査研究所に勤務し、その後静岡工業高等学校、静岡商業高等学校、静岡中央高等学校、藤枝東高等学校にて教鞭を執る。
2016年、3月没。
駿台史学会賞受賞、静岡県教育奨励賞受賞。

伊豆国の郡郷里・式内社 諸説集成

平成30年1月28日発行

著　者	佐 藤 雅 明
発行者	長 倉 一 正
発行所	有限会社 長倉書店 〒410-2407 静岡県伊豆市柏久保552-4 TEL：0558-72-0713 FAX：0558-72-5048
印刷所	いさぶや印刷工業株式会社

■禁無断転載

ISBN978-4-88850-054-8